國語國文學叢書 097

八歲兒・小兒論・三譯總解

학자원

국어국문학총서 97
八歲兒 · 小兒論 · 三譯總解

2018년 9월 15일 초판 1쇄 발행

저 자 : 金振夏 張再成 等
펴낸이 : 김병환
펴낸곳 : 학자원
주 소 : 134-814 서울시 강동구 천호대로 1121
전 화 : 02) 6403-1000
팩 스 : 02) 6338-1001
E-mail : hakjaone@daum.net
등 록 : 2011년 3월 24일 제324-2011-14호

HAKJAONE Publishing Co.
1121 Cheonho-Daero Kangdong-Gu Seoul

ISBN : 979-11-6247-067-1 93810

값 65,000원

八歲兒 全

八歲兒 全

八歲兒

쥴게 한 구룬 이 폰더
녜 한 나라 시절에

뒤 머더리 거무 경견
四海다 몱고

자쿤 호쇼 이니 치해 얼허
八方이 自然히

더너 더러 폰더 한 빌허
平安ᄒᆞ 그 시절에

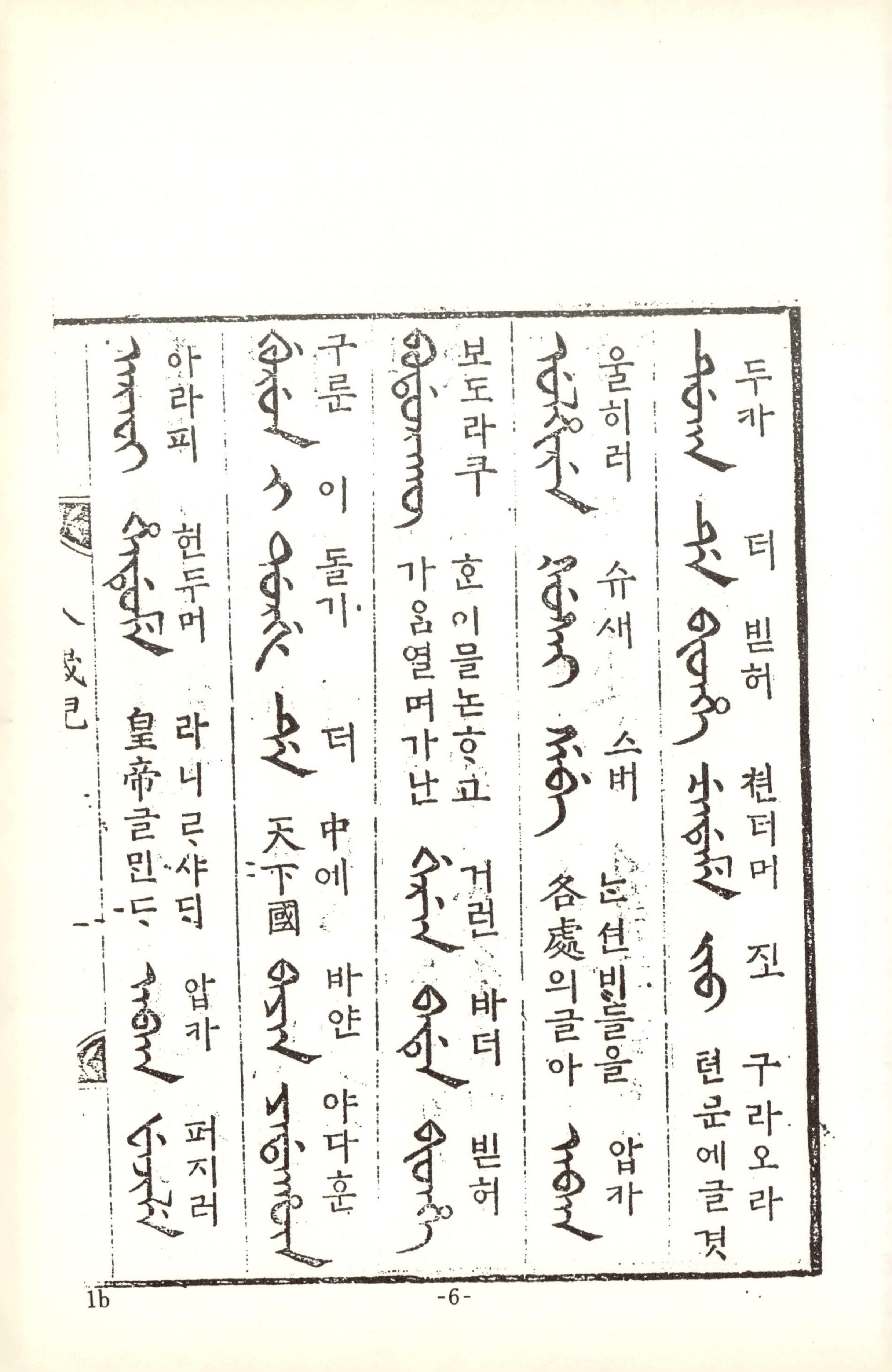

두카 더 빈허 쳔더머 죠 구라오라

련균에글겨

울히러 슈새 스버 눈션빈믈을 압가

各處의글아

보도라쿠 호이믈논ᄒᆞ교 거런 바더 빈허

가옴열며가난

구룬 이 돌기 더 中에 바얀 야다훈

天下國

아라피 헌두머 라니르샤되 압카 퍼지러

皇帝글민드

八歲兒

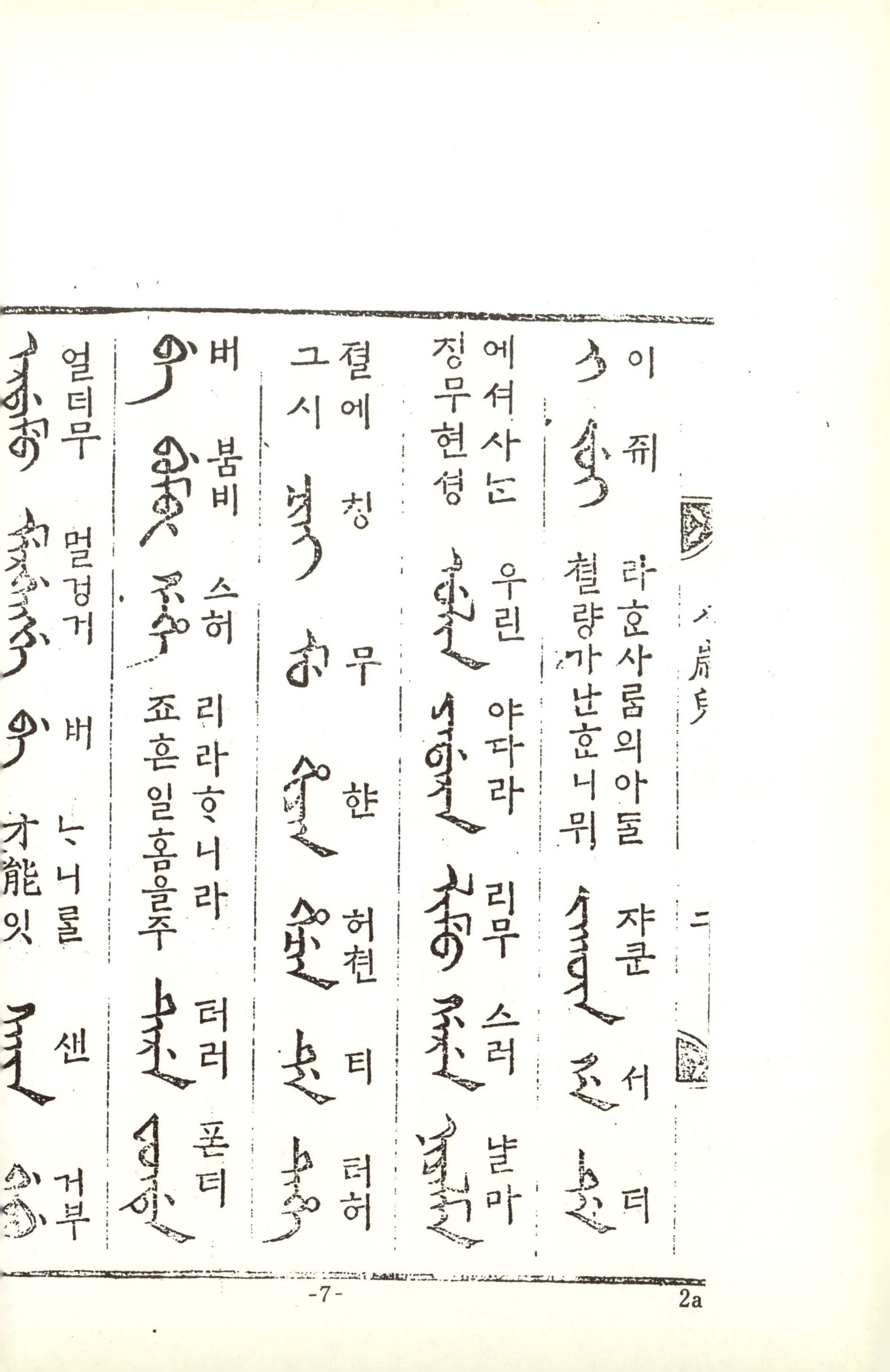

이 쥐 ᄃᆞᄒᆞᆫ사ᄅᆞᆷ의아ᄃᆞᆯ 쟈쿤 서 더
쳘량가난ᄒᆞ니뮈

에셔사ᄂᆞᆫ 우린 야다라 리무 스러 냘마
징무현셩

졀에 칭 무 한 허쳔 티 텨허
그시

버 붐비 스허 리라ᄒᆞ니라 터러 폰더
죠흔일홈을주

얼더무 멀겅거 버 ᄂᆞ니를 샌 거부
才能잇

강 허쳔 더 이시나피 다ᄃᆞ라 순쟈
쟝강셩에
넘고 우두두 이벙기 야부머 녀여 쟝
갓옷 여러날
업시 무케 이한 이 집챠 어투피 쇼
먹을것 무
도로 아라피 직ᄒᆞ고 져터렁거 아쿠
드러하
인제 아마 어머 더 ᄲᅵ 도시머 팍챠라
여ᄃᆞ래 술 父 母

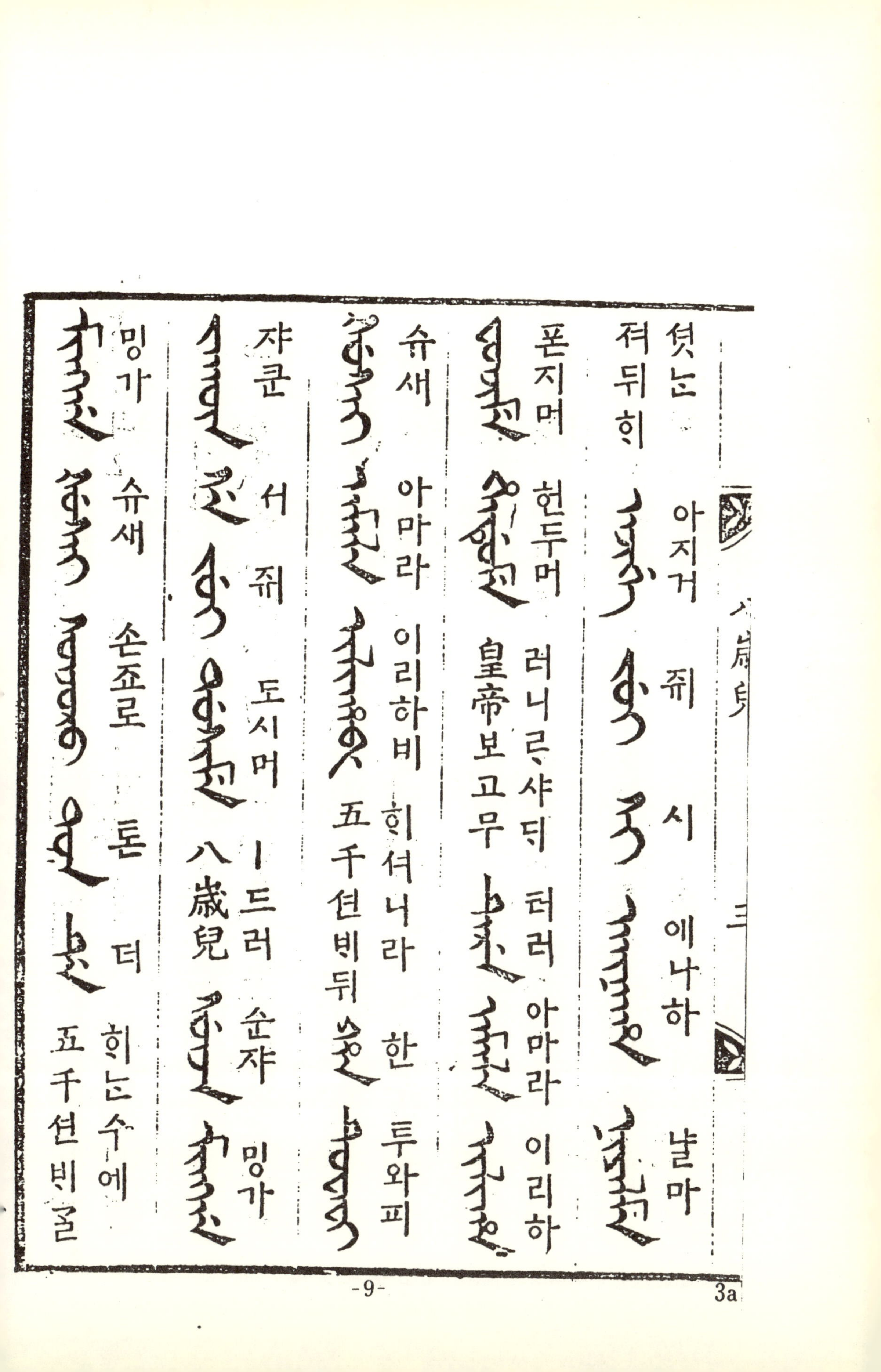

셧논
져뒤히

아지거 쥐 시 에나하 날마

폰지머 헌두머 러니르샤뒤 터러 아마라 이리하

皇帝보고무

슈새 아마라 이리하비 희셔니라 한 투와피

五千션비뒤

쟈쿤 서 쥐 도시머 ㅣ드러 순쟈 밍가

八歲兒

밍가 슈새 손죠로 톤 더 희논수에

五千션비골

심으로 빈허 쳔터머 지허 왓ᄂᆞᆫ이다 한

旨ᄂᆞ리오 글겻구라

한 겅견 허스 와심부러 다하머 이聖

皇上

날마 세버니 이넝기 젼일에 언두링거

小ᄉᆞ이

갓가이가 워심부머 헌두머 니ᄅᆞ되 아지거

八歲兒ㅣ 엿ᄌᆞ와

뎐사ᄅᆞᆷ인다 쟈쿤 서 쥐 한치 거너피

쟈근아희네엇

八歲兒 三

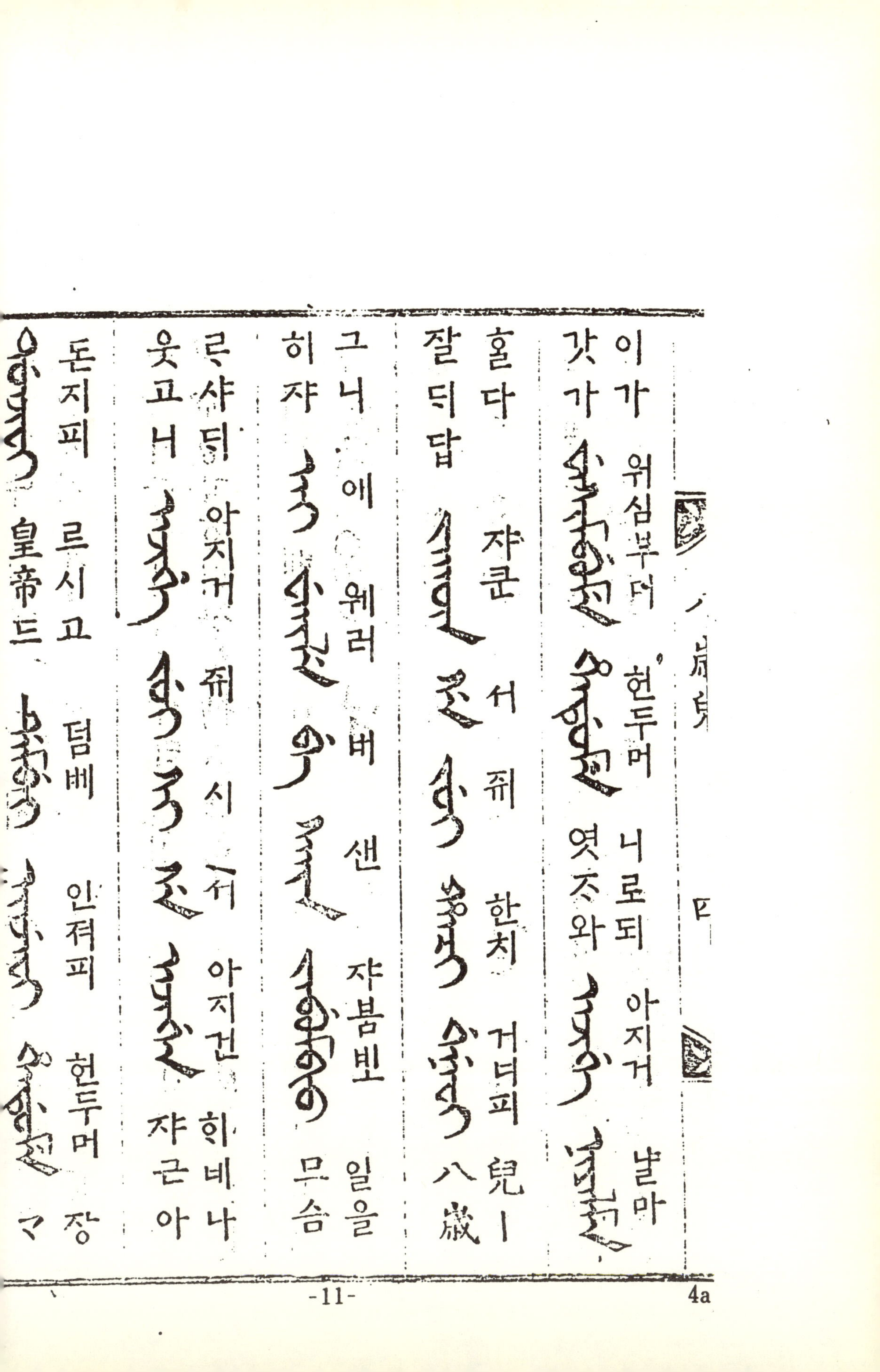

이가 위심부머 헌두머 니로되 아지거 냘마
갓가 엿ᄌᆞ와

홀다 쟈쿤 서 쥐 한치 거녀피 兒ㅣ
잘되답 八歲

그니 에 웨러 베 샌 쟈븜뵈 일을
히쟈 무슴

ᄅᆞ샤되 아지거 쥐 시 취 아지건 히네나
웃고니 쟈근아

돈지피 르시고 덤베 인져피 헌두머 장
皇帝ᄃᆞ ᄆᆞ

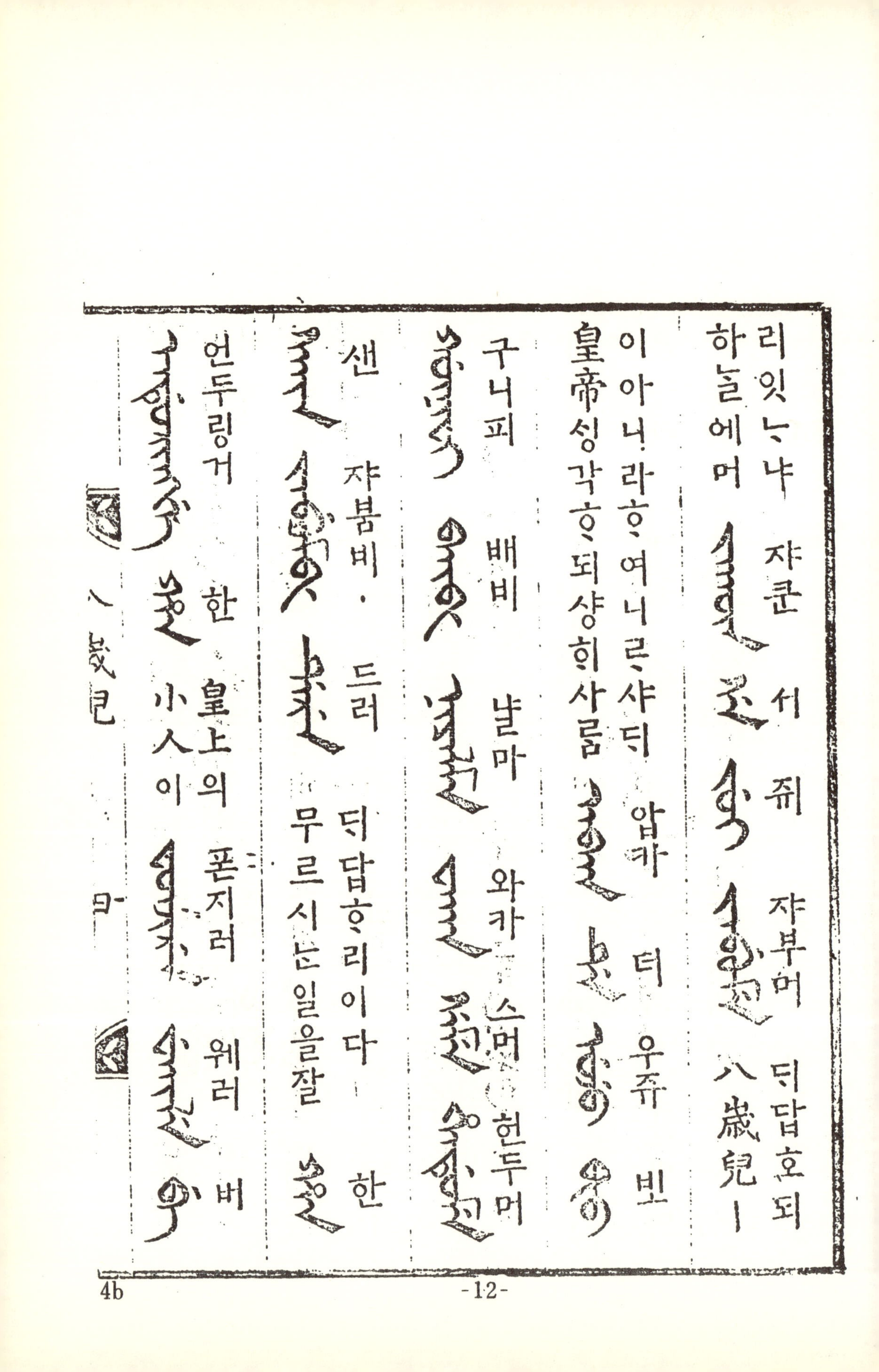

리잇ᄂᆞ냐 쟈쿤 서 쥐 쟈부머 ᄃᆡ답ᄒᆞ되
하ᄂᆞᆯ에머 八歲兒ㅣ
이아니라ᄒᆞ여니ᄅᆞ샤ᄃᆡ 압카 티 우쥬 뵈
皇帝ᄉᆡᆼ각ᄒᆞ되샹히사ᄅᆞᆷ
구니피 배비 날마 와카 스머 헌두머
샌 쟈붐비· 드러 ᄃᆡ답ᄒᆞ리이다 한
무르시ᄂᆞᆫ일을잘
언두링거 한 皇上의 폰지러 웨러 버
小人이

八歲兒 中

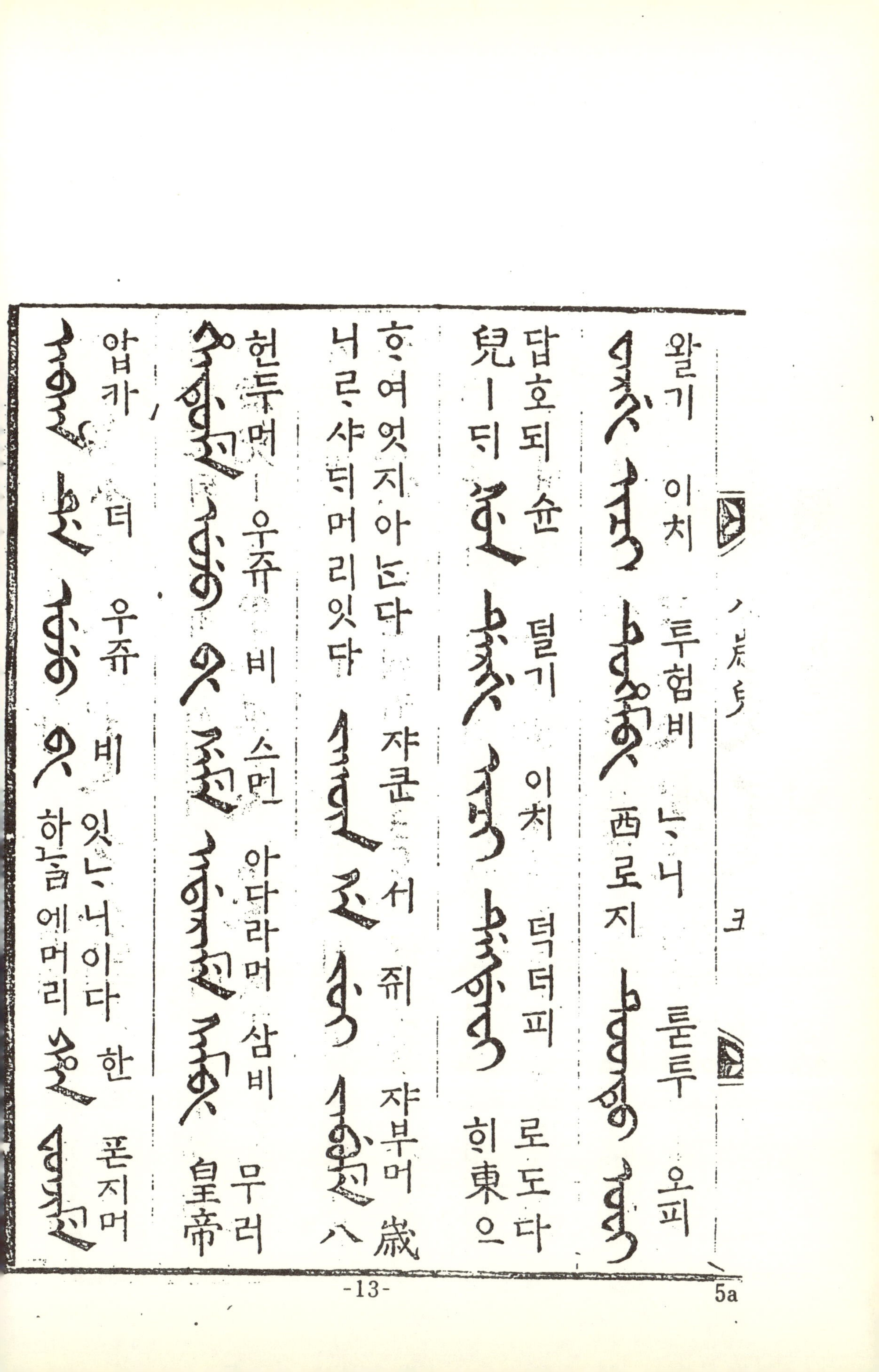

왈기 이치 투험비 ᄂᆞ니 룬투 오피

西로지

답호되 슌 털기 이치 덕더피 로도다

見ㅣ되 희東으

ᄒᆞ여 엇지 아ᄂᆞᆫ다 쟈쿤 서 쥐 쟈부머 歲

니ᄅᆞ샤ᄃᆡ 머리 잇다 八

헌두머 우쥬 비 스먼 아다라머 삼비 무러

皇帝

압카 터 우쥬 비 한 푼지머

잇ᄂᆞ니이다

하ᄂᆞᆯ에 머리

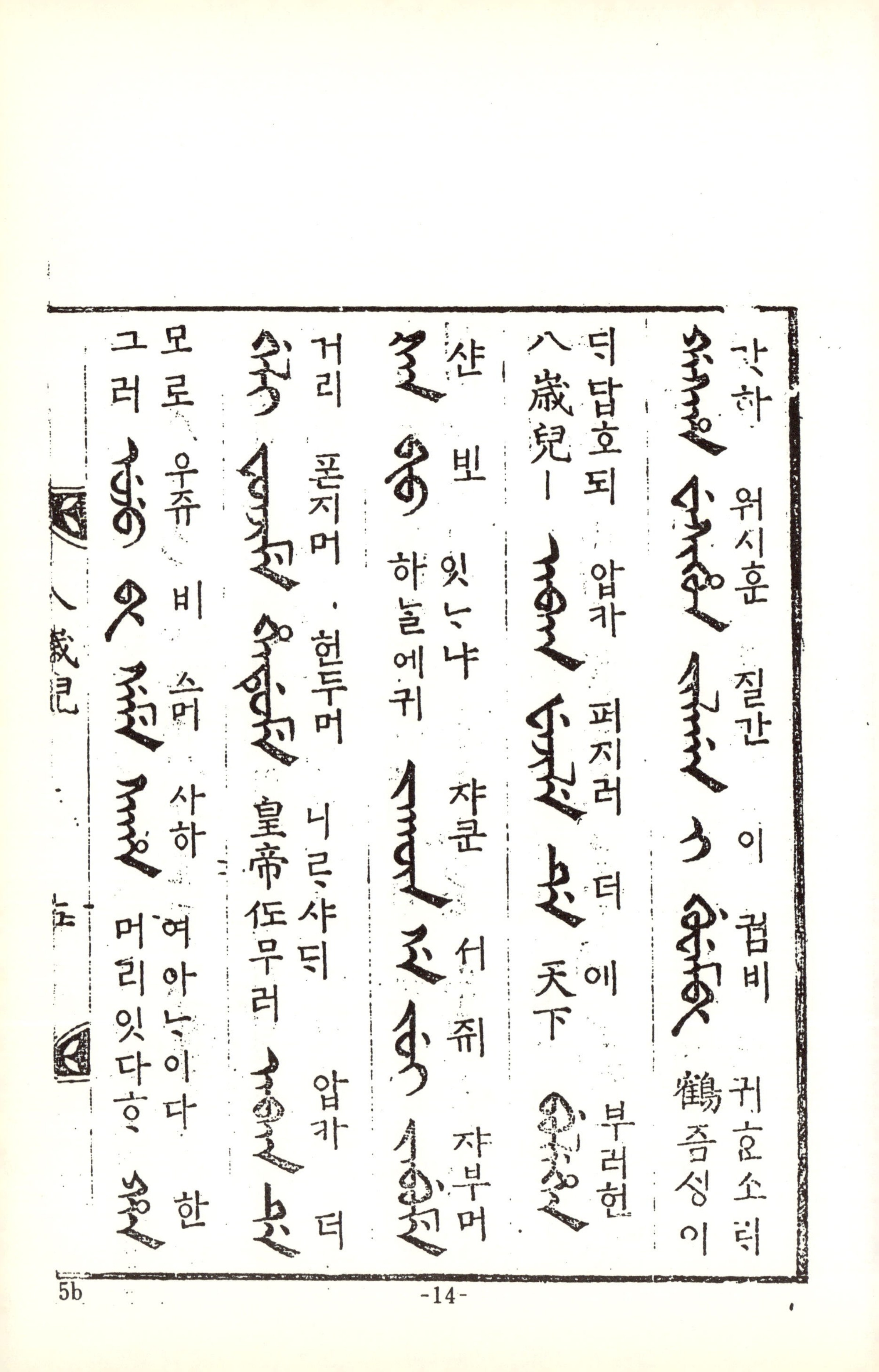

갹하 워시훈 질간 이 컴비 귀효소릐

鶴즘싱이

딕답호되 압카 퍼지러 더 에 부러헌

八歲兒ㅣ 天下

산 빈 잇ᄂᆞ냐 쟈쿤 서 쥐 쟈부머

하늘에귀

거리 폰지머 · 헌두머 니ᄅᆞ샤딕 압카 더

皇帝任무러

모로 우쥬 비 ᄉᆞ머 사하 여아ᄂᆞ이다 한

그러 머리잇다ᄒᆞ

八歲兒

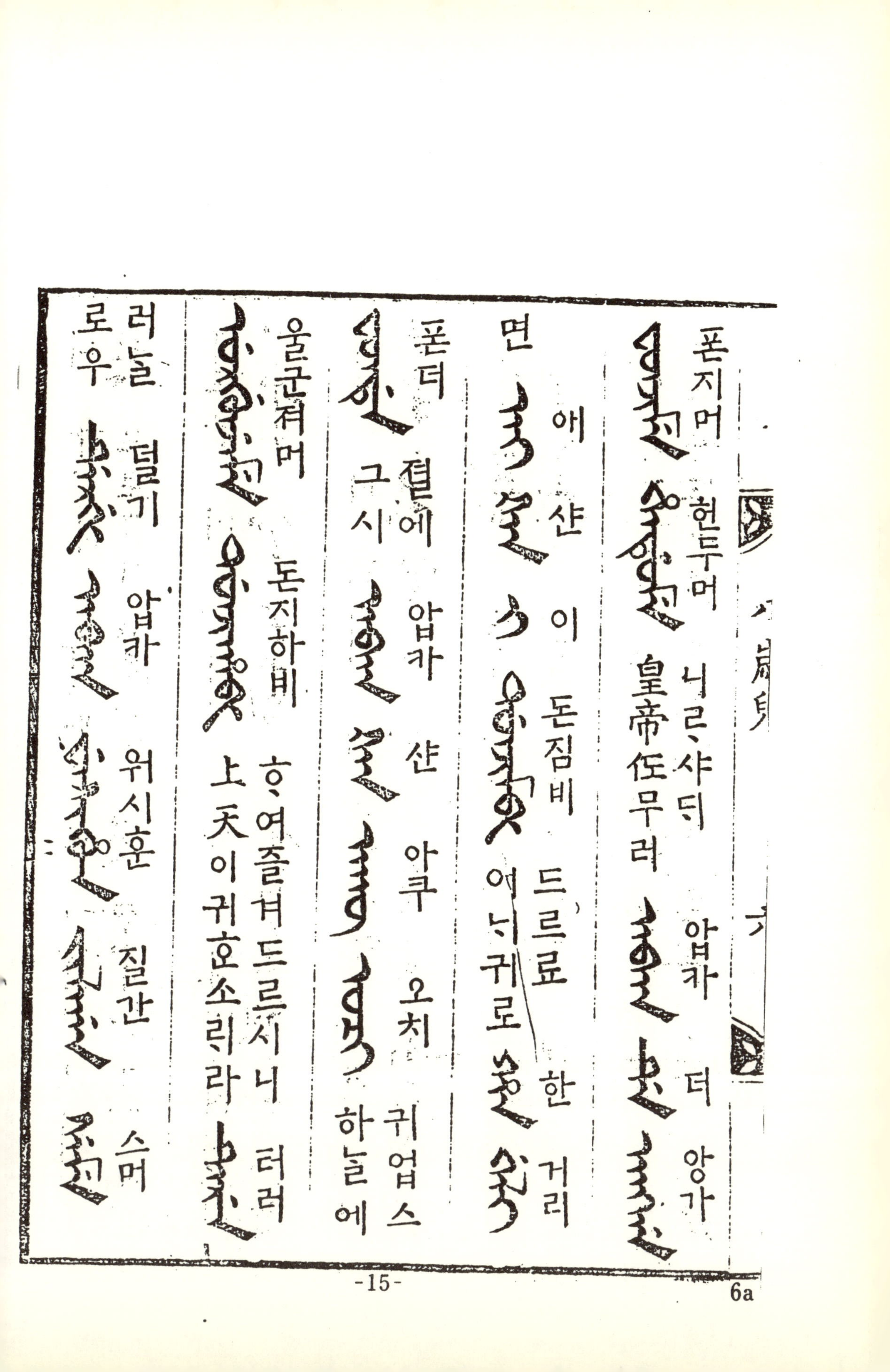

폰지머 헌두머 니ᄅᆞ샤ᄃᆡ 皇帝ᄯᅩ무러 압카 더 앙가

면 애 샨 이 돈짐비 드르료 한 거리 어ᄂᆡ귀로

폰더 졀에 그시 압카 샨 아쿠 오치 귀업스 하ᄂᆞᆯ에

울군져머 돈지하비 ᄒᆞ여즐겨드르시니 上天이귀호소리라 터러

러ᄂᆞᆯ 로우 덜기 압카 워시훈 질간 스머

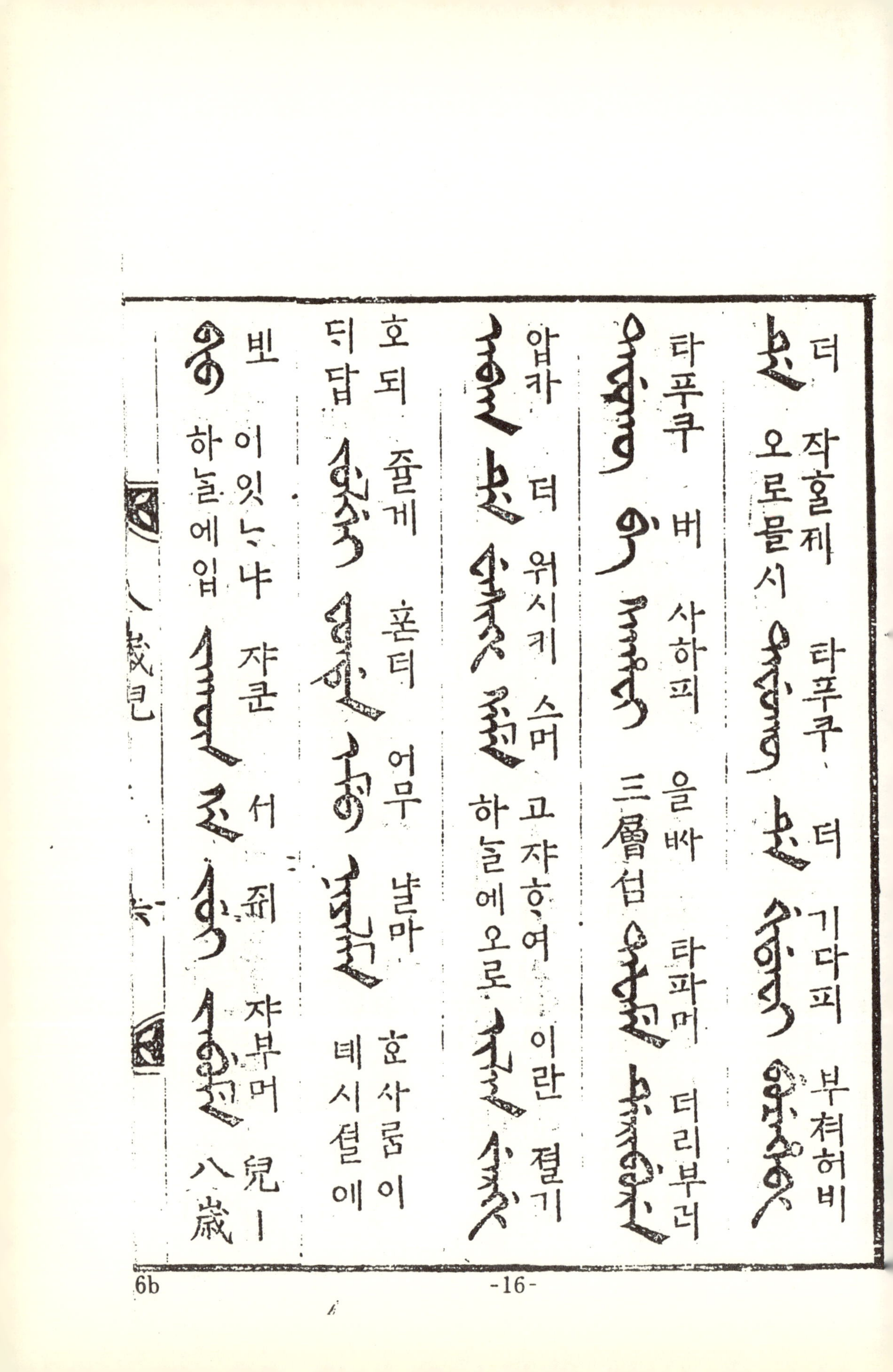

더 작홀제 타푸쿠 더 기다픠 부쳐허비
오로믈시
타푸쿠 버 사하픠 을ᄡᅡ 타파머 더리부러
三層셥
압카 더 워시키 스머 고쟈ᄒᆞ여 이란 졀기
하ᄂᆞᆯ에오로
호되 쥴게 혼터 어무 냘마 호사룸이
뒤답 톄시렬에
뵌 이잇ᄂᆞ냐 쟈쿤 서 쥐 쟈부머 兒ㅣ
하ᄂᆞᆯ에입 八歲

八歲兒

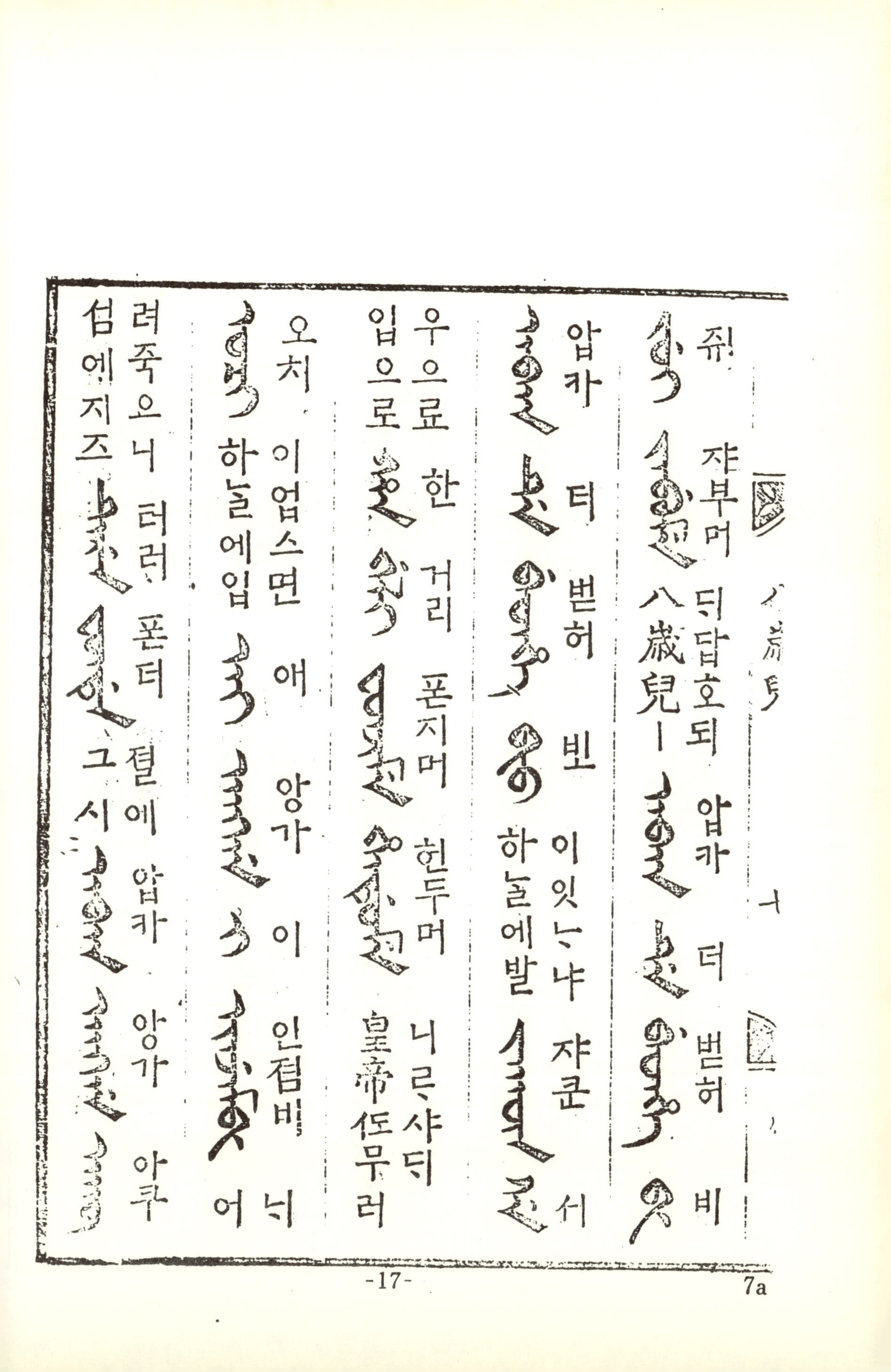

八歲兒 十

쥐 쟈부머 ᄃᆡ답ᄒᆞ되 압카 더 번허 비
八歲兒ㅣ
압카 터 번허 빈 이 잇ᄂᆞ냐 쟈쿤 서
하ᄂᆞᆯ에발
우으료 한 거리 퐁지머 헌두머 니ᄅᆞ샤ᄃᆡ
입으로 皇帝ㅣ 또무러
오치 이업스면 애 앙가 이 인겁비 ᄂᆡ
하ᄂᆞᆯ에입 어
려죽으니 러러 퐁더 졀에 압카 앙가 아쿠
섬에지즈 그 시

벋허 아쿠 오치 스먼 애 빋히 이

이란 압캬 버 턴터러 폰더 天ᄂᆞᆫ홀시절에
前古에三十三

쥐 쟈부머 ᄃᆡ답호되 쥴게 쥬러시 구신
八歲兒ㅣ

아다라머 삼비· 잇다ᄒᆞ여엇지아ᄂᆞᆫ다 쟈쿤 서
皇帝무러니ᄅᆞ샤ᄃᆡ발이

잇ᄂᆞ니이다 한 폰지머 헌두머 벋허 비 스머
하ᄂᆞᆯ에발이

머더리 고로 스머 비 있ᄂᆞ니이다 한
海省이라ᄒᆞ여

서 쥐 쟈부머 ᄃᆡ답호되 쥬럴기 거더치 가면
八歲兒ㅣ 南으로

가면 애 고로 스머 빈 ᄒᆞ여있ᄂᆞ뇨 쟈쿤
南으로 무슴省이라

거리 폰지머 현두머 니르샤ᄃᆡ 쥬럴기 거더치
皇帝仼무러

펴려머 로ᄃᆞ텨 틴더치 옴비허 되리스 한
어ᄂᆡ발 ᄂᆞᆫ호게

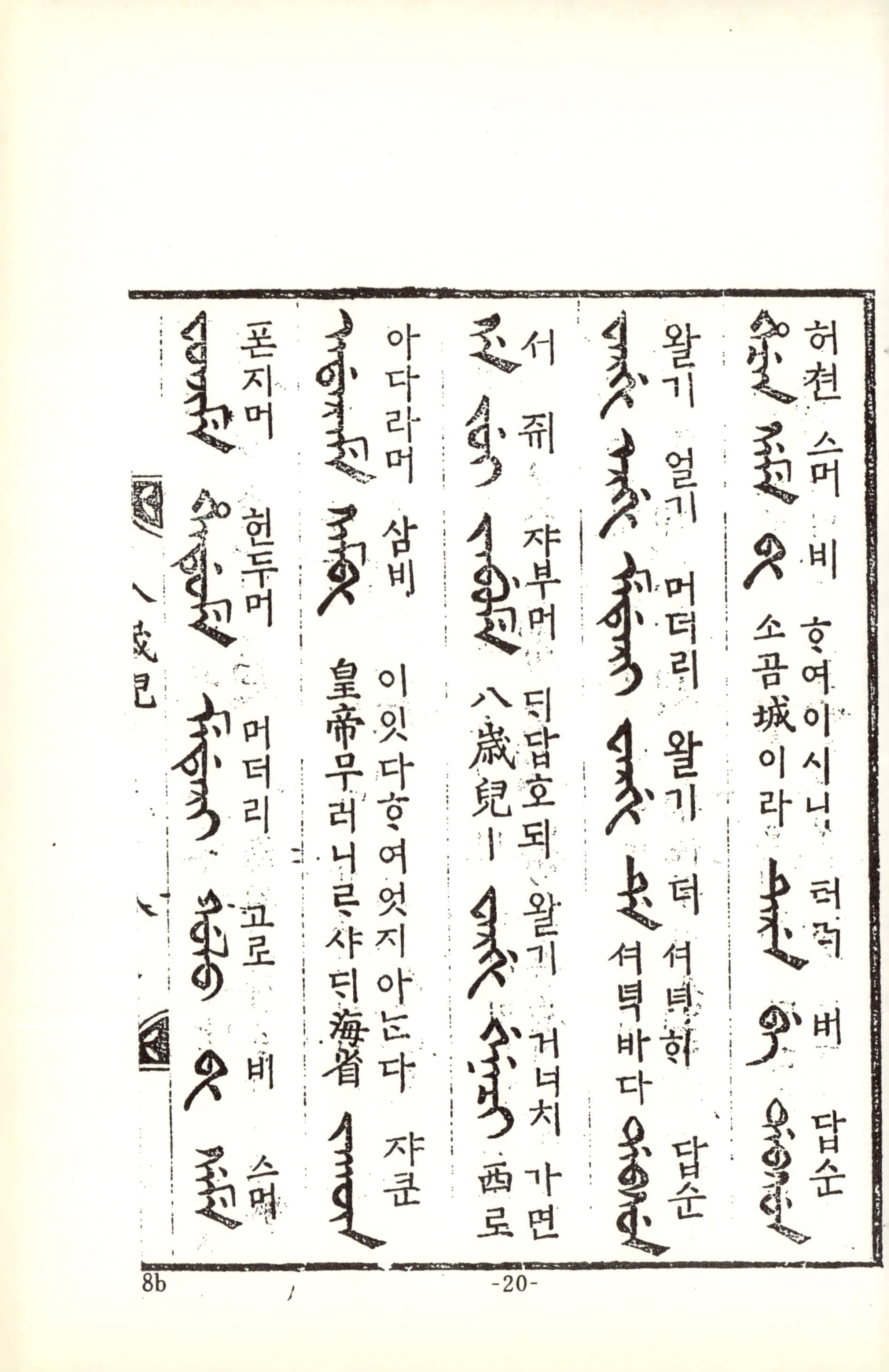

허쳔 스머 비 ᄒᆞ여이시니 소곰城이라 러각 버 답순

왈기 얼기 머더리 왈기 더 셔텨히 셔텩바다 답순

서 쥐 쟈부머 ᄃᆡ답호되 八歲兒ㅣ 왈기 거너치 가면 西로

아다라머 삼비 이잇다ᄒᆞ여 엇지아ᄂᆞᆫ다 皇帝무러니ᄅᆞ샤ᄃᆡ 海眚 쟈쿤

폰지머 헌두머 머더리 고로 비 스머

八歲兒

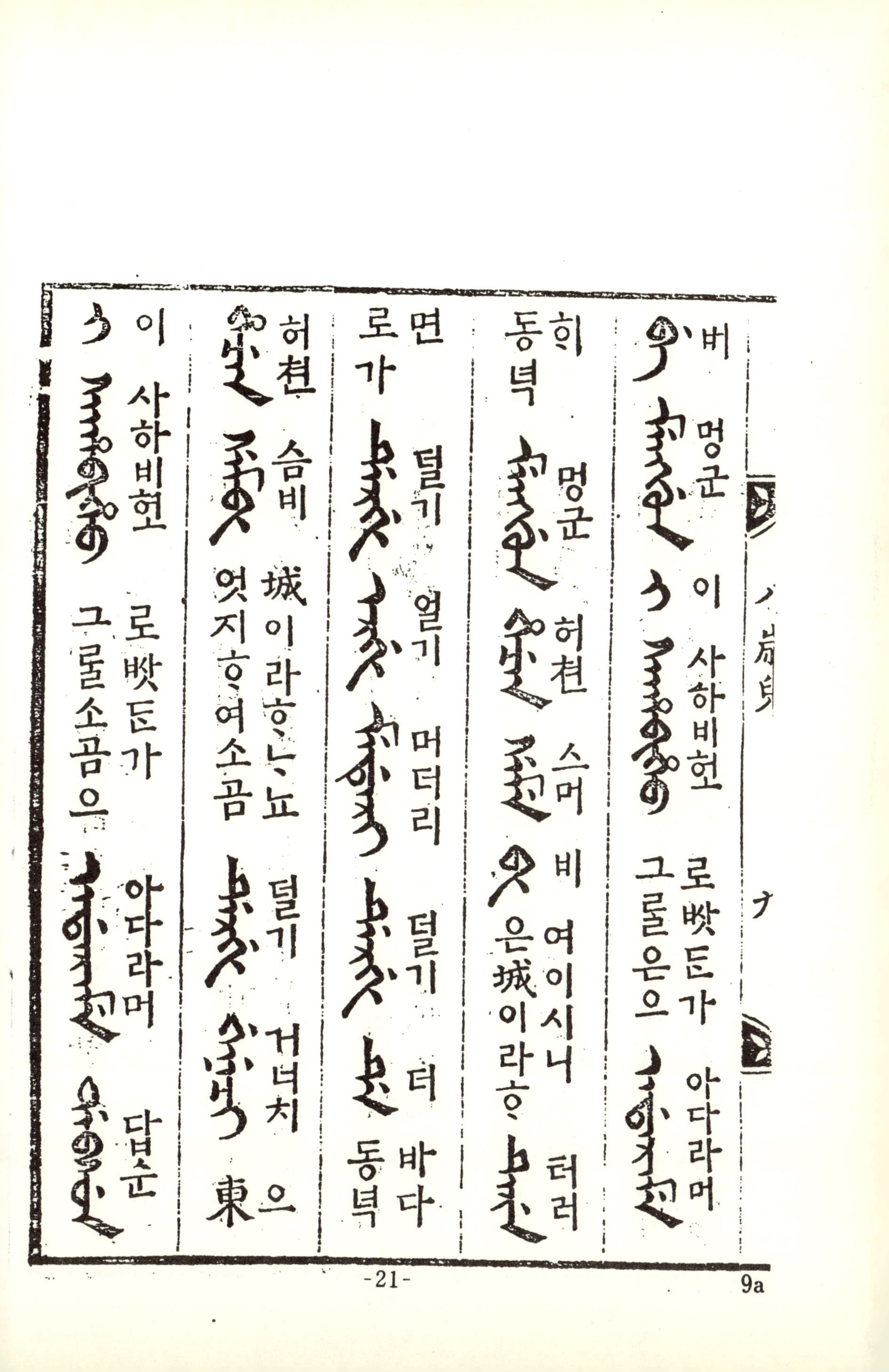

베 멍군 이 사하비헌 로밧드가 아다라머
그로롤은으

히 멍군 허쳔 스머 비 여이시니 터러
동녁 은城이라ᄒᆞ

면 덜기 얼기 머더리 덜기 터 바다
로가 동녁

허쳔 슴비 城이라ᄒᆞᄂᆞ뇨 덜기 거너치 으
엇지ᄒᆞ여소곰 東

이 사하비헌 로밧드가 아다라머 답순
그로롤소곰으

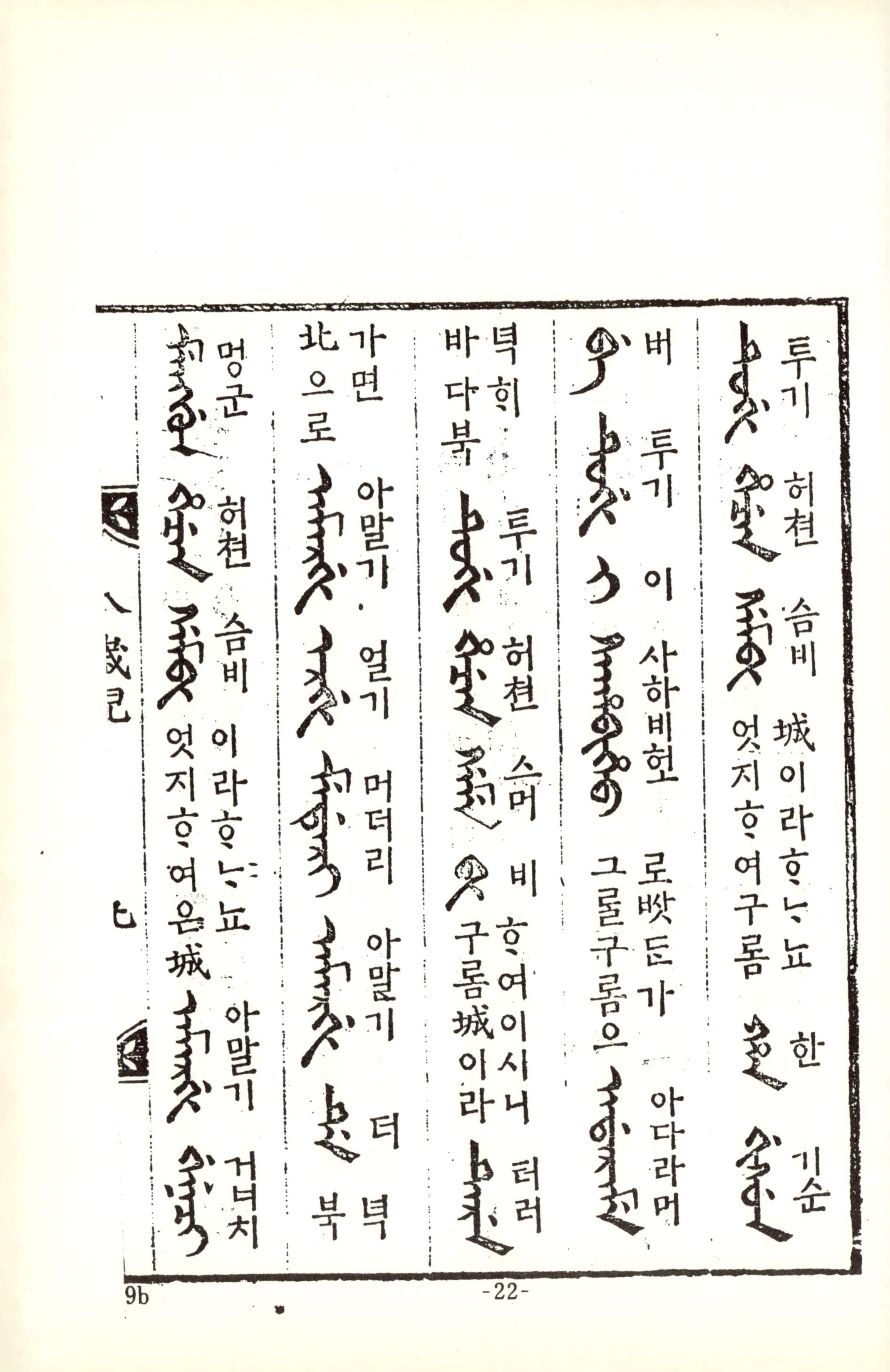

투기 허쳔 슴비 城이라ᄒᆞᄂᆞ뇨 한 기순
엇지ᄒᆞ여구룸

버 투기 이 사하비헌 로빳ᄃᆞ가 아다라머
그롤구룸으

텩히 투기 허쳔 슴머 비 ᄒᆞ여이시니 터러
바다북 구룸城이라

가면 아말기 얼기 머더리 아말기 더 텩
北으로 북

멍군 허쳔 슴비 이라ᄒᆞᄂᆞ뇨 아말기 거너치
엇지ᄒᆞ여은城

入 戲 己

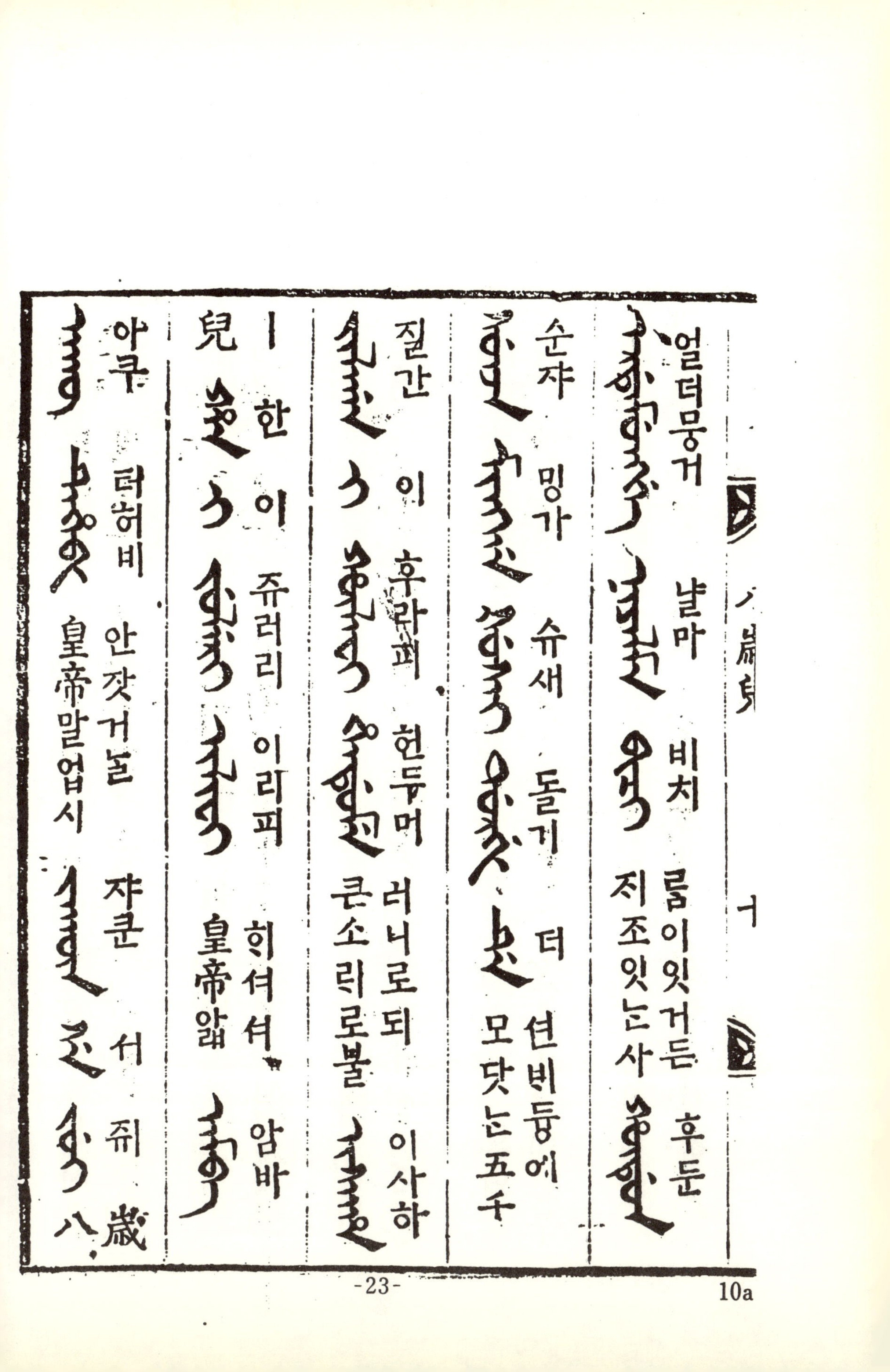

八歲兒

얼더뭉거 날마 비치 룸이잇거든 후둔
지조잇는사

순쟈 밍가 슈새 돌기 더 션비듕에
모닷는五千

질간 이 후라픠 헌둥머 러너로되 이사하
큰소릐로불

ㅣ 한 이 쥬러리 이리픠 희셔셔 암바
兒 皇帝앏

아쿠 터허비 안잣거놀 쟈쿤 서 쥐 歲
皇帝말업시 八

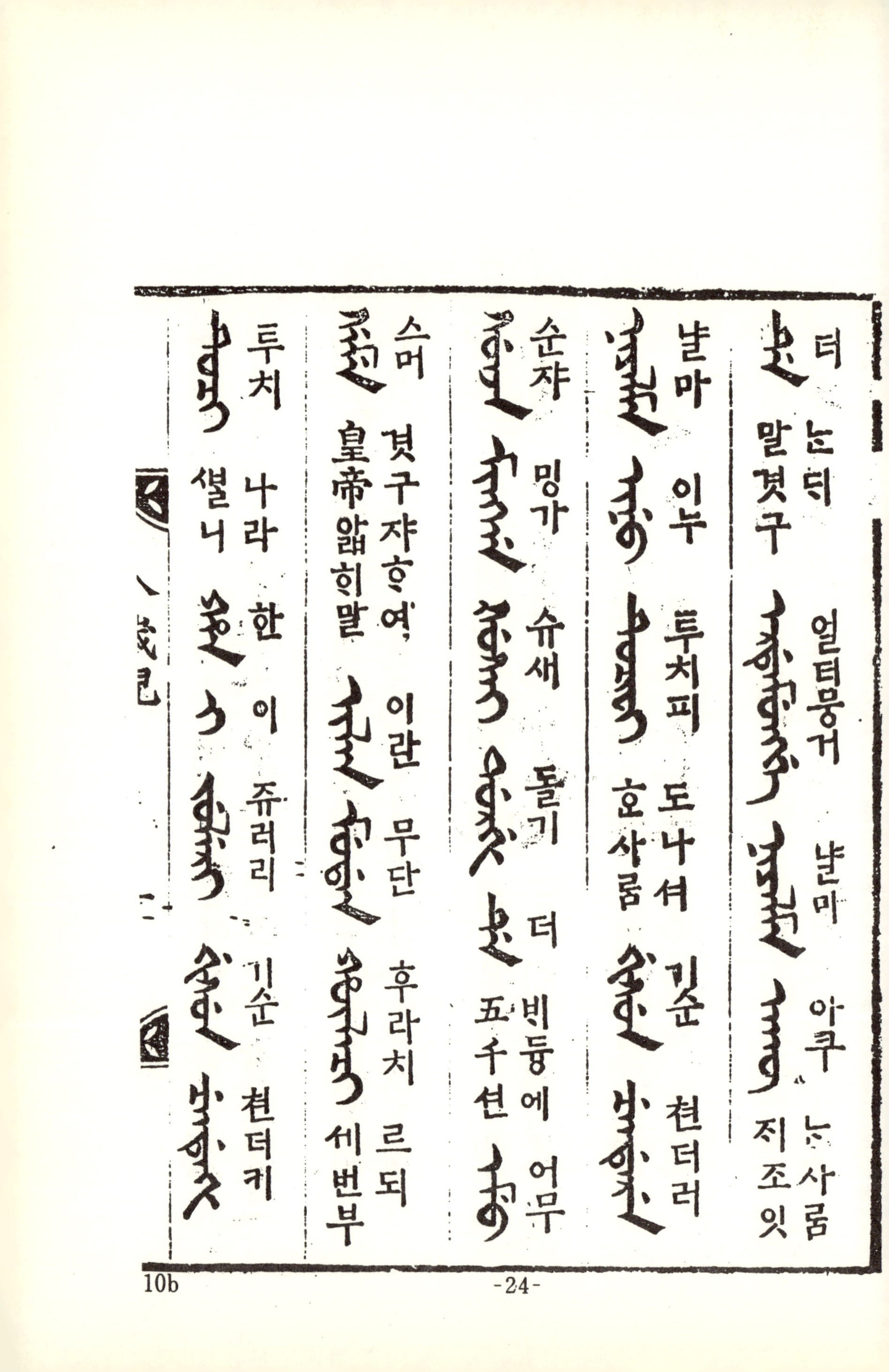

더 는ᄃᆡ 말겻구 얼터뭉거 냔미 아쿠 는사ᄅᆞᆷ 지조잇

냔마 이누 투치피 도나셔 호사ᄅᆞᆷ 기순 쳔더러

순쟈 밍가 슈새 돌기 더 빈듕에 五千션 어무

슈머 겻구쟈ᄒᆞ여 皇帝앏희말 이란 무단 후라치 르되 세번부

투치 나라 셜니 한 이 쥬러리 기순 쳔더키

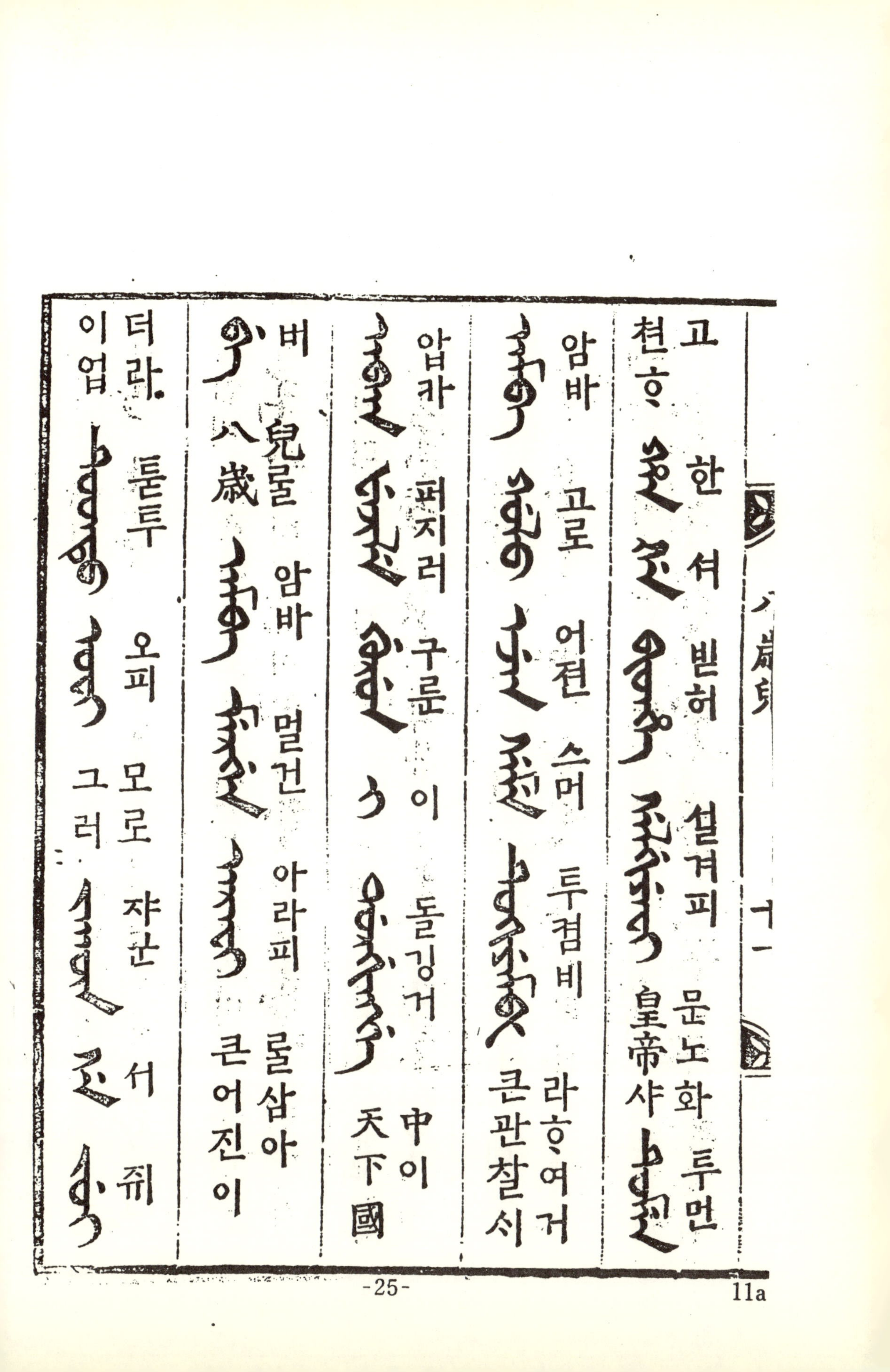

고 한 셔 빋허 셜겨피 문노화 투먼
현ᄒᆞ 皇帝샤

암바 고로 어련 ᄉᆞ머 투졈비 라ᄒᆞ여거
큰관찰식

압카 퍼지러 구룬 이 돌깅거 中이
天下國

버 兒롤 암바 멀건 아라피 롤삼아
八歲 큰어진이

더라. 툰투 오피 모로 쟈군 셔 쥐
이업 그러

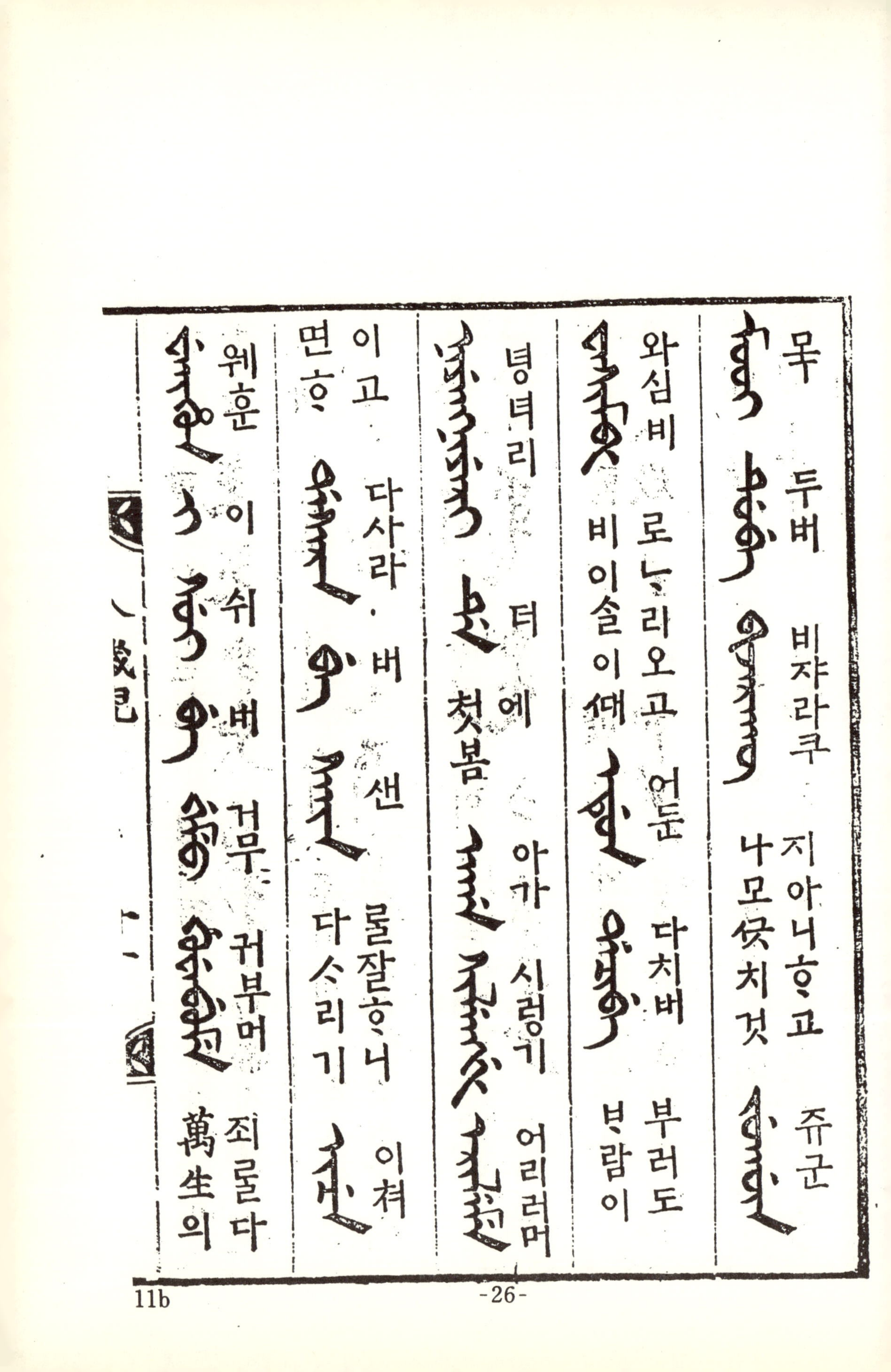

웨훈 이 쉬버 거무 커부머 萬生의 죄로다

면ᄒᆞ이고 다사라 버 샌 다ᄉᆞ리기룰잘ᄒᆞ니 이쳐

녕녀리 터 첫봄에 아가 시렁기 어리러머

와심비 비이슬이ᄲᅢ로ᄂᆞ리오고 어둔 다치버 ᄇᆞ람이부러도

목 두버 비쟈라쿠 나모ᄭᅳᆺ치것지아니ᄒᆞ교 쥬균

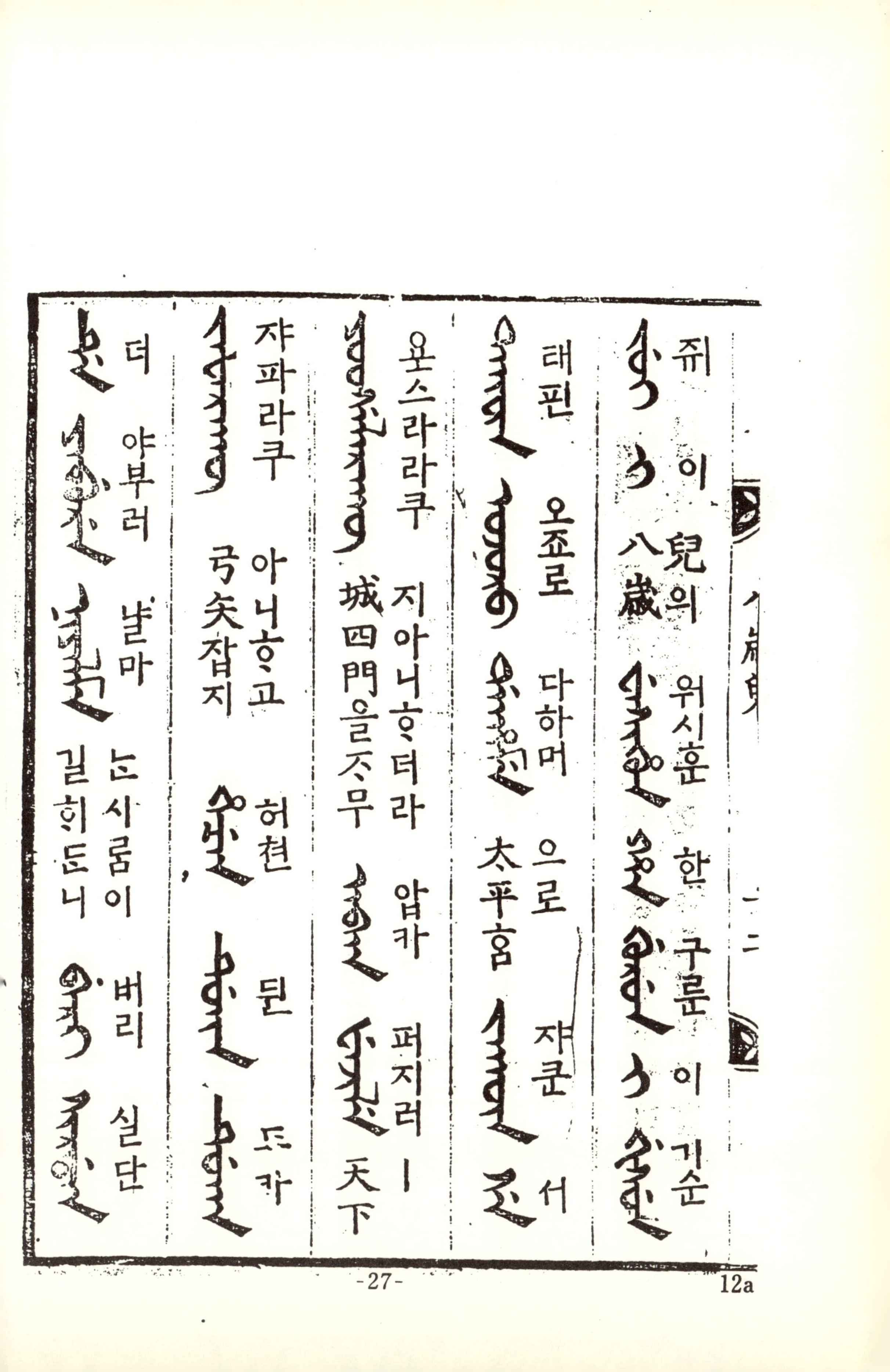

쥐 이 위시훈 한 구룬 이 기순
八歲兒의

태퓐 오죠로 다하머 으로 재쿤 서
太平ᄒᆞᆷ

욮스라라쿠 지아니ᄒᆞ더라 압카 퍼지러 ㅣ
城四門을ᄌᆞ무 天下

쟈파라쿠 아니ᄒᆞ고 허쳔 됸 ᄯᅩ카
弓矢잡지

더 야부러 냘마 ᄂᆞᆫ사ᄅᆞᆷ이 버리 실단
길히ᄃᆞ니

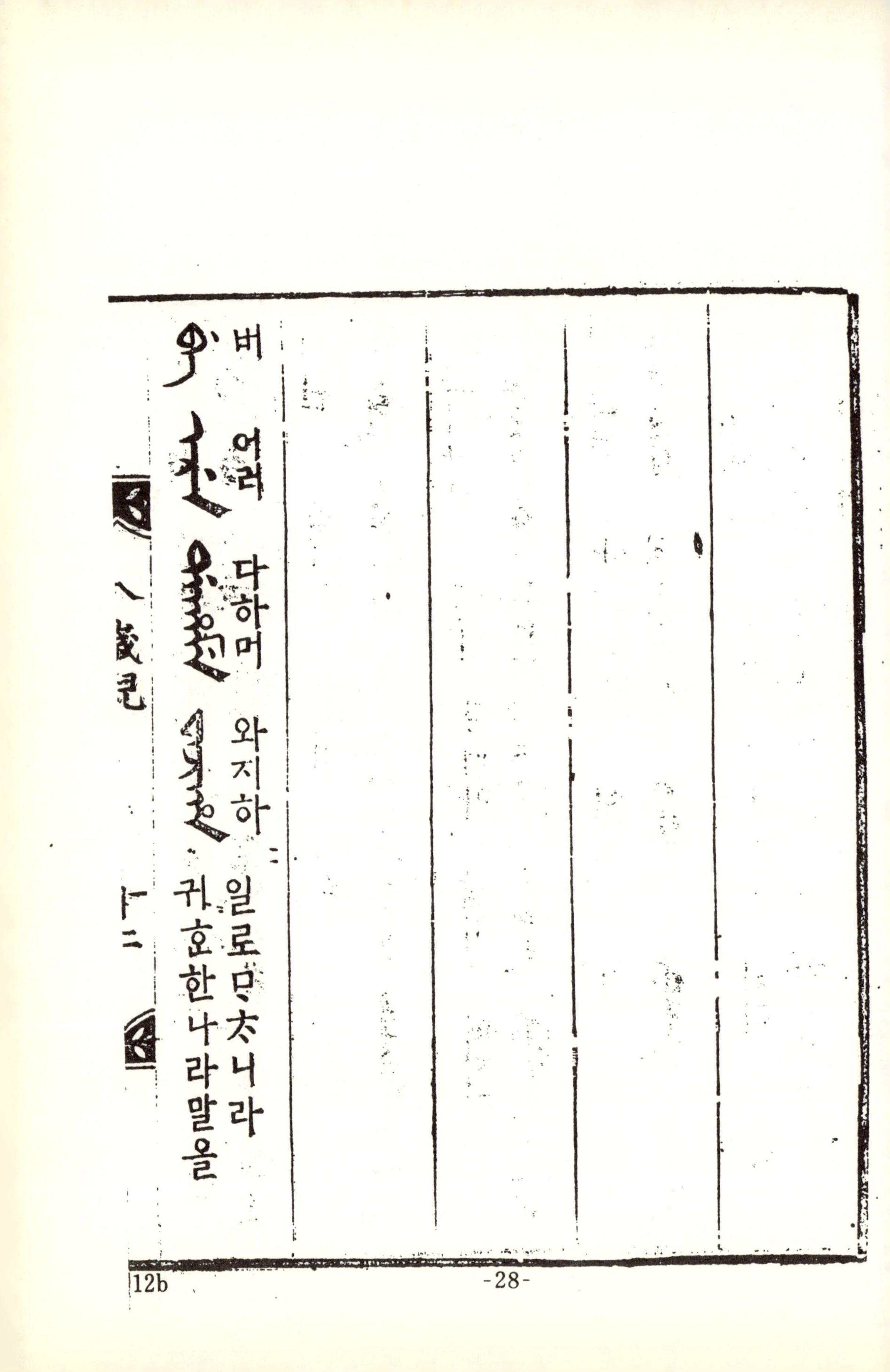

버 어러 다하머 와지하 ᄂ 일로ᄆᆞᆺᄎᆞ니라

귀ᄒᆞᆫ 나라 말ᄋᆞᆯ

乾隆四十二年丁酉九月 日改刊

檢察官

崇政大夫行知中樞府事金振夏

書寫官

通訓大夫行司譯院判官張再成

小兒論

小兒論

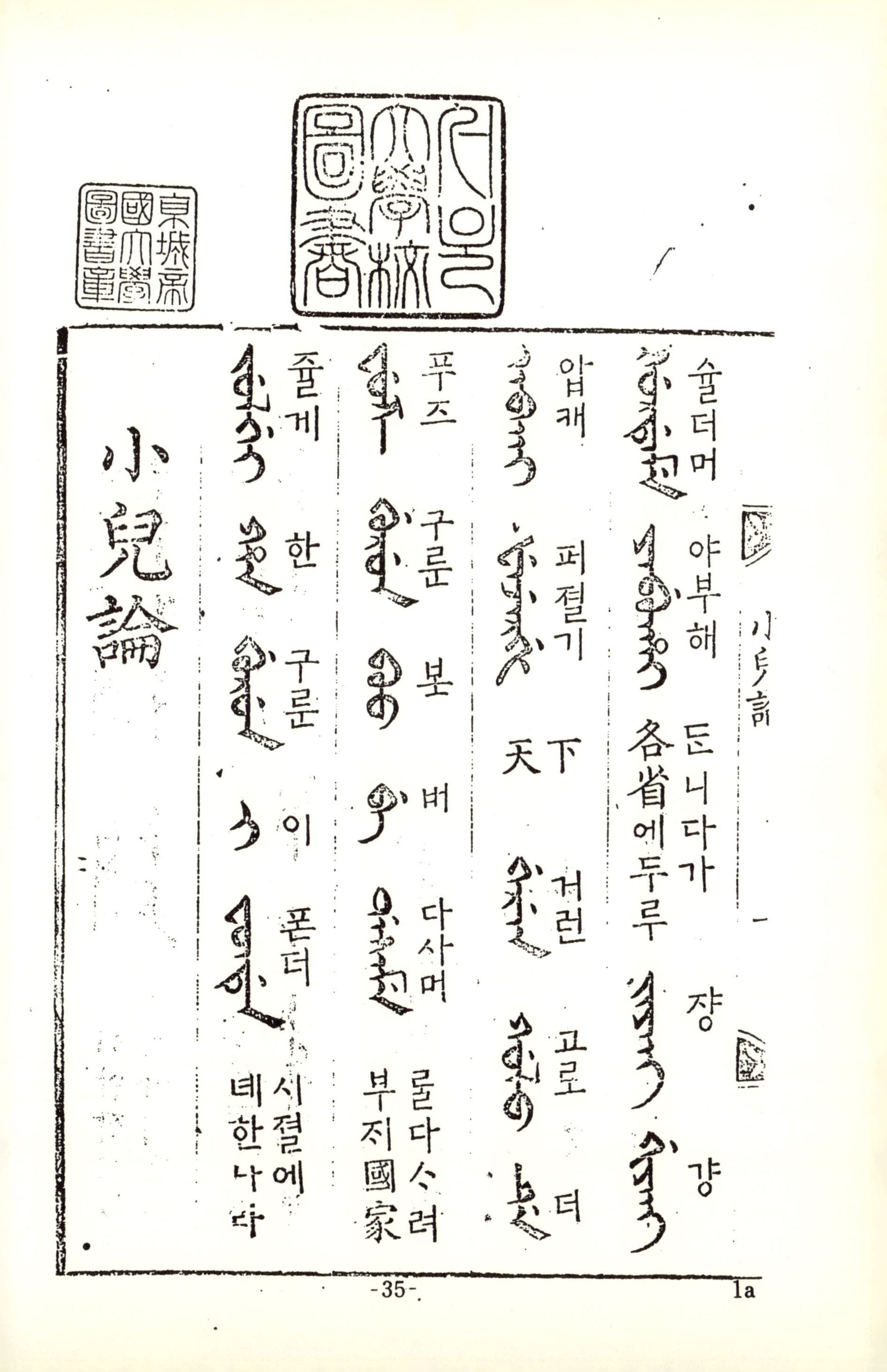

슐더머 야부해 뎐니다가 쟝 걍

各省에두루

압캐 퍼졀기 거런 고로 더

天下

푸즈 구룬 보 버 다사머

부지國家 룰다ᄉ려

쥴게 한 구룬 이 폰더

녜한나라 시졀에

小兒論

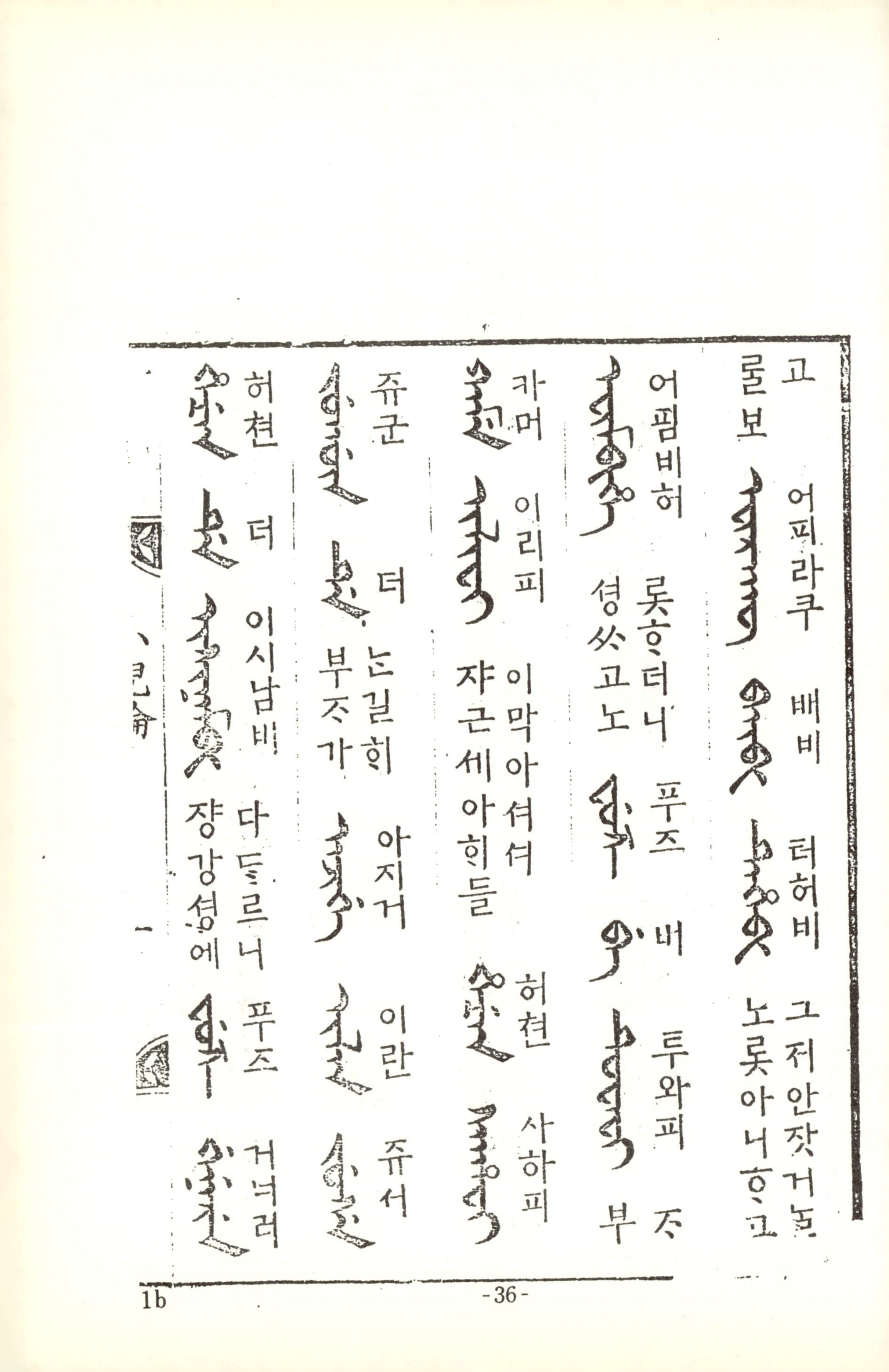

고 어피라쿠 배비 터허비 그저안잣거놀
룰보 노롯아니ᄒᆞ고
어핌비허 롯ᄒᆞ더니 푸즈 버 투와피 ᄌᆞ
셩쓰고노 부
카머 이리피 이막아셔셔 허쳔 사하피
쟈근세아ᄒᆡ들
쥬군 터 는길희 아지거 이란 쥬서
부ᄌᆞ가
허쳔 더 이시남비 다ᄃᆞ르니 푸즈 거너러
쟝강셩에

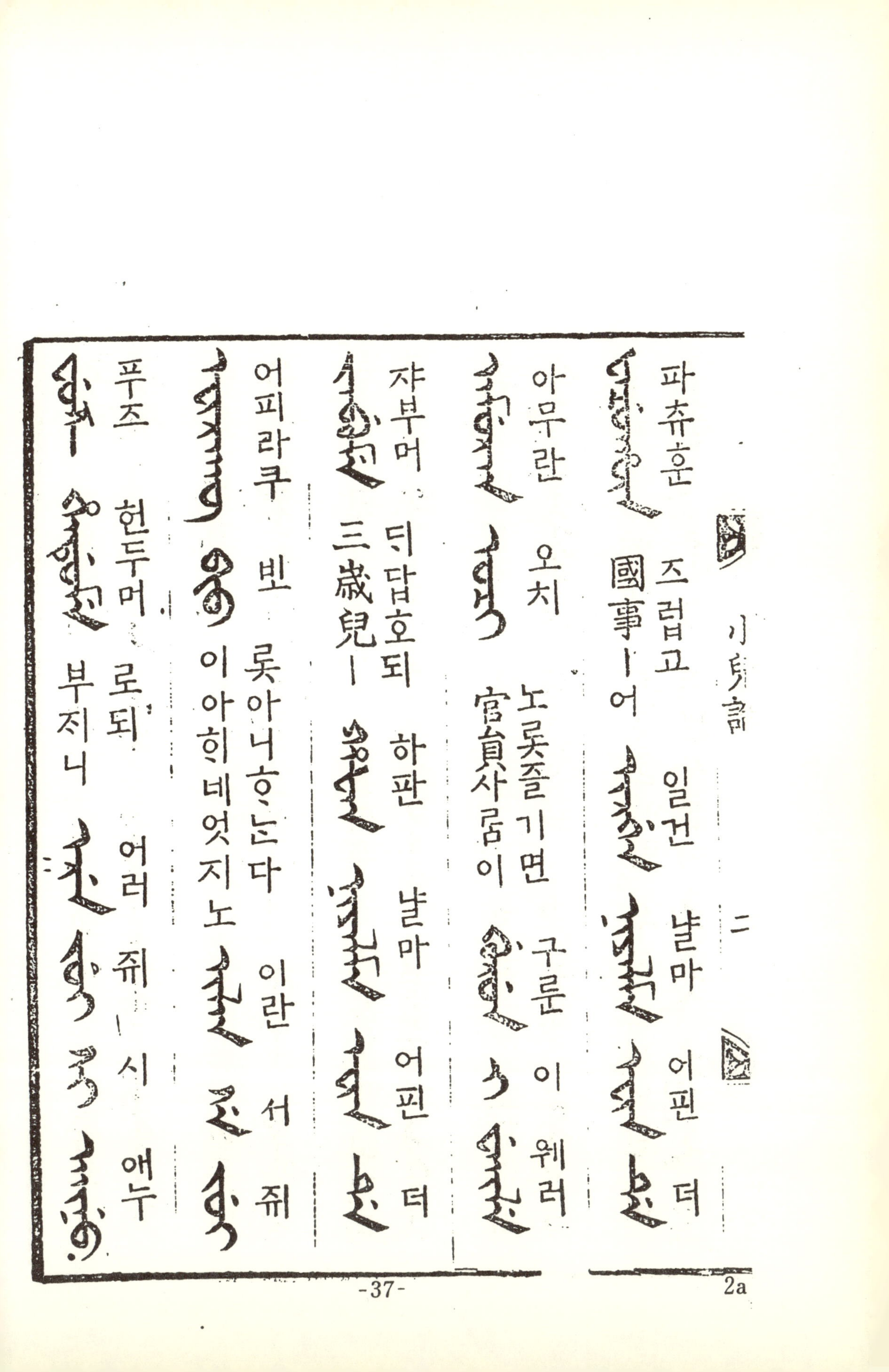

파츄훈 즈렵고 일건 날마 어핀 더
國事ㅣ어
아무란 오치 노롯즐기면 구룬 이 웨러
官貟사ᄅᆞᆷ이
쟈부머 ᄃᆡ답ᄒᆞ되 하판 날마 어핀 더
三歲兒ㅣ
어피라쿠 빈 롯아니ᄒᆞᄂᆞ다 이란 서 쥐
이아ᄒᆡ네엇지노
푸즈 헌두머 로되 어러 쥐 시 애누
부지니

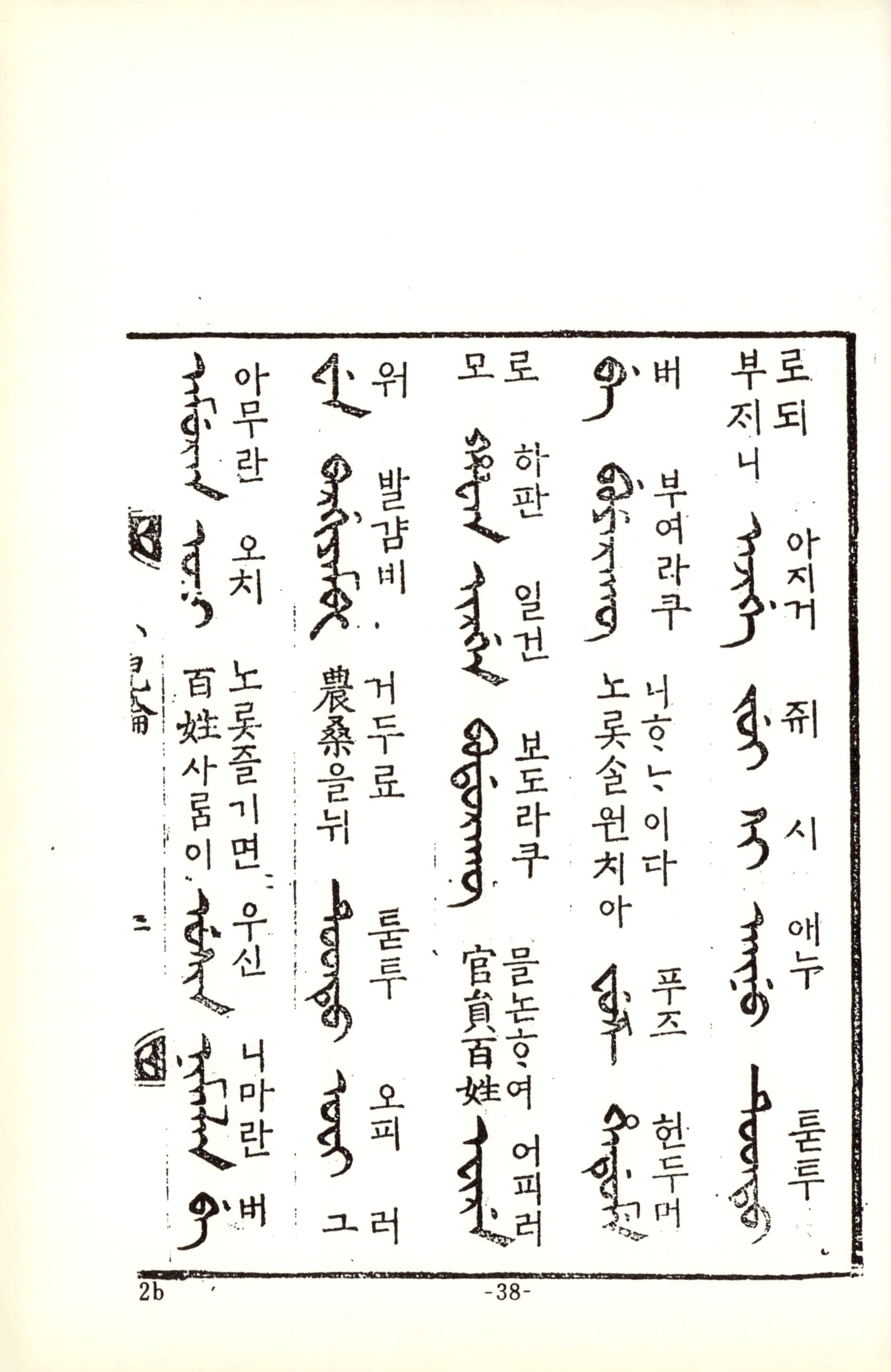

로되 아지거 쥐 시 애누 툰투
부지니
버 부여라쿠 너ᄒᆞᆫ 이다 푸즈 헌두머
노롯ᄉᆞᆯ 원치아
로 하판 일건 보도라쿠 믈논ᄒᆞ여 어피러
모로 官員百姓
워 발걈비 거두료 툰투 오피 러
農桑을뉘 그
아무란 오치 노롯즐기면 우신 니마란 버
百姓사ᄅᆞᆷ이

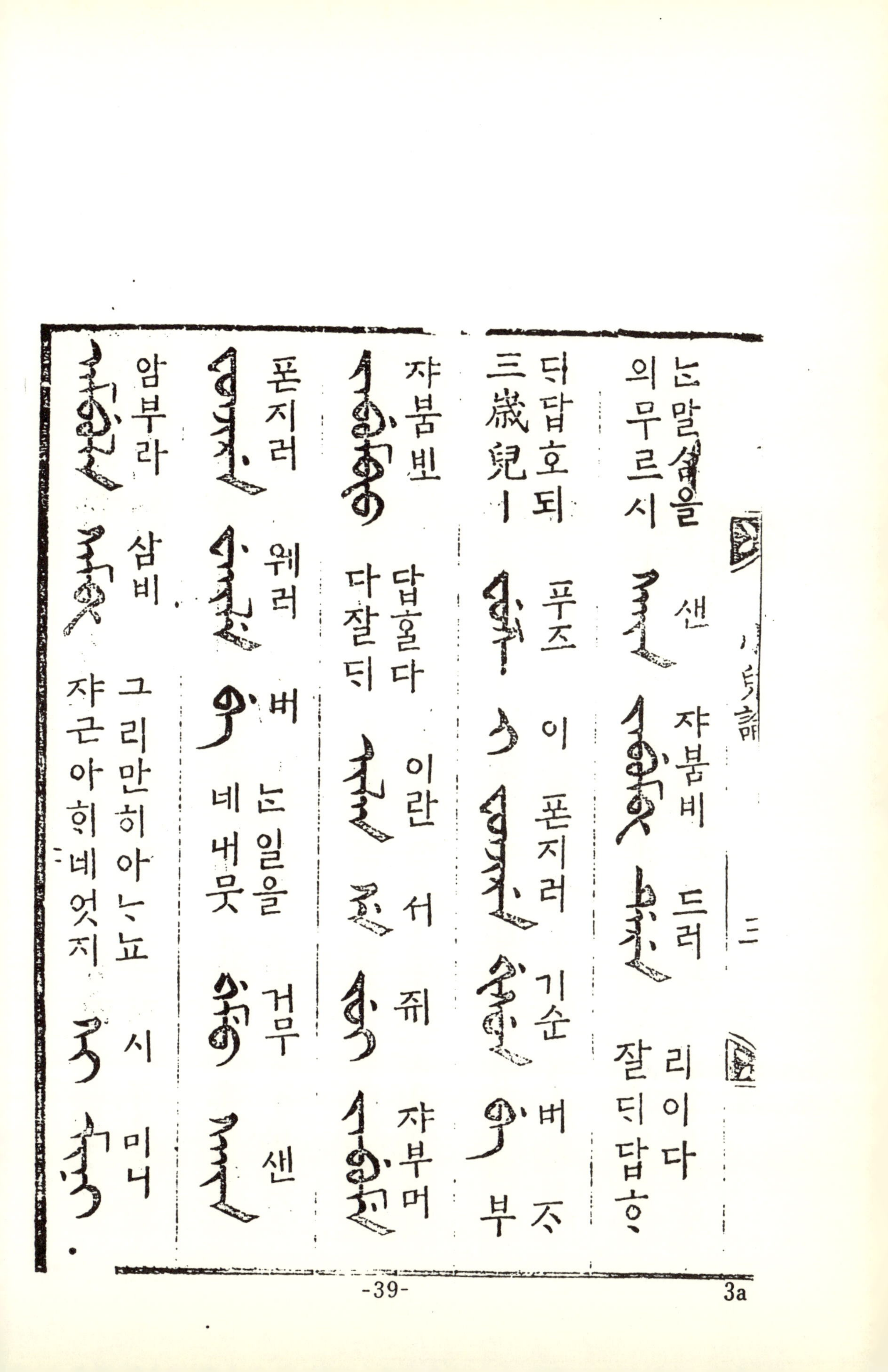

ᄂᆞᆫ말ᄉᆞᆷ을 샌 쟈붐비 드러 리이다
의무르시 잘ᄃᆡ답ᄒᆞ
ᄃᆡ답호되 푸조 이 폰지러 기순 버 ᄌᆞ
三歲兒ㅣ 부
쟈붐뵈 답홀다 이란 서 쥐 쟈부머
다잘ᄃᆡ
폰지러 웨러 버 ᄂᆞᆫ일을 거무 샌
네버뭇
암부라 삼비 그리만히아ᄂᆞ뇨 시 미너
쟈근아ᄒᆡ네엇지

업게ᄒᆞ쟈
官貪사ᄅᆞᆷ올

룬투 오치 ᄒᆞ면 그러 네건

게ᄒᆞ쟈
深기을업

하판 날마 버 아쿠 오부키

업게ᄒᆞ쟈
놉흔뫼흘

슈민 비라 버 아쿠 오부키

네드르라
쟈근아희

던 아린 버 아쿠 오부키

푸즈
폰지머 르되
부지무

아지거 쥐 시 돈지

오부치 게ᄒᆞ면 애후마 니마하 와고기
深川을업 남샹이
반짐비 에살며 슈민 비라 버 아쿠
어ᄂᆡ의지
게ᄒᆞ면 탓하 러푸 곰이 애 다냔 터
외흘업 범과
ᄃᆡ답호되 던 아린 버 아쿠 오부치 흔
三歲兒ㅣ 놈
오죠라쿤 되오라 이란 서 쥐 쟈부머
고로아니

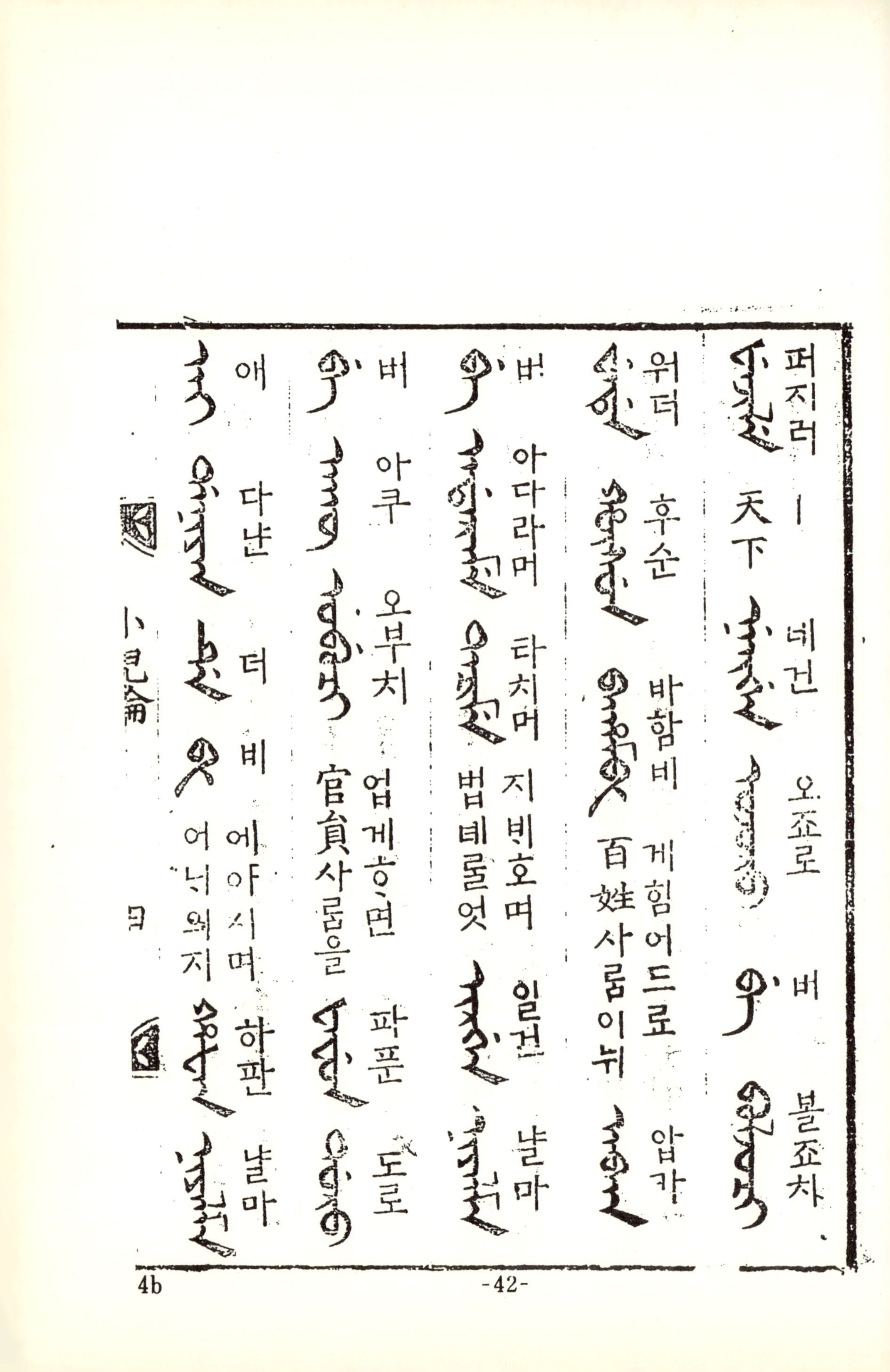

퍼지러 ㅣ 네건 오죠로 버 볼죠차
天下

워더 후순 바함비 게힘어드료 압가
百姓사룸이뉘

바! 아다라머 다치머 지빈호며 일권 날마
법톄롤엇

버 아쿠 오부치 업게ᄒᆞ면 파푼 도로
官負사룸을

애 다냔 더 비 에아시며 하판 날마
어닉외지

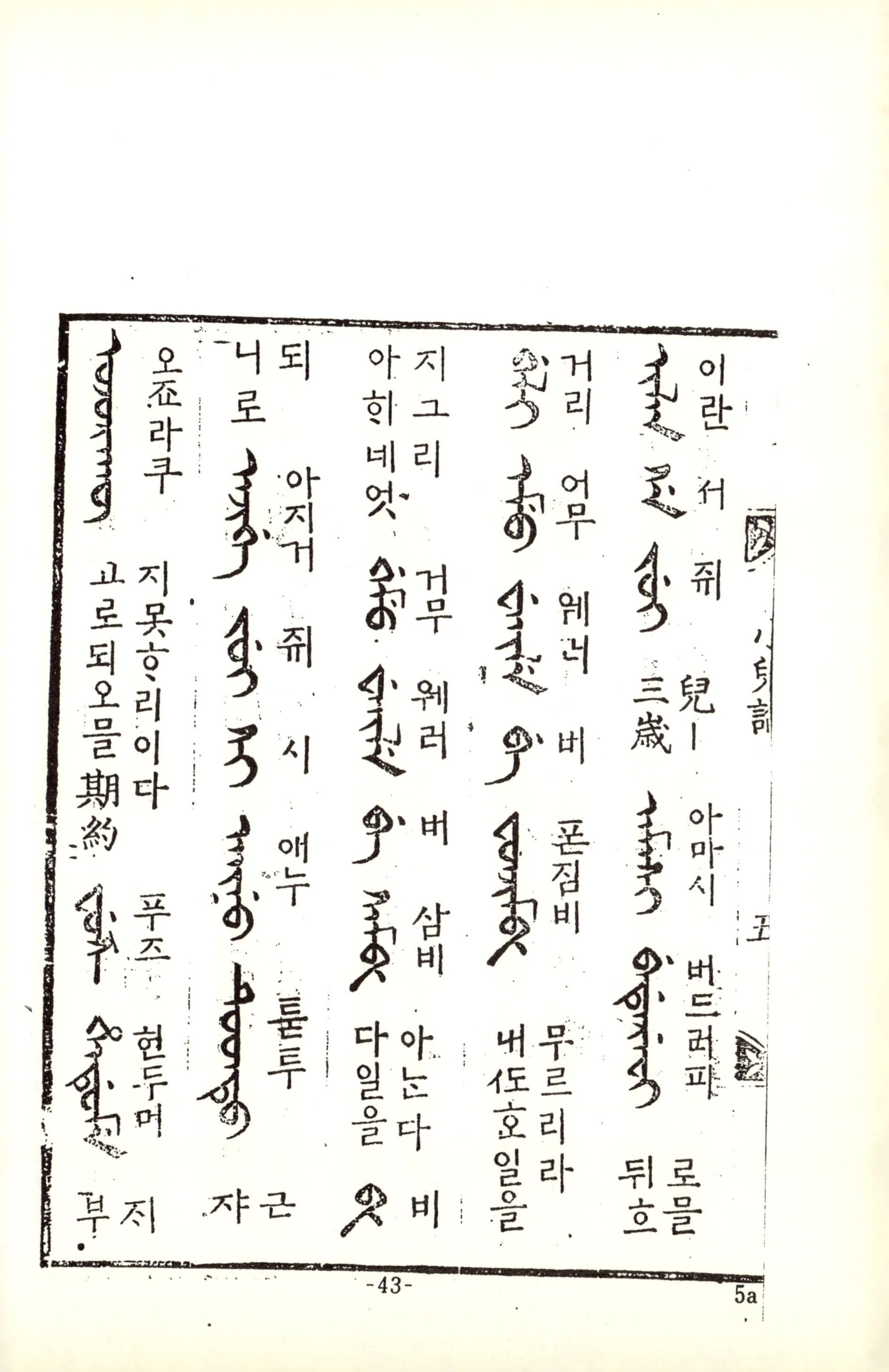

이란 서 쥐 兒ㅣ 아마시 버드러파 로믈

三歲 뒤호

거리 어무 웨러 비 폰짐비 무르리라

버亻도호일을

지그리 거무 웨러 버 삼비 아눈다 비

아히네엇 다일을

되 아지거 쥐 시 애누 툰투 근

나로 쟈

오죠라쿠 지못ᄒᆞ리이다 푸즈 현두머 지

고로되오믈期約 부

아쿠 업고 거리 애 날마 더 던사

지아비 또엇

고 거리 애 허허 더 집의게 에건

妻업 또엇던겨

로되 애 날마 더 룸의게 살간 아쿠

부지니 엇던사

웨러 버 폰짐비 르시리잇가 푸즈 헌두머

무슴일을무

쥬워 가라 좌라피 헌두머 나로되 애

러 두손잡고

小兒論 五

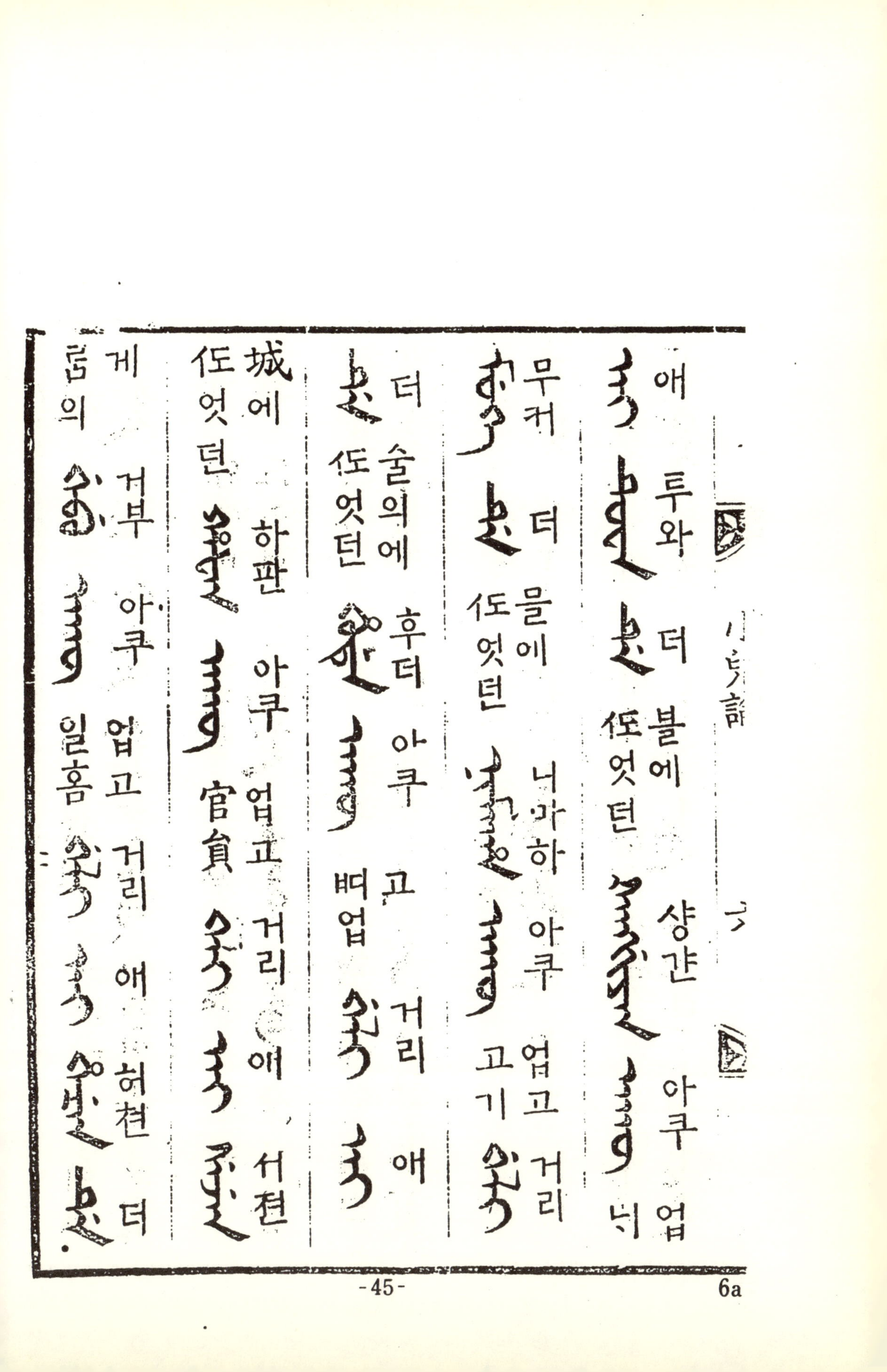

애 투와 더 불에 또 엇던 샹갼 아쿠 업 닉

무커 더 물에 또 엇던 니마하 아쿠 업고 고기 거리

더 술의에 또 엇던 후더 아쿠 고 뻐업 거리 애

城에 또 엇던 하판 아쿠 업고 官員 거리 애 서쳔

게 놈의 거부 아쿠 업고 일홈 거리 애 허쳔 더

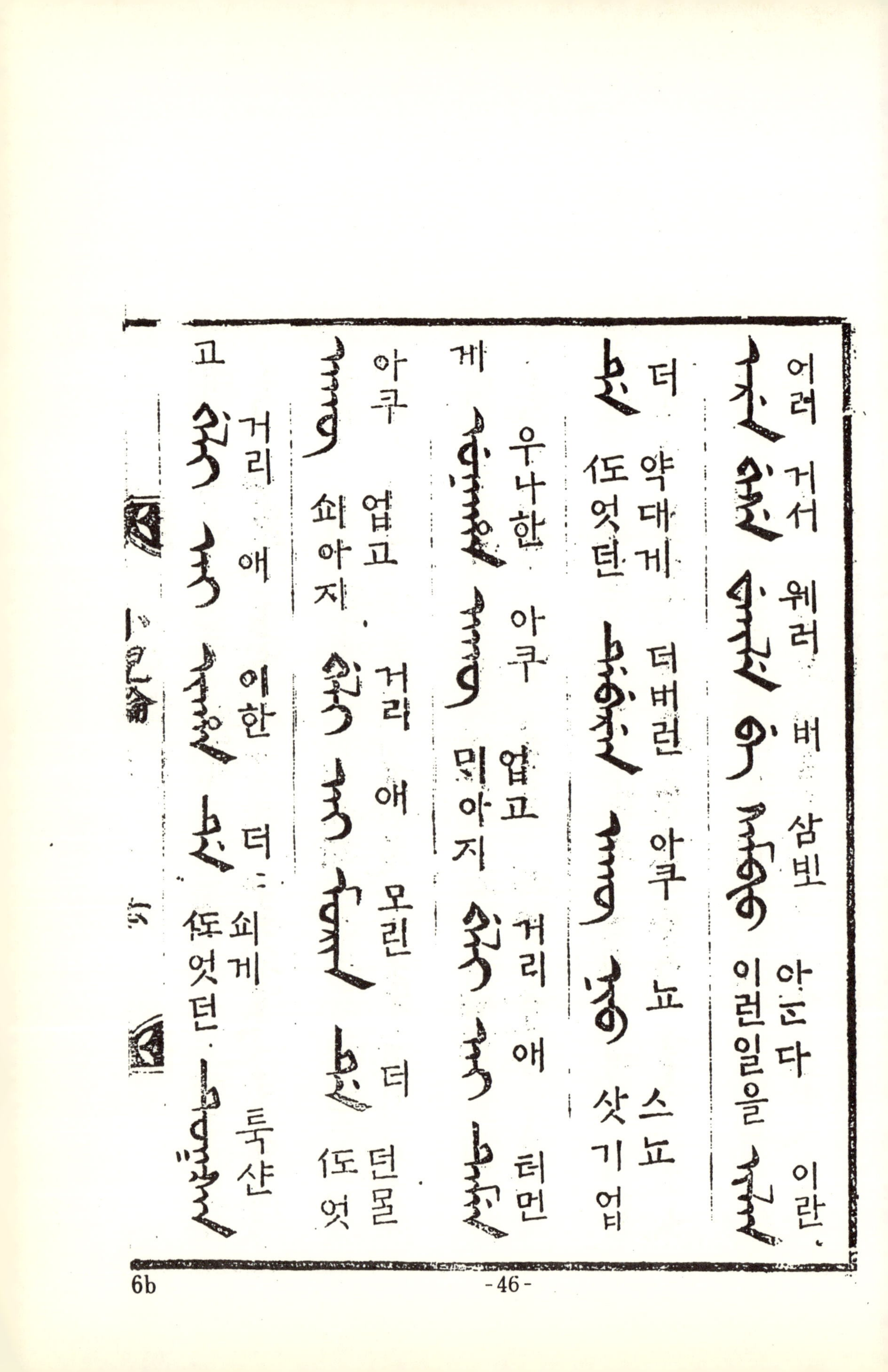

어러 거서 웨러 버 삼빗 아ᄒᆞᆫ다 이란
이런일을

더 약대게 더버런 아쿠 뇨 스뇨
ᄯᅩ엇던 삿기업

게
우나한 아쿠 업고 거리 애 터먼
믜아지

아쿠 업고 거라 애 모린 더 던몰
쇠아지 ᄯᅩ엇

고 거리 애 이한 더 쇠게 툭샨
ᄯᅩ엇던

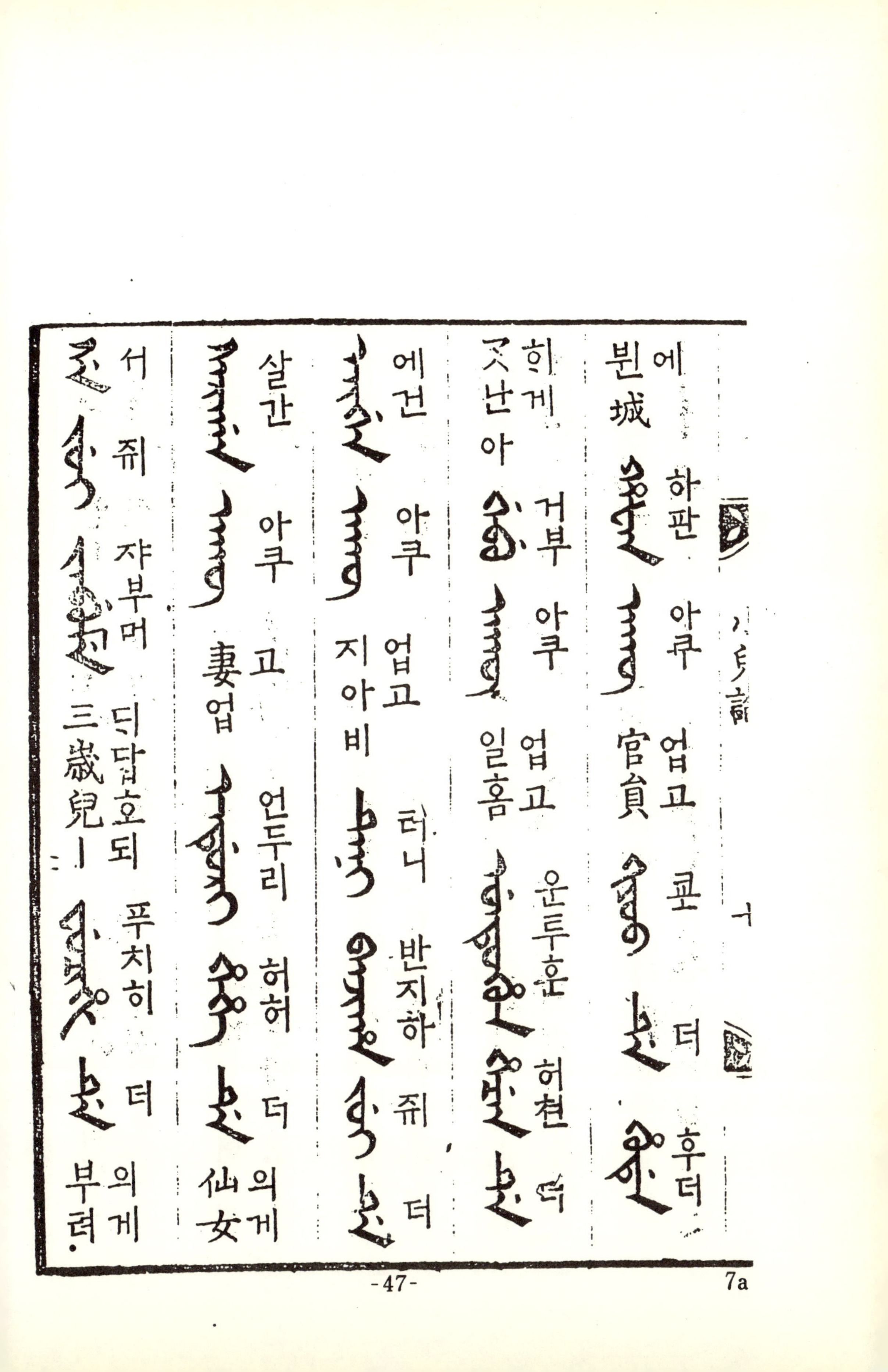

에 뷘城 하판 아쿠 官員 업고 쿄 더 후더

희게 굿난아 거부 아쿠 업고 일홈 운투훈 허쳔 더

에건 아쿠 업고 지아비 러니 반지하 쥐 더

살간 아쿠 고 妻업 언두리 허허 더 의게 仙女

서 쥐 쟈부머 디답호되 三歲兒ㅣ 푸치히 더 의게 부려.

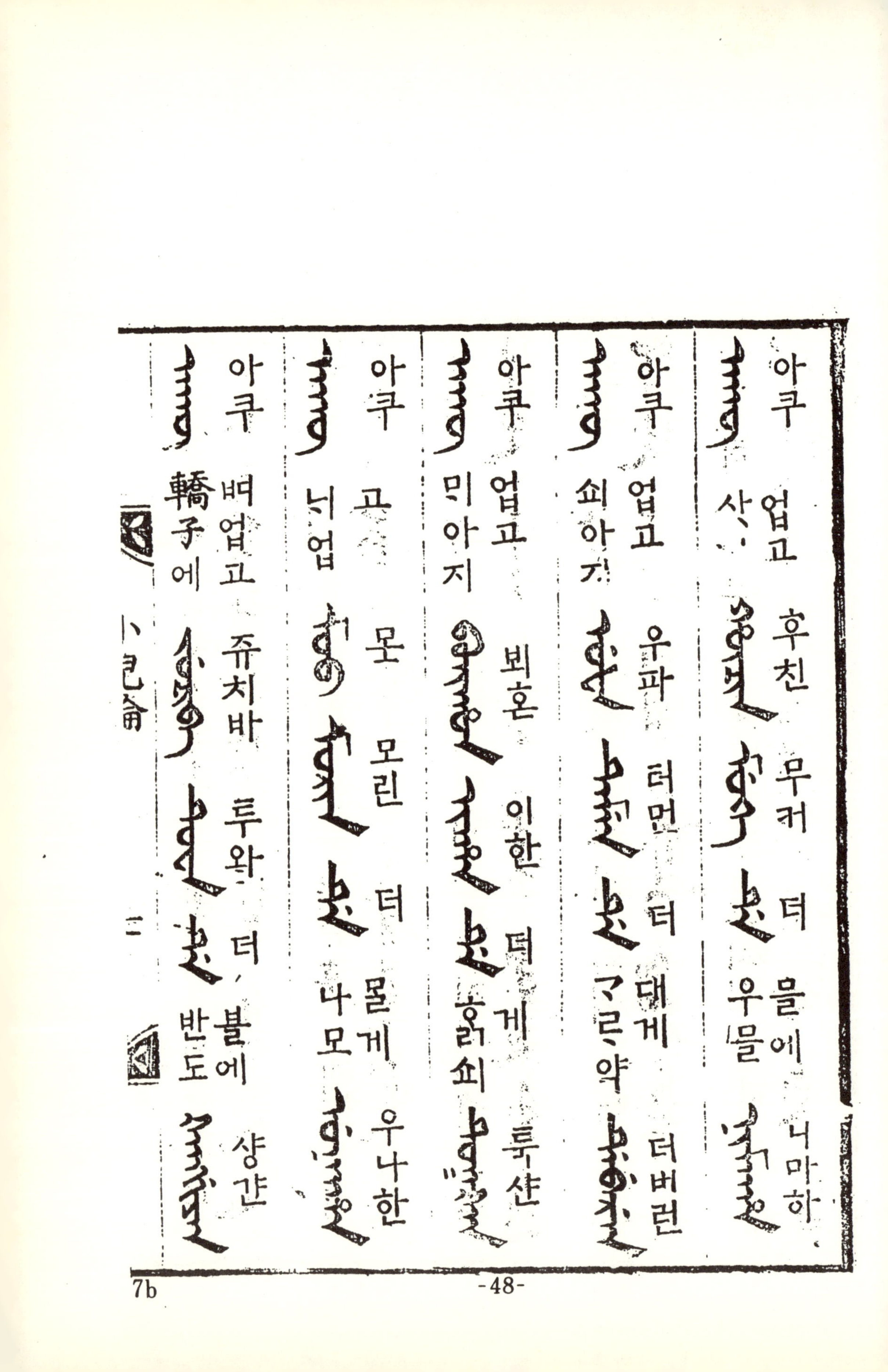

아쿠 후친 무커 더 나마하
업고 삭 물에 우물

아쿠 우파 터먼 더 더버런
업고 쇠아지 대게 ᄀᆞ르약

아쿠 뵈혼 이한 더 투산
업고 미아지 더 게 훍쇠

아쿠 고 몽 모린 더 우나한
닉업 몰게 나모

아쿠 쥬치바 투왁 더 샹갼
버업고 轎子에 불에 반도

小兒論 二

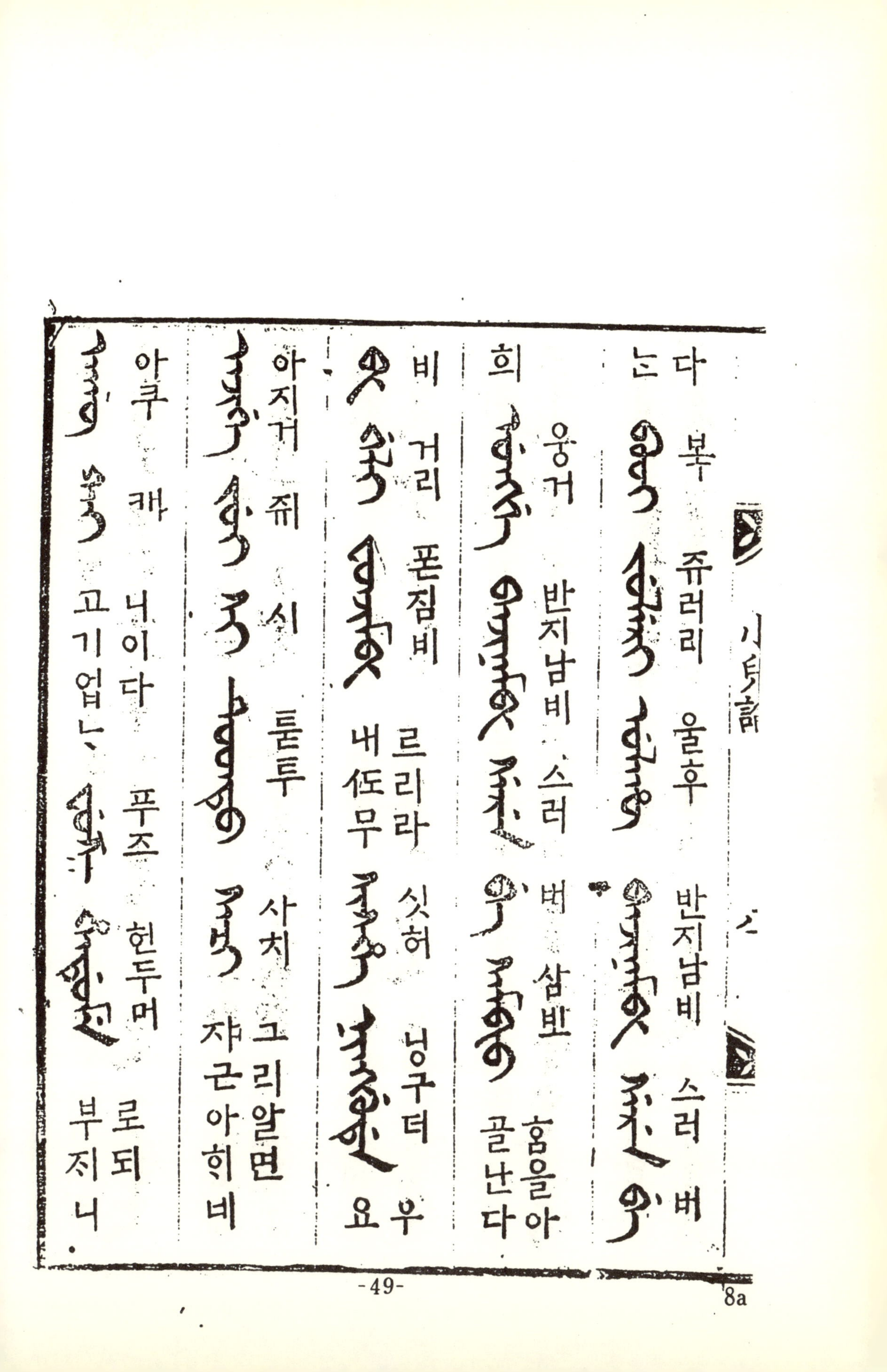

다 복 쥬러리 울후 반지남비 스러 버
는
웅거 반지남비 스러 버 삼바 홈을아
희 골난다
비 거리 폰짐비 르리라 싯허 닝구터 우
내ᄯᅩ무 요
아지거 쥐 시 룬투 사치 그리알면
쟈근아희비
아쿠 캐 니이다 푸즈 헌두머 로되
고기업ᄂᆞ、 부지니.

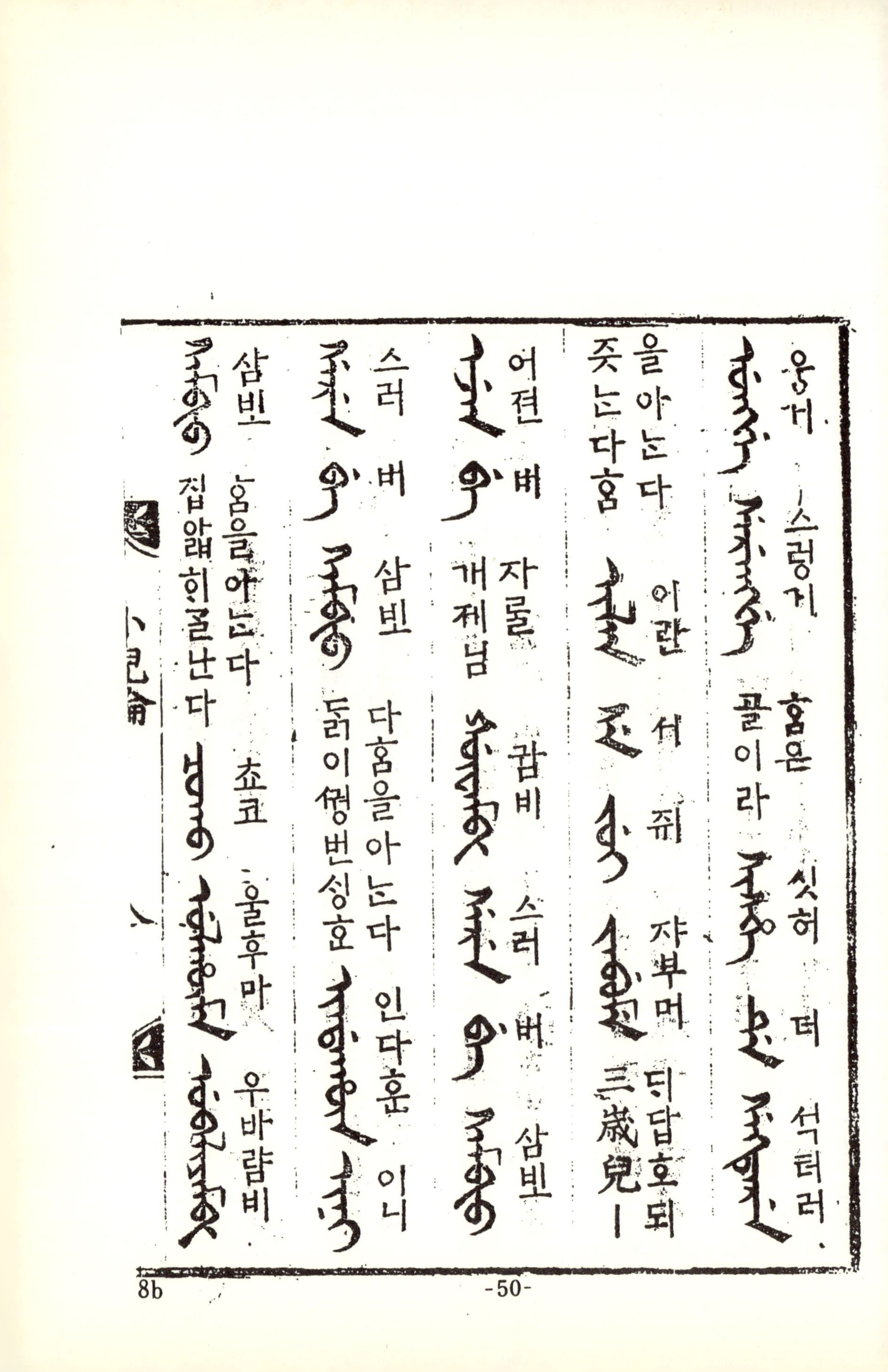

웅거 스렁기 홈은 싯허 뎌 석터러
곮이라
을아는다 어란 서 쥐 쟈부머 되답호되
즛는다홈 三歲兒ㅣ
어련 버 자롤 캄비 스러 버 삼빋
개제남
스러 버 삼빋 다홈을아는다 인다훈 이니
돍이여번싱호
삼빋 홈을아는다 쵸쿄 울후마 우바람비
집알래희골난다

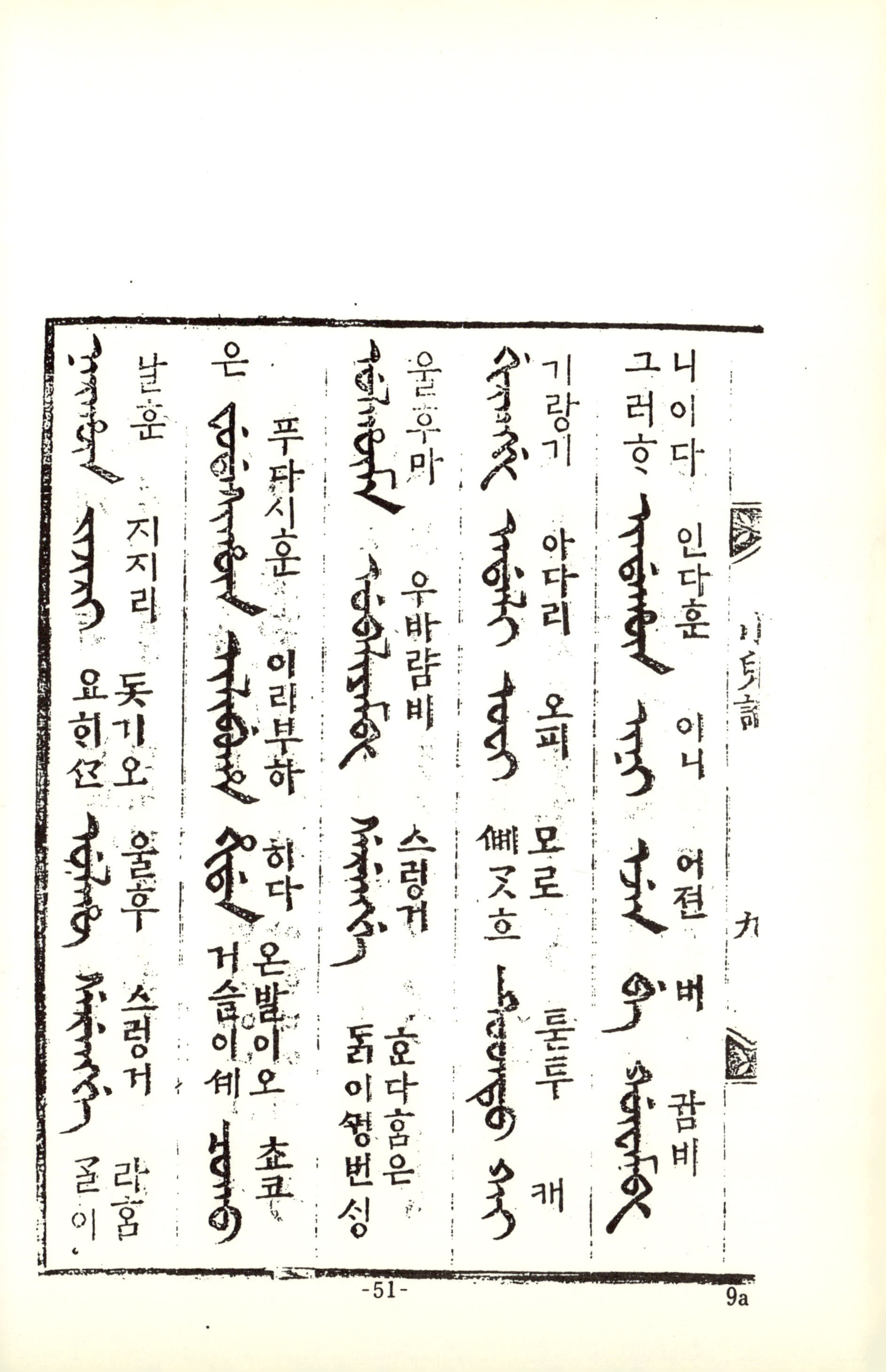

니이다 그러ᄒᆞ 인다훈 이니 어젼 배 캄비

기랑기 아다리 오픠 모로 ᄲᅢᄀᆞᆺᄒᆞ 툰투 캐

울우마 우바람비 스랑거 효다홈은 됴히이쌍번싱

은 푸다시훈 이라부하 하다 온발이오 거ᄉᆞᆷ이세 쵸쿄

날훈 지지리 돗기오 요히ᄉᆞᆫ 울훈 스랑거 랴홈 골이

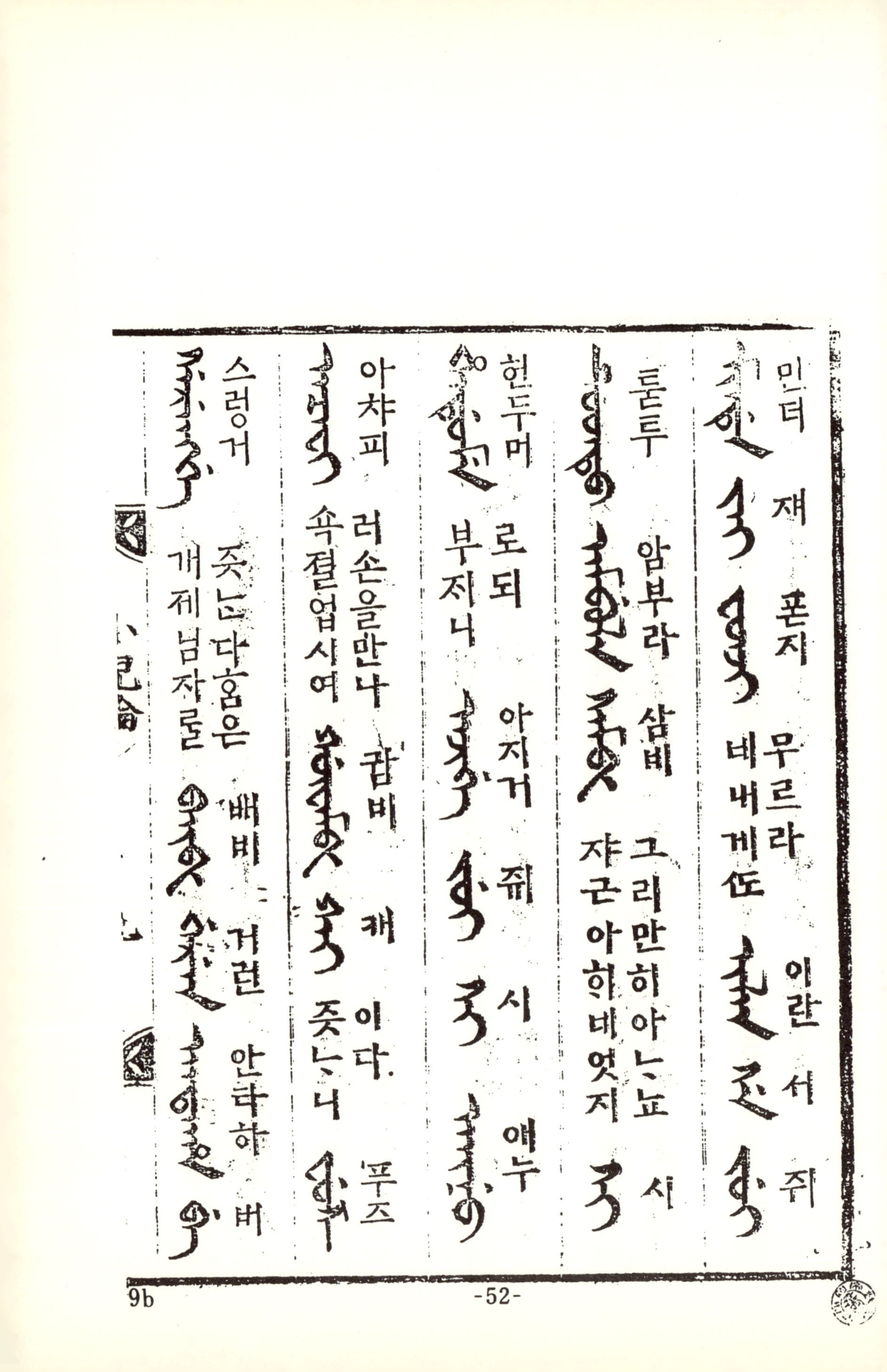

믄더 재 퀸지 무르라 이란 셔 쥐
비버게ᄯᅩ

툰투 암부라 삼비 그리만하야ᄂᆞ뇨 시
쟈근아ᄒᆡ네엇지

헌두머 로되 아지거 쥐 시 애누
부져니

아챠피 러숀을만나 캅비 캐 이다. 푸즈
숔졀업시여 즞ᄂᆞ니

스렁거 즞ᄂᆞᆫ다홈은 배비 거런 안타하 버
개제넘자론

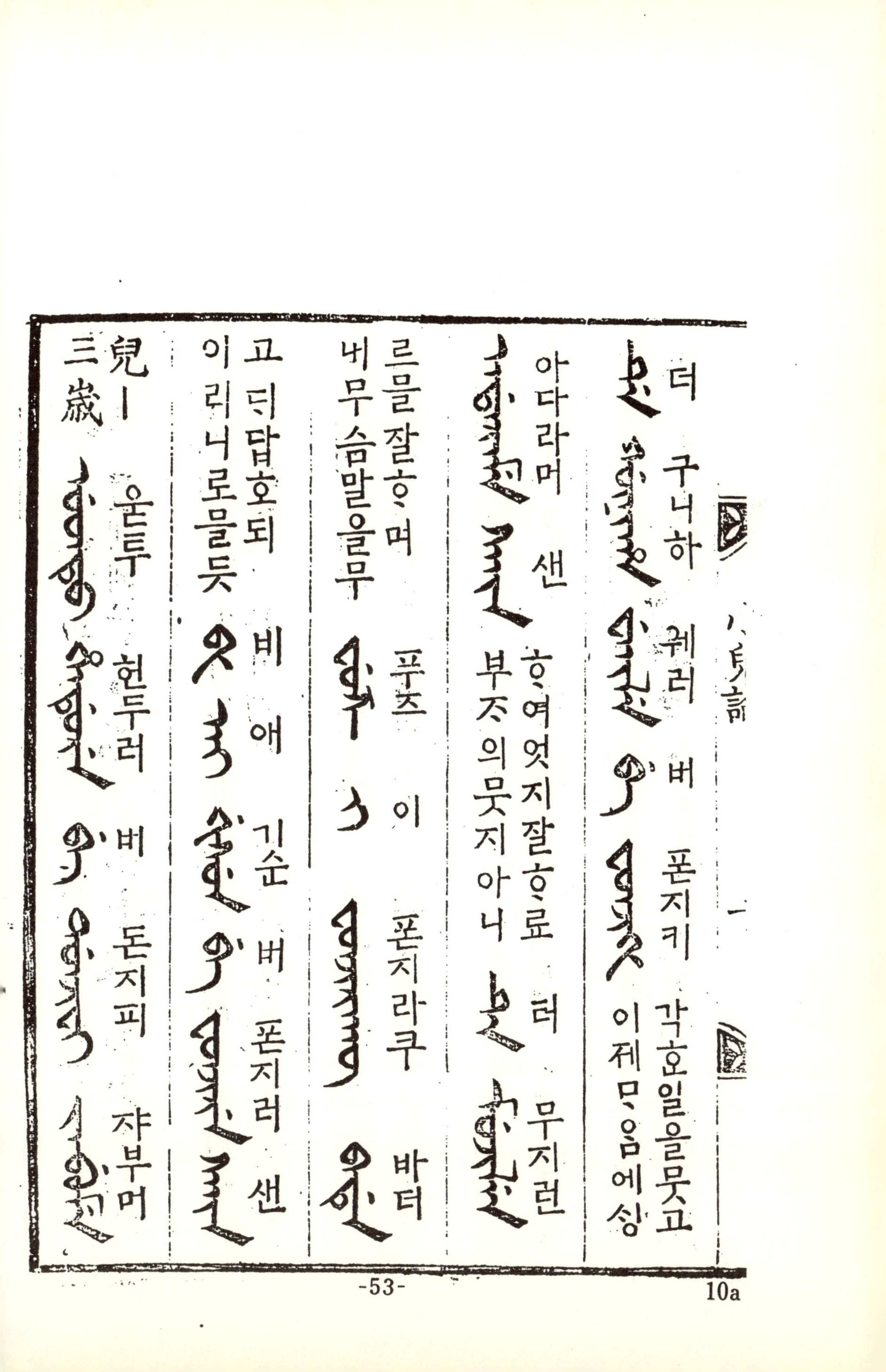

더 구나하 궈러 버 폰지키
각ᄒᆞᆫ일을뭇고
이제ᄆᆞ음에싱

아다라머 샌
ᄒᆞ여엇지잘ᄒᆞ료
부ᄌᆞ의뭇지아니
러 무지런

르믈잘ᄒᆞ며
ᄂᆡ무슴말을무
푸ᄌᆞ 이 폰지라쿠 바터

고ᄃᆡ답호되
이ᄅᆡ니로믈듯
비 애 기순 버 폰지러 샌

兒ㅣ
三歲
욷투 헌두러 버 돈지피 쟈부머

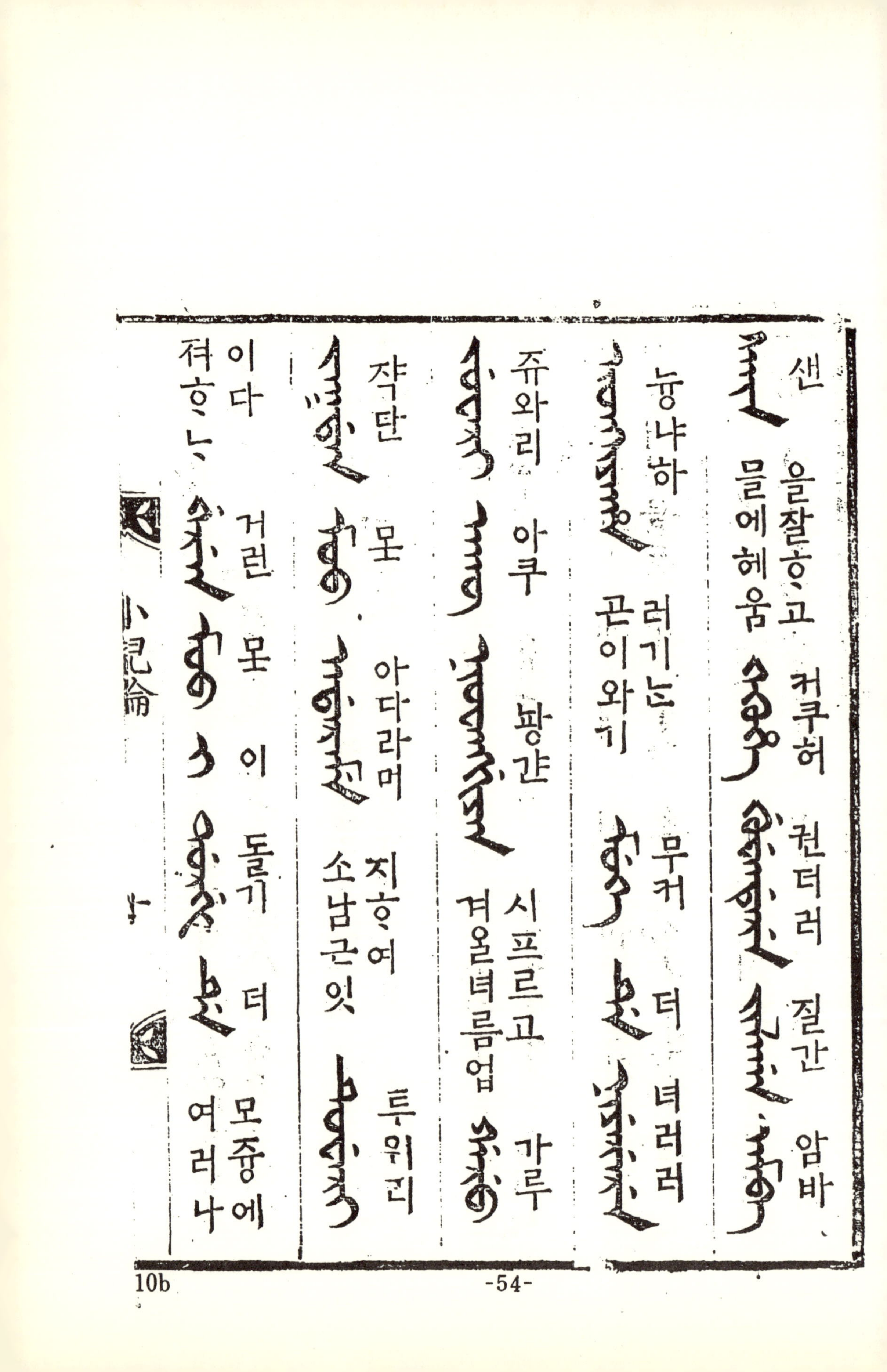

샌 을잘ᄒᆞ고 커쿠허 권더러 질간 암바
물에헤움
눙냐하 러기는 무커 더 녀러러
곤이와기
쥬와리 아쿠 팡갼 시프르고 가루
겨올녀름업
쟈단 모 아다라머 지ᄒᆞ여 투위리
소남근잇
이다 거런 모 이 돌ᄅᆞ기 더 모즁에
쟈ᄒᆞᄂᆞ 여러나

온쵸 오피 브모로 무커 텨 텨러러 샌
발이너

프르교 가루 늉냐하 러기는 번허
녀름업시 곤이와기

모로 투워리 쥬와리 아쿠 팡갼 온
속이빈 겨

모 매라순 모 은 도로 피리 오피
松栢

뇨 눈소리크뇨 푸즈 헌두머 로되 쟉단
벽국이눈우 부지니

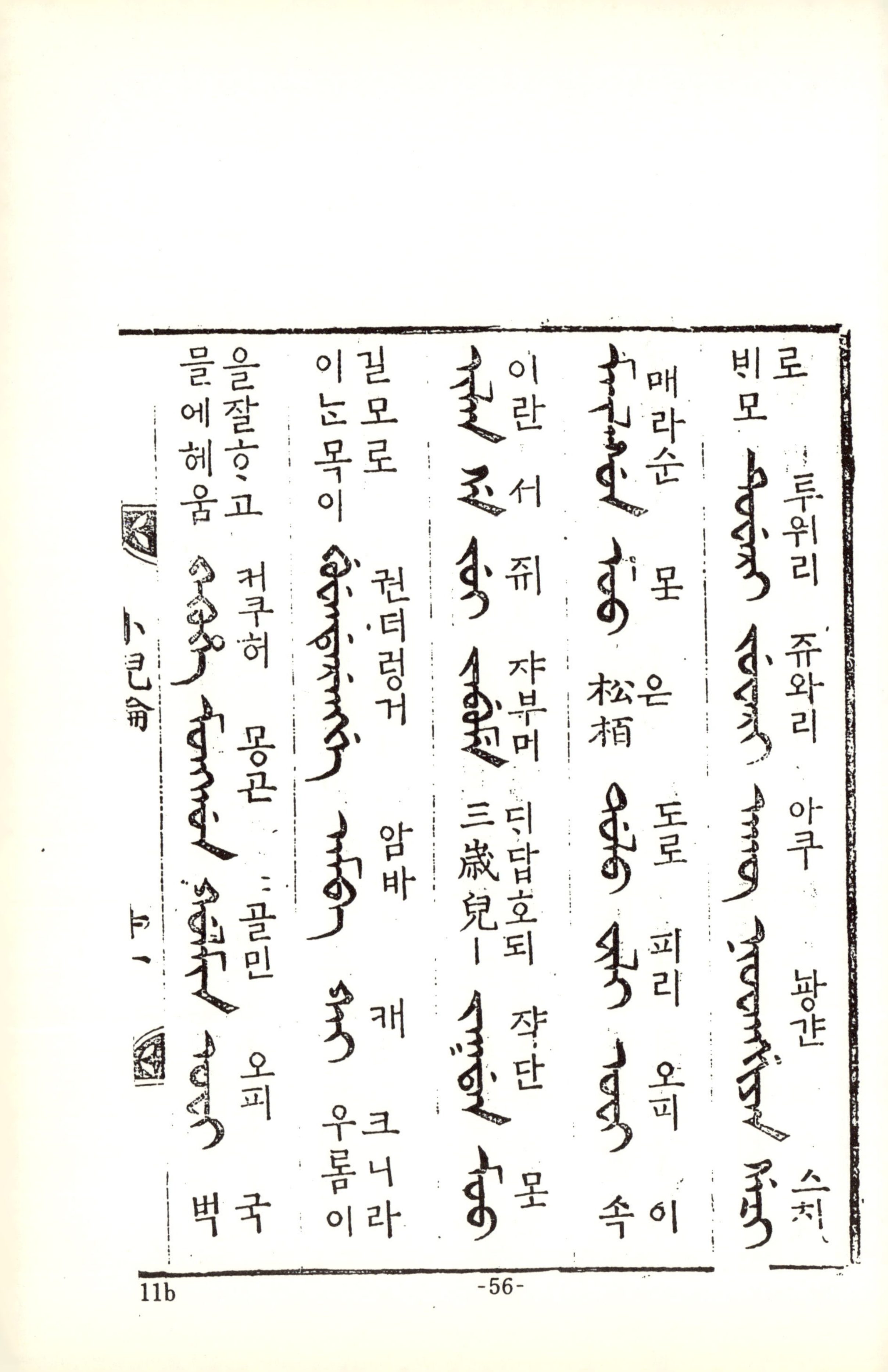

로 투위리 쥬와리 아쿠 뽀갼 스치
비모

매라순 모 은 松栢 도로 피리 오피 이 속

이란 서 쥐 쟈부머 디다호되 쟈단 모
三歲兒ㅣ

길모로 권터렁거 암바 캐 크니라
이눈목이 우롬이

을잘ᄒᆞ고 커쿠허 몽곤 골민 오피 국
믈에헤옴 벅

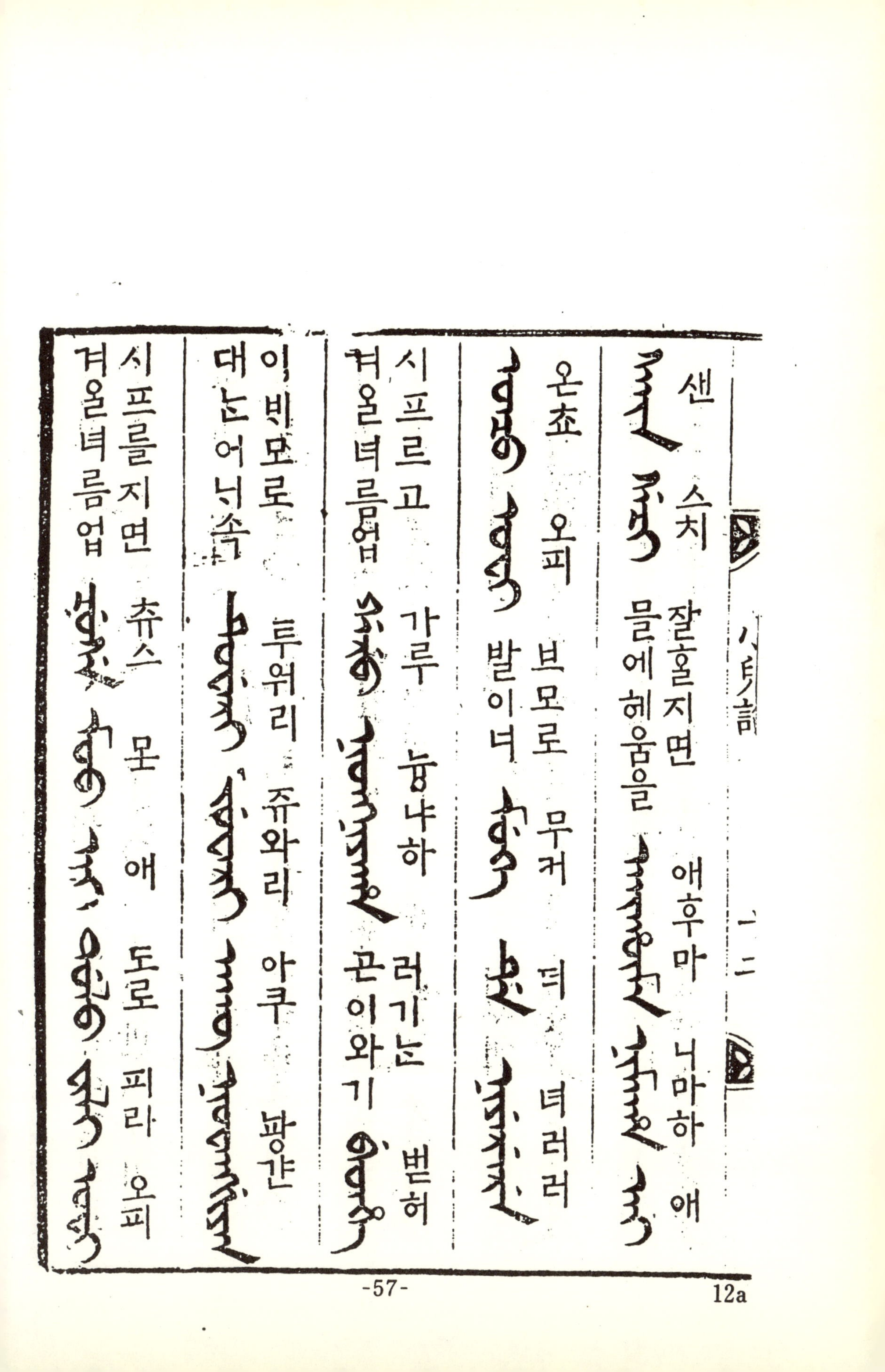

센 스치 잘홀지면 애후마 나마하 애
물에헤움을

온쵸 오피 브모로 무커 뎌 녀러러
발이너

시프르고 가루 눙나하 러기눈 번허
겨올녀름업 곤이와기

이비모로 투워리 쥬와리 아쿠 팡갼
대는어너속

시프를지면 츄스 모 애 도로 피라 오피
겨올녀름업

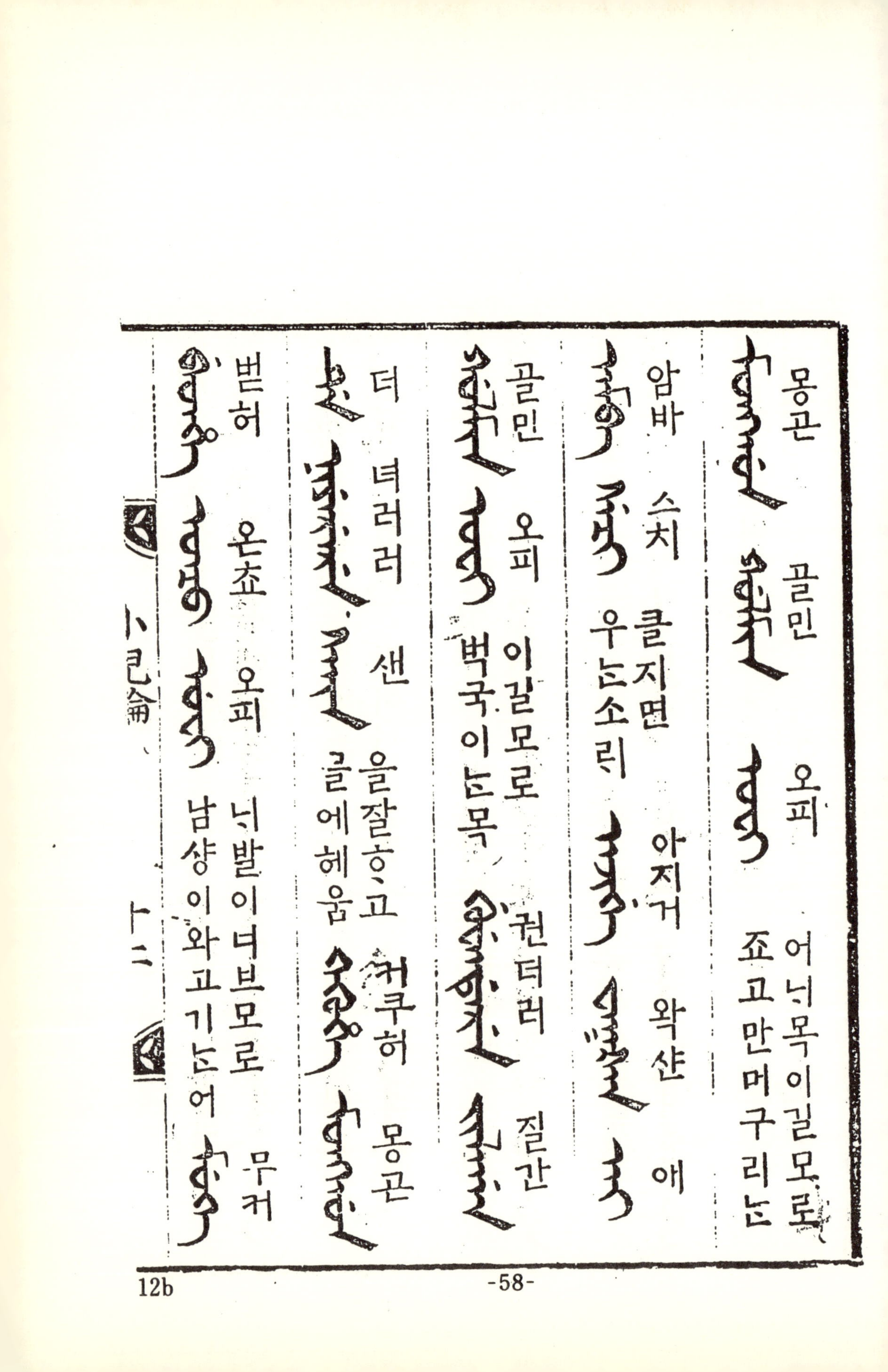

몽곤 골민 오피
어ᄂᆡ목이길모로 죠고만머구리ᄂᆞᆫ

암바 ᄉᆞ치 아지거 왁샨 애
클지면 우ᄂᆞᆫ소릐

골민 오피 권더러 질간
이길모로 벅국이ᄂᆞᆫ목

더 녀러러 샌 커쿠허 몽곤
을잘ᄒᆞ고 글에헤움

번허 온쵸 오피 무커
ᄂᆡ발이너브모로 남샹이와고기ᄂᆞᆫ어

새샴비 다ᄒᆞ여크게기리니 터러 폰 이
네아ᄂᆞᆫ거시마장明白

사랑거 우머시 거투컨 슈머 암부라

쫄태 폰지하 비히 짐좃무럿더니 시니
네너ᄅᆞᆯ試驗ᄒᆞ여

푸즈 헌두머 로되 비 심버 쳔더머
부지니

권더러 질간 암바 슴비 다ᄒᆞ리잇가
우ᄂᆞᆫ소릐크

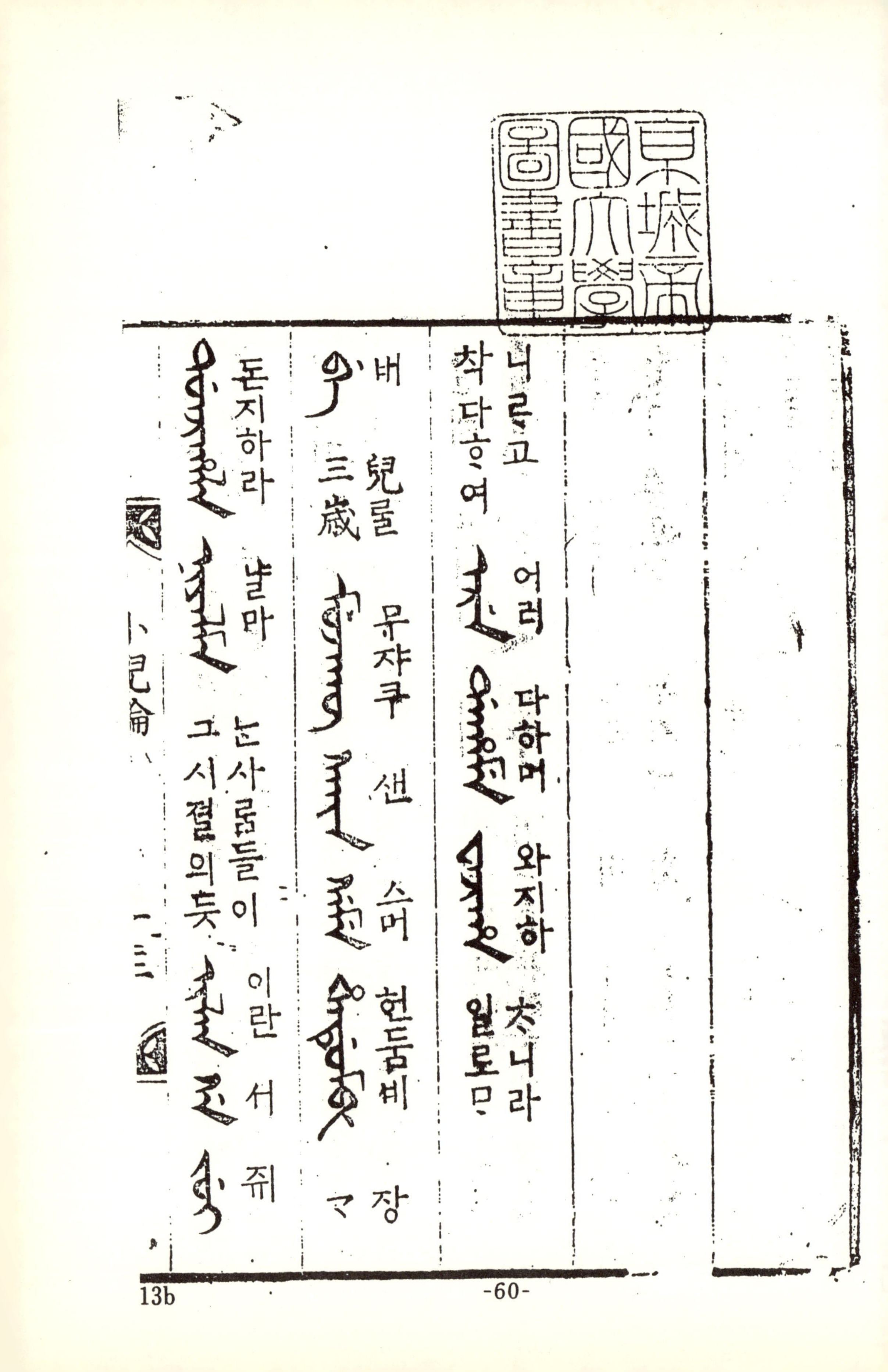

니ᄅᆞ고 어러 다하머 와지하 ᄎᆞ니라
착다ᄒᆞ여 일로ᄆᆞ

배 兒ᄅᆞᆯ 무쟈쿠 섄 슈머 헌둠비 장
三歲 ᄀᆞ

돈지하라 냘마 논사ᄅᆞᆷ들이 이란 서 쥐
그시졀의ᄃᆞᆺ

淸學之書四老乞大三譯總解已校讐而刊行之矣惟小兒論八歲兒以其少而語略業之者不專講習殆作廢書金公振夏諳于衆曰之二書以兵燹遺以籍尚今流傳事亦偶然況有其書而廢其用非博試之道乃就舊本而刪其註誤獲公財而付諸剞劂噫淸學諸書從茲益備而金公

之爲後學用心可謂勤矣由其書之備而知之博知之博而言之明則豈以其少而忽之哉總解重刊之役余曾弁卷今又因其請書此以復之歲丁酉陽月崇祿大夫行知中樞府事李湛識

三譯總解 第一~第十

三譯総解 一

重刊三譯總解序

書以載語書不明語亦不明顧淸語在今諸方語爲用最緊而舊有老乞大三譯總解諸書歲月寖多卷帙散逸字句音釋亦不無古今之異學者

病之金公振夏以善清語名先以老
乞大就質於清人之習其書者　筵
白而刊行之繼又考校三譯總解刪
其訛誤獲成全書都提舉栢谷金相
國聞而嘉之官給財力因使金公董

其役張君再成書而入梓焉從玆以
往業是書者無復疑晦而緩急辭令
之間庶免扞格之患其爲益豈淺尠
也哉嗚呼玆書之成雖自金公其所
以重刊而廣布之者繄惟我相國之

賜後之學者一心孜孜毋替夫今日之深意也原敍之并附以其有可攷二公僉閱歲甲午秋崇政大夫行知中樞府事李湛序

國家設置譯學所以通四方語事大交鄰而於
女真學改稱今為清學其語傳襲既久訛繆
寔多逮自丙子以後凡於文書之往復者言
語之酬酢者皆用此語而全不曉得伊時都
提調楸灘吳相國具由入啓遴本學中有
才者申繼黯每行連續差遣取八歲兒等五
種書考證删定俾業是學者習之今
上即位之七年庚申老峯閔相國提舉譯院以
繼黯所删書字少語不廣無以會其通而盡
其變令崔厚澤李濈李宜白等更加釐正删
去化仇難尚書三冊而取清書三國志相與

辨難作為三譯總解十卷又解漢語老乞大
為清語老乞大八卷與舊八歲兒小兒論各
一卷通共二十卷用此為程式使决其科等
其食而顧其寫本易致傳訛而艱於布行以
此病之癸未九月有朴昌裕等六人齊辭于
都提調竹西申相國願出捐己財剞劂是書
以廣其傳布則公可之於是吳廷顯李宜白
等以訓上主其事事訖名之曰清語總解鳩
工鋟梓苦心殫力凡十數月而始克就緖夫
譯者有國之不可無者而其譯之能必待其
學之精其學之精必賴其書之備則是書之

刊也其功亦豈少哉雖有是書使是書刊行者非吳廷顯等耶歲甲申仲夏上浣識

康熙四十二年癸未九月　日開列

讐整官前判官金世弘

吳允武

鄭銃

李海

書寫官前判官李世萬

金尚容

前奉事李震馨

李東奎

乾隆三十九年甲午九月　日改刊

檢察官

崇政大夫行知中樞府事　金振夏

折衝將軍行忠武衛副司直高師彥

書寫官

朝散大夫行司譯院副奉事張再成

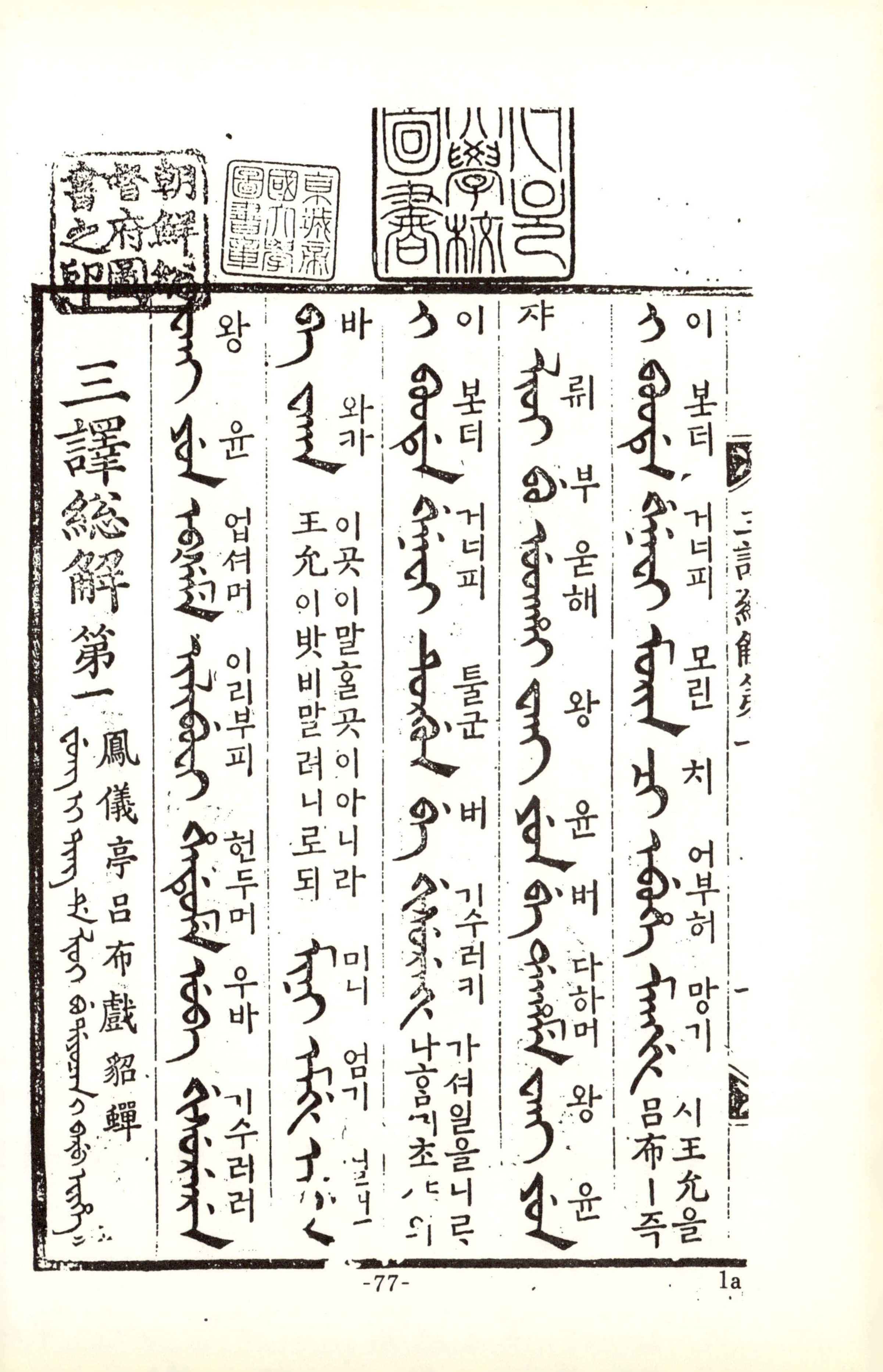

三譯總解第一

鳳儀亭呂布戲貂蟬

왕 윤 업셔머 이리부피 헌두머 우바 기수러러

바 와카 미니 엄기 닐니ㅡ
王允이밧비말려니로되 이곳이말ᄒᆞᆯ곳이아니라

이 보더 거너피 툴군 버 기수러키
나ᄒᆞᆷ긔초ᄃᆞ의 가셔일을니ᄅᆞ

쟈 뤼 부 욷해 왕 윤 버 다하머 왕 윤

이 보더 거너피 모린 치 어부허 망기
呂布ㅣ즉 시王允을

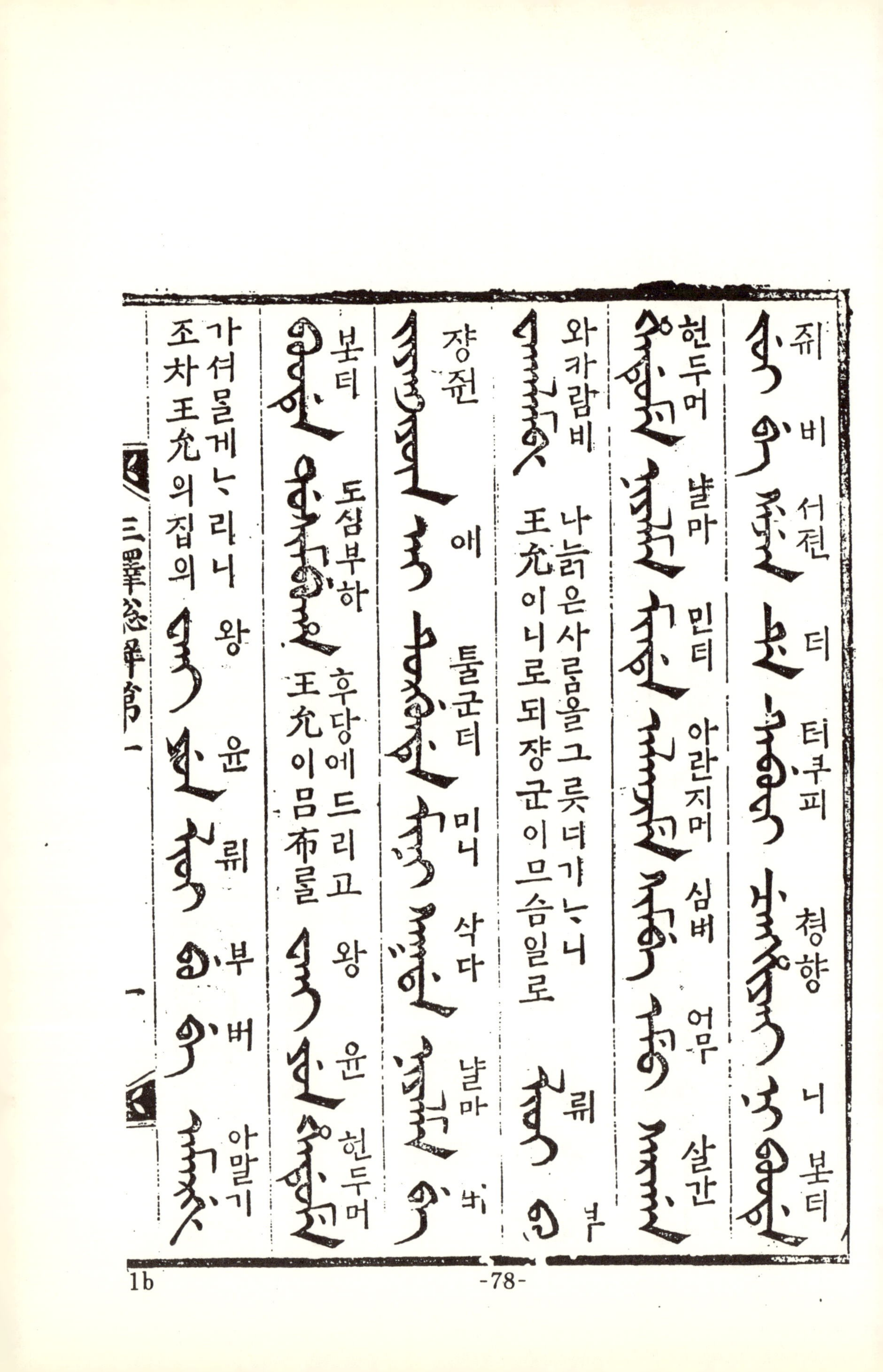

쥐 비 서젼 터 터쿠피 쳥향 니 보터

헌두머 냘마 민터 아란지머 심버 어무 살간

와카람비 뤼 부
나늙은사름을그릇너가ᄂᆞ니
王允이니로되쟝군이므슴일로

쟝쥔 애 툴군터 미니 삭다 냘마 뷔

보터 도삼부하 왕 윤 헌두머
후당에드리고
王允이呂布를

가셔몰게ᄂᆞ리니 왕 윤 뤼 부 버 아말기
조차王允의집의

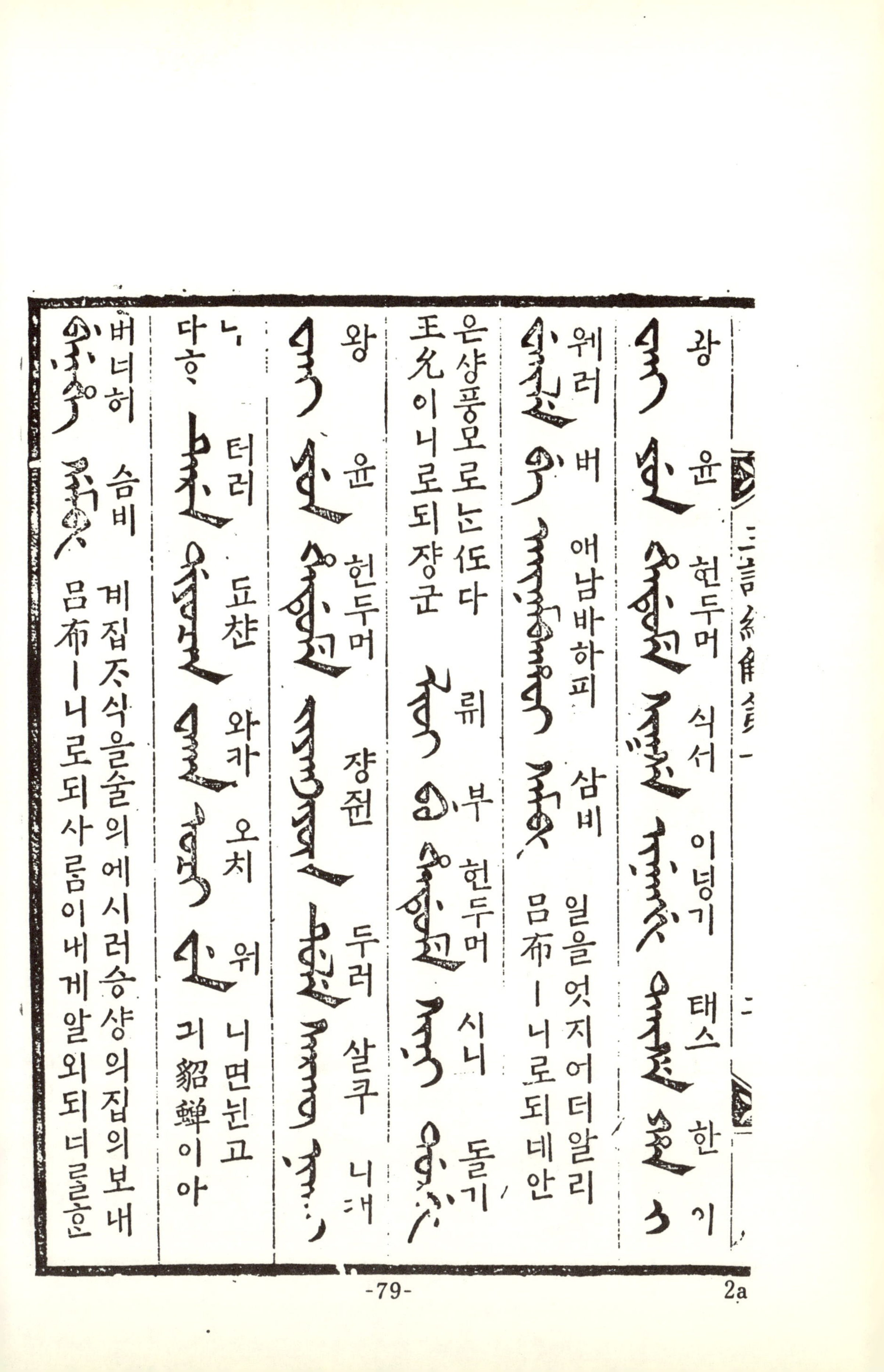

광 윤 헌두머 식서 이녕기 태스 한 기

웨러 버 애남바하피 삼비 일을엇지어터알리

몸布ㅣ니로되네안

은샹풍모로ᄂᆞᆫ또다 뤼 부 헌두머 시니 돌기

王允이니로되쟝군

왕 윤 헌두머 쟝쥔 두러 살쿠 니개

ᄂᆞ 터러 묘챤 와카 오치 위 니면뉜고

다ᄒᆞ 긔貂蟬이아

버녀허 숨비 계집ᄌᆞ식을술의에시러승샹의집의보내

몸布ㅣ니로되사ᄅᆞᆷ이내게알외되녀ᄅᆞᆯᄒᆞ

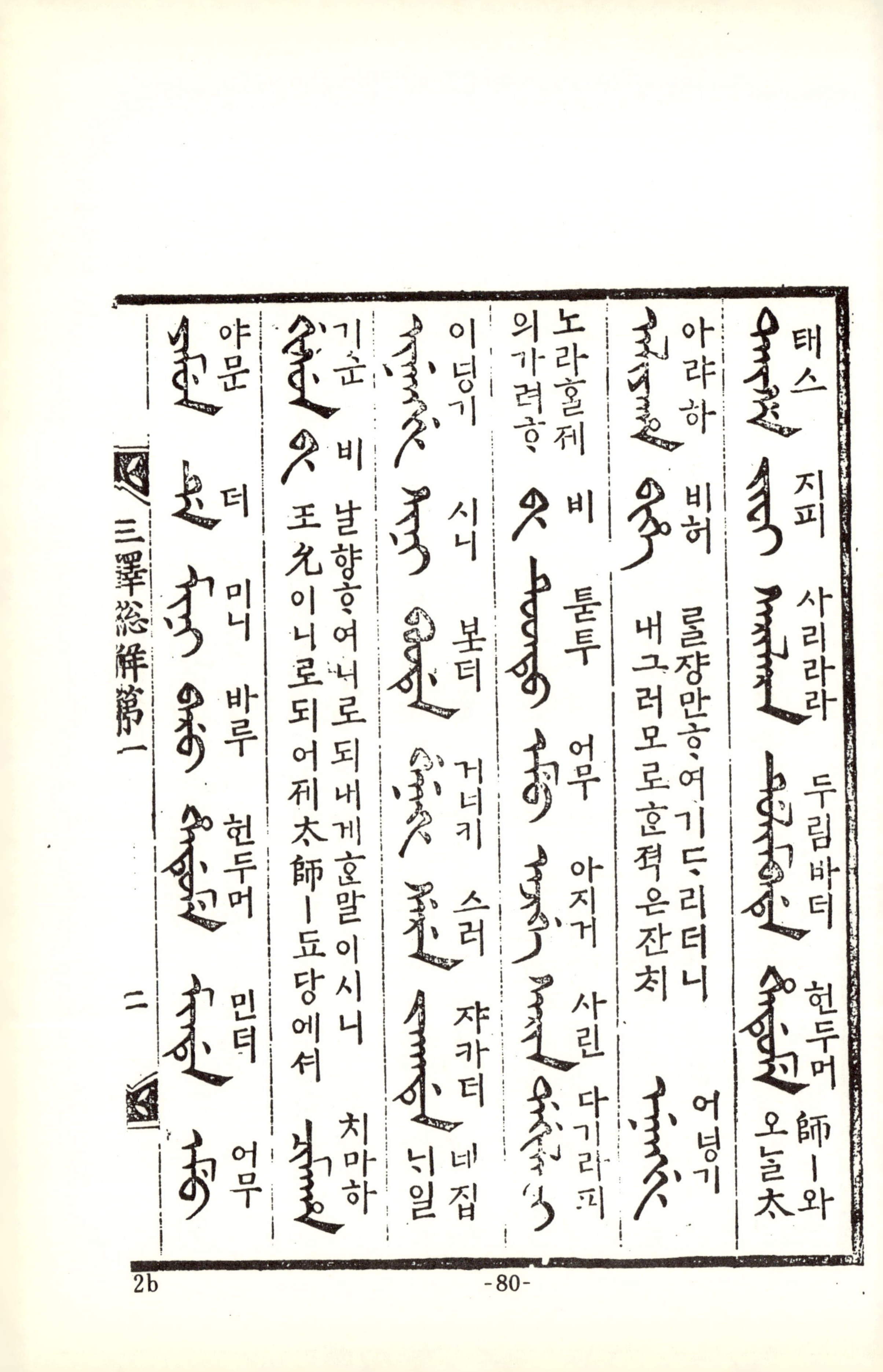

태스 지피 사리라라 두림바터 헌두머 師ㅣ와 오ᄂᆞᆯ太

아라하 비허 를쟝만ᄒᆞ여기ᄃᆞ리터니 내그러모로ᄒᆞᆫ젹은잔치 어넝기

노라훌졔 의가려ᄒᆞᆫ 비 툰투 어무 아지거 사린 다기라피

이덩기 시니 보터 거너키 스러 쟈카터 네집 니일

기순 비 날향ᄒᆞ여니로되내게ᄒᆞᆫ말이시니 丕光이니로되어제太師ㅣ됴당에셔 치마하

야문 더 미니 바루 헌두머 민터 어무

三譯總解第一 二

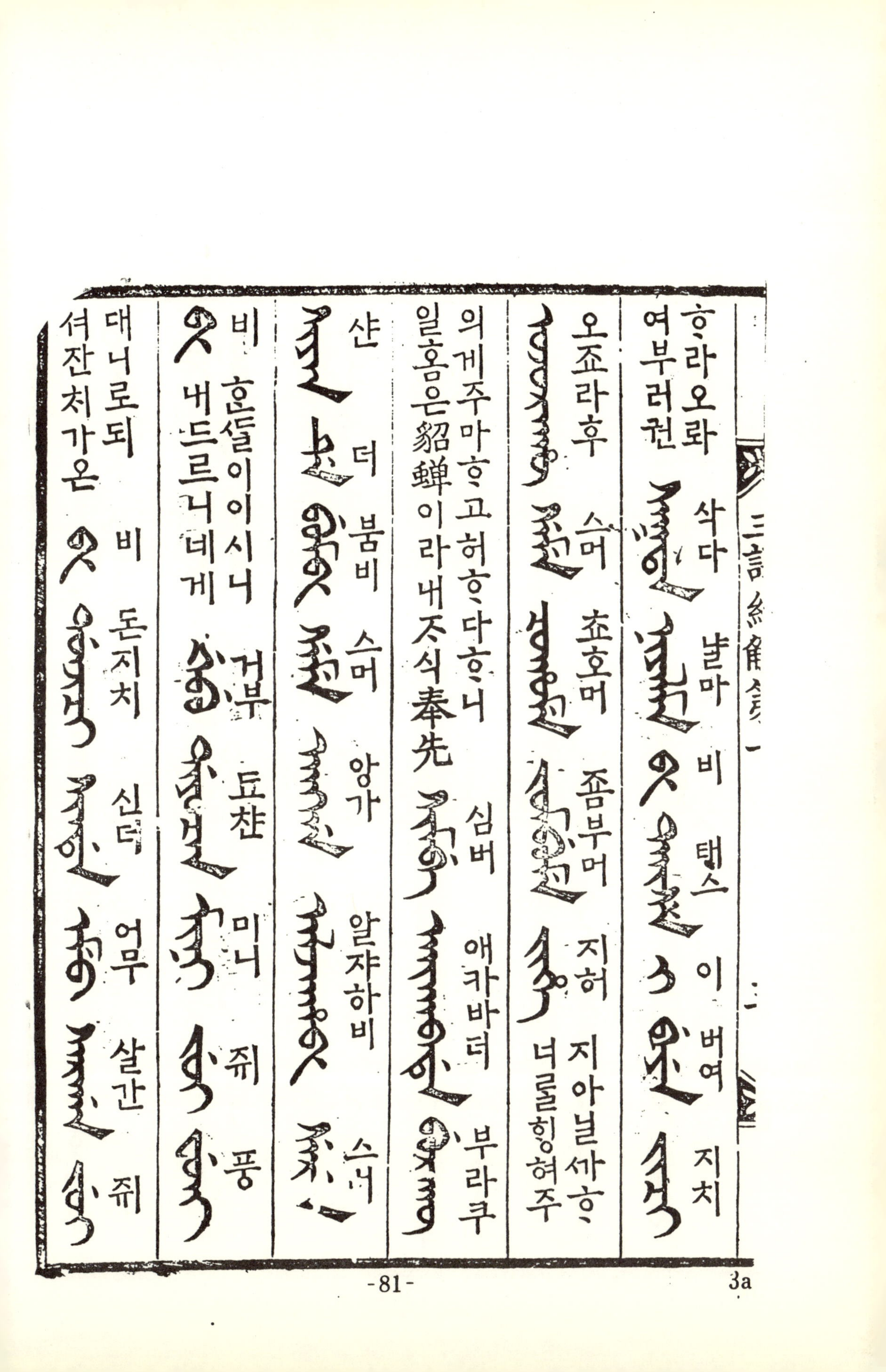

ᄒᆞ라오라
여부러권

삭다 날마 비 탠스 이 버여 지치

오죠라후 슴머 쵸호머 좀부머 지허

지아냘쌔ᄒᆞ
너롤힝혀주

의게주마ᄒᆞ고허ᄒᆞ다ᄒᆞ니
일홈은貂蟬이라내ᄌᆞ식奉先

심버 애카바더 부라쿠

샨 더 붐비 슴머 앙가 알쟈하비 슴너

비

혼달이이시니
내드르니네게

거부 됴챤 미너 쥐 풍

대니로되
셔잔처가온

비 돈지치 신더 어무 살간 쥐

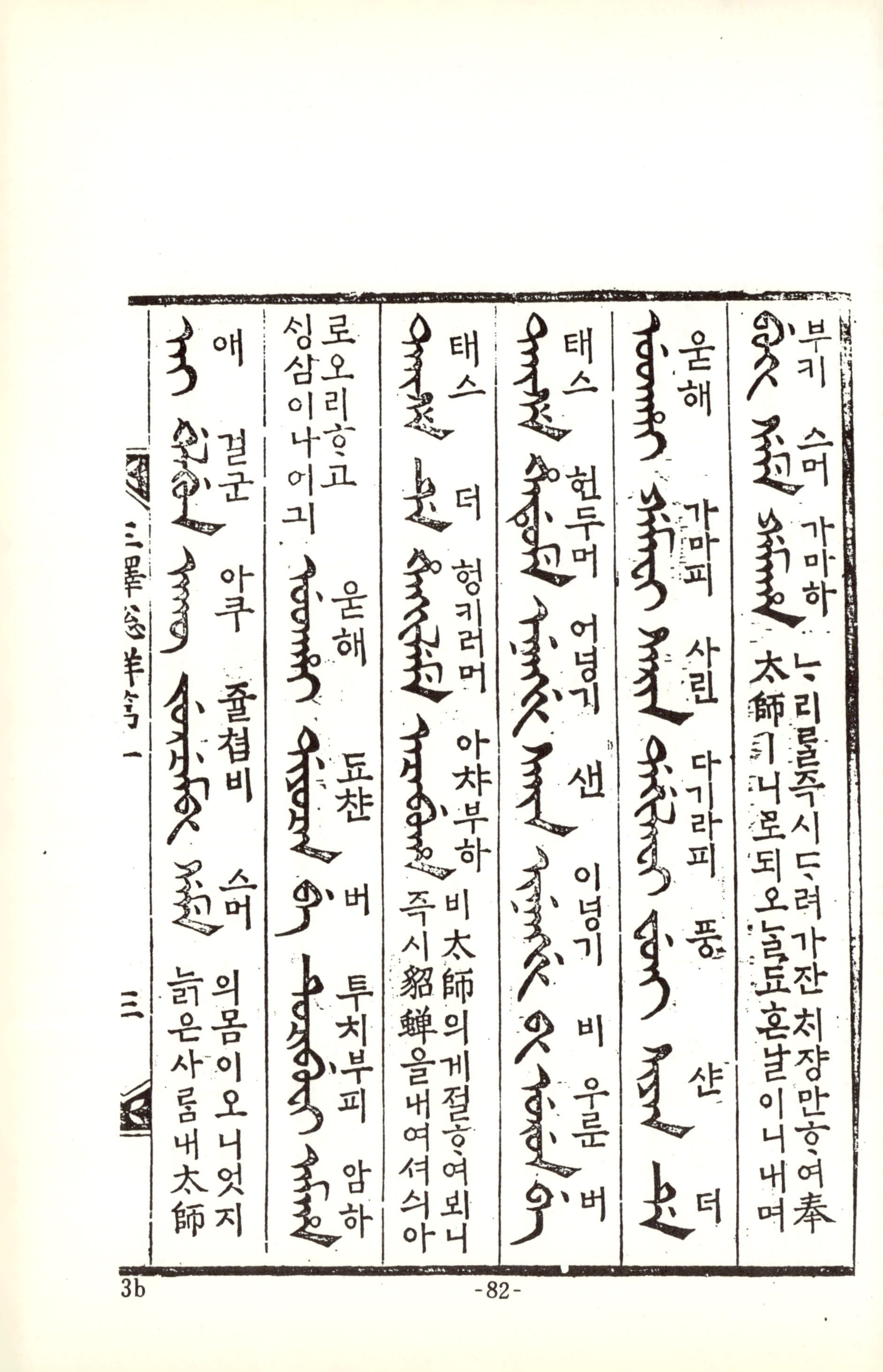

부키 스머 가마하 ᄂᆞ리ᄅᆞᆯ즉시ᄃᆞ려가잔치쟝만ᄒᆞ여奉
太師ㅣ니로되오ᄂᆞᆯ됴흔날이니내며

운해 가마피 사린 다기라피 퓽 샨 더

태스 헌두머 어녕기 샌 이녕기 비 우룬 버

태스 더 헝키러머 아차부하 비太師의게절ᄒᆞ여뵈니
즉시貂鞸을내여셔싀아

로오리ᄒᆞ고
싱삼이나어기 운해 됴찬 버 투치부피 암하

애 걸군 아쿠 쥴쳡비 스머 의몸이오니엇지
늙은사ᄅᆞᆷ내太師

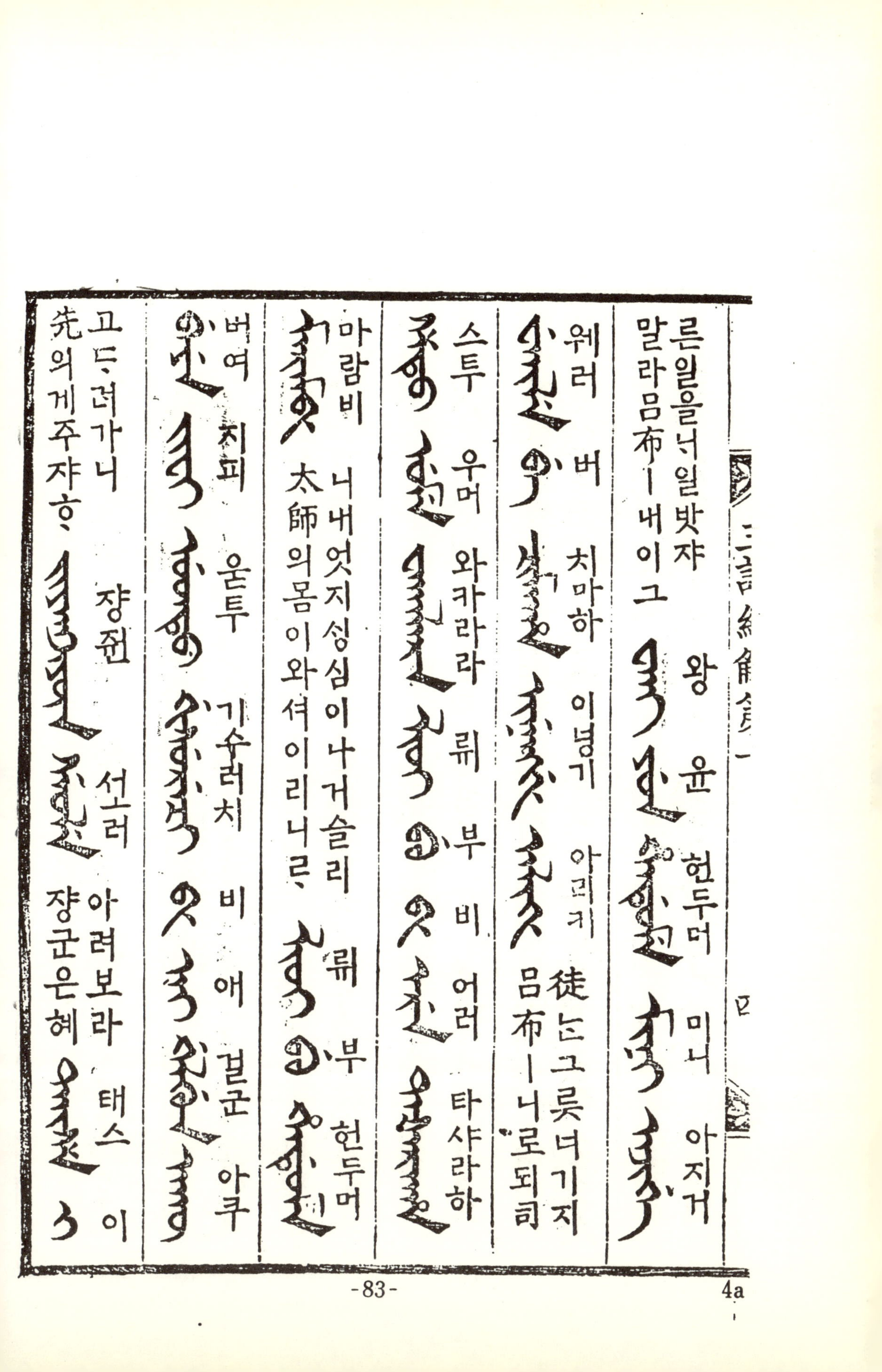

른일을너일밧쟈 말라呂布ㅣ내이그
왕 윤 헌두머 미나 아지거

웨러 버 치마하 이넝기 아ᄅᆞ키
徒ᄂᆞᆫ그릇너기지 呂布ㅣ나로되司

스투 우머 와카라라 류 부 비 어러 타샤라하

마람비 류 부 헌두머
니내엇지싱심이나거슬리 太師의몸이와셔이리니ᄅᆞ

버여 치피 운투 기수러치 비 애 걸군 아쿠

고ᄃᆞ려가니 장쥔 서러 아려보라 태스 이
先의게주쟈ᄒᆞ 장군은혜

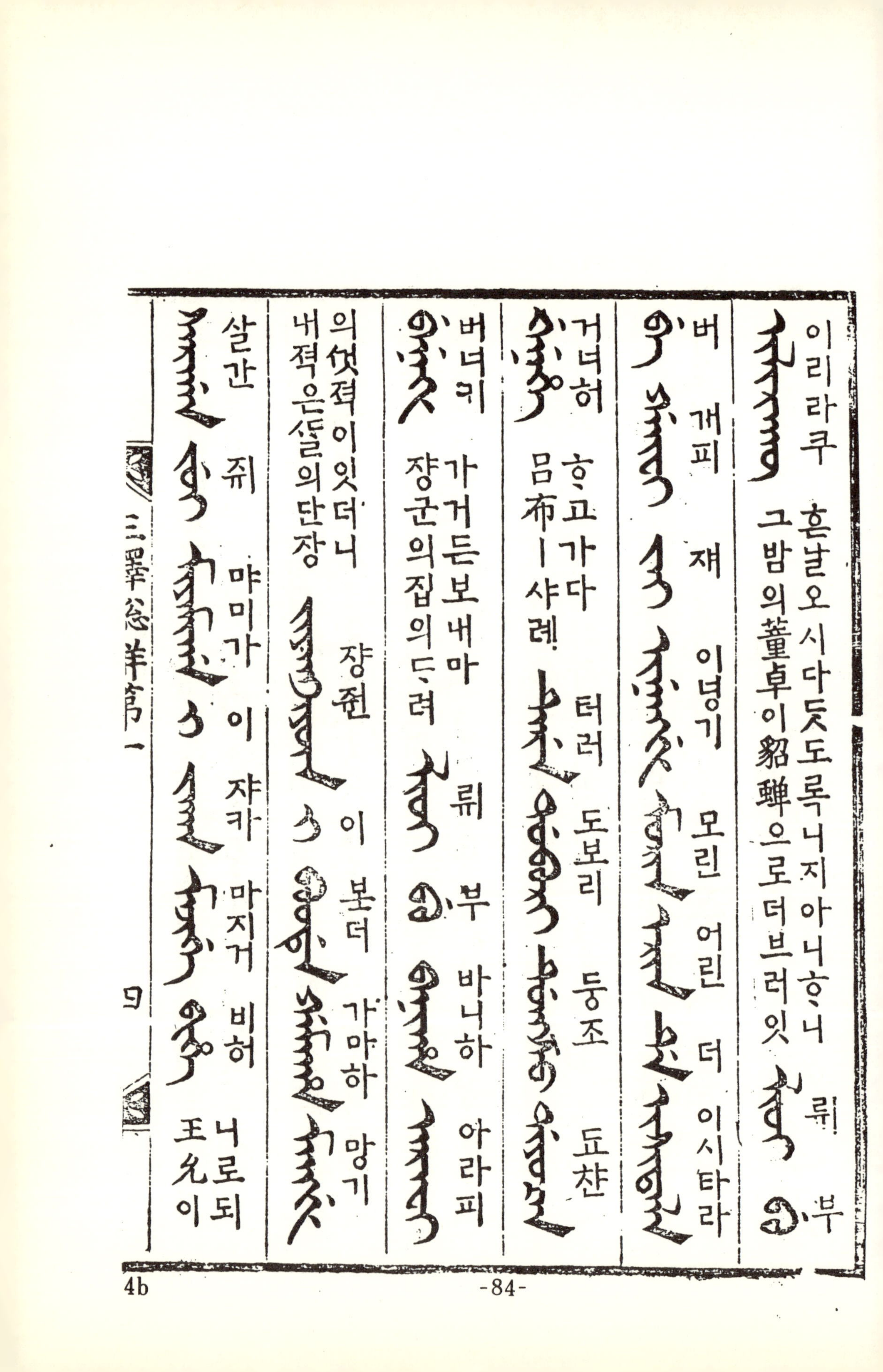

이리라쿠 흔날오시다ᄃᆞᆺ도록니지아니ᄒᆞ니 뤼 부
그밤의董卓이貂蟬으로더브러잇

버 개피 재 이넝기 모린 어린 더 이시타라

거너허 ᄒᆞ고가다 터러 도보리 둥조 됴챤
呂布ㅣ샤례ᄒᆞ고가다

버너키 가거든보내마 뤼 부 바나하 아라피
장군의집의ᄃᆞ려

의傢젹이잇더니 쟝쥔 이 보더 가마하 망기
내젹은ᄯᆞᆯ의단장

살간 쥐 먀미가 이 쟈카 마지거 비허 나로되
王允이

三譯總觧 第一 9

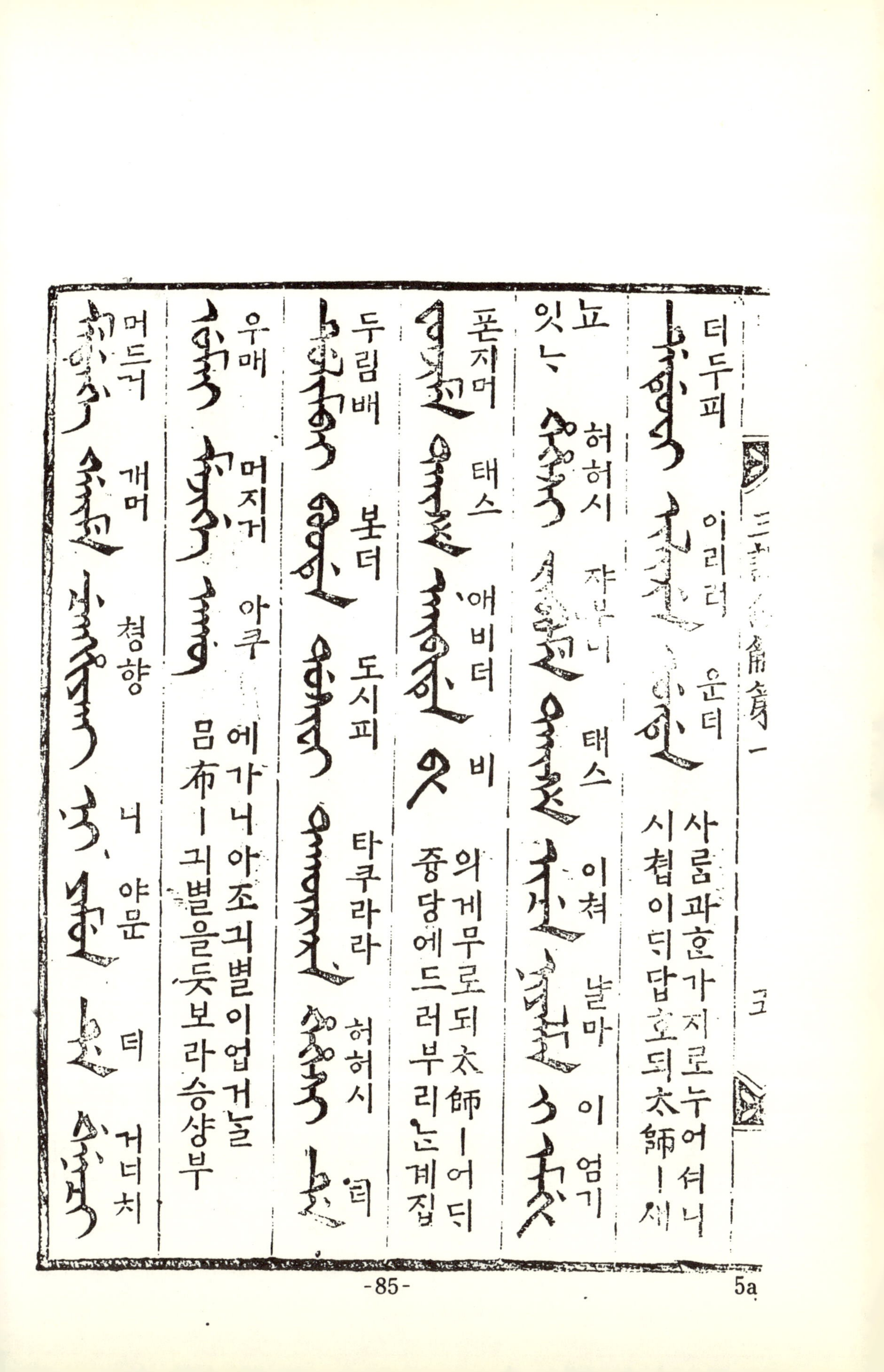

데두피 이리러 운더

사룸과ᄒᆞᆫ가지로누어셔니 시쳡이ᄃᆡ답ᄒᆞ되太師ㅣ세

효 잇ᄂᆞ

허허시 쟈브니 태스 이쳐 날마 이 엄기

폰지머 태스 애비더 비

의게무로되太師ㅣ어ᄃᆡ 즁당에드러부리ᄂᆞᆫ계집

두림배 보더 도시피 타쿠라라 허허시 더

우매 머지거 아쿠

에가니아조긔별이업거ᄂᆞᆯ 믐布ㅣ긔별을듯보라승샹부

머드거 개머 쳥향 니 야문 더 거더치

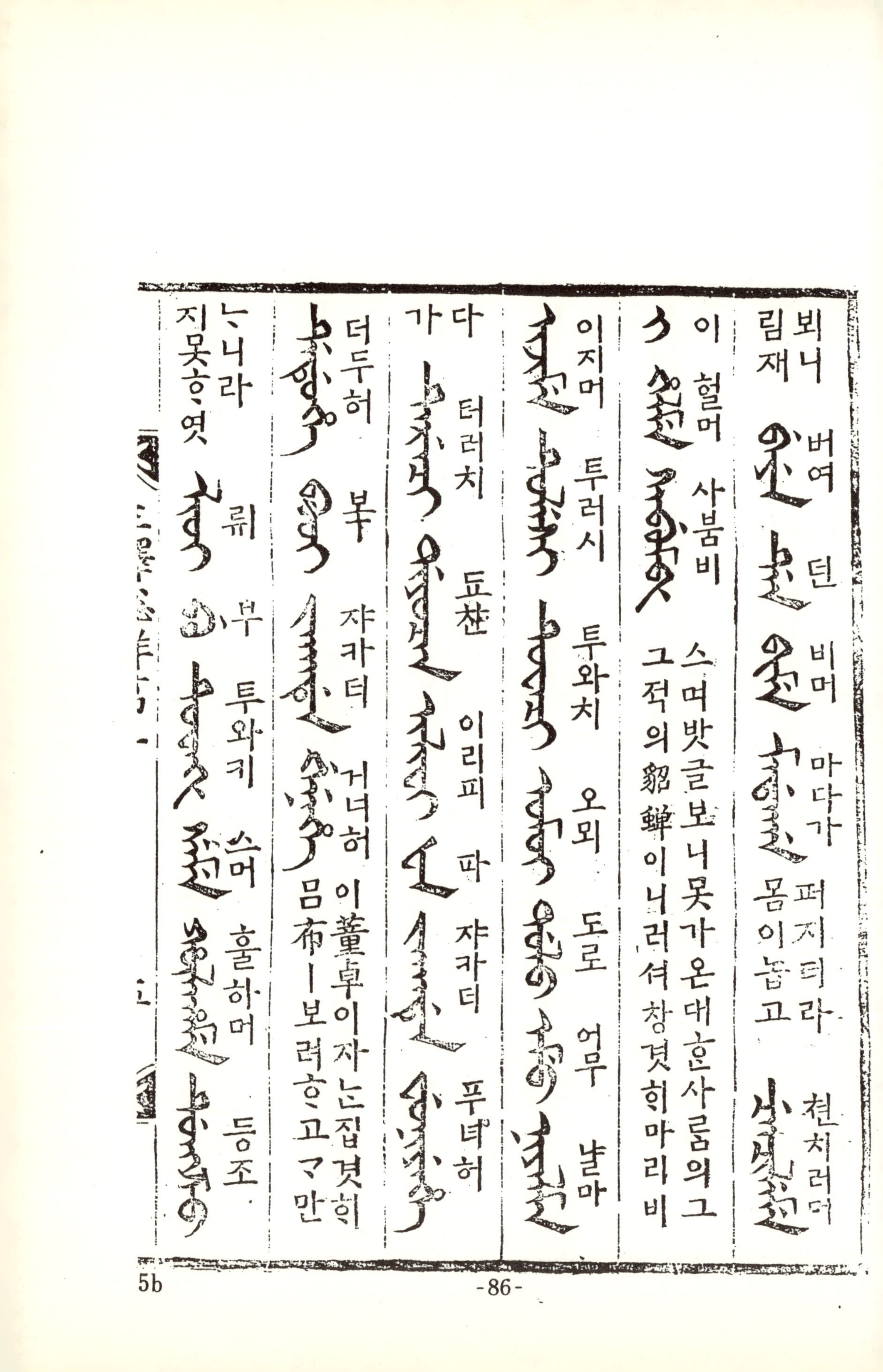

뵈니 림재 버여 던 비머 마다가 퍼지더라 몸이놉고 쳔치러더

이 헐머 사붐비 스며밧글보니못가온대ᄒᆞᆫ사ᄅᆞᆷ의그 그적의貂蟬이니러셔창겻ᄒᆡ마리비

이지머 투러시 투와치 오뫼 도로 어무 날마

다 가 터러치 됴챤 이리피 파 쟈카더 푸녀허

더두허 봉 쟈카터 거너허 이董卓이자ᄂᆞᆫ집겻ᄒᆡ 呂布ㅣ보려ᄒᆞ고ᄆᆞ만

ᄂᆞ니라 지못ᄒᆞ엿 뤼 부 투와키 스머 훌하머 등조

아쿠 지로 싱각호되 분명치 아니니
뭄布ㅣ 오래 보고 나가 셔온가
재 다사머 도시피

투와피 투치머 거더피 에터러머 구니치 얄갼

짓고 슈건 잡아셔 눈믈 쓰스니
이 부러 근심ㅎ고 셜워ㅎ는 낫촐
뤼 부 괴다머

치라 아라머 풍쿠 쟈파피 야새 무커 품비 ·蟬貂

ㅣ뭇 마의 셔시니
마 만이 보니 뭄布
됴챤 졸태 가사라 죠보로

투와치 뤼 부 오뫼 다린 더 이리하비

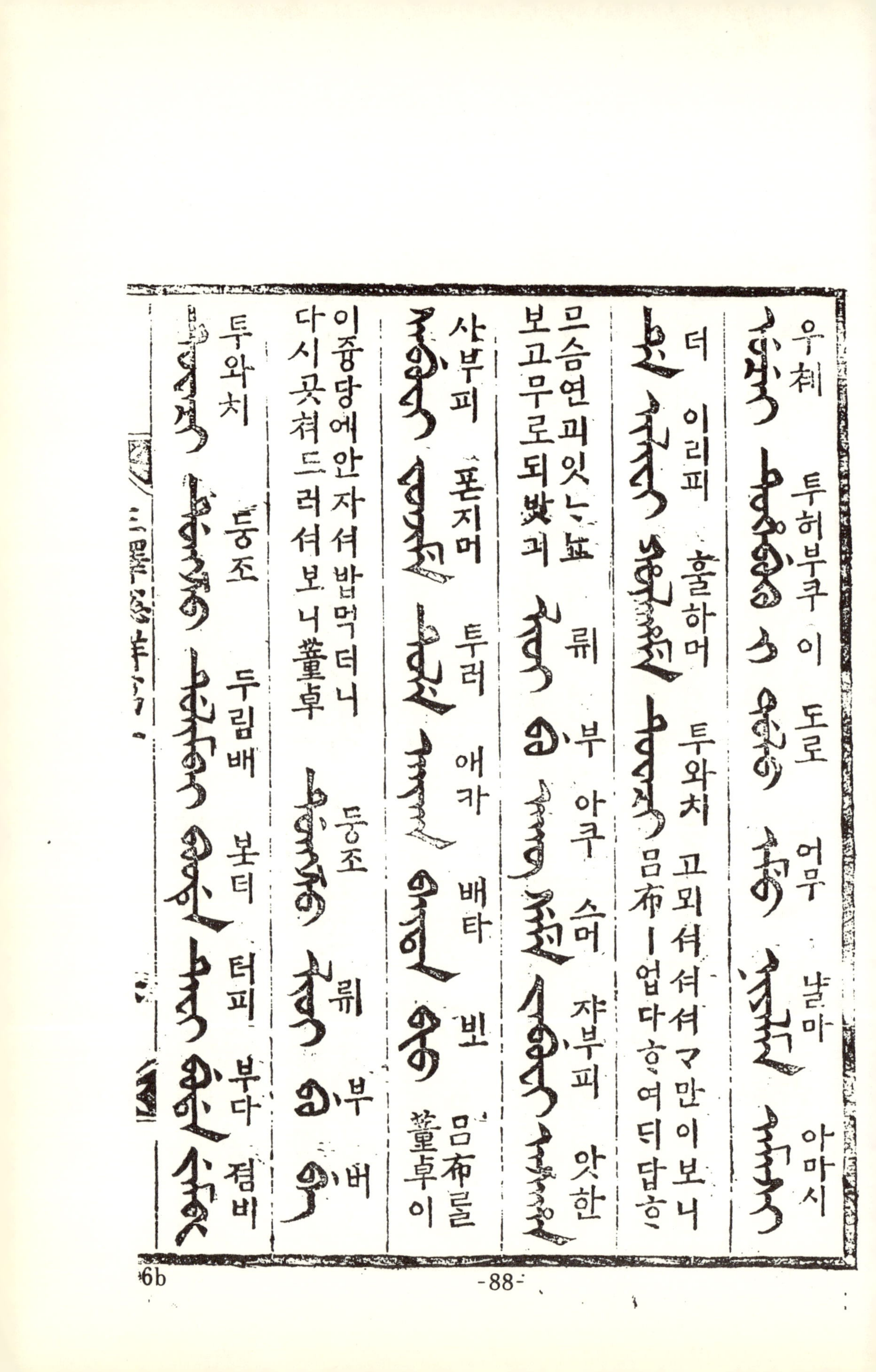

우취 투허부쿠 이 도로 어무 날마 아마시

더 이리피 훌하머 투와치 고뫼셔셔마만이보니
몸布ㅣ업다ᄒᆞ여ᄃᆡ답ᄒᆞ

므슴연괴잇ᄂᆞ뇨 뤄 부 아쿠 슈머 쟈부피 앗한
보고무로되밧괴

사부피 퐆지머 투러 애카 배타 뵈 몸布를
董卓이

이즁당에안자셔밥먹더니 둥조 뤄 부 버
다시곳쳐드러셔보니董卓

투와치 둥조 두림배 보디 터피 부다 졈비

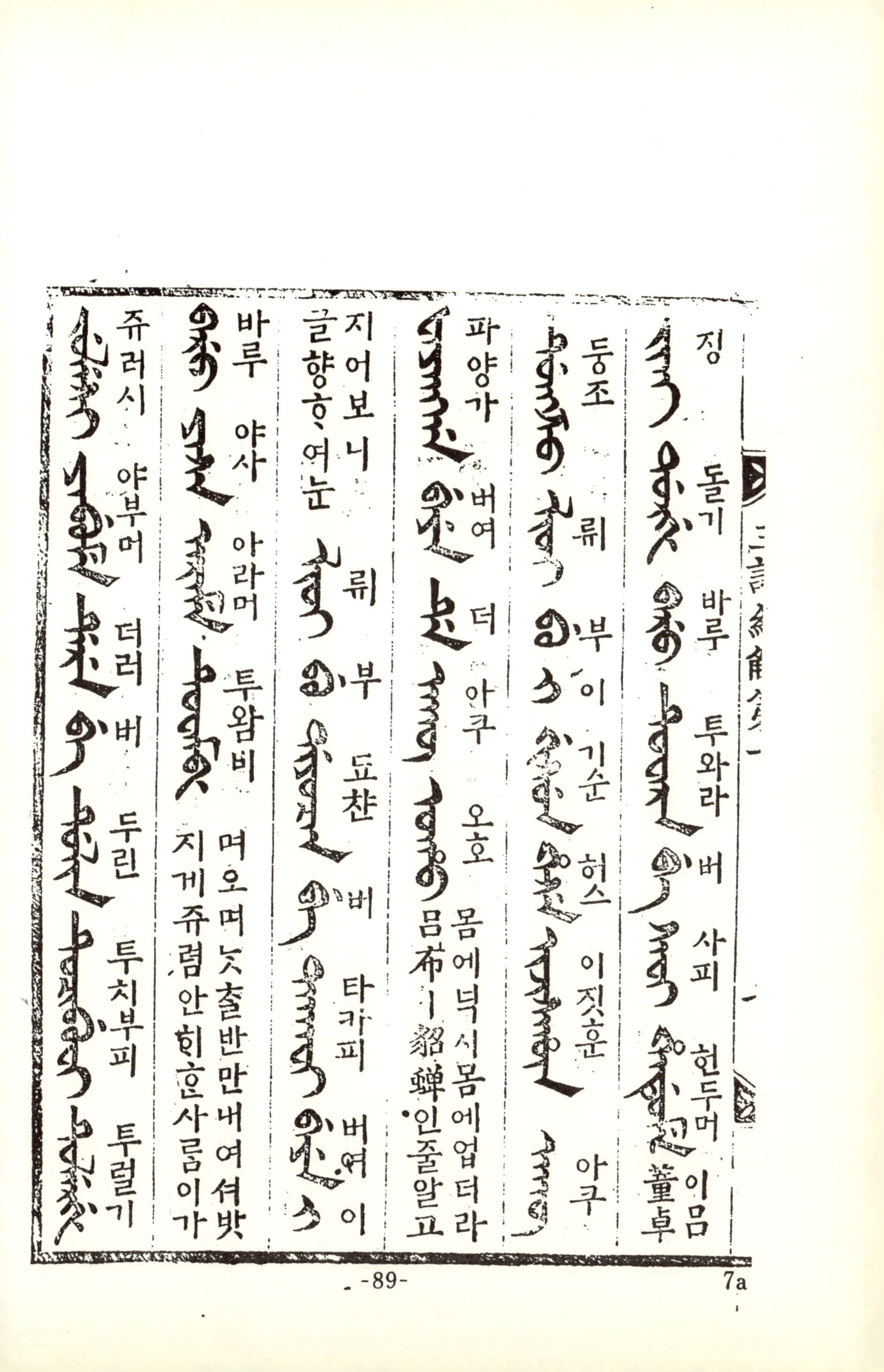

징 돌기 바루 투와라 버 사피 헌두머 이믐 董卓

둥조 뤼 부 이 기순 헌스 이 지훈 아쿠

파양가 버여 더 아쿠 오호 몸에 딕시 몸에 업더라 呂布ㅣ 貂蟬인줄알고

지어보니 뤼 부 됴찬 버 타카피 버여 이 글향ᄒᆞ여눈

바루 야사 아라머 투왐비 며오며 낫출반만내여셔밧 지게쥬렴안히ᄒᆞᆫ사ᄅᆞᆷ이가

쥬러시 야부머 더러 버 두린 투치부피 투럴기

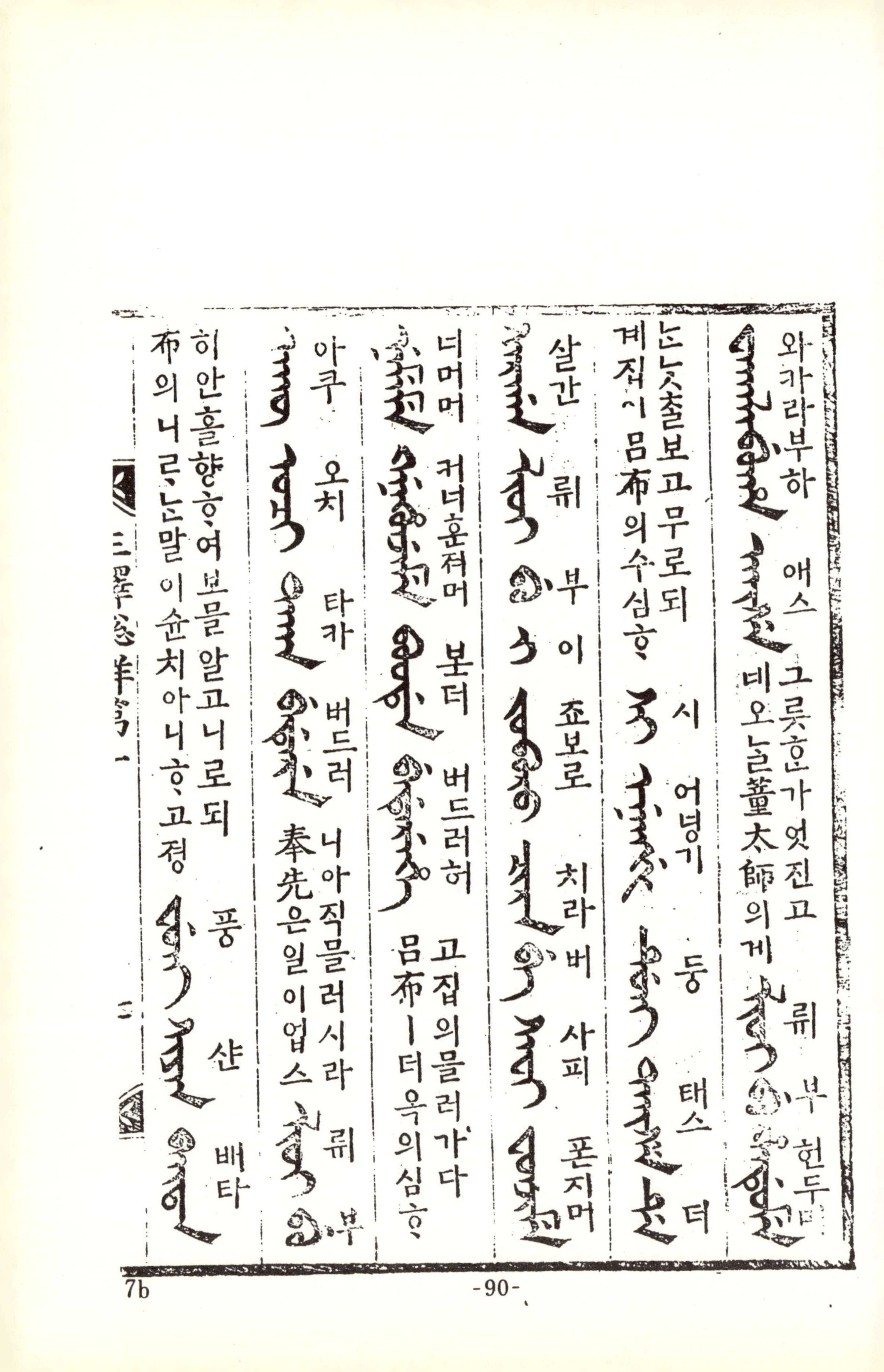

와카라부하 애스 그릇ᄒᆞᆫ가 엇진고 릮 부 헌두ᄆ
네 오ᄂᆞᆯ 董太師의게
ᄂᆞᆫ ᄂᆞᆺ출 보고 무로되
시 어녕기 둥 태스 더
겨집이 呂布의 수심ᄒᆞ
살간 릮 부 이 죠보로 치라버 사피 폰지머
디머머 커너훈져머 보더 버드러허
고 집의 믈러가다
呂布ㅣ 터옥의 심ᄒᆞ
아쿠 오치 타카 버드러
니 아직 믈러시라 릮 부
奉先은 일이 업스
히안 ᄒᆞᆯ 향ᄒᆞ여 보믈 알고 니로되
풍 샨 배타
布의 니ᄅᆞᆫ 논 말이 순치 아니ᄒᆞ고 졍

지못ᄒᆞ고·
번어더보
둥조 됴챤 버 개하치 보쵸 더 도시피

엄거리 바하피 아챠라쿠
고날마다승샹부에드러도혼
呂布ㅣ그적의貂蟬을싱각ᄒᆞ

이덩기다리 쳥향 니 야문 더 도시치

니ᄒᆞ더라
시뭇디아
류 부 터러치 됴챤 버 구니머

ᄒᆞ여당ᄒᆞ리
룰엇지겁거
살간 거러머 재 폰지하 아쿠
두려다
계집이

태스 밈버 아다라머 카다라머 무텀비
되太師ㅣ나
呂布ㅣ니로

안이ᄒᆞ니 둥조 와부라 울군져히 즐겨ᄒᆞ더라 어무

딕희여편 董卓이크게

됴챤 어투쿠 수라쿠 퇴캬머 얼셤비 벗지아니코

貂蟬이옷슬

바하피 니머러 더 董卓이적은병어더셔알홀제

그시절이졍히봄ᄯᅢ되여시니

녕터리 어린 오피 둥조 아지거 、 니머쿠

남도록일을출히라나지아니터라 터러 폰터、 징

이貂蟬을어르니석에드러셔ᄒᆞ도둘

어무 뱌 푼쳐타라 배타 이치햐머 투치라쿠 董卓

쬬림비 어무 가래 둥조 버 쬬리머 야새

지아니쿄졍히믐布롤보고 상뒤희셔셔눈망올을옴기

어무 가래 이나 버여 버

파하 구리부라쿠 징 류 부 비 투왐비 이평 貂鞸

셔나 ᅀᆞ마의

됴찬 버슬컨 이 아마라 이리피 야새

거더피 버슬컨 이 달바더 이리하 잘졔믐布ㅣ가셔평 호로董卓이평상에

이넝기 둥조 버슬컨 더 암하하 더 류 부

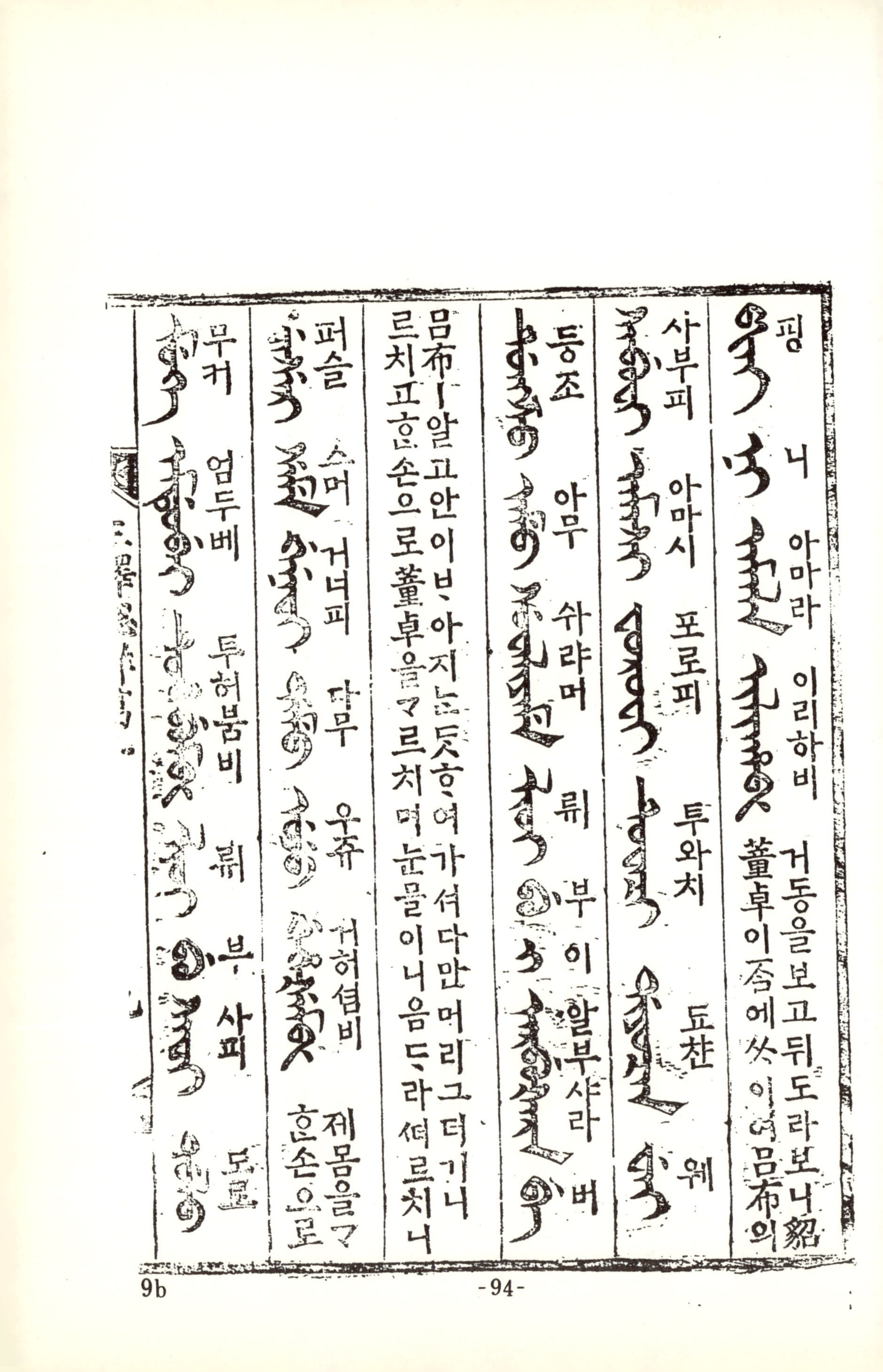

핑 니 아마라 이리하비 거동을보고뒤도라보니貂

董卓이ᄌᆞᆷ에ᄊᆞ이여呂布의

사부피 아마시 포로피 투와치 도챤 웨

둥조 아무 슈랴머 류 부이 알부샤라 버

呂布ㅣ알고안이ᄇᆞ아지ᄂᆞᆫᄃᆞᆺᄒᆞ여가셔다만머리그덕이니

르치고ᄒᆞᆫ손으로董卓을ᄀᆞ르치며눈믈이니음ᄃᆞ라ᄯᅧ르치니

퍼슬 스머 거너피 다무 우쥬 거허쉽비 제몸을ᄀᆞ

ᄒᆞᆫ손으로

무커 엄두베 두허붐비 류 부 사피 도료

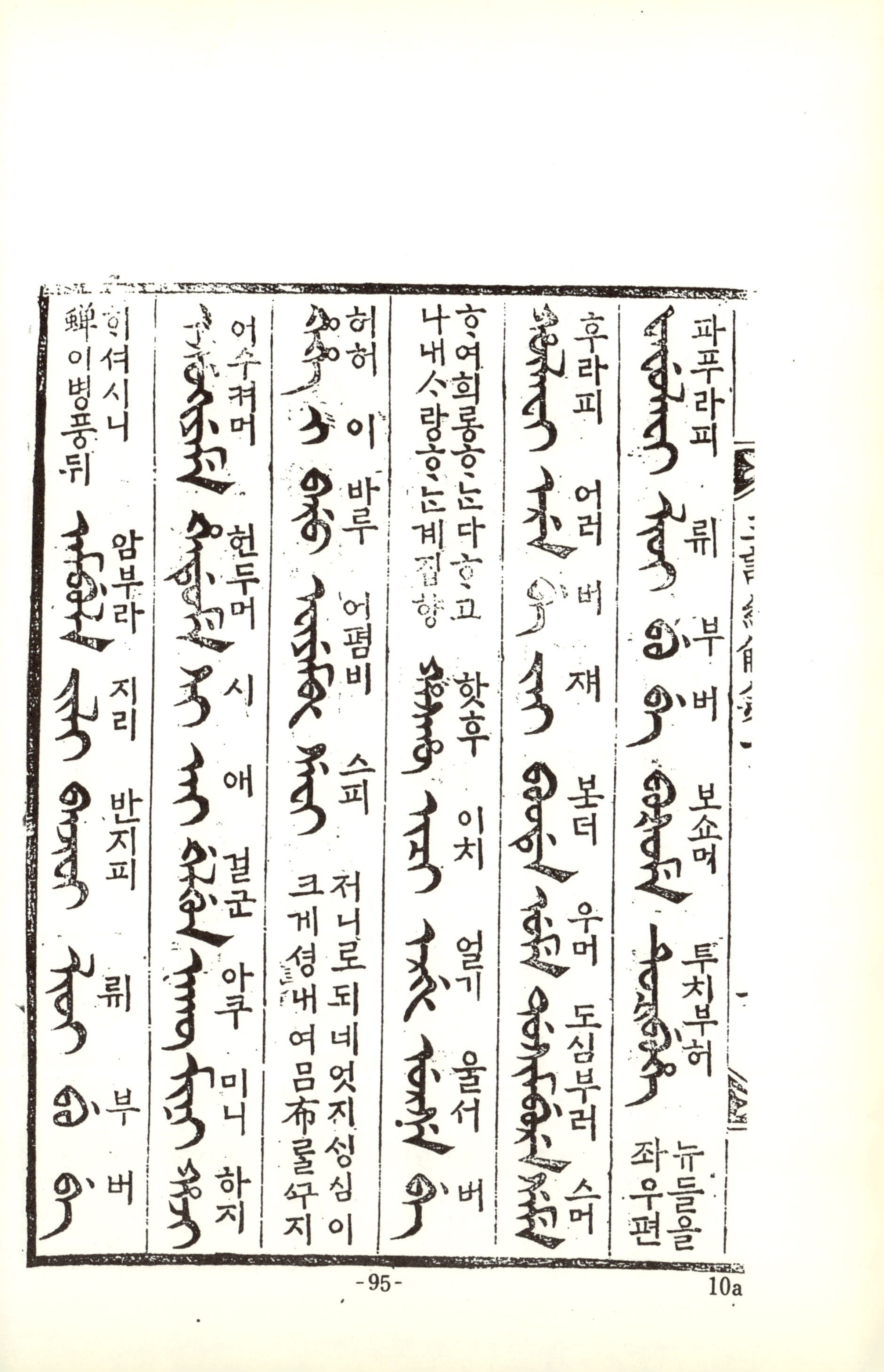

파푸라피 뤼 부 버 보쇼머 투치부허 뉴들을 좌우편

후라피 어러 버 재 보더 우머 도심부러 스머

ᄒᆞ여희롱ᄒᆞᄂᆞ다ᄒᆞ고 나ᄂᆡᄉᆞ랑ᄒᆞᄂᆞᆫ계집향 핫후 이치 얼귀 울서 버

허허 이 바루 어펌비 스피 저니로되네엇지싱심이 크게셩내여몸布룰수지

어수져머 헌두머 시 애 걸군 아쿠 미니 하지

ᄒᆞ여시니 蝉이병풍뒤 암부라 지리 반지피 뤼 부 버

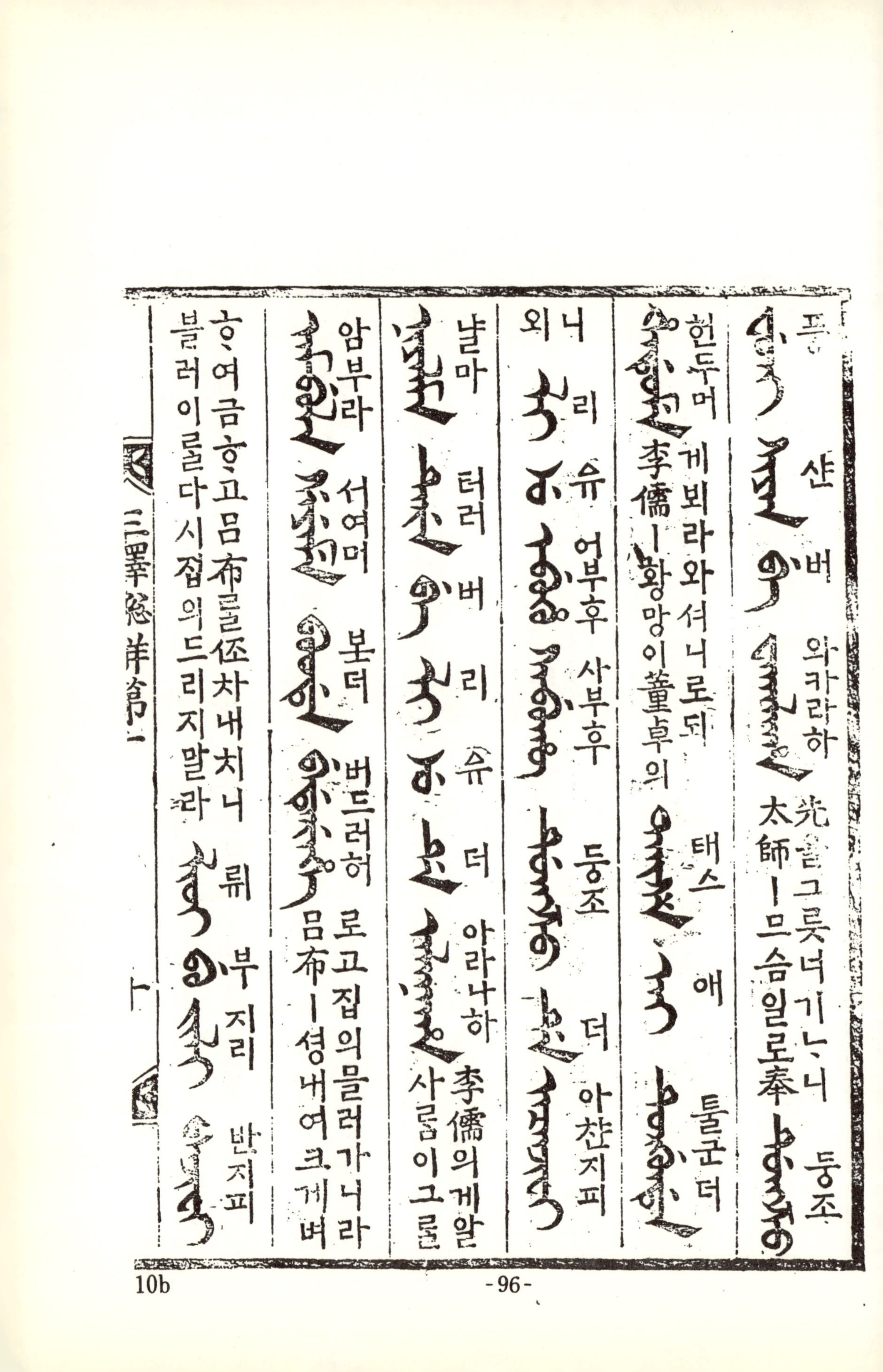

픙샨 버 와카라하 太師ㅣ므슴일로奉先을그릇너기ᄂᆞ니 둥조

헌두머 李儒ㅣ황망이董卓의게뵈라와셔니로되 태스 애 툴군더

외니 리 유 어부후 사부후 둥조 더 아찬지피

냘마 터러 버 리 슈 더 아라나하 사름이그를李儒의게알

암부라 서여머 보더 버드러허 呂布ㅣ셩내여크게벼로고집의믈러가니라

블러이를다시집의드리지말라ᄒᆞ여금ᄒᆞ고呂布를쪼차내치니 류 부 지리 반지피

애카바더 원 호 이 무지런 캬랴카 더 암바

웨레 툴군더 와카람비 스로그릇너기ᄂᆞ니 엇지이젹은일에타

개키 ᄉᆔ치 텬하ᄅᆞᆯ가지고져ᄒᆞ면 李儒ㅣ니로되太師ㅣ 애누 어러 아지거

내쳣노라 일로ᄶᅩ차 리 유 헌두머 태스 압캐 퍼절기 버

툴군더 보쇼머 투치부허 ᄒᆞᄂᆞᆫ계집을마만이본 董卓이니로되내ᄉᆞ랑

헌두머 미니 하지 허허 버 훌하머 투와라

재 이넝기 류 부버 가지피 볼터 도심부피

캐 주고됴흔말로헤아려이리ᄒᆞ면못ᄎᆞ리라 둥조
李儒ㅣ니로되ᄂᆡ일져롤ᄃᆞ려와금빅을샹

부피 샌 기순 이 토롬부 운투 오치 와지하

이넝기 터러 버 가지피 애신 우린 샹나머

헌두머 아다라머 엇지ᄒᆞ리오 라 유 헌두머 치마하
董卓이니로되

웨러 무터라쿠 캐 면큰일이로지못ᄒᆞ리라 둥조
힝혀溫侯의ᄆᆞᄋᆞᆷ이변ᄒᆞ

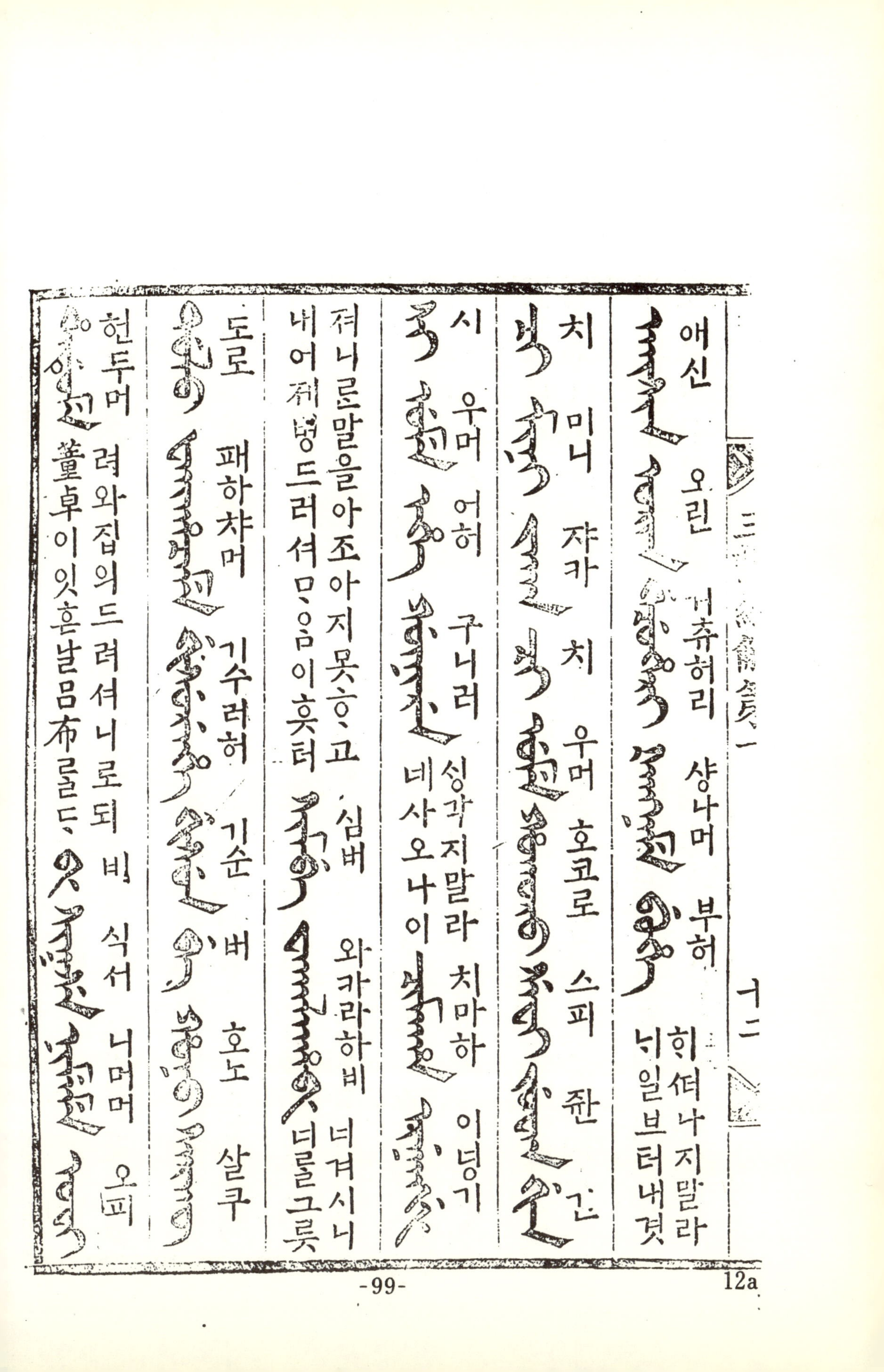

애신 오린 거츄허리 샹나머 부허 희여나지말라 닉일브터내겨

치 미니 쟈카 치 우머 호코로 스피 쟌 간

시 우머 어허 구니러 싱각지말라 네사오나이 치마하 이넝기

져니ᄅᆞᆫ말을아조아지몯ᄒᆞ고 내어져병드러셔ᄆᆞ음이흣터 심버 와카라하비 녀겨시나 너를그릇

도로 패하챠머 기수러허 기순 버 호노 살쿠

헌두머 려와집의드려셔니로되 董卓이잇흔날ᄆᆞᆷ布를ᄃᆞ 비 식서 니머머 오피

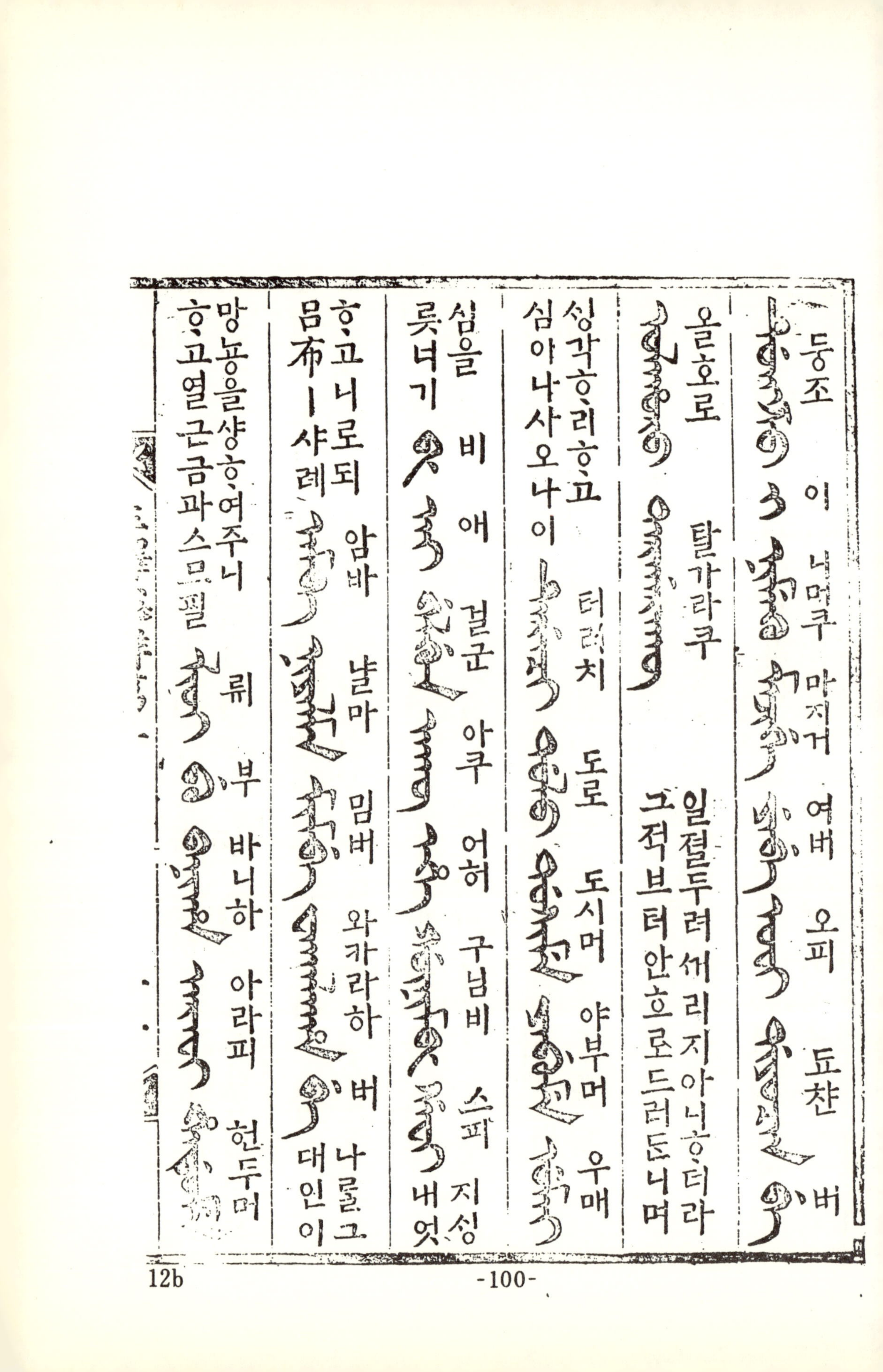

둥조 이 너머쿠 마지거 여버 오피 됴챤 버

올호로 탈가라쿠
일졀두려ᄡᅥ리지아니ᄒᆞ더라
그적브터안호로드러ᄃᆞ니며

싱각ᄒᆞ리ᄒᆞ고
심아나사오나이 터러치 도로 도시머 야부머 우매

심을
룻너기 비 애 걸군 아쿠 어허 구남비 스피 지싱
버엇

ᄒᆞ고니로되
몸布ㅣ샤례 암바 날마 밈버 와카라하 버 나ᄅᆞᆯ그
대인이

망뇽을샹ᄒᆞ여주니
ᄒᆞ고열근금과스므필 뤼 부 바니하 아라피 헌두머

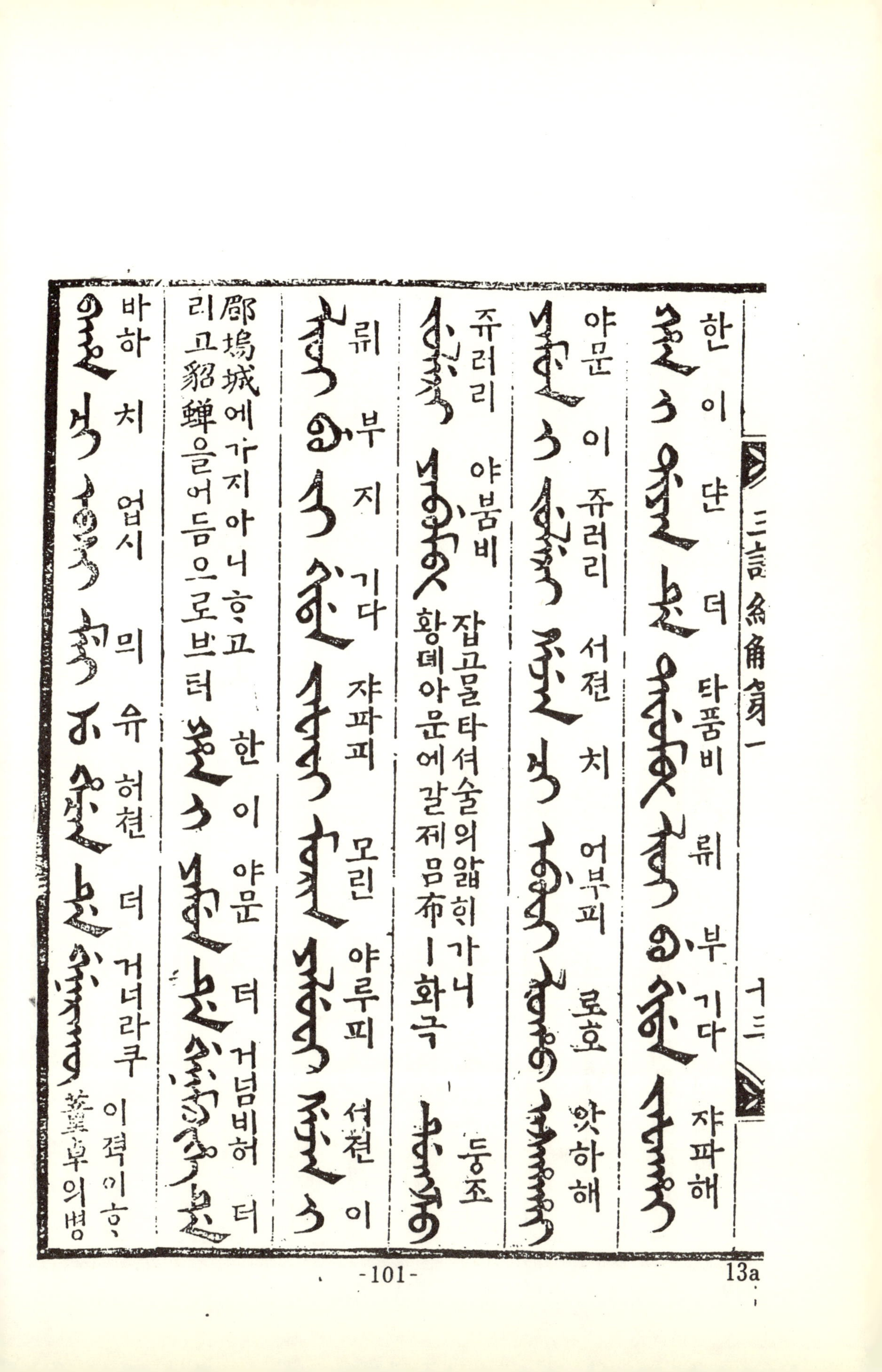

한 이 댠 더 타품비 뤼 부 기다 쟈파해

야문 이 쥬러리 서젼 치 어부피 로호 얏하해

쥬러리 야붐비

잡고 물 타셔 술의 앏희 가니

황뎨 아문에 갈 제 呂布ㅣ 화극

등조

뤼 부 지 기다 쟈파피 모린 야루피 서쳔 이

郿塢城에 가지 아니ᄒᆞ고

리고 貂蟬을 어듬으로브터

한 이 야문 더 거넘비허 더

바하 치 업시 믜 유 허쳔 더 거너라쿠

이젹이ᄒᆞ

董卓의 병

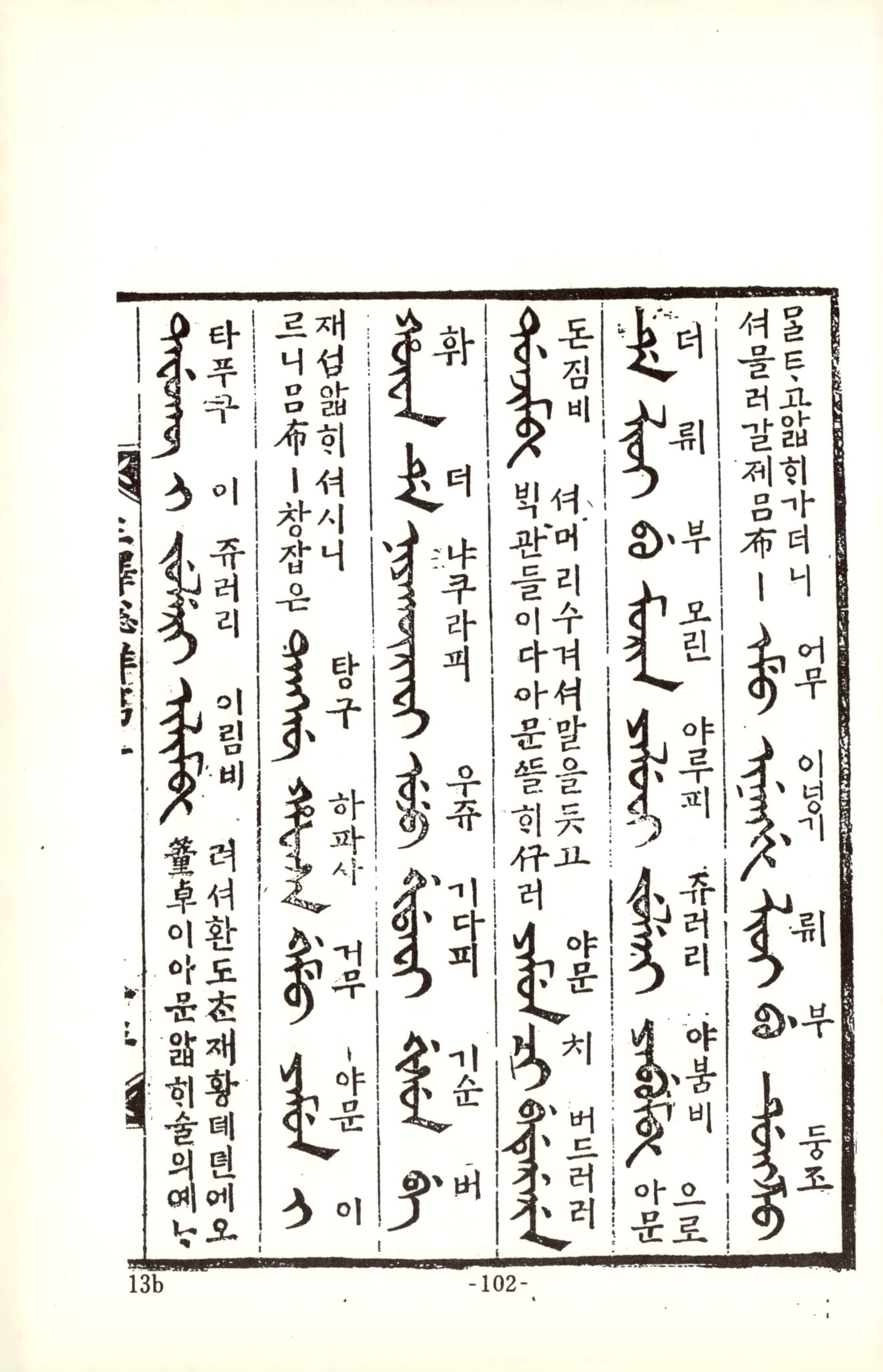

물ᄐᆞ、고앏ᄒᆡ가더니 어무 이넝기 뤼 부 둥조
셔물러갈제믐布ㅣ
더 뤼 부 모린 야루피 쥬러리 야붐비 으로
아문
돈짐비 셔머리수겨셔말을듯고 야문 치 버드러러
빅관들이다아문뜰ᄒᆡ仔러
화 더 냐쿠라피 우쥬 기다피 기순 버
재섭앏ᄒᆡ셔시니 탕구 하파사 거무 야문 이
르니믐布ㅣ창잡은
타푸구 이 쥬러리 이림비 려셔환도ᄎᆞ재황톄뎐에오
籉卓이아문앏ᄒᆡ슐의예ᄂᆞ

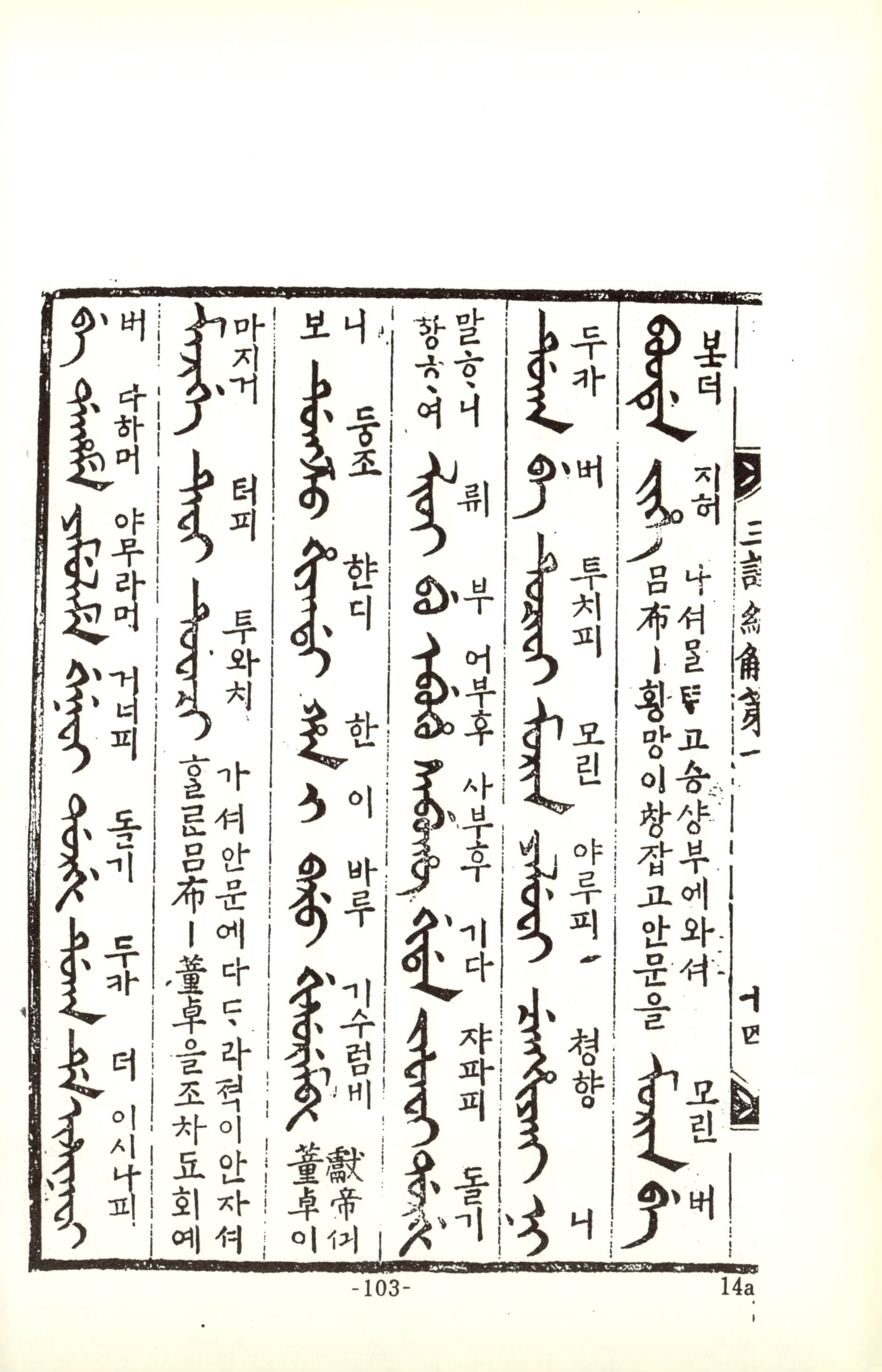

보뎌 지허 모린 버
나셔물ᄐᆞ고숑샹부에와셔
呂布ㅣ황망이창잡고안문을

두카 버 투치피 모린 야루피ᅳ 쳥향 니

말ᄒᆞ니
향ᄒᆞ여
류 부 어부후 사부후 기다 쟈파피 돌기

니 둥조 한디 한 이 바루 기수럼비 獻帝ㅅ긔
보 董卓이

마지거 터피 투와치 가셔안문에다ᄃᆞ라져기안자셔
훌륜呂布ㅣ董卓을조차됴회예

버 ᄃᆞ하머 야무라머 거녀피 돌기 두카 더 이시나피

거더피 밈버 아랴 가셔나롤기ᄃᆞ리라 비 운해
네뒷동산鳳儀亭겻희

되시 아말기 야판 이 풍 이 팅 니 쟈카더
로

사부피 옥도머 투치피 헌두머 을보고마자나셔니
貂蟬이呂布의ᄎᆞ즘

즈라후당에드니 됴챤 류 부 이 배러 버
잡은재貂蟬을ᄎᆞ

됴챤 버 배머 아말기 보더 도시카 의미고창
믈을길ᄉᆞ

쥬군 이 달바더 훠타피 기다 쟈파해

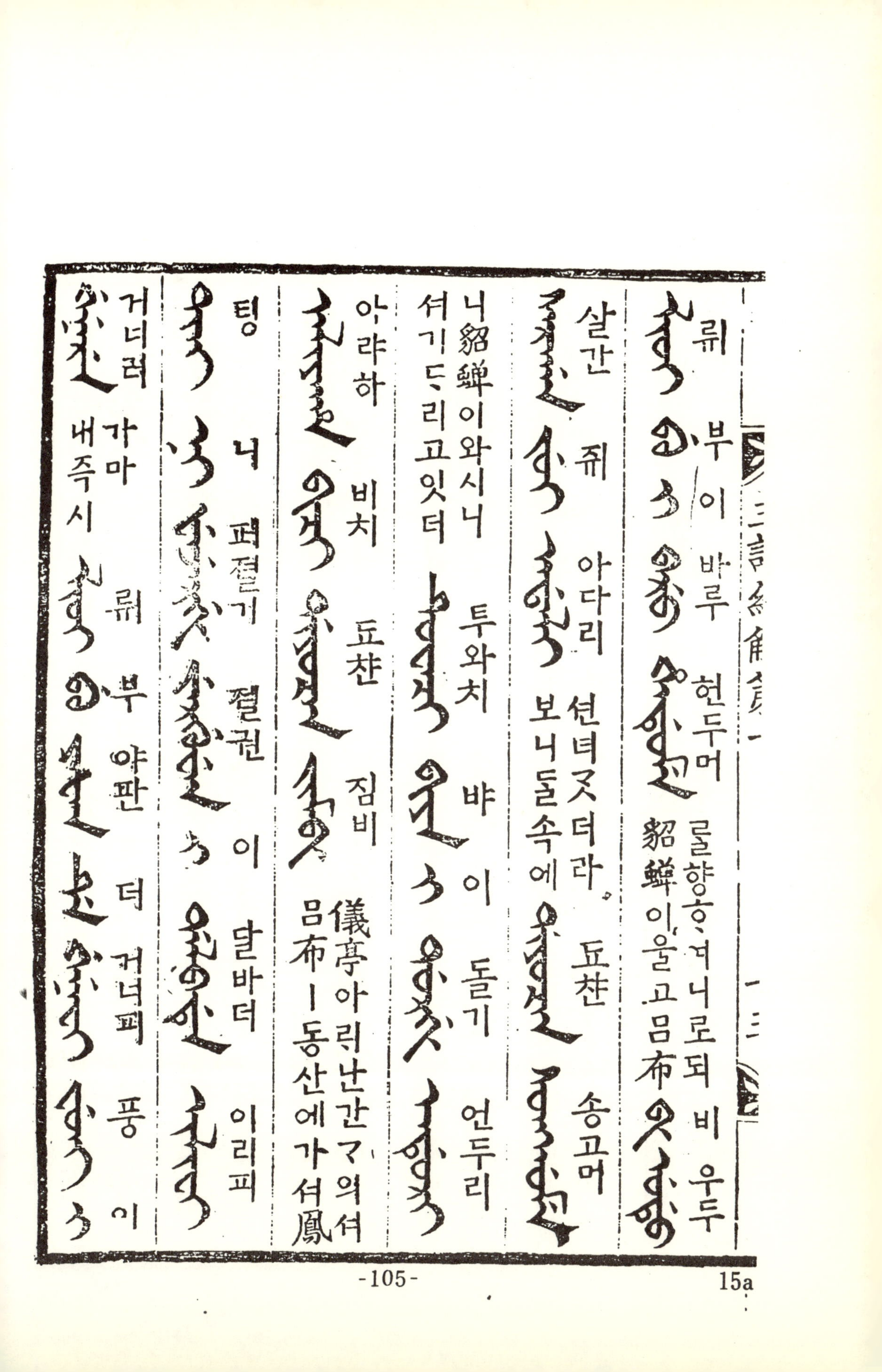

뤼 부이 바루 헌두머 貂蟬이울고呂布룰향ᄒᆞ여니로되 비 우두

살간 쥐 아다리 보니돌속에 션녀ᄀᆞᆺ더라 됴챤 송고머

투와치 뱌 이 돌기 언두리 셔기ᄃᆞ리고잇더 니貂蟬이와시니

아랴하 비치 됴챤 짐비 呂布ㅣ동산에가셔鳳 儀亭아ᄅᆡ난간ᄀᆞ의셔

텅 니 펴절기 절권 이 달바더 이리피

거녀러 내즉시 가마 뤼 부 야판 더 거녀피 풍 이

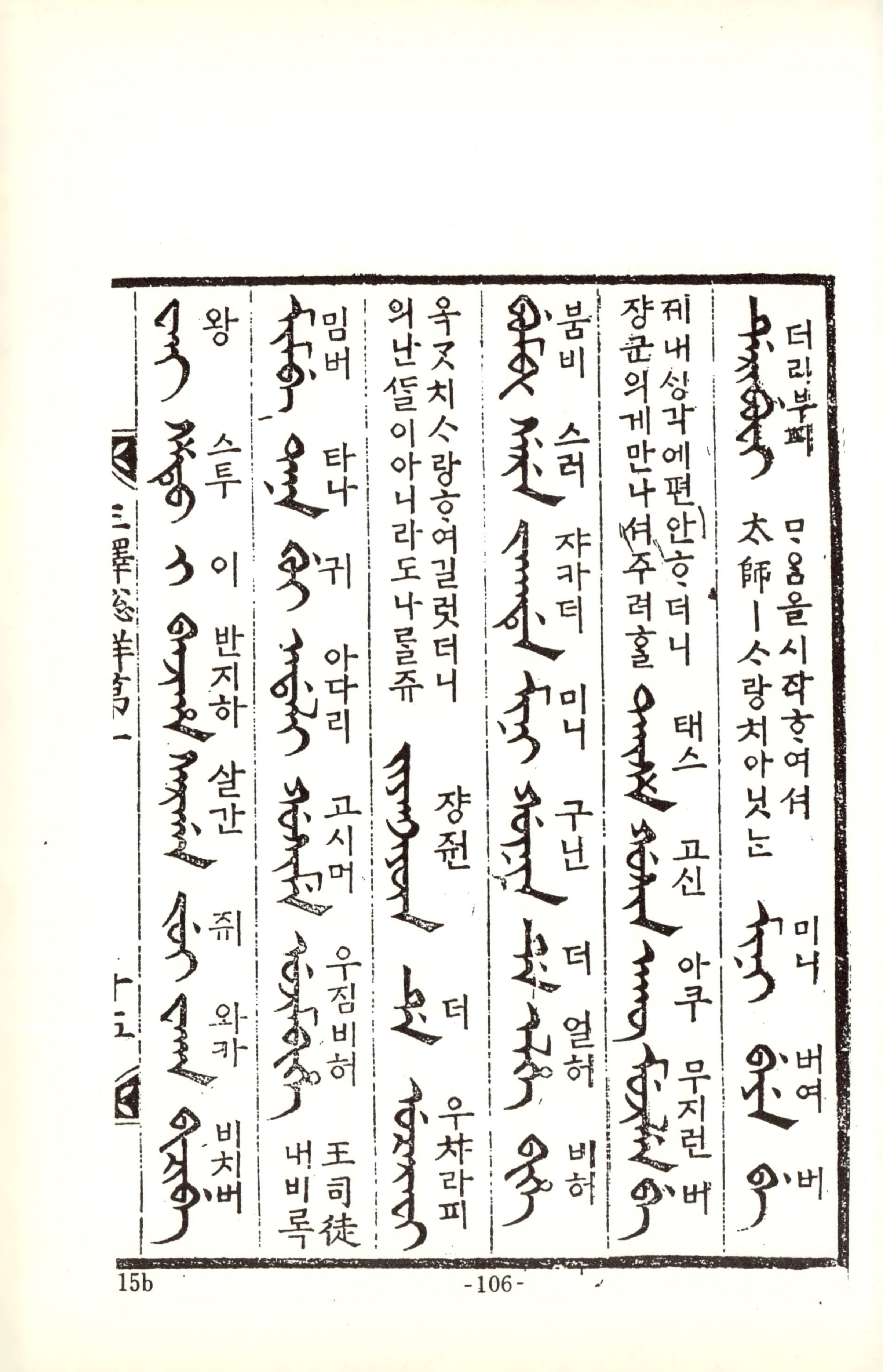

더리부퍼 ᄆᆞᄋᆞᆷ을시작ᄒᆞ여셔 太師ㅣᄉᆞ랑치아닛ᄂᆞᆫ 미나 버여 버

제내상각에편안ᄒᆞ더니 쟝균의게만나셔주려홀 태스 고신 아쿠 무지런 버

붐비 스러 쟈카더 미니 구넌 더 얼허 비허

옥ᄀᆞᆺ치ᄉᆞ랑ᄒᆞ여길럿더니 의난ᄯᆞᆯ이아니라도나ᄅᆞᆯ쥬 쟝쥔 더 우챠라피

밈버 타나 귀 아다리 고시머 우짐비허 王司徒 내비록

왕 스투 이 반지하 살간 쥐 와카 비치버

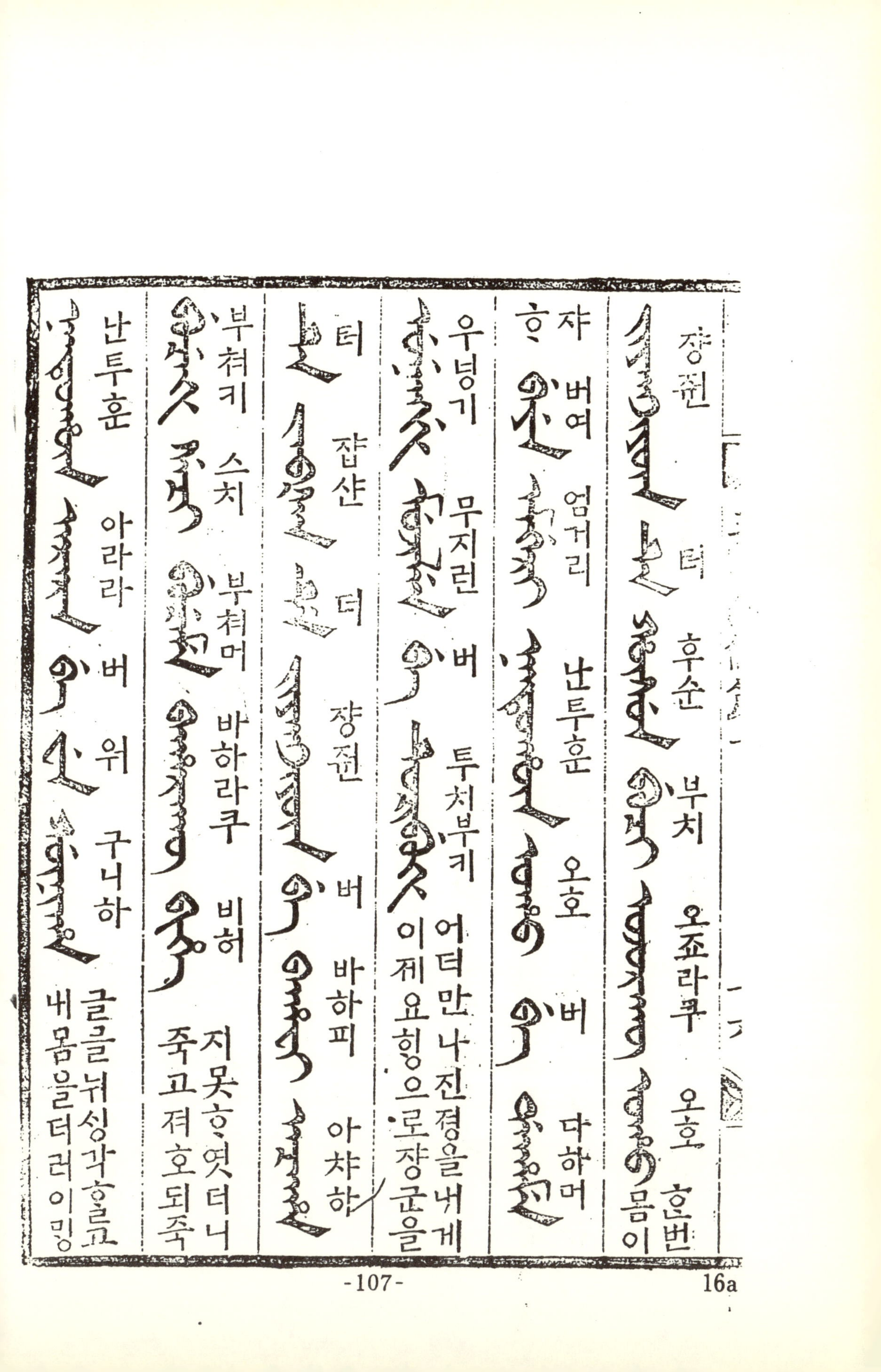

장쥔 터 후순 부치 오죠라쿠 오호
ᄒᆞᆫ번 몸이

ᄒᆞ자 버여 엄거리 난투훈 오호 버 다하머

우녕기 무지런 버 투치부키
어더만나진졍을내게 이졔요힝으로쟝균을

터 잡산 더 장쥔 버 바하피 아챠한

부쳐키 스치 부쳐머 바하라쿠 비혀
지못ᄒᆞ엿더니 죽고져호되죽

난투훈 아라라 버 위 구니하
글글뉘싱각ᄒᆞᆯ쇼 내몸을더러이밍

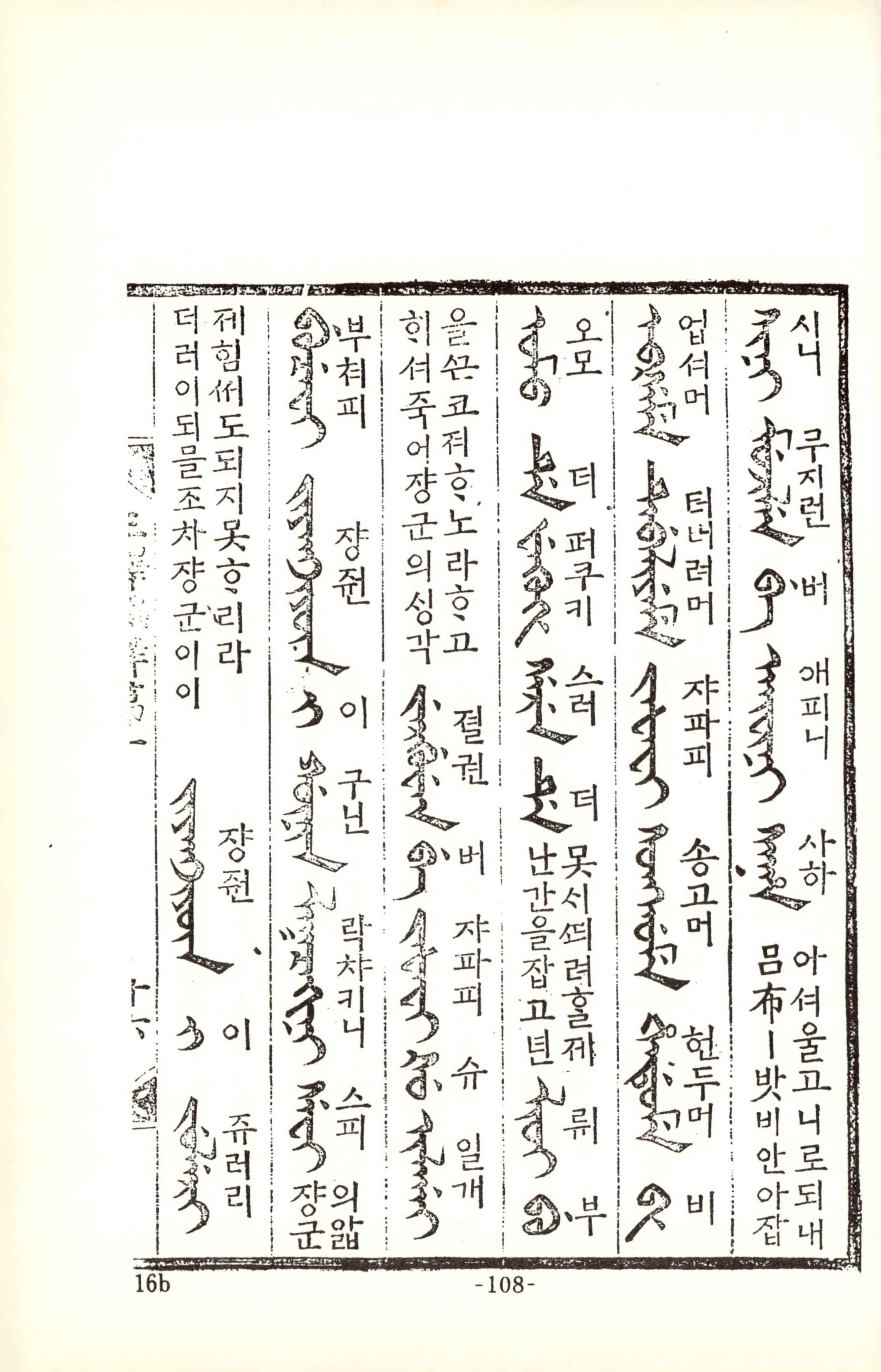

시니 구지련 버 애피니 사하

아셔울고니로되내 몸布ㅣ밧비안아잡

업셔머 터너려머 쟈파피 송고머 헌두머 비

오모 더 퍼쿠키 스러 더 못시뙤려홀짜 뤼 부

난간을잡고텬

울쑨코져ᄒᆞ노라ᄒᆞ고

희셔죽어장군의싱각

졀권 버 쟈파피 슈 일개

부쳐피 장쥔 이 구넌 락챠키나 스피 의얇

장군

져힘써도되지못ᄒᆞ리라

더러이되믈조차장군이이

장쥔 이 쥬러리

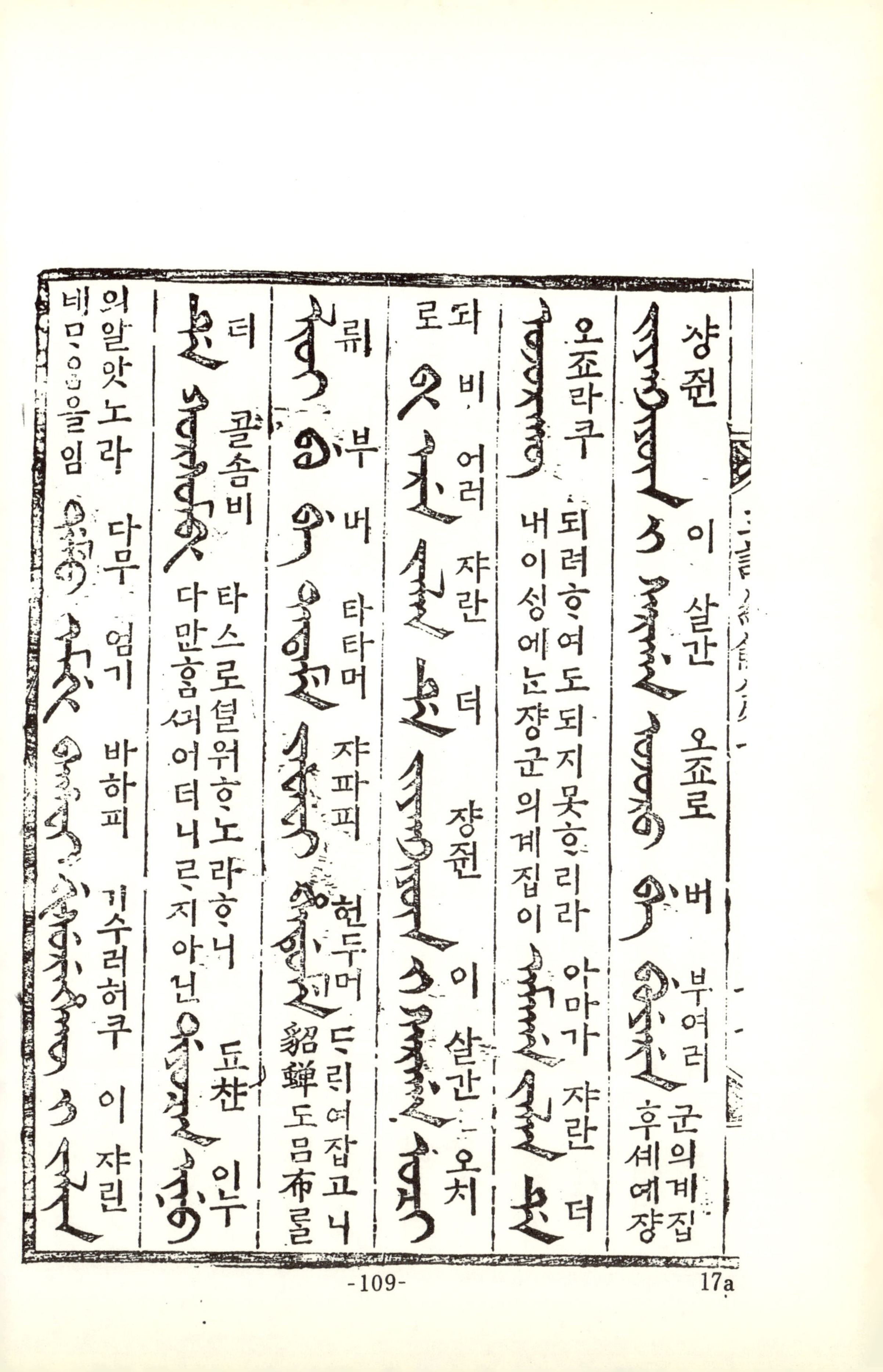

샹쥔 이 살간 오죠로 버 부여러 후세예쟝 군의계집

오죠라쿠 내이싱에눈쟝군의계집이 되려ᄒᆞ여도되지못ᄒᆞ리라 아마가 쟈란 더

돠로 비 어러 쟈란 더 쟝쥔 이 살간 오치

뤼 부 버 타타머 쟈파픠 현두머 貂鞸도몸布를 ᄃᆞ리여잡고니

더 골솜비 다만흠셕어더니르지아닌 타스로셜워ᄒᆞ노라ᄒᆞ니 됴챤 인누

네ᄆᆞᄋᆞᆷ을임 의알앗노라 다무 엄기 바하피 기수러허쿠 이 쟈린

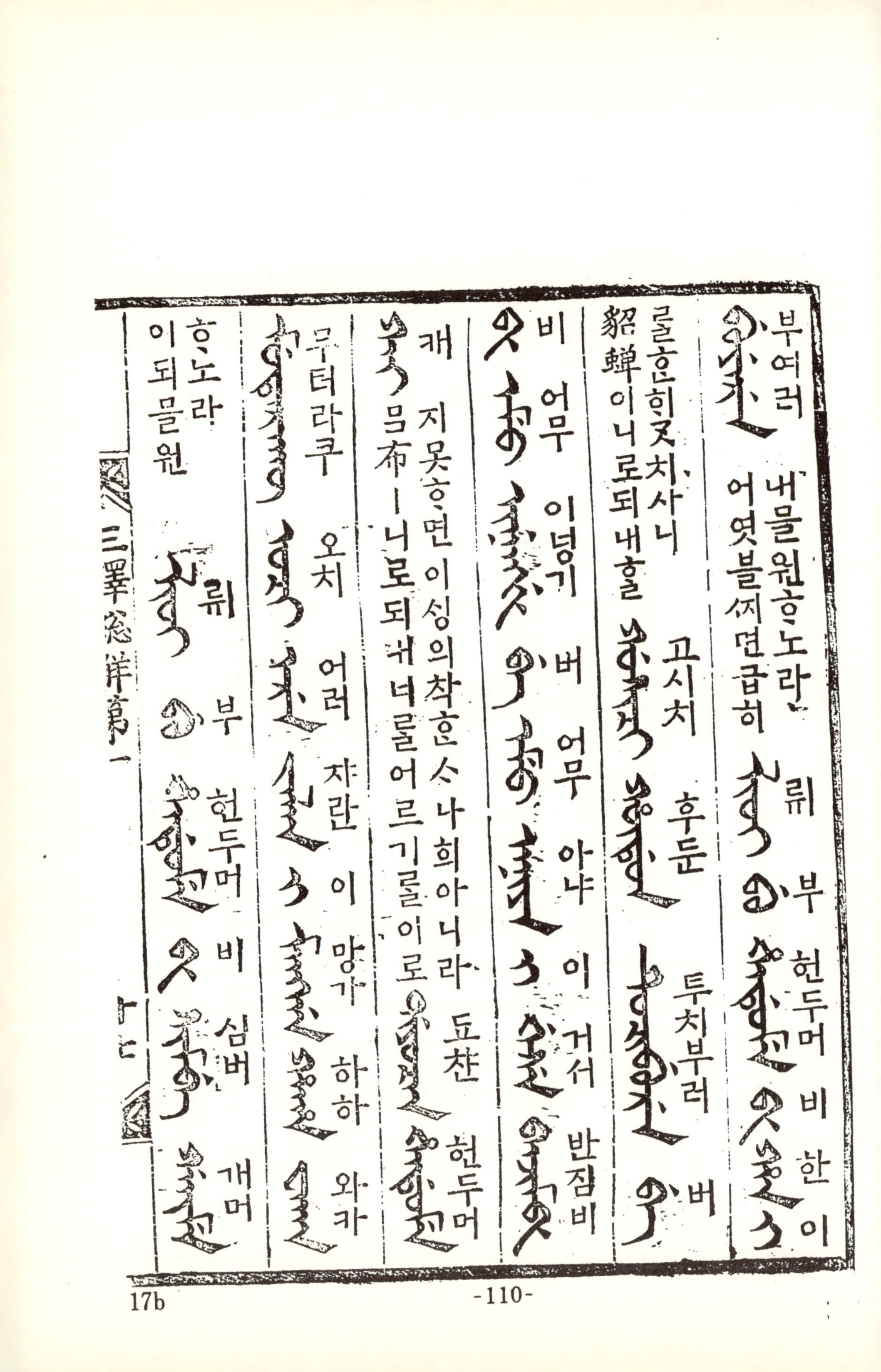

부여러 내물원ᄒᆞ노라ᄒᆞᆫ 어엿블ᄭᅵ면급히 뤼 부 헌두머 비 한 이

ᄀᆞᆯᄒᆞᆫ희ᄌᆞᆺ치사니 貂蟬이니로되내흘 고시치 후둔 투치부러 버

비 어무 이넝기 버 어무 아냐 이 거서 반잠비

개 지못ᄒᆞ면이싱의착ᄒᆞᆫ소나희아니라 믓布ㅣ니로되뉘너를어르기를이로 됴찬 헌두머

무터라쿠 오치 어려 자란 이 망가 하하 와카

ᄒᆞ노라 이되믈원 뤼 부 헌두머 비 심버 개머

삭다 훌하 더 울투 거러치 이리두려ᄒᆞ면 쟝군이노적의게

타타머 쟈파피 헌두머 여잡고니로되 貂鼠이옷슬ᄃᆞ릐 쟝쥰

더 보쟈ᄒᆞ고창잡고가려ᄒᆞᆯ제 노적이의심ᄒᆞᆯ세라급히가 됴챤 어투쿠 버

거녀치 아참비 스피 기다 쟈파피 거녀키 스러

와마만이오롸 톄아문에셔틈보 삭다 훌하 거너훈져라후 ᄒᆞᄂᆞᆫ

야문 치 쇼로 투와피 훌하머 지허 로되내황 몸布ㅣ니

악잔다라 아다리 돈지하 의장군의일홈을벼락침

살간 쥐 폰치 장쥔 이 거부 버 악잔 貂蟬이니로되내쳐녀젹

ᄒᆞ여셔우리남진계집되여사쟈 됴챤 헌두머 비

믄布ㅣ셔셔니로되내ᄒᆞᆫᄢᅦ시작

알가 더리부피 무서 에건 살간 오피 반지키

날이업스리라 릒 부 이리피 헌두머 비 어무

내하ᄂᆞᆯ히ᄅᆞᆯ볼

비 압카 슌 버 사부러 이닝기 아쿠 오호

三譯總解第一 十八

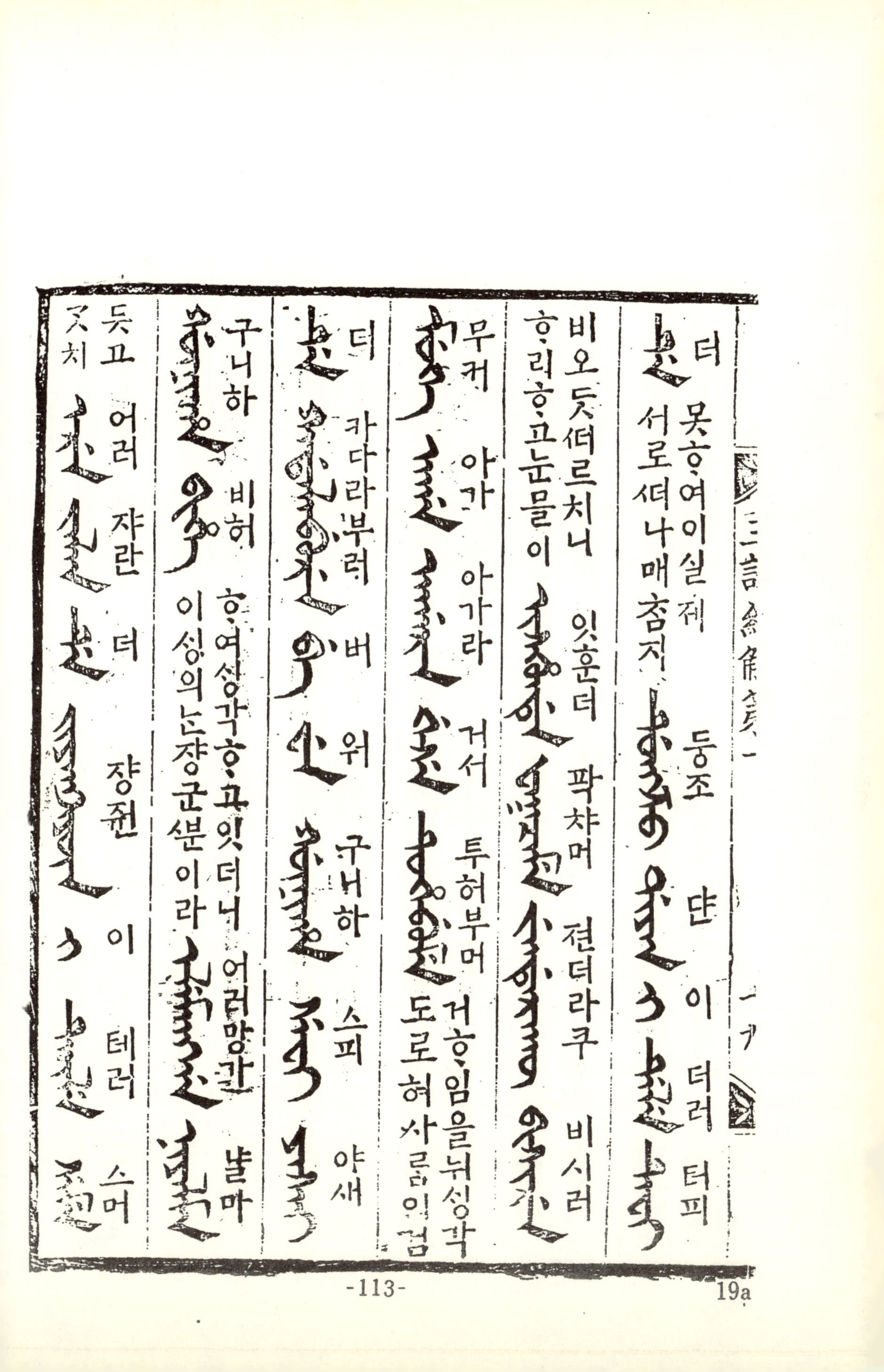

더 못ᄒᆞ여이실제 서로셔나매춤지ᄂᆞ 둥조 댠 이 더러 터피

비오ᄃᆞᆺ셔ᄃᆞ르치니 ᄒᆞ리ᄒᆞ고눈믈이 잇훈더 팍샤머 젼더라쿠 비시러

무커 아가 아가라 거서 투허부머 거ᄒᆞ임을뉘싱각 도로혀사ᄅᆞᆷ이검

더 카다라부러 버 워 구너하 스피 야새

구니하 비허 ᄒᆞ여싱각ᄒᆞ고잇더니 이싱의는쟝군ᄲᅮᆫ이라 어러망갈 뵬마

ᄃᆞᆺ고 ᄀᆞᆺ치 어러 쟈란 더 쟝쥔 이 테러 스머

게무르니
문사름의
아라머 원 훈 아말기 보더 도시가

밧기미여시니
니몸布의몰이문
두캐 날마 더 폰지하 망기

두캐 투러 훼타하비
타셔도라집의믈러와보
ᄆᆞ음에의심ᄒᆞ여술의예

아마시 보더 버드러피 투와치 뤼 부이 모린

몸布ㅣ업거ᄂᆞᆯ
셔뒤도라보니
도로 커너훈져머 서젼 더 터피

아마시 포로피 투와치 뤼 부 아쿠
우희안자
董卓이뎐

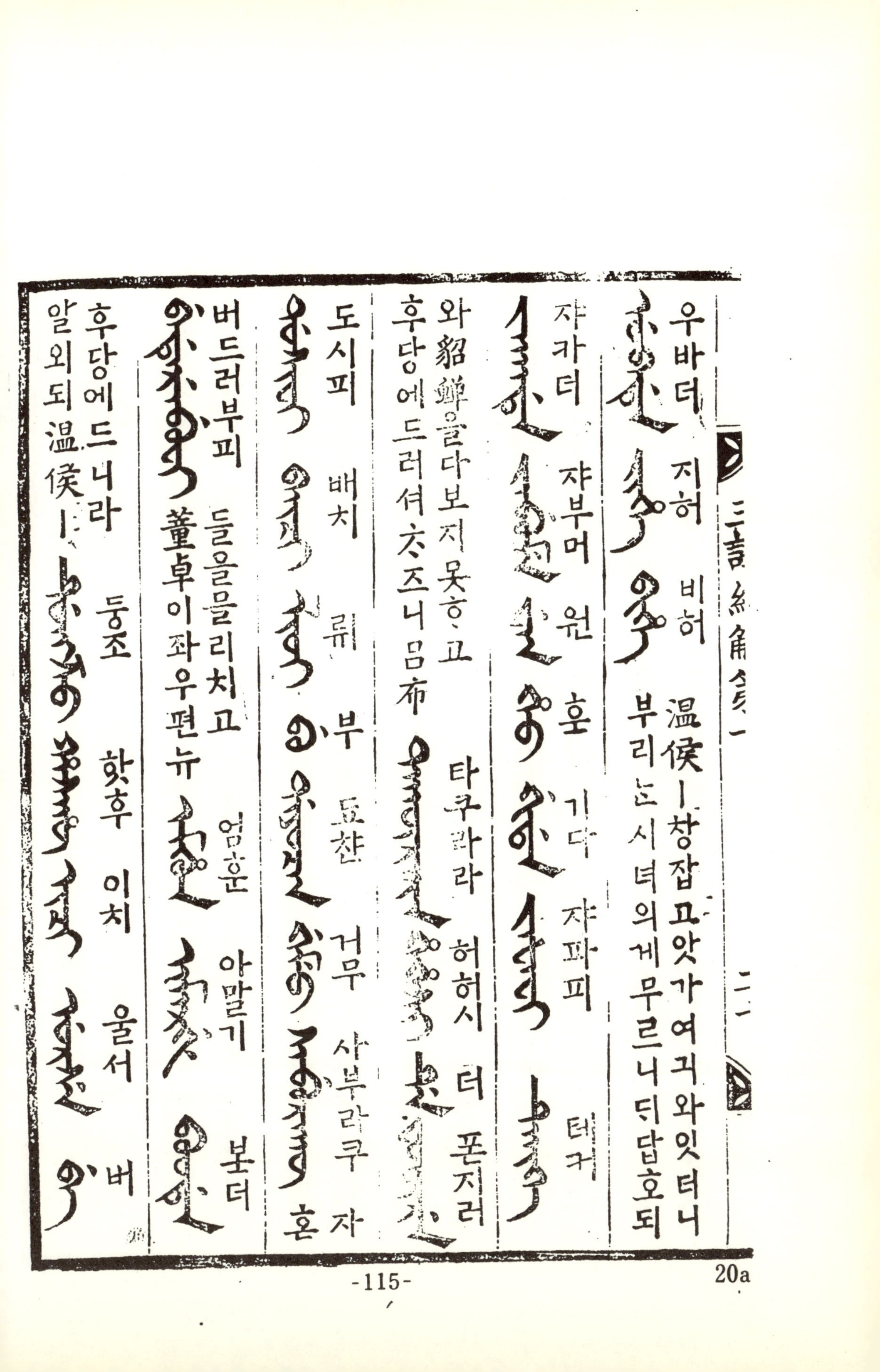

우바더 지허 비허
溫侯ㅣ 창잡고 앗가 여긔 와 잇더니
부리ᄂᆞᆫ 시녀의게 무르니 ᄃᆡ답호되
쟈카더 쟈부머 원 훈 기다 쟈파피 터커
와 貂蟬을 다 보지 못ᄒᆞ고
타쿠라라 허허시 더 푼지러
후당에 드러셔 ᄎᆞ즈니 呂布
도시피 배치 뤄 부 됴찬 거무 사부라쿠 자 훈
버드러부피 들을 믈리치고 엄훈 아말기 보더
董卓이 좌우편 뉴
후당에 드니라 둥조 핫후 이치 울서 버
알외되 溫侯ㅣ

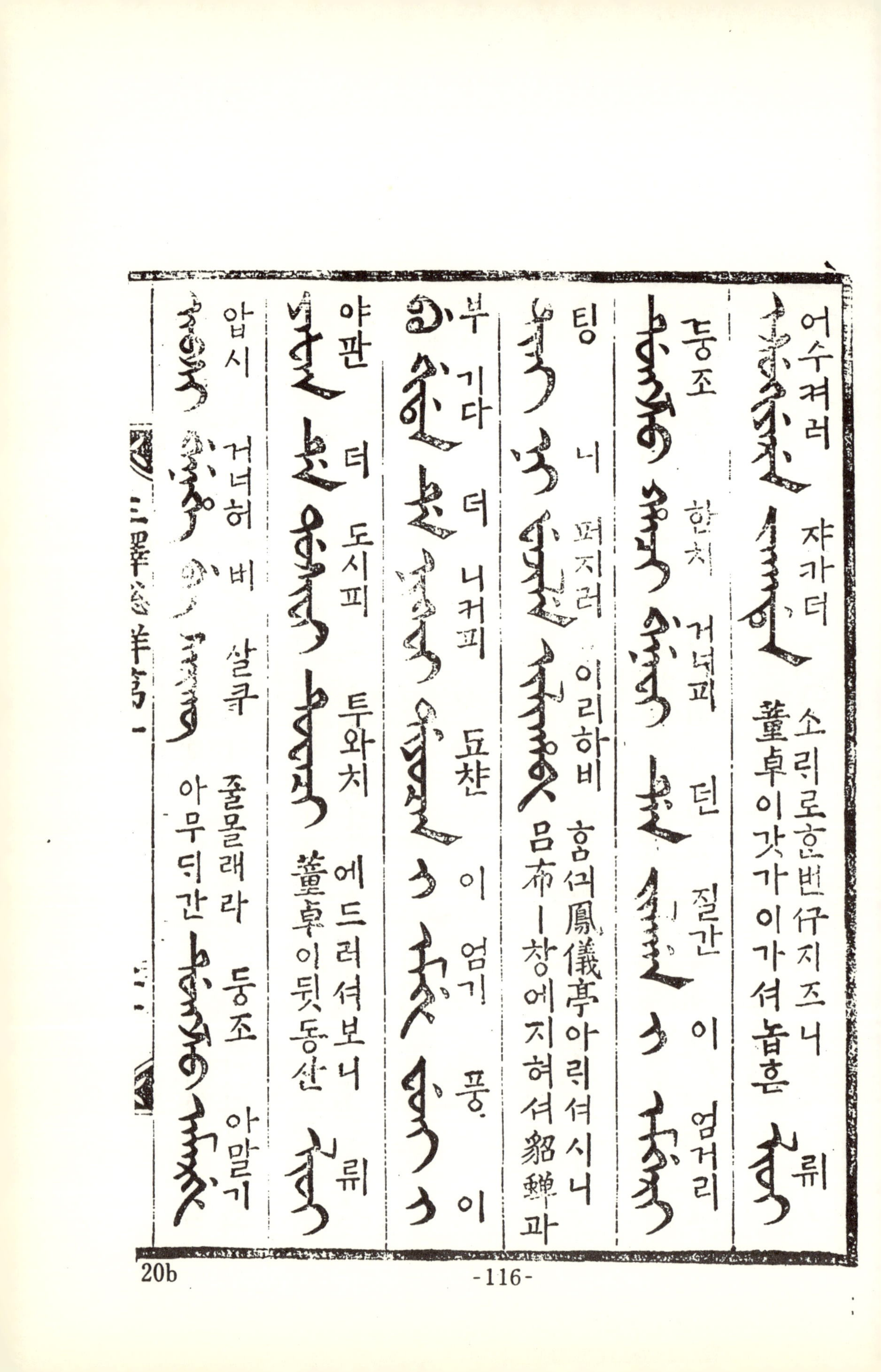

어수커러 쟈가더 소릐로ᄒᆞᆫ번ᄀᆔ지즈니 董卓이갓가이가셔놉흔 릐

둥조 한치 거너피 던 질간 이 엄거리

팅 니 퍼지러 이리하비 ᄒᆞᆷᄭᅴ鳳儀亭아릐셔시니 呂布ㅣ창에지혀셔貂蟬과

부 기다 더 니커피 됴챤 이 엄기 풍 이

야판 더 도시피 투와치 에드러셔보니 董卓이뒷동산 릐

압시 거너허 비 살큐 쥴몰래라 아무듸간 둥조 아말기

드롬이금ᄒᆞ니 이ᄯᅡᆯ올제몸布ㅣ

둥조 탈쿠 오피 암차치

둥죠 암차라 더 뤼 부 슈쥬러 후둔 董卓

려훌제 창을아스

뤼 부 움해 불라하 드라나다

몸布ㅣ즉시

뤼 부 이 기다 버 두리러 쟈카더 시몸布의 董卓이죽

고로호비 울보고크게놀라니 몸布ㅣ뒤도라董卓

둥조 운해

부 아마시 포로피 둥조 버 사부피 암부라

두버더 고로 오호 끗희멀리되니 둥조 암챠머
呂布ㅣ쉰거롬

시던더 가지려ᄒᆞᆯ소이예 류 부 수새 옥숀 이
董卓이ᄯᅩ창을주어

다 둥조 거리 기다 버 톰소머 개쟈라
러지

쟈카더 올호 이 도로 투허너허 으니플속에셔
呂布ㅣ창을바

잡은창을밋처터지니 류 부 기다 버 앗후라
디매ᄯᆞᆯ오되밋ᄎᆞ지못ᄒᆞ여

암부라쿠 쟈파하 기다 버 암챠머 막타하 이숄
董卓

三譯總解 一 二十一

러지다
ᄯᅡ히뎌

갈챠피 둥조 나 더 투허커

마초여董卓이
董卓이가슴에

지머

ᄂᆞᄂᆞᆫᄃᆞ시ᄃᆞ라와
밧그로셔ᄒᆞᆫ사ᄅᆞᆷ이

둥조 이 퉁컨 더

두럴기 치 어무 날마 더여리 거서 수쥬머

야판 이 두카 버 투치러 더

문을나려ᄒᆞᆯ제
董卓이ᄯᆞᆯ아동산

三譯總解 二

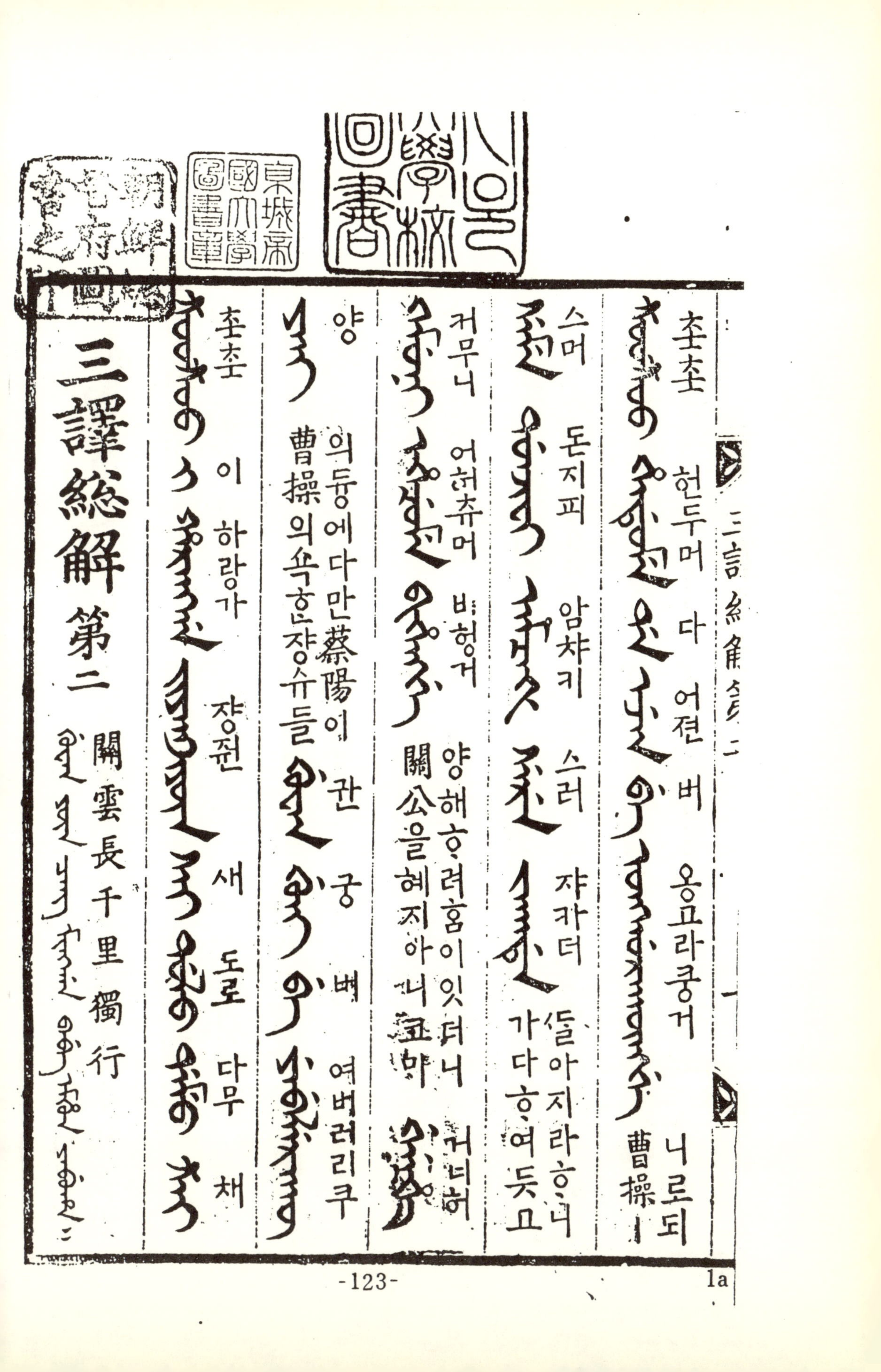

촌초 헌두머 다 어젼 버 옹뵤라쿵거 니로되

曹操ㅣ

스머 돈지피 암챠키 스러 쟈카더

ᄯᅳᆯ아지라ᄒᆞ니

가다ᄒᆞ여듯고

커무니 어허츄머 비헝거 거너허

양해ᄒᆞ려홈이잇더니

關公을헤지아니코마

양 관 궁 벼 여버러리쿠

의듕에다만蔡陽이

曹操의쇽ᄒᆞᆫ쟝슈들

촌초 이 하랑가 쟝쥔 새 도로 다무 채

三譯總解第二

關雲長千里獨行

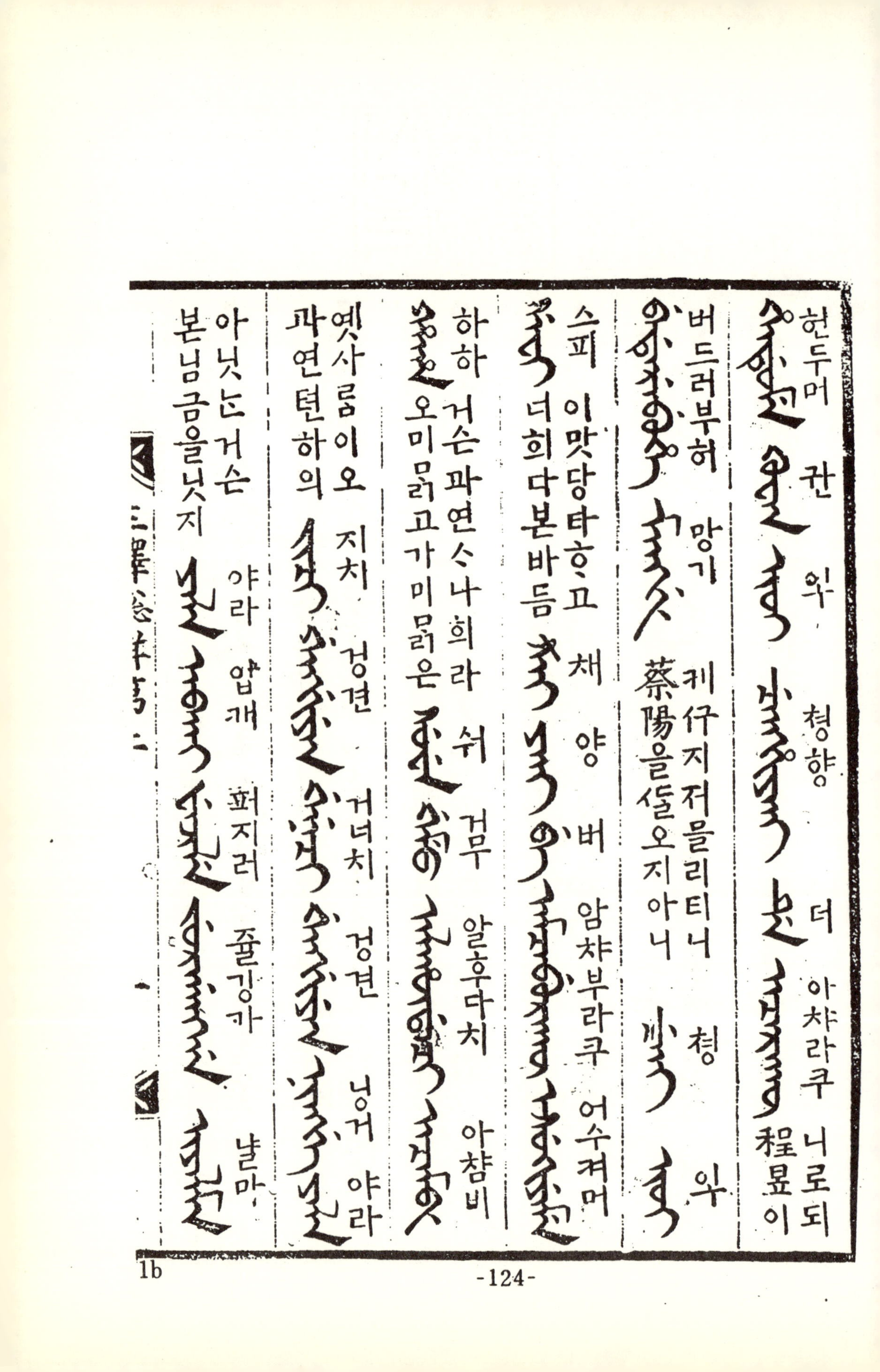

헌두머 관 외 쳥향 더 아챠라쿠 니로되
程昱이

버드러부허 망가 케仟지저믈리티니 쳥 외
蔡陽을ᄯᆞᆯ오지아니

스피 이맛당타ᄒᆞ고 채 야 버 암챠부라쿠 어수겨머
너희다본바듬

하하 거슨파연ᄉᆞ나희라 쉬 거무 알후다치 아참비
오미믈리고가미믈리은

옛사ᄅᆞᆷ이오 지치 겅견 거너치 겅견 낭거 야라
과연텬하의

아닛ᄂᆞᆫ거슨 야라 압개 허지러 쥴깅가 날마
본님금을닛지

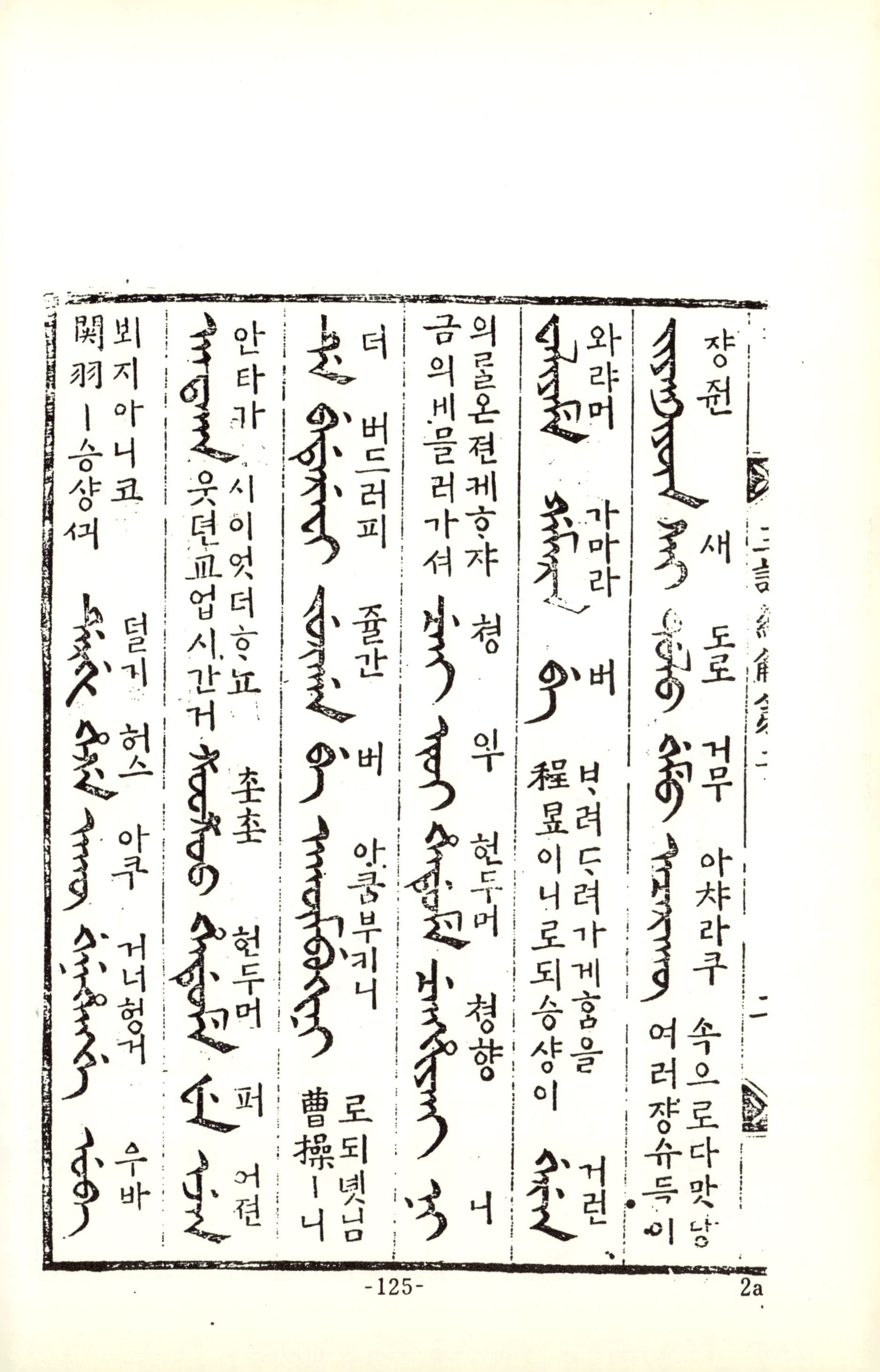

쟝쥔 새 도로 거무 아쟈라쿠
속으로다맛낭
여러쟝슈듣이

와랴머 가마라 버 거런
ᄇ려ᄃ려가게홈을
程묘이니로되승샹이

청 우 헌두머 청향 너
의롤온젼케ᄒ쟈
금의세믈러가셔

더 버드러피 쥴간 버 아큼부키니
로되녯님
曹操ㅣ니

안타가 춘춘 헌두머 퍼 어젼
시이엇더ᄒ뇨
웃뎐ㅍ업시간거

덜기 허스 아쿠 거너헝거 우바
뵈지아니코
關羽ㅣ승샹ᄭᅴ

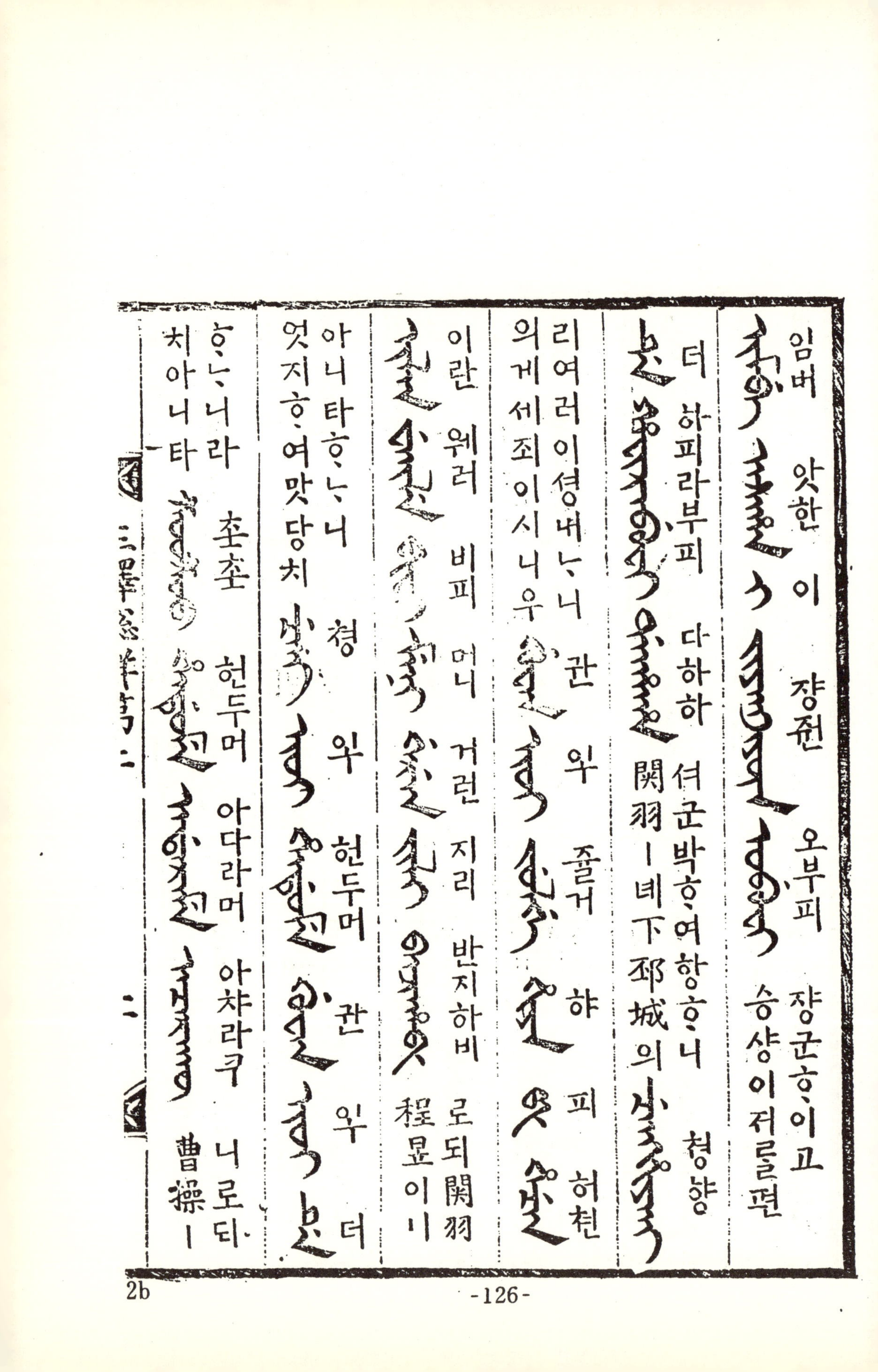

임버 앗한 이 장쥔 오부피 장균ᄒᆞ이고 승샹이져를편

더 하피라부피 다하하 셔균박ᄒᆞ여향ᄒᆞ니 關羽ㅣ녜下邳城의 쳥양

리여러이셩내ᄂᆞ니 의게세죄이시니우 관 위 쥴거 햐 피 허쳔

이란 웨러 비피 머니 거런 지리 반지하비 로되關羽 程昱이ㅣ

아니타ᄒᆞᄂᆞ니 엇지ᄒᆞ여맛당치 쳥 위 헌두머 관 위 더

ᄒᆞᄂᆞ니라 치아니타 촌촌 헌두머 아다라머 아챠라쿠 니로타 曹操ㅣ

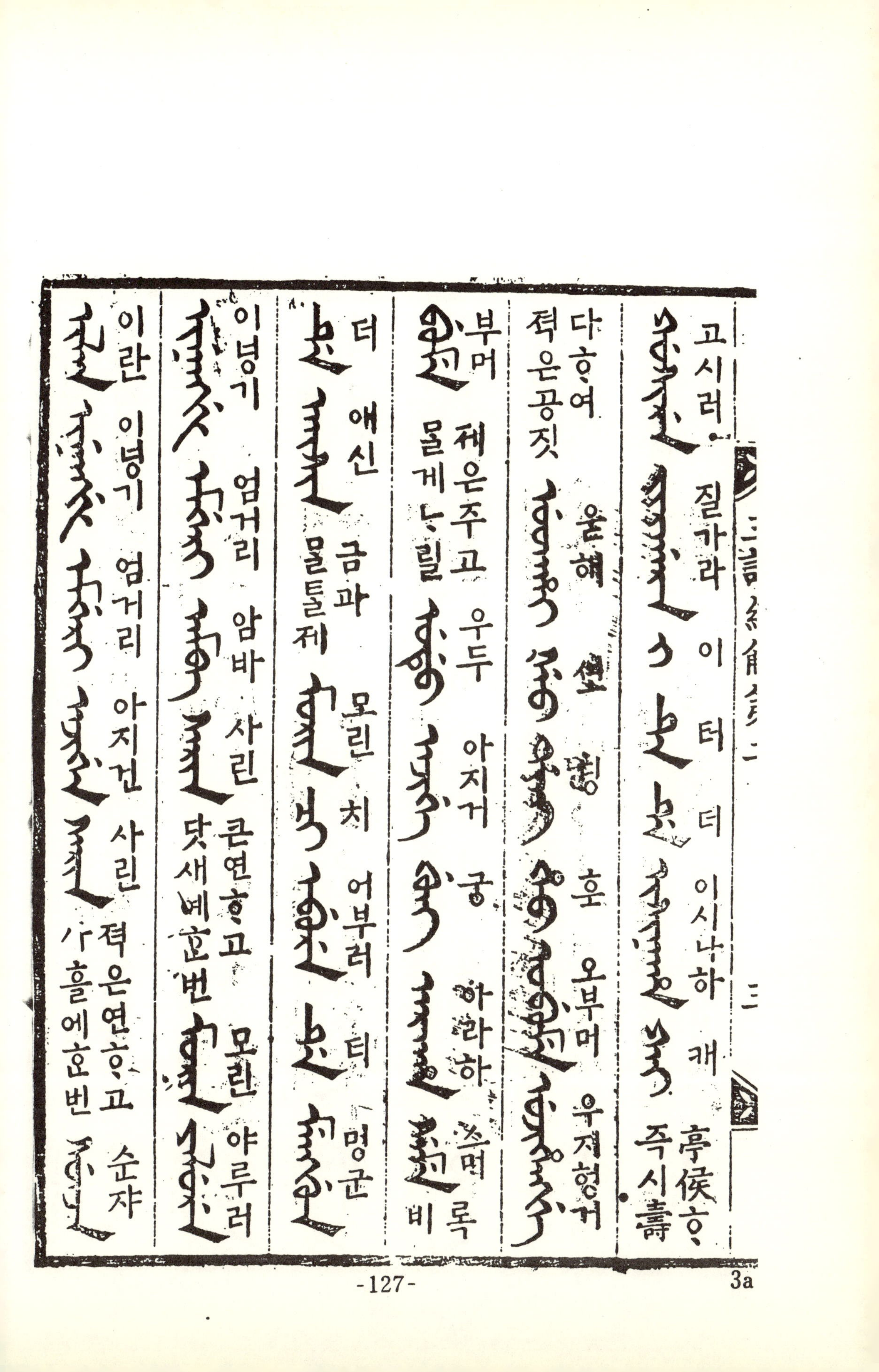

고시러 질가라 이터 더 이시나하 캐 亭侯ᄒᆞ 즉시壽

다ᄒᆞ여 젹은공짓 울해 쌍 퇴 후 오부머 우저헝거

부머 제은주고 우두 아지거 궁 하라하 쓰면 몰게 누릴 비록

더 애신 금과 몰툴제 모린 치 어부러 터 멍군

이넝기 엄거리 암바 사린 큰연ᄒᆞ고 닷새예ᄒᆞᆫ번 모린 야루러

이란 이넝기 엄거리 아지건 사린 젹은연ᄒᆞ고 사흘에ᄒᆞᆫ번 순자

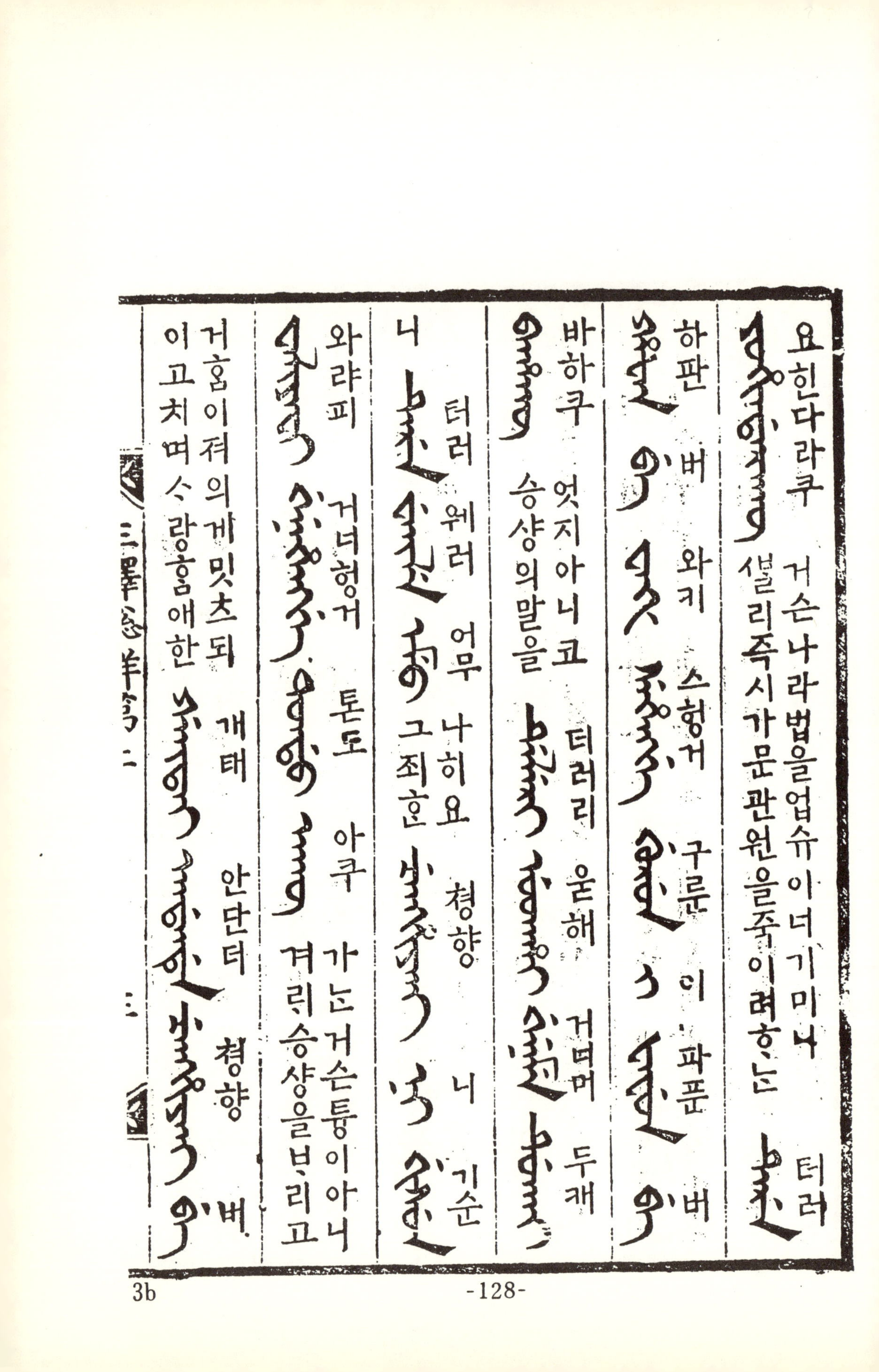

요힌다라쿠
거슨나라법을업슈이너기미나
섈리죽시가문관원을죽이려ᄒᆞᄂᆞᆫ
터러

하판 버 와키 스헝거 구룬 이 파푼 버

바하쿠
엇지아니코
승샹의말을
터러리 운해 거머머 두캐

니
터러 워러 어무 나히요
그죄ᄒᆞᆫ
쳥향 니 기순

와랴피 거너헝거 톤도 아쿠
가ᄂᆞᆫ거슨퉁이아니
겨릐승샹을ᄇᆞ리고

거ᄒᆞᆷ이져의게밋츠되
이고치며ᄉᆞ랑ᄒᆞᆷ애ᄒᆞᆫ
개태 안단터 쳥향 버

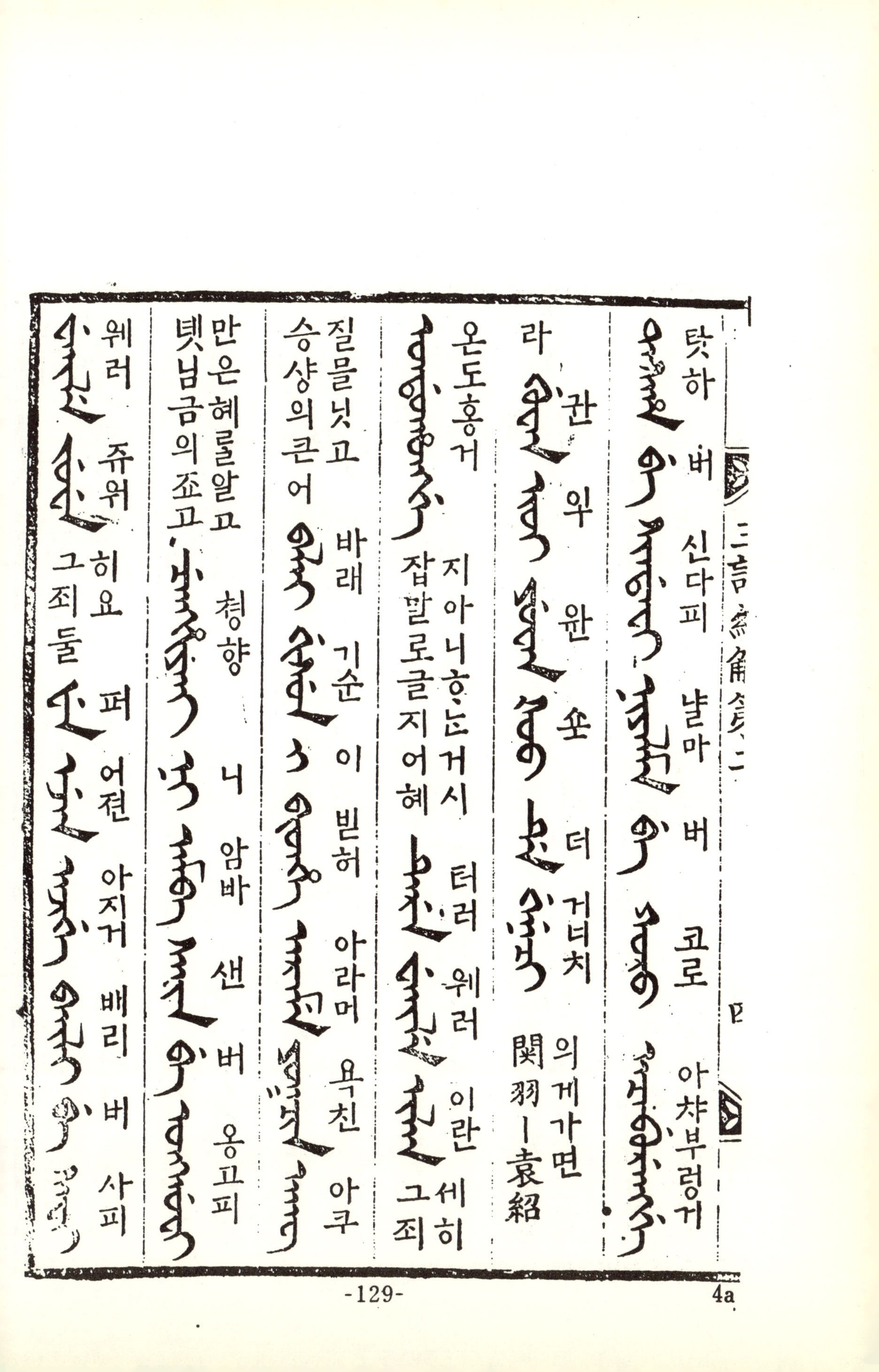

탓하 버 신다피 냘마 버 코로 아챠부렁거

관 위 완 쇼 더 거너치 의게가면

라 關羽ㅣ袁紹

온도훙거 지아니ᄒᆞᄂᆞᆫ거시 터러 웨러 이란 세히

잡말로글지어혜 그죄

질믈닛고 바래 기순 이 빋허 아라머 욕친 아쿠

승샹의큰어

만은혜를알고 청향 니 암바 샌 버 옹고피

텻님금의죠고,

웨러 쥬위 히요 펴 어젼 아지거 배리 버 사피

그죄둘

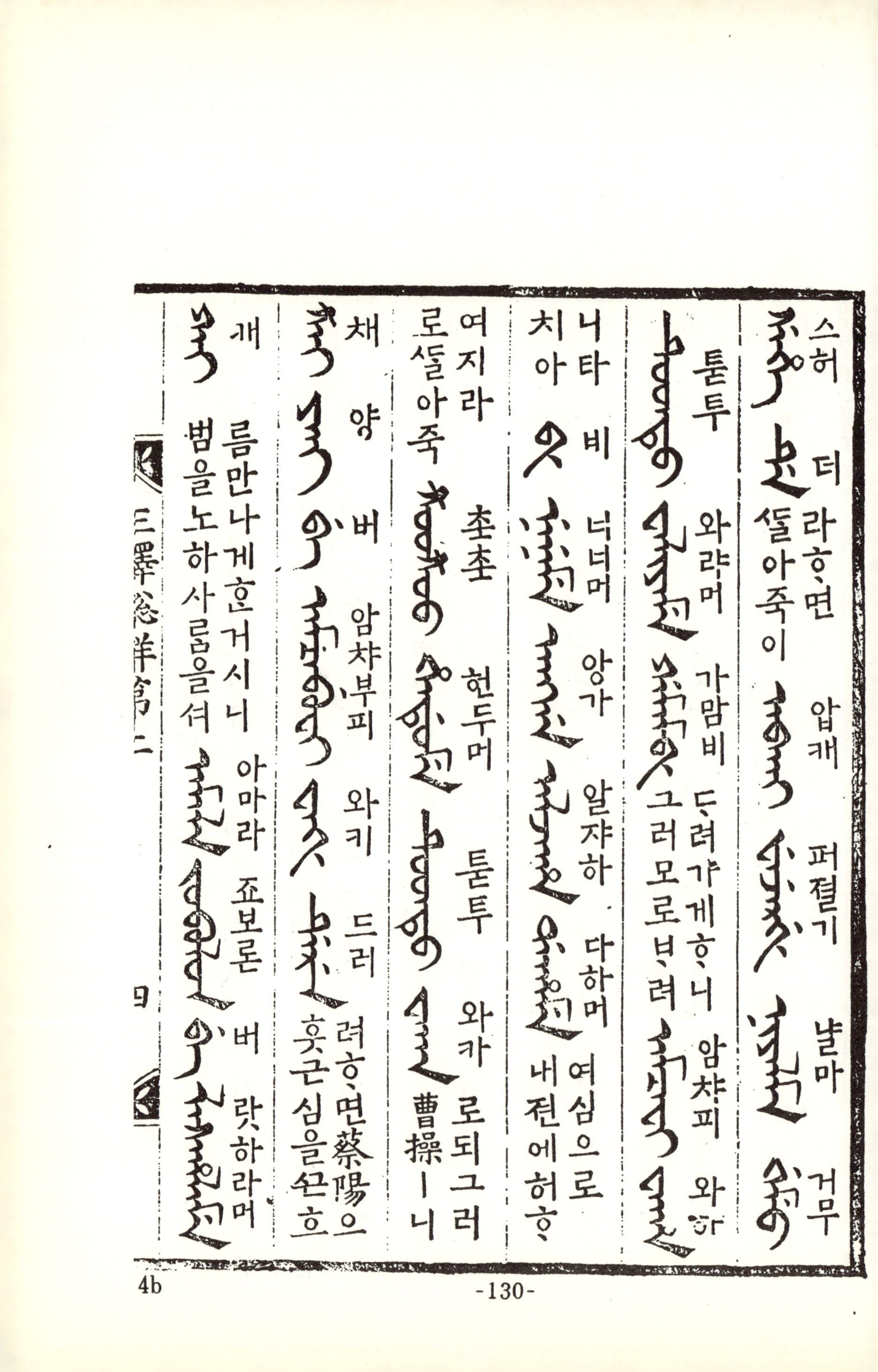

스허 더 라ᄒᆞ면 ᄯᅩᆯ아죽이 압캐 퍼절기 냘마 거무

툰투 와랴머 가맘비 ᄃᆞ려가게ᄒᆞ니 그러모로ᄇᆞ려 암챠피 와ᄒᆡ

니타 비 너너머 앙가 알쟈하 다하머 여심으로
치아 내젼에허ᄒᆞ

여지라 로ᄯᅩᆯ아죽 촌촌 헌두머 툰투 와카 로되그러 曹操ㅣ니

채 양 버 암챠부피 와키 드러 려ᄒᆞ면蔡陽으
훗근심을ᄭᅳᆫᄒᆞ

개 름만나게ᄒᆞᆫ거시니 아마라 죠보론 버 랏하라머
범을노하사ᄅᆞᆷ을셔

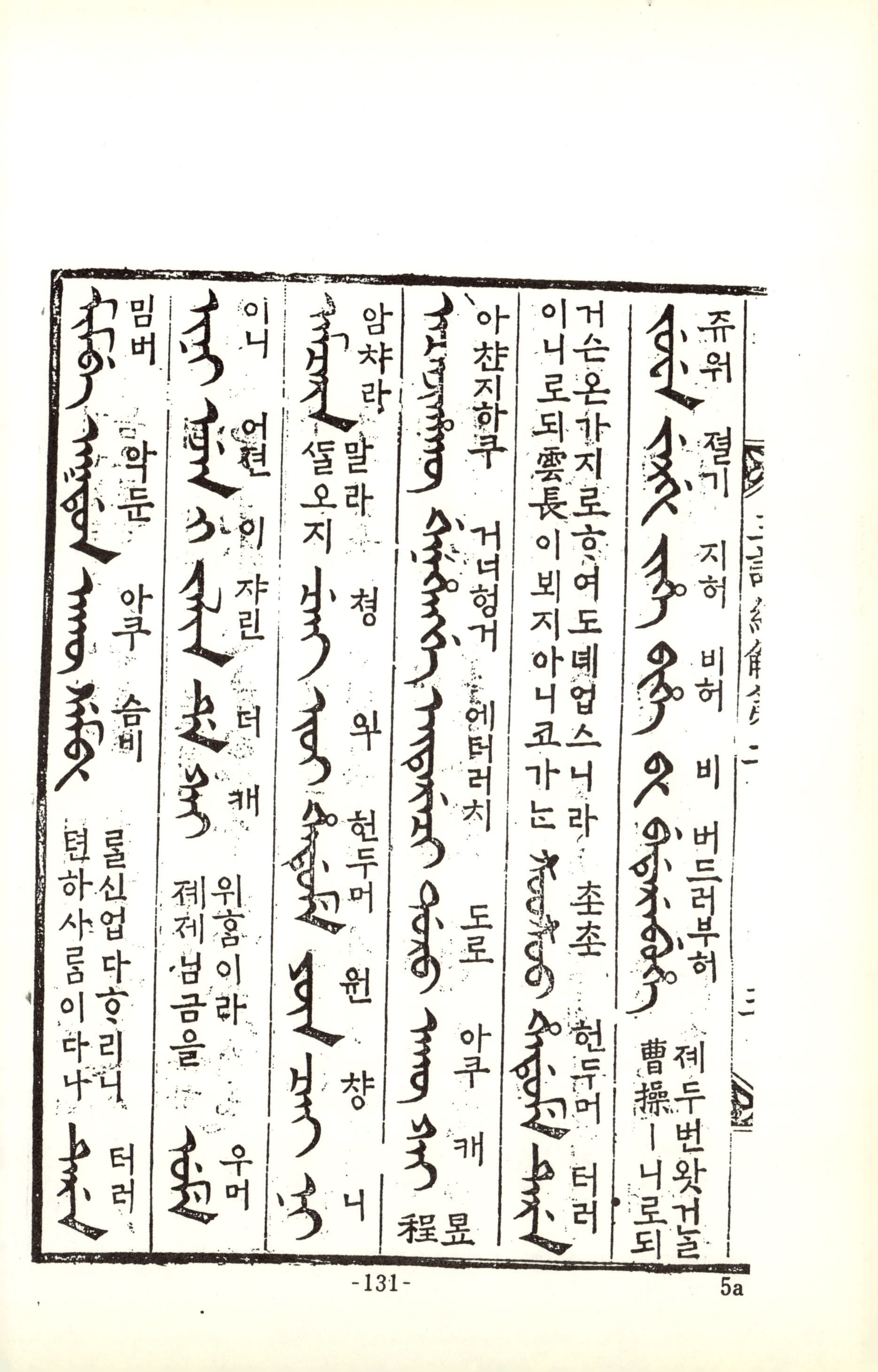

쥬워 졀기 지허 비허 비 버드러부허 져두번왓거늘 曹操ㅣ니로되

거슨온가지로ᄒᆞ여도톄업스니라 이니로되雲長이뵈지아니코가ᄂᆞᆫ 촌촌 헌두머 터러

아챤지하쿠 거너헝거 에터러치 도로 아쿠 캐 묘程

암챠랑 싈오지 말라 쳥 워 헌두머 원 챵 니

이니 어련 이 쟈린 터 캐 위흠이라 져제넘금을 우머

밈버 악둔 아쿠 슴비 룰신업다ᄒᆞ리니 텬하사름이다나 터러

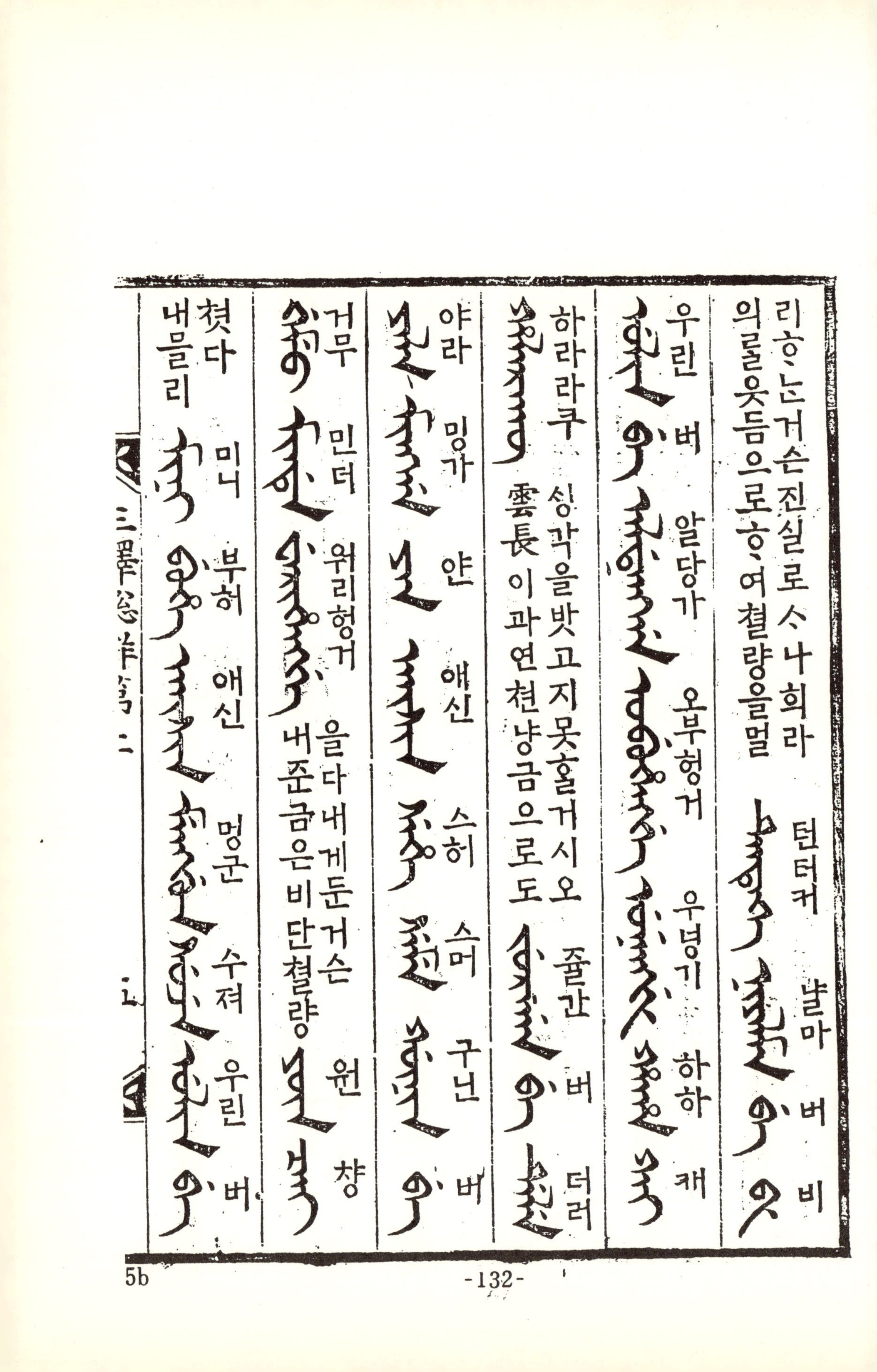

리ᄒᆞᄂᆞᆫ거ᄉᆞᆫ진실로ᄉᆞ나희라
의롤옷듬으로ᄒᆞ여쳘량을멀 턴터커 날마 버 비

우란 버 알당가 오부헝거 우넝기 하하 캐

하라라쿠 싱각을밧고지못홀거시오 쥴간 버 더러
雲長이과연쳔냥금으로도

야라 밍가 얀 애신 스히 슈머 구난 버

거무 민더 워리헝거 을다내게둔거슨 원 챵
내준금은비단쳘량

쳐다 미니 부허 애신 멍군 수져 우린 버
내믈리

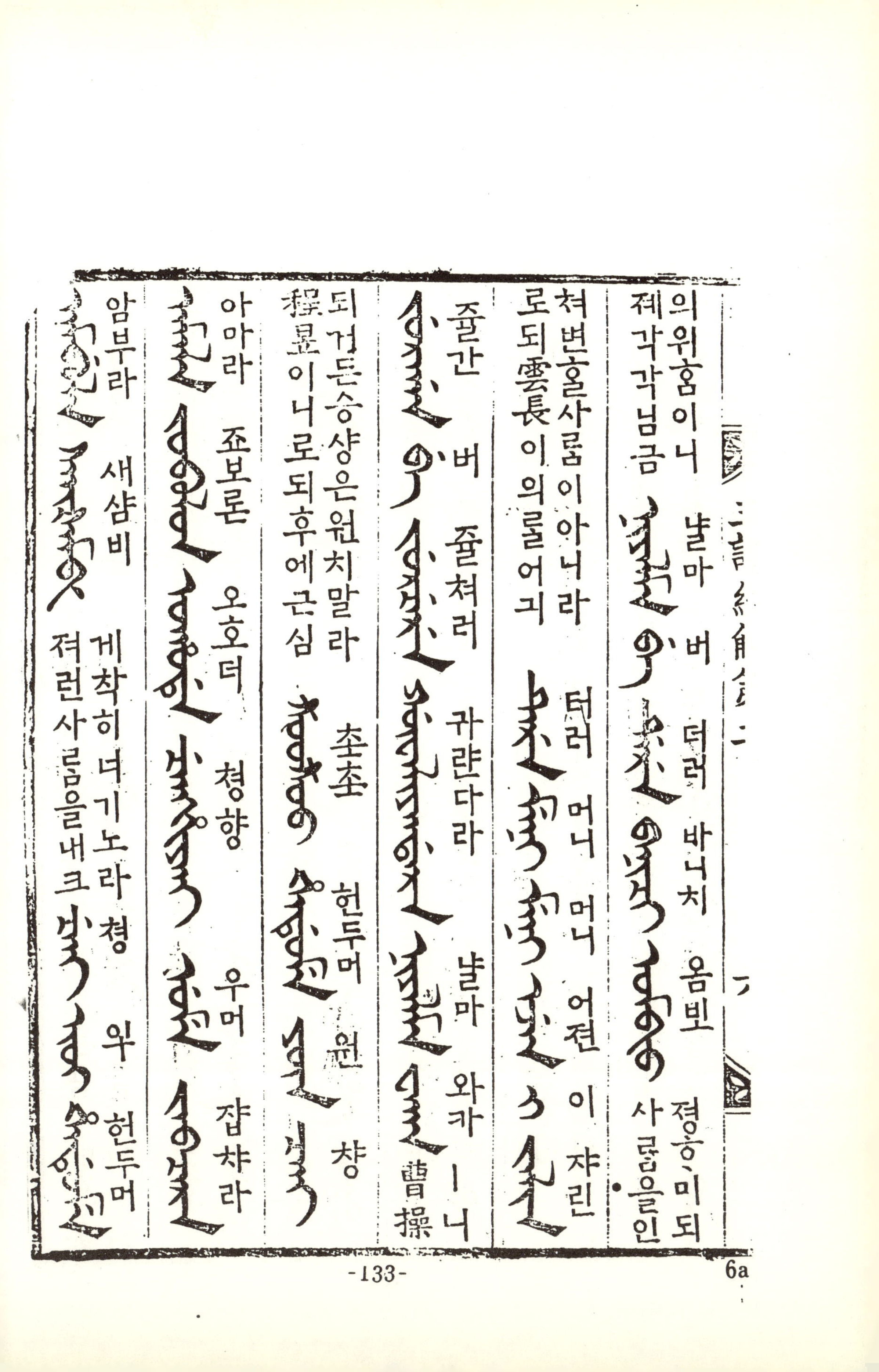

의위홈이니 냘마 버 더러 바니치 옴뵈 졍옹、미되
졔각각님금 사ᄅᆞᆷ을인
쳐번홀사ᄅᆞᆷ이아니라 터러 머니 머니 어젼 이 쟈린
로되雲長이의를어긔
쥴간 버 쥴쳐러 귀란다라 냘마 와카ㅣ니 曹操
되거든승샹은원치말라 촌촌 헌두머 원 챵
操ㅣ묘이니로되후에근심
아마라 죠보론 오호더 쳥향 우머 잡챠라
암부라 새삼비 게착히너기노라 쳥 와 헌두머
져런사ᄅᆞᆷ을내크

거츄허리 어투쿠 엄거 가마피 푸덤비 은금ᄉᆞ망뇽옷 ᄀᆞ을에닙ᄂᆞᆫ븕

판 금은흔반과 내후에길히쓸 보로리 어투러 풀갼 서서 노호

아마라 쥬균 더 배타라라 애신 멍균 어무

쟝료 시 너너머 거너피 이리부 가셔머무로라 張遼ㅣ네몬져 비

우머시 암바 더러 개머 푸더키 로젼송ᄒᆞ쟈 내아조큰졍으

나 ᄂᆞᆫ 원 샹 고로 거너허쿠 비 지아녀시니 雲長이멀리가 비

三譯總解第二

이리부 슈머 웅기허 무로라ᄒᆞ여보내다 원 챵

張遼로몬져가셔머

튼이ᄅᆞᆯ거ᄂᆞ려가리라ᄒᆞ고 쟝료 버 너너머 거너피

曹操ㅣ니로되내ᄒᆞ여라믄물

어무 우두 쟌 모링가 버 개피 거넘비 스피

이리라쿠 리ᄒᆞ여도머무지아니리라 초ᄎᆞ 헌두머 비

程昱이니로되雲長이아므

쟈 쳥 위 헌두머 원 챵 애나하 스머

계ᄒᆞ

졀송ᄒᆞ여 터러 밈버 어린다리 구니키너 ᄉᆡᆼ각ᄒᆞ

ᄒᆞᆫ나가져가 졔나ᄅᆞᆯᄉᆡ

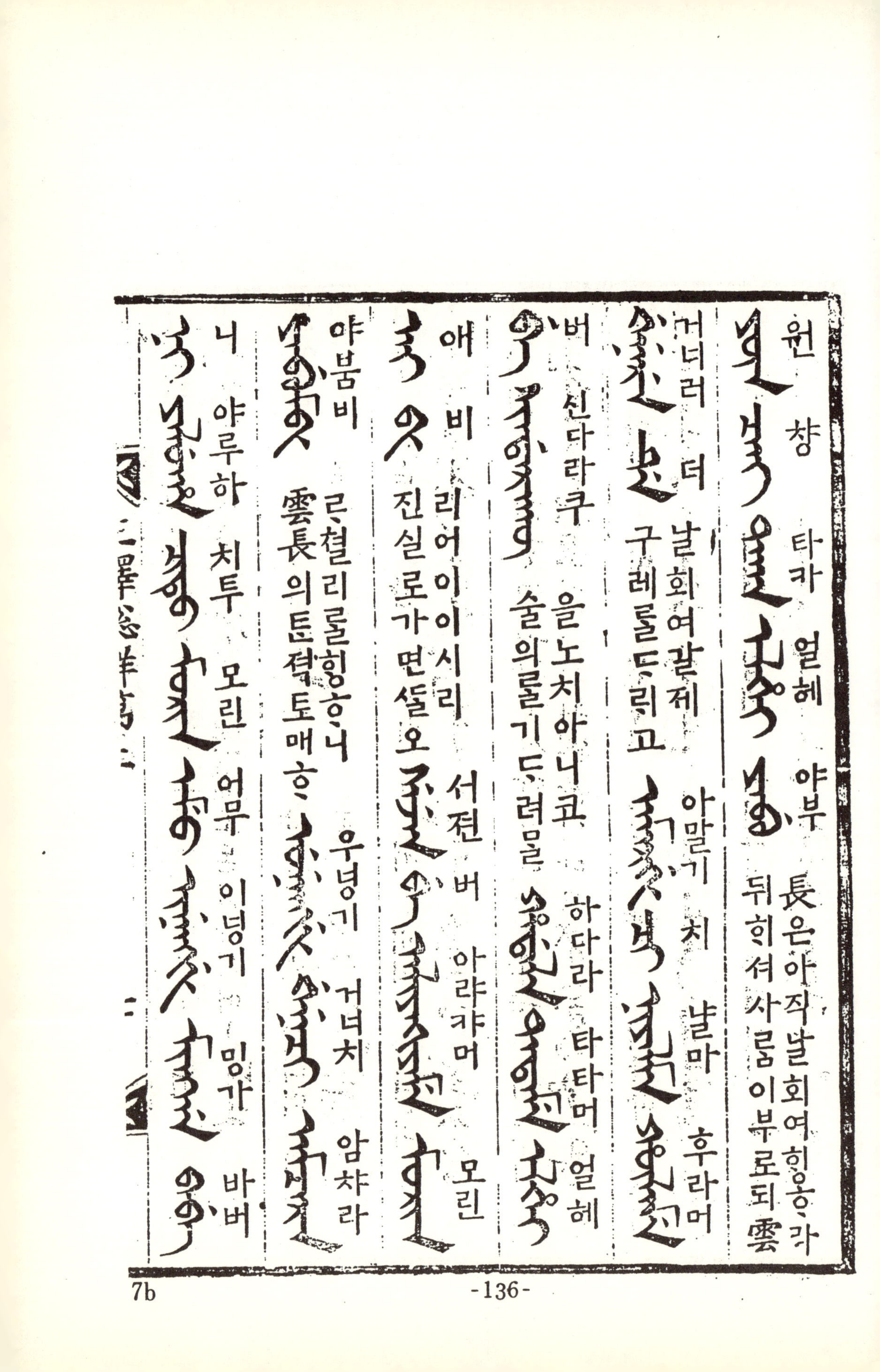

원 창 타카 얼헤 야부
長은아직날회여힝ᄒᆞ가 뒤희셔사ᄅᆞᆷ이부로되雲

거너러 더 아말기 치 날마 후라머
날회여갈제 구레롤ᄃᆞ리고

버 신다라쿠 하다라 타타머 얼헤
을노치아니코 술의롤기ᄃᆞ려ᄆᆞᆯ

애 비 서젼 버 아랴캬머 모린
리어이이시리 진실로가면ᄯᆞᆯ오

야붐비 우녕기 거녀치 암챠라
ᄅᆞᆺ쳘리롤힝ᄒᆞ니 雲長의ᄐᆞ젹토매ᄒᆞᆫ

니 야루하 치투 모린 어무 이녕기 밍가 바버

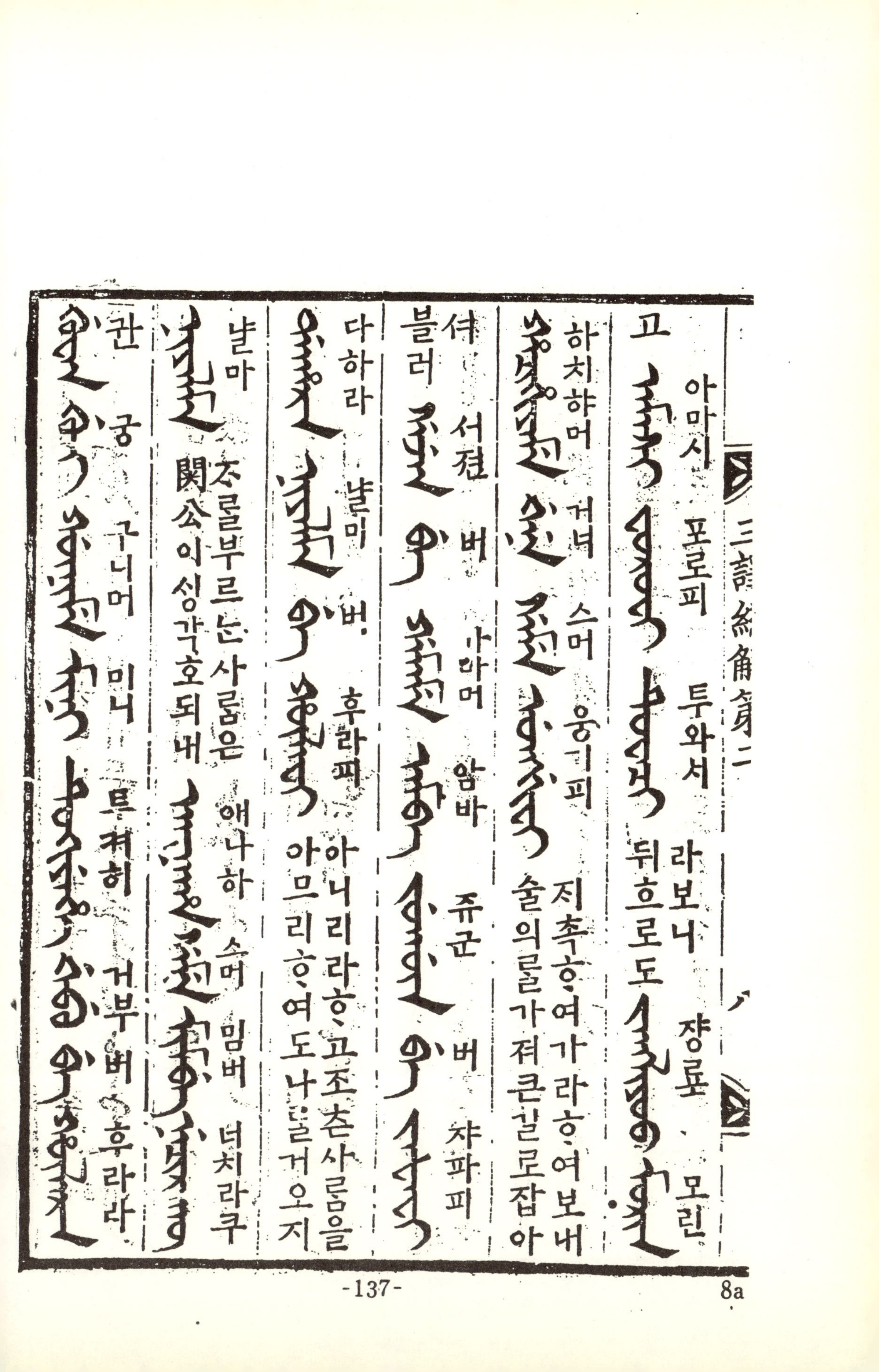

관 궁 구니머 미니 트쳐히 거부버 후라라

냘마 關公이ᄉᆡᆼ각ᄒᆞ되내 ᄌᆞ를부르ᄂᆞᆫ사ᄅᆞᆷ은 애나하 스머 밈버 너치라쿠

다하라 냘미 버 후라피 아므리ᄒᆞ여도나를거오지 아니리라ᄒᆞ고조ᄎᆞᆫ사ᄅᆞᆷ을

블러 셔 서쟌 버 아마머 암바 쥬군 버 쟈파피

하치햐머 거녀 스머 웅기피 술의를가져큰길로잡아 지촉ᄒᆞ여가라ᄒᆞ여보내

고 아마시 포로피 투와서 뒤흐로도 라보니 쟝료 모린

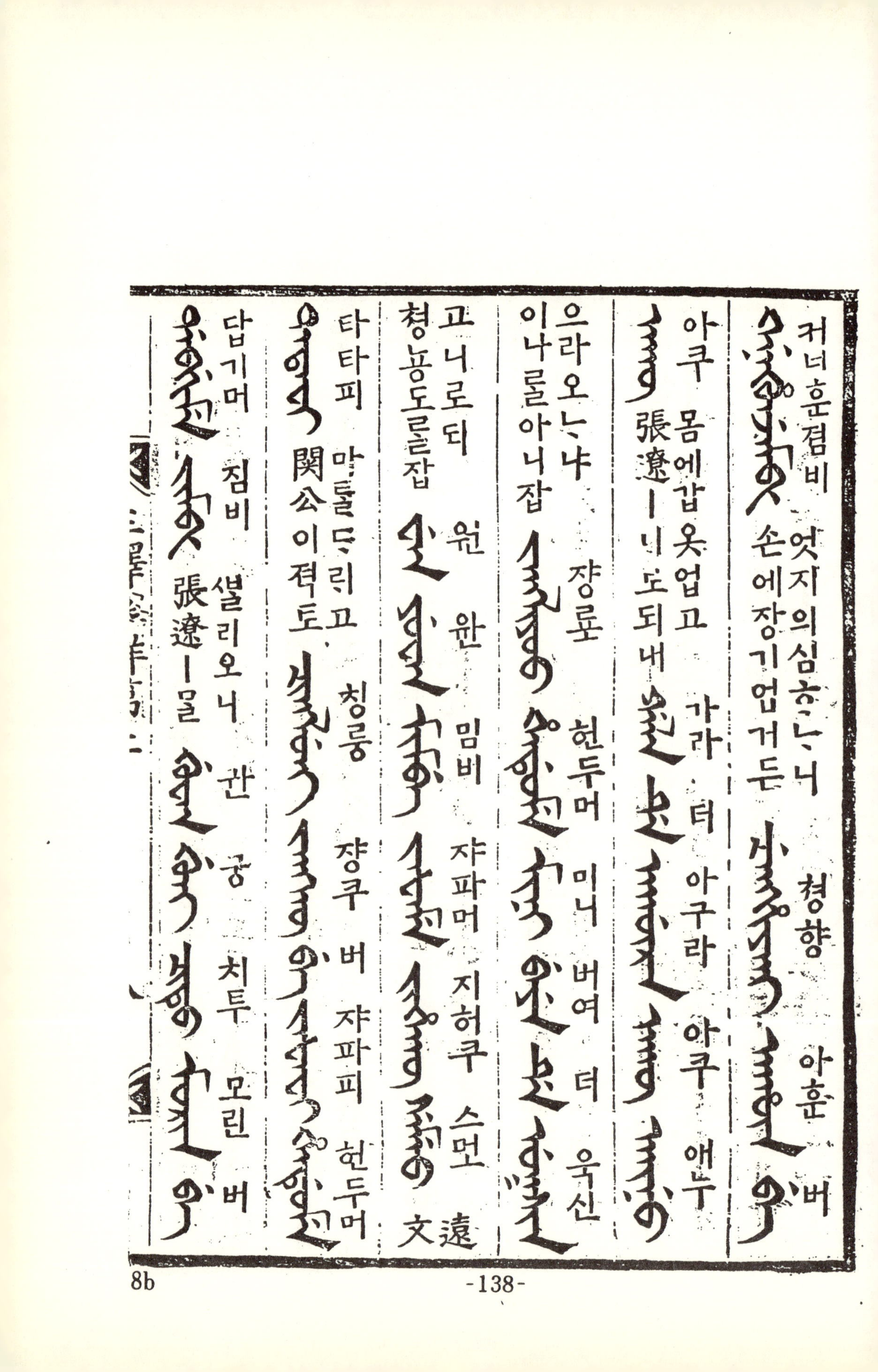

커녀훈겸비 엇지의심ᄒᆞᄂᆞ니 청향 아훈 버
손에장기업거든

아쿠 몸에갑옷업고 가라 터 아구라 아쿠 애두
張遼ㅣ니ᄅᆞ되내

으라오ᄂᆞ냐 쟝료 헌두머 미니 버여 터 욱신
이나ᄅᆞᆯ아니잡

고니로되 원 완 밈비 쟈파머 지허쿠 스머 遠
청뇽도ᄅᆞᆯ잡 文

타타피 말ᄅᆞᆯᄃᆞ리고 칭룽 쟝쿠 버 쟈파피 헌두머
關公이젹토

답기머 짐비 샐리오니 관 궁 치투 모린 버
張遼ㅣ몰

8b

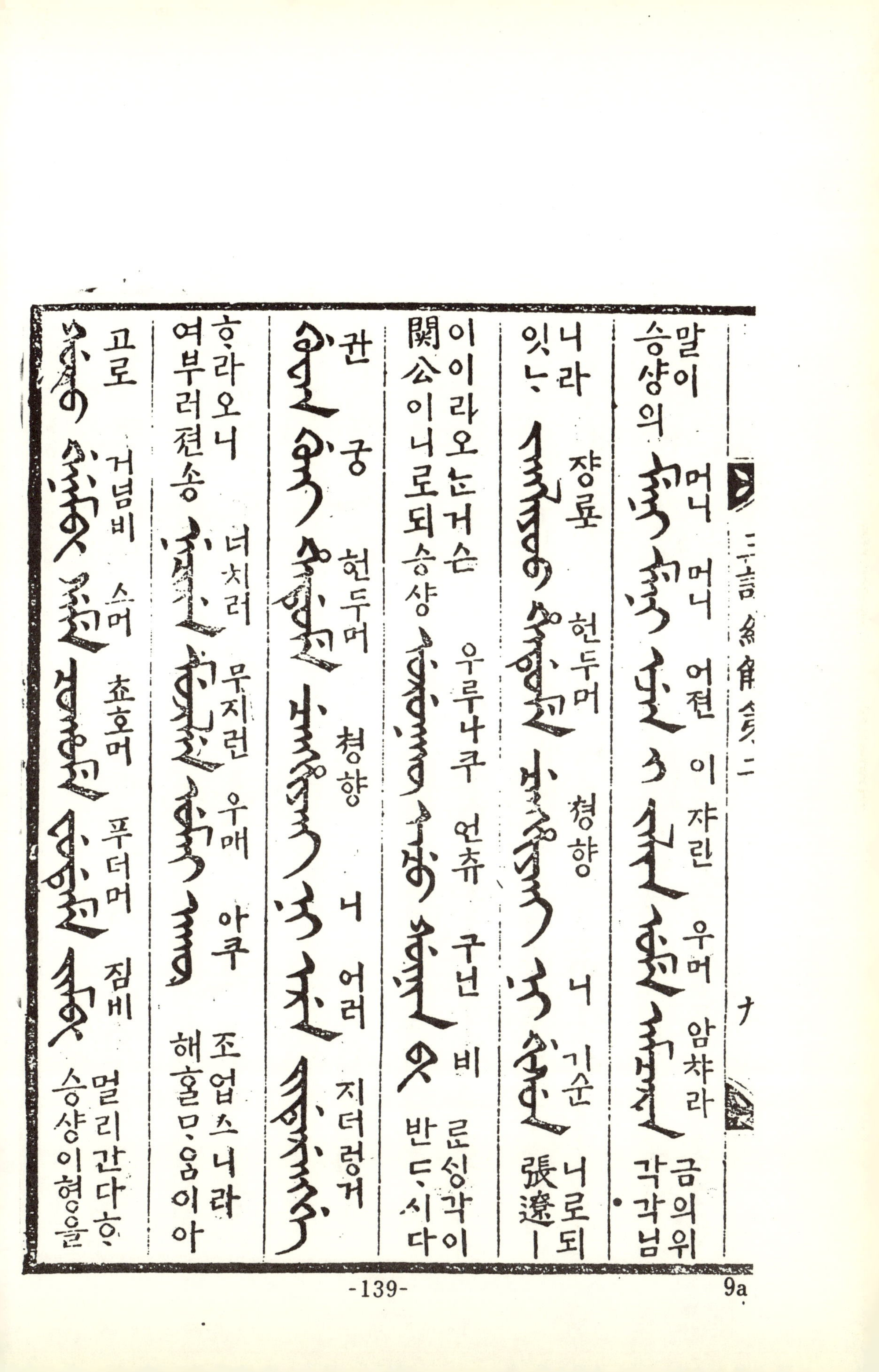

말이 승샹의 머니 머니 어젼 이 자란 우머 암챠라 금의위 각각님

니라 잇ᄂᆞ 쟝료 헌두머 쳥향 니 기순 니로되 張遼ㅣ

이이라오ᄂᆞᆫ거슨 關公이니로되승샹 우루나쿠 언츄 구넌 비 룬싱각이 반ᄃᆞ시다

관 궁 헌두머 쳥향 니 어러 지더렁거

ᄒᆞ라오니 여부러젼송 너치러 무지런 우매 아쿠 조엽ᄉᆞ니라 해홀ᄆᆞᄋᆞᆷ이아

고로 거넘비 ᄉᆞ머 쵸호머 푸더머 잠베 멀리간다ᄒᆞᆫ 승샹이혀ᄋᆞᆯ

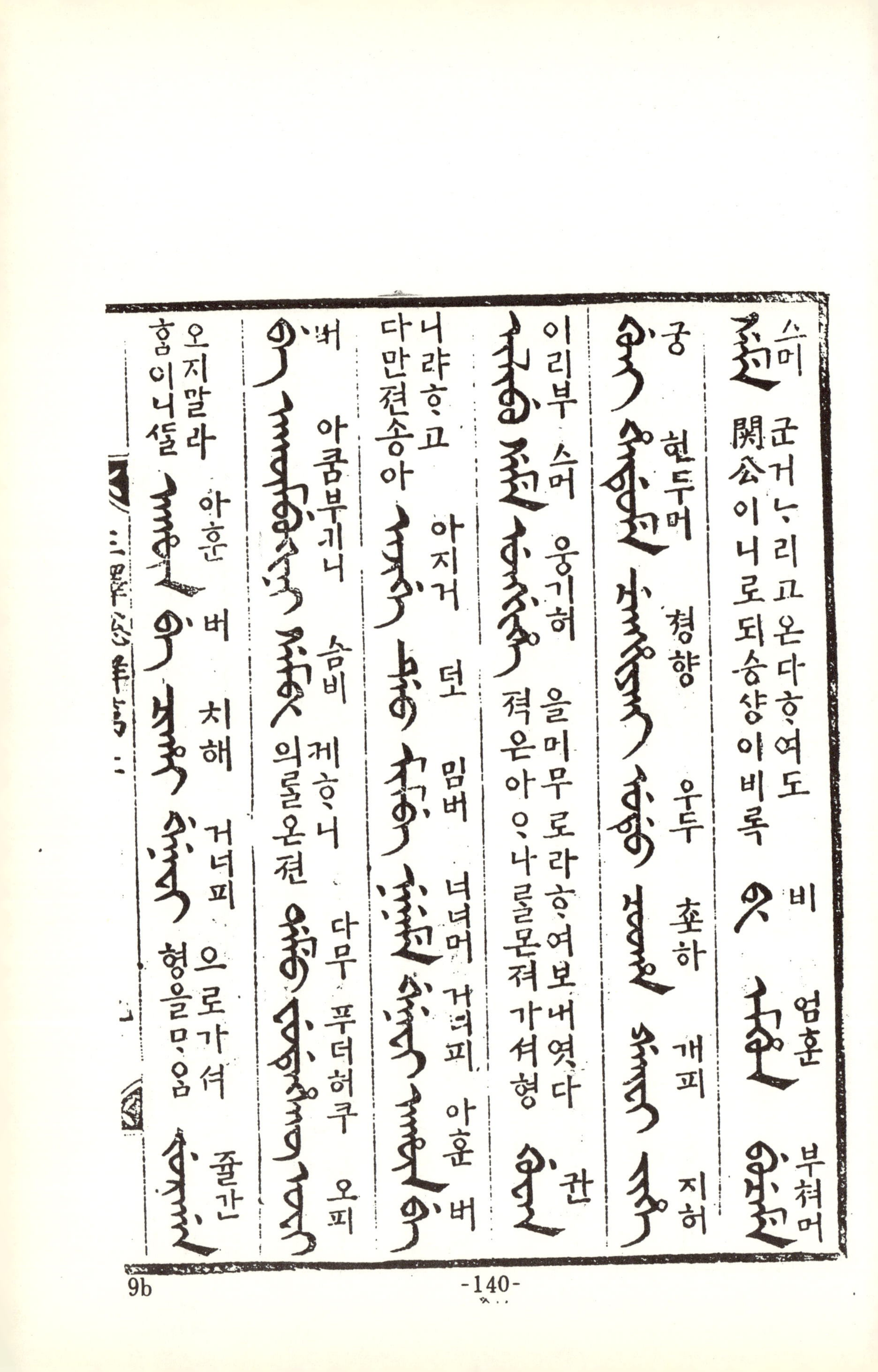

슈미 비 엄훈 부쳐머

균거ᄂᆞ리고온다ᄒᆞ여도
關公이니로되승샹이비록

궁 헌두머 쳥향 우두 쵸하 개피 지허

이리부 슈머 웅기혀 을미무로라ᄒᆞ여보내엿다
젹은아ᄋᆞ나를몬져가셔형 관

니랴ᄒᆞ고
다만젼송아 아지거 던 밈버 너너머 거ᄃᆡ피 아훈 버

ᄲᅥ 아쿰부기니 슴비 게ᄒᆞ니
의로온젼 다무 푸더허쿠 오피

오지말라 아훈 버 치해 거너피 으로가셔 쥴간
홈이니ᄯᅩᆯ 형을ᄆᆞᄋᆞᆷ

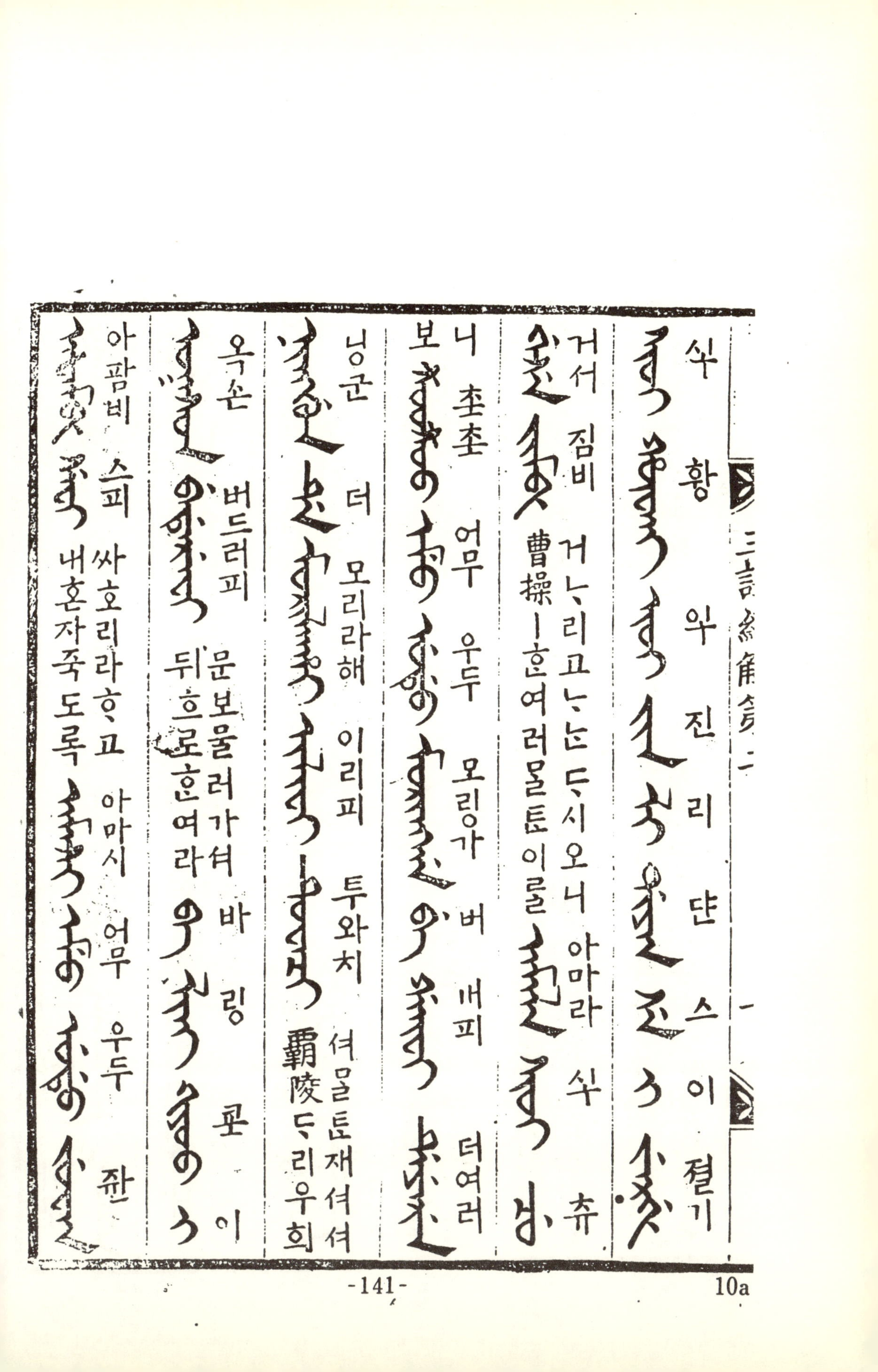

삭 황 왁 진 리 댠 스 이 졀기

거서 짐비 거ᄂᆞ리고 ᄂᆞᆫᄃᆞ시 오니 아마라 삭 츄

曹操ㅣ ᄒᆞᆫ 여러 몰톤 이ᄅᆞᆯ

니 초초 어무 우두 모링가 버 내피 더여러

보

닝군 더 모리라해 이리피 투와치

셔 몰톤 재셔셔

霸陵ᄃᆞ리 우희

옥숀 버드러피 문 보물 러가셔 바 링 쿈 이

뒤흐로 ᄒᆞᆫ여라

아팜비 스피 싸호리라ᄒᆞ고 아마시 어무 우두 쟌

내 혼자 죽도록

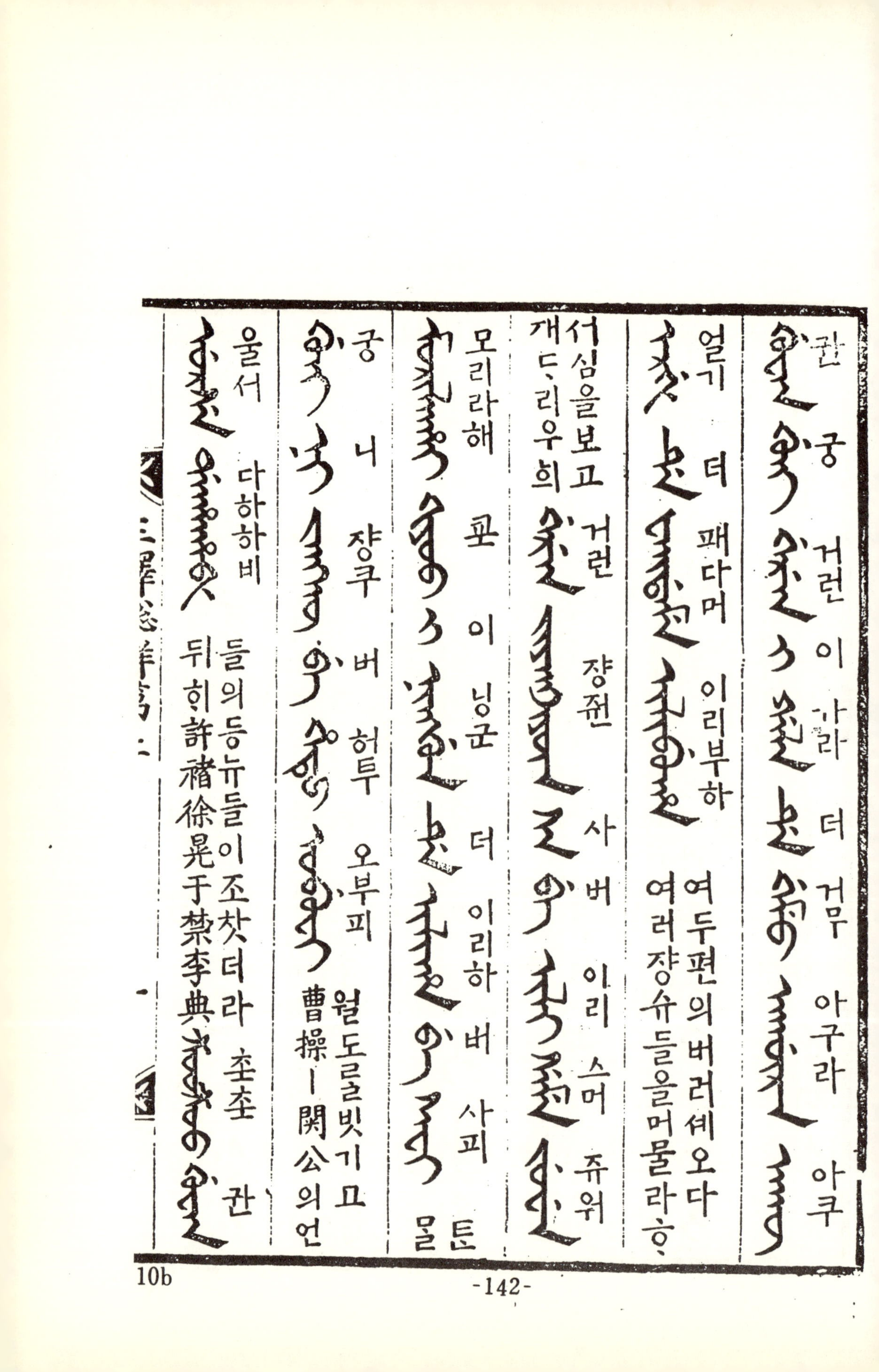

관 궁 거런 이 가라 더 거무 아구라 아쿠

얼기 더 패다머 이리부하

여두편의버러셔오다
여러장슈들을머물라ᄒᆞ

서심을보고
재ᄃᆞ리우희

거런 쟝쥔 사 버 이리 스머 쥬워

모리라해 쿄 이 닝균 더 이리하 버 사피 몰튼

궁 니 쟝쿠 버 허투 오부피

월도를빗기고
曹操ㅣ關公의언

울서 다하하비

들의등뉴들이조찻더라
뒤히許褚徐晃于禁李典

추추 관

합샤하 비히 디 퍼 어젼 완
샹쇠품ᄒᆞ엿더니 關某ㅣ내몬져승
이테ᄒᆞ여니로되 칸 무비 더더머 칭향 티
이몰우희셔몸을굽
닝군 더 버여 버 머후머 도로 아라피 헌두머 關公
야붐비 칸 궁 모린 이
어이이리섈리가ᄂᆞ니 曹操ㅣ니로되雲長이
다 軲軲 헌두머 원 챵 애 운투 후둔
곳ᄒᆞ
베 사피 다장기업습을보고 무지런 수라카 오호 이누
關公이여러의손에 모옴

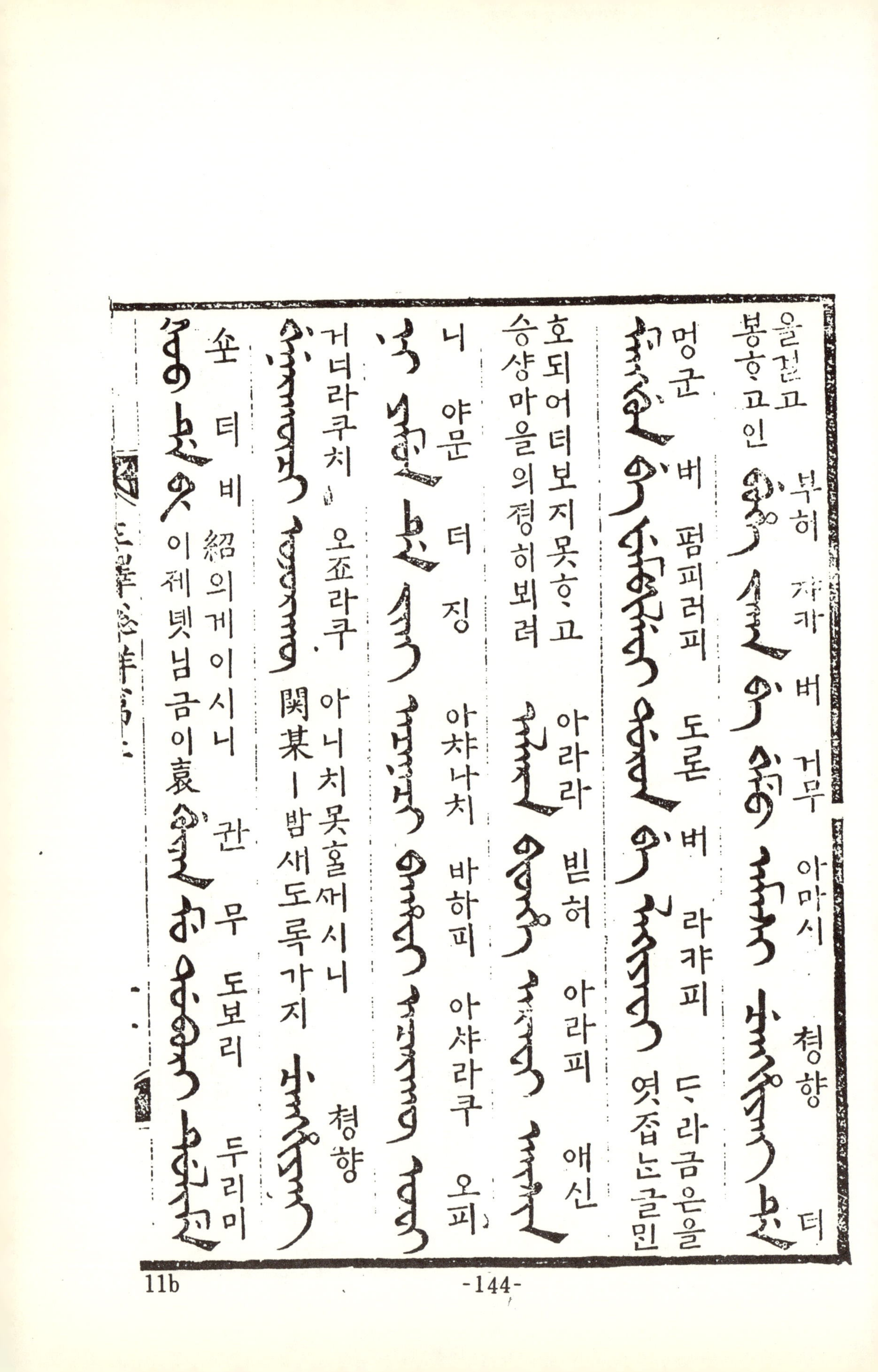

울걷고
봉ᄒᆞ고인

부허 쟈카 버 거무 아마시 쳥향 더

멍군 버 펌피러피 도론 버 라캬피 ᄃᆞ라금은을
엿좁ᄂᆞᆫ글민

호되어터보지못ᄒᆞ고
승샹마을의졍히뵈려

아라라 빋허 아라피 애신

니 야문 더 징 아챠나치 바하피 아샤라쿠 오피

거더라쿠치 오죠라쿠 아니치못홀쌔시니
關某ㅣ밤새도록가지

쳥향

숀 터 비 紹의게이시니
이졔녯님금이衰

관 무 도보리 두리미

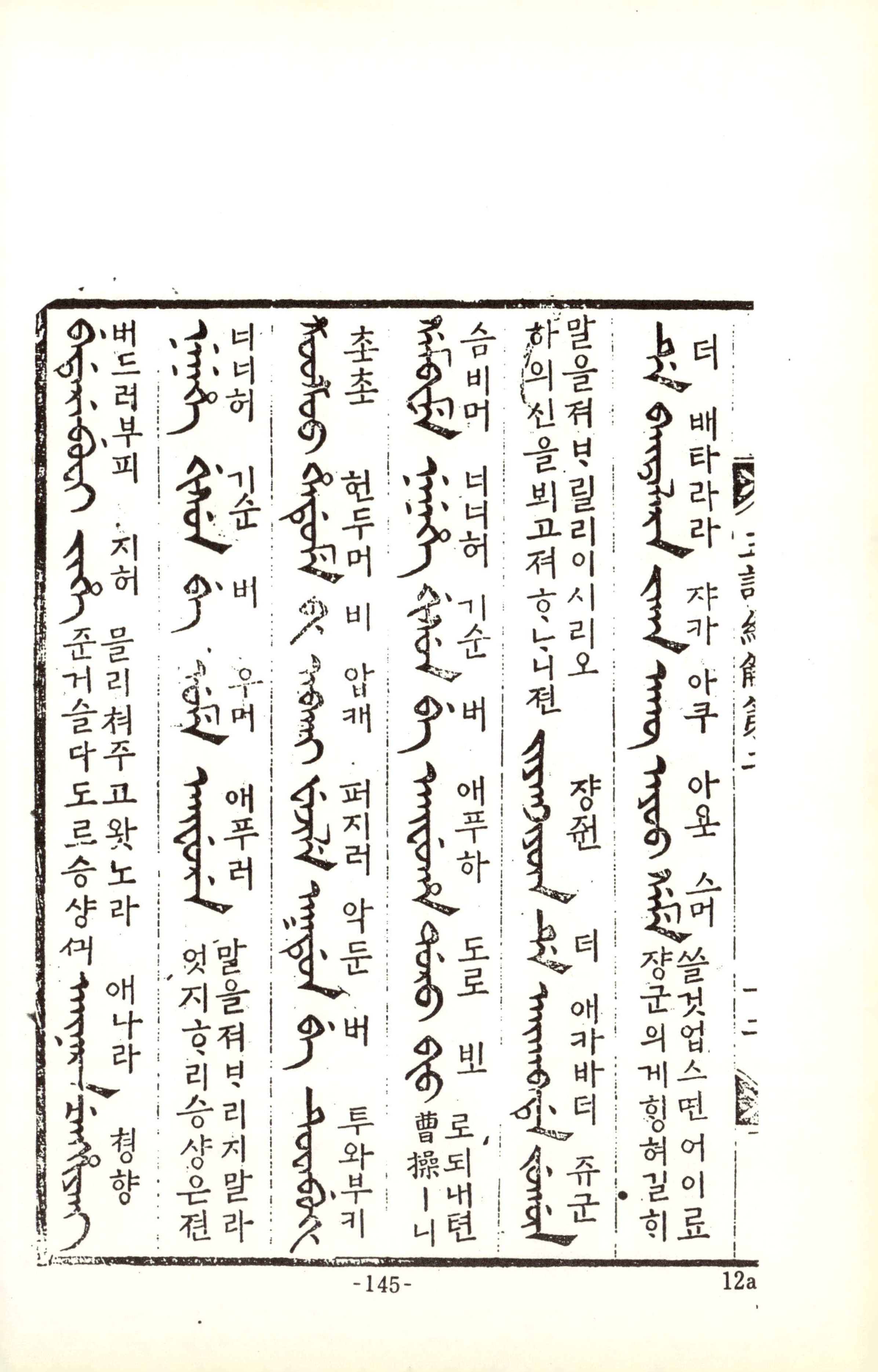

더 배타라라 쟈카 아쿠 아요 스머
쓸것업스면어이료 장군의게힝혀길히
말을져ᄇᆞ릴리이시리오
하의신을ᄇᆡ고져ᄒᆞᄂᆞ니젼
쟝쥔 더 애카바터 쥬군
슴비머 너너허 기순 버 애푸하 도로 뵈 로,
로ᄃᆡ내텬
曹操ㅣ니
춘춘 헌두머 비 압캐 퍼지러 악둔 버 투와부키
너너허 기순 버 우머 애푸러
말을져ᄇᆞ리지말라
엇지ᄒᆞ리승샹은젼
버드러부피 지허
믈리쳐주고왓노라
쥰거슬다도ᄅᆞ승샹ᄭᅴ
애나라 칭향

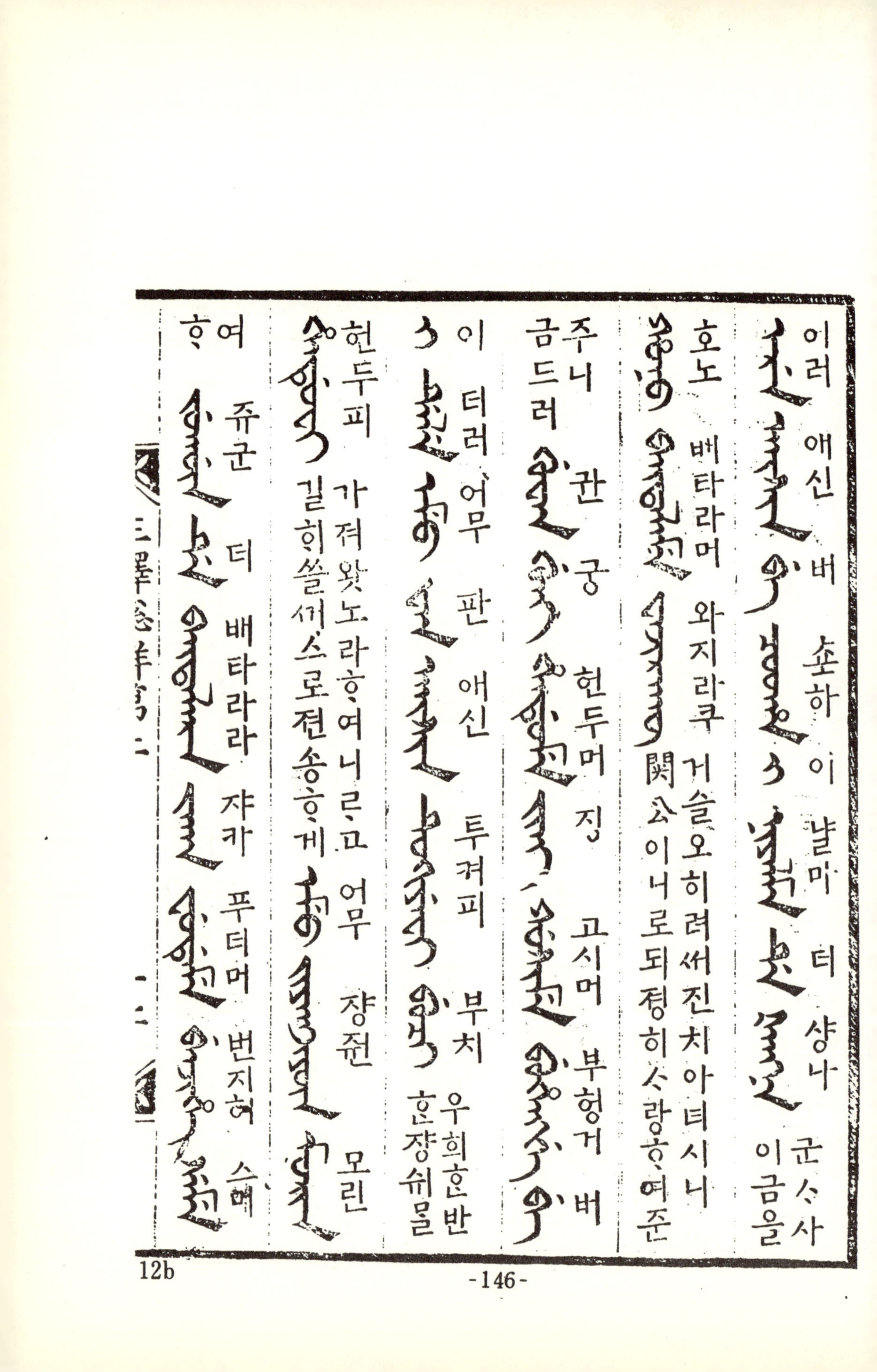

이러 애신 버 쇼하 이 날미 터 샹나 군ᄉᆞ사
이금을
호노 배타라머 와지라쿠 거슬오히려써진치아티시니
關公이너로되젼히ᄉᆞ랑ᄒᆞ여준
주니 관 궁 헌두머 징 고시머 부헝거 버
금드러
이 터러 어무 판 애신 투겨피 부치 우희ᄒᆞᆫ반
ᄒᆞᆫ장쉬믈
헌두피 가져왓노라ᄒᆞ여니ᄅᆞ고 어무 쟝쥔 모린
길희쓸써ᄉᆞ로젼송ᄒᆞ게
여 쥬군 더 배타라라 쟈카 푸더머 번지허 ᄉᆞ매
ᄒᆞ

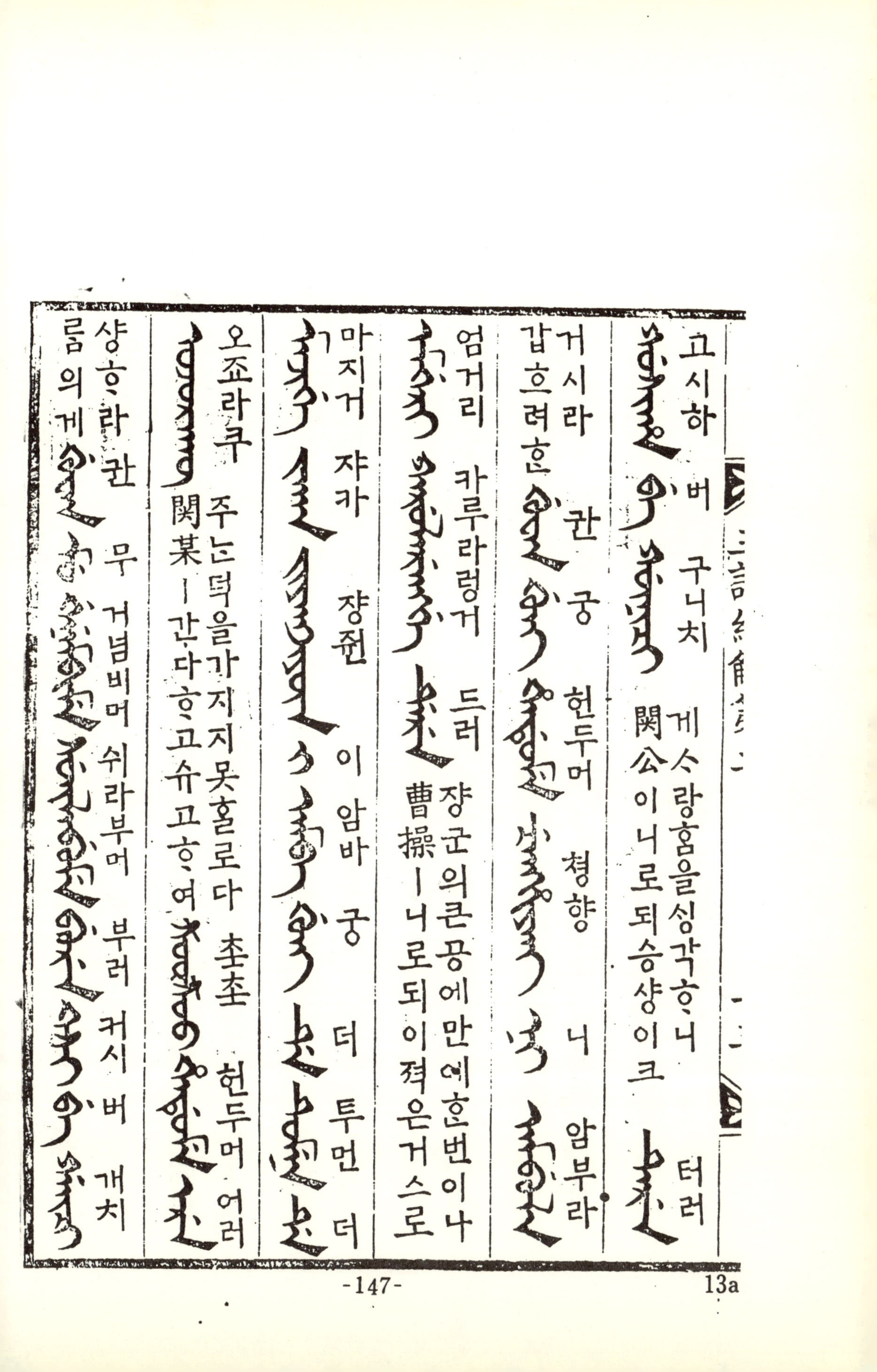

고시하 버 구니치 게ᄉᆞ랑홈을싱각ᄒᆞ니 터러
關公이니로되승샹이크
거시라 관 궁 헌두머 쳥향 니 암부라
갑흐려ᄒᆞᆫ
엄거리 카루라렁거 드러
쟝군의큰공에만예ᄒᆞᆫ번이나
曹操ㅣ니로되이젹은거스로
마지거 쟈카 쟝쥰 이 암바 궁 더 투먼 더
오죠라쿠 주ᄂᆞᆫ덕을가지지못ᄒᆞᆯ로다 촐촐 헌두머 어러
關某ㅣ간다ᄒᆞ고슈고ᄒᆞ여
샹ᄒᆞ라 관 무 거념비머 쉬라부머 부러 커시 버 개치
룸의게

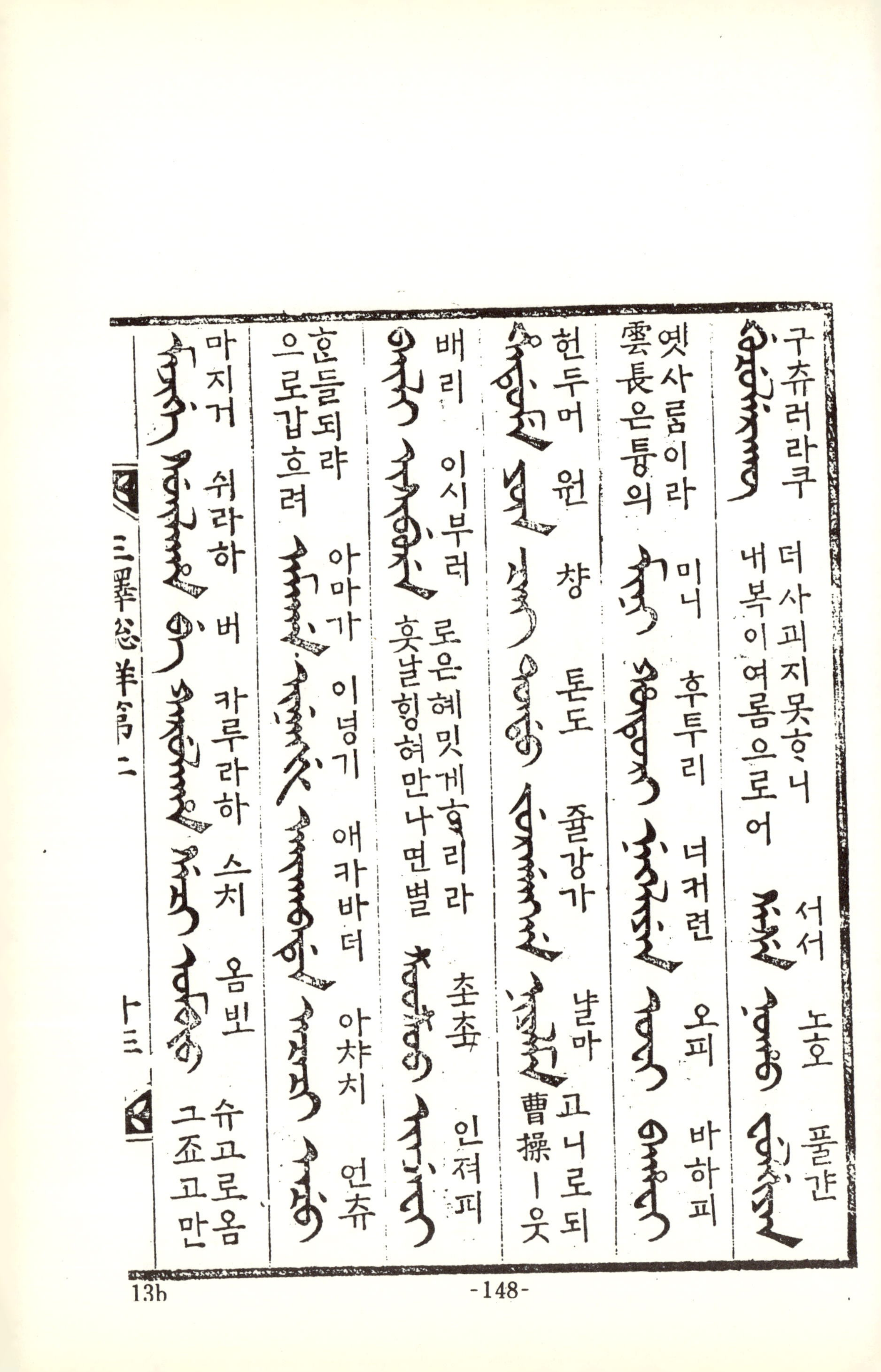

구슈러라쿠 더사피지못ᄒᆞ니 서서 노호 풀갼
내복이여름으로어
옛사ᄅᆞᆷ이라 미니 후투리 너커련 오피 바하피
雲長은튱의
헌두머 원 샹 톤도 쥴강가 날마 고니로되
曹操ㅣ웃
배리 이시부러 로은혜밋게ᄒᆞ리라 촌츈 인져피
훗날힝혀만나면별
ᄒᆞᆫ들되랴 아마가 이넝기 애카바더 아챠치 언츄
으로갑흐려
마지거 쉬라하 버 카루라하 스치 옴빈 슈고로옴
그죠고만

三譯總解第二 十三

이 두베 거츄허리 어투쿠 버 투져머 개피 씃흐로 청용도

ᄒᆞ여 변ᄒᆞᆯ싸 모린 치 어부라쿠 지아니쿄 물게ᄂᆞ리 칭룽 걍쿠

촌촌 버 애카바터 캬란다라후 스머 操ᄅᆞᆯ 힝ᄒᆞ여 雲長이 曹

쟈파부피 번지허 망기 바다잡아보내니 원 챵 효장슈로두손에

ᄆᆞᄋᆞᆷ에삼쟈ᄒᆞ고 망용옷슬죠고만 어무 쟝쥰 버 쥬워 가래 아리머

거츄허리 어투쿠 버 마지거 무지런 더 오키니 스머 블근 금ᄉᆞ

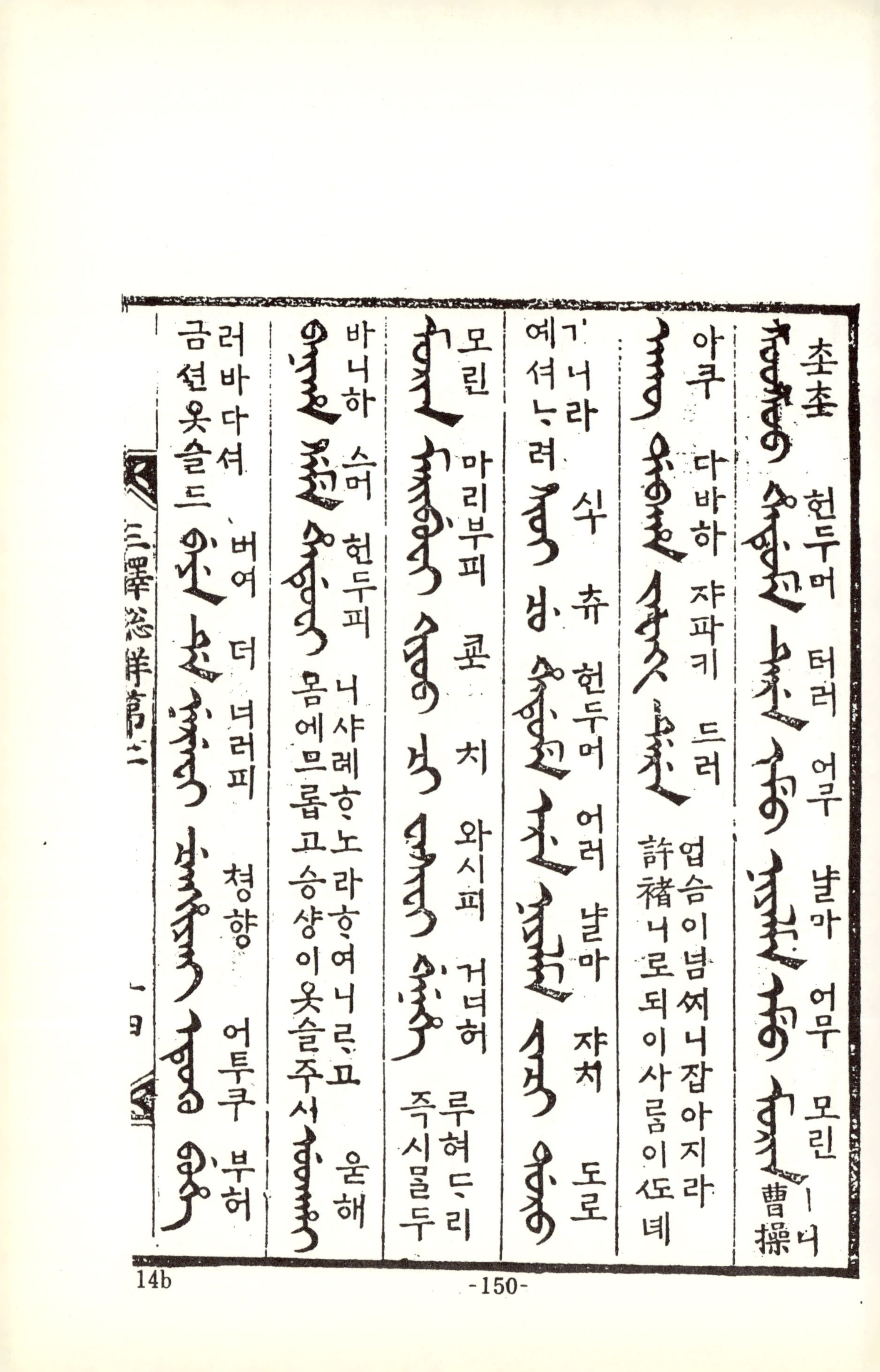

초초 헌두머 터러 어쿠 냘마 어무 모린 ㅣ니 曹操

아쿠 다바하 쟈파키 드러
엽습이넘쎠니잡아지라
許褚니로되이사룸이또네

기니라 식 츄 헌두머 어러 냘마 쟈치 도로
예셔누려

모린 마리부피 쿈 치 와시피 거너허 루허드리
죽시믈두

바니하 스머 헌두피 니샤레ᄒᆞ노라ᄒᆞ여니르ᄅᆞ고 운해
몸에므롭고승샹이옷슬주셔

러바다셔 버여 더 너러피 청향 어투쿠 부허
금션옷슬드

三譯總解卷三 十四

쟝쥔 사 원 챵 버 알후다치 아참비 여러 너희

나사머 헌두머 갈쥐ᄇᆞᆯ희셔뉘웃쳐니로되 쉬니 여러흘거ᄂᆞ리고도로ᄆᆞᆯ러 거런

고 거런 버 개피 아마시 버드러러 더 쥬군 너

암챠치 오쟈라쿠 스머 헌두피 오지못ᄒᆞ리라ᄒᆞ여니ᄅᆞ 내ᄒᆞᆫ번말을내어시니ᄯᆞᆯ

애나하 게두려아니쿄엇지리 비 엄거리 기순 투치커 우리스믈남은사ᄅᆞᆷ의

ᄅᆞᆷᄒᆞᆫᄆᆞᆯ이니 로되져ᄂᆞᆫᄒᆞᆫ사 무서 오린 픈쳐머 냘마 더 올호라쿠

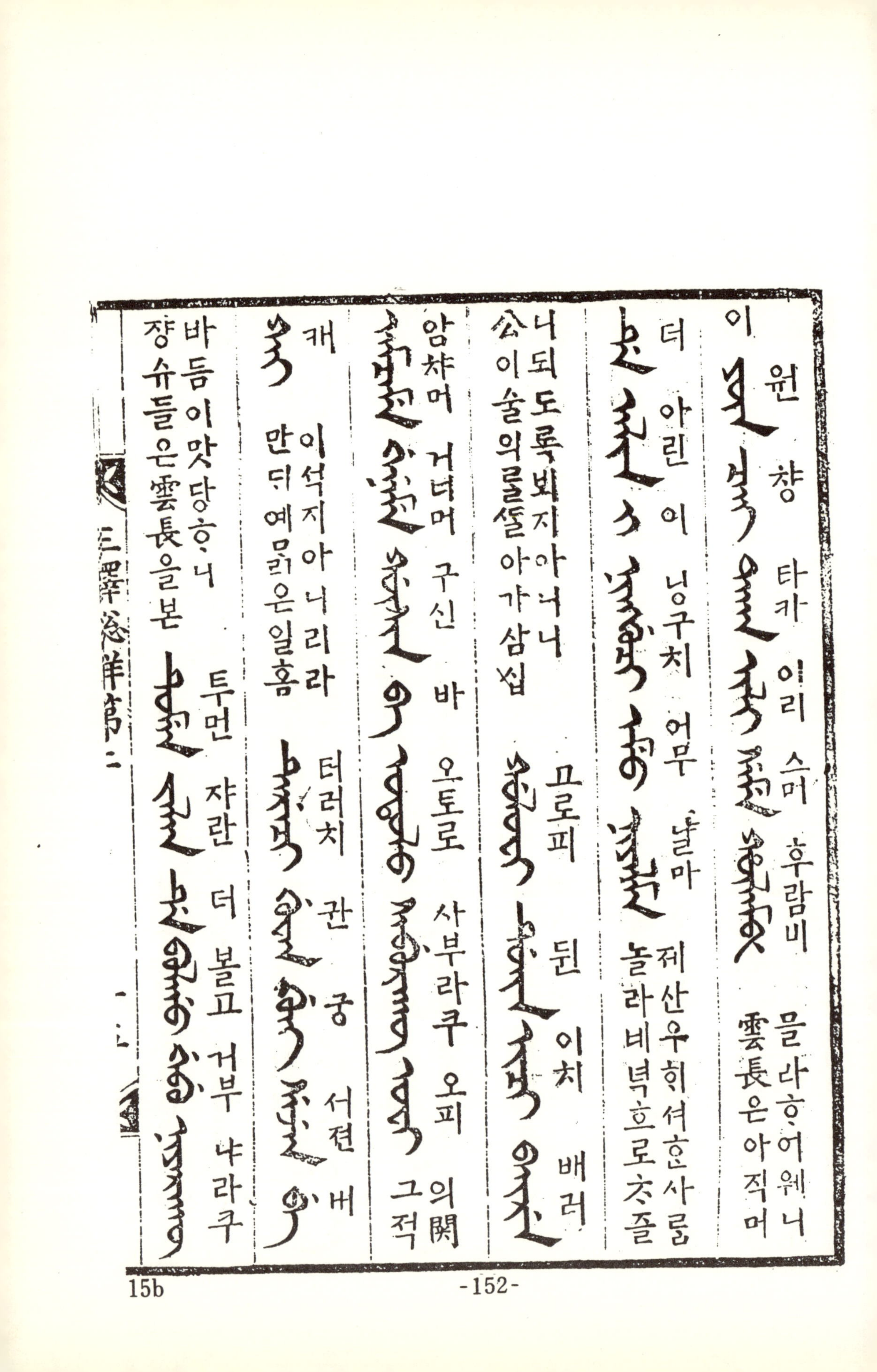

이 원 창 타카 이리 슈머 후람비 믈라ᄒᆞ여웨니 雲長은아직머

더 아린 이 닝구치 어무 냘마 져산우희셔ᄒᆞᆫ사ᄅᆞᆷ 놀라비녁흐로ᄎᆞ즐

나되도록뵈지아니ᄒᆞ니 끄로피 뒨 이치 배러
公이술의롤ᄯᅩ아가삼삽

암샤머 거더머 구신 바 오토로 사부라쿠 오피 의關 그적

개 이석지아니ᄒᆞ리라 터러치 관 궁 서젼 버
만ᄃᆡ예믈ᄋᆡ은일흠

바듬이맛당ᄒᆞ니 투먼 쟈란 더 볼고 거부 냐라쿠
쟝슈들은雲長을본

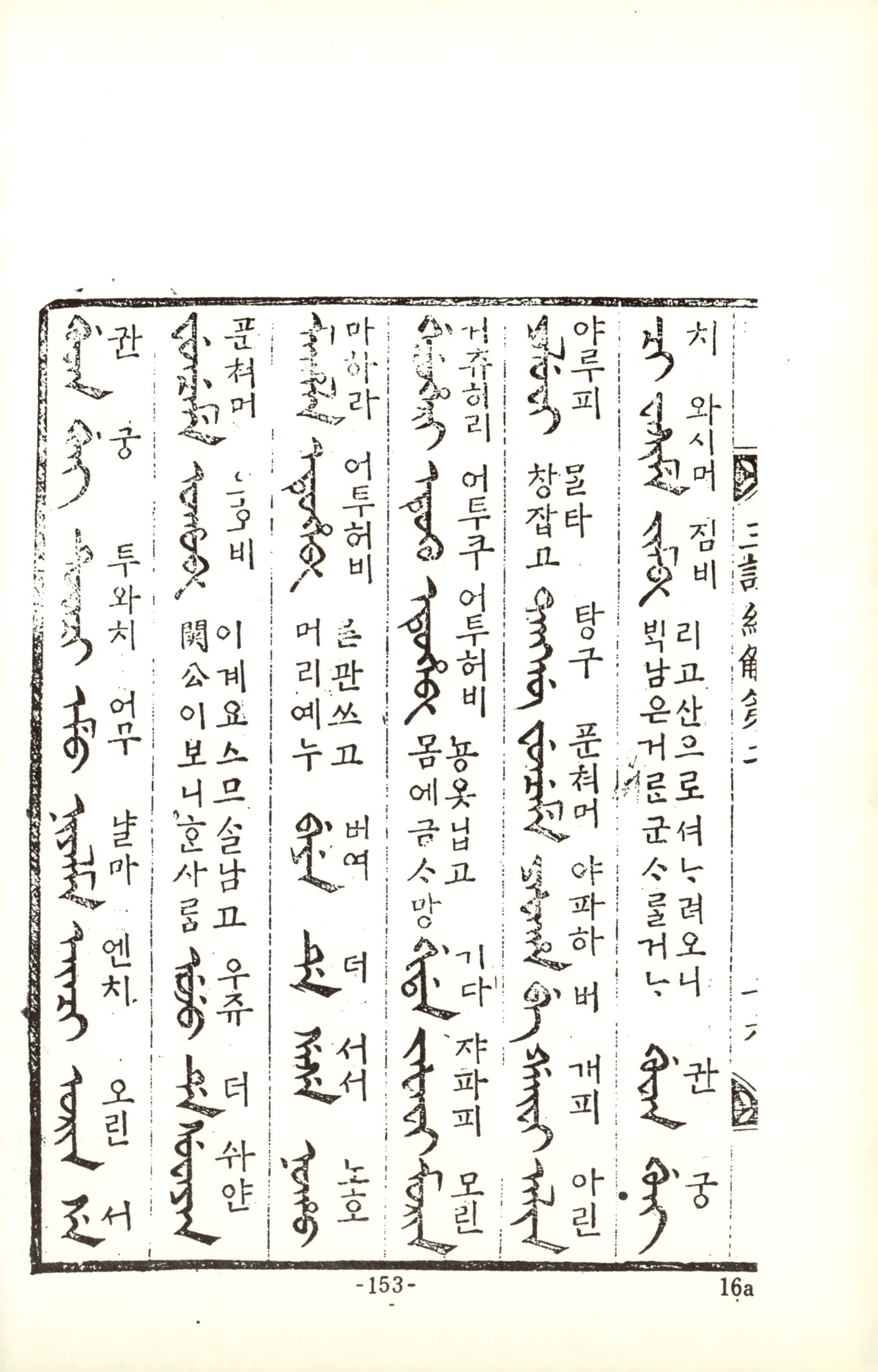

치 와시머 짐비 리고 산으로셔 ᄂᆞ려오니 빅남은 거른 군ᄉᆞ를 거ᄂᆞ 관 궁

야루피 몰타 창잡고 탕구 푼쳐머 야파하 버 개피 아린

거츄허리 어투쿠 어투허비 뇽옷닙고 몸에 금ᄉᆞ망 기다 쟈파피 모린

마하라 어투허비 큰관쓰고 머리예누 버여 더 서서 노호

푼쳐머 궁오비 이계요스므솔남고 關公이보니 ᄒᆞᆫ사름 우쥬 더 쉬얀

관 궁 투와치 어무 날마 엔치 오린 서

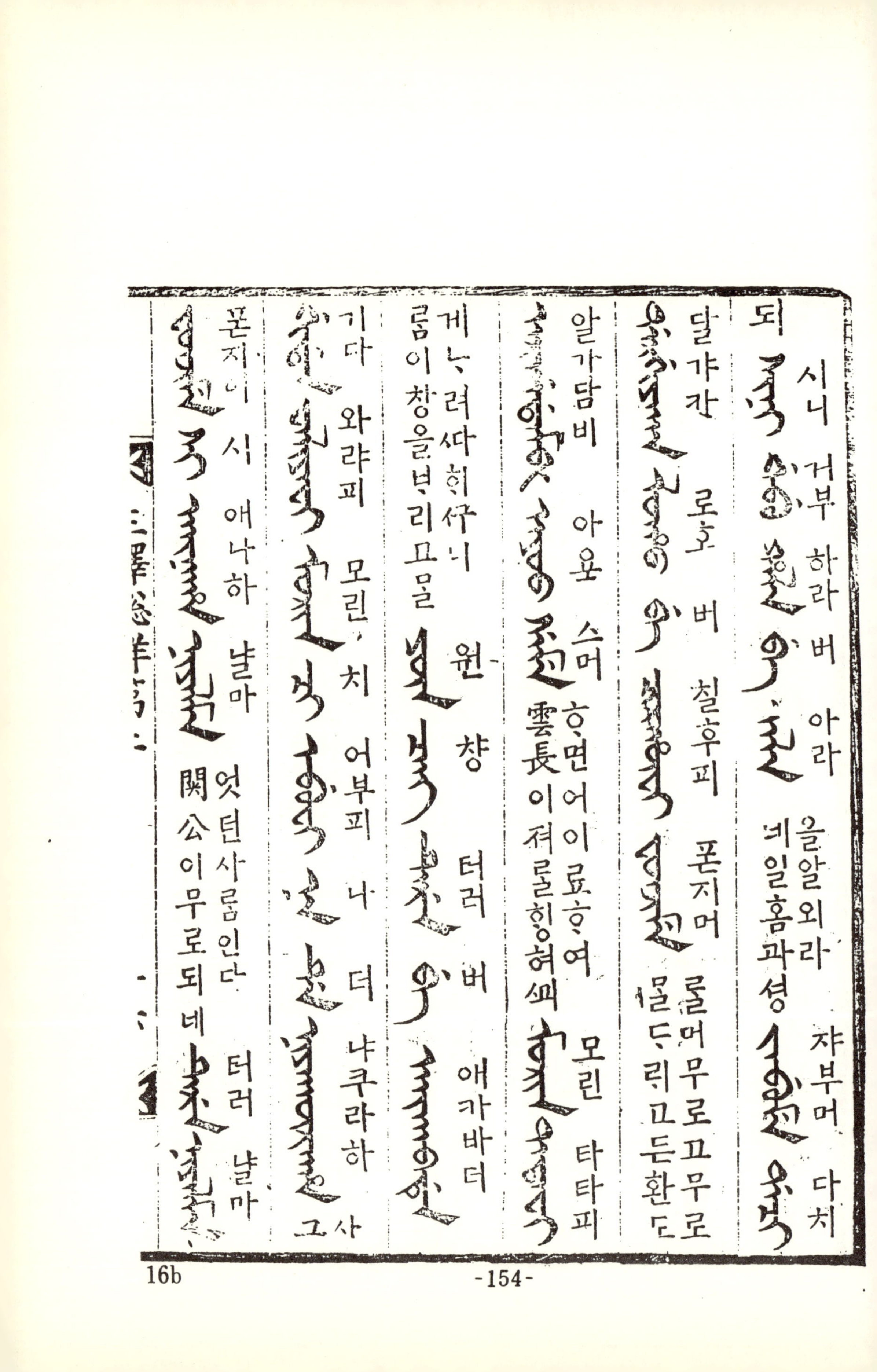

폰지머 시 애나하 날마 關公이무로되네 엇던사ᄅᆞᆷ인다 터러 날마

기다 와랴피 모린 치 어부피 나 더 냐쿠라하 그 사

ᄅᆞᆷ이창을ᄇᆞ리고ᄆᆞᆯ 게ᄂᆞ려ᄯᅡ희ᄭᅮ니 원 챵 터러 버 애가바더

알가담비 아요 스머 雲長이져ᄅᆞᆯ힝혀ᄭᅬ ᄒᆞ면어이료ᄒᆞ여 모린 타타피

달갸칸 로호 버 칠후피 폰지머 믈ᄃᆞ리고든환도 ᄅᆞᆯ머무로ᄭᅳ무로

되 시니 거부 하라 버 아라 네일홈과셩 을알외라 쟈부머 다치

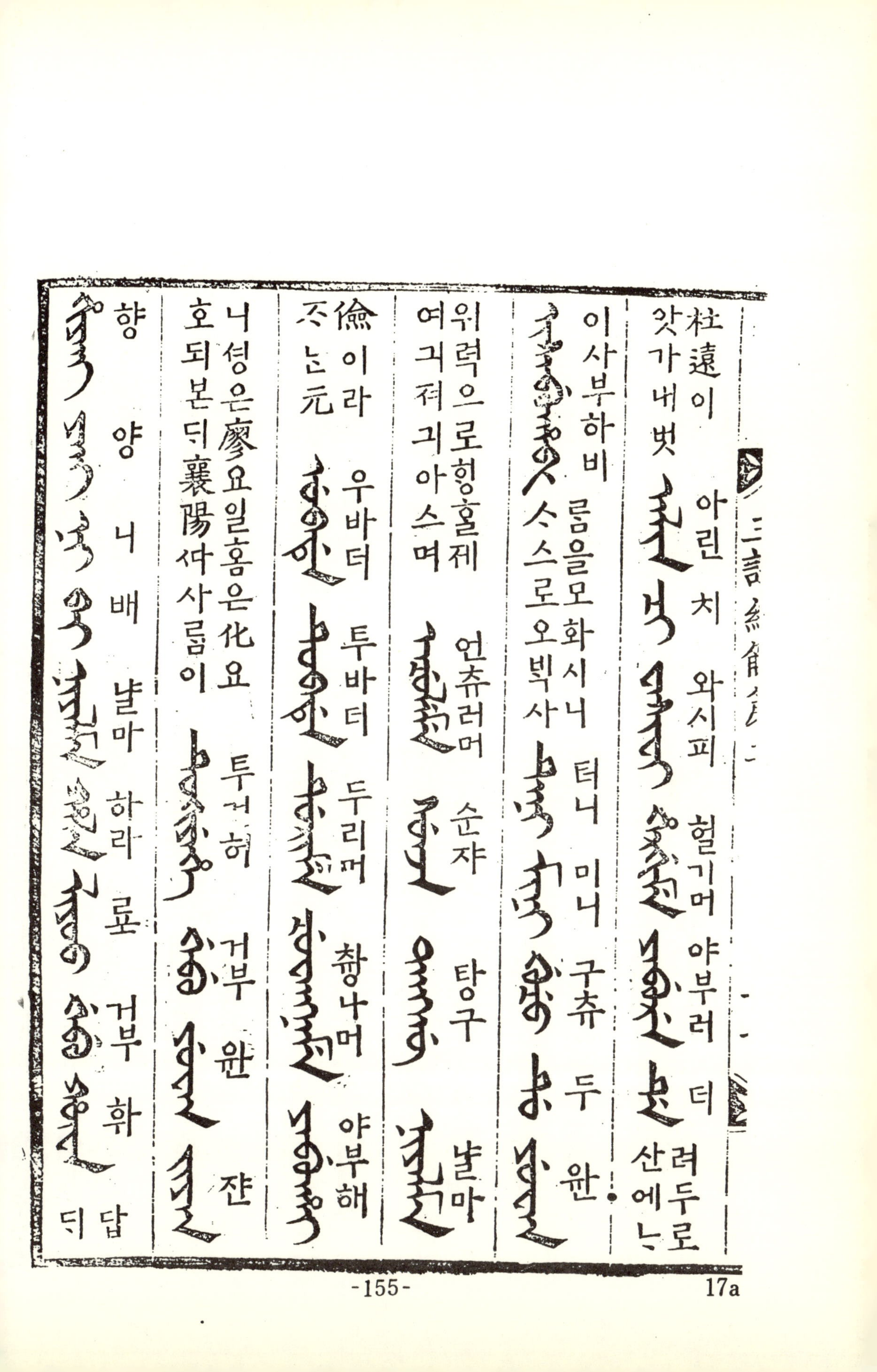

杜遠이 앗가내벗 아린 치 와시피 헐기머 야부러 더 려두로 산에ᄂᆞ

이사부하비 ᄅᆞᆷ을모화시니 ᄉᆞ스로오빅사 터니 미니 구츄 두 왼 •

위력으로힝훌제 여긔져긔아스며 언츄러머 순자 탕구 낱마

儉이라 ᄌᆞᄂᆞᆫ元 우바더 투바더 두리머 챵나머 야부해

니셩은廖요일홈은化요 호되본ᄃᆡ襄陽ᄯᅡ사ᄅᆞᆷ이 투거허 거부 완 쟌

향 양 니 배 낱마 하라 료 거부 화 답 ᄃᆡ

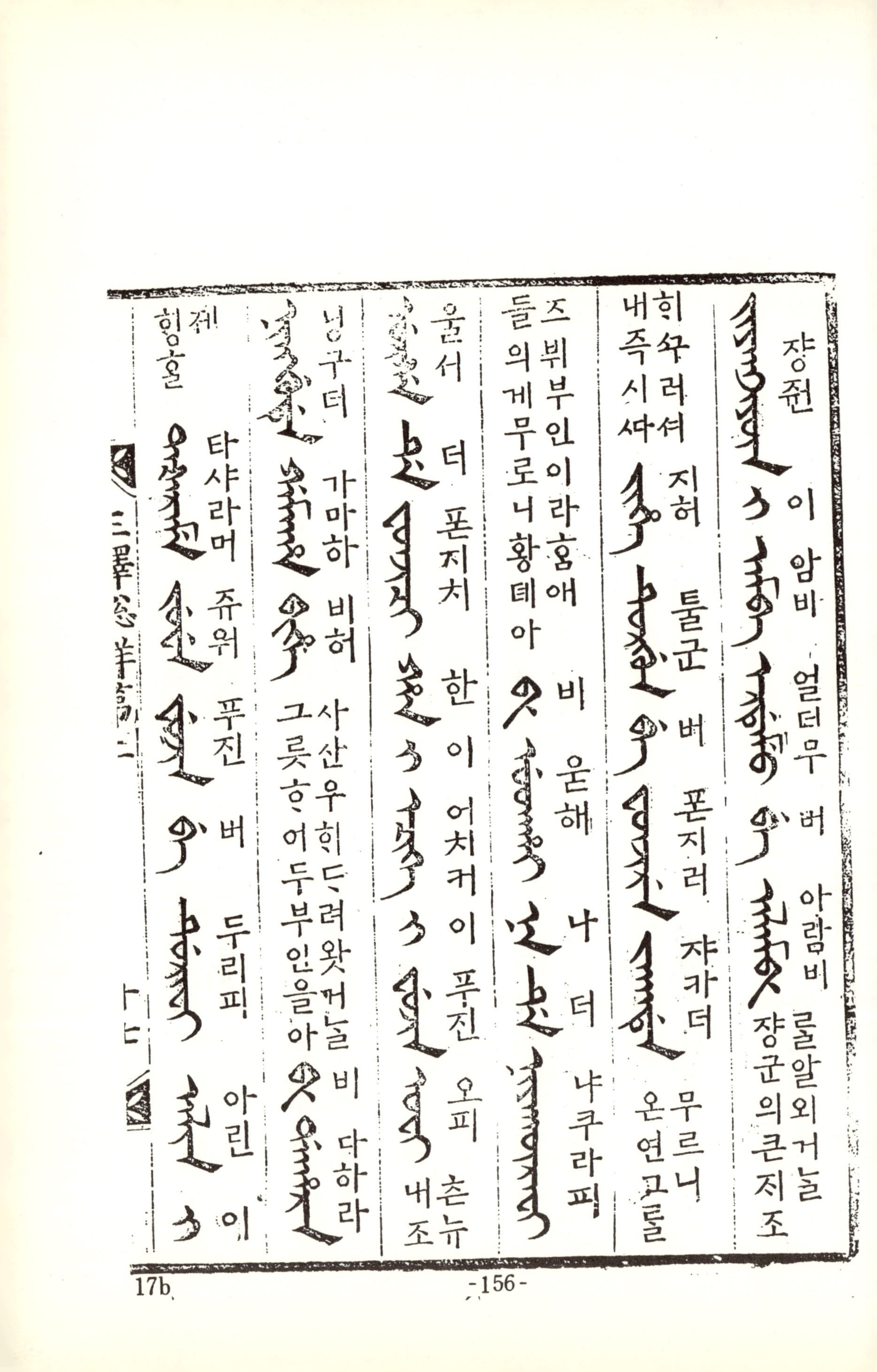

쟝쥔 이 암비 얼더무 버 아람비 룰알외거놀 쟝군의큰지조

히ᄸ러셔 내즉시싸 지허 툴군 버 폰지러 쟈카더 무르니 온연고롤

즈뷔부인이라홈애 들의게무로니황뎨아 비 운해 나 더 냐쿠라피

욷서 터 폰지치 한 이 어치커이 푸진 오피 촌뉴 내조

넝구터 가마하 비허 사산우희ᄃ려왓거놀 그릇ᄒ어두부인을아 비 다하라

쥐 힝훈 타샤라머 쥬워 푸진 버 두리피 아린 이

三譯總解二 十七

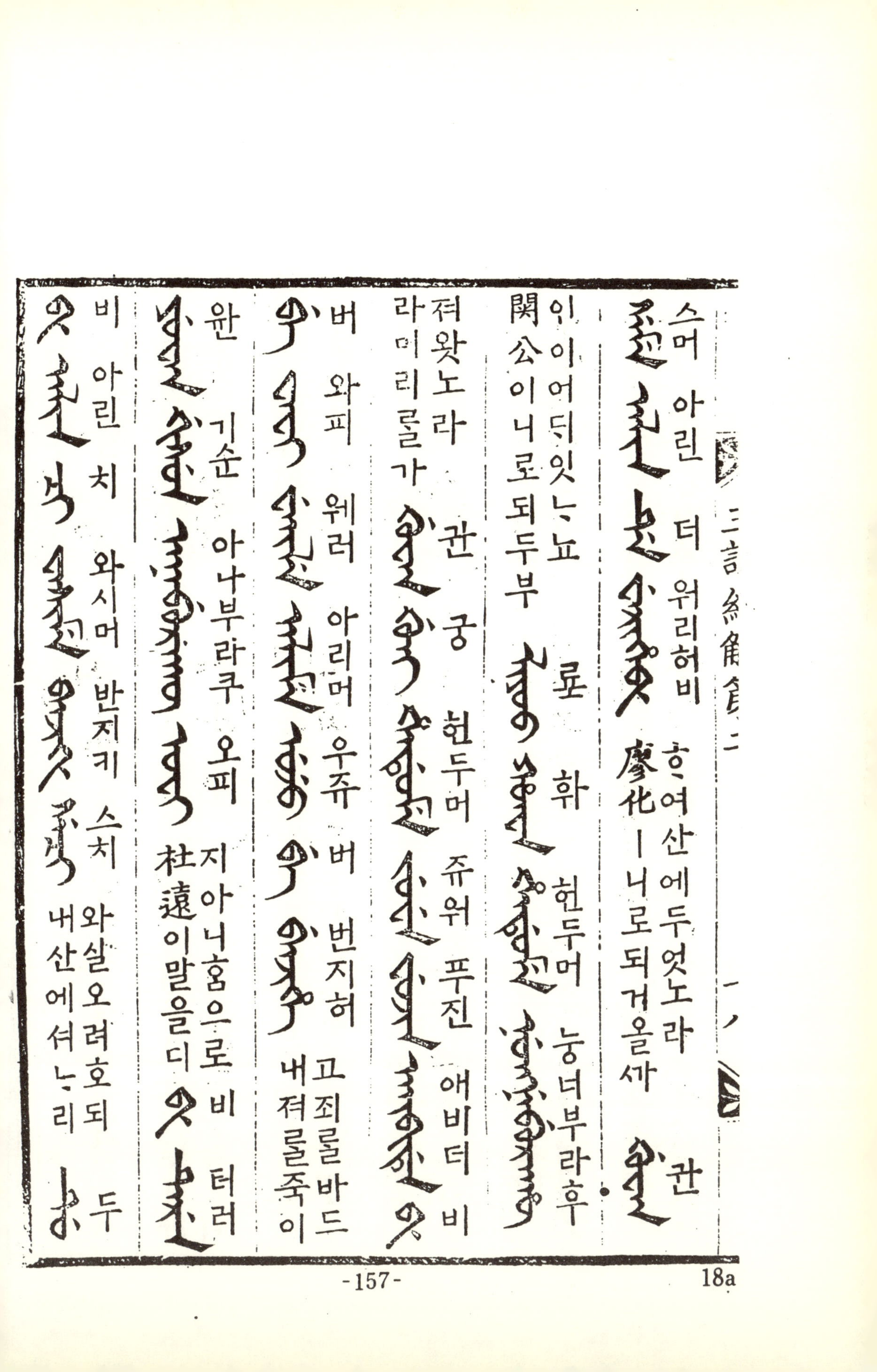

스머 아린 더 워리허비 ᄒᆞ여산에두엇노라
廖化ㅣ니로되거올셔 관

이이어디잇ᄂᆞ뇨
關公이니로되두부 료 화 헌두머 눙너부라후

져왓노라
라미리ᄅᆞᆯ가 관 궁 헌두머 쥬워 푸진 애비더 비

버 와피 웨러 아리머 우쥬 버 번지허 고죄ᄅᆞᆯ바드
내져ᄅᆞᆯ죽이

왼 기순 아나부라쿠 오피 지아니홈으로
杜遠이말을디 비 터러

비 아린 치 와시머 반지키 스치 와살오려호되
내산에셔ᄂᆞ리 두

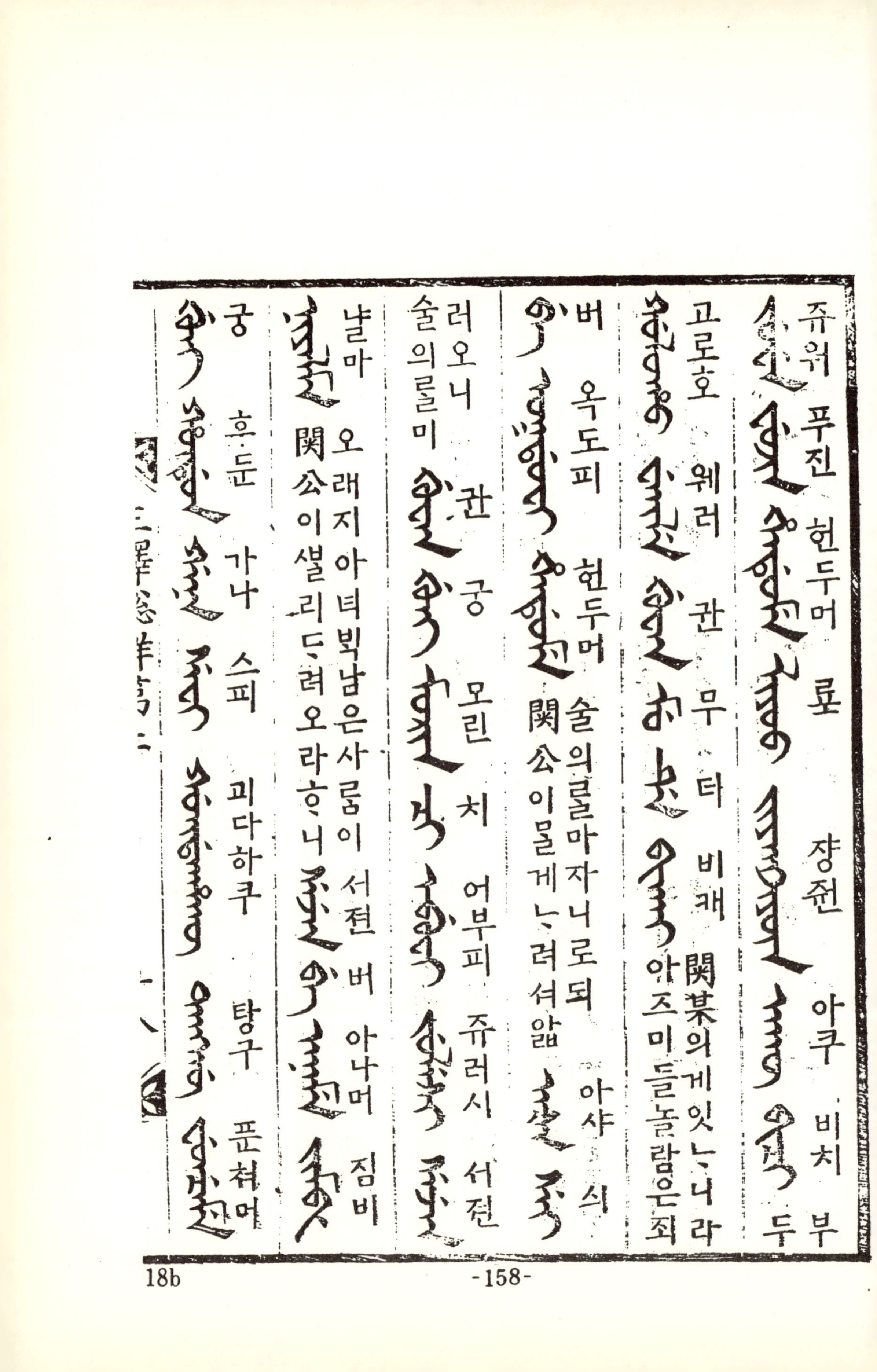

쥬워 푸진 헌두머 료 장쥔 아쿠 비치 부두

고로호 웨러 관 무타 비캐 關某의게잇ᄂᆞ니라

아ᄌᆞ미ᄃᆞᆯ놀람은죄

버 옥도피 헌두머 술의ᄆᆞᆯ마자니로되 아샤 식

關公이믈게ᄂᆞ려셔앏

러오니 관 궁 모린 치 어부피 쥬러시 서젼

술의ᄅᆞᆯ미

낧마 오래지아니ᄒᆞ야빅남은사ᄅᆞᆷ이 서젼 버 아나머 짐비

關公이샐리ᄃᆞ려오라ᄒᆞ니

궁 후ᄃᆞᆫ 가나 스피 괴다하쿠 탕구 퓬쳐머

三譯總解 二

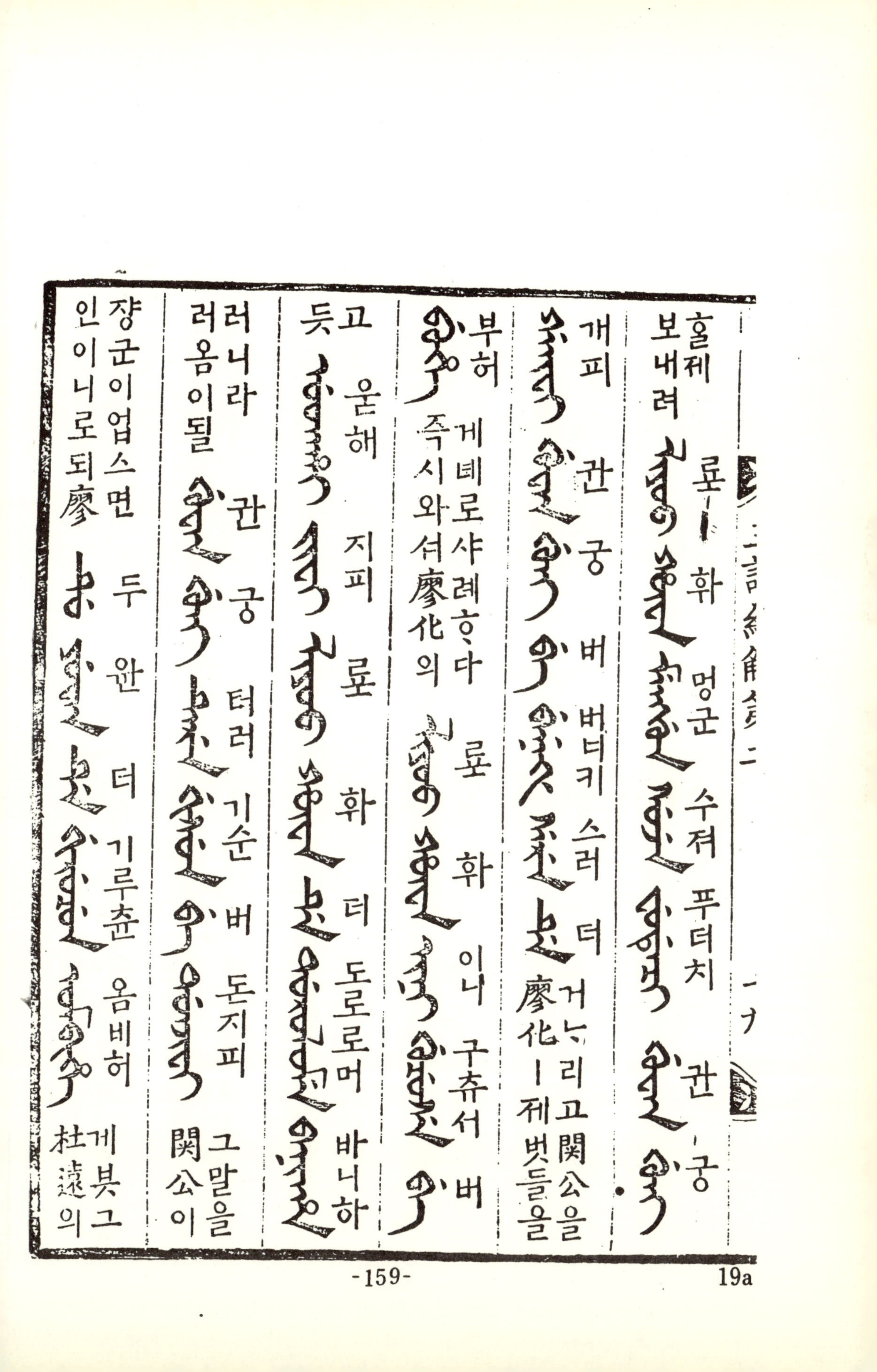

훌제 보내려 료ㅣ 화 멍군 수져 푸터치 관 궁

개피 관 궁 버 버디키 스러 더 거느리고 關公을 廖化ㅣ 제 벗들을

부허 게테로샤려ᄒᆞ다 즉시와셔廖化의 료 화 이나 구츄서 버

고 듯 운해 지피 료 화 더 도로로머 바니하

러니라 러러옴이될 관 궁 터러 기순 버 돈지피 그말을 關公이

쟝군이업스면 인이니로되廖 두 완 더 기루츈 옴비허 게뵤그 杜遠의

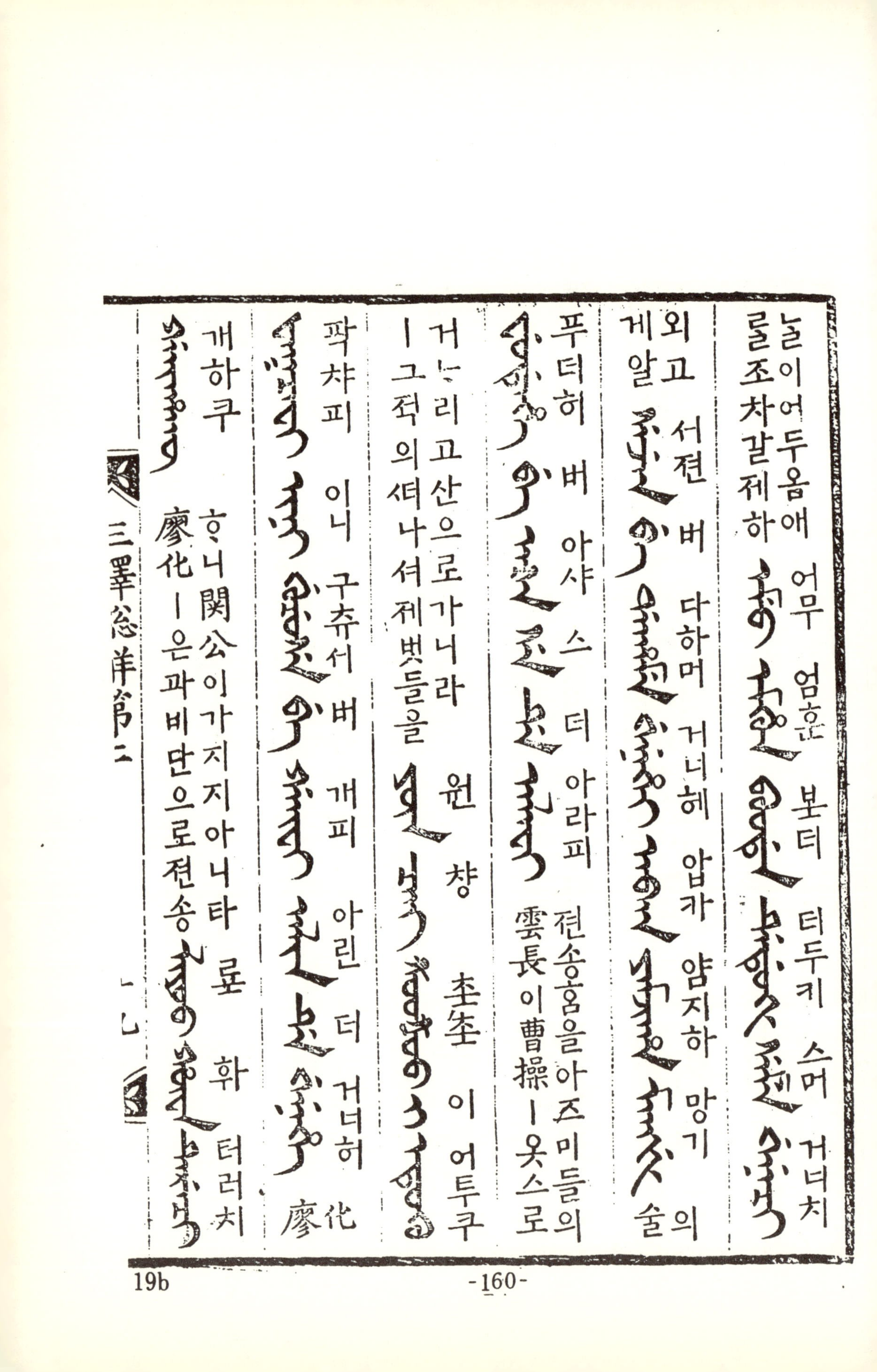

늘이어두옴애 를조차갈제하
어무 엄훈 보터 터두키 스머 거너치
외고 게알
서젼 버 다하머 거너헤 압카 얌지하 망기 의술
푸터히 버 아샤 스 터 아라피
젼송홈을아즈미들의 雲長이曹操ㅣ옷스로
거ᄂᆞ리고산으로가니라 ㅣ그적의셔나셔제벗들을
원 챵 춍춍 이 어투쿠
팍챠피 이니 구츄서 버 개피 아린 터 거너허 廖化
개하쿠
ᄒᆞ니關公이가지지아니타 廖化ㅣ은파비단으로젼송
룡 화 터러치

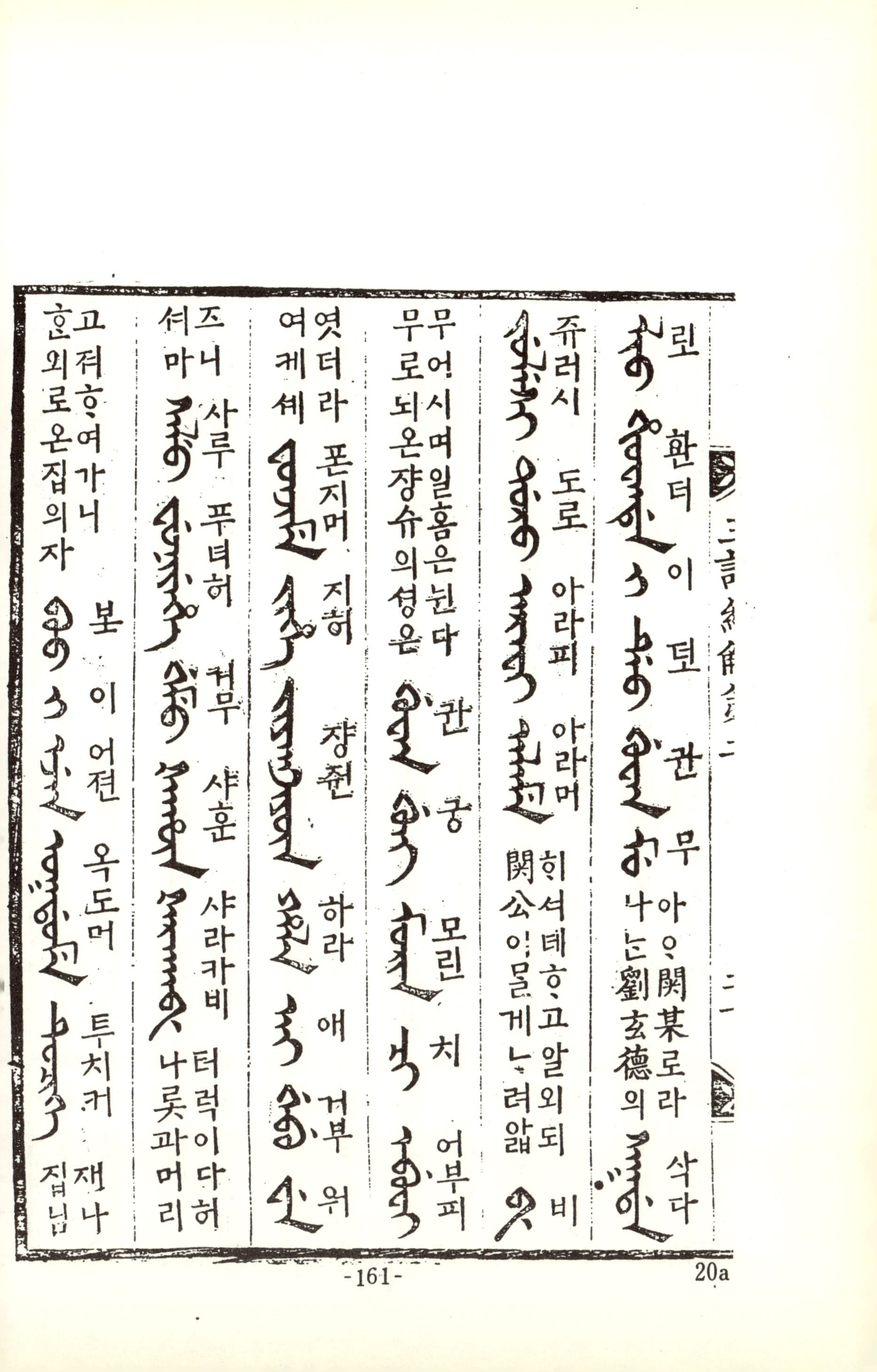

뢰 환터 이 뎐 관 무
아ᄋᆞ關某로라
나ᄂᆞᆫ劉玄德의
삭다

쥬러시 도로 아라피 아라머
ᄒᆡ셔테ᄒᆞ고알외되
關公이ᄆᆞᆯ게ᄂᆞ려앏
비

무어시며일홈은뉘다
무로되온쟝슈의셩은
관 궁 모린 치 어부피

엿더라
여케셰
폰지머 지허 쟝쥔 하라 애 거부 워

즈니
셔마
사루 푸터허 커무 샤훈 샤라카비
터럭이다허
나룻과머리

고져ᄒᆞ여가니
ᄒᆞᆫ외로온집의자
본 이 어젼 옥도머 투치커 재나
집닙

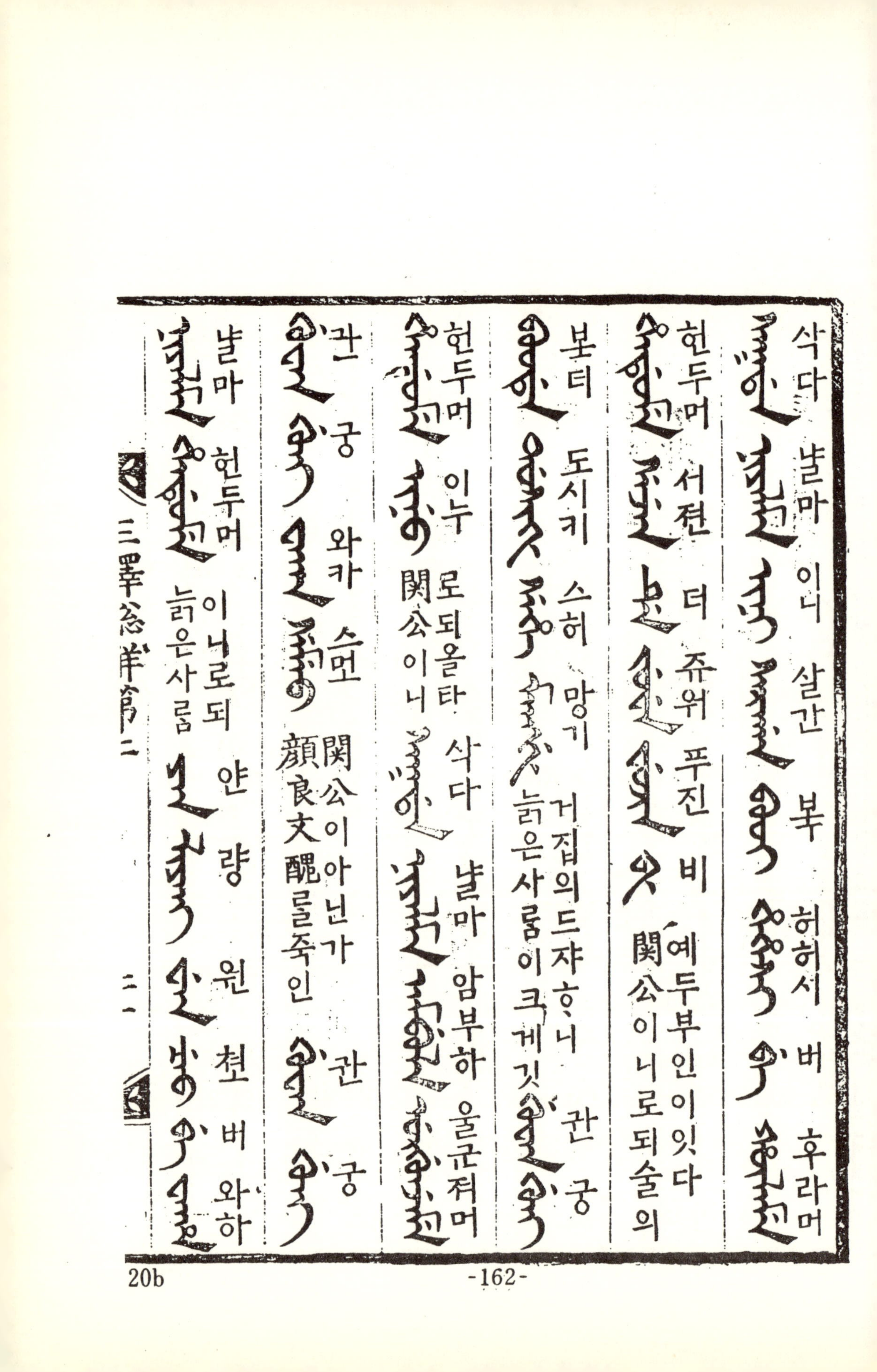

삭다 놜마 이니 살간 봒 허허서 버 후라머

헌두머 서쳔 더 쥬워 푸진 비 예두부인이잇다
關公이니로되술의

보더 도시키 스허 망기 거잡의드쟈ᄒᆞ니 관 궁
늙은사름이크게깃

헌두머 이누 로되올타 삭다 놜마 암부하 울군져머
關公이니

관 궁 와카 슈먼 關公이아닌가 관 궁
顔良丈醜를죽인

놜마 헌두머 이니로되 얀 량 원 쳔 버 와하
늙은사름

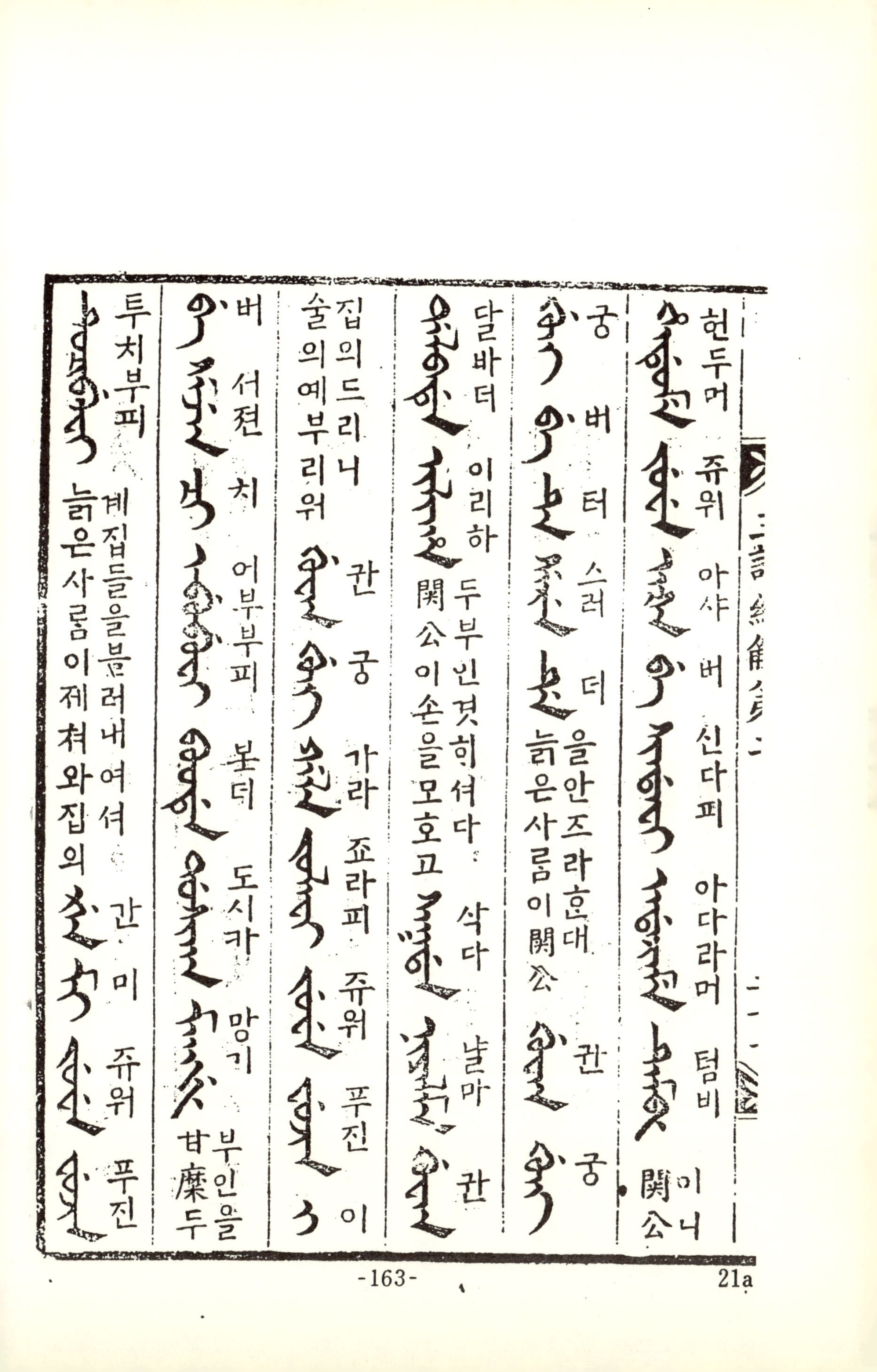

헌두머 쥬위 아샤 버 신다피 아다라머 텀비 이니 關公

궁 버 터 스러 더 을안즈라ᄒᆞᆫ대 늙은사ᄅᆞᆷ이關公 관 궁

달바더 이리하 두부인겻희셔다 關公이손을모호고 삭다 날마 관

집의드리니 술의예부리워 관 궁 가라 죠라피 쥬위 푸진 이

버 서젼 치 어부부피 보더 도시카 망기 부인을 甘糜두

투치부피 계집들을블러내여셔 늙은사ᄅᆞᆷ이제쳐와집의 간 미 쥬위 푸진

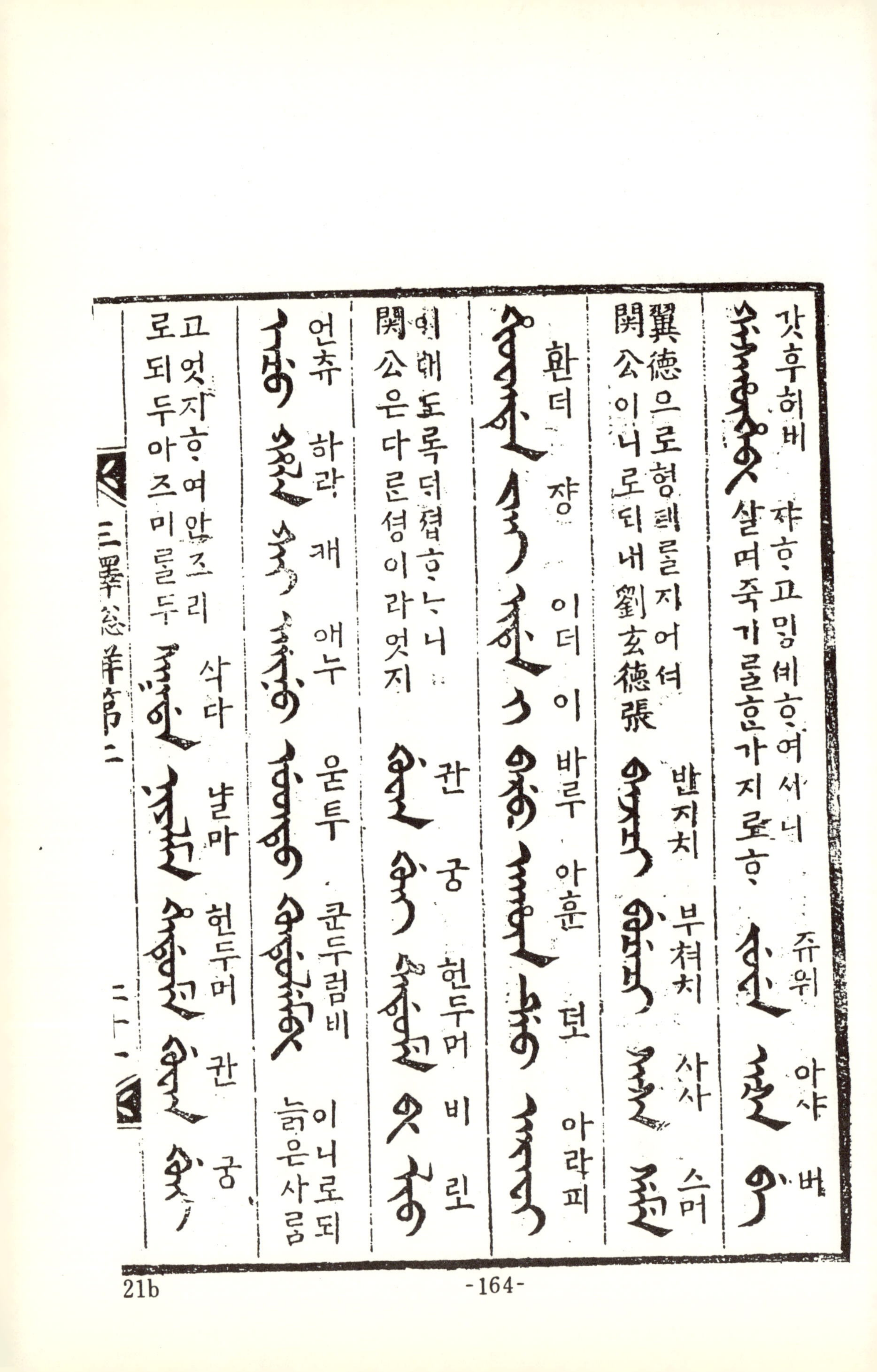

갓후히비 쟈ᄒᆞ고밍셰ᄒᆞ여서니 쥬워 아샤 버
살며죽기를ᄒᆞᆫ가지로ᄒᆞ

翼德으로형뎨를자어셔 반지치 부쳐치 사사 스머
關公이니로되내劉玄德張

환더 쟝 이더 이 바루 아훈 뎌 아라피

ᄒᆡᄃᆡ도록더졉ᄒᆞᄂᆞ니 관 궁 헌두머 비 린
關公은다른셩이라엇지

언츄 하라 캐 애누 운투 쿤두럼비 이니로되
늙은사ᄅᆞᆷ

고엇지ᄒᆞ여안조리 삭다 날마 헌두머 관 궁
로되두아즈미를두

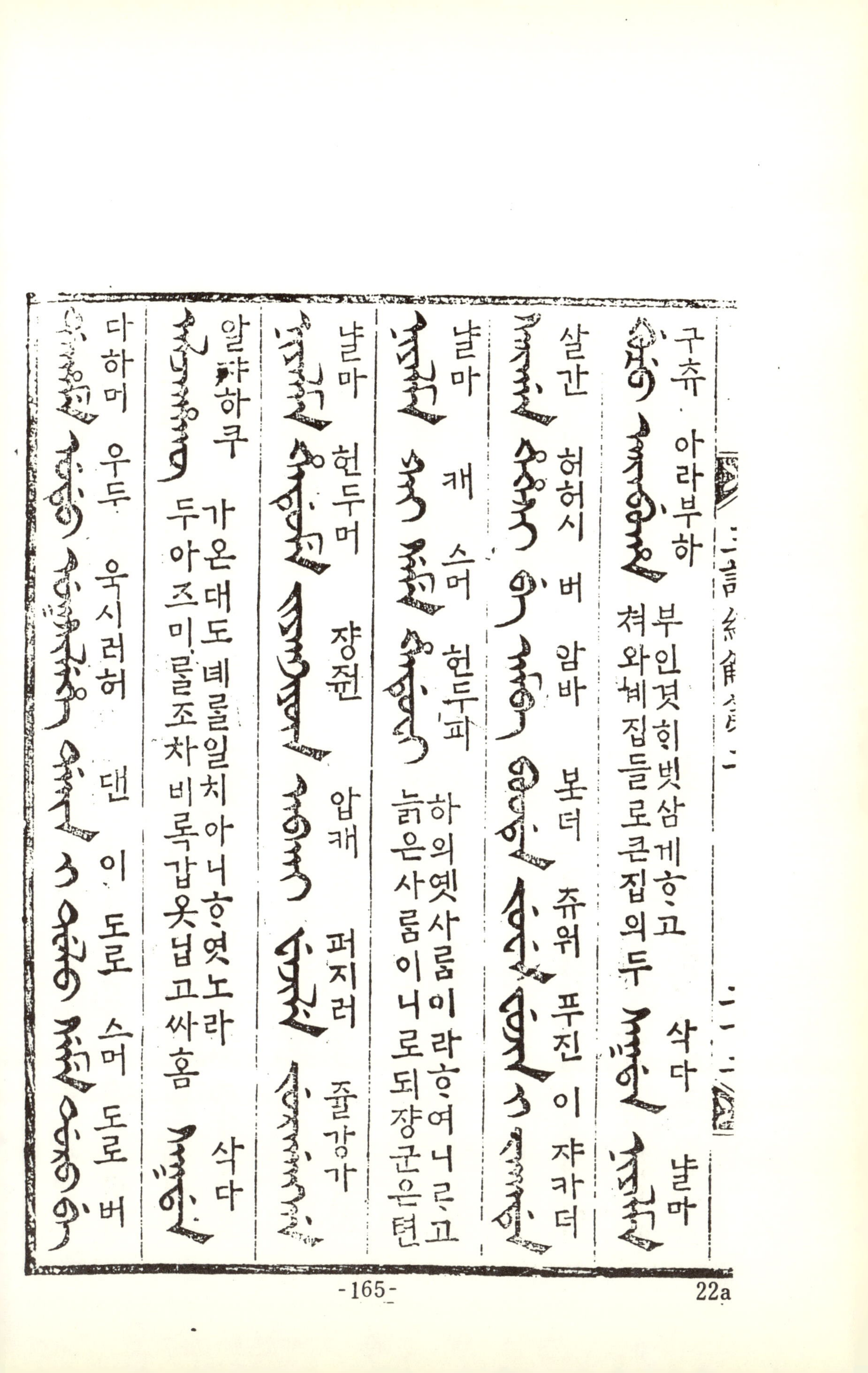

구츄 아라부하 부인겻희빗삼게ᄒᆞ고 쳐와녜집들로큰집의두 삭다 냘마

살간 허허시 버 암바 보더 쥬워 푸진 이 쟈카더

냘마 캐 스머 헌두픠 하의옛사람이라ᄒᆞ여니ᄅᆞ고 늙은사ᄅᆞᆷ이니로되쟝군은텬

냘마 헌두머 쟝쥔 압캐 퍼지러 쥴강가

알햐하쿠 가온대도톄ᄅᆞᆯ일치아니ᄒᆞ엿노라 두아즈미ᄅᆞᆯ조차비록갑옷닙고싸홈 삭다

다하머 우두 욱시러허 댄 이 도로 스머 도로 버

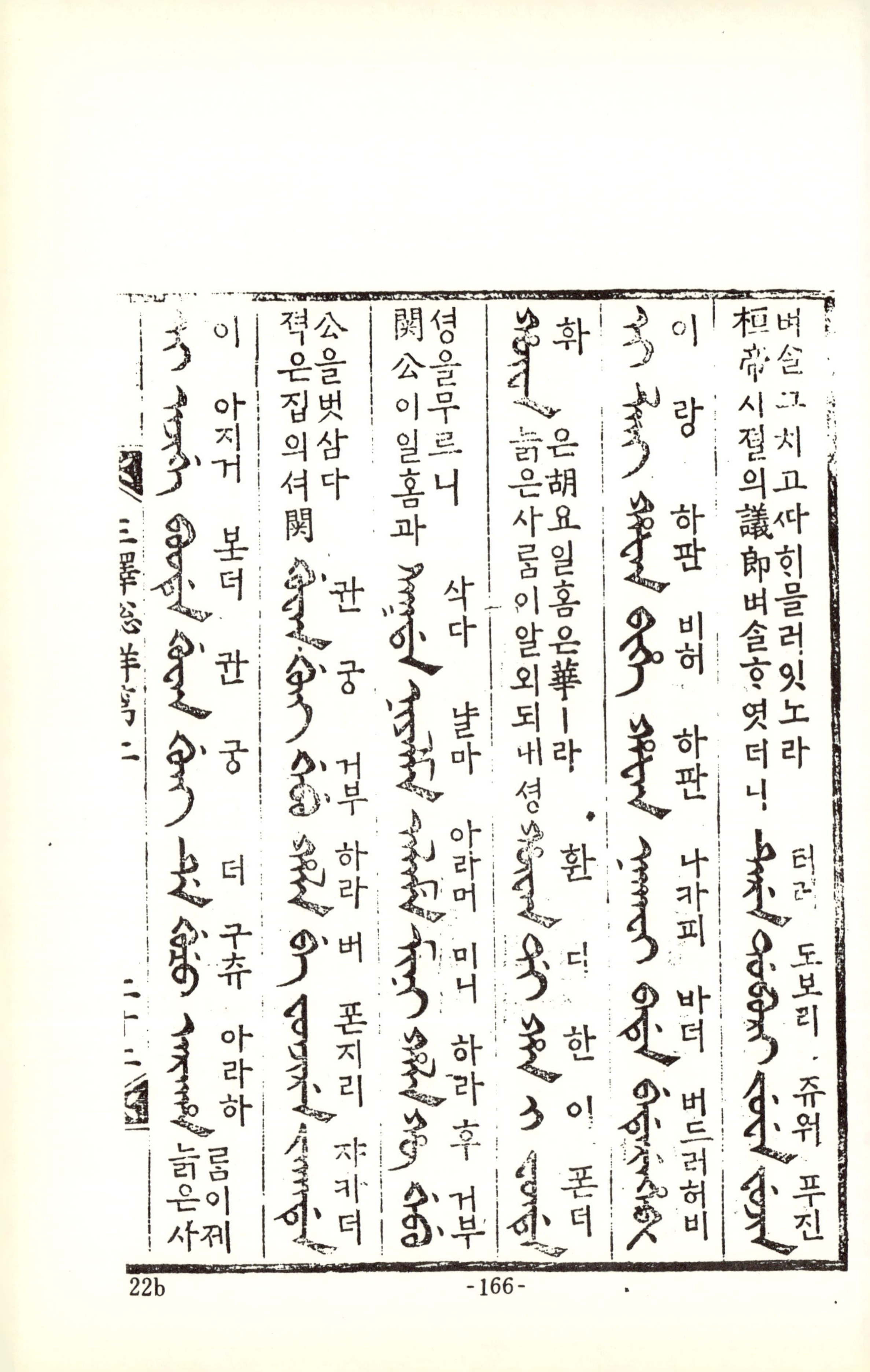

벼슬 그치고 ᄯᅡ히 믈러 잇노라
桓帝 시졀의 議郞 벼슬ᄒᆞ엿더니

터ᄀᆞᆫ 도보리 · 쥬워 푸진

이 랑 하판 비허 하판 나카피 바더 버드러허비

화

은 胡요 일홈은 華ㅣ라
늙은 사ᄅᆞᆷ이 알외되 내 셩

환 디 한 이 폰더

셩을 무르니
關公이 일홈과

삭다 날마 아라머 미니 하라후 거부

公을 벗삼다
젹은 집의셔 關

관 궁 거부 하라 버 폰지리 자카더

이 아지거 보더 관 궁 더 구츄 아라하

ᄅᆞᆷ이 졔
늙은 사

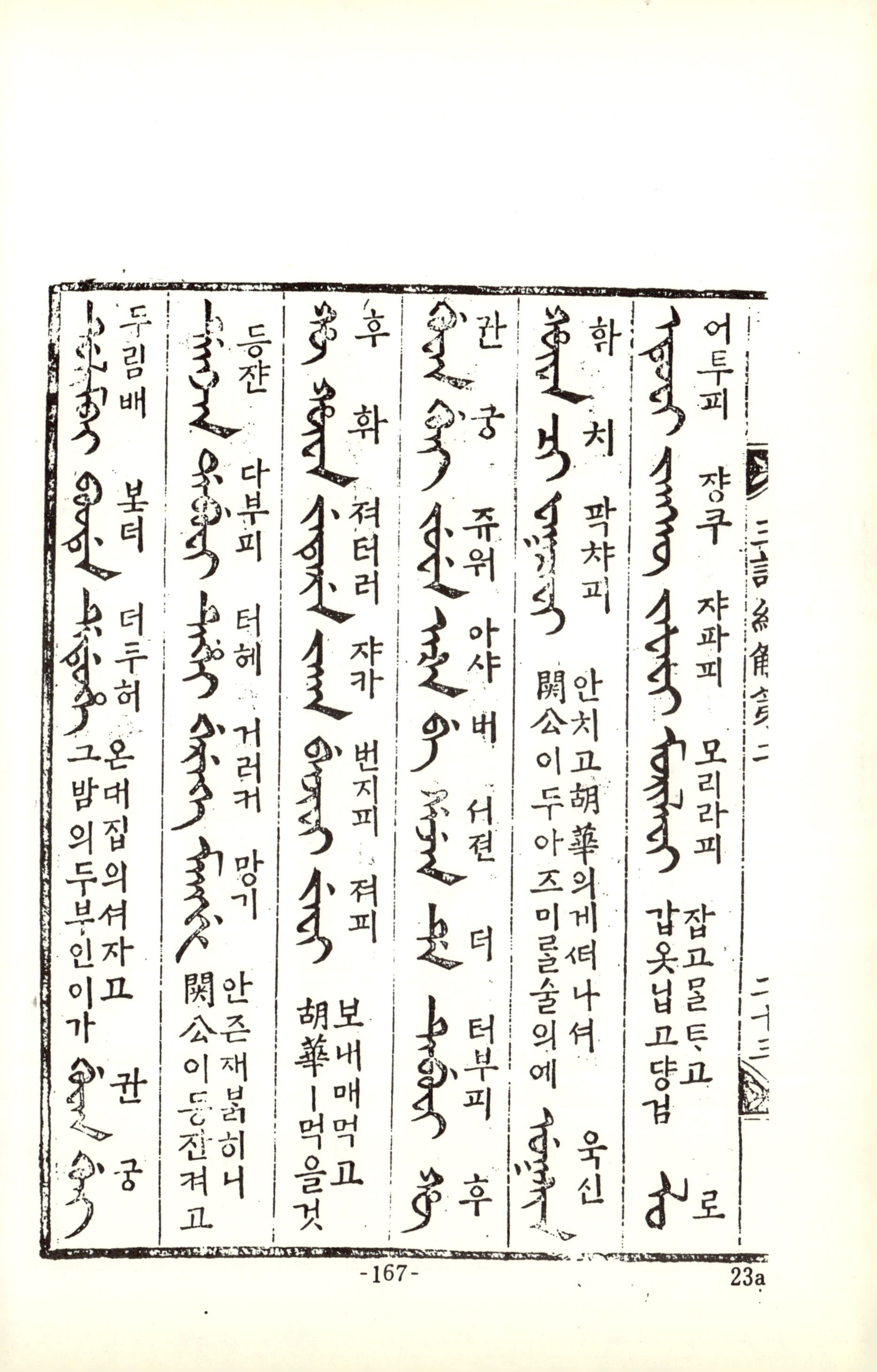

어투피 쟝쿠 쟈파피 모리라피 잡고몰ᄐᆞ고 갑옷닙고댱검 로

화치 팍챠피 안치고胡華의게셔나셔 關公이두아즈미룰술의에 욱신

관궁 쥬위 아샤 버 서젼 더 터부피 후

후 화 져터러 쟈카 번지피 져피 보내매먹고 胡華ㅣ먹을것

등쟌 다부피 터헤 거러커 망기 안존재볽히니 關公이등잔켜고

두림배 보터 더두허 온대집의셔자고 그밤의두부인이가 관궁

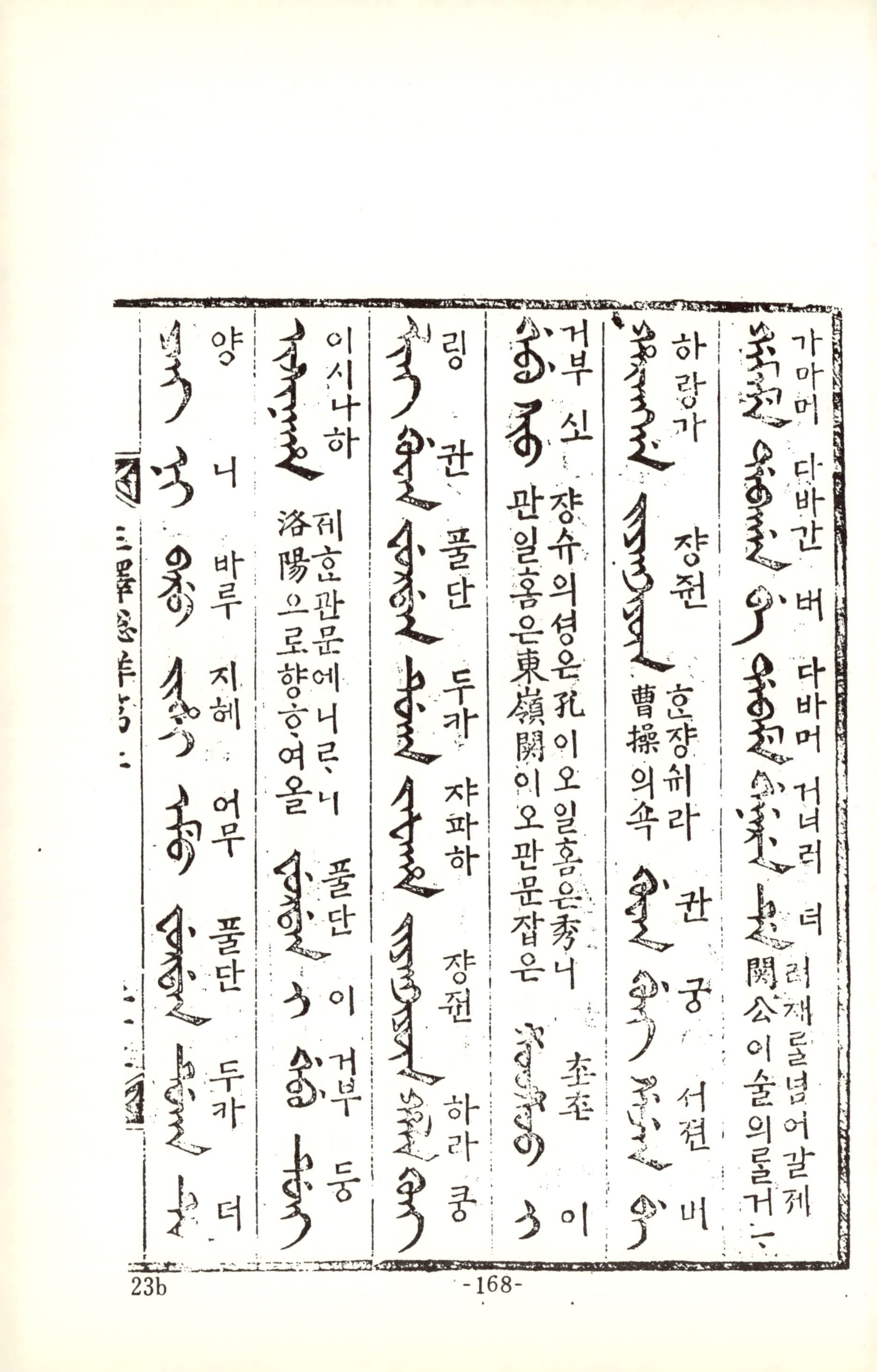

가마머 다바간 버 다바머 거너러 더 關公이술의를거ᄂᆞ러재를넘어갈제

하랑가 쟝쥔 曹操의속ᄒᆞᆫ쟝쉬라 관 궁 서젼 버

거부 쇠 판일홈은東嶺關이오판문잡은쟝슈의셩은孔이오일홈은秀니 [illegible] 이

링 관 풀단 두카 쟈파하 쟝쥔 하라 쿵

이시나하 洛陽으로향ᄒᆞ여올져ᄒᆞᆫ관문에니ᄅᆞ니 풀단 이 거부 둥

양 니 바루 지혜 어무 풀단 두카 더

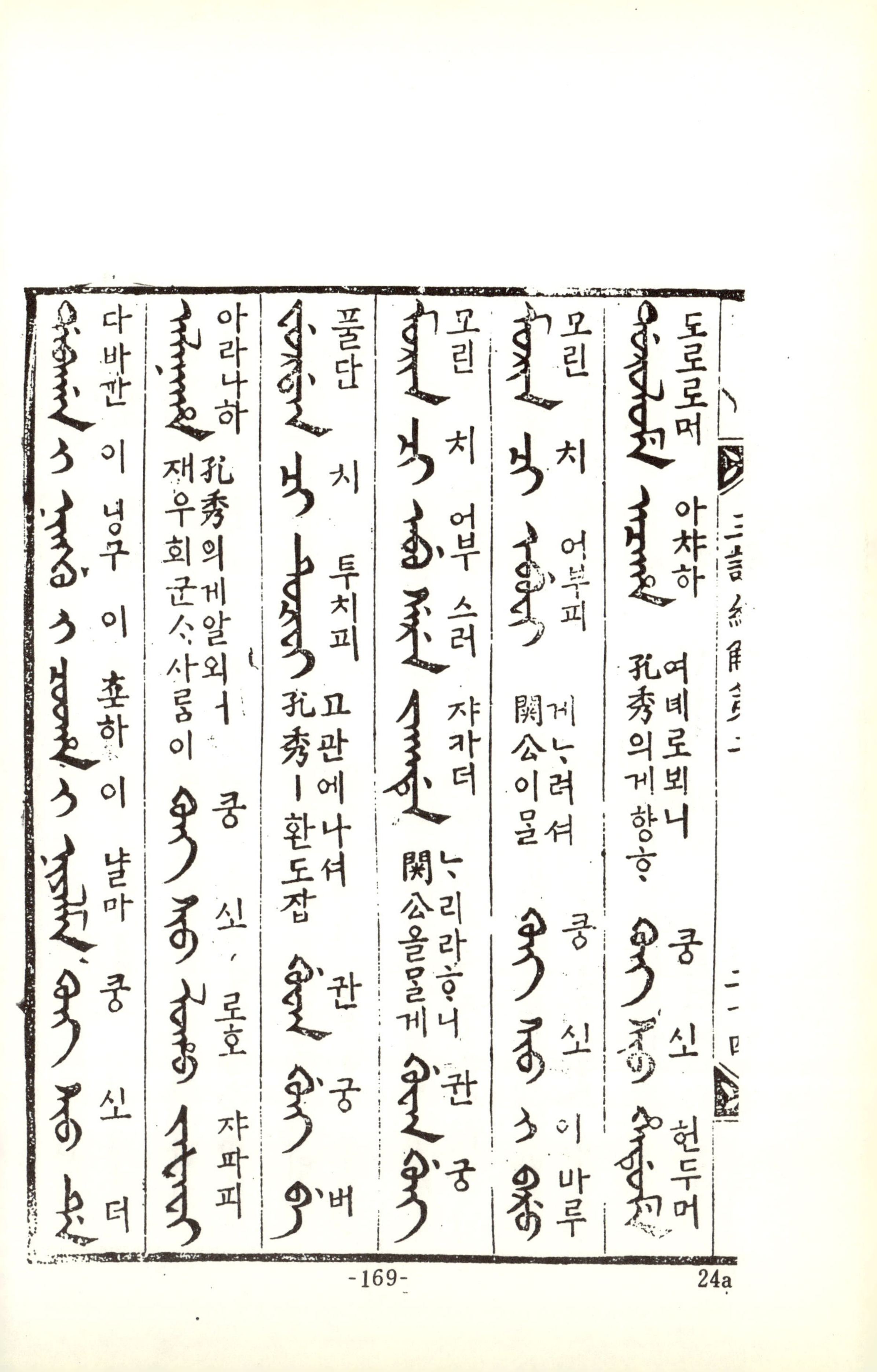

도로로머 아챠하 여녜로뵈니 孔秀의게 향ᄒᆞ 쿵 쉬 헌두머

모린 치 어부피 거ᄂᆞ려셔 關公이물 쿵 쉬 이 바루

모린 치 어부 스러 쟈카더 ᄂᆞ리라ᄒᆞ니 關公을몰게 관 궁

풀단 치 투치피 끄관에나셔 孔秀ㅣ환도잡 관 궁 버

아라나하 孔秀의게알외ㅣ 재우회군ᄉᆞ사룸이 쿵 쉬 로호 쟈파피

다바관 이 넝구 이 츄하 이 날마 쿵 쉬 더

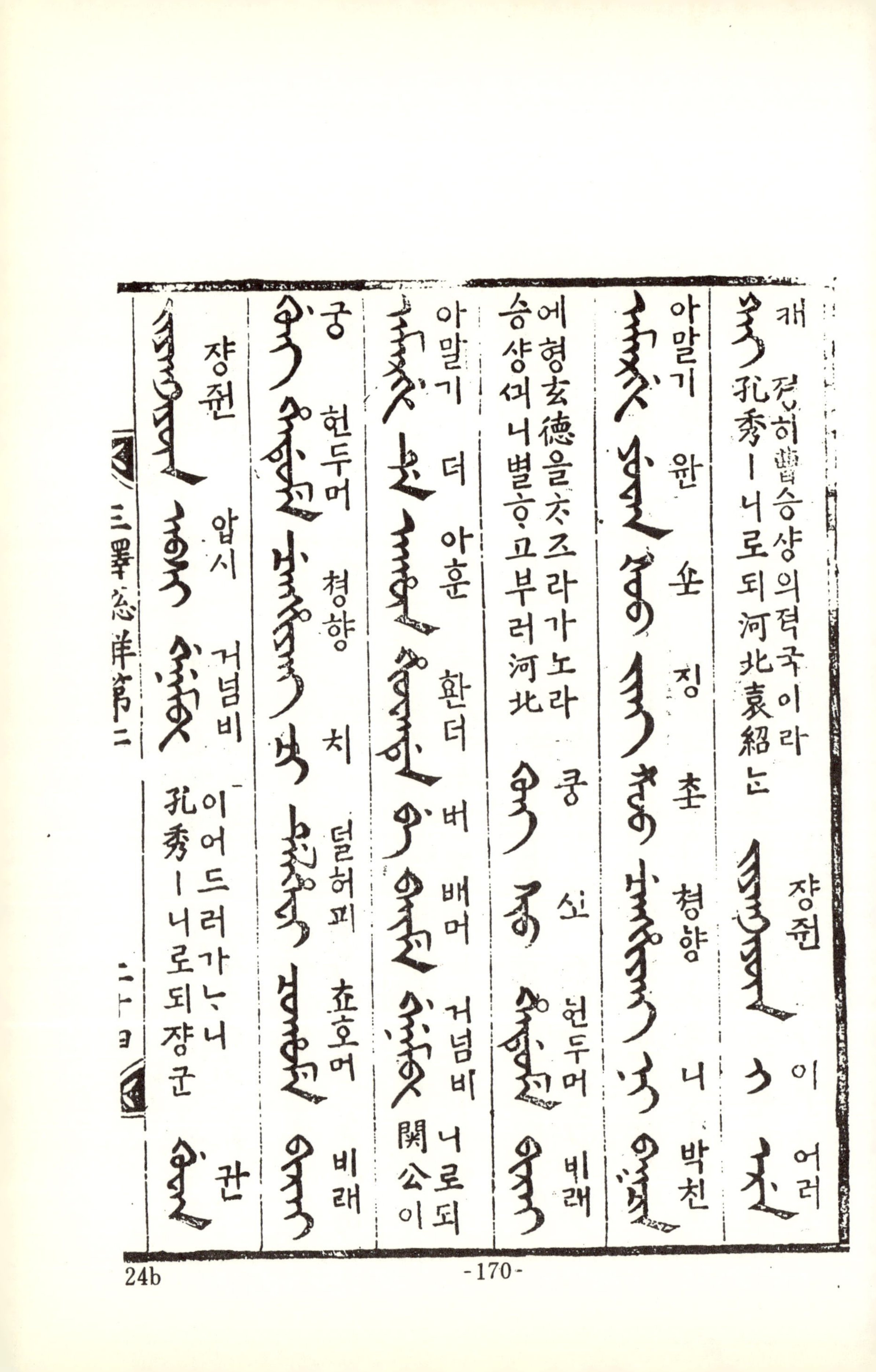

개 장쥔 이 어러
진히曹승샹의젹국이라 孔秀ㅣ니로되河北袁紹는
아말기 왼 쇼 징 춘 청향 니 박친
에형玄德을ᄎᆞ즈라가노라
승샹ᄭᅴ니별ᄒᆞ고부러河北
쿵 쇠 헌두머 비래
아말기 더 아훈 환더 버 배머 거넘비 니로되
關公이
궁 헌두머 청향 치 덜허피 효호머 비래
장쥔 압시 거넘비 이어드러가ᄂᆞ니 관
孔秀ㅣ니로되쟝군

三譯總解第二 二十四

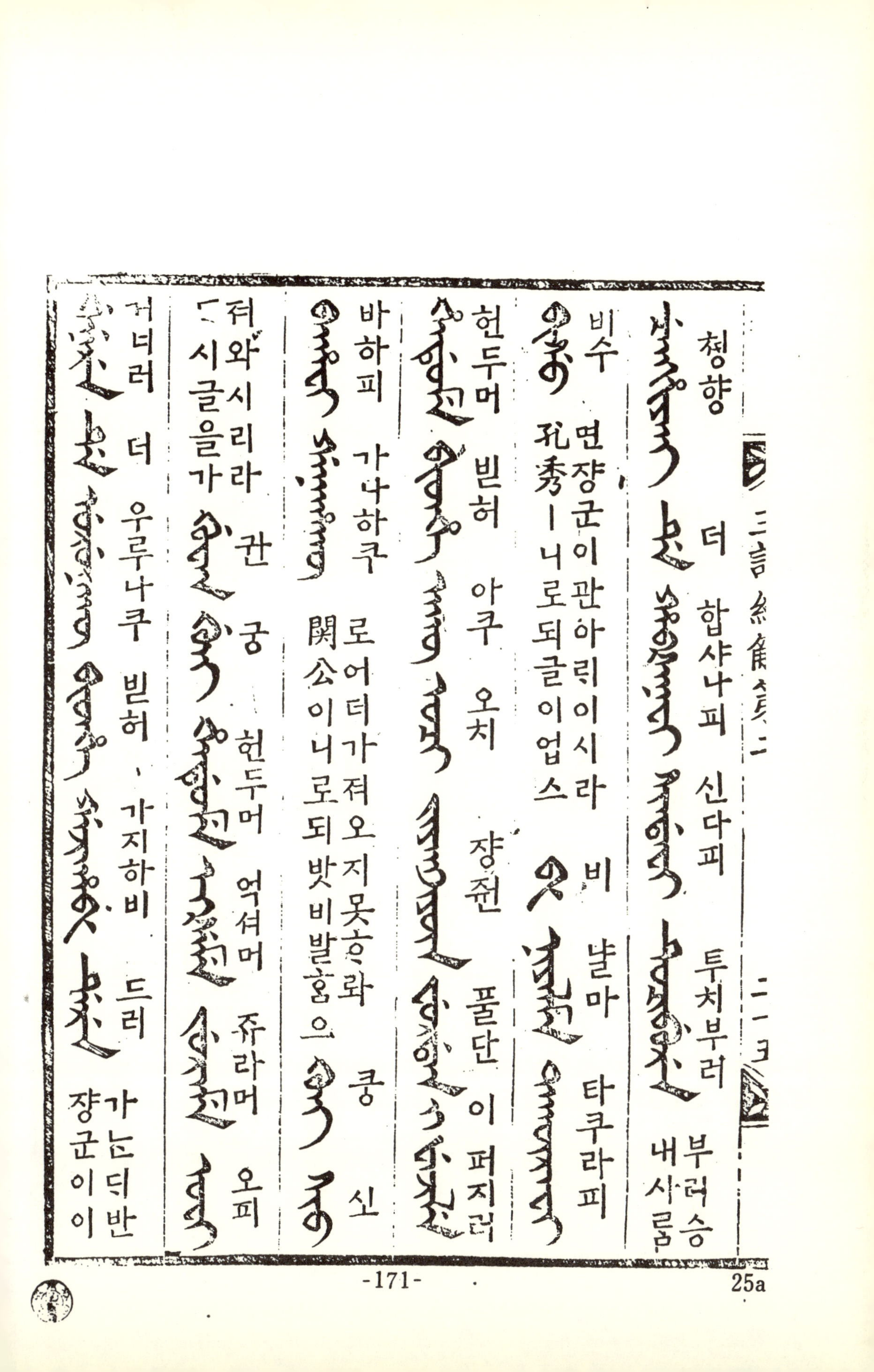

청향 더 합샤나피 신다피 투치부러 부러승
내사룸

비수 비 날마 타쿠라피
면장군이관아릐이시라
孔秀ㅣ니로되글이업스

헌두머 빋허 아쿠 오치 장쥔 풀단 이 퍼지러

바하피 가나하쿠 쿵 신
로어더가져오지못ᄒᆞ롸
關公이니로되밧비발홈으

져와시리라 관 궁 헌두머 억셔머 쥬라머 오피
[ᄃ]시글을가

거더러 더 우루나쿠 빋허 가지하비 드리 가는ᄃᆡ반
장군이이

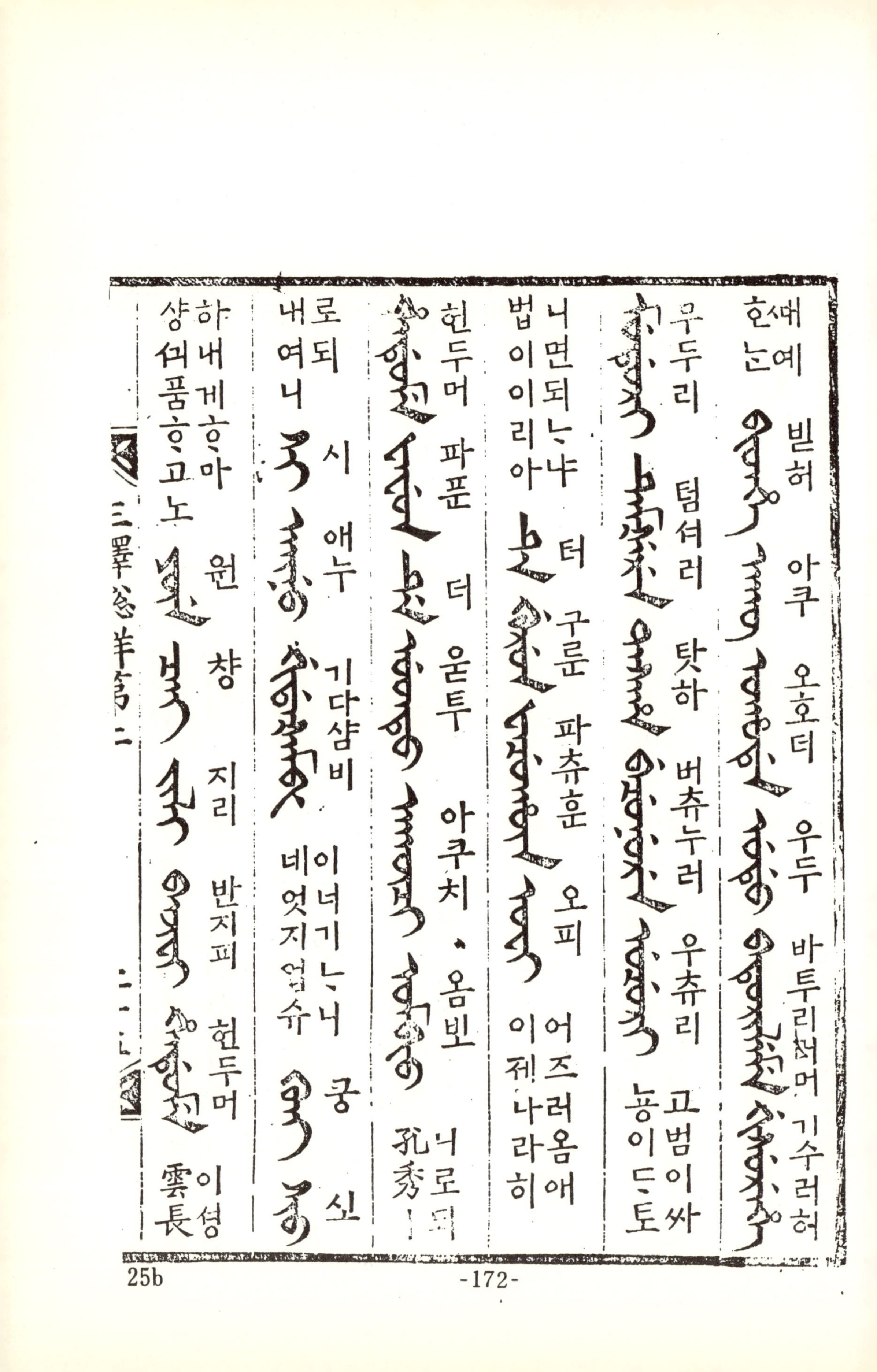

새예 ᄒᆞ논 빌허 아쿠 오호더 우두 바투리 셔머 기수러허

우두리 텀셔리 탓하 버츄누러 우츄리 고범이 싸홈이 ᄃᆞ토

니면되ᄂᆞ냐 법이 이리아 터 구룬 파츄훈 오피 어즈러옴애 이제 나라히

헌두머 파푼 더 운투 아쿠치 ・ 옴빈 니로되 孔秀 ㅣ

로되 내여니 시 애누 기다샴비 이너기ᄂᆞ니 네엇지엳슈 궁 싯

하내게ᄒᆞ마 샹ᄃᆡ품ᄒᆞ고노 원 창 지리 반지피 헌두머 이셩 雲長

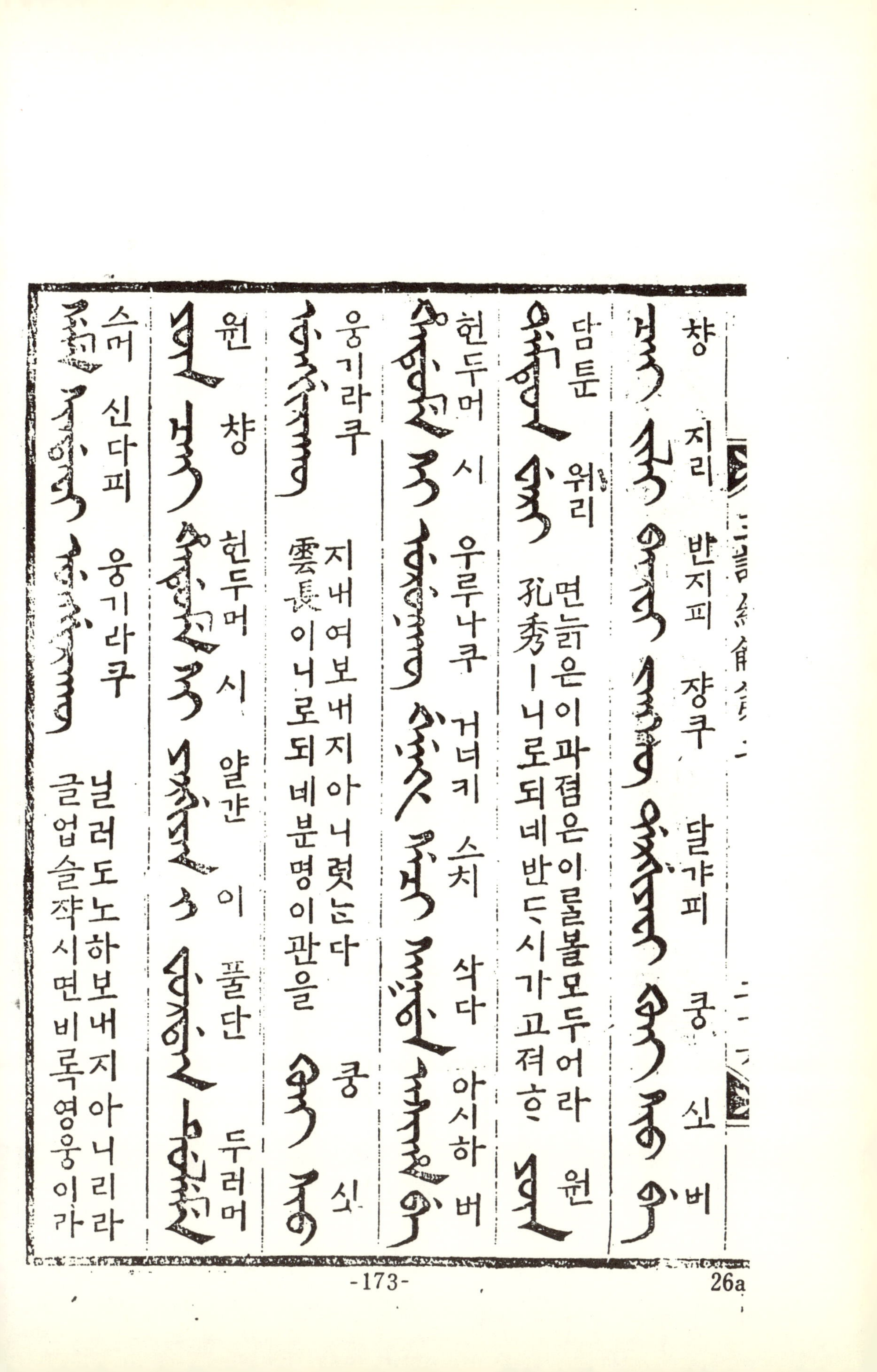

챵 지리 반지피 쟝쿠 달갸피 쿵 쇠 비

담툰 워리 원

면늙은이과졈은이를볼모두어라

孔秀ㅣ니로되네반드시가고져ᄒᆞ

헌두머 시 우루나쿠 거너키 슈치 삭다 아시하 버

웅기라쿠 쿵 쇠

지내여보내지아니렷ᄂᆞ다

雲長이니로되네분명이관을

원 챵 헌두머 시 얄간 이 풀단 두러머

슈머 신다피 웅기라쿠

닐러도노하보내지아니리라

글업슬쟉시면비록영웅이라

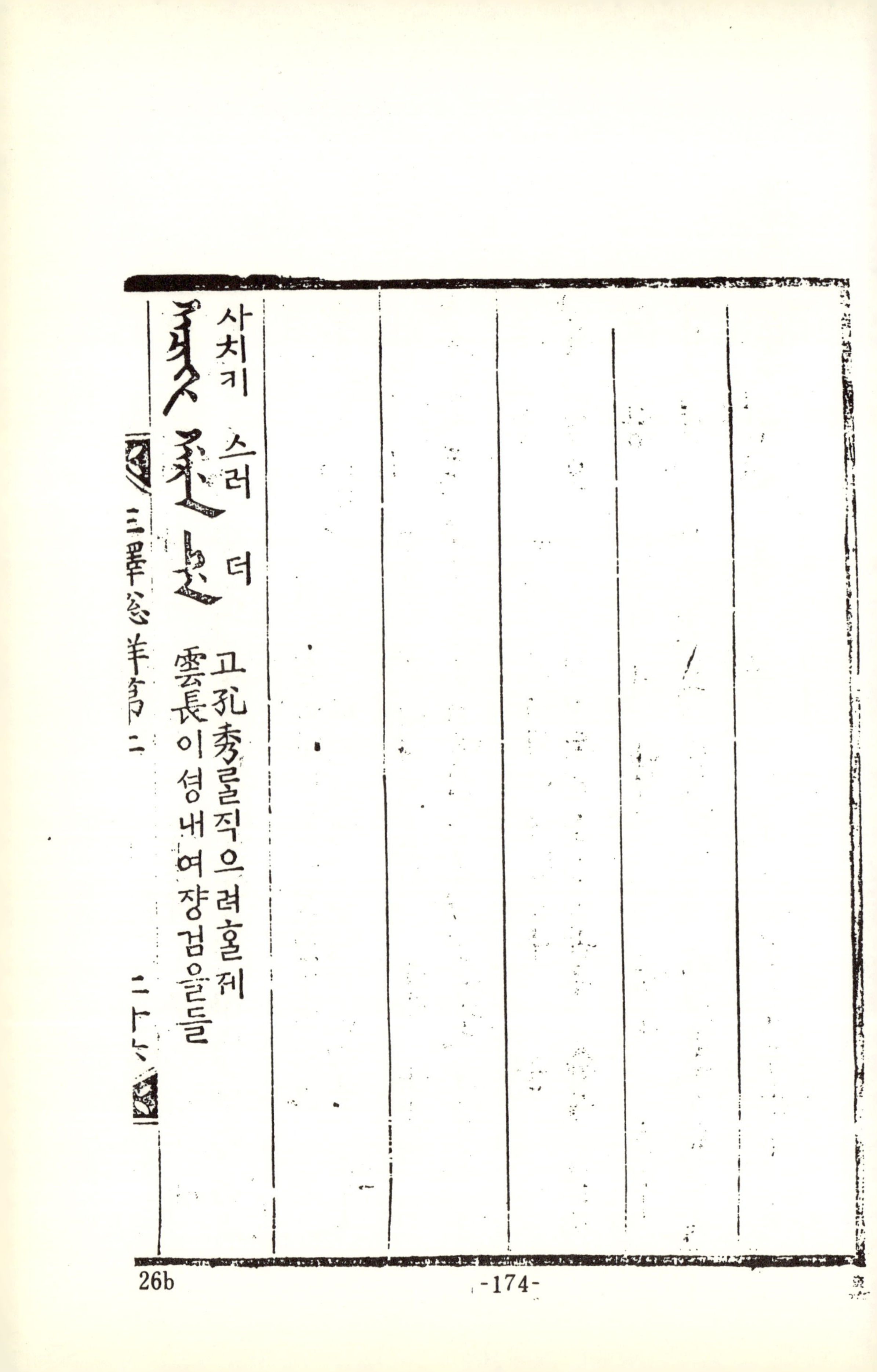

사치키 스러 더

고孔秀를직으려홀제
雲長이셩내여쟝검을들

三譯総解 三

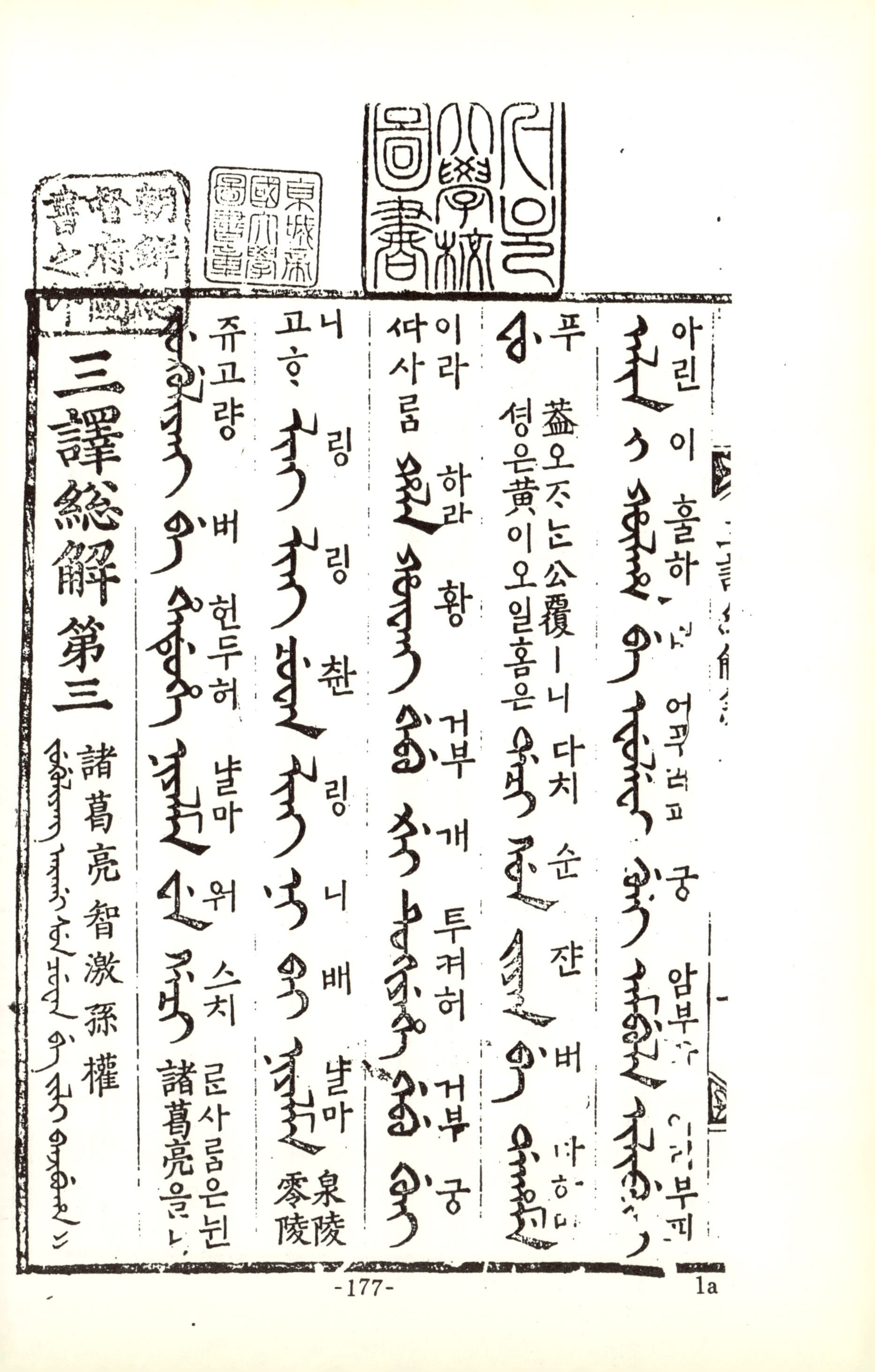

三譯總解 第三

諸葛亮智激孫權

쥬고량 버 헌두허 낧마 워 스치
諸葛亮은ㄴ 룬사름은 뉜

니 고ᄒᆞ 링 링 촨 링 니 배 낧마
泉陵 零陵

이라 ᄯᅡ사름 하라 황 거부 개 투겨허 거부 궁

푸 蓋오ᄌᆞᄂᆞᆫ 公覆ㅣ니 다치 순 쟌 버 다하ᄆᆞ
셩은黃이오일홈은

아린이 훌하 ᄂᆞᆫ 어쿠러고 궁 암부ᄒᆞ 이러부피

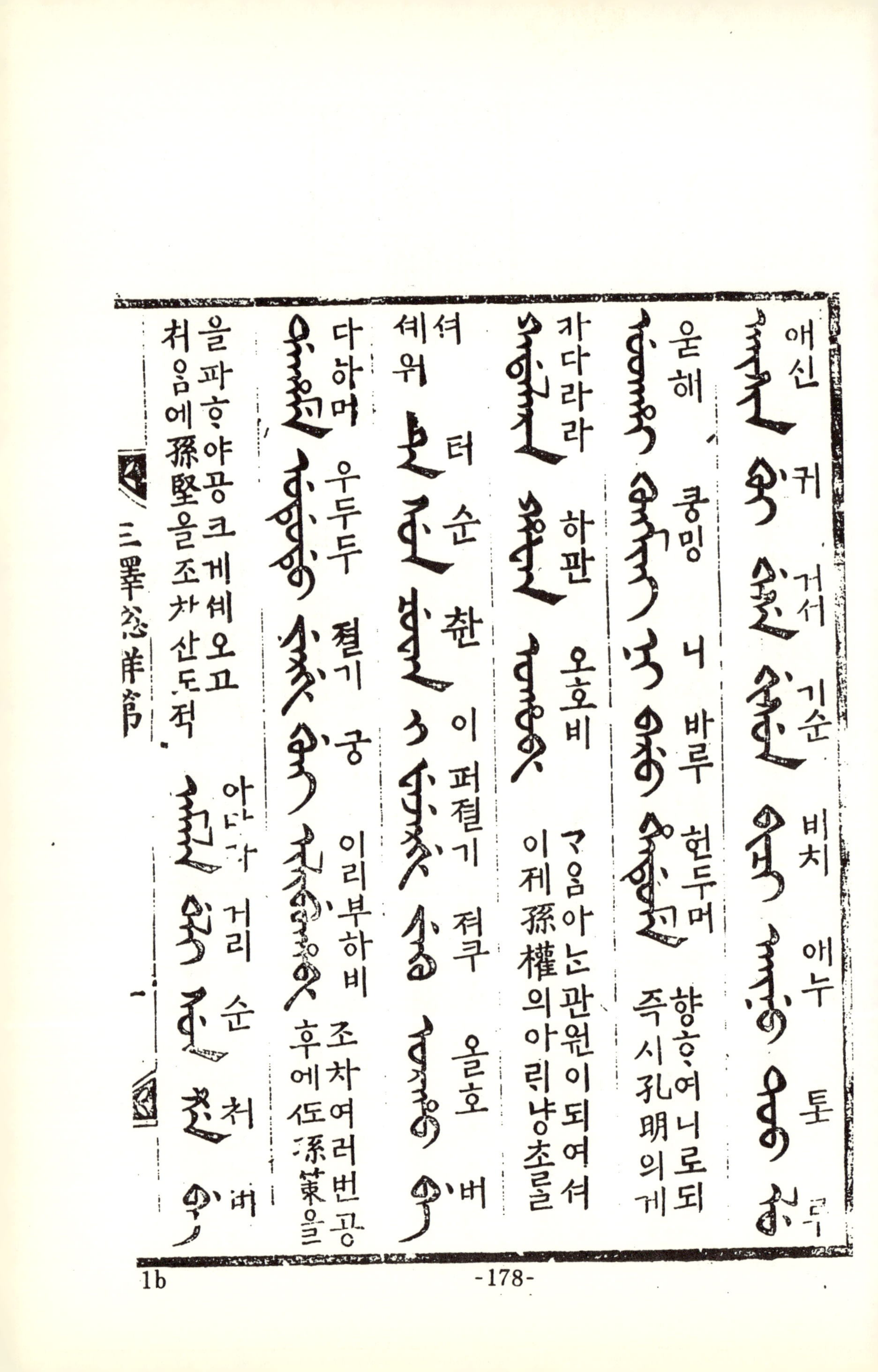

애신 귀 거서 기순 비치 애누 톤 무

욷해 쿵밍 니 바루 헌두머

즉시孔明의게 향ᄒᆞ여니로되

카다라라 하판 오호비

이제孫權의아릐냥초를 ᄆᆞ음아ᄂᆞᆫ관원이되여셔

셔셰위 터 순 촨 이 퍼절기 져쿠 올호 버

다하머 우두두 절기 궁 이리부하비

후에ᄯᅩ孫策을 조차여러번공

쳐음에孫堅을조차산도적 을파ᄒᆞ야공크게셰오ᄆᆡ

아ᄇᆞ다 거리 순 쳐 버

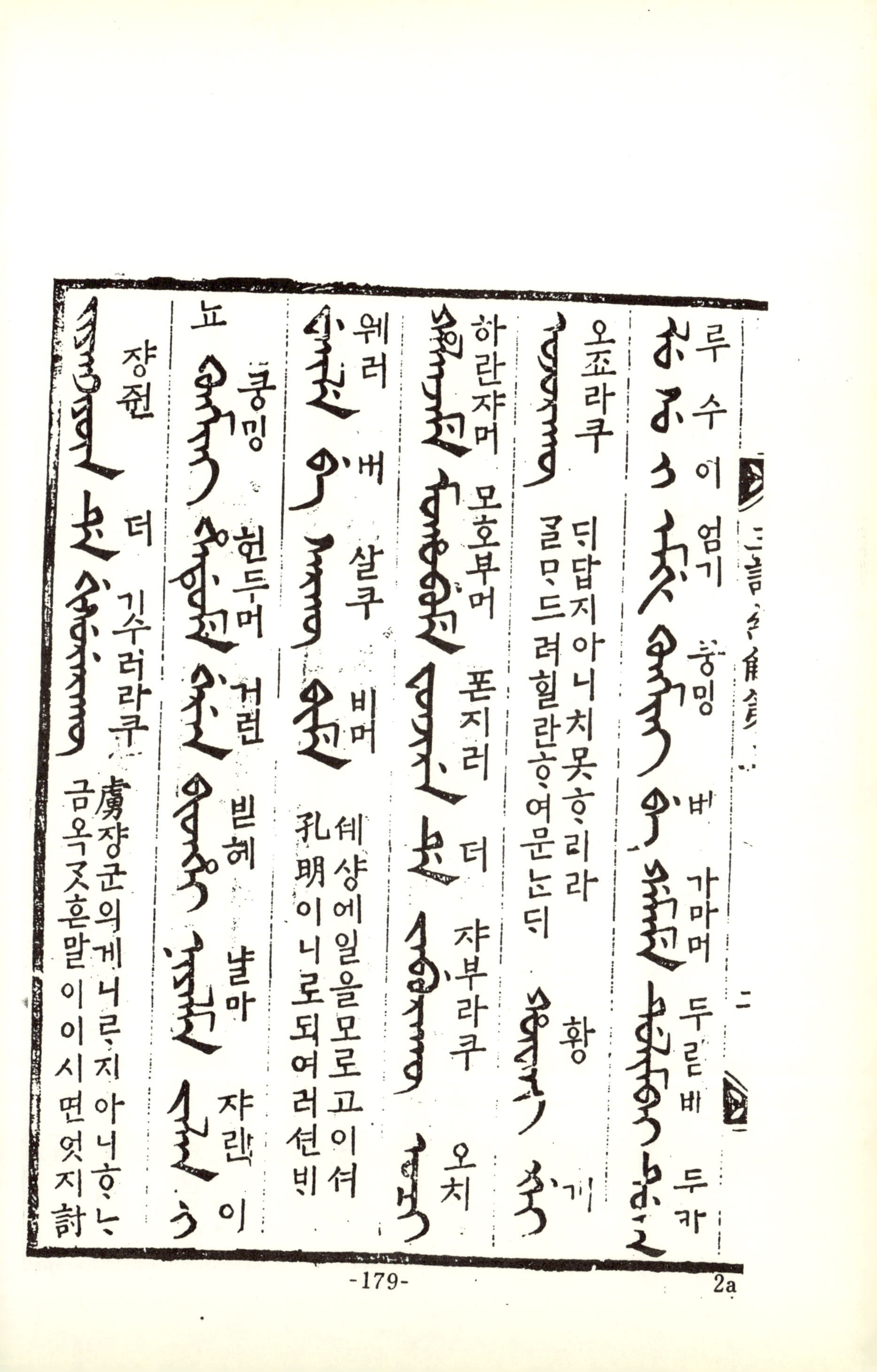

루수이 엄기 훙밍 바 가마머 두릂바 두카

오죠라쿠 황기

뒤답지아니치못ᄒᆞ리라

굴므드려힐란ᄒᆞ여문ᄂᆞᆫ뒤

하란쟈머 모호부머 폰지리 더 쟈부라쿠 오치

웨러 베 살쿠 비머

셰샹에일을모로고이셔

孔明이니로되여러션비

뇨 쿵밍 헌두머 거런 빈헤 날마 쟈랍 이

장쥔 더 기수러라쿠

虜쟝군의게니ᄅᆞ지아니ᄒᆞᄂᆞ

금옥ᄀᆞᆺᄒᆞᆫ말이이시면엇지詩

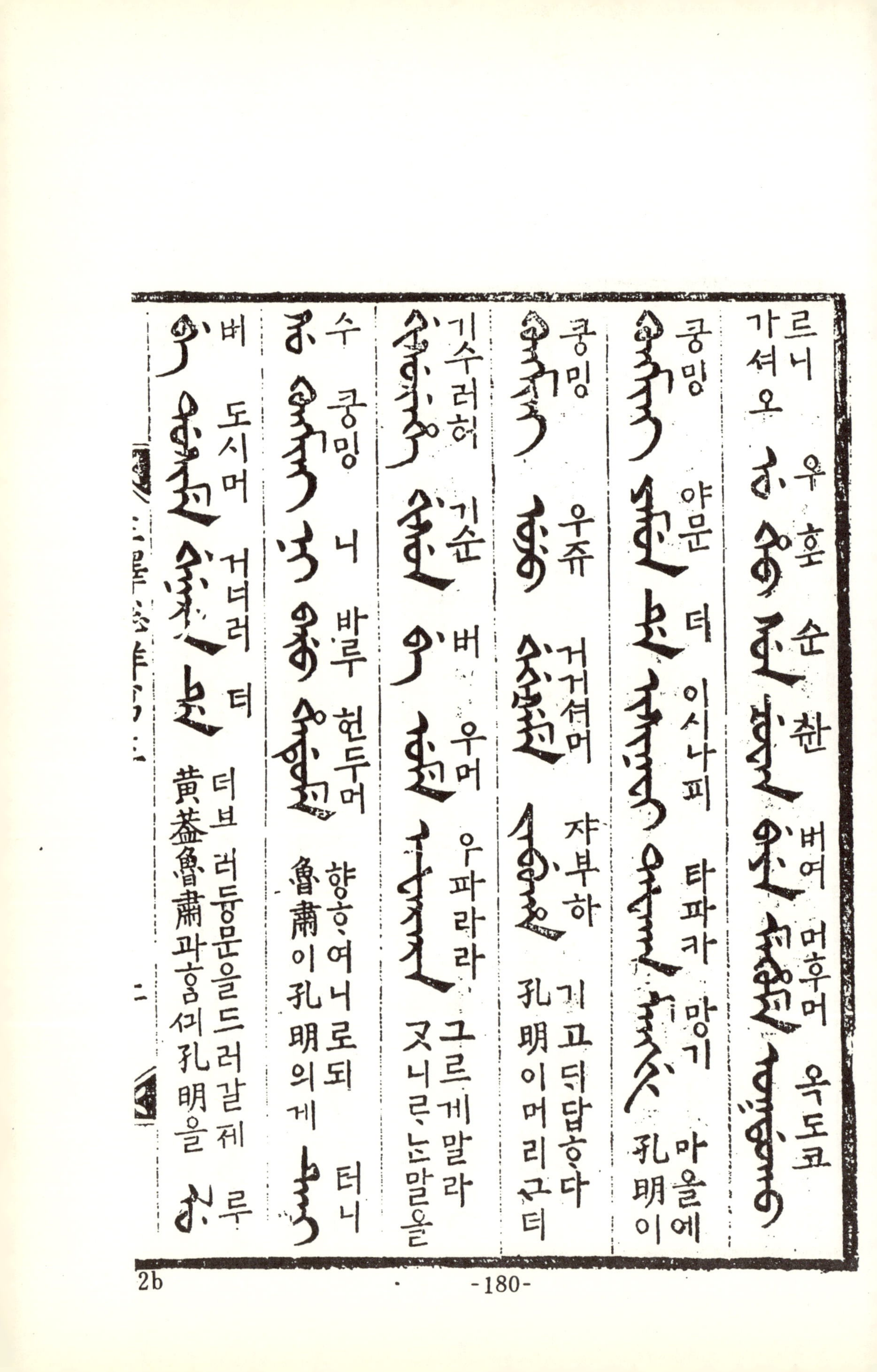

르니 가셔오

우훈 순챤 버여 머후머 옥도쿄

쿵망 야문 더 이시나피 타파카 망기

마을에 孔明이

쿵밍 우쥬 거거셔머 쟈부하

기ᄀᆞ되답ᄒᆞ다 孔明이머리ᄀᆞ티

기수러허 기순 버 우머 우파라라

그르게말라 ᄀᆞᆺ니ᄅᆞᆫᄂᆞ말ᄋᆞᆯ

수 쿵밍 니 바루 헌두머 터니

향ᄒᆞ여니로되 魯肅이孔明의게

버 도시머 거너러 터 터브러듀문을드러갈제 루

黃蓋魯肅과ᄒᆞᆷᄭᅴ孔明을

터피 여러번거슬고ᄀ의안자셔 孔明을안즈라ᄒᆞ니孔明이 환더 이 기순

스러 더 쿵밍 우두두 졀기 마라피 달바디

쿤두럼비 모로서로ᄃᆡ졉ᄒᆞ니라 孔明의지조를듯고그러 쿵밍 버 터

쿵밍 니 얼더무 버 돈지피 툼투 잇훈더

햔 가라 투겨쳐머 가루라하 權이손드러답녜ᄒᆞ다 孔明이절ᄒᆞ여뵐제孫

굽어마즈니 吳侯孫權이몸 쿵밍 헝키러머 아챠라 더 순

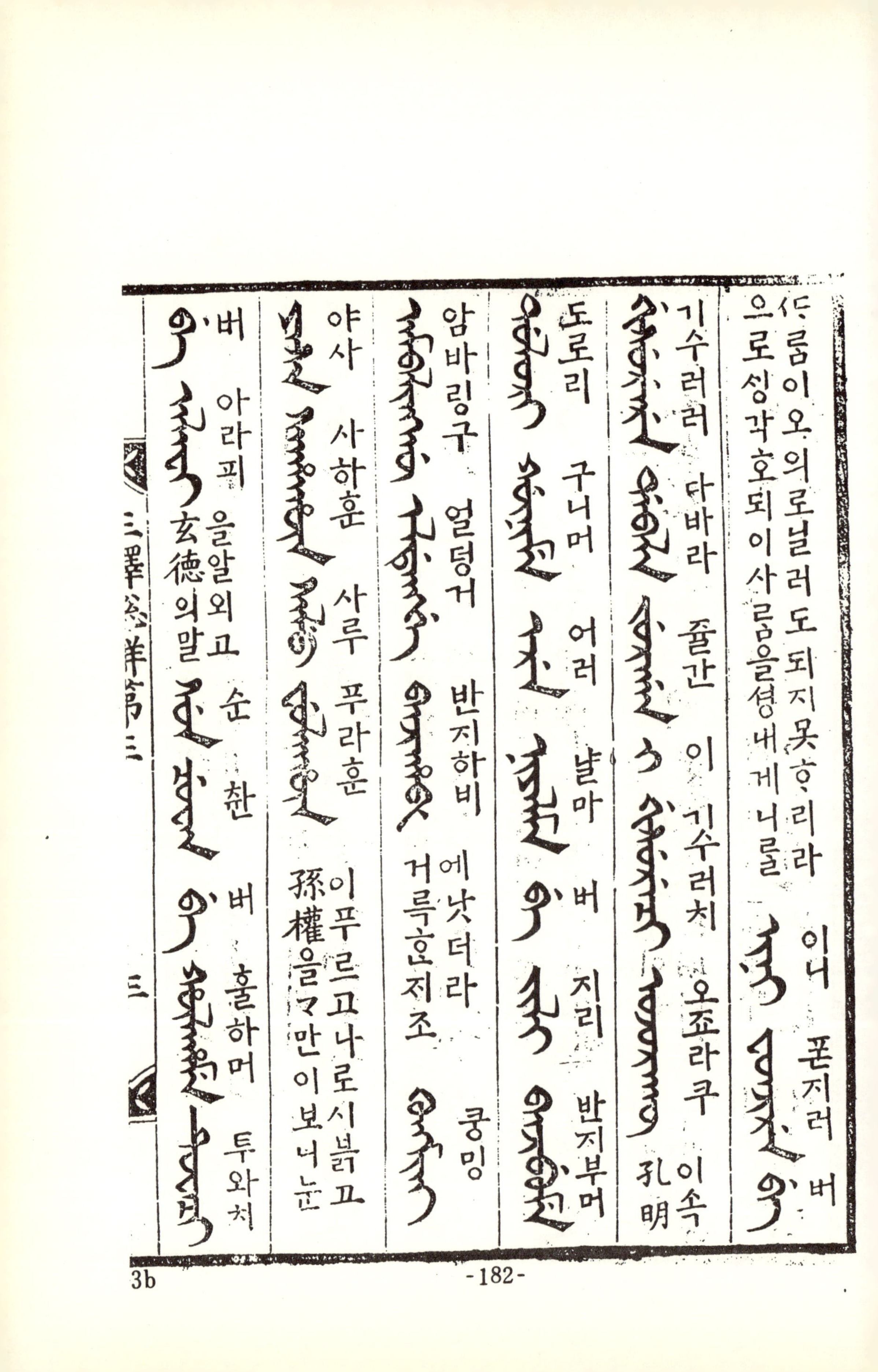

ᄉᆞᄅᆞᆷ이오의로닐러도되지못ᄒᆞ리라

으로싱각ᄒᆞ되이사ᄅᆞᆷ을셩내게니ᄅᆞᆯ 이나 푼지러 버

기수러러 다바라 쥴간 이 기수러치 오죠라쿠 이속 孔明

도로리 구니머 어러 낟마 버 지리 반지부머

암바링구 얼덩거 반지하비 에낫더라 거륵ᄒᆞ지조 쿵밍

야사 사하훈 사루 푸라훈 이푸르고나로시븕고 孫權을ᄀᆞ만이보니눈

버 아라피 을알외고 玄德의말 순 챤 버 훌하머 투와치

쿵밍 나 아다머 이리피 터러 이 쟈부러 버

더 패다머 이리하비 편의버러셧고 문무관원들이두 루 수

라ᄒᆞ여가져오다 孫權이차가져오 빈허 호해 하파사 쥬워 얼기

싱각ᄒᆞ고이실제 이이로리라ᄒᆞ여 순 촨 채 번쥬 슈머 버지부히

워러 무텀비 슈머 구니머 비시러 더 나ᄅᆞᆺ편이일 셩내게ᄒᆞ여

아랴피 기ᄃᆞ려 제무름을 지리 반지부머 기수러허 더 어러

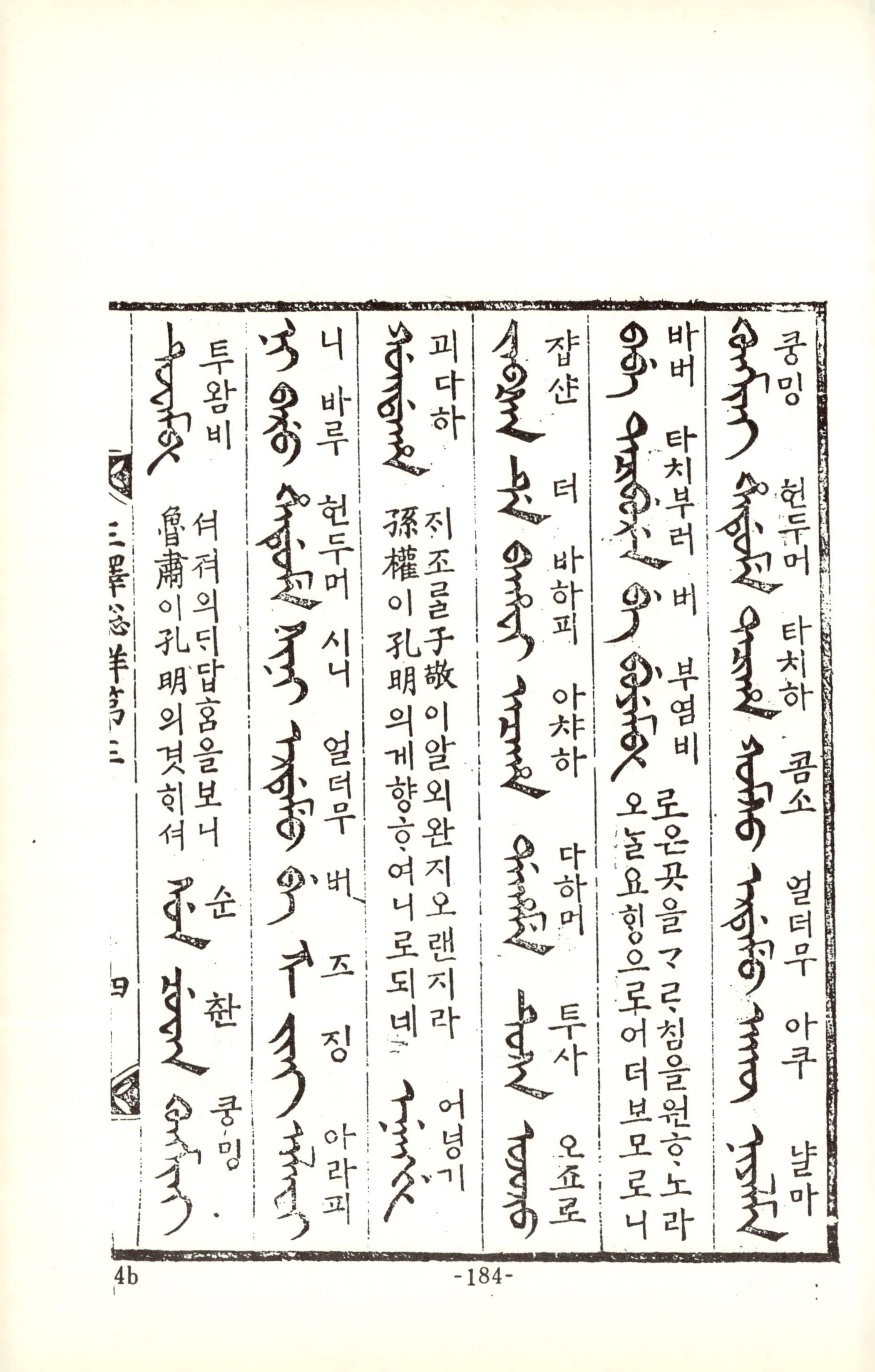

쿵밍 헌두머 타치하 콤소 얼더무 아쿠 냘마

바버 타치부러 버 부염비

로온곳을ᄀᆞᄅᆞ침을원ᄒᆞ노라

오놀요힝으로어더보모로니

잡샨 더 바하피 아챠하 다하머 투사 오죠로

괴다하

ᄌᆡ조ᄅᆞᆯ子敬이알외완지오랜지라

孫權이孔明의게향ᄒᆞ여니로되네

어녕기

니 바루 헌두머 시니 얼더무 버 즈 징 아라피

투왐비

셔져의ᄃᆡ답ᄒᆞᆷ을보니

魯肅이孔明의겻ᄒᆡ셔

순 챤 쿵밍

三譯總解第三 四

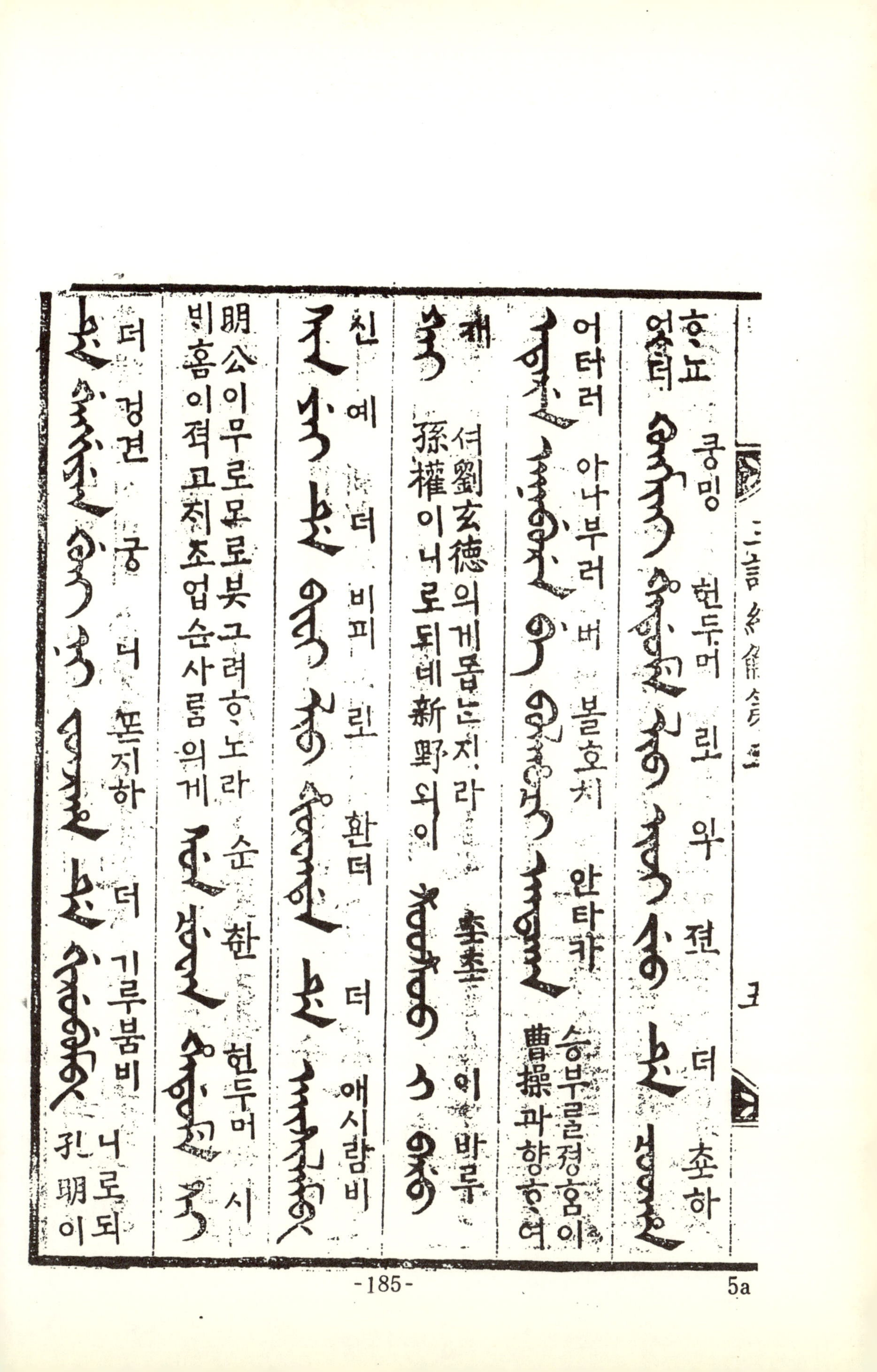

ᄒᆞ뇨
어ᄎᆞ러 쿵밍 헌두머 릭 워 쟌 더 쵸하

어터러 아나부러 버 볼호치 얀타캬
승부를졍홈이
曹操과향ᄒᆞ여

[illegible]
付劉玄德의게몹ᄂᆞᆫ지라 [illegible] 이 바루
孫權이니로되네新野외이

친 예 비더 비피 릭 환더 더 애시람비

明公이무로몯로븟그려ᄒᆞ노라
비홈이젹고ᄌᆡ조업슨사름의게
순 챤 헌두머 시

더 겅견 궁 더 뽄지하 더 기루붐비
니로되
孔明이

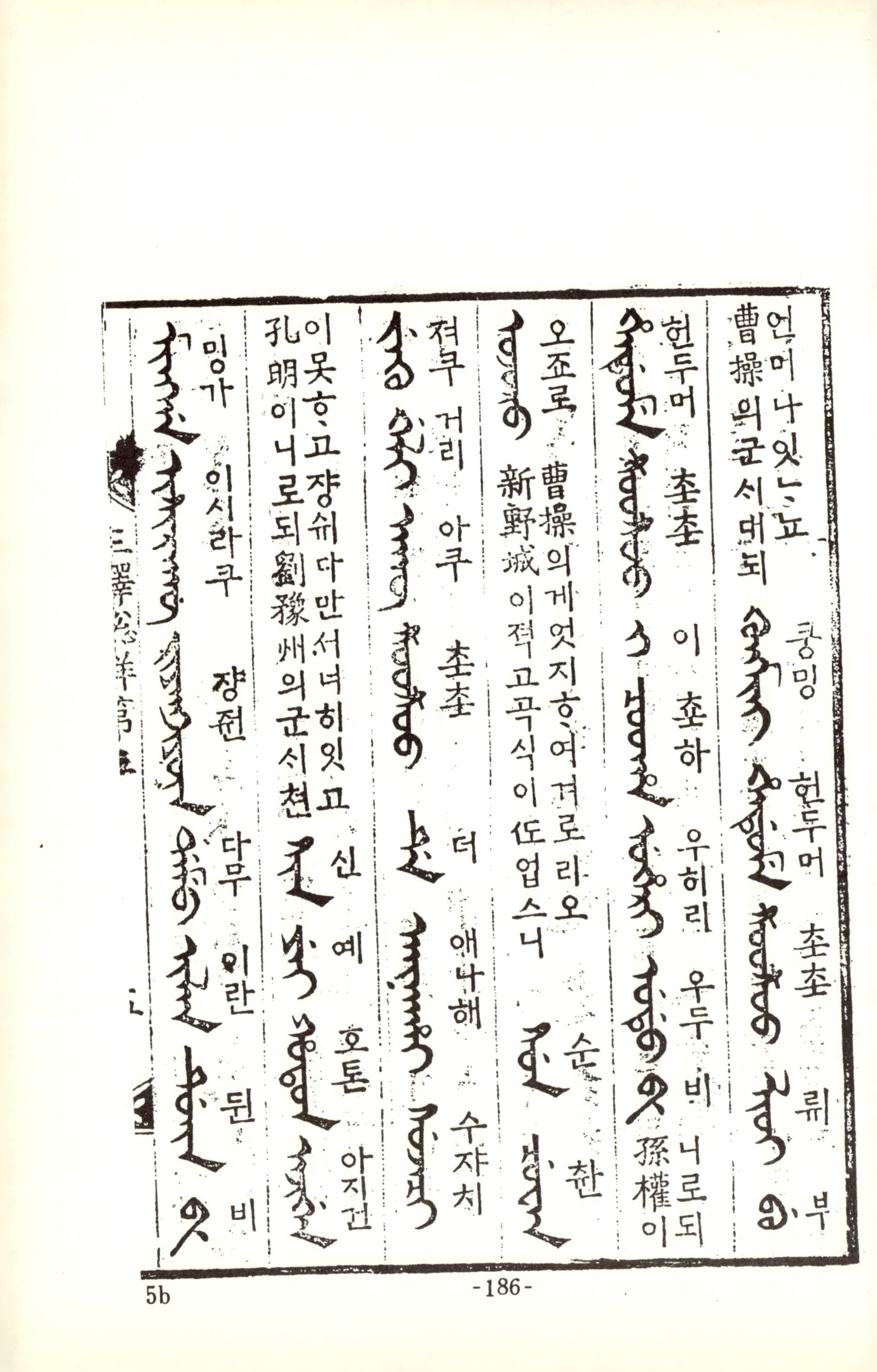

언머나잇ᄂᆞ뇨
曹操의군ᄉᆡ머되
궁밍 헌두머 촌촌 류 부

헌두머 촌촌 이 초하 우허리 우두 비
니로되
孫權이

오죠로
曹操의게엇지ᄒᆞ여겨로리오
新野城이적고곡식이ᄯᅩ업ᄉᆞ니
순 챤

져쿠 거리 아쿠 촌촌 더 애나해 수쟈치

이못ᄒᆞ고쟝슈다만ᄉᆞ녀히잇고
孔明이니로되劉豫州의군ᄉᆡ쳔
신 예 호톤 아지건

밍가 이시라쿠 쟝쥰 다무 이란 뒨 비

三譯總解 二

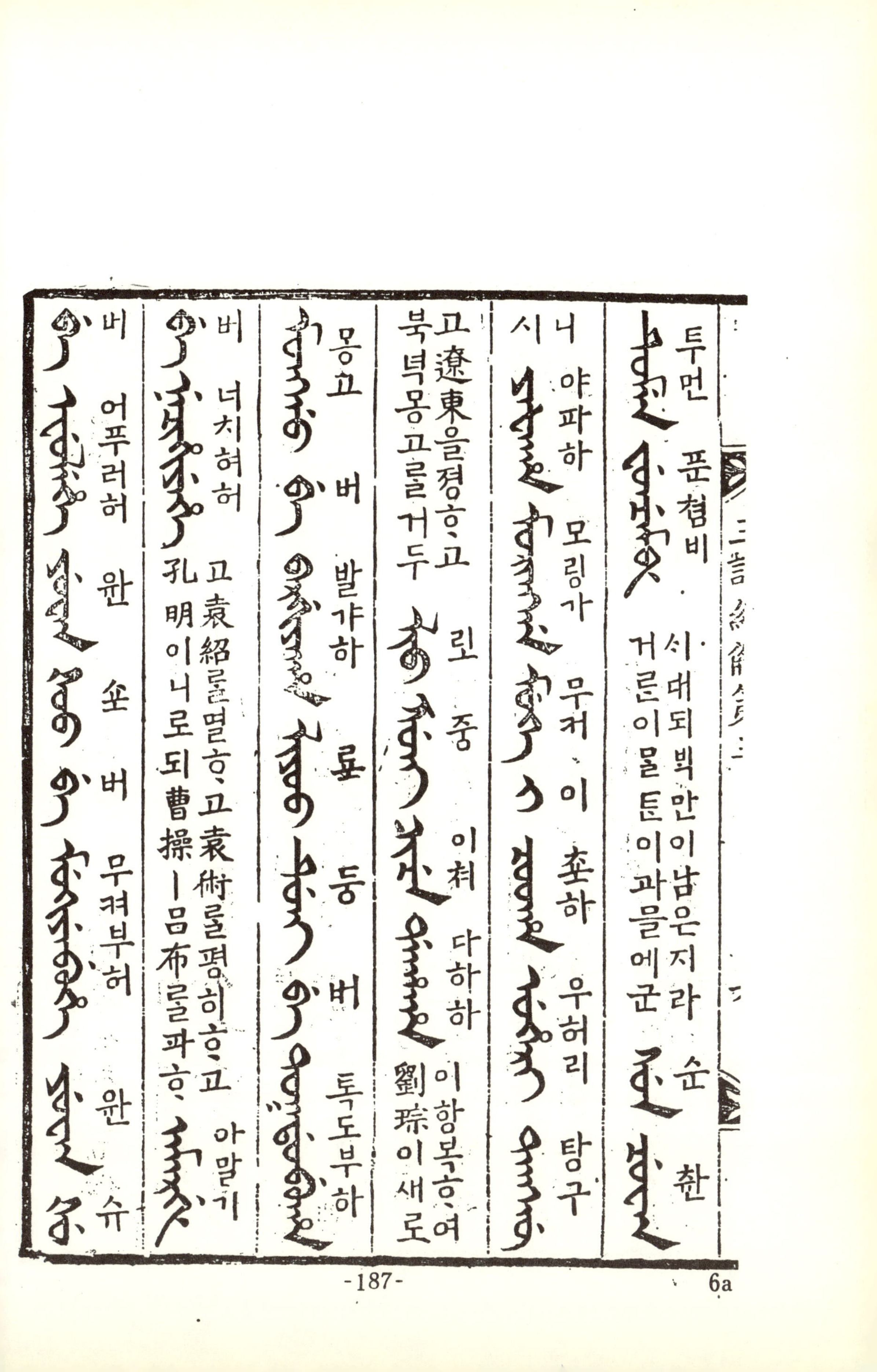

투먼 푼쳡비 · 슌 챤
식대되빅만이남은지라 거른이물트이과믈에군

시니 야파하 모링가 무커 이 쵸하 우허리 탕구

고遼東을평ᄒᆞ고 북녁몽고를거두
리 죵 이쳐 다하하
이항복ᄒᆞ여 劉琮이새로

몽고 버 발갸하 륭 둥 버 톡도부하

버 너치혀허
고袁紹를멸ᄒᆞ고袁術를평히ᄒᆞ고
孔明이니로되曹操ㅣ呂布를파ᄒᆞ
아말기

버 어푸러허 완 숀 버 무켜부허 완 슈

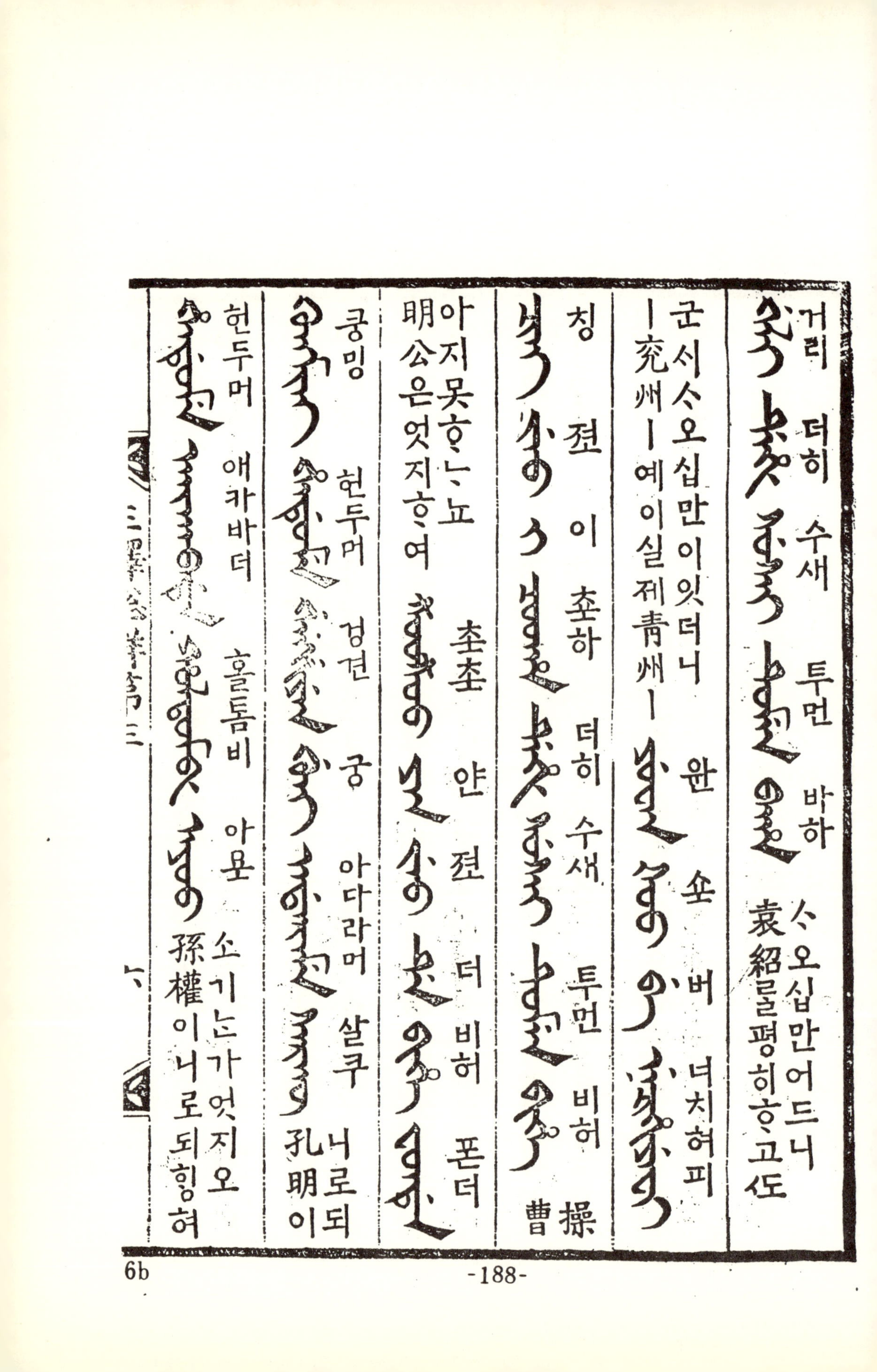

거리 더히 수새 투먼 바하 ᄉᆞ오십만어드니
袁紹ᄅᆞᆯ평히ᄒᆞ고또

군ᄉᆞ오십만이잇더니
ㅣ兗州ㅣ예이실제青州ㅣ
얀 숀 버 너치허피

칭 져 이 쵸하 더히 수새 투먼 비허 操
曹

아지못ᄒᆞ노뇨
明公은엇지ᄒᆞ여
쵸쵸 얀 져 더 비허 폰더

쿵밍 헌두머 겅견 궁 아다라머 살쿠 너로되
孔明이되

헌두머 애카바더 홀톰비 아묘 쇼기ᄂᆞᆫ가엇지오
孫權이니로되힝혀

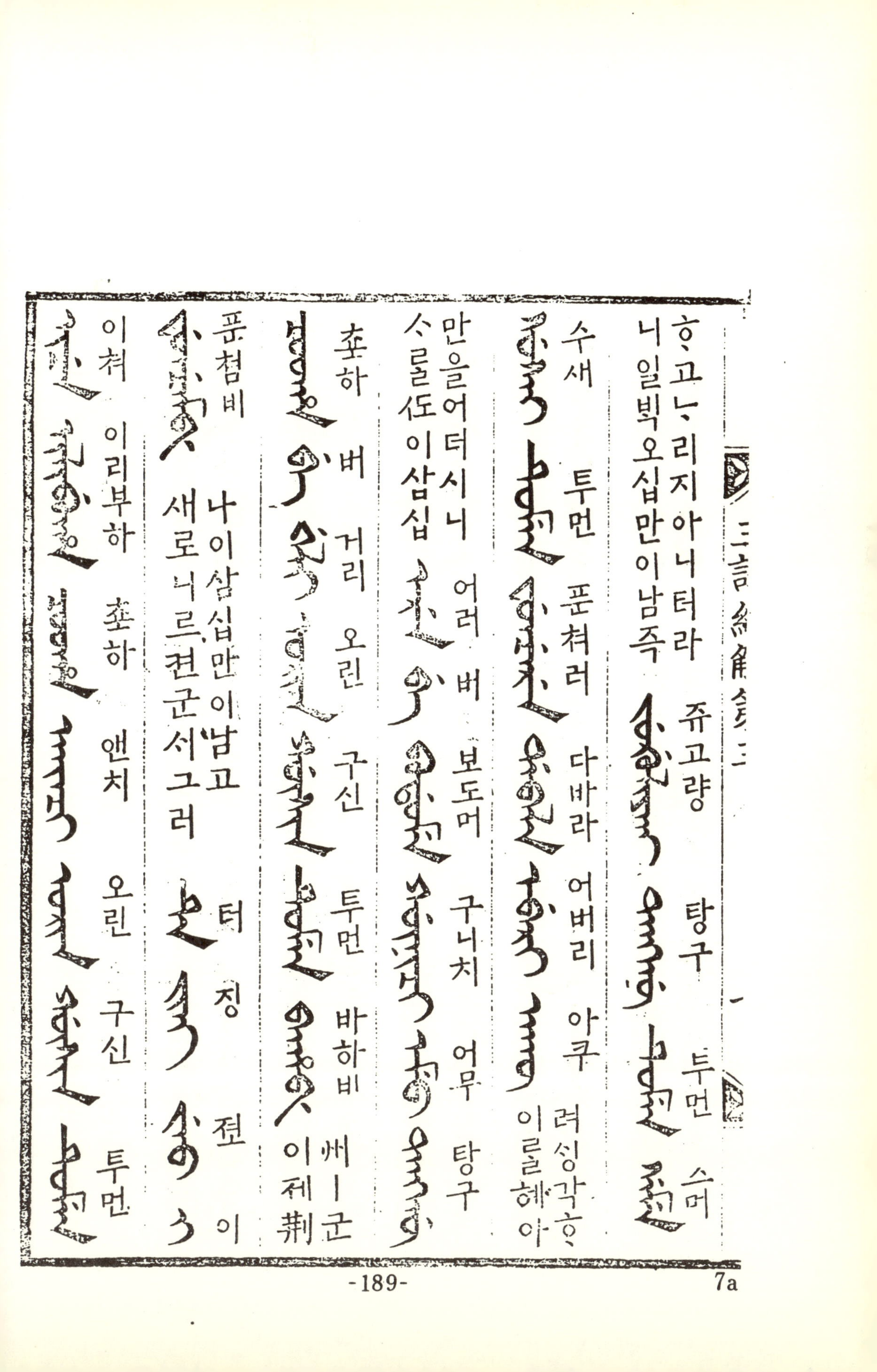

ᄒᆞ고 ᄂᆞ리지 아니터라
니 일ᄇᆡᆨ 오십만이 남즉

쥬고량 탕구 투먼 슈머

수새 투먼 푼쳐러 다바라 어버리 아쿠
려 ᄉᆡᆼ각ᄒᆞ
이를 혜아

만을 어더시니
ᄉᆞ를 또 이삼십

어러 버 보도머 구니치 어무 탕구

춒하 버 거리 오린 구신 투먼 바하비
쎄ㅣ군
이졔 荆

푼쳠비 터 징 젼 이
나 이삼십만이 남고
새로 니르러 권군셔 그러

이쳐 이리부하 춒하 앤치 오린 구신 투먼

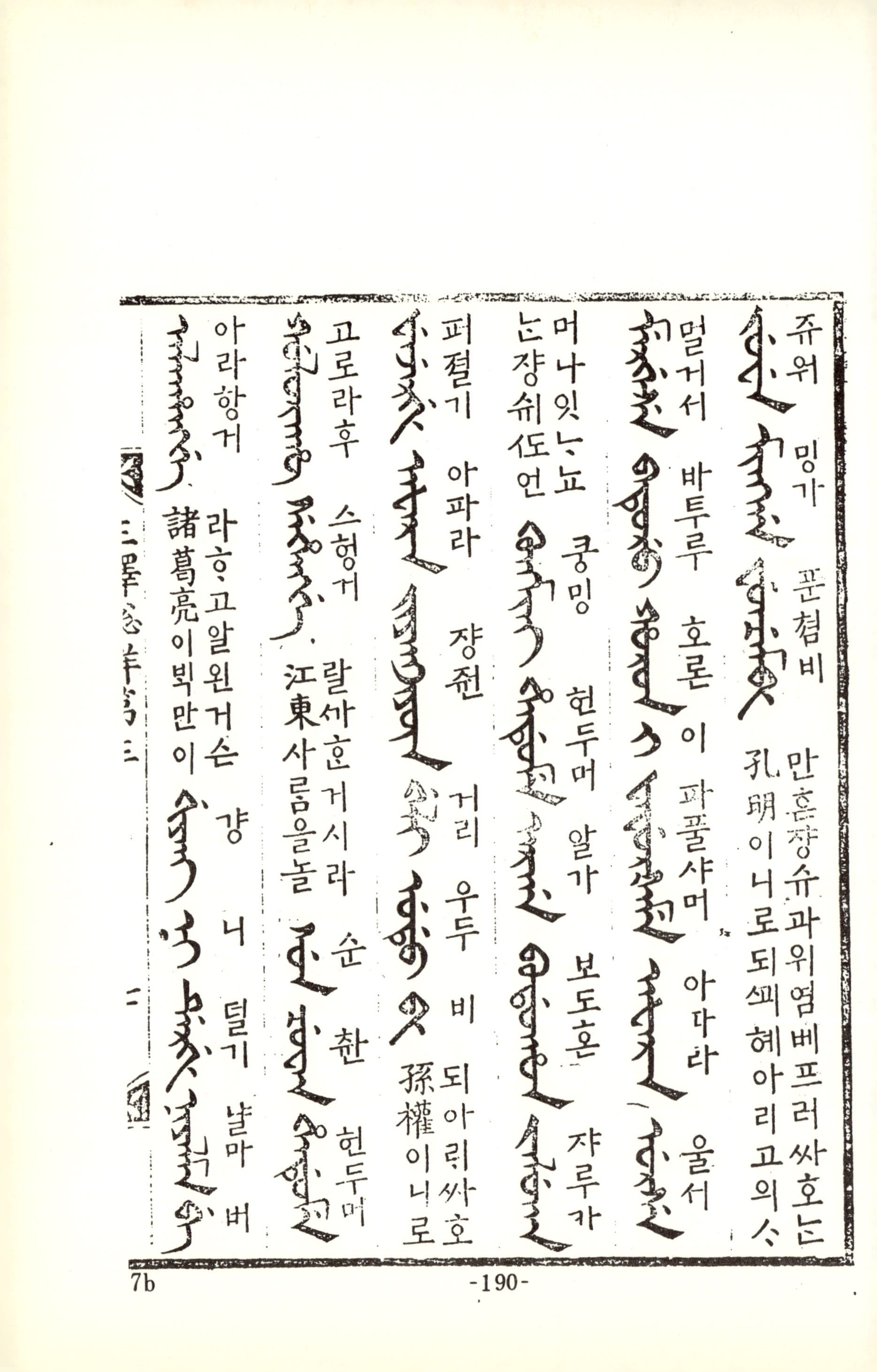

쥬워 밍가 쿤쳠비 만흠쟝슈과위염베프러싸호ᄂᆞᆫ 孔明이니로되ᄭᅬ혜아리고의ᄉᆞ

멀거서 바투루 호론 이 파굴샤머 아다라 울서

머나잇ᄂᆞ뇨 쿵밍 헌두머 알가 보도혼 쟈루가 ᄂᆞᆫ쟝쉬ᄯᅩ언

퍼졀기 아파라 쟝쥔 거리 우두 비 되아리ᄊᆞ호 孫權이니로

고로라후 스헝거 랄사ᄒᆞᆫ거시라 순 챤 헌두머 江東사ᄅᆞᆷ을놀

아라항거 라ᄒᆞ고알왼거ᄉᆞᆫ 걍 니 덜기 날마 버 諸葛亮이뵉만이

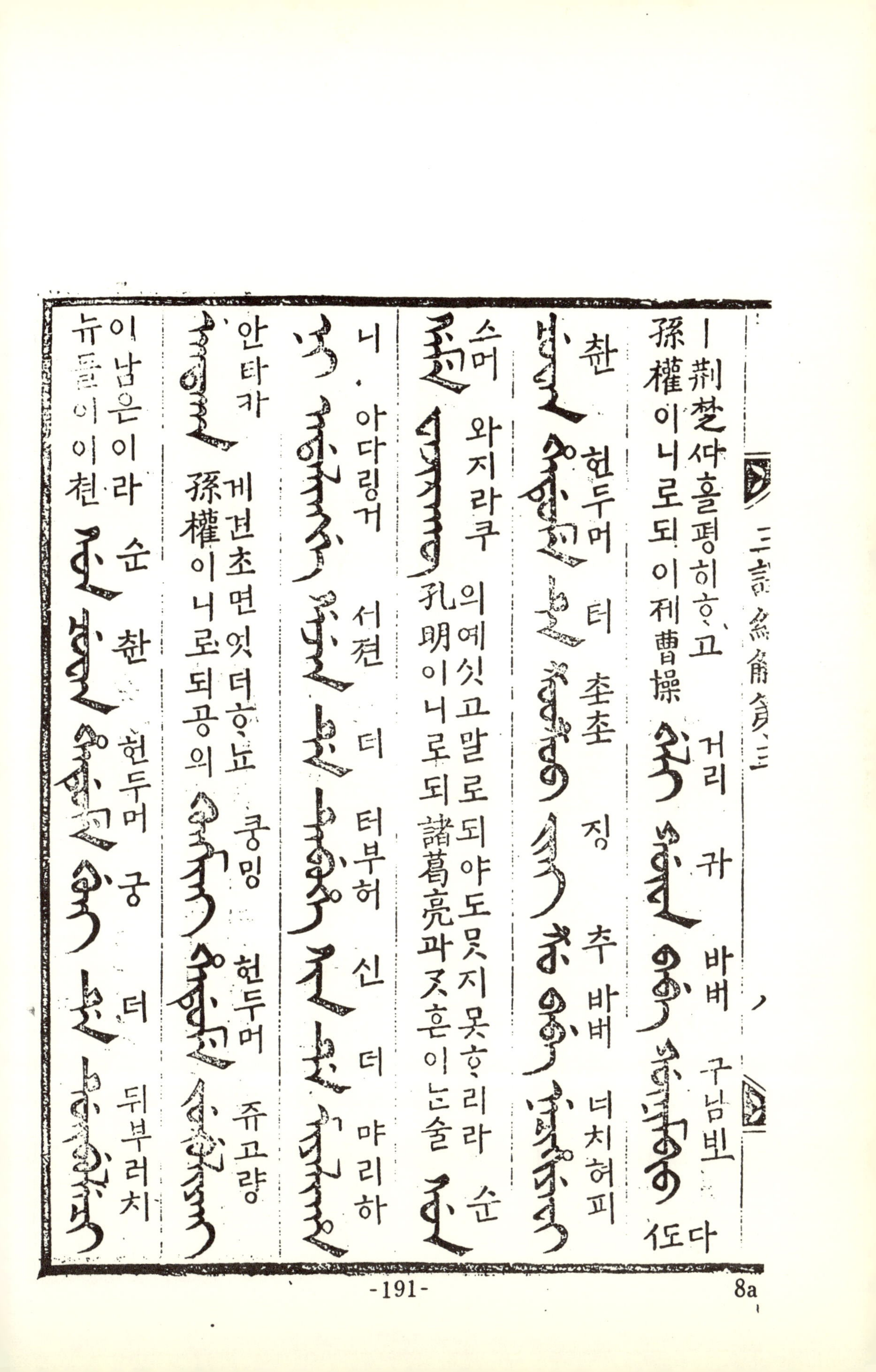

ㅣ荊楚ᄯᅡ흘평히ᄒᆞ고
孫權이니로되이제曹操 거리 갸 바버 구남븨 ᄯᅩ다

춴 헌두머 터 촢촢 징 추 바버 녀치허피

스머 와지라쿠 의여ᄉᆡᆺ고말로되야도못지못ᄒᆞ리라
孔明이니로되諸葛亮과ᄀᆞᆺᄐᆞᆫ이는술 순

니. 아다링거 서젼 더 터부허 신 더 먀리하

안타카 게편초면엇더ᄒᆞ뇨
孫權이니로되공의 쿵밍 헌두머 쥬고량

이남은이라
뉴ᄐᆞᆼ이이쳔 순 춴 헌두머 궁 더 뒤부러치

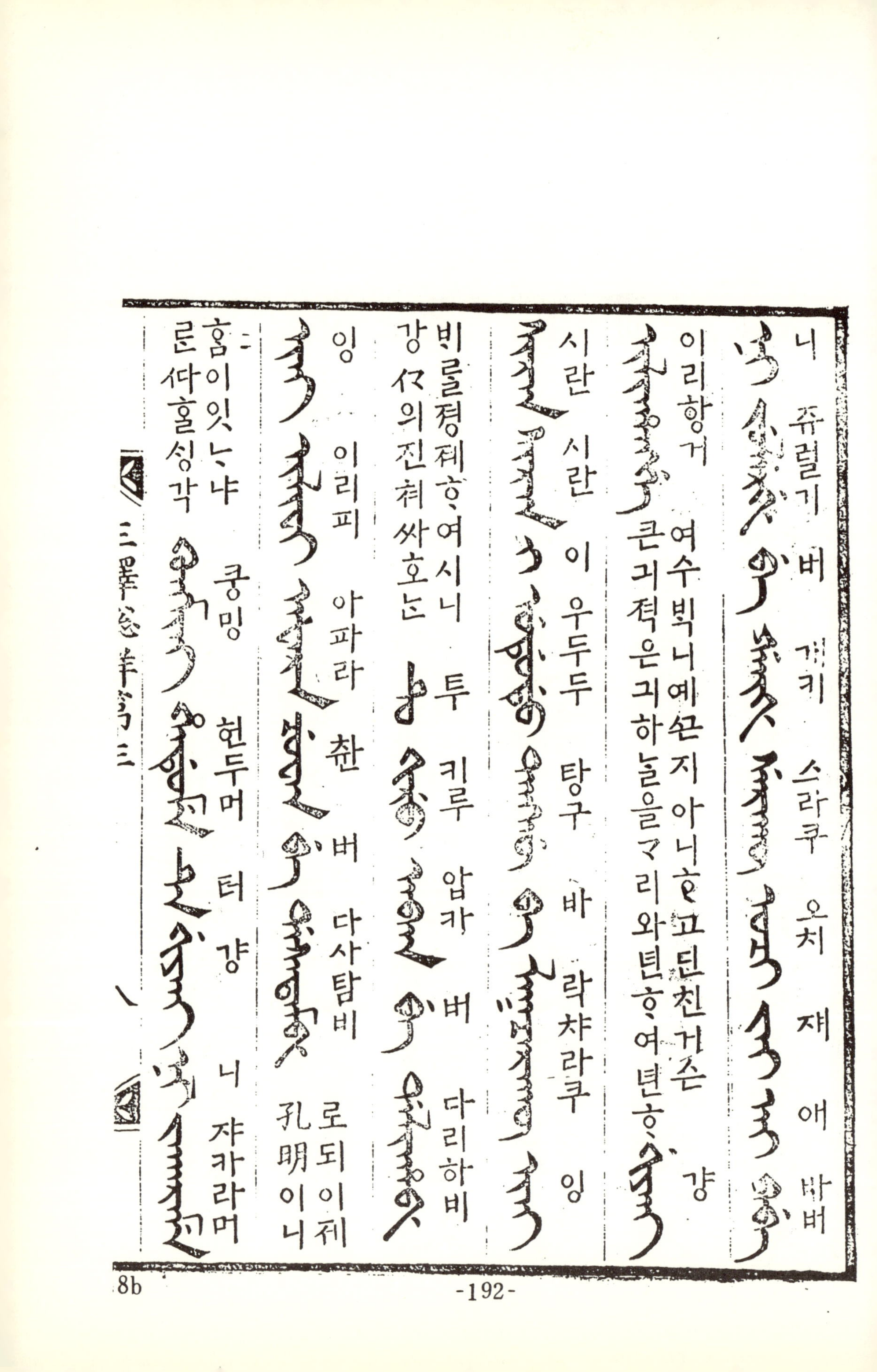

니 쥬럴기 버 개키 스라쿠 오치 재 애 바버

이리항거 여수빅니예쓴지아니ᄒᆞ고된친거즌 강
큰긔력은긔하ᄂᆞᆯ을ᄆᆞ리와튼ᄒᆞ여뎐ᄒᆞᆫ

시란 시란 이 우두두 탕구 바 락챠라쿠 잉

비를졍졔ᄒᆞ여시니 투 키루 압카 버 다리하비
강ᄌᆞ의진취싸호ᄂᆞᆫ

잉 이리피 아파라 츈 버 다사탐비 로되이졔
孔明이니

ᄒᆞᆷ이잇ᄂᆞ냐 쿵밍 헌두머 터 걍 니 쟈카라머
ᄅᆞᆫᄯᅡᄒᆞᆯ싱각

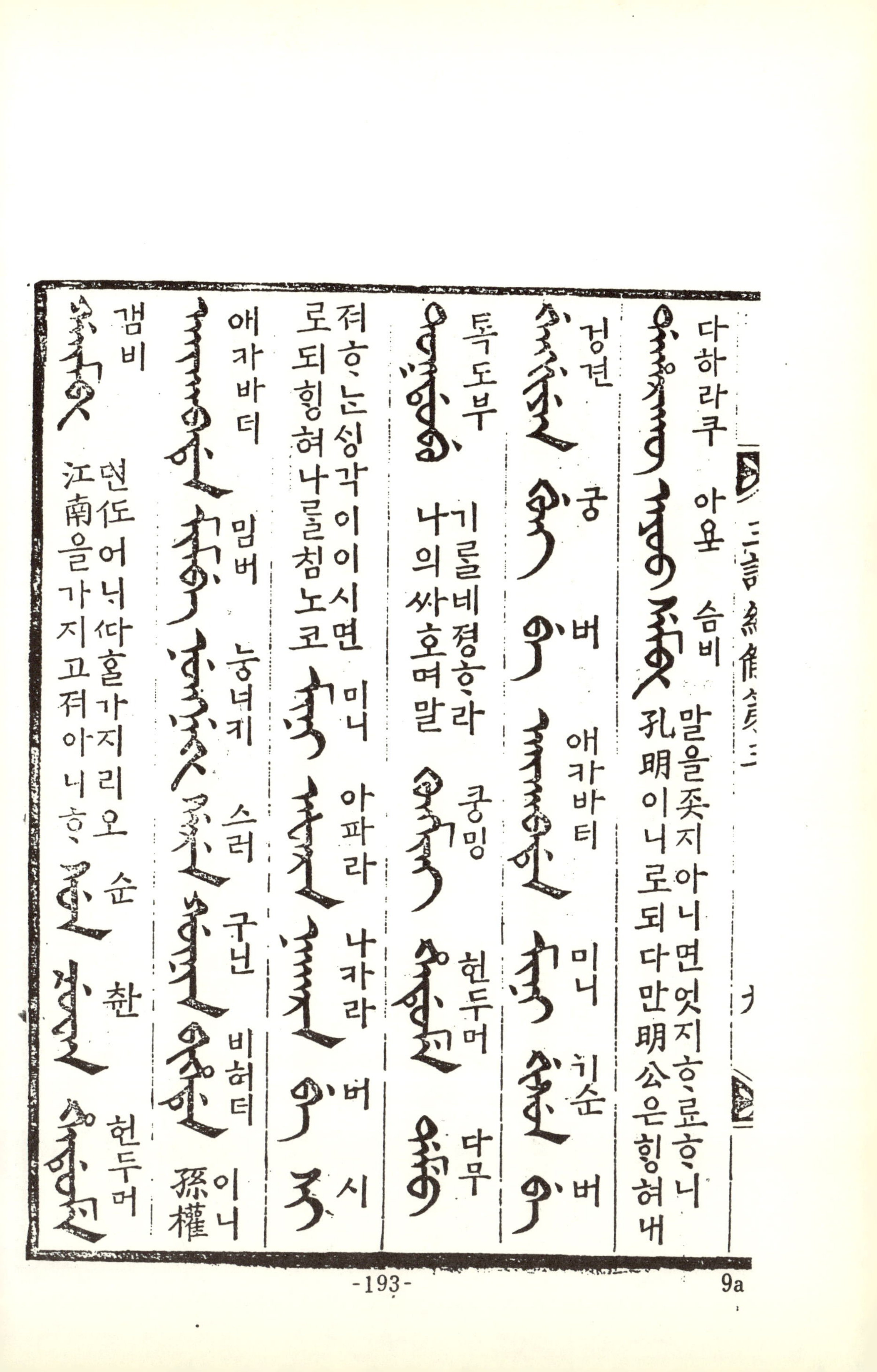

다하라쿠 아요 슴비
말을좃지아니면엇지ᄒᆞ료ᄒᆞ니
孔明이니로되다만明公은힝혀내

겅견 궁 버 애카바티 미니 키순 버

툭도부 기를네졍ᄒᆞ라 쿵밍 헌두머 다무
나의ᄡᅡ호며말

져ᄒᆞ는싱각이이시면 미니 아파라 나카라 버 시
로되힝혀나를침노코

애카바터 멈버 눙녀키 스러 구닌 비허터 이니
孫權

갬비 뎐ᄯᅩ어늬ᄯᅡ흘가지리오 순 촨 헌두머
江南을가지고져아니ᄒᆞ

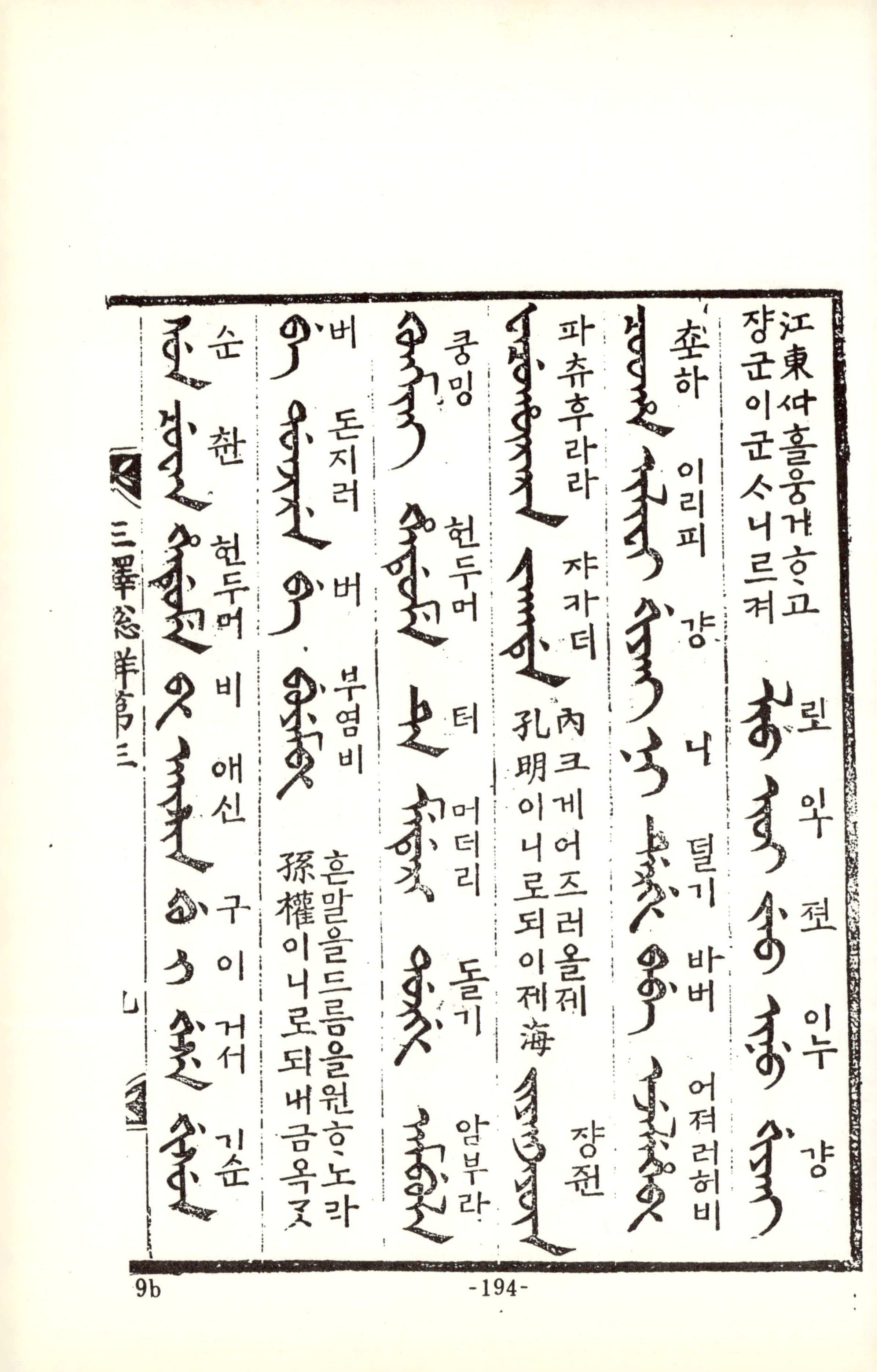

江東ᄯᅡ흘웅거ᄒᆞ고
장군이군ᄉᆞ니르켜

료 잇 져 이누 걍

쵸하 이리피 걍 나 덜기 바버 어져러허비

파츄후라라 쟈카더
内크게어즈러올졔
孔明이니로되이제海

장쥔

쿵밍 헌두머 터 머더리 돌기 암부라

버 돈지러 버 부염비
흔말을드름을원ᄒᆞ노라
孫權이니로되내금옥ᄀᆞᆺ

순 촨 헌두머 비 애신 구이 거서 기슌

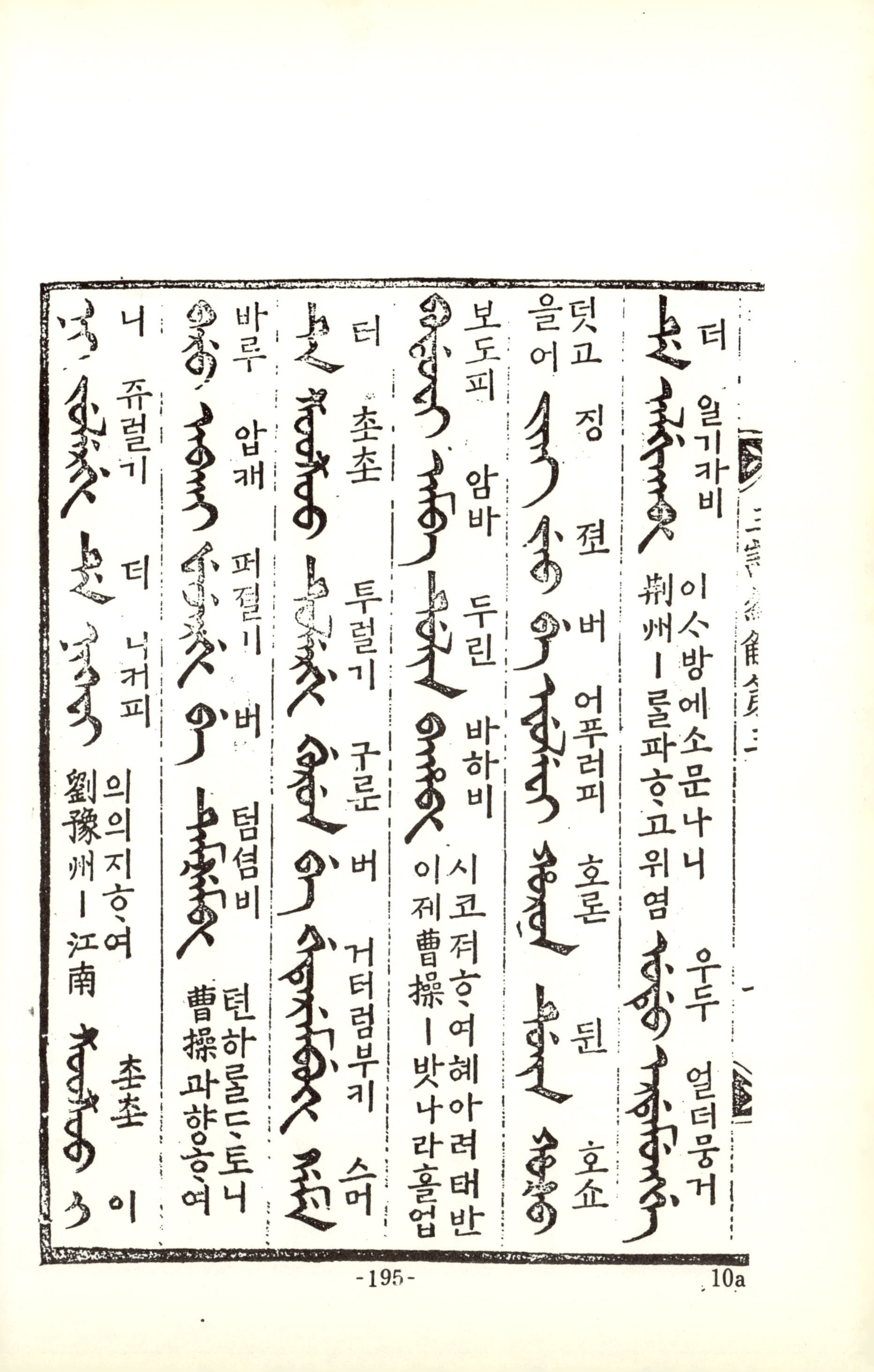

더 얼기카비 이ᄉᆞ방에소문나니 荊州ㅣ를파ᄒᆞ고위염 우두 얼더뭉거

덧고 징 젼 버 어푸러피 호론 뒨 호쇼

을어

보도피 암바 두린 바하비 시코져ᄒᆞ여혜아려태반 이제曹操ㅣ밧나라흘엽

터 초초 투럴기 구룬 버 거터럼부키 스머

바루 압개 퍼졀이 버 텀셤비 텬하를ᄃᆞ토니 曹操과향ᄒᆞ여

니 쥬럴기 더 너커피 의의지ᄒᆞ여 劉豫州ㅣ江南 초초 이

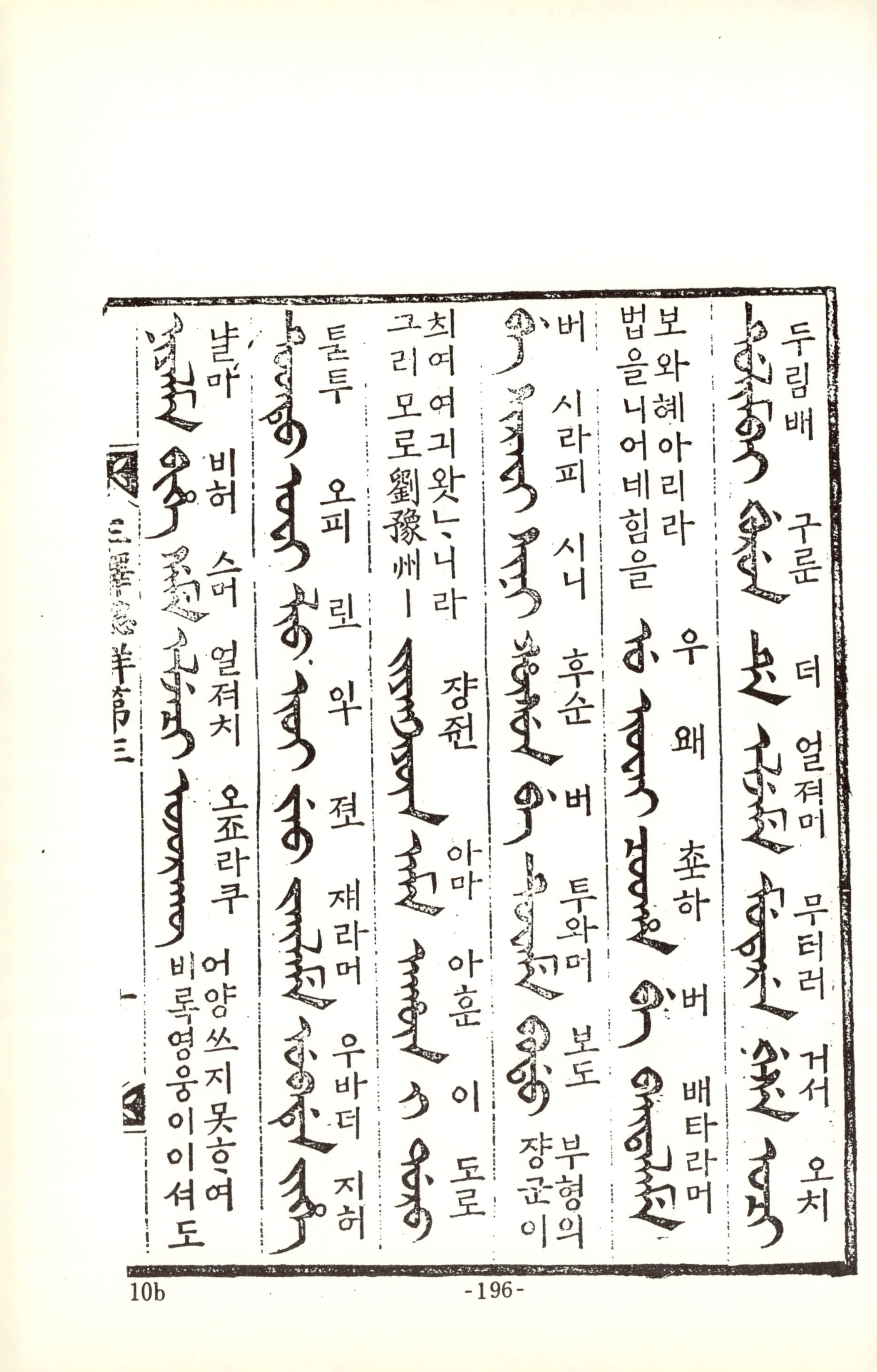

두림배 구룬 더 얼져머 무터러 거서 오치
보와혜아리라 우 왜 촢하 버 배타라머
법을니어네힘을
버 시라피 시니 후순 버 투와머 보도 부형의
장군이
치여여긔왓ᄂᆞ니라 쟝쥔 아마 아훈 이 도로
그리모로劉豫州ㅣ
톨투 오피 릐 윅 젹 쟤라머 우바더 지허
날마 비허 스머 얼져치 오죠라쿠 어양쓰지못ᄒᆞ여
비록영웅이이셔도

거런 허베 암바새 기순 버 다하피
되여러의논
孔明이니로

길마치 옴비
쐐로막으면되리오
孫權이무로되므슴
쿵밍 헌두머

시니막으면되라라
치못ᄒᆞ면내게ᄒᆞᆫ쐐이
순 춴 폰지머 애 알개

오치 민더 어무 알가 비 칼가시 옴비
양써당
힝혀어

ᄒᆞᆯ만밋지못ᄒᆞ리라
써당홈곳ᄒᆞ면미리경
애카바더 얼져머 무터라쿠

되곤더 톡도부러 더 이시라쿠
써中國에어양
吳越의군ᄉᆞ로

이잇고
복홀일홈
돌기 더 오치 바타 버 눙기러 알가

투런기 더 오치 다하라 거부비
군이밧그로ᄂᆞᆫ항
孔明이니로되쟝

쟈부하쿠
다답지아니커ᄂᆞᆯ
孫權이머리수기고
쿵밍 헌두머 쟝쥔

녀셔엇지셥기지아니ᄒᆞᄂᆞ뇨
갑옷슬쓰고놋쵸복으로두루
순 츈 우쥬 기다피

더러 버 아마시 포로피 애누 웨러라쿠
그치고
군ᄉᆞ롤

말을조차셔
ᄒᆞᄂᆞᆫ신하의
춘하 버 나카피 욱신 버 우후피

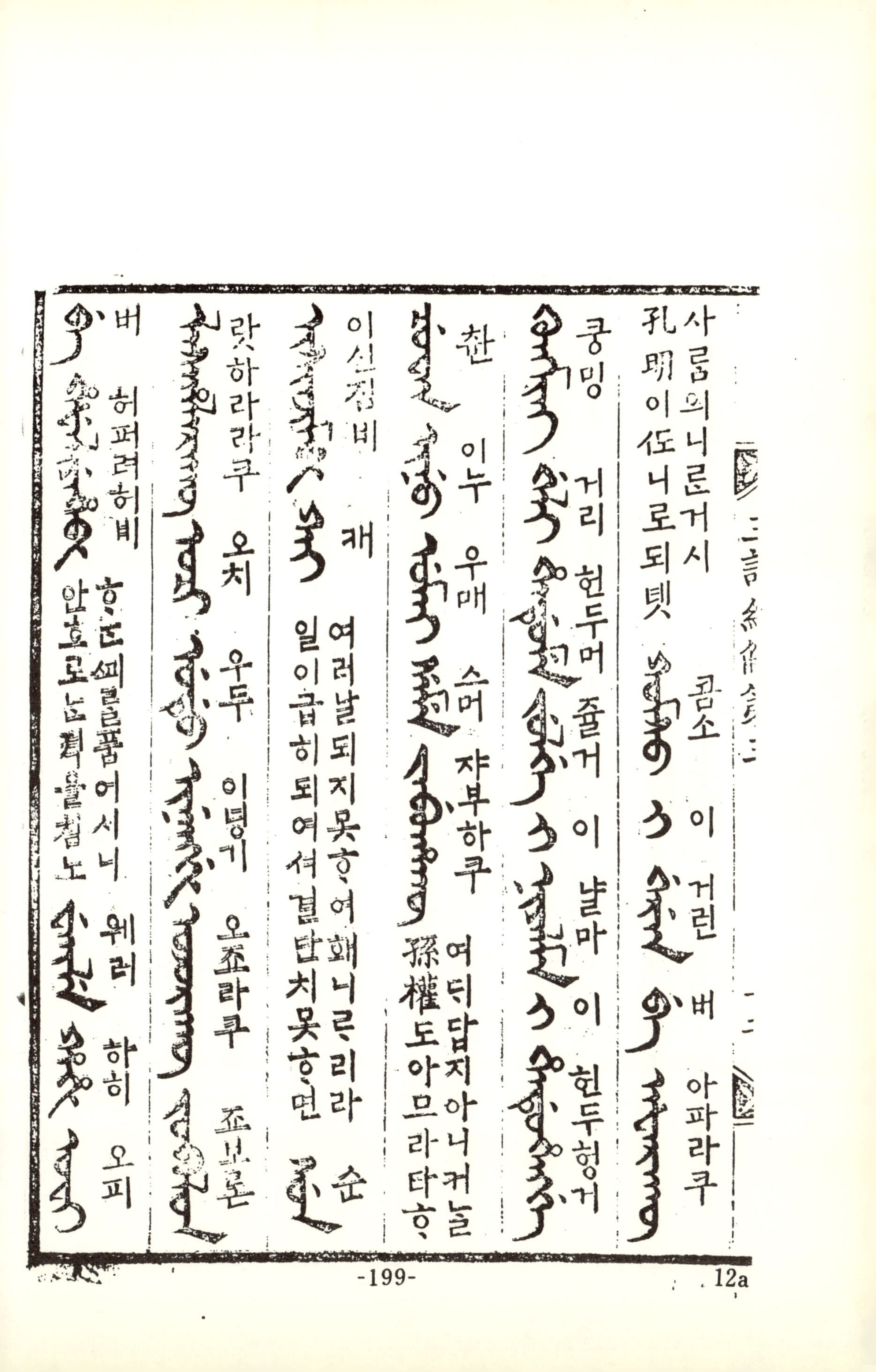

사ᄅᆞᆷ의니ᄅᆞ거시 곰소 이 거린 버 아파라쿠
孔明이ᄯᅩ니로되텟

쿵밍 거리 헌두머 쥴거 이 날마 이 헌두헝거

챤 이누 우매 슈머 쟈부하쿠
여ᄃᆡ답지아니거ᄂᆞᆯ
孫權도아므라타ᄒᆞ

이신지비 캐 여러날되지몯ᄒᆞ여홰니ᄅᆞ리라
일이급히되여셔결단치몯ᄒᆞ면 순

랏하라라쿠 오치 우두 이뎡기 오죠라쿠 죠보론

버 허퍼러허비 ᄒᆞᆫᄭᅬᄅᆞᆯ품어시니
압흐로ᄂᆞᆫ뉘ᄅᆞᆯ칠노 웨러 하히 오피

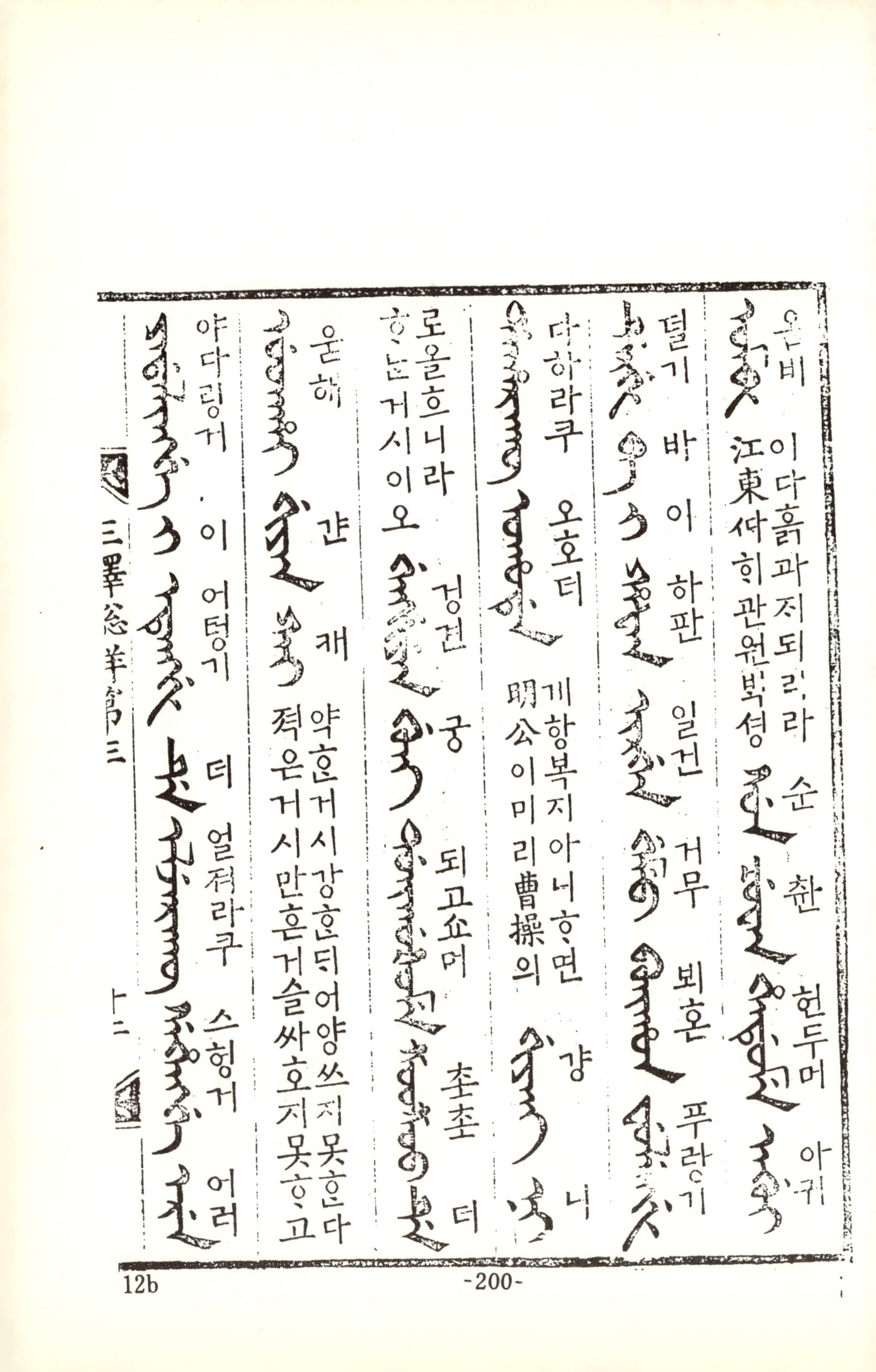

운비 이다흙과지되리라 江東ᄯᅡ히관원빅셩 순 츈 헌두머 아귀

털기 바이 하판 일건 거무 뵈혼 푸랑기

다하라쿠 오호더 게항복지아니ᄒᆞ면 明公이미리曹操의 걍 니

로올흐니라 ᄒᆞᄂᆞᆫ거시이오 겅권 궁 되고쇼머 춘춘 더

운해 갼 캐 약ᄒᆞᆫ거시강ᄒᆞᆫ듸어양쓰지못ᄒᆞᆫ다 져ᄀᆞᆫ거시만ᄒᆞᆫ거슬싸호지못ᄒᆞ고

야다링거 이 어텅기 더 얼져라쿠 스헝거 어러

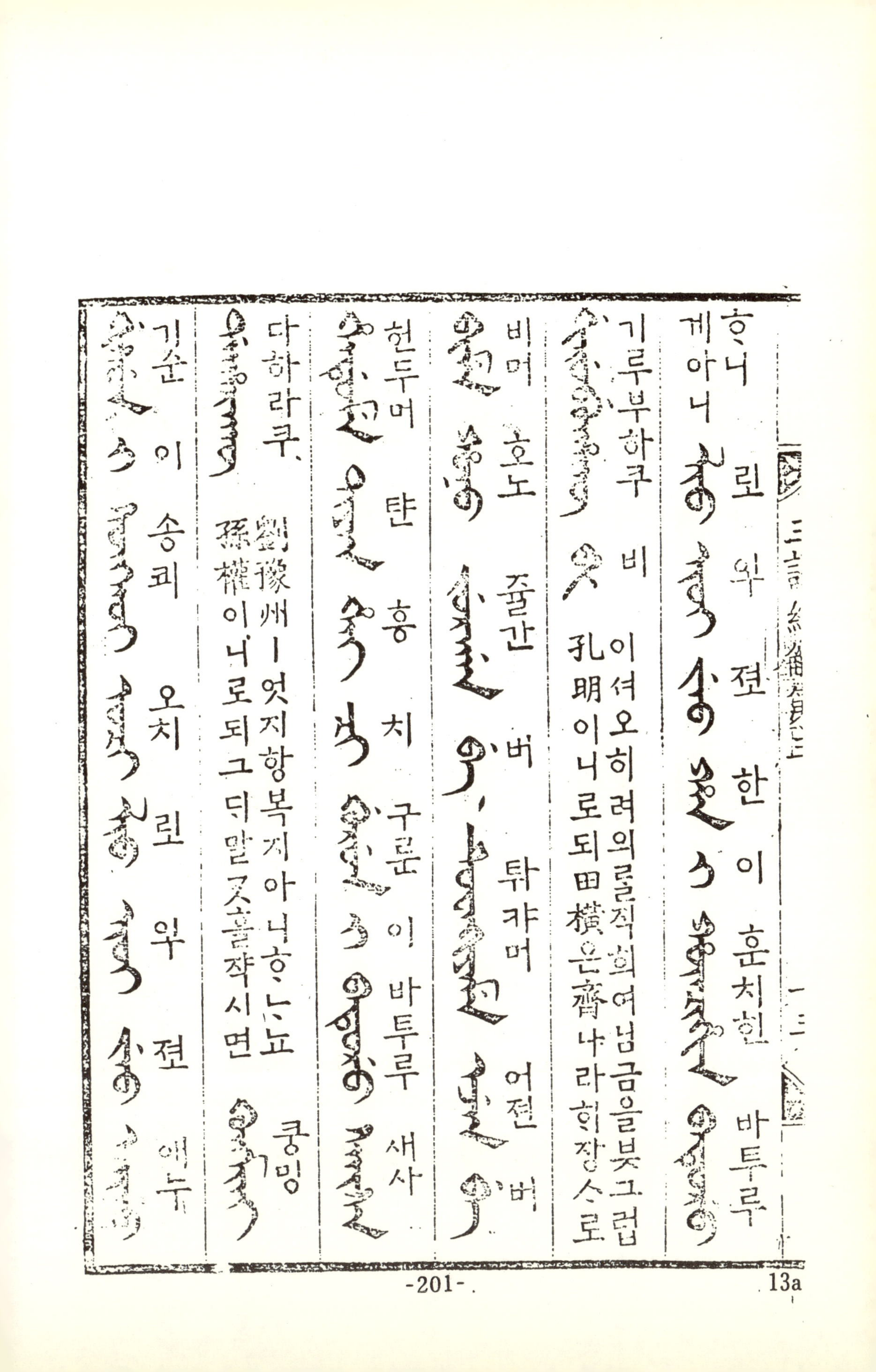

ᄒᆞ니
게아니

릐 워 젼 한 이 훈치힌 바투루

기루부하쿠 비

이셔오히려의ᄅᆞᆯ직희여넘금을븟그렵
孔明이니로되田橫은齊나라힌장ᄉᆞ로

비머 호노 쥴간 버 톼캬머 어젼 버

헌두머 탼 흥 치 구룬 이 바투루 새사

다하라쿠、

劉豫州ㅣ엇지항복지아니ᄒᆞᆫ뇨
孫權이니로되그ᄃᆡ말ᄀᆞᆺ흘쟉시면

쿵밍

기순 이 송쾨 오치 릐 워 젼 애누

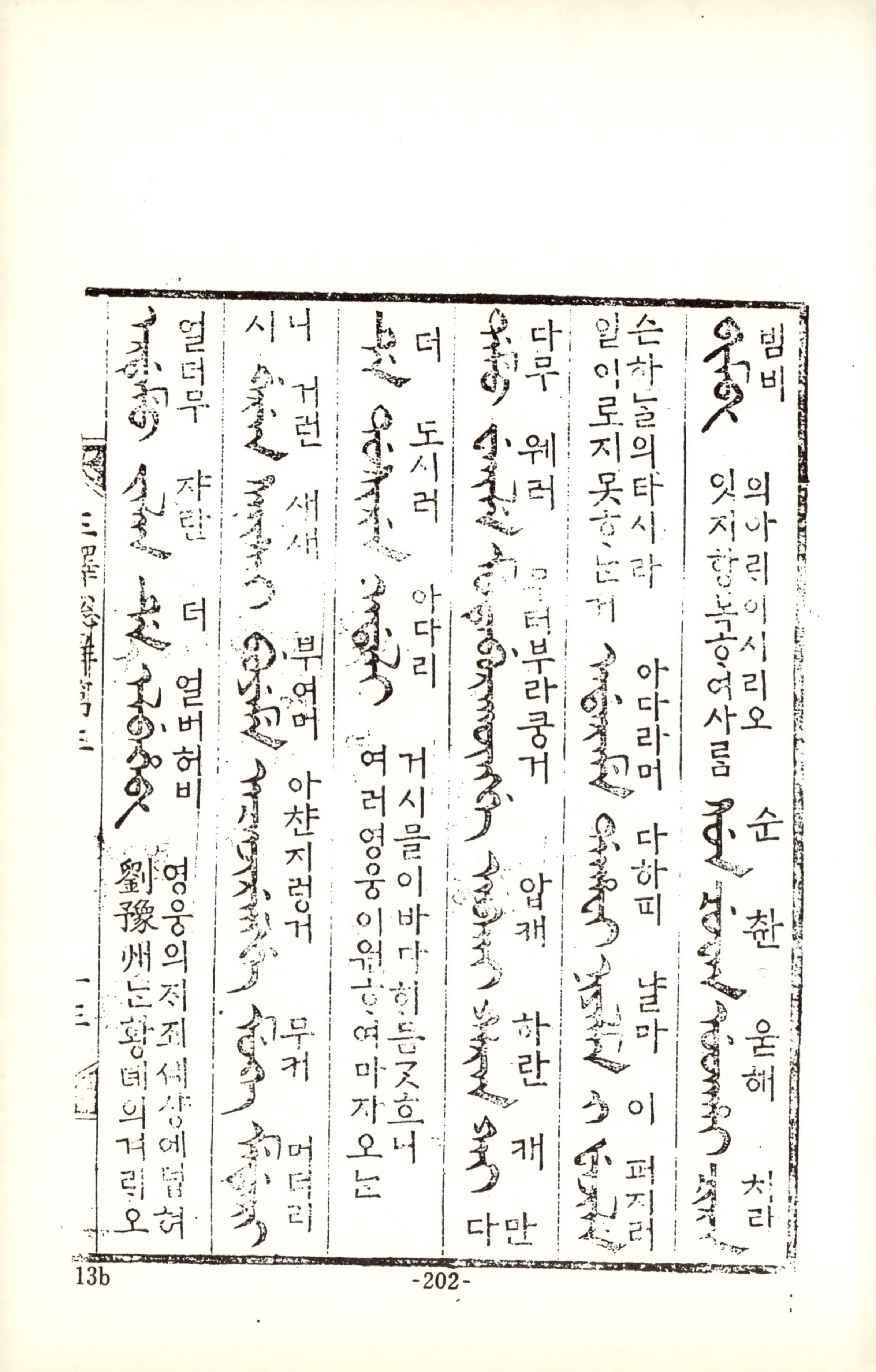

범비 의아리이시리오 순 챤 운해 치라
잇지항복ᄒᆞ여사름
ᄉᆞᆫ하ᄂᆞᆯ의타시라 아다라머 다하피 날마 이 퍼지러
일이로지못ᄒᆞᄂᆞᆫ거
다무 웨러 무터부라쿵거 압재 하란 재 만
다
더 도시러 아다리 거시믈이바다히듦ᄃᆞᆺᄒᆞ니
여러영웅이원ᄒᆞ여마자오ᄂᆞᆫ
너 거런 새새 부여머 아챤지령거 무커 머더리
시
얼더무 쟈란 더 얼버허비 영웅의저죄세상에덥혀
劉豫州ᄂᆞᆫ황뎨의겨리오

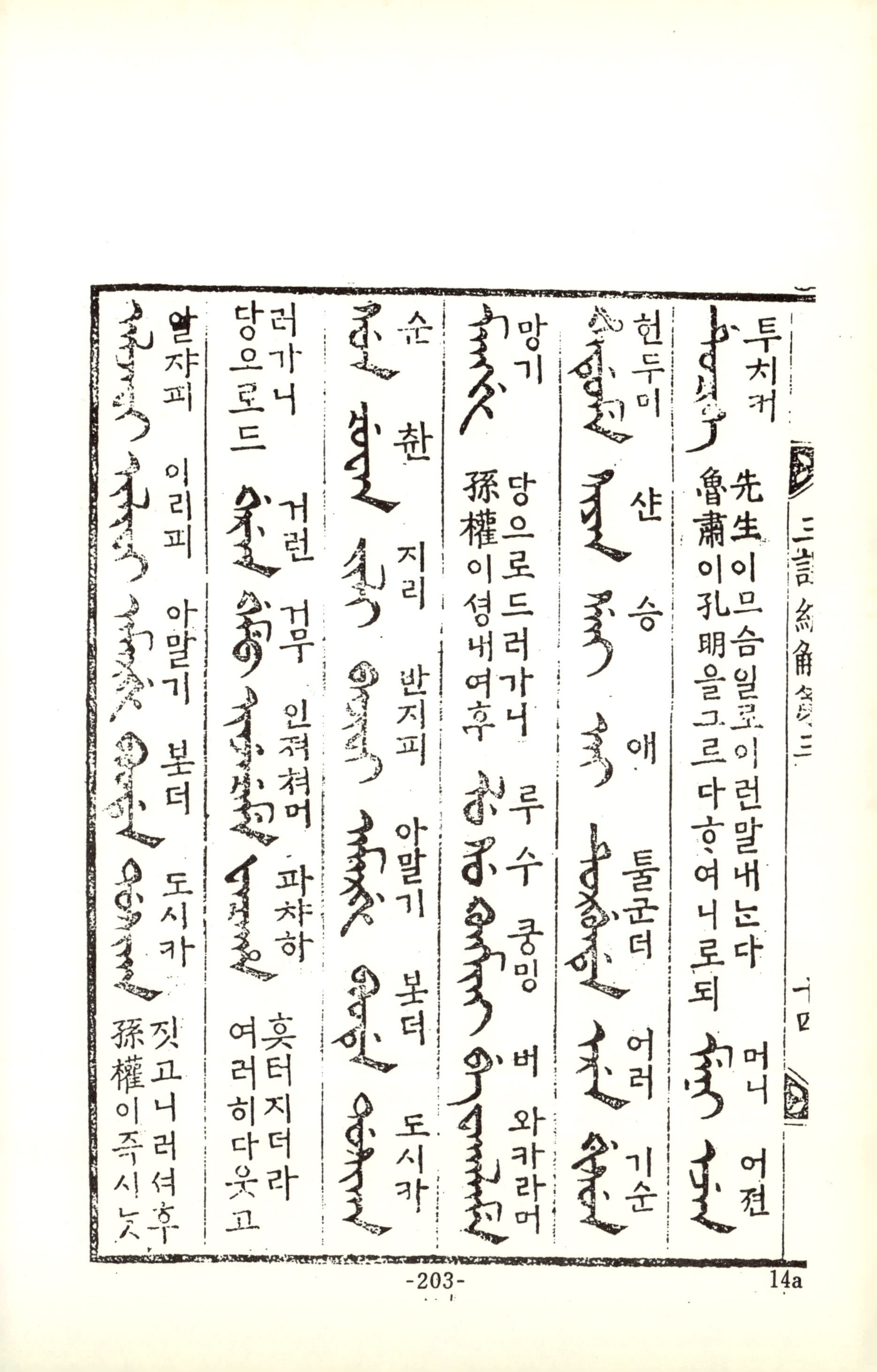

투치커 머니 어젼
先生이므슴일로이런말내ᄂᆞᆫ다
魯肅이孔明을그르다ᄒᆞ여니로되

헌두미 샨 승 애 툴군더 어러 기순

망기 당으로드러가니 루수 쿵밍 버 와카라머
孫權이셩내여후

순 챤 지리 반지피 아말기 보더 도시카

러가니 거런 거무 인궈쳐머 파챠하 흣터지더라
당으로드 여러히다웃고

얄 자피 이리피 아말기 보더 도시카 짓고니러셔후
孫權이즉시ᄂᆞᆺ

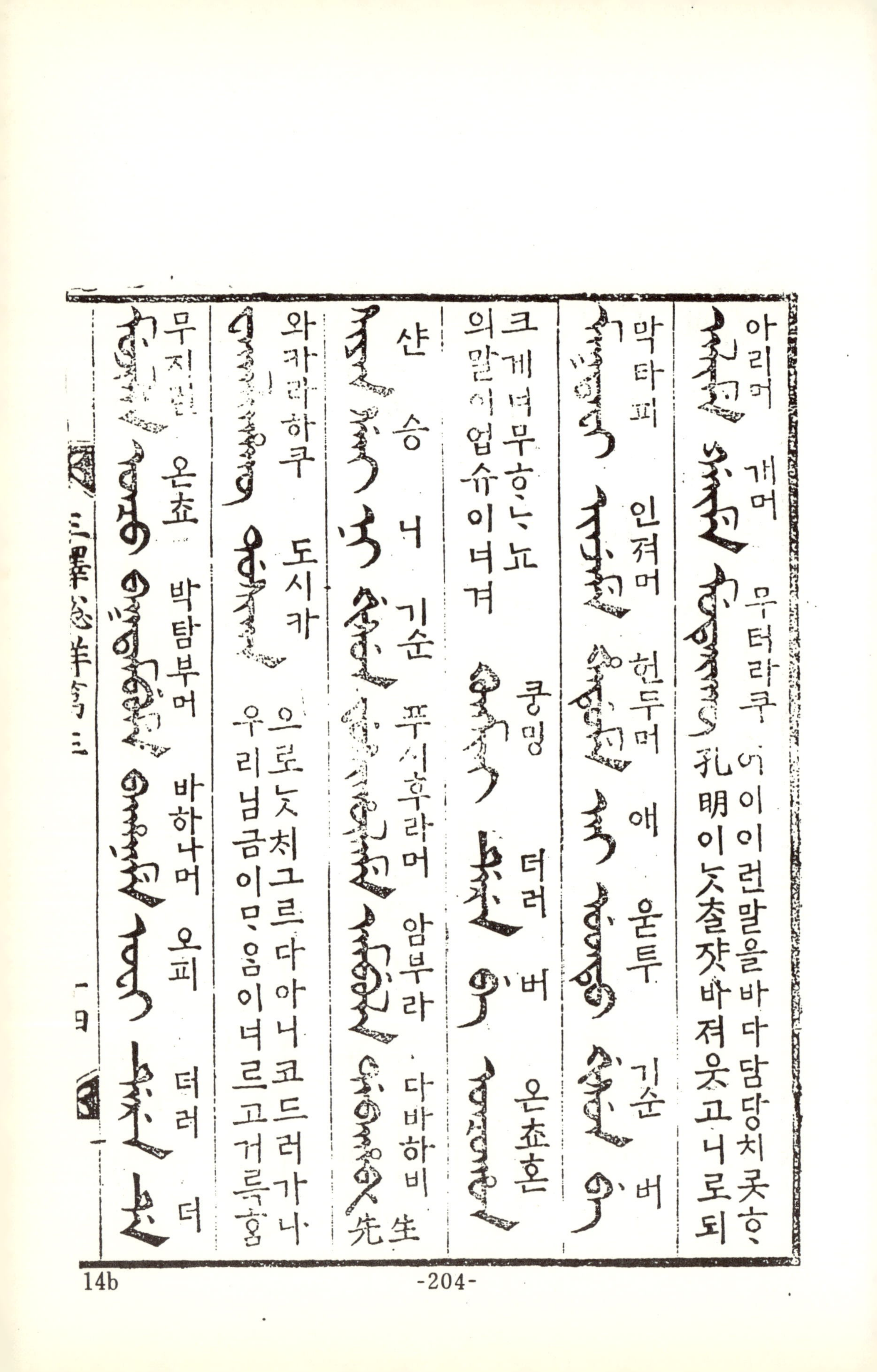

아리머 개머 무터라쿠 어
이이런말을바다담당치못ᄒᆞ
孔明이ᄂᆞᆺ출잣바져웃고니로되
막타피 인져머 헌두머 애 운투 기순 버
크게녀무ᄒᆞᄂᆞ뇨
의말이업슈이녀겨
쿵밍 더러 버 온쵸혼
샨 승 니 기순 쭈시후라머 암부라 다바하비
先生
와카라하쿠 도시카
으로ᄂᆞᆺ치그르다아니코드러가나
우리님금이ᄆᆞ음이녀르고거륵홈
무지린 온쵸 박탐부머 바하나머 오피 더러 더

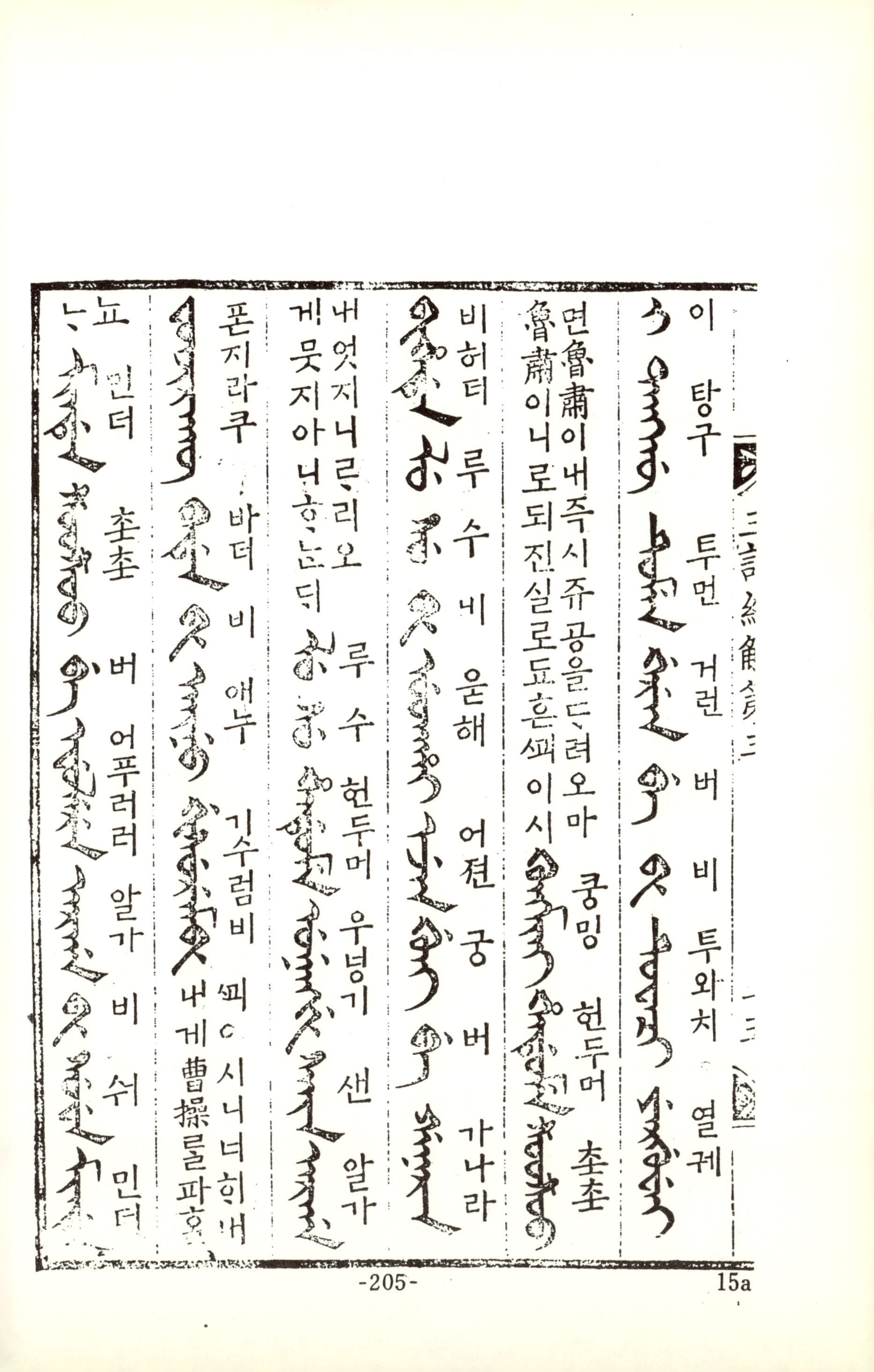

이 탕구 투먼 거런 버 비 투와치 열궤

면魯肅이내즉시쥬공을ᄃᆞ려오마 쿵밍 헌두머 초초

魯肅이니로되진실로됴흔ᄣᅢ이시

비허더 루 수 네 운해 어젼 궁 버 가나라

내엇지니ᄅᆞ리오 루 수 헌두머 우넝기 샌 알가

게! 뭇지아니ᄒᆞᄂᆞᆫ듸

폰지라쿠 바더 비 애누 기수럼비 ᄢᅵᄋ시니녀희내

내게曹操를파ᄒᆞ

뇨 민더 초초 버 어푸러러 알가 비 쉬 민더

ᄂᆞ、

촨 지리 반지항거 나카라 운터 루 수 비

촨 버 투와치 에드러가孫權을보니 순
魯肅이그말을듣고후당

터러 기순 버 돈지피 아말기 보터 도시피 순

푸령기 옴비 캐 다두험과지되리라 루 수
諸葛亮이훈번손들면

쥬고량 엄거리 가라 투겨라하 더 거무 후쿤

퍼련 야 아다리 흘내보니가얌이므리ᄀᆞᆺᄒᆞ니
孔明이니로되曹操의빅만여리

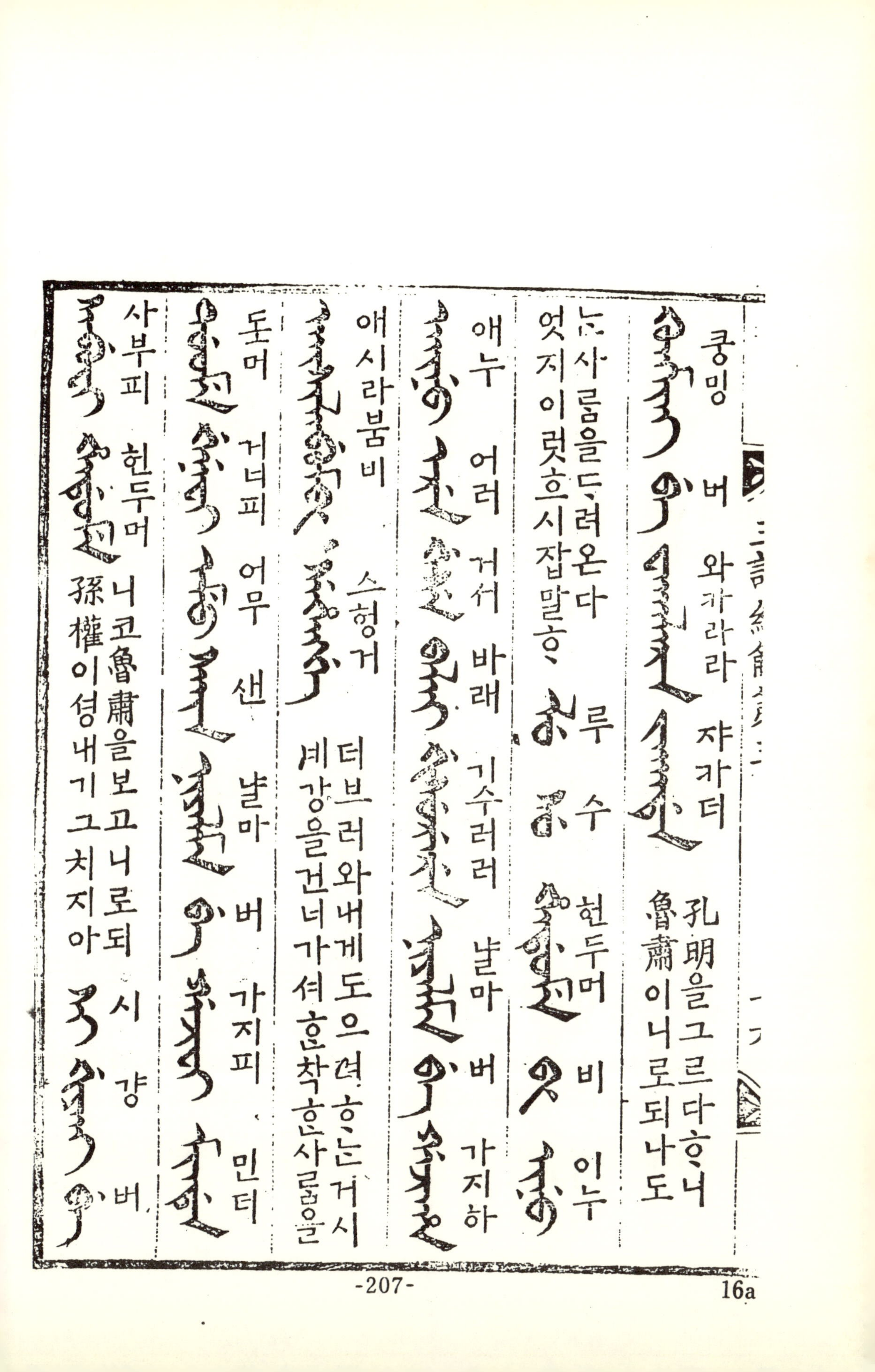

쿵밍 버 와카라라 쟈카더

孔明을그르다ᄒᆞ니
魯肅이니로되나도

ᄂᆞᆫ사ᄅᆞᆷ을ᄃᆞ려온다
엇지이럿ᄐᆞ시잡말ᄒᆞ

루 수 헌두머 비 이누

애누 어러 거서 바래 기수러러 날마 버 가지하

애시라붐비 스형거

더브러와내게도으려ᄒᆞᄂᆞᆫ거시
며강을건너가셔ᄒᆞᆫ착ᄒᆞᆫ사ᄅᆞᆷ을

도머 거너피 어무 샌 날마 버 가지피 민더

사부피 헌두머

니코魯肅을보고니로되
孫權이셩내기그치지아

시 걍 버

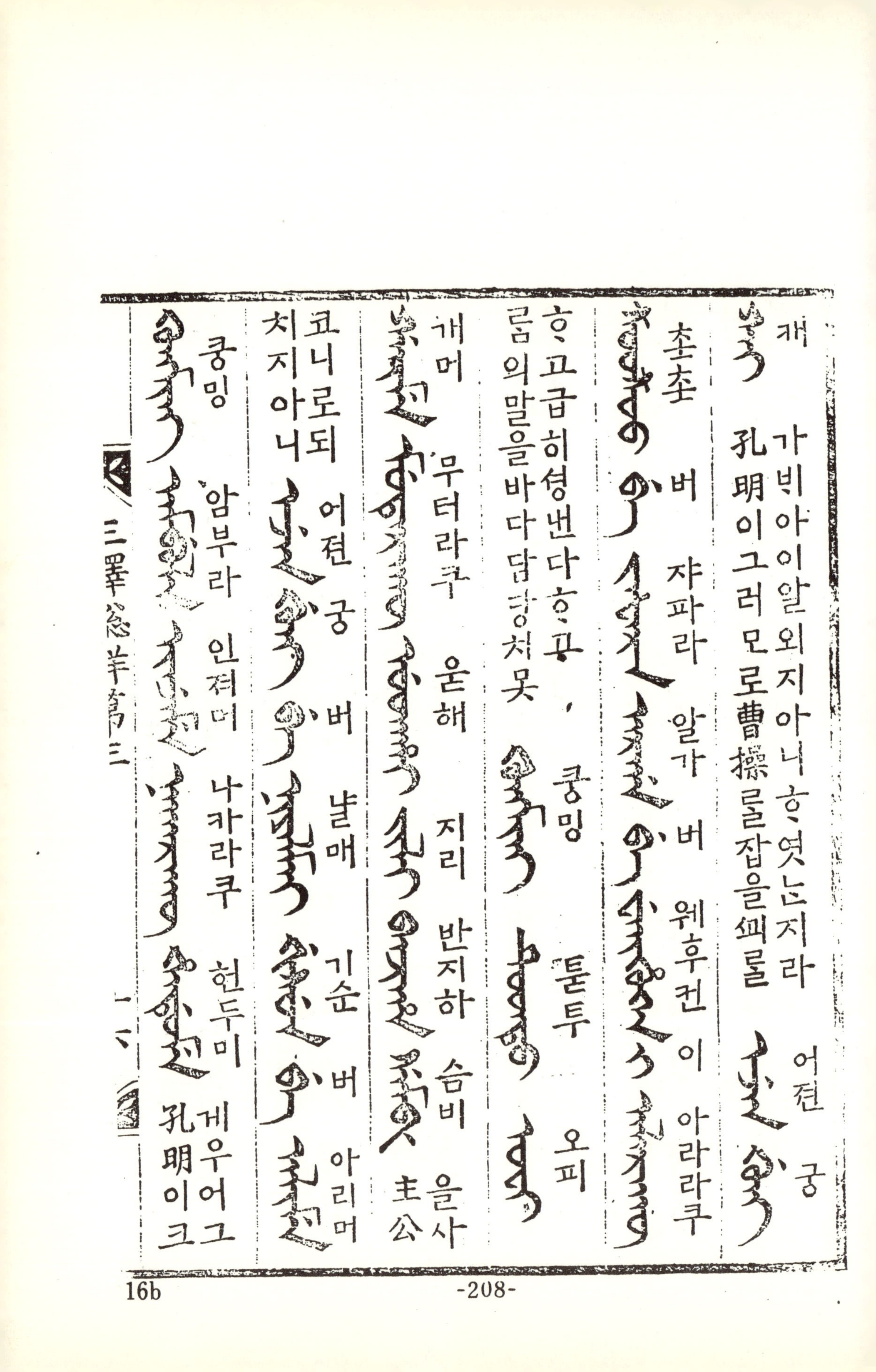

개 어젼 궁

가ᄇᆡ아이알외지아니ᄒᆞ엿ᄂᆞᆫ지라

孔明이그러모로曹操를잡을ᄢᅴ를

초초 버 쟈파라 알가 버 웨후권이 아라라쿠

ᄒᆞ고급히셩번다ᄒᆞ고,

름의말을바다답ᄒᆞ치못

쿵밍 툰투 오피

개머 무터라쿠 운해 지리 반지하 숨비 을사 主公

코니로되

치지아니

어젼 궁 버 냘매 기순 버 아리머

쿵밍 암부라 인져머 나카라쿠 헌두미 게우어그

孔明이크

三譯總解第三 十六

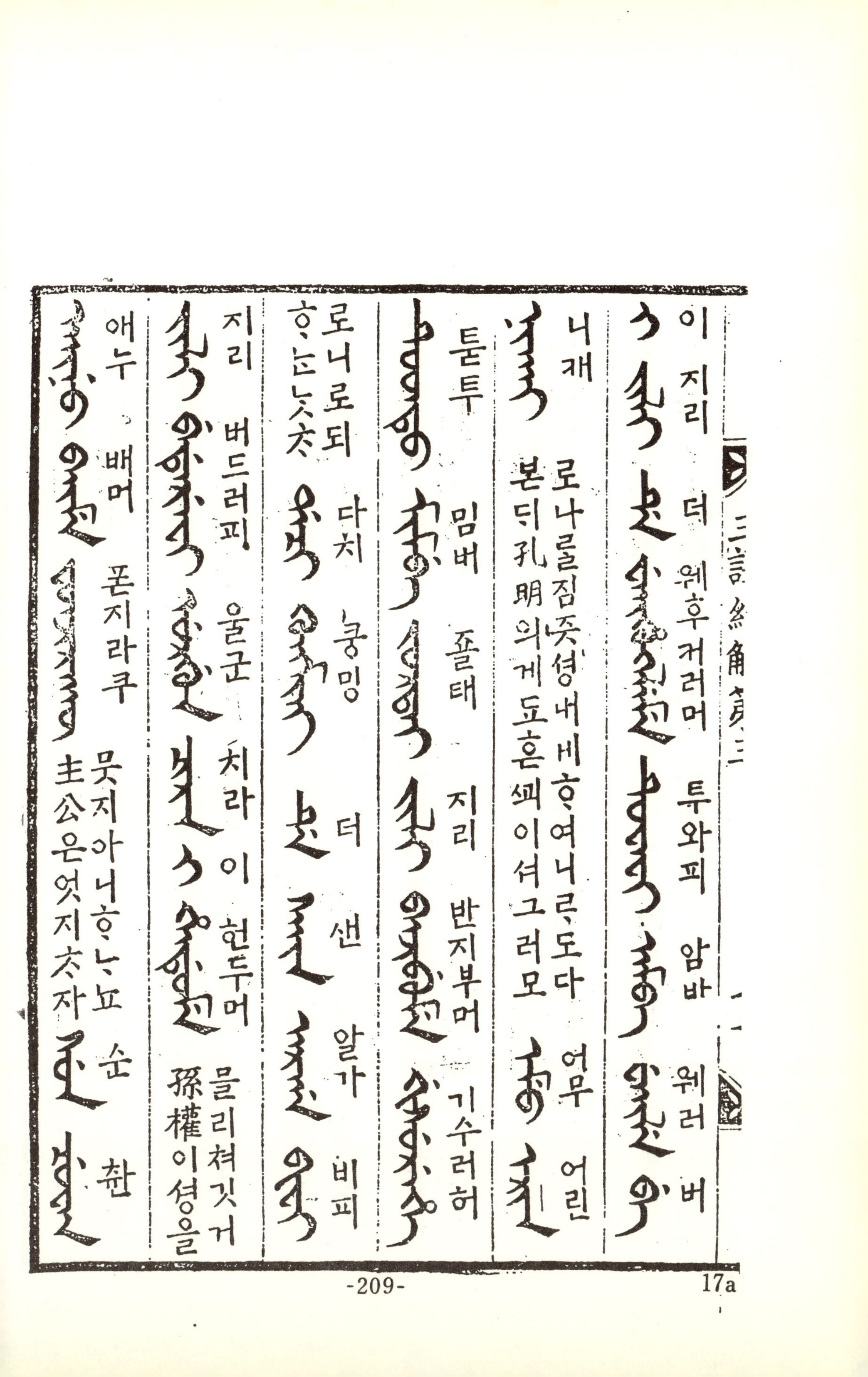

이 지리 더 웨후 커러머 투와피 암바 웨러 버

니개 로나를짐즛셩내게ᄒᆞ여니ᄅᆞ도다 본ᄃᆡ孔明의게됴흔ᄭᅬ이셔그러모 어무 어린

툰투 밈버 졸태 지리 반지부머 기수러허

로니로되 ᄒᆞᄂᆞᆫᄂᆞᆺᄎᆞ 다치 쿵밍 더 샌 알가 비피

지리 버드러피 울군 치라 이 헌두머 믈리쳐깃거 孫權이셩을

애누 배머 폰지라쿠 순 촨 뭇지아니ᄒᆞᄂᆞ뇨 主公은엇지ᄎᆞ자

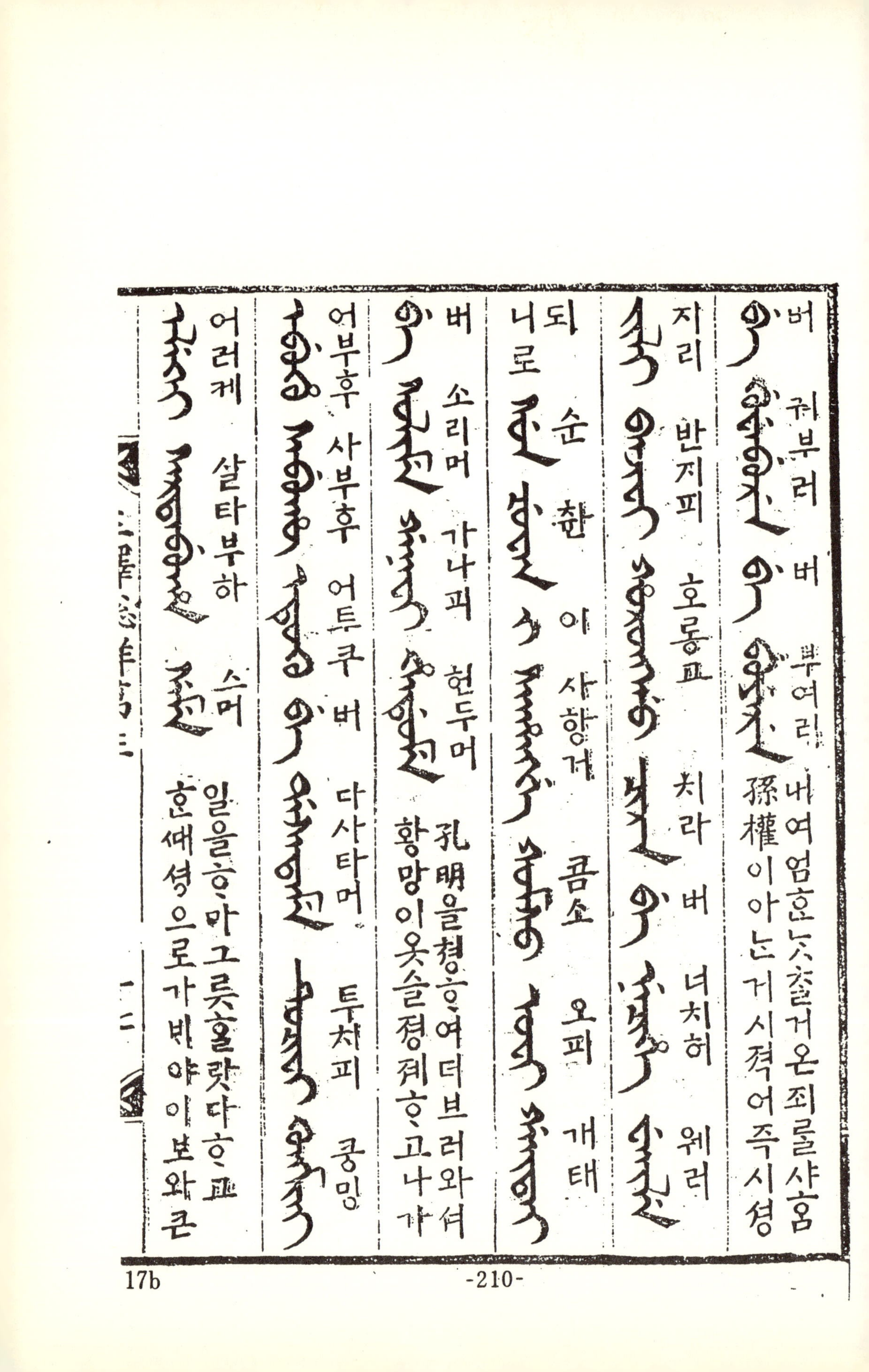

버 귀부러 버 부여리 내여엄ᄒᆞᆫᄂᆞᆺ출거온죄를샤홈
孫權이아ᄂᆞᆫ거시젹어즉시셩

자리 반지피 호롱ㅍ 치라 버 너치히 웨러

되니로 순 ᅘᅲᆫ 이 사향거 콤쇼 오피 개태

버 소리머 가나피 헌두머 孔明을쳥ᄒᆞ여더브러와셔
황망이옷슬졍졔ᄒᆞ고나가

어부후 사부후 어투쿠 버 다사타머 투챠피 쿵밍

어러케 살타부하 슈머 일을ᄒᆞ마그릇ᄒᆞ엿다ᄒᆞᄂᆞ니
ᄒᆞᆫ대셩으로가비야이보와큰

우두 절기 오미챠낭 망기

조안자셔술쟝만ᄒᆞ여
즉시후당에드러가마

터쳐피 누러 다기라피 잇훈더 쿤두러머 어무

ᄒᆞ교
러가쟈

운해 아말기 보더 도시피 박치라머

기순 버 와랴머 가마키 스피

여번말을너리묘더브
앗가諸葛亮의그릇ᄒᆞ

나로되
름을바다

테커 쥬교량 니 우파라머 투치커

노라
을원ᄒᆞ

쿵밍 이누 와카 버 아리머 헌두머 도그

孔明

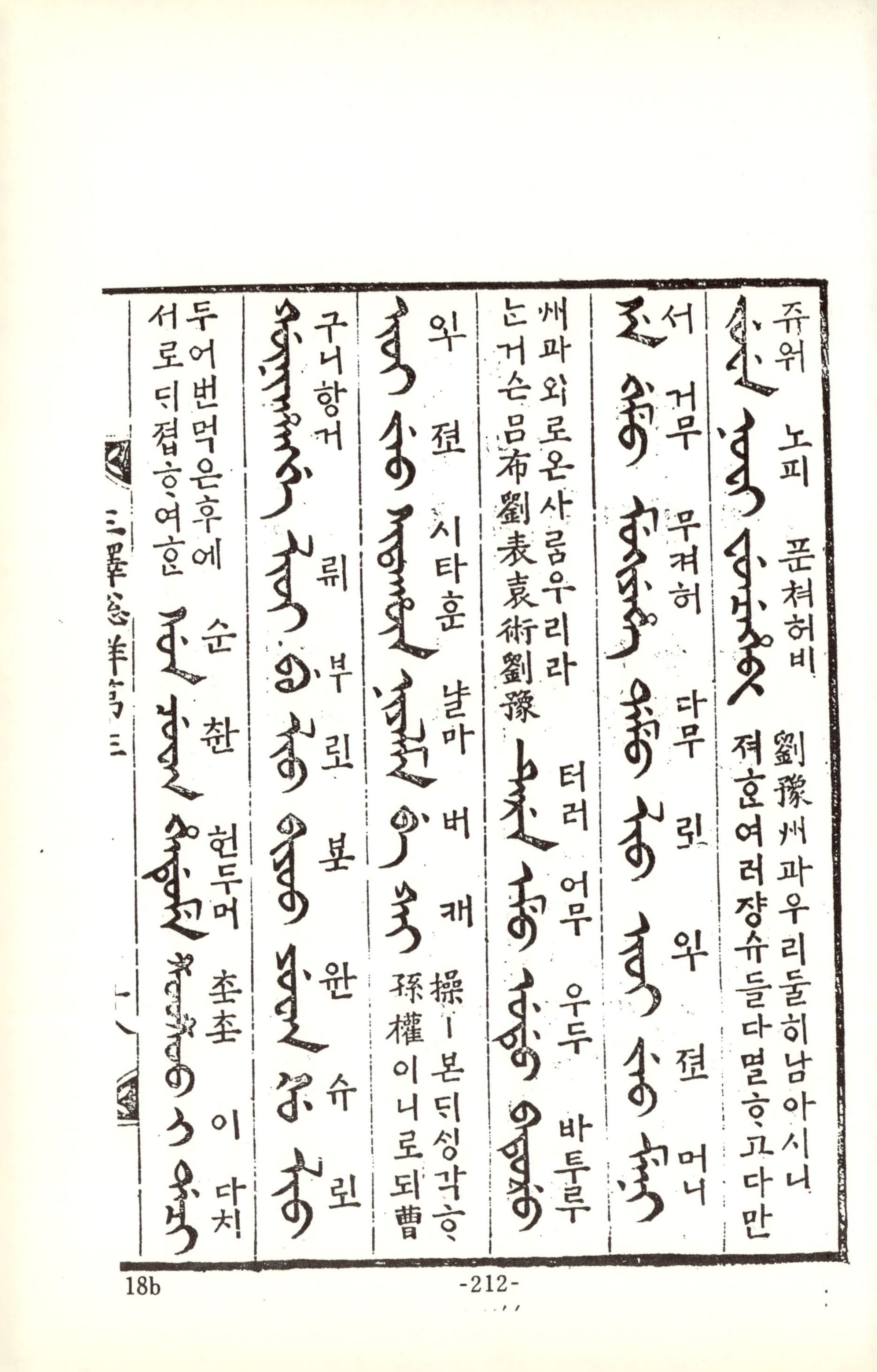

쥬워 노피 푼쳐허비
져ᄒᆞ여려쟝슈들다멸ᄒᆞ고다만 劉豫州과우리둘히남아시니

셔 거무 무겨허 다무 릐 워 져 머니

터러 어무 우두 바투루
ᄂᆞᆫ거ᄉᆞᆫ呂布劉表袁術劉豫州과외로온사ᄅᆞᆷ우리라

워 져 시타훈 놀마 버 캐
孫權이니로되曹操ㅣ본ᄃᆡ싱각ᄒᆞ

구니항거 릐 부 릐 봉 완 슈 릐

순 츈 헌두머 촐초 이 다치
서로ᄃᆡ졉ᄒᆞ여ᄒᆞᆫ두어번먹은후에

우두 샹 반 더 쟈칸 기다부치버 아파라

엇지ᄒᆞ여이시리오 쿵밍 헌두머 린 워 져
검거ᄒᆞ여사ᄅᆞᆷ의아릐

카다람비머 냘매 퍼지러 아다라머 빔비 러군ᄉᆞ를
내십만여

엇지ᄒᆞ리오 비 쥰 투먼 거런 쵸하 버
당치못ᄒᆞ면

무터라쿠 오호더 애나라 슴비 오ᄯᅡ흘오로막아ᄃᆞᆷ
외로온사ᄅᆞᆷ이다만

시타훈 냘마 다무 우이바버 온니 칼마머

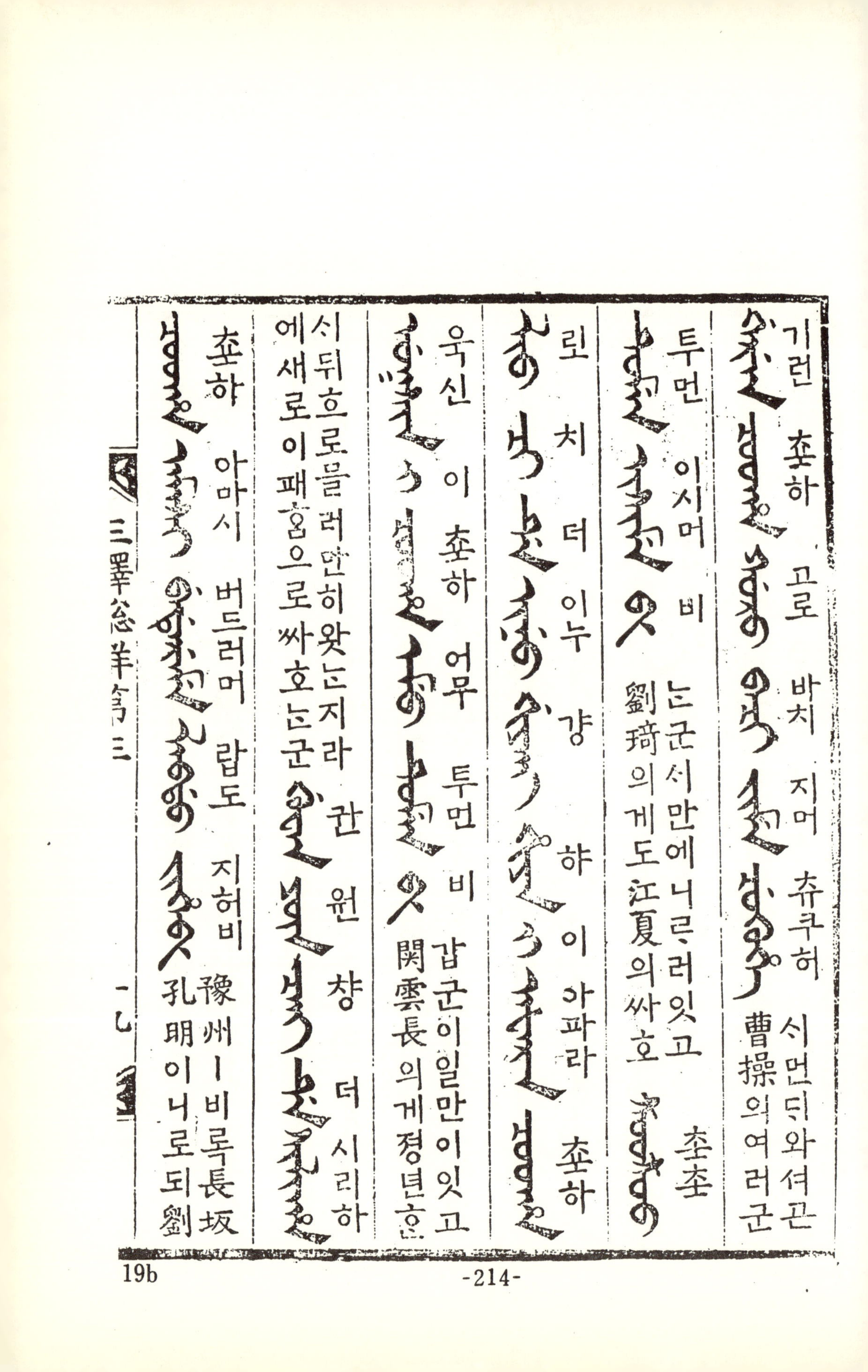

기런 쵸하 고로 바치 지머 츄쿠허 ᄉᆡ먼듸와셔곤
曹操의여러군

투먼 이시머 비 는군ᄉᆡ만에니르러잇고
劉琦의게도江夏의싸호 쵸쵸

린 치 더 이누 걍 햐 이 아파라 쵸하

욱신 이 쵸하 어무 투먼 비 갑군이일만이잇고
關雲長의게정병ᄒᆞᆫ

ᄉᆡ뒤ᄒᆞ로물러던히왓ᄂᆞᆫ지라 관 원 챵 더 시리하
에새로이패ᄒᆞᆷ으로싸호ᄂᆞᆫ군

쵸하 아마시 버드러머 랍도 지허비 豫州ㅣ비록長坂
孔明이니로되劉

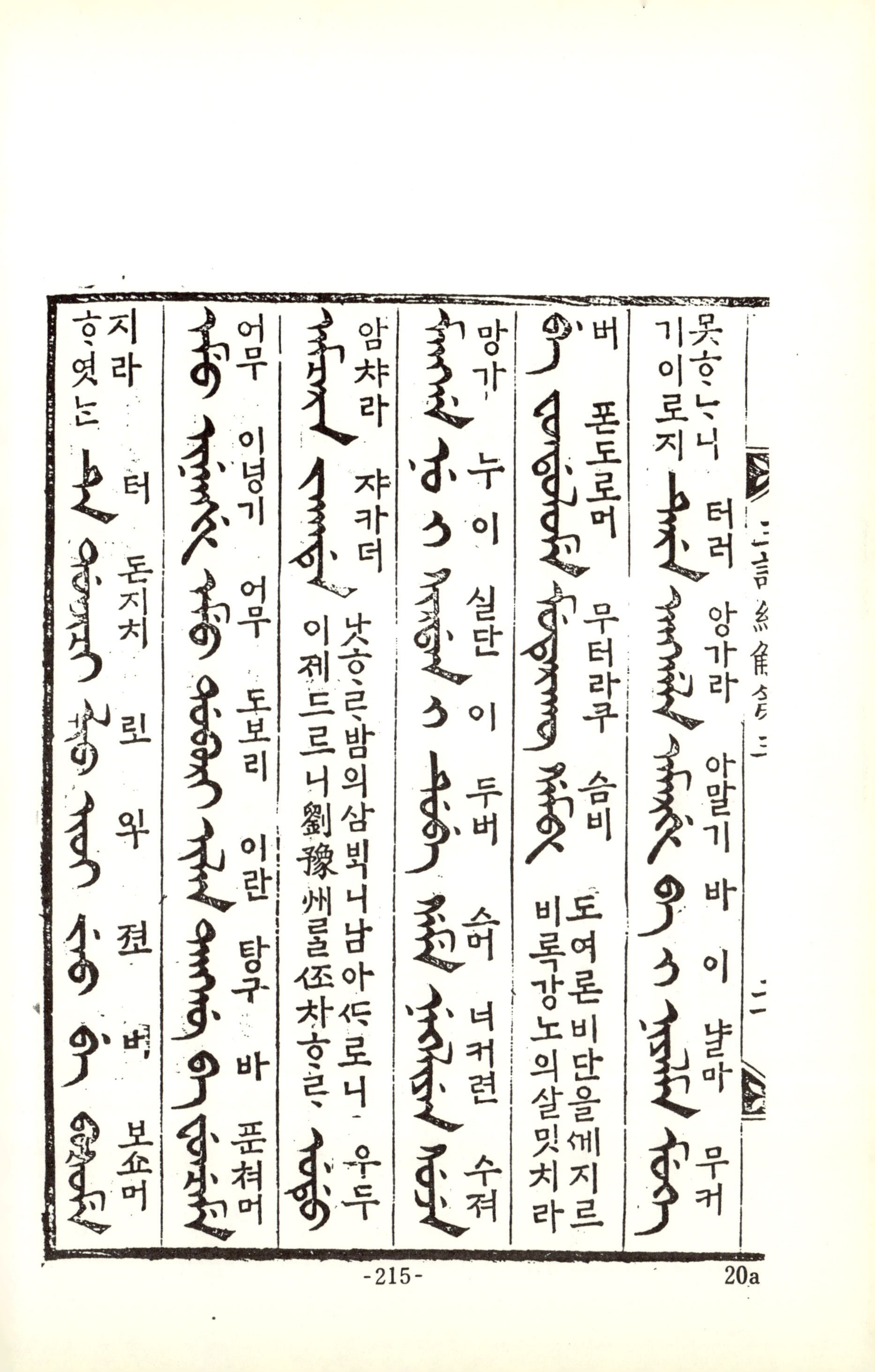

기이로지못ᄒᆞᄂᆞ니 터러 앙가라 아말기 바 이 냘마 무커

버 퐁도로머 무터라쿠 숨비 비록강노의살밋치라도여론비단을세지르

망가 누이 실단 이 두버 슈머 너커련 수져

암샤라 쟈카더 이제드르니劉豫州를조차ᄒᆞᄅᆞ낫ᄒᆞᄅᆞ밤의삼빅니남아ᄯᆞ로니 우두

어무 이넝기 어무 도보리 이란 탕구 바 푼쳐머

ᄒᆞ엿ᄂᆞᆫ지라 터 돈지치 릐 외 져 벼 보쇼머

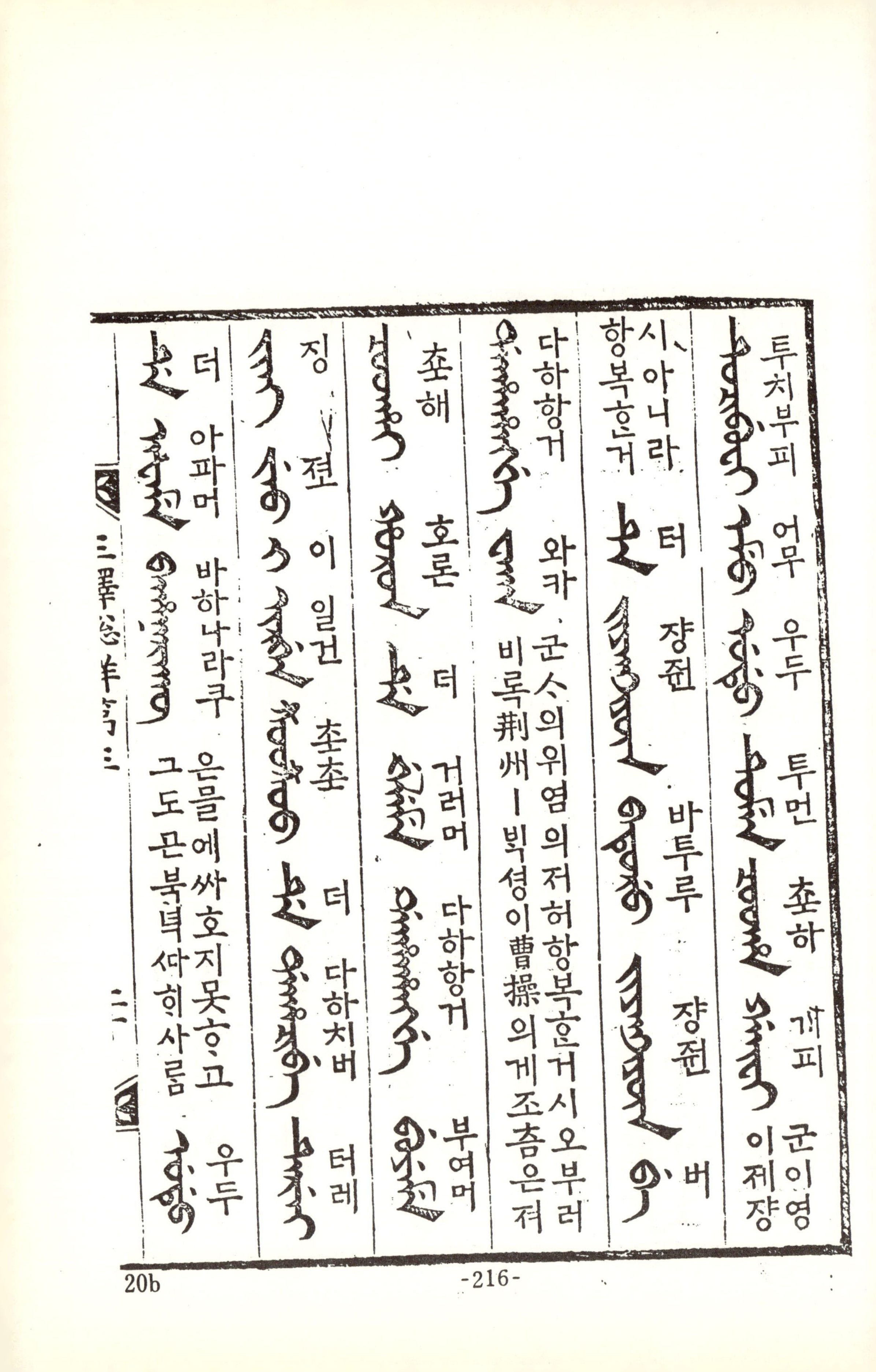

투치부피 어무 우두 투먼 쵸하 개피 군이영 이졔쟝

시、아니라 항복흐거 터 쟝쥔 바투루 쟝쥔 버

다하항거 와카 군ᄉᆞ의위염의저허항복흐거시오부러 비록荊州ㅣ빅셩이曹操의게조츰은져

쵸해 호론 터 거러머 다하항거 부여머

징 졋 이 일건 쵸쵸 터 다하치버 터러

더 아파머 바하나라쿠 은믈에싸호지못ᄒᆞ고 그도믄북ᄇᆡ셔희사름 우두

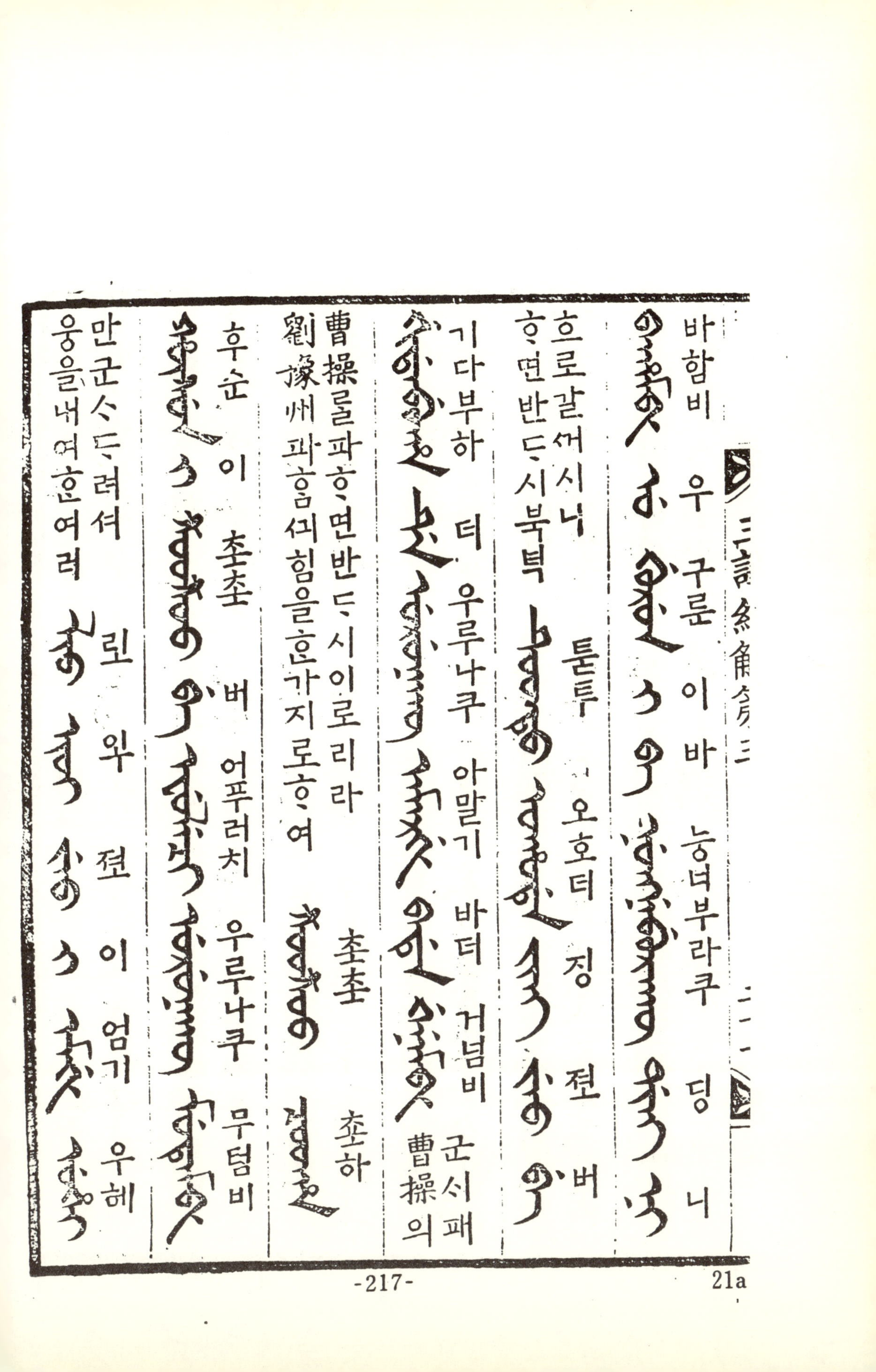

바함비 우 구룬 이 바 능녀부라쿠 딩 니

흐로갈셔시니 흐면반드시북틱

툰투 오호더 정 젼 버

기다부하 더 우루나쿠 아말기 바더 거넘비

군석패 曹操의

曹操를파흐면반드시이로리라

劉豫州파흠믜힘을흐가지로흐여

춘춘 춘하

후순 이 춘춘 버 어푸러치 우루나쿠 무텀비

만군ㅅ드려셔 웅을내여흐여려

린 위 젼 이 엄기 우헤

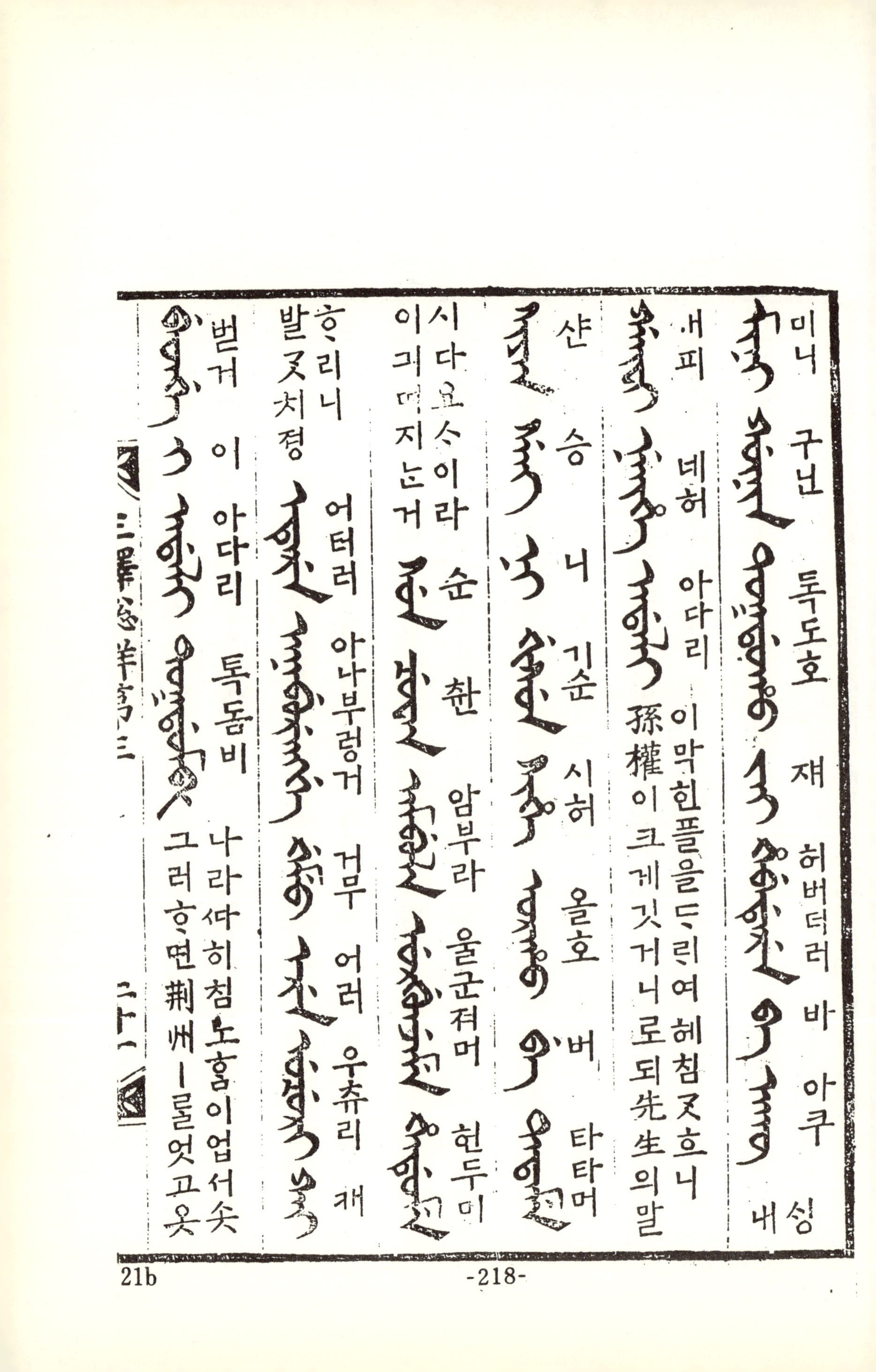

미니 구번 톡도호 재 허버더러 바 아쿠 내싱

새피 네허 아다리
이막힌플을ᄃᆞ리여헤침ᄀᆞᆺᄒᆞ니
孫權이크게깃거니로되先生의말

샨 승 니 기순 시허 올호 버 타타머

시다요ᄉᆞ이라
이긔며지ᄂᆞᆫ거라
순 츈 암부라 울균져머 헌두미

ᄒᆞ리니
발ᄀᆞᆺ치졍
어터러 아나부렁거 거무 어러 우츄리 캐

번거 이 아다리 톡돔비
나라ᄯᅡ히침노홈이업서ᄉᆞᆺ
그러ᄒᆞ면荊州ㅣ를엇고옷

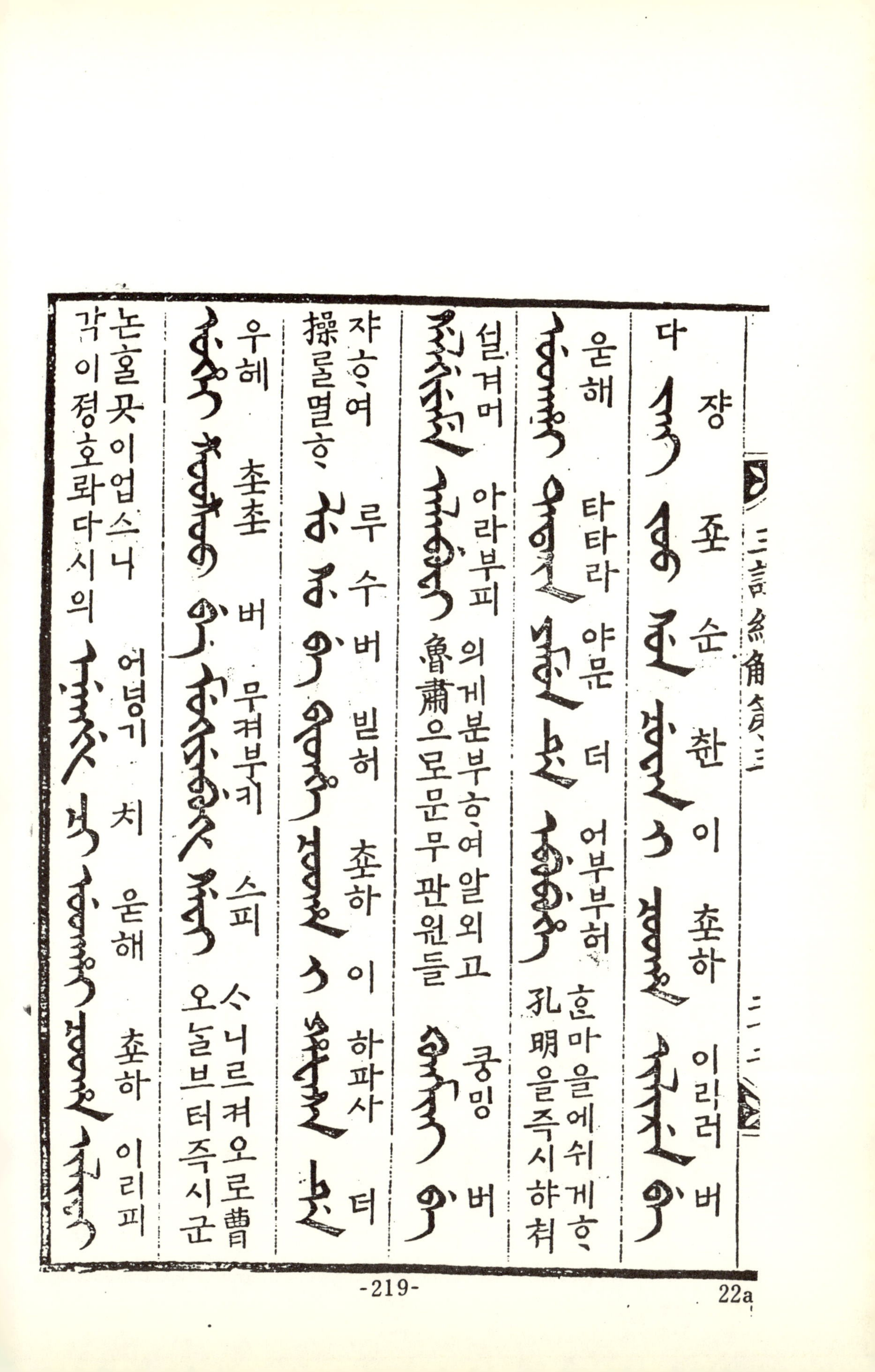

쟝 죠 순 챤 이 쵸하 이리러 버

다

운해 타타라 야문 더 어부부허

ᄒᆞᆫ마을에쉬게ᄒᆞ
孔明을즉시햐쳐

설겨머 아라부피 의게분부ᄒᆞ여알외고 쿵밍 버

魯肅으로문무 관원들

쟈ᄒᆞ여 루수 버 빌허 쵸하 이 하파사 더

操를멸ᄒᆞ

우헤 쵸쵸 버 무켜부키 스픠

ᄉᆞ니르켜오로曹
오놀브터즉시군

논홀꼿이업스니
각이졍호롸다시의

어넝기 치 운해 쵸하 이리피

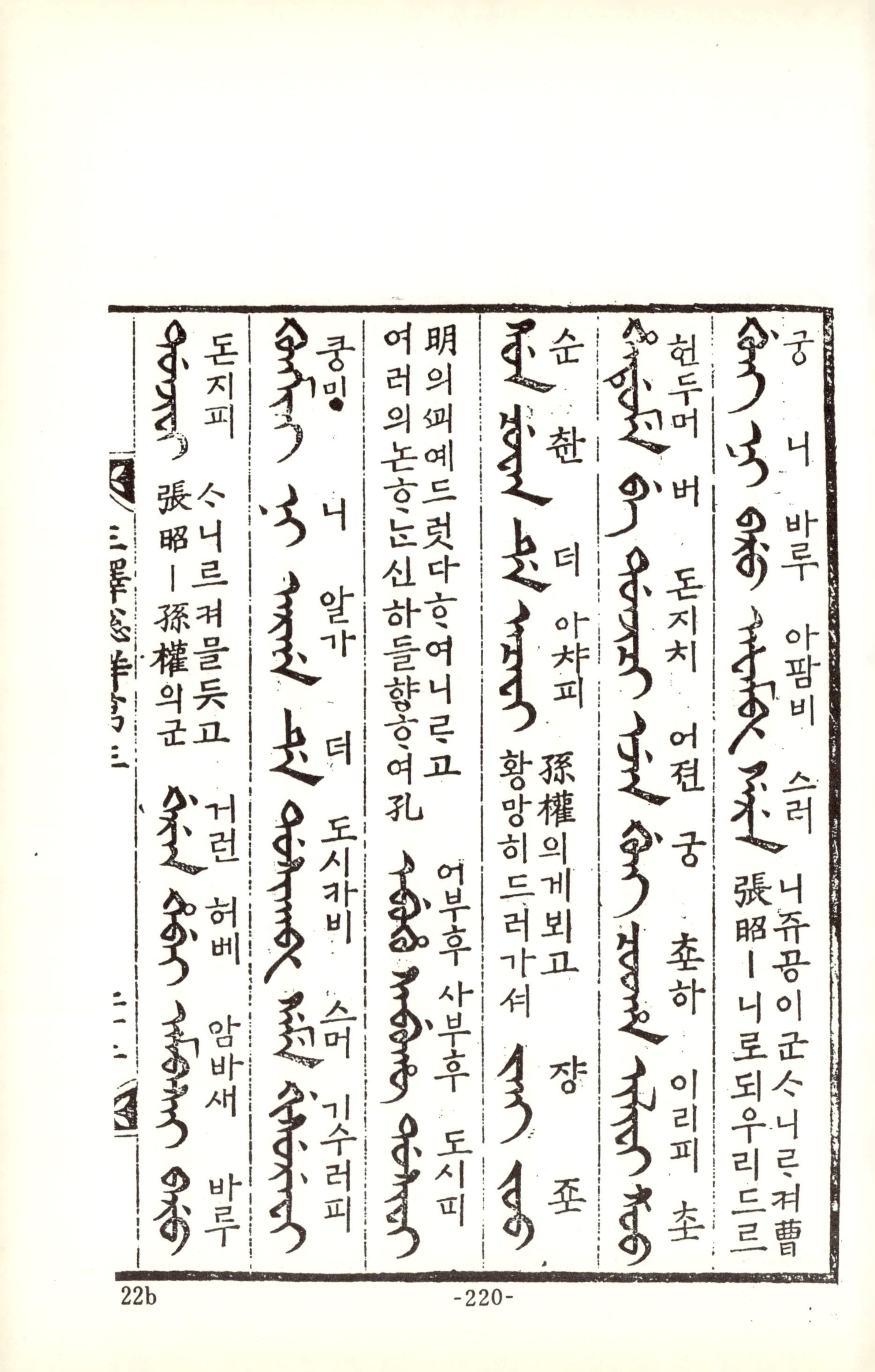

궁 니 바루 아팜비 스러 니쥬공이군ᄉᆞ니릭켜曹
張昭ㅣ니로되우리드르

헌두머 버 돈지치 어젼 궁 춘하 이리피 쵸

순 촨 더 아차피 孫權의게뵈고
황망히드러가셔 장 죠

明의ᄯᅢ예드럿다ᄒᆞ여니릭고
여러의논ᄒᆞᄂᆞᆫ신하들향ᄒᆞ여孔 어부후 사부후 도시피

쿵밍 니 알가 더 도시카비 스머 기수러피

돈지피 ᄉᆞ니릭켜물듯고
張昭ㅣ孫權의군 거런 허베 암바새 바루

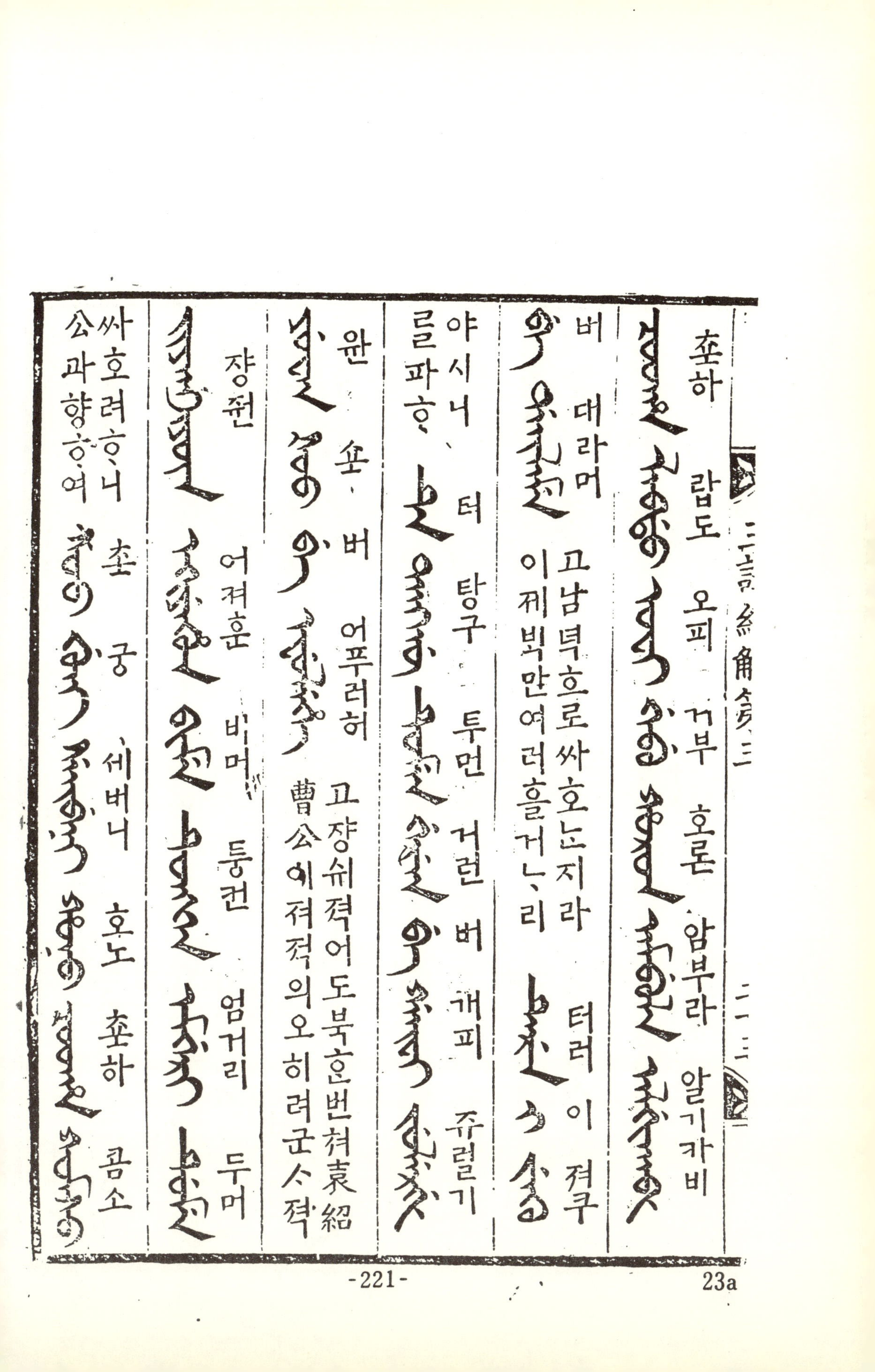

촌하 랍도 오피 거부 호론 암부라 알기카비

버 대라머
고남뎍흐로싸호ᄂᆞᆫ지라
이제븨만여러흘거ᄂᆞ리
터러 이 져쿠

야시나、 터 탕구 투먼 거련 버 개피 쥬련기
를파ᄒᆞ、

완 숀、 버 어푸러허
고쟝슈젹어도북흔번쳐袁紹
曹公이져젹의오히려군ᄉᆞ젹

쟝 줜 어져훈 비머 둥권 엄거리 두머

싸호려ᄒᆞ니 촌 궁 셰버니 호도 촌하 콤소
公과향ᄒᆞ여

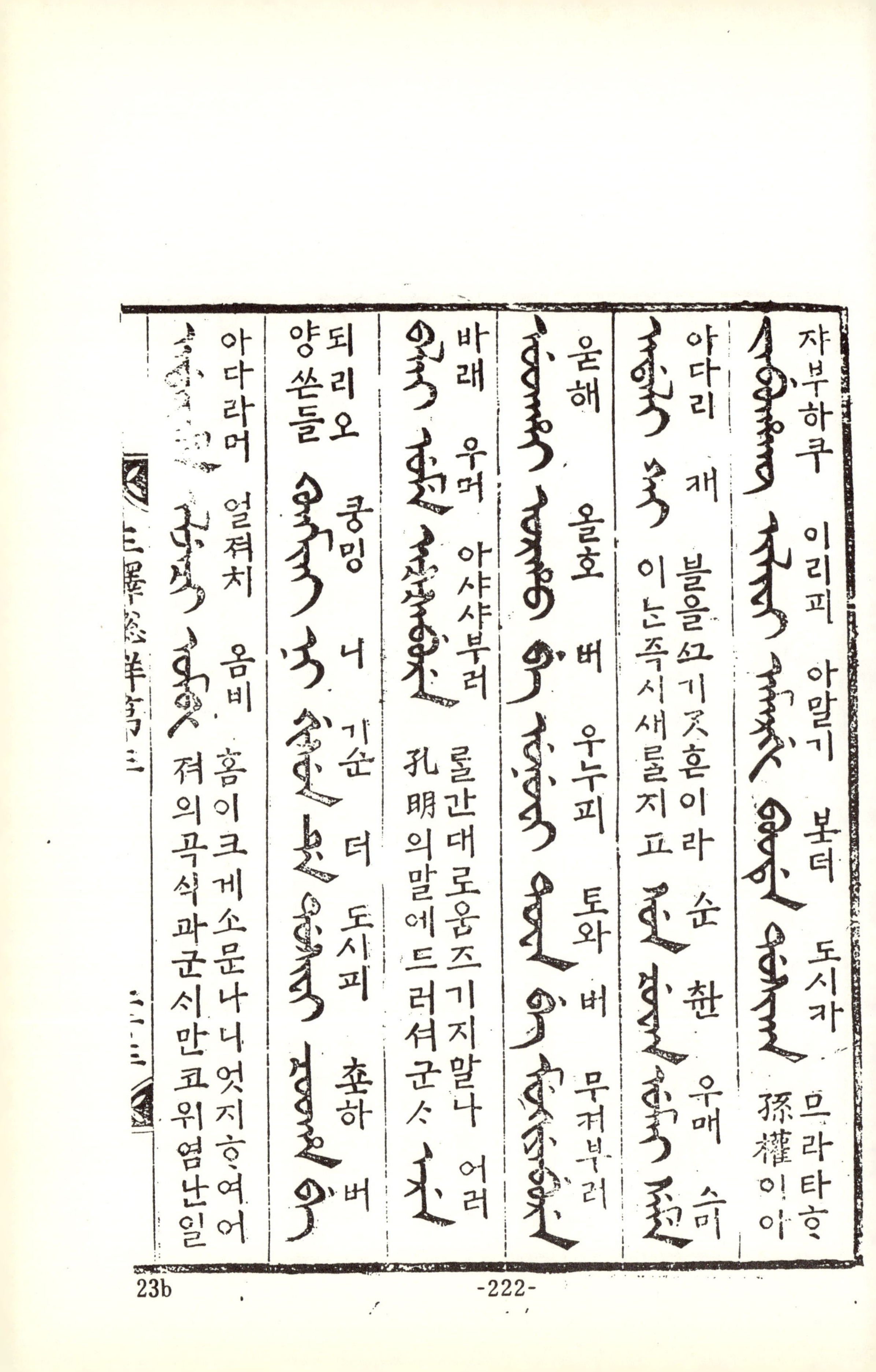

쟈부하쿠 이리피 아말기 보더 도시카 므라타ᄒᆞ
孫權이아
아다리 개 블을ᄡᅳ기ᄀᆞᆺ흔이라 순 촨 우매 싀
이ᄂᆞᆫ즉시새ᄅᆞᆯ지교
욷해 올호 버 우누피 토와 버 무져부러
바래 우머 아샤샤부러 ᄅᆞᆯ간대로움즈기지말나 어러
孔明의말에드러셔군ᄉᆞ
되리오 쿵밍 나 기순 더 도시피 ᄎᆞ하 버
양쓴들
아다라머 얼져치 옴비 홈이크게소문나니엇지ᄒᆞ여어
져의곡식과군ᄉᆞ만쿄위염난일

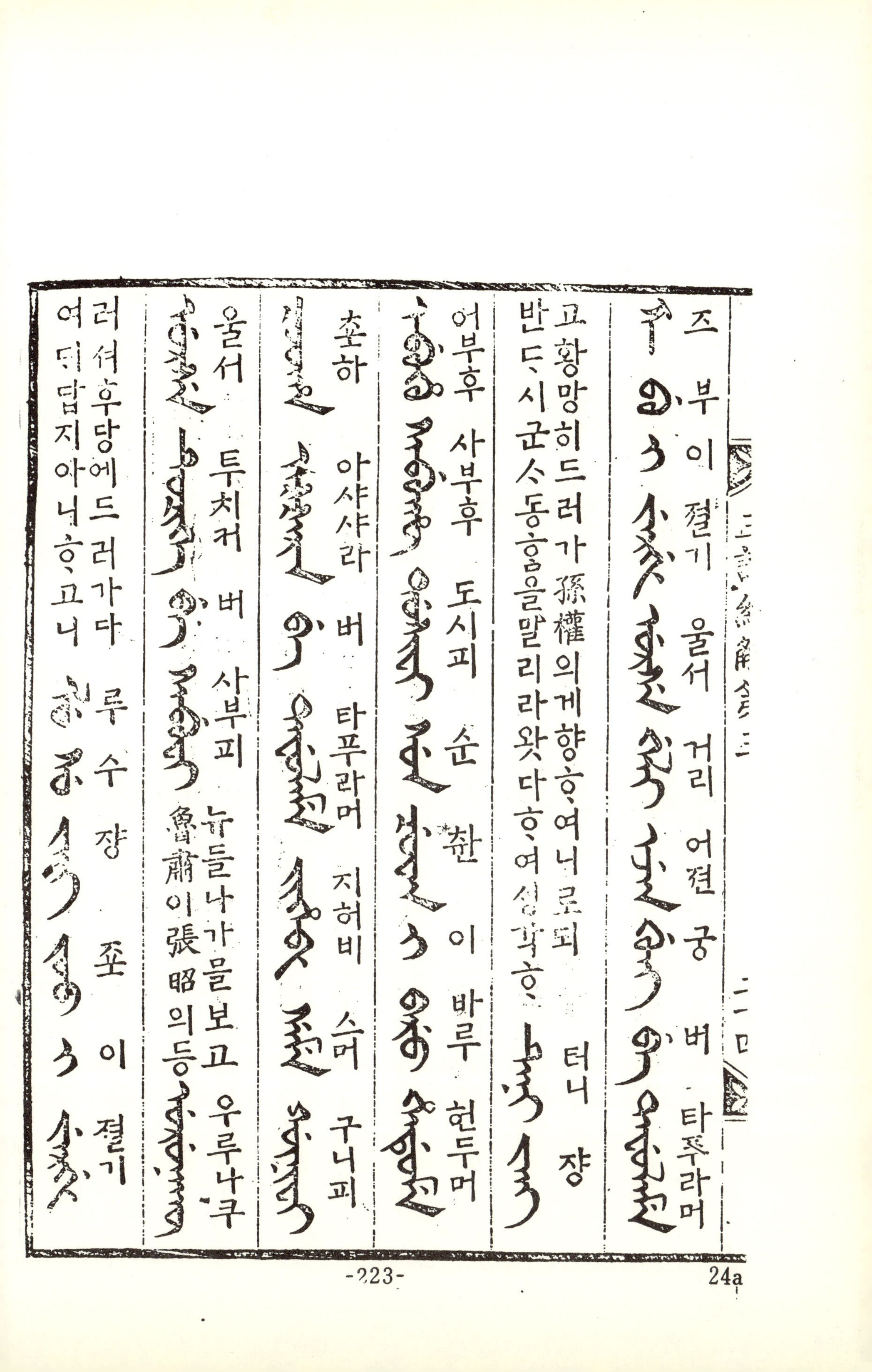

즈 부 이 졀기 울서 거리 어젼 궁 버 타주라머

고황망히드러가孫權의게향ᄒᆞ여니ᄅᆞ되 터니 쟝
반ᄃᆞ시군ᄉᆞ동흠을말리라왓다ᄒᆞ여싱각ᄒᆞ

어부후 사부후 도시피 순 촨 이 바루 헌두머

춘하 아샤샤라 버 타푸라머 지허비 슈머 구니피

울서 투치거 버 사부피 뉴들나가믈보고 우루나쿠
魯肅이張昭의등

러셔후당에드러가다 루 수 쟝 죠 이 졀기
여ᄃᆡ답지아니ᄒᆞ고니

이요
싱각홈 어젼 궁 나 쟈린 싸샤샤머 상간 져연

비 나라랑거
놉흔집큰아문의안자가옴열고놉흠을
문관들이각각고은계집어린ᄌᆞ식들과

뎐 보 암바 야문 더 터퀴 바얀 워시훈

하파사 머너 머너 호치콘 살간 아지거 쥬서

다하키 스령거
의게향복고져ᄒᆞᄂᆞᆫ거슨 빌허 이
군ᄉᆞ니ᄅᆞ혀지말고曹操

들이또쥬공을말려 쵸하 우머 이리러 쵸쵸 더
앗가張子布의등뉴

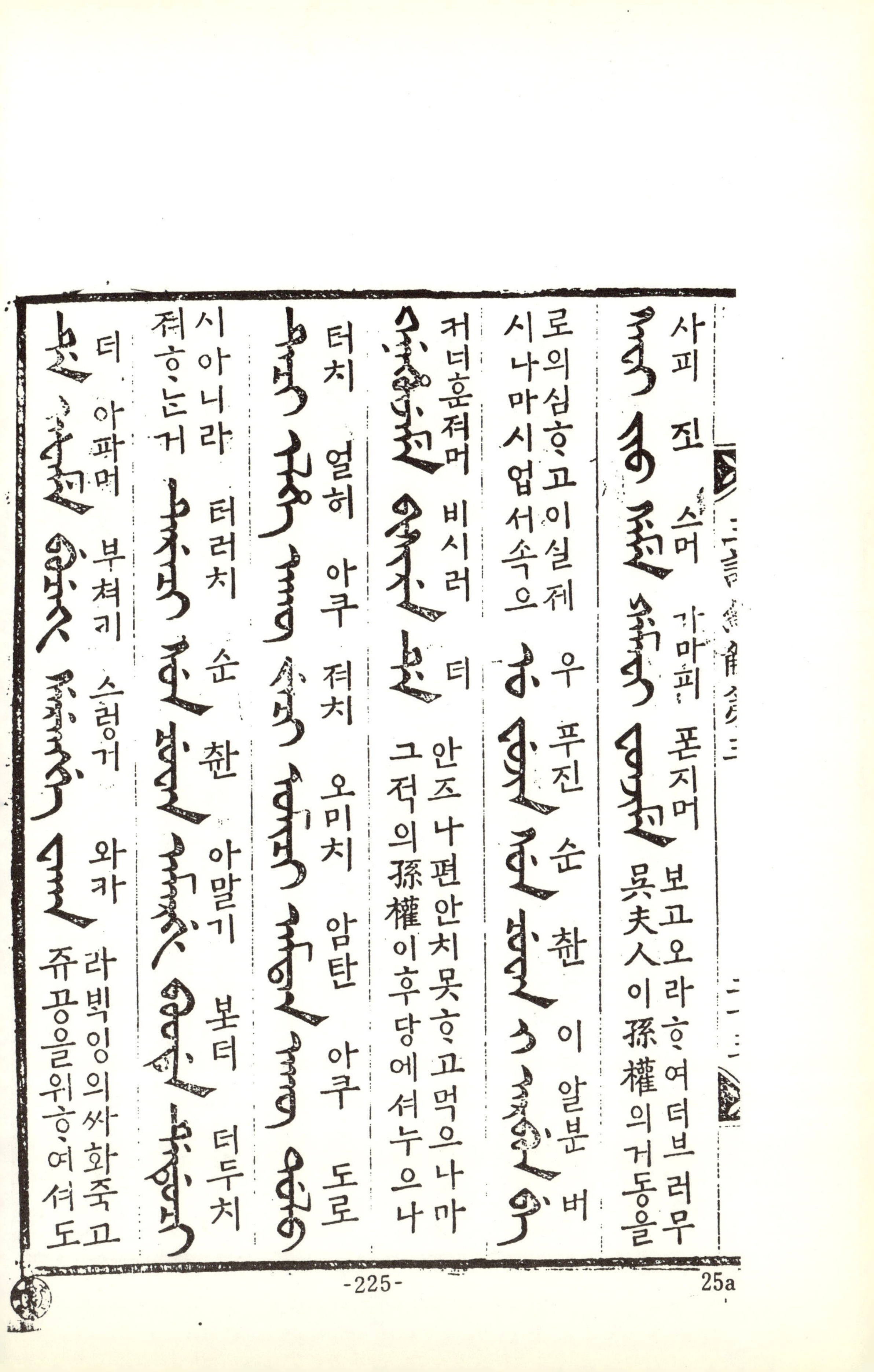

사피 쥔 스머 가마퓌 폰지머 보고오라ᄒᆞ여터브러무 吳夫人이孫權의거동을

로의심ᄒᆞ고이실제 시나마시업서속으 우 푸진 슌 춴 이 알분 버

커녀훈져머 비시러 터 안조나편안치못ᄒᆞ고먹으나마 그적의孫權이후당에셔누으나

터치 열히 아쿠 져치 오미치 암탄 아쿠 도로

시아니라 져ᄒᆞᄂᆞᆫ거 터러치 슌 춴 아말기 보터 터두치

터 아파머 부쳐키 스렁거 와카 라빅잉의싸화죽고 쥬공을위ᄒᆞ여셔도

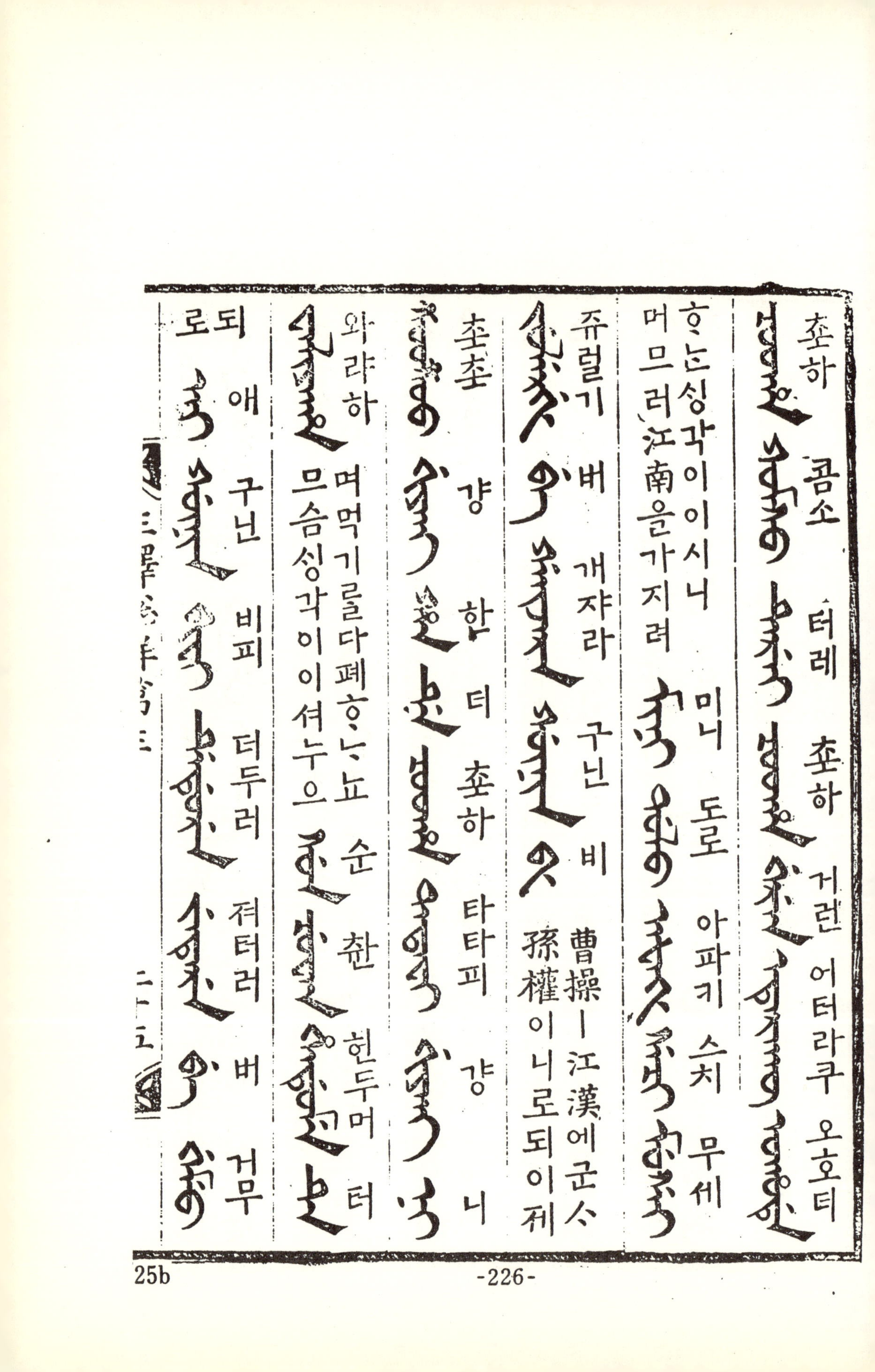

쵸하 콤소 터레 쵸하 거런 어터라쿠 오호티

ᄒᆞᄂᆞᆫ싱각이이시니
머므러江南을가지려

미니 도로 아파키 스치 무세

쥬럴기 버 개쟈라 구닌 비

曹操ㅣ江漢에군ᄉᆞ
孫權이니로되이제

쵸쵸 걍 한 터 쵸하 타타픠 걍 니

와라하

며먹기를다폐ᄒᆞᄂᆞ뇨
므슴싱각이이셔누으

순 츈 헌두머 터

되
로

애 구닌 비피 더두러 져터러 버 거무

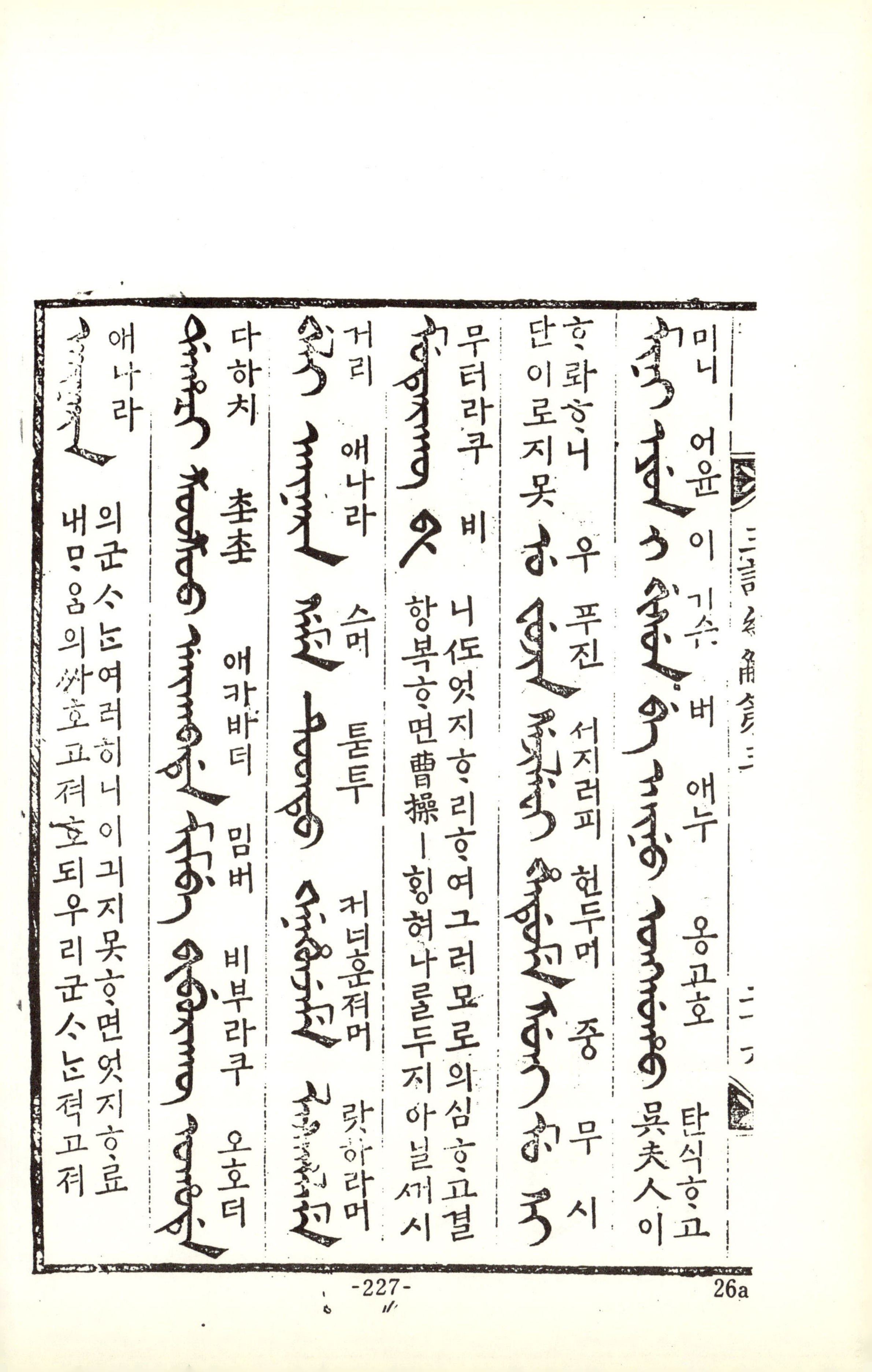

애나라

내ᄆᆞ옴의ᄊᆞ호고져ᄒᆞ되우리균ᄉᆞ는젹고져

의균ᄉᆞ는여러히니이긔지못ᄒᆞ면엇지ᄒᆞ료

다하치 촐촐 애카바터 밈버 비부라쿠 오호더

거리 애나라 슴머 툼투 커녀훈져머 랏하라머

항복ᄒᆞ면曹操ㅣ횡혀나를두지아닐셔시

무터라쿠 비

니ᄯᅩ엇지ᄒᆞ리ᄒᆞ여그러모로의심ᄒᆞ고결

단이로지못

ᄒᆞ롸ᄒᆞ니

우 푸진 서지러피 헌두머 중 무 시

미니 어윤이 기슌 버 애누 옹고호

吳夫人이

탄식ᄒᆞ고

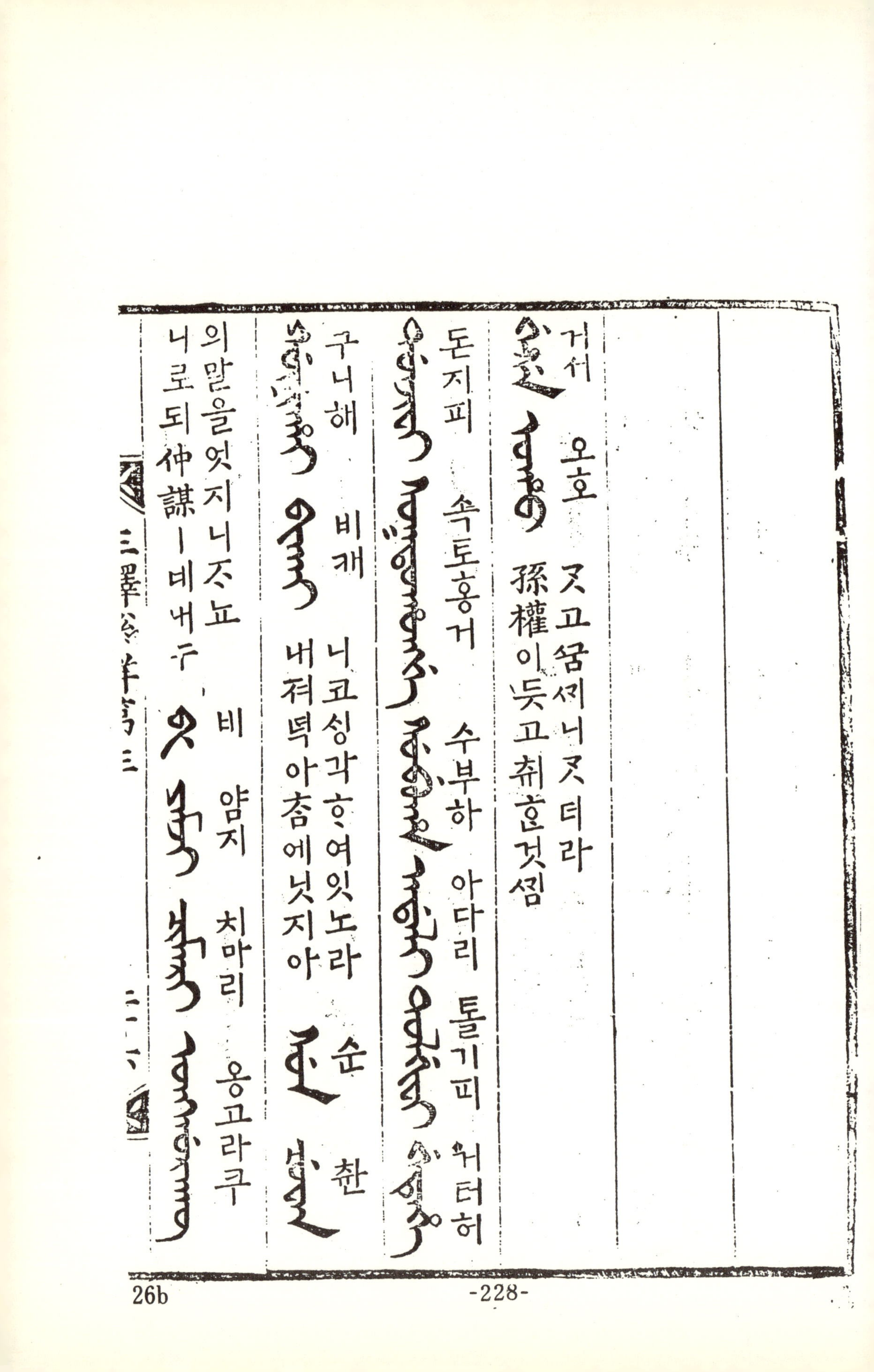

거서 오호 ᄌᆞ고ᄭᅮᆷ셔니ᄌᆞ더라
孫權이듯고취ᄒᆞᆫ것셤

돈지피 속토홍거 수부하 아다리 톨기피 ᅌᅥ터허

구니해 비개 니쿄싱각ᄒᆞ여잇노라 순 춴
버쳐뎍아ᄎᆞᆷ에닛지아

의말을엇지니ᄌᆞ뇨 비 얌지 치마리 옹고라쿠
나로되仲謀ㅣ네버ᄃᆞ

三譯總解第三 二十六

三譯総解 四

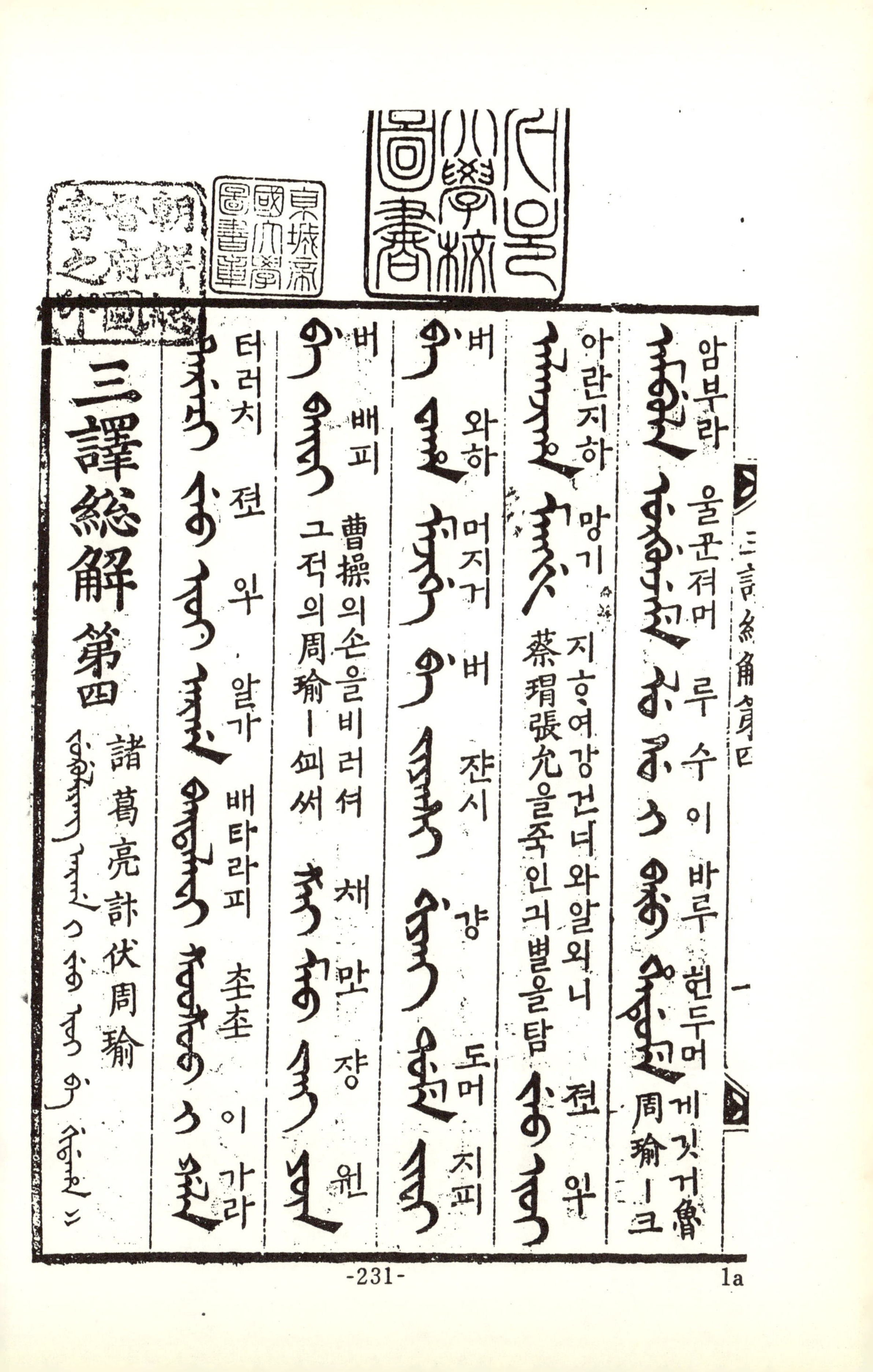

암부라 울균져머 루수이 바루 훤두머 게깃거魯
周瑜ㅣ크

아란지하 망기 쥬 위
지ᄒᆞ여강건너와알외니
蔡瑁張允을죽인긔별을탐

버 와하 머지거 버 쟌시 걍 도머 지피

버 배피 채 만 쟝 원
曹操의손을비러셔
그적의周瑜ㅣ씌써

터러치 쥬 위 알가 배타라피 촌촌 이 가라

三譯總解 第四

諸葛亮詐伏周瑜

춴 더 머지허 개머 지허 쿵밍
별알라오니
孔明의비예긔

기순 버 아리머 개피 쿵밍 니
바다가지고
魯肅이말을

투와 삼뵈 살쿤 루 수
보라아ᄂᆞᆫ가모로ᄂᆞᆫ가
子敬이네ᄒᆞᆫ말시험ᄒᆞ여

소기지못ᄒᆞ리라
면되려니와孔明을
즈 징 시 어무 기순 쳔더머

옴비 쿵밍 버 기다치 오쟈라쿠
러쟝슈룰소기
내싱각ᄒᆞ니여

여니로되
肅의게향ᄒᆞ
베 구너치 거런 쟝쥔 버 기다치

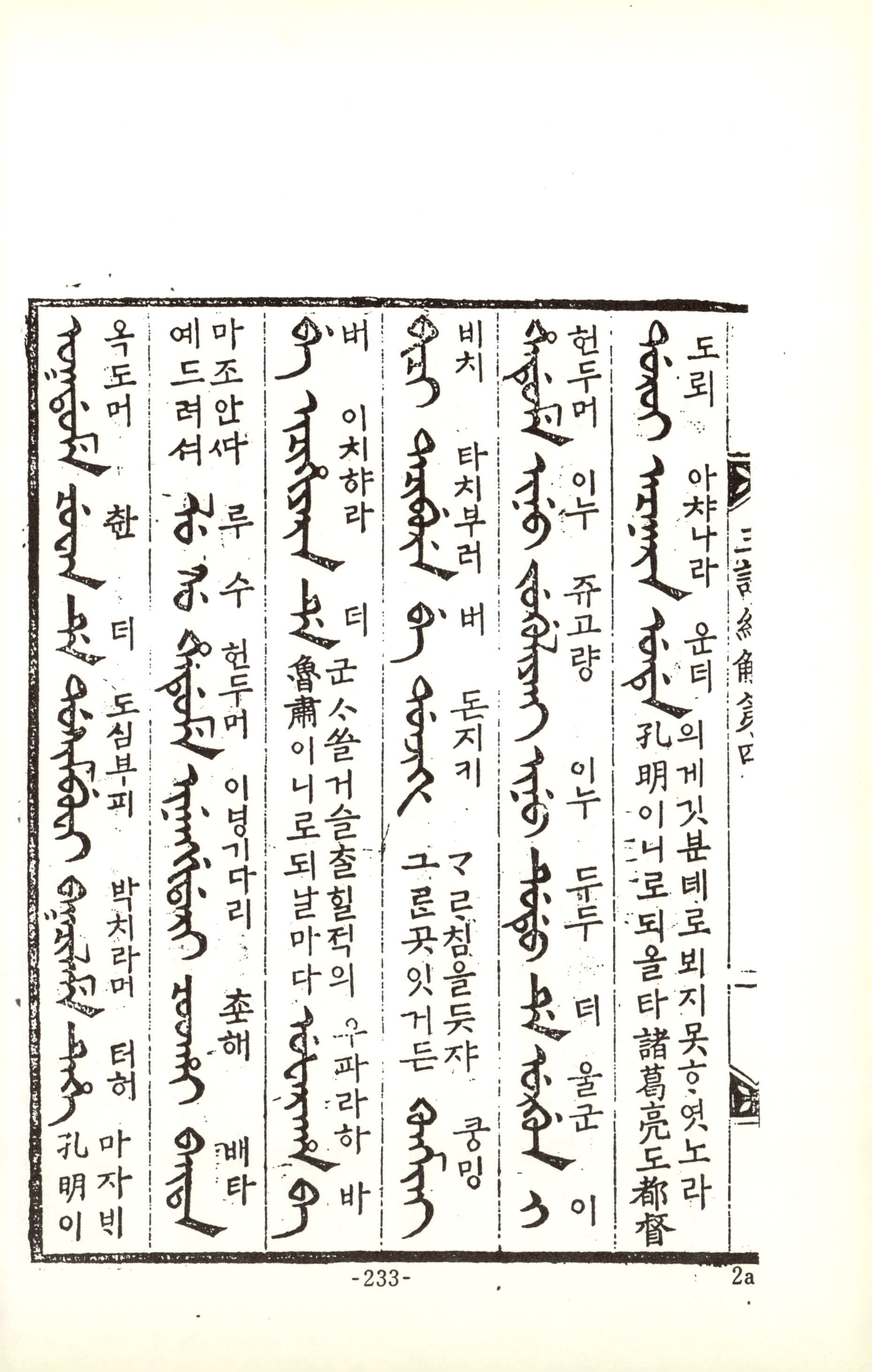

도뢰 아챠나라 운티 의게깃분톄로뵈지못ᄒᆞ엿노라
孔明이니로되올타諸葛亮도都督

헌두머 이누 쥬고량 이누 듀두 티 울군 이

비치 타치부러 버 돈지키 마른침을듯쟈 쿵밍
그런곳잇거든

버 이치하라 티 군ᄉᆞ쓸거슬출힐적의 우파라하 바
魯肅이니로되날마다

마조안ᄽᅡ 루 수 헌두머 이녕기다리 쵸해 배타
예드려셔

옥도머 챤 티 도심부피 박치라머 터허 마자빅
孔明이

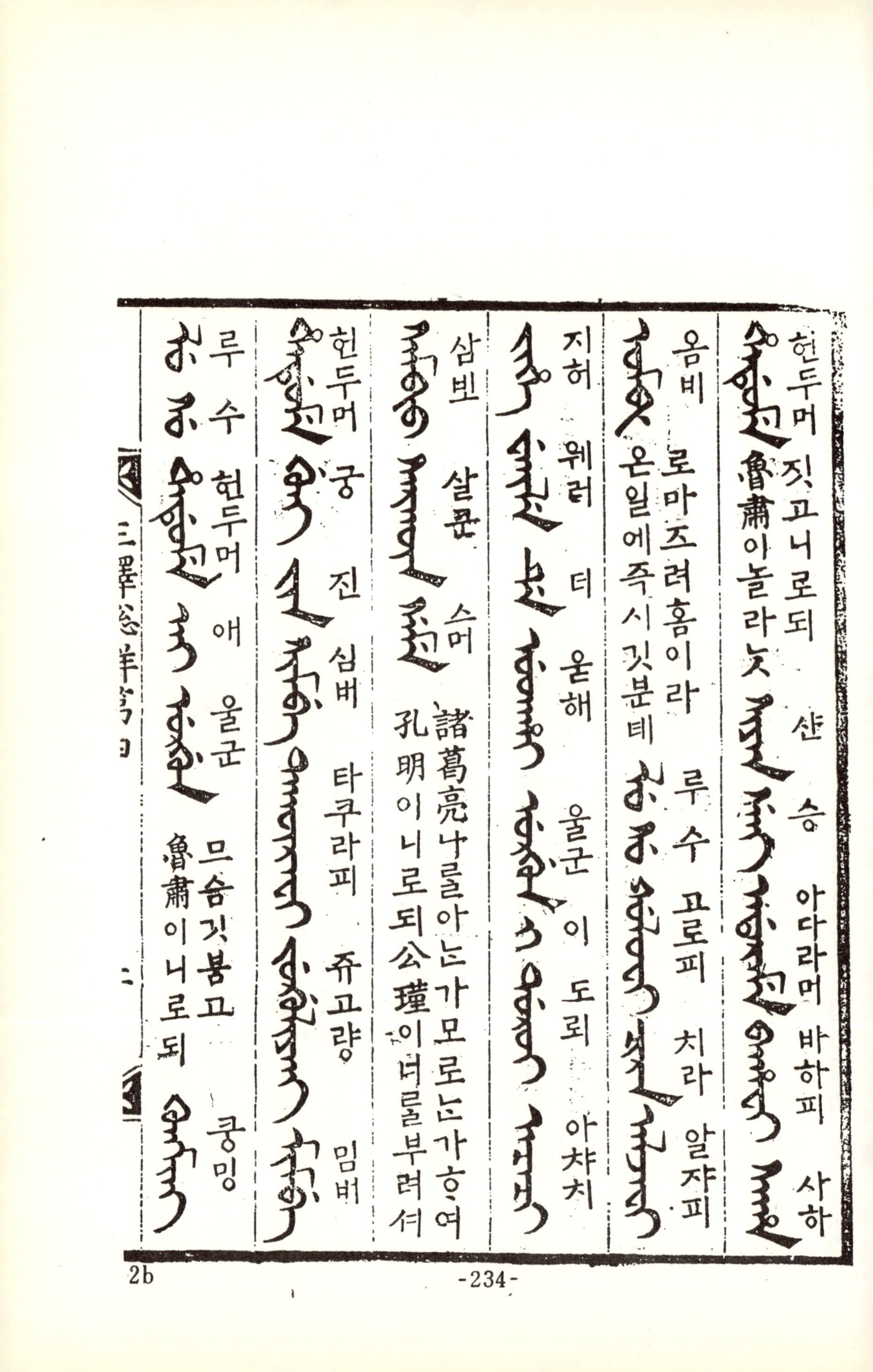

헌두머 직고니로되 魯肅이놀라낫 샨 승 아다라머 바하피 사하

옴비 로마즈려홈이라 온일에즉시깃분테 루 수 끄로피 치라 알쟈피

지허 웨러 터 온해 울군 이 도뢰 아챠치

삼빈 살쿤 슴머 諸葛亮나를아는가모로는가ᄒᆞ여 孔明이니로되公瑾이너를부려셔

헌두머 궁 진 심버 타쿠라피 쥬고량 밈버

루 수 헌두머 애 울군 므슴깃붐고 魯肅이니로되 쿵밍

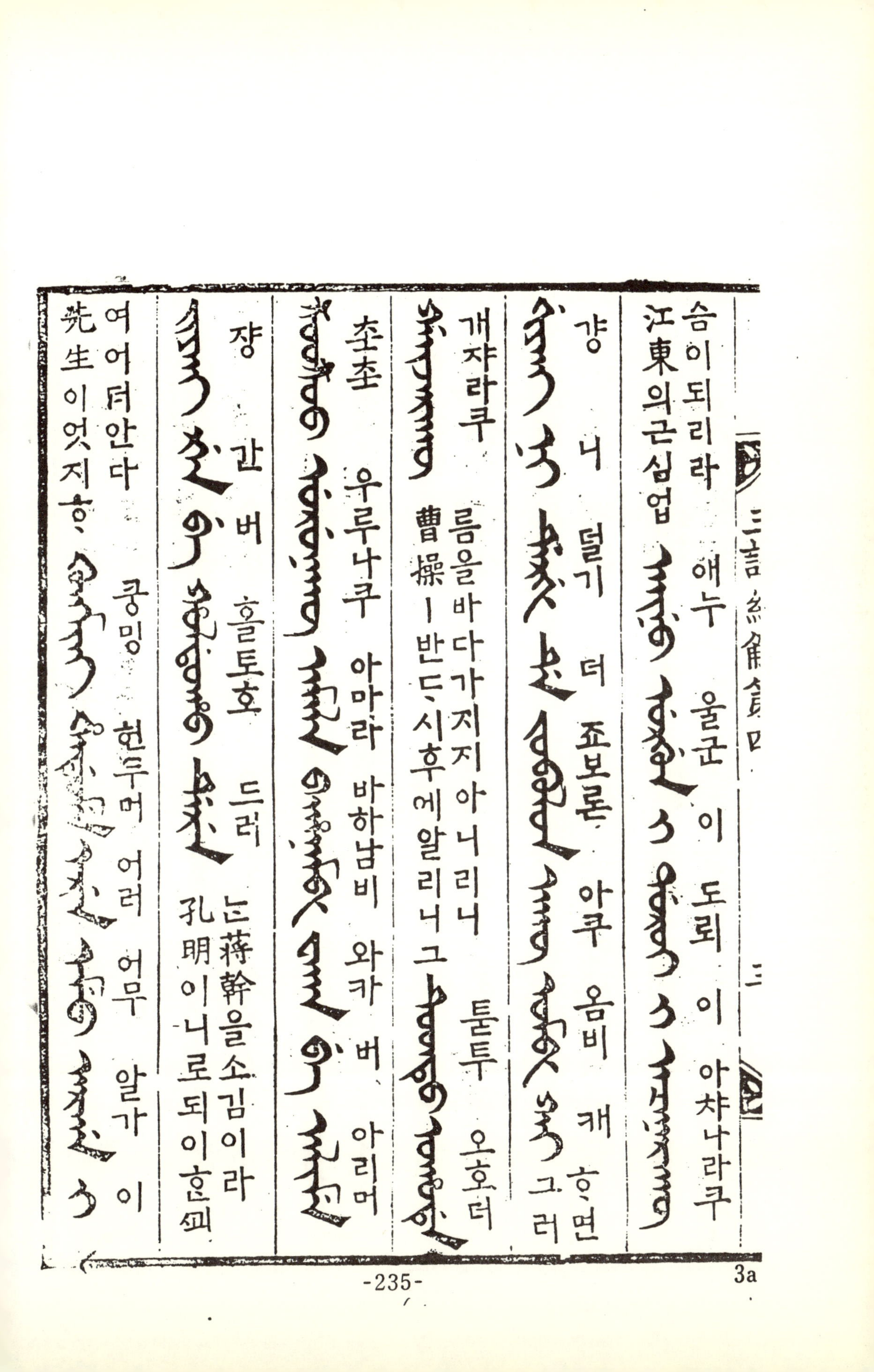

ᄒᆞᆷ이되리라 江東의군십업

애누 울균 이 도뢰 이 아챠나라쿠

걍 니 덜기 더 죠보론 아쿠 옴비 캐 ᄒᆞ면 그러

개쟈라쿠 름을바다가지지아니리니 曹操ㅣ반ᄃᆞ시후에알리니그

둘투 오호더

쵸쵸 우루나쿠 아마라 바하남비 와카 버 아리머

쟝 간 버 홀토호 드러 ᄂᆞᆫ蔣幹을소김이라 孔明이나로되이ᄒᆞᆫ긔

여어뎌안다 先生이엇지ᄒᆞ

쿵밍 헌두머 어러 어무 알가 이

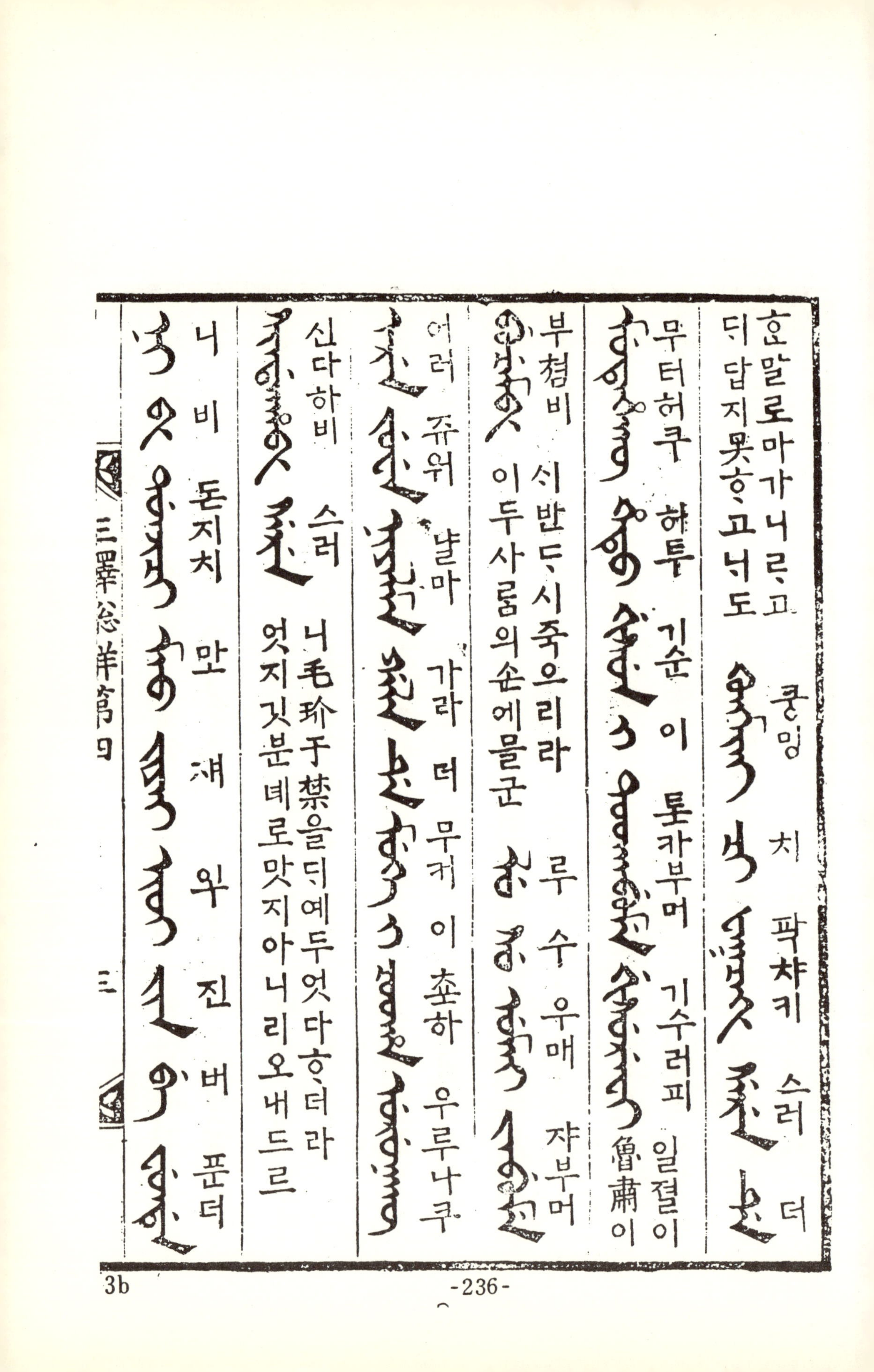

ᄒᆞᆫ말로마가니ᄅᆞ고
ᄃᆡ답지몯ᄒᆞ고너도

쿵밍 치 퍅챠키 스러 더

무터허쿠 하투 기순 이 톨카부머 기수러피 일절이

魯肅이

부쳠비

시받ᄃᆞ시죽으리라

루 수 우매 쟈부머

이두사ᄅᆞᆷ의손에믈군

여러 쥬워 냘마 가라 더 무커 이 쵸하 우루나쿠

신다하비 스러

니毛玠于禁을ᄃᆡ예두엇다ᄒᆞ더라

엇지깃분녜로맛지아니리오내드르

니 비 돈지치 만 재 워 진 버 푼더

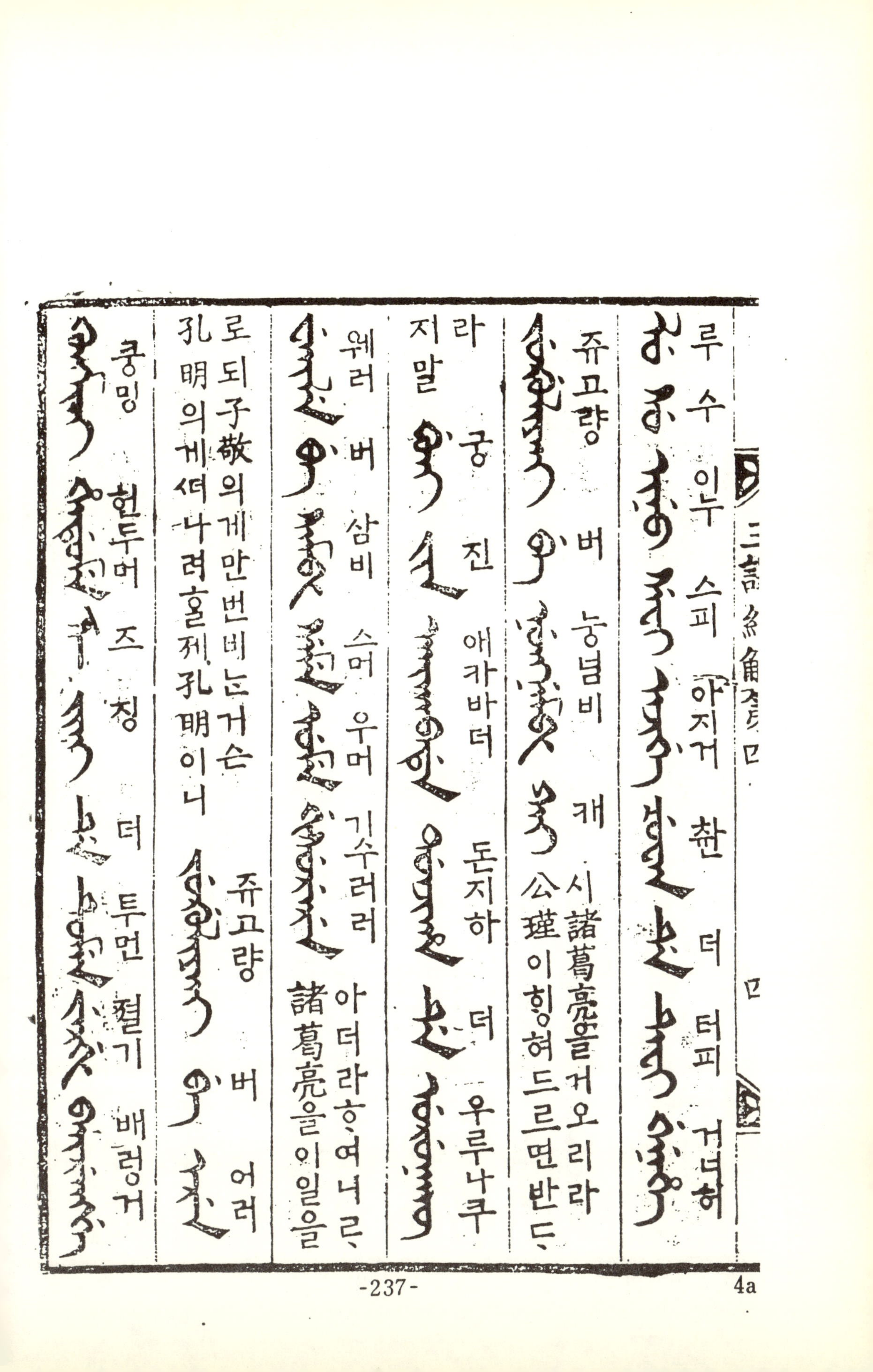

루수 이누 슈피 아지거 춴 더 터피 거녀허

쥬교량 버 눙념비 캐 시諸葛亮을거오리라
公瑾이힝혀드르면반ᄃᆞ、

라 궁 진 애카바더 돈지하 더 우루나쿠
지말

웨러 버 삼비 스머 우머 기수러러 아더라ᄒᆞ여너라、
諸葛亮을이일을

로되子敬의게만번비는거슨 쥬교량 버 어러
孔明의게셔나려ᄒᆞᆯ제孔明이니

쿵밍 헌투머 즈 칭 더 투먼 젤기 배령거

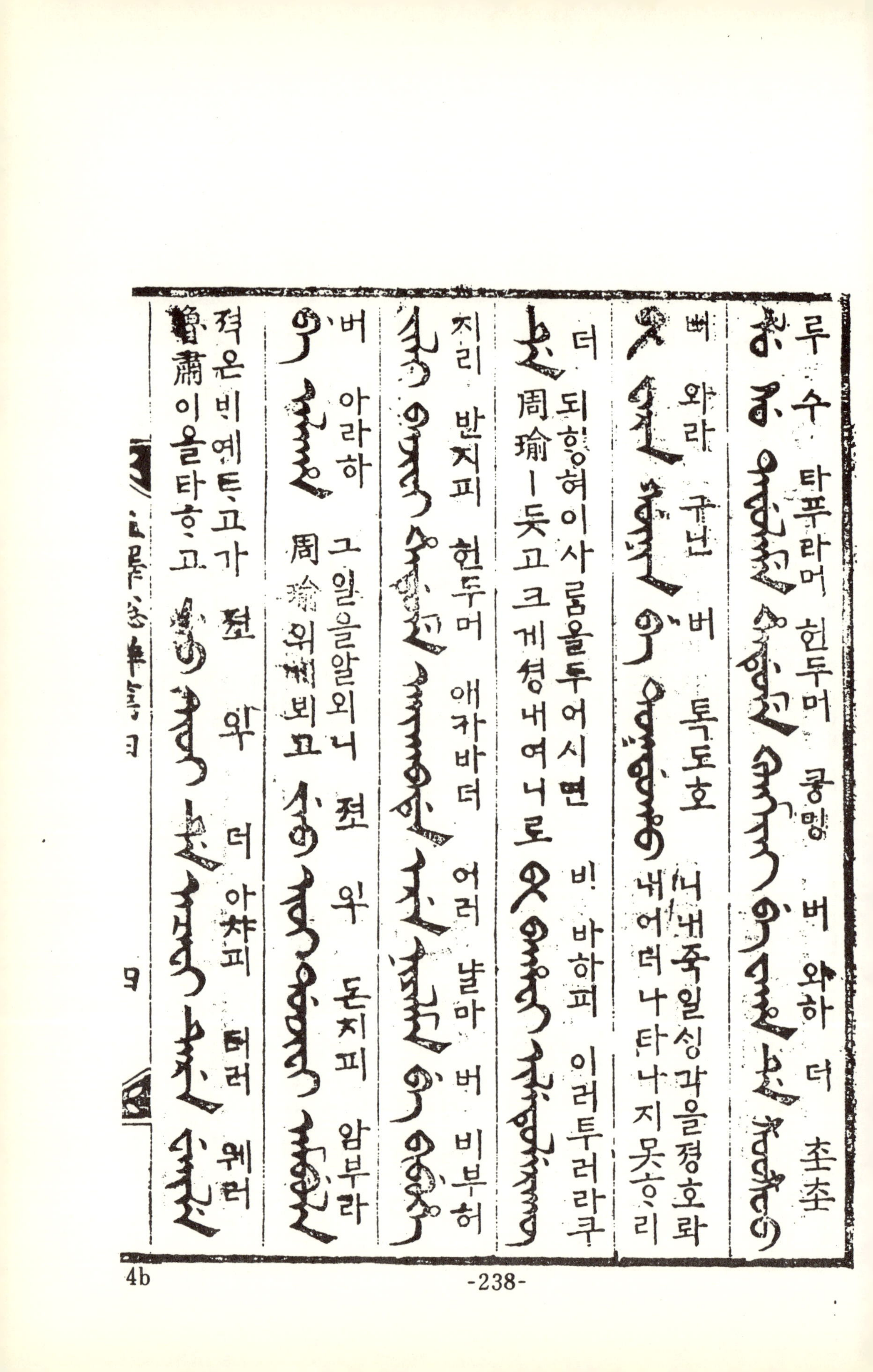

루 수 타푸라머 헌두머 쿵멍 버 와하 더 쵸쵸

뻐 와라 구넌 버 톡도호 니내죽일싱각을졍호롸

내어더나타나지못ᄒᆞ리

더 되힝혀이사ᄅᆞᆷ을두어시면 비 바하피 이러투러라쿠

周瑜ㅣ돗고크게셩내여니로

지리 반지피 헌두머 애차바더 어러 날마 버 비부허

버 아라하 그일을알외니 져 위 돈지피 암부라

周瑜위께뵈고

쟉은비예투고가 져 와 더 아챠피 터러 웨러

魯肅이올타ᄒᆞ고

재 바하피 삼비 캐 지말라다시어데알리라 재
周瑜ㅣ니로되子敬은뭇

오 졉 와 헌두머 즈 징 우머 폰지러
엇지

수 헌두머 톤도 스렁거 아다라머 도롭다ᄒᆞ는거시
魯肅이니로되공

읏하츈 아쿠 져죽기를올거니히믈치못ᄒᆞ리라 루
周瑜ㅣ니로되내공도로이죽이면

헌두머 비 톤되 와하 더 터러 부쳐치버 이누

더 바수붐비 죽이면曹操의게우임이라 졉 와
魯肅이말려니로되孔明을

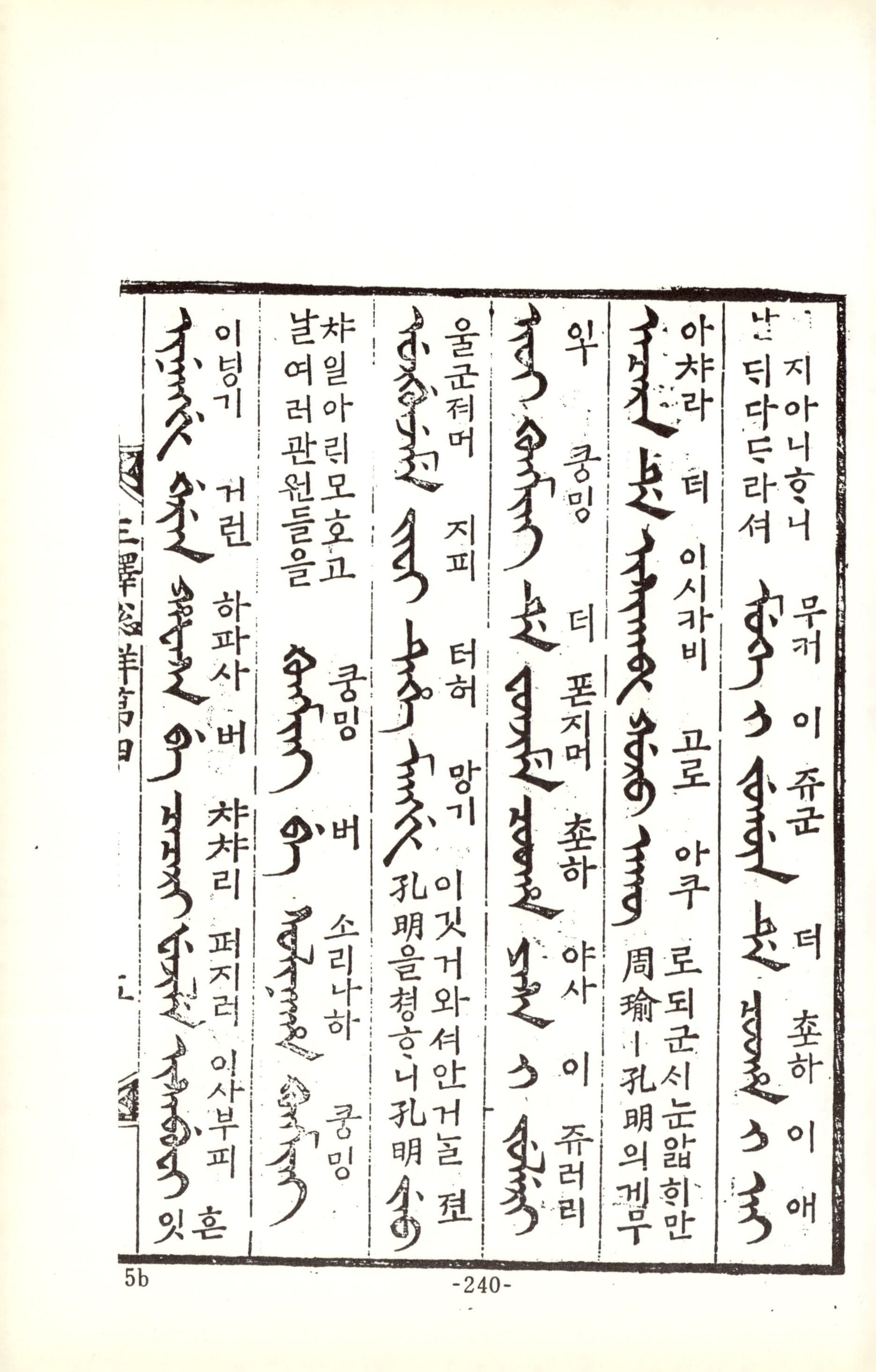

난ᄃᆡ다ᄃᆞ라셔지아니ᄒᆞ니

무거 이 쥬군 더 촌하 이 애

아챠라 더 이시카비 고로 아쿠

周瑜ㅣ孔明의게무로되군ᄉᆡ눈앏희만

워 쿵밍 더 폰지머 촌하 야사 이 쥬러리

울군져머 지피 터허 망기

孔明을쳥ᄒᆞ니孔明이깃거와셔안거늘져

날여러관원들을챠일아ᄅᆡ모호고

쿵밍 버 소리나하 쿵밍

이닝기 거런 하파사 버 챠챠리 펴지러 이사부피

잇흔

三譯總解第四 五

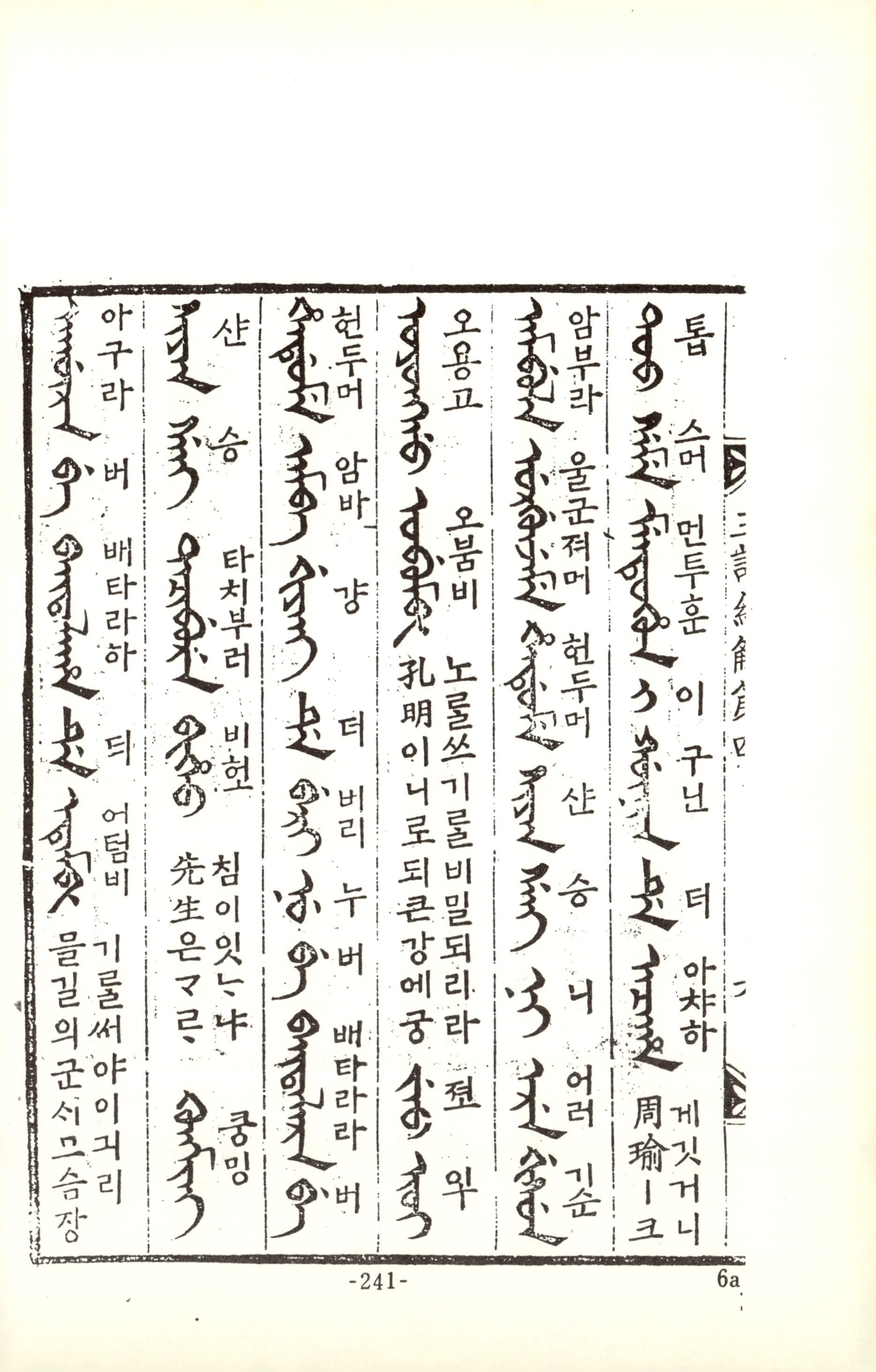

톱 슈머 먼투훈 이 구넌 터 아샤하 周瑜ㅣ크게깃거니

암부라 울군져머 헌두머 산 승 니 어러 기순

오용고 오붐비 노롤쓰기롤비밀되리라 孔明이니로되큰강에궁 져 워

헌두머 암바 강 터 버리 누 버 배타라라 버

산 승 타치부러 비헌 침이잇ᄂᆞ냐 先生은마ᄅᆞ 쿵밍

아구라 버 배타라하 더 어텀비 기롤써야이긔리 물길의군ᄉᆡᄆᆞᄉᆞᆷ장

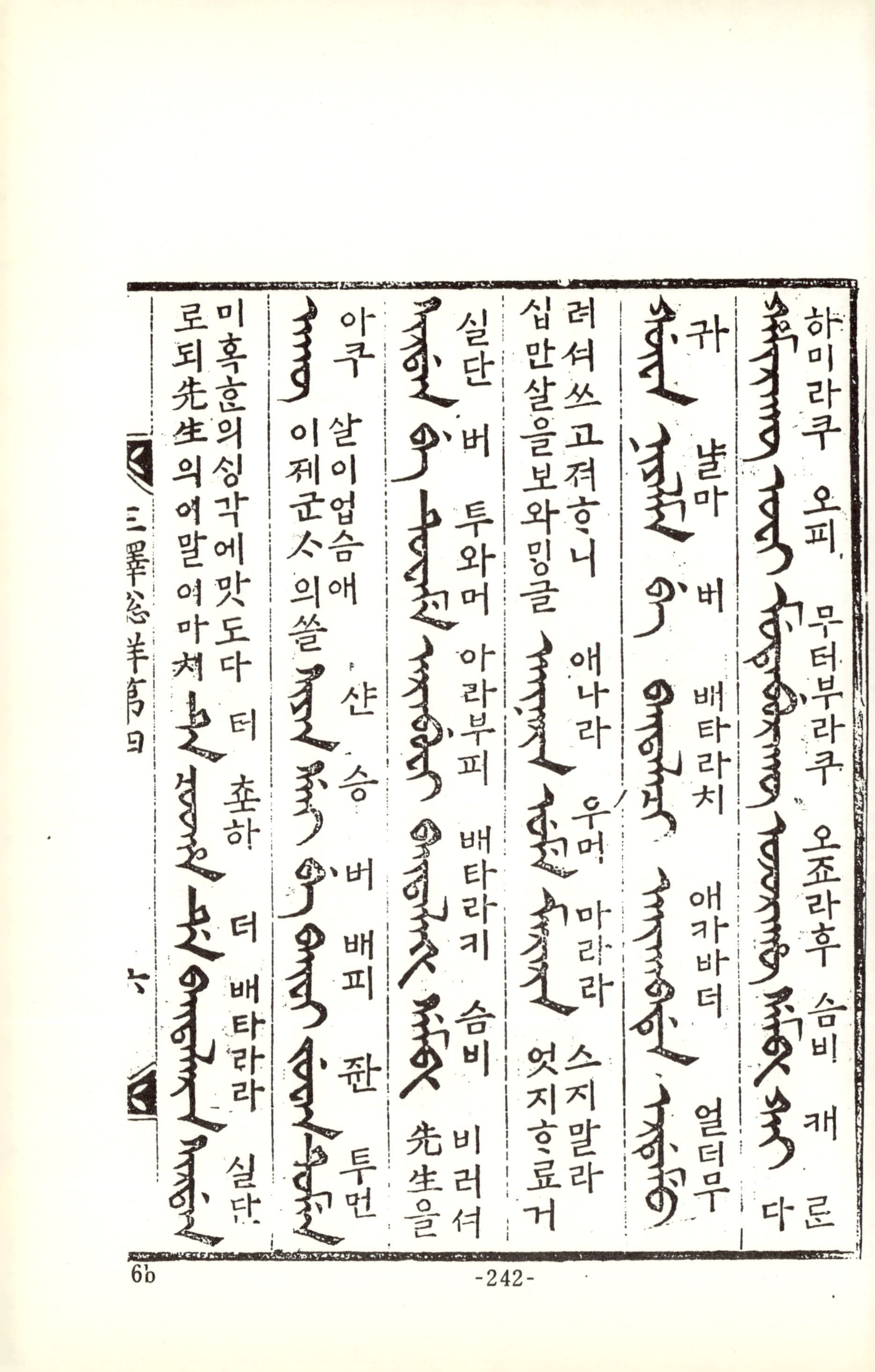

하미라쿠 오피 무터부라쿠 오죠라후 슴비 캐 다룬

귀 날마 버 배타라치 애카바터 얼더무

려셔쓰고져ᄒᆞ니 애나라 우머 마라라 스지말라

십만살을보와밍글 엇지ᄒᆞ료거

실단 버 투와머 아라부피 배타라키 슴비 비러셔

先生을

아쿠 산 승 버 배피 쟌 투먼

살이업슴애

이제군ᄉᆞ의쓸

미혹ᄒᆞᆫ의싱각에맛도다 터 쵸하 터 배타라라 실단

로되先生의여말여마쳐

三譯總解 四 六

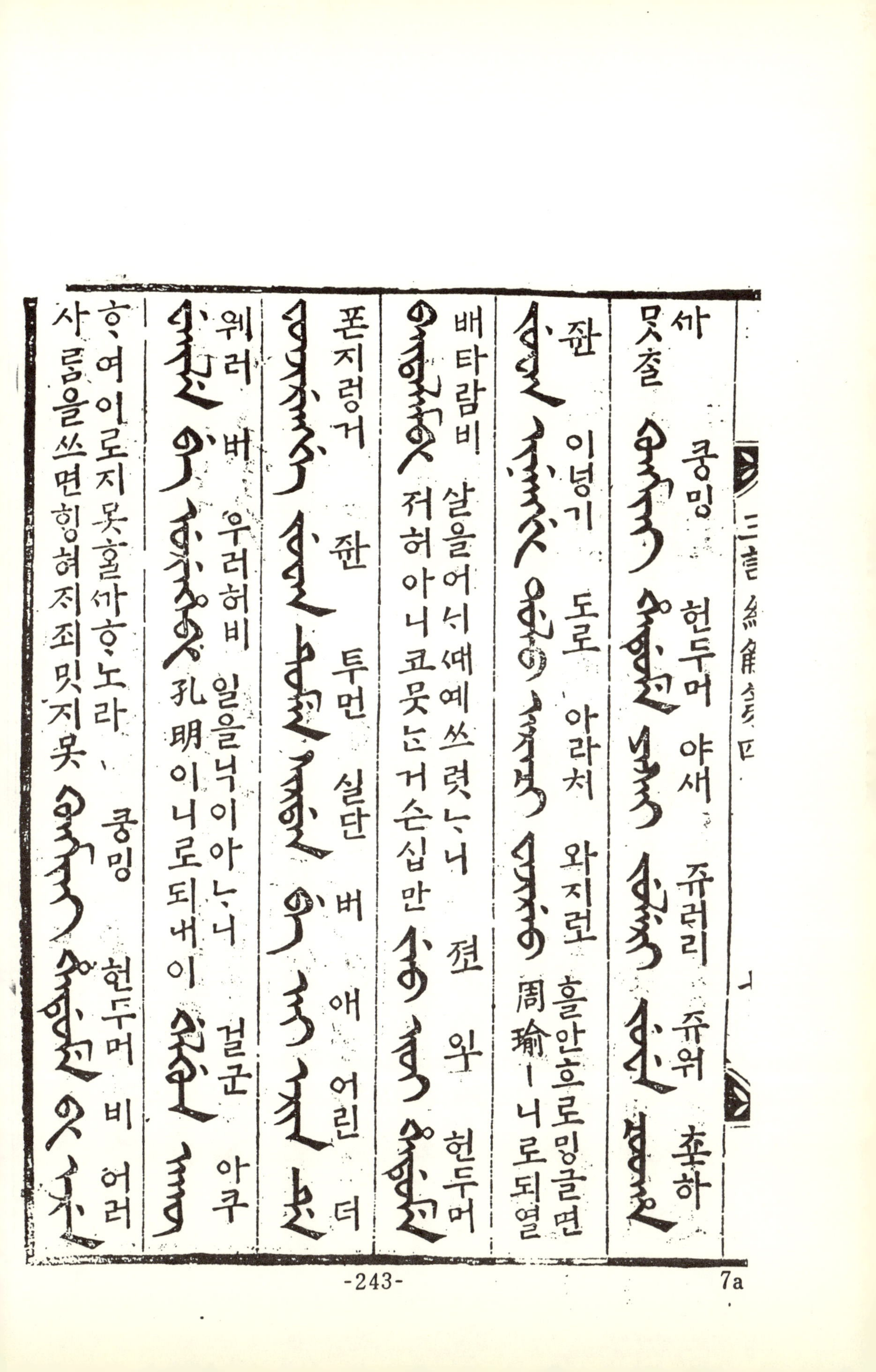

싸 못홀 쿵밍 헌두머 야새 쥬러리 쥬워 호하

쟌 이넝기 도로 아라처 와지런 훌안흐로밍글면 周瑜ㅣ나로되열

배타람비 살을어서새예쓰렷ᄂᆞ니 저허아니쿄못ᄂᆞᆫ거슨십만 져 와 헌두머

폰지렁거 쟌 투먼 실단 버 애 어린 더

웨러 버 우러허비 일을닉이아ᄂᆞ니 孔明이니로되내이 걸군 아쿠

ᄒᆞ여이로지못홀싸ᄒᆞ노라 사ᄅᆞᆷ을쓰면힝혀조최밋지못 쿵밍 헌두머 비 어러

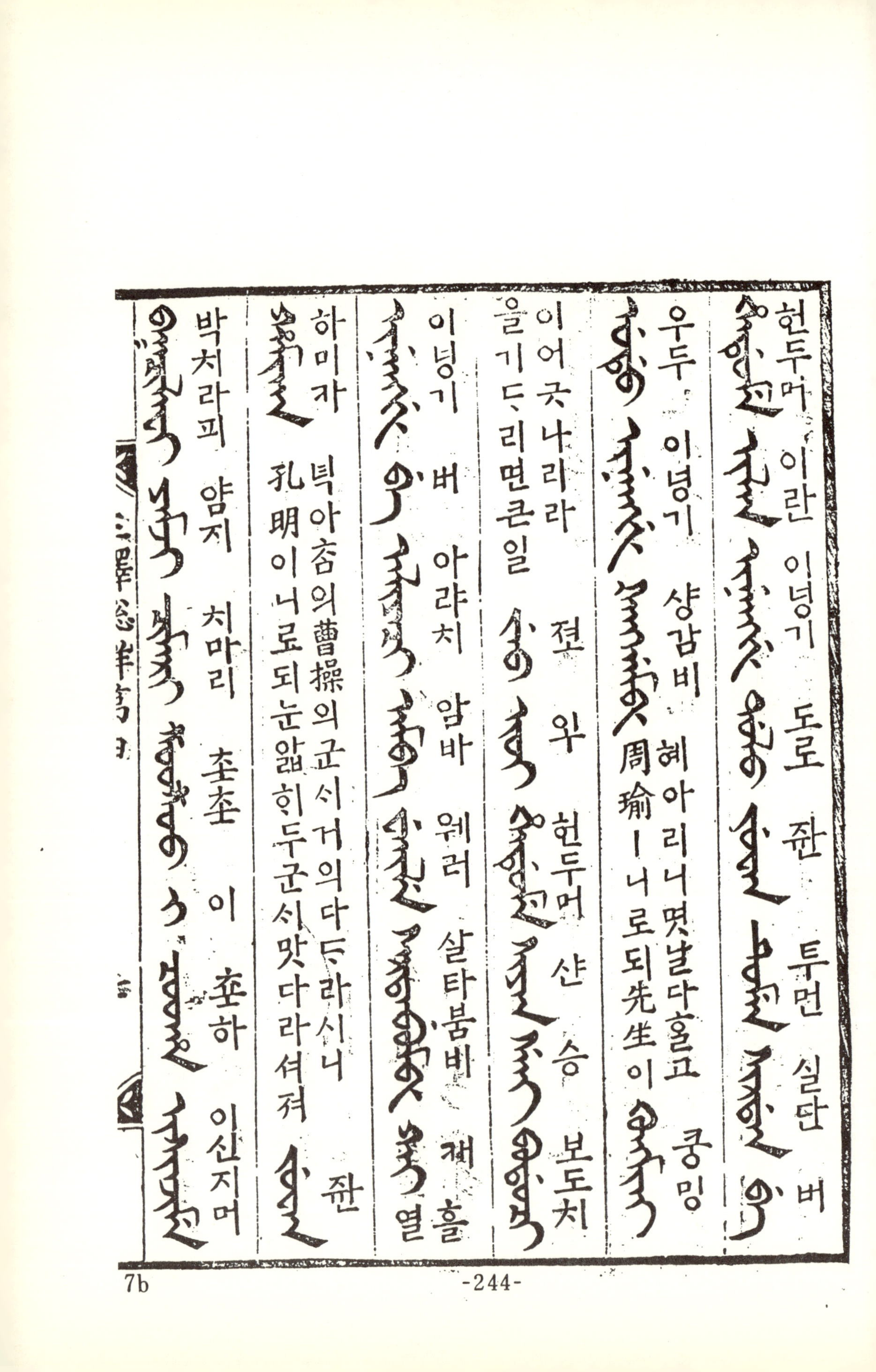

헌두머 이란 이녕기 도로 쟌 투먼 실단 버

우두 이녕기 샹감비 혜아리니몃날다홀고 쿵밍
周瑜ㅣ니로되先生이

이어곳나리라 져 와 헌두머 샨 승 보도치
을기드리면큰일

이녕기 버 아랴치 암바 웨러 살타붐비 개 흘 열

하미가 특아춤의曹操의군시거의다드라시니 쟌
孔明이니로되눈앏히두군시맛다라셔져

박치라피 얌지 치마리 초초 이 쵸하 이신지머

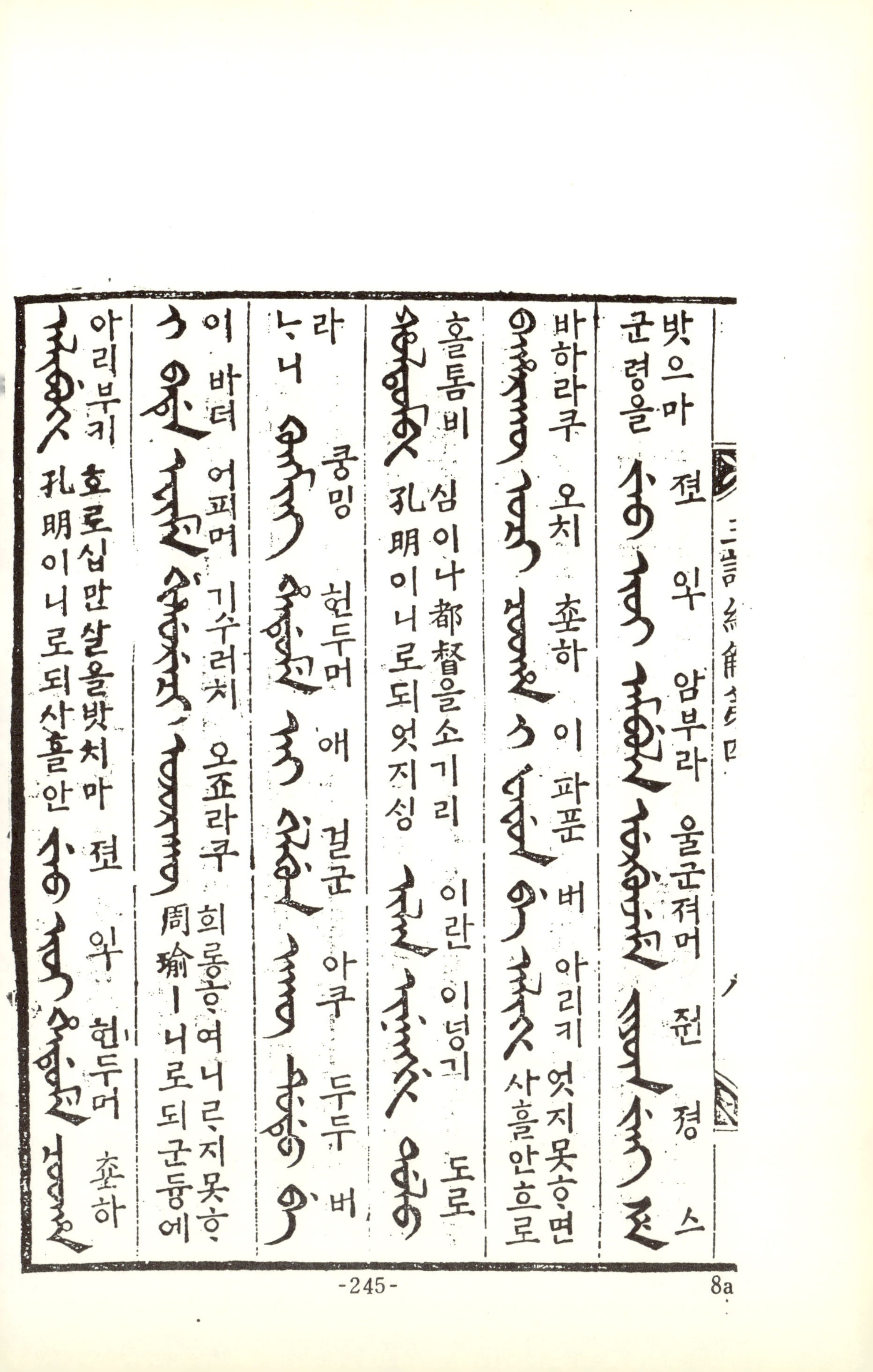

밧으마 져 워 암부라 울군져머 줜 졍 스
군령을

바하라쿠 오치 쵸하 이 파푼 버 아리키 엇지못ᄒᆞ면
사흘안흐로

홀톰비 심이나都督을소기리 이란 이녕기 도로
孔明이니로되엇지싱

라 쿵밍 헌두머 애 걸군 아쿠 두두 버
ᄂᆞ니

이 바터 어펴머 기수러치 오죠라쿠 희롱ᄒᆞ여니ᄅᆞ지못ᄒᆞ
周瑜ㅣ니로되군듕에

아리부키 호로십만살올밧치마 져 워 헌두머 쵸하
孔明이니로되사흘안

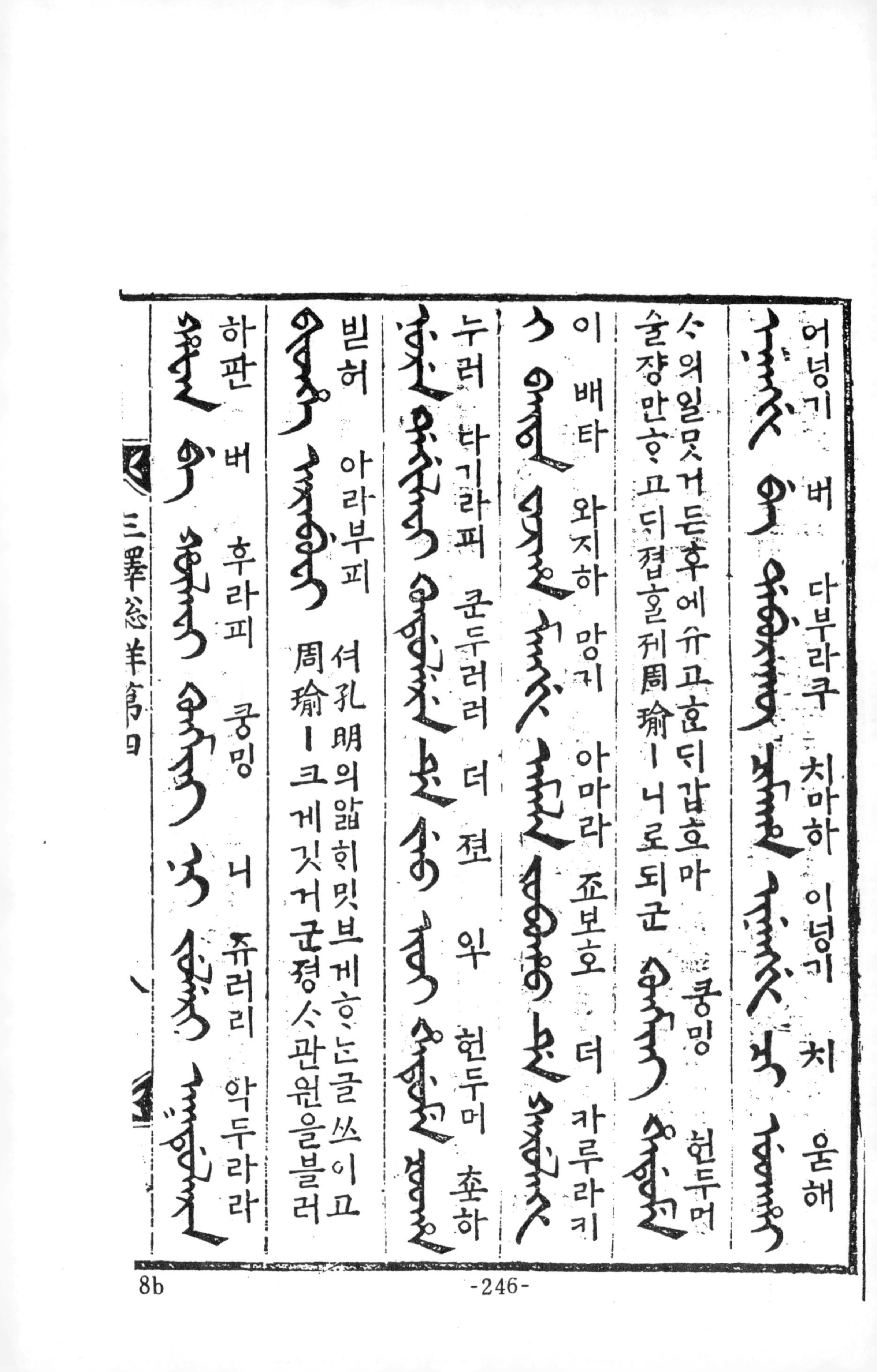

어넝기 버 다부라쿠 치마하 이넝기 치 욷해

ᄉᆞ의일밋거든후에유고ᄒᆞᄃᆡ갑ᄒᆞ마
술쟝만ᄒᆞ고ᄃᆡ졉ᄒᆞ려周瑜ㅣ니로ᄃᆡ군

쿵밍 헌두머

이 배타 와지하 망기 아마라 죠보호 더 카루라키

누러 다기라피 쿤두러러 더 젼 워 헌두머 쵸하

빈허 아라부피

셔孔明의앏희밋브게ᄒᆞᄂᆞᆫ글ᄡᅳ이고
周瑜ㅣ크게깃거군졍ᄉᆞ관원을블러

하판 버 후라피 쿵밍 니 쥬러리 악두라라

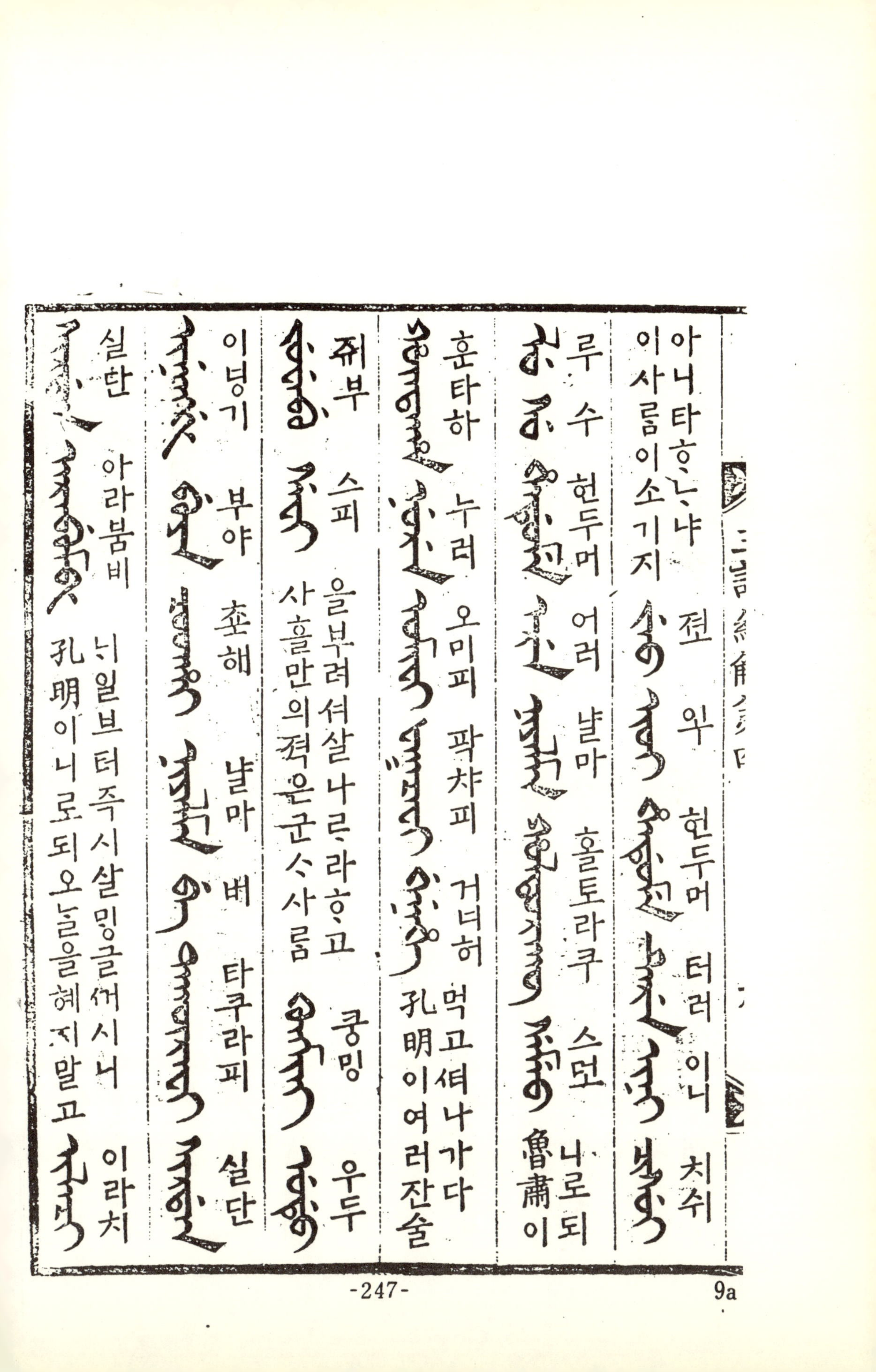

아니타ᄒᆞ냐
이사름이소기지
죠 우 헌두머 터러 이니 치쉬

루 수 헌두머 어러 냘마 홀토라쿠 스뫼
니로되 魯肅이

훈타하 누러 오미피 팍챠피 거너허
먹고셔나가다
孔明이여러잔술

쥐부 스피
을부려셔살나ᄅᆞ라ᄒᆞ고
사흘만의젹은군ᄉᆞ사름
쿵밍 우두

이넝기 부야 쵸해 냘마 벼 타쿠라피 실단

실단 아라붐비
ᄂᆡ일브터즉시살밍글녀시나
孔明이니로되오ᄂᆞᆯ을혜지말고
이라치

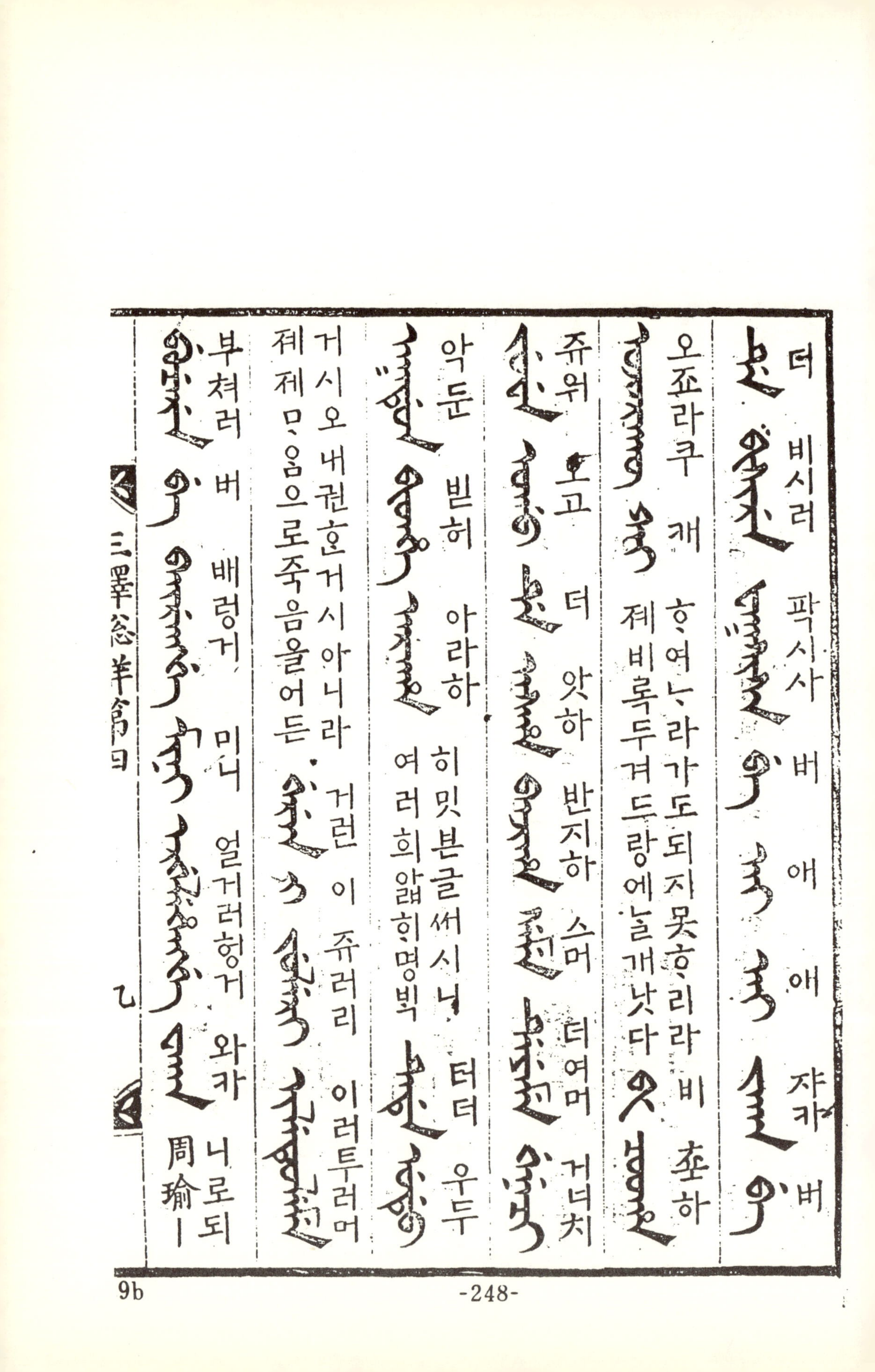

더 비시러 팍시사 버 애 애 쟈카 버

오쟈라쿠 캐 ᄒᆞ여ᄂᆞ라가도되지못ᄒᆞ리라 비 쵸하

졔비록두겨드랑에ᄂᆞᆯ개낫다

쥬위 오고 더 앗하 반지하 스머 더여머 거너치

악둔 빌허 아라하 히밋븐글써시ᄂᆡ 터터 우두

여러희앏희명빅

거시오내권ᄒᆞᆫ거시아니라 거런 이 쥬러리 이러투러머

졔졔ᄆᆞ음으로죽음올어든

부쳐러 버 배렁거 미니 얼거러헝거 와카 니로되

周瑜ㅣ

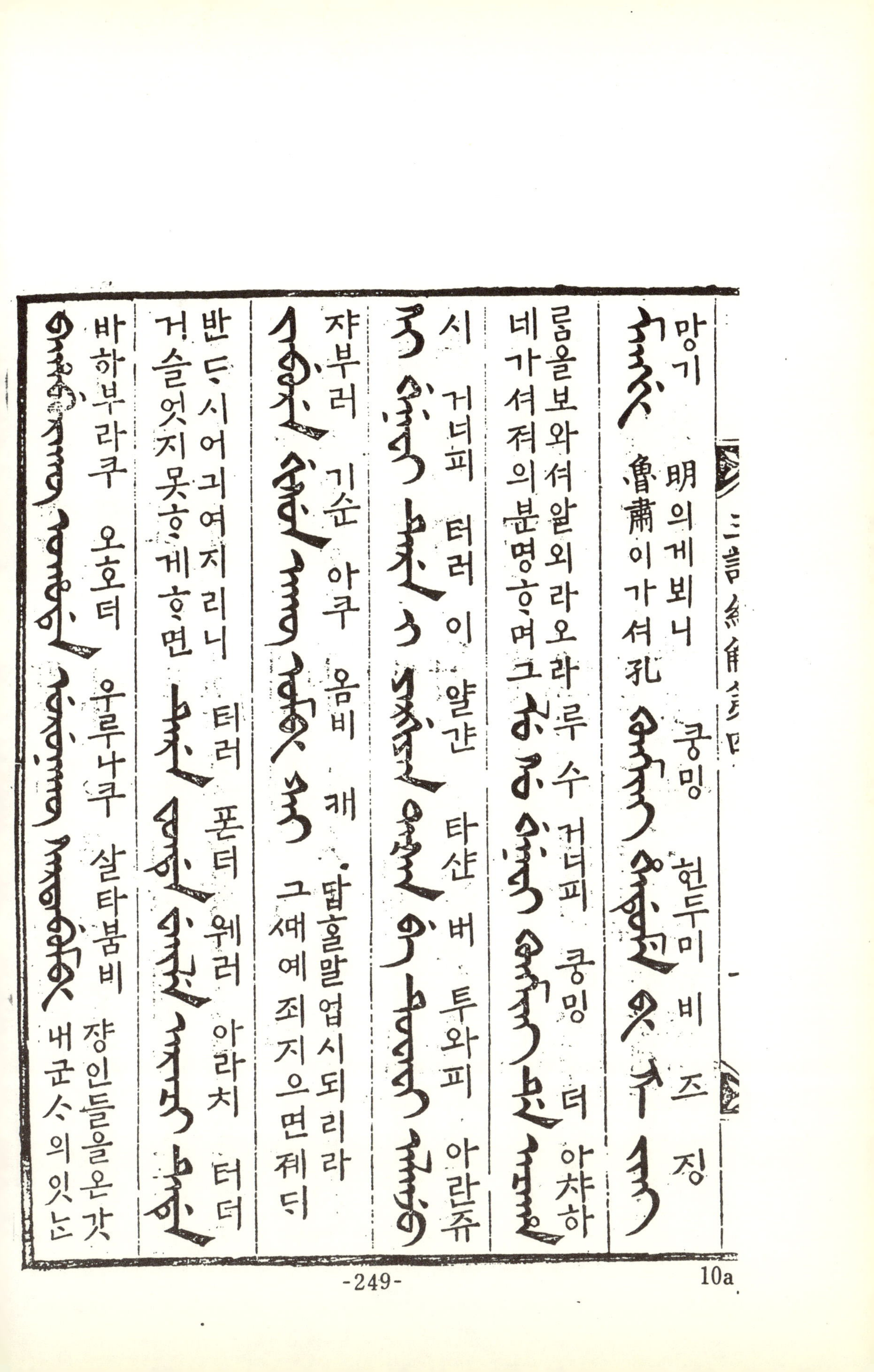

망기
明의게뵈니
魯肅이가셔孔
쿵밍 헌두미 비 즈 징

룸을보와셔알외라오라
네가셔져의분명ᄒᆞ며그
루 수 거너피 쿵밍 더 아챠하

시 거너피 터러 이 얄갼 타샨 버 투와피 아란쥬

쟈부러 기순 아쿠 옴비 캐
ᄃᆡ답ᄒᆞᆯ말업시되리라
그새예죄지으면졔ᄃᆡ

반ᄃᆞ시어긔여지리니
거슬엇지못ᄒᆞ게ᄒᆞ면
터러 폰터 웨러 아라치 터더

바하부라쿠 오호터 우루나쿠 살타붐비
쟝인들을온갓
내군ᄉᆞ의잇ᄂᆞᆫ

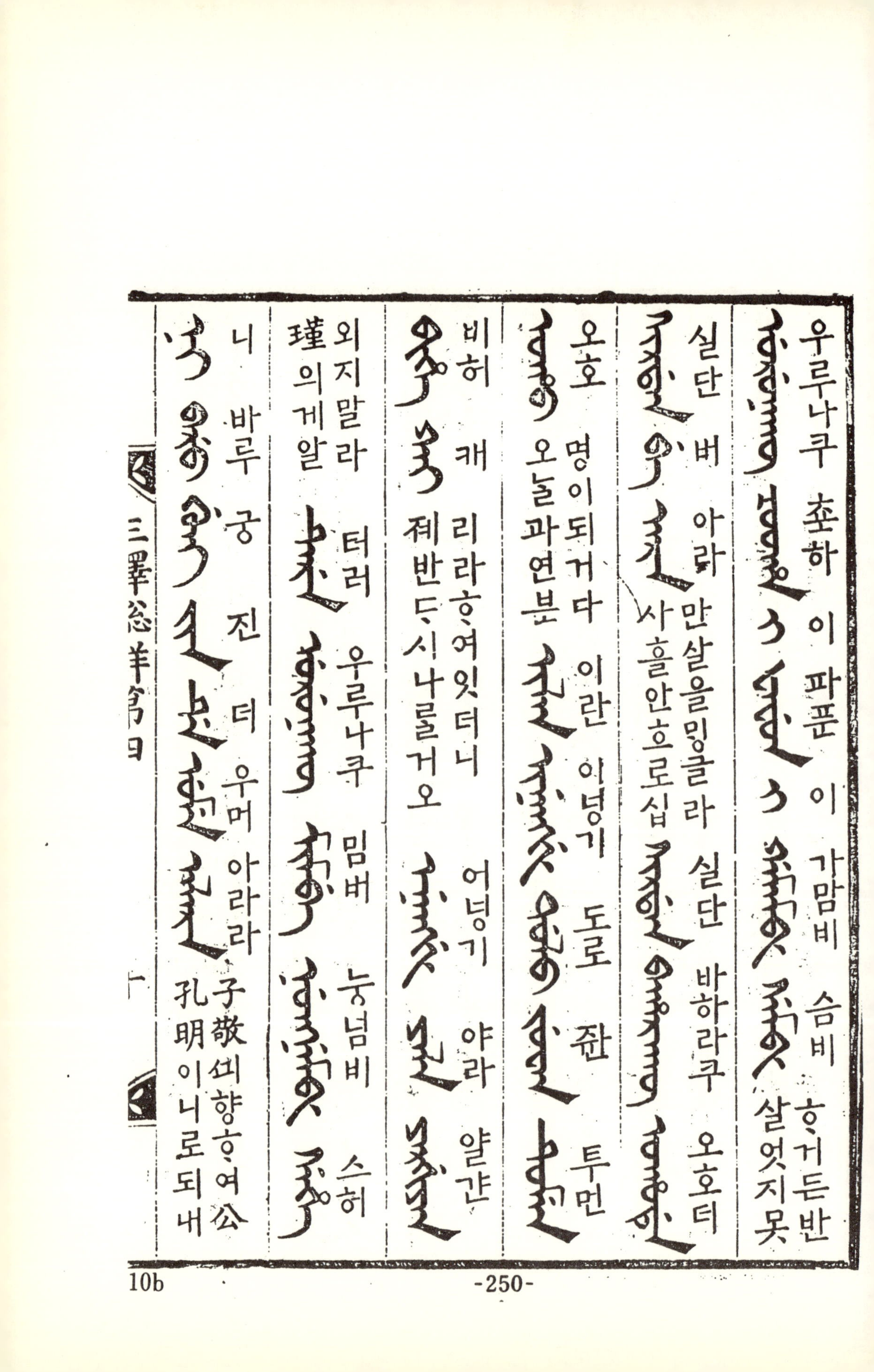

우루나쿠 쵸하 이 파푼 이 가맘비 숨비 ᄒᆞ거든 반
살엇지못

실단 버 아라 만살을밍글라
사흘안호로십
실단 바하라쿠 오호터

오호 명이되거다
오놀과연분 이란 이넝기 도로 쟌 투먼

비허 캐 리라ᄒᆞ여잇더니
졔반ᄃᆞ시나롤거오 어넝기 야라 얄갼

외지말라
瑾의게알라 터러 우루나쿠 밈버 눙넘비 스허

니 바루 궁 진 더 우머 아라라 子敬씌향ᄒᆞ여公
孔明이니로되내

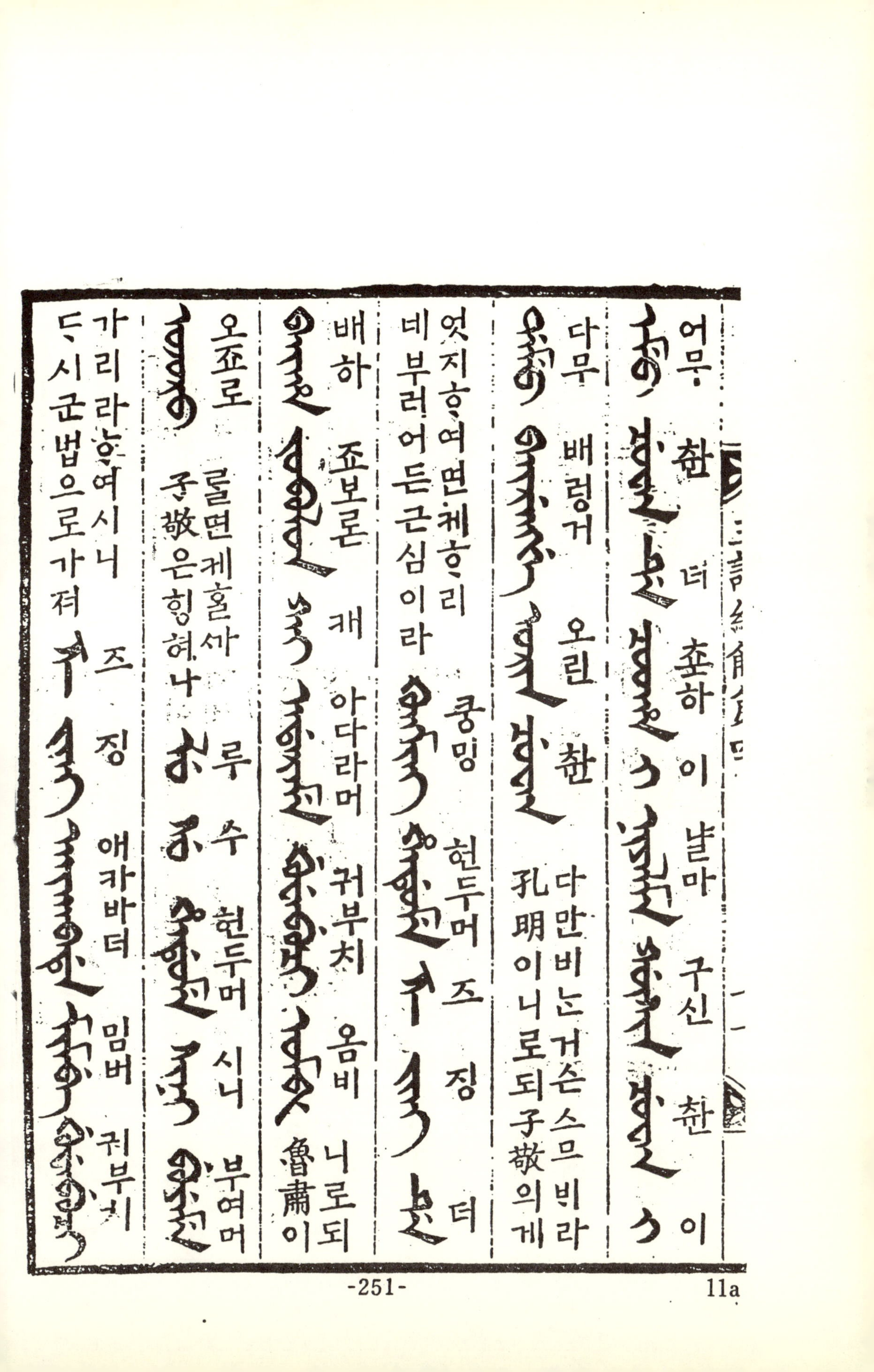

어무 챤 더 쵸하 이 날마 구신 챤 이

다무 배렁거 오린 챤

다만비ᄂᆞᆫ거슨스므 비라
孔明이니로되子敬의게

엇지ᄒᆞ여면케ᄒᆞ리
네부러어든근심이라

쿵밍 헌두머 즈 징 더

배하 죠보론 캐 아다라머 커부치 옴비 니로되

魯肅이

오죠로

롤면케홀싸
子敬은힝혀나

루 수 헌두머 시니 부여머

가리라ᄒᆞ여시니
ᄃᆞ시군법으로가져

즈 징 애카바더 밈버 귀부치

징 지피 실단 투와 타카 궁 진 더 우머

배타라라 바비 쓸곳이이시니 이라치 이넝기 즈
다ᄅᆞᆫ거세긔특이

다린 더 아랴 기ᄃᆞ리라 언츄 하친 이 펄궈츄거
다강ᄉᆞ의

픽 슈머 이리부피 ᄆᆞ의빅빅셰오고 거무 걍 니
비마다쳔뭇식새두

츈 토머 밍가타 풀면 올호 쥬워 달바터

더러 모친 이 잠판 챠피 비우히청포댱막치고
ᄒᆞᆫ비예군ᄉᆞ사ᄅᆞᆷ셜흔과

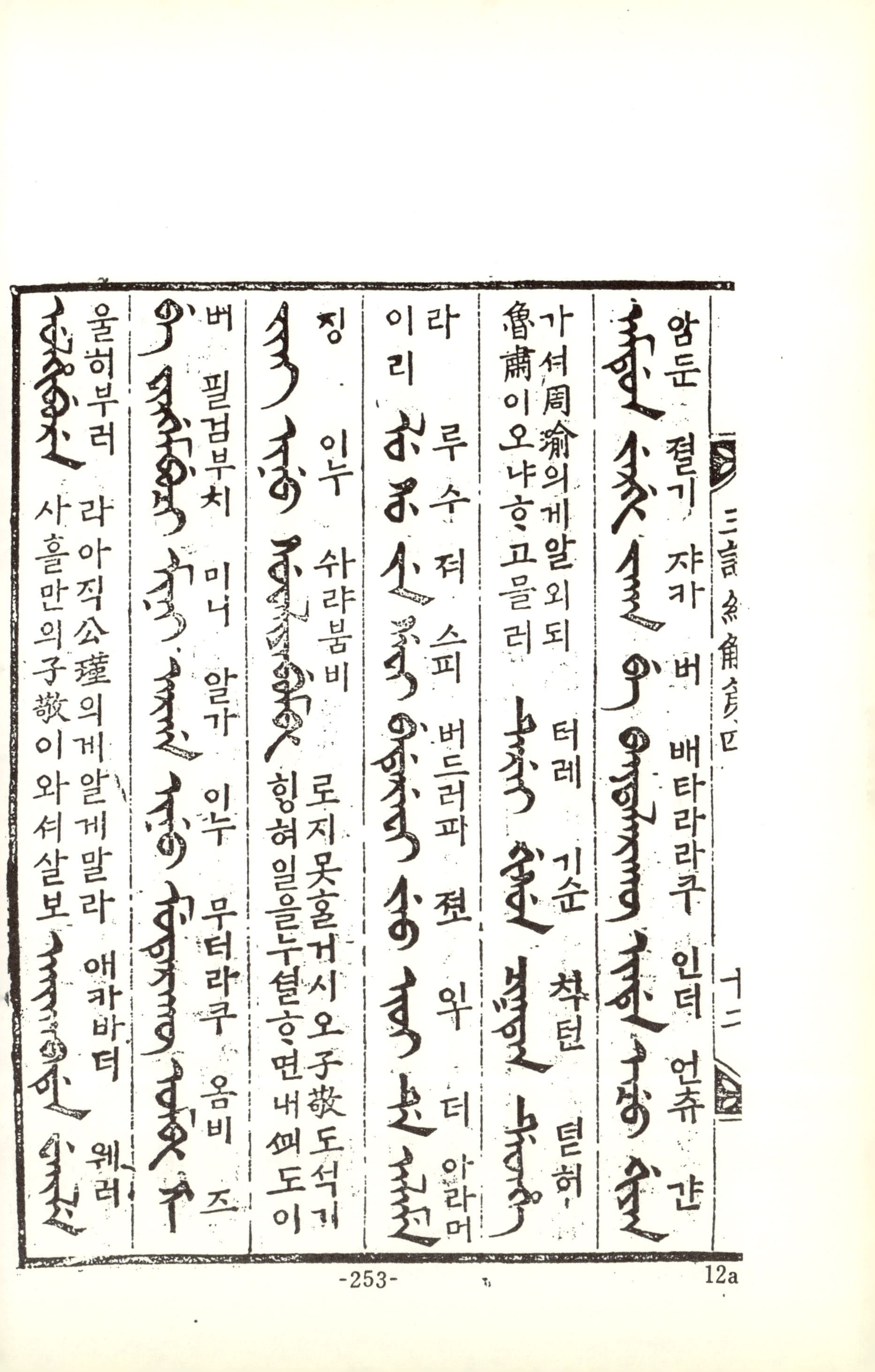

암둔 절기 쟈카 버 배타라라쿠 인더 언츄 갼

가셔周瑜의게알외되魯肅이오냐ᄒᆞ고믈러

터레 기순 챠턴 텬허

라 이리 루수 져 스피 버드러파 쳔 워 더 아라머

징 이누 슈랴붐비 로지못홀거시오子敬도석기

힝혀일을누셜ᄒᆞ면내쁴도이

버 필검부치 미나 알가 이누 무터라쿠 옴비 즈

울히부러 라아직公瑾의게알게말라 애카바더 웨러

사흘만의子敬이와셔살보

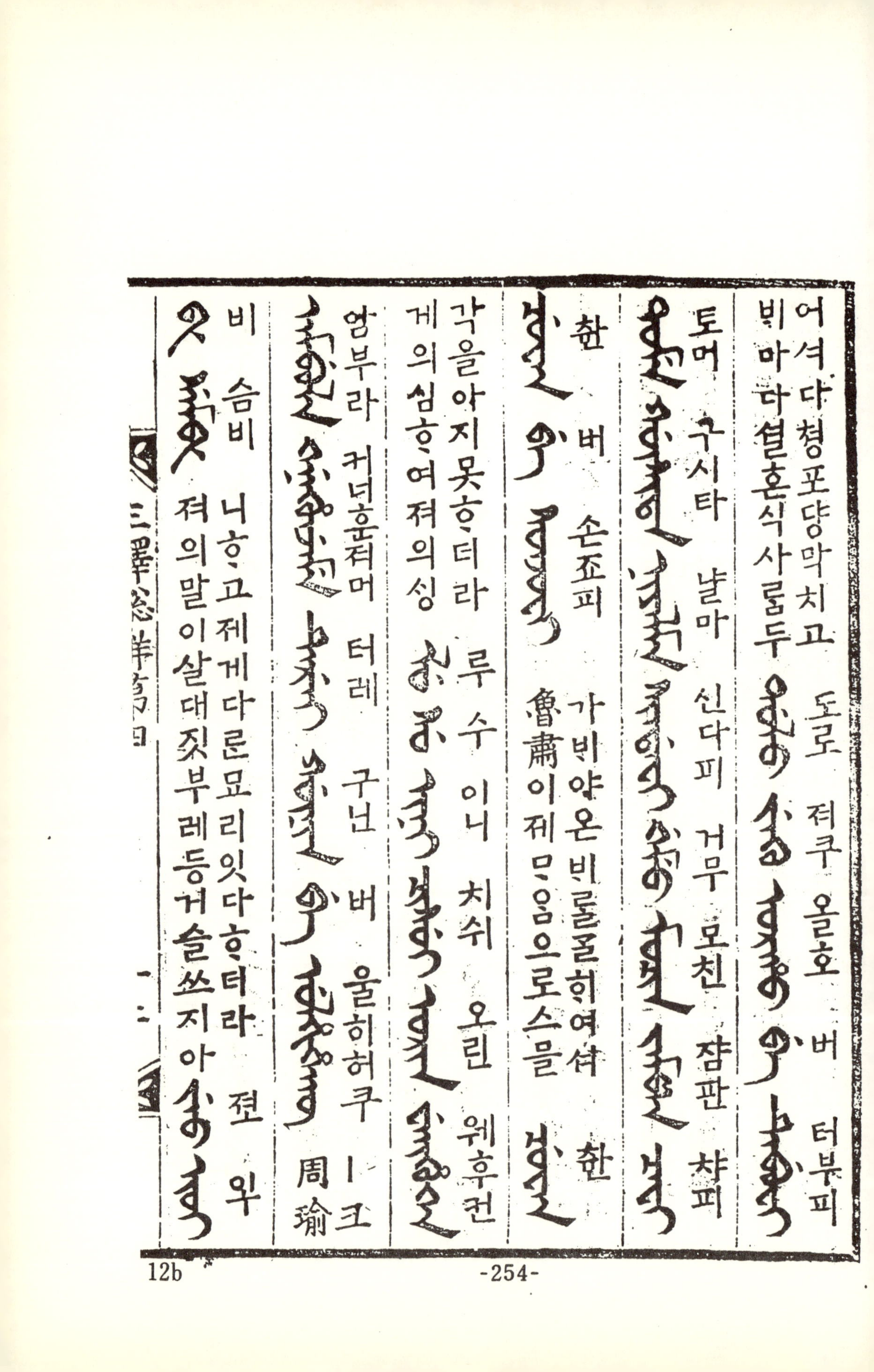

어셔다쳥포댱막치고 도로 져쿠 올호 버 터부피
ᄇᆡ마다셜흔식사ᄅᆞᆷ두
토머 구시타 냘마 신다피 거무 모친 쟘판 챠피
한 버 손죠피 가비야온ᄇᆡ롤졸히여셔 한
魯肅이제ᄆᆞ음으로스믈
각을아지못ᄒᆞ더라 루 수 이니 치쉬 오린 웨후건
게의심ᄒᆞ여져의싱
엄부라 커녀훈져머 터레 구넌 버 울히허쿠 ㅣ크
周瑜
비 숨비 니ᄒᆞ고제게다른묘리잇다ᄒᆞ더라 져 위
져의말이살대짓부레등거슬쓰지아

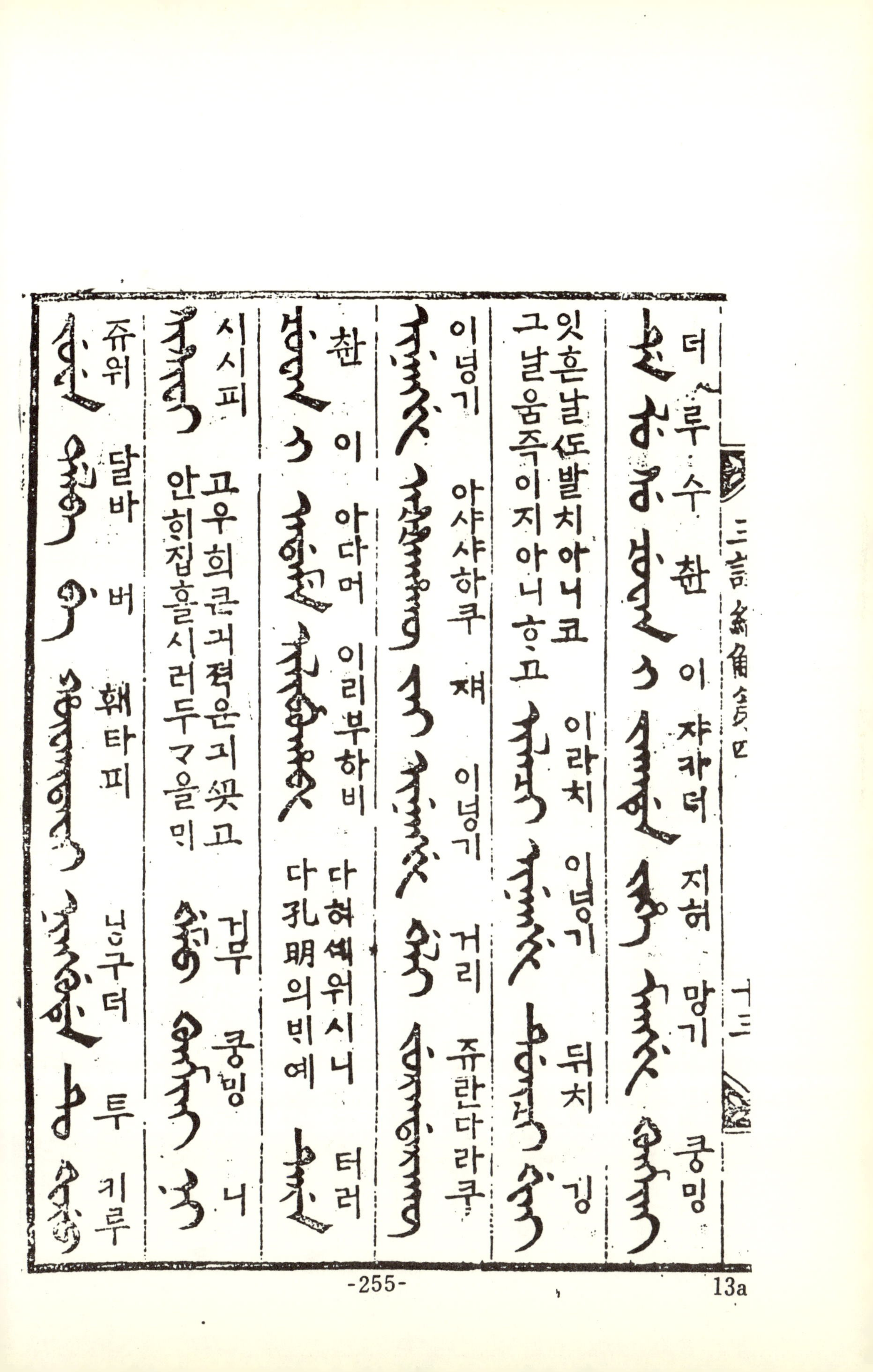

더루 수 쥰 이 쟈카더 지허 망기 쿵밍

잇흔날또발치아니코
그날움즉이지아니ᄒᆞ고

이라치 이녕기 뒤치 깅

이녕기 아샤샤하쿠 재 이녕기 거리 쥬란다라쿠

쥰 이 아다머 이리부하비 다혀셰위시니 터러

다孔明의빅여

시시피 고우희큰괴젹은괴쏫고 거무 쿵밍 니

안희집흘시러두ᄀᆞ을미

쥬위 달바 버 홰타피 넝구더 투 키루

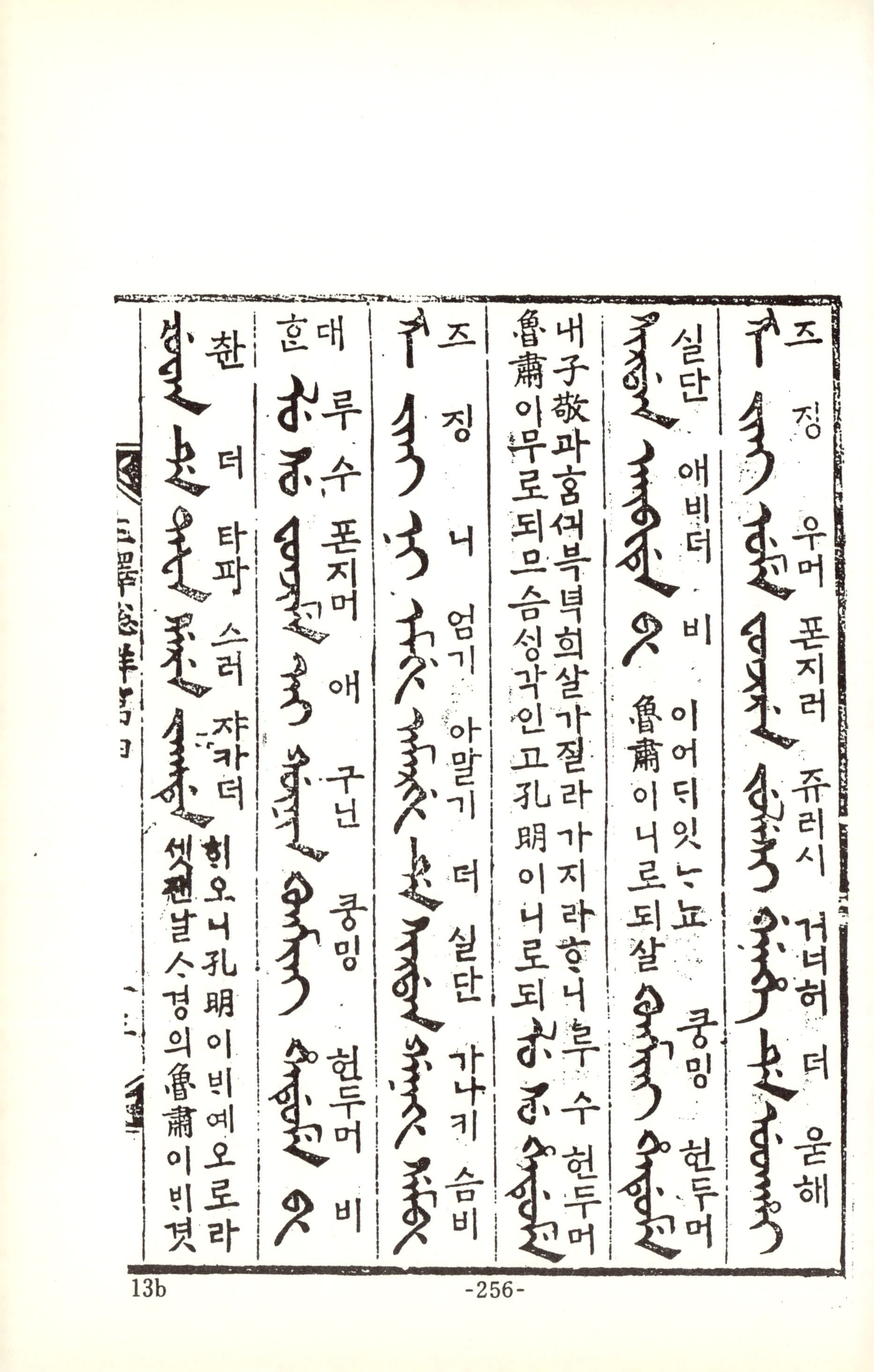

조 징 우머 폰지러 쥬러시 거너허 더 운해

실단 애비더 비 이어ᄃᆡ잇ᄂᆞ뇨 쿵밍 헌두머
魯肅이니로되살

내子敬과ᄒᆞᆷᄭᅴ북븍희살가질라가지라ᄒᆞ니 루 수 헌두머
魯肅이무로되므슴싱각인고孔明이니로되

조 징 니 엄기 아말기 더 실단 가나키 슴비

대 루 수 폰지머 애 구넌 쿵밍 헌두머 비
ᄒᆞᆫ

춴 더 타파 스러 쟈카더 히오니孔明이비예오로라
세쟌날ᄉᆞ경의魯肅이비겻

三譯總解 三

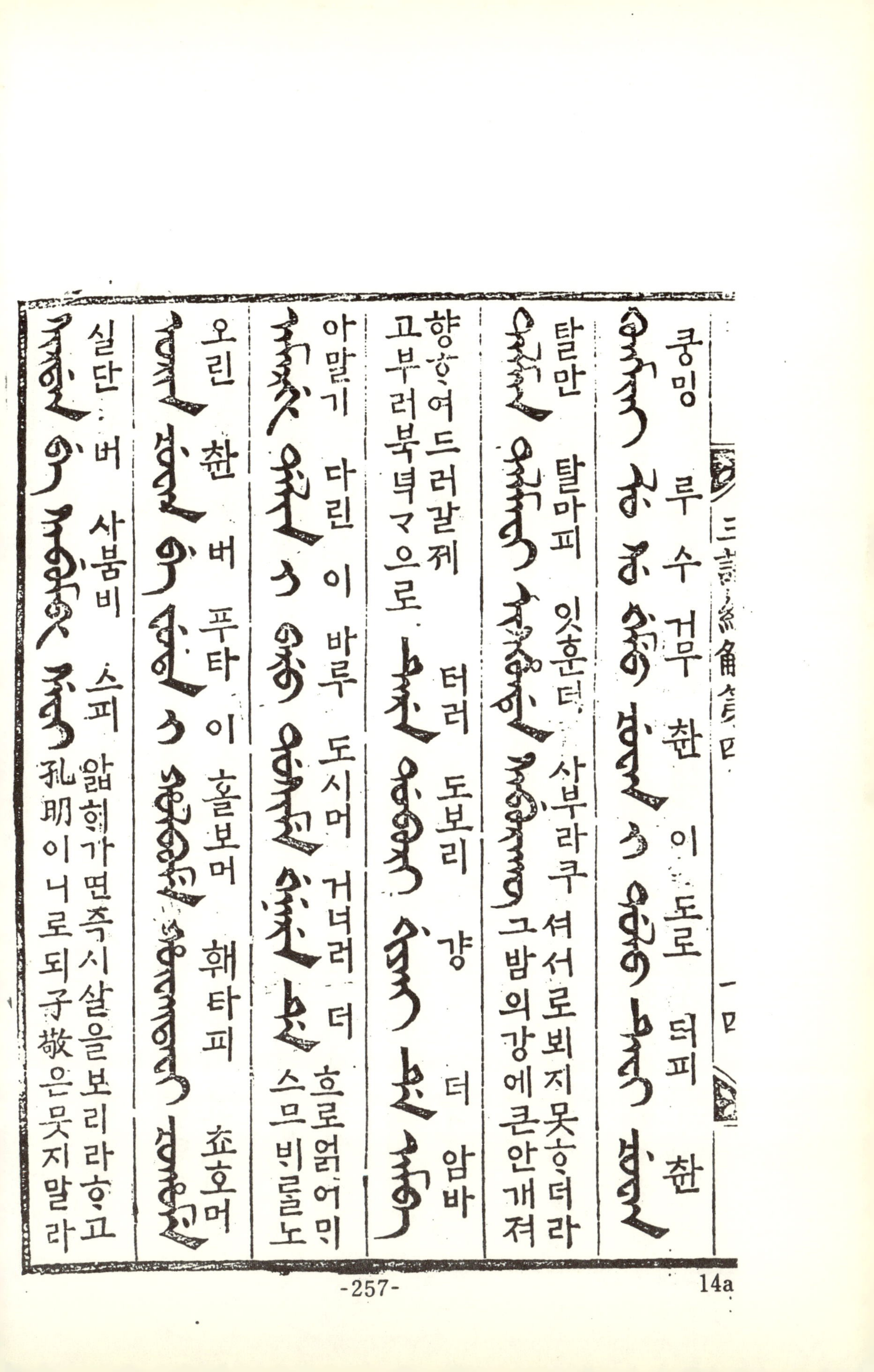

쿵밍 루수 거무 쥰 이 도로 더피 쥰

탈만 탈마피 잇훈더 삽부라쿠

그밤의강에큰안개져셔서로뵈지못ᄒᆞ더라

고부러북녁ᄀ으로향ᄒᆞ여드러갈제

터러 도보리 갸 더 암바

아말기 다린 이 바루 도시머 거너러 더

스므ᄇᆡ롤노흐로얽어ᄆᆡ

오린 쥰 버 푸타 이 홀보머 홰타피 죠호머

실단 버 사붐비 스피

孔明이니로되子敬은뭇지말라앏ᄒᆡ가면즉시살을보리라ᄒᆞ고

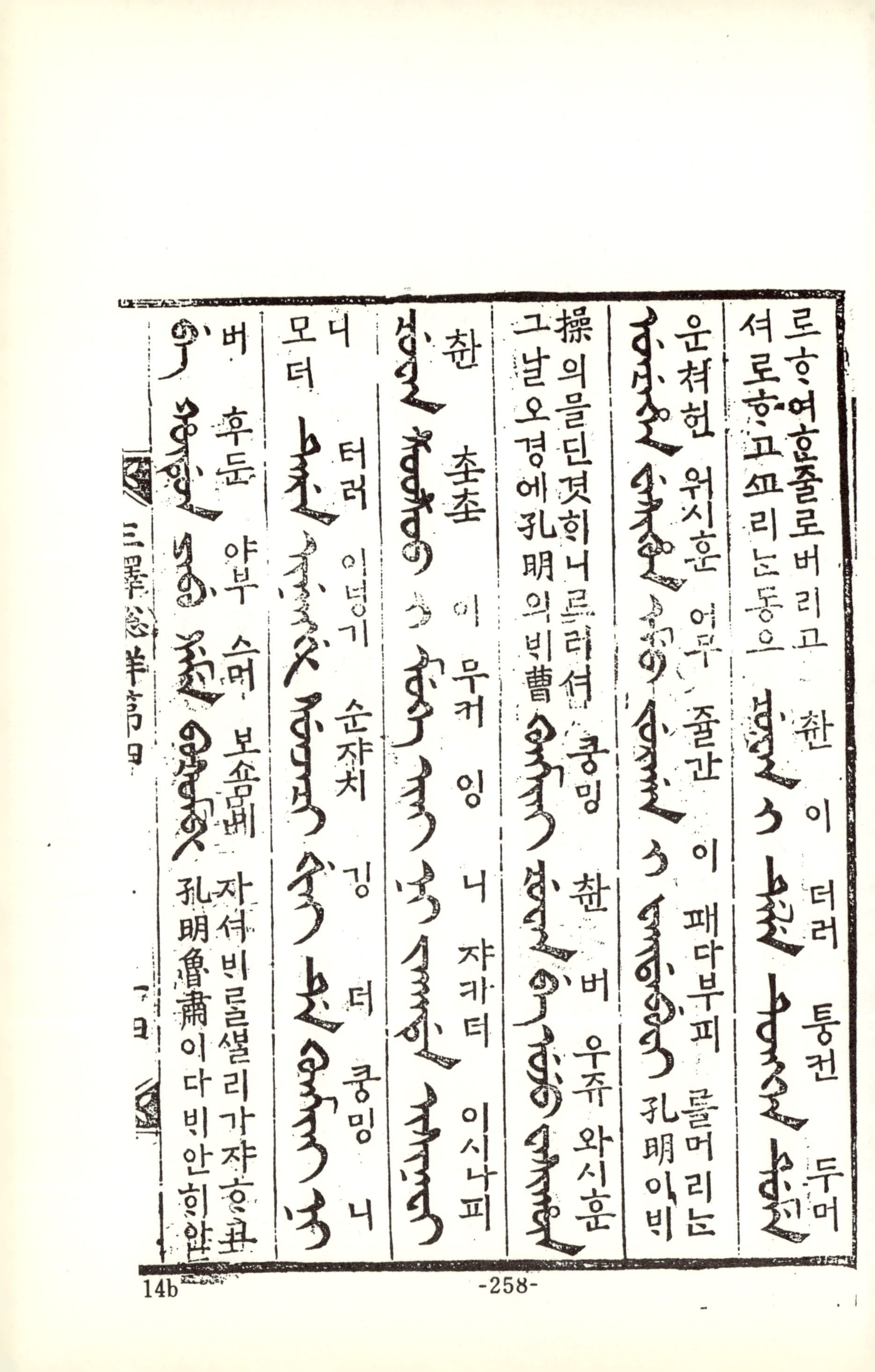

로ᄒᆞ여ᄒᆞᆯ줄로버리고
셔로ᄒᆞ고ᄡᅳ리ᄂᆞᆫ동으

춴 이 더러 퉁권 두머

운쳐헌 워시훈 어무 쥴간 이 패다부피

믈머리ᄂᆞᆫ
孔明아비

操의믈딘겻ᄒᆡ니ᄅᆞ리셔
그날오경에孔明의비曹

쿵밍 춴 버 우쥬 와시훈

춴 촌춘 이 무커 잉 니 쟈카더 이시나피

니
모더

터러 이넝기 순쟈치 깅 더 쿵밍 니

버 후둔 야부 슴머 보숌비

자셔비ᄅᆞᆯ셜리가쟈ᄒᆞ쇼
孔明魯肅이다비안ᄒᆡ앉

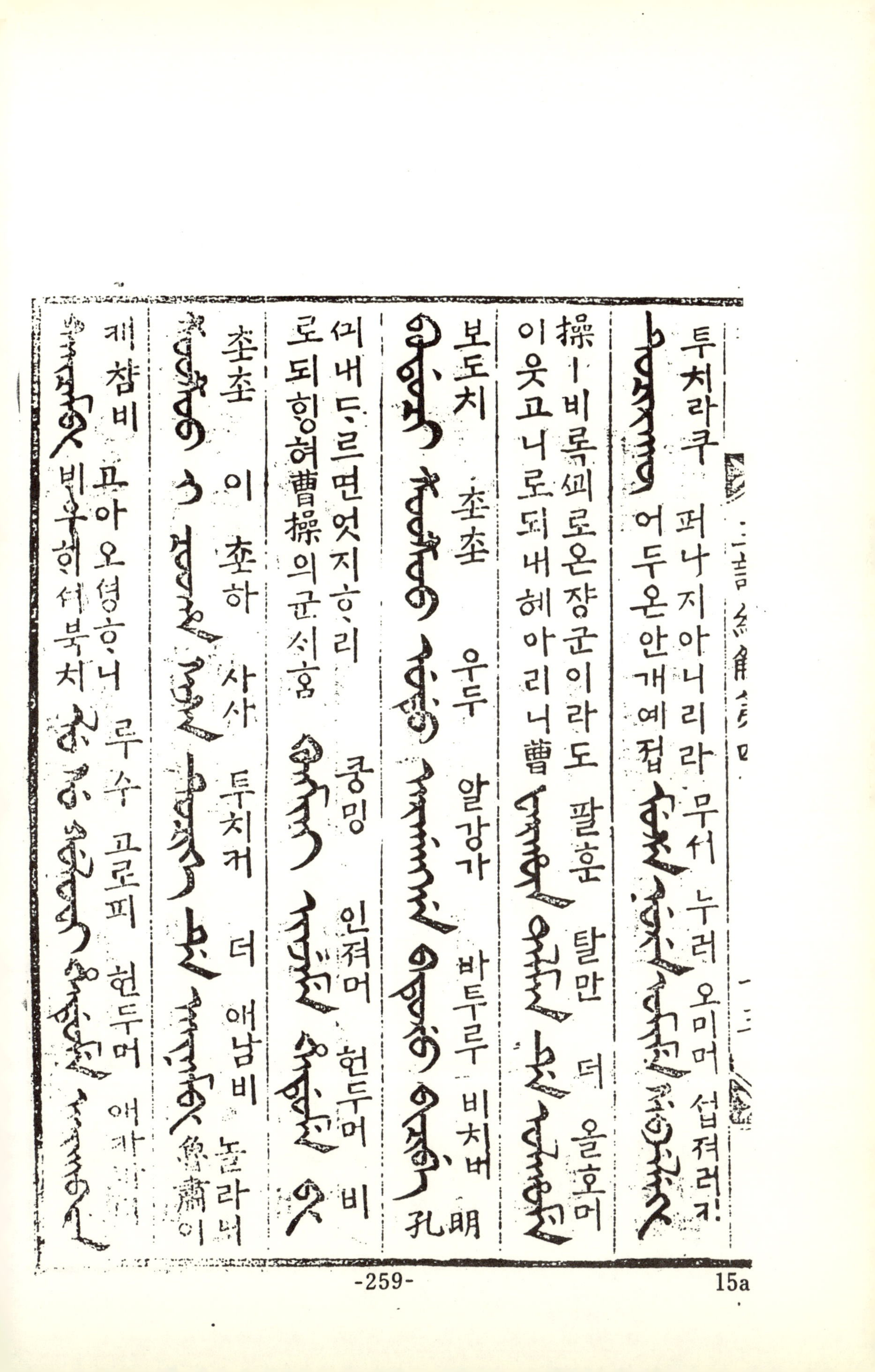

투치라쿠 퍼나지아니리라 무서 누러 오미머 섭져러긔
어두온안개예접

操ㅣ비록씌로온장군이라도 팔훈 탈만 더 울호머
이웃고니로되내헤아리니曹

보도치 죠죠 우두 알강가 바투루 비치버 明
孔

쓰내드르면엇지ᄒᆞ리 콩밍 인져머 헌두머 비
로되힝혀曹操의군ᄉᆡ혼

죠죠 이 쵸하 사사 투치커 더 애남비 놀라니
魯肅이

케참비 표아오영ᄒᆞ니 루수 고로피 헌두머 애카
비우혀서북치

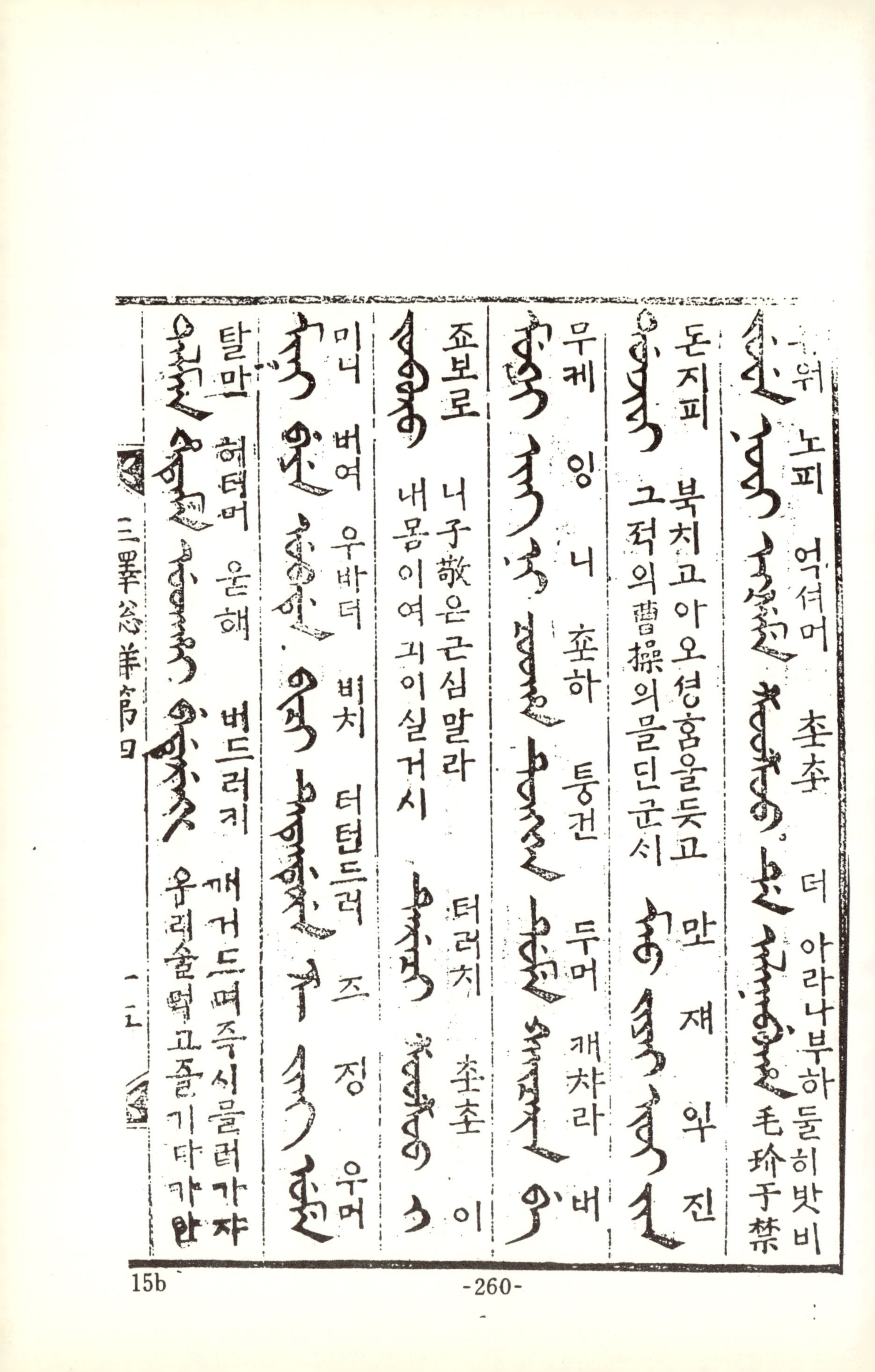

위 노피 억셔머 초초 더 아라나부하 둘히밧비 毛玠于禁

돈지피 만 재 와 진

북치고아오셩홈울듯고

그적의曹操의믈딘군ᄉᆡ

무케 잉 니 쵸하 퉁권 두머 개챠라 버

죠보로 터러치 초초 이

너子敬은근심말라

내몸이여긔이실거시

미니 버여 우바더 비치 터텬드러 즈 징 우머

탈만 허텀머 운해 버드러키

깨거드며즉시믈러가쟈

우리술먹고졸기다가만

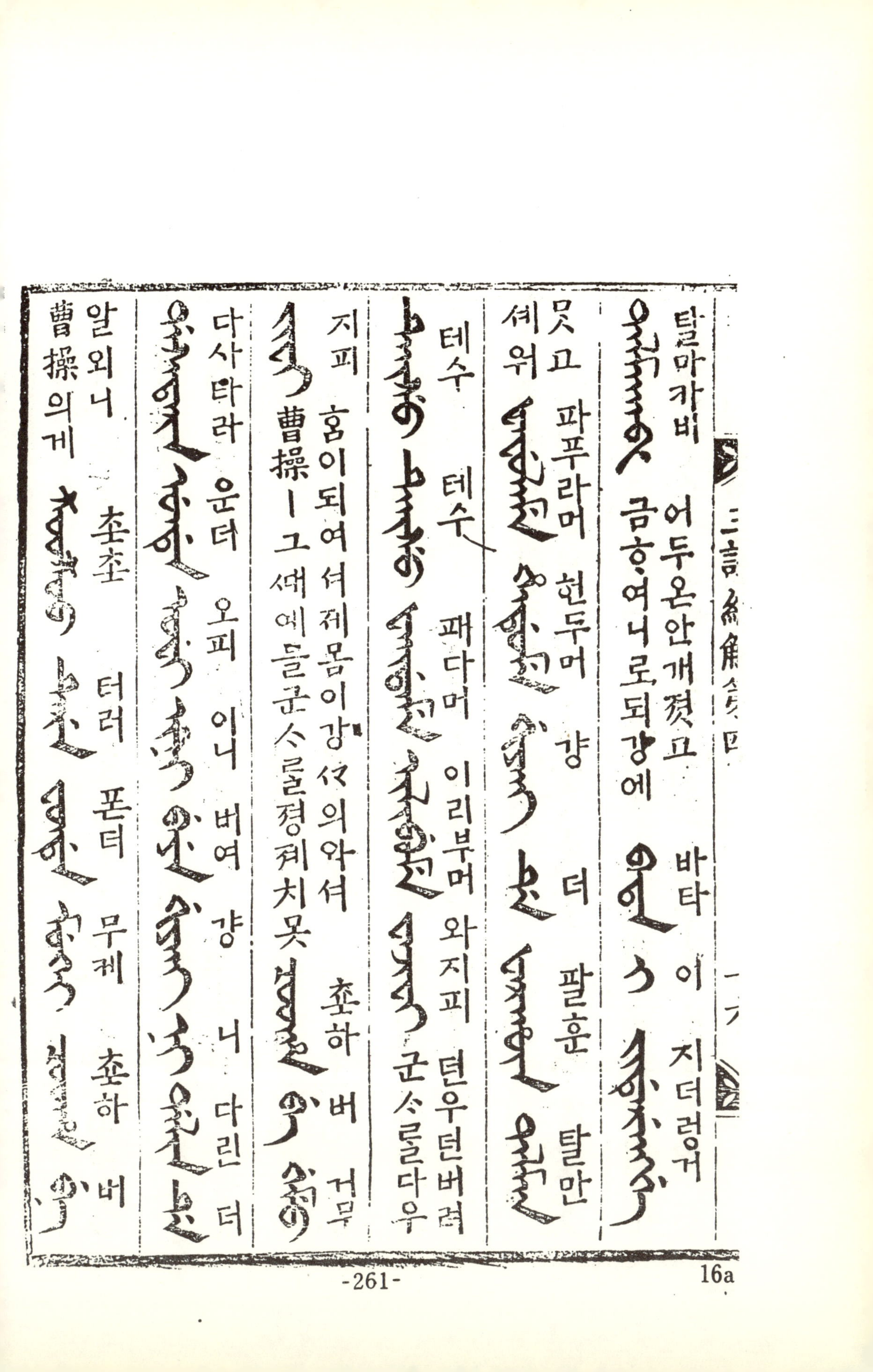

탈마카비 어두온안개졋고 금ᄒᆞ여니로되강에 바타 이 지더렁거

뭇고 셔워 파푸라머 현두머 강 더 팔훈 탈만

테수 테수 패다머 이리부머 와지피 텬우텬버려 군ᄉᆞ를다우

지피 홈이되여 셔졔몸이강ᄉᆞ의와셔 曹操ㅣ그ᄣᅢ예들군ᄉᆞ를졍졔치못 춒하 버 거무

다사타라 운더 오피 이니 버여 갹 니 다린 더

알외니 曹操의게 춒춒 터러 폰터 무궤 춒하 버

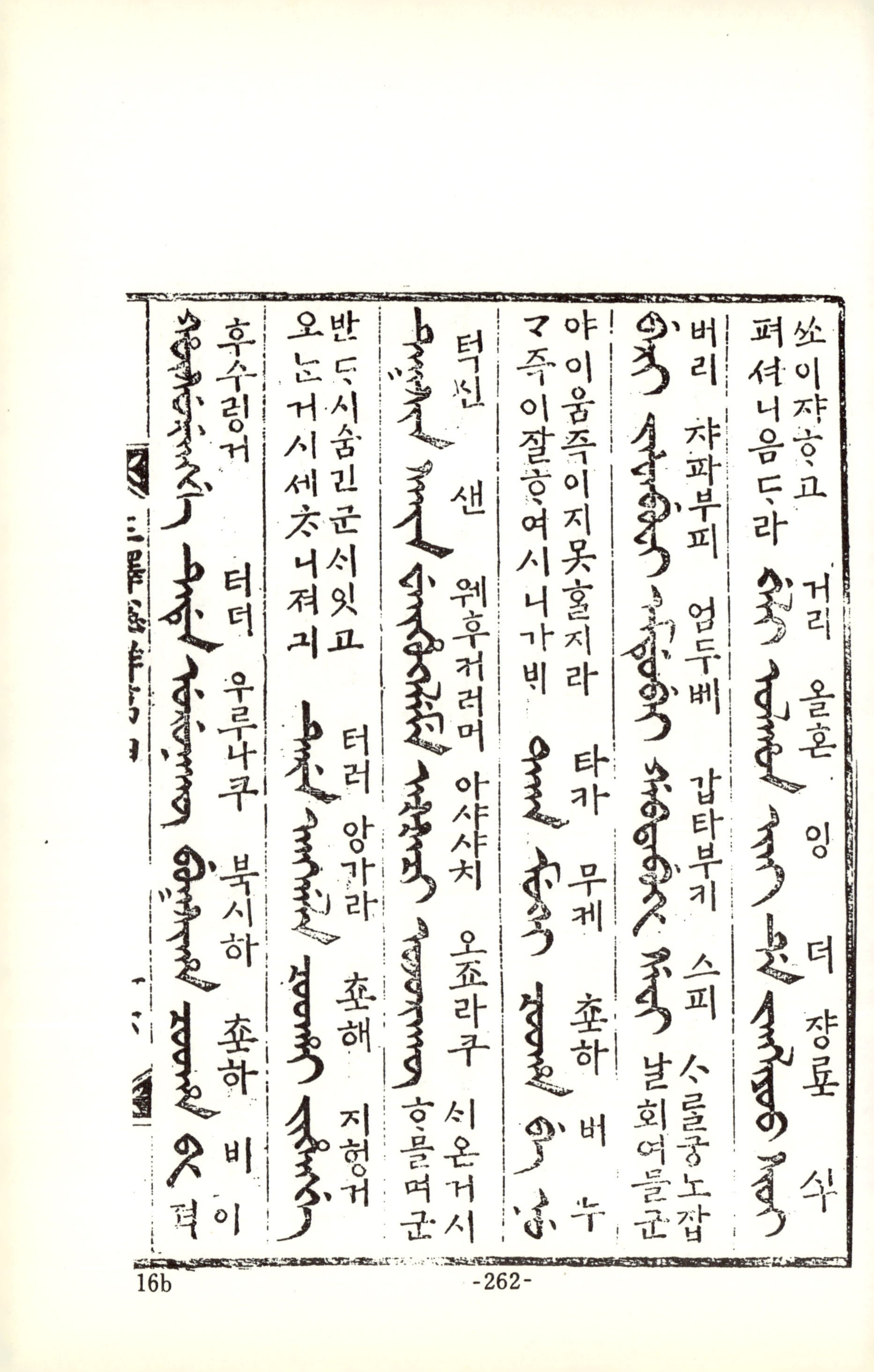

쏘이쟈ᄒᆞ고 거리 올혼 잉 더 쟝료 쉬
펴셔니음ᄃᆞ라

버리 쟈파부피 엄두베 갑타부키 스피 ᄉᆞ를궁노갑
날회여믈군

야이움즉이지못ᄒᆞᆯ지라 타카 무케 ᄎᆞᆫ하 버 누
ᄆᆞ즉이잘ᄒᆞ여시니가비

턱신 샌 웨후커러머 아샤샤치 오쵸라쿠 시온거시
ᄒᆞ믈며군

반ᄃᆞ시숨긴군ᄉᆡ잇고 터러 앙가라 ᄎᆞᆫ해 지헝거
오ᄂᆞᆫ거시세ᄎᆞ니져괴

후수링거 터더 우루나쿠 북시하 ᄎᆞᆫ하 비 이
젹

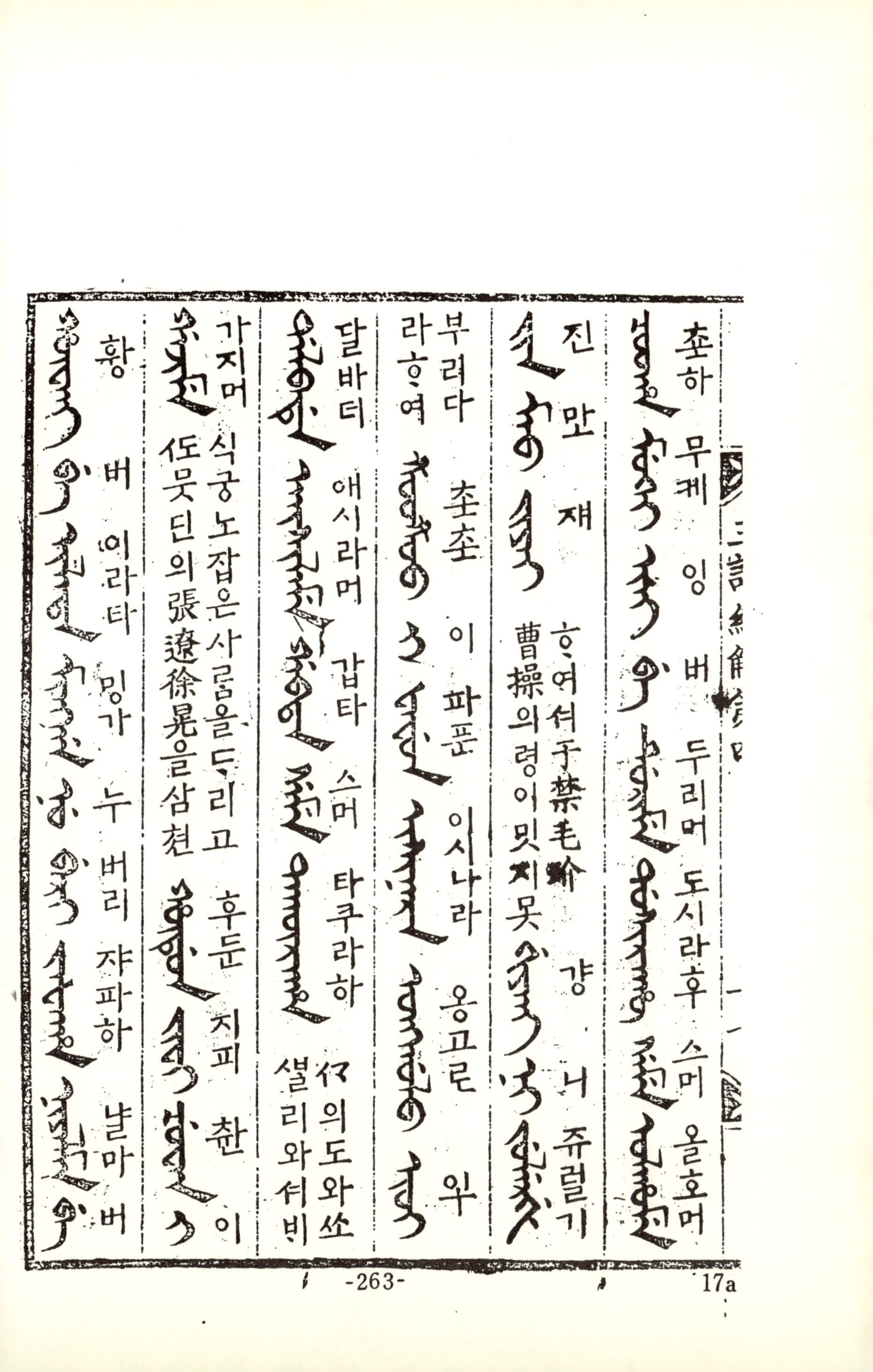

춘하 무케 잉 버 두리머 도시라후 스머 올호머

진 맏 재
ᄒᆞ여셔 于禁 毛玠
曹操의 령이 밋지 못
걍 니 쥬럴기

부러다
라ᄒᆞ여
춘춘 이 파픈 이시나라 옹고론 워

달바터 애시라머 갑타 스머 타쿠라하
仔의 도와 쏘
샐리와 셔비

가지머
식궁노 잡은 사ᄅᆞᆷ을 ᄃᆞ리고
佐뭇틴의 張遼 徐晃을 삼쳔
후둔 지피 춘 이

황 버 이라타 밍가 누 버리 쟈파하 날마 버

츈 버 막리부피 우쥬 위시훈 운쳐헌 와시훈

갑타붐비 올내여셔다쏘터라 압카 거러머 쿵밍

만남은궁노잡은사름

푼쳐머 누 버리 쟈파하 날마 버 투치부피 거무

저! 아마라 파푼 이신지러 쟈카터 니르니 투먼

라쏠 후에령이

버 개피 엄두베 갑타라 터 들을ᄃᆞ리고니음ᄃᆞ

제몸소궁노잡은뉴

아사들싸ᄒᆞ여저허 쳐니 버여 누 버리 쟈파하 울서

강남특군서물딘올

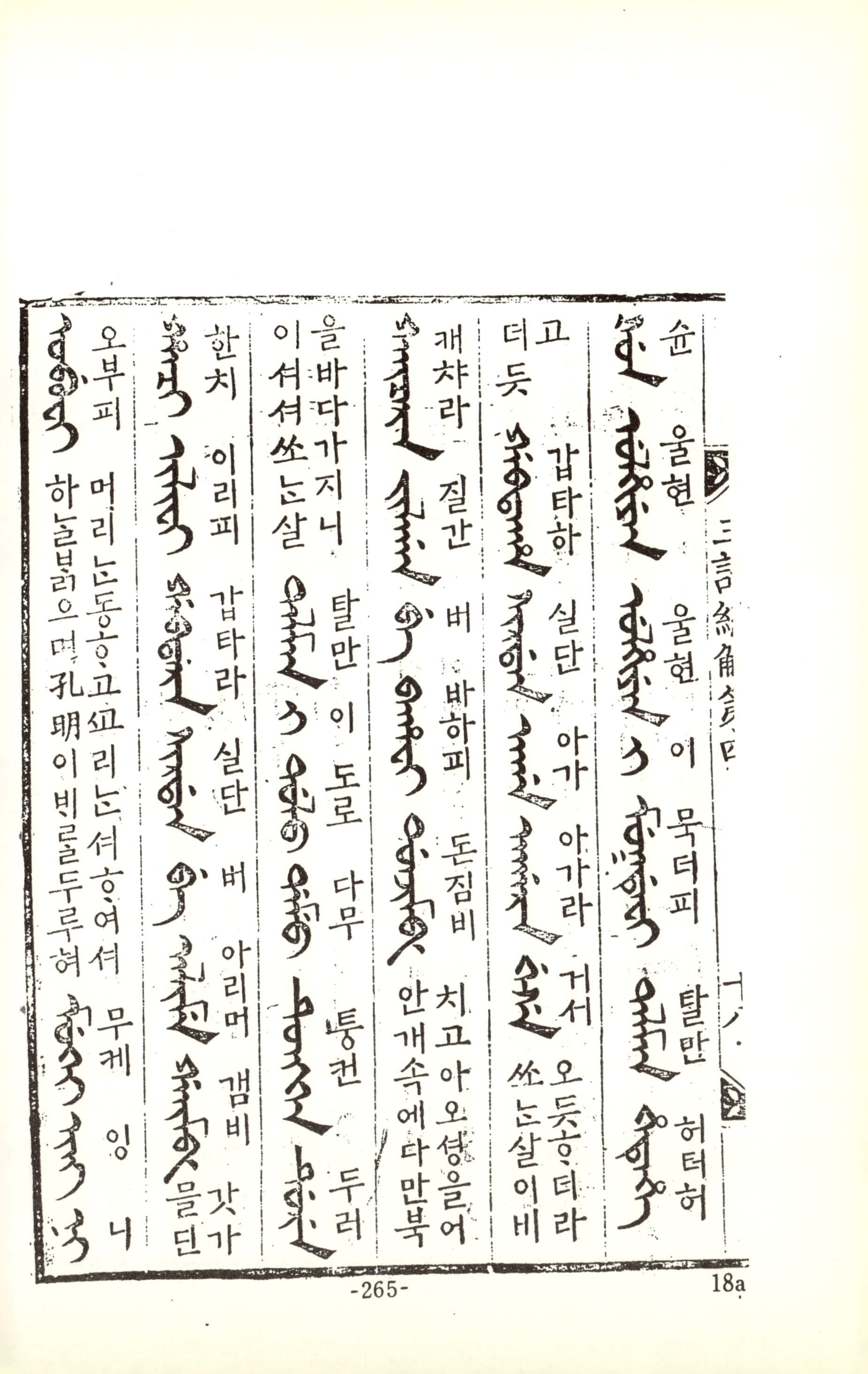

슌 울현 울현 이 묵더피 탈만 허터허

고 갑타하 실단 아가 아가라 거서 오듯ᄒᆞ더라

더듯 쓰ᄂᆞᆫ살이비

개챠라 질간 버 바하피 돈짐비 치고아오셩을어

안개속에다만북

을바다가지니 탈만 이 도로 다무 퉁권 두러

이셔셔쓰ᄂᆞᆫ살

한치 이리피 갑타라 실단 버 아리머 갬비 갓가

믈던

오부피 머리ᄂᆞᆫ동ᄒᆞ고쑈리ᄂᆞᆫ셔ᄒᆞ여셔 무케 잉 니

하ᄂᆞᆯᄇᆞᆰ으며孔明이ᄇᆡᄅᆞᆯ두루혀

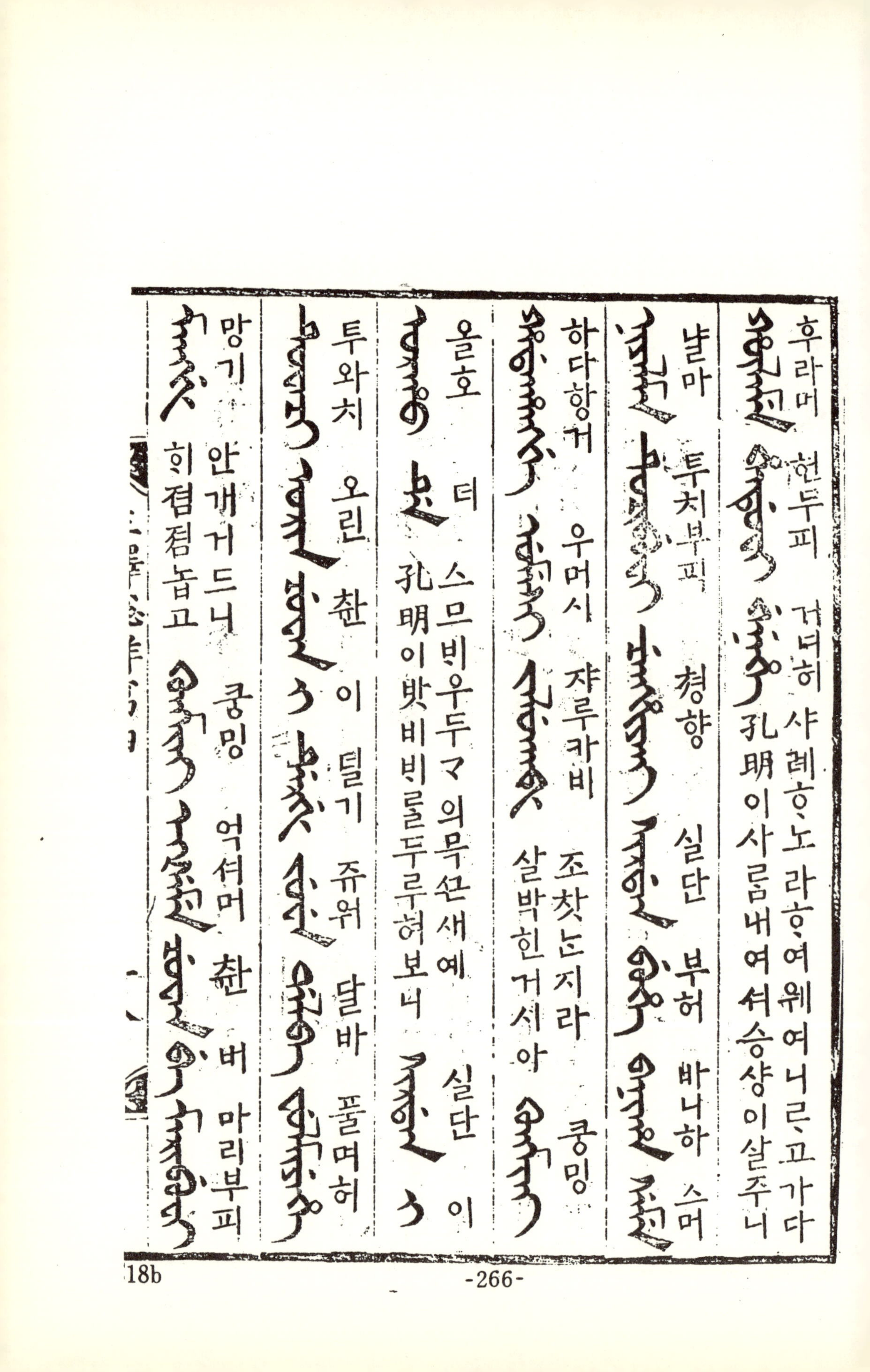

후라머 헌두피 거너히 孔明이사ᄅᆞᆷ내여셔승샹이살주니 샤례ᄒᆞ노라ᄒᆞ여웨여니ᄅᆞ고가다

냘마 투치부픽 쳥향 실단 부허 바나하 스머

하다항거 우머시 쟈루카비 살박힌거시아 조찻ᄂᆞᆫ지라 쿵밍

올호 터 孔明이밧비비롤두루혀보니 스므비우두마의묵션새예 실단 이

투와치 오린 츈 이 딜기 쥬워 달바 풀머허

망기 ᄒᆡ졈졈놉고 안개거드니 쿵밍 억셔머 츈 버 마리부피

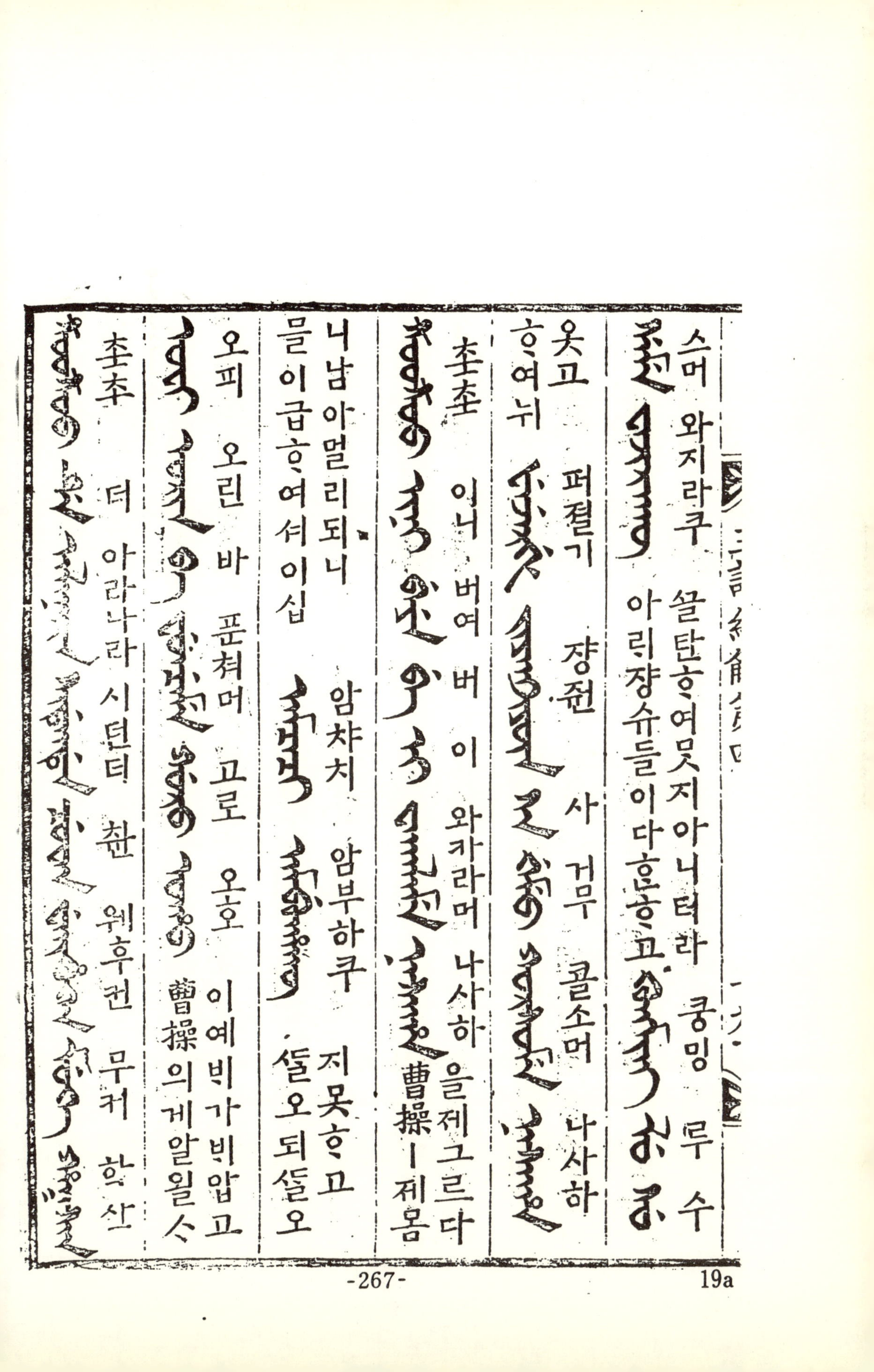

스머 와지라쿠 쓸탄ᄒᆞ여몯지아니터라 쿵밍 루 수

아리쟝슈들이다흔ᄒᆞ고

옷고 퍼졀기 쟝쥔 사 거무 콜소머 나사하

ᄒᆞ여뉘

초초 이너 버여 버 이 와카라머 나사하 을제그르다

曹操ㅣ 제몸

나남아멀리되니 암챠치 암부하쿠 지못ᄒᆞ고

믈이급ᄒᆞ여셔이십 ᄯᆞᆯ오되ᄯᆞᆯ오

오피 오린 바 푼쳐머 고로 오호 이예빅가비압고

曹操의게알욀ᄉᆞ

초추 더 아라나라 시던더 춴 웨후권 무커 학 산

뎍군ᄉᆞᄅᆞᆯ쏘라오쟈
살어더이살로ᄂᆡ일북

루 수 헌두머 샨 승

실단 이 치마하 아말기 초하 버 갑타머 지키 남은

십만

지아니ᄒᆞ고 쟌 투먼 푼쳐머 실단 바하 어러
죠곰도바히내

나 덜긴 후순 버 마지거 호노 투치부허쿠 힘을 江東

밍가 아시머 비 마다살이ᄉᆞ오쳔에다ᄃᆞ라시니 강
孔明이魯肅의향ᄒᆞ여니로되비

이 바루 헌두머 쟌 토머 실단 뒨 순쟈

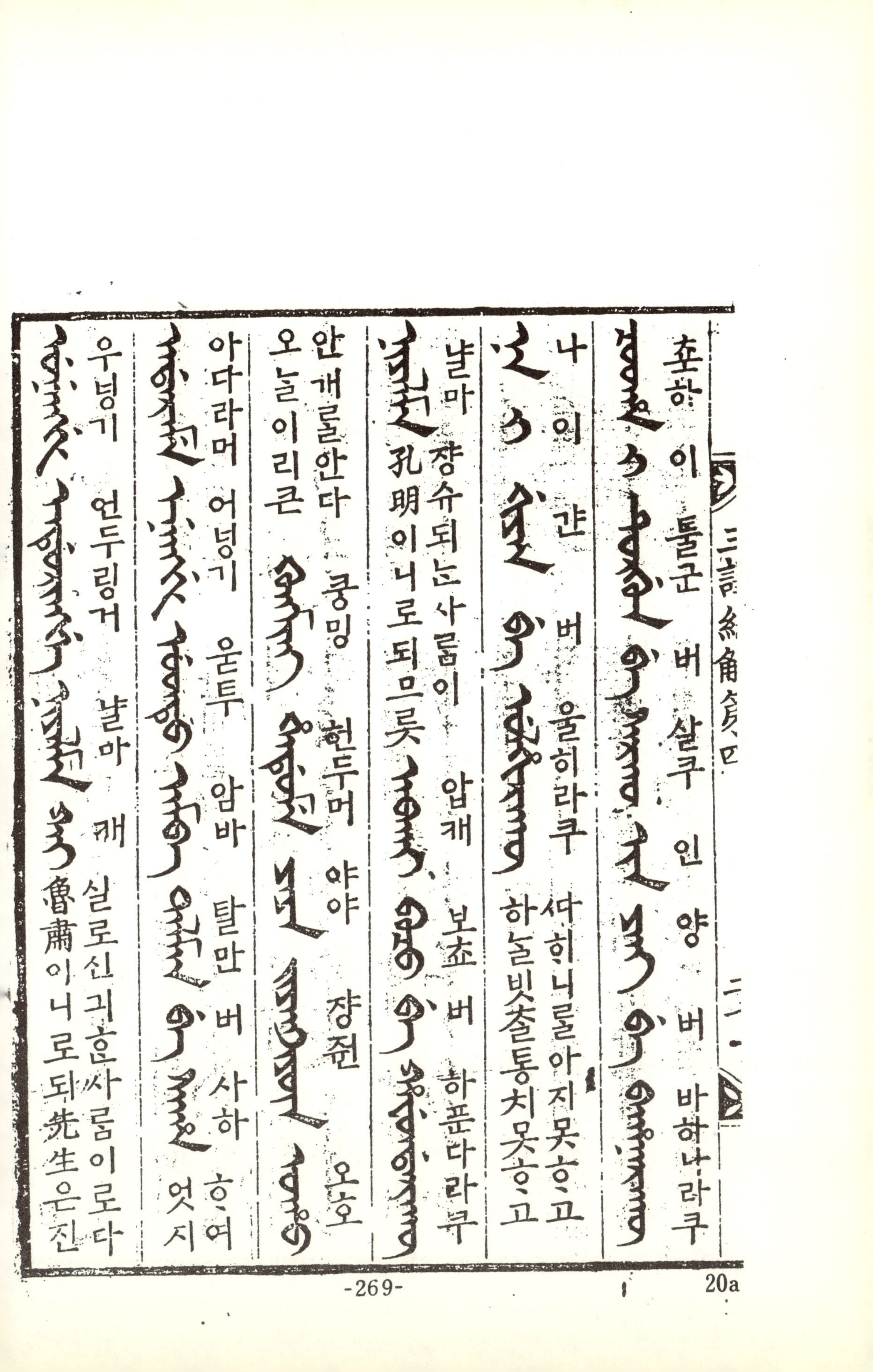

호하 이 투룬 버 살쿠 인 양 버 바하나라쿠

나 이 갼 버 울히라쿠

새ᄒᆡ니ᄅᆞᆯ아지못ᄒᆞ고

하ᄂᆞᆯ빗ᄎᆞᆯ통치못ᄒᆞ고

낼마 쟝슈되ᄂᆞᆫ사ᄅᆞᆷ이 압캐 보쵸 버 하푼다라큐

孔明이니로되므롯

안 개룰안다 쿵밍 헌두머 야야 쟝쥔 오호

오ᄂᆞᆯ이리큰

아다라머 어녕기 운투 암바 탈만 버 사하 ᄒᆞ여

엇지

우녕기 언두링거 낼마 캐 실로신긔ᄒᆞᆫ사ᄅᆞᆷ이로다

魯肅이니로되先生은진

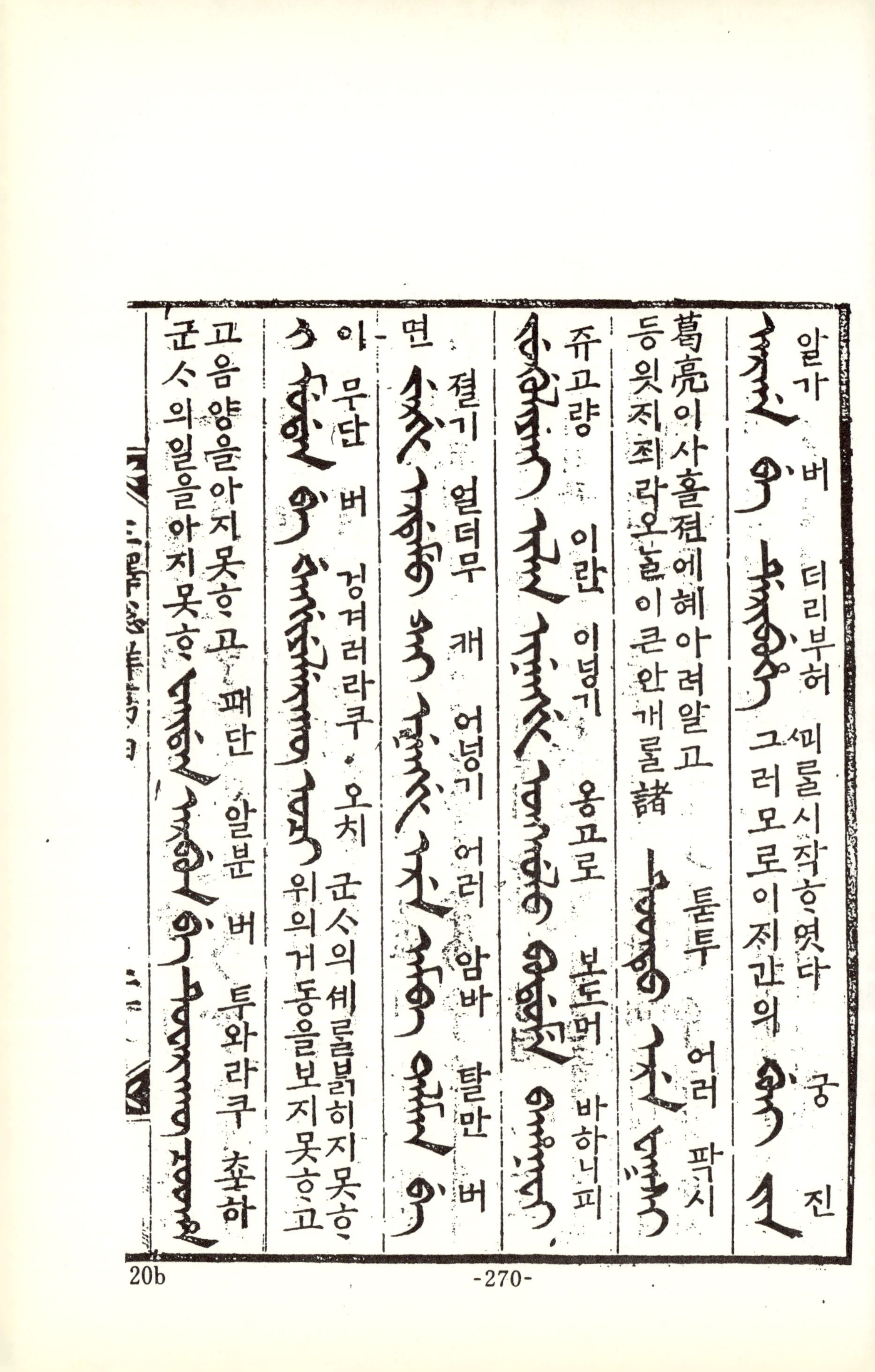

알가 버 더리부허 ᄢᅵ를시작ᄒᆞ엿다 궁 진

그러모로이ᄌᆞ간의

葛亮이사흘젼에헤아려알고

등읫ᄌᆞ최라오ᄂᆞᆫ이큰안개롤諸

툰투 어러 팍시

쥬고량 이란 이넝기 옹고로 보로머 바하니피

면

졀기 얼더무 캐 어넝기 어러 암바 탈만 버

아- 무단 버 겅겨러라쿠 · 오치

군ᄉᆞ의셰를ᄇᆞᆰ히지못ᄒᆞ

위의거동을보지못ᄒᆞ고

고음양을아지못ᄒᆞ고 ᄧᅢ단 알분 버 투와라쿠 ᄎᆞᆯ하

군ᄉᆞ의일을아지못ᄒᆞ

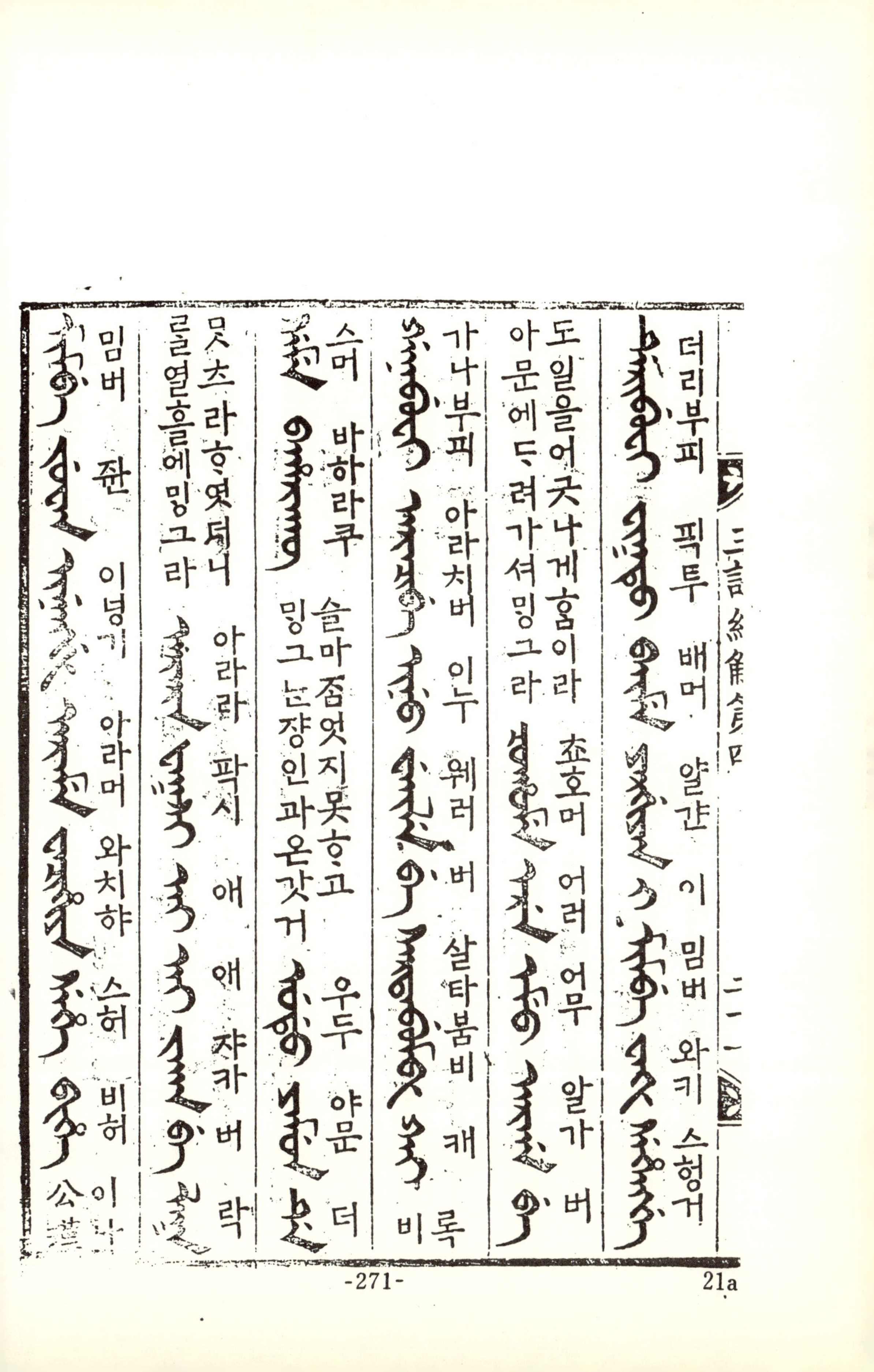

더리부피 픽투 배머 얄갼 이 밈버 와키 스헝거

도일을어긋나게홈이라 쵸호머 어러 어무 알가 버

아문에ᄃᆞ려가셔밍그라

가나부피 아라치버 인누 웨러 버 살타붐비 캐 비록

스머 바하라쿠 ᄉᆞᆯ마좀엇지못ᄒᆞ고 우두 야문 더

밍그ᄂᆞᆫ장인과온갓거

못ᄎᆞ라ᄒᆞ엿더니 아라라 파시 애 애 쟈카 버 락

ᄅᆞᆯ열흘에밍그라

밈버 쥰 이넝기 아라머 와치햐 스허 비허 이나

公達

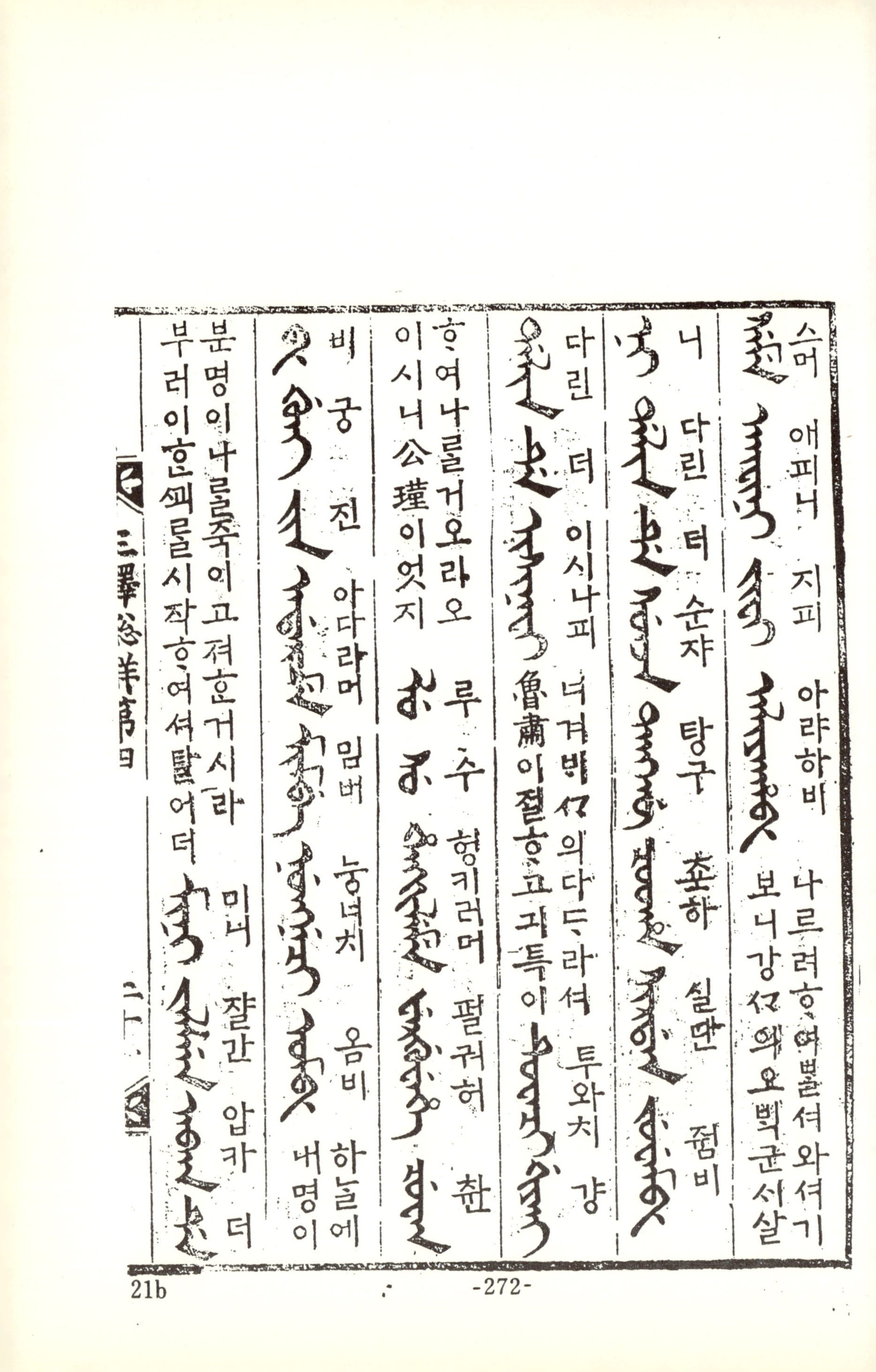

슈머 애피나 지피 아라하바 나르려ᄒᆞ여ᄲᅮᆯ셔와셔기
보니강ᄉᆡᆼ의오ᄇᆡᆨ군ᄉᆡ살

니 다린 다린 터 순쟈 탕구 쵸하 실단 줨비
다린 더 이시나피 너겨ᄇᆡᆨᄉᆡᆼ의다ᄃᆞ라셔 투와치 강
魯肅이절ᄒᆞ고과특이

ᄒᆞ여나ᄅᆞᆯ거오라오 루 수 헝키러머 팔궈허 챤
이시니公瑾이엇지

비 궁 진 아다라머 밈버 눙녀치 옴비 하ᄂᆞᆯ에
내명이

분명이나ᄅᆞᆯ죽이고져ᄒᆞᆫ거시라 미너 잘간 압카 더
부러이ᄒᆞᆫ쇄ᄅᆞᆯ시작ᄒᆞ여셔ᄇᆞᆯ어더

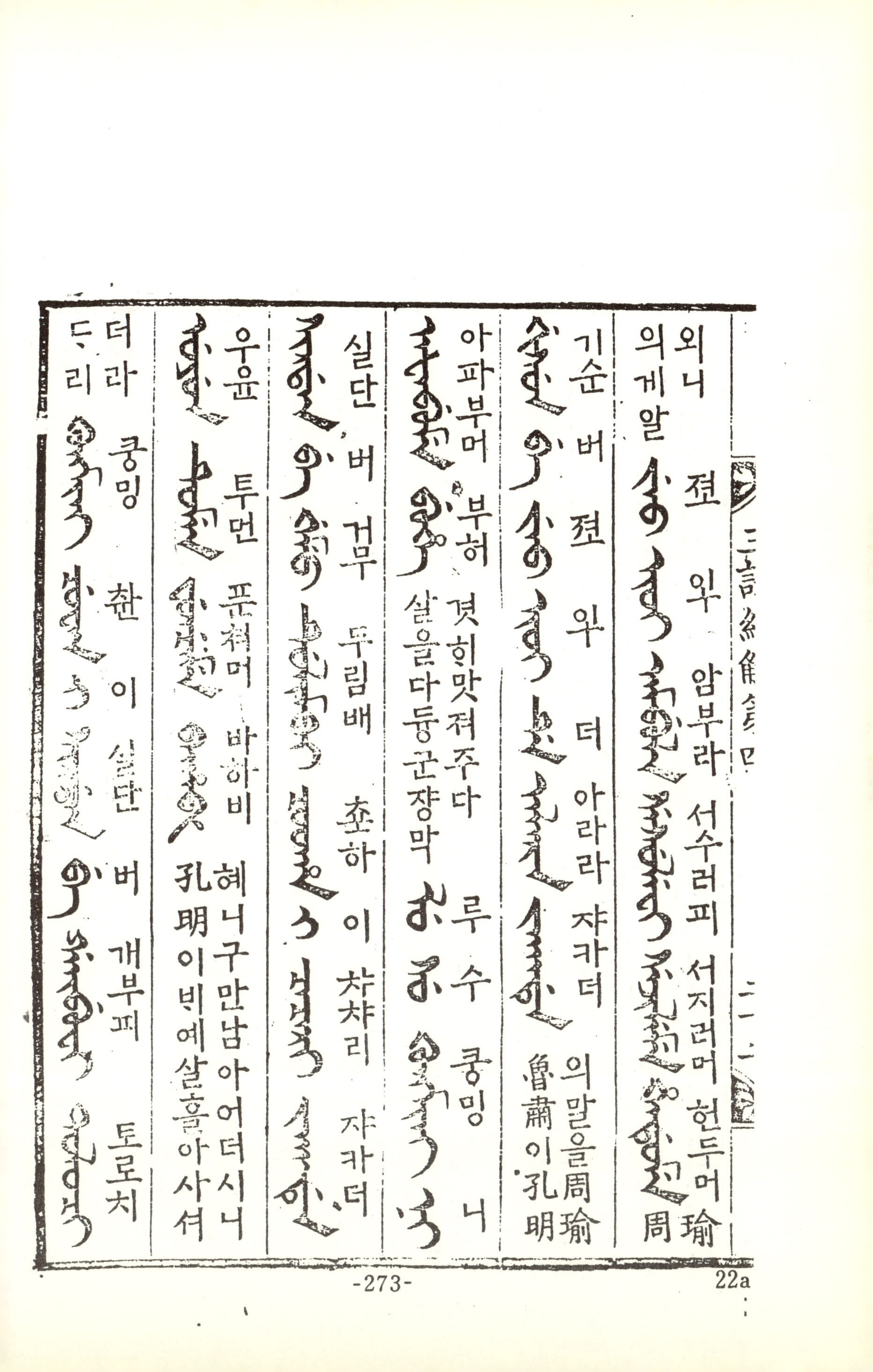

외니의게알 젼 워 암부라 서수러피 서지러머 헌두머 瑜周

기순 버 젼 워 더 아라라 쟈카더 의말을周瑜魯肅이孔明

아파부머 부허 겻히맛져주다살을다둥군쟝막 루수 쿵밍 니

실단 버 거무 두림배 쵸하 이 차챠리 쟈카더

우윤 투먼 푼쳐머 바하비 혜니구만남아어더시니孔明이비예살흘아사셔

더라ᄃᆞ리 쿵밍 춴 이 실단 버 개부찌 토로치

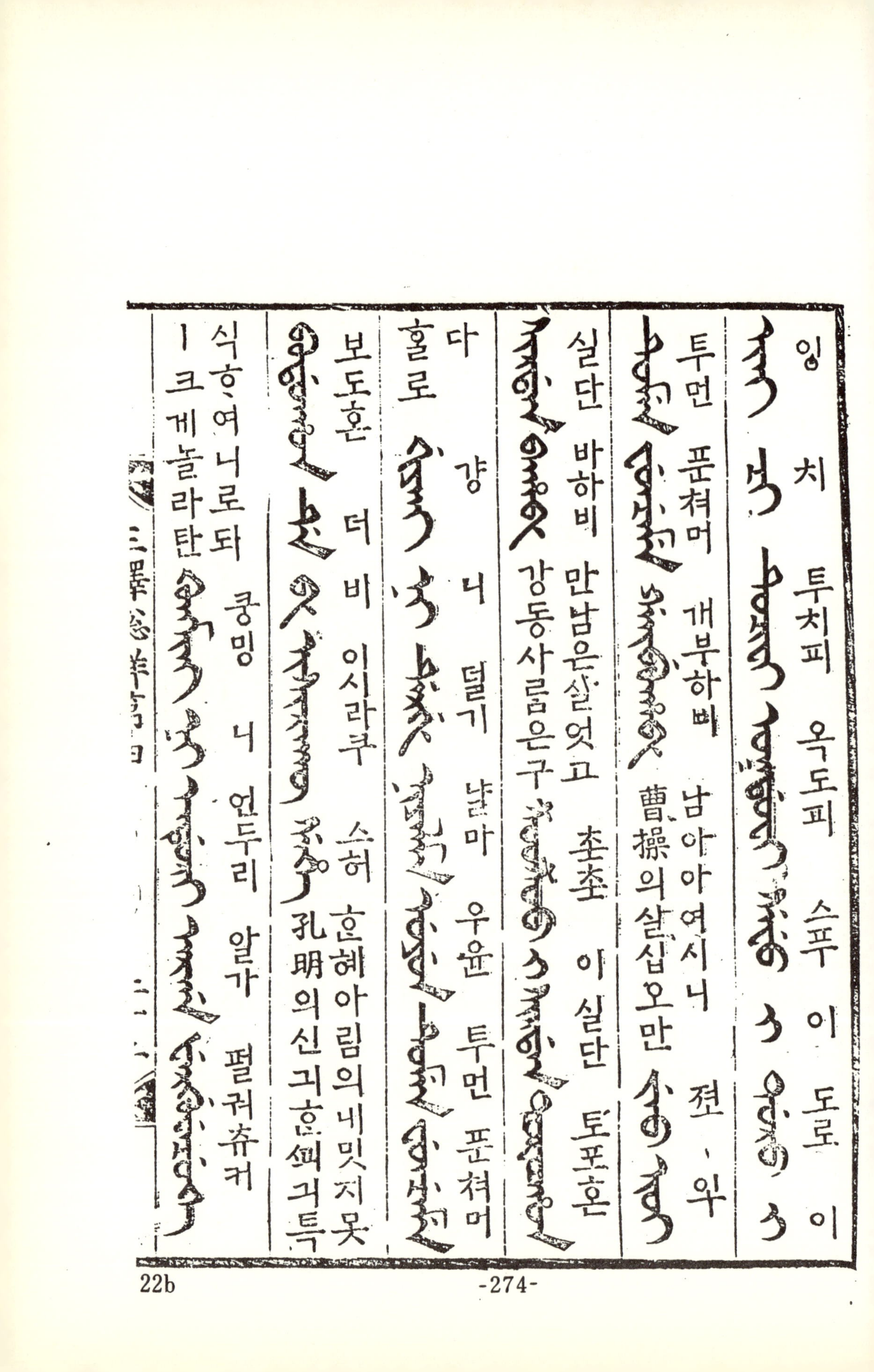

잉 치 투치피 옥도피 스푸 이 도로 이

투먼 푼쳐머 개부하삐 남아아여시니 져 、워

曹操의살십오만

실단 바하비 만남은살얻고 촐촐 이 실단 토포혼

강동사름은구

다 걍 니 덜기 낟마 우윤 투먼 푼쳐머

훌로

보도혼 더 비 이시라쿠 스허 흔혜아림의 내밋지못

孔明의신긔흔쐬긔특

식흔여 니로되 쿵밍 니 언두리 알가 펼궈츄커

ㅣ크게놀라탄

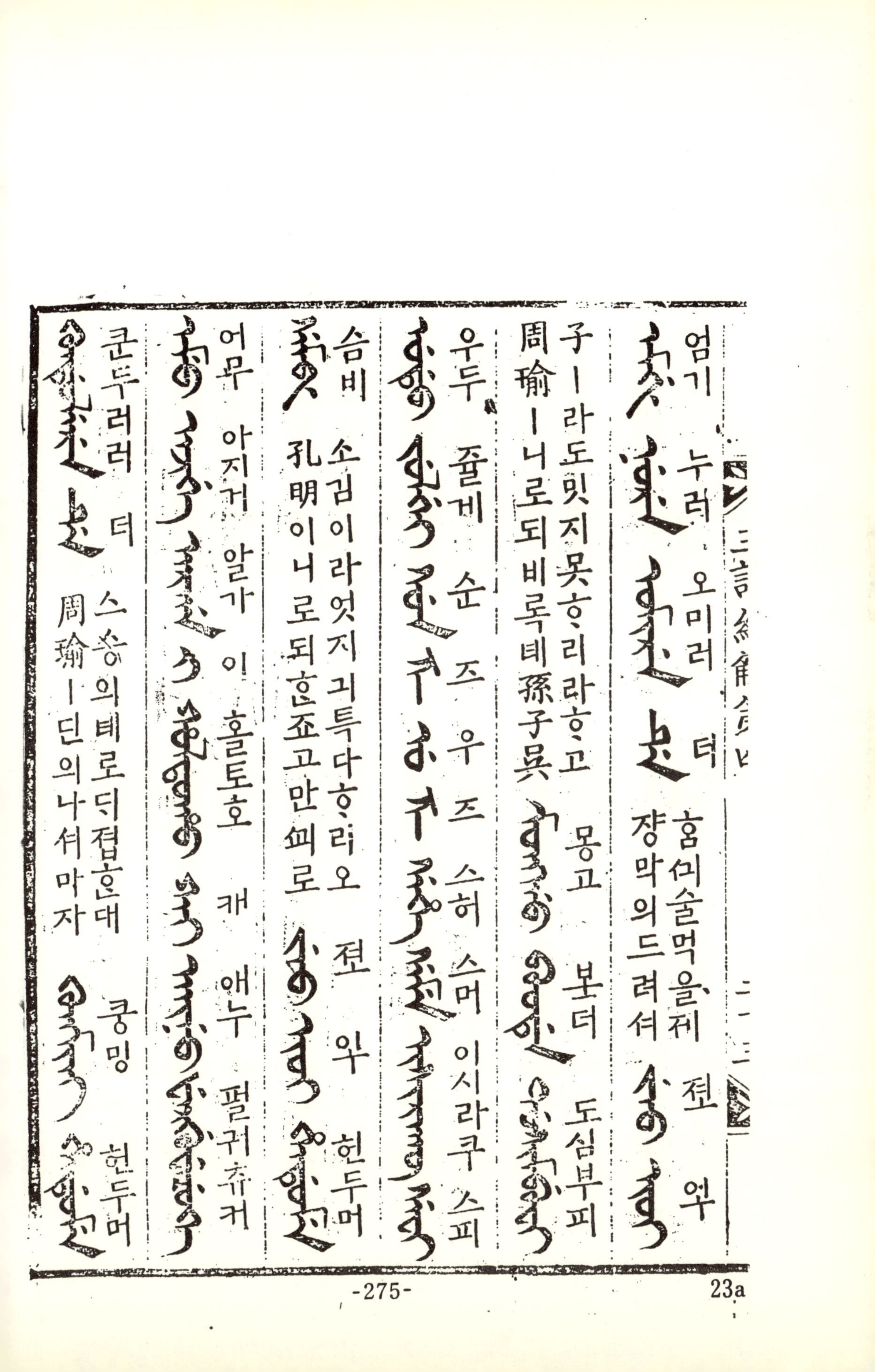

쿤두러러 더 周瑜ㅣ딘의나셔마자 스승의톄로ᄃᆡ졉ᄒᆞᆫ대 쿵밍 헌두머

어무 아지거 알가 이 홀토호 캐 애누 펄귀츄커

슴비 孔明이니로되ᄒᆞᆫ죠고만ᄭᅬ로 소김이라엇지긔특다ᄒᆞ리오 쳔 워 헌두머

우두, 쥴게 순 즈 우 즈 스허 스머 이시라쿠 스피

周瑜ㅣ니로되비록톄孫子吳 子ㅣ라도밋지못ᄒᆞ리라ᄒᆞ고 몽고 보더 도심부피

엄기 누러 오미러 더 쟝막의드려셔 ᄒᆞᆷᄭᅴ술먹을ᄌᆡ 쳔 워

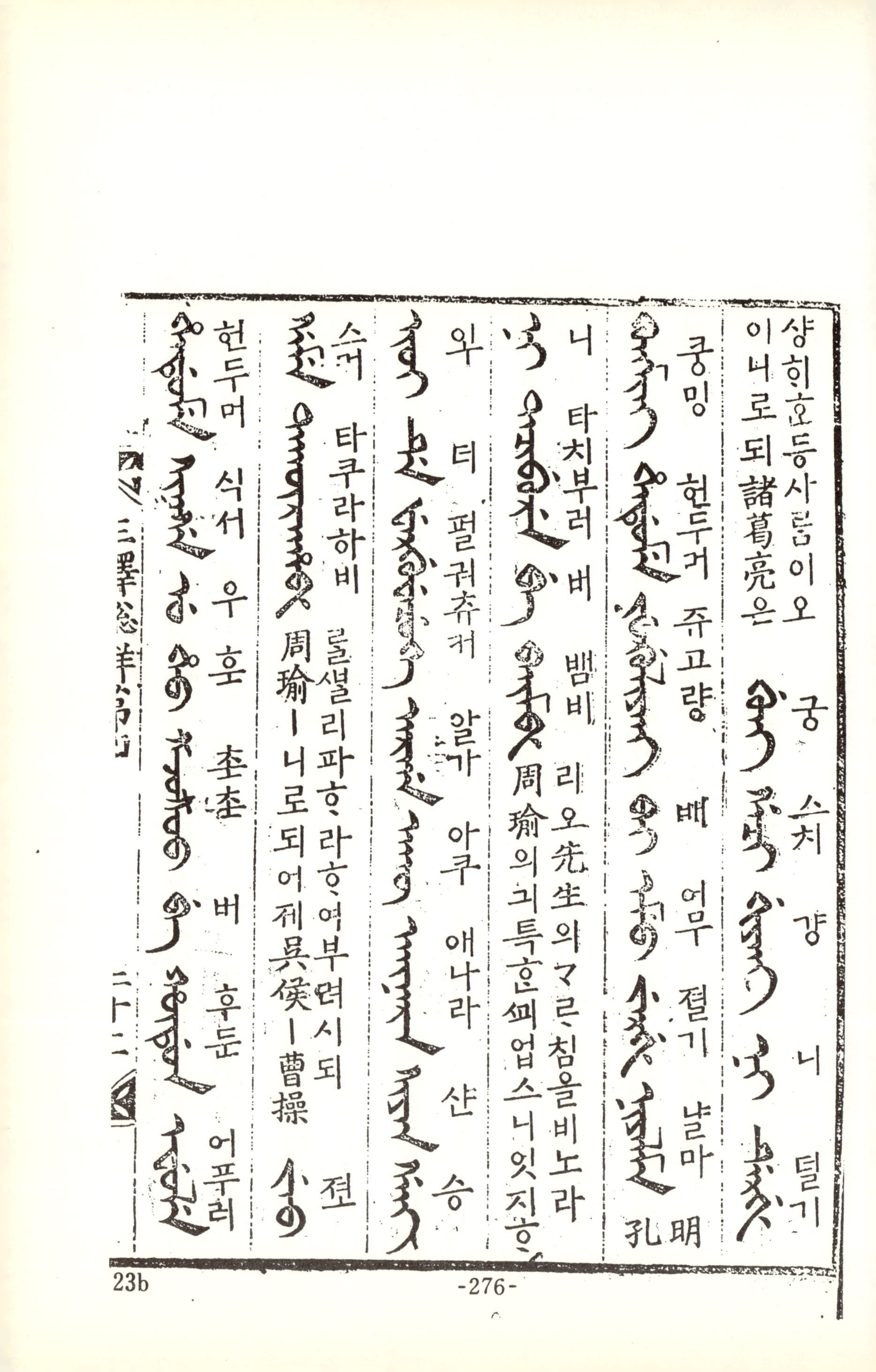

상히효등사ᄅᆞᆷ이오
이녀로되諸葛亮은 궁 스치 걍 니 덜기

쿵 밍 헌두거 쥬고량 배 어무 졀기 날마 明
孔

니 타치부러 버 뱀비 리오先生의ᄆᆞᄅᆞᆫ침을비노라
周瑜의긔특ᄒᆞᆫ쐬업스니잇지ᄒᆞ

와 터 펄궈츄커 알가 아쿠 애나라 샨 승

슈커 타쿠라하비 ᄅᆞᆯ셜리파ᄒᆞ라ᄒᆞ여부려시되 젼
周瑜ㅣ니로되어제吳侯ㅣ曹操

헌두머 식서 우 호 솨솨 버 후둔 어푸러

三譯總解 二十三

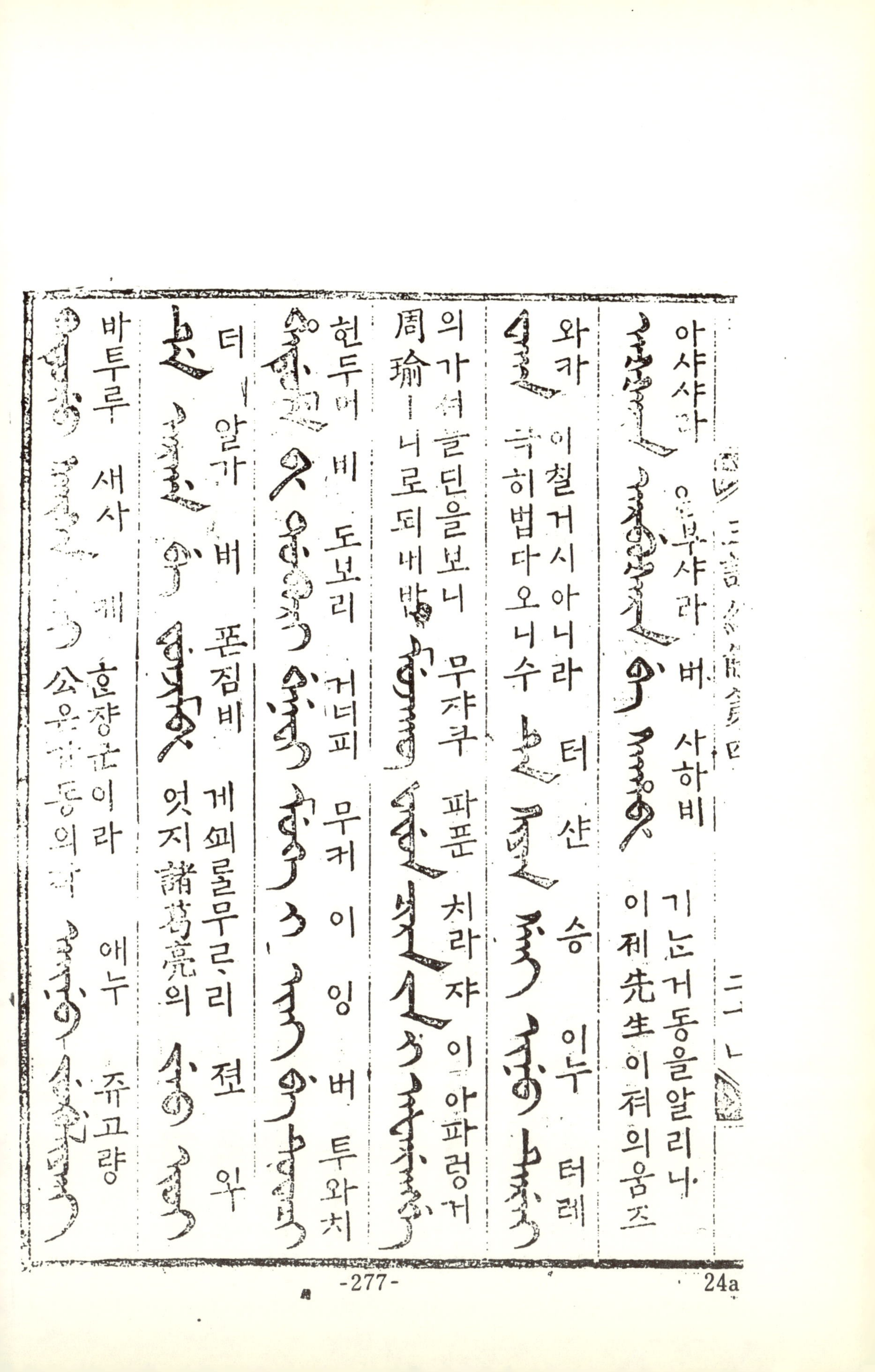

아샤샤라 우부샤라 버 사하비 기논거동을알리나
이제先生이져의움즈

와카 이철거시아니라 터 샨 승 이누 터레
극히법다오니수

의가서 둘던을보니 무쟈쿠 파푼 치라쟈 이아파렁거
周瑜ㅣ니로되내밤

헌두머 비 도보리 거너피 무커 이 잉 버 투와치

터 알가 버 푼짐비 게쐬룰무르리 젼 워
엇지諸葛亮의

바투루 새사 케 훈장군이라 애누 쥬고량
公은가동의거

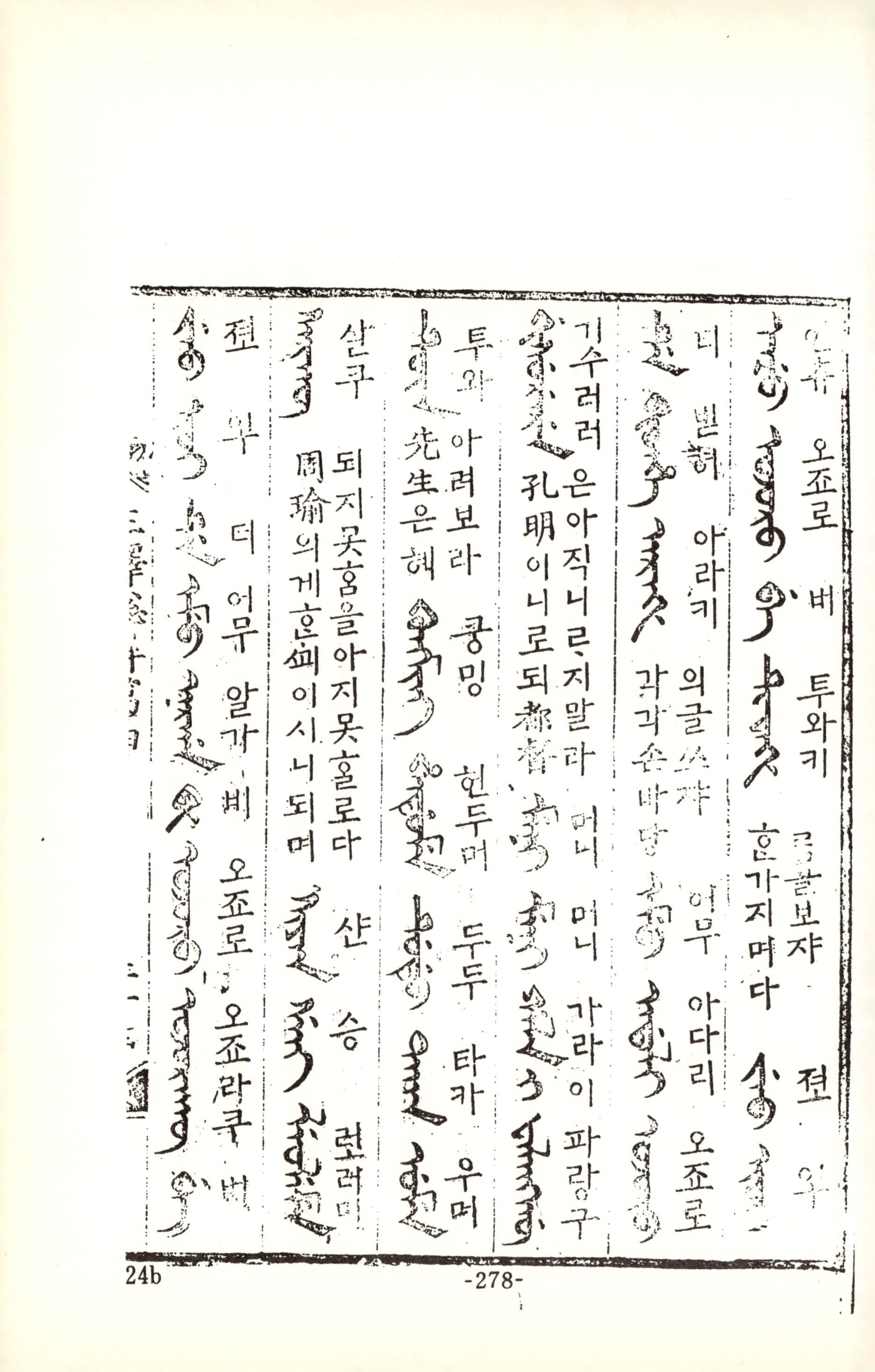

오유 오죠로 베 투와키 ᄀᆞᆯ희보쟈 져 우

ᄒᆞᆫ가지며다

디 빌헤 아라키 의글쓰쟈 어무 아다리 오죠로

각각순바당

기수러러 은아직니ᄅᆞ지말라 머니 머니 가라이 파랑구

孔明이니로되都督

투와 아려보라 쿵밍 헌두머 두두 타카 우머

先生은혜

산쿠 되지못홈을아지못홀로다 샨 승 런러미

周瑜의게ᄒᆞᆫ싀이시니되며

져 우 더 어무 알가 비 오죠로 오죠라쿠 버

三譯總解 十

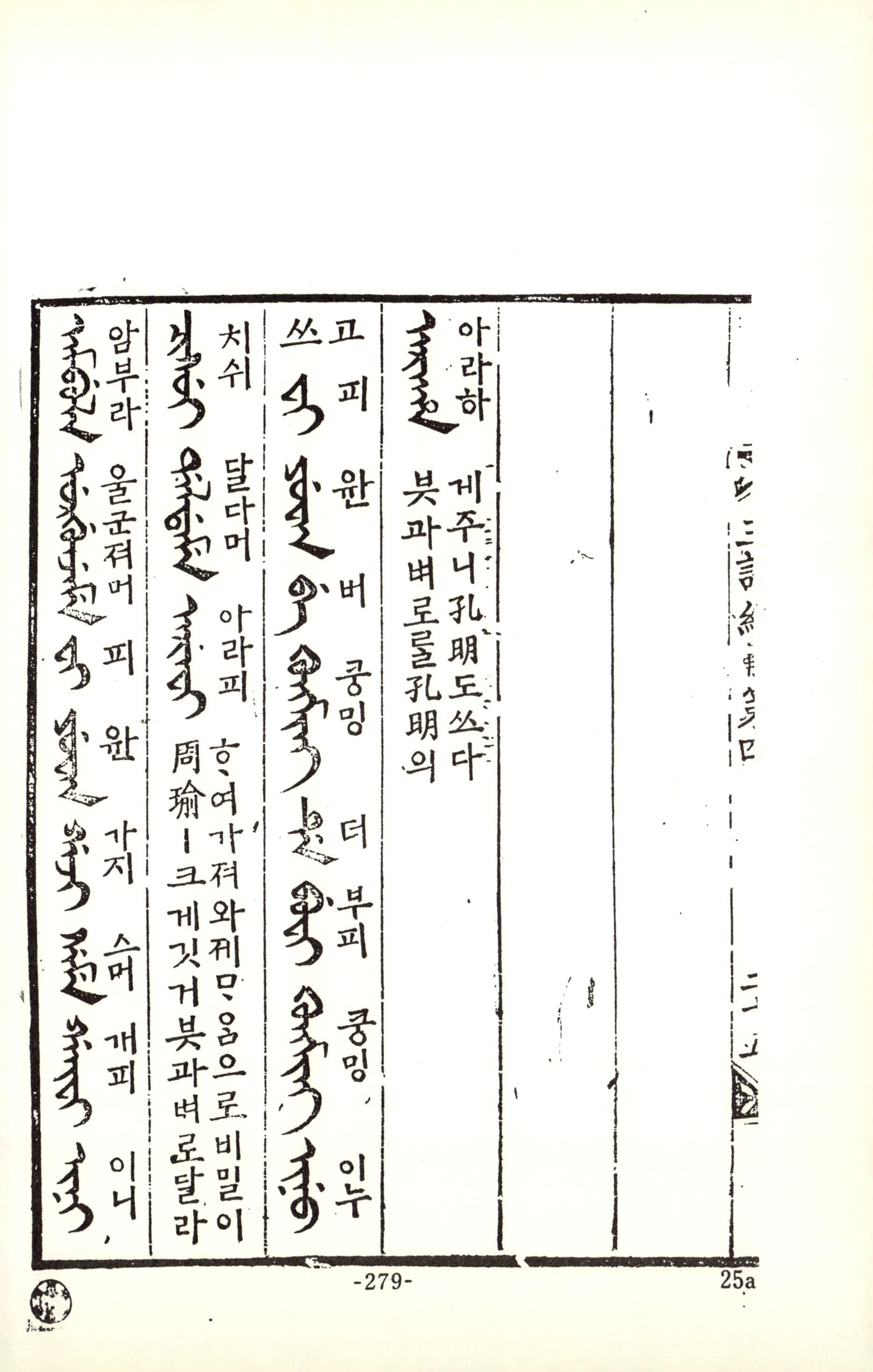

아라하 [Manchu]
게주니孔明도쓰다
븟과벼로롤孔明의

쓰고피 완버 쿵밍 더 부피 쿵밍 이누

치쉬 달다머 아라피
ᄒᆞ여가져와쮜ᄆᆞ옴으로비밀이
周瑜ㅣ크게깃거븟과벼로달라

암부라 울군져머 피 완 가지 슈머 개피 이나,

三譯総解 五

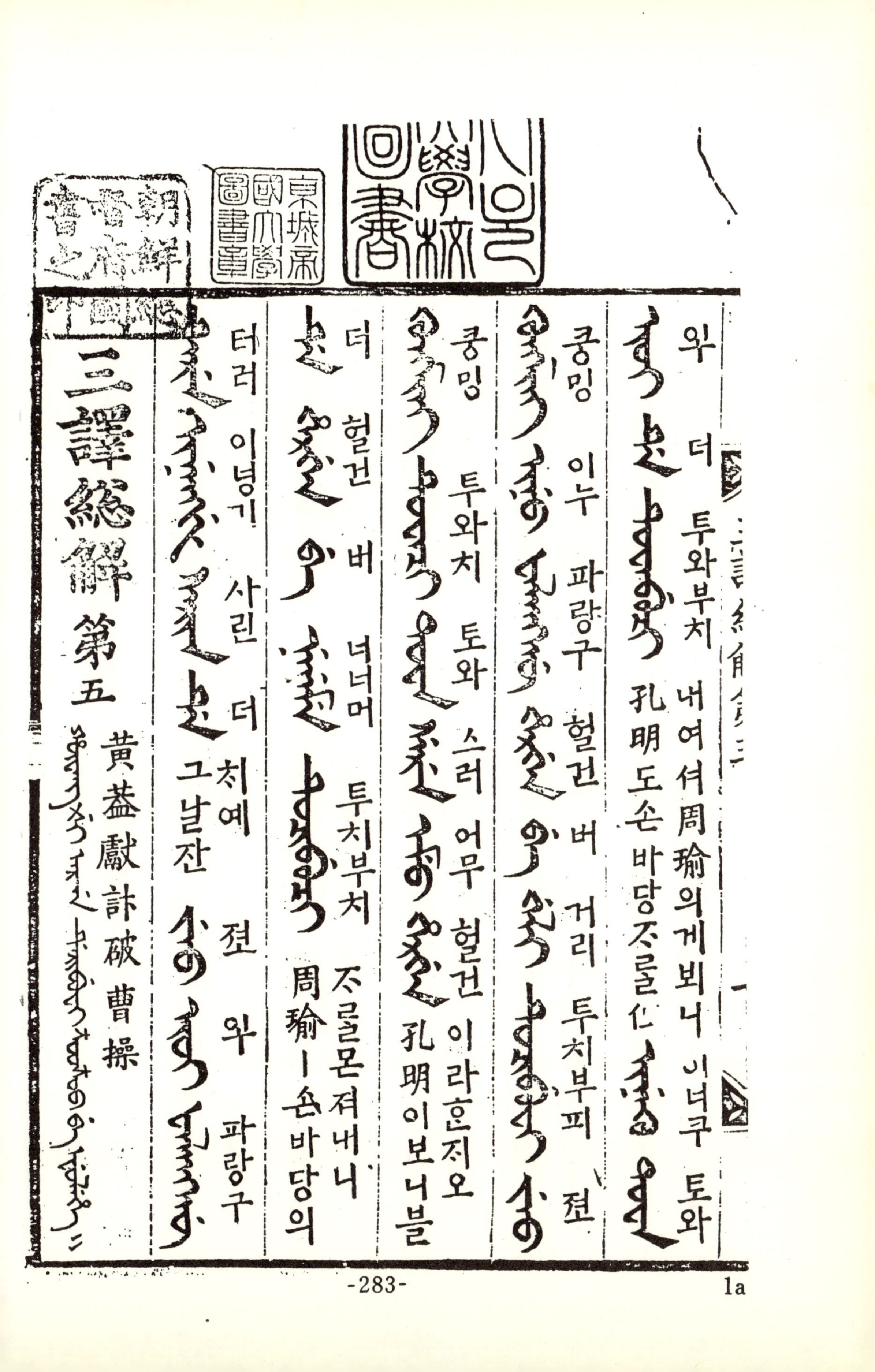

워 더 투와부치 내여셔周瑜의게뵈니 이녀쿠 토와

孔明도손바당ᄌ를ᄯᅵ

쿵밍 이누 파랑구 헐건 버 거리 투치부피 져

쿵밍 투와치 토와 스러 어무 헐건 이라ᄒᆞᆫ지오

孔明이보니블

더 헐건 버 너너머 투치부처 ᄌᆞ를몬져내니

周瑜ㅣ손바당의

터러 이넝기 사린 더 치예 져 워 파랑구

그날잔

三譯總解第五

黃蓋獻計破曹操

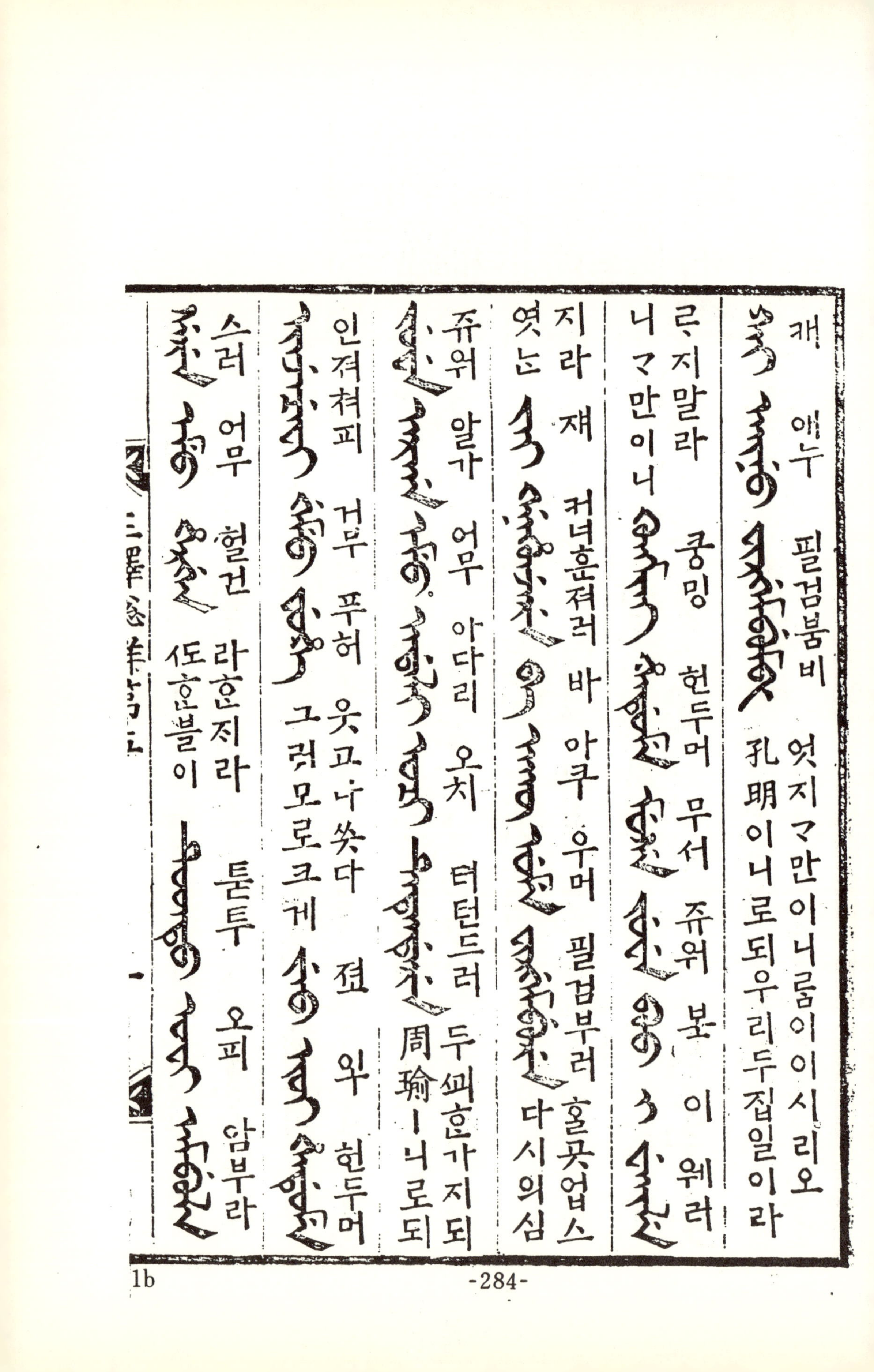

캐 에누 필검붐비 엇지ᄆᆞ만이니ᄅᆞᆷ이이시리오
孔明이니로되우리두집일이라

ᄅᆞ지말라 쿵밍 헌두머 무서 쥬워 보 이 웨러
니ᄆᆞ만이니

지라 재 커녀ᄒᆞᆫ져러 바 아쿠 우머 필검부러 ᄒᆞᆯ곳업스
엿ᄂᆞᆫ 다시의심

쥬워 알가 어무 아다리 오치 더턴ᄃᆞ러 두ᄭᅴᄒᆞᆫ가지되
周瑜ㅣ니로되

인져쳐피 거무 푸허 웃고ᄂᆡ쏫다 져 위 헌두머
그러모로크게

ᄉᆞ러 어무 헐건 라ᄒᆞᆫ지라 튼투 오피 암부라
ᄯᅩᄒᆞᆫ블이

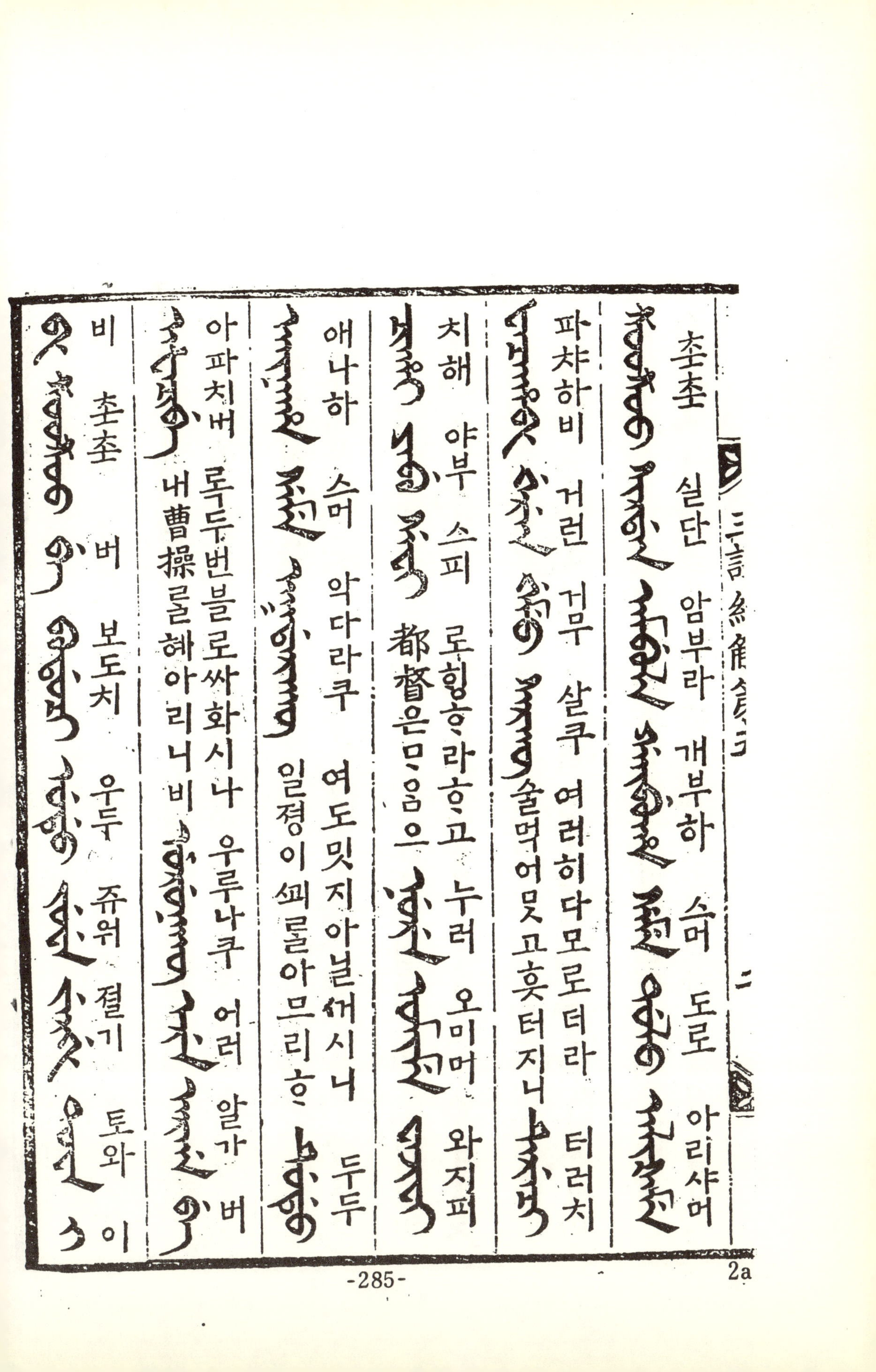

춘츄 실단 암부라 개부하 슈머 도로 아리샤머
파샤하비 거런 거무 살쿠 여러히다모로터라 터러치
술먹어뭇고흣터지니
치해 야부 스피 로힝ᄒᆞ라ᄒᆞ고 누러 오미머 와지퍼
都督은ᄆᆞ음으
애나하 슈머 악다라쿠 여도밋지아닐쎄시나 두두
일졍이쐬를아므리ᄒᆞ
아파치버 록두번블로싸화시나 우루나쿠 어러 알가 버
내曹操를혜아리니비
비 춘츄 버 보도치 우두 쥬워 절기 토와 이

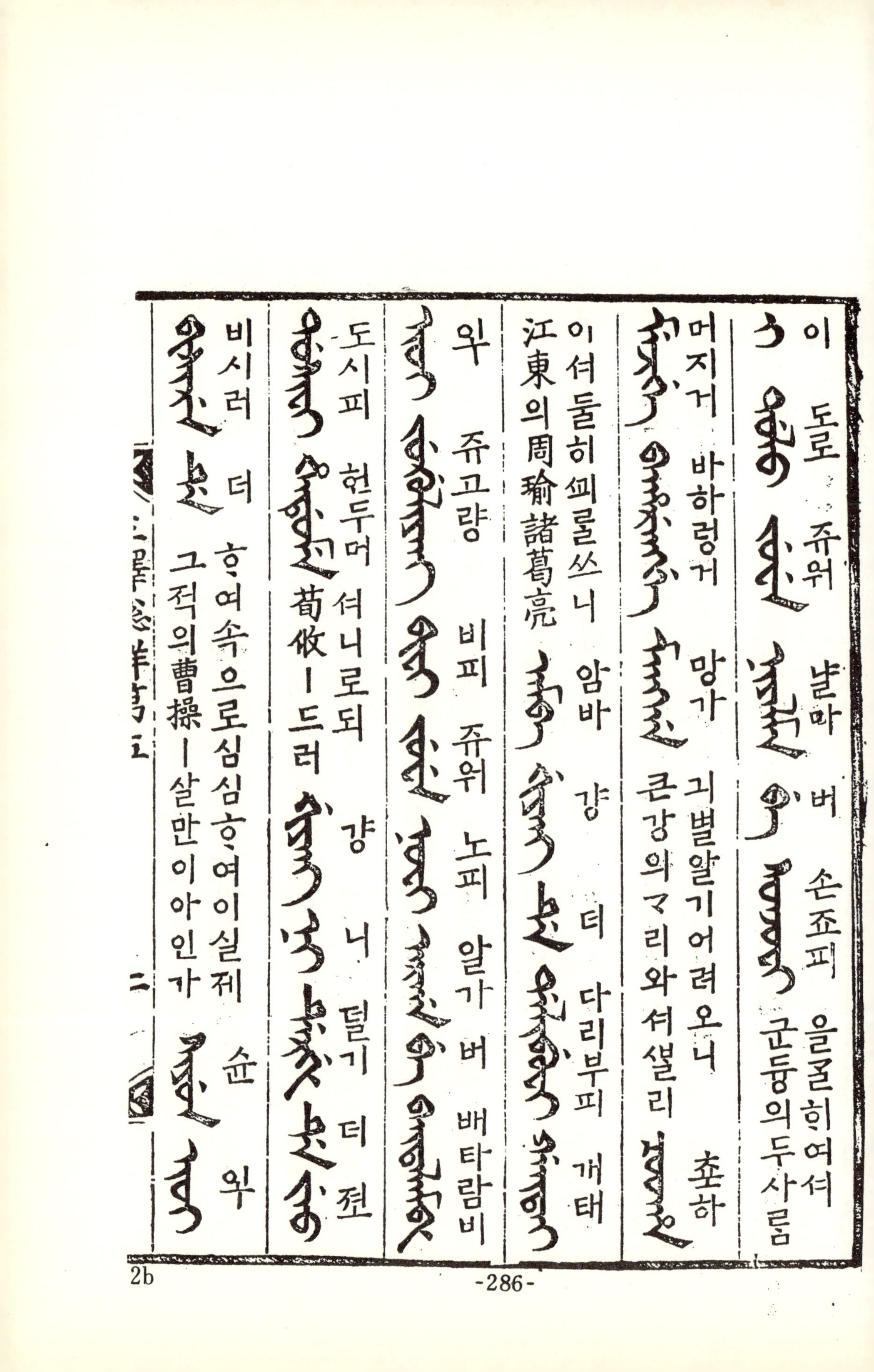

이 도로 쥬워 낟마 버 손죠피 을굴히ᄒᆞ여셔
군듕의두사름

머지거 바하렁거 망가 긔별알기어려오니 춈하
큰강의마리와셔샐리

이셔둘히쐬룰쓰니 암바 강 더 다리부피 개태
江東의周瑜諸葛亮

와 쥬고랑 비피 쥬워 노피 알가 버 배타람비

도시피 헌두머 셔니로되 걍 니 덜기 더 졉
荀攸ㅣ드러

비시러 더 ᄒᆞ여속으로심심ᄒᆞ여이실쥐 슌 와
그적의曹操ㅣ살만이아인가

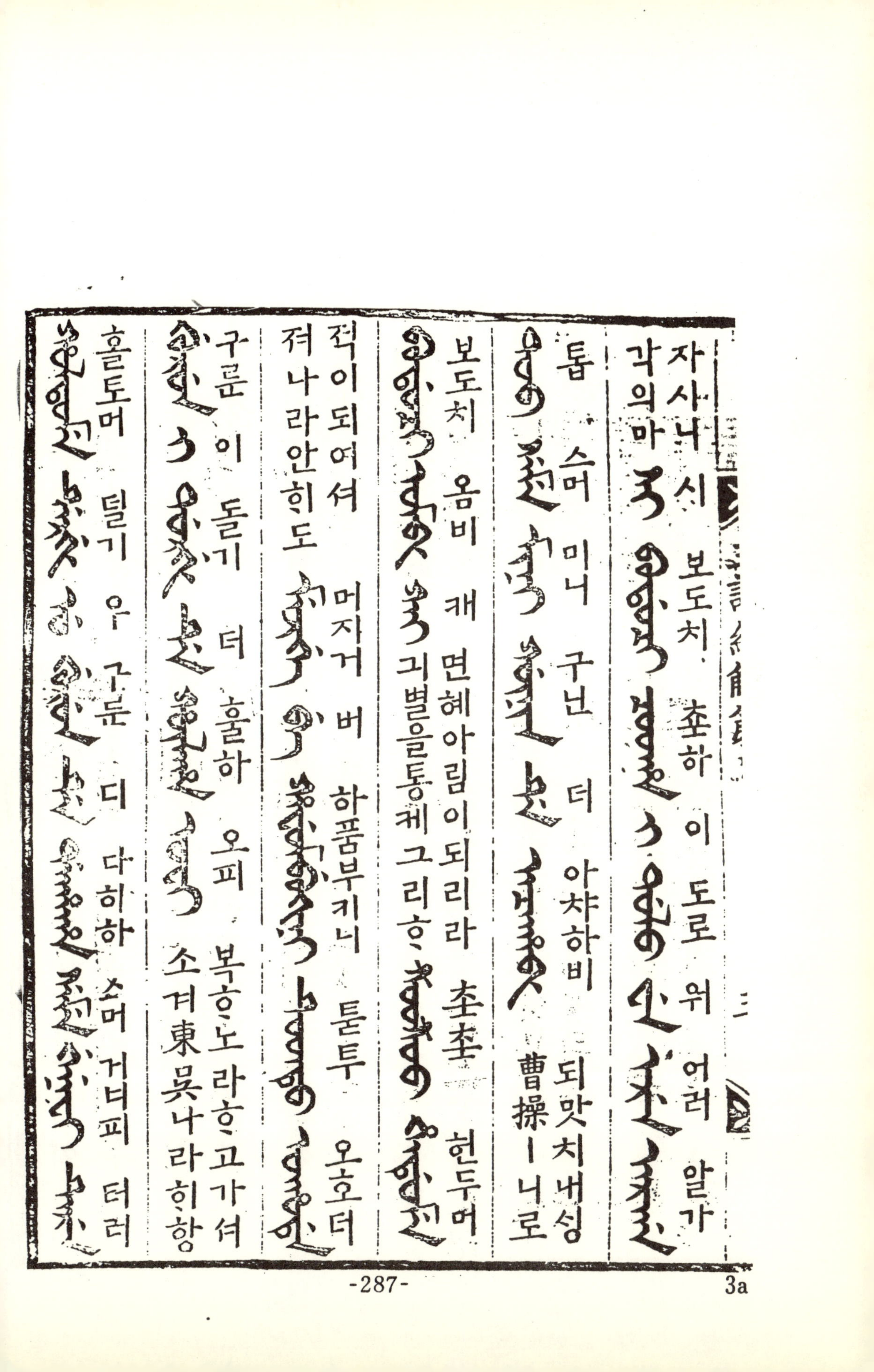

자사나시 보도치 촌하 이 도로 위 어러 알가
각의마
톱 슈머 미니 구넌 더 아챠하비 되맛치내싱
曹操ㅣ니로
보도치 옴비 캐 면혜아림이되리라 촌촌 헌두머
긔별을통케그리ᄒᆞ
적이되여셔 머자거 버 하품부키니 툰투 오호더
져나라안히도
구룬 이 돌기 더 훌하 오피 복ᄒᆞ노라ᄒᆞ고가셔
소겨東吳나라히항
훌토머 들기 우 구룬 디 다히하 슈머 거너피 터러

구룬 우루나쿠 거녀훈져라쿠 東吳나라히반ᄃᆞ시의심치
승샹덕을두터이밋게ᄒᆞ면

청향 커시 버 지라민 이시부하 터 덜기 우

메런 이 장쥔 오호비 和둘히버금쟝슈되여시니
蔡瑁의갓가온겨리蔡中蔡

이 한치키 욱슌 이 채 즁 채 호 쥬위 노피

헌두머 채 맛 버 와하 蔡瑁를죽엿고 채 맛
荀攸ㅣ니로되

버 야부치 옴비 이ᄢᅬ를힝홈이되리 슌 워
네혜아리니균둥에뉘

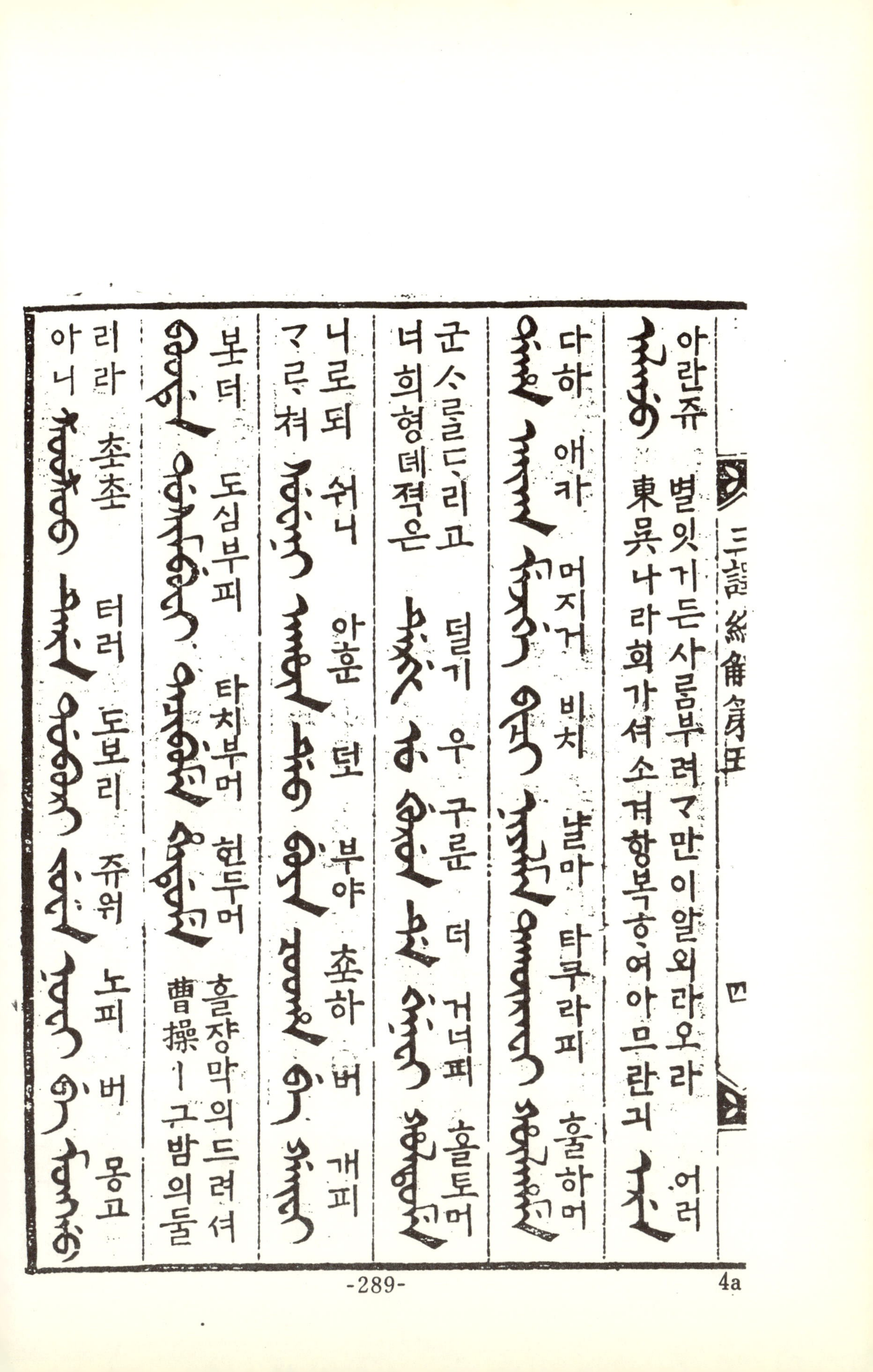

아란쥬 별잇거든사ᄅᆞᆷ부려ᄀᆞ만이알외라오라 어러
東吳나라희가셔소겨항복ᄒᆞ여아므란긔
다하 애카 머지거 비치 날마 타쿠라피 훌하머
군ᄉᆞ를ᄃᆞ리고 덜기 우 구룬 더 거너피 홀토머
녀희형뎨젹은
니로되 쉬니 아훈 뎐 부야 촌하 버 개피
ᄀᆞᄅᆞ쳐
보더 도심부피 타치부머 헌두머 훌쟝막의드려셔
曹操ㅣ 그밤의둘
리라 촌촌 터러 도보리 쥬워 노피 버 몽고
아니

우머 커녀훈져러 심말라 초초 우져러머 샹나하 操
승샹은의 曹

귀랴비 이시너엇지 ᄆᆞ옴변ᄒᆞᆷ이이시리오 청향
둘히니로되우리쳐지다荊州ㅣ예

살간 거무 징 져료 더 비 애누 무지런
주마ᄆᆞ옴을변치말라 쥬위 노피 헌두머 머니 쥬서
둔다블후ᄒᆞ이고듕녹

풍루 부러 무지런 버 우머 귀랸다라 이로거
이일을

웨러 버 무터허 더 거무 훈 오부러 우져

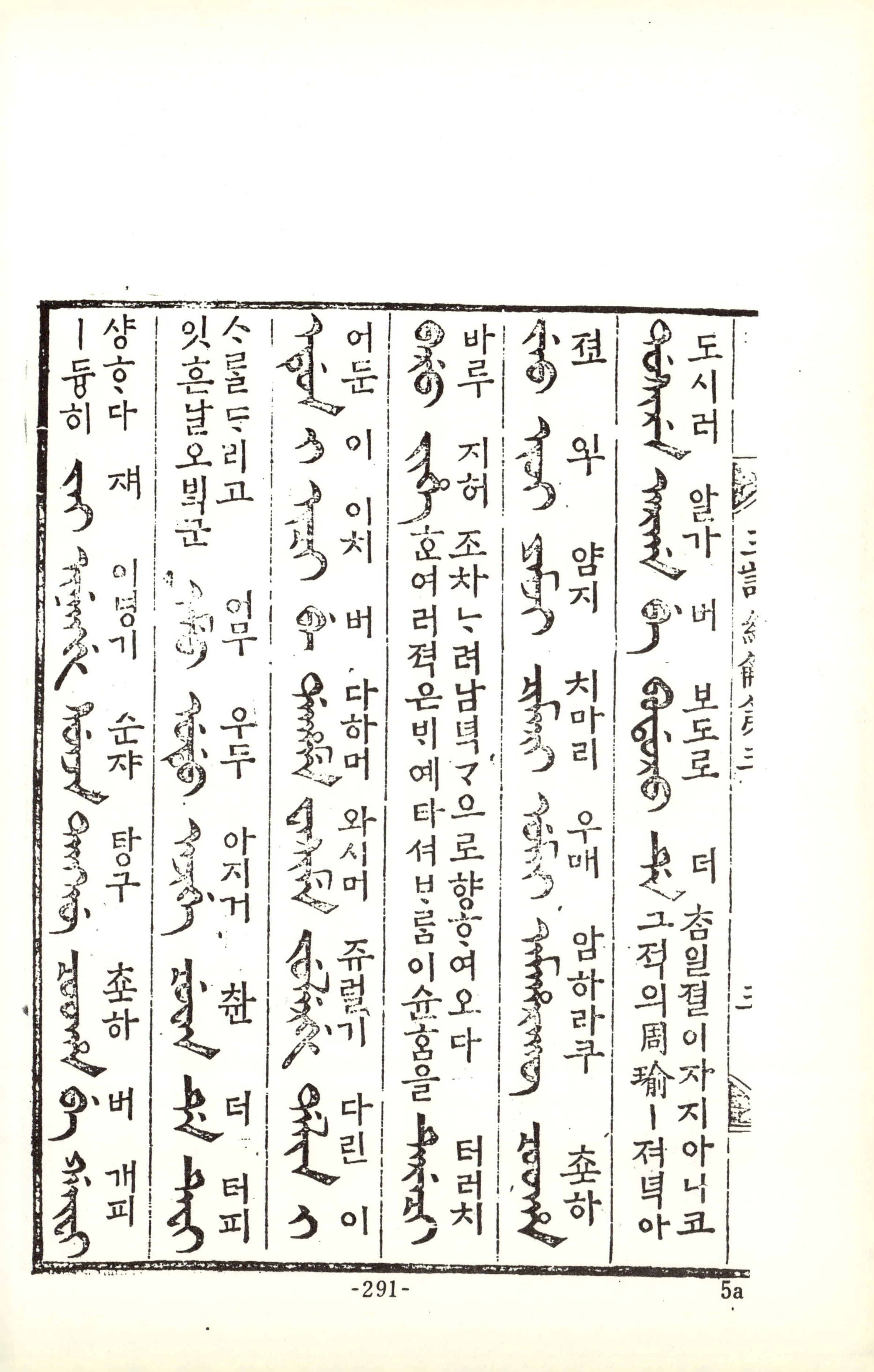

도시러 알가 버 보도로 더 춤일결이자지아니코
그적의周瑜ㅣ져텨아

죠 위 얌지 치마리 우매 암하라쿠 쵸하

바루 지허 조차ᄂᆞ려남녁ᄀᆞ으로향ᄒᆞ여오다 터러치
호여러젹은비예타셔ᄇᆞ름이슌홈을

어둔 이 이치 버 다하머 와시머 쥬럳기 다린 이

ᄉᆞ롤ᄃᆞ리고 어무 우두 아지거 츈 더 터피
잇흔날오ᄇᆡ군

샹ᄒᆞ다 재 이넝기 순쟈 탕구 쵸하 버 개피
ㅣ둥히

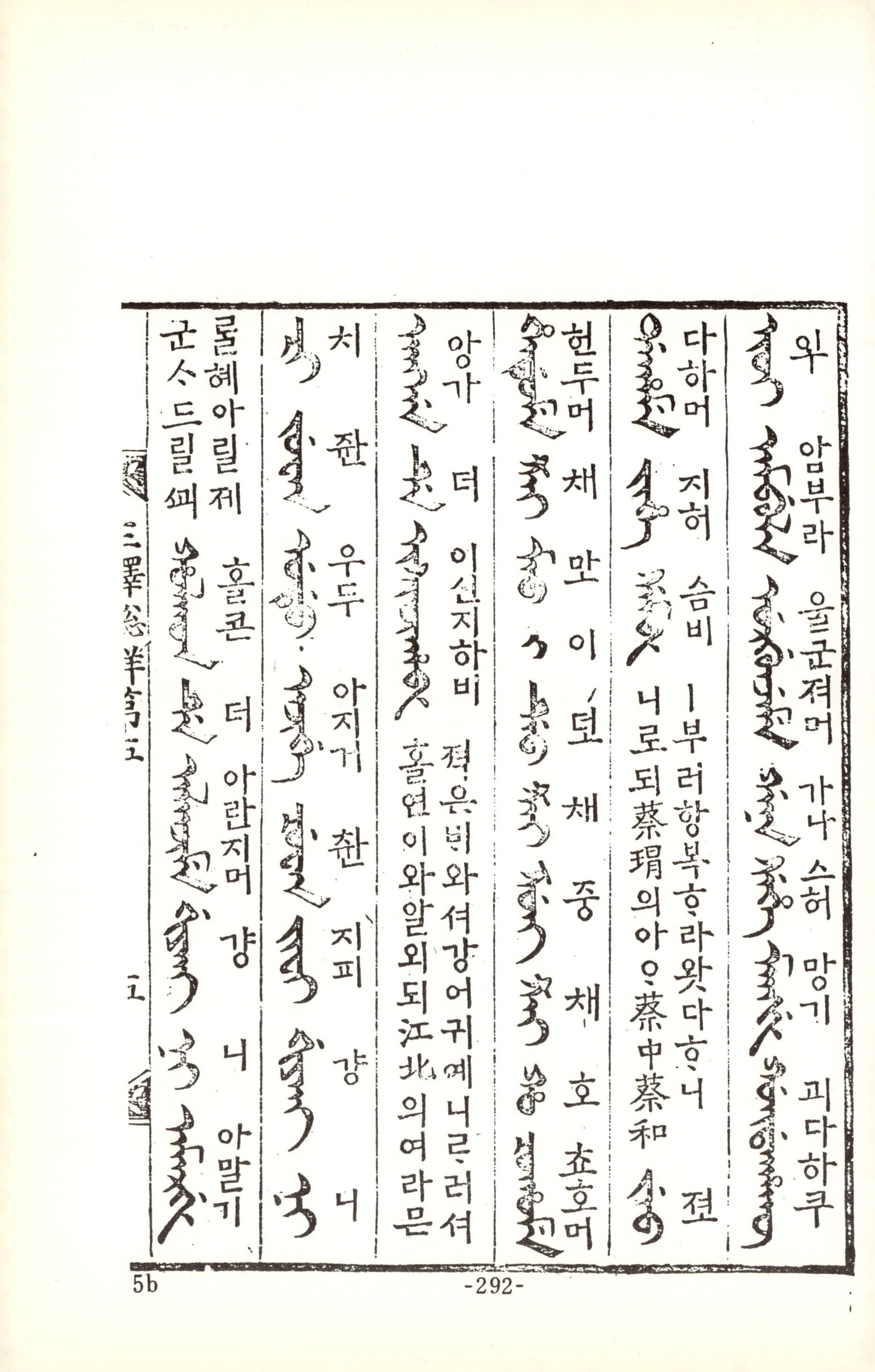

위 암부라 울군져머 가나 스허 망기 괴다하쿠

다하머 지허 슴비 ㅣ부러항복ᄒᆞ라왓다ᄒᆞ니 젼

니로되蔡瑁의아ᄋᆞ蔡中蔡和

헌두머 채 맏 이 텬 채 중 채 호 쵸호머

앙가 더 이신지하비 져ᆞ은비와셔강어귀예니ᄅᆞ러셔

홀연이와알외되江北의여라믄

치 쥰 우두 아지거 쥰 지피 강 니

롬헤아릴제 훌콘 더 아란지머 갸 니 아말기

군ᄉᆞ드릴쐐

三譯總解 第五 五

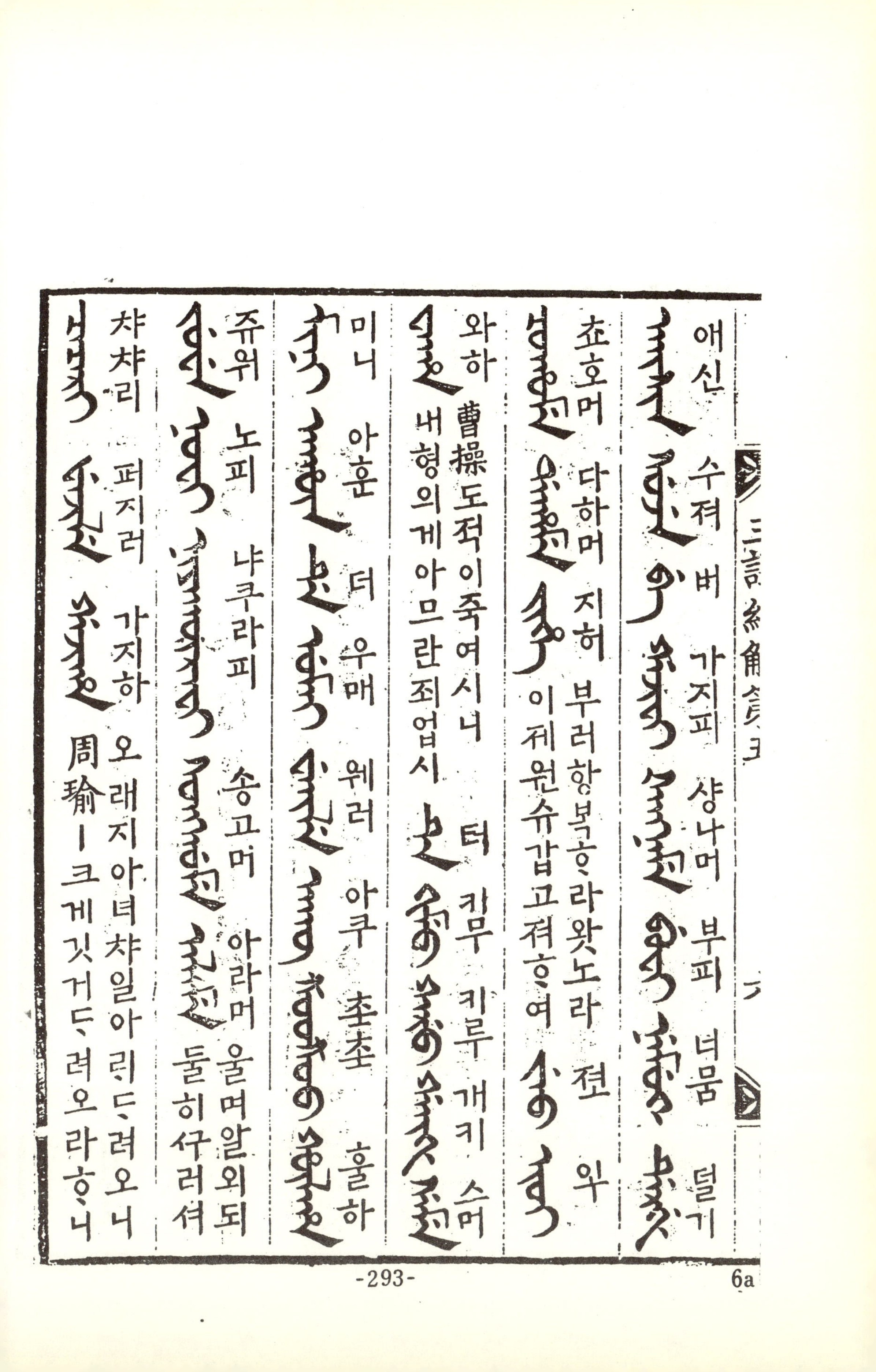

애신 수져 버 가지피 샹나머 부피 너뭄 덜기
쵸호머 다하머 지허 부러항복ᄒᆞ라왓노라 져 와
이제원슈갑고져ᄒᆞ여
와하 曹操도적이죽여시니 터 키무 키루 개키 슈머
내형의게아므란죄업시
미니 아훈 더 우매 웨러 아쿠 촌촌 훌하
쥬위 노피 냐쿠라피 송고머 아라머 울며알외되
둘히ᄭᅮ러셔
챠챠리 퍼지러 가지하 오래지아녀챠일아리ᄃᆞ려오니
周瑜ㅣ크게깃거ᄃᆞ려오라ᄒᆞ니

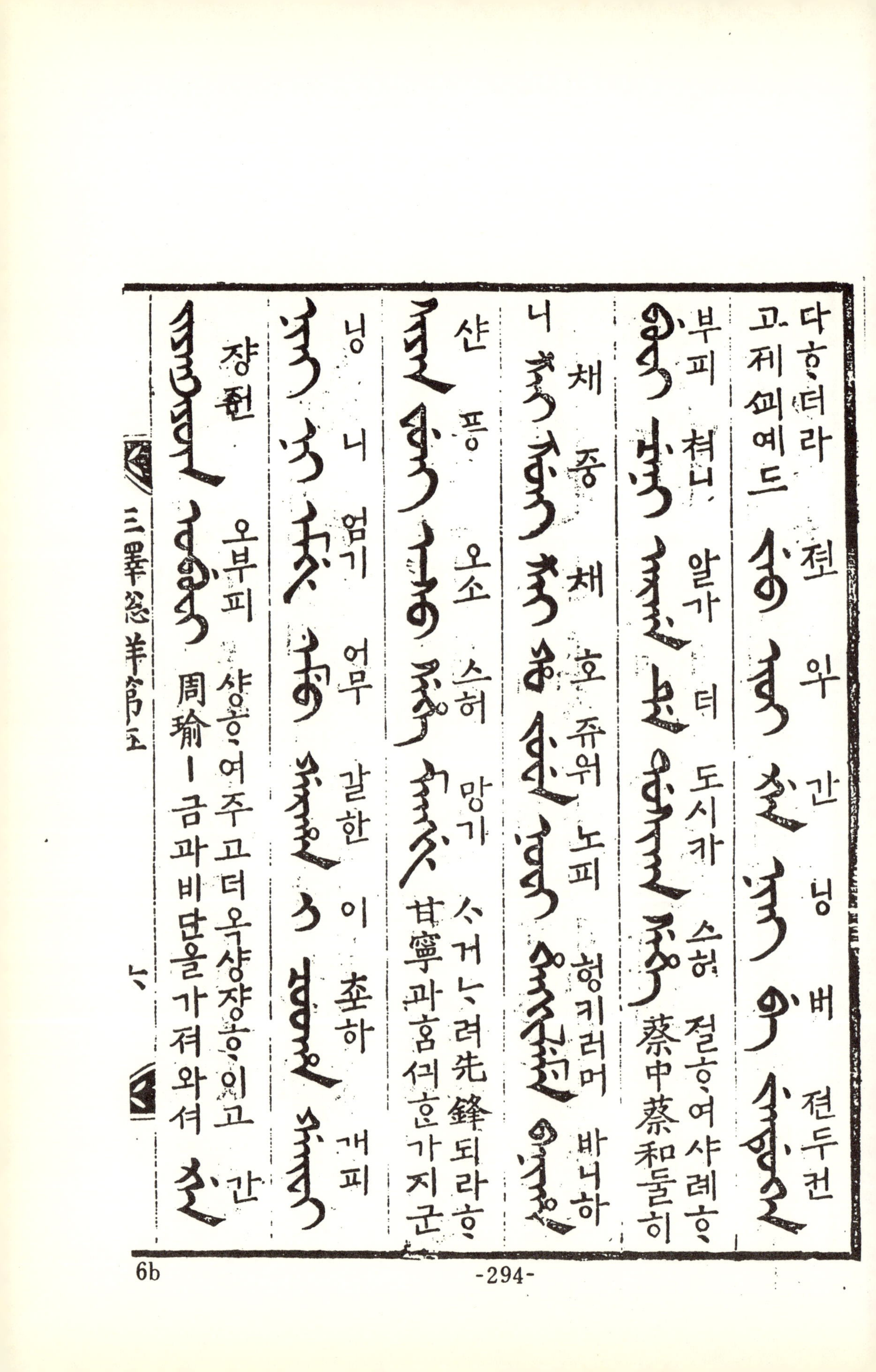

다ᄒᆞ더라
고쥐ᄯᅴ예드 져 와 간 닝 버 젼두권

부피 쳐니 알가 터 도시카 슈허 절ᄒᆞ여샤례ᄒᆞ
蔡中蔡和둘히

니
채 중 채 호 쥬워 노피 헝키러머 바나하

산 픙 오소 스허 망기 ᄉᆞ거ᄂᆞ려先鋒되라ᄒᆞ
甘寧과ᄒᆞᆷ긔ᄒᆞᆫ가지군

닝 니 엄기 어무 갈한 이 춘하 개피

쟝쥔 오부피 샹ᄒᆞ여주고더옥샹쟝ᄒᆞ이고 간
周瑜ㅣ금과비단올가져와셔

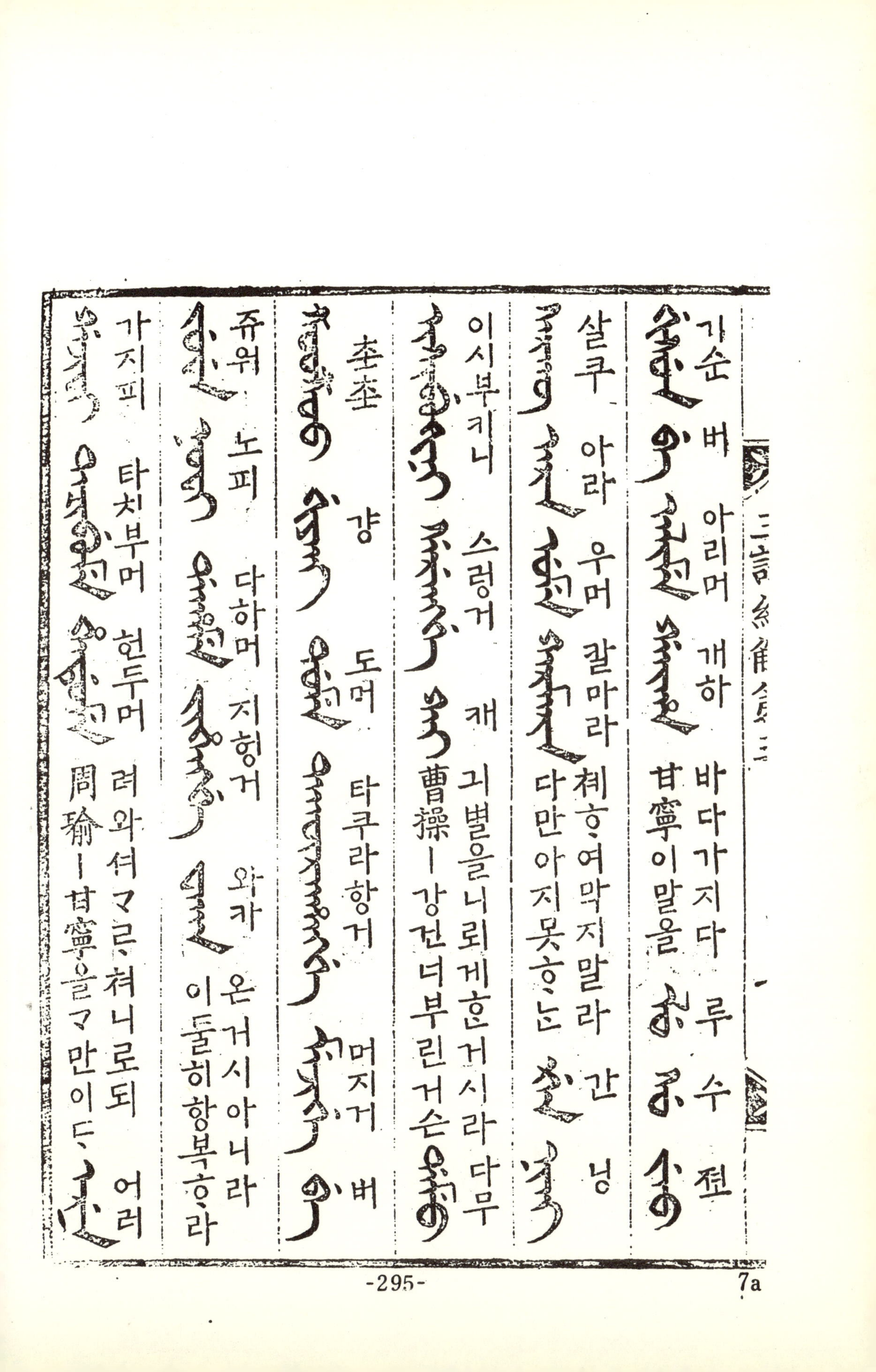

가순 버 아리머 개하 바다가지다 루 수 젼
甘寧이말을

살쿠 아라 우머 칼마라 쳐ᄒᆞ여막지말라 간 닝
다만아지못ᄒᆞᄂᆞᆫ

이시부키니 스렁거 재 긔별을니릐게ᄒᆞᆫ거시라 다무
曹操ㅣ강건너부린거슨

춘춘 걍 도머 타쿠라항거 머지거 버

쥬워 노피 다하머 지헝거 와카 온거시아니라
이둘히항복ᄒᆞ라

가지피 타치부머 헌두머 려와셔마ᄅᆞᆯ쳐니로되 어러
周瑜ㅣ甘寧을마만이ᄃᆞ

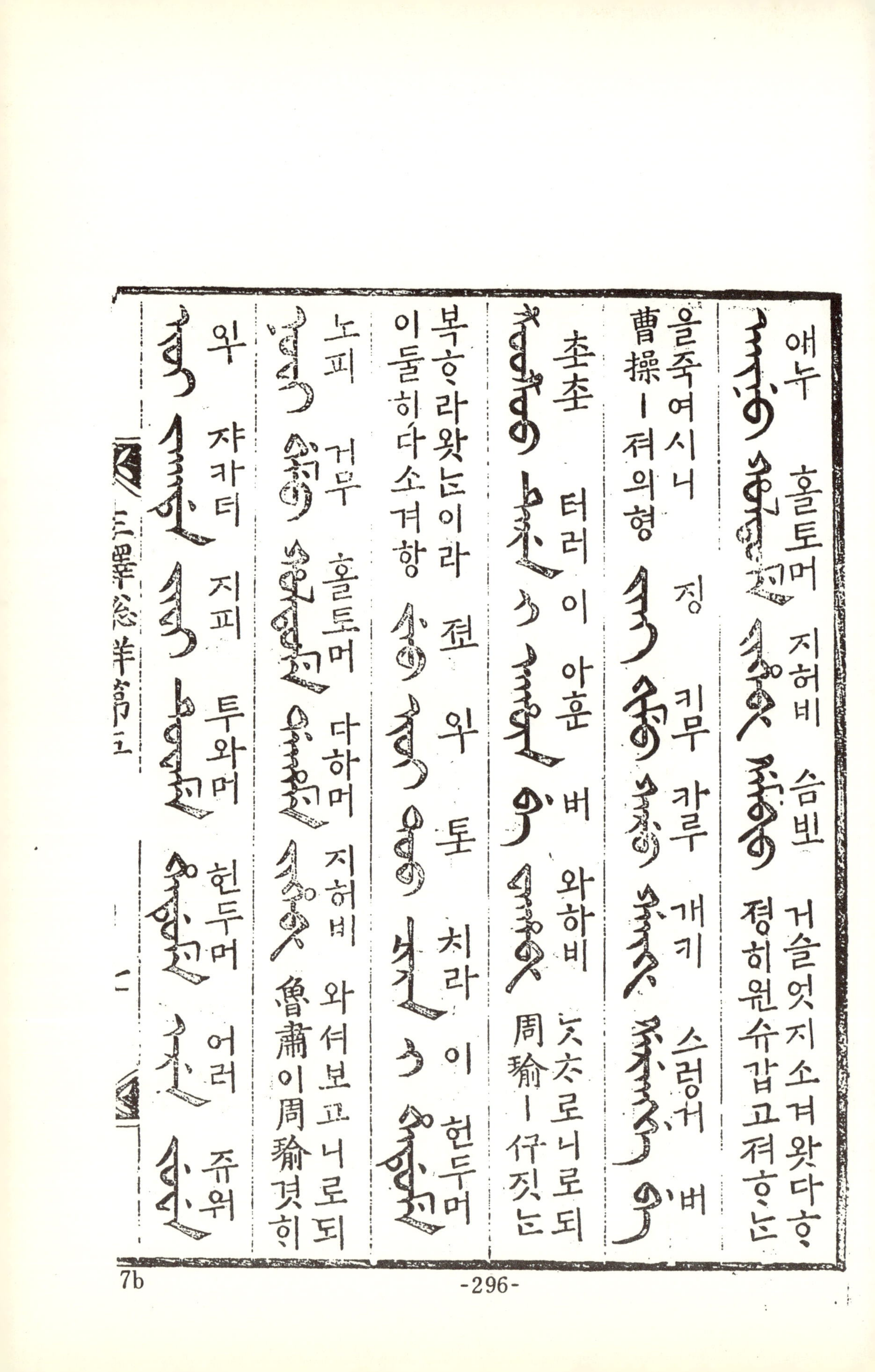

애누 홀토머 지허비 숌뵈 거슬엇지소겨왓다ᄒᆞ
졍히원슈갑고져ᄒᆞᄂᆞᆫ

징 키무 카루 개키 스렁어 버 을죽여시니
曹操ㅣ져의형

촌촌 터러 이 아훈 버 와하비 ᄂᆞᆺ초로니로되
周瑜ㅣ仔짓ᄂᆞᆫ

져 워 토 치라 이 헌두머 복ᄒᆞ라왓ᄂᆞᆫ이라
이둘히다소겨항

노피 거무 홀토머 다하머 지허비 와셔보고니로되
魯肅이周瑜곁희

워 쟈카더 지피 투와머 헌두머 어러 쥬워

三譯總解 二

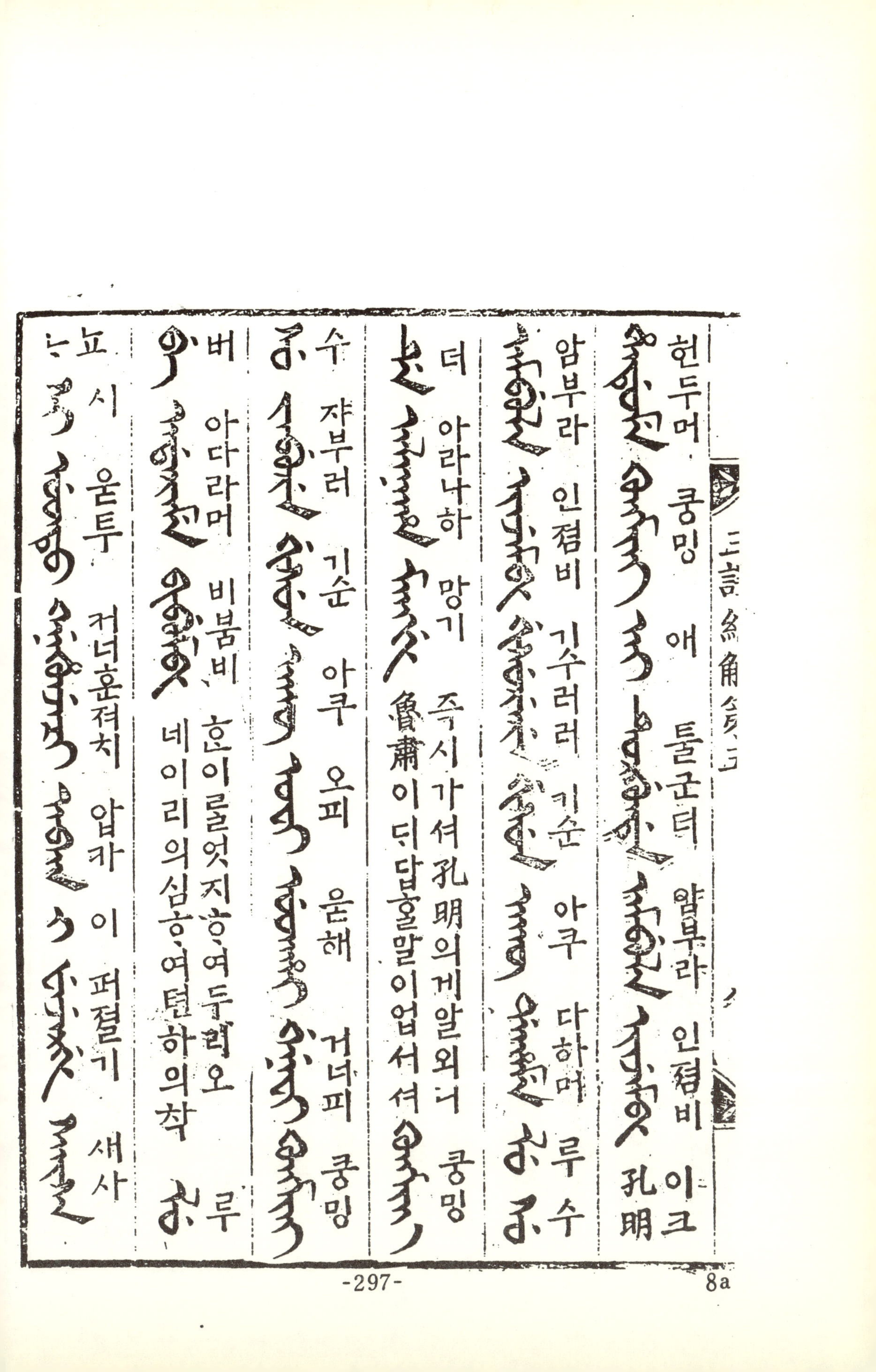

헌두머 쿵밍 애 툴군터 암부라 인졉비 이크 孔明

암부라 인졉비 기수러러 기순 아쿠 다하머 루수

더 아라나하 망기 즉시가셔孔明의게알외니 쿵밍

魯肅이ᄃᆡ답ᄒᆞᆯ말이업서셔

수 쟈부러 기순 아쿠 오피 욷해 거너피 쿵밍

버 아다라머 비붐비 훈이룰엇지ᄒᆞ여두려오 루

네이리의심ᄒᆞ여텬하의착

뇨 시 욷투 거너훈져치 압카 이 펴졀기 새사

누

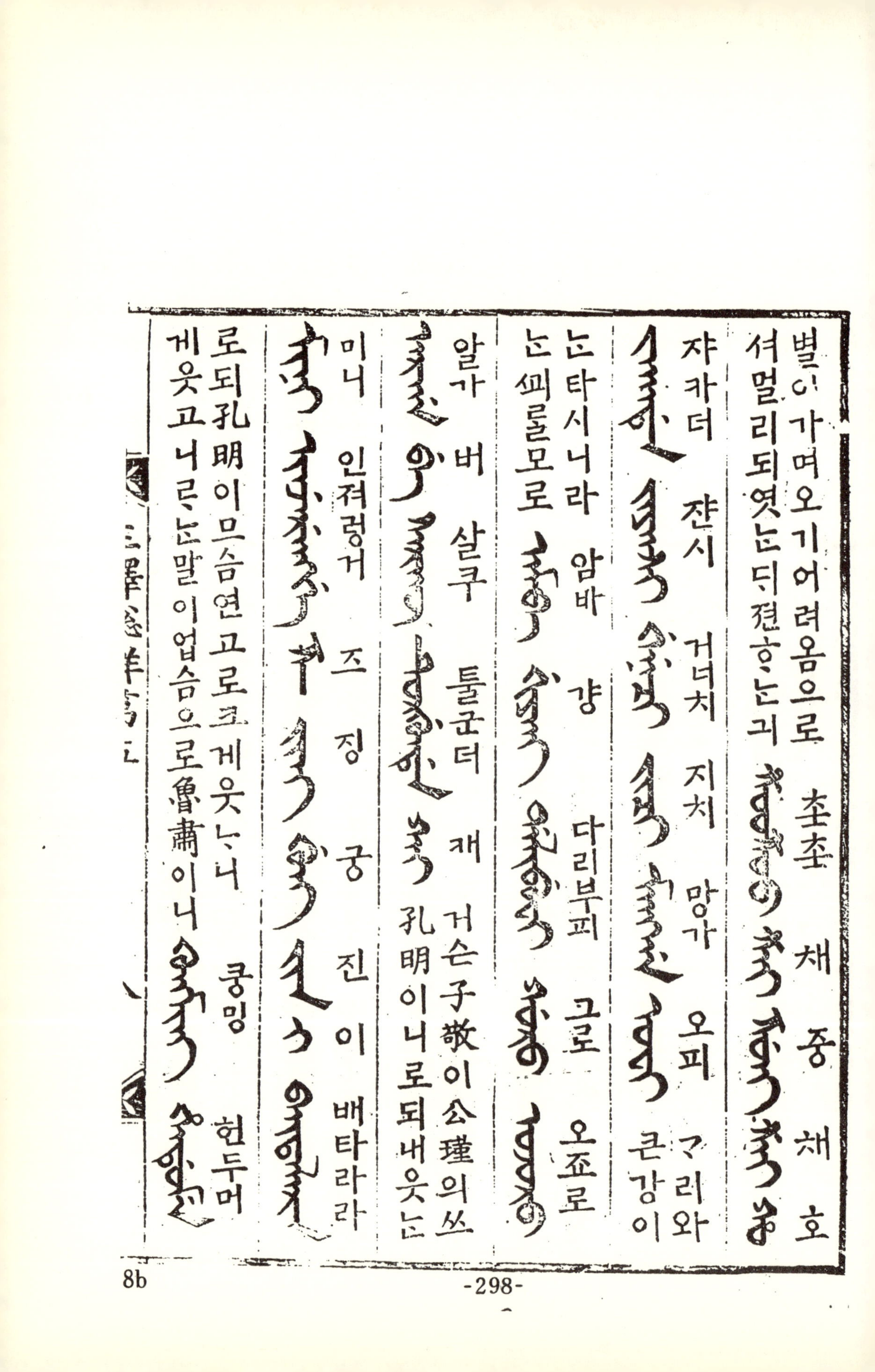

별ᄋᆡ가며오기어려옴으로 츈츈 채 즁 채 호
셔멀리되엿ᄂᆞᆫ듸졈ᄒᆞᄂᆞᆫ괴
쟈카더 쟌시 거너치 지치 망가 오피 ᄀᆞ리와
큰강이
ᄂᆞᆫ타시니라 암바 걍 다리부픠 그로 오죠로
ᄂᆞᆫ ᄢᅴ롤모로
알가 버 살쿠 툴군더 재 거ᄉᆞᆫ子敬이公瑾의ᄡᅳ
孔明이니로되내웃ᄂᆞᆫ
미니 인져렁거 즈 징 궁 진 이 배타라라
로되孔明이므슴연고로ᄏᆞ게웃ᄂᆞ니 쿵밍 헌두머
게웃고니ᄅᆞᄂᆞᆫ말이업슴으로魯肅이니

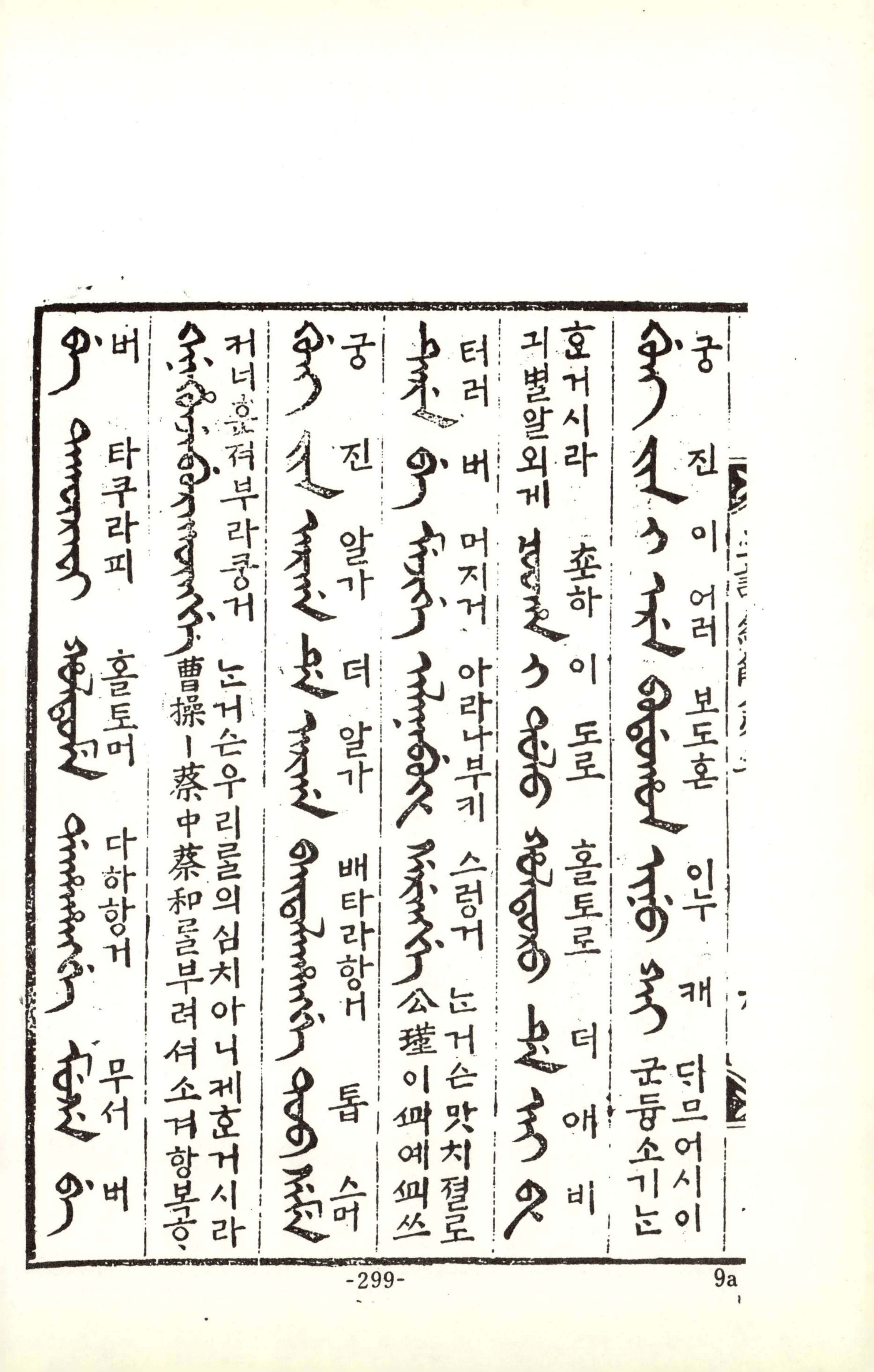

궁 진 이 어러 보도혼 인누 캐 닥므어시이 균듕소기논

호거시라 초하 이 도로 홀토로 더 애 비

긔별알외게

터러 버 머지거 아라나부키 스렁거 논거슨맛치절로 公瑾이ᄢᅢ예ᄢᅳ쓰

궁 진 알가 더 알가 배타라항거 톱 슈머

커너훈져부라쿵거 논거슨우리롤의심치아니케호거시라 曹操ㅣ蔡中蔡和롤부려셔소겨항복ᄒᆞ、

버 타쿠라피 홀토머 다하항거 무서 버

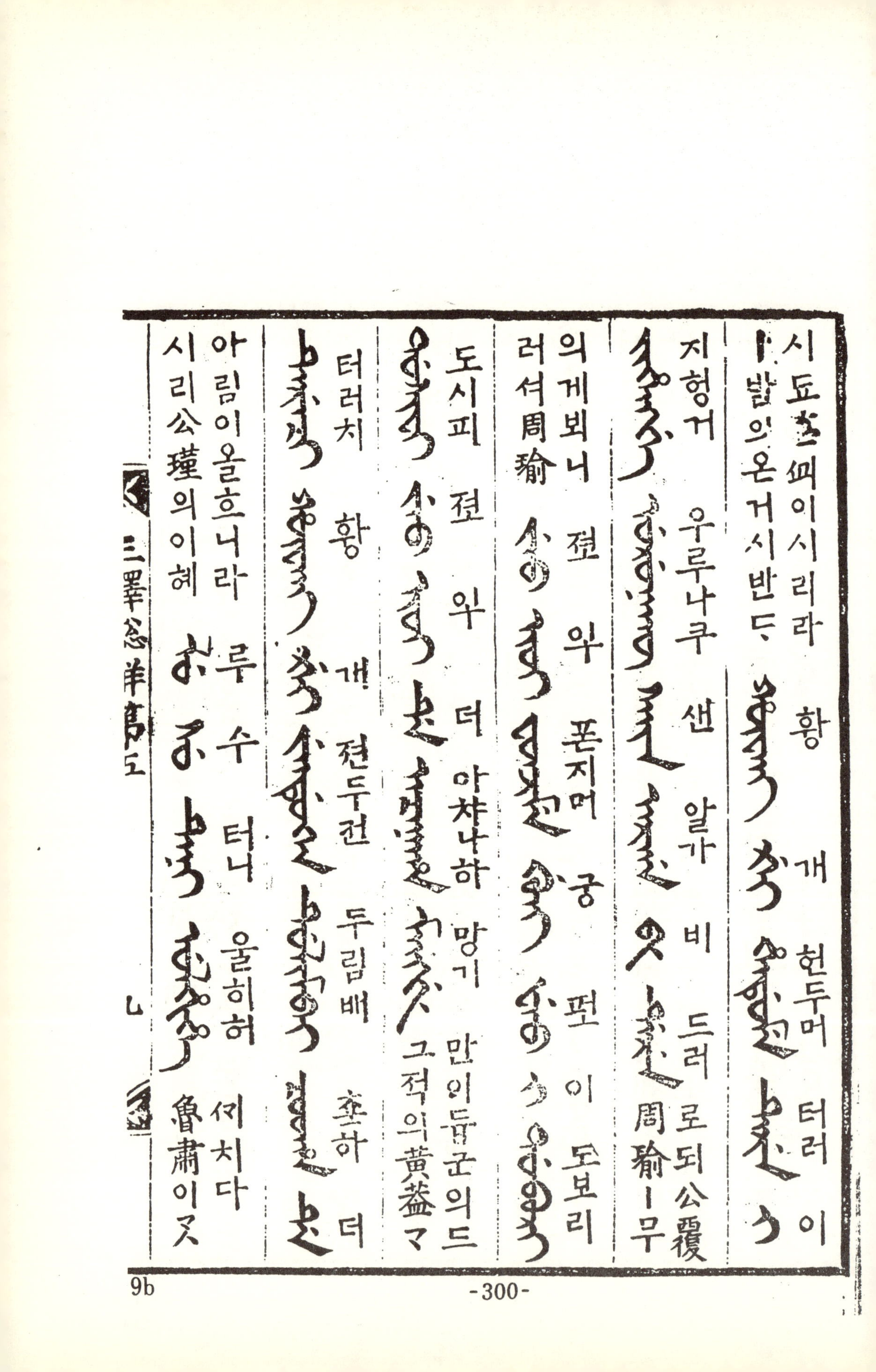

시됴奉띠이시리라 황 개 헌두머 터러 이
ㅣ밥의온거시반ᄃᆞ
지헝거 우루나쿠 샌 알가 비 드러 로되公覆
周瑜ㅣ무
의게뵈니 젼 우 폰지머 궁 펴 이 도보리
러셔周瑜
도시피 졀 위 더 아챠나하 망기 만이듀균의드
그적의黃蓋ㅁ
터러치 황 개 젼두젼 두림배 奉하 더
아림이올흐니라 루 수 터니 울히허 ᄶᅥ치다
시리公瑾의이혜 魯肅이곳

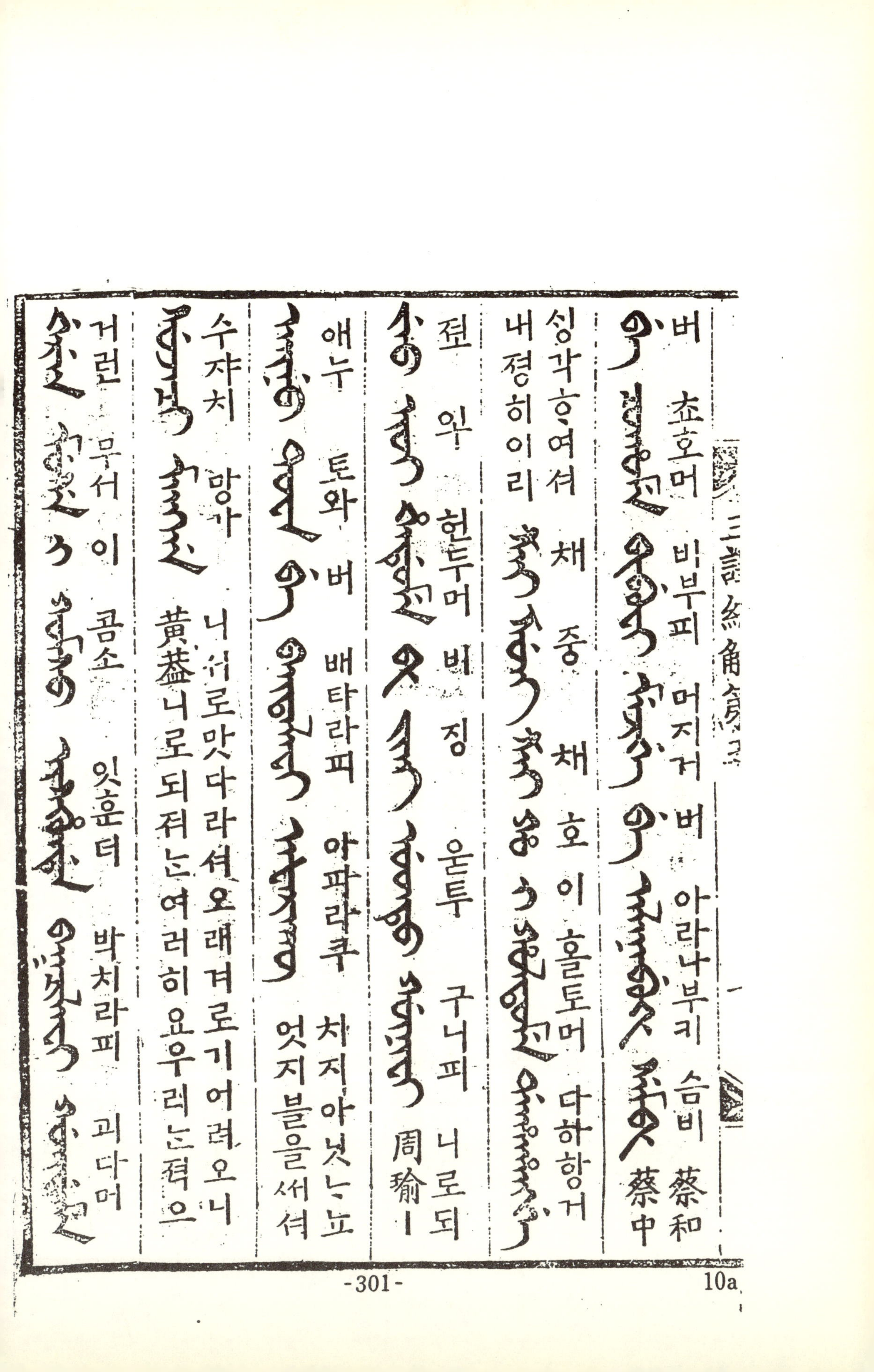

버 쵸호머 비부피 머지거 버 아라나부키 숨비 蔡和

蔡中

싱각ᄒᆞ여셔 채 중 채 호 이 홀토머 다하항거

내졍히이리

졒 왁 헌두머 비 징 욷투 구니피 니로되

周瑜ㅣ

애누 토와 버 배타라피 아파라쿠 차지아녓ᄂᆞ뇨

엇지블을셔셔

수자치 망가 니쉬로맛다라셔오래겨로기어려오니

黃蓋니로되져ᄂᆞᆫ여러히요우리ᄂᆞᆫ젹으

거런 무서 이 콤소 잇훈더 박치라피 괴다머

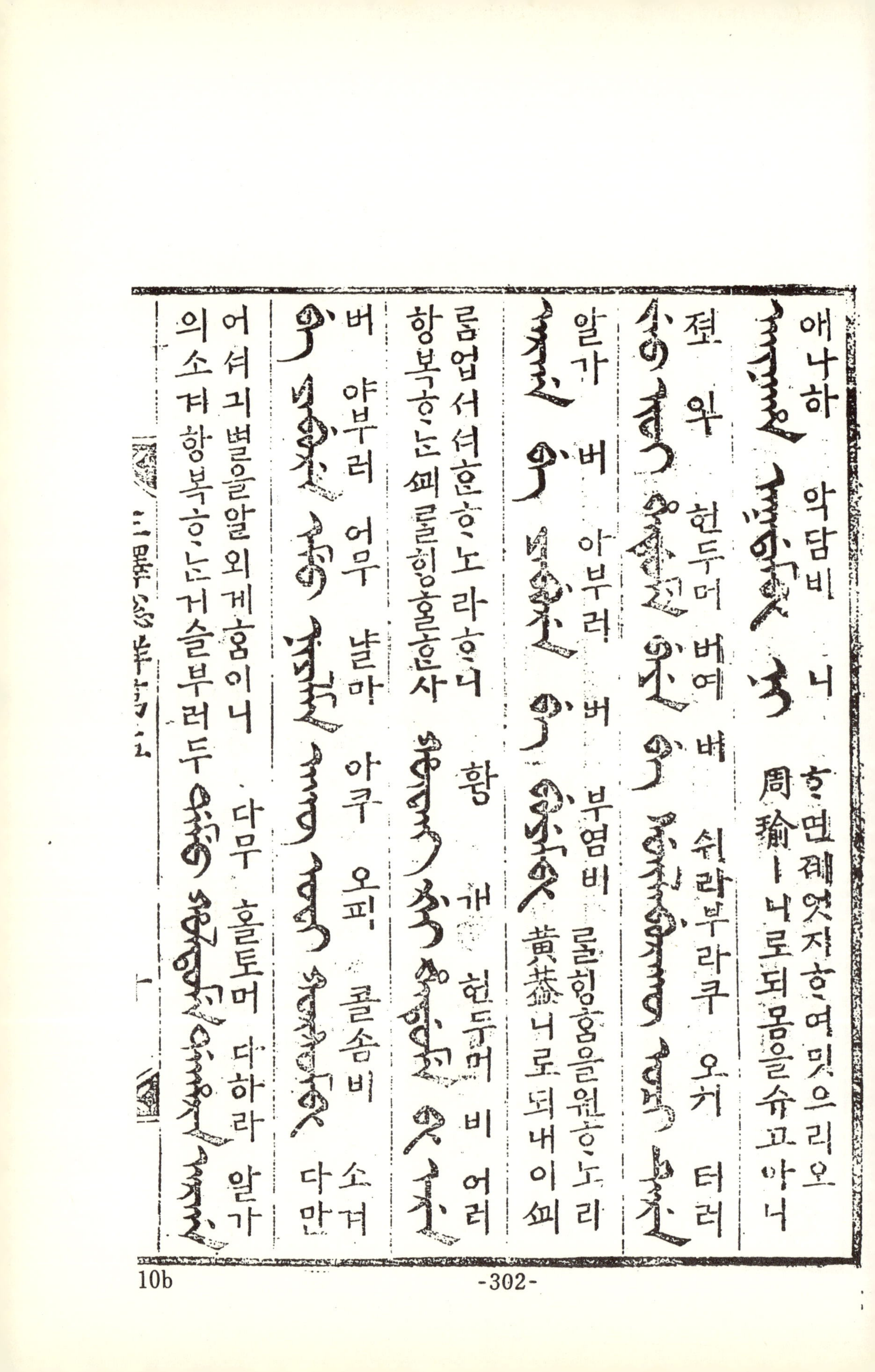

애나하 악담비 니 ᄒᆞ면졔엇지ᄒᆞ여밋으리오

周瑜ㅣ니로되몸을슈고아니

젼 우 헌두머 버여 벼 쉬라부라쿠 오커 터러

알가 버 아부러 버 부염비 롤힝홈을원ᄒᆞ노라

黃蓋ㅣ니로되내이쇠

룸업서셔ᄒᆞᆫᄒᆞ노라ᄒᆞ니 황 개 헌두머 비 어러

항복ᄒᆞᄂᆞᆫ쇠롤힝홀ᄒᆞᆫ사

버 야부러 어무 냘마 아쿠 오피 콜솜비 소겨 다만

어셔기별을알외게홈이니 다무 홀토머 다하라 알가

의소겨항복ᄒᆞᄂᆞᆫ거슬부러두

三譯總解 第三 十

헌두머 아구 어러 알가 버 치하라피 야부하 더

업스리랴 져 위 헝키러머 깅구러머 바나하 부피

이ᄯᅩ원이

무지런 거리 콜소로 바 아쿠 기리라ᄒᆞ여도내ᄆᆞᄋᆞᆷ

비록간과ᄡᅡᆯ게흠에셔

우두 파훈 실히 뵈훈 더 우츄부하 슘머 미니

우져러머 배타라피 피다하 으토브터듕히ᄡᅧ셔오래니

黃蓋니로되나ᄅᆞᆯ破虜쟝군

황 개 헌두머 밈버 포르 쟝쥔 다치

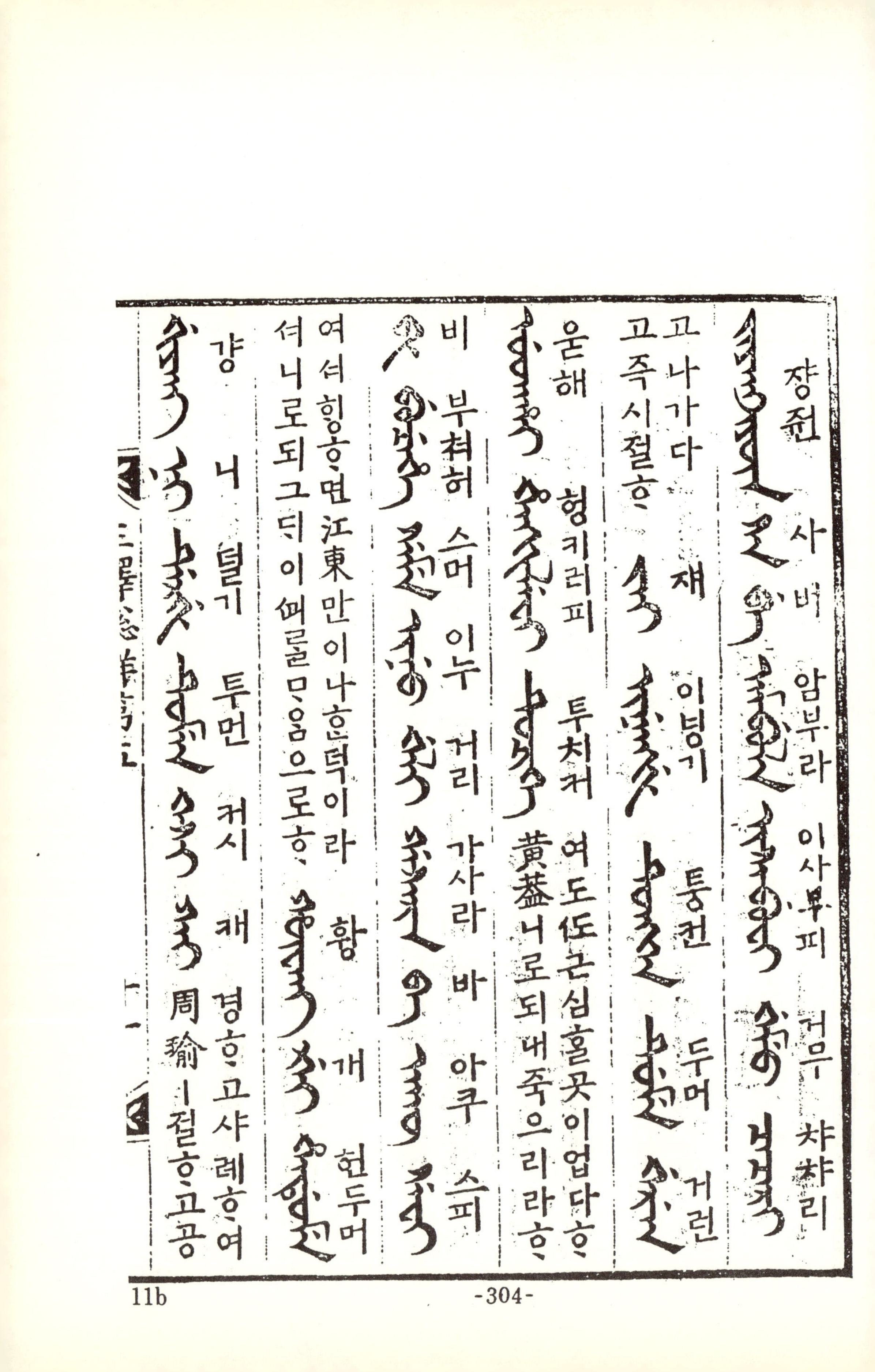

강 니 털기 투먼 커시 캐

周瑜ㅣ졀ᄒᆞ고공
경ᄒᆞ고샤례ᄒᆞ여

셔니로되그ᄃᆡ이ᄢᅢ룰ᄆᆞᄋᆞᆷ으로ᄒᆞ、
여셔힝ᄒᆞ면江東만이나ᄒᆞᆫ덕이라

황 개 헌두머

비 부쳐허 스머 이누 거리 가사라 바 아쿠 스피

운해 헝키러피 투치커

黃蓋니로되내죽으리라ᄒᆞ
여도ᄯᅩ근심ᄒᆞᆯ곳이업다ᄒᆞ

고즉시졀ᄒᆞ
고나가다

재 이빙기 퉁컨 두머 거런

장쥔 사비 암부라 이사부피 거무 챠챠리

무터렁거 와카 롤거시아니라 무세 우두 아나
ᄒᆞᄅᆞ파ᄒᆞ여이

ᄒᆞ여삼뵈니남아진쳐시니 어무 이넝기 어푸러머
만여러흘거ᄂᆞ려뎐ᄒᆞ여변

이란 탕구 바 푼쳐머 잉 이리하비 되曹操ㅣ빅
周瑜ㅣ니로

초초 탕구 투먼 거런 버 개피 시란 시란

이누 터허 비허비 자잇더니 져 와 헌두머
孔明도안

펴지러 패다하비 모화셔다챡일아리버려잇고 쿵밍
잇흔날북쳐여려쟝슈들을크게

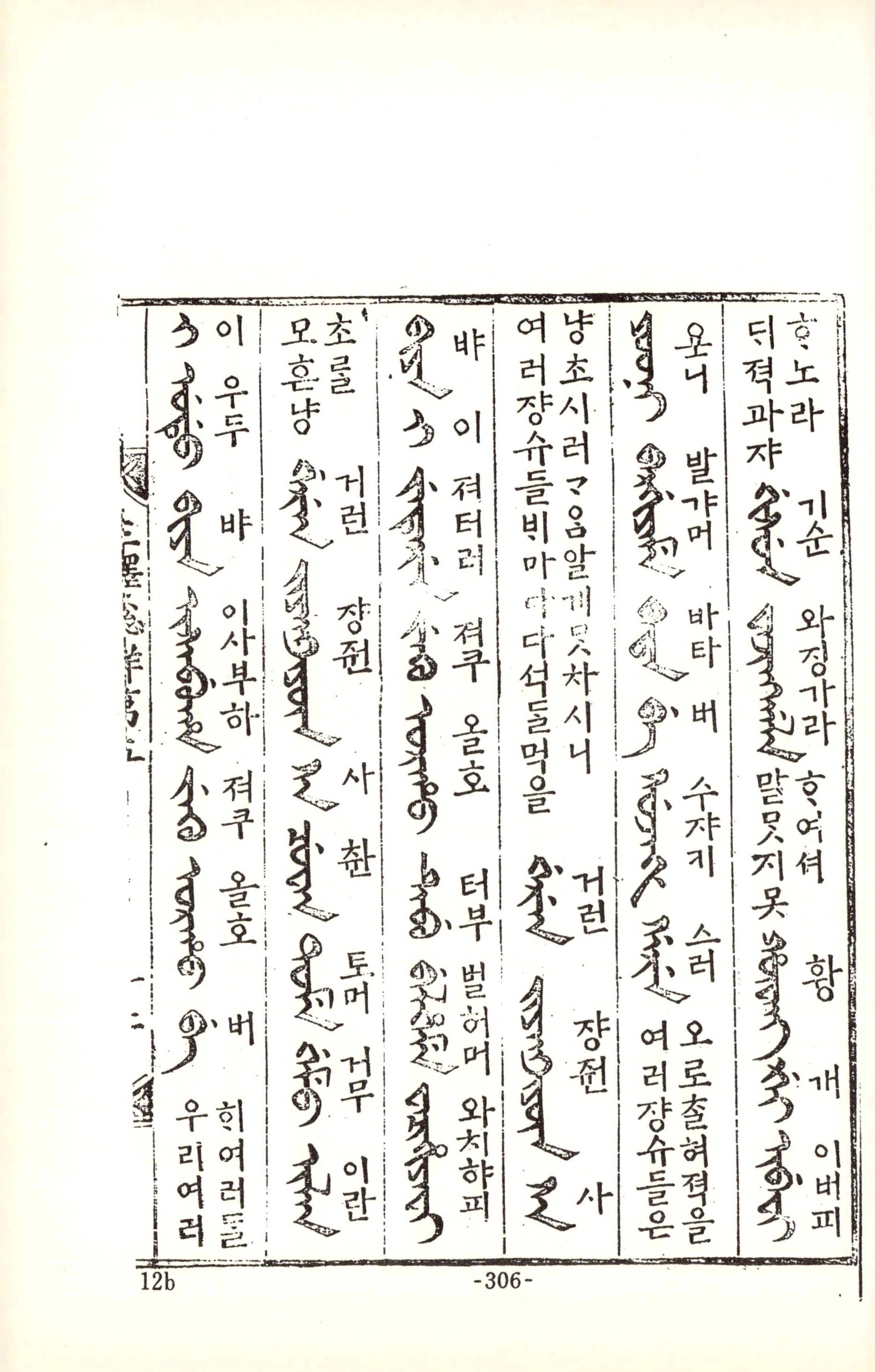

ᄒᆞ노라 기순 와쟝가라 ᄒᆞ여셔 황 개 이버피

디젹과쟈 말못지못

온니 발갸머 바타 버 수쟈키 스러 오로츌혀져을

여러쟝슈들은

냥초시러ᄆᆞ음알게못차시니 거런 쟝쥔 사

여러쟝슈들비마다다셕둘먹을

뱌 이 져터러 져쿠 올호 터부 벌허머 와치햐피

초롤 거런 쟝쥔 사 춴 토머 거무 이란

모흔냥

이 우두 뱌 이사부하 져쿠 올호 버 ᄒᆡ여러ᄃᆞᆯ

우리여러

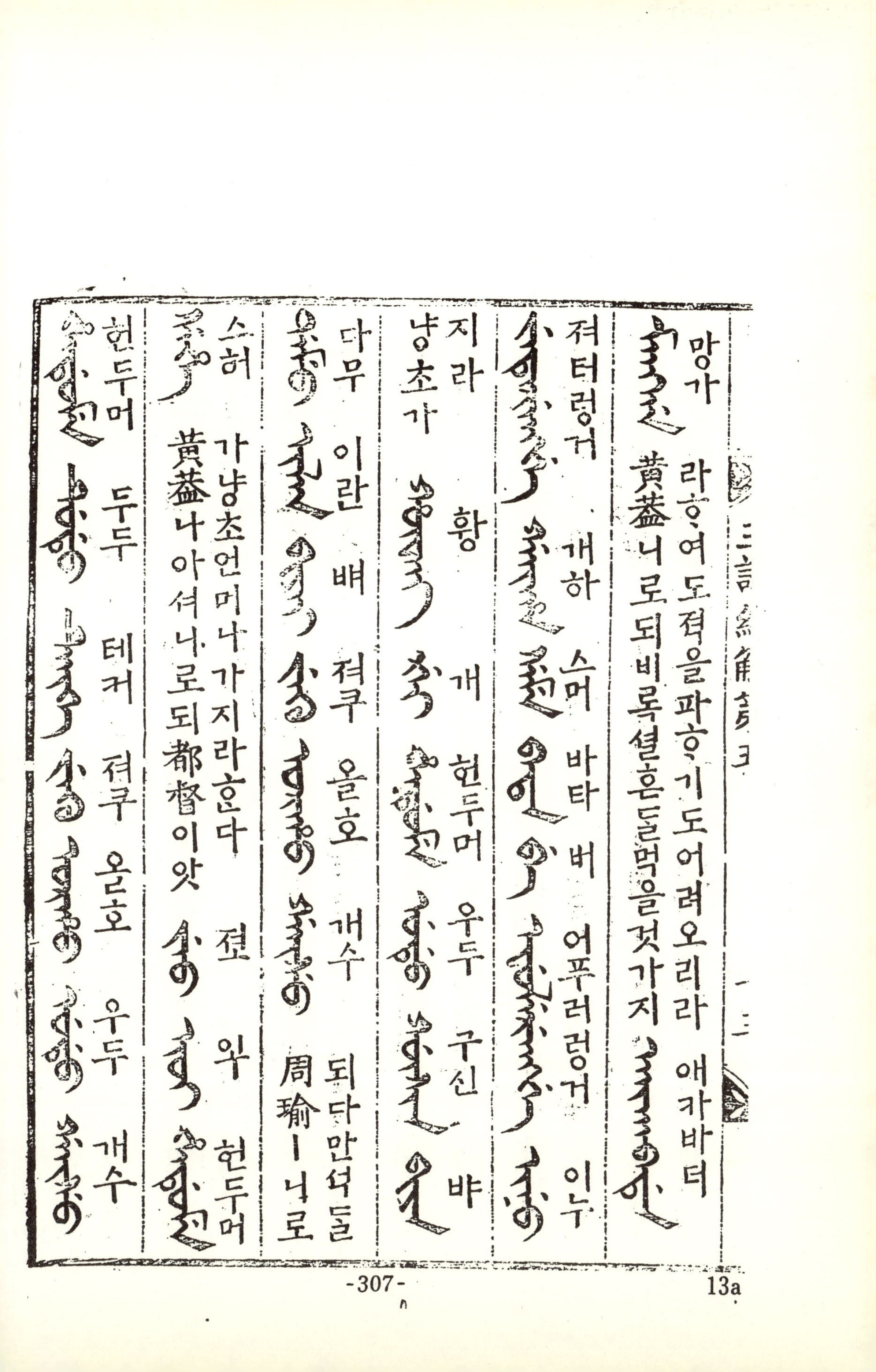

망가 라ᄒᆞ여도젹을파ᄒᆞ기도어려오리라 애카바터

黃蓋니로되비록셜흔ᄃᆞᆯ먹을것가지

져터렁거 개하 슈머 바타 버 어푸러렁거 이누

지라 낭초가 황 개 헌두머 우두 구신 뱌

다무 이란 배 져쿠 올호 개수 되다만녀ᄃᆞᆯ

周瑜ㅣ니로

스허 가낭초언머나가지라ᄒᆞᆫ다 젼 위 헌두머

黃蓋나아셔니로되都督이앗

헌두머 두두 테커 져쿠 올호 우두 개수

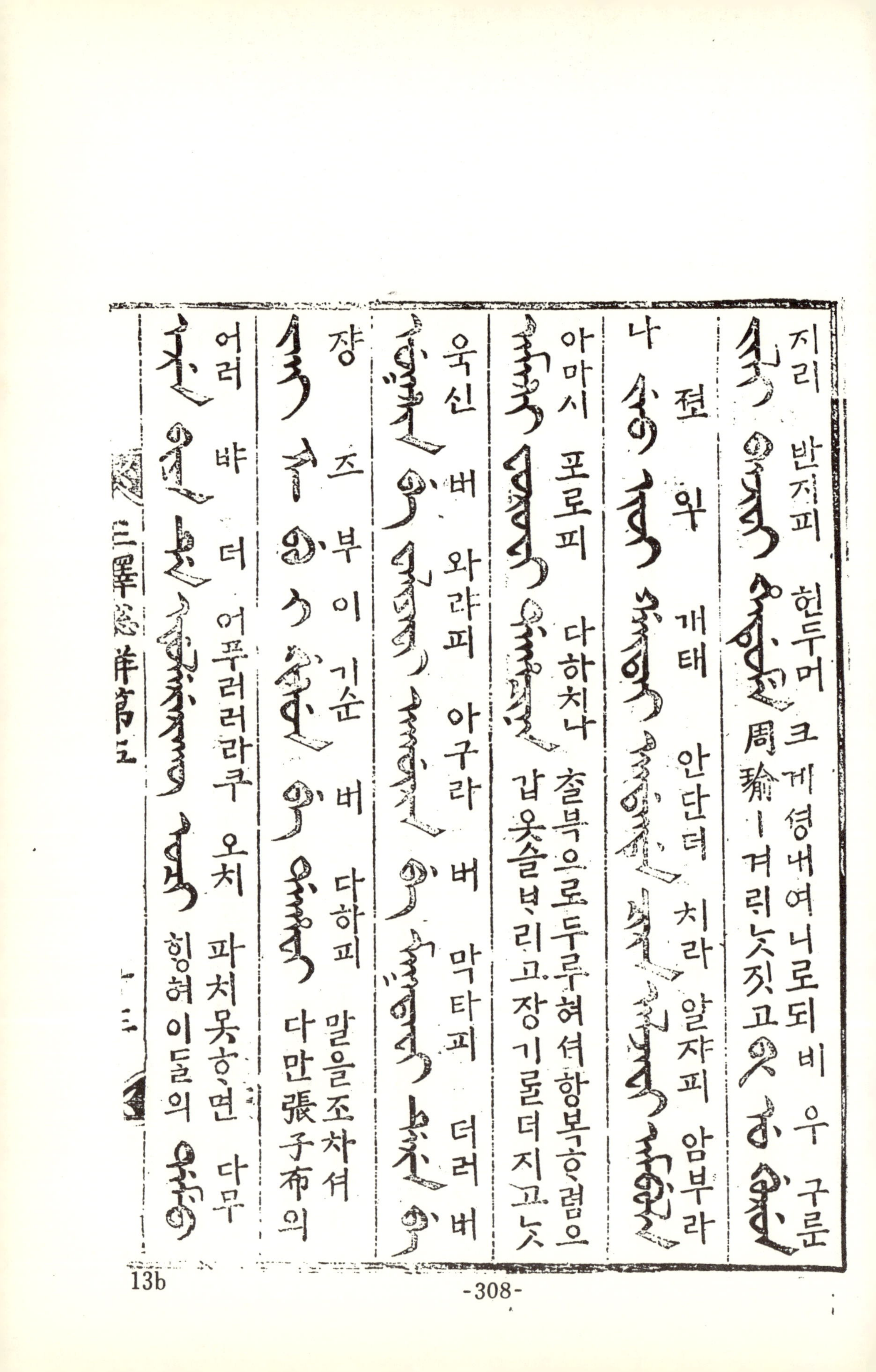

지리 반지피 헌두머 크게 셩내여 니로되 비 우 구룬

周瑜ㅣ 거릐ᄂᆞᆺ짓고

나 젼 워 개태 안단더 치라 알쟈피 암부라

아마시 포로피 다하치나 출복으로두루혀셔항복ᄒᆞ렵으

갑옷슬벗리고장기룰더지고ᄂᆞᆺ

욱신 버 와랴피 아구라 버 막타피 더러 버

장 즈 부이 기순 버 다하피 말을조차셔

다만張子布의

어러 뱌 더 어푸러러라쿠 오치 파치못ᄒᆞ면 다무

힝혀이ᄃᆞᆯ의

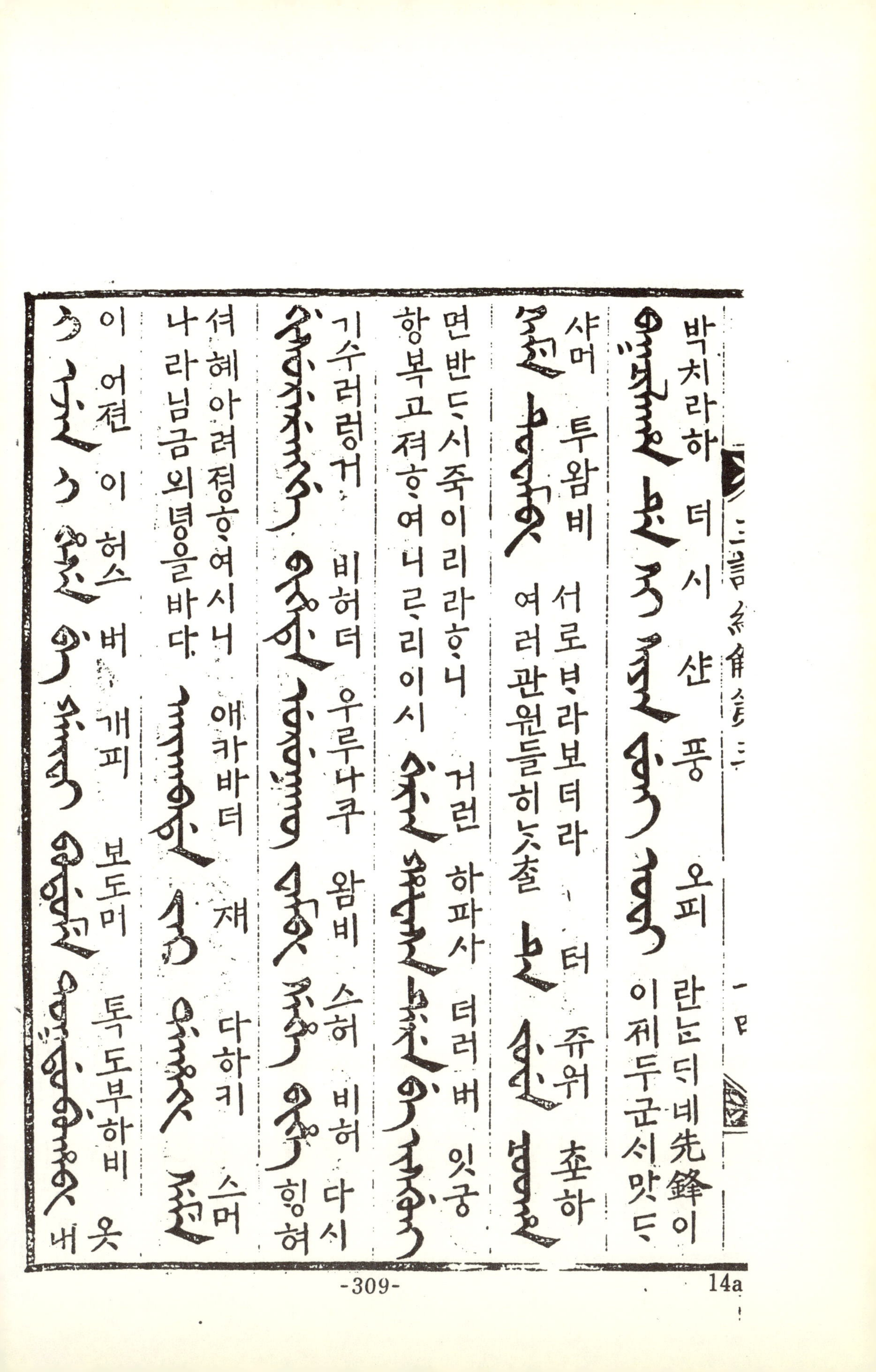

박치라하 더시 샨 풍 오피 란ᄂᆞᆫ디 네先鋒이

이제두군셔맛ᄃᆞ

샤머 투왐비 서로ᄇᆞ라보더라 터 쥬위 ᄎᆞᆫ하

여러관원들히ᄂᆞᆺ촐

면반ᄃᆞ시죽이리라ᄒᆞ니 거런 하파사 더러 버 잇궁

항복고져ᄒᆞ여 니ᄅᆞ리이시

기수러렁거 비허더 우루나쿠 왐비 수허 비허 다시

힝혀

셔혜아려졍ᄒᆞ여시니 애카바더 재 다하키 수머

나라님금의녕을바다ᄃᆞ

이 어젼 이 허스 버 개피 보도머 톡도부하비 옷

내

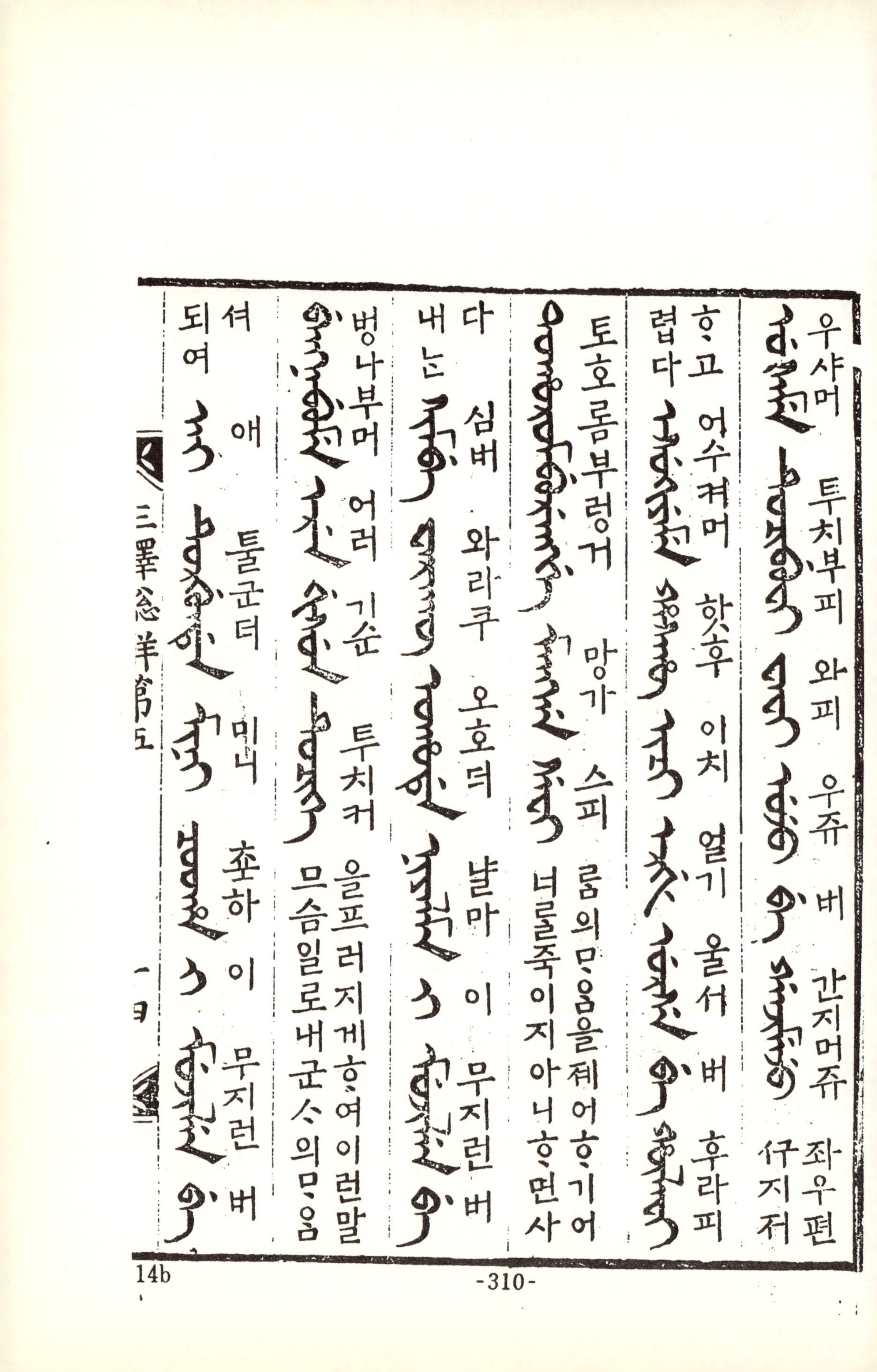

우샤머 투치부피 와피 우쥬 버 간지머쥬 좌우편 仔지저

ᄒᆞ고 렵다 어수켜머 핫후 이치 얼기 울서 버 후라피

토호롬부렁거 망가 스피 룸의ᄆᆞ음을제어ᄒᆞ기어 너를죽이지아니ᄒᆞ면사

다 내ᄂᆞᆫ 심버 와라쿠 오호뎌 냘마 이 무지런 버

벙나부머 어러 기순 투치커 을프러지게ᄒᆞ여이런말 므슴일로내군ᄉᆞ의ᄆᆞ음

셔 되여 애 툴군터 미너 쵸하 이 무지런 버

암부라 지리 반지피 어수켜머 와 슈러 쟈카더 周瑜
비허 여셰ᄃᆡ되여시니그쌔예네어ᄃᆡ잇던다 쟌 워
내본ᄃᆡ破虜쟝군을조차東南의횡힝ᄒᆞ
야부머 이란 쟈란 오호 터러 폰더 시 애비터
쟝쥔 베 다하머 털기 쥬럴기 터 허투 운투
이 후라머 헌두머 로불러니로되 비 다치 포 루
黃蓋任놉흔소리
가죽여셔머리롤가져오라 황 개 거리 던 질간
뉴돌을불러셔仁어내여다

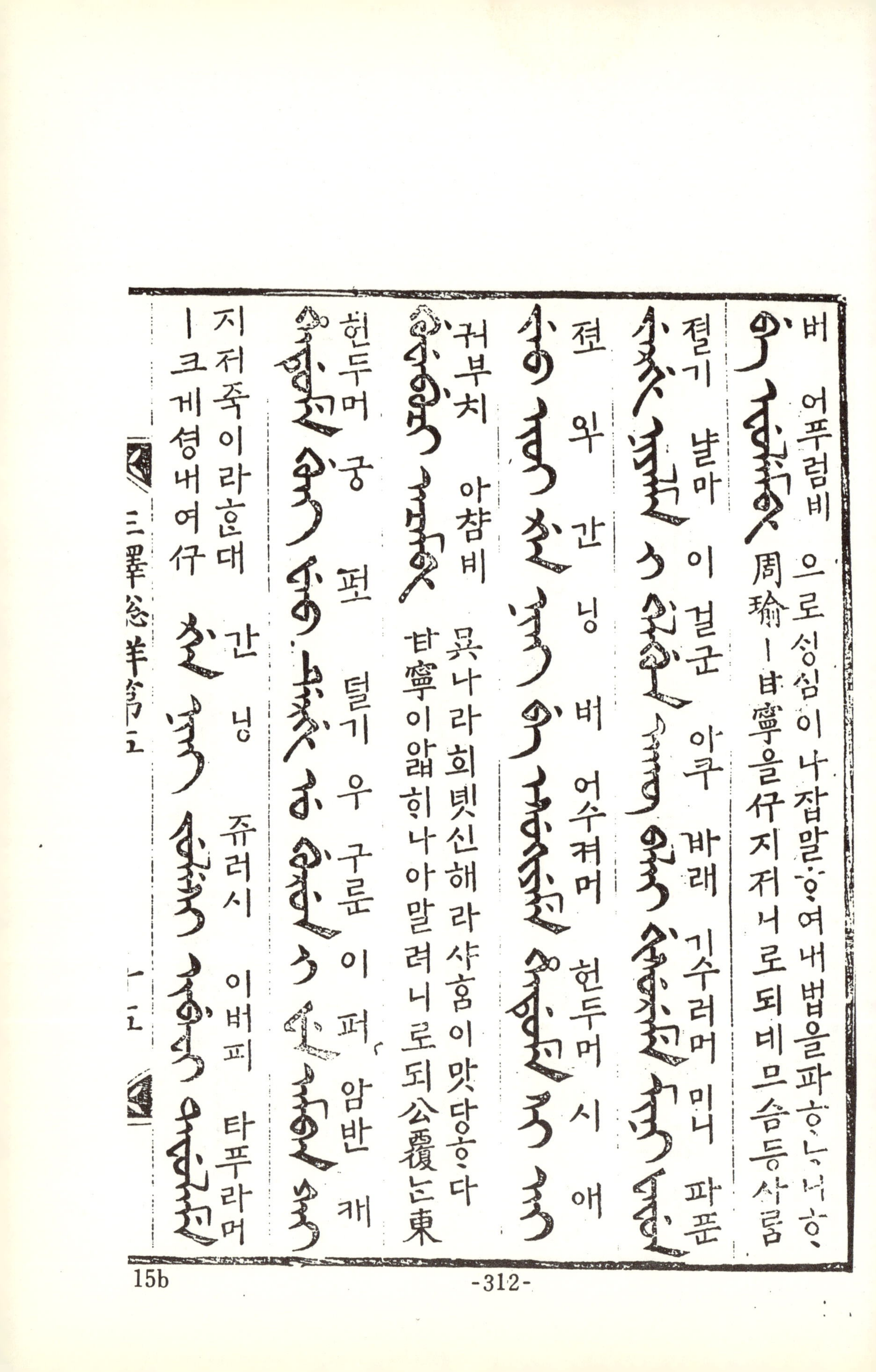

버 어푸럼비 으로 싱심이 나잡말ᄒᆞ여 내법을파ᄒᆞᄂᆞ니ᄒᆞ、
周瑜ㅣ甘寧을ᄭᅮ지져니로되네므슴등사ᄅᆞᆷ

졀기 날마 이 걸군 아쿠 바래 기수러머 미니 파푼

졉 와 간 닝 버 어수켜머 헌두머 시 애

커부치 아참비 吳나라희텃신해라샤홈이맛당ᄒᆞ다
甘寧이앏히나아말려니로되公覆ᄂᆞᆫ東

헌두머 궁 펴 털기 우 구룬 이 펴、 암반 캐

지저죽이라ᄒᆞᆫ대 간 닝 쥬러시 이버피 타푸라머
ㅣ크게셩내여ᄭᅮ

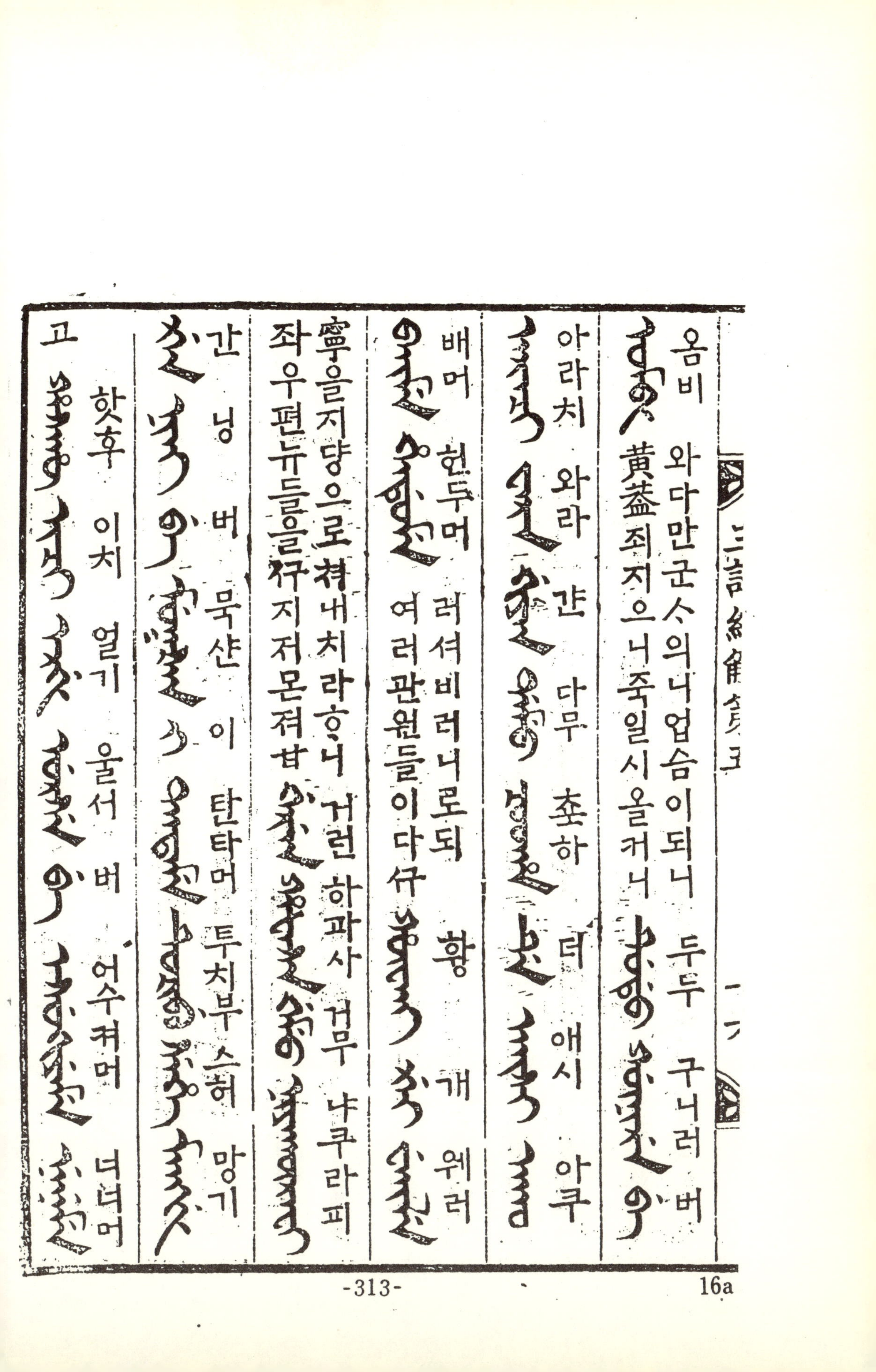

옴비 와다만군ᄉᆞ의니업슴이되니 두두 구니러 버
黃蓋죄지으니죽일시올커니

아라치 와라 갼 다무 쵸하 더 애시 아쿠

배머 헌두머 러셔비러니로되 향 개 웨러
여러관원들이다쥬

寧을지댱으로쳐내치라ᄒᆞ니 거런 하과사 거무 냐쿠라피
좌우편뉴들을쥬지저몬져甘

간 닝 버 묵산 이 탄타머 투치부 스허 망기

핫후 이치 얼기 울서 버 어수쳐머 너너머
고

이 이시면네머리롤버히미밋당ᄒᆞ다 핫후 아치 얼기
로되여러관원들의ᄂᆞᆺ출보지아니ᄒᆞᆷ

비허 비치 시니 우쥬 버 패타치 아참비허 ㅣ니 周瑜

위 헌두머 거런 하파사 이 더러 버 투와라쿠

웨러 아라치 괴다라쿠 기더ᄃᆞ지아니리라 져
도적을파ᄒᆞ거든죄짓

롤아직긔록ᄒᆞ여셔 훌하 버 어푸러허 망기
각을넙이가져셔이죄

온쵸 이 가마피 어레 웨러 버 타카 어져피 은싱 都督

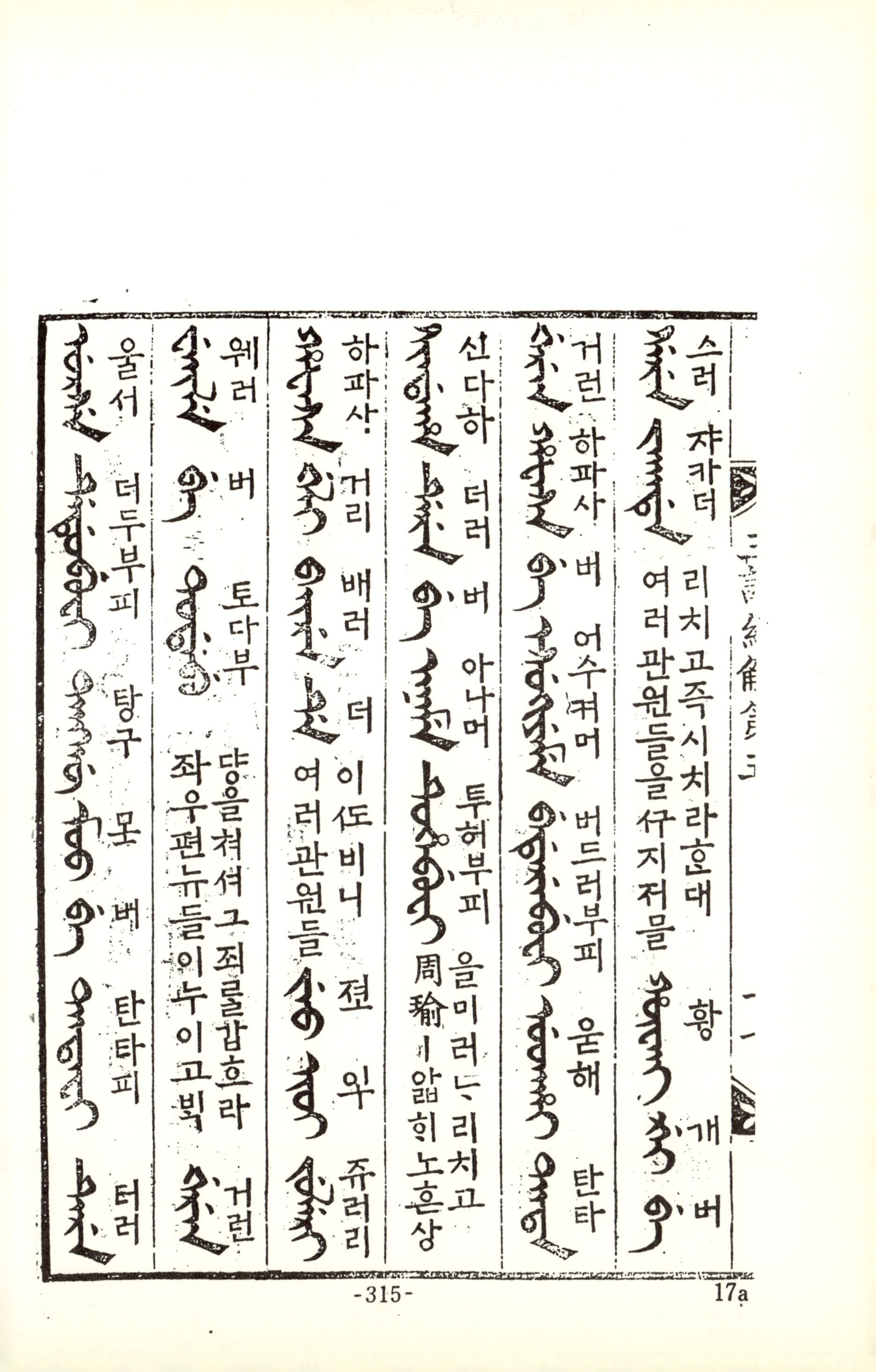

스러 쟈카더 리치고즉시치라ᄒᆞᆫ대 여러관원들을ᄉᆔ지저믈 황 개 버

거런 하파사 버 어수켜머 버드러부피 운해 탄타

신다하 더러 버 아나머 투허부피 을미러ᄂᆞ리치고 周瑜ㅣ앏히노흔상

하파사 거리 배러 더 이ᄯᅩ비니 여러관원들 죠 워 쥬러리

웨러 버 토다부 댱을쳐셔그죄를갑흐라 좌우편뉴들이누이고빅 거런

울서 더두부피 탕구 모 버 탄타피 터러

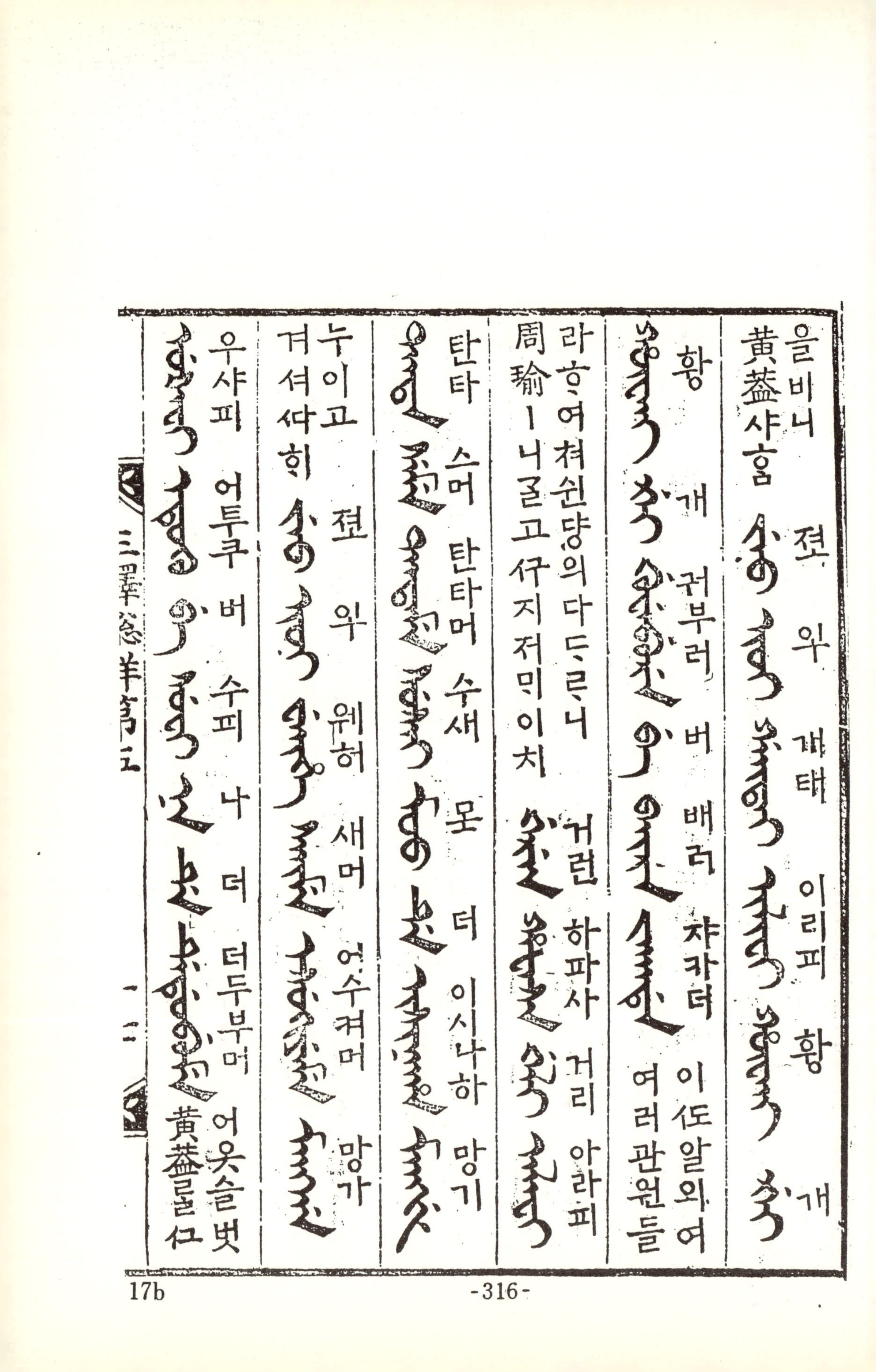

을비니

黃蓋샤흠 져 위 개태 이리피 황 개

황 개 궈부러 버 배러 쟈카더 이또알외여

여러관원들

라ᄒᆞ여쳐쉰당의다ᄃᆞ릳니 거런 하파사 거리 아라피

周瑜ㅣ니ᄅᆞ고仔지저미이치

탄타 스머 탄타머 수새 모 더 이시나하 망기

누이고 져 위 웨허 새머 어수켜머 망가

겨셔ᄡᅡ희

우샤피 어투쿠 버 수피 나 더 더두부머 어옷슬벗

黃蓋ᄅᆞᆯ᠋仁

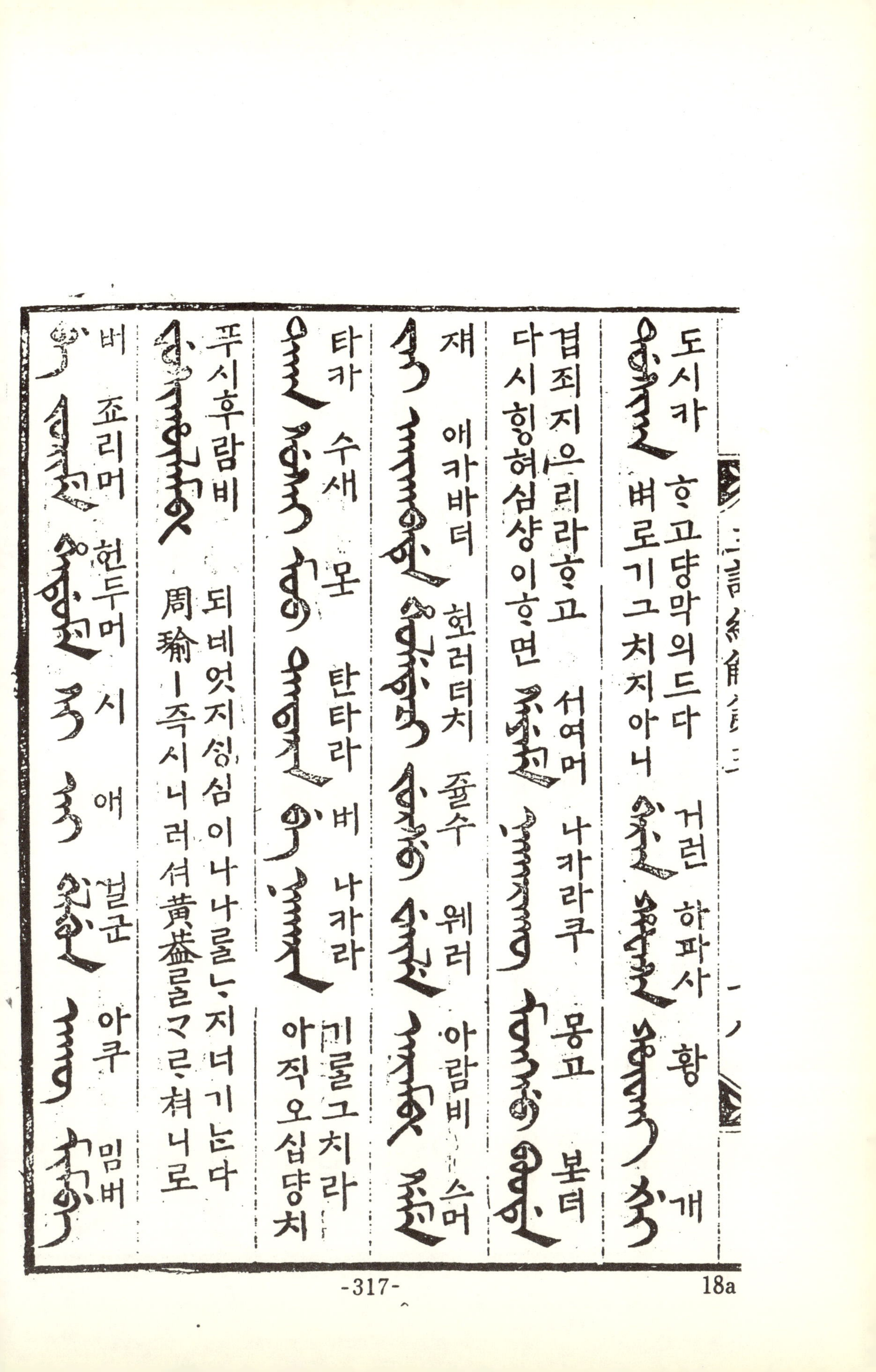

도시카 ᄒᆞ고댱막의드다 거런 하파사 황 개
벼로기그치지아니

겹죄지으리라ᄒᆞ고 셔여머 나카라쿠 몽고 보더
다시힝혀심샹이ᄒᆞ면

재 애카바더 헌러더치 쥴수 웨러 아람비 슈머

타카 수새 모 탄타라 버 나카라 기룰그치라
아직오십댱치

푸시후람비 되네엇지싱심이나나룰ᄂᆞ지너기ᄂᆞᆫ다
周瑜ㅣ즉시니러셔黃蓋룰ᄆᆞᄅᆞ쳐니로

버 죠리머 헌두머 시 애 걸군 아쿠 밈버

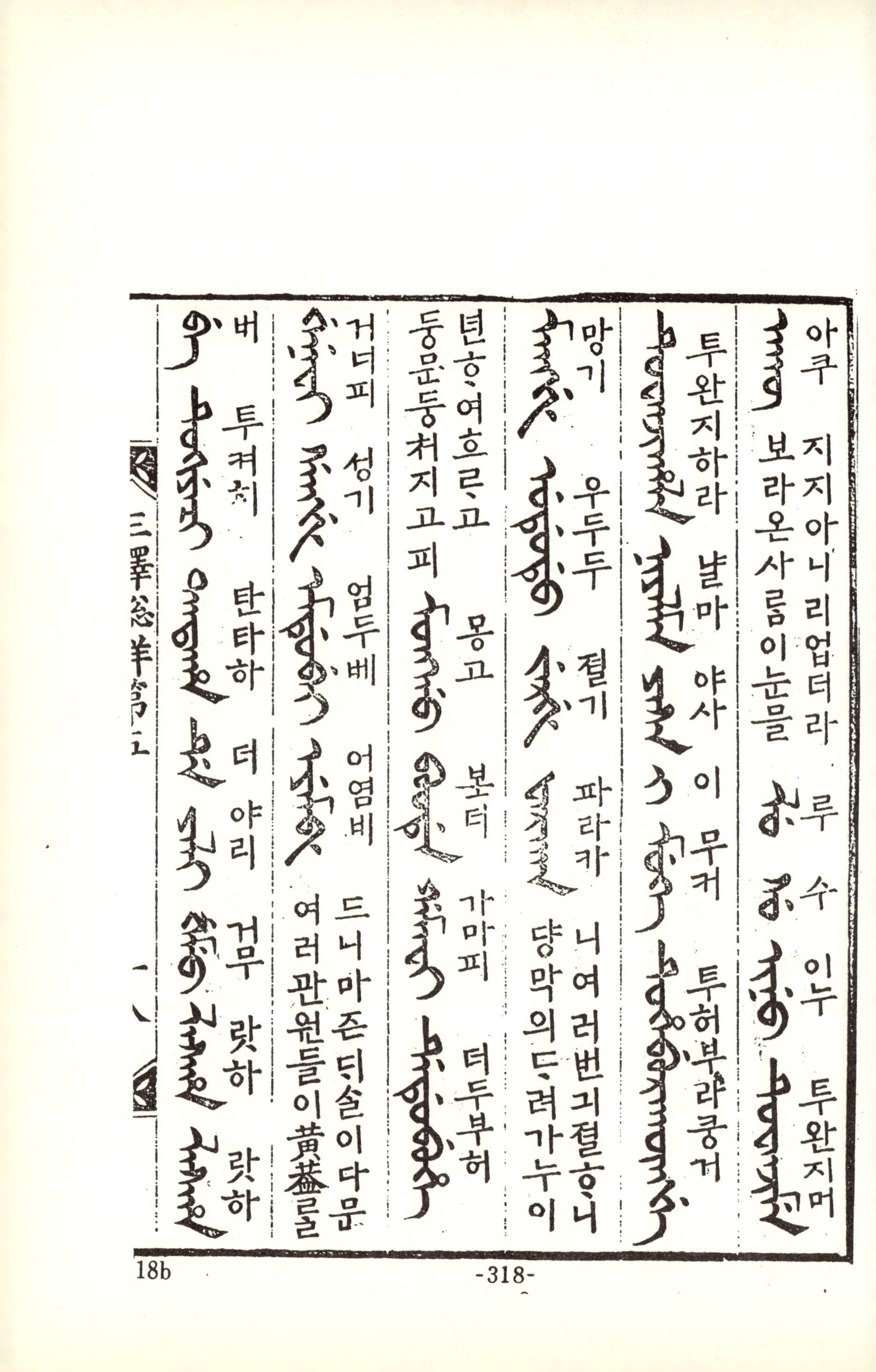

아쿠 지지아니리업더라 루 수 이누 투완지머

보라온사름이눈믈

투완지하라 냘마 야사 이 무커 투허부랴쿵거

망기 우두두 졀기 파라카 니여러번긔졀ᄒᆞ니

댱막의ᄃᆞ려가누이

텬ᄒᆞ여흐르고 몽고 보더 가마피 터두부허

둥묻둥처지고피

거너피 성기 엄두베 어염비 드니마존듸솔이다믄

여러관원들이黃蓋를

버 투켜치 탄타하 터 야리 거무 랏하 랏하

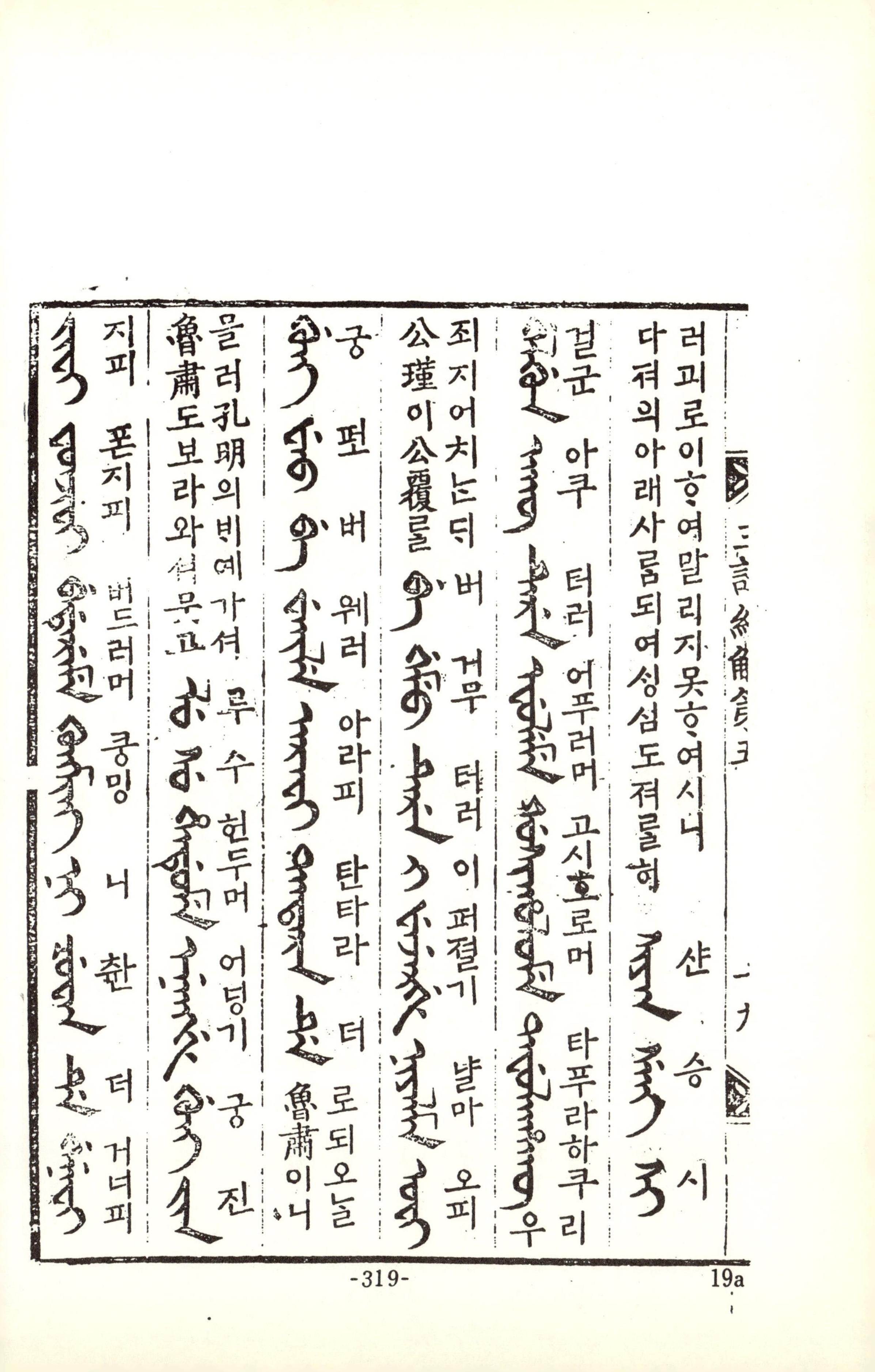

러피로이ᄒᆞ여말리지못ᄒᆞ여시니 샨 승 시

다텨의아래사람되여셩섬도텨롤혀

걸군 아쿠 터러 어푸러머 고시호로머 타푸라하쿠리 우

죄지어치ᄂᆞᆫ듸 버 거무 터러 이 퍼결기 냘마 오피

公瑾이公覆롤

궁 펀 버 워러 아라피 탄타라 더 로되오늘 魯肅이니

믈러孔明의비예가셔 무 수 헌두머 어덩기 궁 진

魯肅도보라와셔묻ᄌᆞ

지피 폰지피 버드러머 쿵밍 니 춴 더 거너피

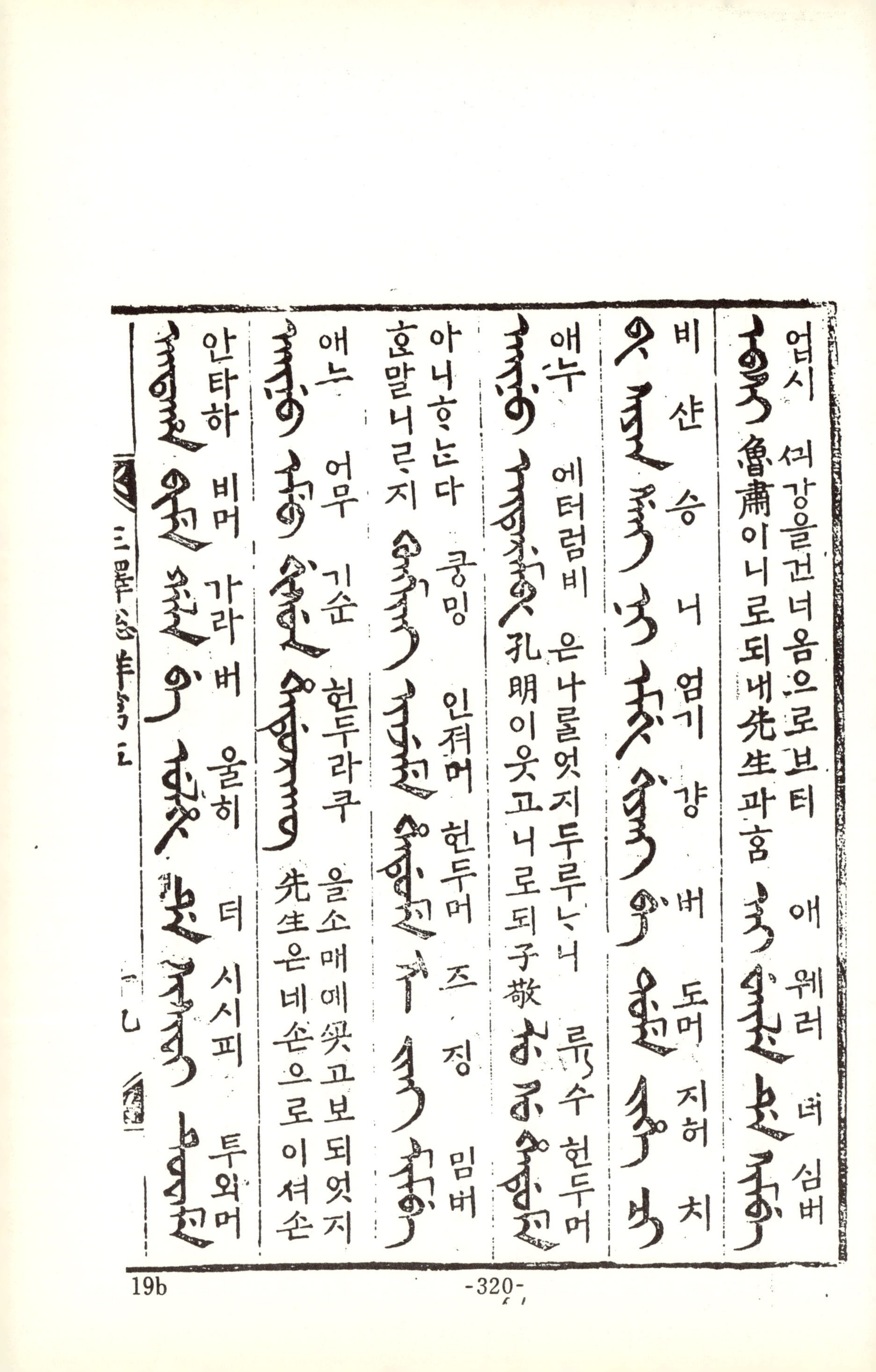

업시 셔강을건너옴으로브터 魯肅이니로되내先生과ᄒᆞᆷ 애 웨러 뎌 심버

비 샨 승 니 엄기 걍 버 도머 지허 치

애누 에터럼비 은나를엇지두루ᄂᆞ니 孔明이웃고니로되子敬 륙 수 헌두머

아니ᄒᆞᄂᆞ다 ᄒᆞᆫ말니ᄅᆞ지 쿵밍 인쳐머 헌두머 즈 징 밈버

애누 어무 기순 헌두라쿠 을소매에옛고보되엇지 先生은네손으로이셔손

안타하 비머 가라 버 울히 터 시시피 투와머

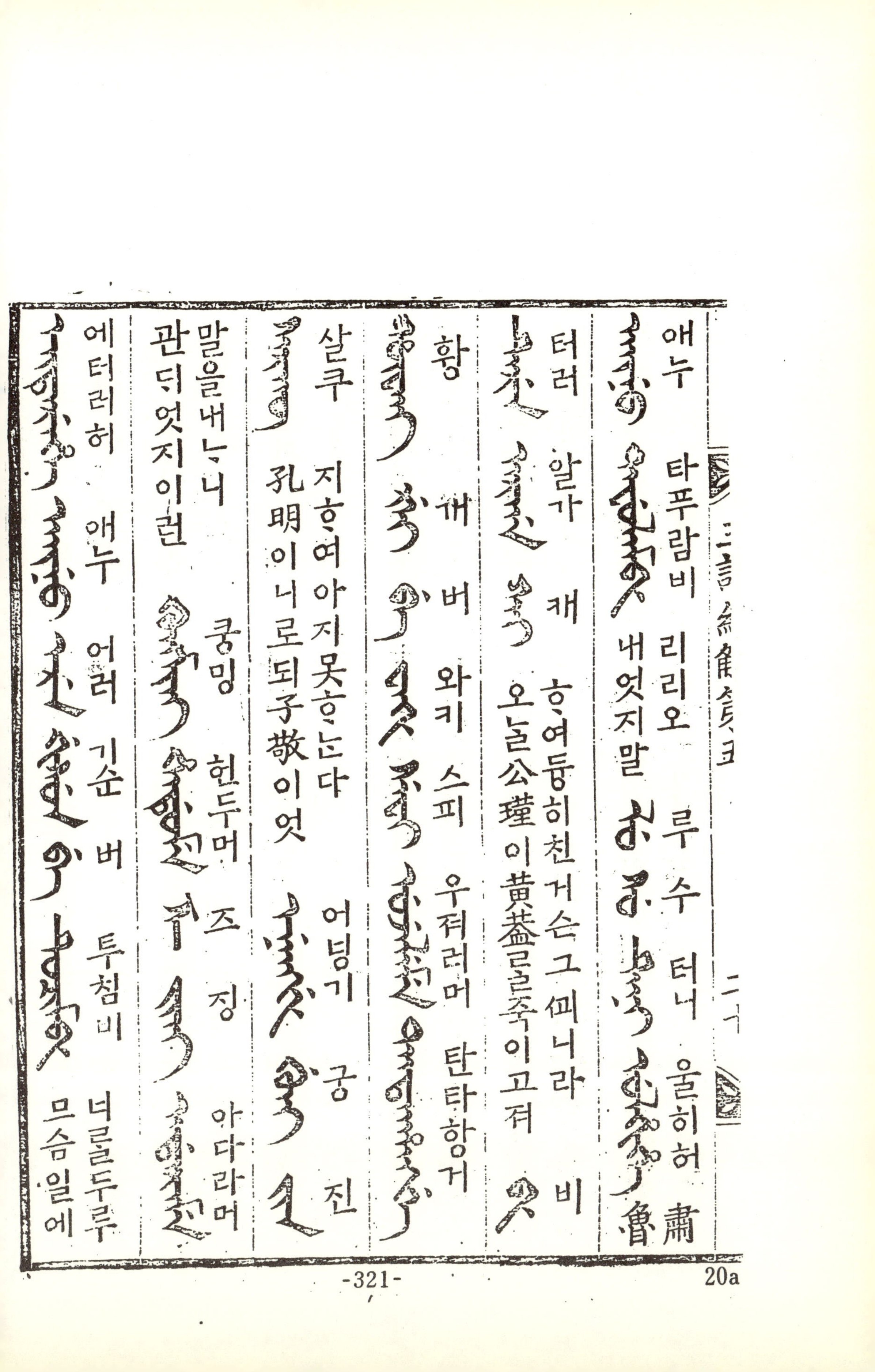

애누 타푸람비 리리오 루수 터너 울히허 肅
내엇지말 魯
터러 알가 재 ᄒᆞ여듕히친거슨그ᄣᅵ니라 비
오ᄂᆞᆯ公瑾이黃蓋ᄅᆞᆯ죽이고져
황 개 버 와키 스피 우져러머 탄타항거
살쿠 지ᄒᆞ여아지못ᄒᆞᄂᆞ다 어빙기 궁 진
孔明이니로되子敬이엇
말을내ᄂᆞ니 쿵밍 헌두머 즈 징 아다라머
관듸엇지이런
에터러허 애누 어러 기순 버 투침비 너ᄅᆞᆯ두루
므슴일에

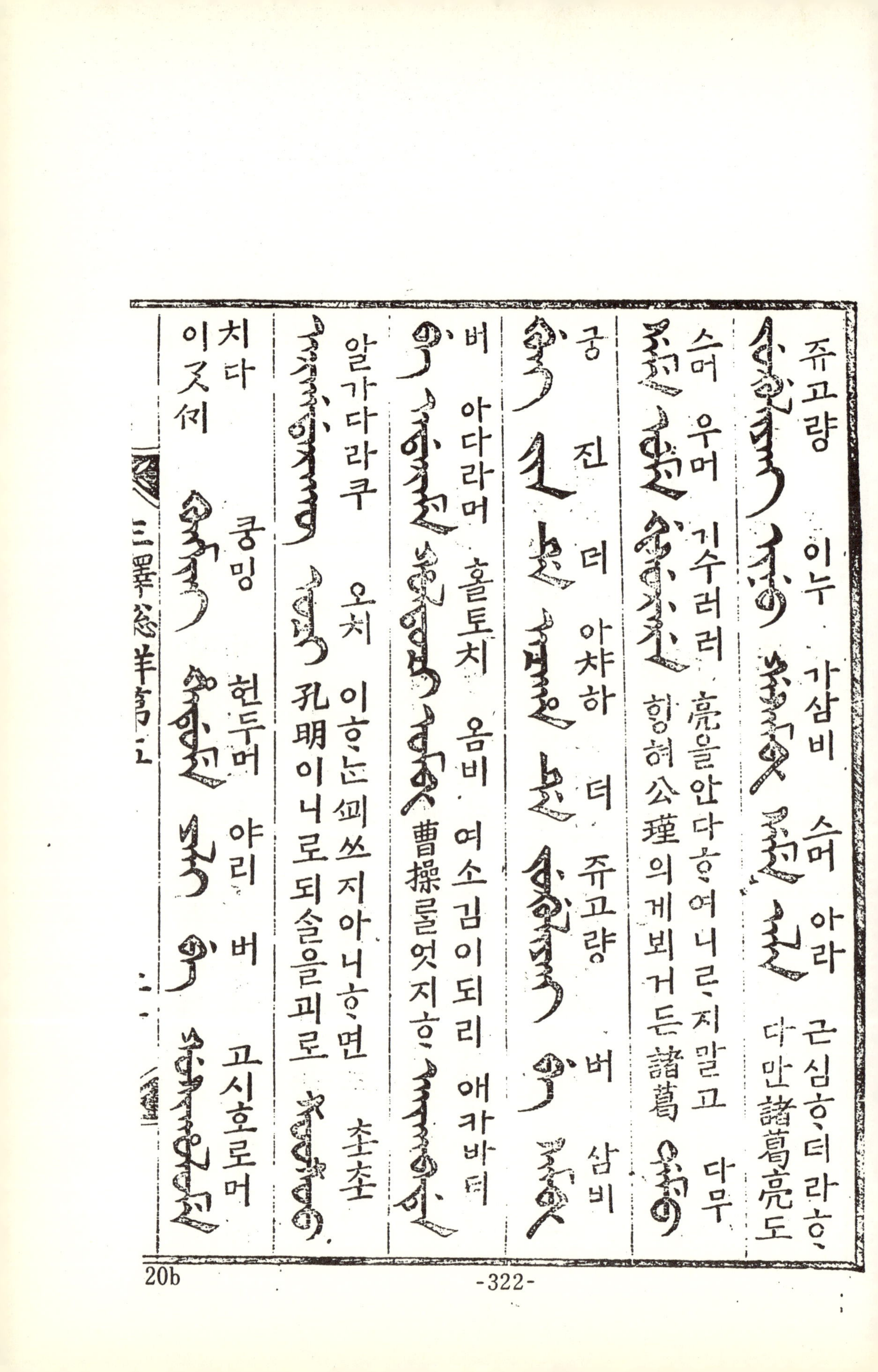

쥬고량 이누 가삼비 슈머 아라 근심ᄒᆞ더라ᄒᆞ
다만諸葛亮도

슈머 우머 기수러러 亮을안다ᄒᆞ여니ᄅᆞ지말고 다무
ᄒᆡᆼ혀公瑾의게뵈거든諸葛

궁 진 더 아샤하 더 쥬고량 버 삼비

버 아다라머 홀토치 옴비 여소김이되리 애카바더
曹操를엇지ᄒᆞ

알가다라쿠 오치 이ᄒᆞᆫ눈ᄢᅴ쓰지아니ᄒᆞ면 초초
孔明이니로되ᄉᆞᆯ을괴로

치다 쿵밍 헌두머 야리 버 고시호로머
이ᄌᆞᄊᆡ

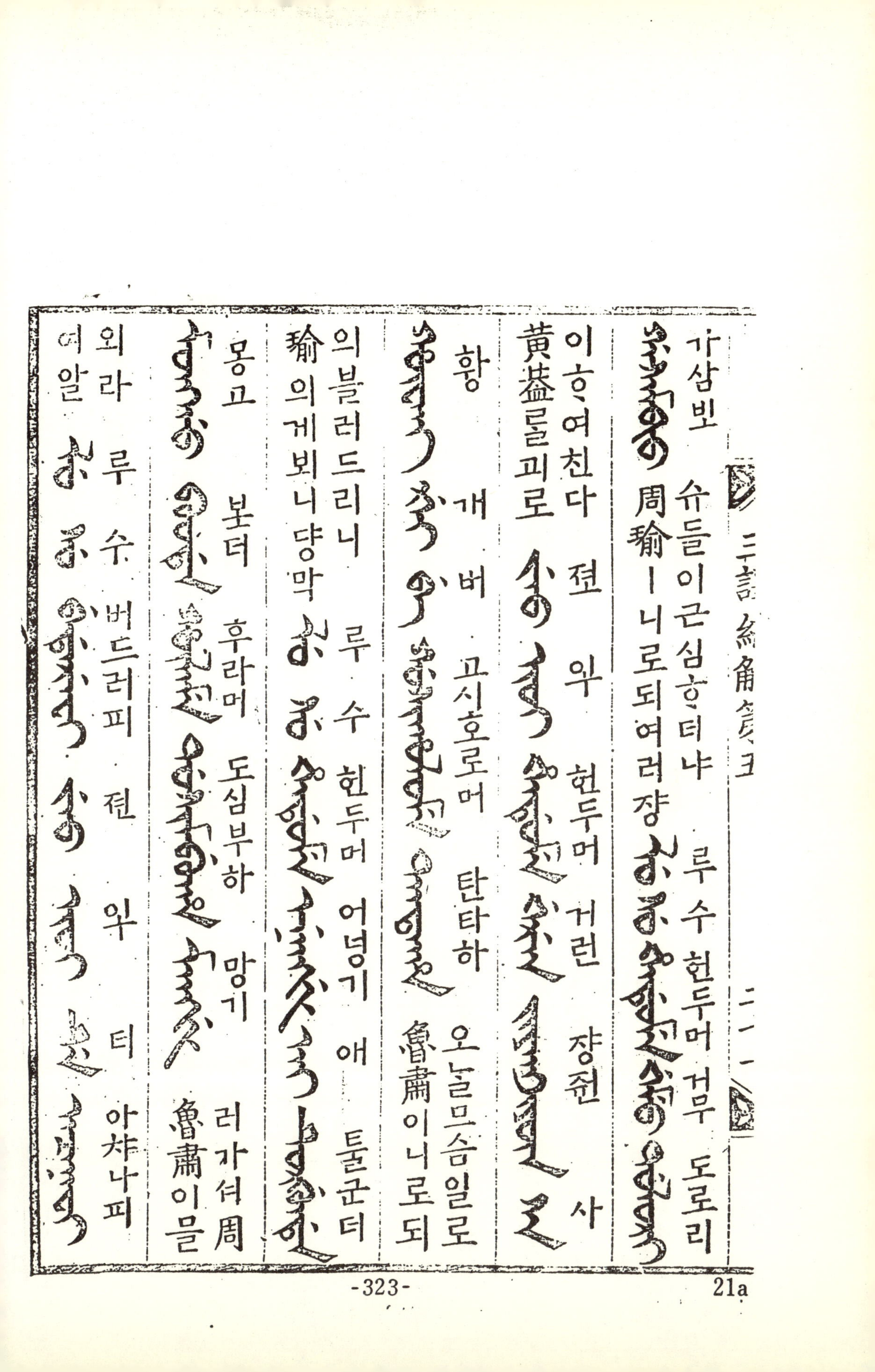

가삼빈 슈들이근심ᄒᆞ더냐 루수 헌두머 거무 도로리

周瑜ㅣ니로되여러장

이ᄒᆞ여친다 젼 와 헌두머 거런 쟝쥔 사

黃蓋를괴로

황 개 버 고시호로머 탄타하 오ᄂᆞᆯ므ᄉᆞᆷ일로

魯肅이니로되

의블러드리니 루 수 헌두머 어넝기 애 툴군더

瑜의게뵈니댱막

몽고 보더 후라머 도심부하 망기 리가셔周

魯肅이믈

외라 루 수 버드러피 젼 와 티 아쟈나피

여알라

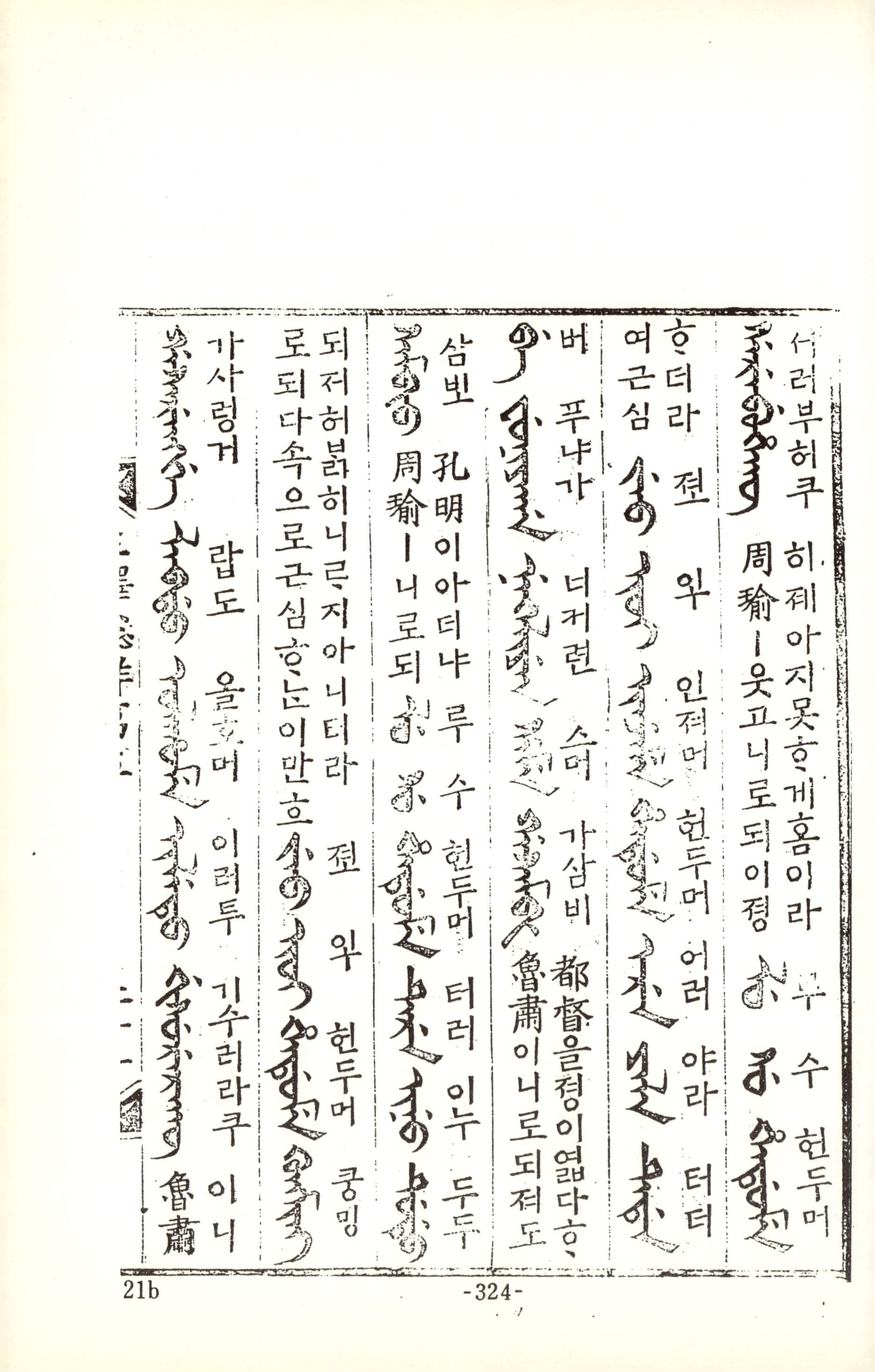

서러부허쿠 히쳐아지못ᄒᆞ게홈이라 부 수 헌두머
周瑜ㅣ웃고니로되이졈
ᄒᆞ더라 져 워 인져머 헌두머 어러 야라 터터
여근심
버 푸냐가 너거런 슈머 가삼비 都督을졍이엷다ᄒᆞ
魯肅이니로되져도
삼뵈 孔明이아더냐 루 수 헌두머 터러 이누 두두
周瑜ㅣ니로되
되져허붉라히니르지아니터라 져 워 헌두머 쿵밍
로되다속으로근심ᄒᆞᄂᆞᆫ이만ᄒᆞ
가사렁거 랍도 올ᄒᆞ머 이러투 기수러라쿠 이니
魯肅

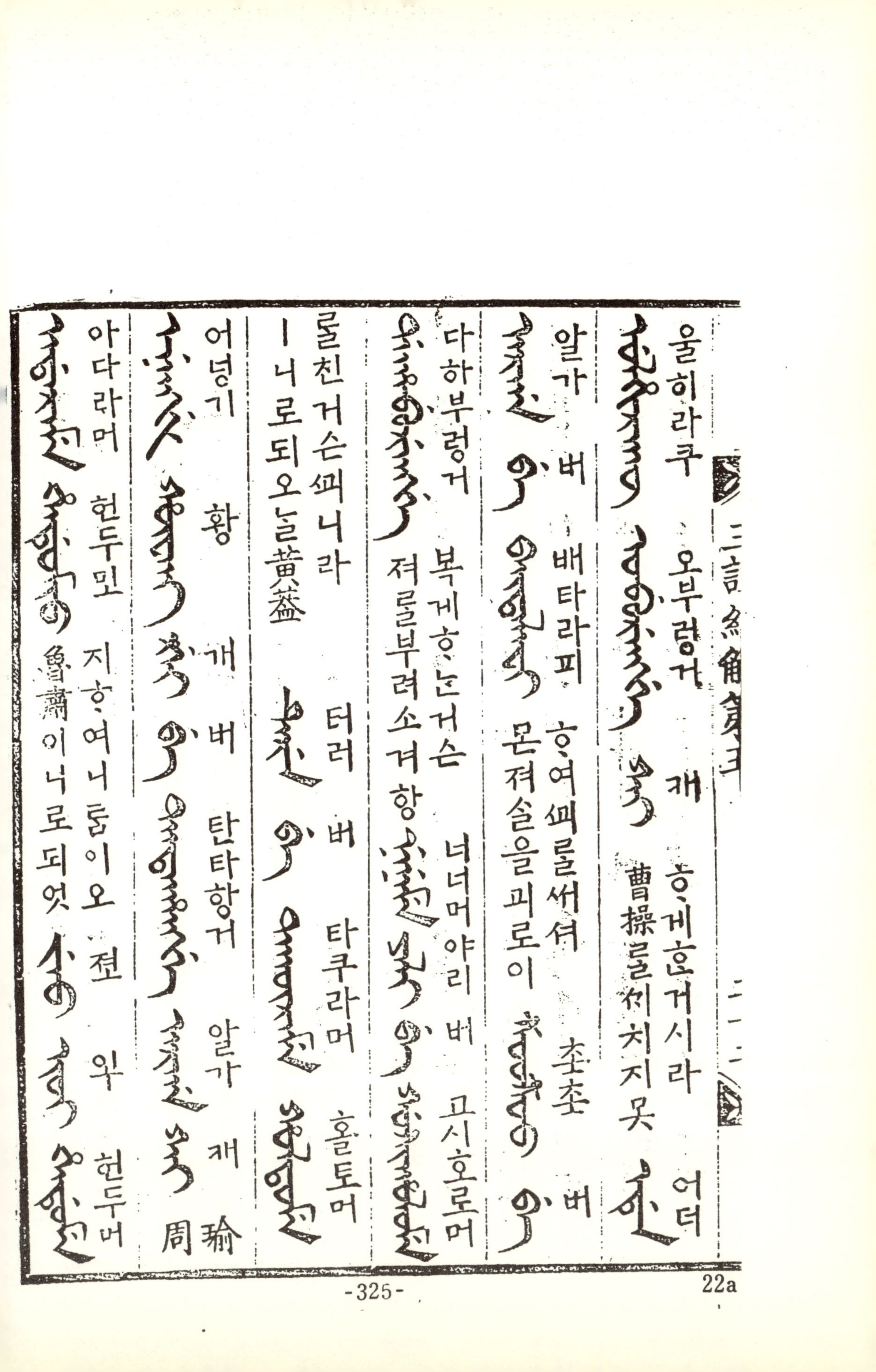

울히라쿠 오부렁거 캐 ᄒᆞ게ᄒᆞᆫ거시라 어더
曹操를ᄯᅥ치지못

알가 버 배타라피 ᄒᆞ여ᄢᅵ를써셔 ᄎᆞᆷᄎᆞᆷ 버
몬져ᄉᆞᆯ을괴로이

다하부렁거 복게ᄒᆞᄂᆞᆫ거슨 너너머야리 버 고시호로머
져를부려소겨 항

룰친거슨ᄢᅵ니라 터러 버 타쿠라머 홀토머
ㅣ니로되오ᄂᆞᆯ黃蓋

어넝기 황 개 버 탄타항거 알가 캐 瑜
周

아다라머 헌두뫼 지ᄒᆞ여니톰이오 져 워 헌두머
魯肅이니로되엇

투완지머 지파 푼지허 라와셔무로니 황 개
여러쟝슈들이보
불더 더두허비 막의누엇더니 거런 장쥔 사
그적의黃蓋당
더겨붉히니릭지아니터라 터러치 황 개 몽고
놉흔지조룰속으로괴특이
버 도로리 펄궈허 이러투 기수러허 아쿠 孔明의
魯肅이
면반드시이긔리라 루 수 쿵밍 너 워시훈 얼더무
이예블을써서싸호
토와 버 배타라피 아파라 더 우루나쿠 어텀비

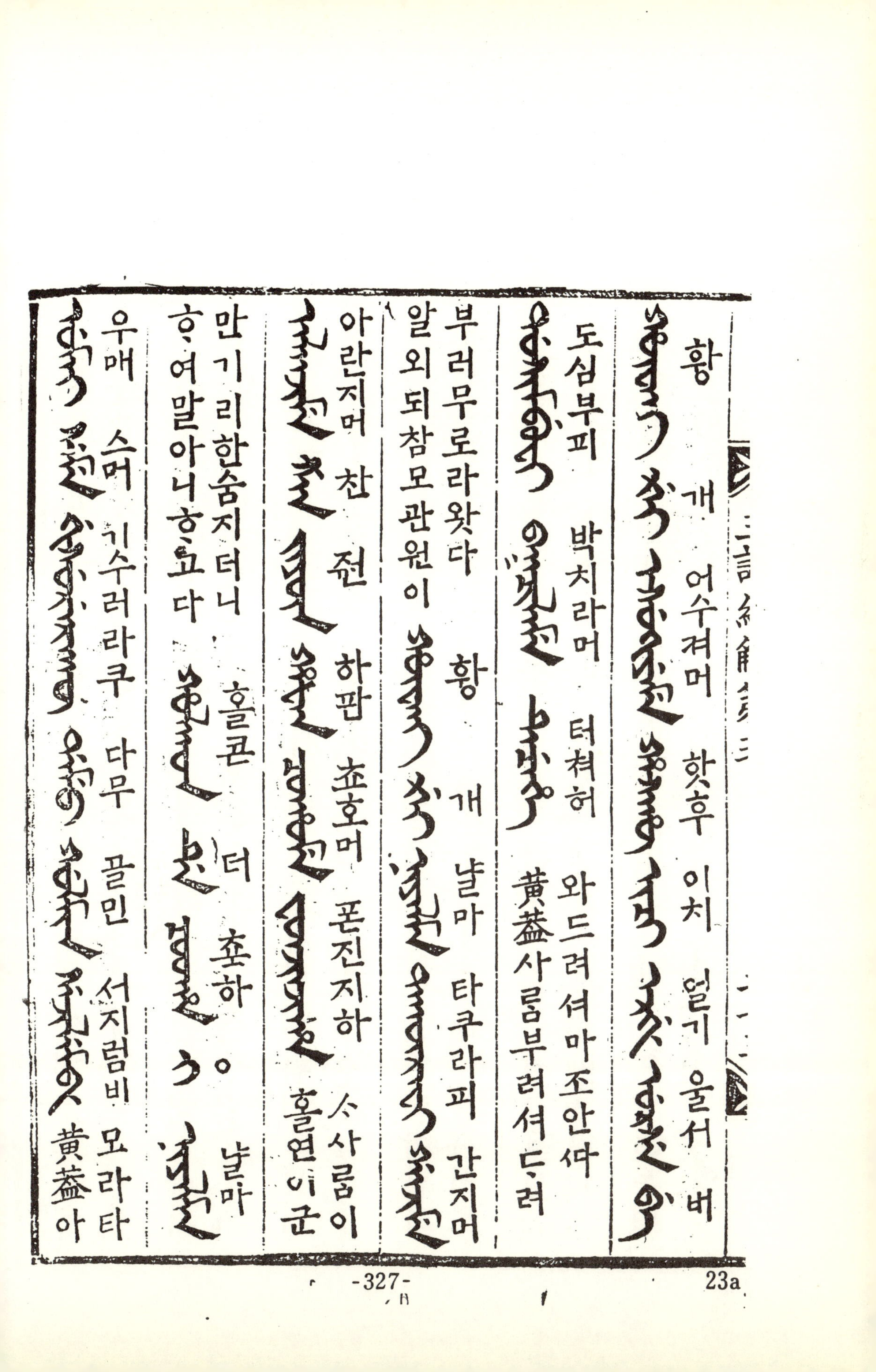

황 개 어수져머 핫후 이치 얼기 울서 버
도심부피 박치라머 터쳐허 와드려셔마조안쟈
黃蓋사ᄅᆞᆷ부려셔ᄃᆞ려
부러무로라왓다 황 개 날마 타쿠라피 간지머
알외되참모관원이
아란지머 찬 쥰 하판 쵸호머 폰진지하 ᄉᆞ사ᄅᆞᆷ이
훌연이군
만기리한숨지더니 훌쿤 더 쵸하 。날마
ᄒᆞ여말아니ᄒᆞ요다
우매 스머 기수러라쿠 다무 골민 서지럼비 모라타
黃蓋아

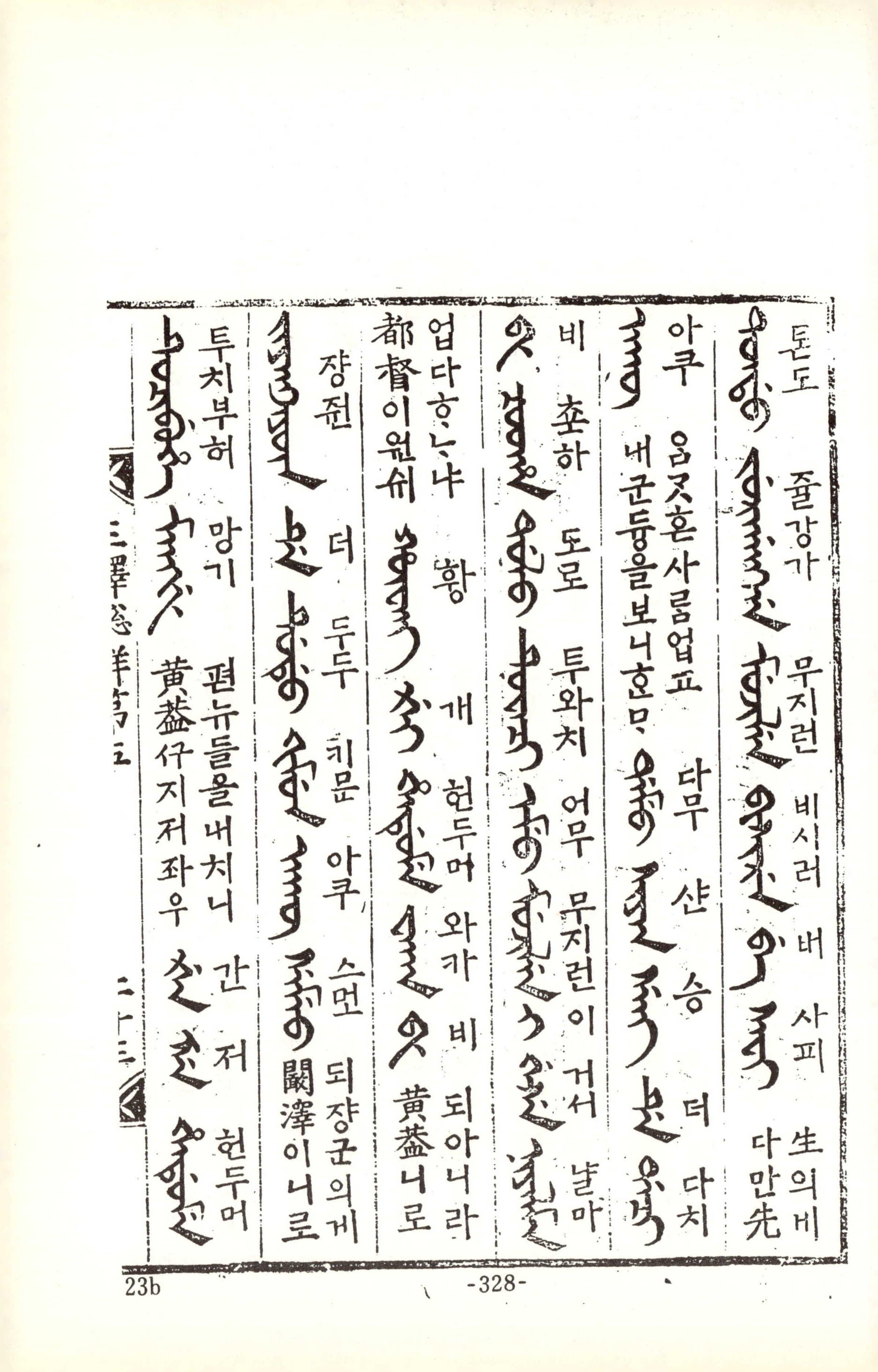

톤도 쥴강가 무지런 비시러 배 사피 生의게
다만先

아쿠 옴즈ᄒᆞᆫ사룸업고 다무 샨 승 더 다치
내군둥을보니ᄒᆞᄆᆡ

비 촌하 도로 투와치 어무 무지런이 거서 날마

업다ᄒᆞ나냐 황 개 헌두머 와가 비 되아니라
都督이원쉬 黃蓋니로

쟝쥔 더 두두 키문 아쿠 스먼 되쟝군의게
闞澤이니로

투치부허 망기 편뉴들올내치니 간 저 헌두머
黃蓋仔지저좌우

三譯總解第五 二十三

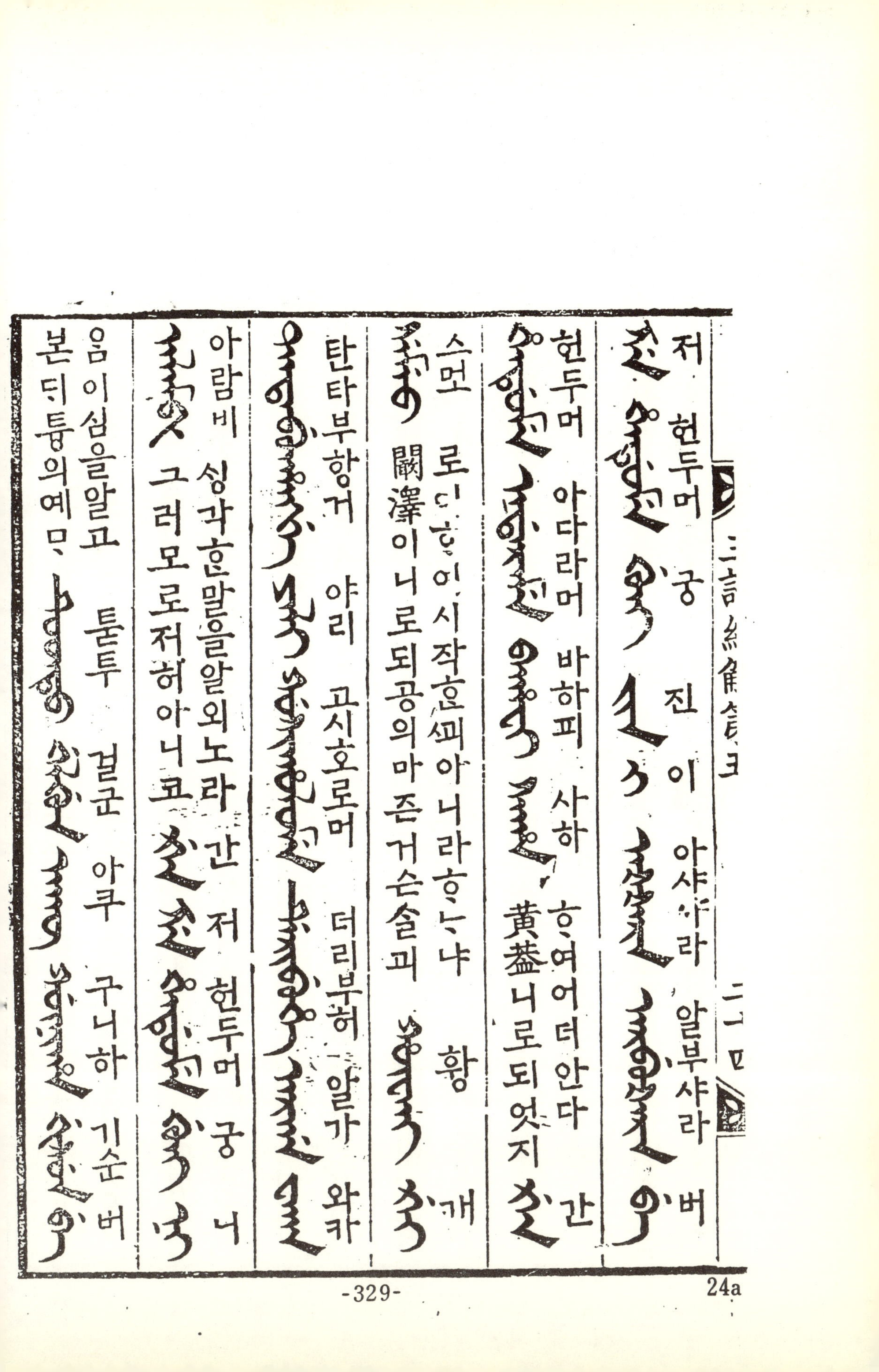

저 헌두머 궁 진 이 아샤샤라 알부샤라 버

헌두머 아다라머 바하피 사하 ᄒᆞ여어더안다 간

黃蓋니로되엇지

스머 로디ᄒᆞᆫ이시작ᄒᆞᆫᄭᅬ아니라ᄒᆞᄂᆞ냐 황 개

闞澤이니로되공의마즌거슨술괴

탄타부항거 야리 고시호로머 더리부허 알가 와카

아람비 싱각ᄒᆞᆫ말을알외노라 간 저 헌두머 궁 니

그러모로저허아니코

움이심을알고 툴투 걸군 아쿠 구니하 기순 버

본ᄃᆡ튱의예ᄆᆡ

여曹操도적을파ᄒᆞ리니

셔그러모로이쎄를시작ᄒᆞ 우두 야리 고시호로치버

바 더리부피 촐촐 훌하 버 어푸럼바 이업서

갑흘곳

가져셔 카루라바 아쿠 오피 툴투 어러 알가

을바다

아란 쟈란 이 커시 버 아리머 개피 吳侯의세딕덕

黃蓋너로되내

슬혜아려노라 황 개 헌두머 비 우 후 이

보와셔아홉기

투와피 우윤 우부 버 보돔비 의움즉이는거동을

闞澤이너로되公瑾

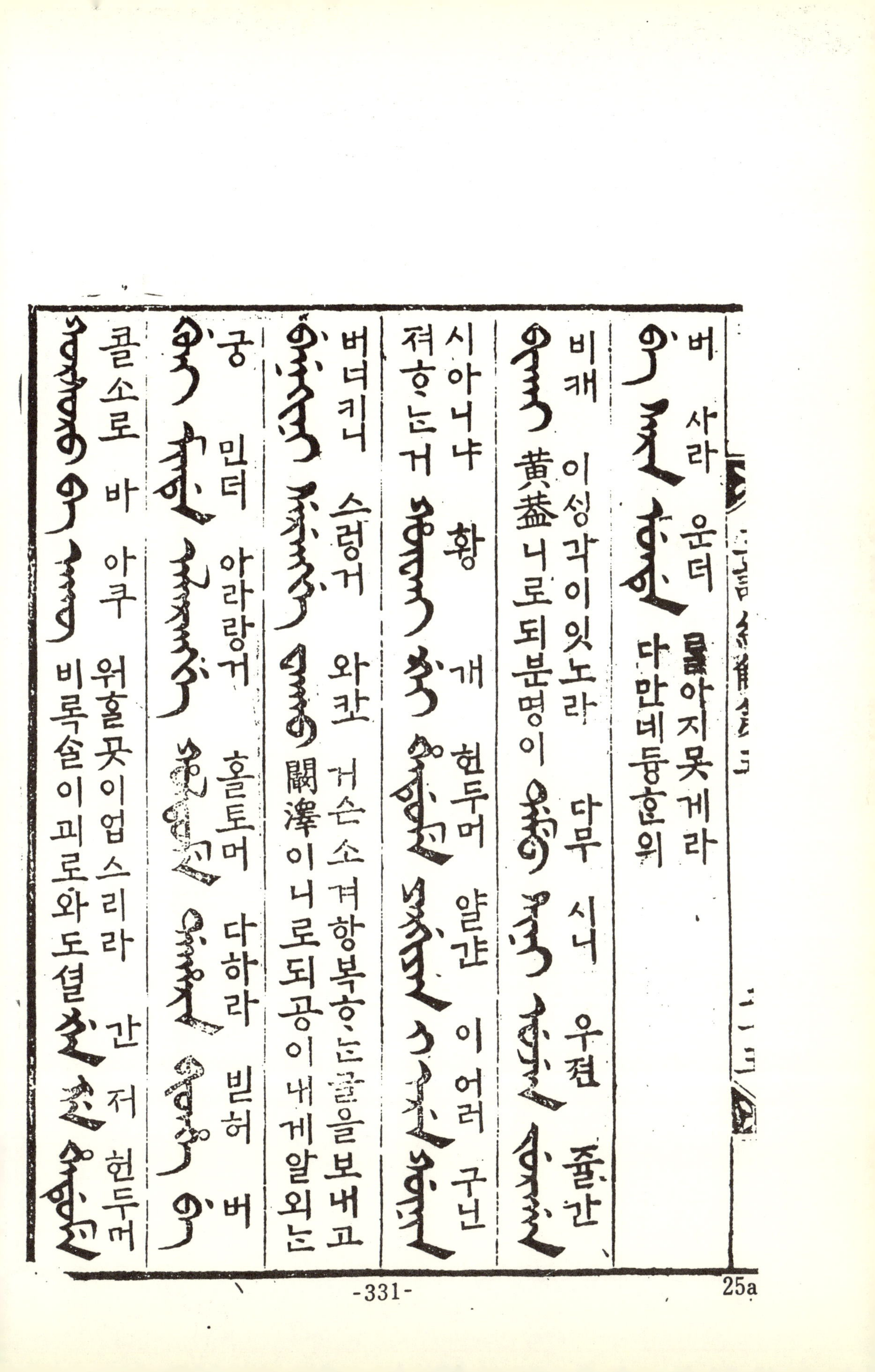

버 사라 운더 몰아지못게라
다만네등한의
비캐 이싱각이잇노라 다무 시너 우젼 죠간
黃蓋니로되분명이
시아너냐 황 개 헌두머 얄갼 이어러 구넌
져ᄒᆞᄂᆞᆫ거
버더키너 스렁거 와칸 거ᄉᆞᆫ소겨항복ᄒᆞᄂᆞᆫ글을보내고
闞澤이니로되공이내게알외ᄂᆞᆫ
궁 민더 아라랑거 홀토머 다하라 빌허 버
콜소로 바 아쿠 워홀곳이업스리라 간 저 헌두머
비록숄이괴로와도셜

三譯總解 六

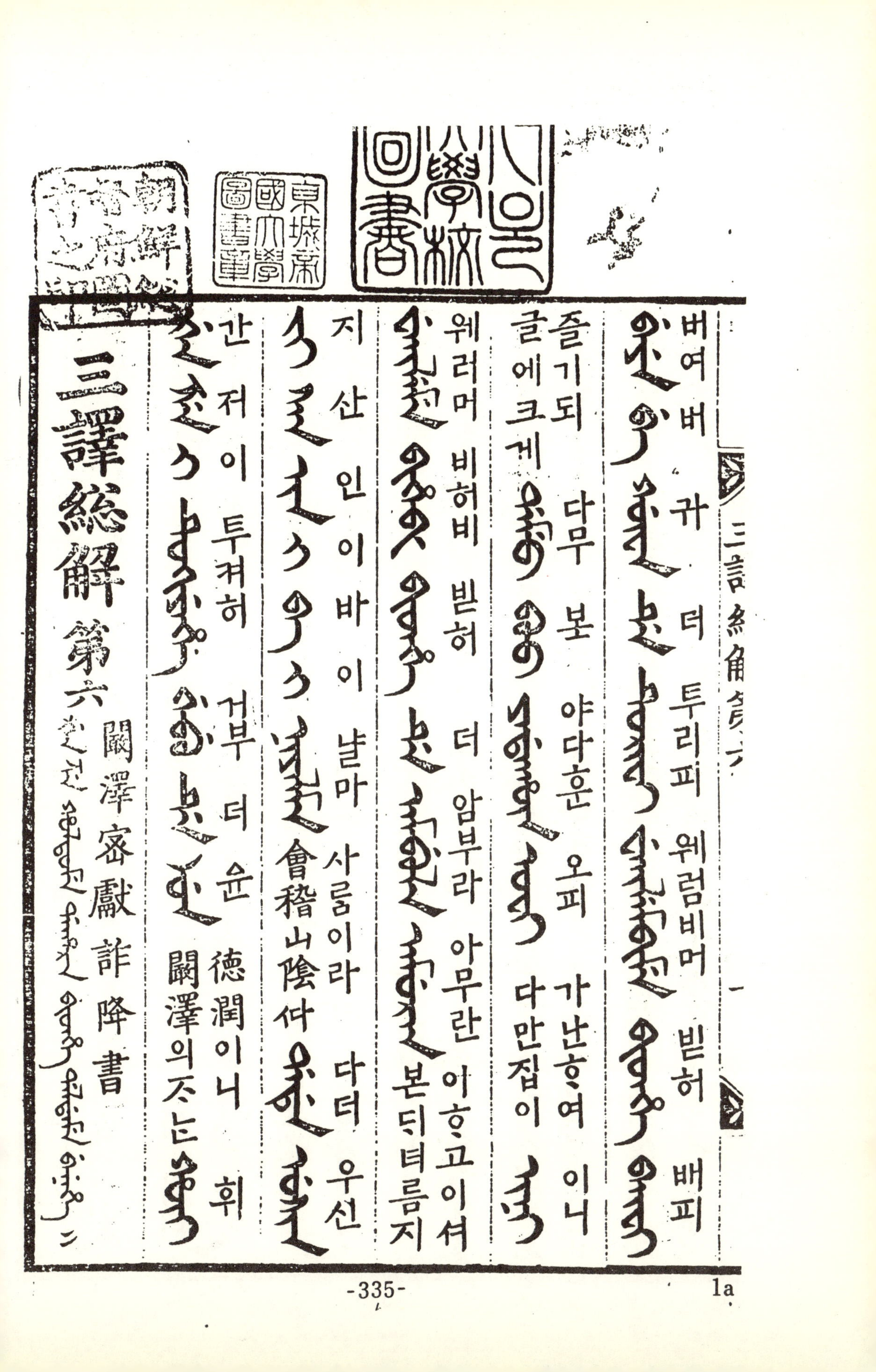

三譯總解 第六 闞澤密獻詐降書

버여버 캬 더 투리피 웨럼비머 빋허 배피
즐기되 다무 보 야다훈 오피 가난ᄒᆞ여 이니
글에크게 다만집이
웨러머 비허비 빋허 더 암부라 아무란 이ᄒᆞ고이셔
본ᄃᆡ터름지
지 산 인 이바이 낟마 사ᄅᆞᆷ이라 다더 우신
會稽山陰付
간 저 이 투쳐허 거부 더 윤 휘
德潤이니
闞澤의ᄌᆞᄂᆞᆫ

히판 오부하 비히 塘ᄯᅡ히관원ᄒᆞ이엿더니 효렴ᄒᆞᆫ타스로올려셔錢 순

한쟌 이 툴군더 워심부피 찬 탕 나 바더

어여러 아다리 ᄒᆞᄂᆞᆫ거시믈흐르ᄃᆞᆺᄒᆞ더라 졉어셔담이거셔갑파ᄃᆡ답 훈슝가

고 업 아지건 치 실히 암반 오피 카루 쟈부렁거 무귀

졀기 아라하 망기 옹고롱거 아쿠 쓰면ᄂᆡᆺᄂᆞᆫ거시 아모글을ᄒᆞᆫ번

후람비 일ᄒᆞᆼ고글비러닑더니 쥐몸을다ᄅᆞᆫᄃᆡ삭ᄒᆞ여셔 야야 빋허 버 어무

암바 하하 쟈란 더 반지피 ᄂᆞᆯ마 버 나하머 궁
간저 울군져머 아리머 개피 헌두머 다가져니로되
闞澤이 긋거바
버 사피 담이크믈알고 악다피 웅김비 내니
黃蓋그말잘ᄒᆞ고 믿어보
로 황 개 터레 기순 망가 실히 암반
모
오부하 ᄃᆞ려와셔참모관원ᄒᆞ이다 툰투 오피 리
孫權이그일홈을부러ᄒᆞ여 그
춴 터러 이 거부 버 부여머 가지피 찬 무 하판

거서 쉴 스러 얼건 버 헤람비 이곳흔죠고만목
闕澤이엇지가얌
東吳나라히도으려ᄒᆞ거든 간 저 애누 열궤 이
公覆ㅣ명을앗기지아니ᄒᆞ고
해란다라쿠 덜기 우 구룬 더 애시라치 터턴드러
캐 시분명이븟그러오리라 궁 편 얼건 버
석은것과ᄒᆞᆫ가지로못ᄂᆞᆫ거
나하 쟈카 이 아다리 와지렁거 얄갼 이 기츄거
비 이리부머 무터라쿠 차공을셰워이로지못ᄒᆞ고
큰ᄉᆞ나희셰예나셔사ᄅᆞᆷ을조

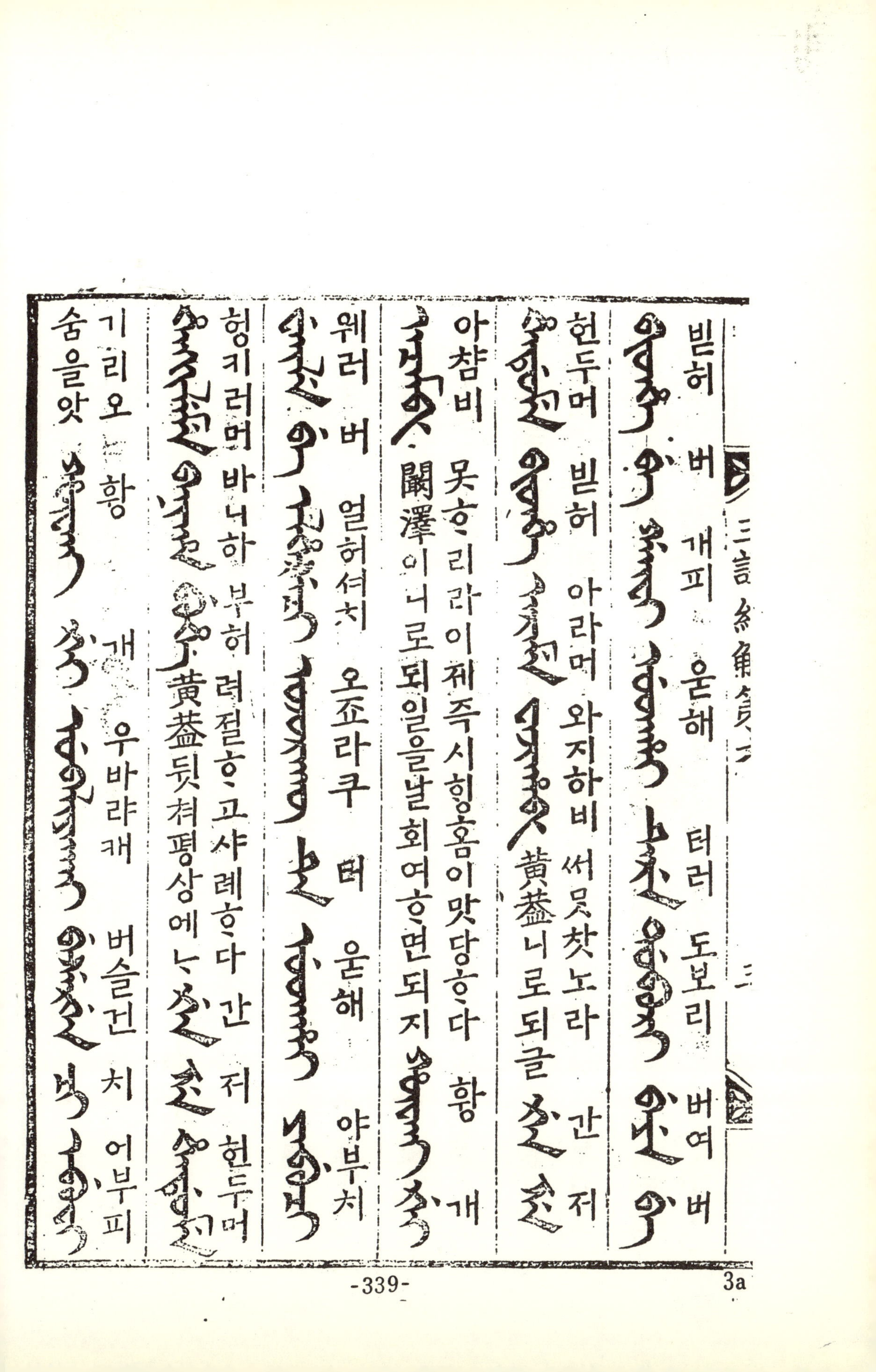

뵌허 버 개피 운해 터러 도보리 버여 버

헌두머 뵌허 아라머 와지하비 써뭇찻노라 간 저

黃蓋니로되글

아참비 못ᄒᆞ리라이제즉시항홈이맛당ᄒᆞ다 황 개

闞澤이니로되일을날회여ᄒᆞ면되지

웨러 버 얼허셔치 오죠라쿠 터 운해 야부치

헝키러머 바나하 부허 려절ᄒᆞ고샤례ᄒᆞ다 간 저 헌두머

黃蓋뒷쳐평상에ᄂᆞ

기리오 황 개 우바랴개 버슬건 치 어부피

숨을앗

도닷더니 이라치 깅 오머 무커 이 잉 더

눌에마뎍

샤후룬 우시하 압카 이 쟈루 뎍더허비 고뵬이하

그밤이ᄉᆞ

쥬라카 ᄒᆞ여물흐름조차힝ᄒᆞ다 터러 도보리

홀로져어북뎍ㄱ으로햣

아말기 다린 이 바루 무커 어연 이 다햣훈

잡ᄂᆞᆫ사ᄅᆞᆷ이되여젹은마샹이예안자셔 염훈 슈루머

闞澤이글을가지고즉시그밤의몸을고기

니마하 부타라 날마 오부피 아지거 웨후 더 터피

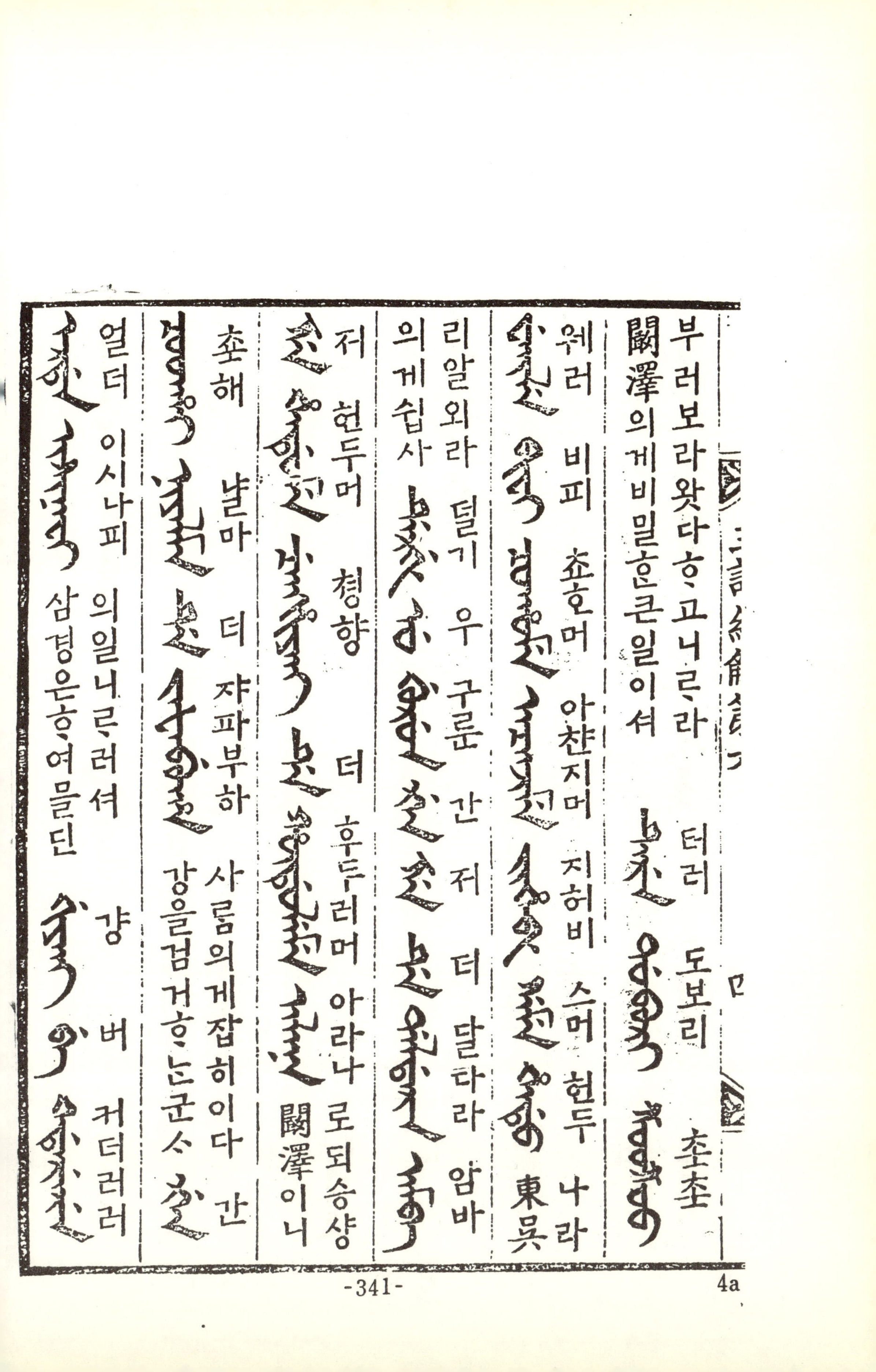

부러보라왓다ᄒᆞ고니ᄅᆞ라 터러 도보리 초초
闞澤의게비밀ᄒᆞᆫ큰일이셔
웨러 비피 쵸호머 아찬지머 지허비 스머 헌두 나라
東吳
리알외라 덜기 우 구룬 간 저 더 달다라 암바
의게쉽사
저 헌두머 쳥향 더 후두러머 아라나 로되승샹
闞澤이니
초해 날마 더 쟈파부하 사름의게잡히이다 간
강을검거ᄒᆞᄂᆞᆫ군ᄉᆞ
얼더 이시나피 의일니ᄅᆞ러셔 강 버 커더러러
삼경은ᄒᆞ여믈딘

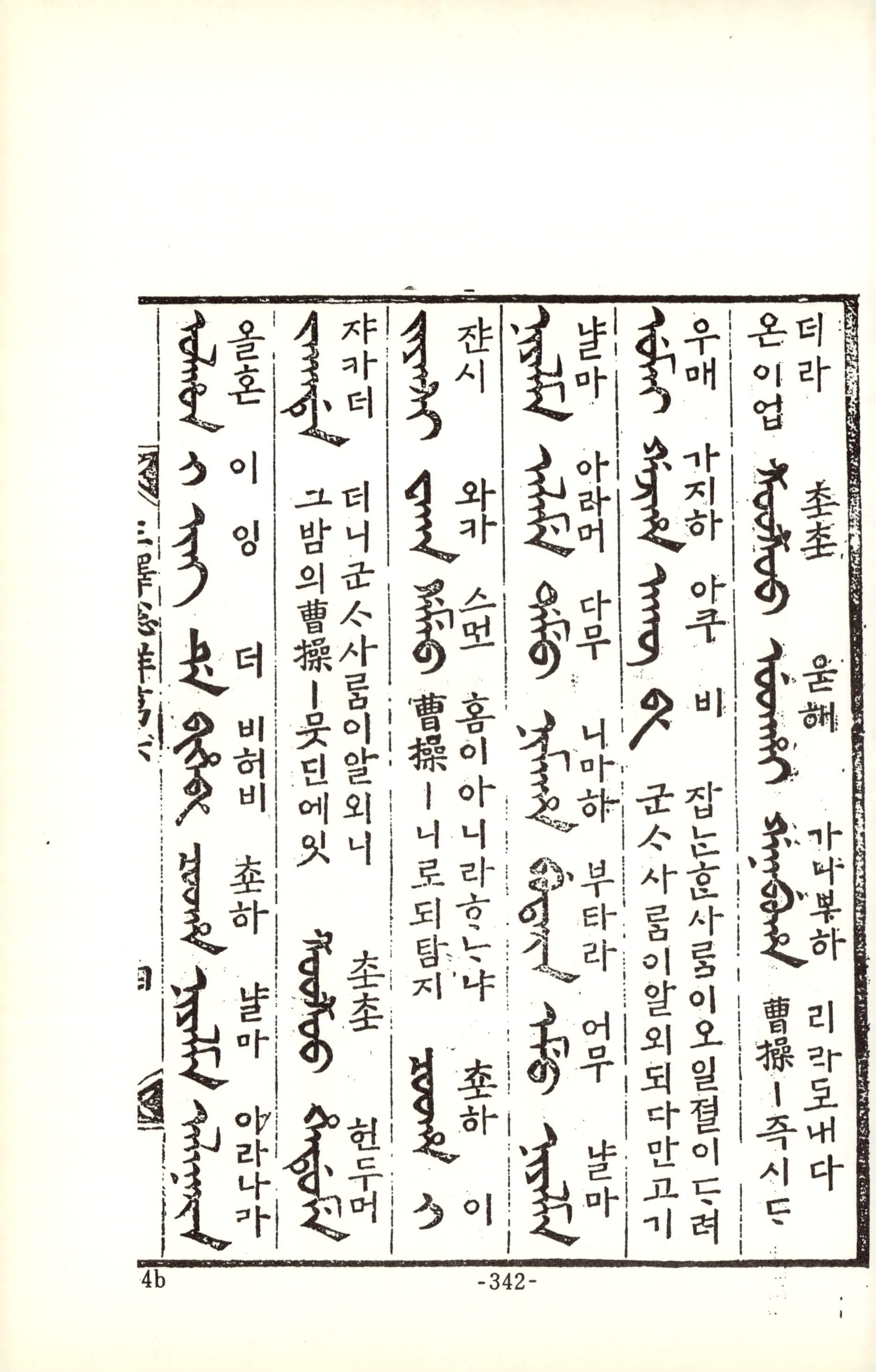

더라 촐촐 욷해 가따뿌하 리락도내다
온이업 曹操ㅣ즉시ᄃᆞ

우매 가지하 아쿠 비 잡ᄂᆞᆫᄒᆞᆫ사ᄅᆞᆷ이오일졀이ᄃᆞ려
균ᄉᆞ사ᄅᆞᆷ이알외되다만고기

냘마 아라머 다무 니마하 부타라 어무 냘마

잔시 와카 스먼 홈이아니라ᄒᆞᄂᆞ냐 촐하 이
曹操ㅣ니로되탐지

쟈카더 더니균ᄉᆞ사ᄅᆞᆷ이알외니 촐촐 헌두머
그밤의曹操ㅣ뭇딘에잇

올혼 이 잉 더 비허비 촐하 냘마 아라나가

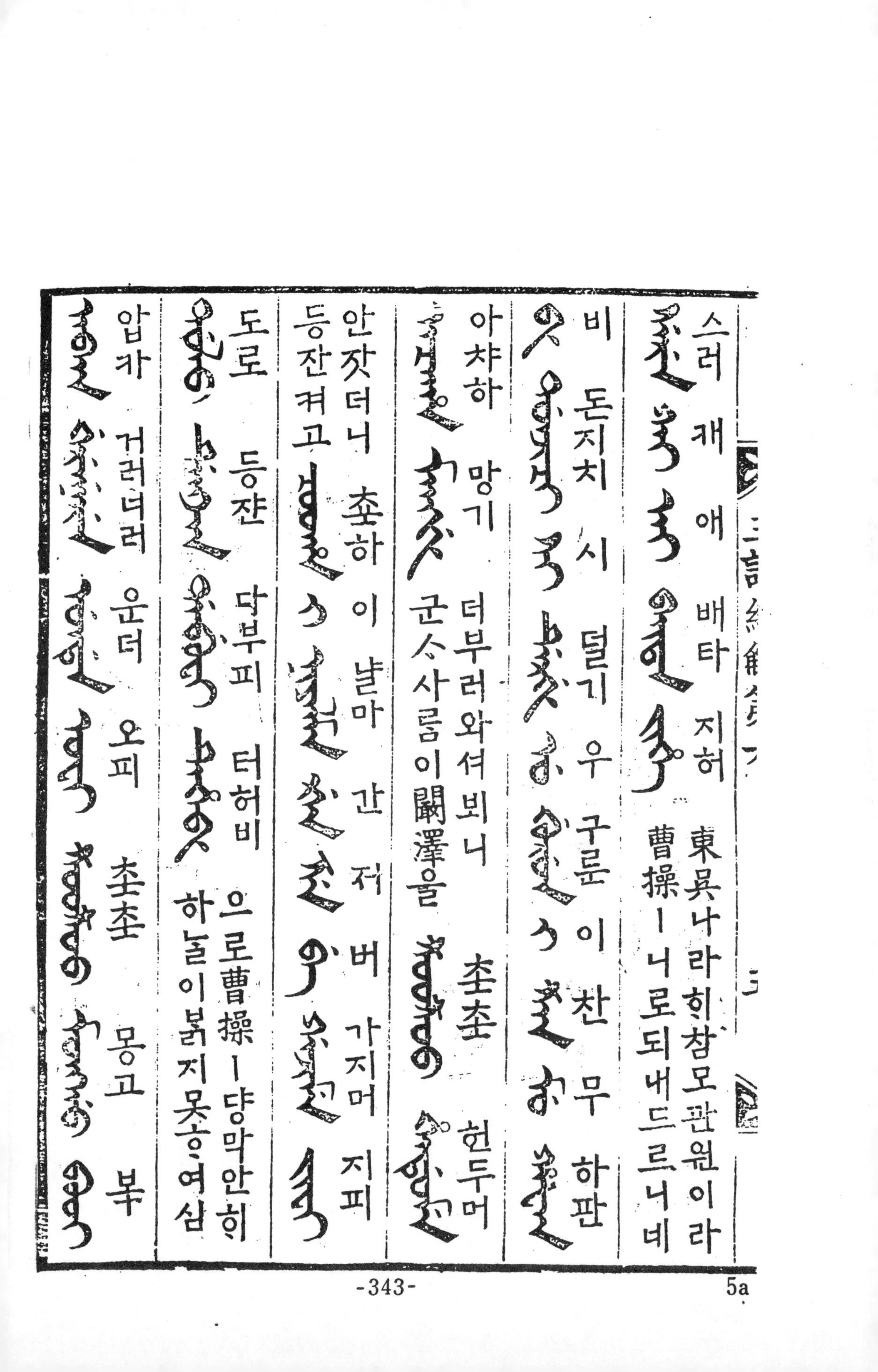

스러 캐 애 배타 지허 曹操ㅣ니로되내드르니네 東吳나라희참모관원이라

비 돈지치 시 덜기 우 구룬 이 찬 무 하판

아햐하 망기 군ᄉ사룸이闞澤을더부러와셔뵈니 초초 헌두머

등잔켜고안잣더니 초하 이 낟마 간 저 버 가지머 지피

도로 등쟌 다부피 터허비 하놀이붉지못ᄒ여심으로曹操ㅣ댱막안희

압카 거러너러 운더 오피 초초 몽고 봉

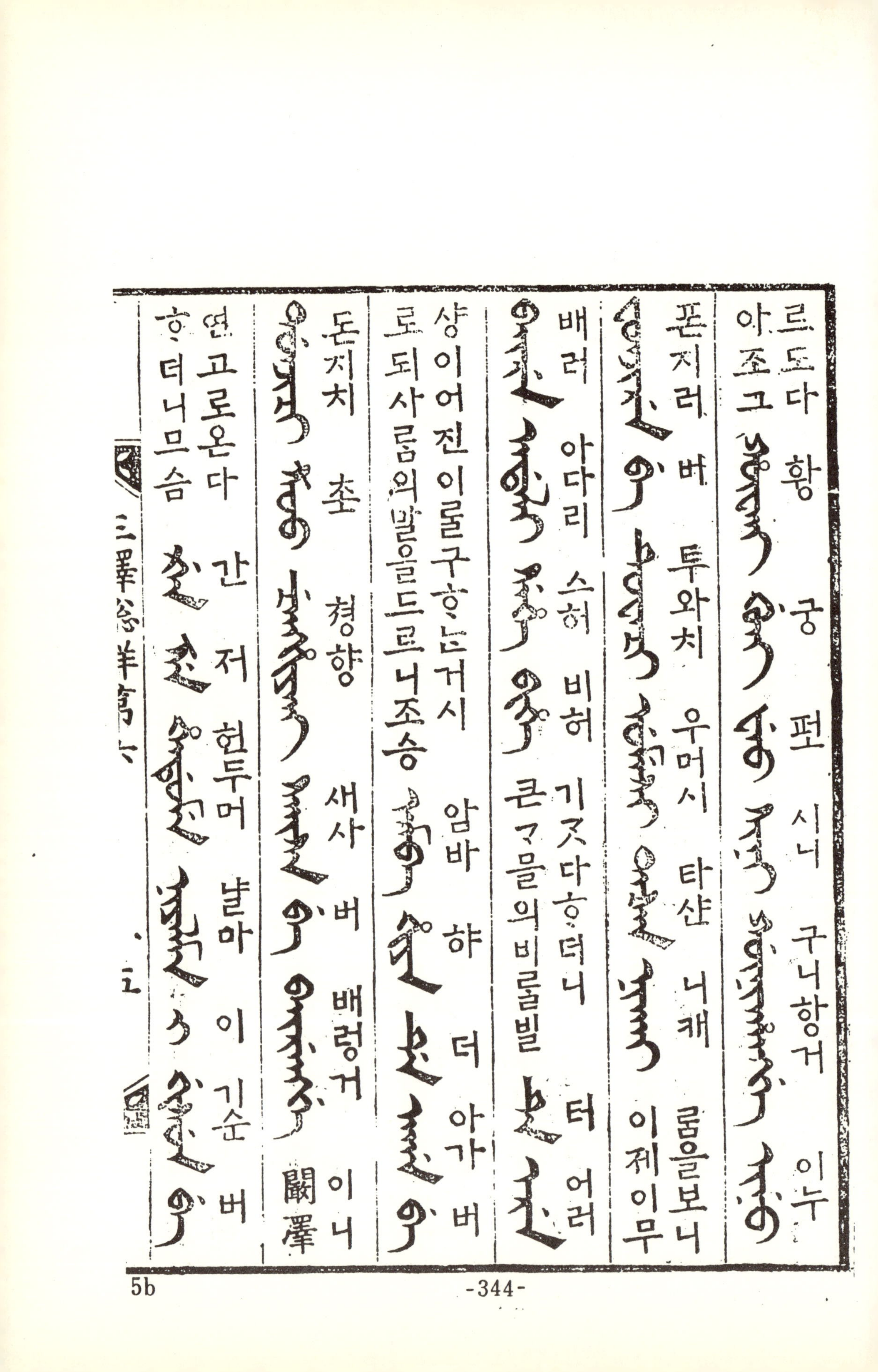

르도다 아조그 황 궁 편 시니 구니항거 이누

쭌지러 버 투와치 우머시 타샨 니캐 룸을보니 이제이무

배러 아다리 스허 비허 기ᄌ다ᄒᆞ더니 터 어러 큰ᄆᆞ믈의비룰빌

상이어젼이룰구ᄒᆞᄂᆞᆫ거시 암바 햐 더 아가 버 로되사름의말을드르니조승

돈지치 춘 켱향 새사 버 배렁거 이니 闕羣

면고로온다 간 저 헌투머 날마 이 기순 버 ᄒᆞ더니므슴

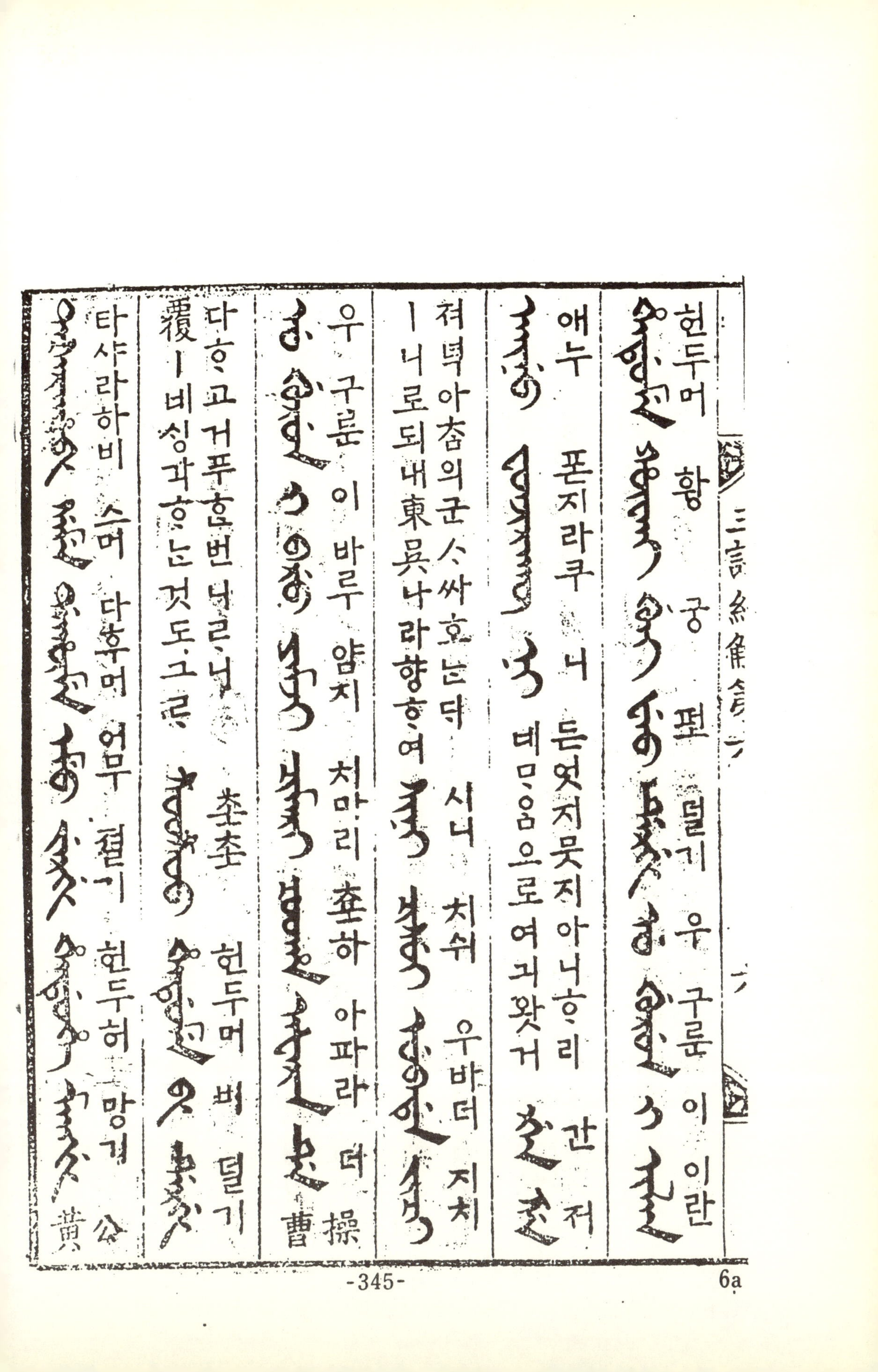

헌두머 황 궁 펀 덜기 우 구룬 이 이란

애누 폰지라쿠 나 든엇지못지아니ᄒᆞ리 간 저

네ᄆᆞ음으로여긔왓거

져녁아참의군ᄉᆞ싸호ᄂᆞᆫ더 시너 치쉬 우바더 지치

ㅣ나로되내東吳나라향ᄒᆞ여

우 구룬 이 바루 얌치 치마리 초하 아파라 더 操

曹

다ᄒᆞ고거푸ᄒᆞᆫ번너ᄅᆞ너 추추 헌두머 버 덜기

覆ㅣ비싱각ᄒᆞᄂᆞᆫ것도그ᄅᆞ

타샤라하비 스머 다후머 어무 졀기 헌두허 망거 公

黃

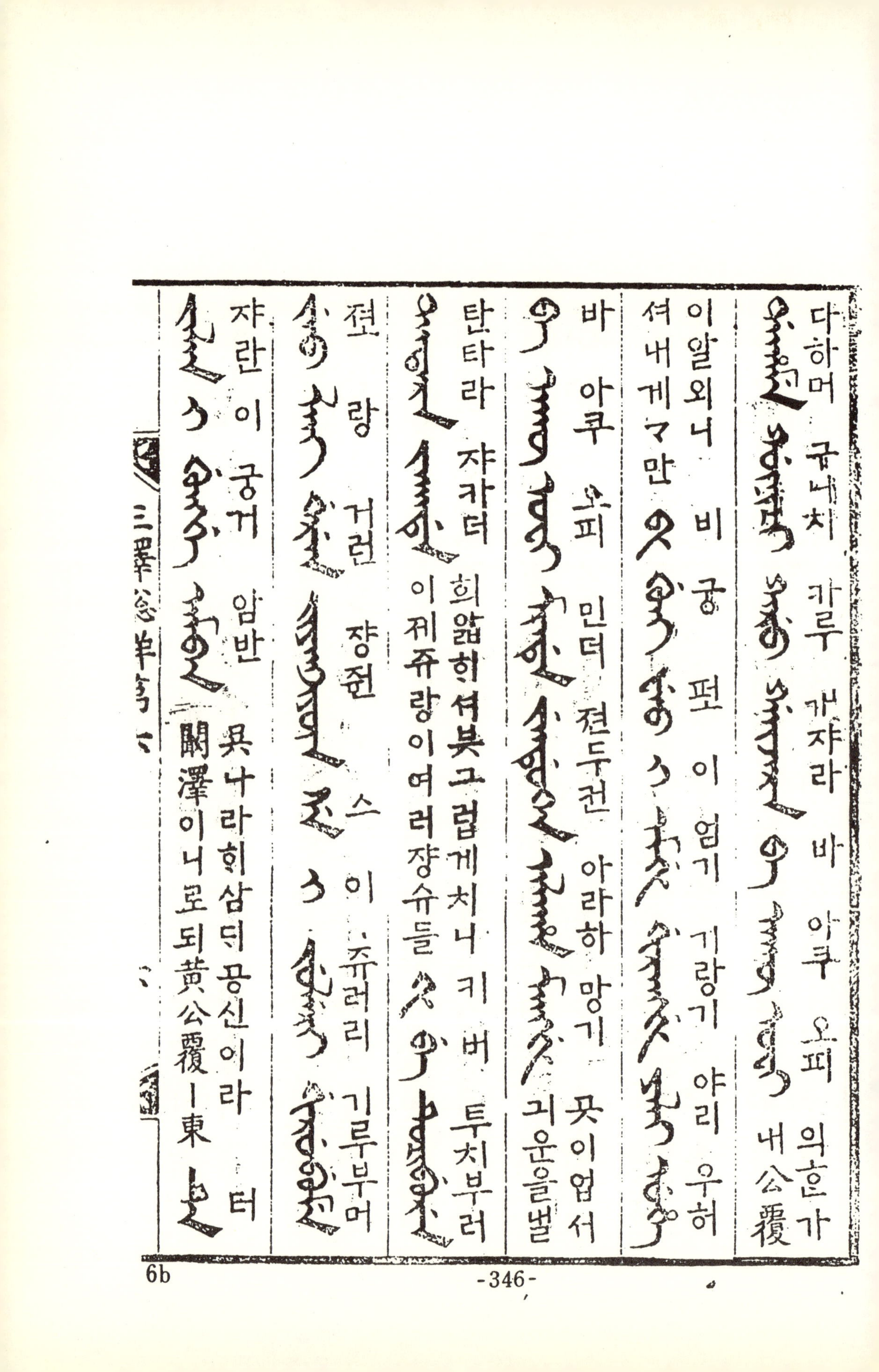

다하머 궁너치 갈루 가쟈라 바 아쿠 오피 의흔가
내公覆
이알외니 비 궁 펀 이 엄기 기랑기 야리 우허
셔내게마만
바 아쿠 오피 민더 젼두권 아라하 망기 꼿이업서
긔운을벌
탄타라 쟈카더 희얇히셔븟그럽게치니 키 버 투치부러
이쥐쥬랑이여러장슈들
젼 랑 거런 쟝쥔 스 이 쥬러리 기루부머
쟈란 이 궁거 암반 몃나라희삼뎌공신이라 터
闞澤이니로되黃公覆ㅣ東

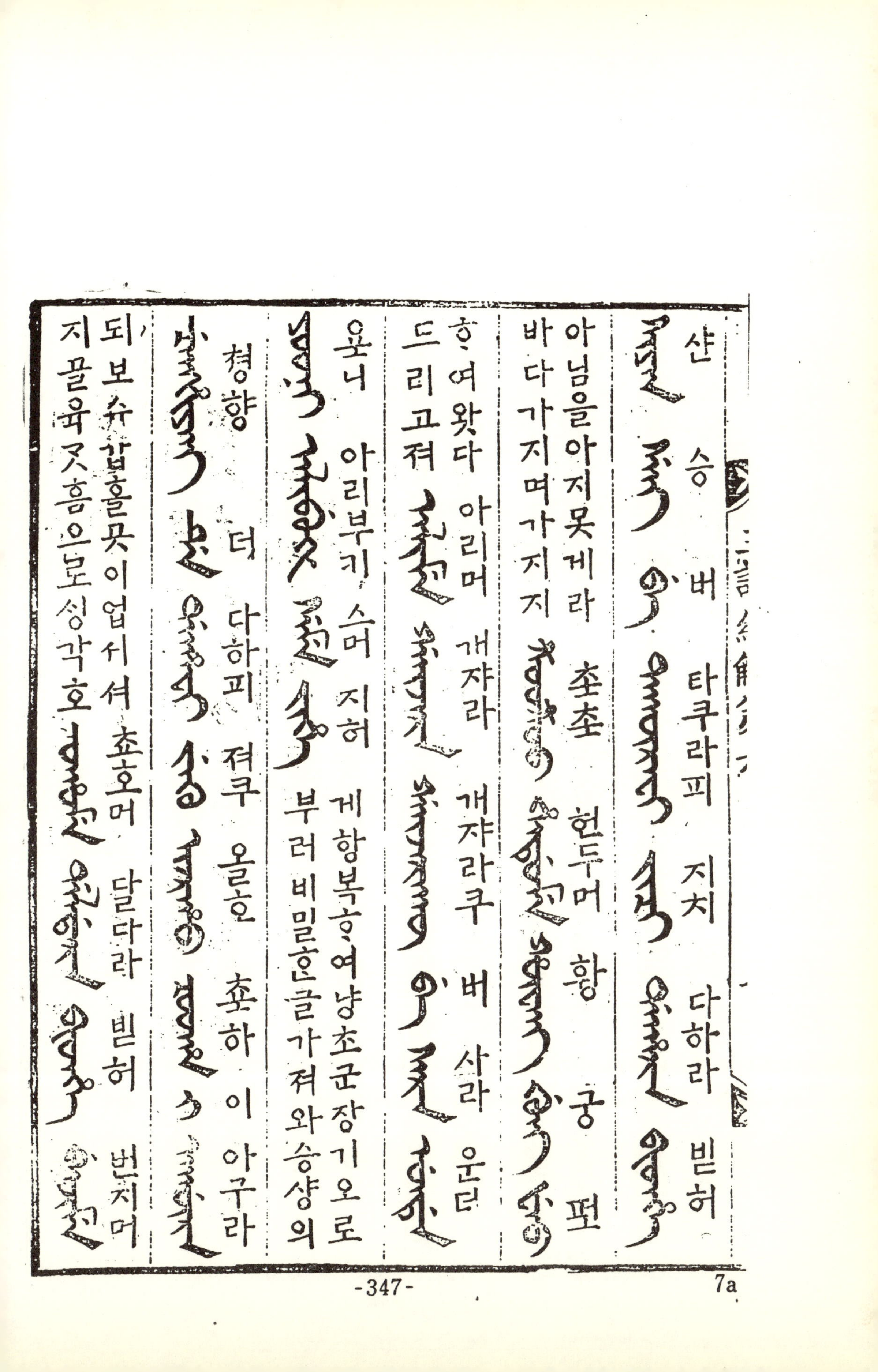

산 승 버 타쿠라피 지치 다하라 빋허

아님을아지못게라 쵸쵸 헌두머 황 궁 펵

바다가지며가지지

ᄒᆞ여왓다 아리머 개쟈라 개쟈라쿠 버 사라 운딘

드리고져

우니 아리부키 슈머 지허 게항복ᄒᆞ여냥쵸군장기오로

부러비밀ᄒᆞᆫ글가져와승샹의

쳥향 더 다하피 져쿠 올호 쵸하 이 아구라

되보슈갑흘못이업시셔 쵸호머 달다라 빋허 번지머

지끌육ᄆᆞᄉᆞᆷ으로ᄉᆡᆼ각ᄒᆞ

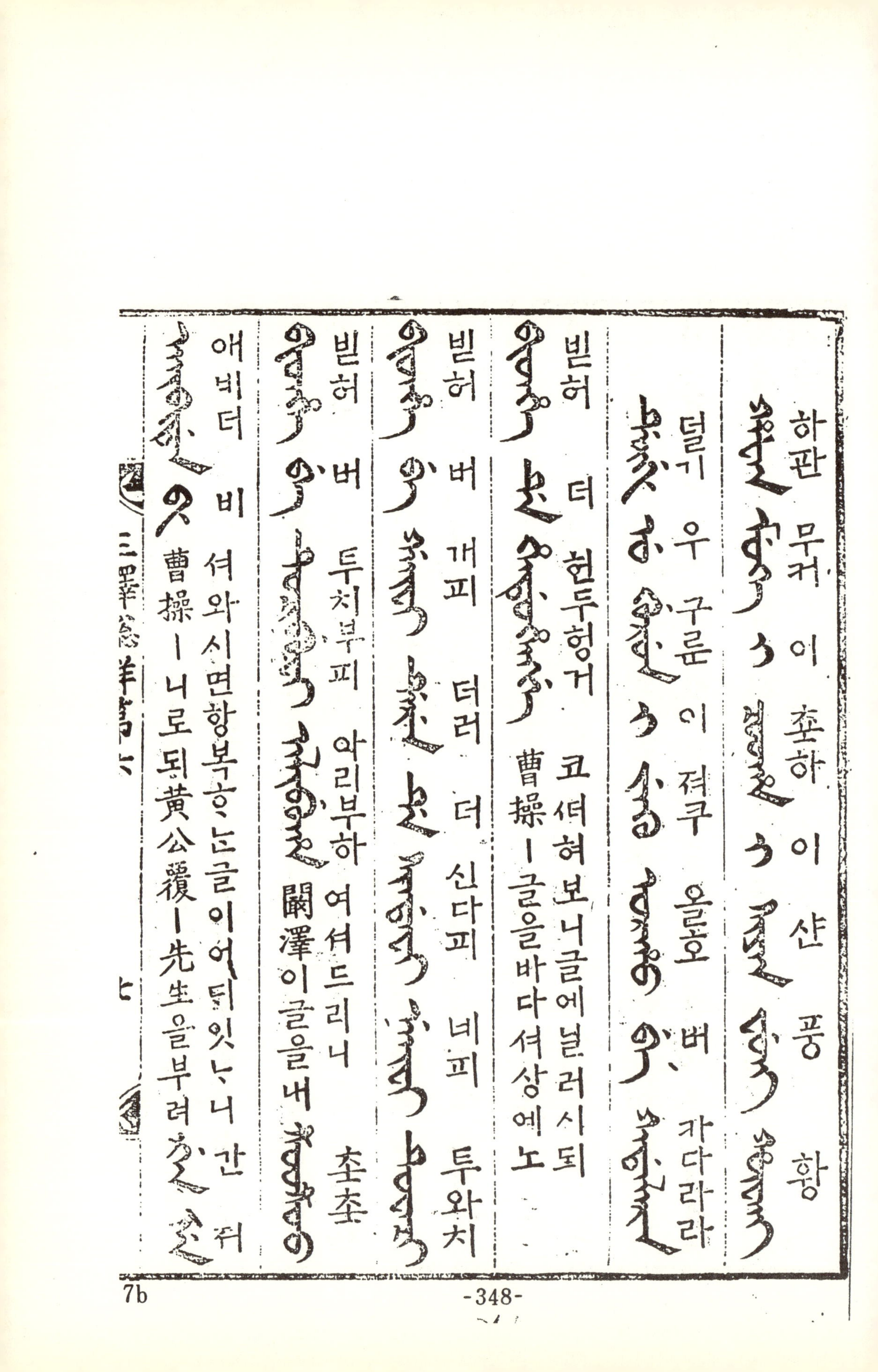

하판 무거 이 쵸하 이 샨 풍 황

덜기 우 구룬 이 져쿠 올호 버 카다라라

빋허 더 헌두헝거

쿄셔혀 보니 글에 닐러시되

曹操ㅣ 글을 바다 셔상에 노

빋허 버 개피 더러 더 신다피 네피 투와치

빋허 버 투치부피 아리부하 여셔드리니 쵸쵸

闞澤이 글을 내

애비더 비 셔와시면 항복ᄒᆞᄂᆞᆫ 글이 어듸 잇ᄂᆞ니 간 쥐

曹操ㅣ 니로듸 黃公覆ㅣ 先生을 부려

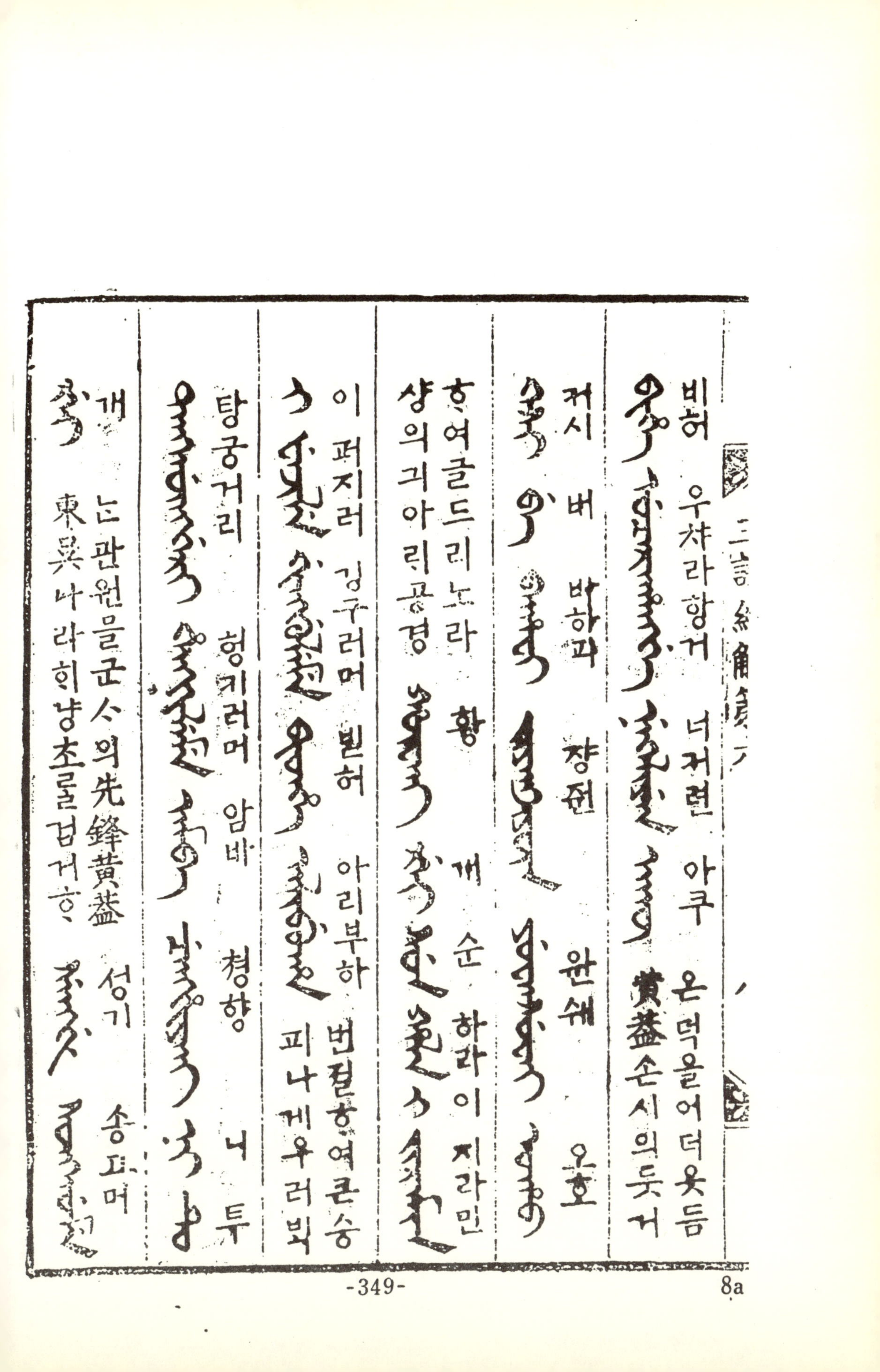

비허 우챠라항거 너커련 아쿠 온덕을어더옷듬
黃蓋손시의듯거

커시 버 바하파 장쥔 완쉐 오호

ᄒᆞ여글드리노라
샹의긔아리공경 황 개 순 하라이 지라민

이 펴지러 깅구러머 뵌허 아리부하 번잘ᄒᆞ여큰숭
피나게우러뵈

탕궁거리 헝키러머 암바 쳥향 너 투

개 는관원믈군ᄉᆞ의先鋒黃蓋
東吳나라히냥초를겁거ᄒᆞ、 성기 송쬬머

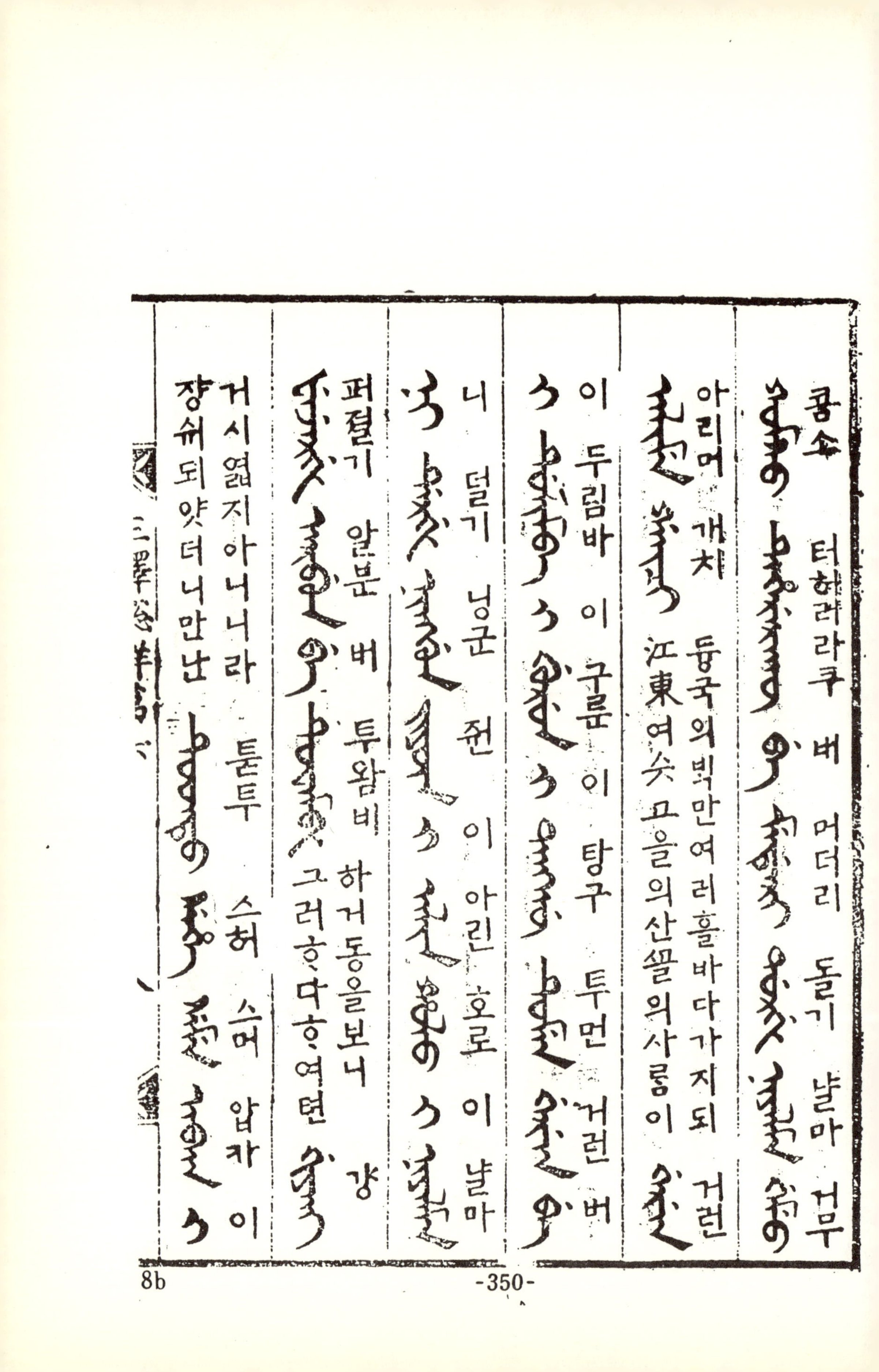

쿰소 터허러라쿠 버 머더리 돌기 날마 거무

아리머 개치 거런

듕국의ᄇᆡᆨ만여러ᄒᆞᆯ바다가지되

江東여슷고을의산ᄡᆞᆯ의사ᄅᆞᆷ이

이 두림바 이 구룬 이 탕구 투먼 거런 버

니 덜기 닝군 쥔 이 아린 호로 이 날마

펴졀기 얍분 버 투왐비 하거 동을보니 강

그러ᄒᆞ다ᄒᆞ여면

거시엷지아니니라 툰투 스허 스머 압카 이

쟝쉬되얏더니만난

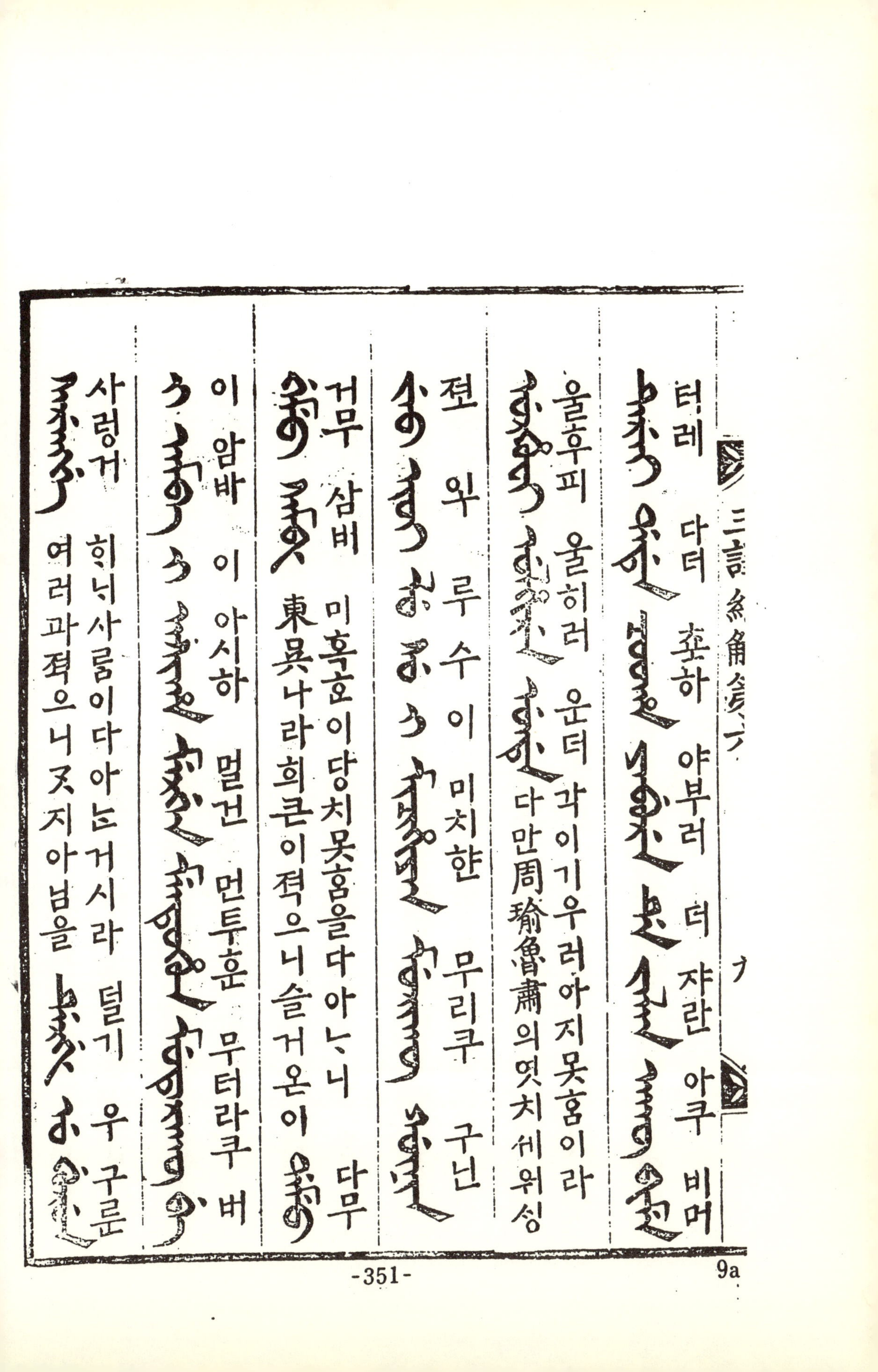

터레 다더 죠하 야부러 더 쟈란 아쿠 비머

울후피 울히러 운더 각이기우러아지못홈이라 다만周瑜魯肅의엿치쉬워싱

져 위 루수 이 미치한 무리쿠 구난

거무 삼버 미혹호이당치못홈을다아ᄂᆞ니 東吳나라희큰이젹으니슬거온이 다무

이 암바 이 아시하 멀건 먼투훈 무터라쿠 버

사령거 희니사롬이다아ᄂᆞᆫ거시라 털기 우 구룬 여러과젹으니ᄌᆞ지아범을

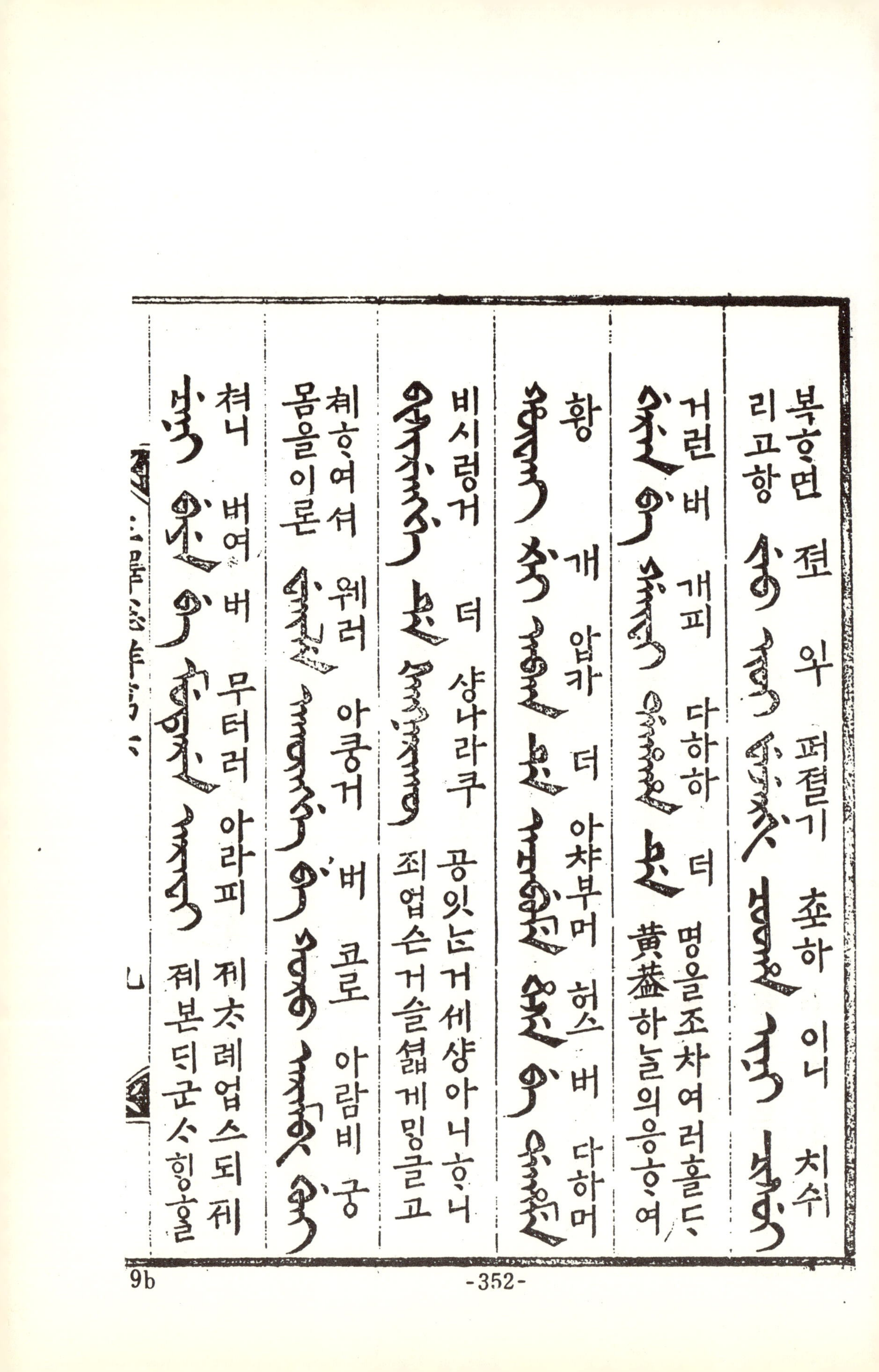

복ᄒᆞ면
리고향
져 우 퍼졀기 쵸하 이니 치쉬

거런 버 개피 다하하 더
명을조차여러홀ᄃᆞ
黃蓋하ᄂᆞᆯ의응ᄒᆞ여

황 개 압카 더 아챠부머 허스 버 다하머

비시렁거 더 샹나라쿠
공잇ᄂᆞᆫ거세샹아니ᄒᆞ니
죄업슨거ᄉᆞᆯ쉽게밍글고

쳐ᄒᆞ여셔
몸을이론
웨러 아쿵거 버 코로 아람비 궁

쳐니
버여 버 무터러 아라피
쥐ᄎᆞ려업스되쥐
쥐본듸군ᄉᆞ힝ᄒᆞᆯ

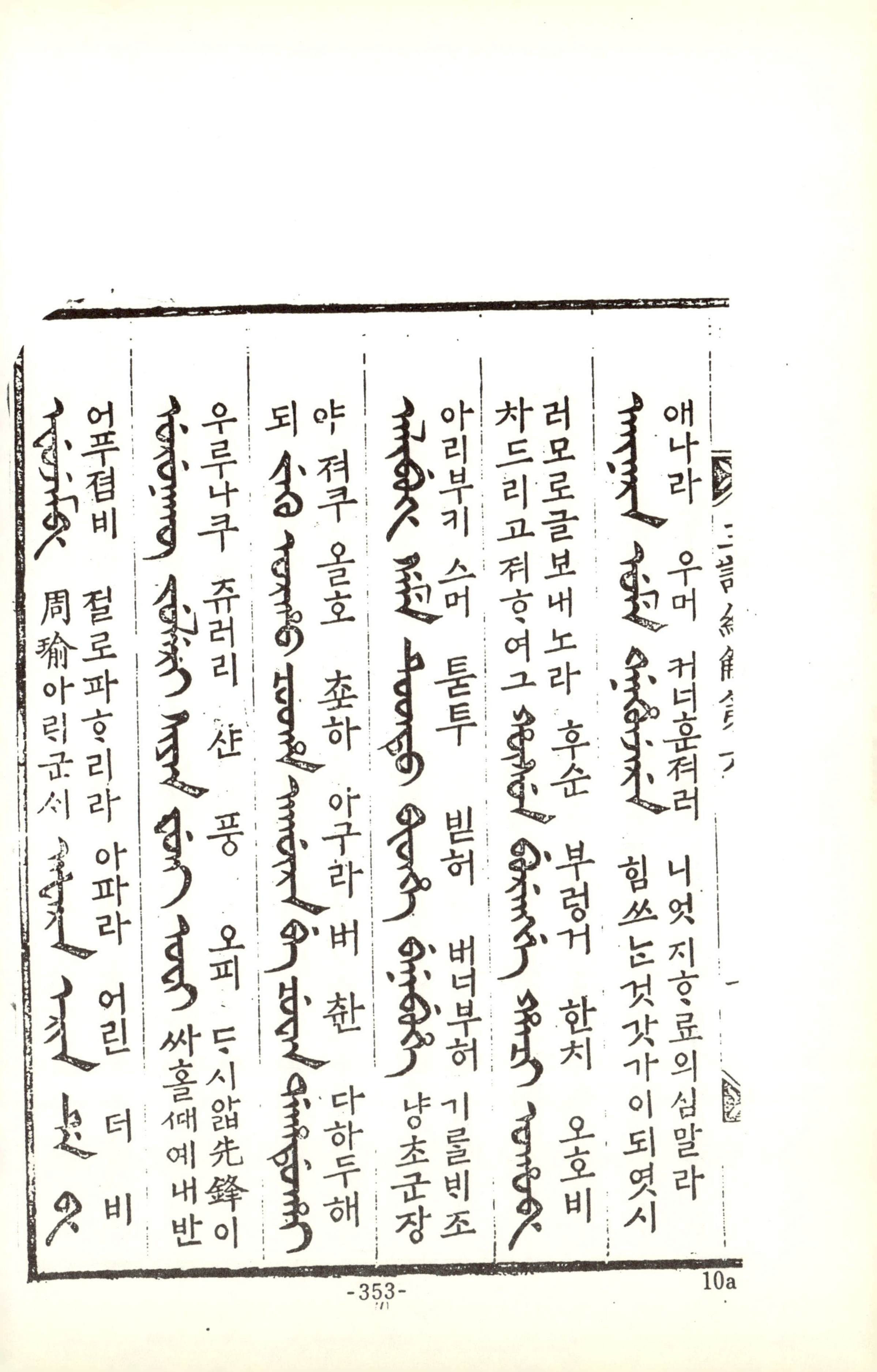

애나라 우머 커너훈져러 니엇지ᄒᆞ료의심말라
힘쓰는것갓가이되엿시
러모로글보내노라 후순 부렁거 한치 오호비
차드리고져ᄒᆞ여그
아리부키 슈머 툴투 빋허 버너부허 기를비조
냥초군장
야 져쿠 올호 촐하 아구라 버 츈 다하두해
되
우루나쿠 쥬러리 샨 풍 오피 ᄃᆞ시압先鋒이
싸홀ᄯᆡ예내반
어푸졉비 쥘로파ᄒᆞ리라 아파라 어린 더 비
周瑜아릐군시

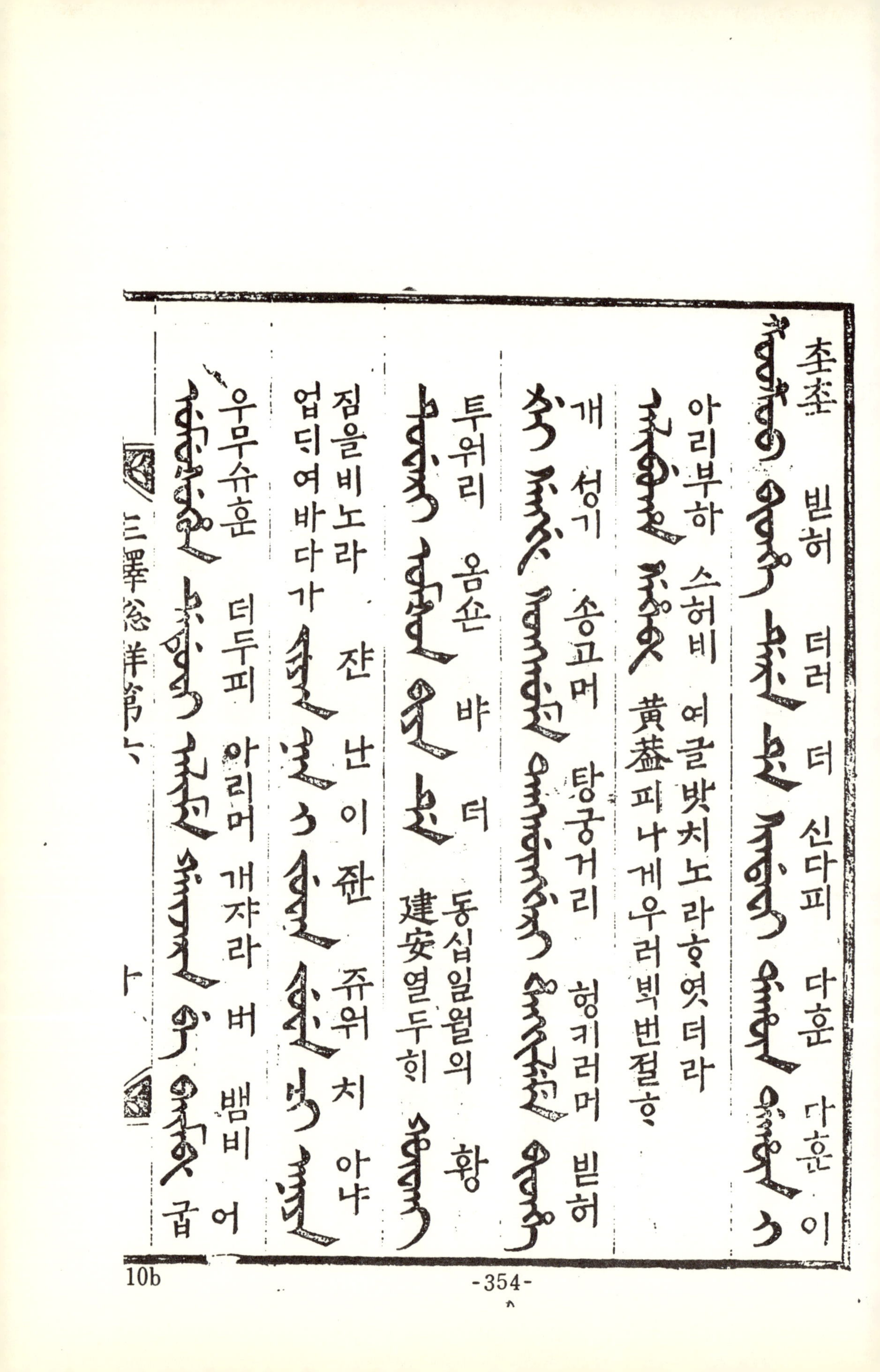

奎奎 빌허 더러 더 신다피 다훈 다훈 이

아리부하 스허비 여글밧치노라ᄒᆞ엿더라

黃蓋피나게우러빅번졀ᄒᆞ

개 성기 숑고머 탕궁거리 헝키러머 빌허

투워리 옴숀 뱌 더 동십일월의 황

建安열두희

짐을비노라 쟌 난이 쟌 쥬위 치 아냐

업듸여바다가

우무슈훈 더두피 아리머 개쟈라 버 뱀비 어

급

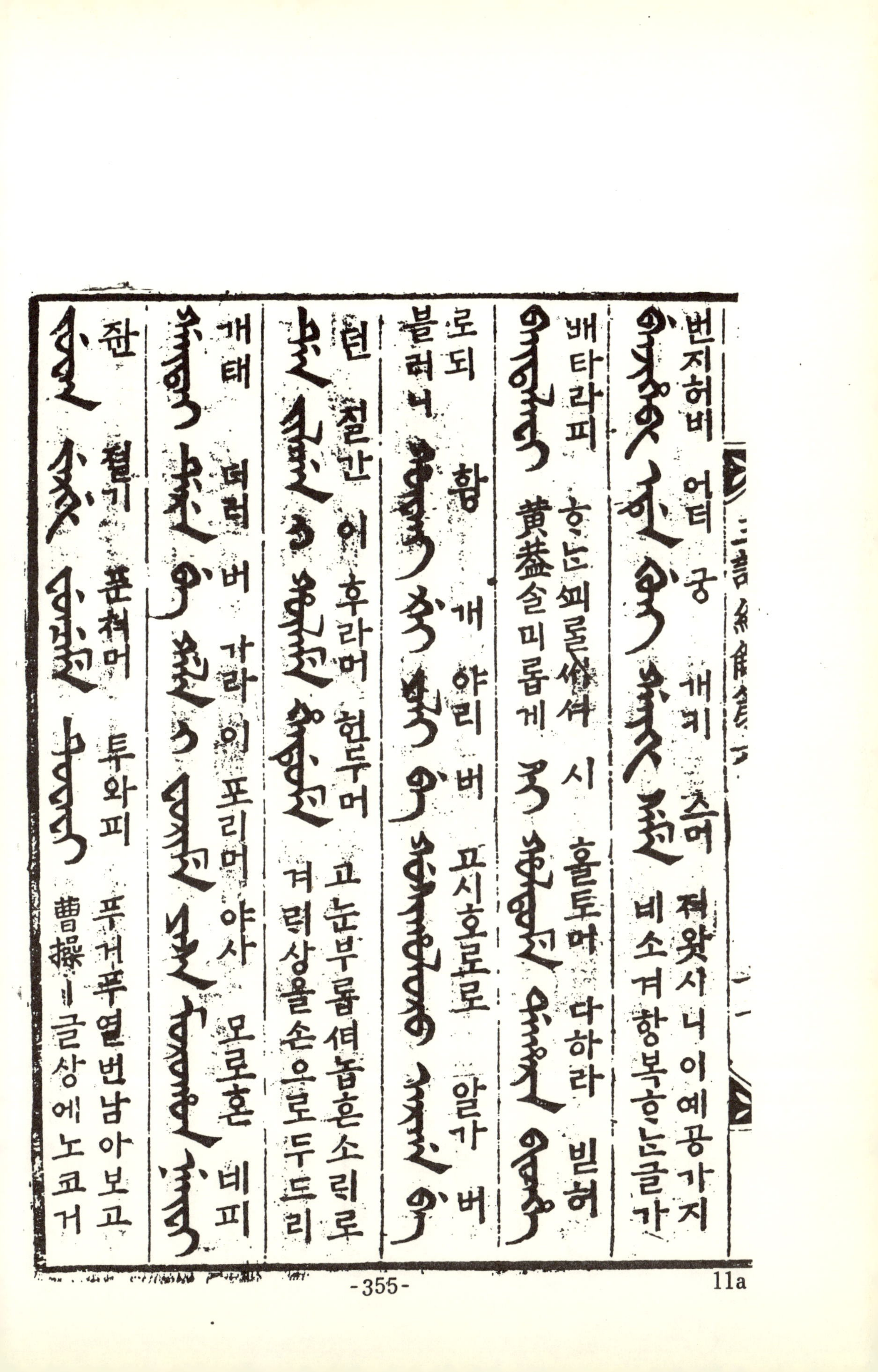

번지허비 어터 궁 개키 스머 져왓시니이예공가지

비소겨향복ᄒᆞᄂᆞᆫ글가

배타라피 ᄒᆞᄂᆞᆫ쐐로ᄂᆞᆫ샤셔 시 홀토머 다하라 빋허

黃蓋술미롭게

로되 함 개 야리 버 끄시호로로 알가 버

블러너

텬 질간 이 후라머 헌두머 고ᄂᆞᆫ부롭녀놉흔소릐로

겨려상울손으로두ᄃᆞ리

개태 더러 버 가라 이 포리머 야사 모로혼 비피

좐 철기 푼춰머 투와피 푸거푸열번남아보고

曹操ㅣ글상에노코거

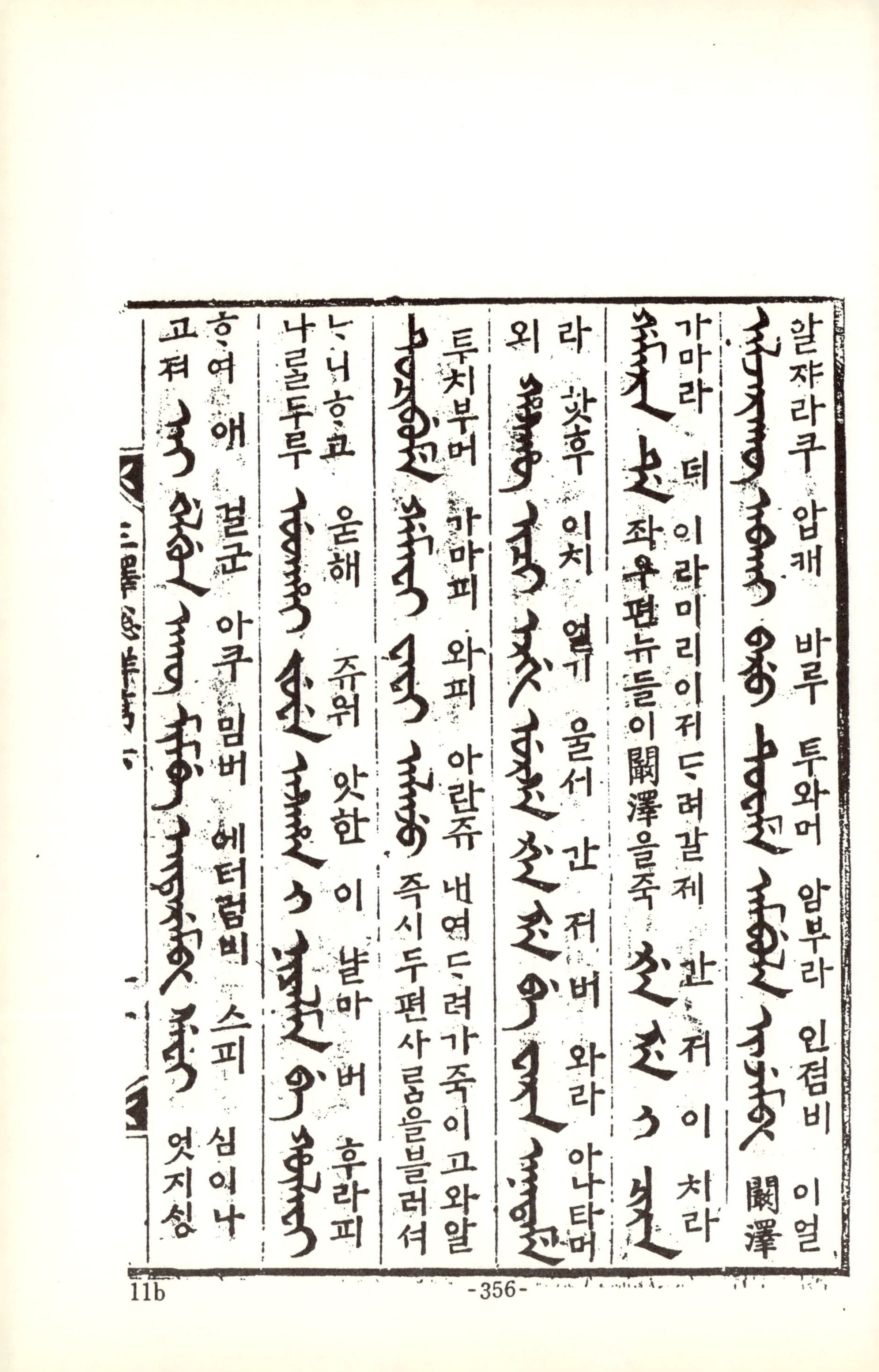

알쟈라쿠 압캐 바루 투와머 암부라 인졈비 이얼

闕澤

가마라 뎌 이라미리이쥐ᄃᆞ려갈제 갇 져 이 치라

좌우편뉴들이闕澤을죽

라 갓후 이치 열ᄒᆡ 울서 갇 져 버 와라 아나타머

외

투치부머 가마피 와피 아란쥬 내여ᄃᆞ려가죽이고와알

죽시두편사ᄅᆞᆷ을블러셔

ᄂᆞᆫ니ᄒᆞ료 운해 쥬워 앗한 이 날마 버 후라피

나롤두루

ᄒᆞ여 애 걸군 아쿠 밈버 에터럼비 스피 심이나

고쳐 엇지싱

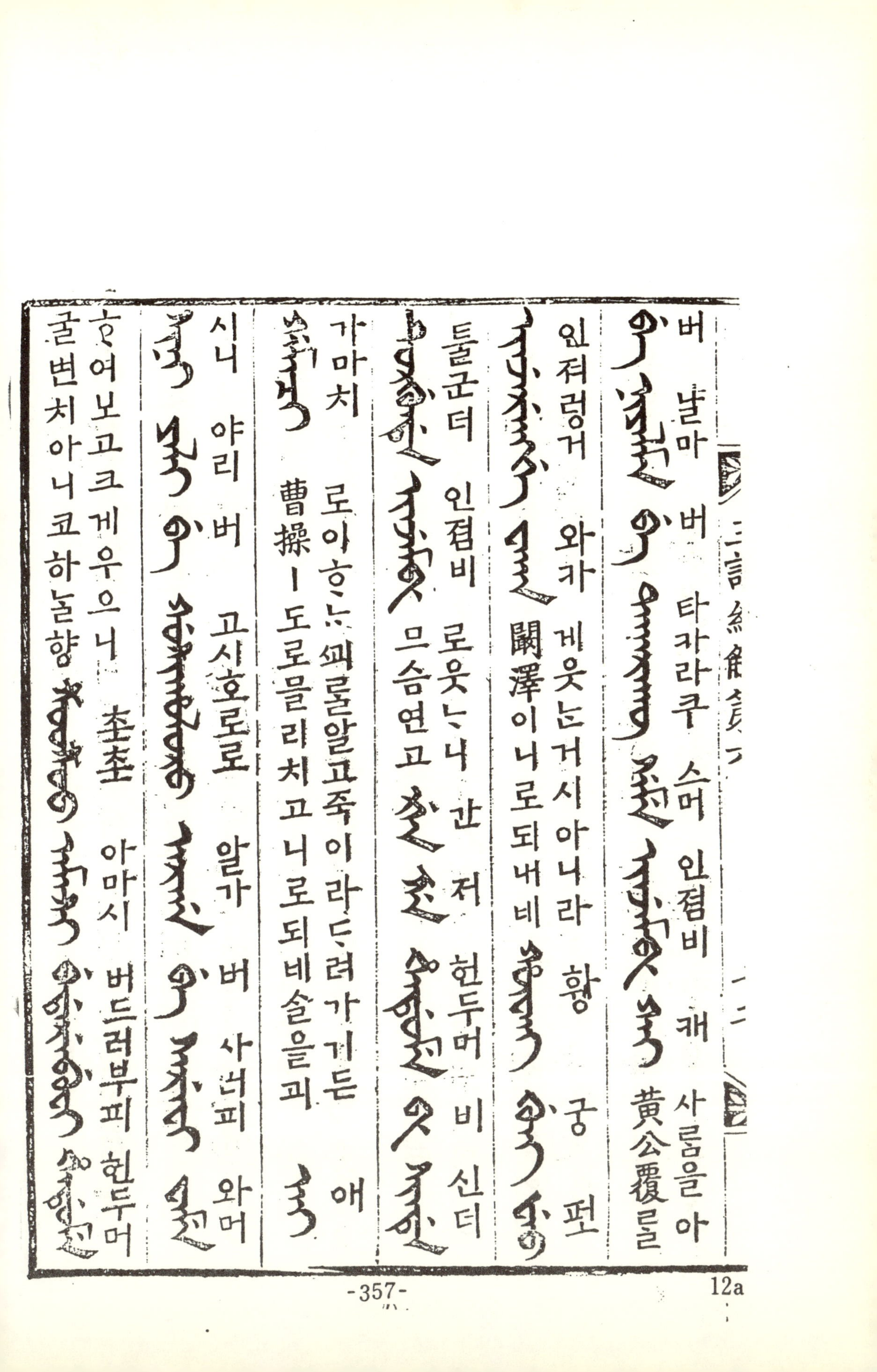

버 날마 버 타카라쿠 슈머 인졉비 캐 사름을아
黃公覆를

왼져렁거 와카 게웃ᄂᆞᆫ거시아니라 황 궁 편
闞澤이니로되내베

툴군더 인졉비 로웃ᄂᆞ니 간 저 헌두머 비 신더
므슴연고

가마치 로아ᄒᆞᄂᆞᆫ쐬ᄅᆞᆯ알고죽이라ᄃᆞ려가기든 애
曹操ㅣ도로믈리치고니로되베솔을괴

시니 야리 버 고시호로로 알가 버 사넌피 와머

ᄒᆞ여보고크게우으니 奎奎 아마시 버드러부피 헌두머
굴변치아니코하놀향

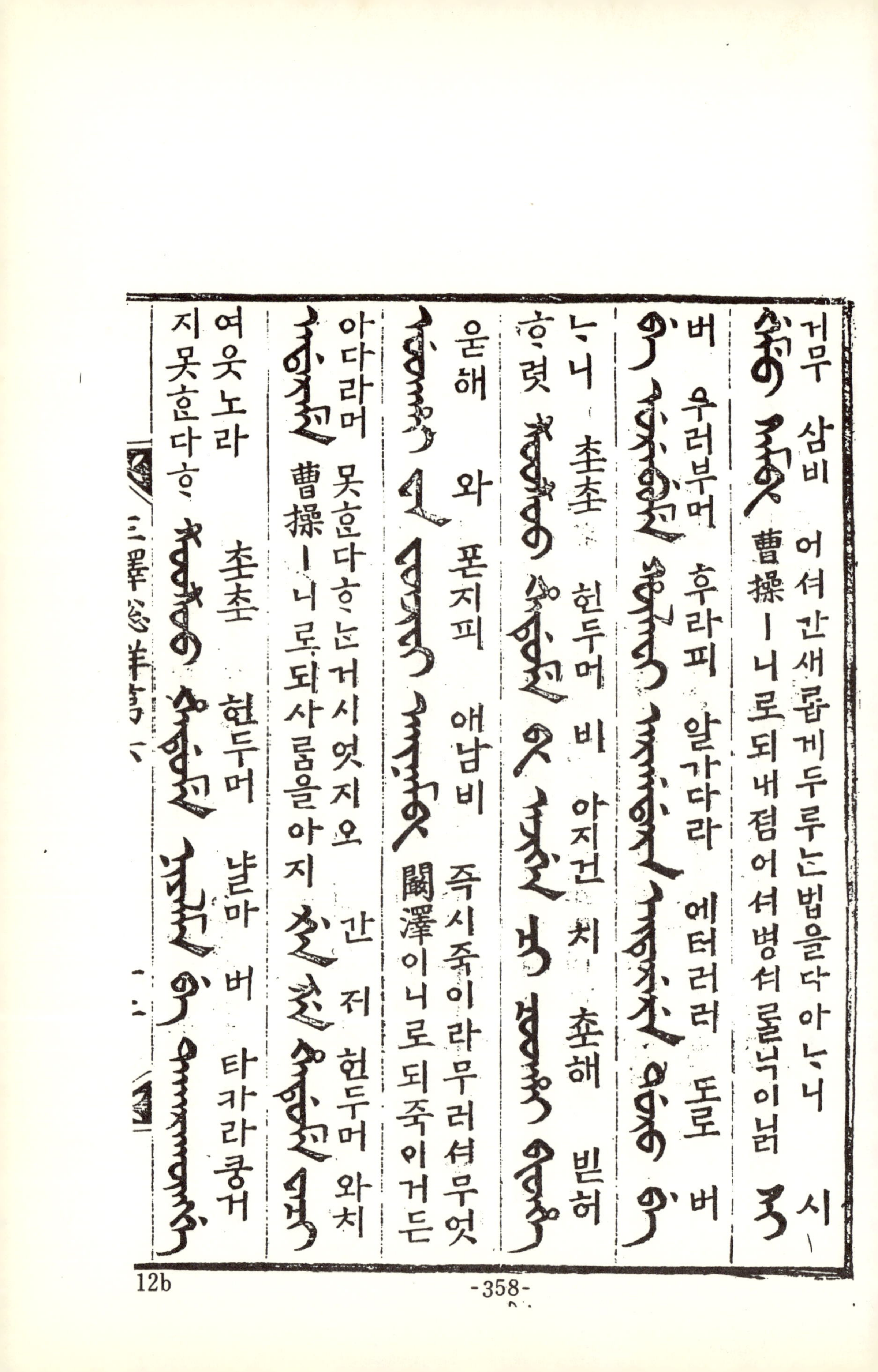

거무 삼비 어셔간새롭게두루ᄂᆞᆫ법을다아ᄂᆞ니 시

曹操ㅣ니로되내졉어셔병셔ᄅᆞᆯ닉이닐러

버 우러부머 후라피 알가다라 에터러러 도로 버

ᄂᆞ니 초초 헌두머 비 아지건 치 초해 빈허

ᄒᆞ렷

운해 와 폰지피 애남비 죽시죽이라무러셔무엇

闞澤이니로되죽이거든

아다라머 못ᄒᆞᆫ다ᄒᆞᄂᆞᆫ거시엇지오 간 저 헌두머 와치

曹操ㅣ니로되사ᄅᆞᆷ을아지

여웃노라 초초 헌두머 낟마 버 타카라쿵거

지못ᄒᆞᆫ다ᄒᆞ

시 인누 야사 ᄂᆡ춥비 을내여셔녀ᄅᆞᆯ죽으라ᄒᆞ면너

曹操ㅣ니로되내네소기ᄂᆞᆫ곳

비 시니 홀토호 바버 투치부피 심버 부쳐부치

홀토호비 보라어녁거슬소겻ᄂᆞ니 촐촐 헌두머

闞澤이니로되글ᄯᅳᆺ을닐러

헌두머 빌허 이 돌기 버 기수러머 투와 야버

홀토치 옴비 나ᄅᆞᆯ엇지ᄒᆞ여소긔ᄃᆞᆯ되리오 간 저

네다ᄅᆞᆫ이ᄅᆞᆯ소기면되려니와

궈 버 홀토치 옴비 드러 밈버 아다라머

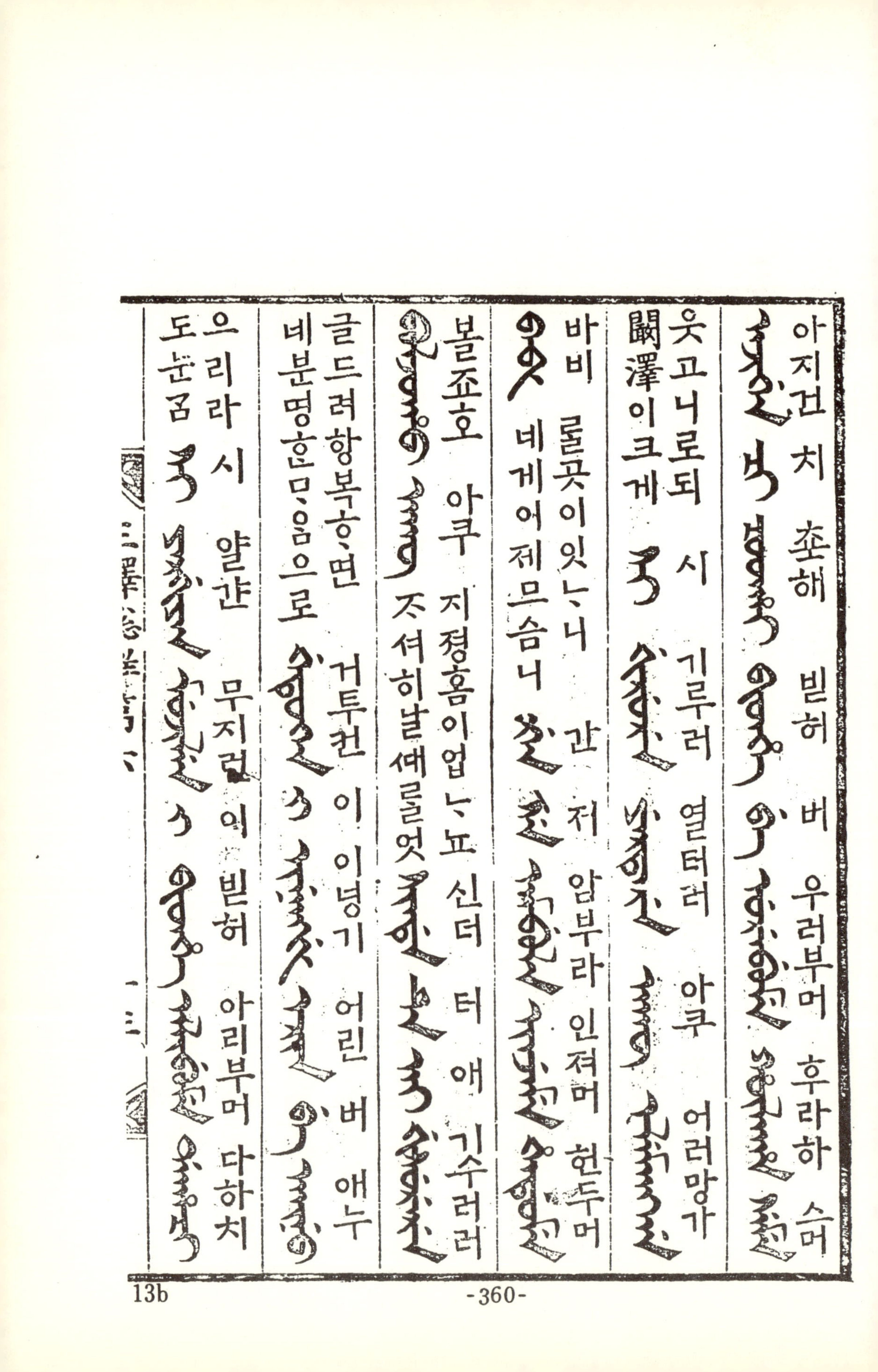

아지거 치 쵸해 빈허 버 우러부머 후라하 슈머

웃고나로되 시 기루러 열터러 아쿠 어러망가

闕澤이크게

바비 롤곳이잇ᄂᆞ니 갼 저 암부라 인져머 헌두머

네게어져므숨니

볼죠호 아쿠 지졍홈이업ᄂᆞ뇨 신더 터 애 기수러러

ᄌᆞ셔히날새롤엇

글드려향복ᄒᆞ면 거투컨 이 이넝기 어린 버 애누

네분명ᄒᆞᆫᄆᆞ음으로

으리라 시 얄갼 무지러 이 빈허 아리부머 다하치

도눈ᄀᆞᆷ

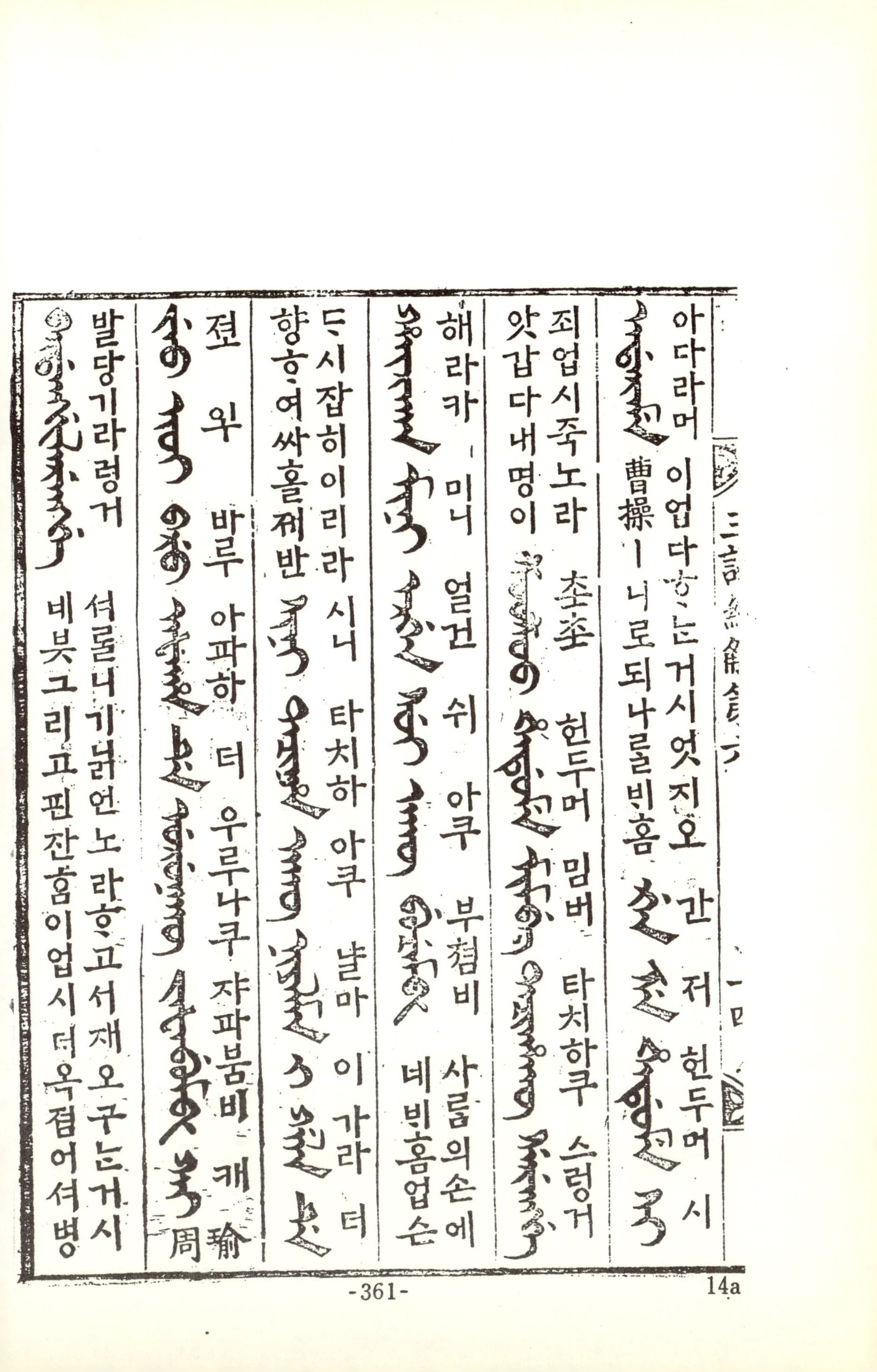

아다라머 이업다ᄒᆞᄂᆞᆫ거시엇지오 간 저 헌두머 시
曹操ㅣ 니로되나를비흠
죄업시죽노라 ᄎᆞᆫ조 헌두머 밈버 타치하쿠 스렁거
앗갑다내명이
해라카 미니 얼건 쉬 아쿠 부졈비 사름의손에
네비흠업슨
ᄃᆞ시잡히이리라 시니 타치하 아쿠 날마 이 가라 터
향ᄒᆞ여싸홀쥐반
져 워 바루 아파하 터 우루나쿠 쟈파붐비 캐 瑜
周
발당기라렁거 셔돌니기닭언노 라ᄒᆞ고서재오 구ᄂᆞᆫ거시
비븟그리고핀잔흠이업시 더옥졉어셔병

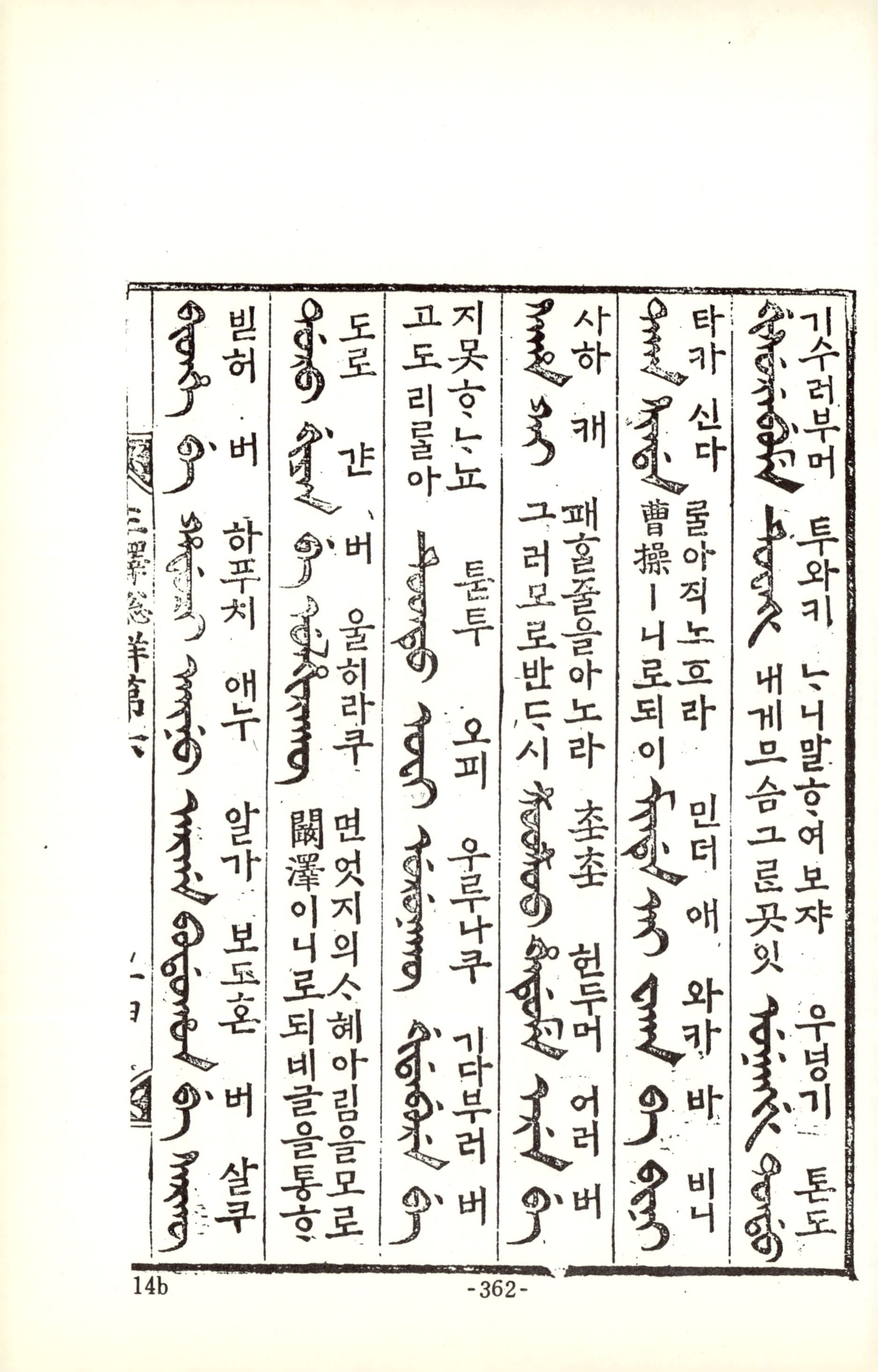

기수러부머 투와키 ᄂᆞ니말ᄒᆞ여보쟈 우녕기 톤도
내게므슴그른곳잇
타카 신다 룰아직노흐라 민더 애 와카 바 비니
曹操ㅣ니로되이
사하 캐 패ᄒᆞᆯ줄을아노라 초초 헌두머 어러 버
그러모로반ᄃᆞ시
지못ᄒᆞᄂᆞ뇨 툰투 오피 우루나쿠 기다부러 버
고도리룰아
도로 갼 버 울히라쿠 면엇지의ᄉᆞ혜아림을모로
闞澤이니로되비글을통ᄒᆞ
빋허 버 하푸치 애누 알가 보도혼 버 살쿠

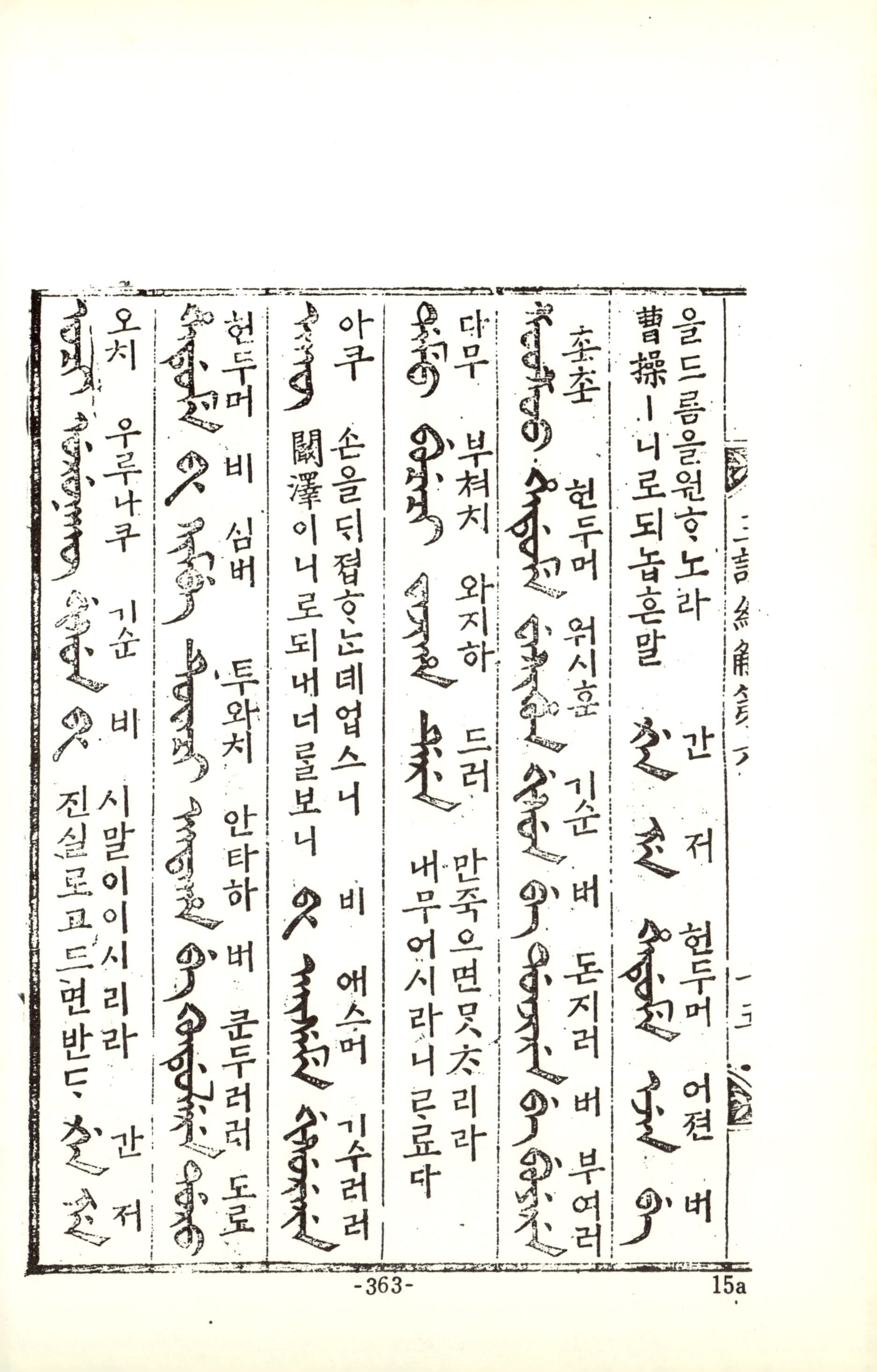

울드름을원ᄒᆞ노라

曹操ㅣ니로되놈흔말 간 저 헌두머 어젼 베

조조 헌두머 워시훈 기순 베 돈지러 베 부여러

다무 부쳐치 와지하 드러 만죽으면뭇ᄎᆞ리라

내무어시라니ᄅᆞ료다

아쿠 손을뒤졉ᄒᆞᄂᆞᆫ뎨업스니 비 애스머 기수러러

闞澤이니로되내너를보니

헌두머 비 심버 투와치 안타하 버 쿤두러러 도로

오치 우루나쿠 기순 비 시말이이시리라 간 저

진실로고드면반ᄃᆞ시

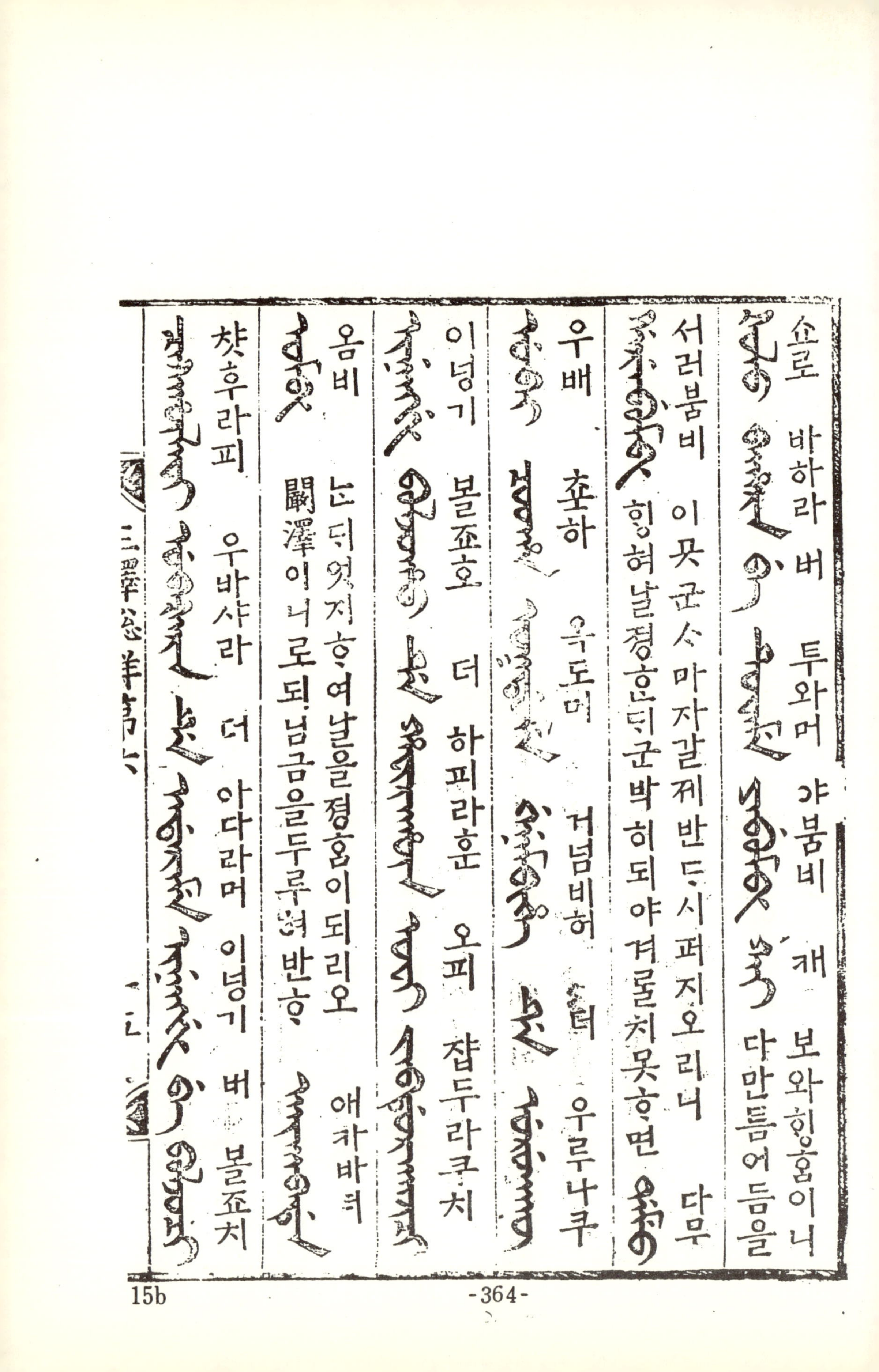

쇼로 바하라 버 투와머 야붐비 개 보와힝ᄒᆞᆷ이니 다만ᄐᆞᆷ어ᄃᆞᆷ을

서러붐비 이꼿군ᄉᆞ마자갈제반ᄃᆞ시펴지오리니 다무 힝혀날졍ᄒᆞᆫᄃᆡ군박히되야겨룰치못ᄒᆞ면

우배 쵸하 욱도머 거넘비허 터 우루나쿠

이넝기 볼죠호 더 하피라훈 오피 잡두라쿠치

옴비 ᄂᆞᆫᄃᆡ엇지ᄒᆞ여날을졍ᄒᆞᆷ이되리오 애카바킈 闞澤이너로되님금을두루혀반ᄒᆞ

챳후라피 우바사라 더 아다라머 이넝기 버 볼죠치

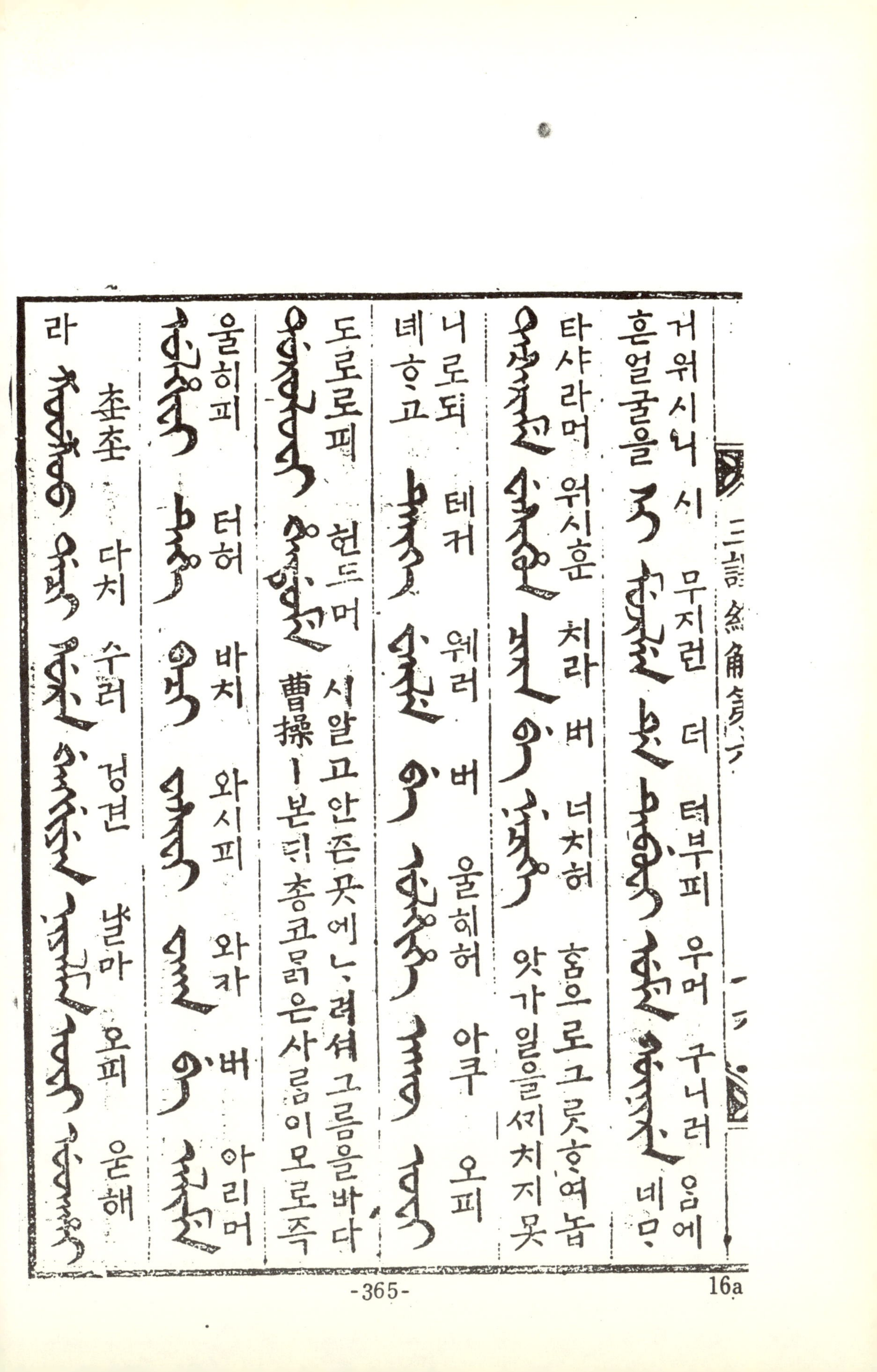

거워시너 시 무지런 더 터부피 우머 구니러 옴에

흔얼굴을 네ᄆᆞ

타샤라머 워시훈 치라 버 너치허 ᄒᆞᆷ으로그릇ᄒᆞ여놉

앗가일을셔치지못

니로되 테거 웨러 버 울히허 아쿠 오피

녜ᄒᆞ고

도로로피 헌드머 시알고안ᄌᆞᆫ곳에나ᄅᆞ려셔그름을바다

曹操ㅣ본ᄃᆡ총쿄믈은사ᄅᆞᆷ이모로족

울히피 터허 바치 와시피 와카 버 아리머

라

춘춘 다치 수러 겅권 날마 오피 운해

거니로되 애카바더 쉬너 쥬워 궁 툰되 쥴간

ㅣ크게깃

뵈 시리오 초초 암부라 울군져머 헌두머 操

소길리이 曹

배러 아다리 캐 룰어듬ㅈ혼지라 훌토호 도로

오로어린아히부모

항복ᄒᆞᄂᆞᆫ거ᄉᆞᆷ 운해 부야 쥬서 아마 어머 버

로ᄆᆞᄋᆞᆷ을기우려

엄기 무지런 버 홍커러머 다하러거 黃公覆파ᄒᆞ가지

闞澤이니로되내

각지말라 간 저 헌두머 비 항 궁 펀 이

담아셔싱

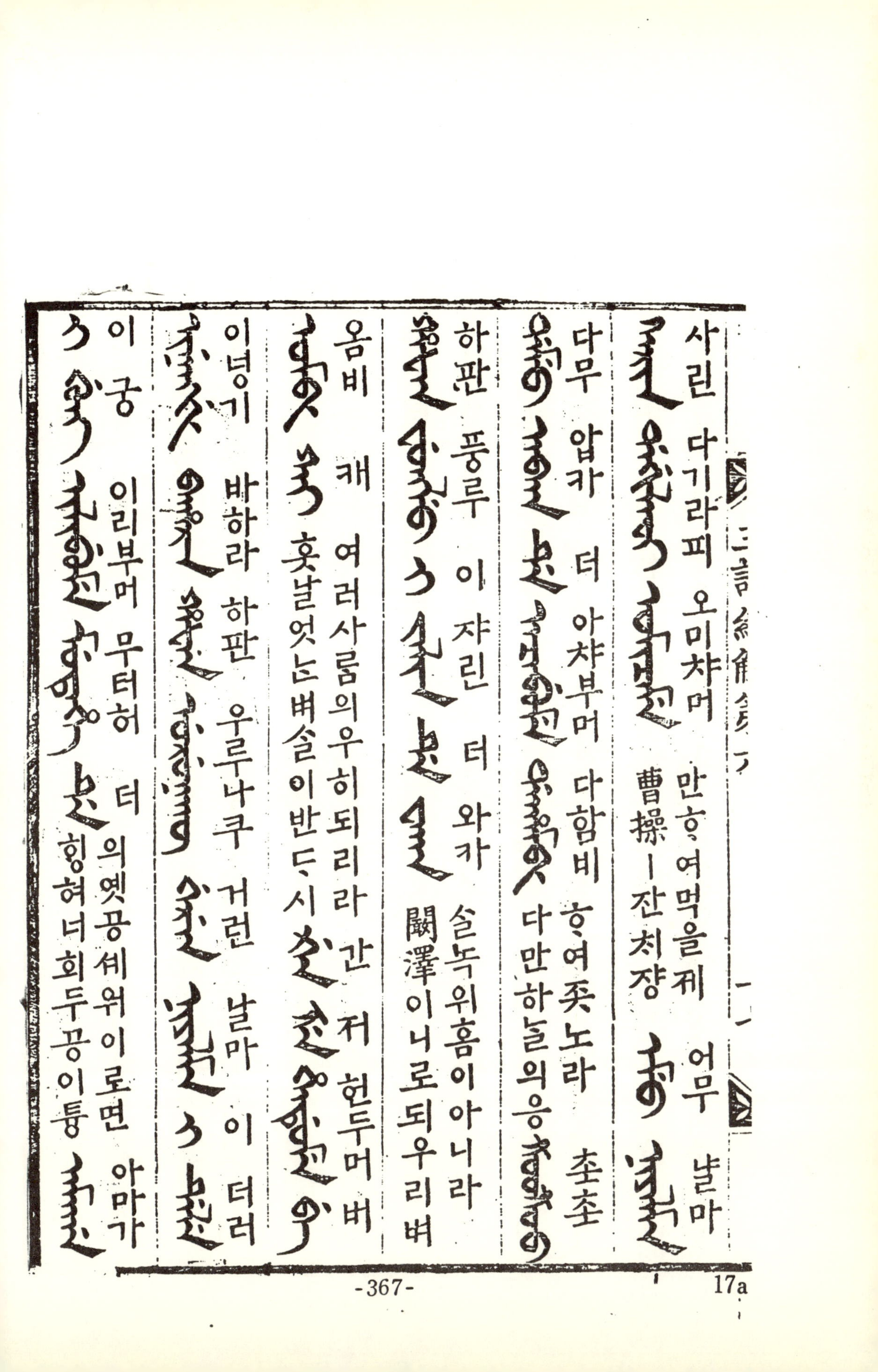

사린 다기라피 오미챠머 曹操ㅣ잔치쟝만ᄒᆞ여먹을제 어무 날마

다무 압카 더 아챠부머 다함비 다만하ᄂᆞᆯ의응ᄒᆞ여좃노라 촟촟

하판 풍루 이 쟈린 터 와카 闞澤이니로되우리벼ᄉᆞᆯ녹위홈이아니라

옴비 캐 홋날엇ᄂᆞᆫ벼ᄉᆞᆯ이반ᄃᆞ시여러사ᄅᆞᆷ의우히되리라 간 저 헌두머 버

이녕기 바하라 하판 우루나쿠 거련 날마 이 더러

이 궁 이리부머 무터허 더 횡혀너희두공이튱의옛공셰워이로면 아마가

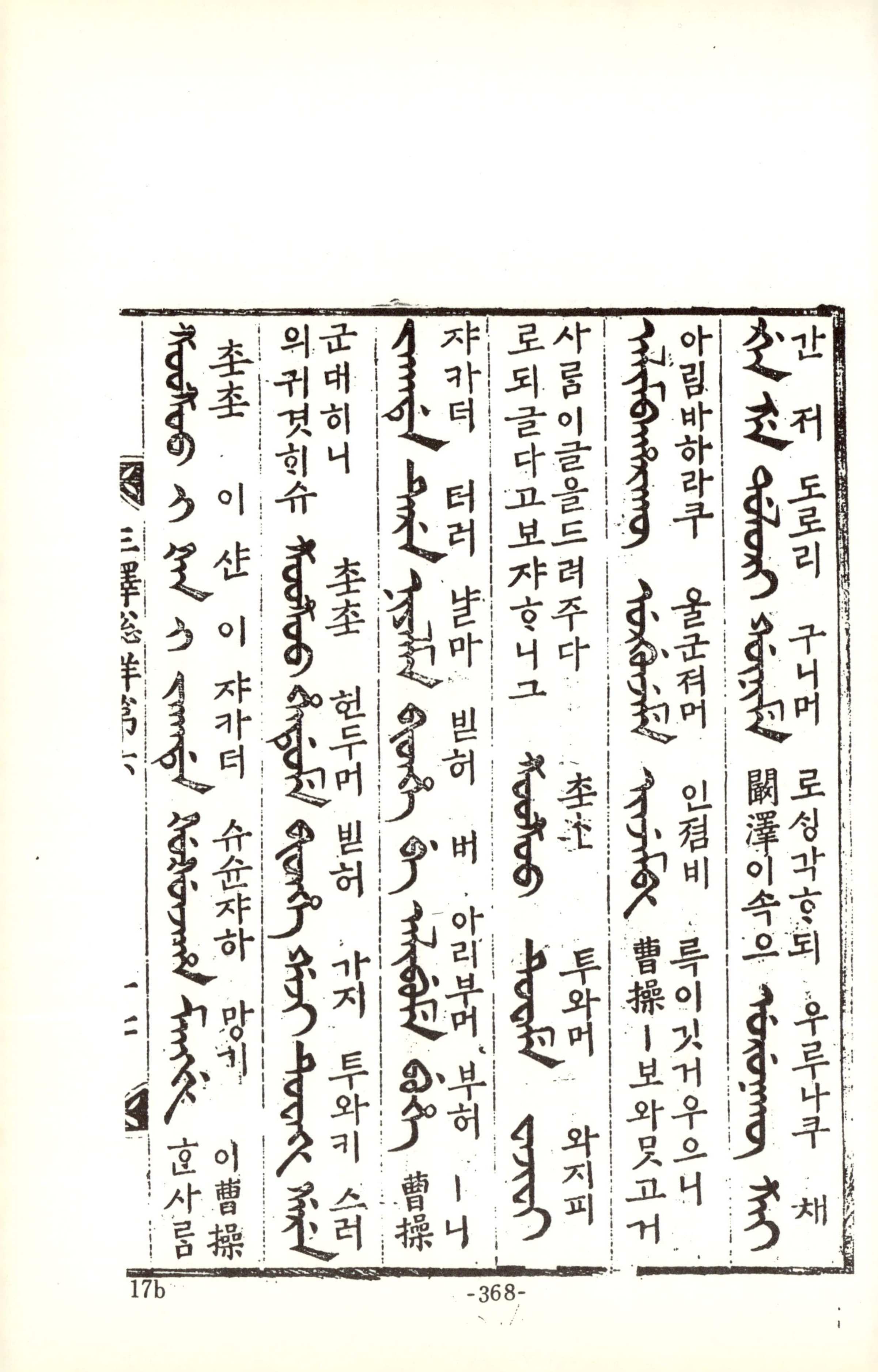

간저 도로리 구니머 로 성각ᄒᆞ되 우루나쿠 채
闞澤이 속으

아림바하라쿠 올군져머 인졈비 루이 깃거우으니
曹操ㅣ 보와 뭇고 거

사름이 글을 드려주다 춈 투와머 와지피
로되 글 다 고 보쟈ᄒᆞ니 그

쟈카터 터러 날마 빌허 버 아리부머 부허 ㅣ니
曹操

군대히니 춈춈 헌두머 빌허 가지 투와키 ᄉᆞ러
의귀겻희슈

춈춈 이 샨 이 쟈카터 슈슌쟈하 망키 이曹操
ᄒᆞᆫ 사름

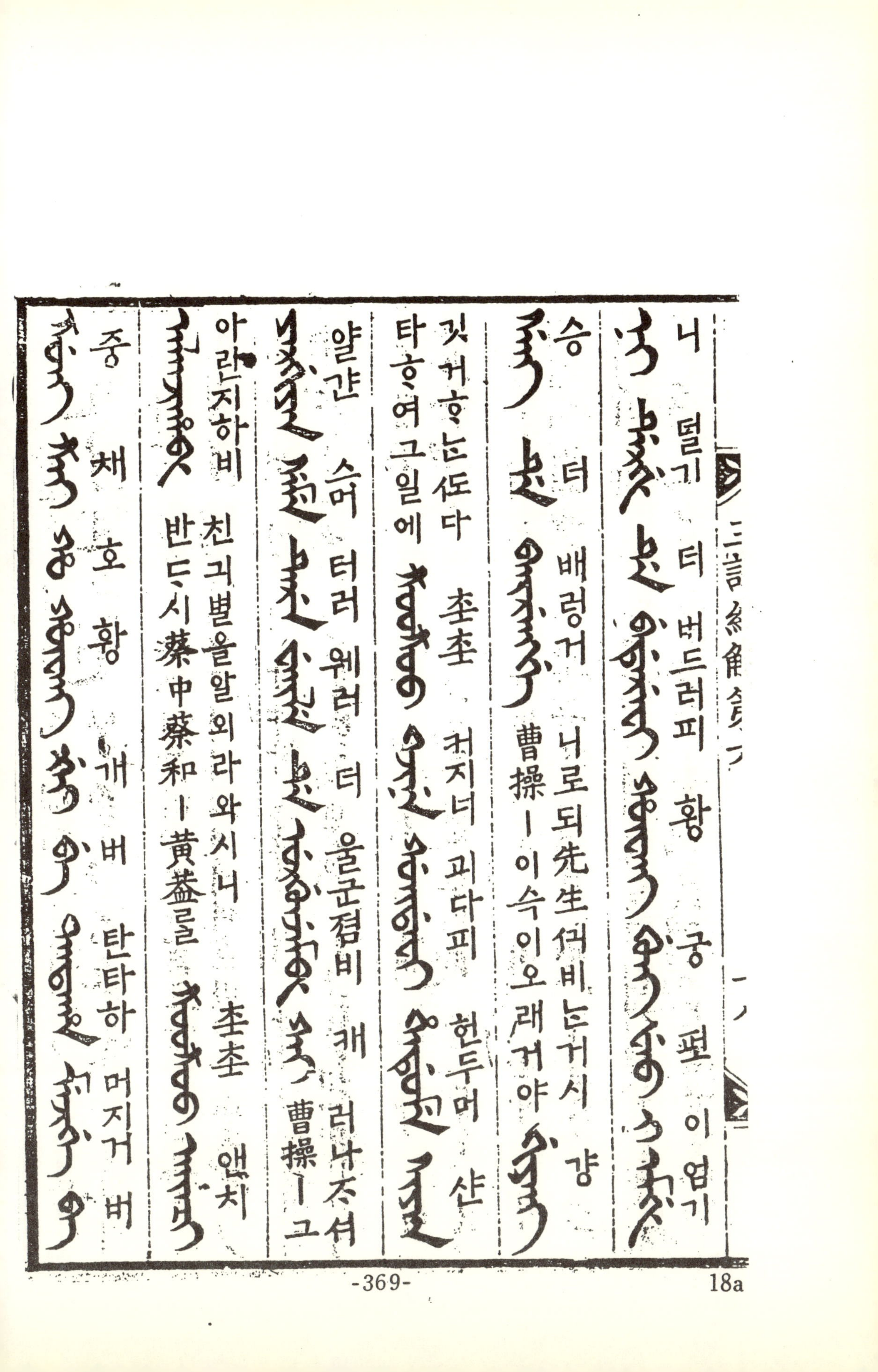

니 뎔기 터 버드러피 황 궁 펴 이 엽기

승 터 배렁거 니로되先生의비ᄂᆞᆫ거시 걍
曹操ㅣ이슥이오래거야

긧거ᄒᆞᄂᆞᆫ또다 춘춘 커지너 괴다피 헌두머 산
타ᄒᆞ여그일에

얄갼 슈머 터러 웨러 터 울군겸비 개 러나ᄉᆞ셔
曹操ㅣ그

아란지하비 친ᄀᆡ별을알외라와시니 춘춘 앤치
반ᄃᆞ시蔡中蔡和ㅣ黃蓋를

중 채 호 황 개 버 탄타하 머지거 버

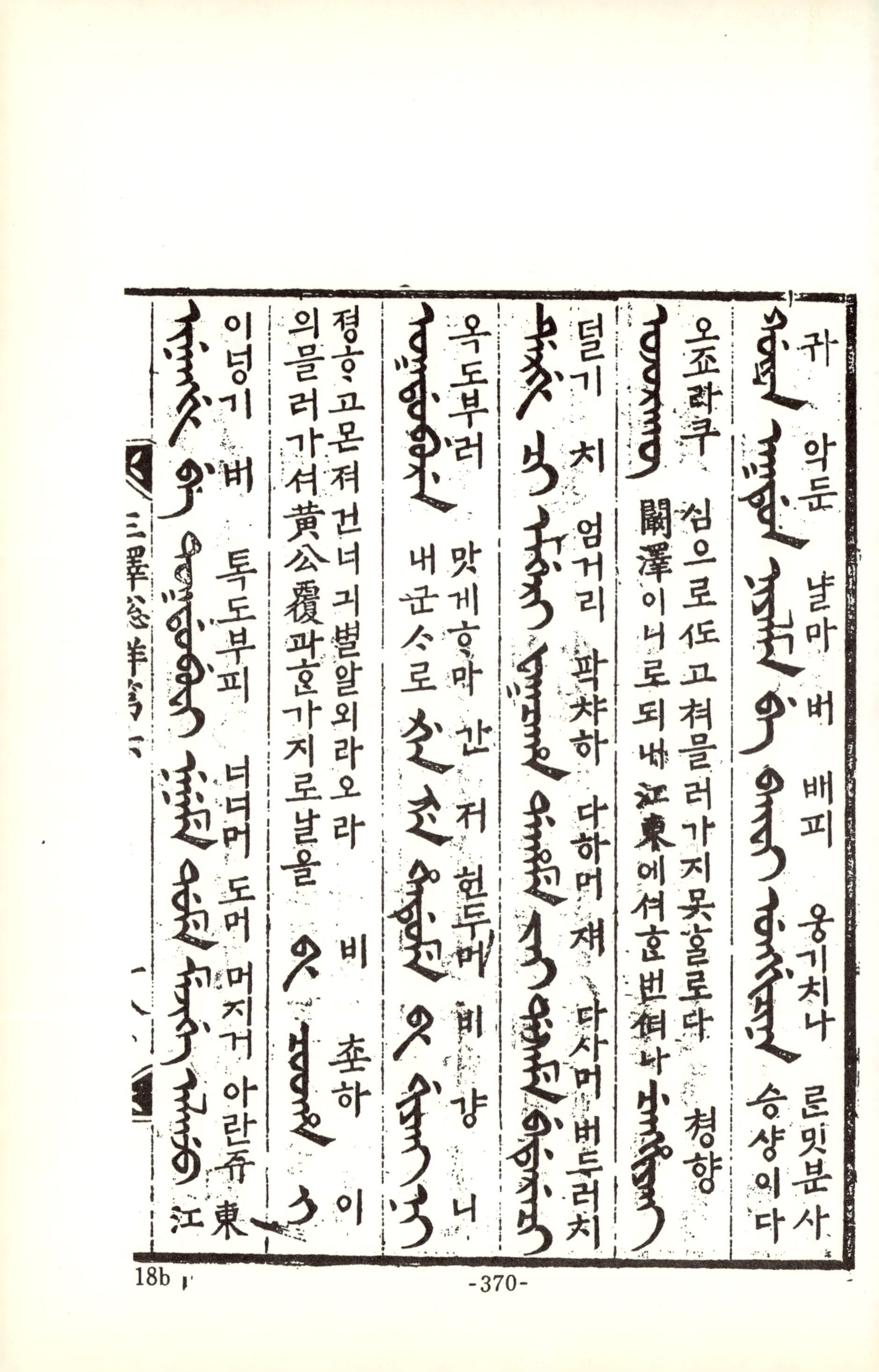

캬 악둔 날마 버 배피 웅기치나 룬밋분사
승샹이다

오죠라쿠 심으로또고쳐믈러가지못ᄒᆞᆯ로다 쳥향
闞澤이너로되내江東에셔ᄒᆞᆫ번녀나

덜기 치 엄거리 팍챠하 다하머 재 다사머 버두러치

옥도부러 맛게ᄒᆞ마 간 저 헌두머 비 강 니
내군ᄉᆞ로

졍ᄒᆞ고몬져건너긔별알외라오라 비 춘하 이
의믈러가셔黃公覆과ᄒᆞᆫ가지로날을

이넝기 버 톡도부피 너너머 도머 머지거 아란쥬 東
江

三譯總解 八

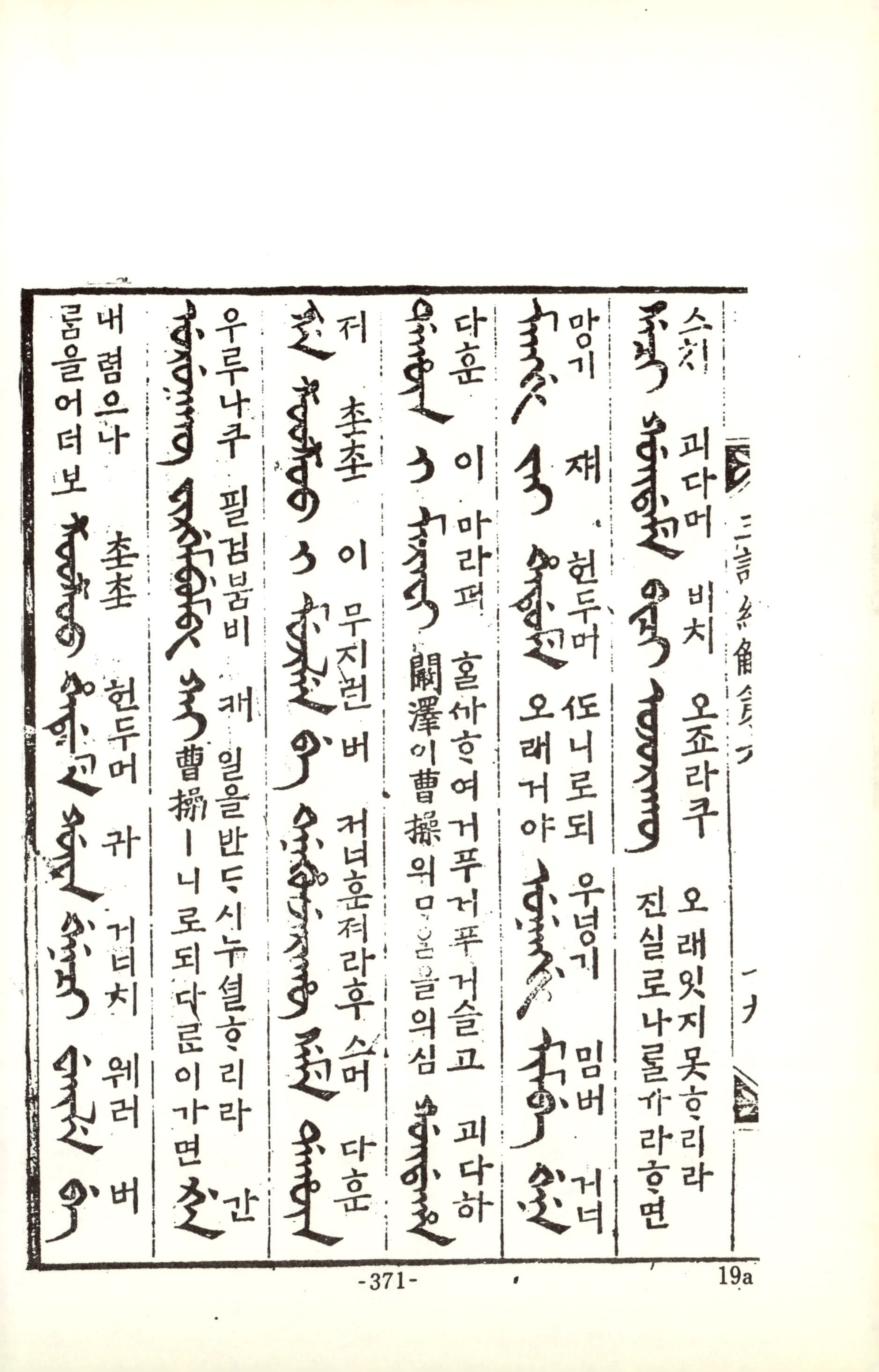

스쥐 괴다머 비치 오죠라쿠 오래잇지못ᄒᆞ리라
진실로나ᄅᆞᆯ사라ᄒᆞ면
망기 재 헌두머 ᄯᅩ니로되 우넝기 밈버 거너
오래거야
다훈 이 마라퍼 홀사ᄒᆞ여거푸거푸거슬고 괴다하
闞澤이曹操의ᄆᆞᄋᆞᆷ을의심
저 초초 이 무지런 버 저너훈저라후 슈머 다훈
우루나쿠 필검붐비 재 일을반ᄃᆞ시누설ᄒᆞ리라 간
曹操ㅣ니로되다ᄅᆞᆫ이가면
내 렴으나 초초 헌두머 귀 거너치 웨러 버
룸을어더보

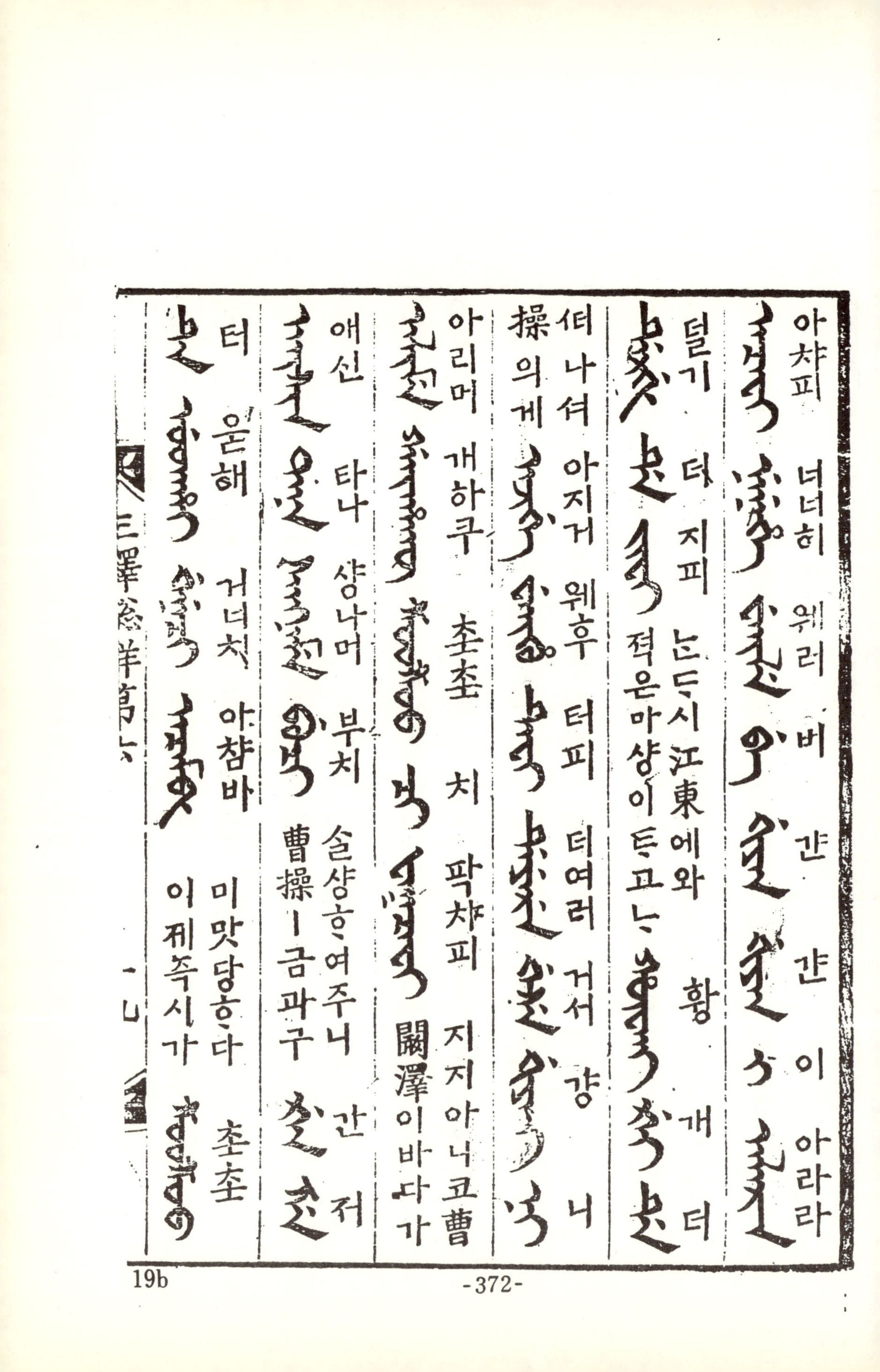

아챠피 너너히 워러 비 갼 갼 이 아라라

됴리기 뎌 지피 ᄂᆞᆫ드시江東에와 황 개 더

젹은마샹이ᄠᅳ고ᄂᆞᆫ

셔나셔 아지거 웨후 터피 뎌여러 거서 강 니

操의게

아리머 개하쿠 ᄎᆞᄎᆞ 치 퍅챠피 지지아니코曹

闞澤이바다가

애신 타나 샹나머 부치 ᄉᆞᆯ샹ᄒᆞ여주니 간 저

曹操ㅣ금과구

터 온해 거너치 아참바 미맛당ᄒᆞ다 ᄎᆞᄎᆞ

이제죡시가

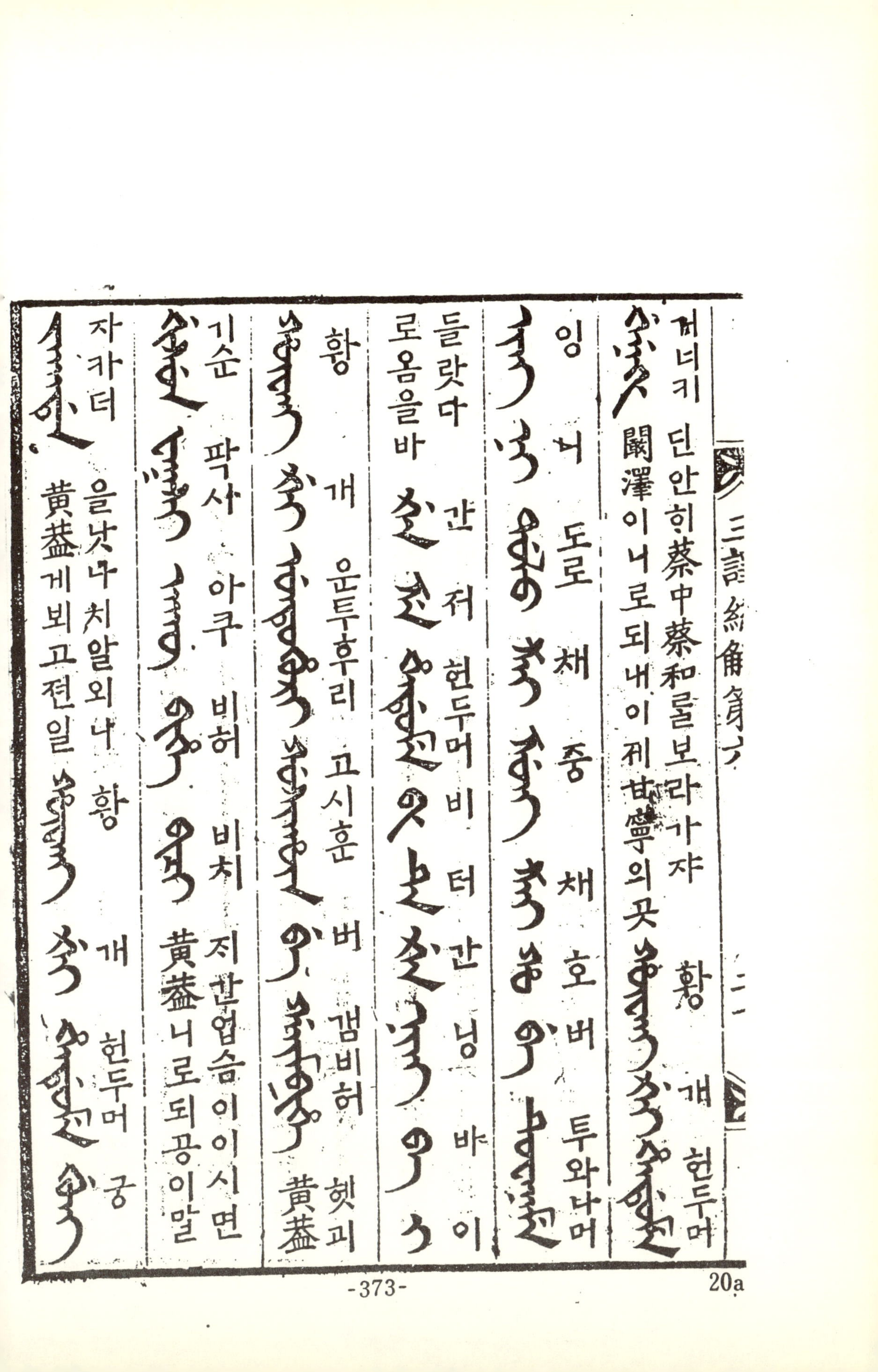

꺼녀키 단안히蔡中蔡和를보라가쟈
闞澤이니로되내이졔甘寧의곳 황 개 헌두머

잉 너 도로 채 중 채 호 버 투와나머

들랏다 갼 져 헌두머비 터 갼 닝 바 이
로옴을바

황 개 운투후리 고시훈 버 갬비허 헷괴
黃蓋

기순 팍사 아쿠 비허 비치 지갼엽슴이이시면
黃蓋니로되공이말

자카더 을낫나 치알외나 황 개 헌두머 궁
黃蓋게뵈고젼일

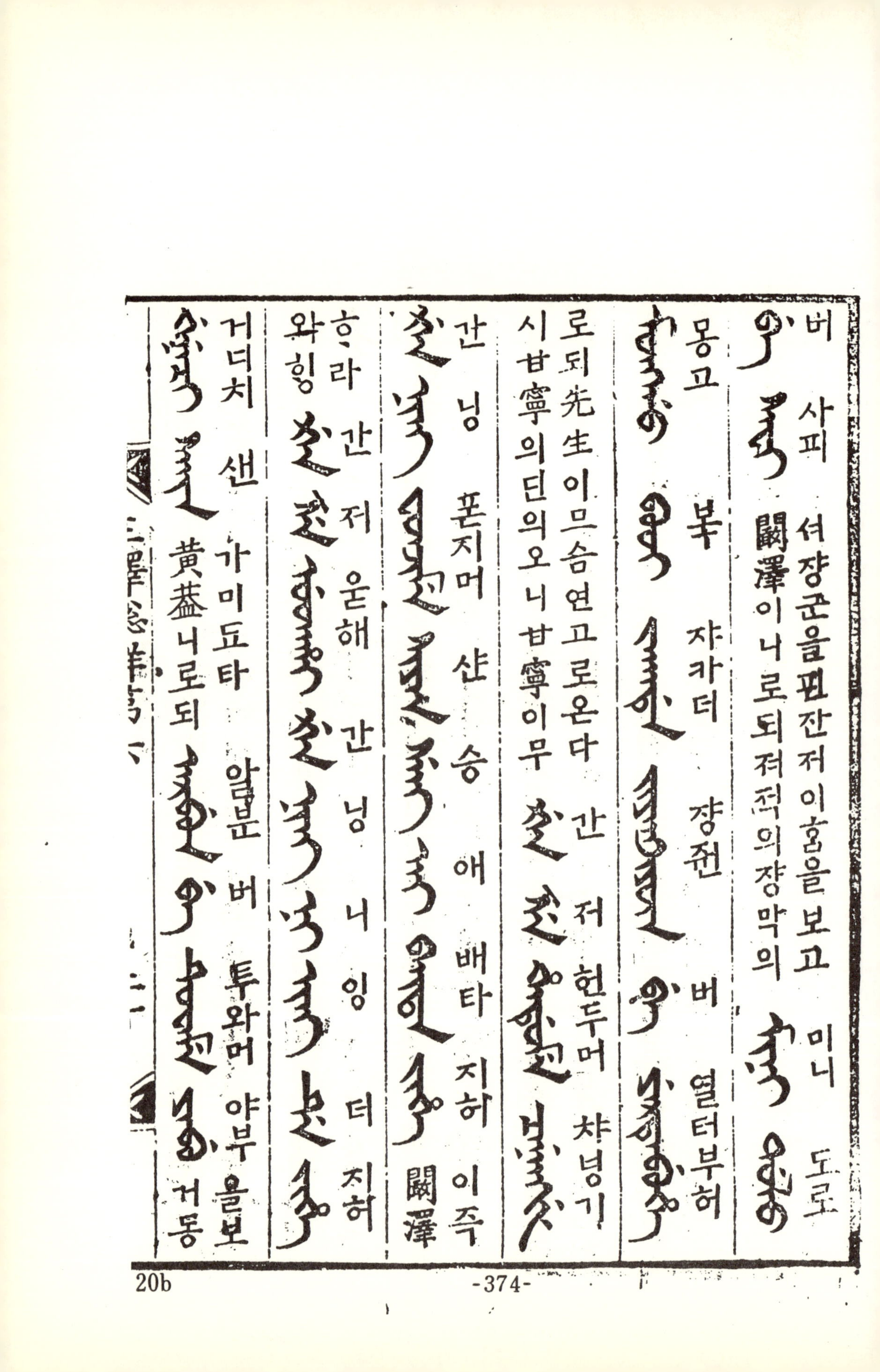

버 사피 셔쟝쥰을ᄑᆞᆫ잔저이ᄒᆞᆷ을보고 미니 도로
闞澤이니로되져적의쟝막의

몽고 복 쟈카더 쟝쥔 버 열터부허

로되先生이므슴연고로온다 간 저 헌두머 챠녕기
시甘寧의딘의오니甘寧이무

간 닝 ᄑᆞᆫ지머 샨 숭 애 배타 지하 이죡
闞澤

ᄒᆞ라 간 저 운해 간 닝 니 잉 더 지허
와힝

거더치 샌 가미됴타 알ᄇᆞᆫ 버 투와머 야부 을보
黃蓋니로되 거동

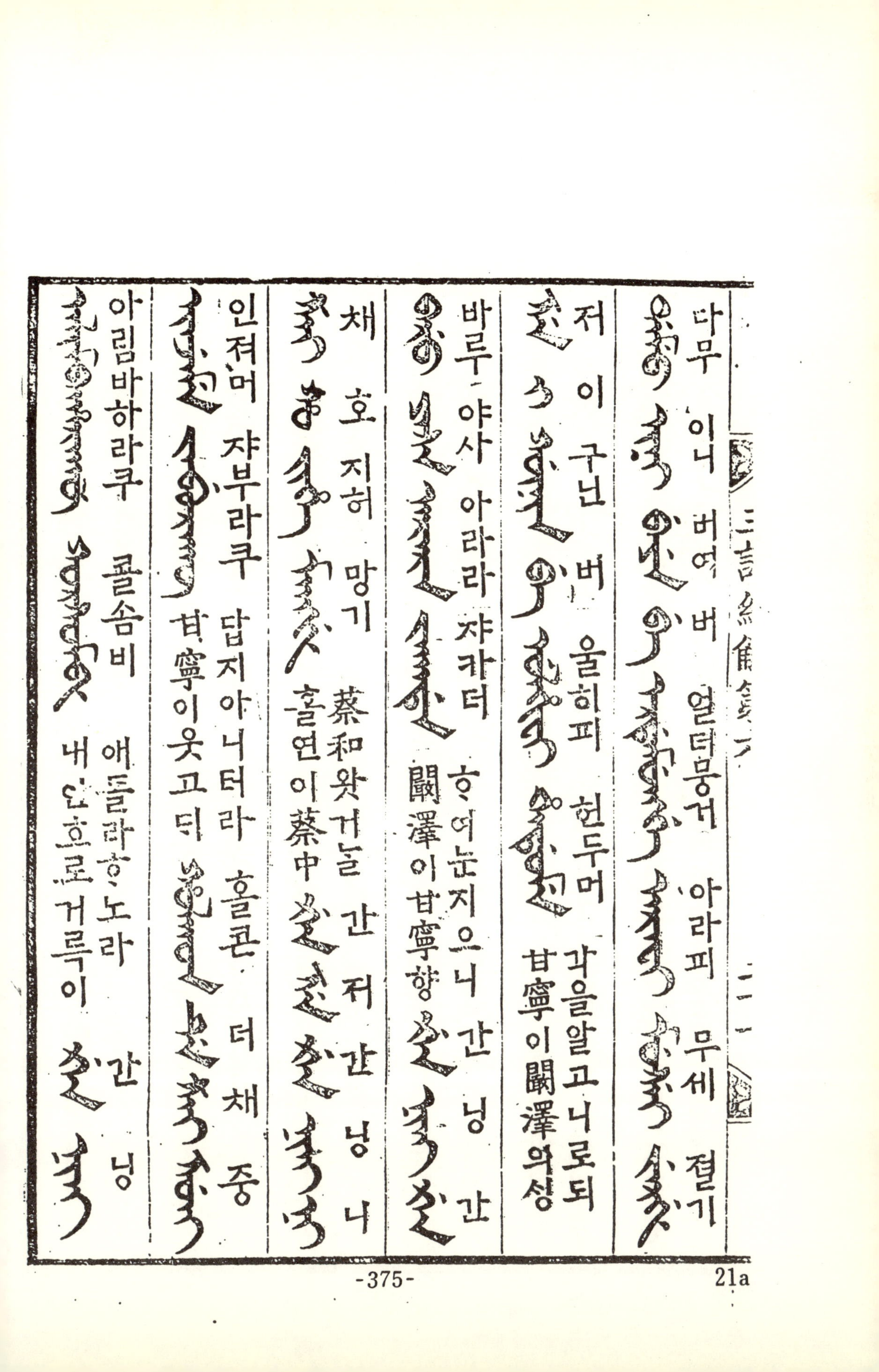

다무 이니 버여버 얼더뭉거 아라피 무세 절기

저 이 구닌 버 울히피 헌두머 각을알고니로되
甘寧이闞澤의싱

바루 야사 아라라 쟈카더 ᄒᆞ여눈지으니 간 닝 간
闞澤이甘寧향

채 호 지허 망기 蔡和왓거ᄂᆞᆯ 간 저 간 닝 나
홀연이蔡中

인져머 쟈부라쿠 답지아니터라 홀콘 더 채 중
甘寧이웃고되

아림바하라쿠 콜솜비 애들라ᄒᆞ노라 간 닝
내ᄃᆡ흐로거륵이

무지러 더 푸녀허 서허훈 오호비 ᄒᆞ여 말아니코니
甘寧이 아무라타
뒤안자셔 간 닝 우매 슈머 기수려라쿠 웨허 새머
너히효꼿
스피 룰븟스그럽다ᄒᆞ고 뒨 노피 어무 바더 터쳐피
江東사롬의게뵈기
니 걍 니 덜기 냘마 더 아챠라 버 기룸비
스
니쿄 만더 터 애시라리 구난 아쿠 을싱각이업
각지아 버게이쩨도
냘마 버 우매 구니라쿠 여셔우리둥사롬을약조싱
마만제몸을지조로온쳬ᄒᆞ

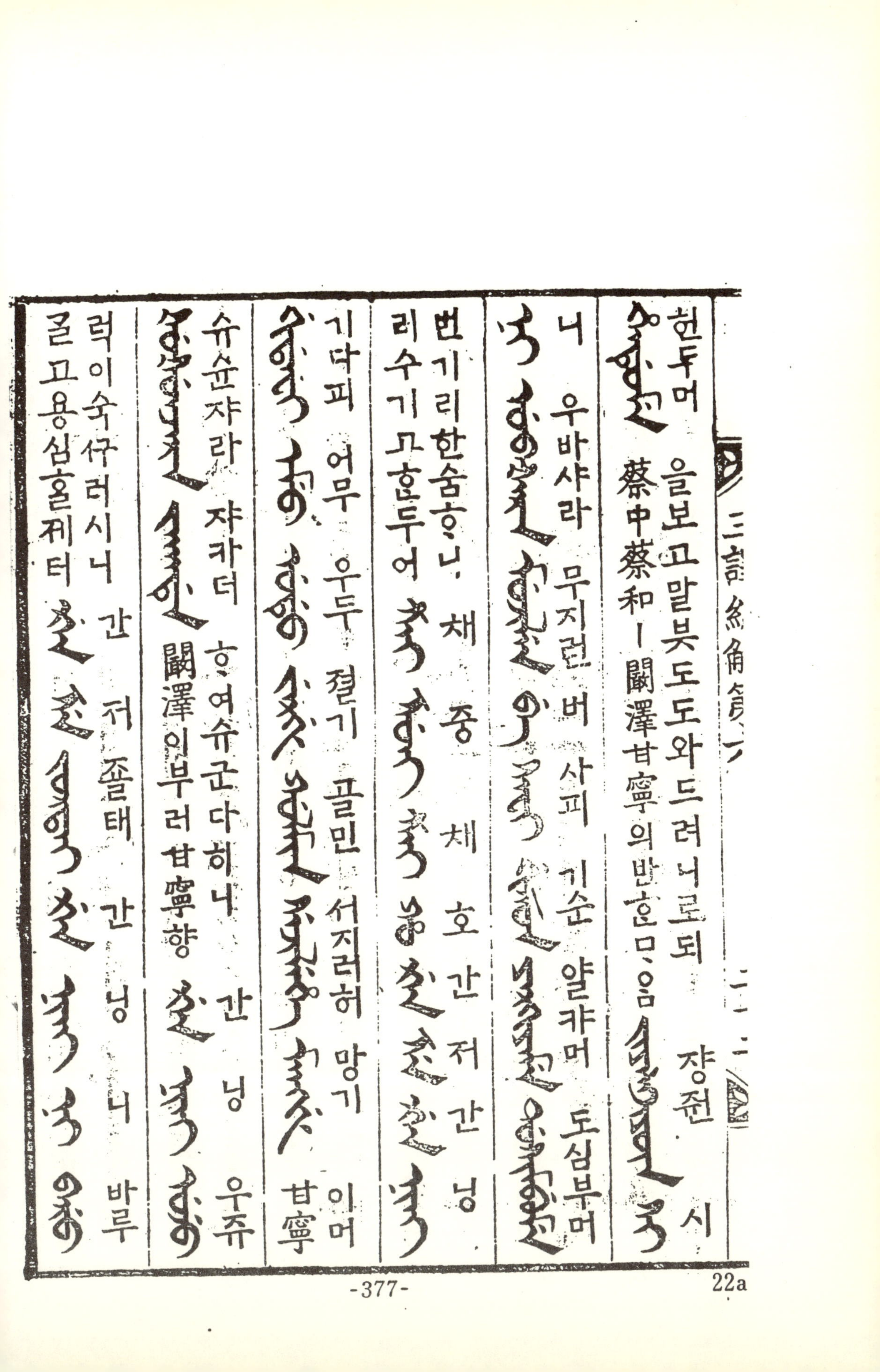

헌두머 을보고말븟도도와드려너로되 장쥔 시

蔡中蔡和ㅣ闞澤甘寧의반ᄒᆞᆫ무음

니 우바샤라 무지런 버 사피 기순 얄캬머 도심부머

번기리한숨ᄒᆞ니 채 중 채 호 간 저 간 닝

리수기고ᄒᆞᆫ두어

기다피 어무 우두 절기 골민 서지러허 망기 이머

甘寧

슈쥰자라 쟈카더 ᄒᆞ여슈균다히니 간 닝 우쥬

闞澤이부러甘寧향

력이ᄉᆞᆨ仔려시니 간 저 졸태 간 닝 니 바루

골고용심ᄒᆞᆯᄧᅦ터

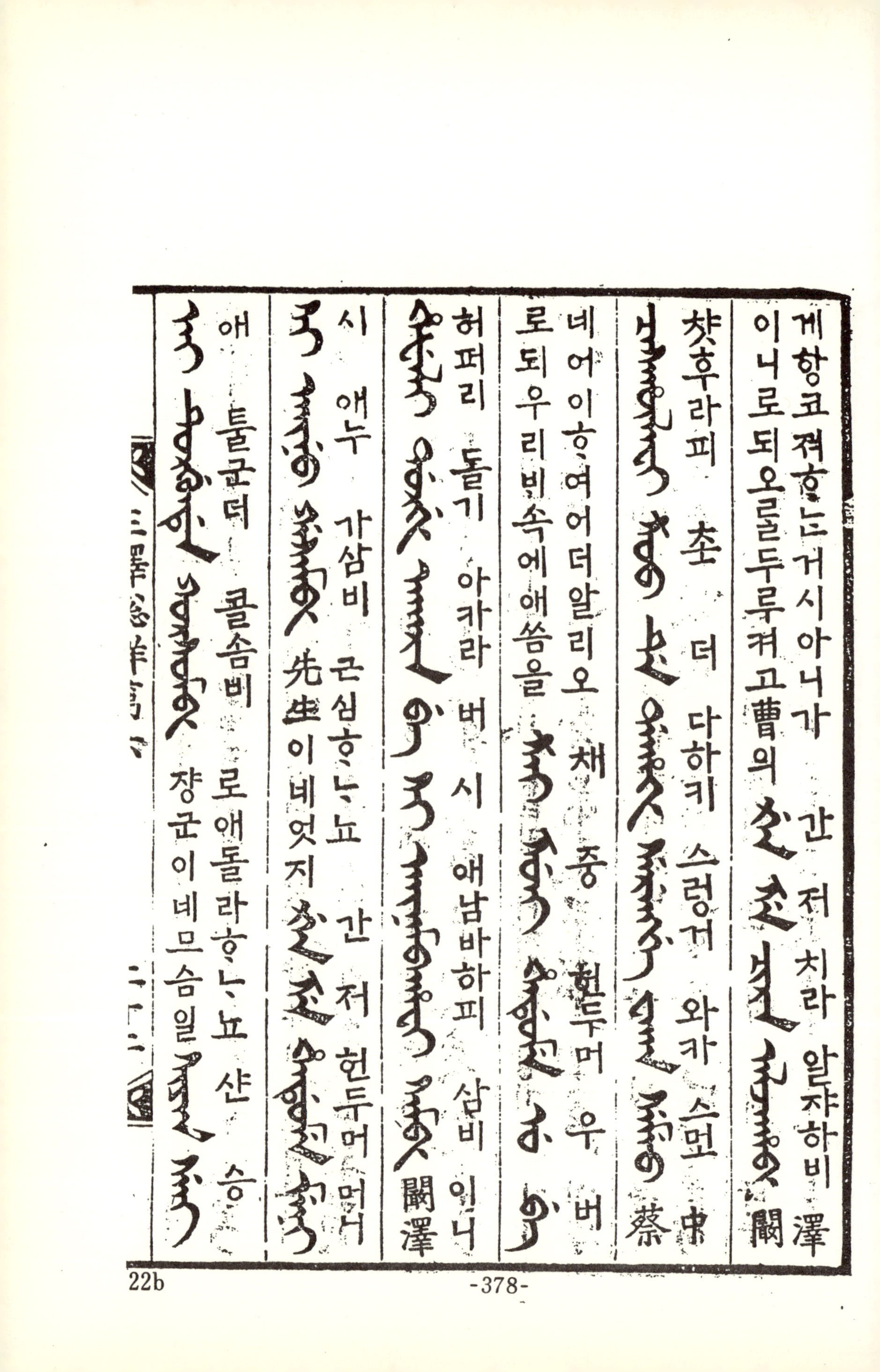

계항쿄져ᄒᆞᄂᆞᆫ거시아니가 간 저 치라 알쟈하비 闞澤
이니로되오롤두루켜고曹의 闞
챠후라피 쵸 더 다하키 스렁거 와카 스먼 中
蔡
네어이ᄒᆞ여어더알리오 채 중 헌두머 우 버
로되우리비속에애씀을
허퍼리 돌기 아카라 버 시 애남바하피 삼비 이니
闞澤
시 애누 가삼비 근심ᄒᆞᄂᆞ뇨 간 저 헌두머 머니
先生이네엇지
애 툴군더 콜솜비 로애돌라ᄒᆞᄂᆞ뇨 샨 승
쟝군이네므슴일

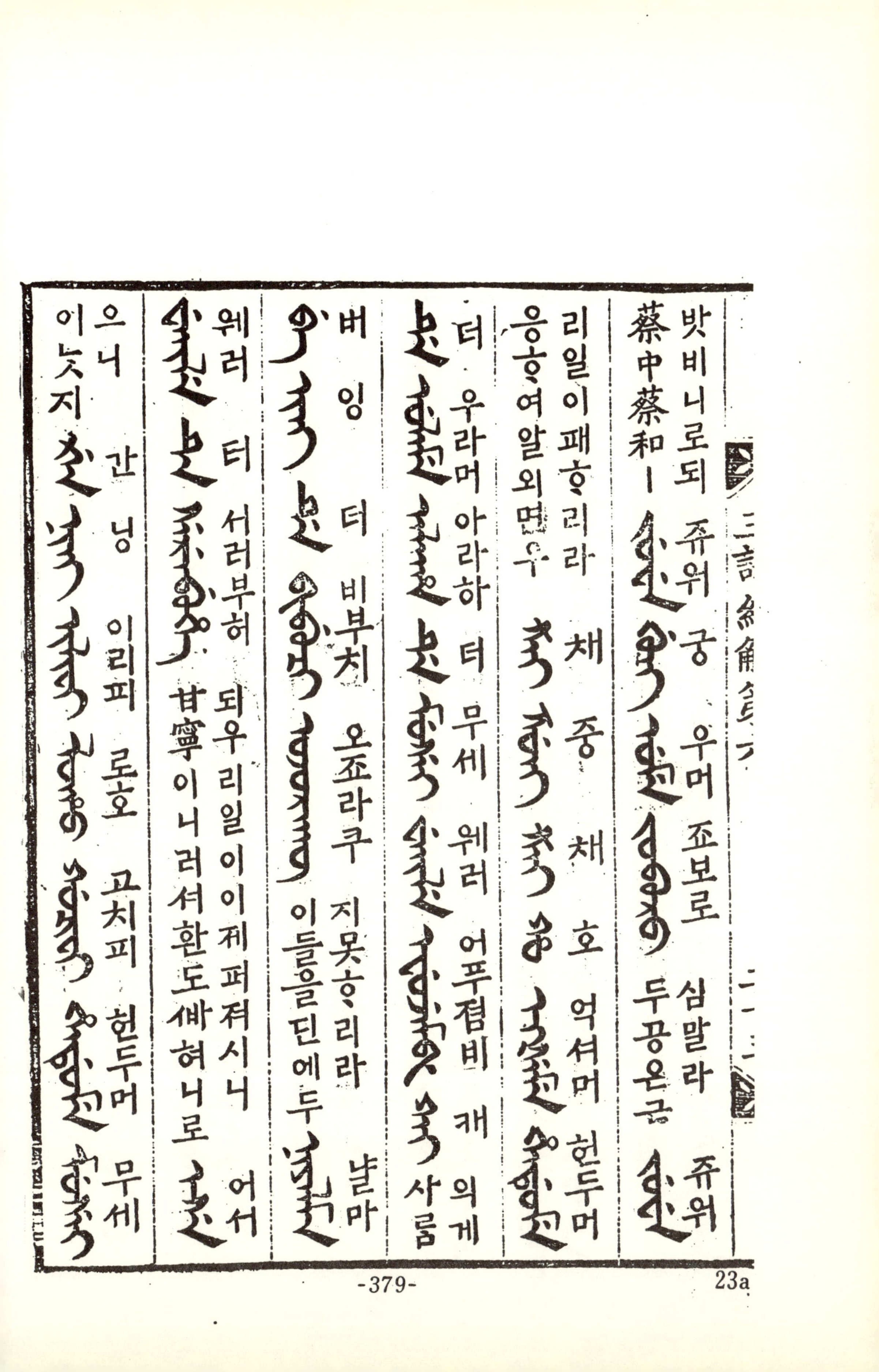

밧비니로되 蔡中蔡和ㅣ
쥬위 궁 우머 죠보로 심말라 두공욘긍 쥬위

리일이패ᄒᆞ리라 응ᄒᆞ여알외되우
채 중 채 호 억셔머 헌두머

터 우라머 아라하 터 무셰 웨러 어푸졉비 캐 의게 사룸

버 잉 터 비부치 오죠라쿠 지못ᄒᆞ리라 날마
이들을딘에두

웨러 터 셔러부허 되우리일이이제펴져시니 어셔
甘寧이니러셔환도ᄲᅢ혀니로

으니 간 닝 이리피 로호 고치피 헌두머 무셰
이ᄂᆞᆺ지

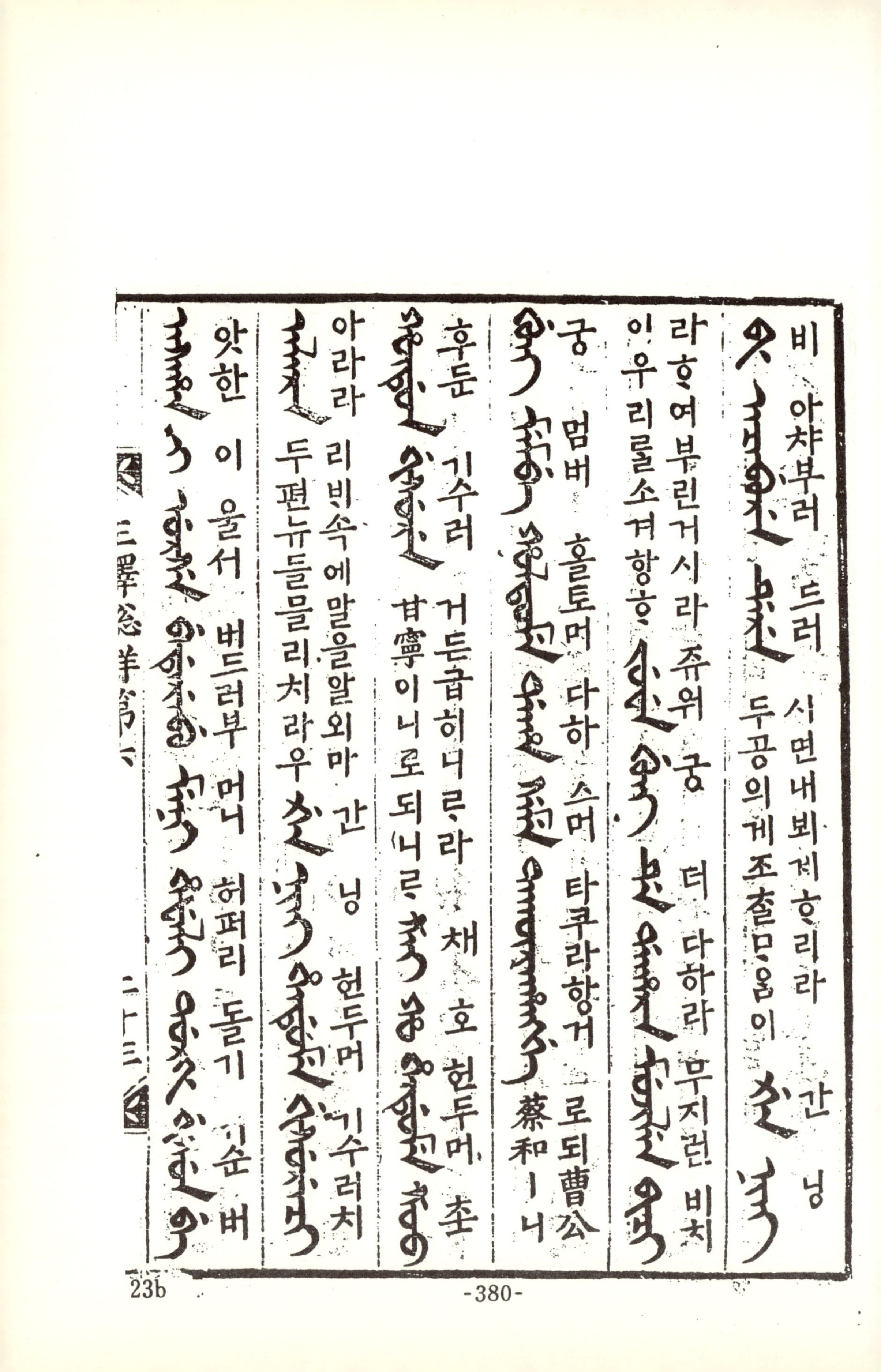

비 아챠부러 드러 시면내뵈져ᄒᆞ리라 간 닝
두공의게조촐ᄒᆞᆫ몸이
라ᄒᆞ여부린거시라 쥬워궁 더 다하라 무지런 비치
이우리롤소겨항ᄒᆞ
궁 멈버 훌토머 다하 스머 타쿠라항거 로되曹公
蔡和ㅣ니
후둔 기수러 거든급히니ᄅᆞ라 채 호 헌두머 촌
甘寧이니로되니ᄅᆞ
아라라 리빗속에말을알외마 간 닝 헌두머 기수러치
두편뉴들믈리치라우
얏한 이 울서 벋드러부 머너 허퍼리 돌기 기순 버

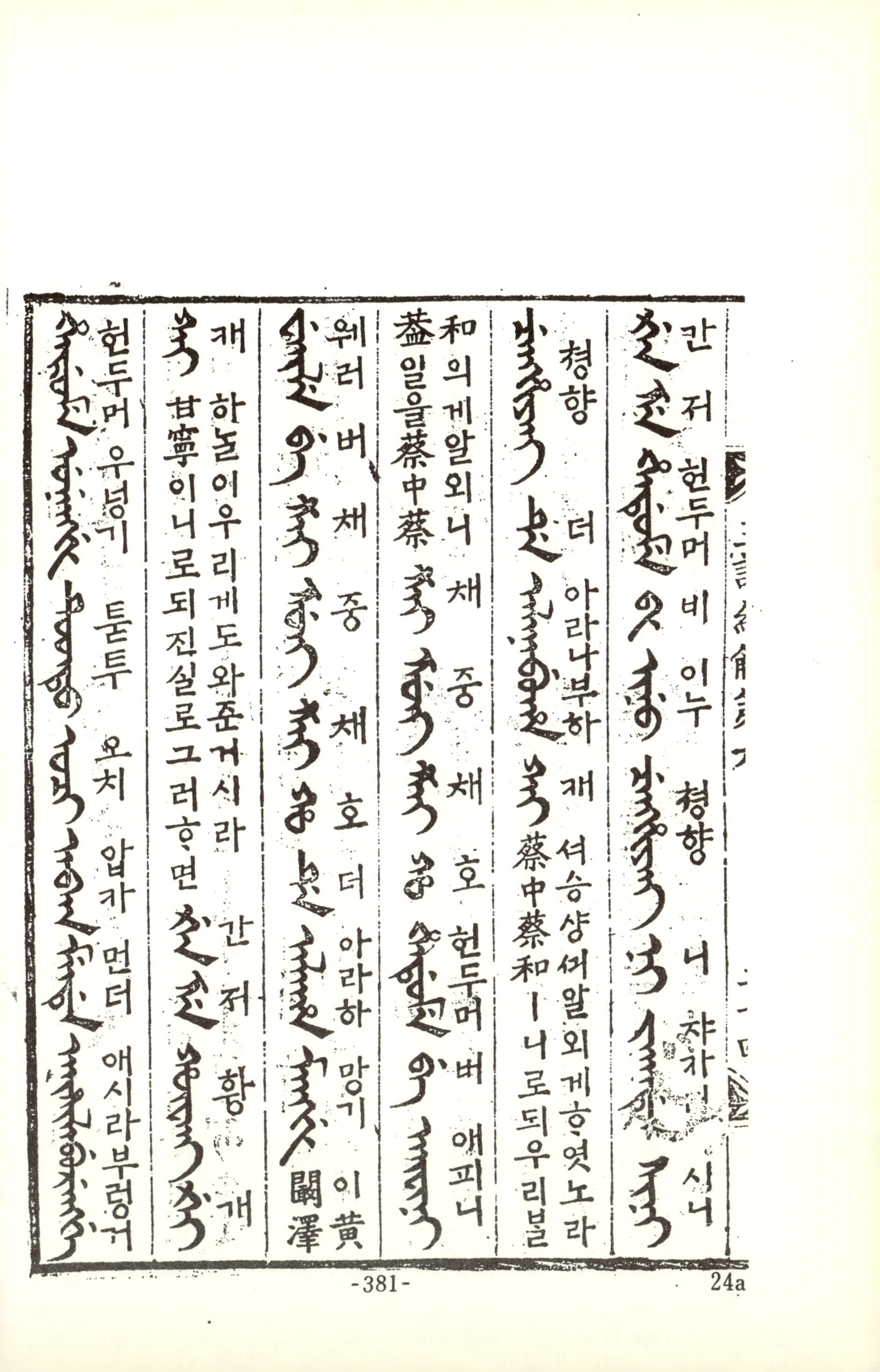

간 저 헌두머 비 이누 쳥향 너 쟈카 시너

쳥향 더 아라나부하 개 셔승샹셔알외게ᄒᆞ엿노라
蔡中蔡和ㅣ니로되우리불

和의게알외니 채 중 채 호 헌두머 버 애피니
蓋일을蔡中蔡

워러 버 채 중 채 호 더 아라하 망기 이黃
闞澤

캐 하ᄂᆞᆯ이우리게도와쥰거시라 간 져 황 개
甘寧이니로되진실로그러ᄒᆞ면

헌두머 우넝기 툳투 오치 압카 먼더 애시라부렁거

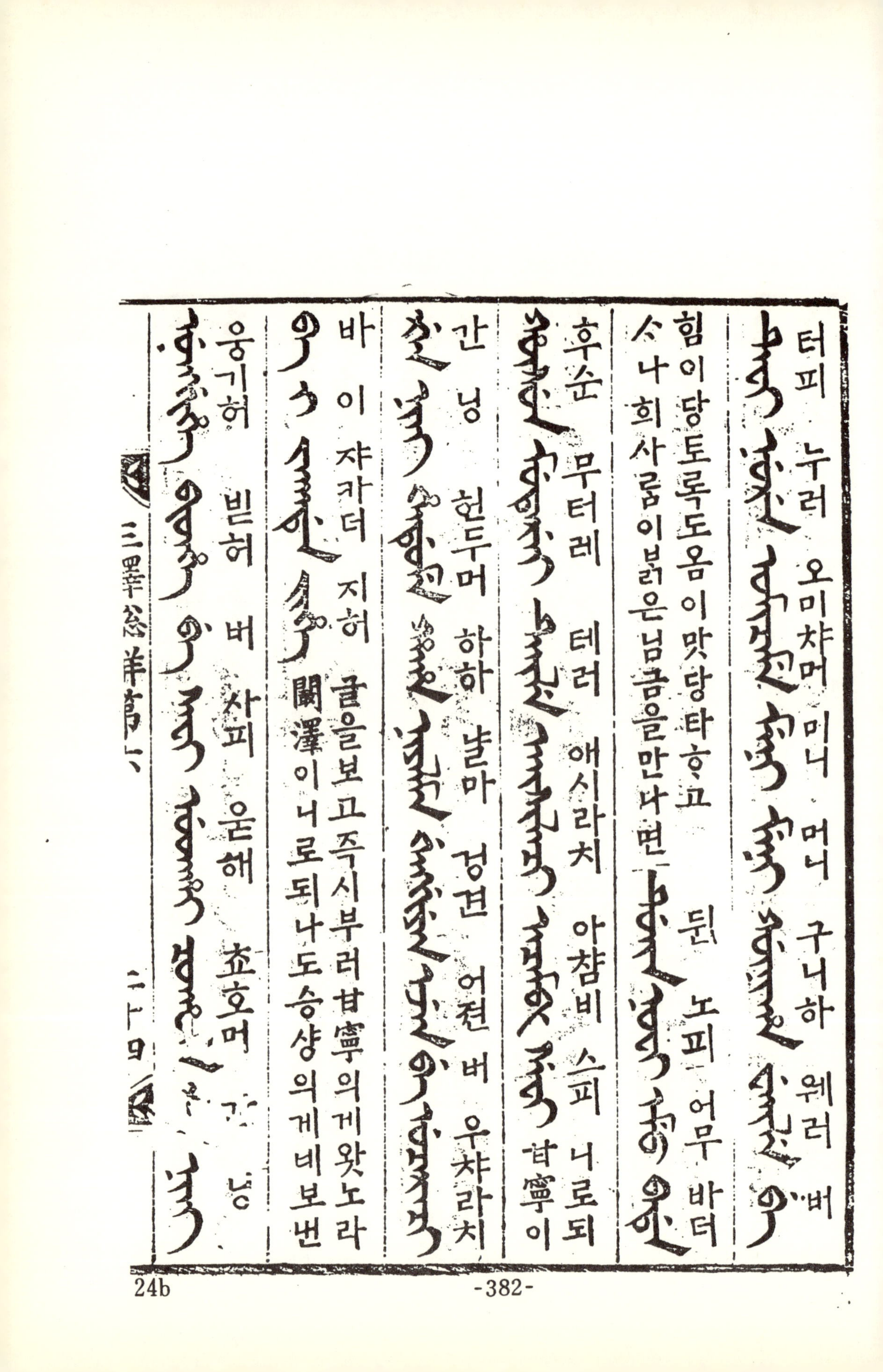

터피 누러 오미챠머 미니 머니 구니하 웨러 버

힘이당토록도옴이맛당타ᄒᆞ고 뒨 노피 어무 바터

ᄉᆞ나희사ᄅᆞᆷ이붉은님금을만나면

후순 무터레 테러 애시라치 아참비 스피 니로되 甘寧이

간 닝 헌두머 하하 날마 겅견 어쳔 버 우챠라치

바이 쟈카더 지허 굴을보고즉시부러甘寧의게왓노라

闞澤이니로되나도승샹의게네보번

웅기허 빈허 버 사피 운해 쵸호머 가 닝

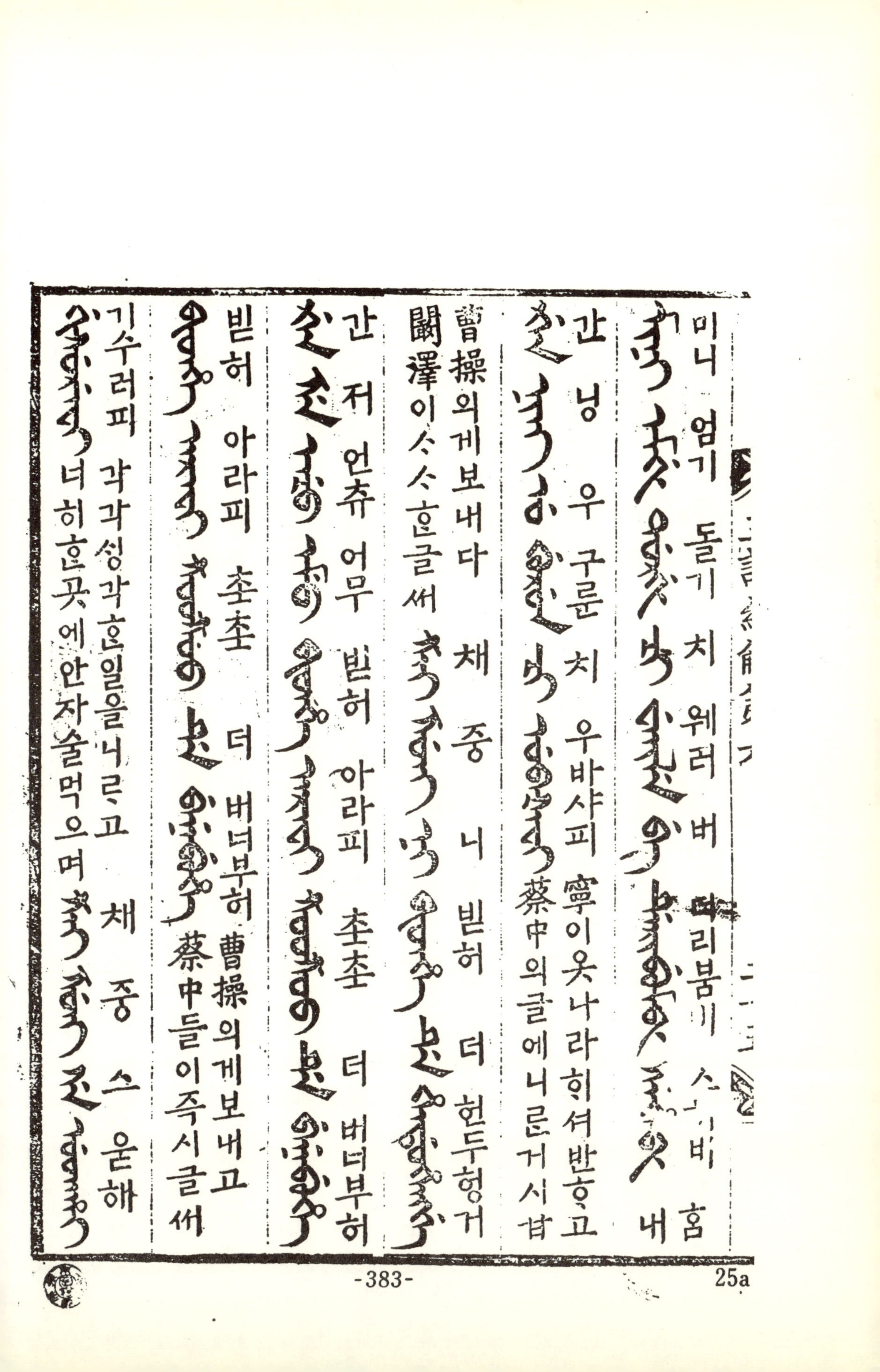

미니 엄기 돌기 치 웨러 버 떠리붐기 스기비 홈 내

간 닝 우 구룬 치 우바샤피 寧이옷나라히셔반ᄒᆞ고

蔡中의글에니ᄅᆞᆫ거시甘

曹操의게보내다
闞澤이ᄉᆞᄉᆞᄒᆞᆫ글써 채 중 니 빋허 더 헌두헝거

간 저 언츄 어무 빋허 아라피 촐촐 더 버너부허

빋허 아라피 촐촐 더 버너부허 曹操의게보내고
蔡中들이즉시글써

기수러피 각각싱각ᄒᆞᆫ일을니ᄅᆞ고 채 중 스 운해
너히ᄒᆞᆫ곳에안자술먹으며

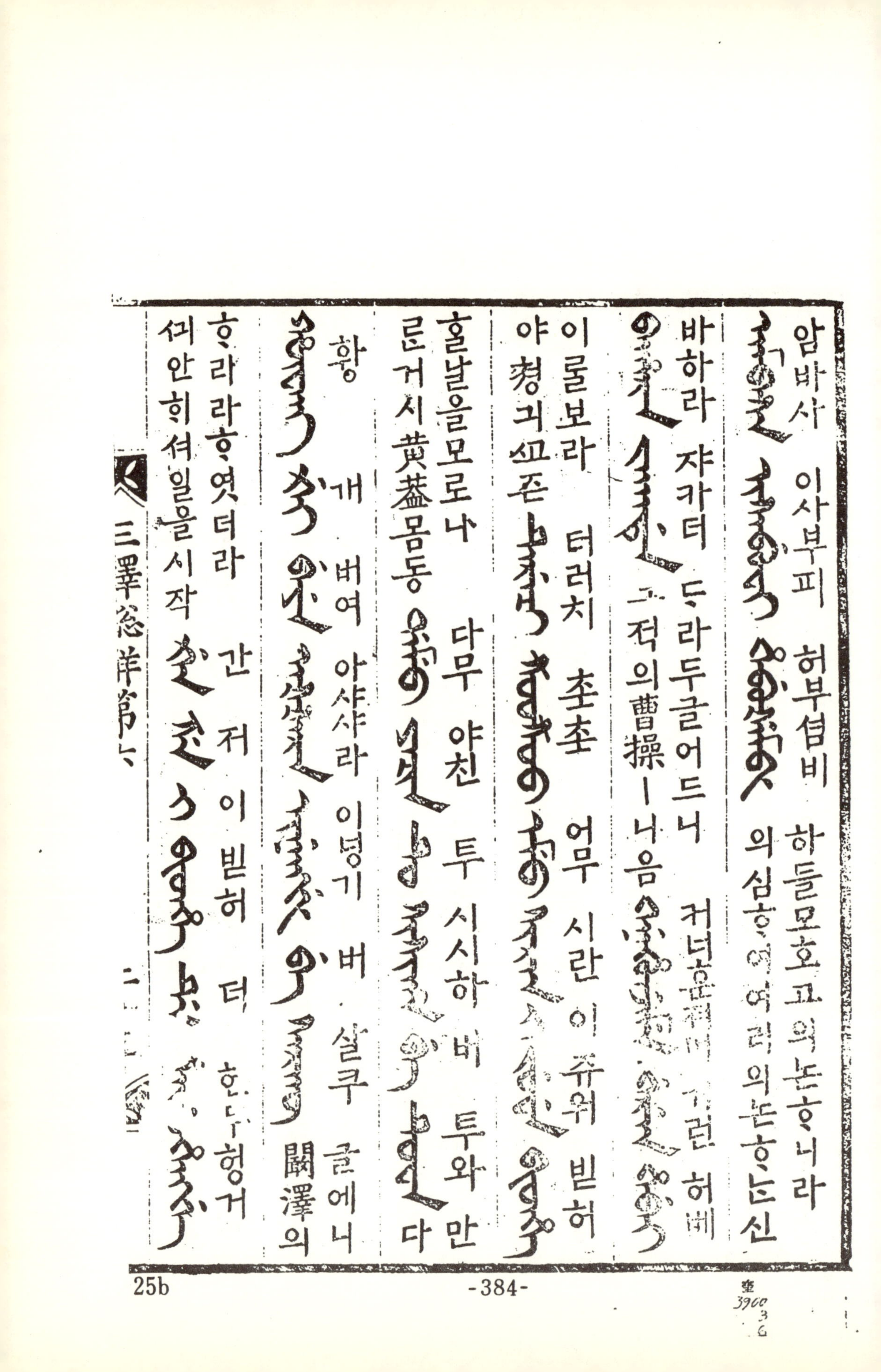

암바사 이사부피 허부셥비 하ᄂᆞᆯ모호고의논ᄒᆞ니라

의심ᄒᆞ여여러의논ᄒᆞᄂᆞᆫ신

바하라 쟈카터 ᄃᆞ라두ᄀᆞᆯ어드니 커녀ᄒᆞᆫ 거런 허삐

그적의曹操ㅣ나음

이롤보라 터러치 夅夅 어무 시란 이 쥬위 빋허

야쳥긔뜨존

ᄒᆞᆯ날을모로나 다무 야친 투 시시하 버 투와 만

ᄅᆞᆫ거시黃蓋몸동 다

황 개 버여 아샤샤라 이령기 버 실쿠 글에니

闞澤의

ᄒᆞ라라ᄒᆞ엿더라 간 저 이 빋허 더 ᄒᆞᆫ다형거

셔안희셔일을시작

三譯総解 七

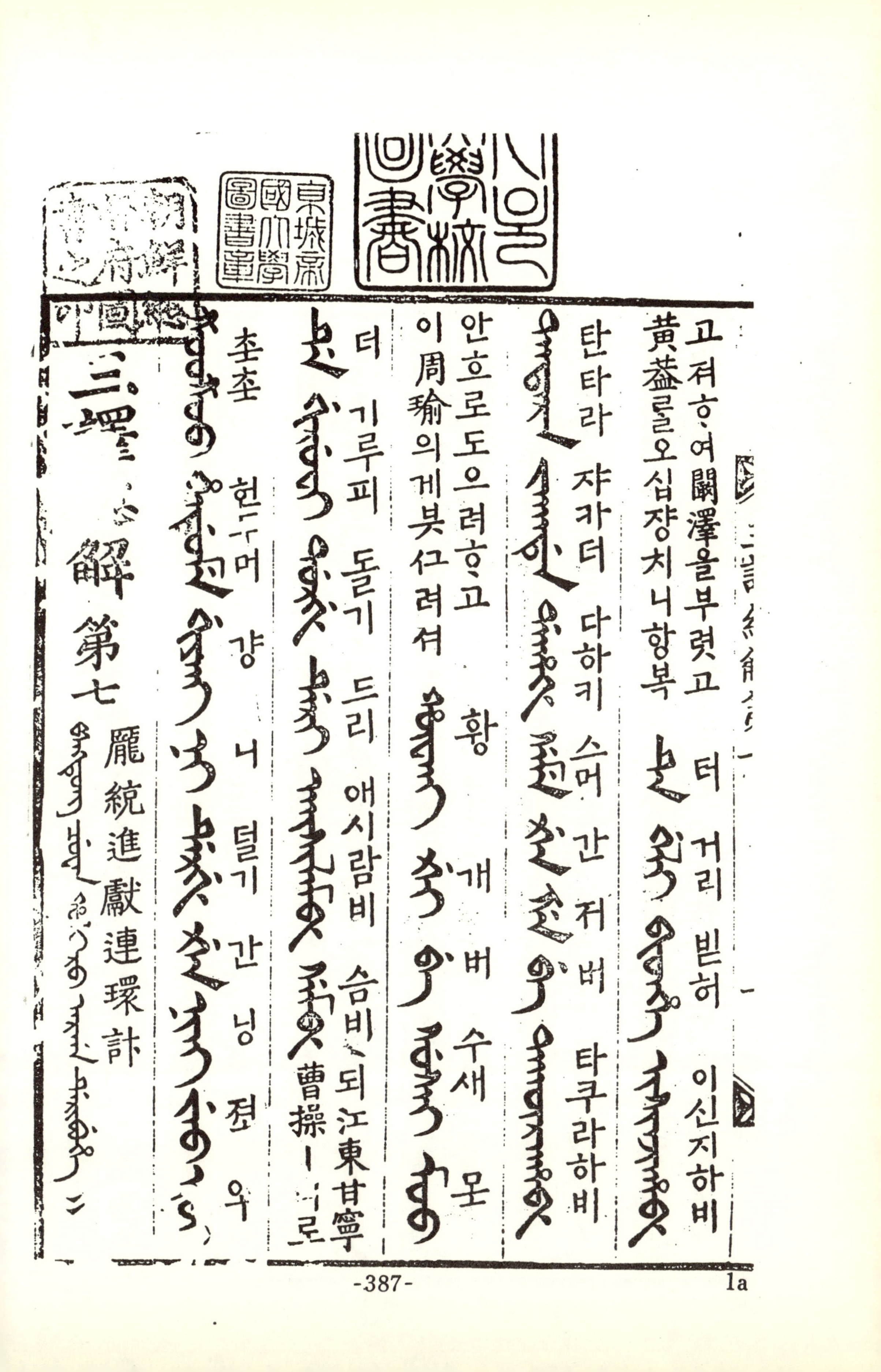

고져ᄒᆞ여闞澤을부렷고

黃蓋를오십장치니항복

터 거리 븬허 이신지하비

탄타라 쟈카더 다하키 슴머 간 저 버 타쿠라하비

안ᄒᆞ로도으려ᄒᆞ고 황 개 버 수새 모

이周瑜의게븟ᄂᆞ려셔

더 기루피 돌기 드리 애시람비 슴비、되江東甘寧

曹操ㅣ ᄀᆞ로

촐촐 헌구머 걍 니 덜기 간 닝 젼 우

三譯總解第七

龎統進獻連環計

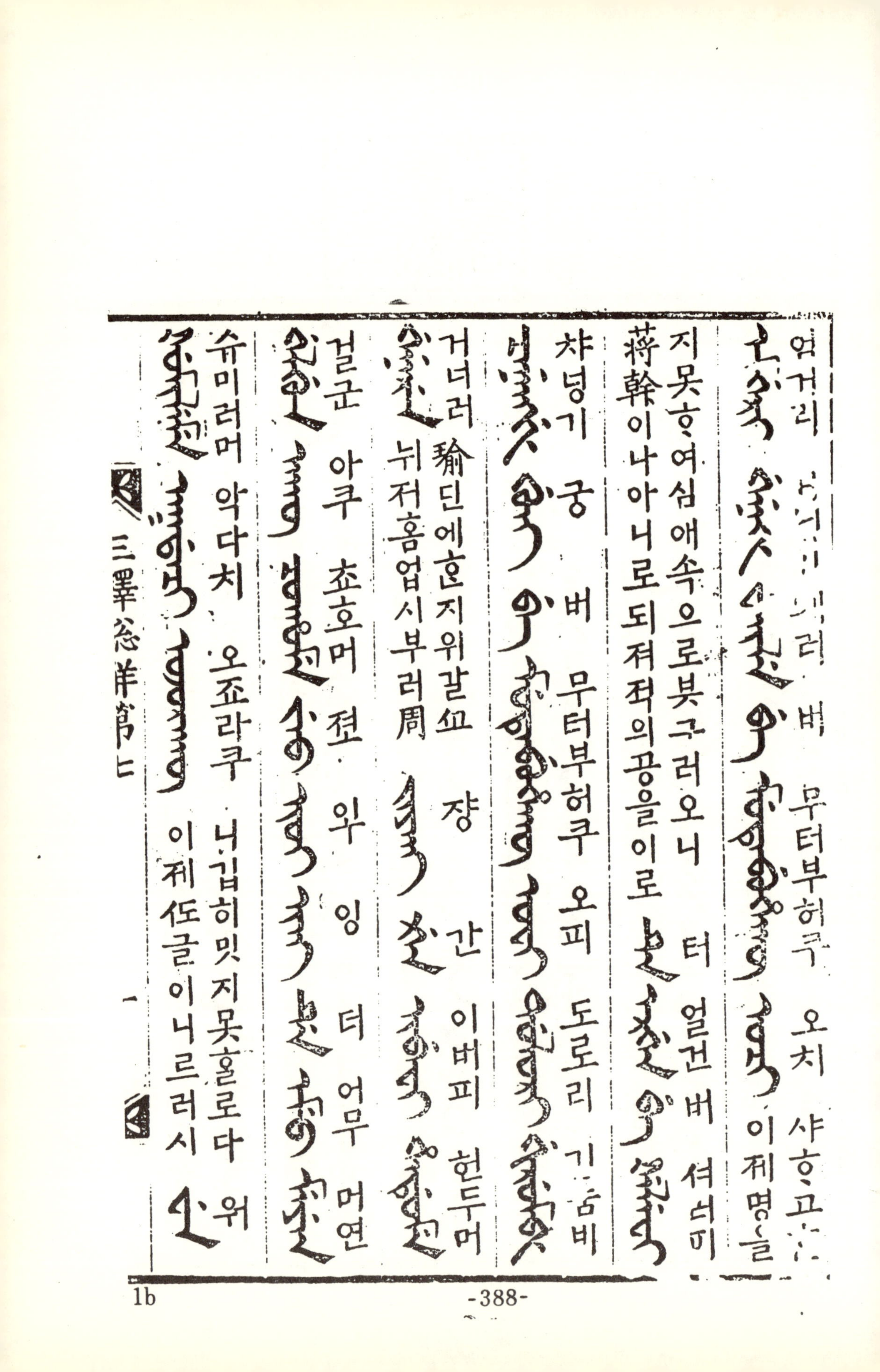

엄거리 너여거 세리 버 무터부허쿠 오치 샤ᄒᆞ고ᄂᆞᆫ
이제명을
지못ᄒᆞ여심애속으로븟그러오니 터 얼권 버 셔ᄂᆡ미
蔣幹이나아니로되져젹의공을이로
챠넝기 궁 버 무터부허쿠 오피 도로리 기ᄃᆞᆷ비
거너러 瑜딘에ᄒᆞᆫ지위갈血 장 간 이버피 헌두머
뉘저홈업시부러周
걸군 아쿠 쵸호머 져 와 잉 터 어무 머연
슈미러머 악다치 오죠라쿠 나깁히밋지못ᄒᆞᆯ로다 워
이제또글이니르러시

三譯總解 二　一

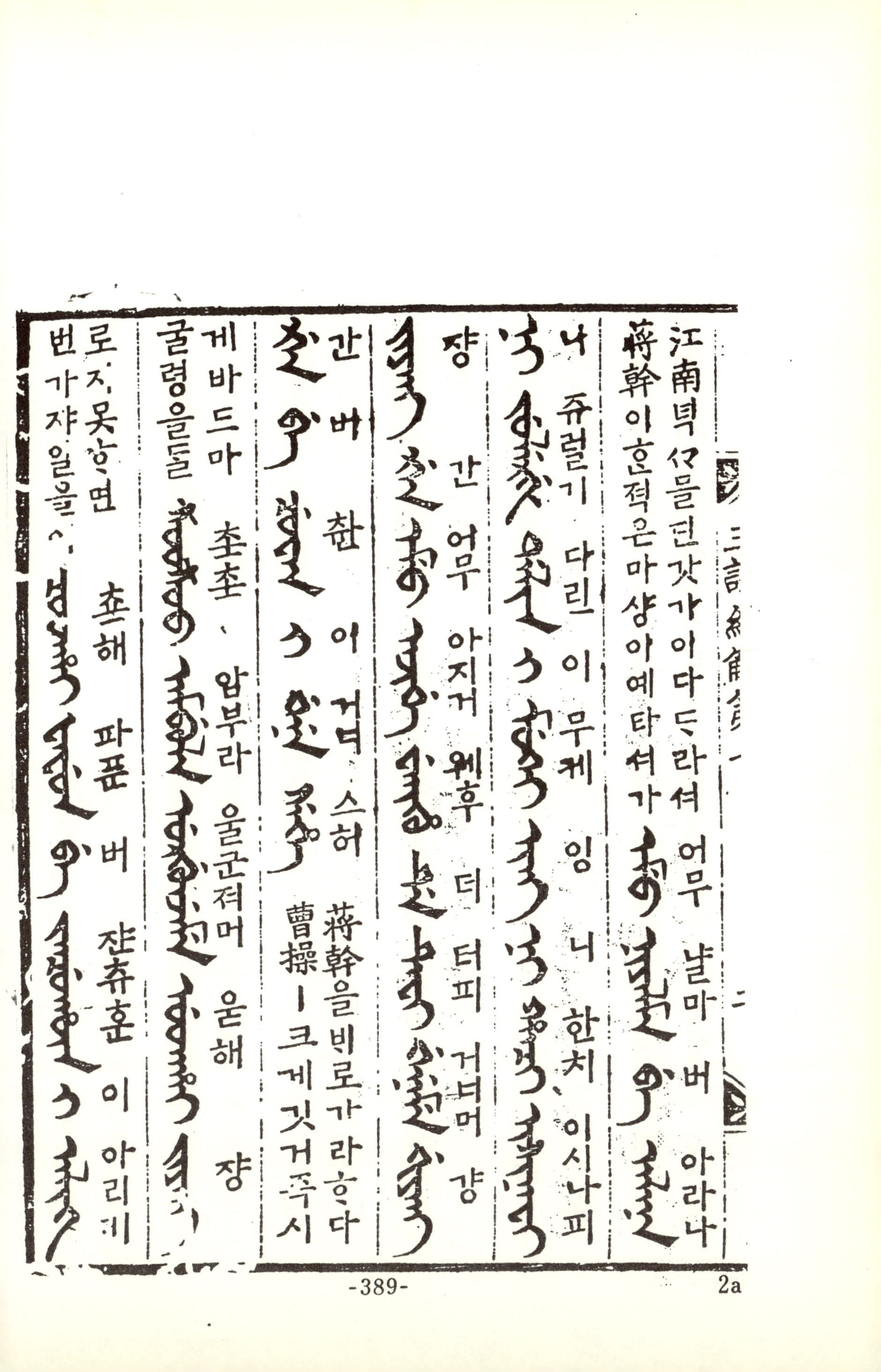

江南븍ᄭᆞ믈린갓가이다ᄃᆞ라셔 蔣幹이ᄒᆞᆫ젹은마샹아예타셔가

어무 날마 버 아라나

나 쥬럴기 다리 이 무게 잉 니 한치 이시나피

쟝 간 어무 아지거 웨후 더 터피 거너머 걍

간 버 챰 이 거녀 스허

蔣幹을비로가라ᄒᆞ다 曹操ㅣ크게깃거조시

게바드마 굴령을돌

촌촌、 암부라 울군져머 욷해 쟝

로지못ᄒᆞ면 번가쟈읠을ᄉᆞ

쵸해 파픈 버 잔츄훈 이 아리게

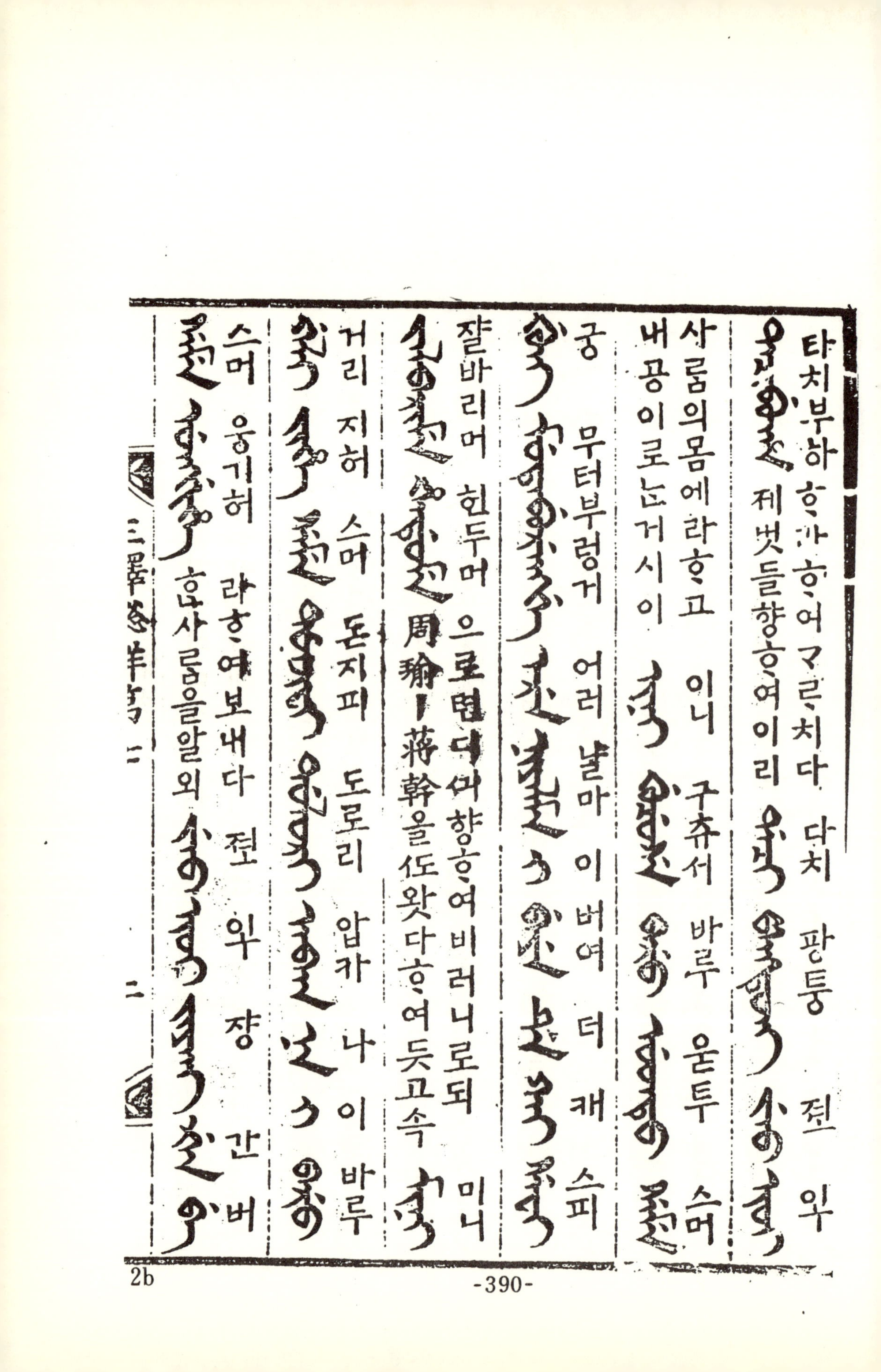

타치부하 ᄒᆞ가ᄒᆞ여마ᄅᆞ치다 다치 팡퉁 졀 우
제벗들향ᄒᆞ여이리
사ᄅᆞᆷ의몸에라ᄒᆞ고 이니 구츄서 바루 운투 스머
내공이로ᄂᆞᆫ거시이
궁 무터부렁거 어러 날마 이 버여 더 캐 스피
잘바리머 힌두머 으로면다며향ᄒᆞ여비러니로되 미니
周瑜ㅣ蔣幹을ᄯᅩ왓다ᄒᆞ여듯고속
거리 지허 스머 돈지피 도로리 압카 나 이 바루
스머 웅기허 라ᄒᆞ여보내다 졀 위 쟝 간 버
ᄒᆞᆫ사ᄅᆞᆷ을알외

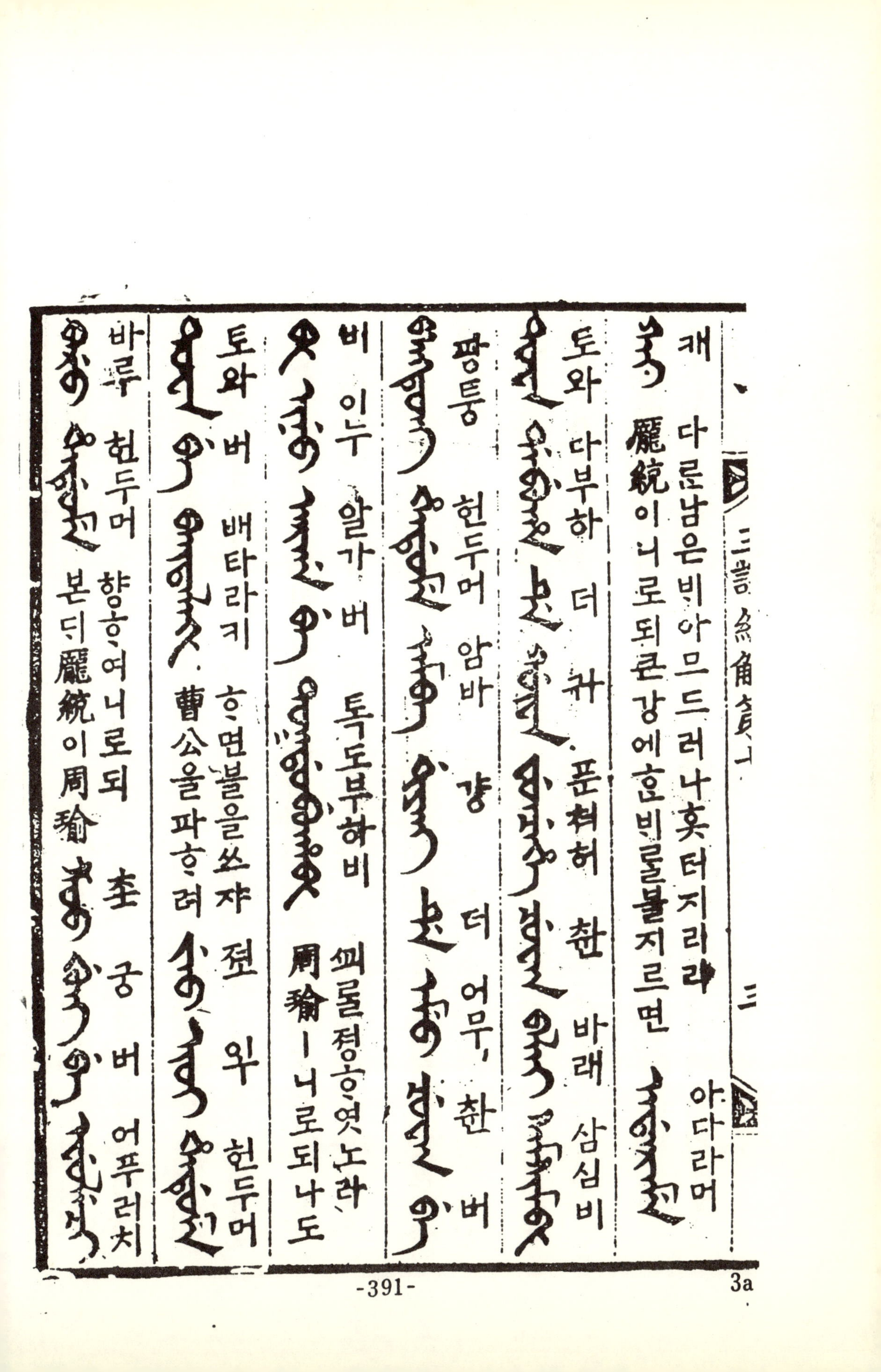

캐 다ᄅᆞᆫ남은ᄇᆡ아므드러나홋터지리라 아다라머
麗統이니로되큰강에ᄒᆞᆫᄇᆡᄅᆞᆯ불지르면
토와 다부하 더 ᄏᆔ 푼쳐허 춴 바래 삼심비
팡퉁 헌두머 암바 걍 더 어무, 춴 버
비 이누 알가 버 톡도부하비 ᄢᅵᄅᆞᆯ졍ᄒᆞ엿노라
周瑜ㅣ니로되나도
토와 버 배타라키 ᄒᆞ면블을ᄡᅳ쟈 졀 와 헌두머
曹公을파ᄒᆞ려
바루 헌두머 향ᄒᆞ여니로되 奎 궁 버 어푸러치
본ᄃᆡ麗統이周瑜

아다라머 커더부치 옴비 스머 장 투바버 구니머

워 헌두머 다무 어러 촐촐 실가부하 냘마

궤ᄒᆞᆫ후의 토와 버 배타라키 스치 져ᄒᆞ노라 젼

ᄒᆞ여셔그러 블을쓰고

알가 버 더리부피 터레 아마라 사슬로얼골ᄯᅴ롤시작

빈ᄒᆞᆯ다쇠끌회박고쇠

버 거무 서러 무허런 하다피 서러 푸태 홀보로

바하피 와치햐머 토와 다붐비 못ᄎᆞᆷ내블지롤ᄯᅳ 챤

엇지ᄒᆞ여어더셔

三譯總解 二　三

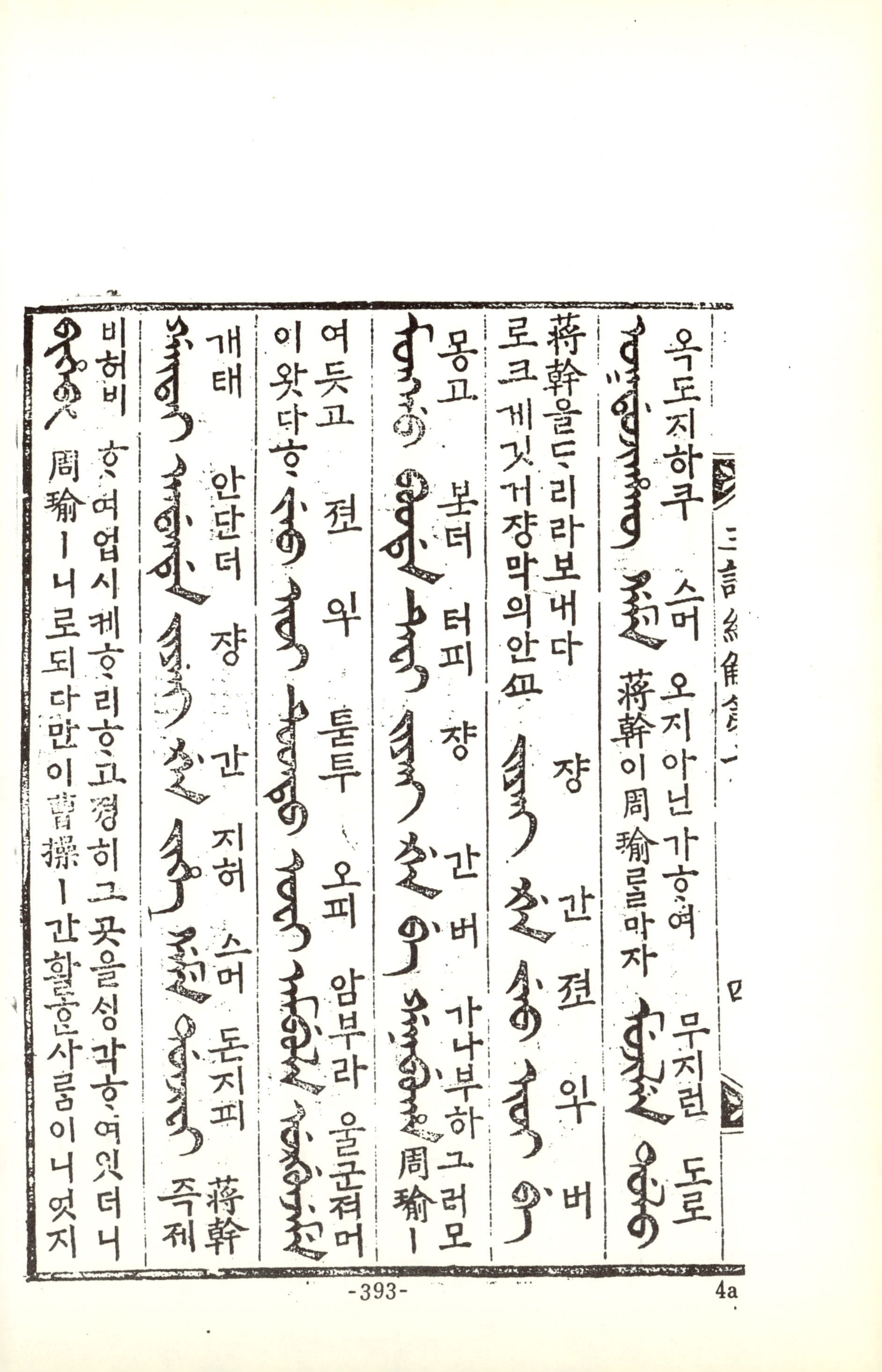

옥도지하쿠 슈머 오지아닌가ᄒᆞ여 무지런 도로
蔣幹이周瑜를마자

蔣幹을ᄃᆞ리라보내다 쟝 간 져 우 버
로크게깃거쟝막의안ᄒᆡ

몽고 보더 터피 쟝 간 버 가나부하 그러모
周瑜ㅣ

여듯고 져 위 툴투 오피 암부라 울군져머
이왓다ᄒᆞ

개태 안단더 쟝 간 지허 스머 돈지피 蔣幹
즉제

비허비 ᄒᆞ여업시케ᄒᆞ리ᄒᆞ고졍히그곳을싱각ᄒᆞ여잇더니
周瑜ㅣ너로되다만이曹操ㅣ간활ᄒᆞᆫ사ᄅᆞᆷ이니엇지

장 간 사후룬 인져머 현두머 ᄒᆞ고니로되 비

蔣幹이넝쇼

애누 툰투 에터럼비 네나롤엇지그리두루ᄂᆞ니

周瑜ㅣᄂᆞᆺ지어니로되子翼아

져 와 치라 알쟈피 현두머 즈 이 시 밈버

도시피 져 와 더 아챠하 드러周瑜의게뵈니

쳥ᄒᆞᆫ사ᄅᆞᆷ을조차단의

ᄅᆞᆯ루던의믜이고 현지허 날마 버 다하머 잉 더

의의심ᄒᆞ여마샹이

커너훈져머 웬후 버 무단 이 바더 홰타부피 음

므

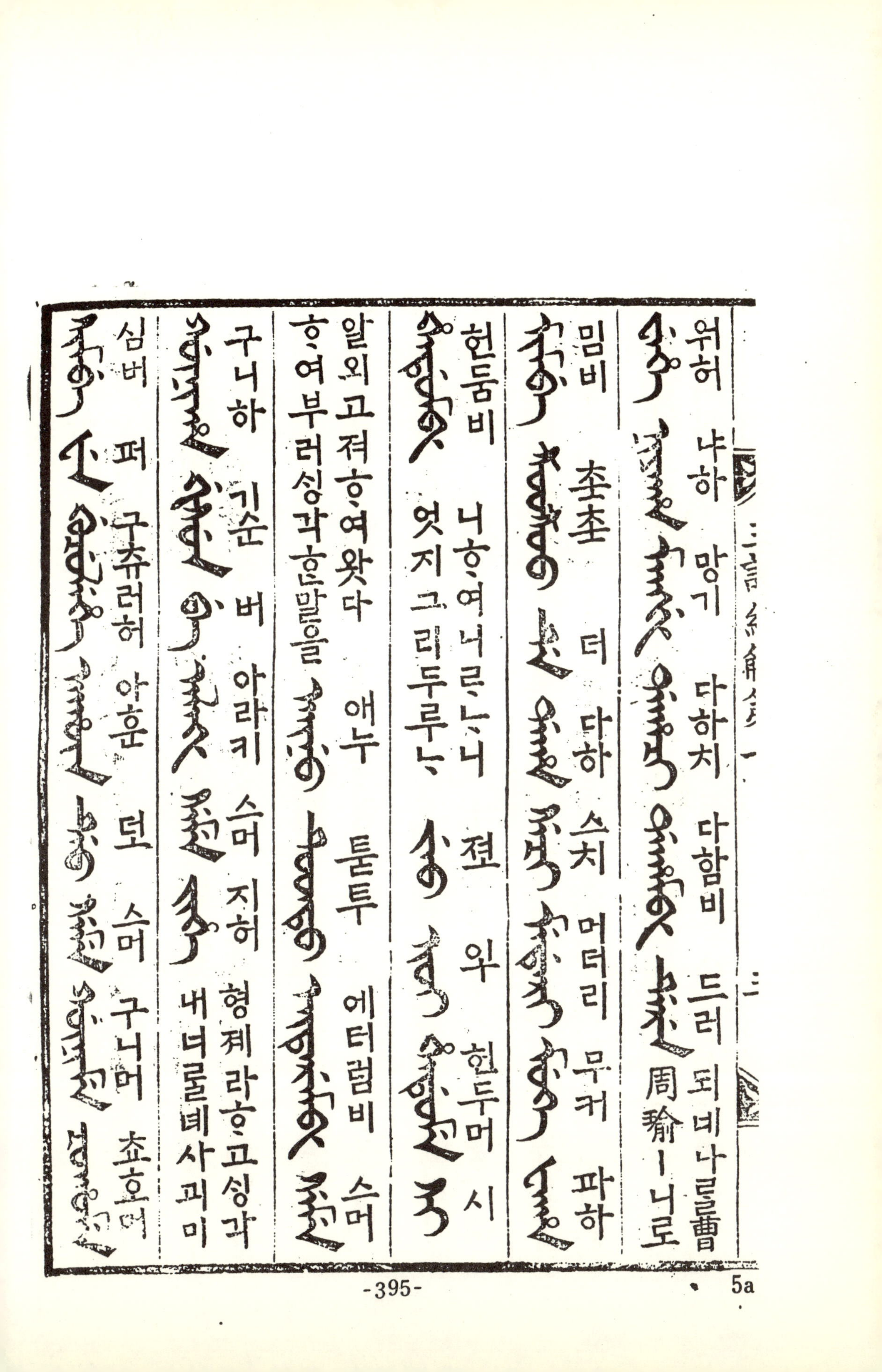

워허 냐하 망기 다하치 다함비 드러 되녜나ᄅᆞᆯ曹 周瑜ㅣ니로

밈비 촌촌 더 다하 스치 머더리 무커 파하

헌둠비 니ᄒᆞ여너ᄅᆞᆫᄂᆞ니 져 와 헌두머 시 엇지그리두루ᄂᆞᆫ

알외고져ᄒᆞ여왓다 애누 툰투 에터럼비 스머 ᄒᆞ여부러싱각ᄒᆞᆫ말ᄉᆞᆷ을

구니하 기순 버 아라키 스머 지허 형졔라ᄒᆞ고싱각 내너ᄅᆞᆯ톄사괴미

심버 퍼 구츄러허 아훈 더 스머 구니머 쵸호며

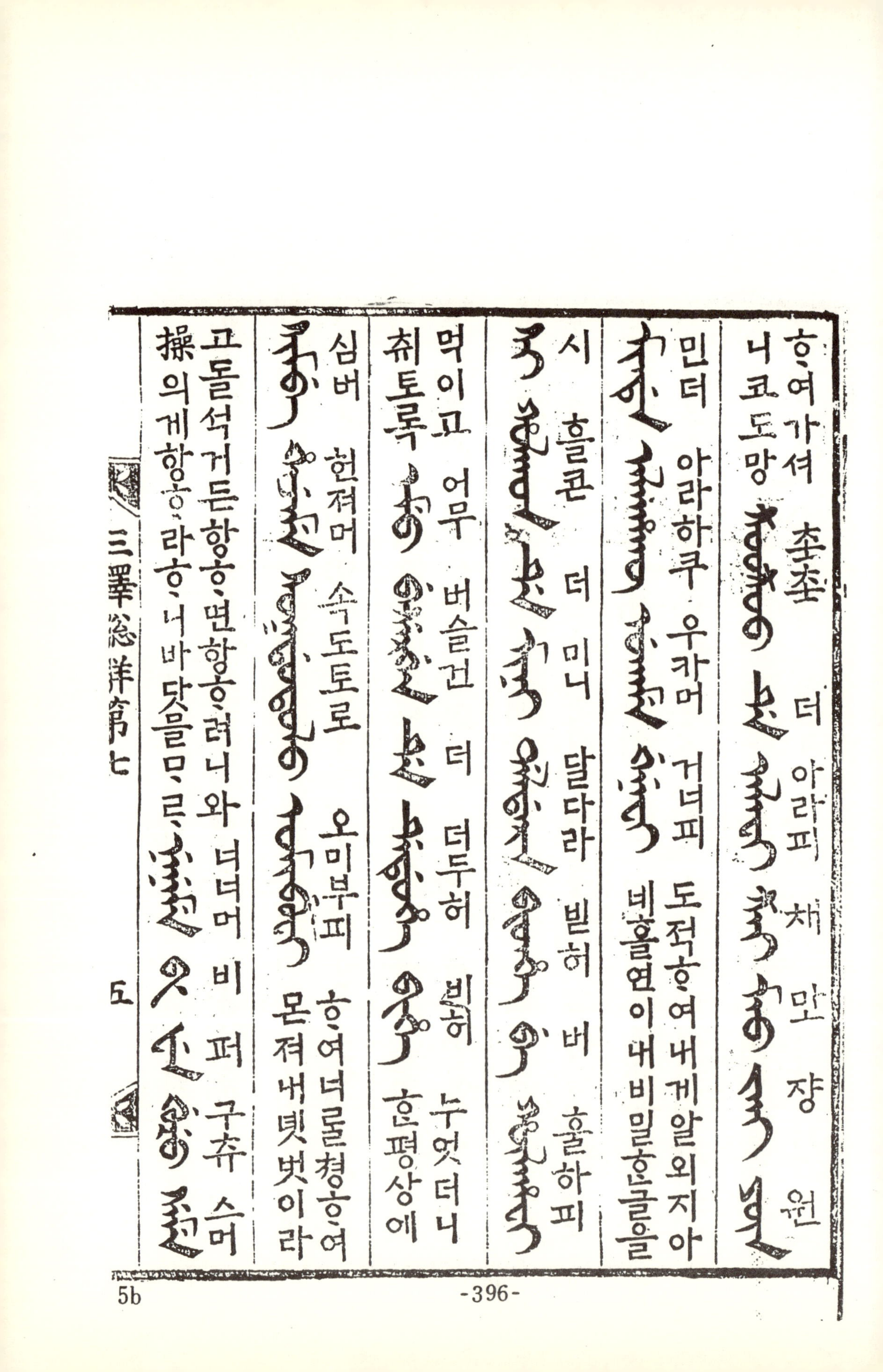

ᄒᆞ여가셔 춍쵸 더 아라피 채 맏 쟝 원
니쿄도망

민더 아라하쿠 우카머 거녀피 도적ᄒᆞ여내게알외지아
비홀연이내비밀ᄒᆞᆫ글을

시 흘콘 더 미니 달다라 빌허 버 훌하피

먹이고 어무 버슬건 더 더두허 비허 누엇더니
츼토록 ᄒᆞᆫ평상에

심버 헌져머 속도토로 오미부피 ᄒᆞ여너를청ᄒᆞ여
몬져내텻벗이라

고돌석거든항ᄒᆞ면항ᄒᆞ려니와 너너머 비 퍼 구츄 슈머
操의게항ᄒᆞ라ᄒᆞ니바닷믈ᄆᆞ른

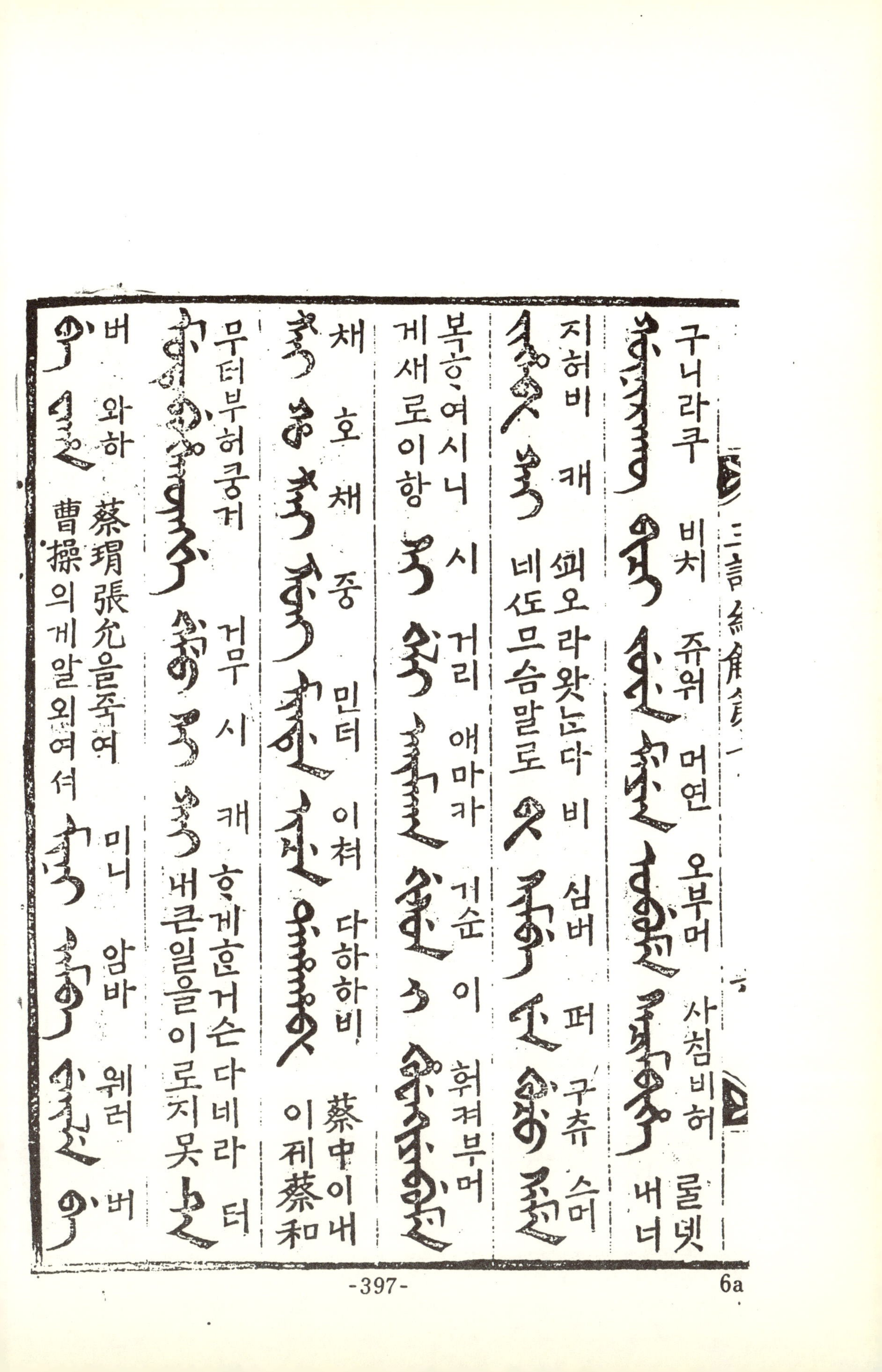

구니라쿠 비치 쥬워 머연 오부머 사침비허 롤녓 내너

지허비 캐 쐬오라왓ᄂᆞᆫ다 비 심버 퍼 구츄 슈머
네ᄯᅩ므슴말로

복ᄒᆞ여시니 시 거리 애마카 거순 이 휘쳐부머
게새로이항

채 호 채 중 민터 이쳐 다하하비 蔡中이내
이제蔡和

무터부허쿵거 거무 시 캐 ᄒᆞ게ᄒᆞᆫ거ᄉᆞᆫ다네라 터
내큰일을이로지못

버 와하 蔡瑁張允을죽여 미니 암바 웨러 버
曹操의게알외여셔

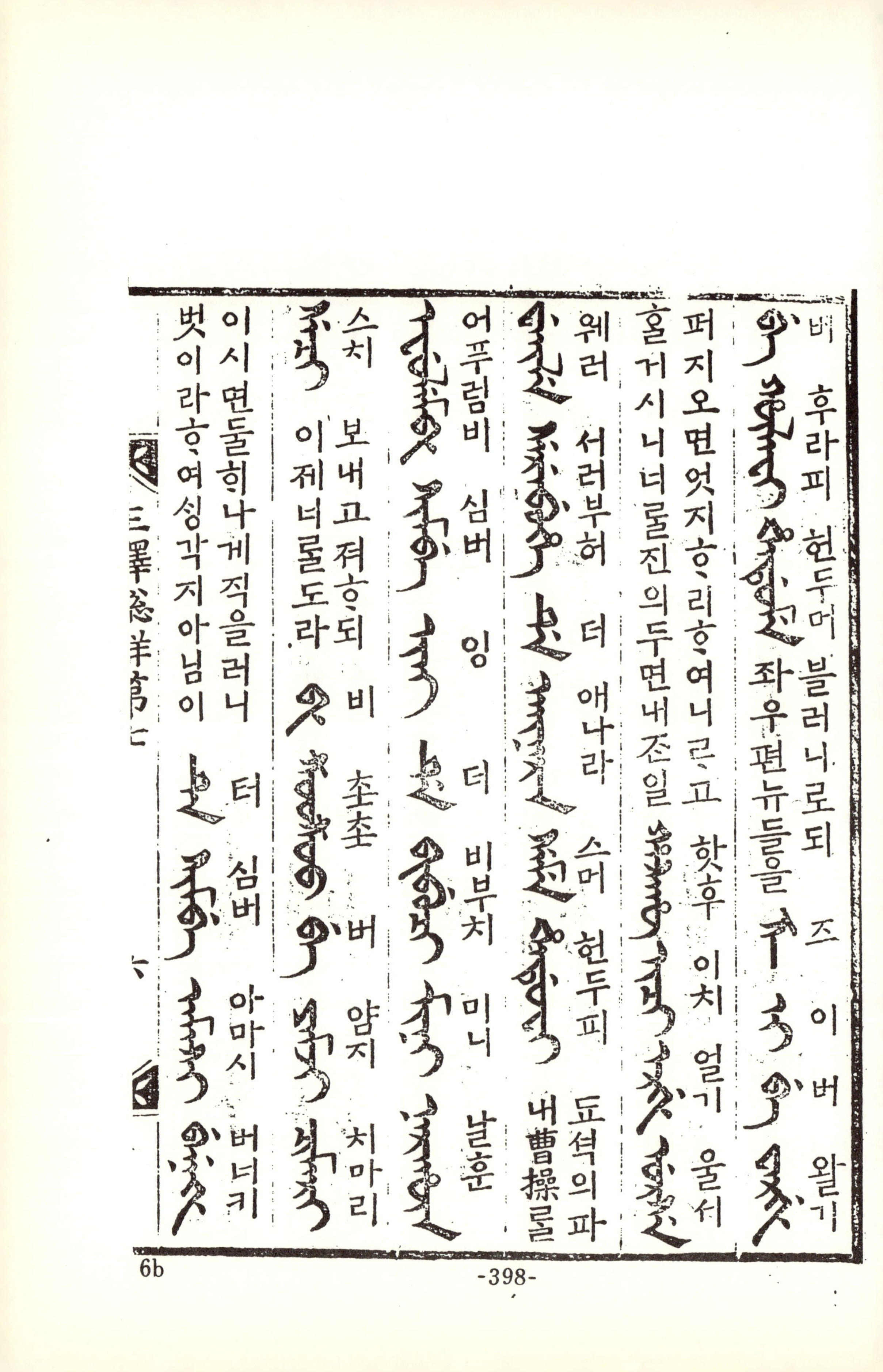

비 후라피 헌두머 블러니로되 즈 이 버 왈기
좌우편뉴들을
퍼지오면엇지ᄒᆞ리ᄒᆞ여니ᄅᆞ고 핫후 이치 얼기 울서
홀거시니뎌ᄅᆞᆯ진의두면내죤일
웨러 서러부허 더 애나라 스머 헌두피 됴셕의파
내曹操ᄅᆞᆯ
어푸럼비 심버 잉 더 비부치 미니 날훈
스치 보내고져ᄒᆞ되 비 쵸쵸 버 얌지 치마리
이제뎌ᄅᆞᆯ도라
이시면둘히나게직을러니 터 심버 아마시 버너키
벗이라ᄒᆞ여성각지아님이

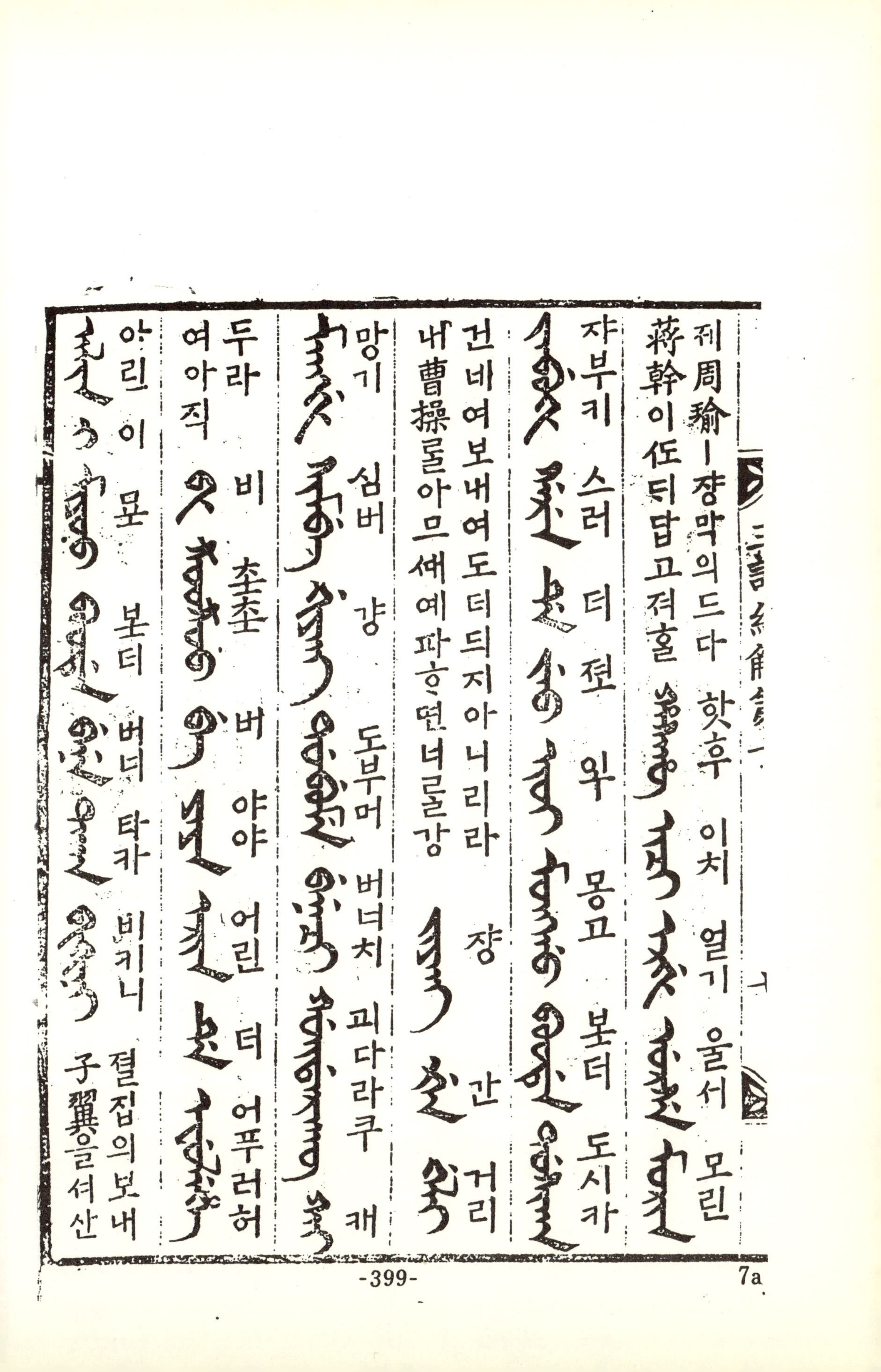

쥐周瑜ㅣ장막의드다 핫후 이치 얼기 울서 모린

蔣幹이伍듸답고져홀

쟈부키 스러 더 져 워 몽고 보더 도시카

건네여보내여도듸드지아니리라 장 간 거리

내曹操롤아므새예파ᄒᆞ면너롤강

망기 심버 강 도부머 버더치 괴다라쿠 캐

두라 비 초초 버 야야 어린 터 어푸러허

여아직

아리이 묘 보더 버더 타카 비키니 졀집의보내

子翼을셔산

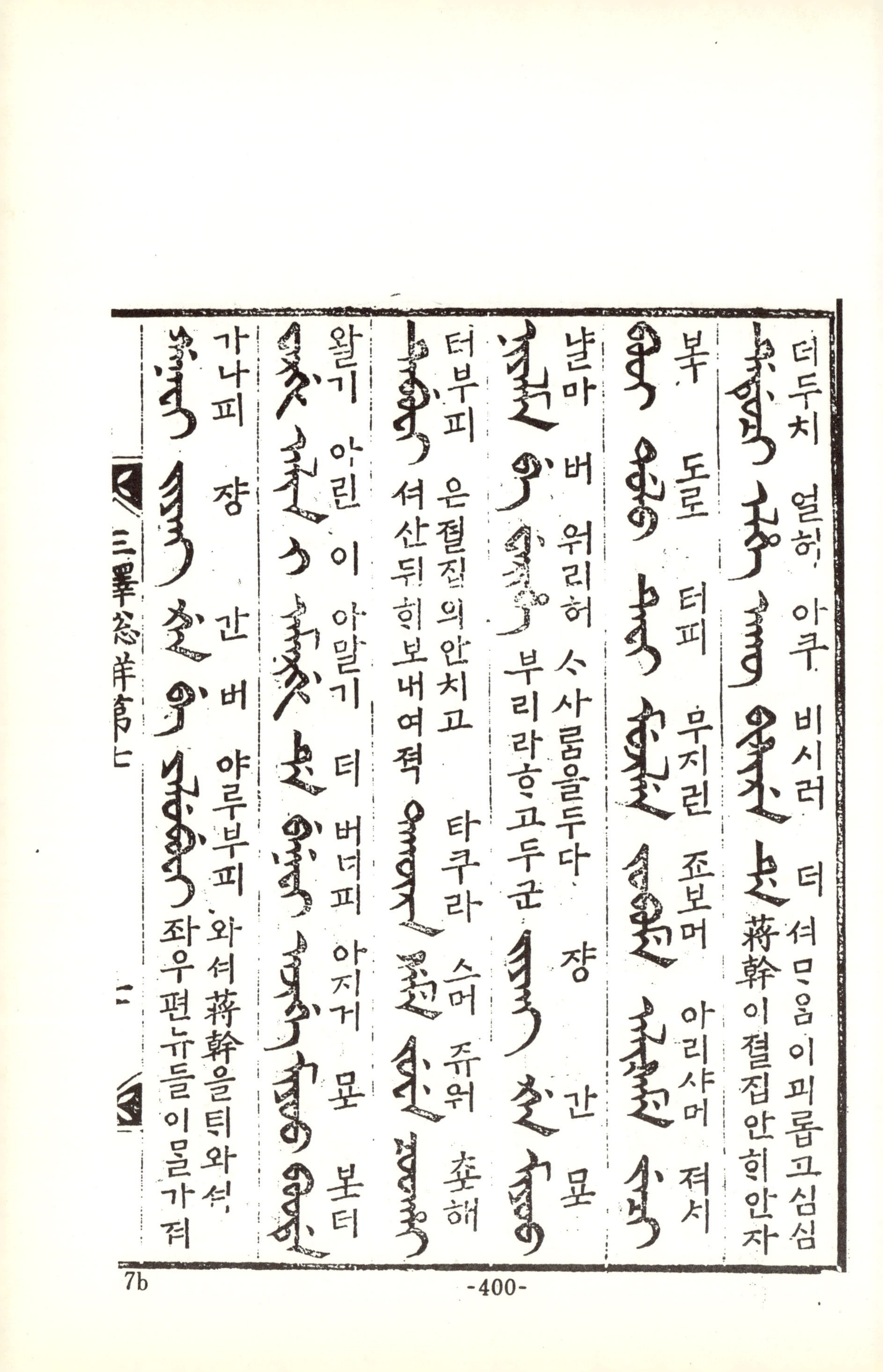

더두치 얼히 아쿠 비시러 더 셔ᄆᆞ옴이피롭고심심
蔣幹이졀집안희안자

봊 도로 터피 무지린 죠보머 아리샤머 져서

냘마 버 워리허 ᄉᆞ사ᄅᆞᆷ을두다 장 간 묘
부리라ᄒᆞ고두군

터부피 은졀집의안치고 타쿠라 슈머 쥬워 춘해
셔산뒤희보내여젹

왈기 아린 이 아말기 터 버녀피 아지거 묘 보터

가나피 장 간 버 야루부피 와셔蔣幹을티와셔
좌우편뉴들이믈가져

三譯總解七 二

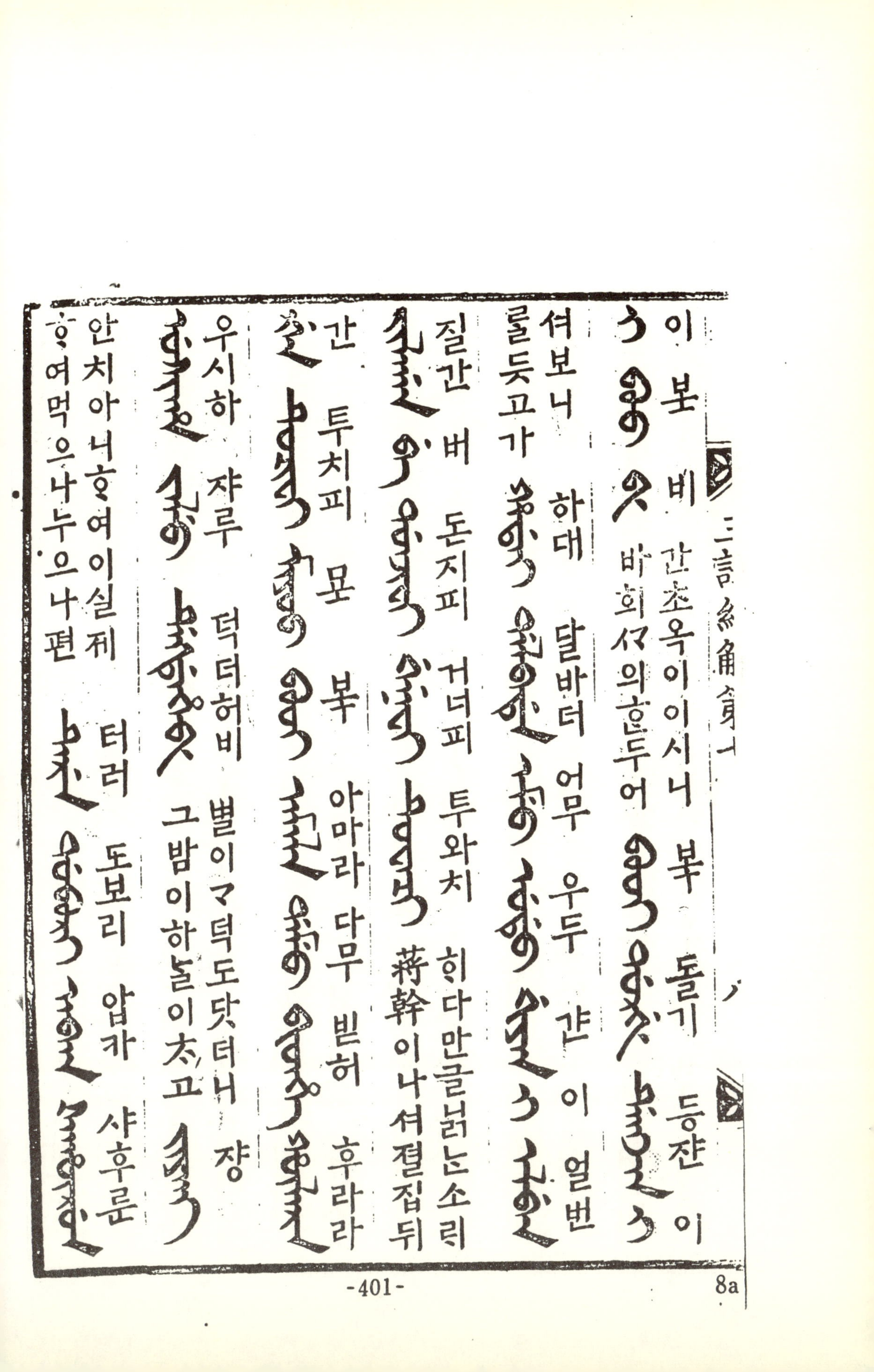

이 보 비 간초옥이이시니 복 돌기 등잔 이
바회ᄭ의ᄒᆞᆫ두어
셔보니 하대 달바터 어무 우두 갼 이 얼번
룰듯고가
질간 버 돈지피 거너피 투와치 히다만글닑ᄂᆞᆫ소릐
蔣幹이나셔졀집뒤
간 투치피 묘 복 아마라 다무 빋허 후라라
우시하 쟈루 덕더허비 별이ᄆᆞ덕도닷터니 쟝
그밤이하ᄂᆞᆯ이ᄎᆞ고
안치아니ᄒᆞ여이실쥐 터러 도보리 압카 샤후룬
ᄒᆞ여먹으나누으나편

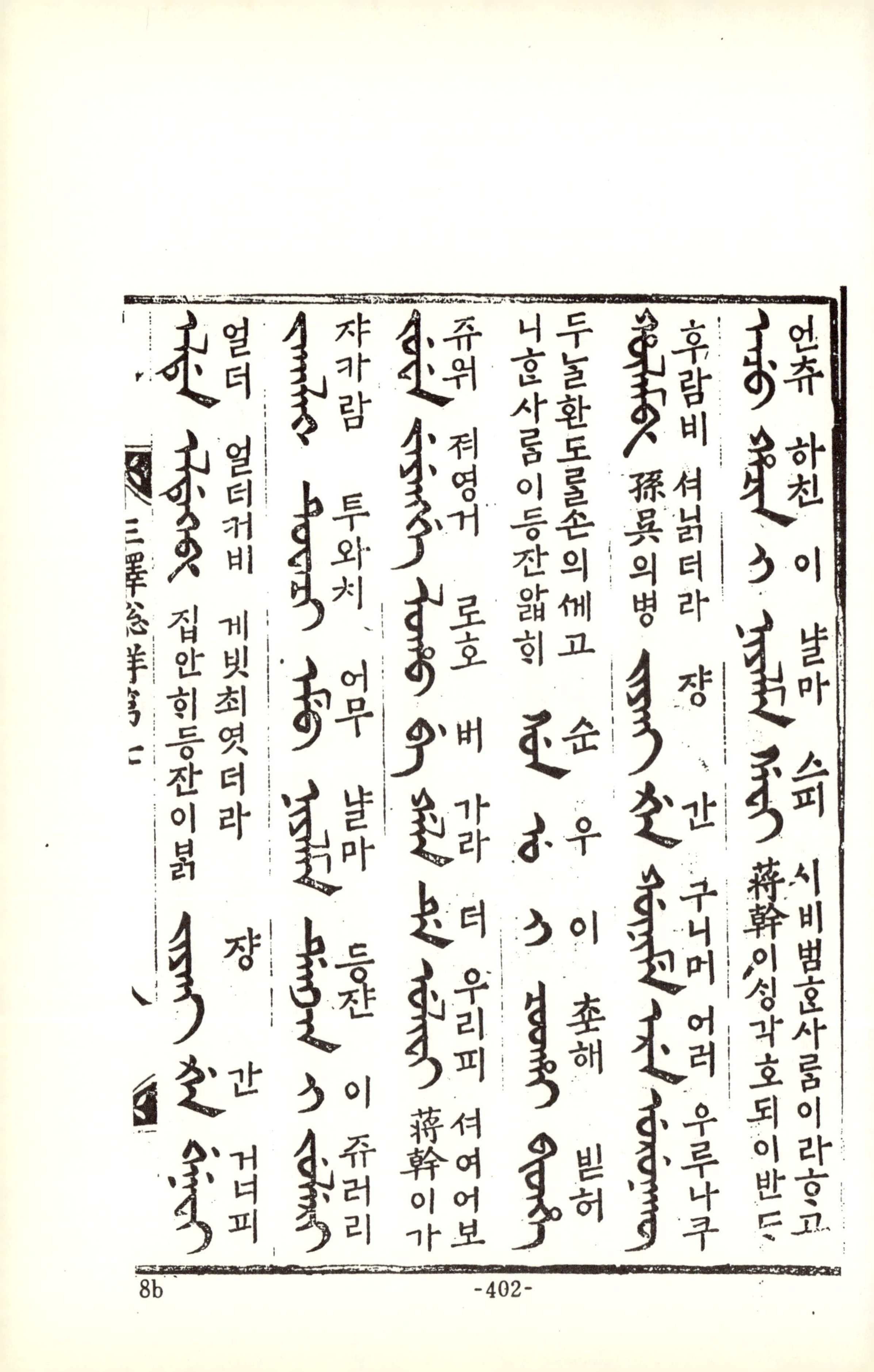

언츄 하친 이 날마 싀피 시비범ᄒᆞᆫ사ᄅᆞᆷ이라ᄒᆞ고
蔣幹이ᄉᆡᆼ각ᄒᆞ되이반ᄃᆞ

후람비 셔넘터라 쟝 간 구니머 어러 우루나쿠
孫吳의병

두ᄂᆞᆯ환도ᄅᆞᆯ손의쎄고 순 우 이 ᄎᆞᆫ해 빈허
니ᄒᆞᆫ사ᄅᆞᆷ이등잔앏ᄒᆡ

쥬워 져영거 로호 버 가라 터 우리피 셔여어보
蔣幹이가

쟈카람 투와치 어무 날마 등쟌 이 쥬러리

얼더 얼더커비 게빗최엿더라 쟝 간 거너피
집안ᄒᆡ등잔이ᄇᆞᆰ

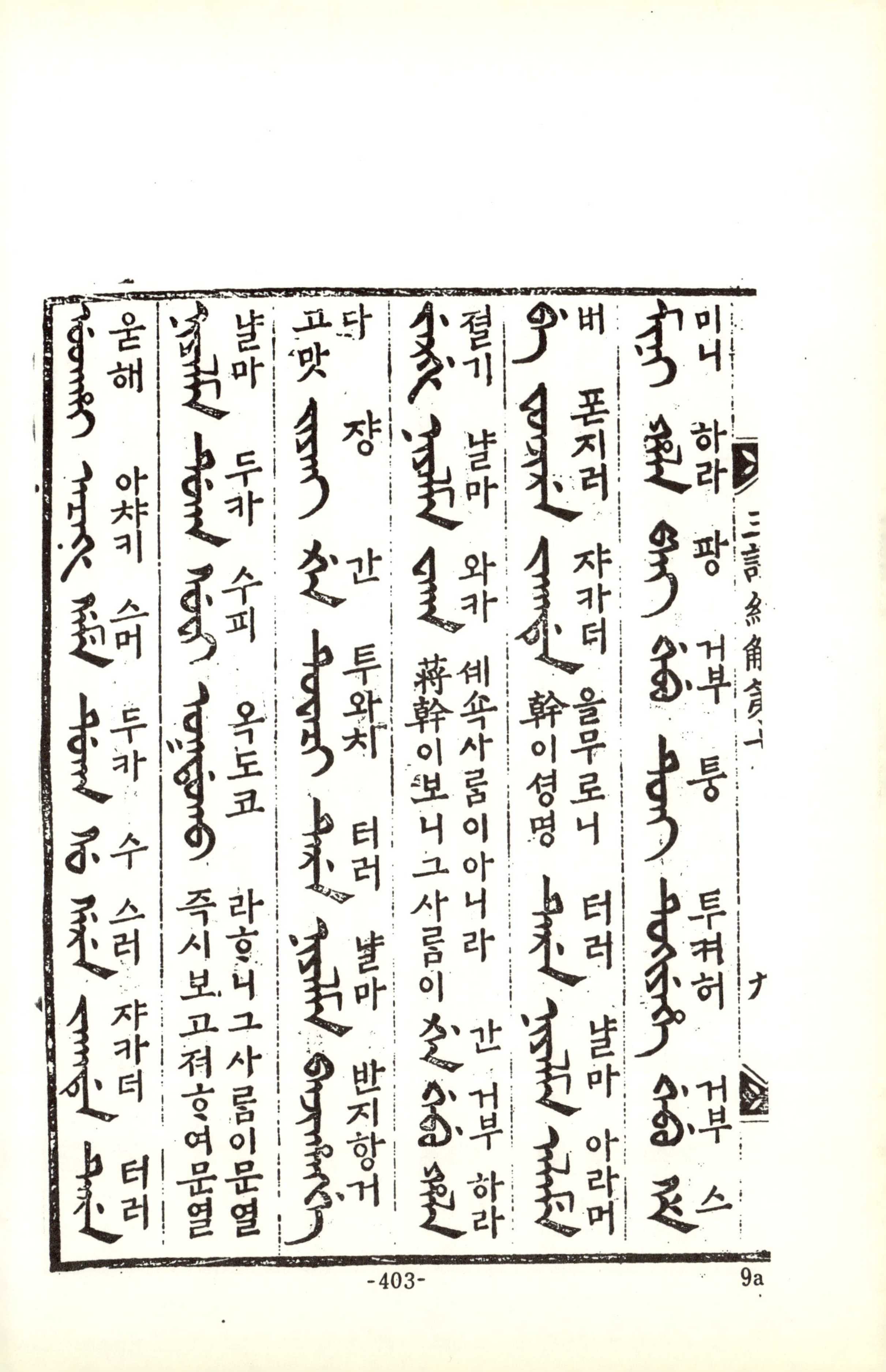

미니 하라 팡 거부 퉁 투쿼허 거부 스

버 퐁지러 쟈카더 을무로니 幹이셩명 터러 냘마 아라머

졀기 냘마 와카 셰쇽사룸이아니라 蔣幹이보니그사룸이 간 거부 하라

다 고맛 쟝 간 투와치 터러 냘마 반지항거

냘마 두카 수피 옥도쿄 라ᄒᆞ니그사룸이문열 즉시보고져ᄒᆞ여문열

운해 아챠키 슈머 두카 수 스러 쟈카더 터러

원

그사름이알외되내셩은龐이오일홈은統이오ᄌᆞᄂᆞᆫ士元이라

쟝 간 헌두머

시 풍추 샨 승 와카 스먼

蔣幹이니로되네鳳雛先生이아닌

다

팡퉁 헌두머 인누

龐統이니로되올타

쟝 간 헌두머

시 애누 냘마 아쿠 볼터 엄훈 톼캬머 비

蔣幹이니로되네엇지사름업손집의혼자직희여잇ᄂᆞ뇨

팡퉁 쟈부머 터

젼 랑 이니 얼더무 비 위시훈 스머 얼두피

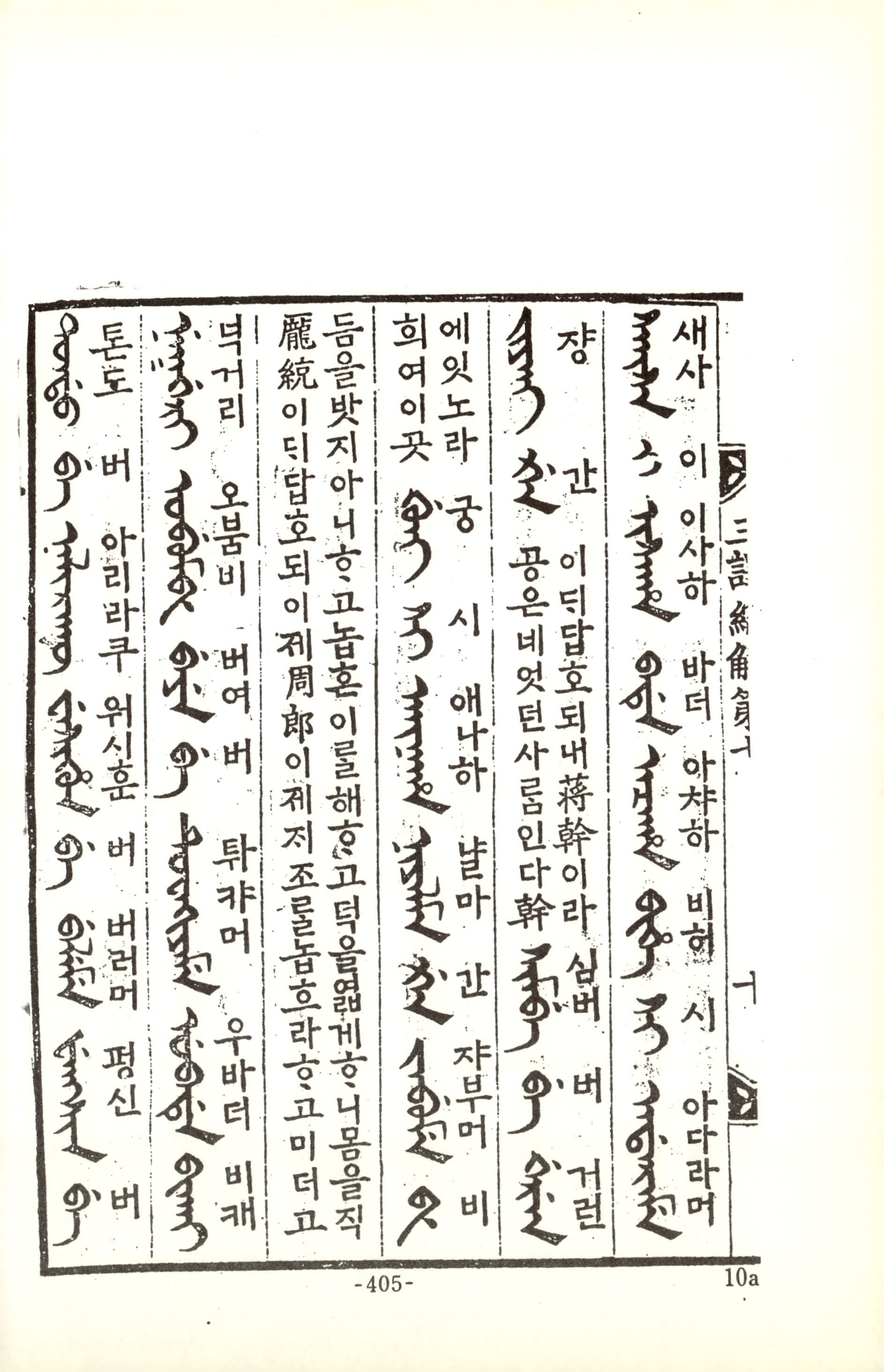

새사 이 이사하 바더 아챠하 비허 시 아다라머

장 간 이ᄃᆡ답ᄒᆞ되내蔣幹이라 심버 버 거런
공은네엇던사ᄅᆞᆷ인다幹

에잇노라 궁 시 애나하 날마 간 쟈부머 비
희여이곳

듬을밧지아니ᄒᆞ고놉흔이를해ᄒᆞ고덕을엷게ᄒᆞ니몸을직
龐統이ᄃᆡ답ᄒᆞ되이졔周郞이졔ᄌᆞ조를놉흐라ᄒᆞ고미더고

덕거리 오붐비 버여 버 퉈캬머 우바더 비캐

톤도 버 아리라쿠 워시훈 버 버러머 평신 버

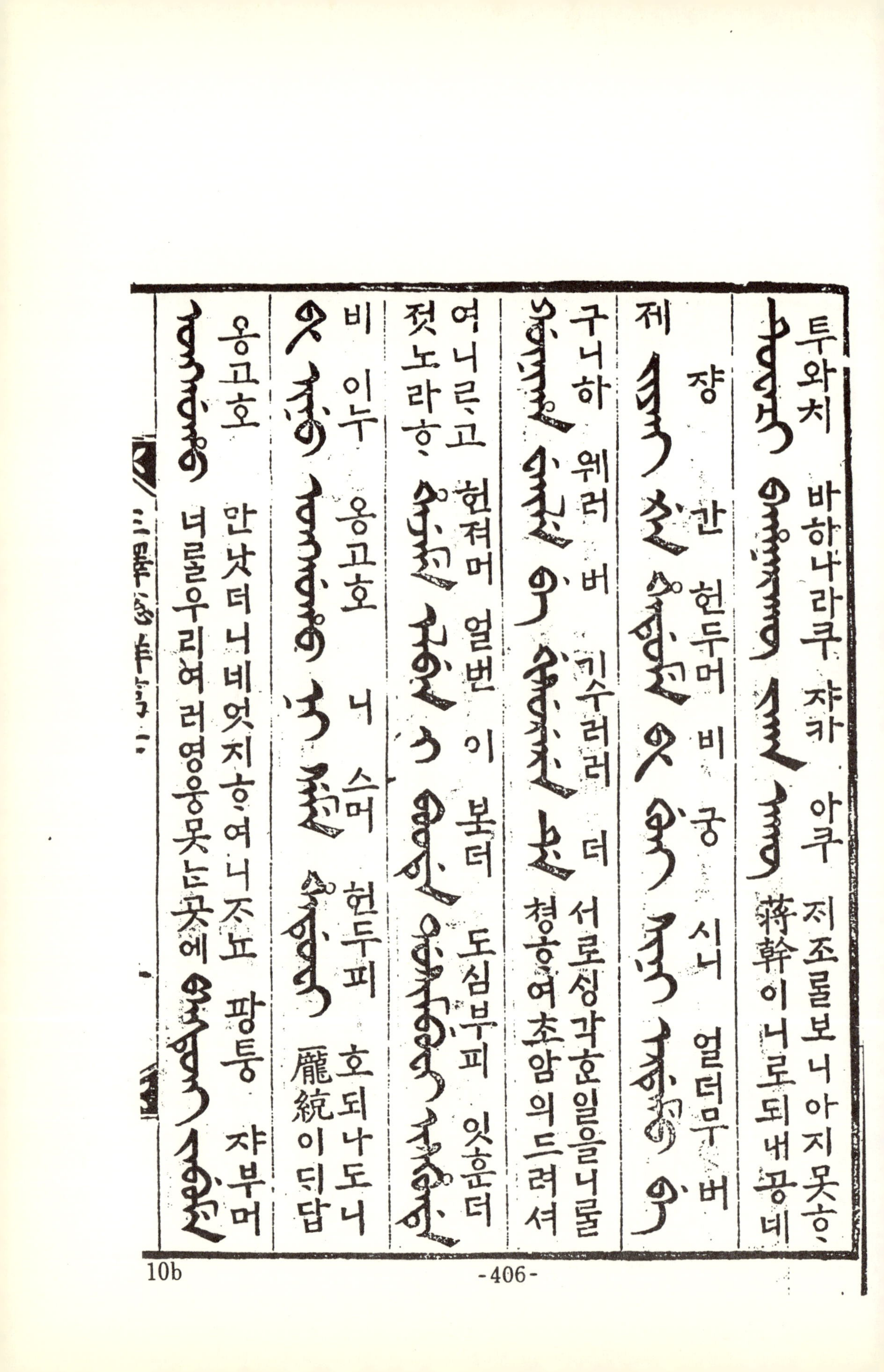

투와치 바하나라쿠 쟈카 아쿠 지조롤보니아지못ᄒᆞ、
蔣幹이너로되내공네
제 장 간 헌두머 비 궁 시너 얼더무 버
구너하 웨러 버 기수러러 더 서로싱각ᄒᆞᆫ일을너를
청ᄒᆞ여초암의드려셔
여너르고 헌쳐머 얼번 이 부러 도심부피 잇ᄒᆞᆫ더
졋노라ᄒᆞ、
비 이누 옹고호 너 슈머 헌두피 호되나도너
龐統이되답
옹고호 만낫더니네엇지ᄒᆞ여니즈뇨 팡퉁 쟈부머
너를우리여러영웅못ᄂᆞᆫ곳에

三譯總解 二

부염비 고와밋부게홈을원ᄒᆞ노라 팡퉁 헌두머
蔣幹이니로되내명과몸을밧

미너 얼건 버여 버 후라샤머 와두라라 버

올훔비 쓰지아닐ᄊᆞ저허ᄒᆞ노라 쟝 간 헌두머
龐統이니로되다만나룰

팡퉁 헌두머 다무 밈버 배타라라쿠 더

개피 아챠부러 드러 면내ᄃᆞ려다가뵈게ᄒᆞ리라
네曹操의게항홀ᄆᆞ옴이이사

엽스니 시 ⿱大土⿱大土 더 다하라 무치런 비차 비
는거시

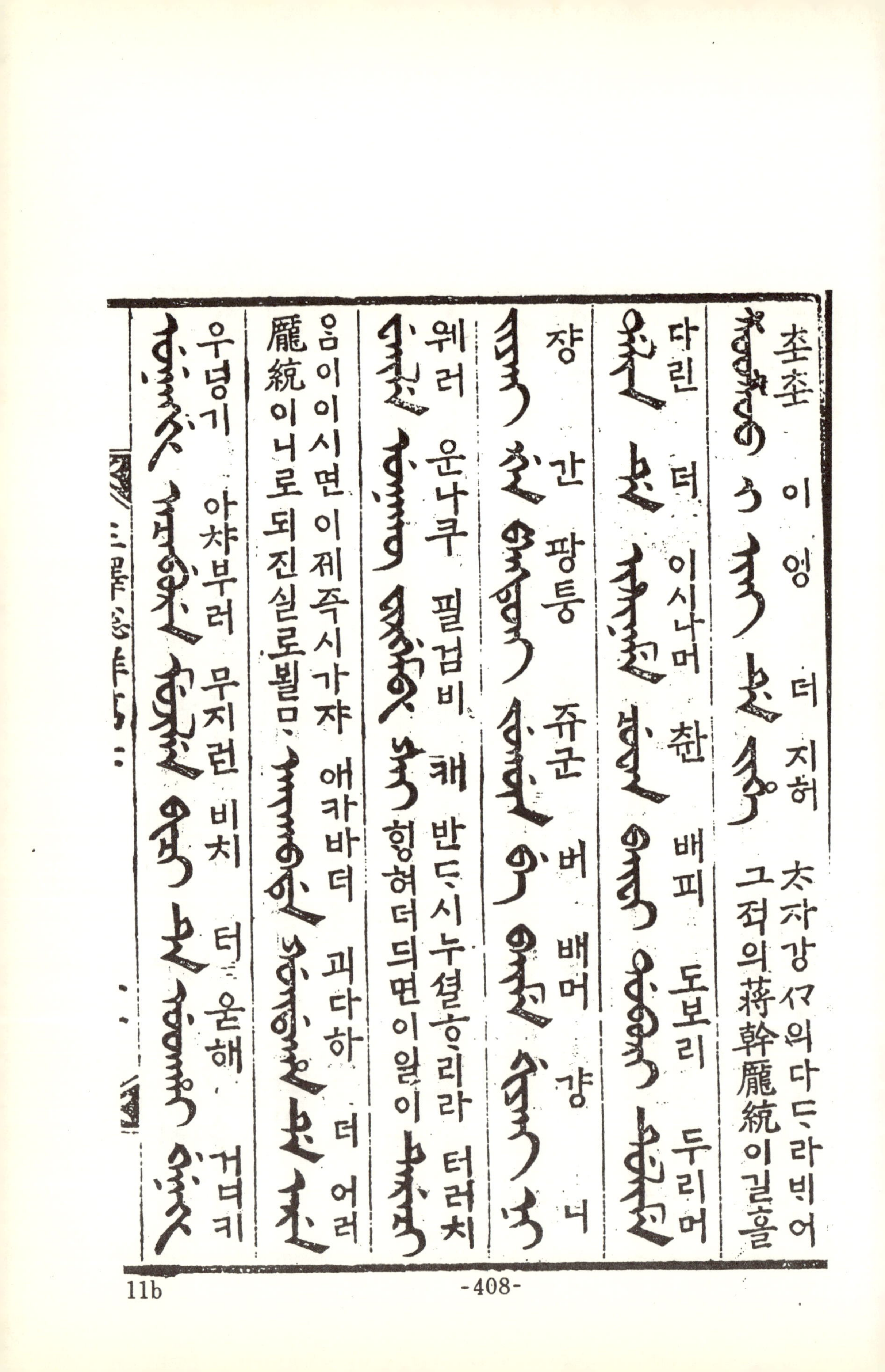

촌촌 이 잉 더 지허 ᄎᆞᄌᆞ강ᄉᆞ의다ᄃᆞ라비어 그적의蔣幹龐統이길흘

다린 더 이시나머 춴 배피 도보리 두리머

쟝 간 팡퉁 쥬군 버 배머 걍 니

웨러 운나쿠 필검비 채 반ᄃᆞ시누셜ᄒᆞ리라 힝혀더듸면이왏이 터러치

음이이시면이졔즉시가쟈 龐統이니로되진실로뵐ᄆᆞ 애카바더 괴다하 더 어러

우뎡기 아쟈부러 무지런 비치 터 욷해 거더키

려셔보고뭇츤후에빈쥬녜로안싸
ㅣ쟝막의셔龐統을마자나집의드
팡퉁 더 폰지치

와지하 망기 안타하、 뵈호지 도로 이 더쳐허 操
曹

버 옥도머 투치피 보더 도심부피 아차머

을다알외다 쵸쵸 몽고 보 치 팡퉁
게만나셔젼일

아챠나피 더더허 웨러 버 와치하머 아라하 져曹操의
蔣幹이곤

操의진에오다 쟝 간 더더머 쵸쵸 더
더밤지나도록曹

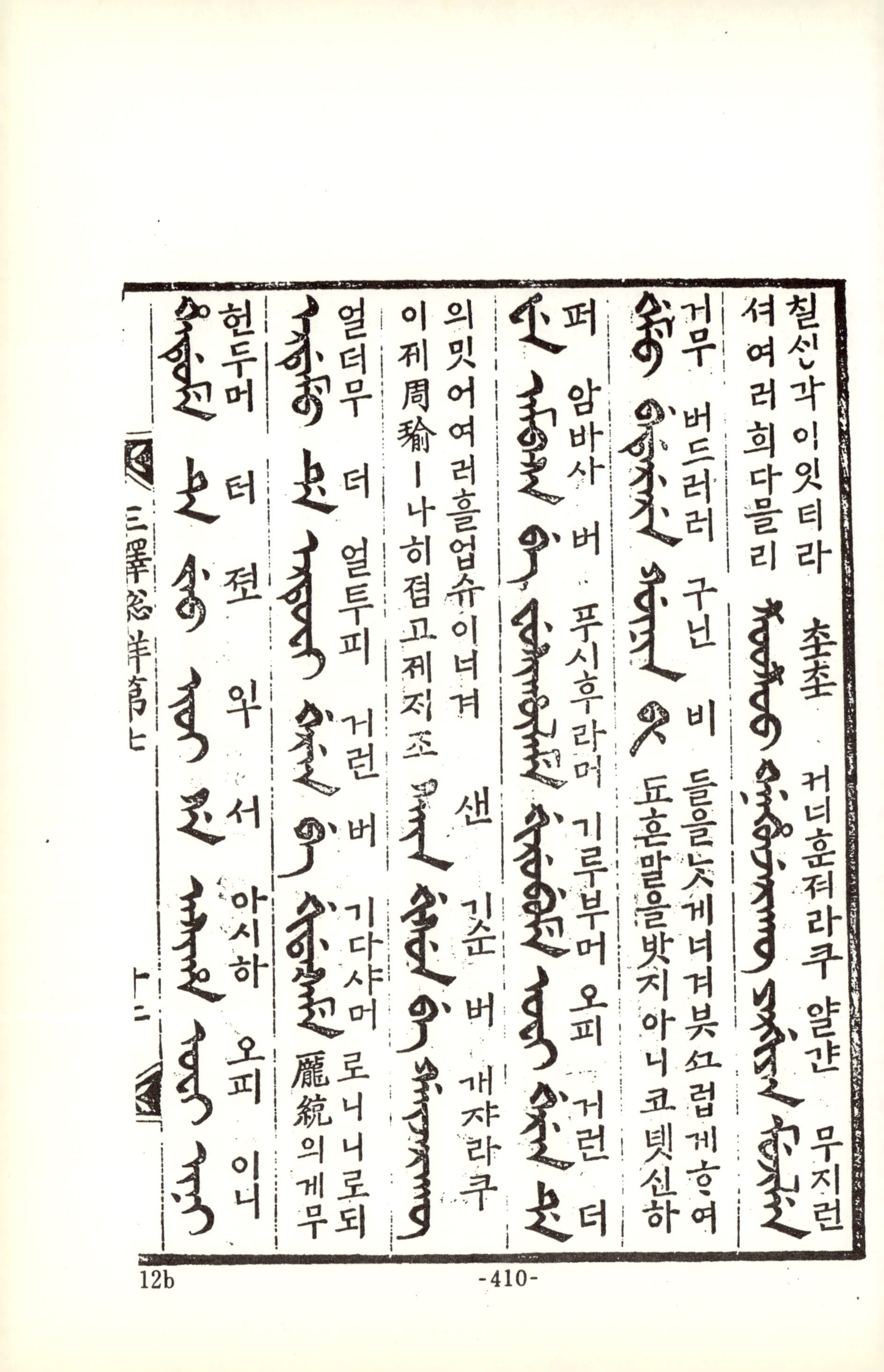

칠신각이잇티라 촐촐 커너훈져라쿠 얄갼 무지런

셔여러희다믈리

거무 버드러러 구빈 비 들을ᄂᆞᆺ게너겨븟ᄭᅳ럽게ᄒᆞ여

됴흔말을밧지아니코톗신하

퍼 암바사 버 푸시후라머 기루부머 오피 거런 더

의밋어여러흘업슈이너겨 샌 깃순 버 개쟈라쿠

이쥐周瑜ㅣ나히졉고쥐지조

얼더무 더 얼투피 거런 버 기다샤머 로니니로되

麗統의게무

헌두머 터 졀 위 서 아시하 오피 이니

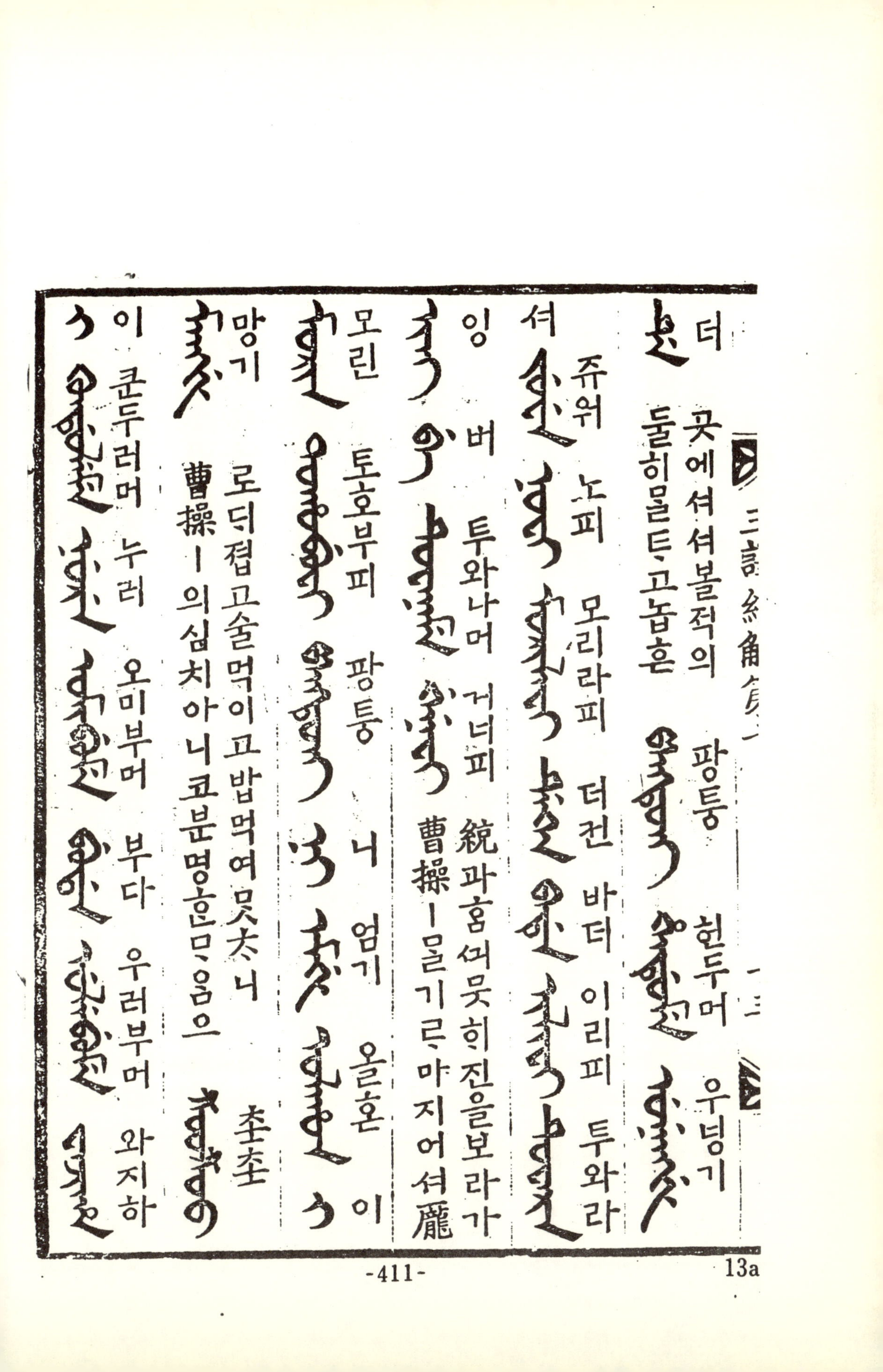

더 곳에셔셔볼적의 둘히몰ᄐᆞ고놉흔 팡퉁 헌두머 우넝기

셔 쥬워 노피 모리라피 더컨 바더 이리피 투와라

잉 버 투와나머 거너피 統과홈ᄭᅴ못히진을보라가 曹操ㅣ믈기ᄅᆞ마지어셔龐

모린 토호부피 팡퉁 니 엄기 올혼 이

망기 로ᄃᆡ졉고술먹이고밥먹여뭇ᄎᆞ니 曹操ㅣ의심치아니코분명ᄒᆞᆫᄆᆞᄋᆞᆷ으 坴坴

이 쿤두러머 누러 오미부머 부다 우러부머 와지하

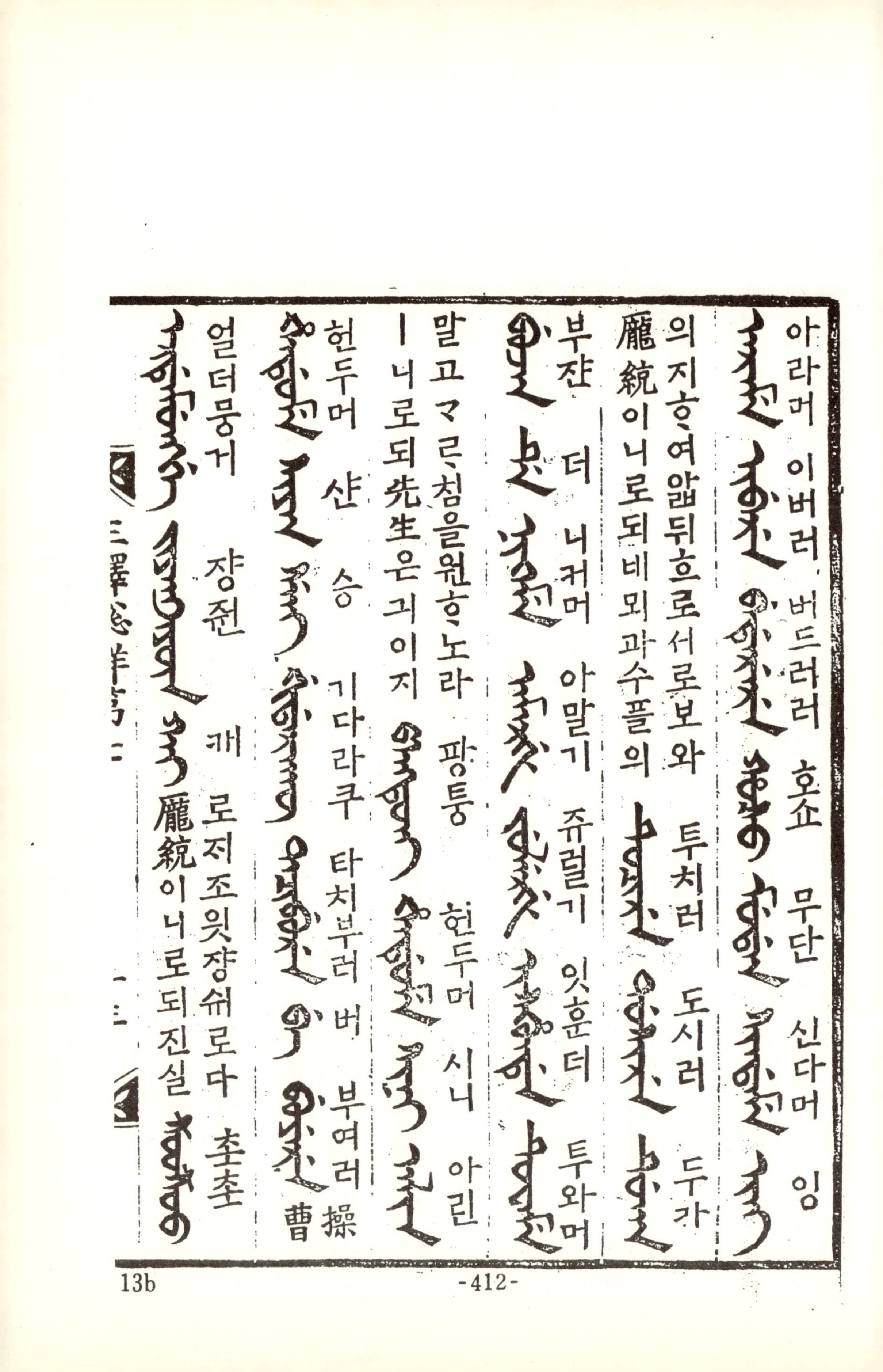

아라머 이버러 버드러러 호쇼 무단 신다머 잉

의지ᄒᆞ여앏뒤흐로서로보와 투치러 도시러 두가

龐統이니로되네뫼과수플의

부쟌 더 니커머 아말기 쥬럴기 잇훈더 투와머

말고ᄆᆞᄅᆞ침을원ᄒᆞ노라 팡퉁 헌두머 시니 아린

ㅣ니로되先生은긔이지

헌두머 샨 승 기다라쿠 타치부러 버 부여러 操 曹

얼더뭉거 장쥔 캐 로지조읫쟝쉬로다 촡촡

龐統이니로되진실

三譯總解 二 十三

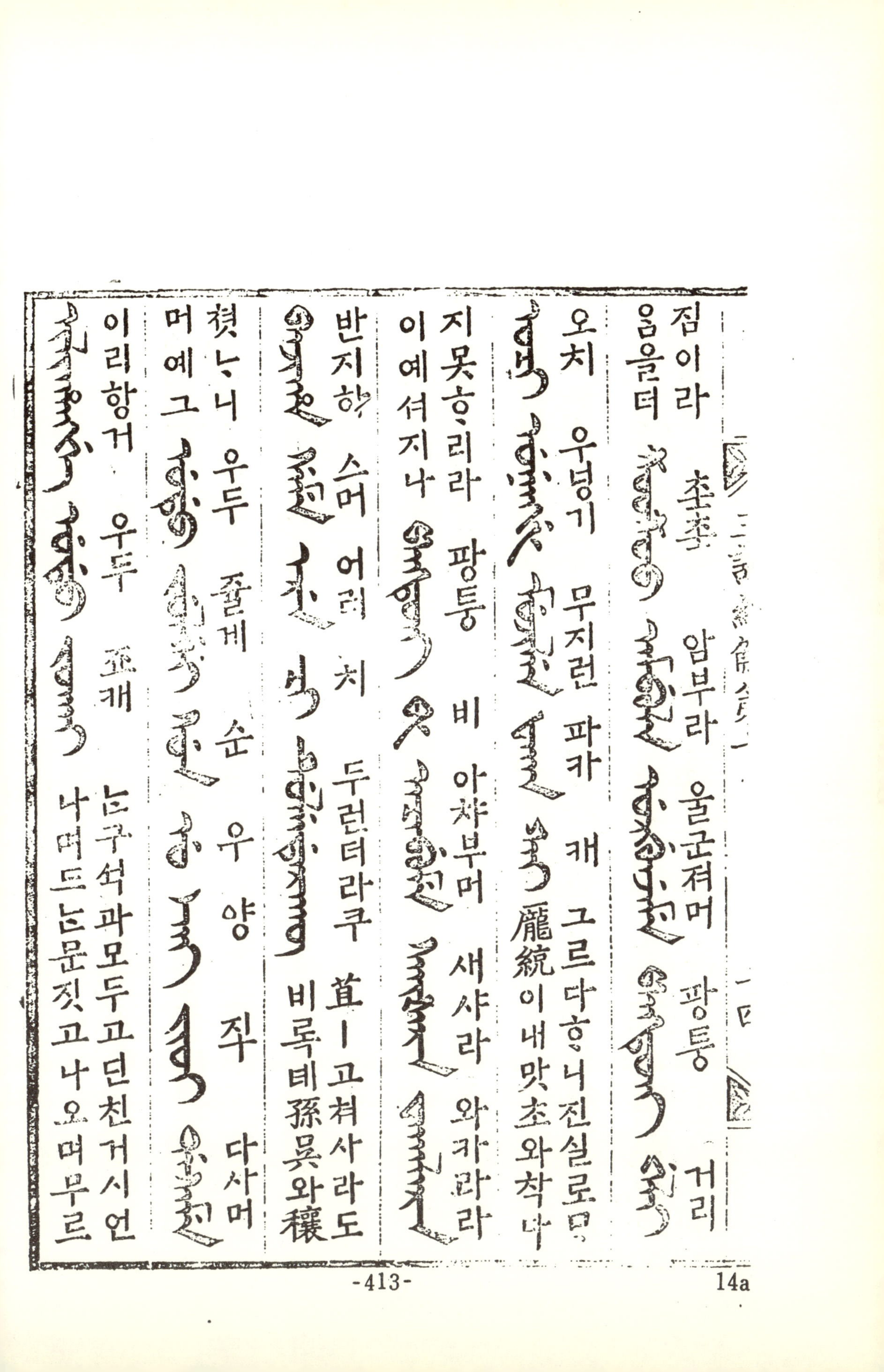

집이라 옴을더 춥주 암부라 울군져머 팡퉁 거리

오치 우넝기 무지런 파카 개 그르다ᄒᆞ니진실로므ᆡ 麤統이내맛초와착나

지못ᄒᆞ리라 이예셔지나 팡퉁 비 아쟈부머 새샤라 와캬라라

반지ᄒᆞᆫ 스머 어려 치 두런더라쿠 首ㅣ고쳐사라도 비록톄孫吳와穰

쳐ᄂᆞ니 머예그 우두 쥴게 순 우 양 직 다사머

이리항거 우두 죠개 는구셕과모두고뎐친거시언 나며드는문짓고나오며무르

쥬러시 야부러 쥬군 버 신다하비 쵸하
도로 아지거 춴 버 소미피 ᄅᆞᆯ숨초와셔 아마시
안ᄒᆡ 젹은 비
춴 버 허쳔 이 거쉬 페다하비 곳치 버러잇고
싸호ᄂᆞᆫ 큰 비ᄅᆞᆯ 셩
두카 아라하비 믈비문지어잇고 아파라 암바
남으로도라보니스
을보라가셔 쥬러시 포로피 투와치 오린 둔
ᄯᅩ흠씌믈진
엄기 무케 잉 버 투와나머 거더피 깃거 龐統과
曹操ㅣ크게

三譯總解第七 十四

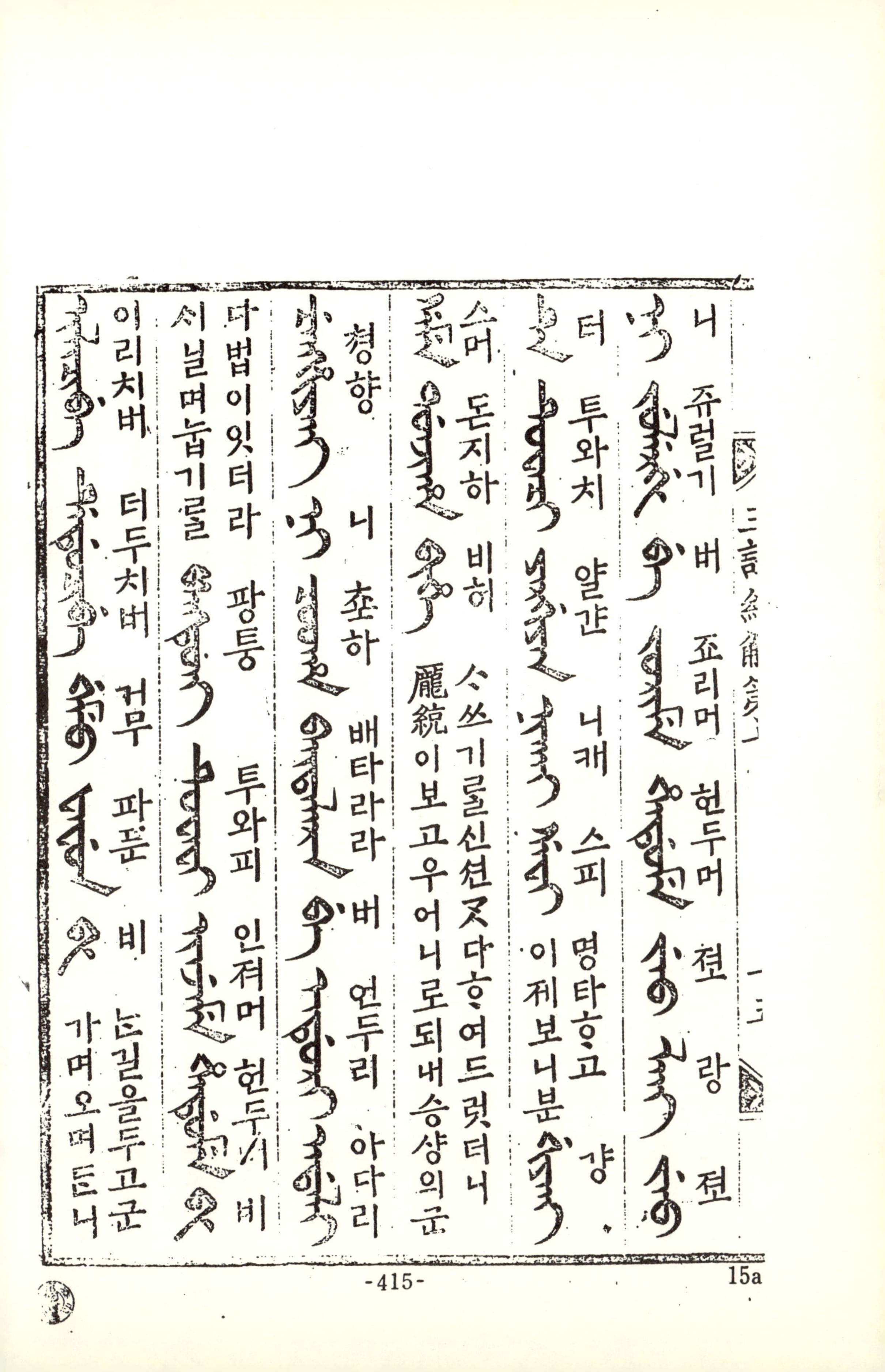

니 쥬럴기 버 죠리머 헌두머 쳐 랑 져

터 투와치 얄갼 니캐 스피 명타ᄒᆞ고 걍

이제보니분

슈머 돈지하 비히 ᄉᆞ쓰기롤신션ᄀᆞᆺ다ᄒᆞ여드럿터니

麗統이보고우어니로되내승샹의군

쳥향 니 춍하 배타라라 버 연두리 아다리

다법이잇터라 팡퉁 투와피 인쳐머 헌두머 비

싀닐며눕기롤

이리치버 터두치버 커무 파푼 비 ᄂᆞᆫ길을두고군

가며오며ᄃᆞ니

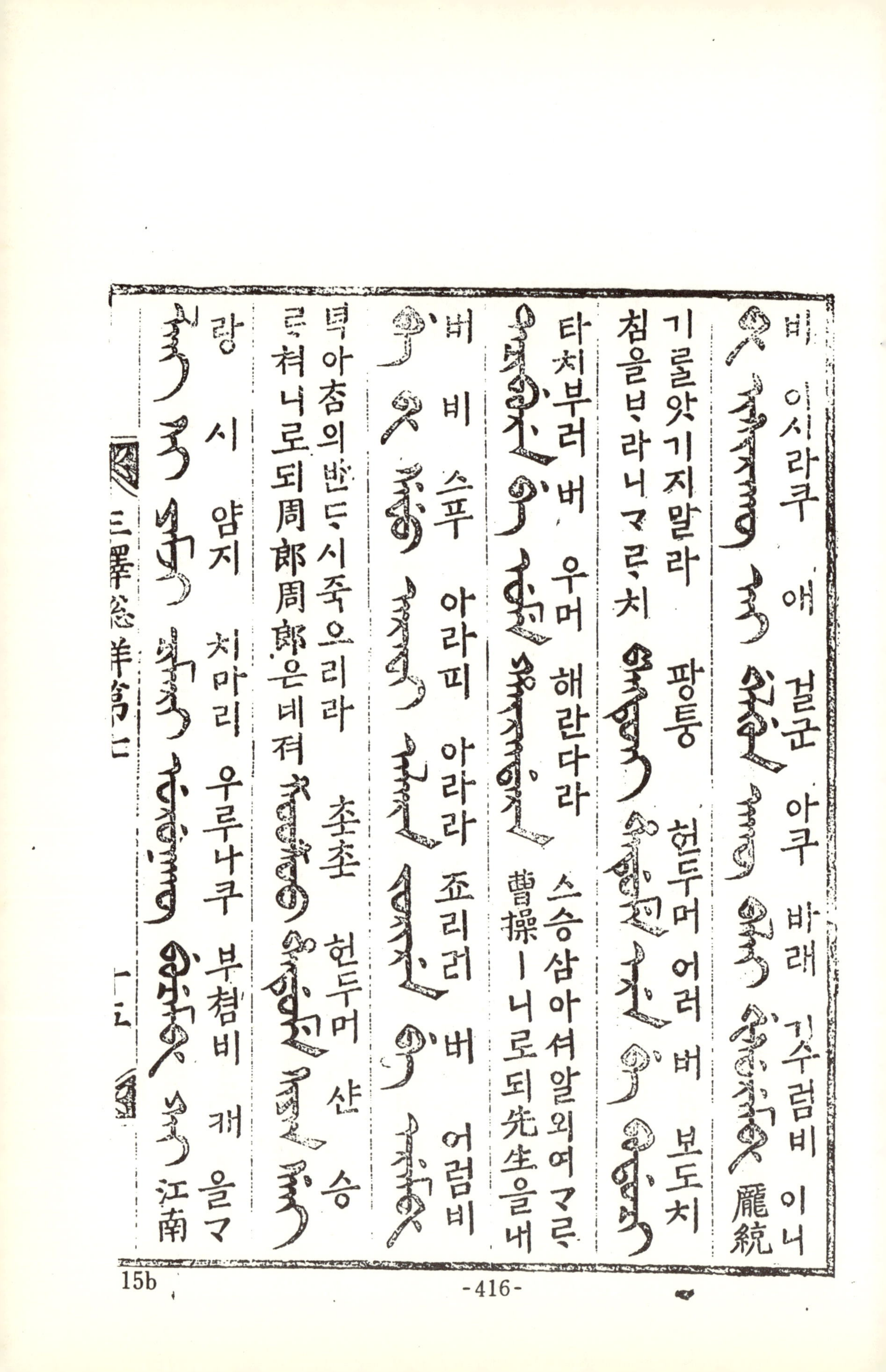

비 이시라쿠 애 걸군 아쿠 바래 기수럼비 이니

龐統

기롤앗기지말라 팡퉁 헌두머 어러 버 보도치

침을ᄇᆞ라니마ᄅᆞ치

타치부러 버 우머 해란다라 스승삼아셔알외여마ᄅᆞ

曹操ㅣ니로되先生을내

버 비 스푸 아라피 아라라 죠리러 버 어검비

텨아춤의반ᄃᆞ시죽으리라 촌촌 헌두머 샨 승

ᄅᆞ쳐니로되周郎周郎은네져

랑 시 얌지 치마리 우루나쿠 부쳠비 캐 을마

江南

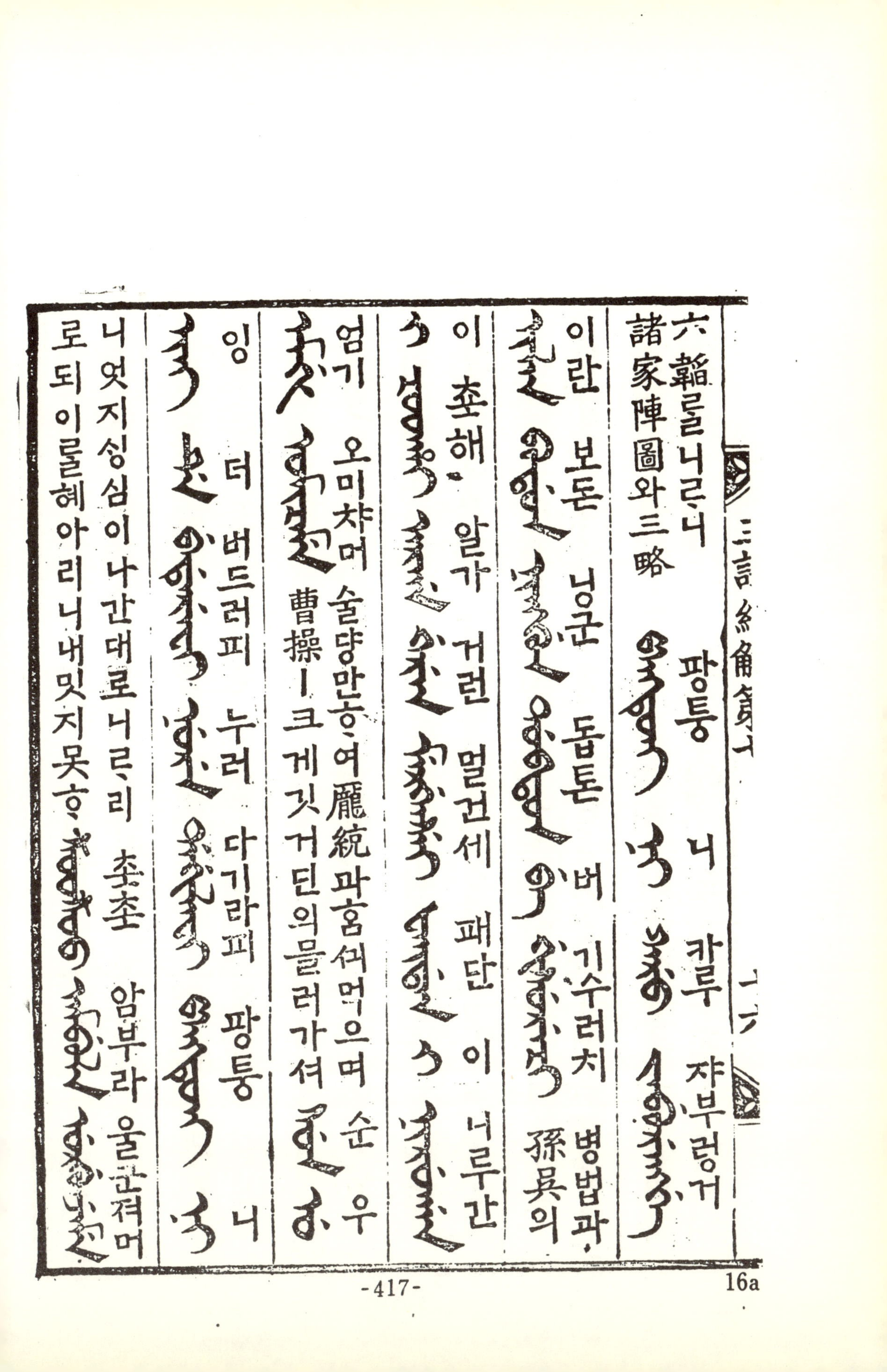

六韜를니ᄅᆞ니
諸家陣圖와三略 팡퉁 니 캬루 쟈부렁거
이란 보돈 닝군 돕톤 버 기수러치 병법과 孫吳의
이 촌해 알가 거런 멀건세 패단 이 너루간
엄기 오미챠머 술댱만ᄒᆞ여 龐統과ᄒᆞᆷᄭᅴ먹으며 순 우
曹操ㅣ크게깃거틴의믈러가셔
잉 더 버드러피 누러 다기라피 팡퉁 니
니엇지싱심이나간대로니ᄅᆞ리 촌촌 암부라 울곤져머
로되이를혜아리니내밋지못ᄒᆞ

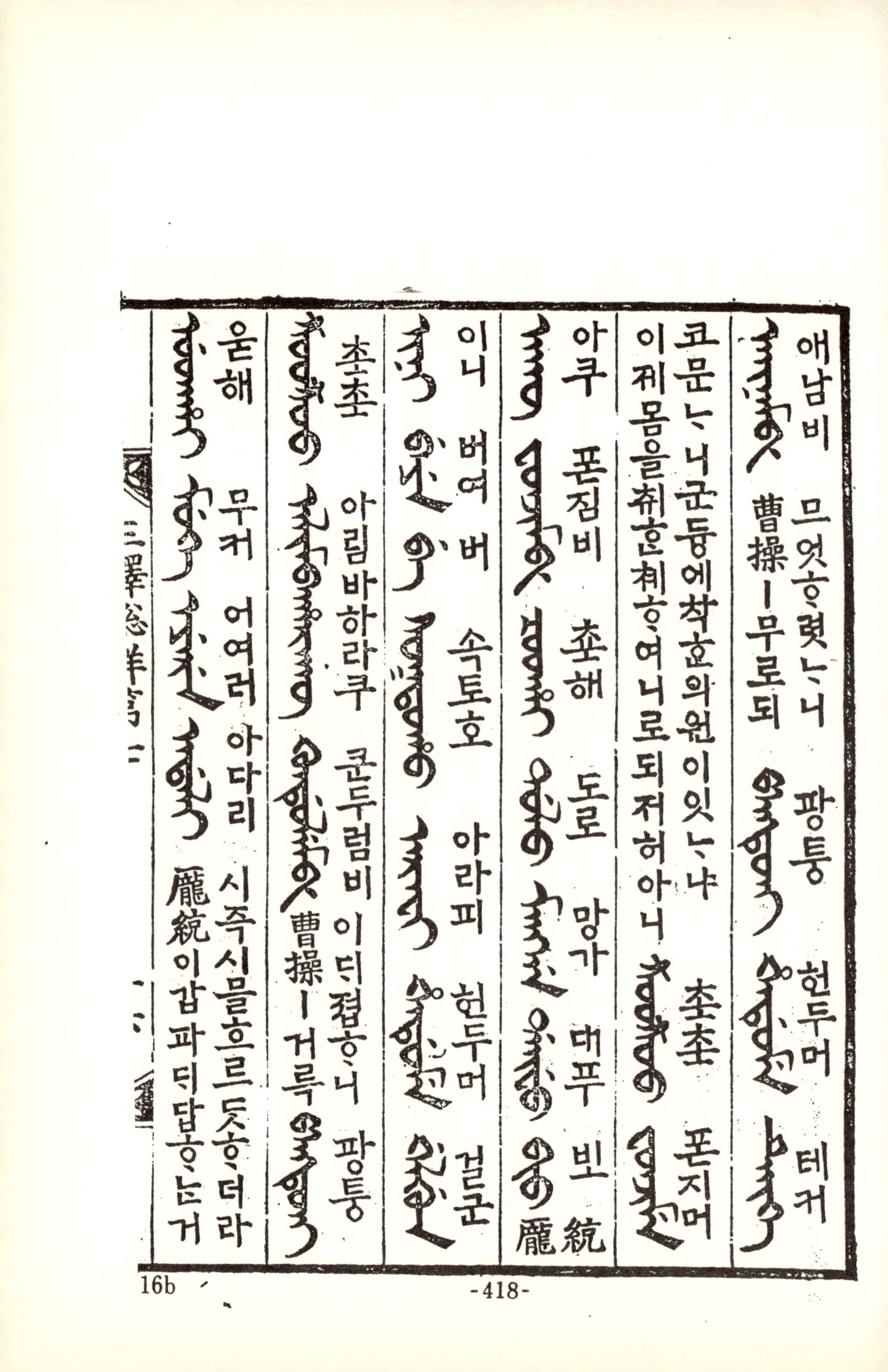

애남비 므엇ᄒᆞ렷ᄂᆞ니 팡퉁 헌두머 테커

曹操ㅣ무로되

쿄문ᄂᆞ니군둥에착ᄒᆞᆫ의원이잇ᄂᆞ냐

이쥐몸을츄ᄒᆞᆫ취ᄒᆞ여니로되저허아니 촌촌 푼지머

아쿠 푼짐비 촌해 도로 망가 대푸 빈 統

龐

이니 버여 버 속토호 아라피 헌두머 걸군

촌촌 아림바하라쿠 쿤두럼비 이디 졉ᄒᆞ니 팡퉁

曹操ㅣ 거륵

운해 무거 어여러 아다리 시즉시믈흐르ᄃᆞᆺᄒᆞ더라

龐統이갑파ᄃᆡ답ᄒᆞᄂᆞᆫ거

와지라쿠 비허비 것혜여도못지못홈이이시니 촐촐
크게섀무며토ᄒᆞ여병드러죽은
암부라 푸다머 쥬루머 니머머 부쳐헝거 토로치
무커 더 아챠라쿠 오피 의맛것지못ᄒᆞ여셔
그섀예曹操의군시믈
손에곳치고져ᄒᆞ노라 터러 폰더 촐촐 이 촐하
병이드러시니긔특호
펄귀슈거 가래 다사키니 슴비 딘에군ᄉᆞ을보니만히
龐統이니로되앗가믈
무궤 잉 니 촐하 버 투와치 암부라 니머뎜비

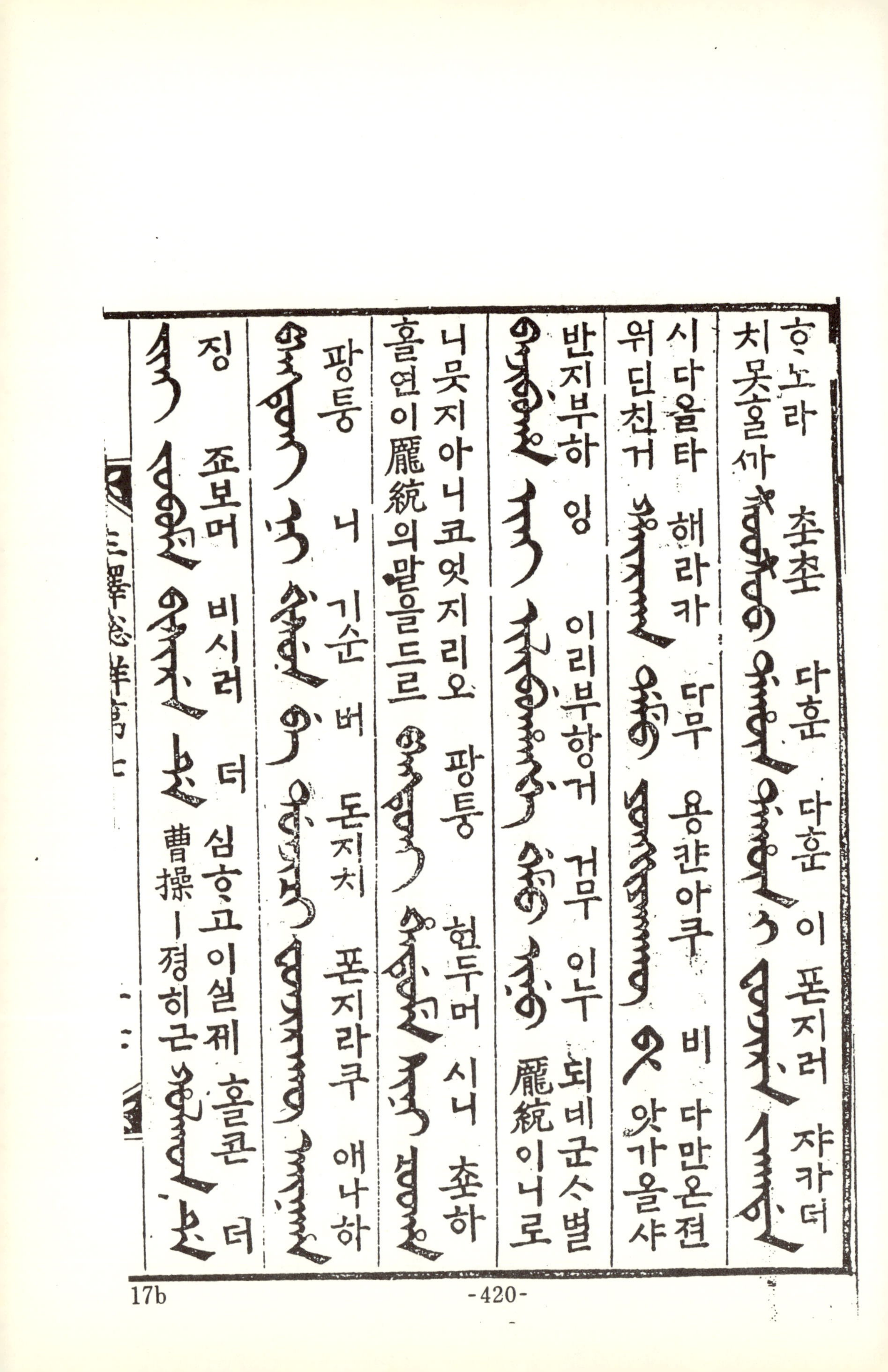

ᄒᆞ노라 쵸쵸 다훈 다훈 이 폰지러 쟈카더
치몯ᄒᆞ올샤
시다올타 해라카 다무 용캰아쿠 비 다만온젼
위딘친거 얏가올샤
반지부하 잉 이리부항거 거무 이누 되네군ᄉᆞ별
麗統이니로
니믓지아니코엇지리오 팡퉁 헌두머 시니 쵸하
홀연이麗統의말을드르
팡퉁 니 기순 버 돈지치 폰지라쿠 애나하
징 죠보머 비시러 더 심ᄒᆞ고이실제 홀콘 더
曹操ㅣ졍히근

三譯總解 二

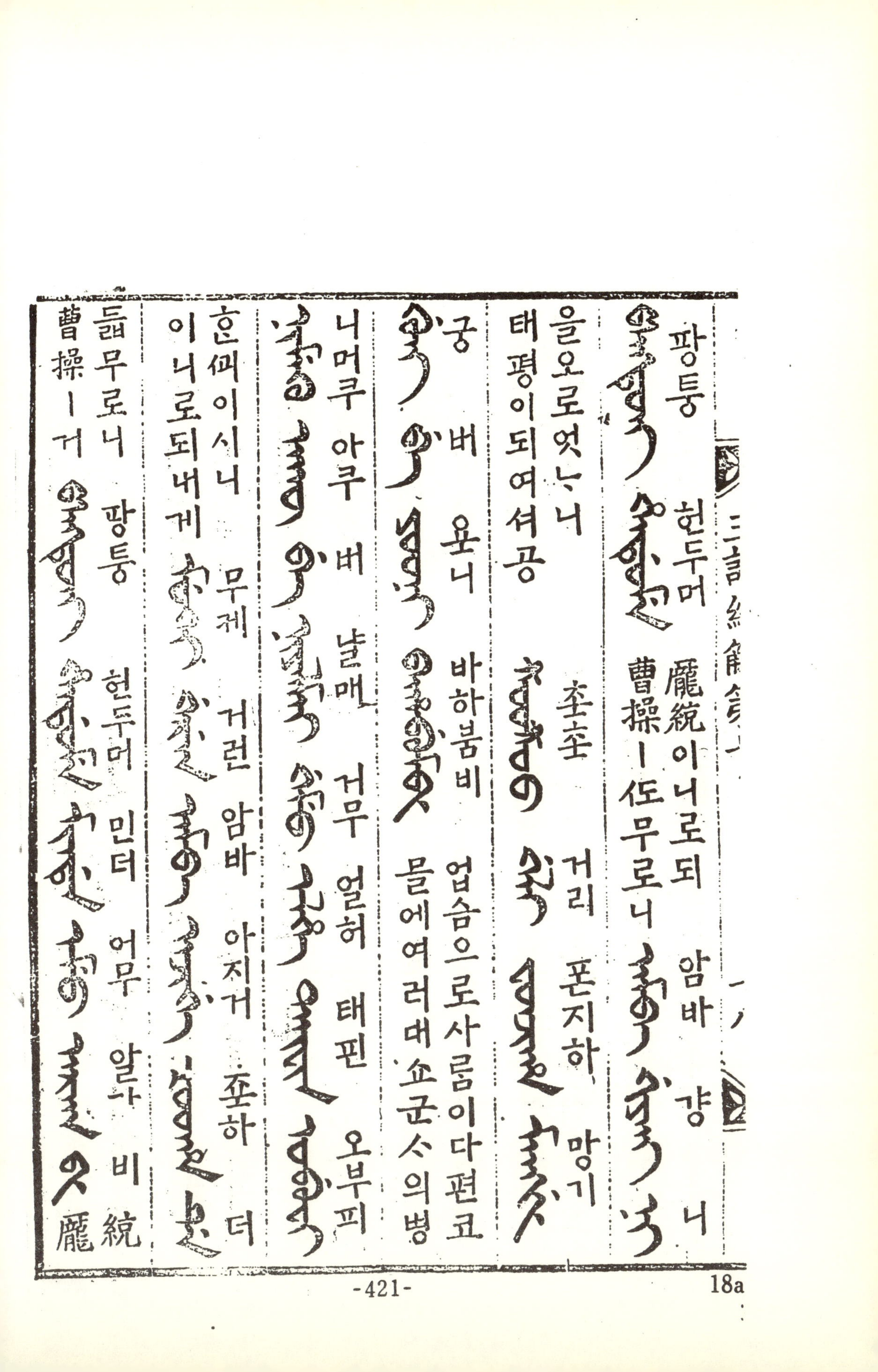

팡퉁 헌두머 암바 걍 니
龐統이니로되 曹操ㅣ또무로니
을오로엇ᄂᆞ니 조조 거리 폰지하 망기
태평이되여셔공
궁 버 욘니 바하붐비 업슴으로사름이다편쿄
믈에여러대쇼군ᄉᆞ의병
니머쿠 아쿠 버 낟매 거무 얼허 태핀 오부피
ᄒᆞᆫ쩨이시니 무궤 거런 암바 아지거 죠하 더
이니로되너게
드ᇝ무로니 팡퉁 헌두머 민더 어무 알햐 비 統
曹操ㅣ거 龐

버 메머니 거무 캄차머 거러 구신 춴 버

여셔그러모로병엇ᄂᆞ니라
ᄡᅡ사ᄅᆞᆷ이ᄇᆡᆨ예타박이지못ᄒᆞ

터 암바 아지거 춴

이킴바하라쿠 오피 툰투 니머쿠 바함비 개 中原

중 왼 이 배 날마 춴 터 터머

볼죠 터연 아쿠

르니ᄇᆡ랍믈결이쉴적업스니
큰강믈이ᄒᆞᆫ번ᄉᆡᆷ어와셔ᄒᆞᆫ번므

무커 엄거리 풀기머 점비 엄거리 버드ᄅᆞᆷ비 어둔

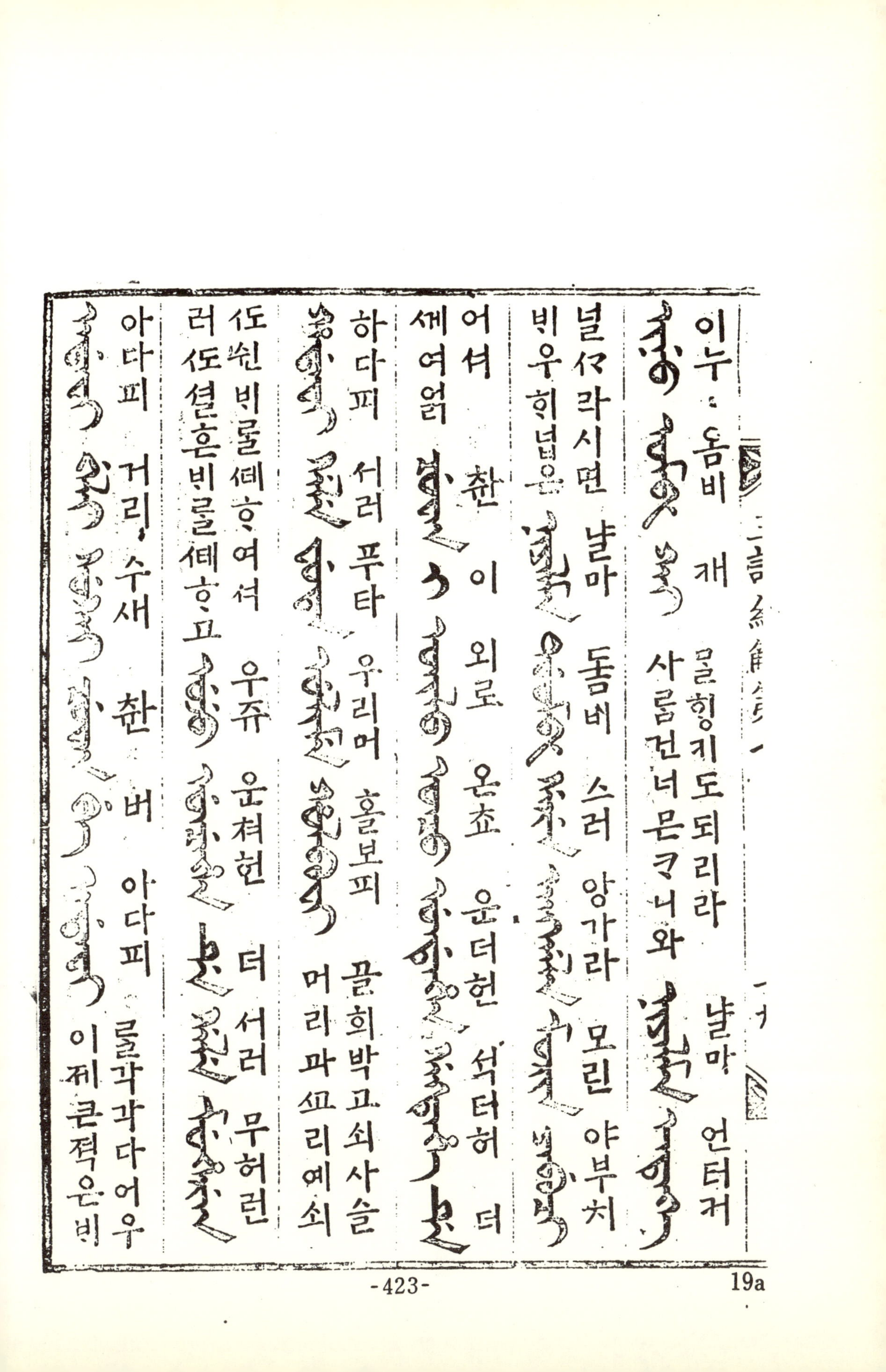

이누 옴비 개 물힝키도되리라 날마 언터커
사름건너믄크니와
녈ᄭ라시면 날마 돔비 스러 앙가라 모린 야부치
빗우희녑은
어셔 촨 이 외로 온쵸 운더헌 셕터허 더
새여얽
하다피 서러 푸타 우리머 홀보피 끝희박고쇠사슬
머리파쇼리예쇠
ᄯᅩ쉰비를뎨ᄒᆞ여셔 우쥬 운쳐헌 더 서러 무허런
러ᄯᅩ셜흔비를뎨ᄒᆞ고
아다피 거리, 수새 촨 버 아다피 를각각다어우
이쥐큰젹은비

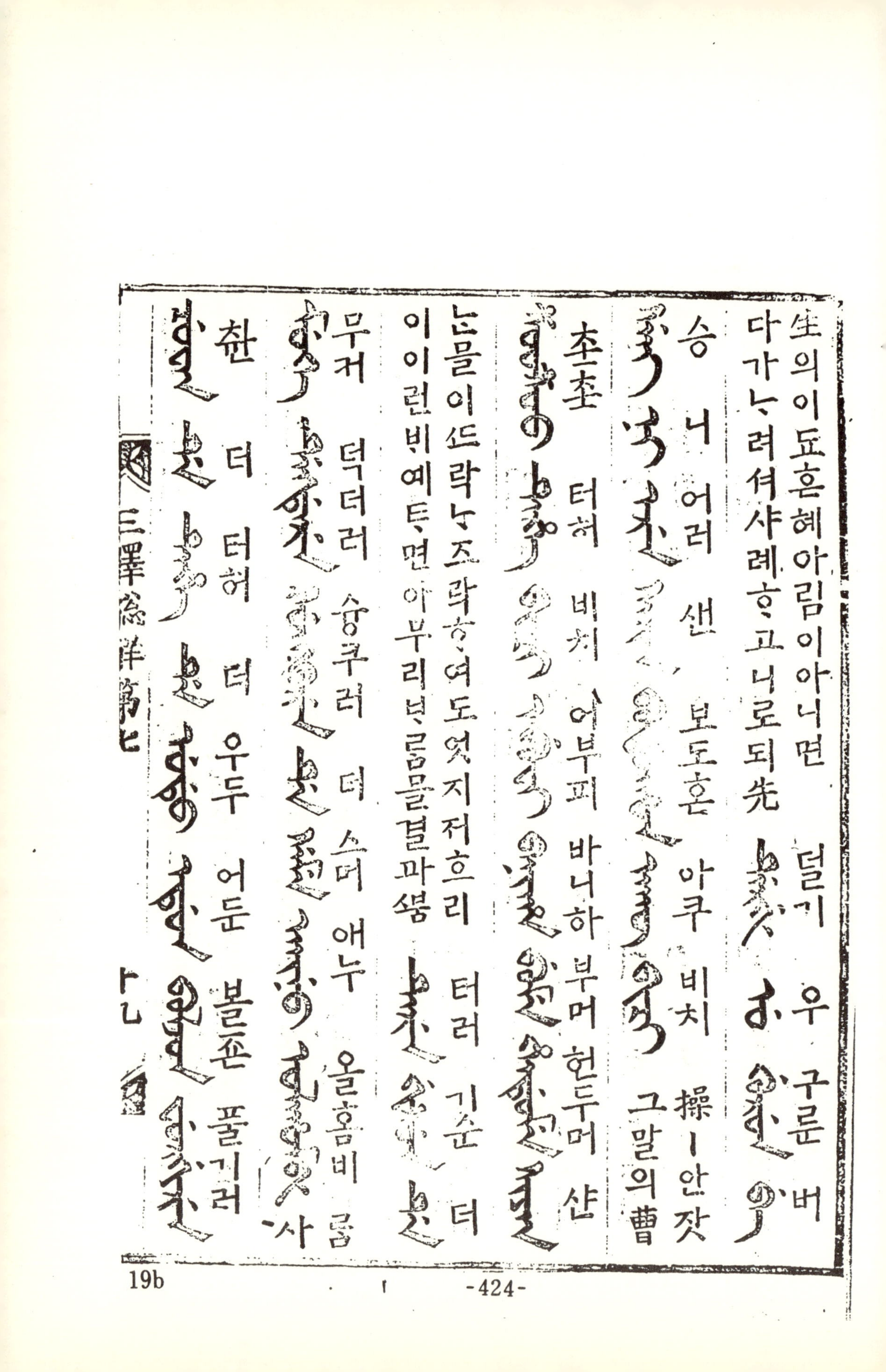

生의이됴흔혜아림이아니면 덜기 우 구룬 버
다가ᄂᆞ려셔샤례ᄒᆞ고니로되先

승 니 어러 샌 보도흔 아쿠 비치 操ㅣ안잣
그말의曹

촌촌 터허 비처 어부피 바니하 부머 헌두머 샨

ᄂᆞᆫ믈이ᄯᅳ락ᄂᆞ즈락ᄒᆞ여도엇지저흐리 터러 기슌 더
이이런비예ᄐᆞ면아무리녀곰믈결까샘

무거 덕더러 숭쿠러 더 스머 애누 올훔비 룸
-사

훤 더 터허 더 우두 어둔 볼존 풀기러

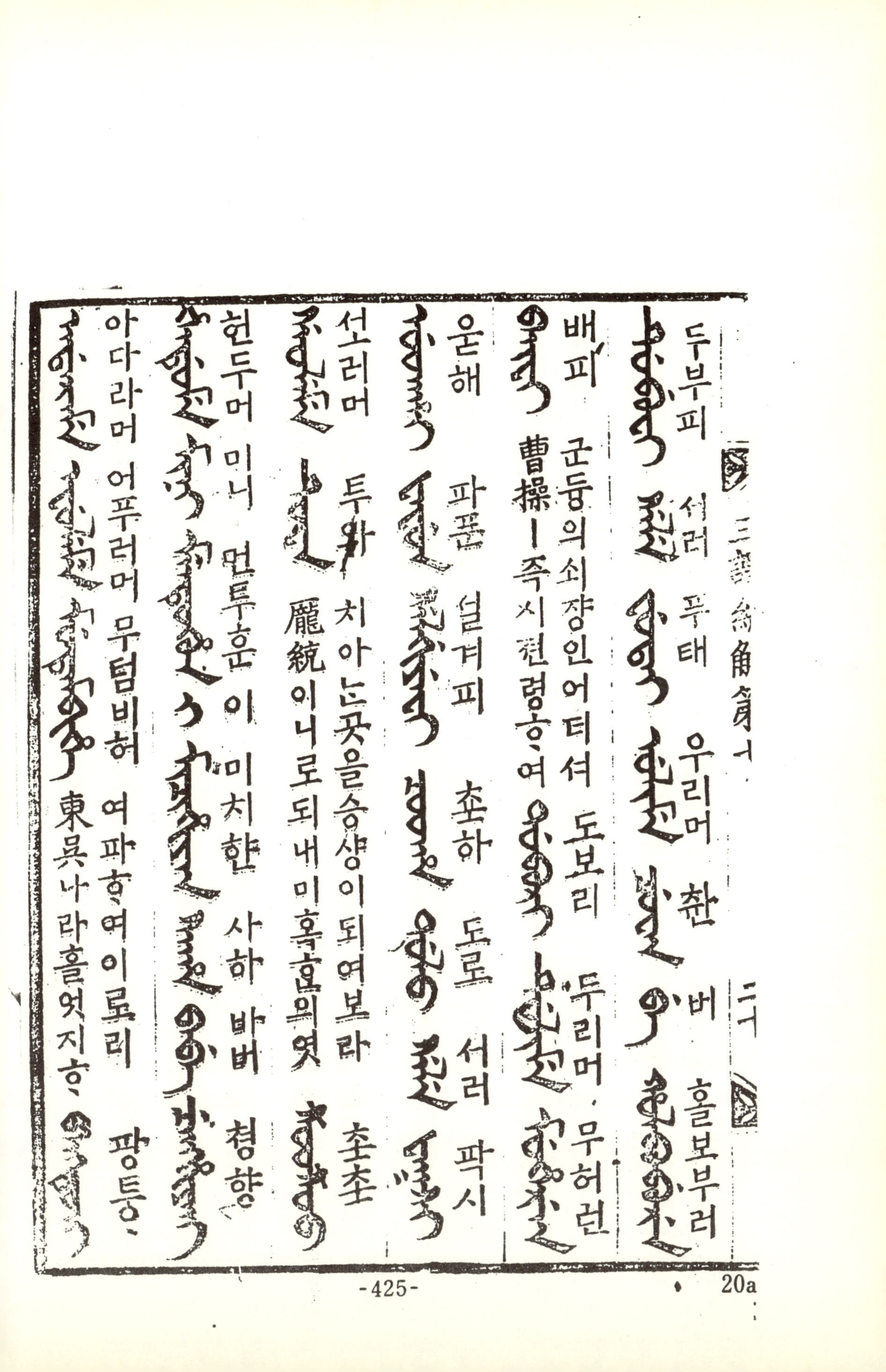

두부피 서러 푸태 우리머 쵠 버 홀보부러

배피 군듕의쇠장인어터셔 도보리 두리머 무허런

曹操ㅣ죡시젼령ᄒᆞ여

운해 파푼 실거피 쵸하 도로 서러 팍시

서러머 투와 치아ᄂᆞᆫ곳을승샹이되여보라 촌촌

龐統이니로되내미혹ᄒᆞᆫ의엿

헌두머 미니 먼투훈 이 미치한 사하 바버 쳥향

아다라머 어푸러머 무텀비허 여파ᄒᆞ여이로리 팡퉁

東吳나라흘엇지ᄒᆞ

이 이렁구 쳥향 니 쟈린 터 기수러키 의혀로 내세춘

콜소홍거 암부라 ᄂᆞᆫ거시만터라 미니 이란 울훈

周瑜의게원ᄒᆞ

버 투와치 東착ᄒᆞ어진이롤보니 져 위 더

龐統이ᄯᅩ니로되내江

거리 헌두머 비 걍 니 딜기 새사 멀거서

돈지피 거무 울군져허 고다깃거ᄒᆞ터라 팡퉁

여러군ᄉᆞ사ᄅᆞᆷ이듯

쟈카더 슬로세여 빅ᄅᆞᆯ얼ᄃᆞ으라ᄒᆞ니 거런 촌해 냘마

밤새도록끌희칭워셔쇠사

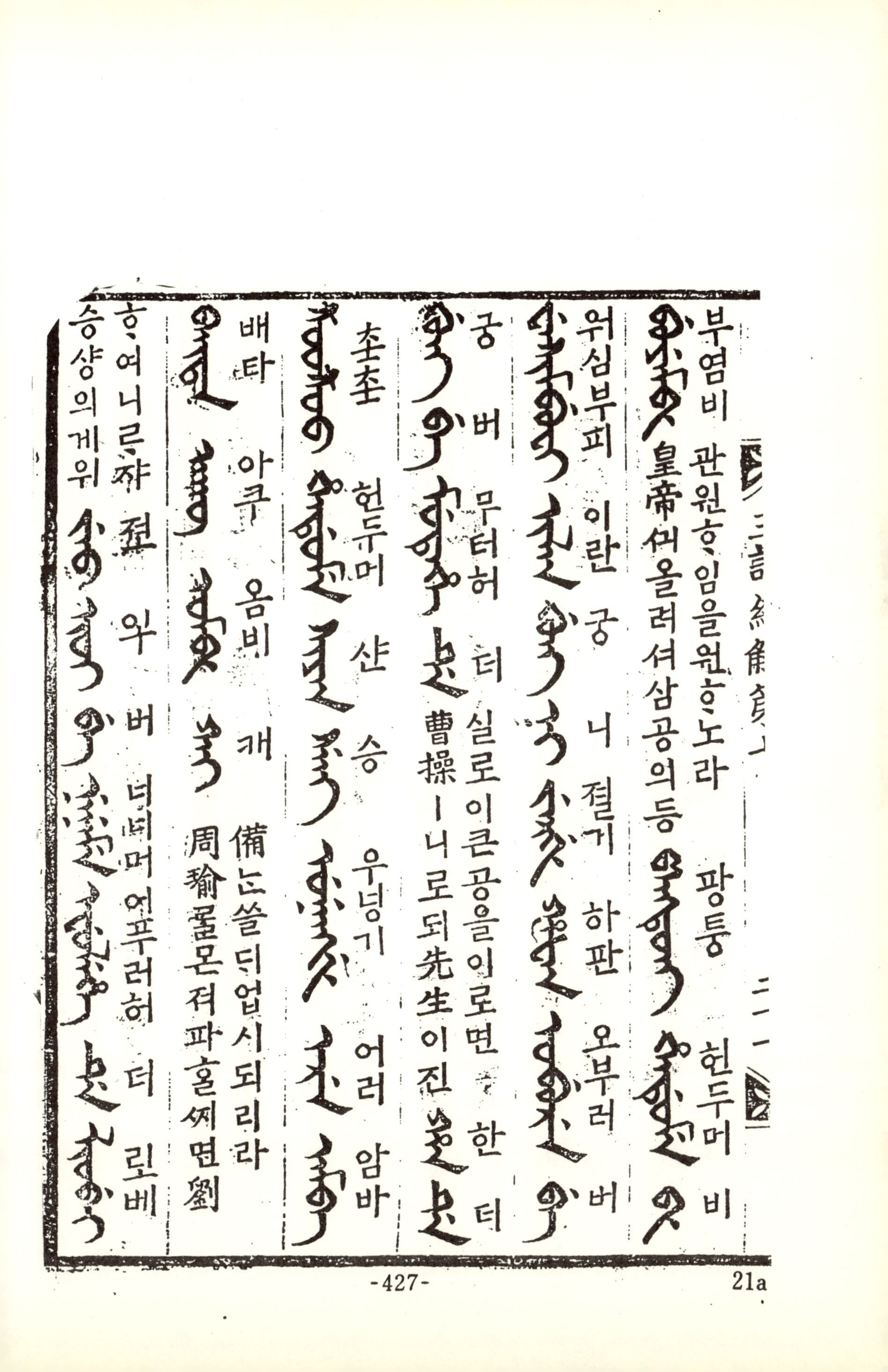

부염비 관원ᄒᆞᆫ임을원ᄒᆞ노라 팡퉁 헌두머 비
皇帝ᄭᅴ올려셔삼공의등
워심부피 이란 궁 니 졀기 하판 오부러 버
궁 버 무터허 더 실로이큰공을이로면 한 더
曹操ㅣ니로되先生이진
초초 헌두머 샨 승 우닝기 어러 암바
배타 아쿠 옴비 개 備ᄂᆞᆫ쓸ᄃᆡ업시되리라
周瑜룰몬져파ᄒᆞ셔면劉
ᄒᆞ여니르쟈 죤 워 버 더ᄯᅴ머 어푸러허 더 리로베
승샹의게위

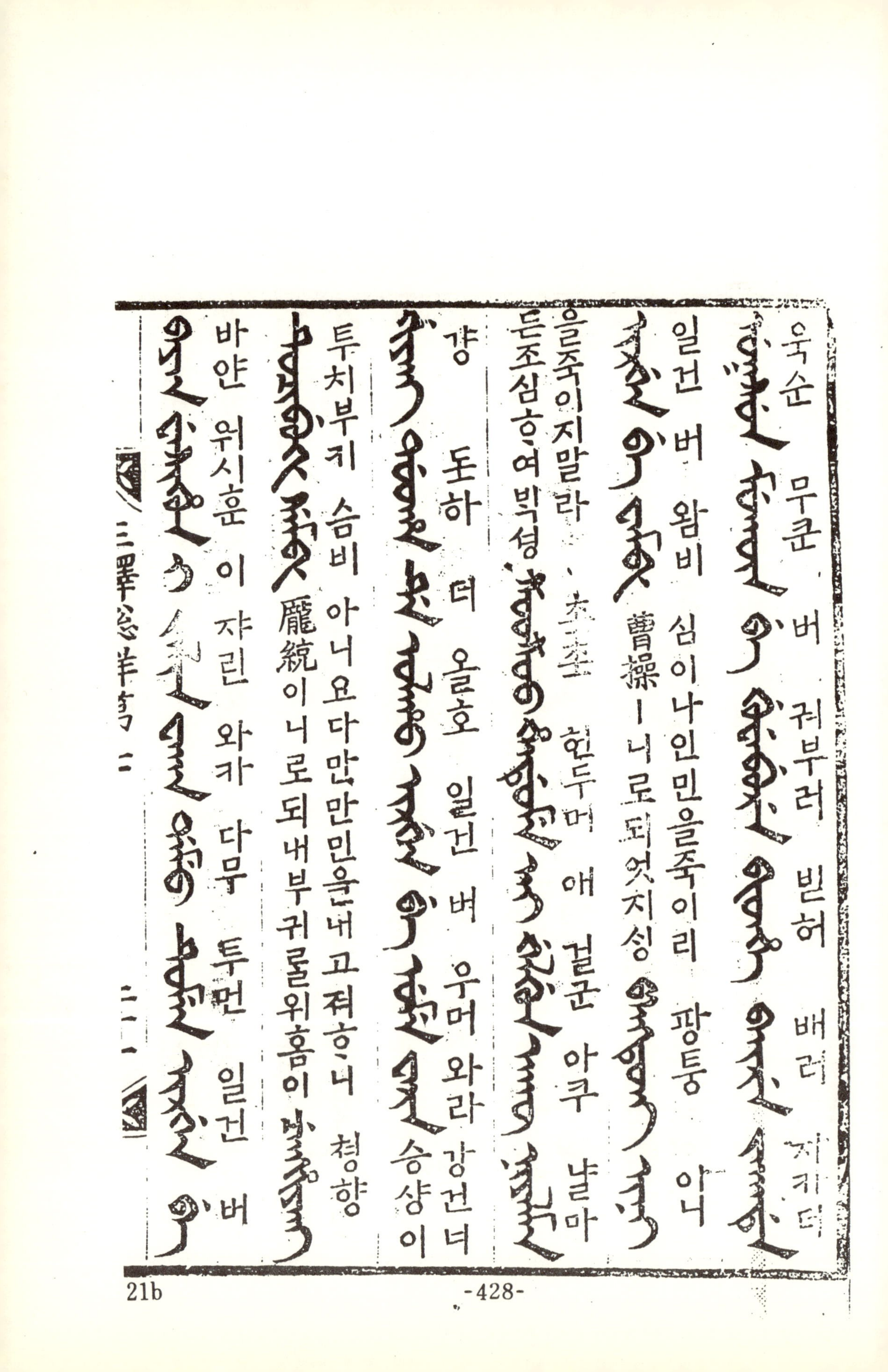

욱순 무쿤 버 커부러 빌허 배러 저기더

일건 버 왐비 심이나인민을죽이리 팡퉁 아니

曹操ㅣ니로되엇지싱

을죽이지말라 、太尉 헌두머 애 걸쿤 아쿠 날마

든조심ᄒᆞ여빅셩

강 도하 더 올호 일건 버 우머 와라 강건녀

승샹이

투치부기 슴비 아니요다만만민을내고쳐ᄒᆞ니 청향

龐統이니로되내부귀를위홈이

바얀 위시훈 이 쟈린 와카 다무 투먼 일건 버

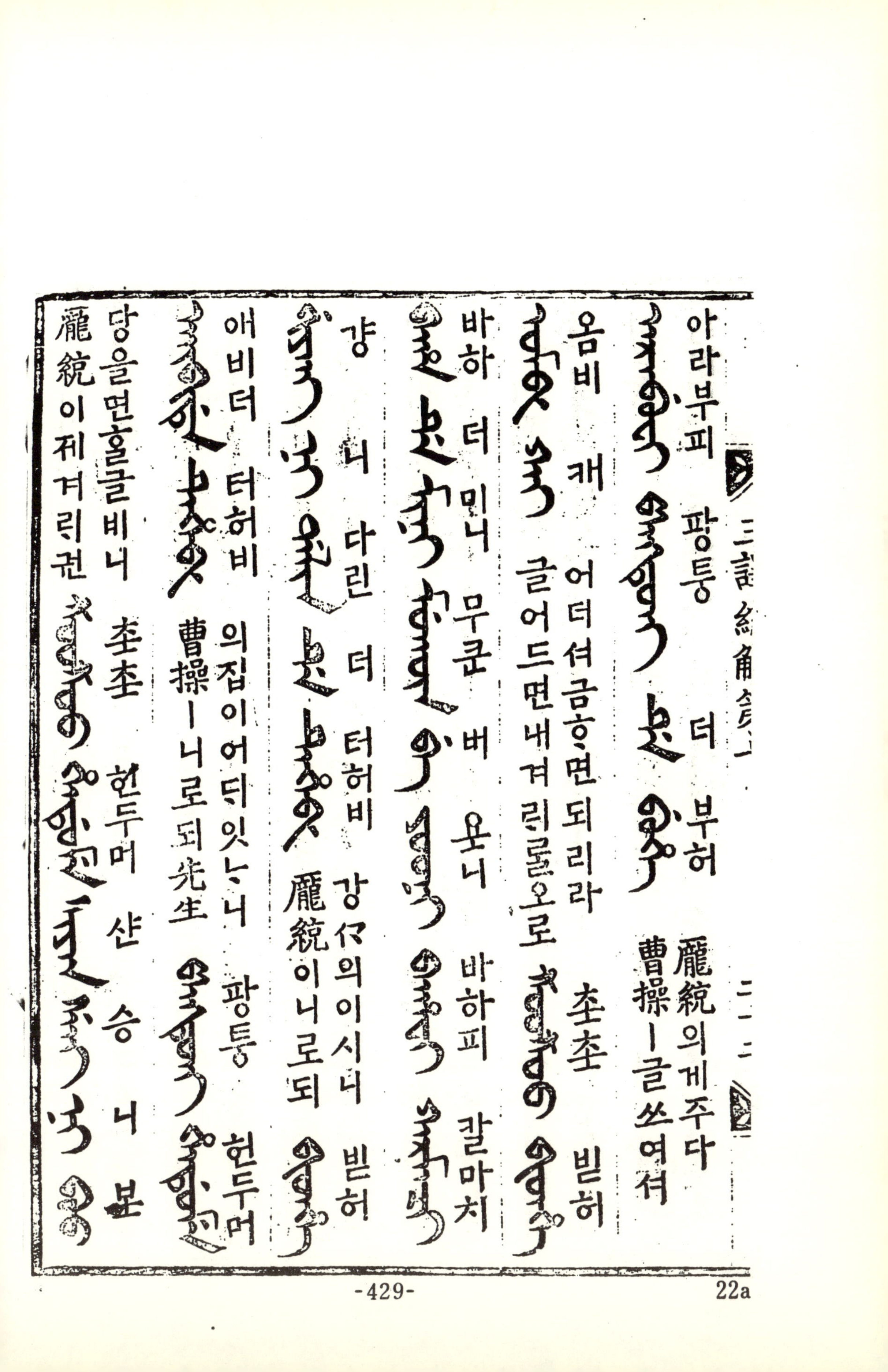

아라부피 팡퉁 더 부허
龐統의게주다
曹操ㅣ글쓰여셔
옴비 개 어더셔금ᄒᆞ면되리라 촌촌 빈허
글어드면내겨ᄅᆡᄅᆞᆯ오로
바하 더 미니 무쿤 버 오니 바하피 칼마치
강 니 다린 더 터허비 강ᄌᆞ의이시니 빈허
龐統이니로되
애비더 터허비 의집이어ᄃᆡ잇ᄂᆞ니 팡퉁 헌두머
曹操ㅣ니로되先生
당을면ᄒᆞᆯ글비니 촌촌 헌두머 샨 승 니 뵨
龐統이제겨ᄅᆡ권

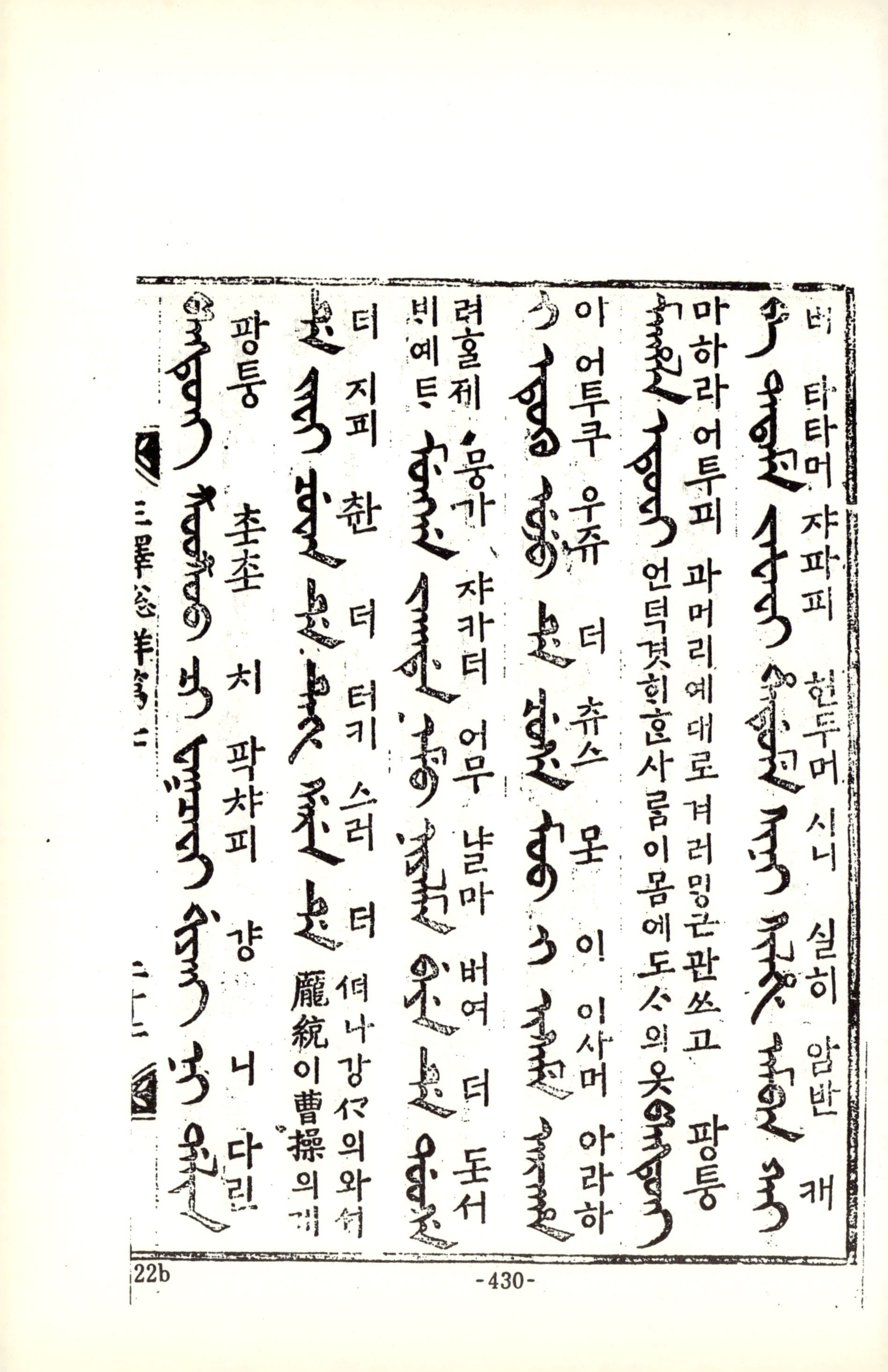

비 타타머 쟈파피 헌두머 실히 암반 개

마하라 어투피 과머리예대로겨러밍근관쓰고 팡퉁

언턱겻희ᄒᆞᆫ사ᄅᆞᆷ이몸에도ᄉᆞ의옷

아 어투쿠 우쥬 더 츄스 모 이 이사머 아라하

려홀제 뭉가 쟈카더 어무 냘마 버여 더 도서

비예트

더 지피 촨 더 터키 스러 더 셔나강ᄼᆞ의와셔

龐統이曹操의게

팡퉁 춘추 치 팍챠피 걍 니 다리

三譯總解 第二 二十二

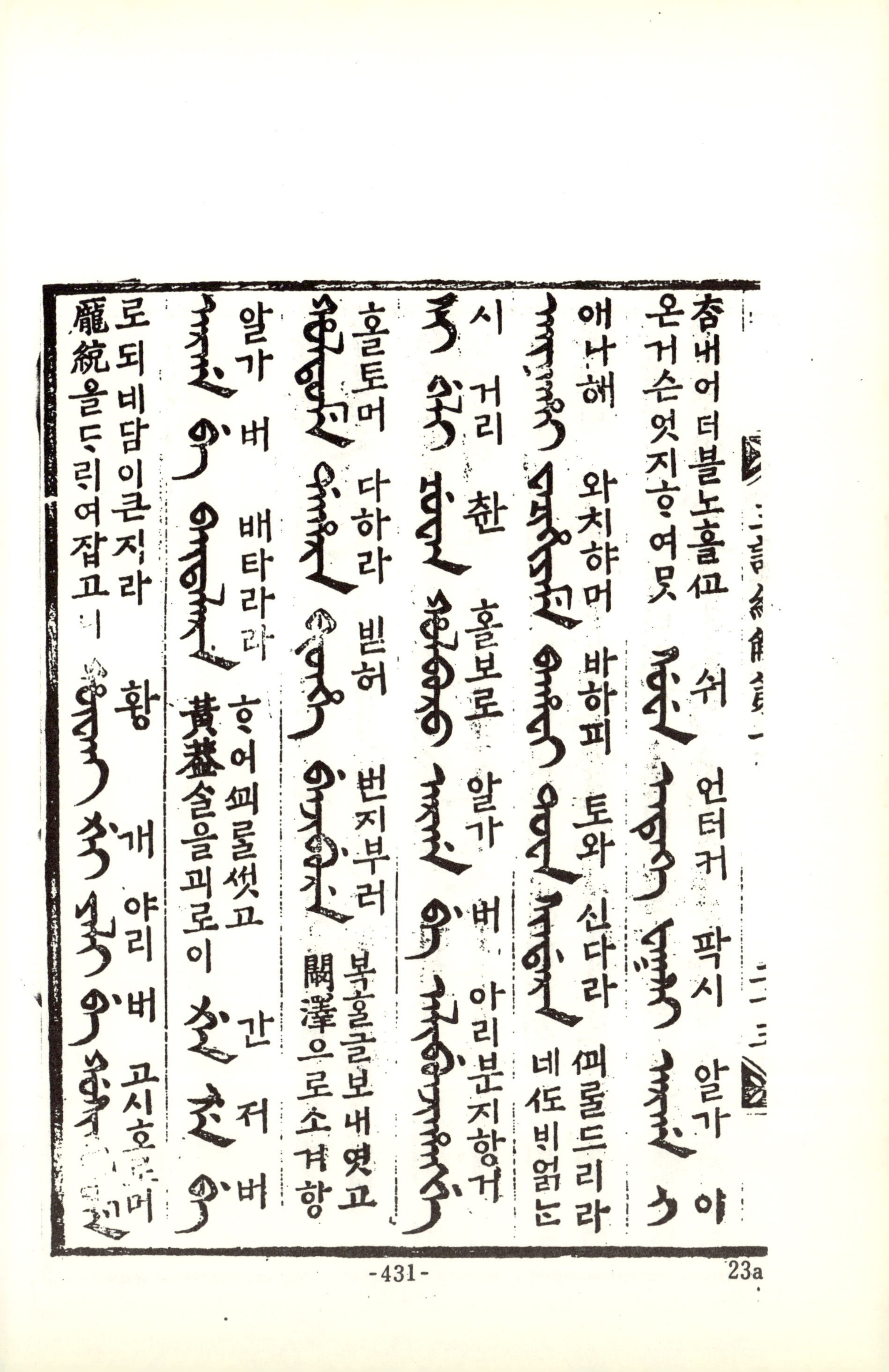

ᄎᆞᆷ내어더블노흘ᄡᅳ 쉬 언터커 팍시 알가 아

온거슨엇지ᄒᆞ여뭇

애나해 와치햐머 바하피 토와 신다라 ᄡᅵ롤드리라

네ᄯᅩ빈얾ᄂᆞᆫ

시 거리 춘 홀보로 알가 버 아리분지항거

홀토머 다하라 빌허 번지부러 복홀글보내엿고

關澤으로소겨항

알가 버 배타라라 ᄒᆞ어ᄡᅵ롤셧고

黃蓋술을괴로이 간 저 버

로되비담이큰지라 황 개 야리 버 고시ᄒᆞ[illegible]머

龐統을ᄃᆞ리여잡고니

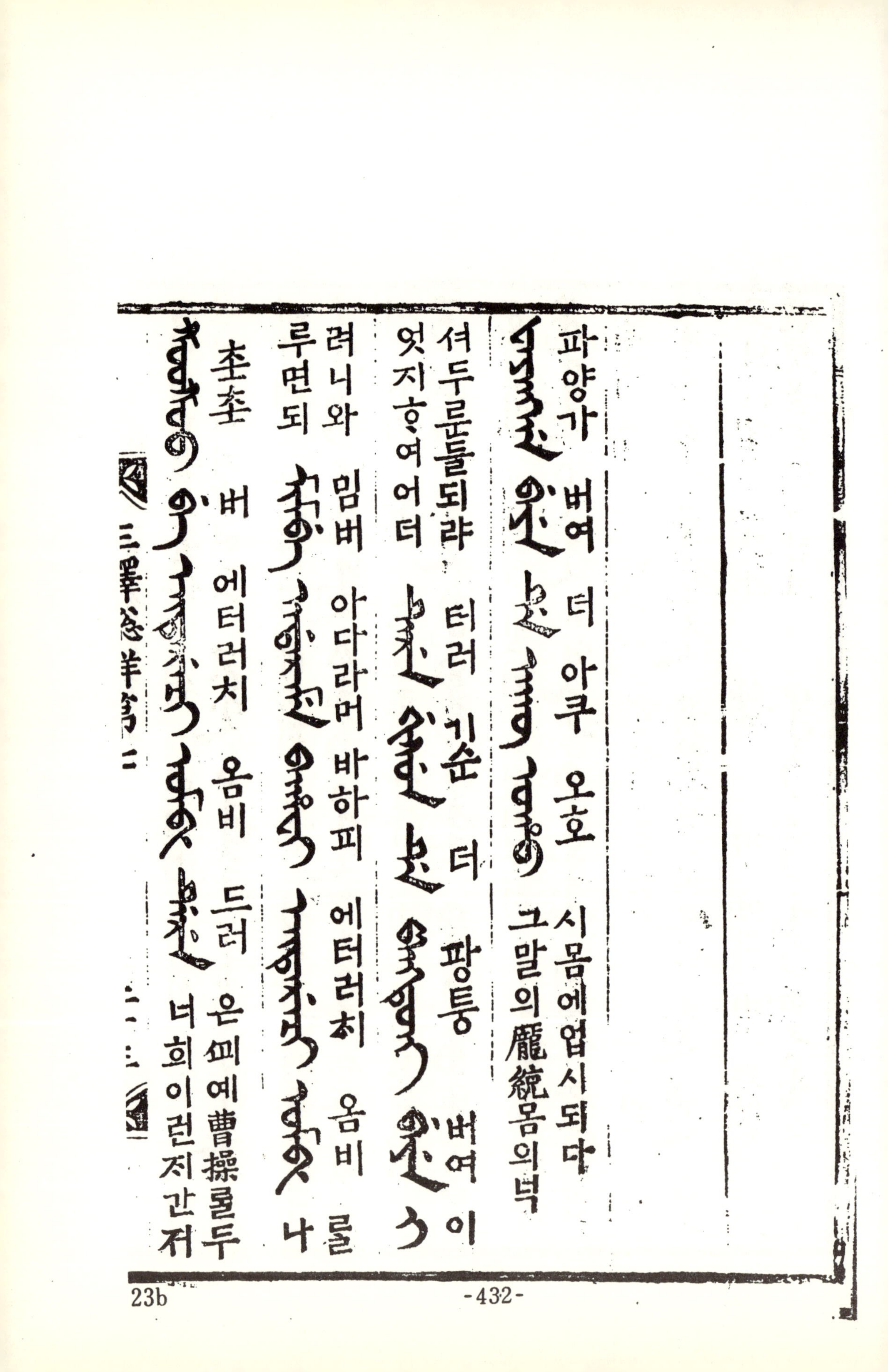

파양가 버여 더 아쿠 오호 시몸에업시되다
그말의龐統몸의녁

셔두룬둘되랴 터러 기순 터 팡퉁 버여 이

엇지ᄒᆞ여어더

려니와 밈버 아다라머 바하피 에터러치 옴비 롤

루면되 나

촌촌 버 에터러치 옴비 드러 은ᄢᅴ예曹操롤두

너희이런지간져

三譯総解 八

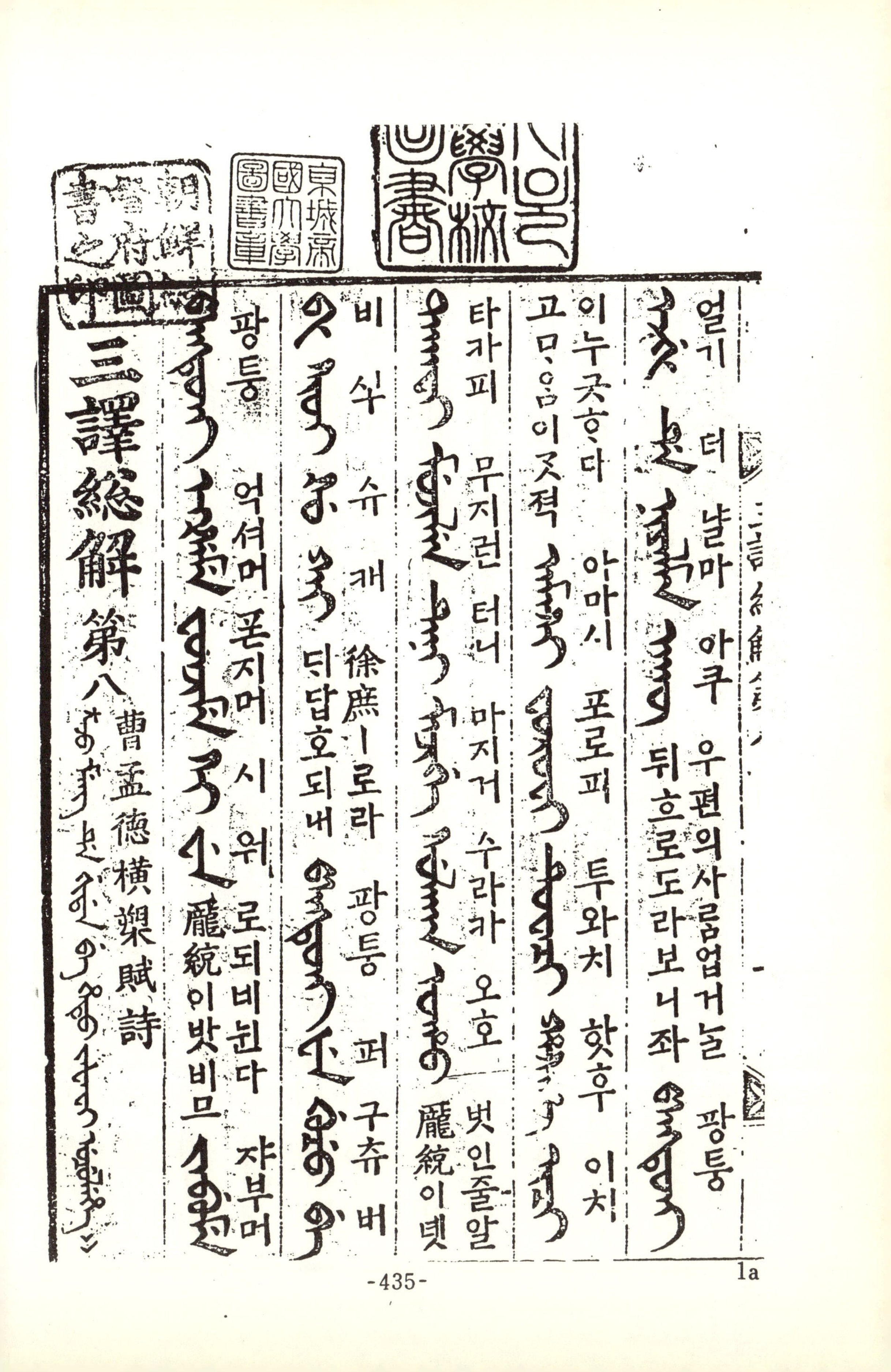

얼기 더 날마 아쿠 우편의사름업거늘 팡퉁

뒤흐로도라보니좌

이누곳ᄒᆞ다 아마시 포로피 투와치 핫후 이치

고ᄆᆞᄋᆞᆷ이ᄌᆞᆺ쳑

타가피 무지런 터너 마지거 수라가 오호 벗인줄알

龐統이녯

비 쉬 슈 캐 徐庶ㅣ로라 팡퉁 퍼 구츄 버

ᄃᆡ답호되내

팡퉁 억셔머 폰지머 시 워 로되비원다 쟈부머

龐統이밧비므

三譯總解 第八

曹孟德橫槊賦詩

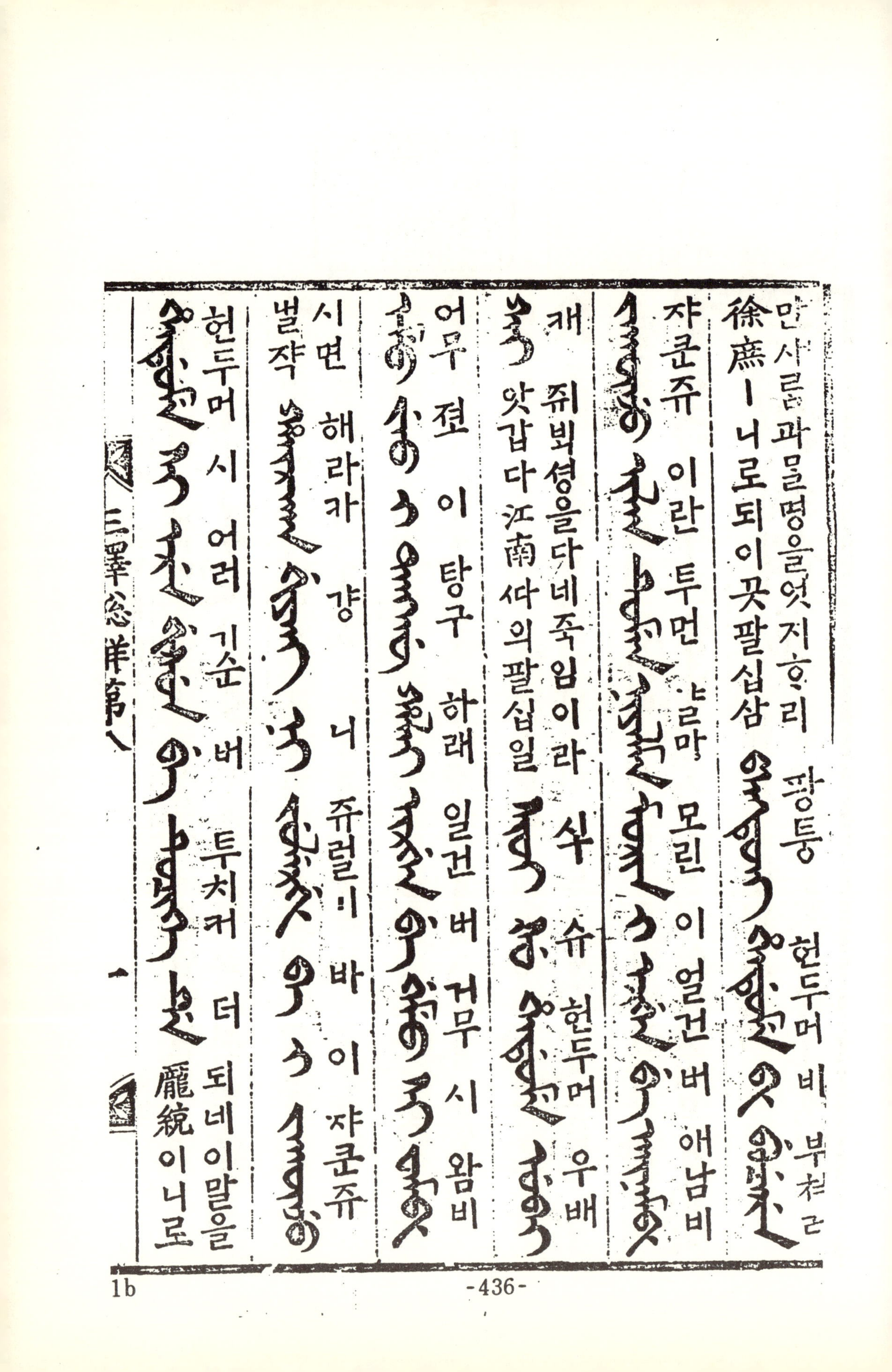

만사ᄅᆞᆷ과ᄆᆞᆯ명을엇지ᄒᆞ리 광둥 헌두머 비 부처근

徐庶ㅣ나로되이곳팔십삼

쟈쿤쥬 이란 투먼 ᄂᆞᆯ마 모린 이 얼건 버 애남비

캐 쥐뵈셩을다네죽임이라 샤 슈 헌두머 우배

앗갑다江南ᄯᅡ의팔십일

어무 져 이 탕구 하래 일권 버 거무 시 왐비

시면 해라가 걍 니 쥬렬미 바 이 쟈쿤쥬

벌쟉

헌두머 시 어러 기순 버 투치커 더 되네이말을

龐統이니로

三譯總解 第八 一

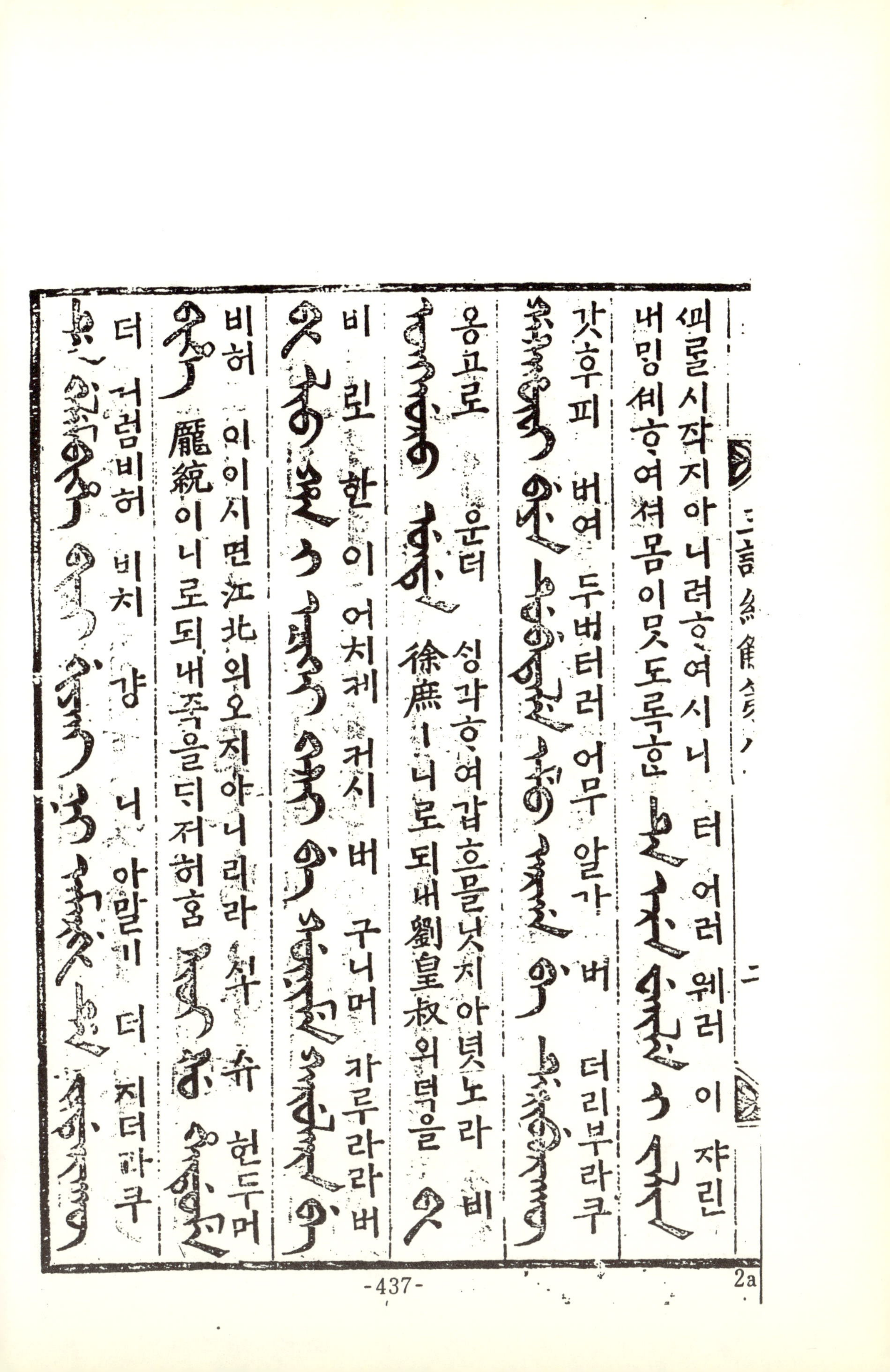

ᄯᅴ룰시작지아니려ᄒᆞ여시니 터 어러 웨러 이 쟈린

내밍셰ᄒᆞ여셔몸이못도록ᄒᆞᆫ

갓후피 버여 두버터러 어무 알가 버 더리부라쿠

용료로 운더 싱각ᄒᆞ여갑흐믈닛지아녓노라 비

徐庶ㅣ니로되내劉皇叔의덕을

비 릭 한이 어치궤 커시 버 구니머 캬루라라버

비허 이이시면江北의오지아니리라 셔쿠 슈 헌두머

龐統이니로되내죽을디저허홈

더 거럼비허 비치 걍 니 아말ㅣㅣ 더 지더파쿠

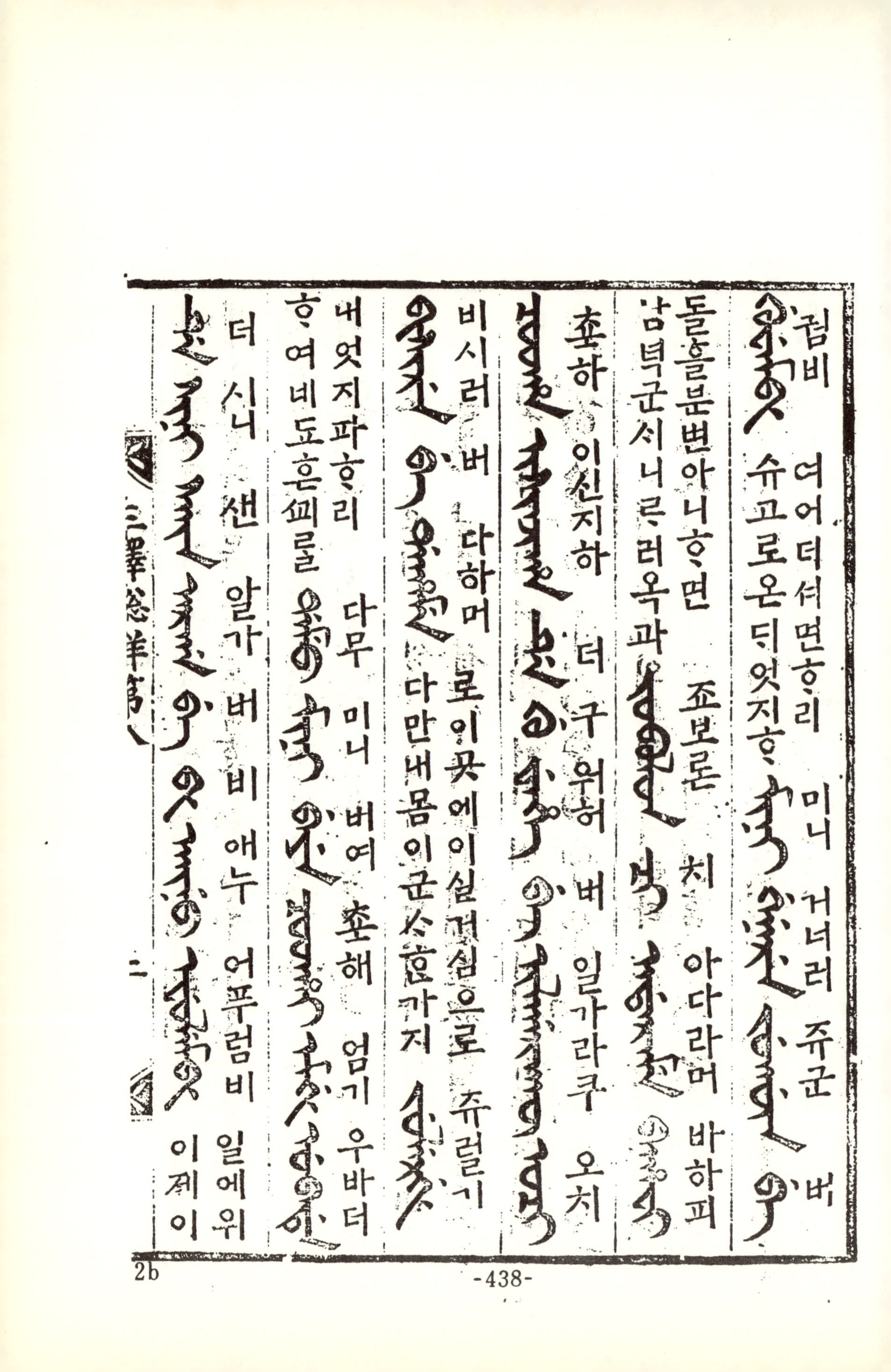

컴비 여어더셔면ᄒᆞ리 미니 거너러 쥬균 버

슈고로온ᄃᆡ엇지ᄒᆞ

돌흘분변아니ᄒᆞ면 죠보론 치 아다라머 바하피

남녁군ᄉᆡ니르러옥과

춘하 이신지하 더 구워허 버 일가라쿠 오치

비시러 버 다하머 로이곳에이실거심으로 쥬러기

다만내몸이군ᄉᆞᄒᆞᆫ가지

내엇지파ᄒᆞ리 다무 미니 버여 춘해 엄기 우바더

ᄒᆞ여네도흔ᄢᅵ를

더 시니 샌 알가 버 비 애누 어푸럼비 일에위

이졔이

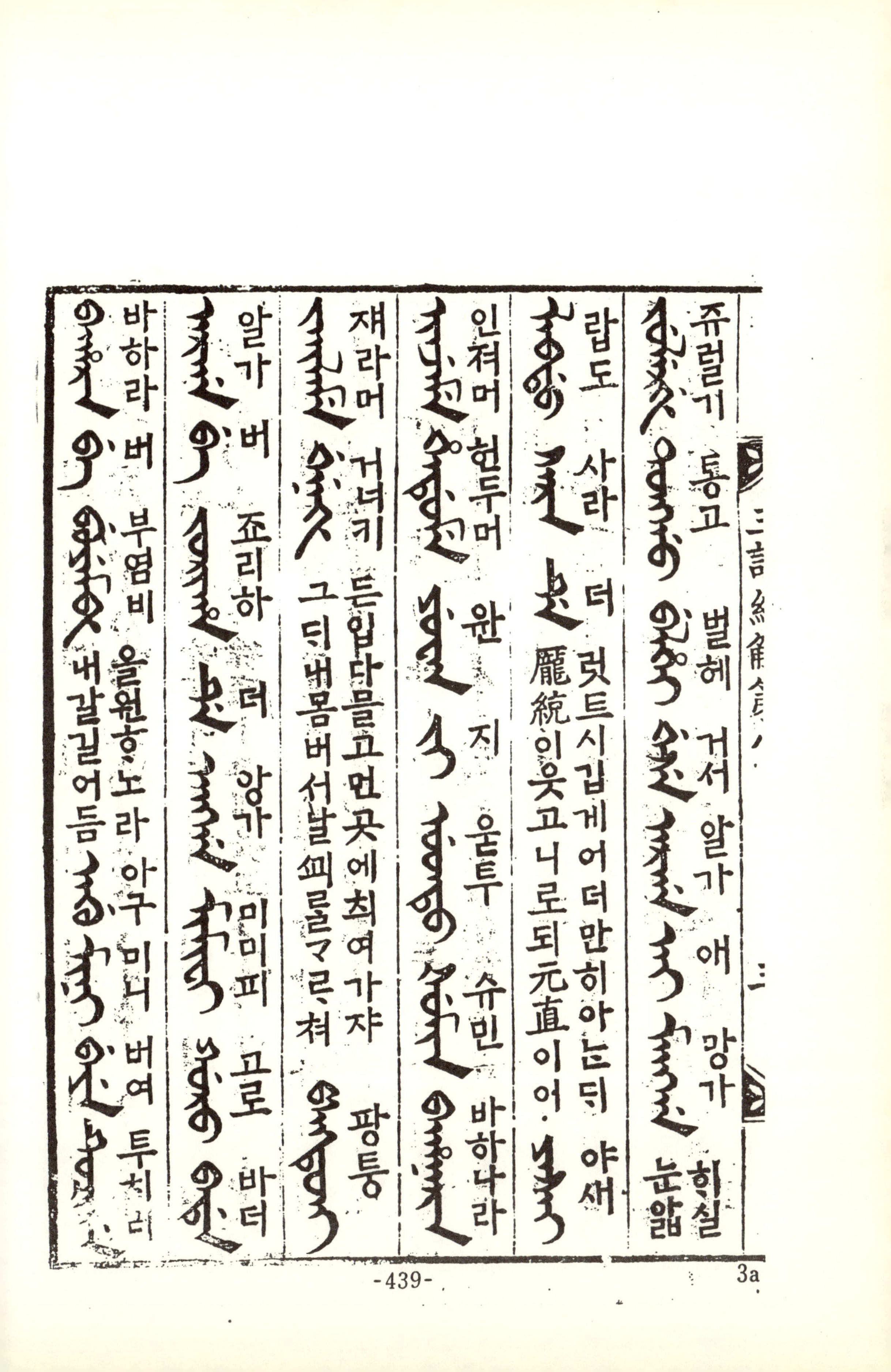

쥬럴기 통고 벌헤 거서 알가 애 망가 희실
눈앏

랍도 사라 더 럿트시갑게어더만히아ᄂᆞᆫ듸 야새
龐統이웃고니로되元直이어.

인쳐머 헌두머 완 지 울투 슈민 바하나라

재라머 거너키 든입다믈고먼곳에최여가쟈 팡퉁
그듸버몸버서날ᄢᅵ를ᄆᆞᄅᆞ쳐

알가 버 죠리하 더 앙가 미미피 고로 바더

바하라 버 부염비 올원ᄒᆞ노라 아구 미니 버여 투치러
내갈길어듬

궈허 비 세버니 뢰 한 어치커 이 바루

챤쥬라피 헌두머 읍ᄒᆞ여니로되 徐庶ㅣ크게웃고 미니 얼거 터

쟈카더 히ᄒᆞ여러말ᄂᆞᄅᆞ니 龐統이徐庶ㅣ의귀엿 삭 슈 암부라 인져머

삭 슈 이 샨 이 쟈카더 어무 우두 기순 헌두러

타치부러 버 부염비 ᄀᆞᄅᆞ침을원ᄒᆞ노라 徐庶ㅣ니로되先生의 팡퉁

어시어려오리오 과조쏠ᄀᆞᆺ흔ᄯᅢ므 삭 슈 헌두머 샨 승 너

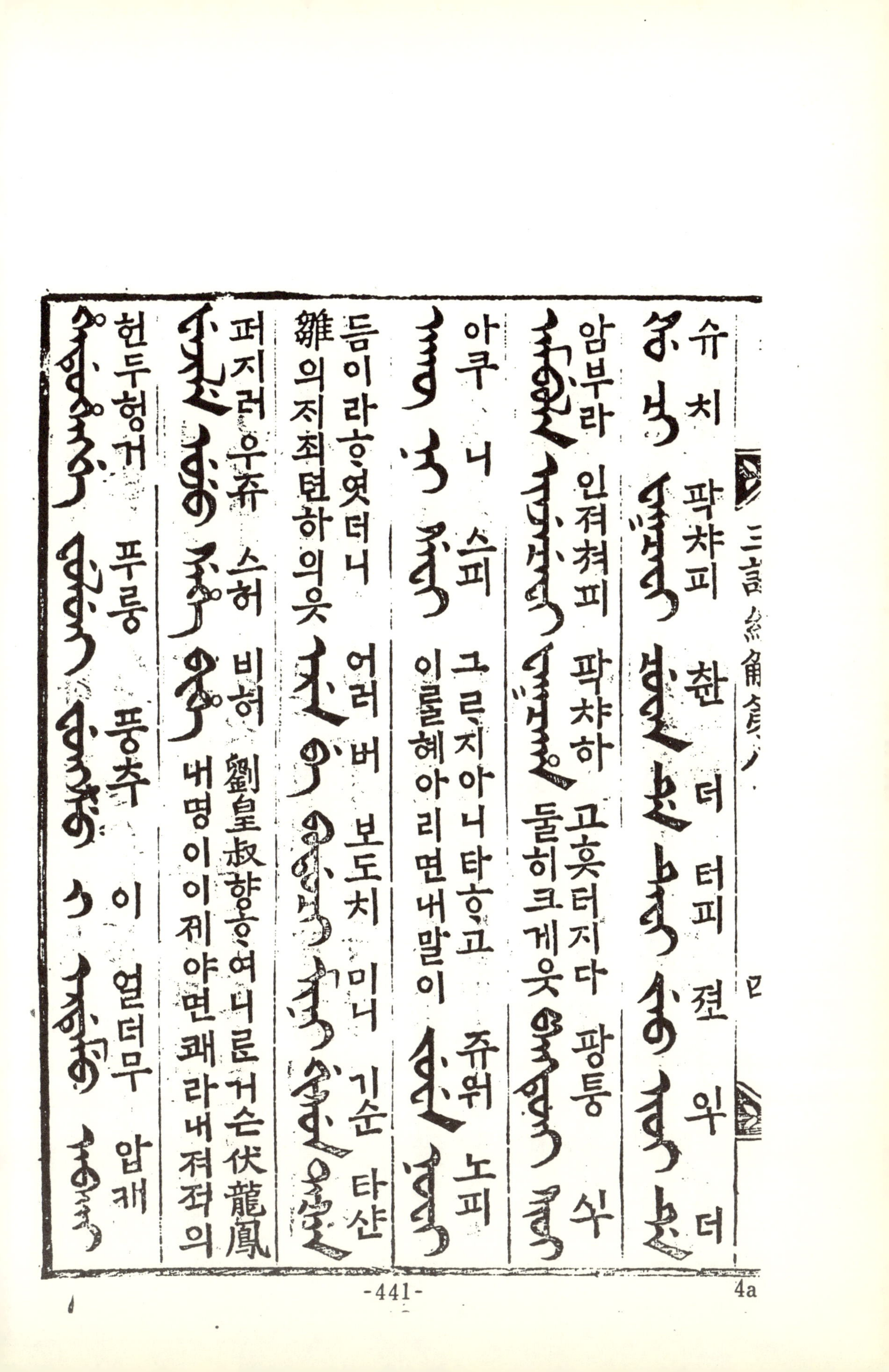

슈치 팍쟈피 촨 더 터피 쟌 우 더

암부라 인져쳐피 팍쟈하 고호터지다 팡퉁 식

둘히크게웃

아쿠 나 스피 그ᄅᆞᆺ지아니타ᄒᆞ고 쥬워 노피

이를혜아리면내말이

듬이라ᄒᆞ엿더니 어러 버 보도치 미니 기순 타샨

雛의ᄌᆡ죄텬하의웃

펴지러우쥬 스허 비허 劉皇叔향ᄒᆞ여니ᄅᆞᆫ거ᄉᆞᆫ伏龍鳳

내명이이제야면쾌라내져죄의

헌두헝거 푸룽 풍추 이 열더무 압캐

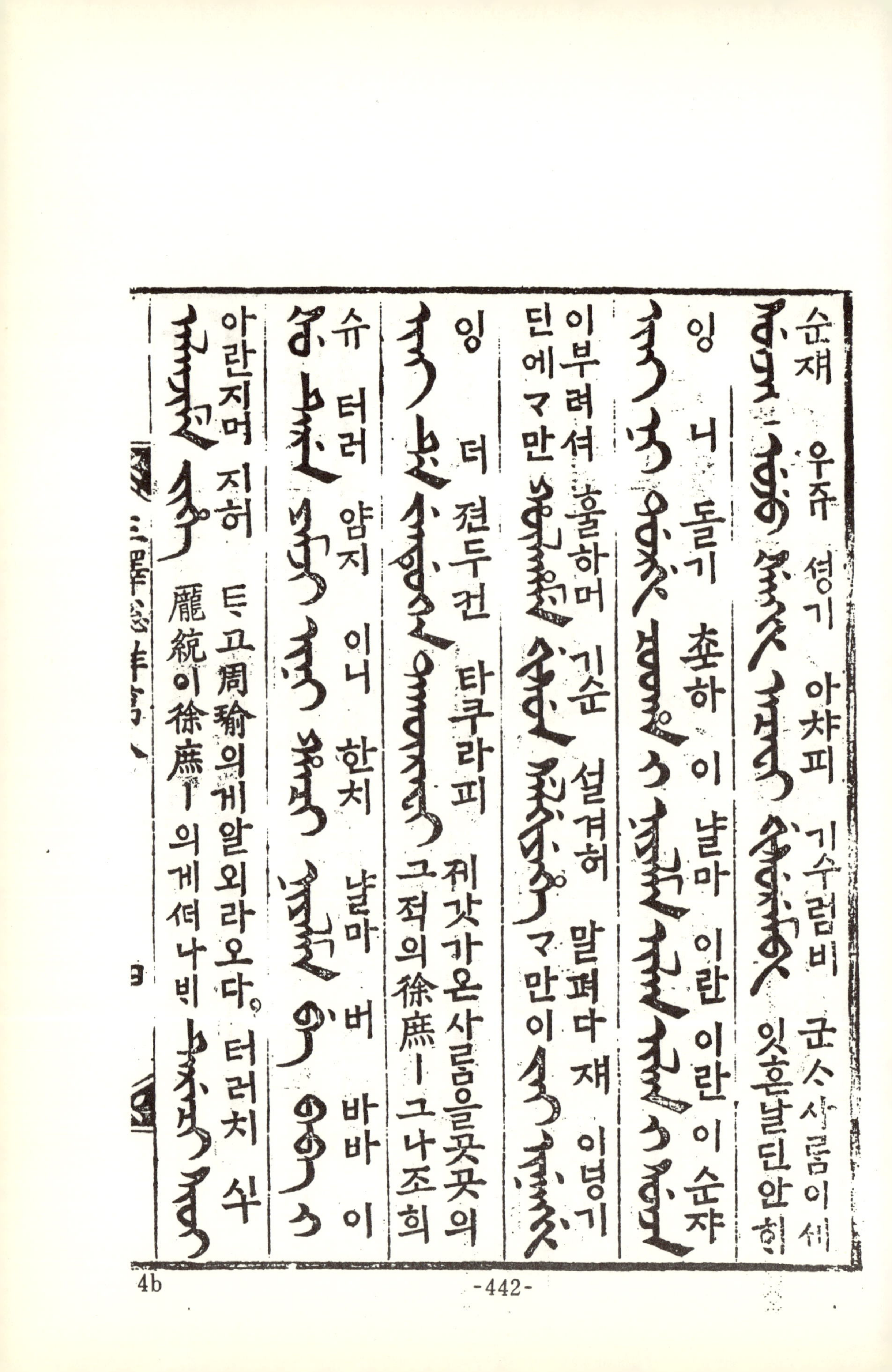

슌재 우쥬 셩기 아챠피 기수럼비 군ᄉ사ᄅᆞᆷ이셰 잇ᄒᆞᆫ날뒨안희

잉 니 돌기 춘하 이 날마 이란 이란 이 슌쟈

이부려셔 훌하며 기순 셜겨허 말펴다 재 이녕기
뒨에 ᄆᆞ만 ᄆᆞ만이

잉 더 졘두컨 타쿠라피 쥐갓가온사ᄅᆞᆷ을곳곳의
그적의徐庶ㅣ 그나조희

슈 터러 얌지 이니 한치 날마 버 바바이

아란지머 지허 ᄐᆞ고周瑜의게알외라오다。 터러치 삭
龐統이徐庶ㅣ의게셔나비

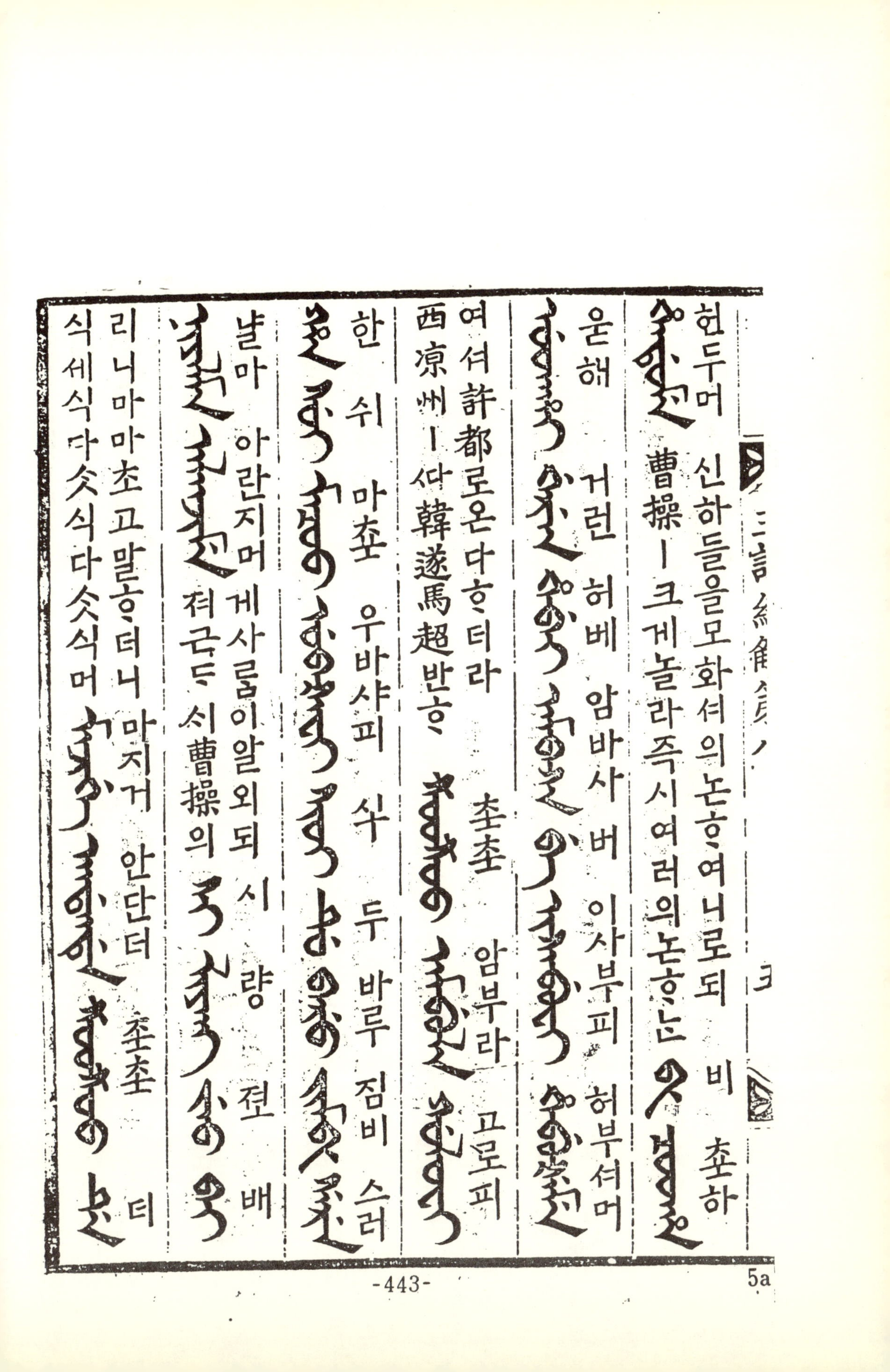

헌두머 신하들을모화셔의논ᄒᆞ여니로되 비 ᄎᆞᆫ하

曹操ㅣ크게놀라즉시여러의논ᄒᆞᆫ

운해 거런 허베 암바사 버 이사부피 허부셔머

여셔許都로온다ᄒᆞ더라 ᄎᆞᆫᄎᆞᆫ 암부라 고로피

西凉州ㅣᄯᅡ韓遂馬超반ᄒᆞ

한 쉬 마쟝 우바샤피 식 두 바루 짐비 ᄉᆞ러

냘마 아란지머 게사룸이알외되 시 량 젼 배

쳐근ᄃᆞ 시曹操의

리니마마초고말ᄒᆞ더니 마지거 안단더 ᄎᆞᆫᄎᆞᆫ 더

식세식다숫식다숫식머

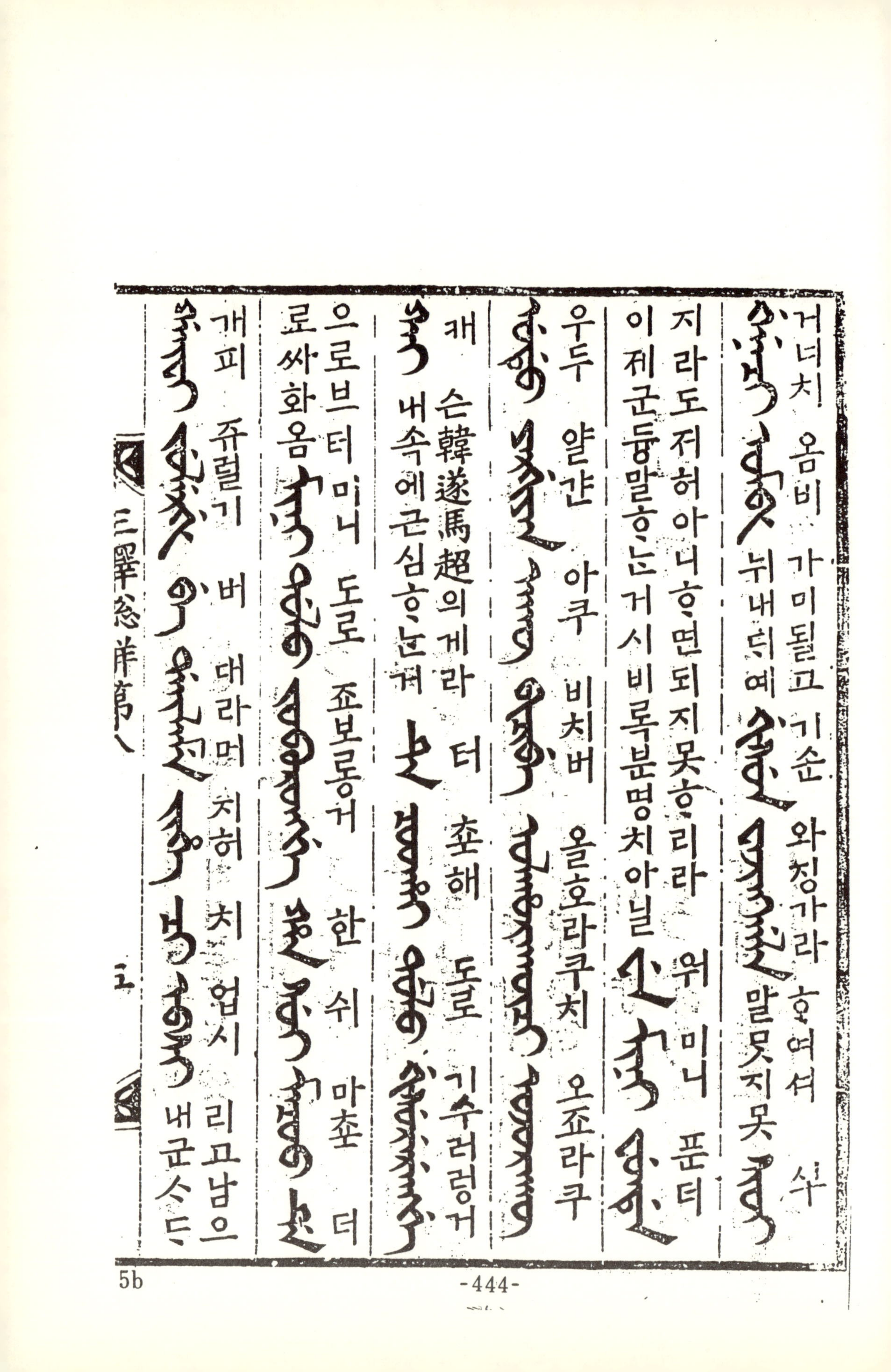

거녀치 옴비 가미될고 기슌 와칭가라 ᄒᆞ여셔 삭수
뉘내듸예 말못지못
지라도저허아니ᄒᆞ면되지못ᄒᆞ리라 워 미니 푼터
이제군듕말ᄒᆞᄂᆞᆫ거시비록분명치아닐
우두 얄갼 아쿠 비치버 올호라쿠치 오죠라쿠
캐 슨韓遂馬超의게라 터 촌해 도로 기수러렁거
내속에근심ᄒᆞᄂᆞᆫ겨
으로브터 미니 도로 죠보롱거 한 쉬 마촌 더
로싸화옴
개피 쥬럴기 버 대라머 치허 치 업시 리교남으
내군ᄉᆞᄃᆞ

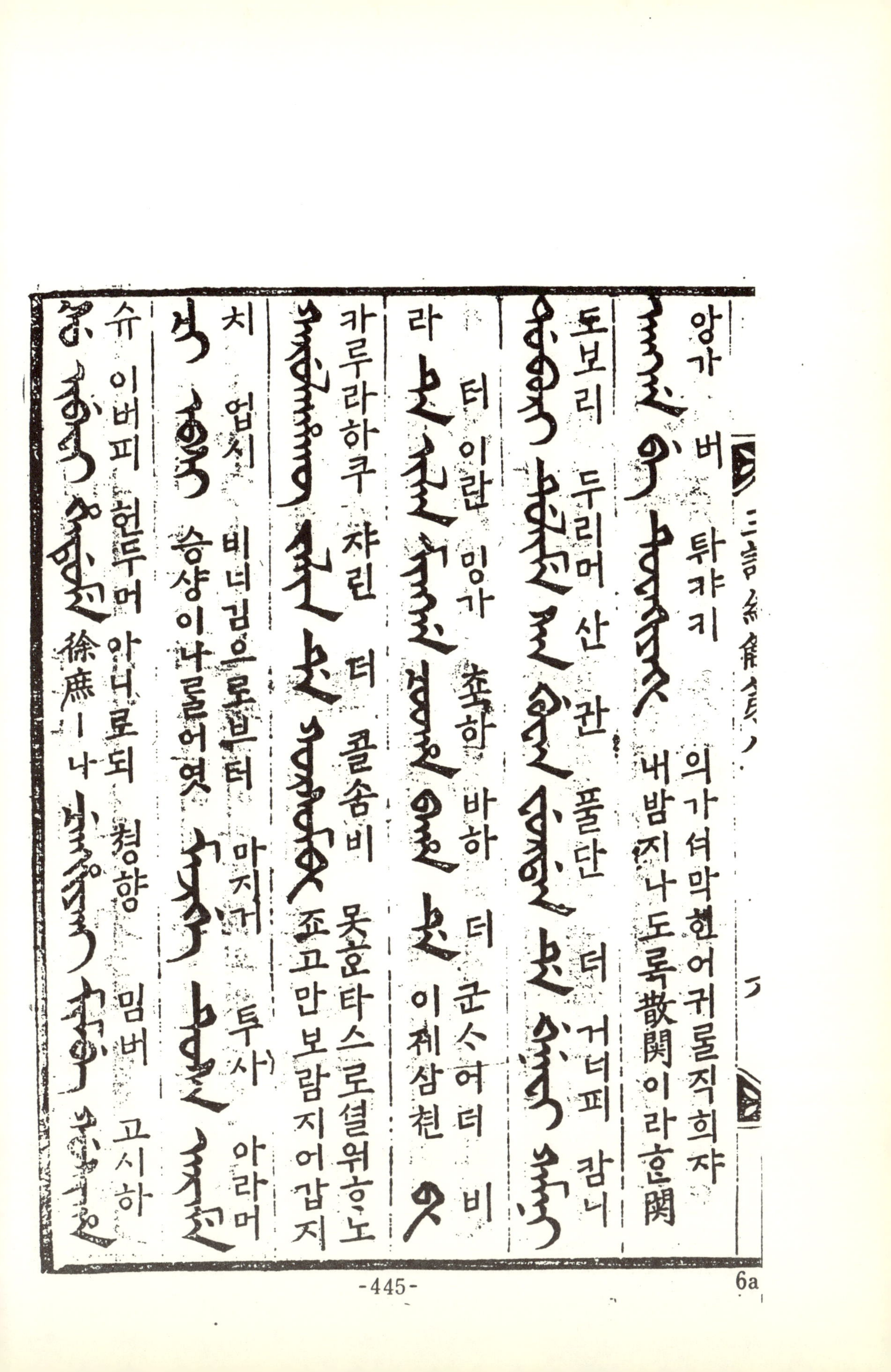

앙가 버 투캬키 의가셔막현어귀를직희쟈
내밤지나도록散悶이라ᄒᆞᆫ悶
도보리 두리머 산 관 풀단 더 거너피 캄니
터 이란 밍가 촉하 바하 더 군ᄉᆞ어더 비
라 이취삼쳔
카루라하쿠 쟈린 더 콜숨비 못ᄒᆞᆫ타스로셜워ᄒᆞ노
죠고만보람지어갑지
치 업시 비너김으로브터 마지거 투사 아라머
승샹이나를어엿
슈 이버피 헌두머 아니로되 쳥향 밈버 고시하
徐庶ㅣ나

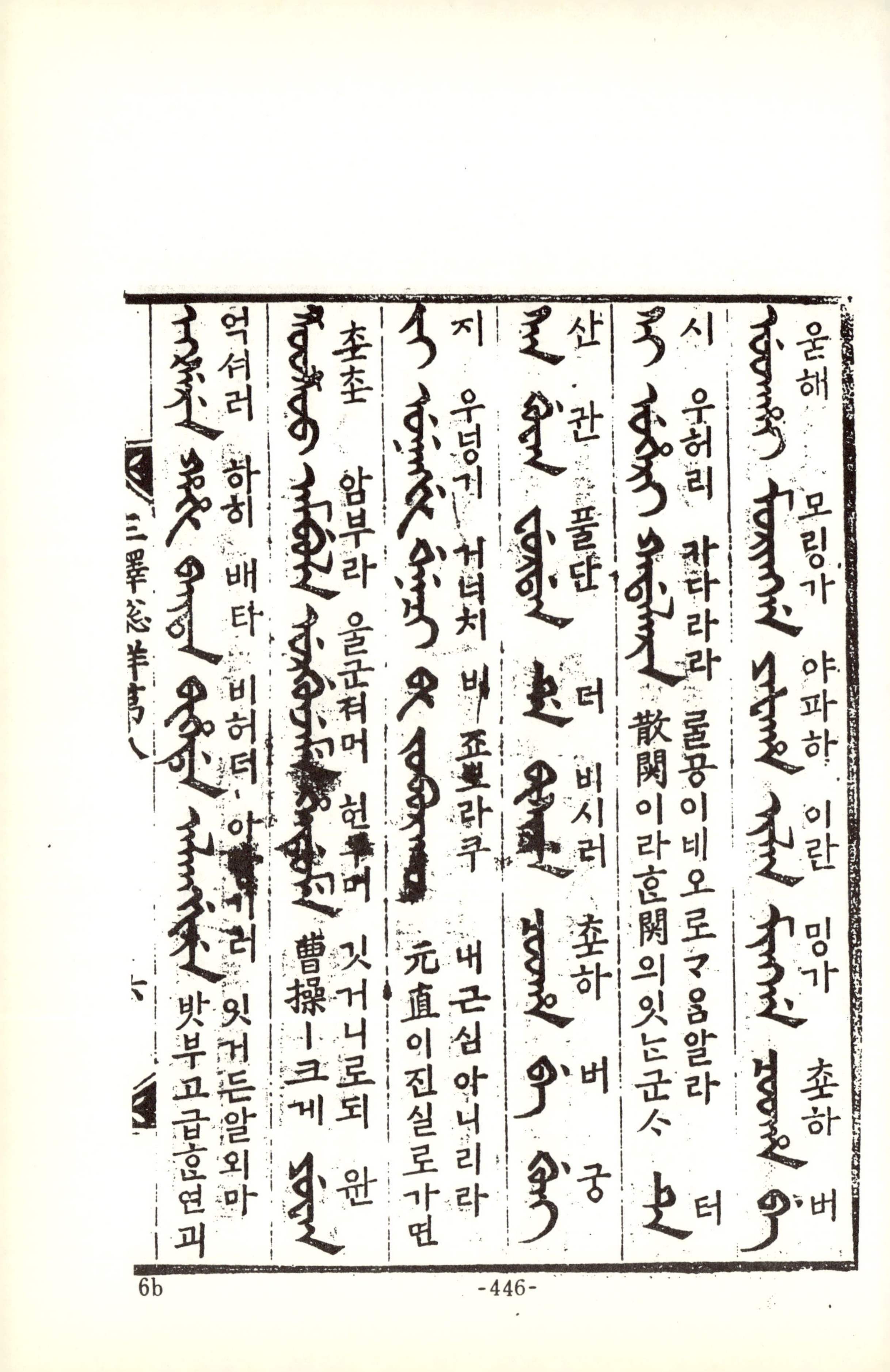

운해 모링가 야파하 이란 밍가 쵸하 버

시 우허리 카다라라 터
ᄅᆞᆯ공이네오로ᄆᆞᄋᆞᆷ알라
散關이라ᄒᆞᆫ關의잇ᄂᆞᆫ군ᄉᆞ

산 관 풀단 더 비시러 쵸하 버 궁

지 우넝기 거녀치 비 죠뵈라쿠
내근심아니리라
元直이진실로가면

쵸쵸 암부라 울군쥐머 헌후머 완
깃거니로되
曹操ㅣ크게

억셔러 하히 배타 비허더, 아쉬러
잇거든알외마
밧부고급ᄒᆞᆫ연괴

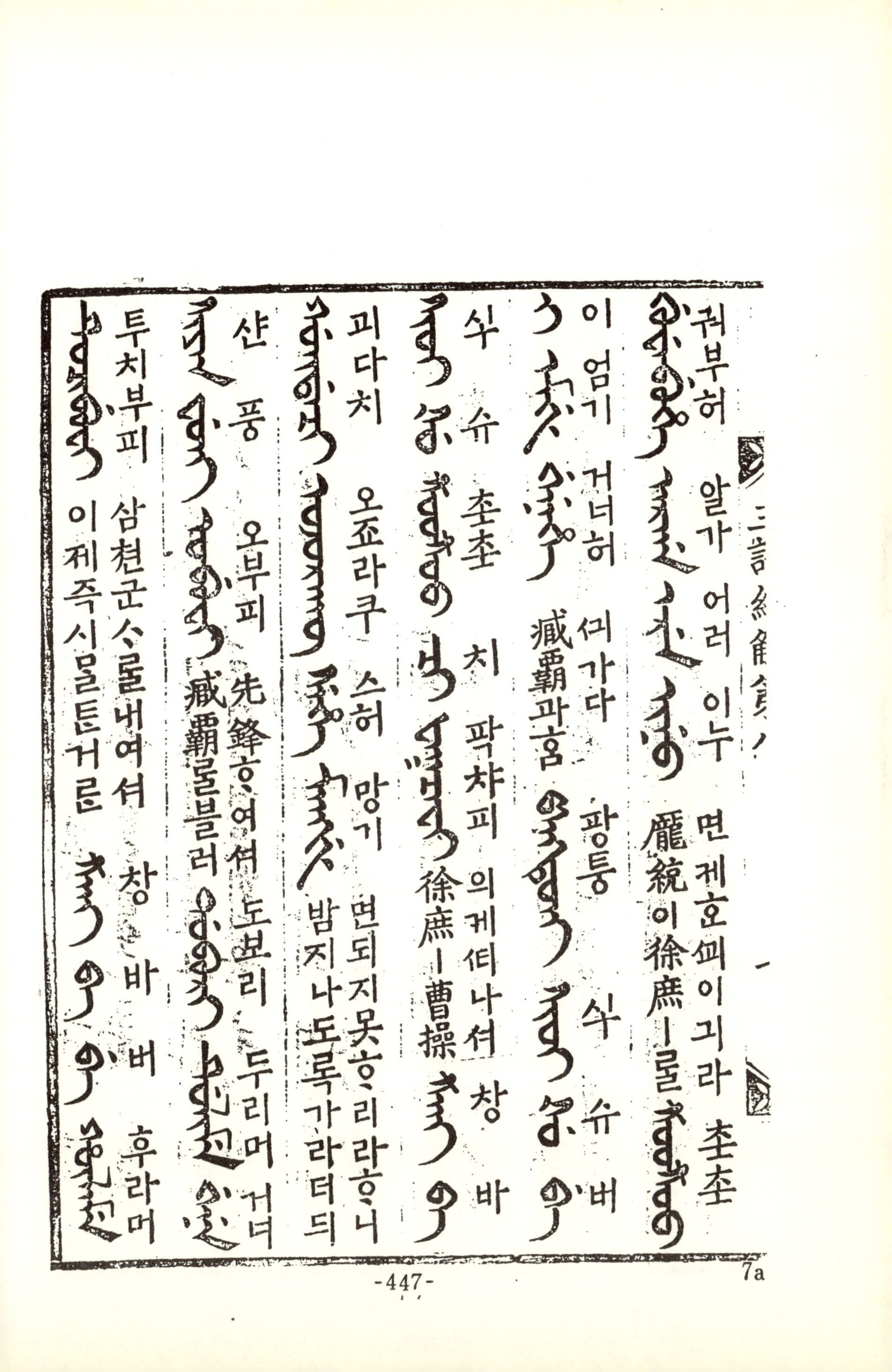

궈부허 알가 어러 이누 면 궤호ᄡᅬ이그라 초초

龐統이徐庶ㅣᄅᆞᆯ

이 엄기 거너허 ᄯᅥ가다 팡퉁 삭 슈 버

藏霸과ᄒᆞᆷ

삭 슈 초초 치 팍챠피 의궤ᄯᅥ나셔 창 바

徐庶ㅣ曹操

괴다치 오죠라쿠 스허 망기 면되지못ᄒᆞ리라ᄒᆞ니

밤지나도록가라더듸

샨 풍 오부피 先鋒ᄒᆞ여셔 도뵤리 두리머 거더

藏霸ᄅᆞᆯ블러

투치부피 삼쳔군ᄉᆞᄅᆞᆯ내여셔 창 바 버 후라머

이제즉시믈트거든

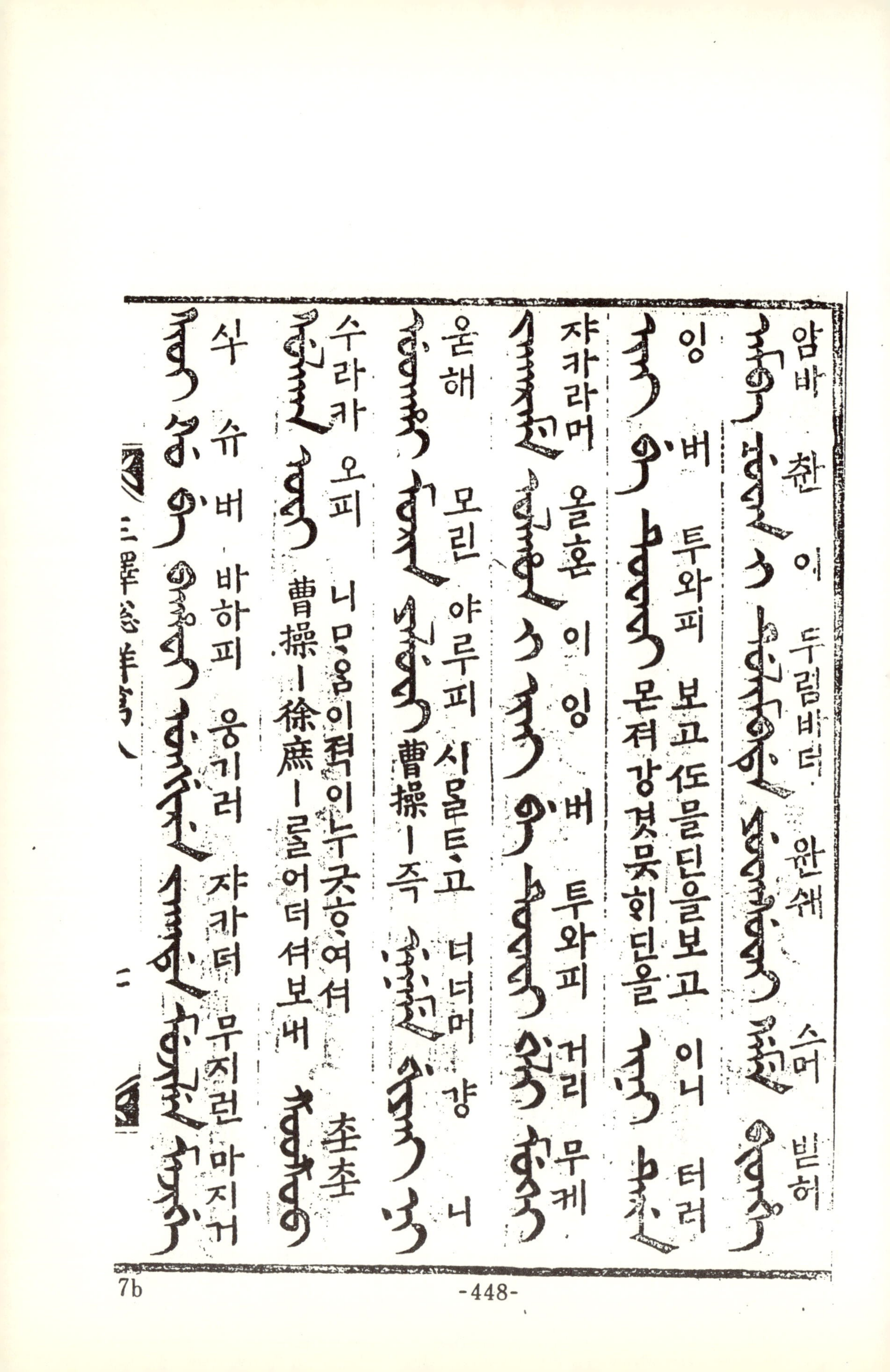

암바 춴이 두겸바더 완쇄 슈머 빋허

잉 버 투와피 보고 또물된을보고 이니 터러

몬져강겻뭇희던올

쟈카라머 올훈 이 잉 버 투와피 거리 무케

운해 모린 야루피 시몰투고 더너머 강 니

曹操ㅣ즉

수라카 오피 니모옴이젹이누긋ᄒᆞ여셔 夿夿

曹操ㅣ徐庶ㅣ룰어더셔보내

식 슈 버 바하피 웅기러 쟈카더 무지런 마지거

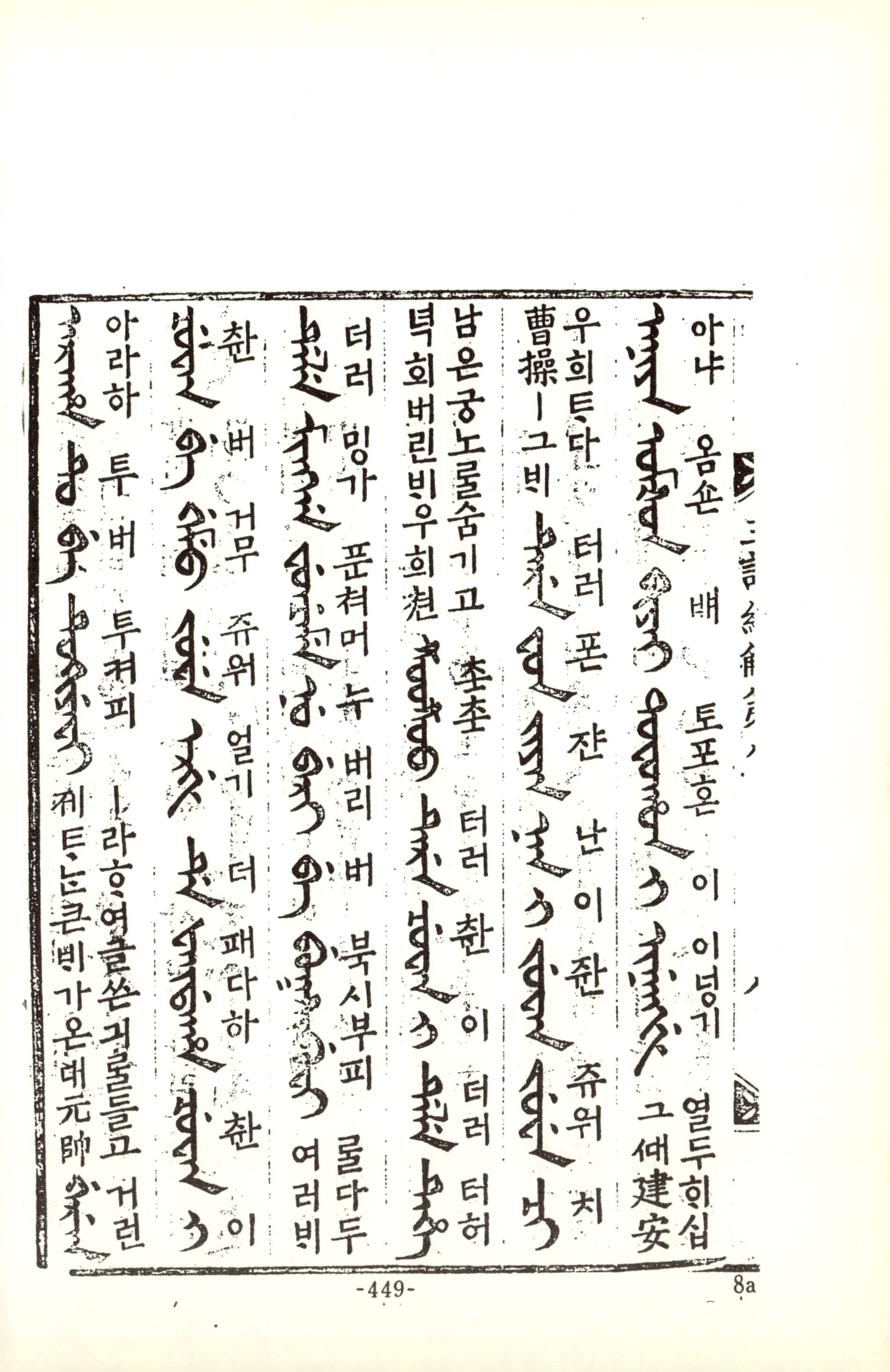

아냐 옴숀 배 토포혼 이 이넝기 열두희섭
그섀建安
우희투다 터러 폰 쟌 난 이 쟌 쥬워 치
曹操ㅣ그븨
남은궁노롤숨기고 춘추 터러 춴 이 터러 터허
뎍회버린빗우희쳔
터러 밍가 푼쳐머 뉴 버리 버 북시부피 롤다두
여러비
춴 버 거무 쥬워 얼기 더 패다하 춴 이
아라하 투 버 투쳐피 ㅣ라ᄒᆞ여글쓴긔롤들고 거런
쥐투ᄂᆞᆫ큰비가온대元帥

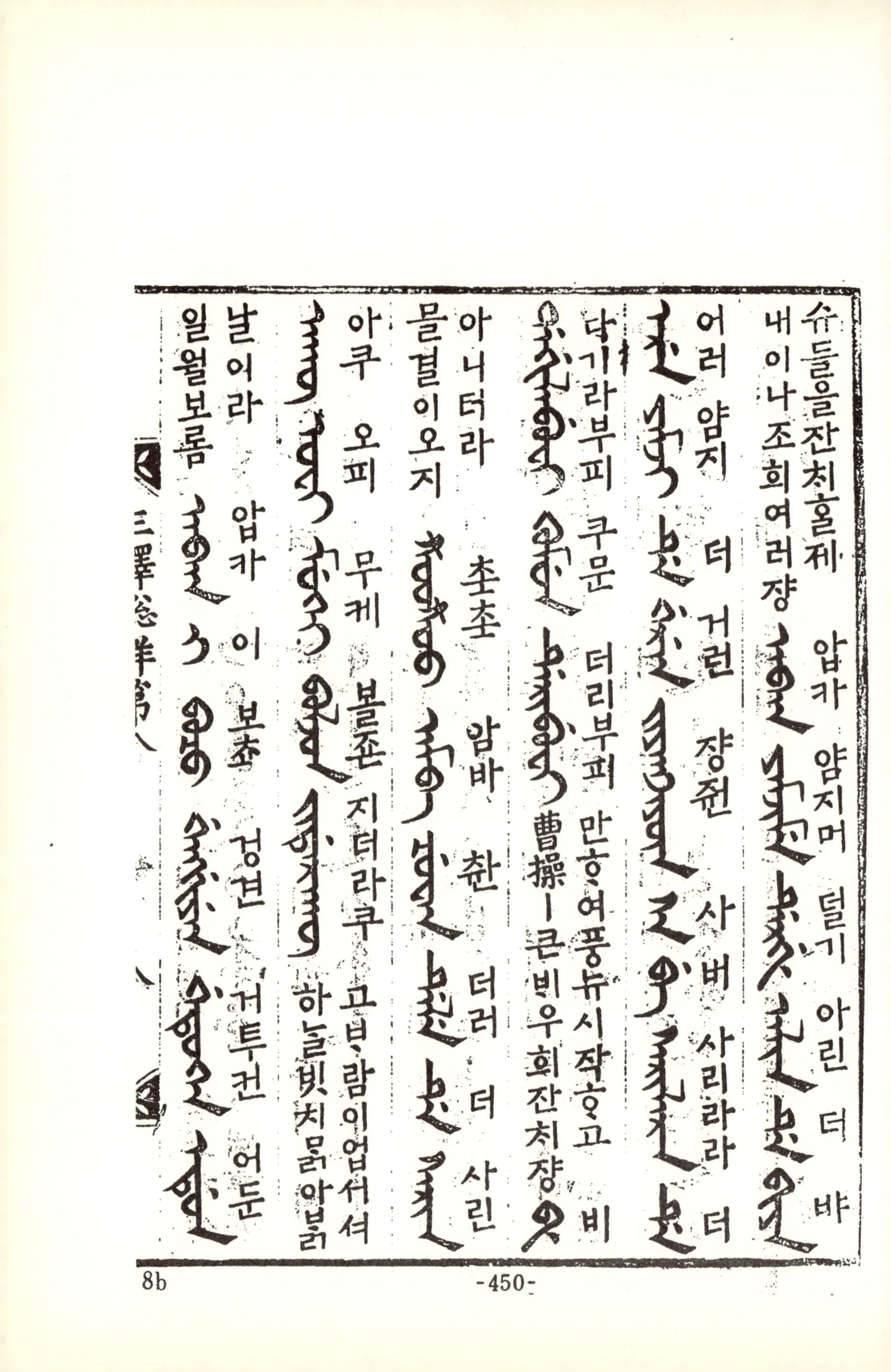

슈듫을잔치홀제 압카 얌지머 덜기 아린 더 뱌

내이나조희여러장

어러 얌지 더 거런 장쥔 사 버 사리라 더

다기라부피 쿠문 더리부피 만ᄒᆞ여풍뉴시작ᄒᆞ고 비

曹操ㅣ큰비우희잔치장

아니터라 춘춘 암바 춴 더러 더 사린

물결이오지

아쿠 오피 무케 볼죤 지터라쿠 고ᄇᆞ람이업서셔

하ᄂᆞᆯ빗치ᄆᆞᆰ아ᄇᆞᆰ

날어라 압카 이 보춘 겅견 거투컨 어둔

일월보롬

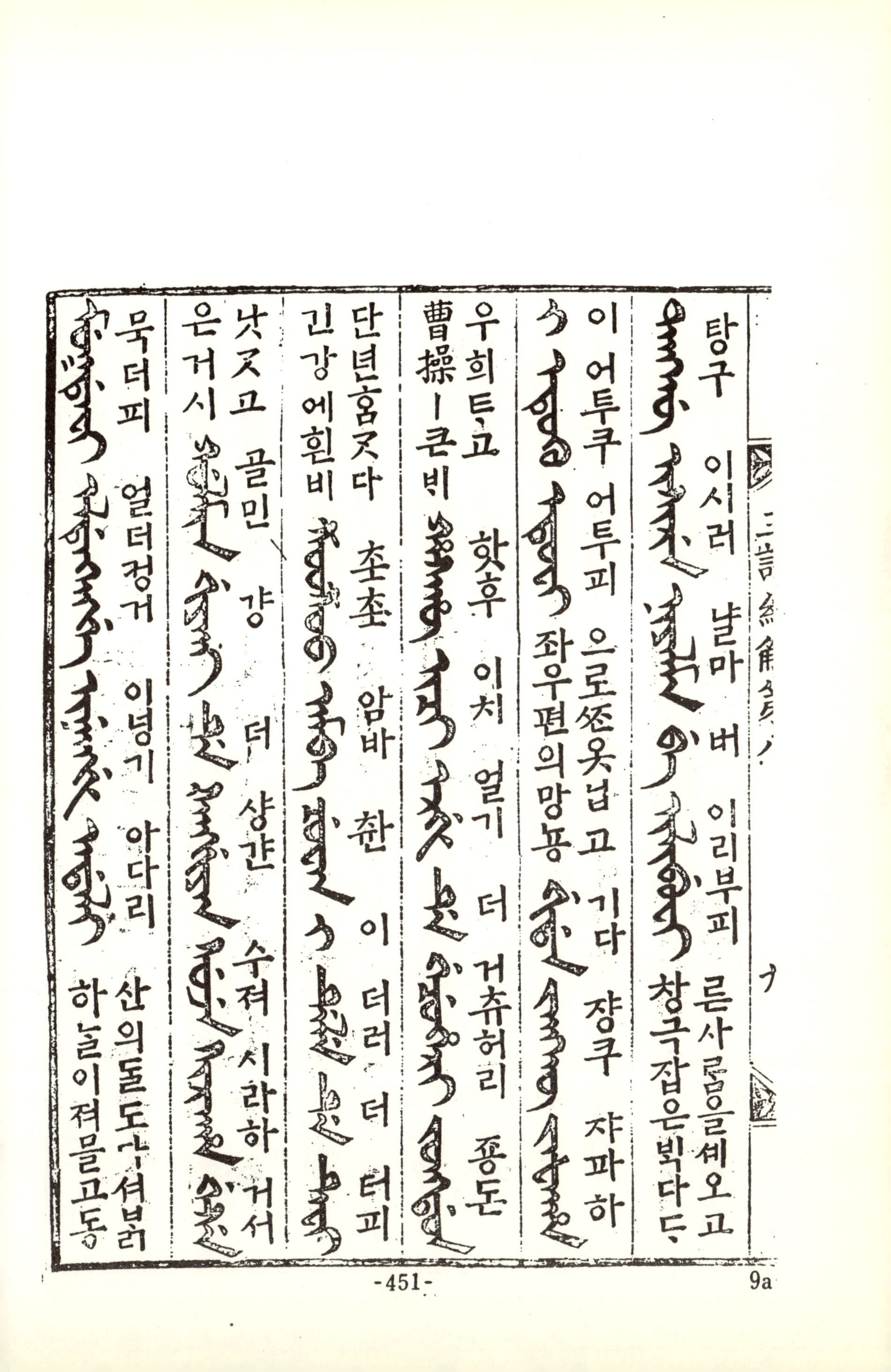

탕구 이시러 냘마 버 이리부피 큰사ᄅᆞᆷ을세오고

창ᄀᆞᆨ잡은빅다ᄃᆞ

이 어투쿠 어투피 으로쫀옷닙고 기다 쟝쿠 쟈파하

좌우편의망용

우희ᄐᆞ고 핫후 이치 얼기 더 거츄허리 죵돈

曹操ㅣ큰비

단텬ᄒᆞᆫ옷다 촌촌 암바 츈 이 더러 더 터피

긘강에흰비

낫곳고 골민 걍 더 샹갼 수져 시라하 거서

은거시

묵더피 얼더컹거 이녕기 아다리 산의돌도ᄂᆞ셔부러

하ᄂᆞᆯ이져믈고동

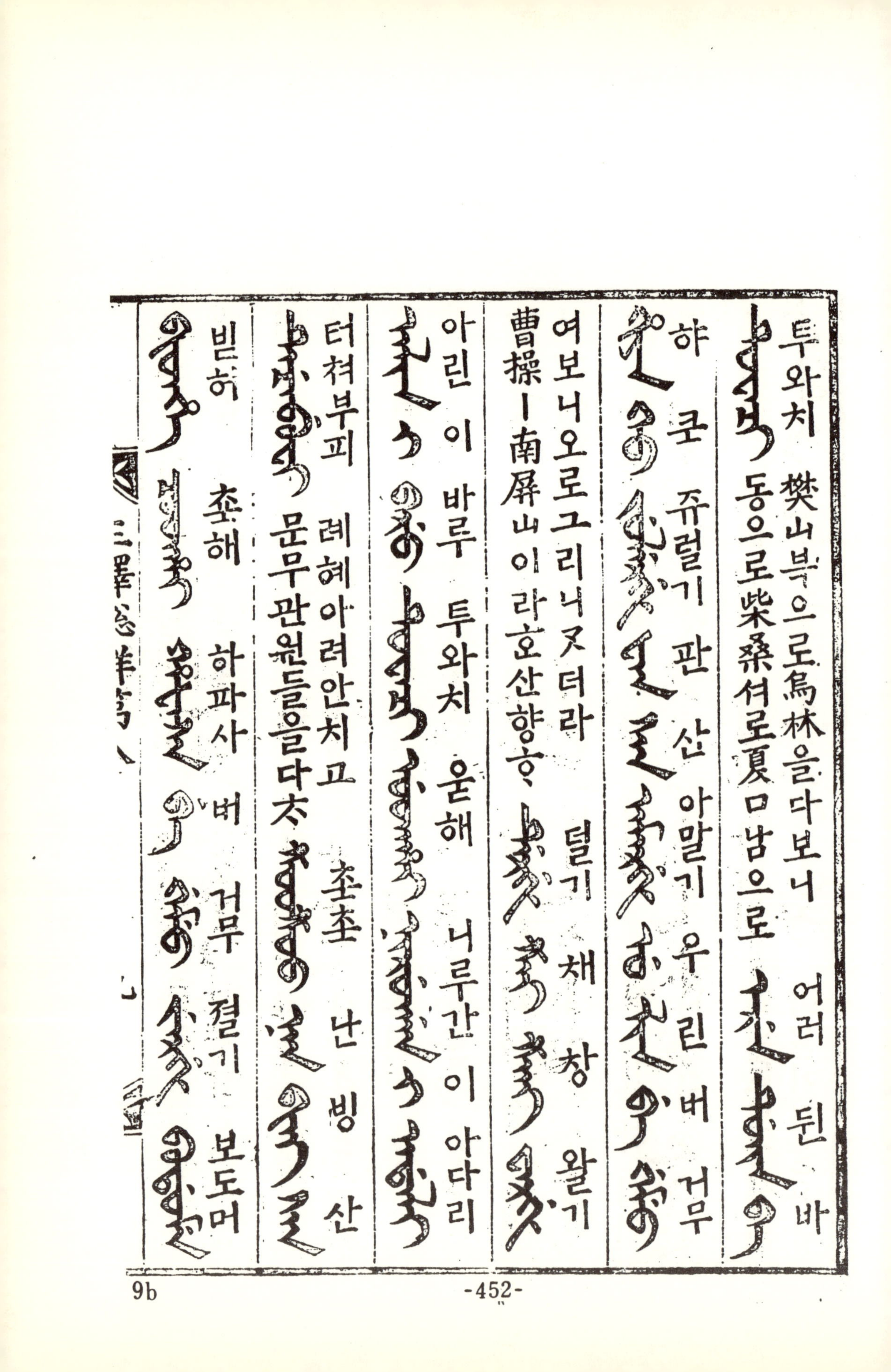

투와치 樊山븍으로烏林을다보니
동으로柴桑셔로夏口남으로 어러 된 바

하 쿤 쥬럴기 판 산 아말기 우 린 버 거무

여보니오로그리니ᄌᆞᆺ더라 덜기 채 창 왈기
曹操ㅣ南屛山이라ᄒᆞᆫ산향ᄒᆞ

아린 이 바루 투와치 운해 니루간 이 아다리

터쳐부피 려혀아려안치고 촌촌 난 빙 산
문무관원들을다ᄎᆞ

빋허 촌해 하파사 버 거무 절기 보도머

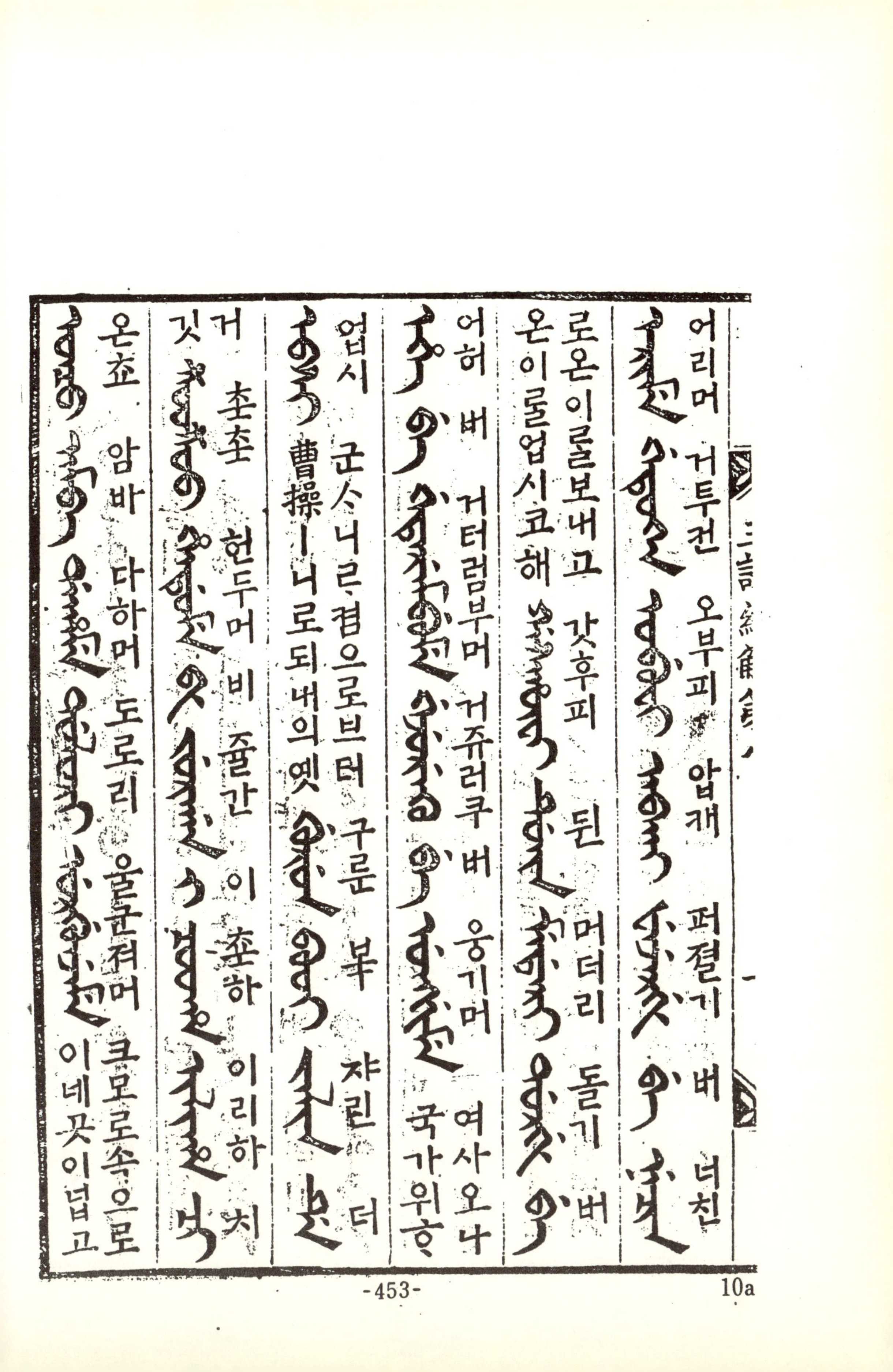

어리머 거투권 오부피 압캐 퍼졀기 버 너친
로온이룰보내고 갓후피 된 머더리 돌기 버
온이룰엽시쿄해
어허 버 거터럼부머 거쥬러쿠 버 웅기머 여사오나
국가위ᄒᆞᆼ
엽시 군ᄉᆞ니ᄅᆞ켭으로브터 구룬 뷔 쟈린 더
曹操ㅣ니로되내의옛
거 촐촐 헌두머 비 쥴간 이 쵼하 이리하 치
깃
온춋 암바 다하머 도로리 울군져머 크모로속으로
이네끗이덥고

비시러 탕구 투먼 바투루 쵸하 거런 궁

오부치 옴비 롤광히되게ᄒᆞ리라 터 퍼절기

나라히가옴열고군ᄉ

더 구룬 바얀 쵸하 버 어텽기

곳을어드면 내이江南됴흔

이라 비 어러 걍 니 쥬럴기 훠키 바버 바하

江南

바하라 운뎡거 걍 니 쥬럴기 캐 못ᄒᆞᆫ거슨

다만엇지

오부키 스치 ᄒᆞ여텬하롤평히ᄒᆞ고져ᄒᆞ되 다무

밍셰ᄒᆞ여ᄉᆞ히안흘쓰러ᄆᆞ리게

위시훈 울훈 섭젼 반지키 가옴열고귀히되여깃거

여러공이효가지로대되

다른일이업스리라 거런 궁 니 엄기 우헤 바얀

江南을어드면다시

쥬러기 버 바하 망기 채 캬 웨러 아쿠 캐

죠보로 애 비 여근심이엇지이시리오 강 니

공명을이로지몯홀쌰ᄒᆞ

앗기지아니코힘쓰면 궁 거부 무터라쿠 스머

효군ᄉᆞ며여러공이명을

얼건 버 해란다라쿠 후순 투치치 는빅만웅장

이제아리잇

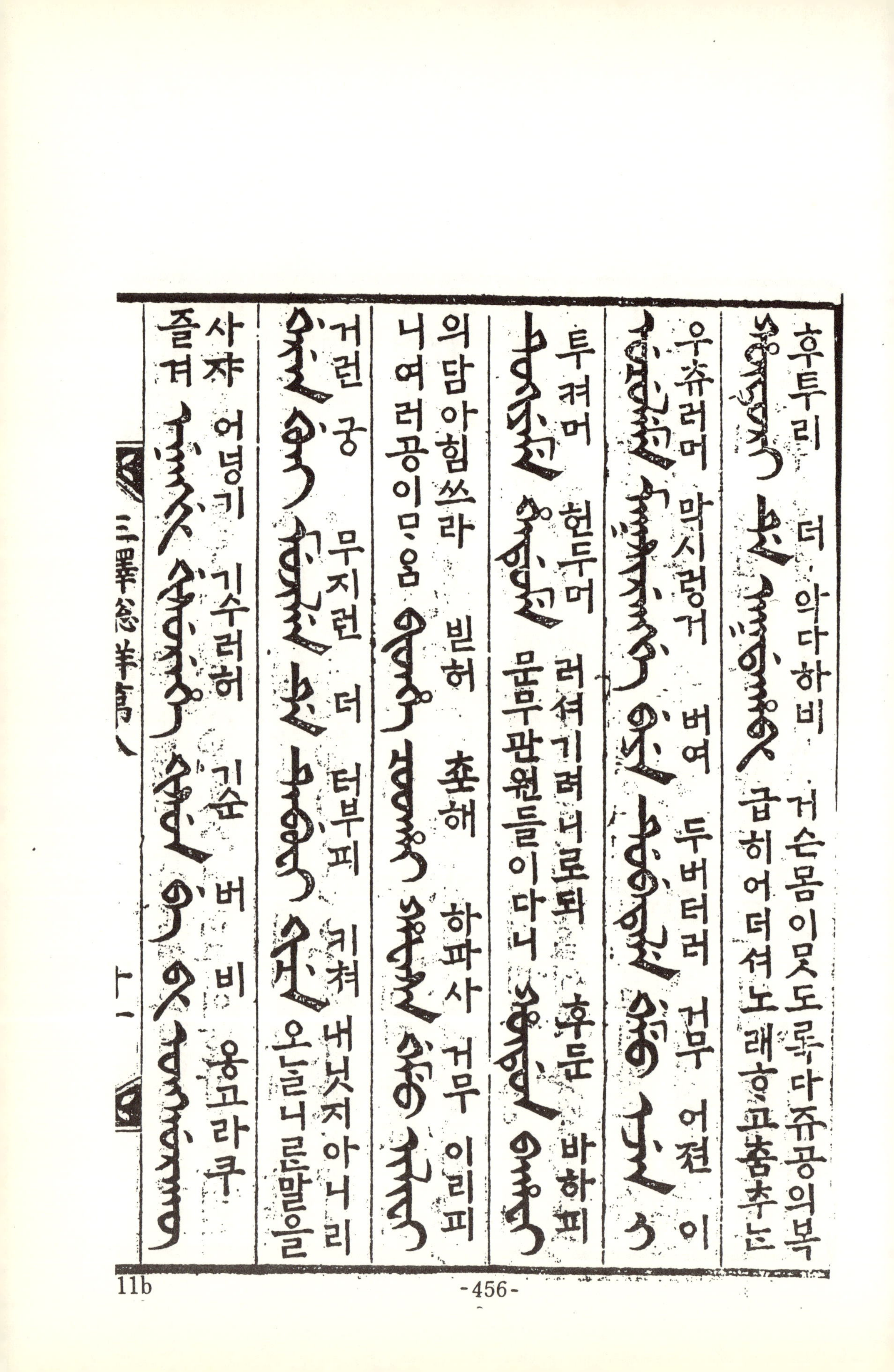

후투리 더 아다하비 거순몸이뭇도록다쥬공의복 급히어더셔노래ᄒᆞ고춤추ᄂᆞᆫ

우츄러머 막시령거 버여 두버터러 거무 어젼 이

투켜머 헌두머 러셔기려니로되 문무판원들이다니 후둔 바하피

의담아힘쓰라 니여러공이ᄆᆞ옴 빌허 쵸해 하파사 거무 이리피

거련 궁 무지련 더 터부피 키쳐 버닛지아니리 오늘니른말을

사쟈 즐겨 어녕기 기수러허 기순 버 비 옹고라쿠

三譯總解 十一

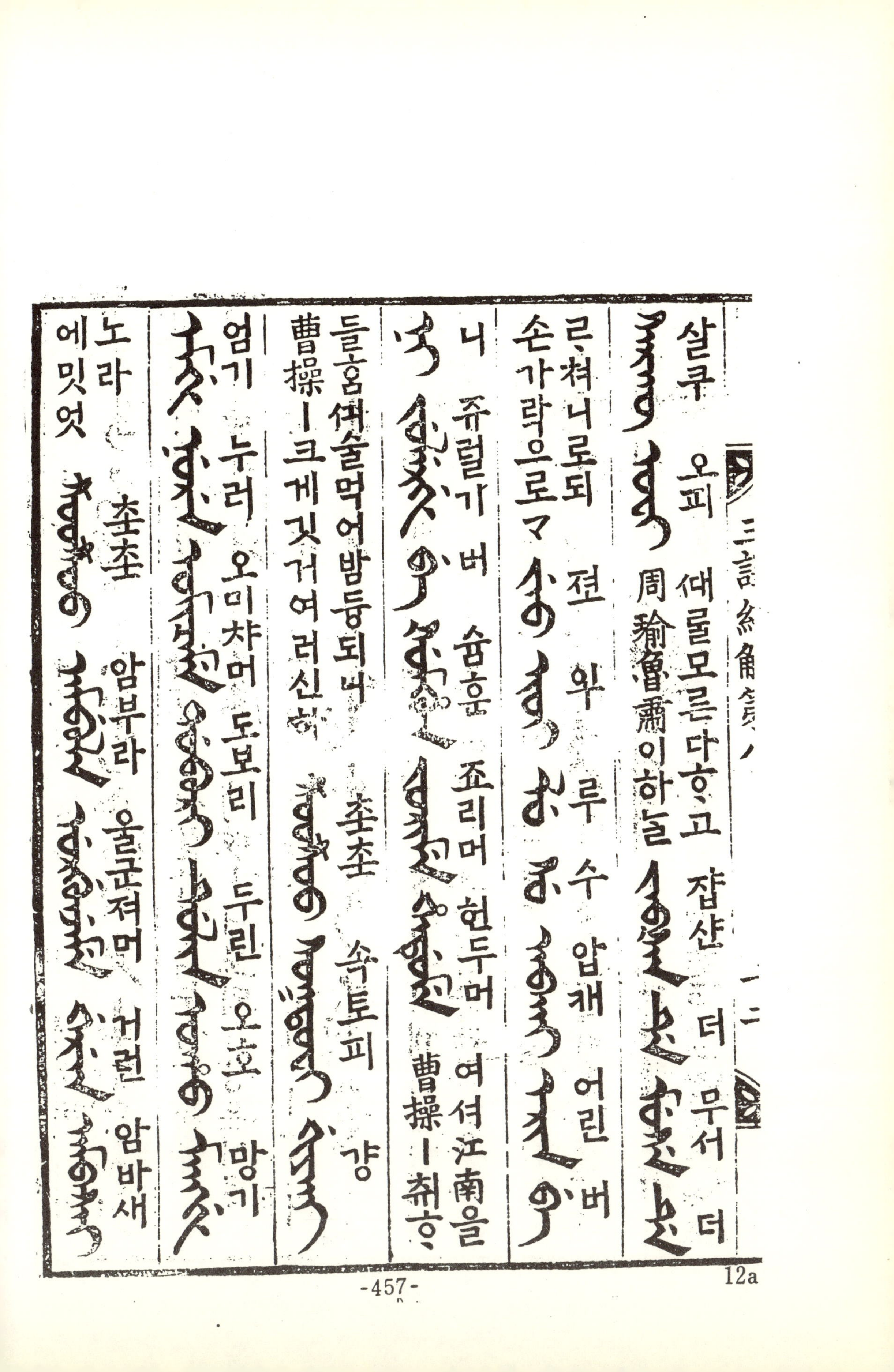

살쿠 오피 섀룰모른다ᄒᆞ고 잡샨 더 무서 더

周瑜魯肅이하ᄂᆞᆯ

르ᆞ쳐니로되 젼 와 루 수 압채 어린 버

손가락으로ᄆ

니 쥬럴가 버 숨훈 죠리머 헌두머 여셔江南을

曹操ㅣ취ᄒᆞ

들흠ᄢᅢ술먹어밤둥되니 춘춘 솨토피 강

曹操ㅣ크게깃거여러신하

엄기 누러 오미챠머 도보리 두린 오호 망기

노라 춘춘 암부라 울군져머 거련 암바새

에밋엇

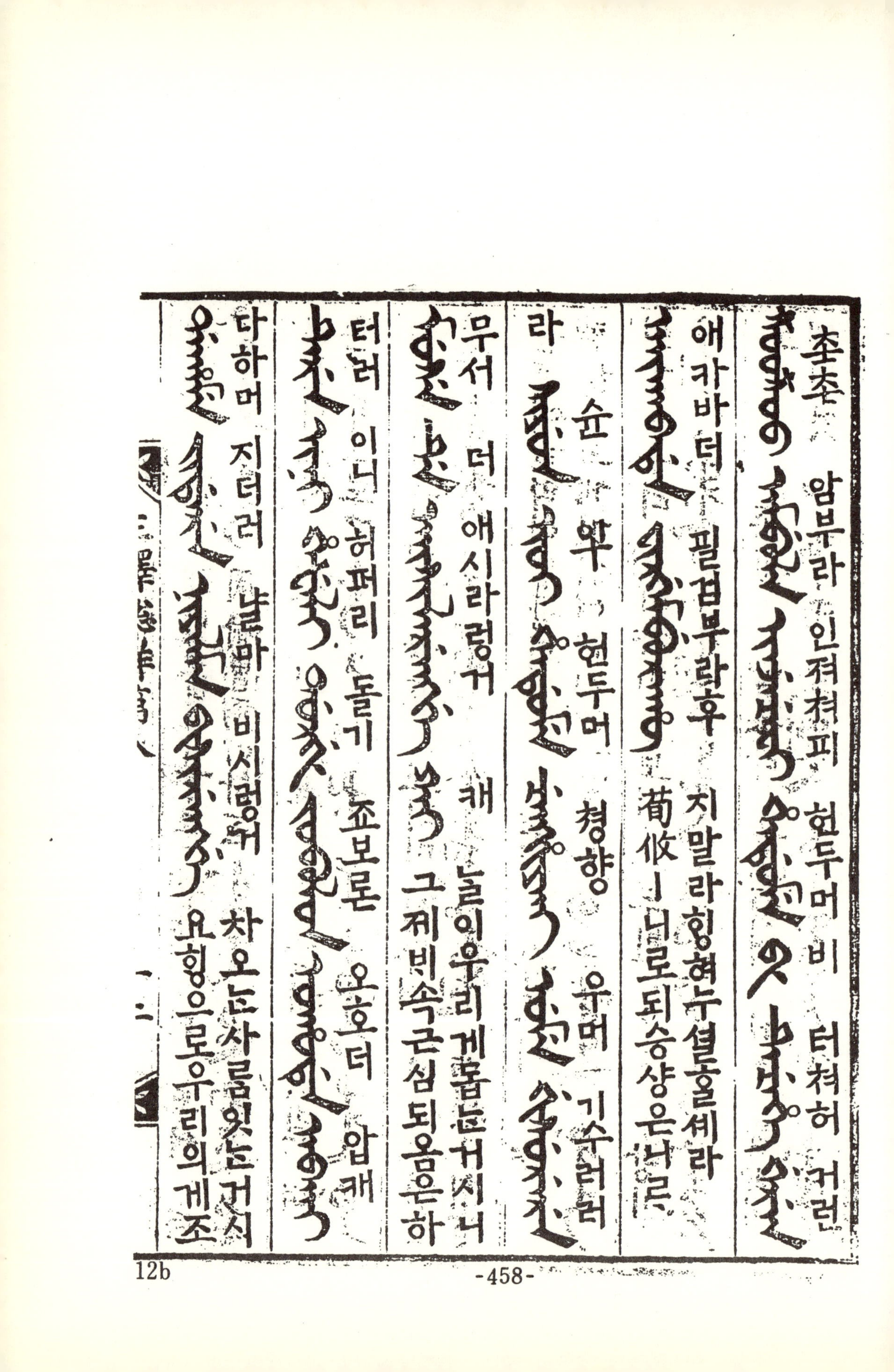

초춘 암부라 인져쳐피 헌두머 비 터쳐허 거런

애카바더 필겁부라후 지말라힝혀누설홀세라 荀攸ㅣ너로되승상은너르

라 슌 약 헌두머 쳥향 우머 기수러러

무서 더 애시라렁거 캐 늘이우리게홉는거시니 그지비속근심되옴은하

터러 이니 허퍼리 돌기 죠보론 오호더 압캐

다하머 지더러 날마 비시렁뉘 차오는사롬잇는거시 요힝으로우리의게조

후순 버 보도라쿠 흔힘을헤아리지아니코 미나
劉備諸葛亮너희가얌이ᄀᆞᆺ
쳐니로되 료베 쥬고량 쉬니 열궤 거서
으로ᄆᆞᄅᆞ
하 쿠 이 바루 숨훈 죠리머 헌두머 ᄒᆞ여손가락
仸夏口로향
기수러러 더 애 비 나ᄅᆞ 는되므어사이시리 거리
다내심복ᄀᆞᆺ흔사ᄅᆞᆷ이라
션뉴들이 거무 미니 무치런 냐만이 거서 날마
과두편의
궁 쥬워 얼기 더 이리하 울서 로되내안졷여러공
曹操ㅣ크게웃고니

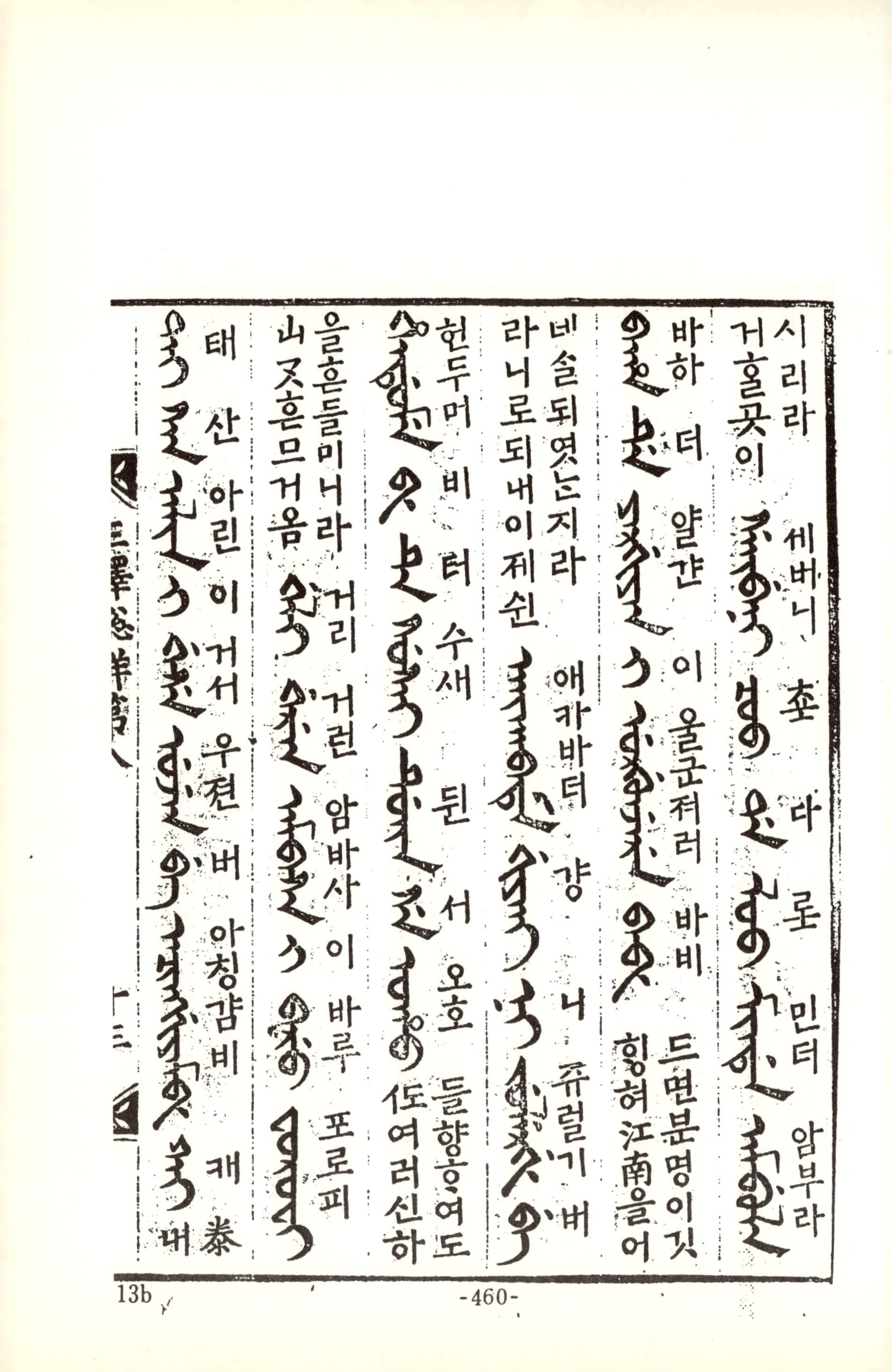

시리라 세버니 촐 다 로 민더 암부라

거훌곳이

바하 더 얄걋 이 올쿤쳐러 바비 드면분명이깃

힝혀江南을어

네솔되엿는지라 애카바터 걍 나 쥬럴기 버

라니로되내이제쉰

헌두머 비 터 수새 뒨 서 오호 들향ᄒᆞ여도

ᄯᅩ여러신하

을흔들미너라 거리 거런 암바사 이 바루 포로피

山ᄀᆞᆺ흔므거옴

태 산 아린 이 거서 우쳔 버 아칭감비 캐 泰

며

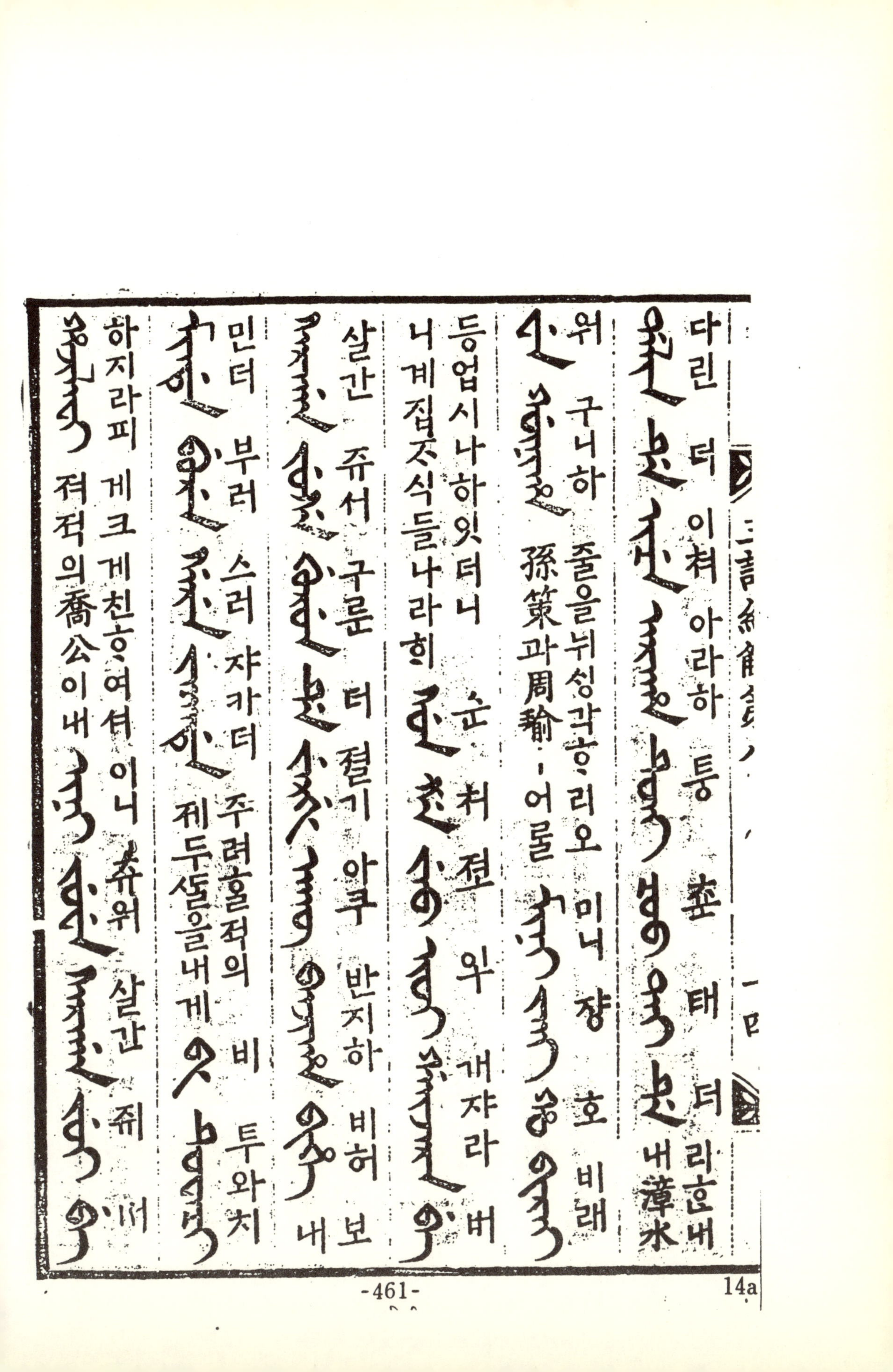

다린 더 이쳐 아라하 퉁 츈 태 더 라ᄒᆞᆫ배 내漳水

워 구니하 미니 쟝 호 비래

줄을뉘싱각ᄒᆞ리오

孫策과周瑜ㅣ어롤

등업시나하잇더니

니계집ᄌᆞ식들나라희

슌 쳐 져 와 개쟈라 버

살간 쥬서 구룬 더 졀기 아쿠 반지하 비허 보 내

민터 부러 스러 쟈카더 주려ᄒᆞᆯ적의 비 투와치

졔두ᄯᆞᆯ을내게

하지라피 게크 게친ᄒᆞ여셔 이니 츄위 살간 쥐 ᄡᅧ

져적의喬公이내

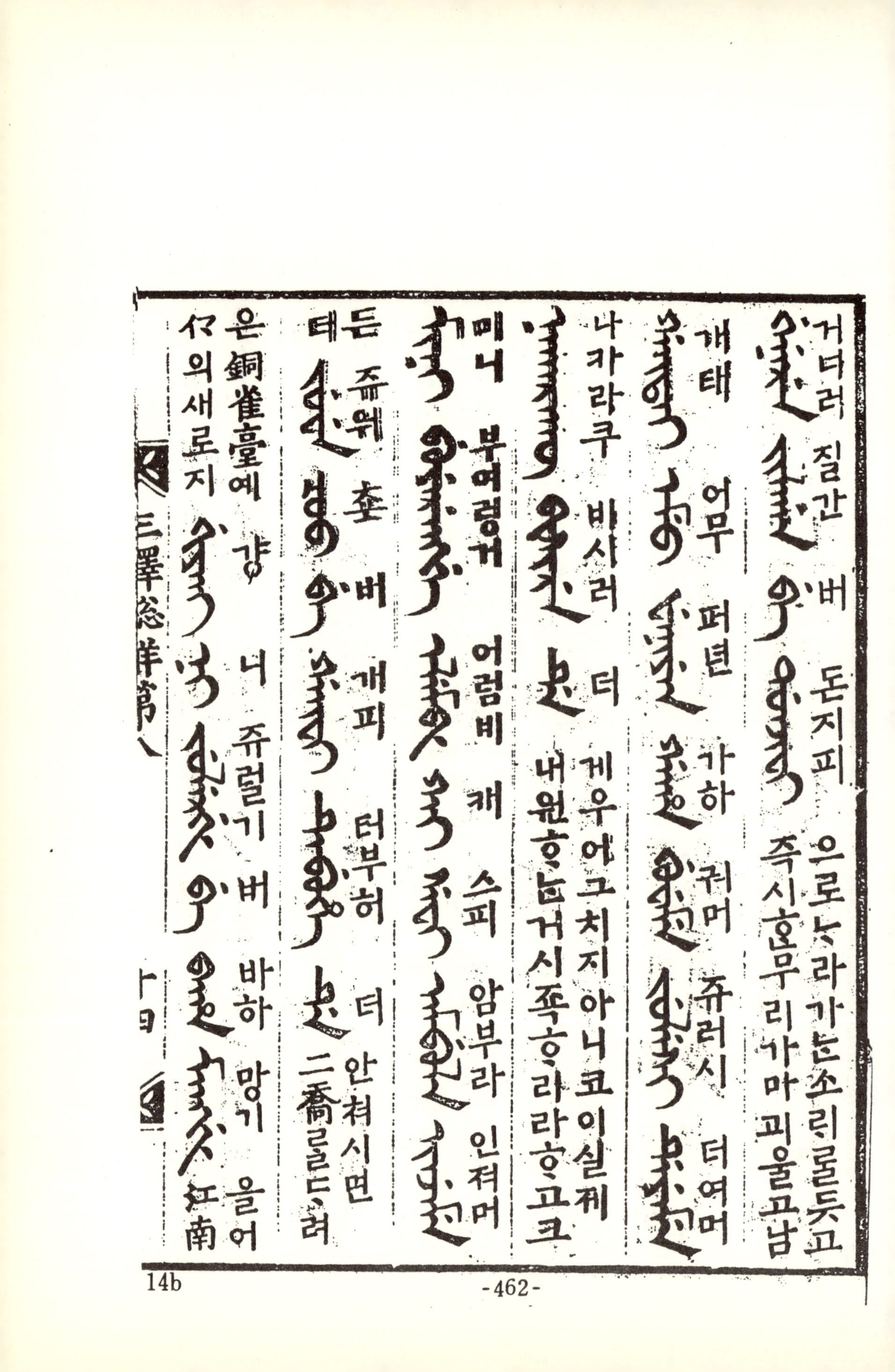

거더러 질간 버 돈지피 으로ᄂᆞ라가ᄂᆞᆫ소리ᄅᆞᆯ듯고
즉시ᄒᆞᆫ무리가마괴울고남

개태 어무 펴련 가하 궈머 쥬러시 더여머

나카라쿠 바시러 더 게우어그치지아니코이실제
내원ᄒᆞᄂᆞᆫ거시쪽ᄒᆞ라라ᄒᆞ고크

메니 부여령궈 어럼비 캐 슈피 암부라 인쳐머

든 쥬워 추 버 개피 터부허 더 안쳐시면
태 二喬를ᄃᆞ려

은銅雀臺에 강 너 쥬럴기 버 바하 망기 을어
仫의새로지 江南

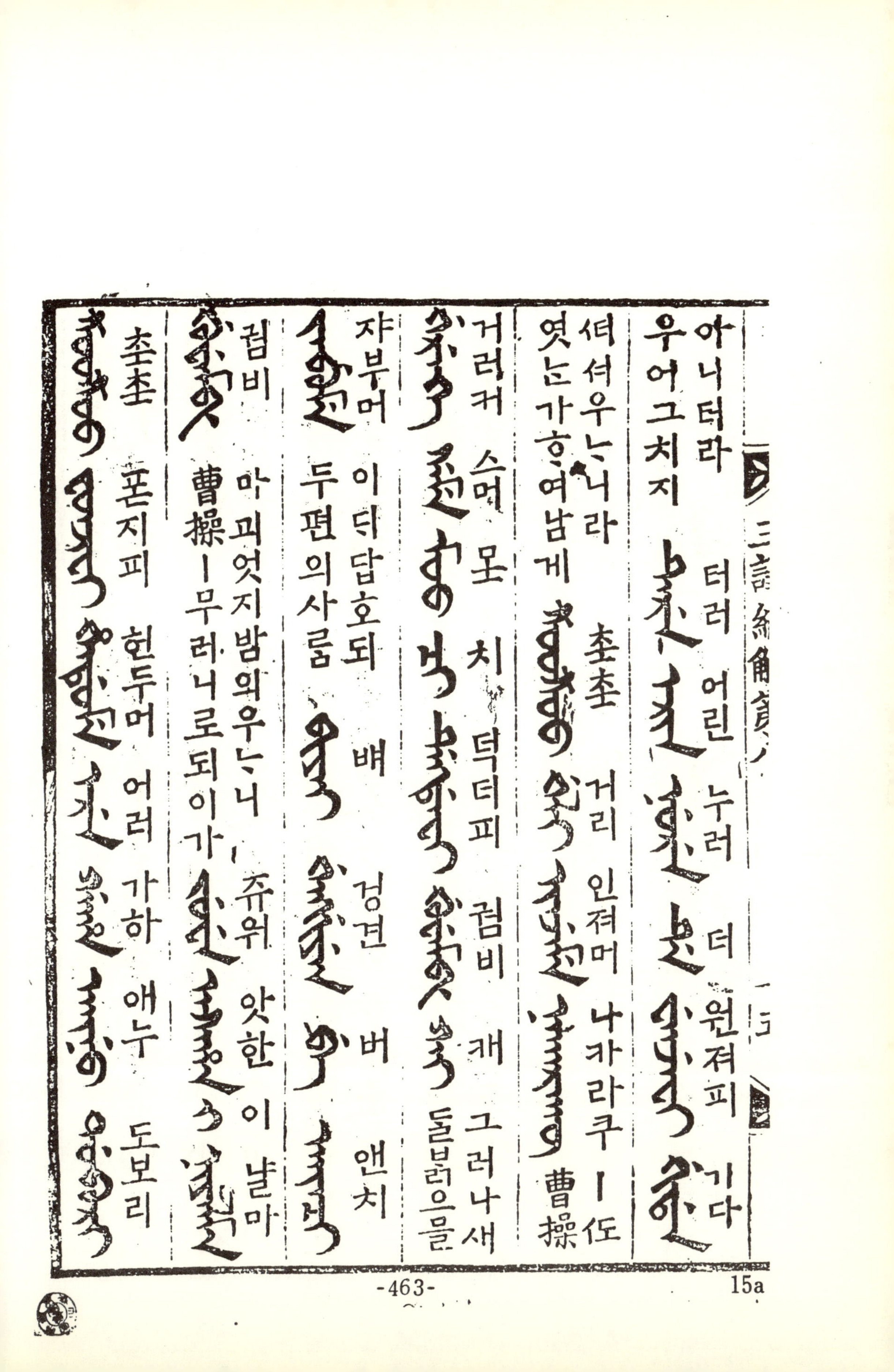

아니터라 터러 어린 누러 더 원져피 기다
우어그치지
셰셔우ᄂᆞ니라 촌촌 거리 인져머 나카라쿠ㅣ仼
엿ᄂᆞᆫ가ᄒᆞ여남게 曹操
거러커 스머 모 치 더터피 겸비 캐 그러나새
돌보러으믈
쟈부머 이더답호되 배 겅견 버 앤치
두편의사ᄅᆞᆷ
겸비 마 피엇지밤의우ᄂᆞ니 쥬위 앗한 이 날마
曹操ㅣ무러니로되이가,
촌촌 폰지피 헌두머 어러 가하 애누 도보리

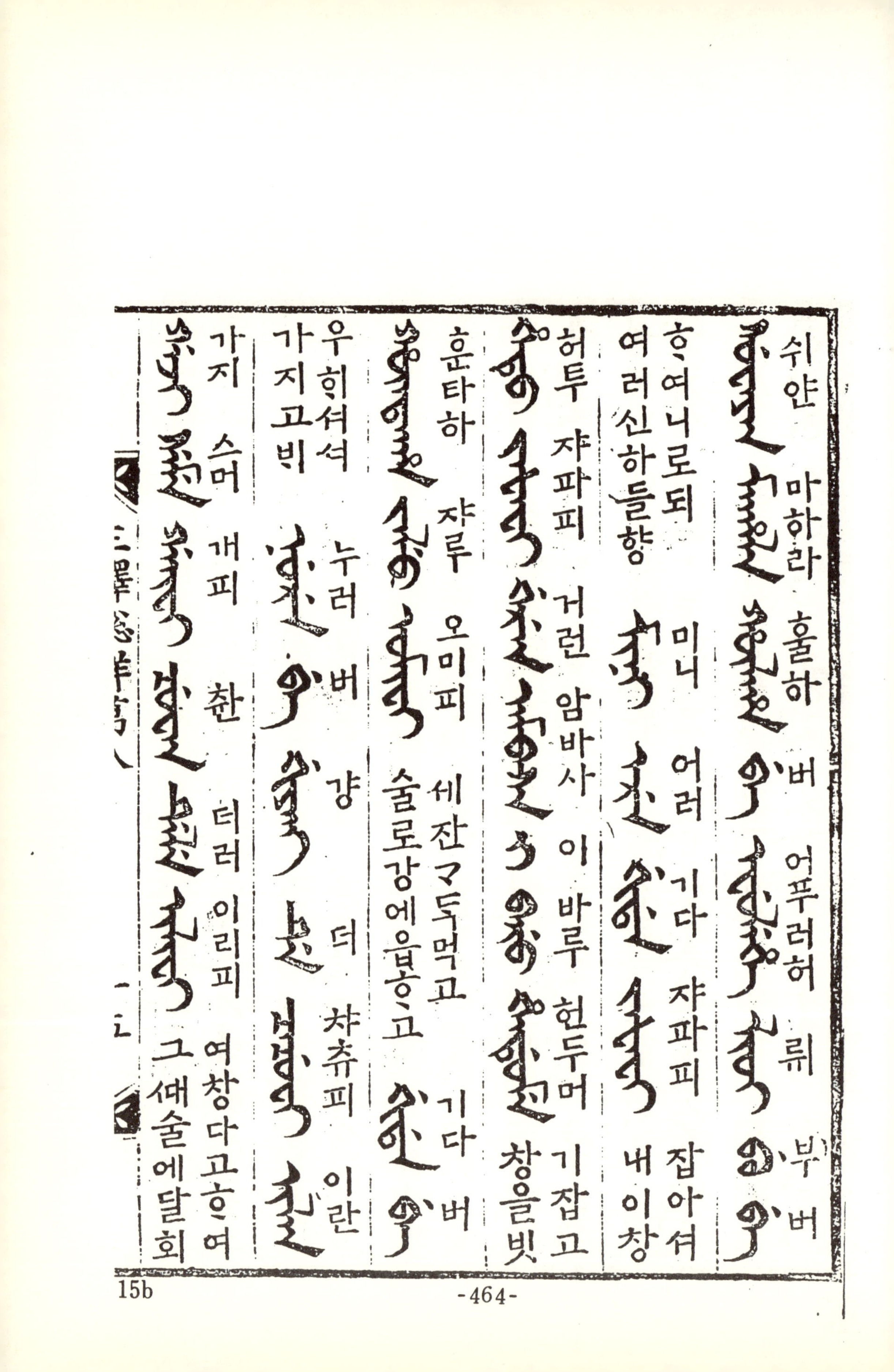

쉬얀 마하라 훌하 버 어푸러허 뤼 부 버

ᄒᆞ여니로되 미니 어러 기다 쟈파피 잡아셔

여러신하들향 내이창

허투 쟈파피 거런 암바사 이 바루 헌두머 기잡고

창을빗

훈타하 쟈루 오미피 세잔ᄀᆞ득먹고 기다 버

술로강에읍ᄒᆞ고

우희셔셔 누러 버 걍 더 쟈츄피 이란

가지고비

가지 스머 개피 츈 터러 이리피 여창다고ᄒᆞ여

그새술에달회

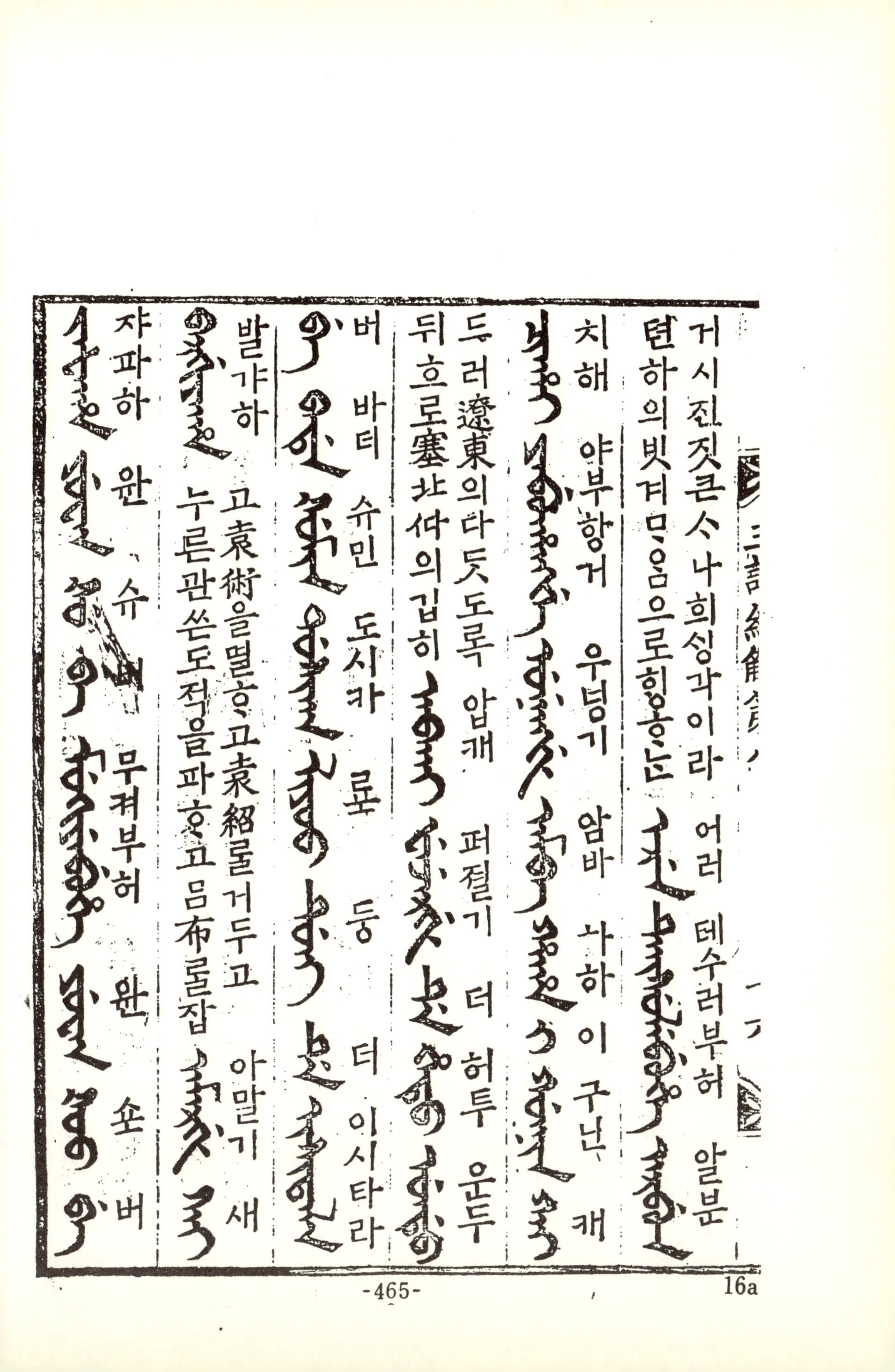

거시 진짓 큰 ᄉᆞ나희 싱각이라 어러 데수러부허 알분

텬하의 빗겨 ᄆᆞ음으로 힝ᄒᆞᄂᆞᆫ

치해 야부항거 우넘기 암바 ᄉᆞ하 이 구난 캐

드러 遼東의 다ᄃᆞᆺ도록 압캐 퍼절기 더 허투 운두

뒤흐로 塞北 ᄯᅡ의 깁히

버 바터 슈민 도시카 룬 둥 더 이시타라

발갸하 고 袁術을 멸ᄒᆞ고 袁紹를 거두고 아말기 새

누른 관 쓴 도적을 파ᄒᆞ고 呂布를 잡

쟈파하 완 슈 무쳐부허 완 숀 버

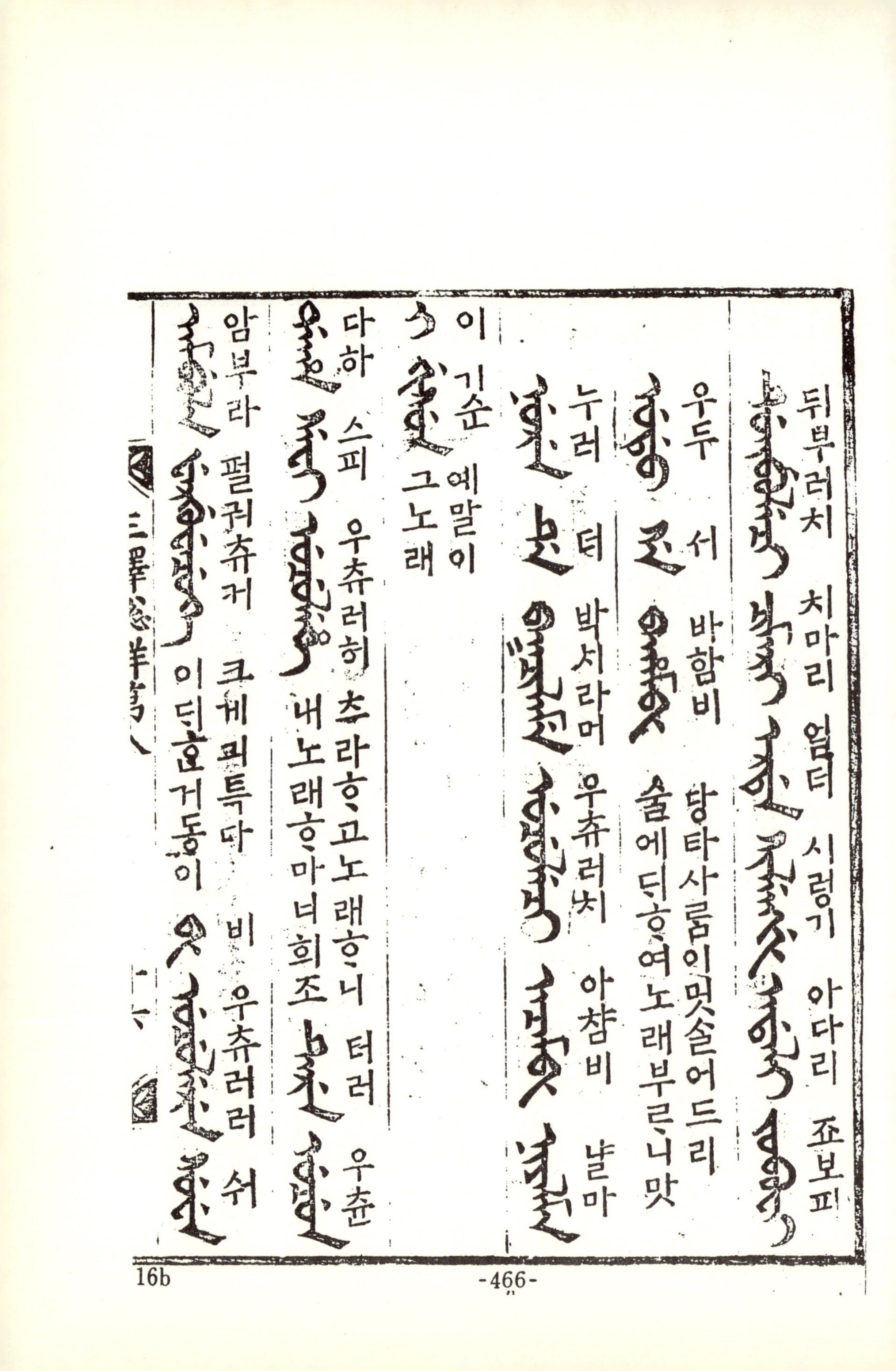

뒤부러치 치마리 얼더 시렁기 아다리 죠보피

우두 서 바함비 당타사룸이멋술어드리

술에듸ᄒᆞ여노래부르니맛

누러 터 박시라머 우츄러치 아참비 날마

이 기순 여말이

그노래

다하 스피 우츄러히 ᄎᆞ라ᄒᆞ고노래ᄒᆞ니 터러 우춘

내노래ᄒᆞ마너희조

암부라 펄궈츄거 크게괴특다 비 우츄러러 쉬

이듸ᄒᆞ거동이

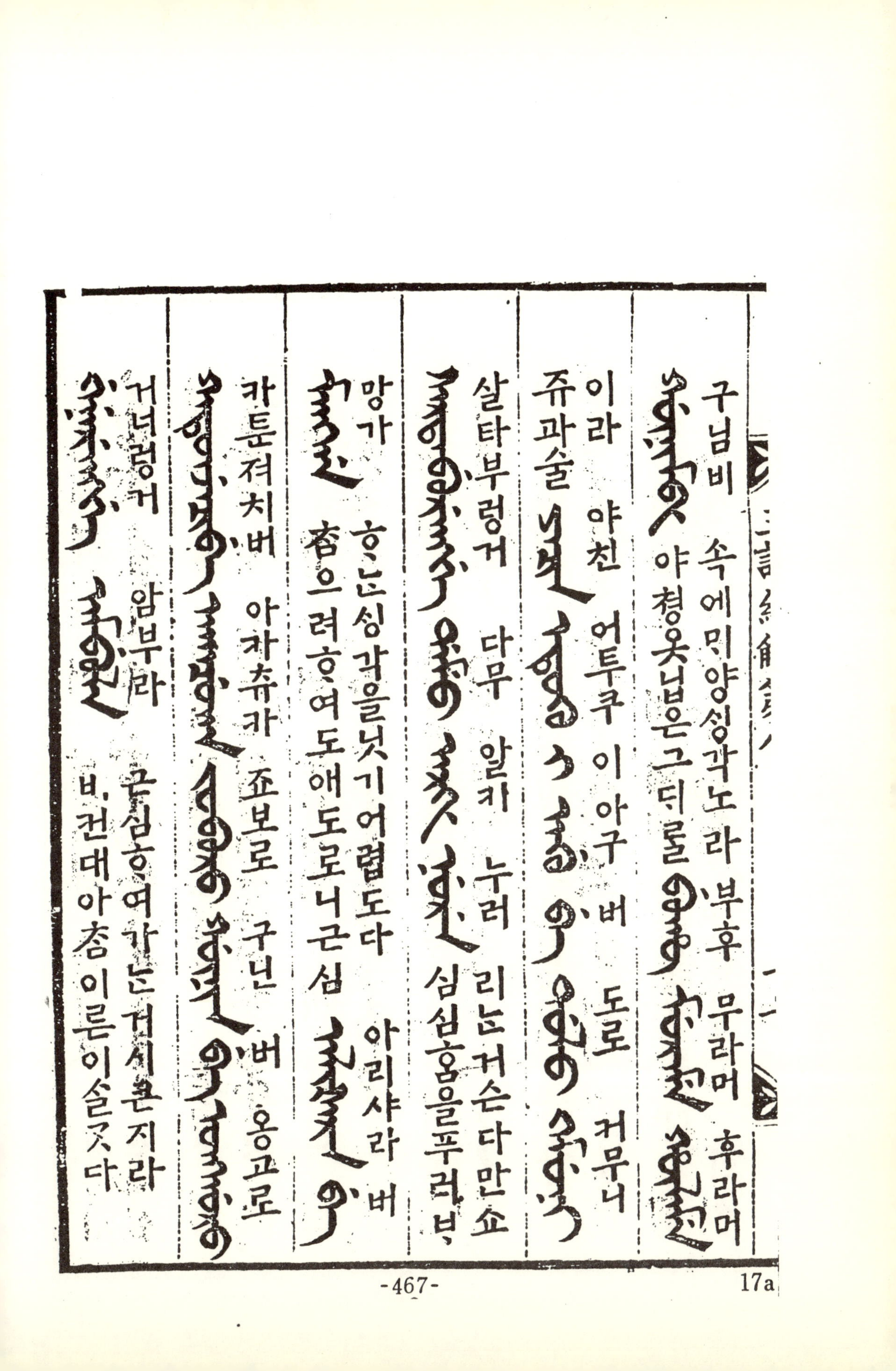

구님비 속에미양ᄉᆡᆼ각노라 부후 무라머 후라머

야쳥옷닙은그듸ᄅᆞᆯ

이라 야친 어투쿠 이아구 버 도로 커무니

쥬과술

살타부렁거 다무 알카 누러 리ᄂᆞᆫ거슨다만쇼

심심ᄒᆞᆷ을푸러ᄇᆞ

망가 ᄒᆞᆫᄂᆞᆫᄉᆡᆼ각을닛기어렵도다 아리샤라 버

ᄎᆞᆷ으려ᄒᆞ여도애도로니근심

카툰져치버 아차츄카 죠보로 구닌 버 옹고로

거너렁거 암부라 근심ᄒᆞ여가ᄂᆞᆫ거시큰지라

ᄇᆡ. 권대아ᄎᆞᆷ이른이슬ᄀᆞᆺ다

아리샤머 지더러 버 랏하라치 오쇼라쿠 심ᄒᆞ여

속에심

나캄비 ᄒᆞᄂᆞᆫ거슨어ᄂᆡ때예그칠고 돌ㅣ 치

돌ᄀᆞᆺ치ᄆᆞᆰ은어진이들을싱각

경견 멀거서 버 구니렁거 애 어린 더

피챠라 비허 ᄠᅳ고피리블미잇도다 뱌 이 아다리

내어진벗을어더셔비과

샌 안타하 버 바하피 스 핀허머 피챠쿠

비한 이 올호 버 졉비 플을먹ᄂᆞᆫ지라 비

사슴이울고들ᄒᆡ

三譯總解

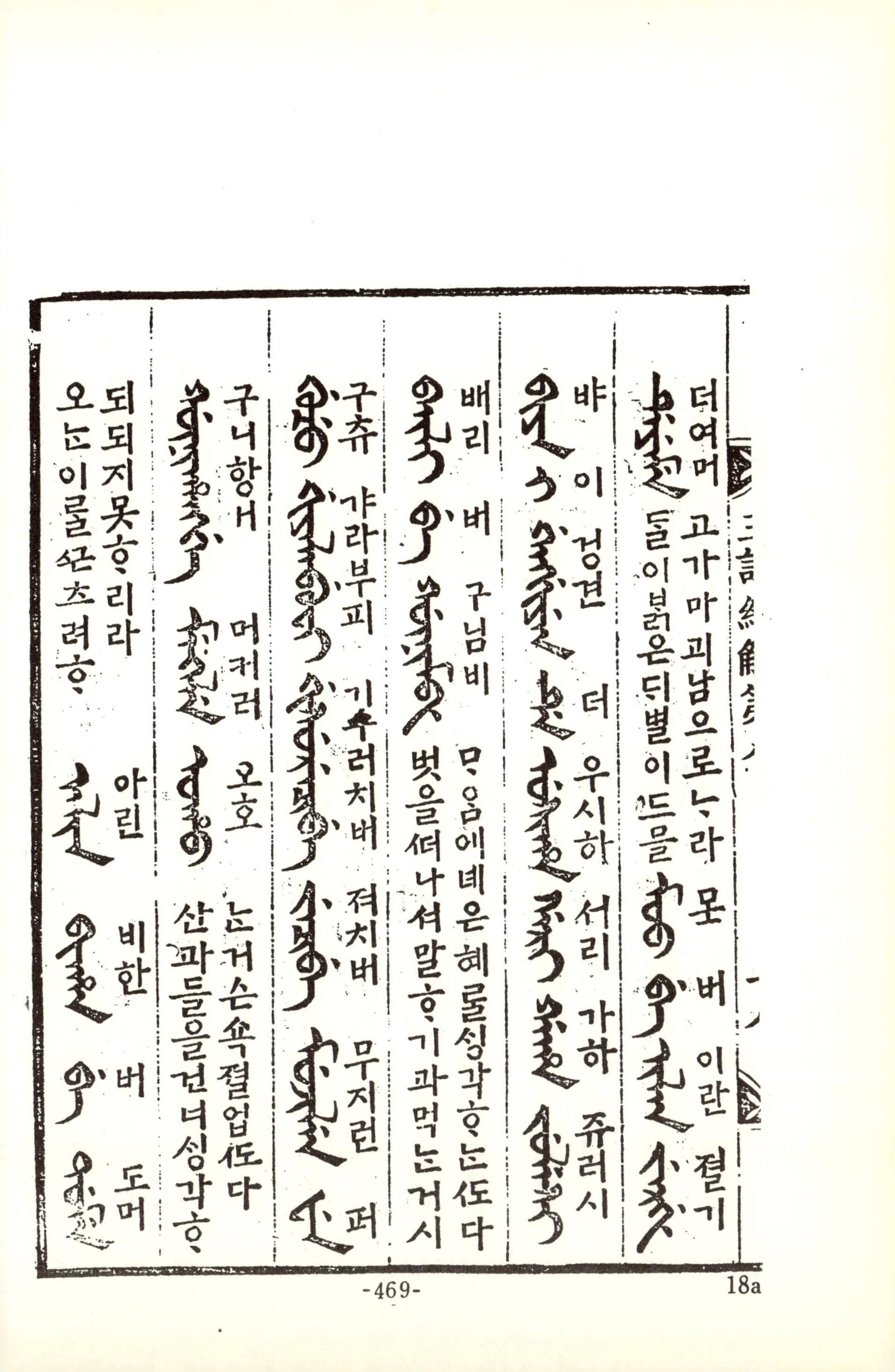

뎌여머 고가마괴남으로ᄂᆞ라 모 버 이란 졀기
ᄃᆞᆯ이ᄇᆞᆰ은뒤별이드믈

뱌 이 겅견 더 우시하 서리 가하 쥬러시

배리 버 구님비 ᄆᆞᄋᆞᆷ에녜은혜롤ᄉᆡᆼ각ᄒᆞᄂᆞᆫ또다
벗을ᄯᅥ나셔말ᄒᆞ기과먹ᄂᆞᆫ거시

구츄 갸라부피 기수러치버 져치버 무지런 펴

구니항거 머커러 오호 ᄂᆞᆫ거ᄉᆞᆫ쇽졀업ᄯᅩ다
산과들을건너ᄉᆡᆼ각ᄒᆞ

되되지못ᄒᆞ리라 아린 비한 버 도머
오ᄂᆞᆫ이롤ᄉᆞᆫ츠려ᄒᆞ

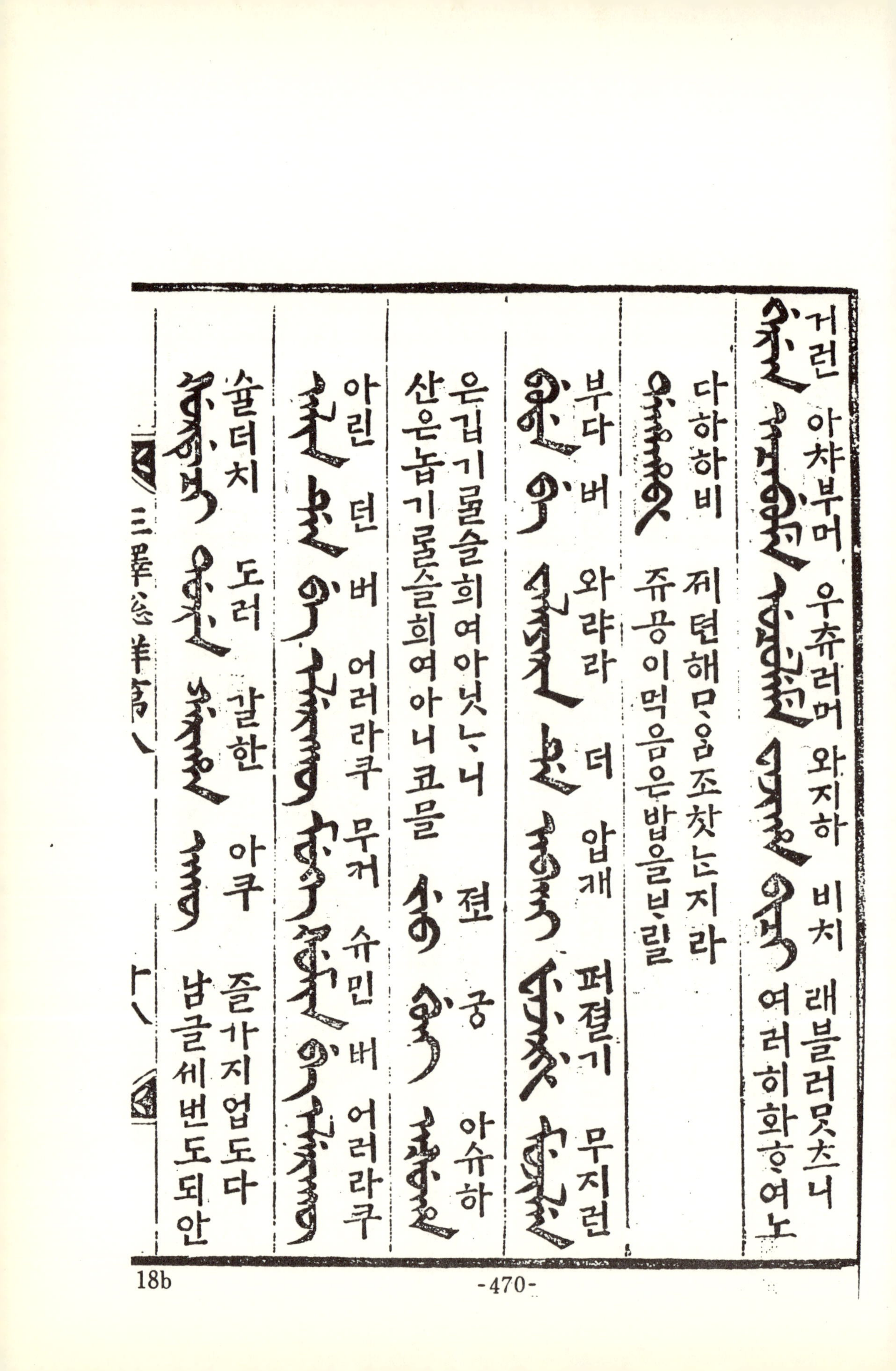

거런 아챠부머 우츄러머 와지하 비치

여러히화ᄒᆞ여노
래블러뭇ᄎᆞ니

다하하비

쥬공이먹음은밥을ᄇᆞ랄
져텬해ᄆᆞᄋᆞᆷ조찻ᄂᆞᆫ지라

부다 버 와라라 더 압개 퍼졀기 무지런

산은놉기ᄅᆞᆯ슬희여아니쿄믈
은깁기ᄅᆞᆯ슬희여아닛ᄂᆞ니

졀 궁 아슈하

아린 던 버 어러라쿠 무거 슈민 버 어러라쿠

슐더치 도러 갈한 아쿠

남글세번도되안
즐가지업도다

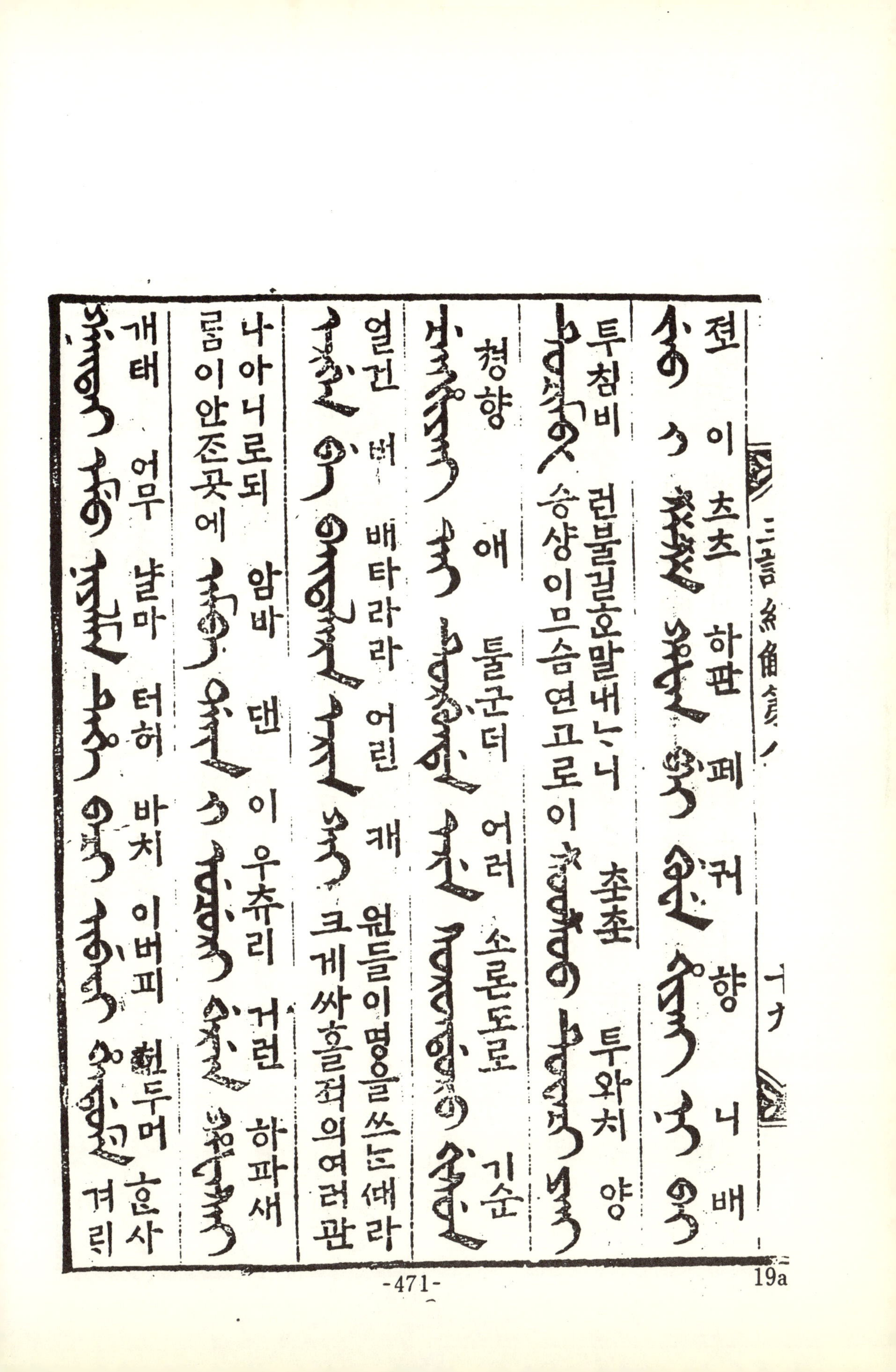

져 이 츠츠 하판 폐 궈 향 니 배

투참비 런불길호말내ᄂᆞ니 촌촌 투와치 양

숑샹이므슴연고로이

쳥향 애 툴군더 어러 소론도로 기순

얼권 버 배타라라 어련 캐 원들이명을쓰ᄂᆞᆫ대라

크게싸홀적의여러관

나아니로되 암바 댄 이 우츄리 거련 하파새

룸이안존곳에

개태 어무 날마 터허 바치 이버피 훤두머 ᄒᆞᆫ사 겨리

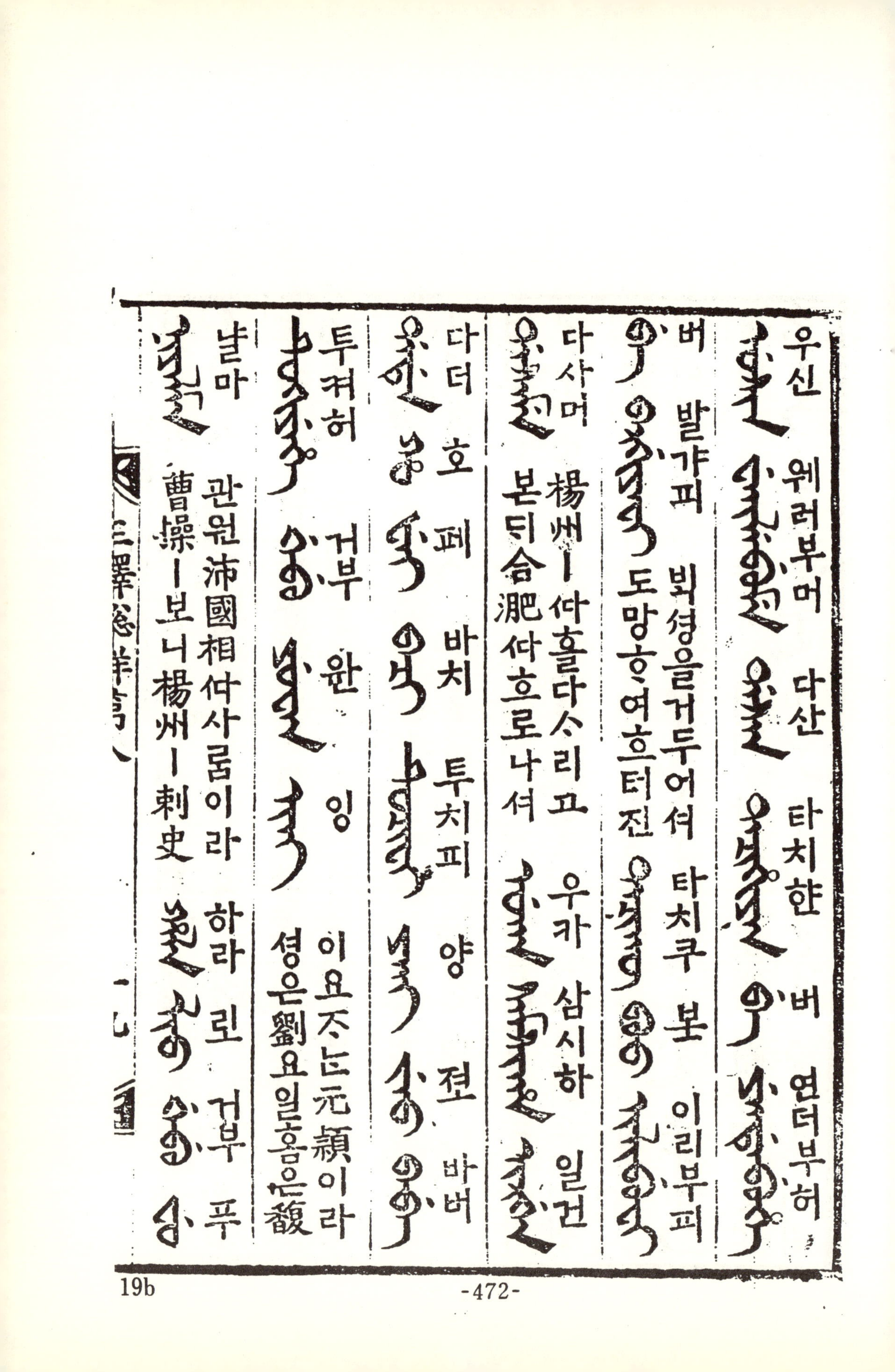

우신 웨러부머 다산 타치햔 버 연더부허

버 발갸피 ᄇᆡᆨ셩을거두어셔 타치쿠 보 이리부피

도망ᄒᆞ여흐터진

다사머 楊州ㅣᄯᅡ흘다ᄉᆞ리고 우카 삼시하 일컨

본ᄃᆡ合淝ᄯᅡ흐로나셔

다더 호 페 바치 투치피 양 졉 바버

투켜허 거부 완 잉 이요ᄌᆞᄂᆞᆫ元穎이라

셩은劉요일홈은馥

냘마 관원沛國相ᄯᅡ사ᄅᆞᆷ이라 하라 리 거부 푸

曹操ㅣ보니楊州ㅣ剌史

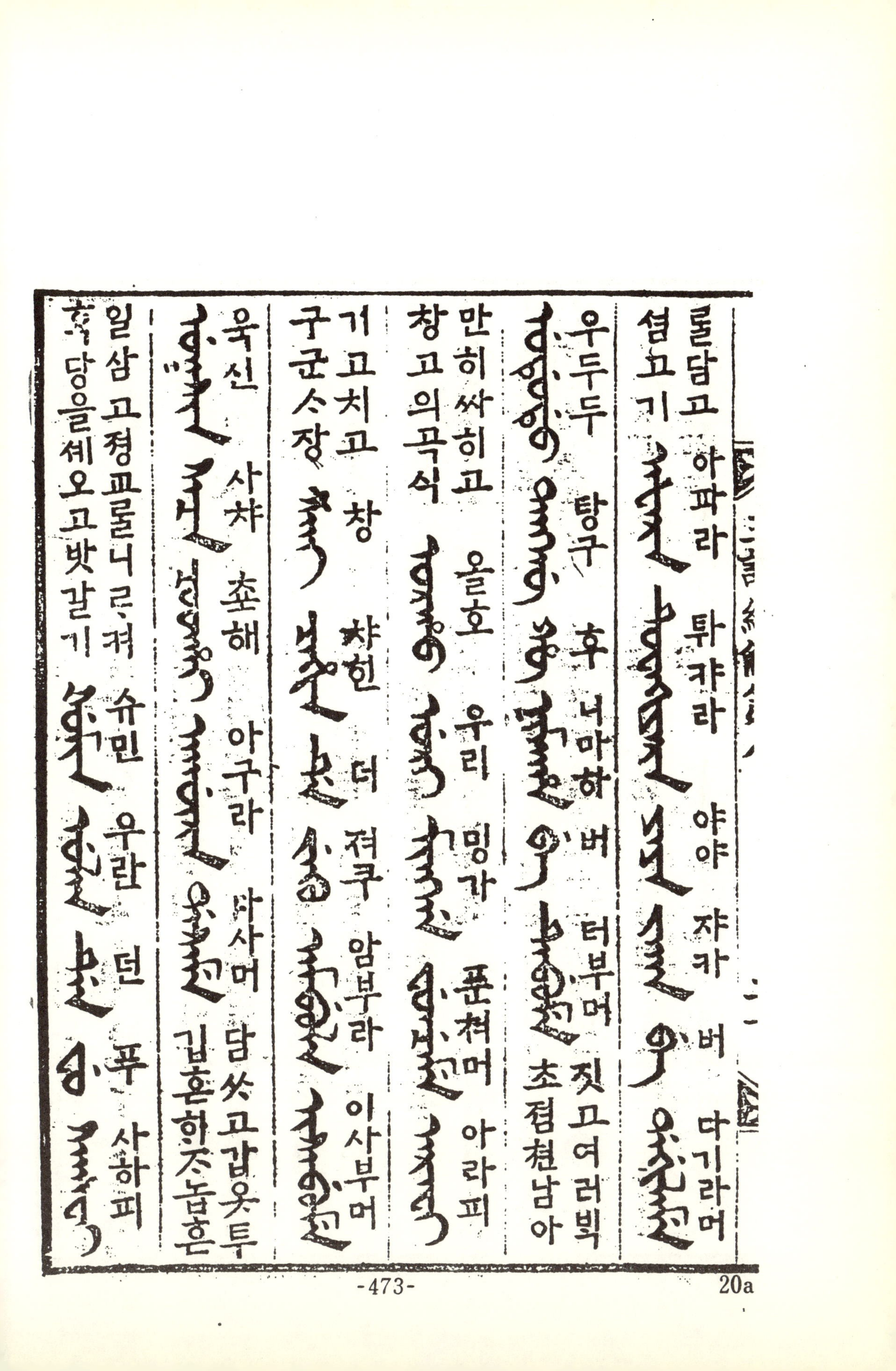

롤담고 아파라 뒤갸라 야야 쟈카 버 다기라머
셤고기

우두두 탕구 후 너마하버 터부머 짓고여러빅
쵸졉쳔남아

만히싸히고 올호 우리 밍가 푼쳐머 아라피
창고의곡식

거고치고 창 챠헌 더 져쿠 암부라 이사부머
구균ᄉ장

육신 사챠 촌해 아구라 바사머 담ᄊ고갑옷투
깁흔한ᄌ놉흔

일삼고졍표롤니르켜 슈민 우란 던 푸 사하피
당을셰오고밧갈기

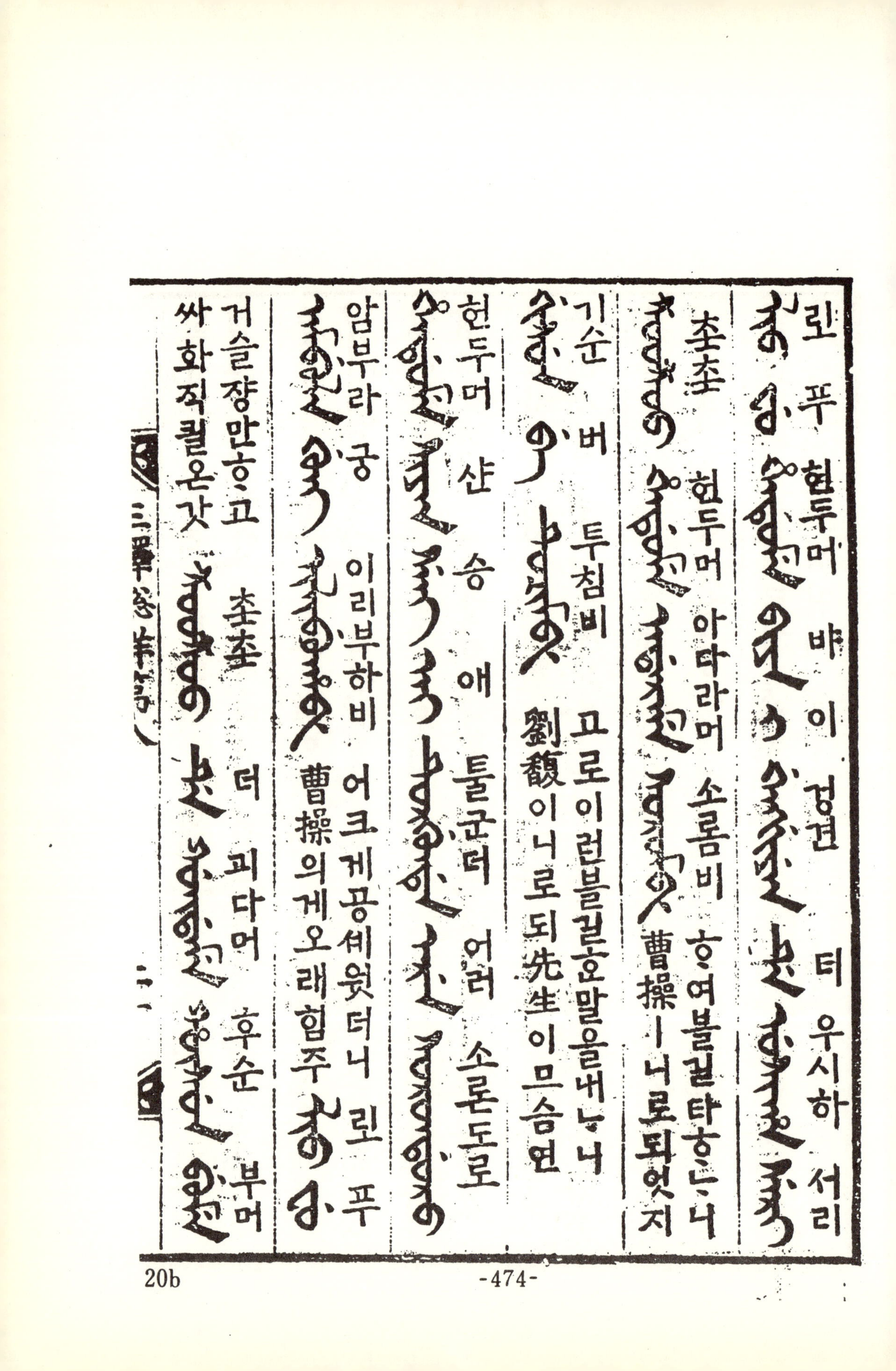

뢴 푸 헌두머 뱌 이 겅권 터 우시하 서리

초초 헌두머 아다라머 소롬비 ᄒᆞ여블길타ᄒᆞᄂᆞ니
曹操ㅣ니로되엇지

기순 버 투침비 고로이런블길ᄒᆞᆫ말을내ᄂᆞ니
劉馥이니로되先生이므슴연

헌두머 샨 승 애 튤군더 어러 소론도로

암부라 궁 이리부하비 어크게공셰웟더니 린 푸
曹操의게오래힘주

거슬장만ᄒᆞ고 초초 더 괴다머 후순 부머
싸화직렬온갓

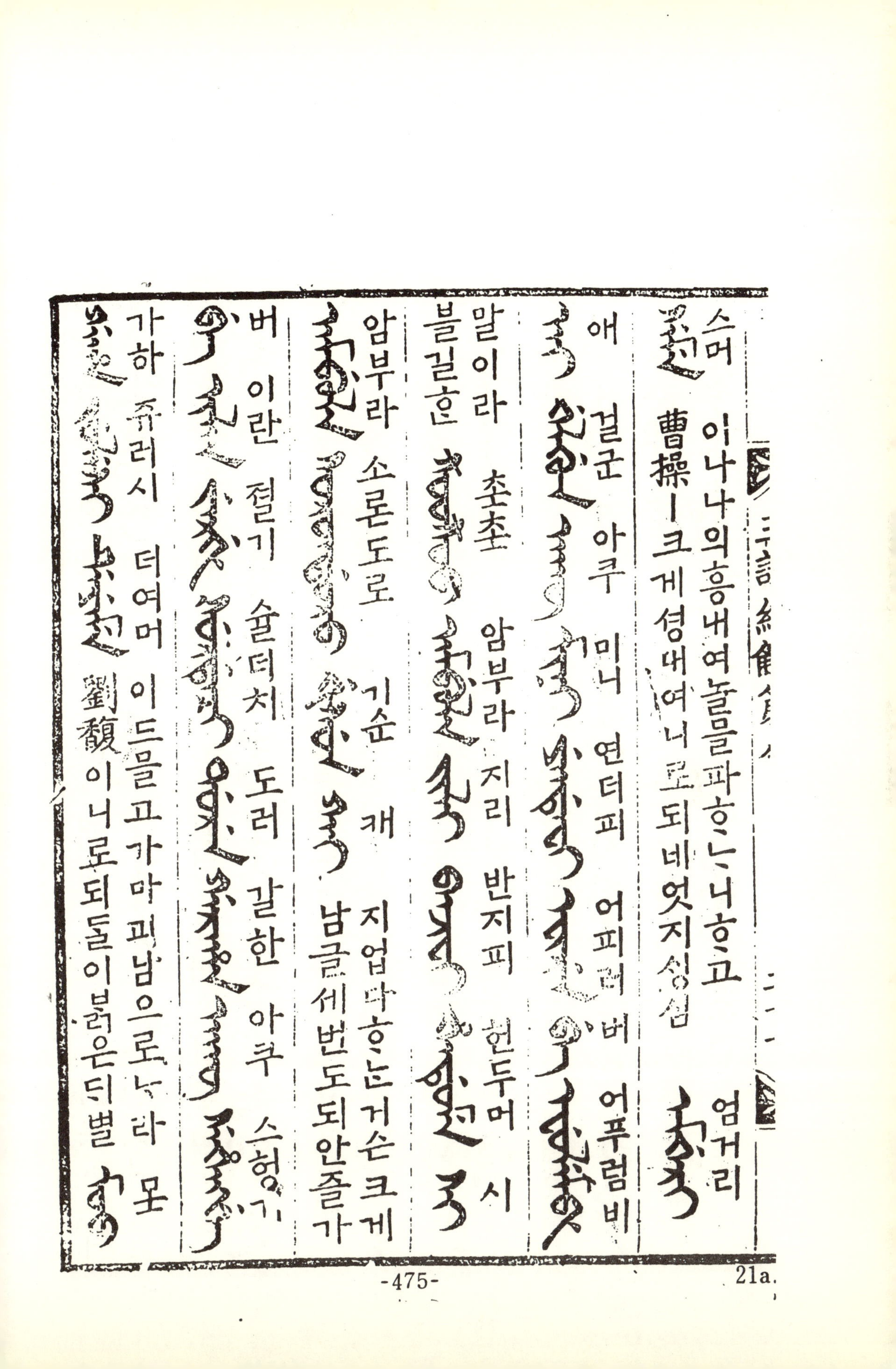

스머 이나나의흥내여놀믈파ᄒᆞᄂᆞ니ᄒᆞ고 엄거리

曹操ㅣ크게셩내여니로되네엇지싱심

애 걸군 아쿠 미니 연터피 어피러 버 어푸럼비

말이라 ᄎᆞᆫᄎᆞᆫ 암부라 지리 반지피 헌두머 시

블길ᄒᆞᆫ

암부라 소론도로 기슌 개 지업다ᄒᆞᄂᆞᆫ거ᄉᆞᆫ크게

남글세번도되안졸가

버 이란 절기 ᄉᆞᆯ터치 도러 갈한 아쿠 스헝기

가하 쥬러시 터여머 이드믈고가마피남으로ᄂᆞ라 모

劉馥이니로되돌이ᄇᆞᆰ은ᄃᆡ별

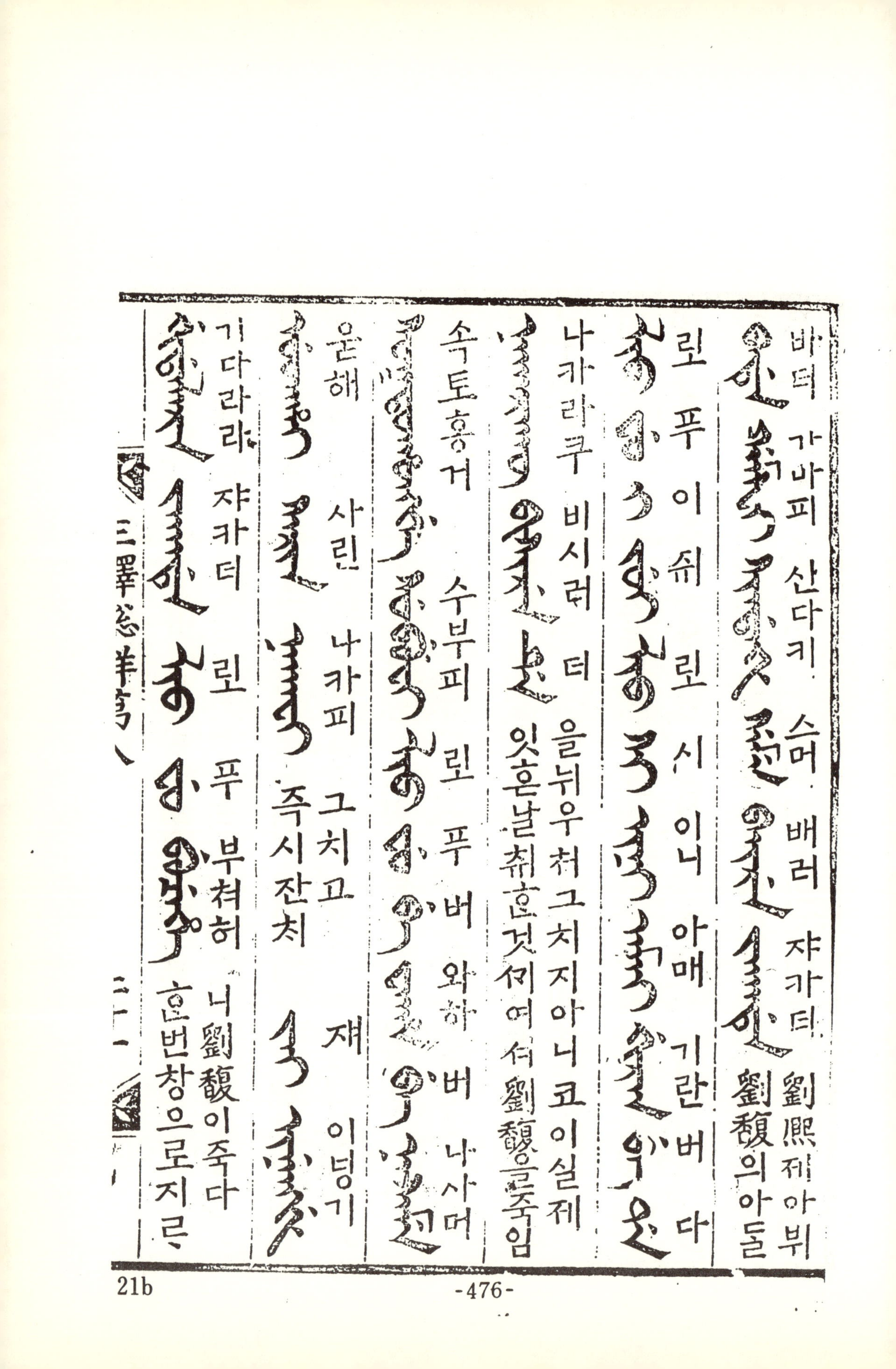

바더 가마피 산다키 슈머 배러 쟈가더 劉熙제아뷔
劉馥의아둘
린 푸 이 쥐 시 이니 아매 기란 버 다
나카라쿠 비시러 더 을뉘우쳐그치지아니코이실제
잇흔날취훈것何여서劉馥을죽임
속토훙거 수부피 린 푸 버 와하 버 나사머
운해 사린 나카피 그치고 재 이넝기
즉시잔치
기다라라 쟈카더 린 푸 부쳐허 니劉馥이죽다
훈번창으로지르

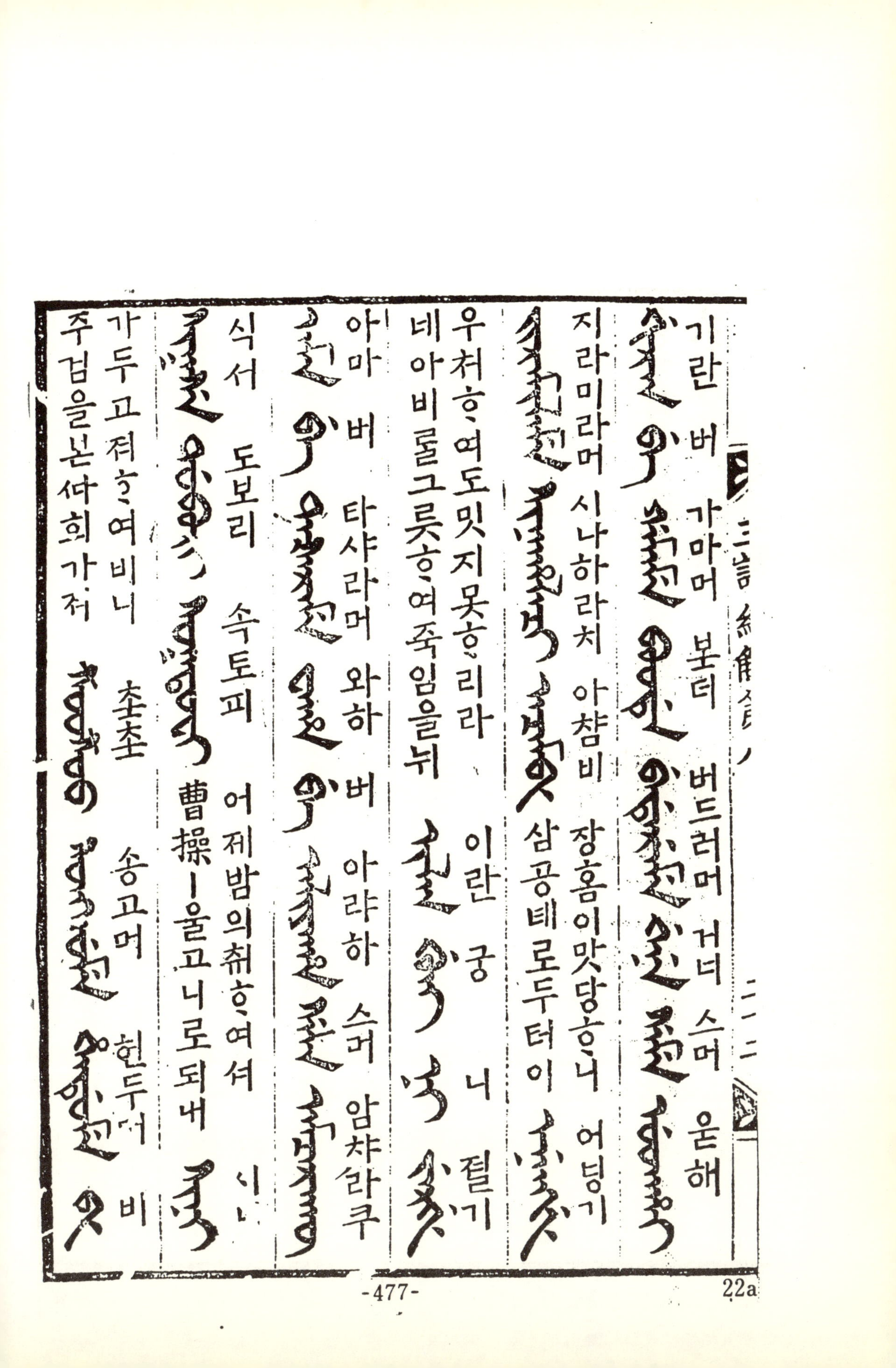

기란 버 가마머 보너 버드러머 거녀 스머 운해

지라미라머 시나하라치 아참비 장홈이맛당ᄒᆞ니 어닝기

삼공톄로두터이

우처ᄒᆞ여도밋지못ᄒᆞ리라 이란 궁 니 쥘기

네아비롤그릇ᄒᆞ여죽임을뉘

아마 버 타샤라머 와하 버 아랴하 스머 암챠라쿠

식서 도보리 속토피 어제밤의취ᄒᆞ여셔 니

曹操ㅣ울고니로되내

가두고져ᄒᆞ여비니 초초 송고머 헌두머 비

주검을뇐ᄯᅡ희가져

웅기허 려가라ᄒᆞ고즉시보내다

오ᄂᆞᆯ신쳬가져가집의믈

三譯總解 九

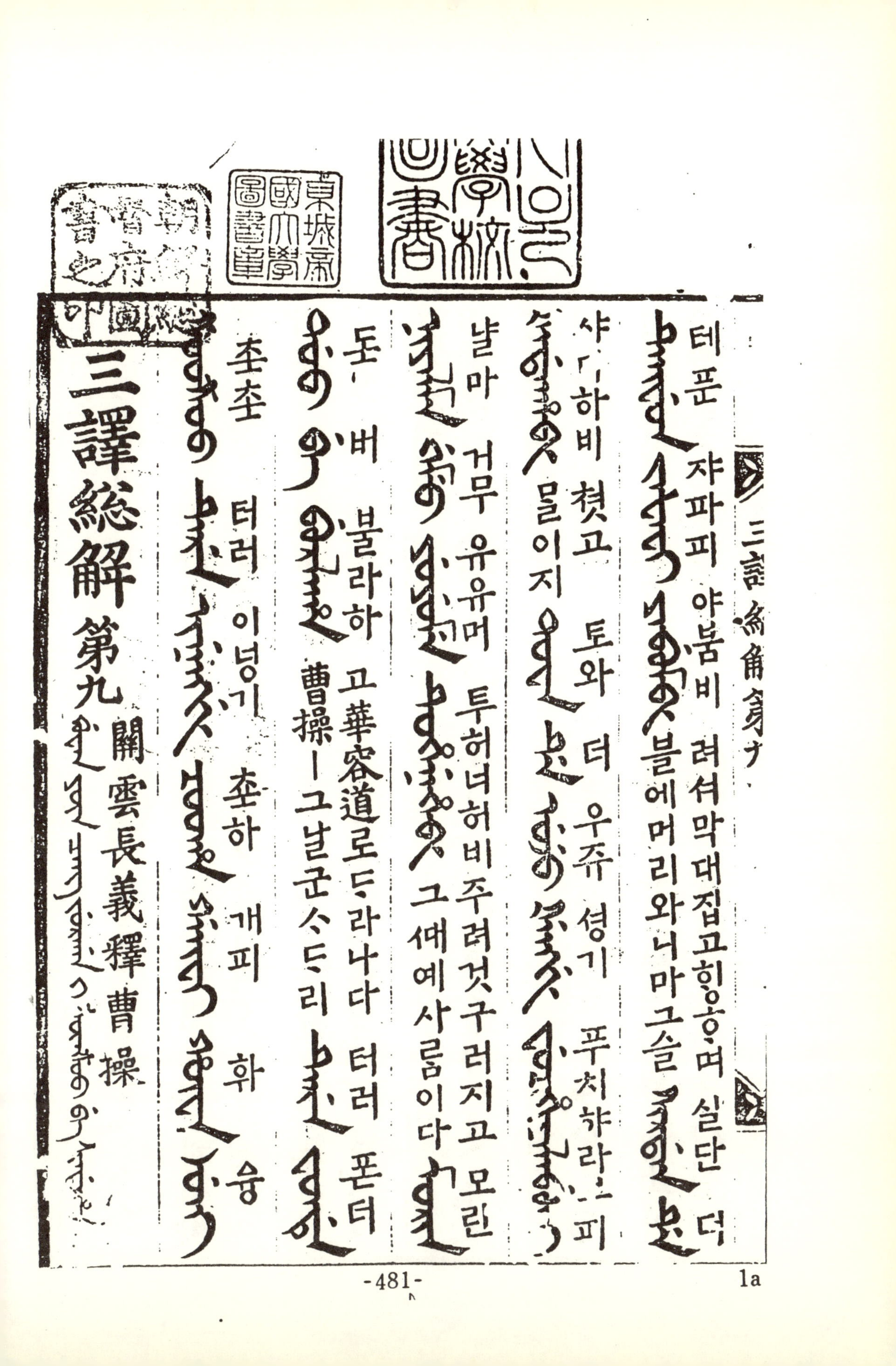

三譯總解第九

關雲長義釋曹操

촌촌 터러 이넝기 촌하 개피 화 슝

도 버 불라하 고 曹操ㅣ그날군ᄉᆞᄃᆞ리華容道로ᄃᆞ라나다 터러 폰터

날마 거무 유유머 투허너허비 그쌔예사름이다주려것구러지고 모란

샤ㄱ하비 믈이지쳐고 토와 더 우쥬 셩기 푸치햐라ㄹ피

테푼 쟈파피 야붐비 블에머리와니마그슬려셔막대집고힝ᄒᆞ며 실단 더

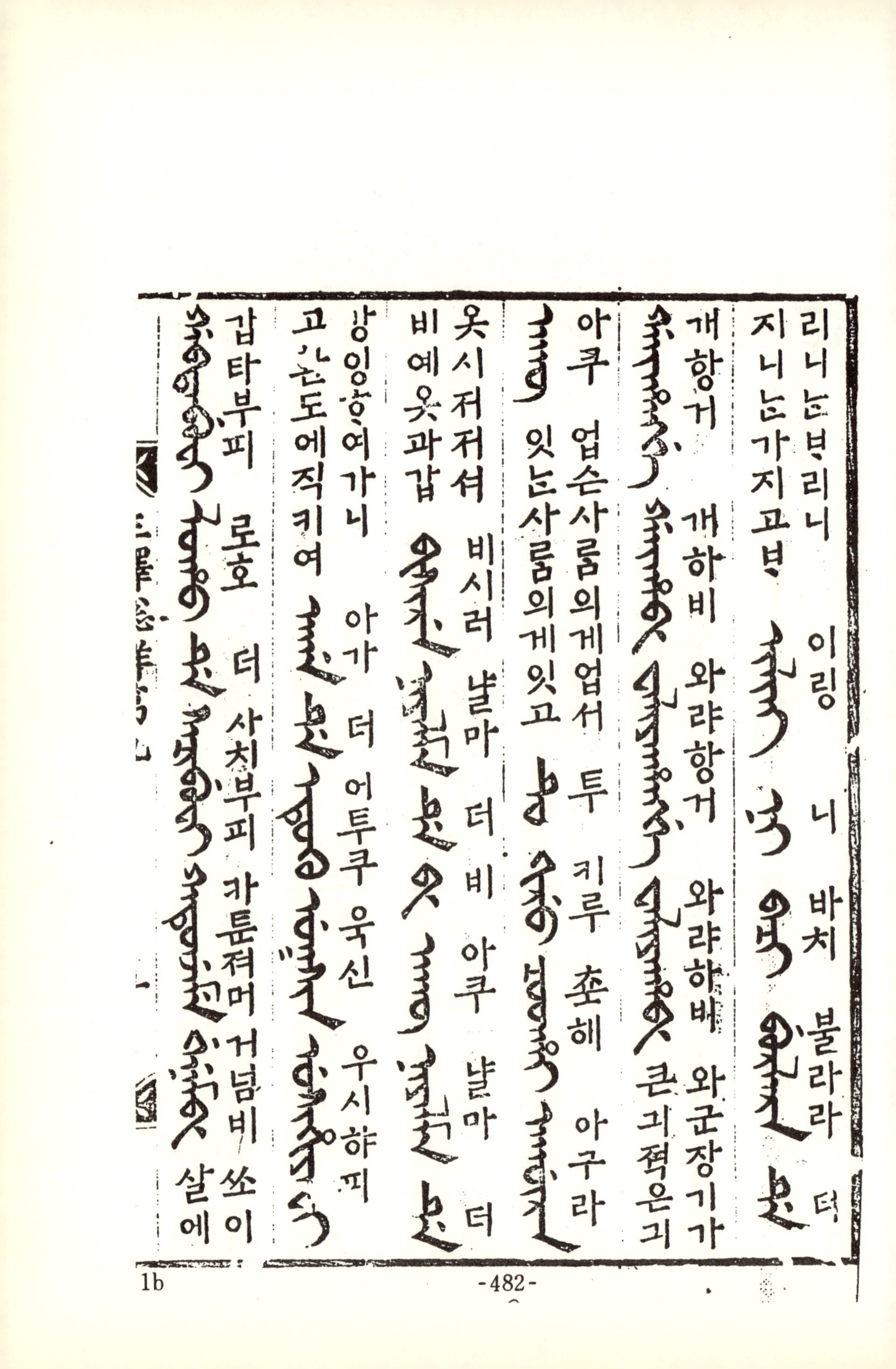

리니ᄂᆞᆫᄇᆞ리니 이링 니 바치 불라라 더
지니ᄂᆞᆫ가지고ᄇᆞ
개향거 개하비 와랴항거 와랴하바 와군장기가
큰긔젹은긔
아쿠 업슨사름의게업서 투 키루 춘해 아구라
잇ᄂᆞᆫ사름의게잇고
옷시저저셔 비시러 날마 더 비 아쿠 날마 더
비예옷과갑
강잉ᄒᆞ여가니 아가 더 어투쿠 욱신 우시햐피
고ᄀᆞᆫ도에직키여
갑타부피 로호 더 사치부피 카튠져머 거넘비 쏘이
살에

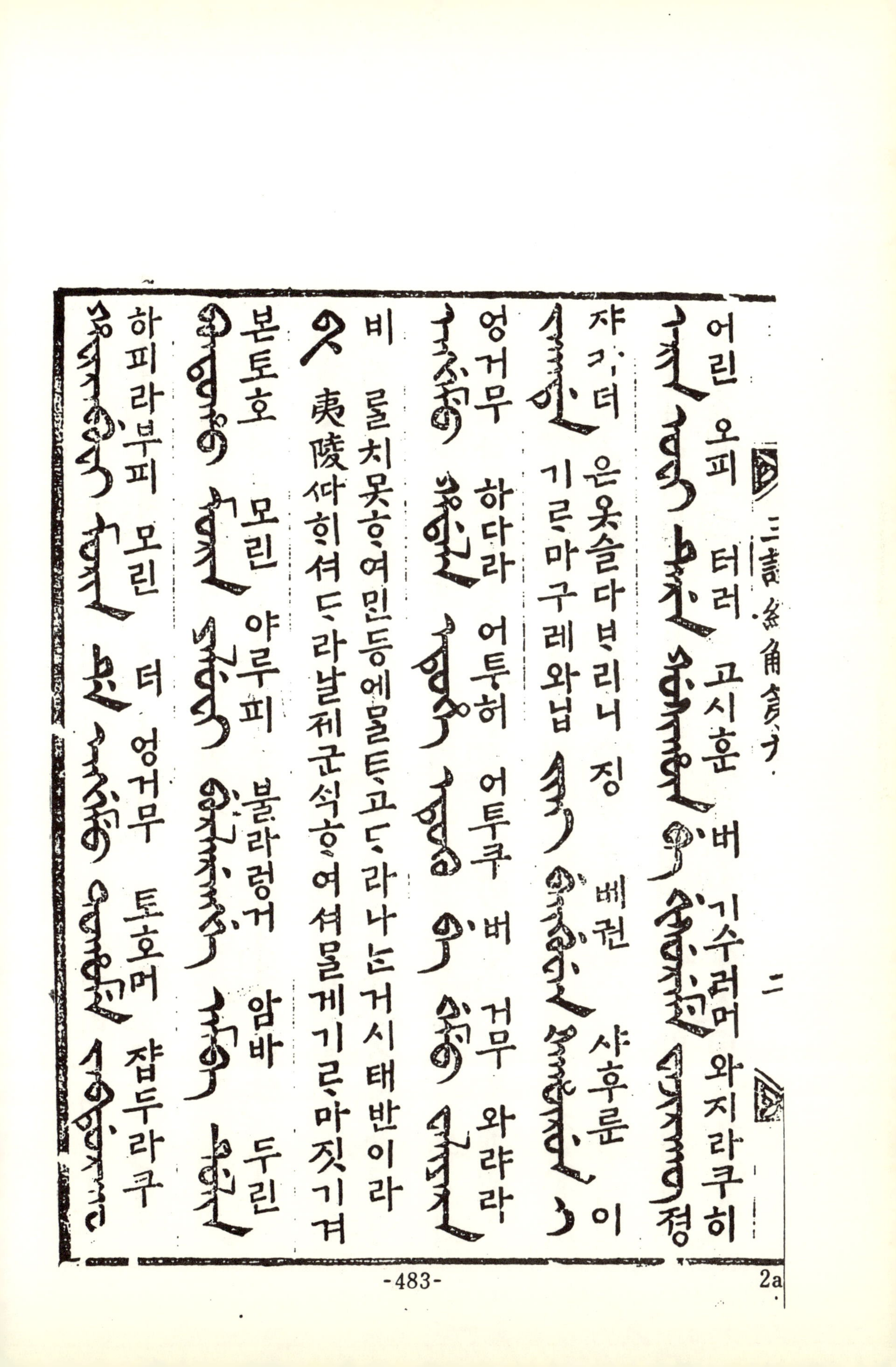

어린 오피 터러 고시훈 버 기수러머 와지라쿠히 졍

쟈ᄀᆞ더 은옷슬다ᄇᆞ리니 징 베권 샤후룬 이

기ᄅᆞ마구레와닙

엉거무 하다라 어투허 어투쿠 버 거무 와랴라

비 ᄅᆞᆯ치못ᄒᆞ여민둥에믈ᄐᆞ고ᄃᆞ라나ᄂᆞᆫ거시태반이라

夷陵ᄯᅡ히셔ᄃᆞ라날제군ᄉᆞᆨᄒᆞ여셔믈게기ᄅᆞ마짓기겨

본토호 모린 야루피 뷸라렁거 암바 두린

하피라부피 모린 터 엉거무 토호머 쟙두라쿠

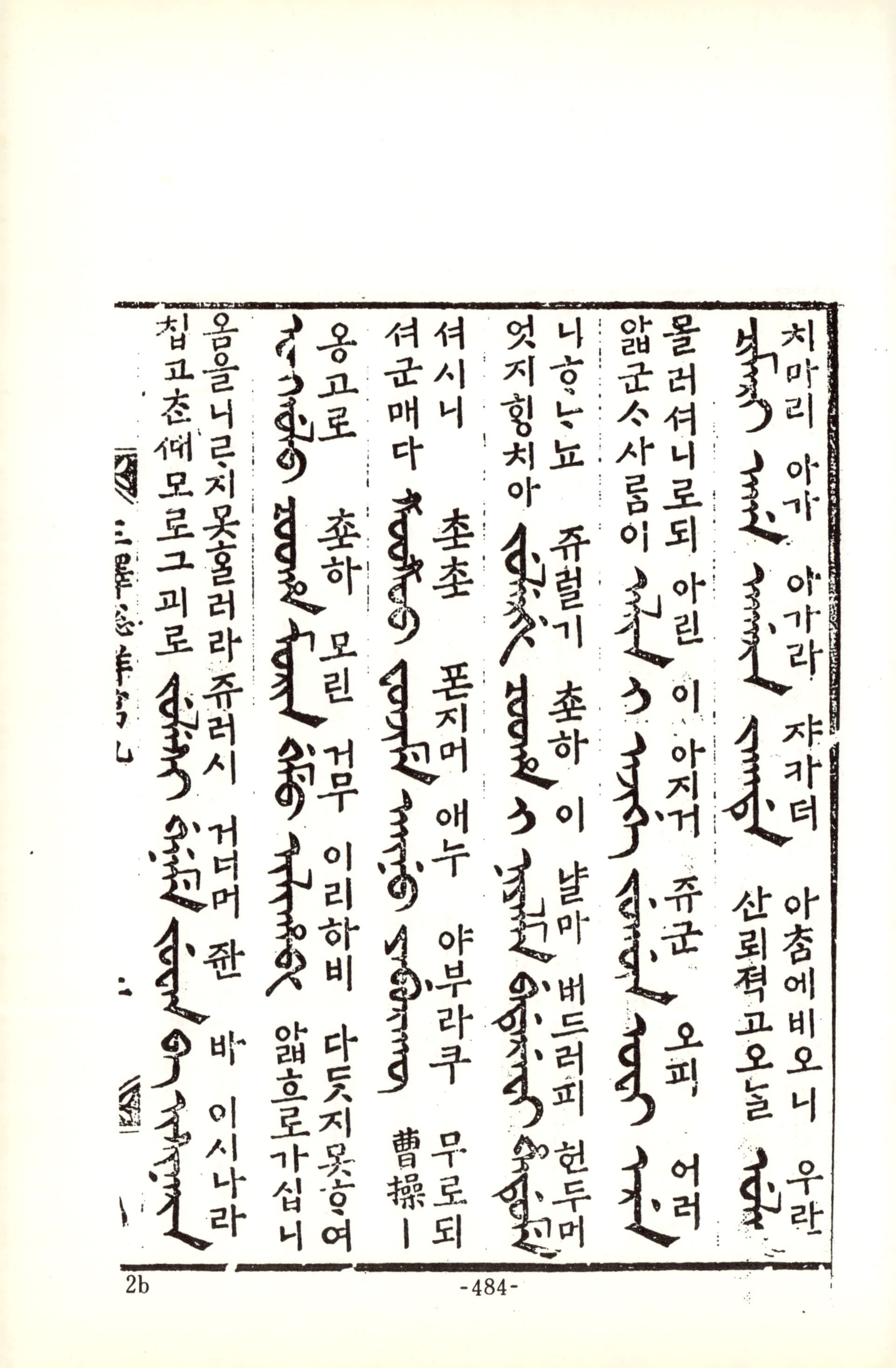

치마리 아가 야가라 쟈카더 아ᄎᆞᆷ에비오니 우란
산뢰젹고오ᄂᆞᆯ
몰러셔니로되 아린 이 아지거 쥬군 오픠 어러
앏군ᄉ사ᄅᆞᆷ이
나ᄒᆞᄂᆞ뇨 쥬럼기 쵸하 이 냘마 버드러픠 헌두머
엇지횡치아
셔시니 쵸쵸 폰지머 애누 야부라쿠 무로되
셔군매다 曹操ㅣ
옹고로 쵸하 모린 거무 이리하비 다ᄃᆞᆺ지못ᄒᆞ여
앏ᄒᆞ로가십니
옴을니ᄅᆞᆺ지못ᄒᆞᆯ러라 쥬러시 거더머 쟌 바 이시나라
칩고ᄎᆞᆫᄡᅦ모로그괴로

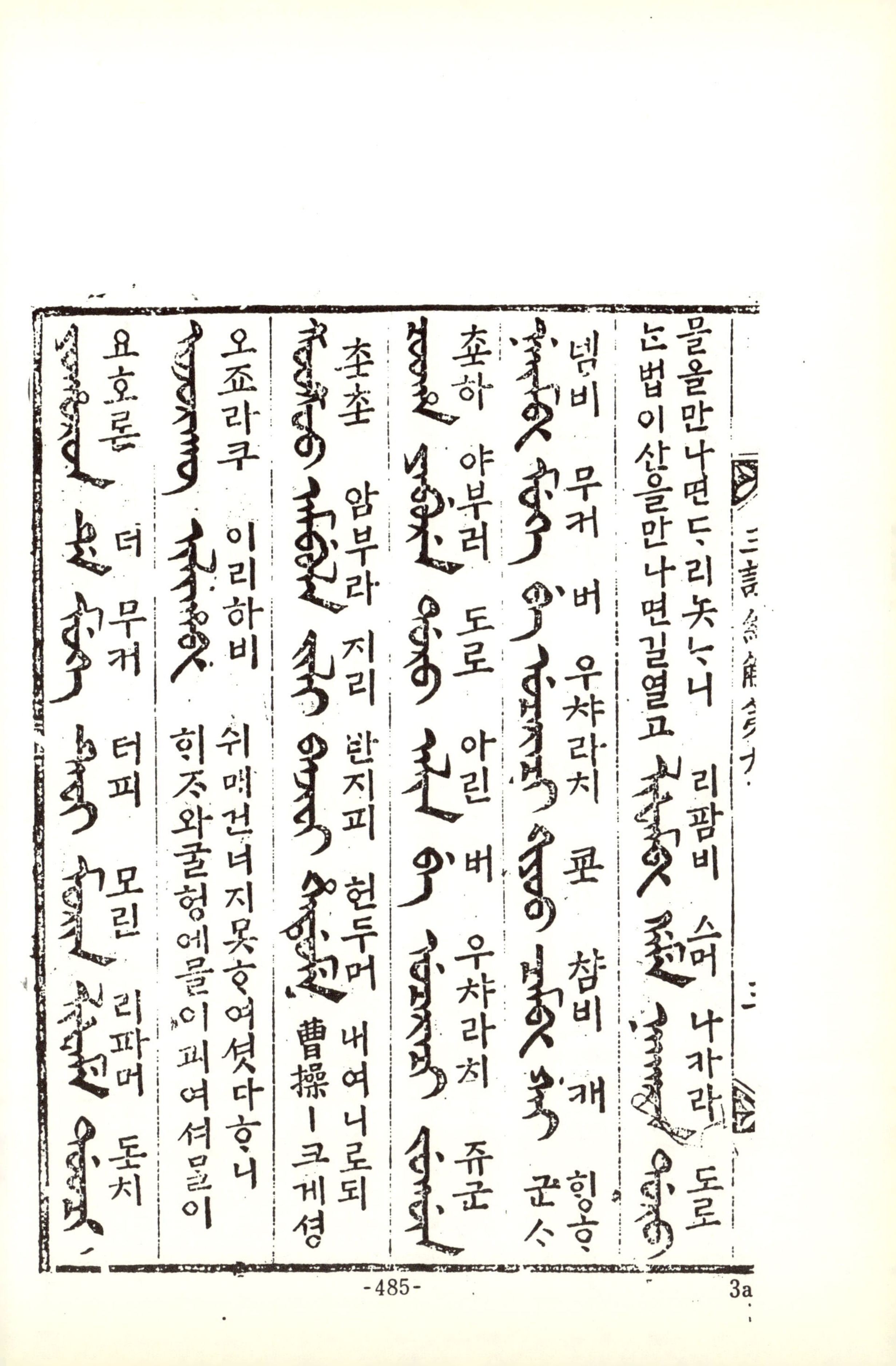

믈올만나면ᄃᆞ리놋ᄂᆞ니
ᄂᆞᆫ법이산을만나면길열고

리팜비 스머 나카라 도로

녬비 무커 버 우차라치 쿄 참비 캐 힝ᄒᆞ 균ᄉᆞ

춍하 야부러 도로 아린 버 우차라치 쥬균

춍춍 암부라 지리 반지피 헌두머 내여니로되
曹操ㅣ크게셩

오죠라쿠 이리하비 쉬매건너지못ᄒᆞ여셧다ᄒᆞ니
히조와굴형에믈이피여셔믈이

요호론 더 무커 터피 모린 리파머 도치

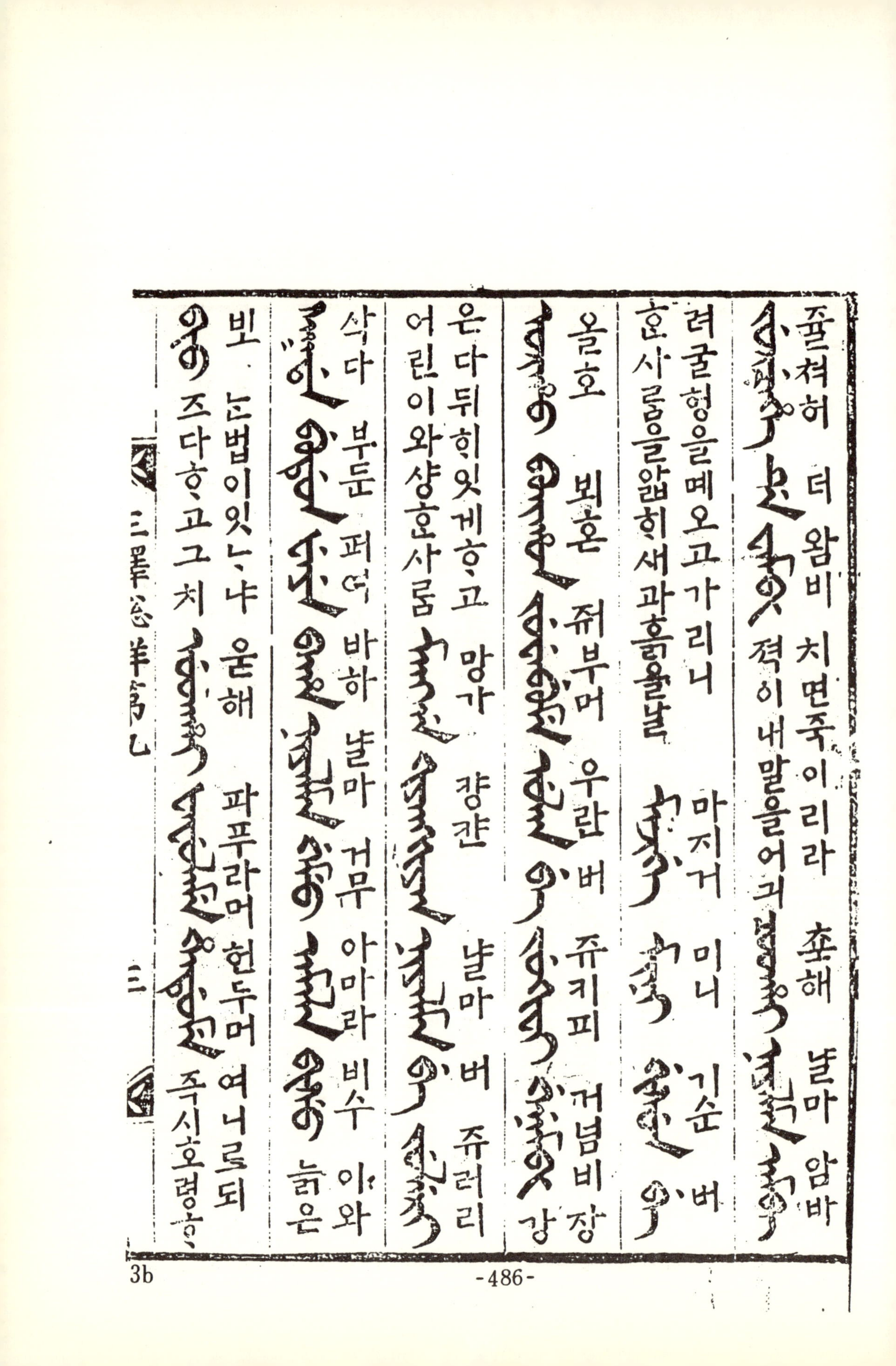

쥴셔허 더 왐비 치면죽이리라 쵸해 냘마 암바

적이내말을어긔

려굴헝을메오고가리니 마지거 미니 기순 버

ᄒᆞᆫ사ᄅᆞᆷ을앏희새과ᄒᆞᆯ올날

올호 뵈흔 쥐부머 우란 버 쥬키피 거넘비 장

강

은다뒤희잇게ᄒᆞ고 망가 캉칸 냘마 버 쥬러리

어린이와샹ᄒᆞᆫ사ᄅᆞᆷ

삭다 부둔 퍼더 바하 냘마 거무 아마라 비수 이와

늙은

빗 ᄂᆞᆫ법이잇ᄂᆞ냐 운해 파푸라머 헌두머 여니로되

즈다ᄒᆞ고그치 즉시ᄒᆞ령ᄒᆞ

투다하 날마 버 와 슈머 신다하비 의게일빅믈튼 張遼許褚徐晃

탕구 모링가 쵸하 부피 로호 쟈파부피 아마라

저허 쟝료 싀 츄 싀 황 더 어무

ᄒᆞ여

아말기 쵸하 비 암챠라후 슈머 올호머 ᄉᆞ쿨ᄯᆞ롤새 曹操ㅣ뒷군

버 쥬키하 대과남굴것서굴헝을메오다 쵸쵸 군ᄉᆞ사ᄅᆞᆷ태반이몰게ᄂᆞ려셔

두린 모린 치 어부피 츄스 모 버 비라피 우란

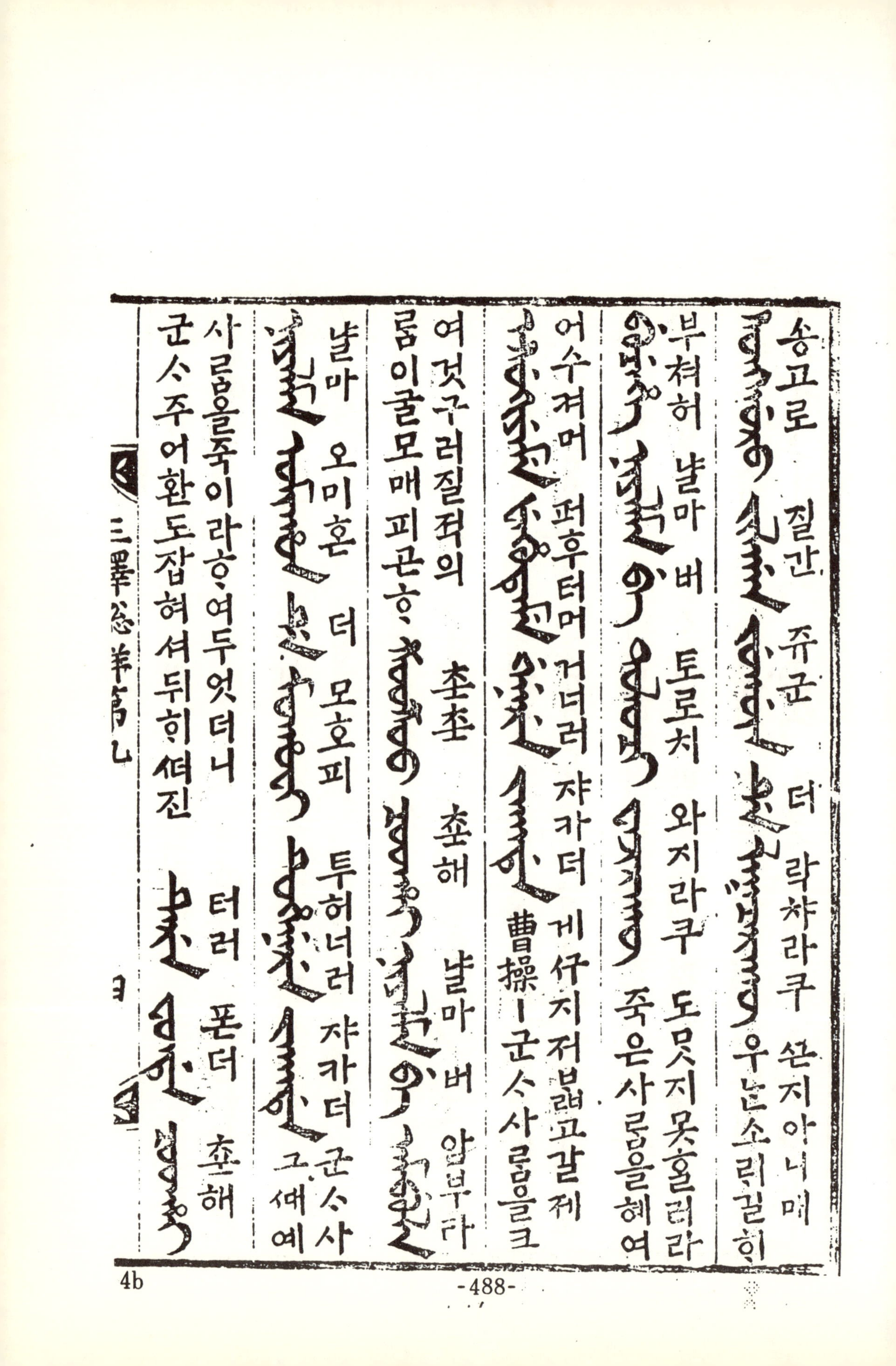

송고로 질간 쥬균 더 락챠라쿠 ᄭᅳᆫ지아니매
우ᄂᆞᆫ소릐길히
부쳐허 냘마 버 토로치 와지라쿠 도ᄆᆞᆺ지못ᄒᆞ리라
죽은사ᄅᆞᆷ을혜여
어수져머 펴후터머 거너러 쟈카더 게仔지저ᄇᆞᆯ려고갈제
曹操ㅣ군ᄉᆞ사ᄅᆞᆷ을ᄏᆞ
여것구러질져의 촌촌 촌해 냘마 버 압부라
ᄅᆞᆷ이굴모매피곤ᄒᆞ
냘마 오미혼 더 모호피 투허너러 쟈카더 군ᄉᆞ사
ᄀᆞ새예
사ᄅᆞᆷ을죽이라ᄒᆞ여두엇더니 터러 폰더 촌해
군ᄉᆞ주어환도잡혀셔뒤히ᄯᅧ진

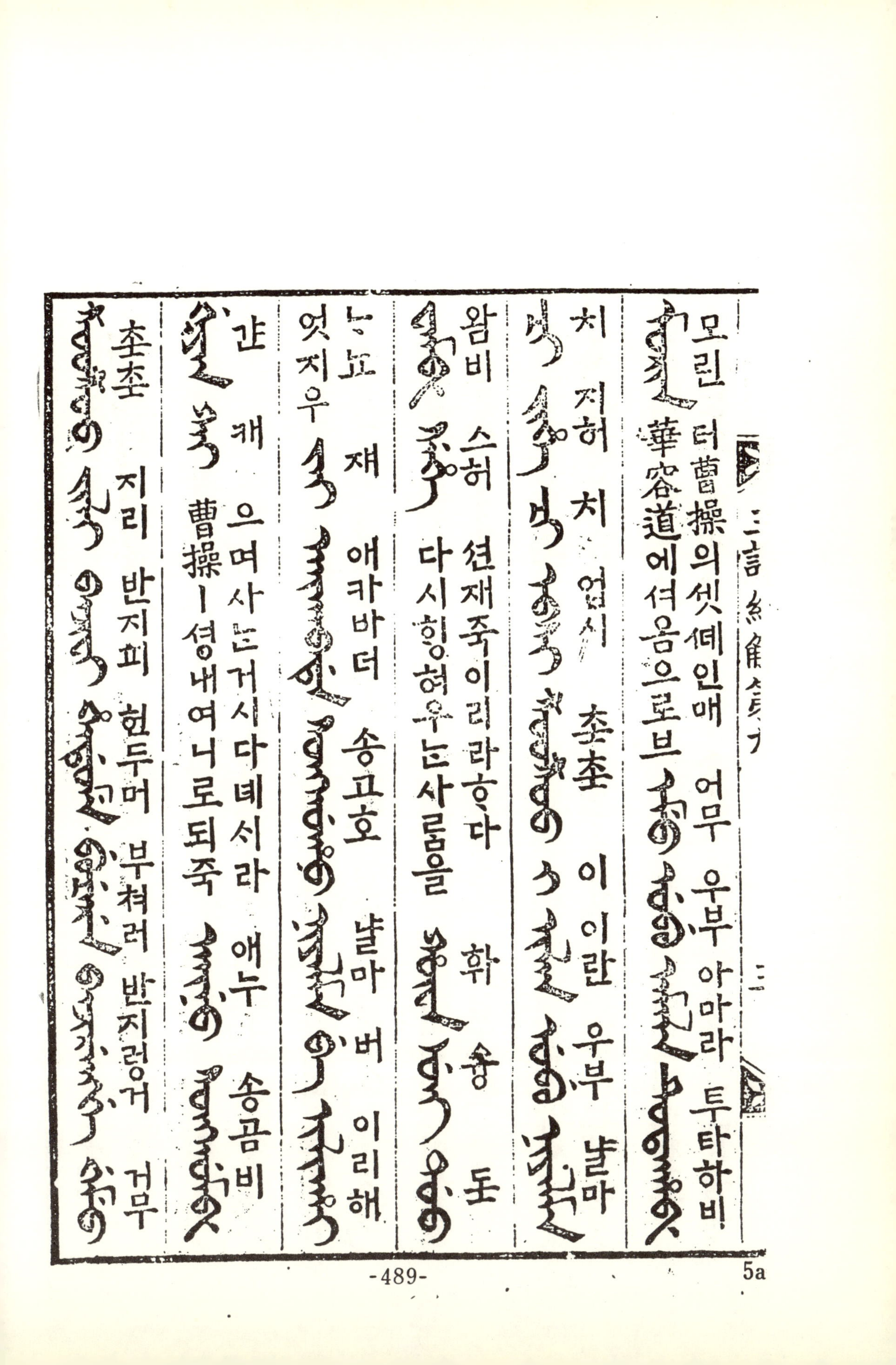

모린 터 어무 우부 아마라 투타하비
曹操의셋쎄인매 華容道에셔음으로브

치 지허 치 업시 춘춘 이 이란 우부 날마

왐비 스허 션재죽이리라ᄒᆞ다 환 숑 도
다시힝혀우ᄂᆞᆫ사ᄅᆞᆷ을

냐뇨 엇지우 재 애카바더 송고호 날마 버 이리해

갼 깨 으며사ᄂᆞᆫ거시다녜셔라 애누 송곰비
曹操ㅣ셩내여니로되죽

춘춘 지리 반지피 헌두머 부쳐러 반지렁거 거무

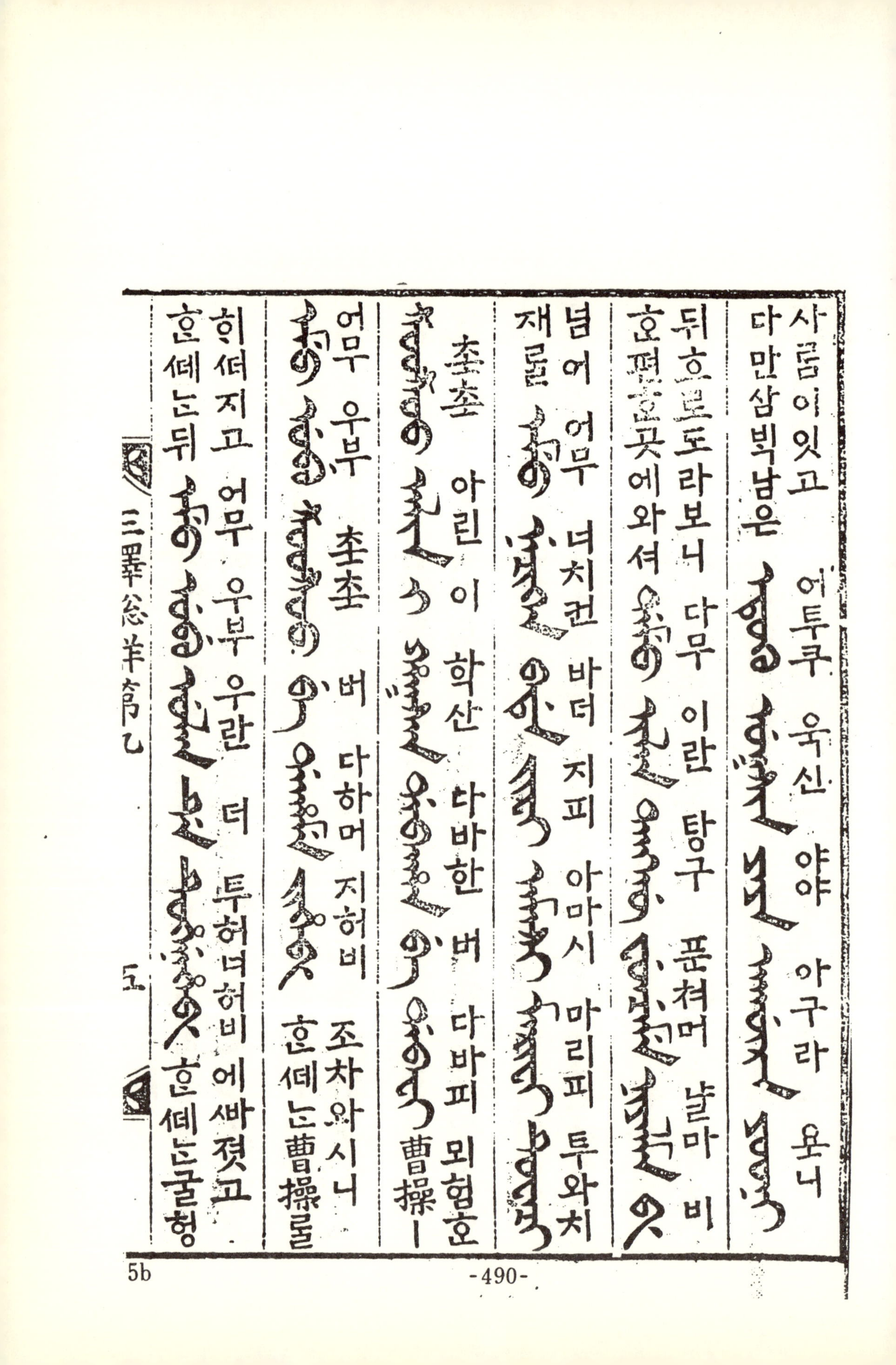

사ᄅᆞᆷ이잇고 어투쿠 욱신 야야 아구라 요니
다만삼ᄇᆡᆨ남은
뒤ᄒᆞ로도라보니 다무 이란 탕구 푼쳐머 냘마 비
ᄒᆞᆫ편ᄒᆞᆫ곳에와셔
넘어 어무 녀치권 바더 지피 아마시 마리피 투와치
재ᄅᆞᆯ
촌촌 아린 이 학산 다바한 버 다바피 뫼험ᄒᆞ
曹操ㅣ
어무 우부 촌촌 버 다하머 지허비 조차와시니
ᄒᆞᆫ뎨ᄂᆞᆫ曹操ᄅᆞᆯ
히여지고 어무 우부 우란 더 투허녀허비 에ᄲᅡ졋고
ᄒᆞᆫ뎨ᄂᆞᆫ뒤 ᄒᆞᆫ뎨ᄂᆞᆫ굴헝

쉬여도더듸지아니리라 거리 어무 우두 바 야부피

荆州ㅣ로믈미처가셔니르러

거녀피 이시나하 더 터여치 괴다라쿠 캐 니로되

曹操ㅣ

ᄒᆞ다 춘춘 헌두머 징 져 버 암샤머

미맛당

샤다하비 마지거 터여치 아참비 믈이다곤ᄒᆞ니져이쉬

여러신하들이니로되

쟈카더 ᄒᆞ고몰죽의 거련 압바사 헌두머 모린 거무

曹操ㅣ가쟈

아쿠 기오로업섯더라 춘춘 야부 스머 보쇼로

옷과갑옷온갓장

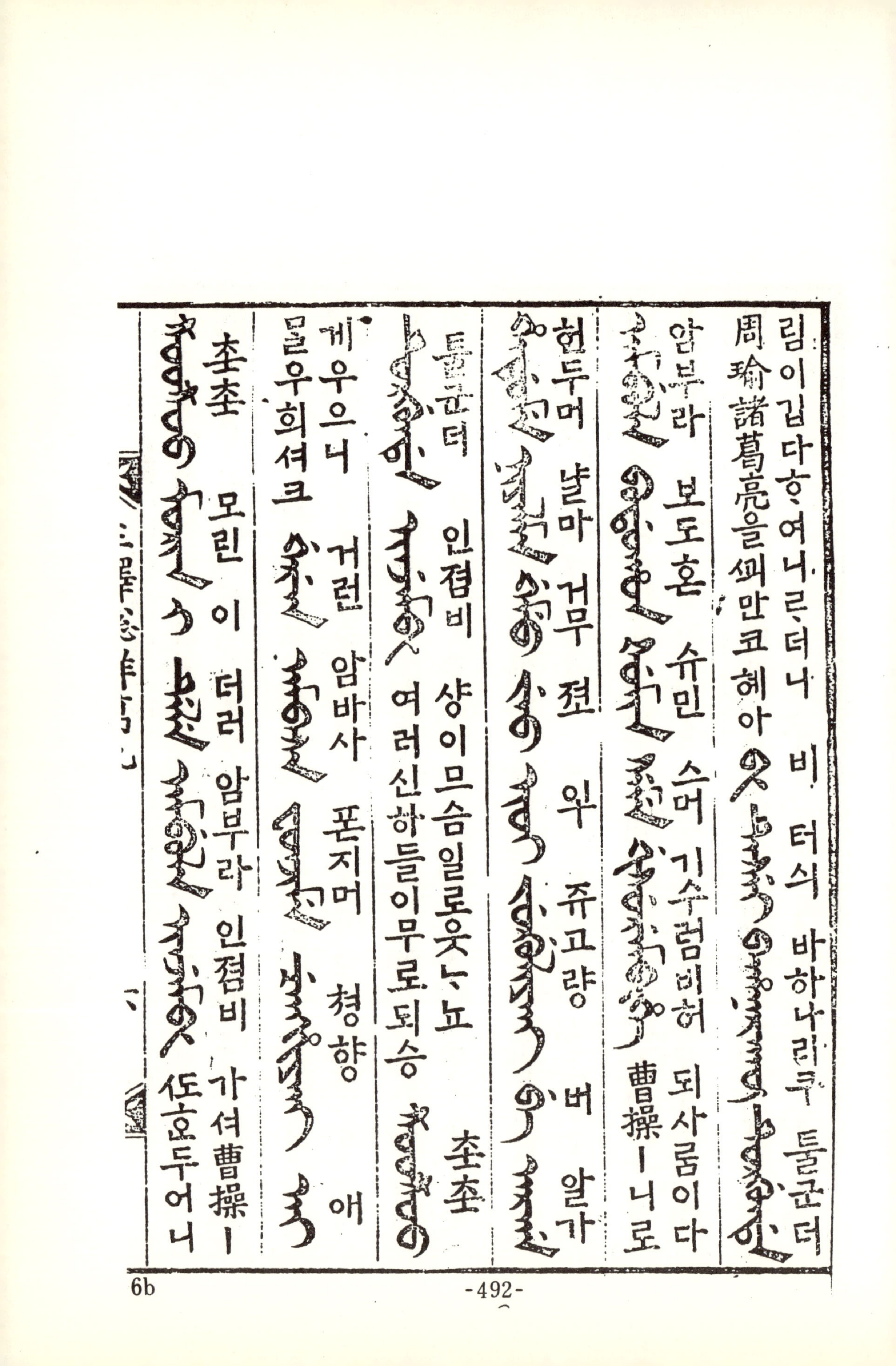

림이깁다ᄒᆞ여니ᄅᆞ더니 비 터싀 바하나리구 툴군더

周瑜諸葛亮을ᄭᅬ만코헤아

암부라 보도혼 슈민 스머 기수럼비허 되사ᄅᆞᆷ이다

曹操ㅣ니로

헌두머 날마 거무 져 위 쥬고량 버 알가

툴균더 인졉비 샹이므슴일로웃ᄂᆞ뇨 초초

여러신하들이무로되승

게우으니 거련 암바사 폰지머 쳥향 애

믈우희셔크

초초 모린 이 더러 암부라 인졈비 가셔曹操ㅣ

ᄯᅩ효두어니

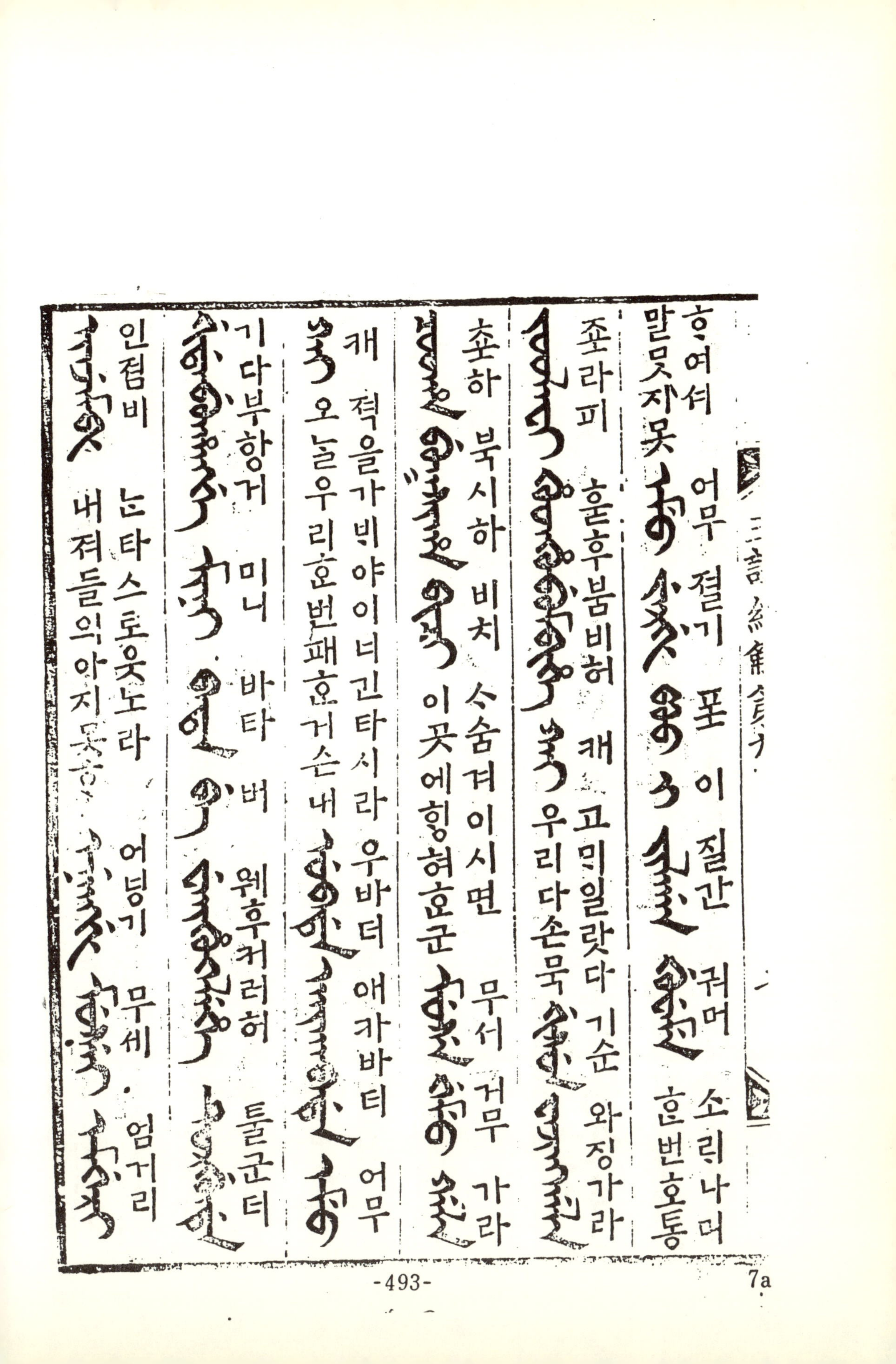

ᄒᆞ여셔 말ᄆᆞᆺ자못 어무 절기 포 이 질간 궈머 소리나며 ᄒᆞᆫ번호통

죠라피 훈후붐비허 캐 고미일랏다 기순 와징가라

우리다손묵

춘하 북시하 비치 ᄉᆞ숨겨이시면 무서 거무 가라

이곳에힝혀ᄒᆞ군

캐 적을가ᄇᆡ야이너긴타시라 우바더 애카바티 어무

오ᄂᆞᆯ우리ᄒᆞᆫ번패ᄒᆞ거ᄉᆞᆫ내

기다부항거 미니 바타 버 웨후커러허 툴군더

인졉비 ᄂᆞᆫ타스토옷노라 어닝기 무세 엄거리

내져들의아지못ᄒᆞ여

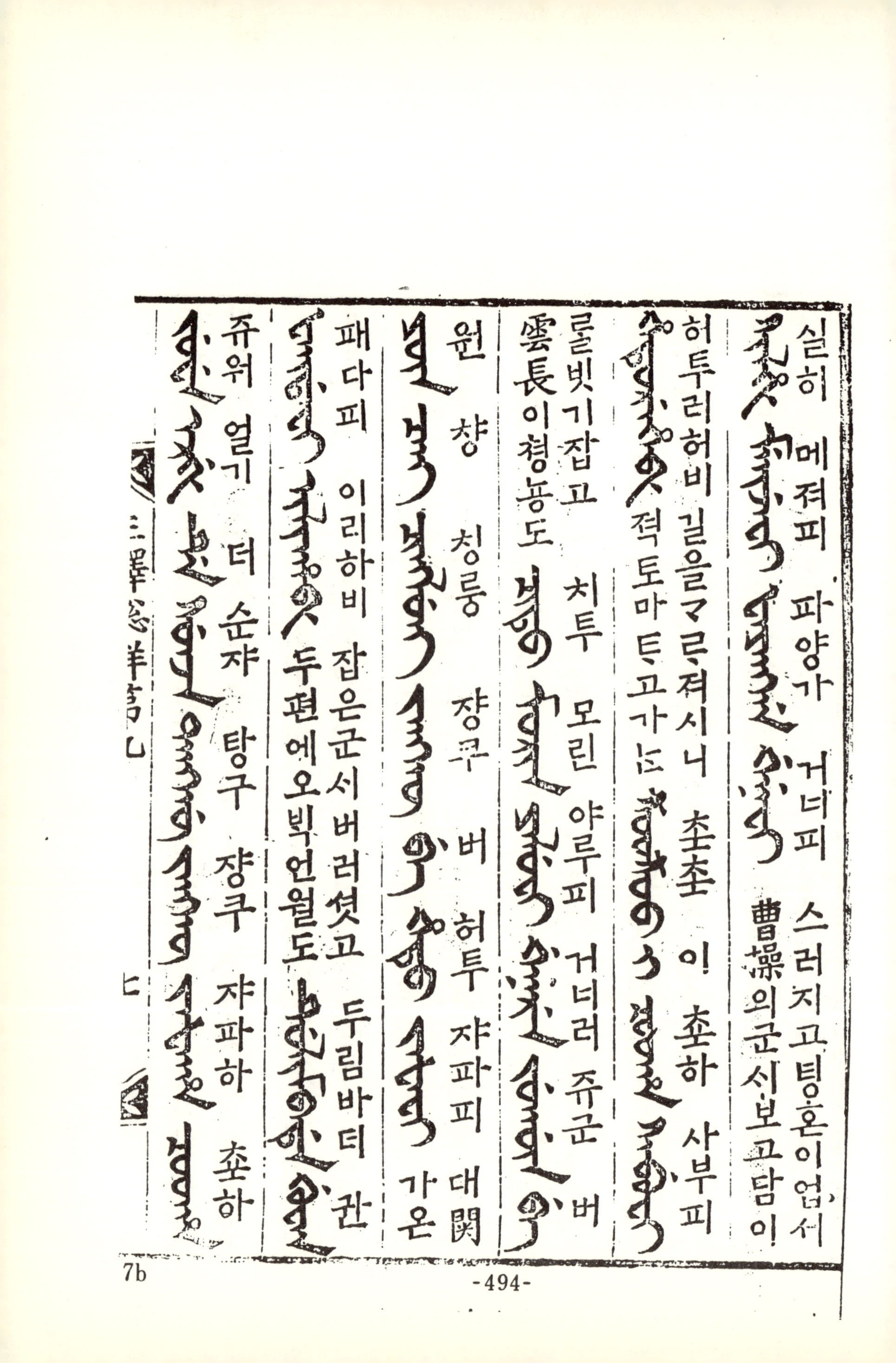

실히 메져피 파양가 거너피 스러지고텽혼이업서
曹操의군사보고담이
허투러허비 길을마랴져시니 촌촌 이 촌하 사부피
젹토마투고가는
룰빗기잡고 치투 모린 야루피 거너러 쥬군 버
雲長이쳥뇽도
원 챵 칭룽 쟝쿠 버 허투 쟈파피 대關
가온
패다피 이리하비 잡은군사버러셧고 두림바터 관
두편에오빅언월도
쥬워 얼기 더 순쟈 탕구 쟝쿠 쟈파하 촌하

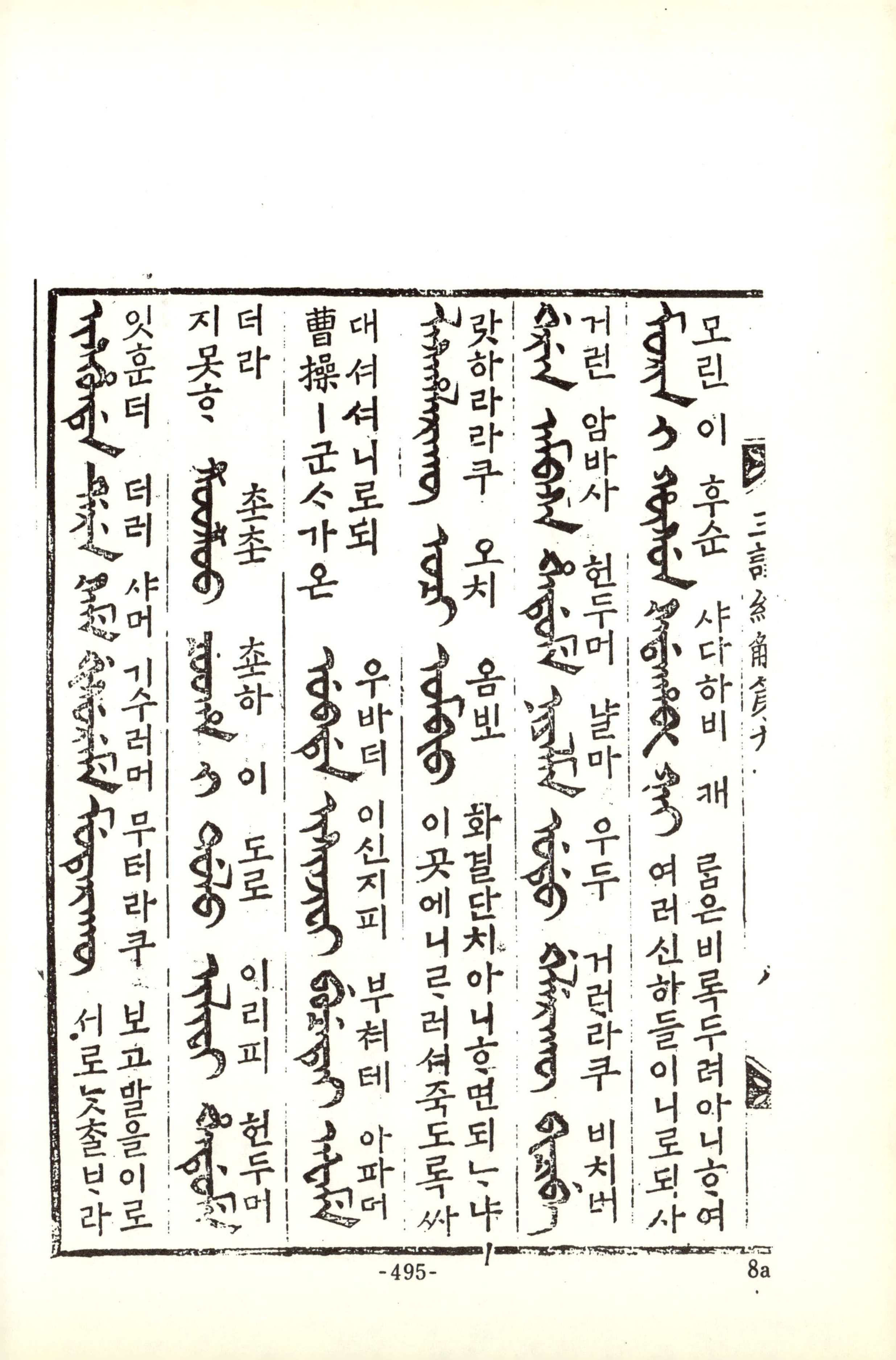

모린 이 후순 샤다하비 캐 ᄅᆞᆷ은비록두려아니ᄒᆞ여
여러신하들이니로되사
거린 암바사 헌두머 날마 우두 거러라쿠 비치버
랏하라라쿠 오치 옴보 화결단치아니ᄒᆞ면되ᄂᆞ냐
이곳에니ᄅᆞ러셔죽도록ᄊᆞ
대셔셔니로되 우바터 이신지피 부처테 아파머
曹操ㅣ군ᄉᆞ가온
더라 초초 촌하 이 도로 이리피 헌두머
지못ᄒᆞ
잇훈터 더러 샤머 기수러머 무터라쿠 보고말을이로
서로ᄂᆞᆺ출ᄇᆞ라

버 우루나쿠 다림비 반ᄃᆞ시마리옴애 고신
사ᄅᆞᆷ의슈고로옴을
기다샤라쿠ᄅᆞᆯ업슈이너기지아니코 냘매 죠보론
강ᄒᆞᆫ듸지지아니코약ᄒᆞᆫ이
ᄅᆞᆯ춥아못ᄒᆞ고 망가 더 아나부라쿠 부둔 버
[illegible]셰오고ᄂᆞ죤이
워시ᄒᆞᆫ 버 무림비 푸시ᄒᆞᆫ 버 젼더라쿠 놉흔이
雲長이
쳥 외 헌두머 비 돈지치 되내드르니 원 챵
程昱이니로
ᄒᆞ엿ᄂᆞᆫ지라 아파하 더 우루나쿠 부쳠비 시죽으리라
도믈힘이곤 싸호면반ᄃᆞ

이버피 모린이 더러 버여 머후머 도로 아라피 ㅣ그 曹操

촌촌 터러 기순 버 다하피 욷해 쥬러시

죠보론 치 투침비 캐 슈고로온되버서나리라 몸소나셔알외면반ᄃᆞ시이

처잇는지라 일의덕이밋 버여 투치피 아라하 더 우루나쿠 어러

쳥향 너너히 이녕가 커시 여시부하 비허 이젼 승샹

쥬간 압개 펴지러 알기카비 스허 비허 펴졋다ᄒᆞ니 인의텬하의

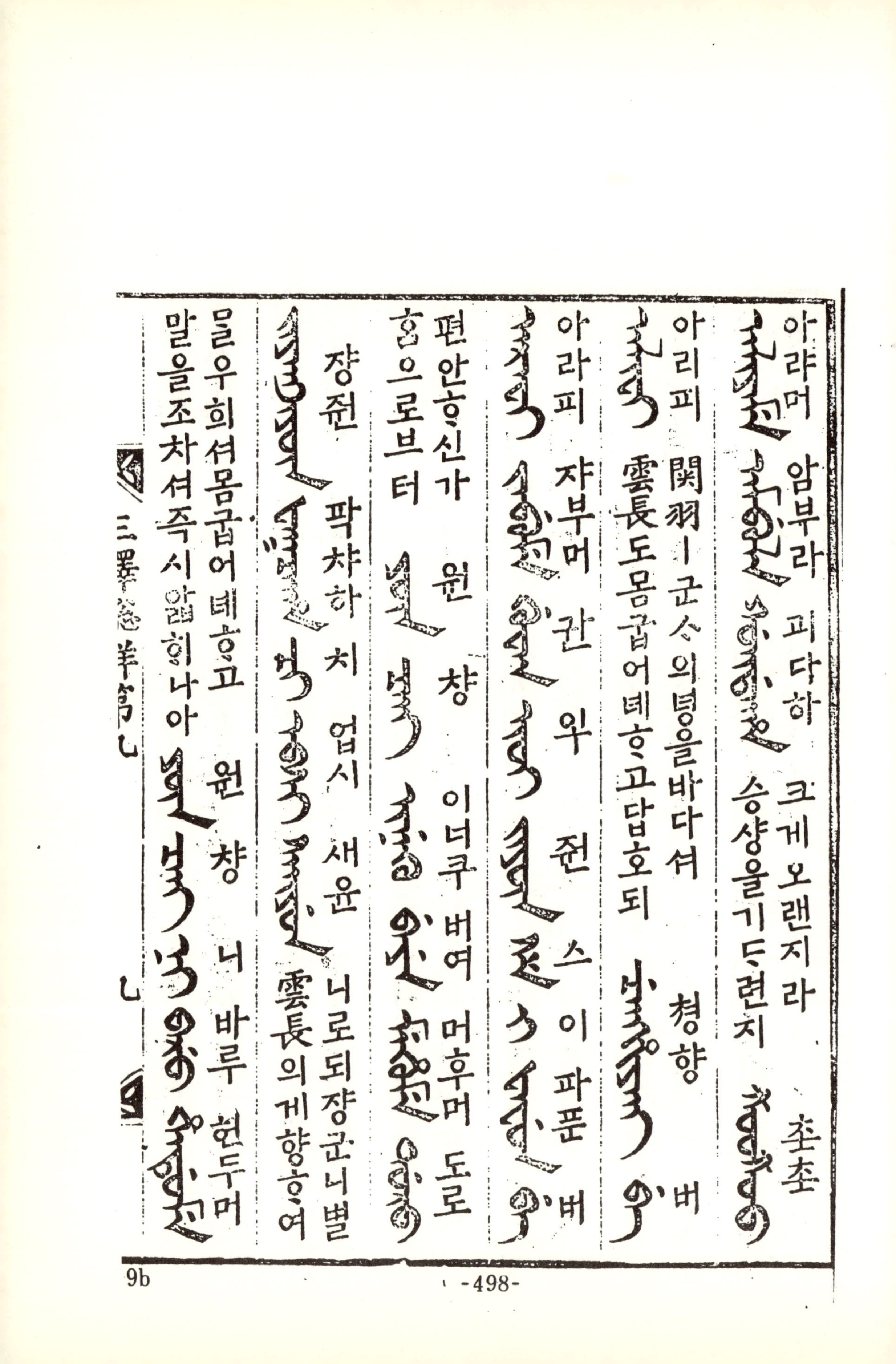

아랴머 암부라 괴다하 크게오랜지라 춋춋
승샹을기드련지
아리피 關羽ㅣ군ᄉᆞ의몸을바다셔 청향 버
雲長도몸굽어녜ᄒᆞ고답호되
아라피 쟈부머 관 워 쥔 스 이 파푼 버
편안ᄒᆞ신가 원 챵 이너쿠 버여 머후머 도로
홈으로브터
쟝쥔 팍챠하 치 업시 새윤 니로되쟝군니별
雲長의게향ᄒᆞ여
믈우희셔몸굽어녜ᄒᆞ고 원 챵 니 바루 헌두머
말을조차셔즉시앏희나아

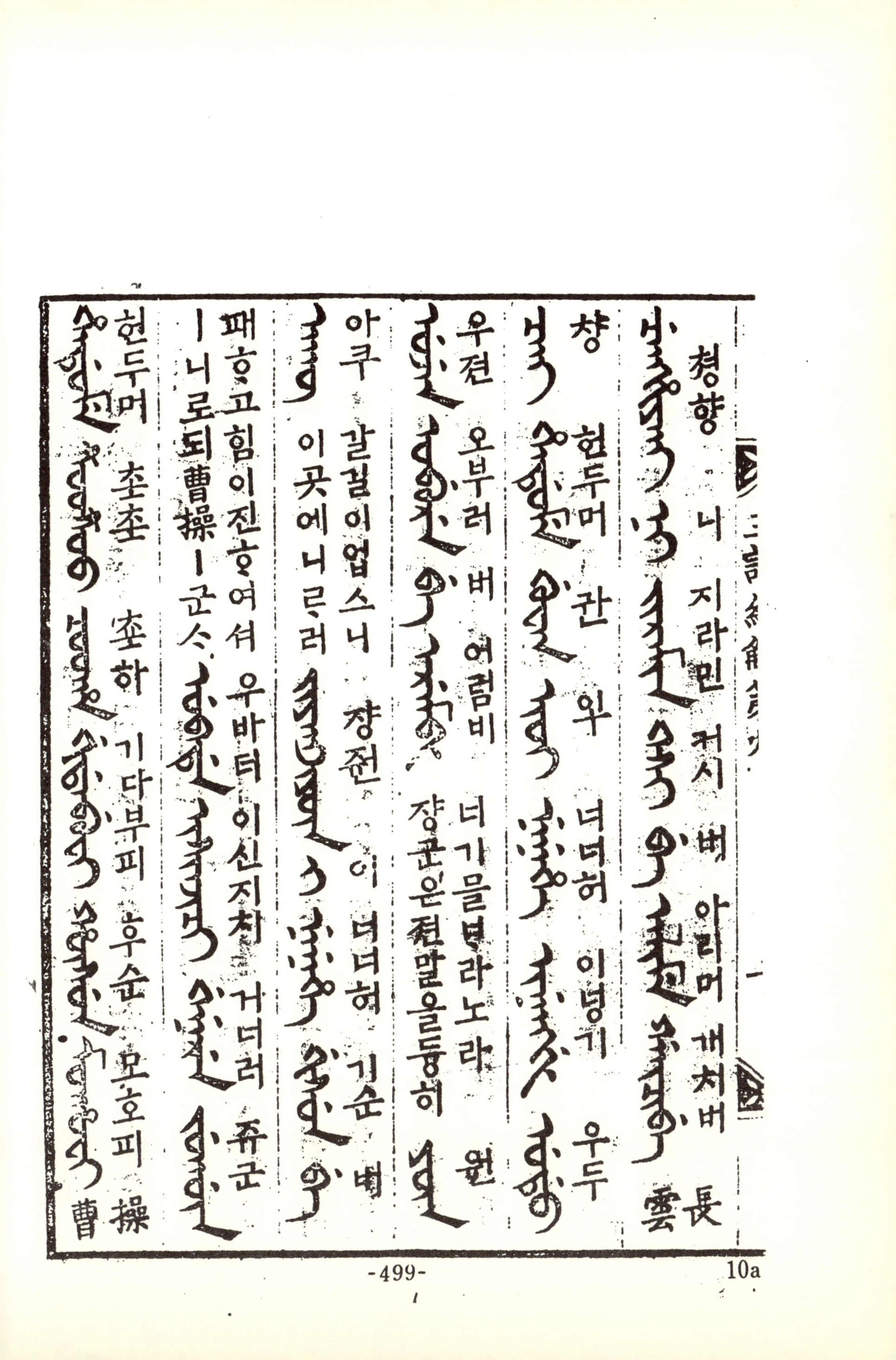

쳥향 나 지라민 거시 버 아리머 개처버 長

雲

샹 헌두머 관 워 너더허 이넝기 우두

우젼 오부러 버 어럼비 너기믈벼라노라 원

장군은쳔말올듕히

아쿠 갈걸이업스니 쟝젼 이 너더허 기순 버

이곳에니르러

패ᄒᆞ고힘이진ᄒᆞ여셔 우바터이신지차 거더러 쥬군

ㅣ니로되曹操ㅣ군ᄉᆞ

헌두머 초초 초하 기다부피 후순 모호피 操

曹

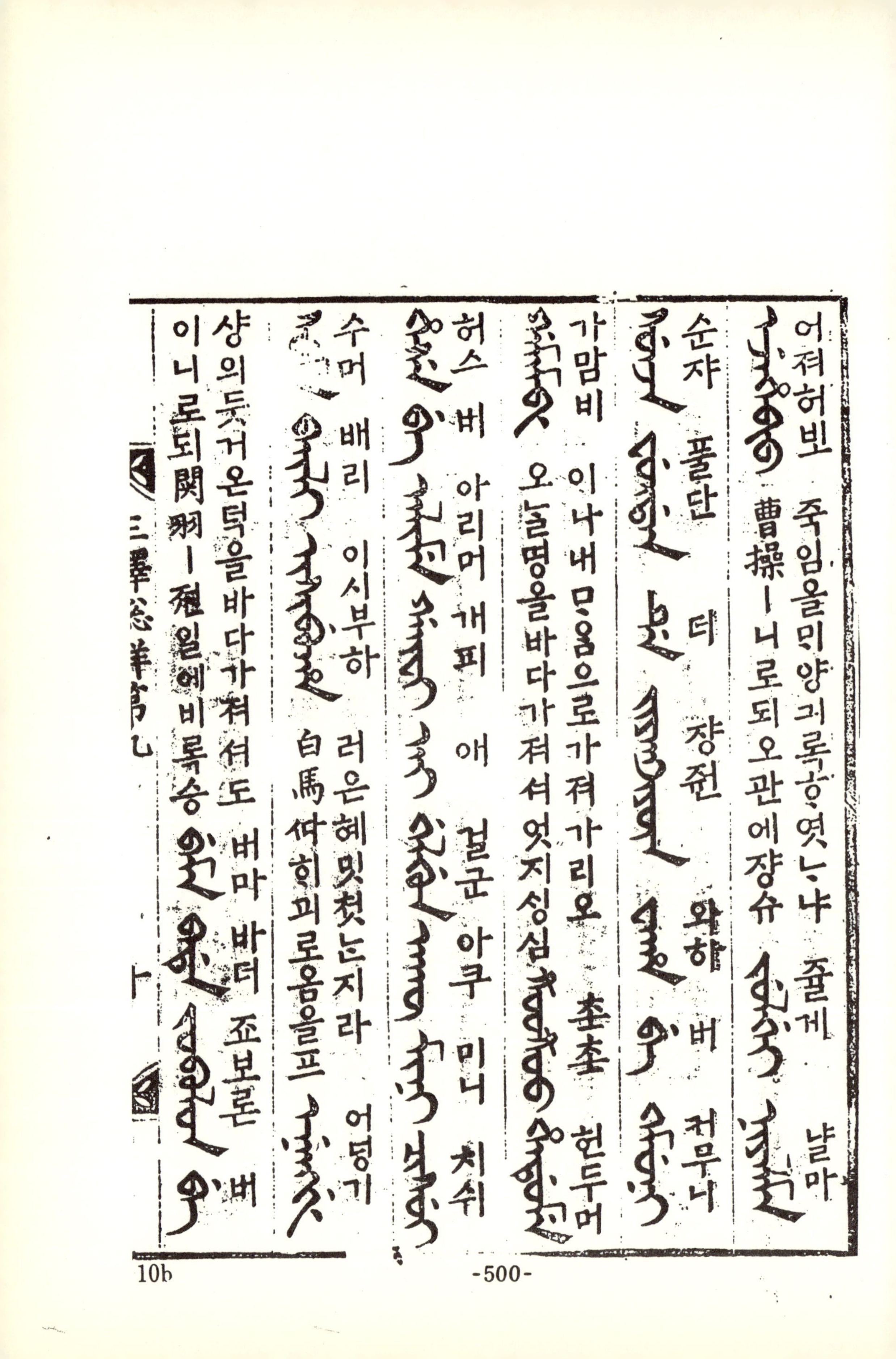

어져허뵈 죽임을믜양긔록ᄒᆞ엿ᄂᆞ냐 쥴게 냘마

曹操ㅣ니로되오관에쟝슈

순쟈 풀단 더 쟝쥔 와한 버 쿼무나

가맘비 이나내ᄆᆞ옴으로가져가리오 초초 헌두머

오ᄂᆞᆯ명을바다가져셔엇지싱심

허스 버 아리머 개피 애 걸군 아쿠 미니 치쉬

수머 배리 이시부하 러은혜밋쳣ᄂᆞᆫ지라 어뎡기

白馬ᄯᅡ히피로옴을프

샹의둣거온덕을바다가져셔도 버마 바터 죠보론 버

이니로되關羽ㅣ젼일에비록승

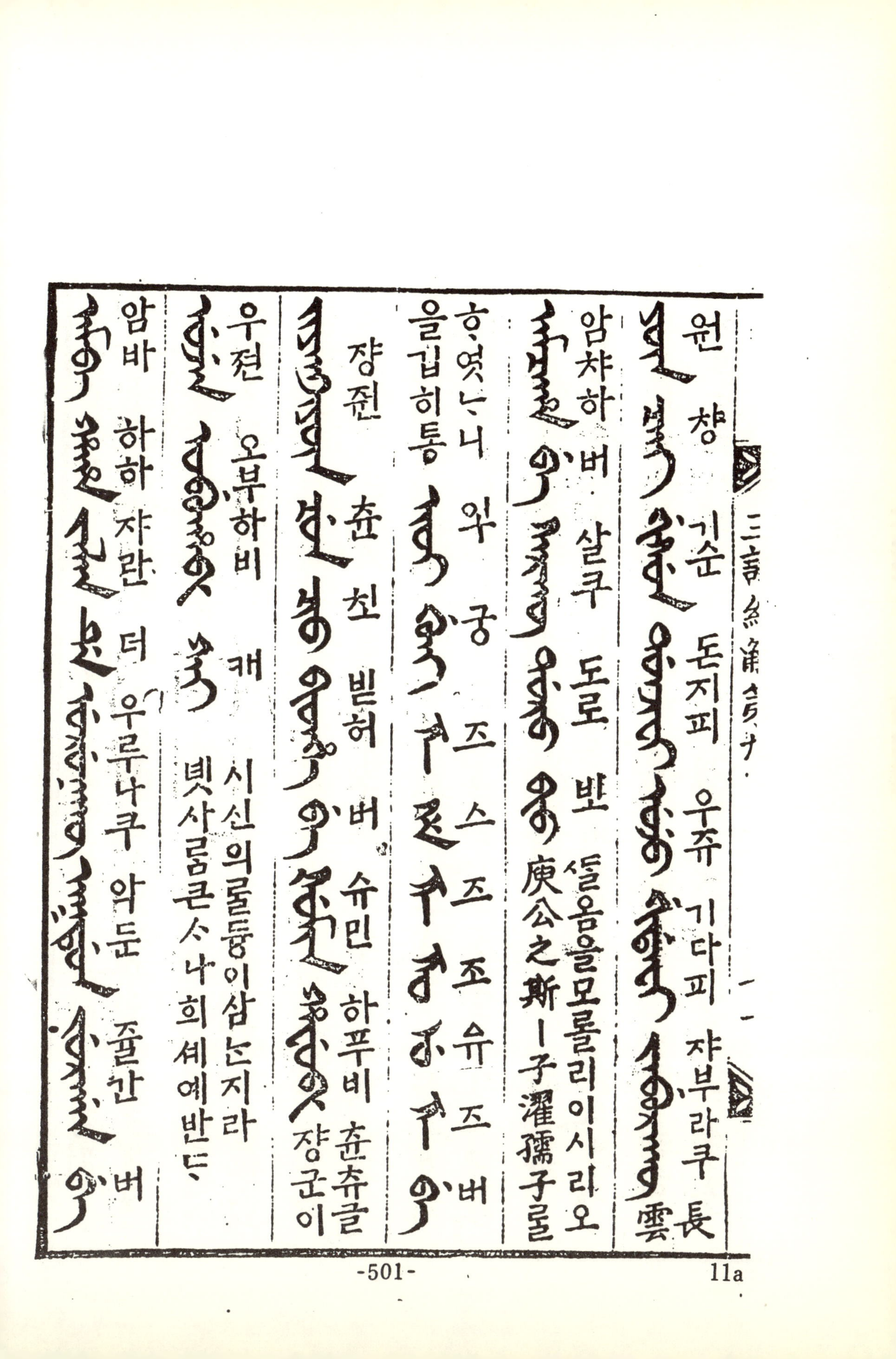

원 챵 기슌 돈지피 우쥬 기다피 쟈부라쿠 長雲

암쟈하 버 살쿠 도로 밪 셜옴을모롤리이시리오

庚公之斯ㅣ子濯孺子로

ᄒᆞ엿ᄂᆞ니 위 궁 즈 스 즈 조 슈 즈 버

을깁히통

쟝쥔 츈 칠 빌허 버 슈민 하푸비 츈츄글

쟝군이

우젼 오부하비 개 시신의롤둥이삼ᄂᆞᆫ지라

볏사ᄅᆞᆷ큰ᄉᆞ나희셰예반ᄃᆞ

암바 하하 쟈란 더 우루나쿠 와둔 쥴간 버

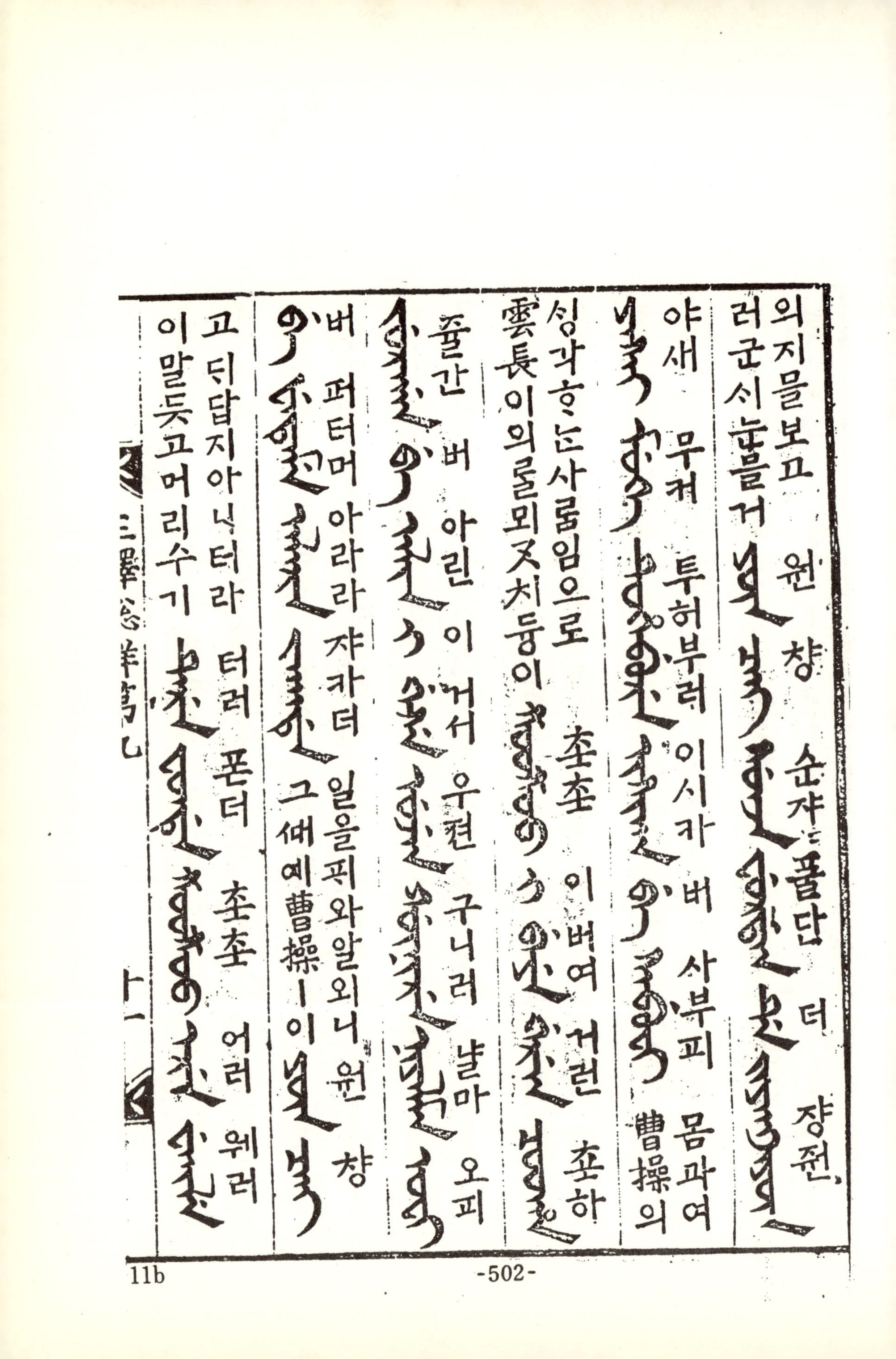

의지믈보ᄯᅡ 원 챵 순쟈ᄒᆞ 플단 더 쟝쥔,

러군ᄉᆡ 눈블거

야새 무쿼 투허부러 이시카 버 사부피 몸과여 曹操의

ᄉᆡᆼ각ᄒᆞᄂᆞᆫ사ᄅᆞᆷ임으로 초초 이버여 거런 초하

雲長이의로뫼ᄌᆞ치둥이

쥴간 버 아린 이 버서 우쳔 구니러 날마 오피

버 퍼터머 아라라 쟈카더 일을픠와알외니 원 챵

그ᄯᆡ예曹操ㅣ이

고 ᄃᆡ답지아니터라 터러 폰터 초초 어러 웨러

이말듯고머리수기

三譯總解第七 十一

웅기키 스러 구넌 캐 홈은이즉시분명이曹操를

네녁호로호터져버려시라

스허 어러 욷해 이러투컨 초초 버 신다피

룸의게향ᄒᆞ여나로되 뒨 이치 팍챠머 패다

몰두루혀여러군ᄉᆞ사

마리부피 거런 초해 날매 바루 헌두머 푸러져

모음이

를노화보내믈싱각ᄒᆞ묘 무지런 어푸져머 모린

이오관의장슈를죽여도저

버 와치버 임버 신다피 웅기허 버 구니머 長

雲

가니라 원 챵 뎐 질간 이 어수궈러 쟈카더
블고볼셔
버 가마머 애피니 거녀허비 예여러관원들이曹操로더
雲長이뒤흐로두루혈스이
챵 아마시 마리러 시던더 거련 하파샤 츄츄
퍽시더머 두러궈 여러관원들파흠셔돌려지나다 원
曹操ㅣ雲長의물두루혐을보고
마리부러 버 사피 거련 하파사 이 엄기 사사
는싱각이러라 츄츄 원 챵 니 모린
노화보내고져ᄒᆞ、

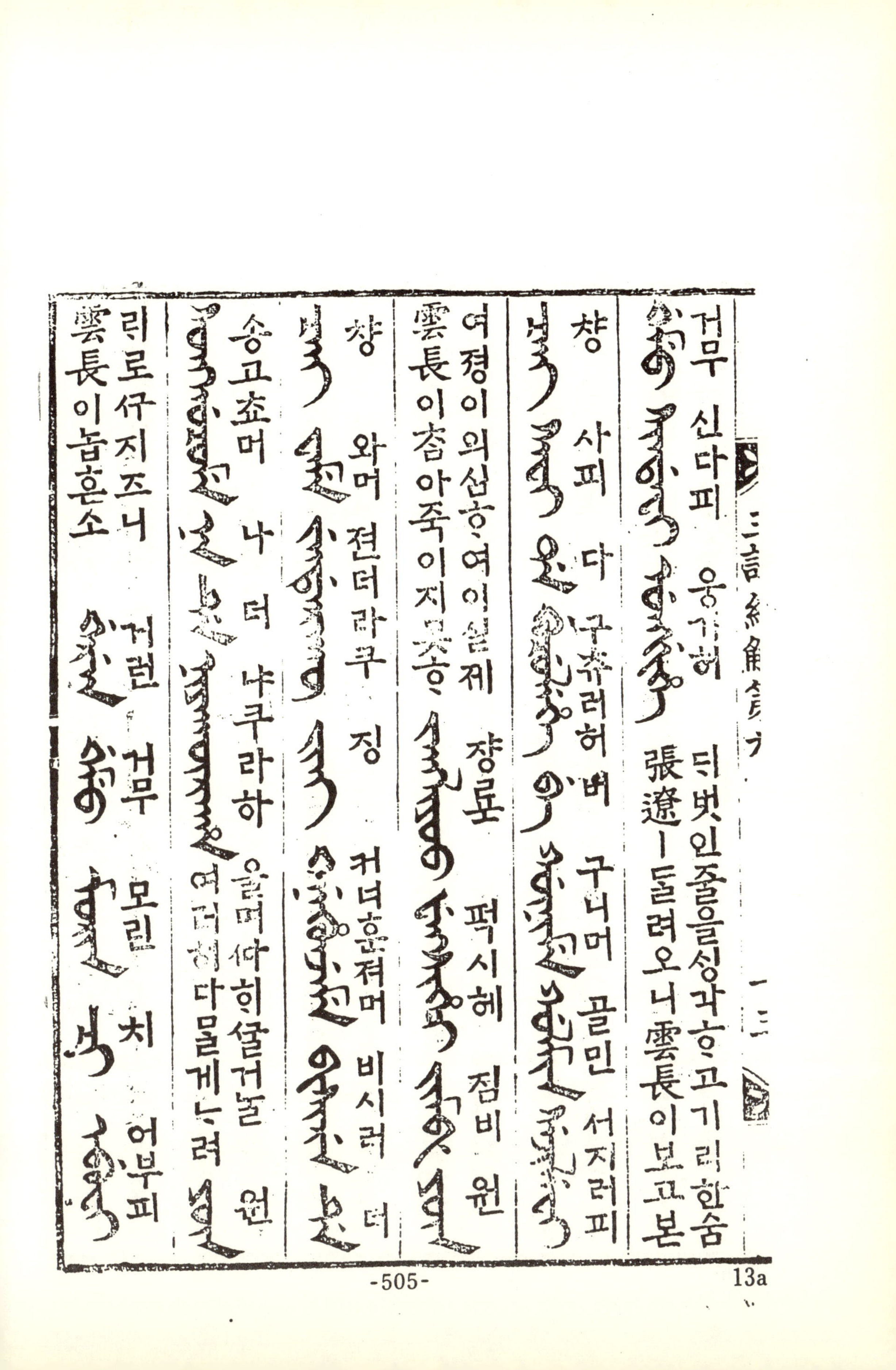

거무 신다피 웅가허
ᄃᆡ벗인줄을ᄉᆡᆼ각ᄒᆞ고기리한숨
張遼ㅣ돌려오니雲長이보고본

챵 사피 다 구ᄎᆔ러허 버 구니머 골민 서지러피

여졍이의심ᄒᆞ여이실제
雲長이ᄎᆞᆷ아죽이지못ᄒᆞ
쟝료 퍽시헤 점비 원

챵 와머 젼더라쿠 징 커너훈져머 비시러 더

숑고쵸머 나 더 나쿠라하
울며ᄯᅡ히ᄭᅮᆯ거ᄂᆞᆯ 원
여러히다믈게ᄂᆞ려

리로ᄌᆞ지ᄌᆞ니
雲長이놉흔소
거련 거무 모리 치 어부피

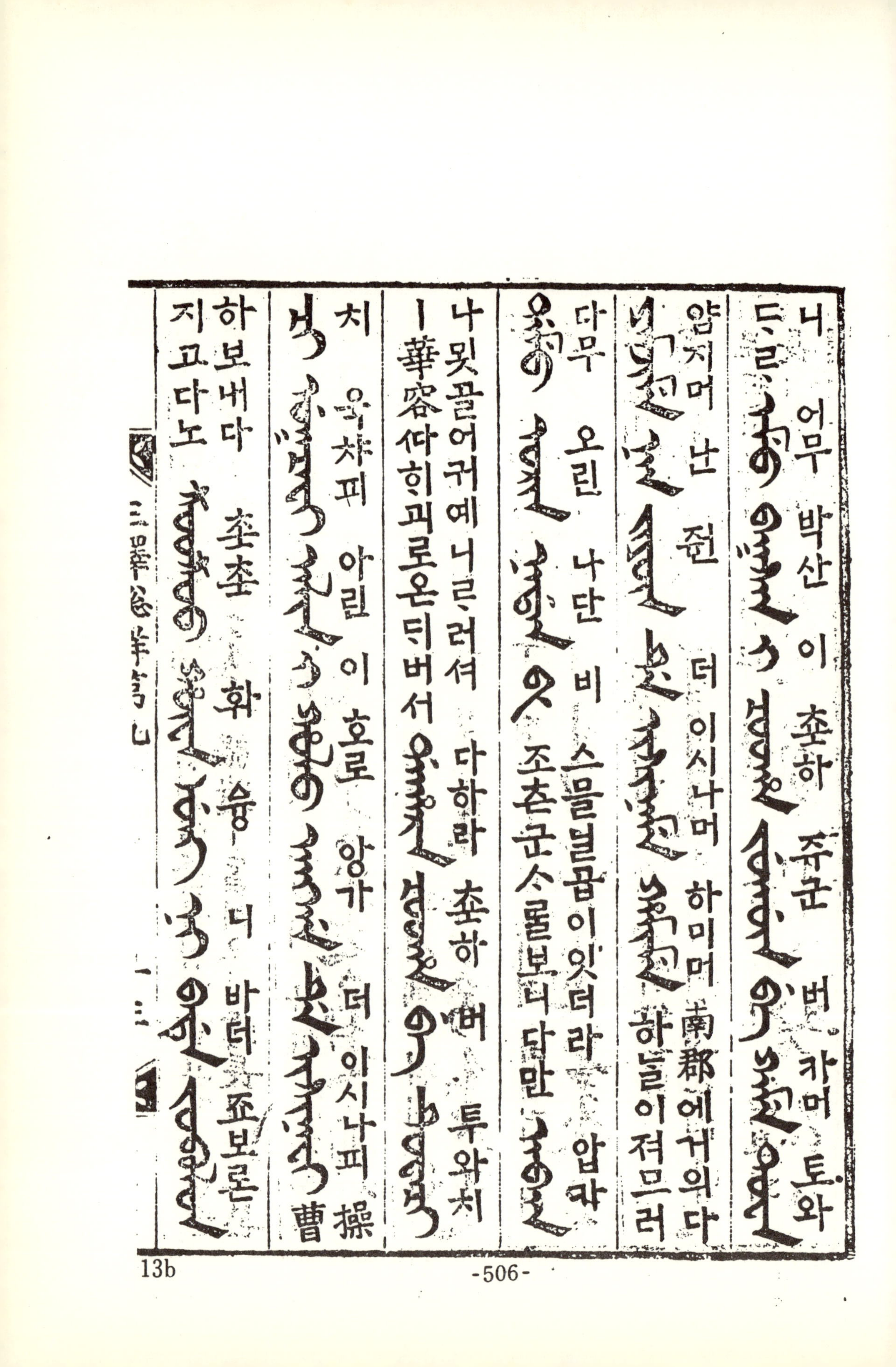

나 어무 박산 이 쵸하 쥬군 버 카머 토와
드릭
얍지머 난 쥰 더 이시나머 하미머 南郡에거의다
하ᄂᆞᆯ이져므러
다무 오린 나단 비 스믈닐곱이잇더라 압카
조촌군ᄉᆞ롬보니 다만
나뫼끌어귀예 니ᄅᆞ러셔 다하라 쵸하 버 투와치
ㅣ華容ᄯᅡ히괴로온ᄃᆡ버서
치 우차피 아린 이 호로 앙가 더 이시나피 操
曹
하보버다 쵸쵸 화 슝 니 바더 죠보론
지고다노

자와니로되 촢하 기다부하버 우두 돈지치버

더니曹仁이마

오호 촢 인 옥도머 지퍼 헌두머 옴이편안ᄒᆞ、

曹操ㅣ ᄌᆞᄆᆡ、

놀보니曹仁의군ᄉᆡ라 촢촢 터니 무지런 얼허컨

효데복병사ᄅᆞᆷ이오거

이 카룬 이 날마 점비 투와치 촢 인 이 촢하

와지하 캐 스허 비치 뭇ᄎᆞ리로다ᄒᆞ더니 어무 박산

曹操ㅣ니로되내명

다부하비 막고블켜니 촢촢 헌두머 미니 잘간

효데군ᄉᆡ길ᄒᆞᆯ

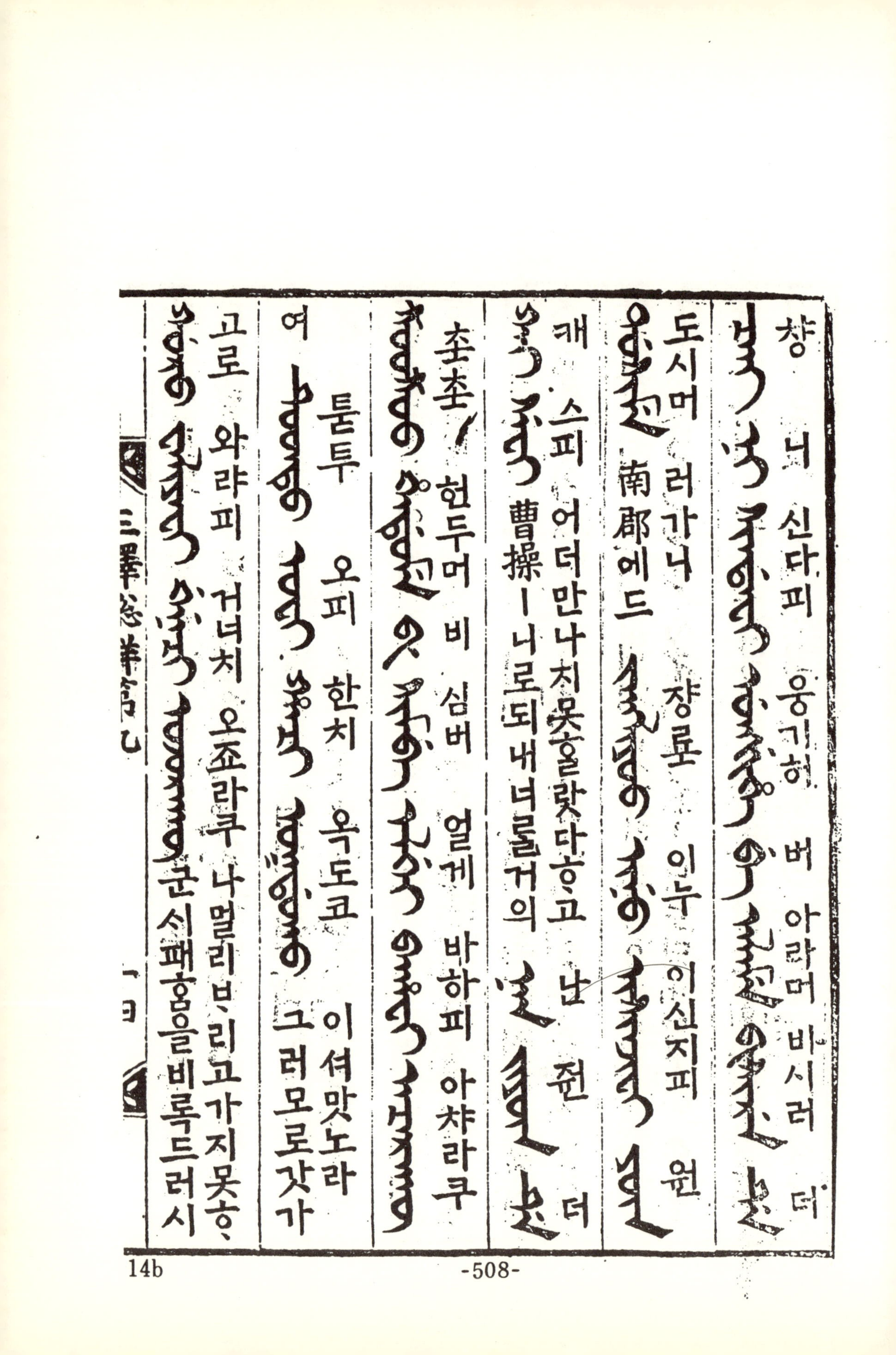

창 니 신다피 웅기하 버 아라머 비시러 더

도시머 러가나 쟝료 이누 이신지피 원

南郡에드

캐 싀피 어더만나지못홀랏다ᄒᆞ고 난 쥰 더

曹操ㅣ니로되내너롤거의

촐촐 헌두머 비 심버 얼게 바하피 아챠라쿠

툼투 오피 한치 옥도쿄 이셔맛노라

여 그러모로갓가

고로 와라피 거너치 오죠라쿠 나멀리ᄇᆞ리고가지못ᄒᆞ、

군시패홈을비록드러시

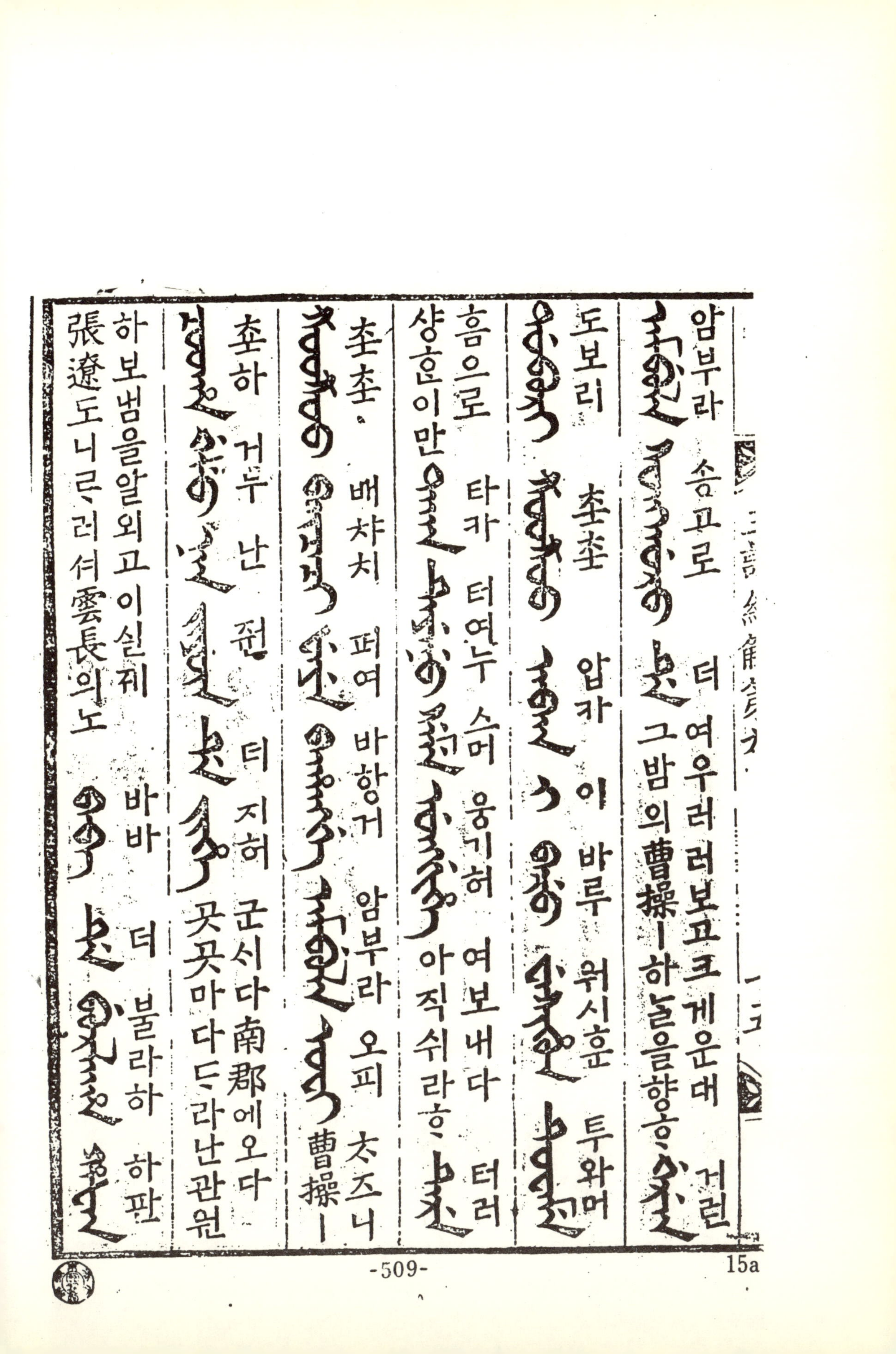

암부라 숑고로 터 여우러러보ᄀᆞ크게운대 거런
그밤의曹操ㅣ하ᄂᆞᆯ을향ᄒᆞ

도보리 춘춘 압카 이 바루 워시훈 투와머
흠으로 타카 터여누 슈머 웅기허 여보내다 터러
샹훈이만 아직쉬라ᄒᆞ

춘춘. 배챠치 펴여 바항거 암부라 오피 太ᄌᆞ니
曹操ㅣ

춘하 거두 난 줜 터 지허 군ᄉᆞ다南郡에오다
곳곳마다ᄃᆞ라난관원
하보님을알외고이실제 바바 더 불라하 하판
張遼도니ᄅᆞ러셔雲長의노

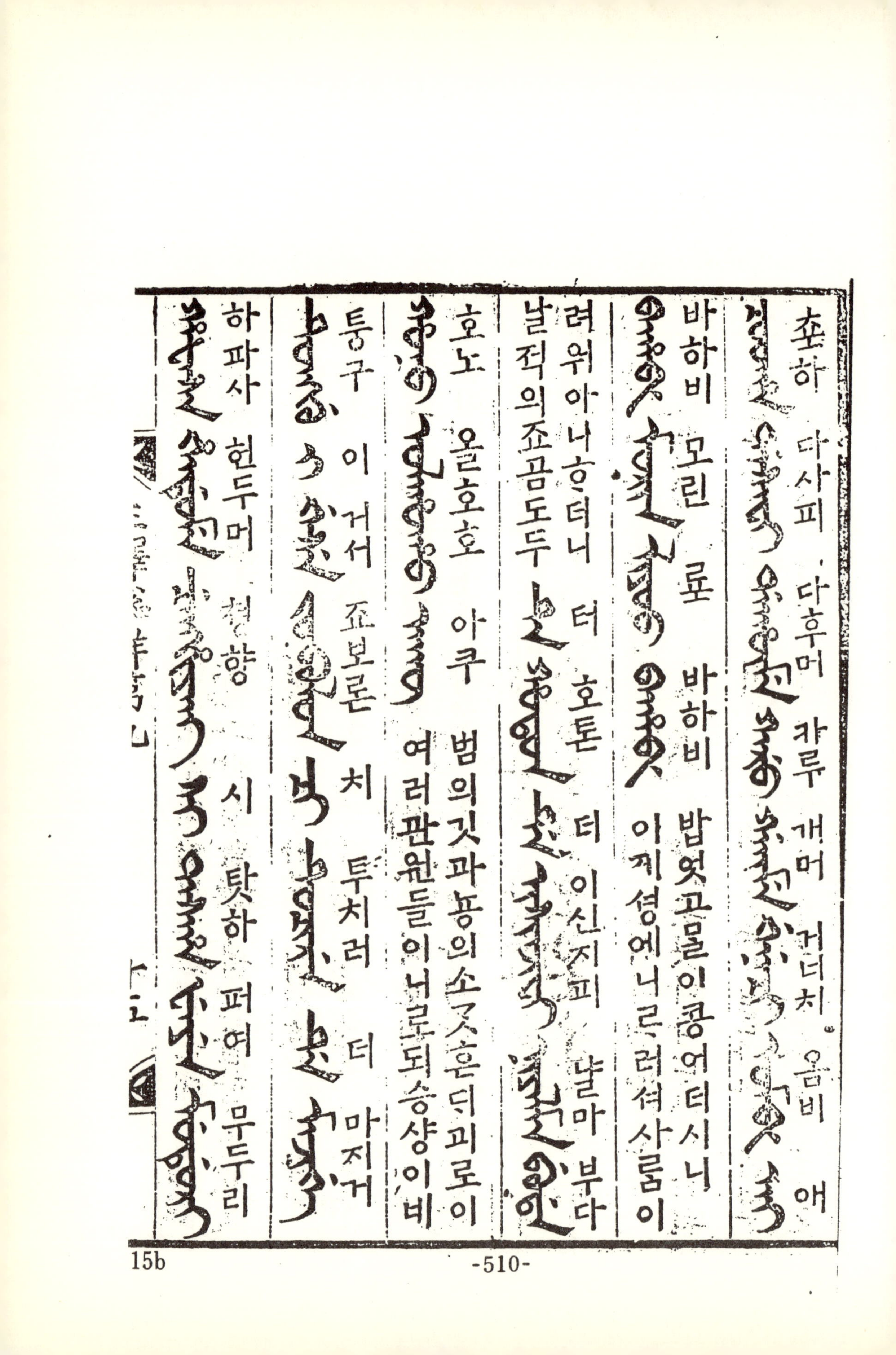

쵸하 다사피 다후머 캬루 개머 거더치 음비 애

바하비 모린 료 바하비 밥엇고믈이콩어터시니

이제셩에니르러셔사ᄅᆞᆷ이

려위아나ᄒᆞ터니 터 호톤 더 이신지교 날마 부다

날적의죠곰도두

호노 올호호 아쿠 범의깃과뇽의소곳ᄒᆞᆫ듸괴로이

여러관원들이니ᄅᆞ되승샹이비

퉁구 이 거서 죠보론 치 투치러 더 마지거

하파사 헌두머 천항 시 탓하 퍼여 무두리

각인쿄 [illegible] 헌두머 고 퓽 [illegible] 비쉬 비쉬
므슴 싱

지오랜지[illegible] 터 숑고롱거 [illegible] 구번 눈[illegible]시
되郭嘉ㅣ[illegible]언 이제우

장헌 헌두머 고 쟈 부[illegible] [illegible]다하 [illegible]니[illegible]
여러장

구니머 숑쿰비 [illegible] [illegible]싱각ᄒᆞ여우노라 거[illegible]
曹操ㅣ니로되내郭奉

우ᄂᆞ、쿄 奎奎 헌두머 비 쿄 퓽 쇼 버
일로이리

튤군터 욷투 숑쿰비 갑푸라ᄒᆞ면되리니므슴
군ᄉᆞ졍졔ᄒᆞ、여다시원슈

재 이넘기 압카 얌지하 망기 초초 촌 인

더 、孝여엇갑다奉孝여홀지 거런 거무 、어키사카
슬프다奉孝여어엿브다奉

쇼 지라카 풍 쇼 해라카 풍 쇼 슈러

흥고 가슴을두드리고울며나로되 우사츄카 풍
면나룰이러코케패치아니케홀랏다

퉁건 버 포리머 숑표머 헌두머 郭奉孝ㅣ이시
曹操ㅣ니로되

임버 올후 얼후라 우파라부라쿠 비허 스피

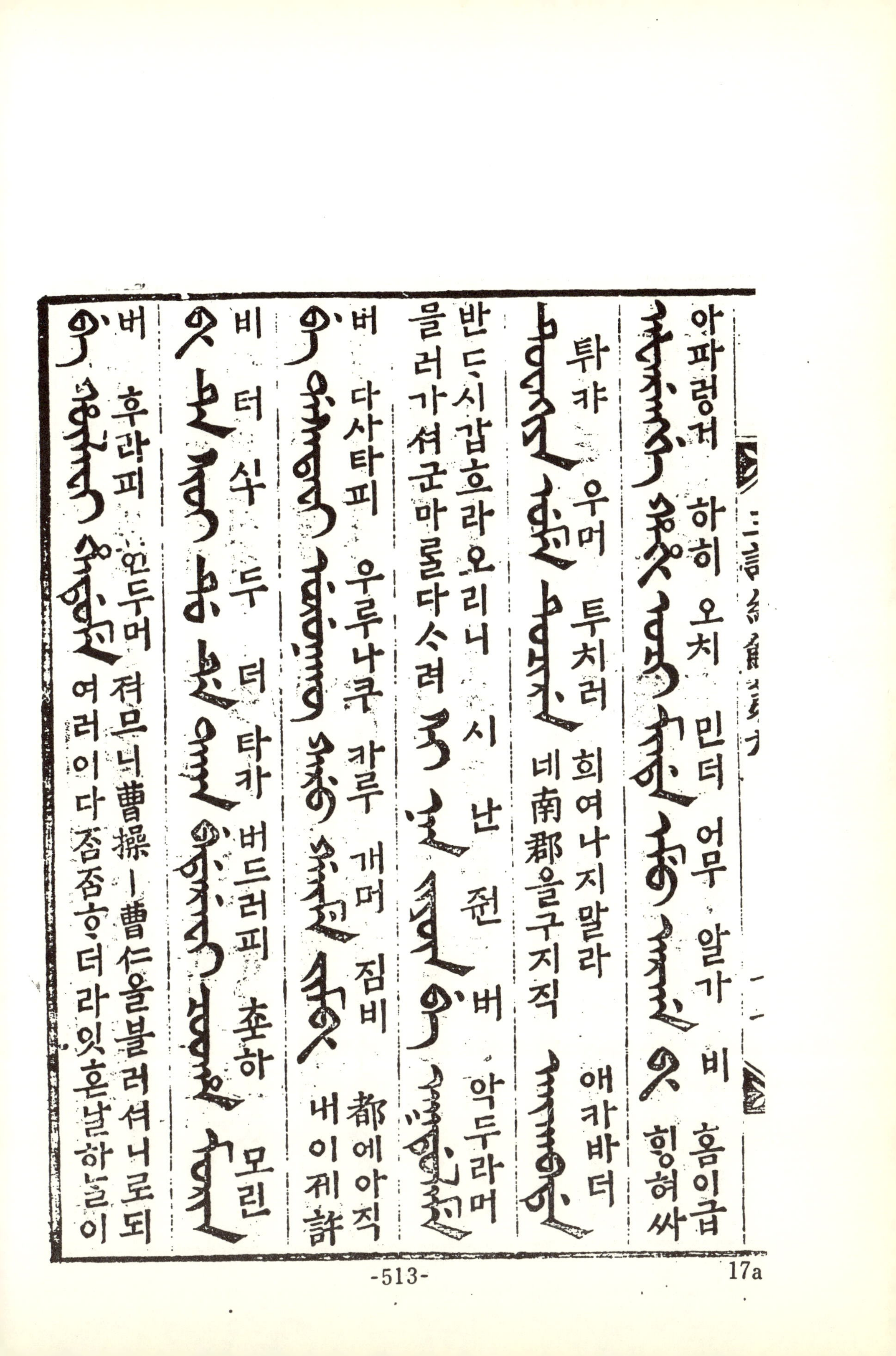

아파렁거 하히 오치 민더 어무 알가 비 홈이급
힝혀싸

튀캬 우머 투치러 애카바더
희여나지말라
네南郡을구지직

반ᄃᆞ시갑ᄒᆞ라오리니
믈러가셔군마ᄅᆞᆯ다ᄉᆞ려
시 난 쥔 버 악두라머

버 다사타피 우루나쿠 카루 개머 짐비
都에아직
내이쥐許

비 터 삭 두 터 타카 버드러피 촌하 모린

버 후라피 언두머
져므니曹操ㅣ曹仁을불러셔니로되
여러이다ᄌᆞᆷᄌᆞᆷᄒᆞ더라잇ᄒᆞᆫ날ᄒᆞᄂᆞᆯ이

이바다가지다 쵸쵸 거리 훤두머 쵸하 모린 버
曹仁等이ᄆᆞ만
여도빅번이긔이라 쵸 인 스 젼두권 아리머 개하
이ᄯᅢ를빅번시작ᄒᆞ
알가 버 탕구 졀기 터리부치 탕구 졀기 어텀비
터 어러 알가 이 숑쾨 야부 대로힝ᄒᆞ라 어러
아쿠 오치 우더 비러 곳이업거든여지말라 네허
네게ᄆᆞ만이두어급ᄒᆞ
호ᄯᅢ이시니 신터 젼두권 워리러 하피라부하 바
히되면내게

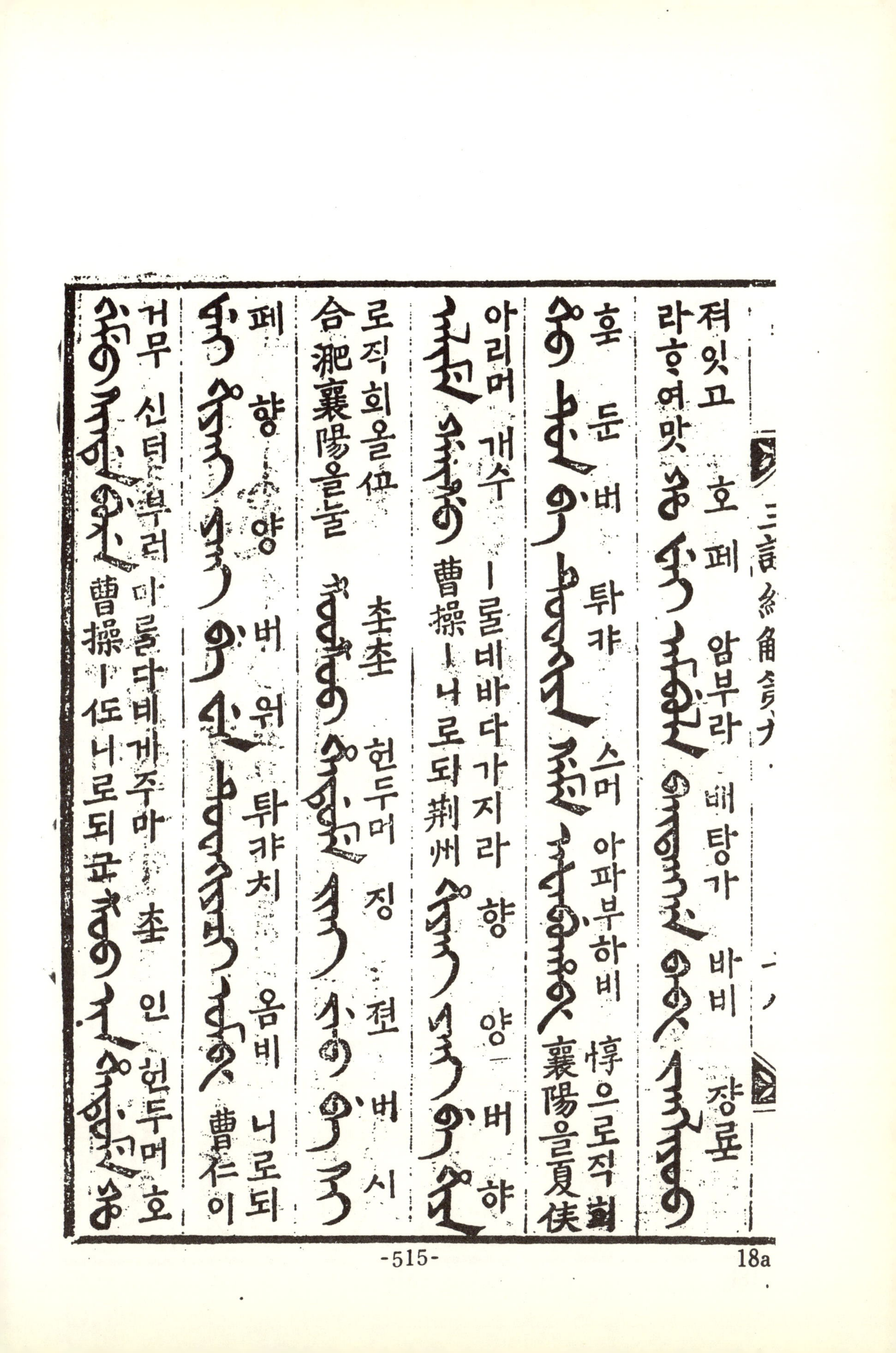

져잇고 호 페 암부라 베탕가 바비 쟝쿄
라ᄒᆞ여맛

호 둔 버 퉈갸 스머 아파부하비 惇으로직희
襄陽을夏侯

아리머 개수 ㅣ로네바다가지라 향 양 버 햐
曹操ㅣ니로되荊州

로직희올仏 夳夳 헌두머 징 젼 버 시
合淝襄陽을눌

페 향 양 버 워 퉈갸치 옴비 니로되
曹仁이

거무 신터부러 마를다비게주마 초 인 헌두머 호
曹操ㅣ또니로되

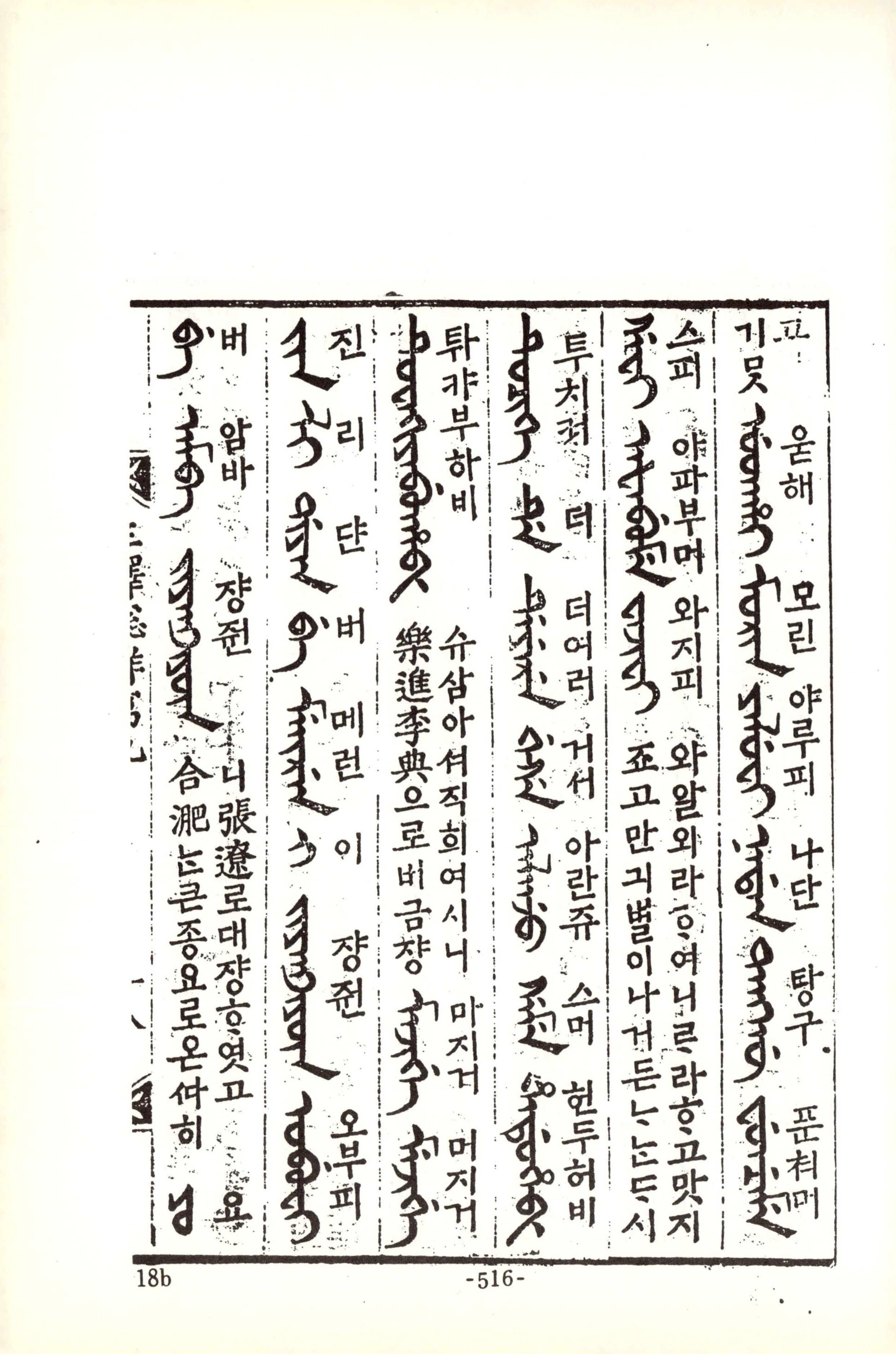

교 기뭇 운해 모린 야루피 나단 탕구 푼취머

스피 야파부머 와지피 와알와라ᄒᆞ여니ᄅᆞ라ᄒᆞ고맛지 죠고만그별이나거든ᄂᆞᆫᄃᆞ시

투치커 더 더여러 거서 아란쥬 슈머 헌두허비

퉈캬부하비 슈삼아셔직희여시니 樂進李典으로비금챵 마지거 머지거

진 리 댠 버 메런 이 쟝쥔 오부피

버 암바 쟝쥔 니張遼로대쟝ᄒᆞ엿고 合淝ᄂᆞᆫ큰종요로온ᄯᅡ히 요

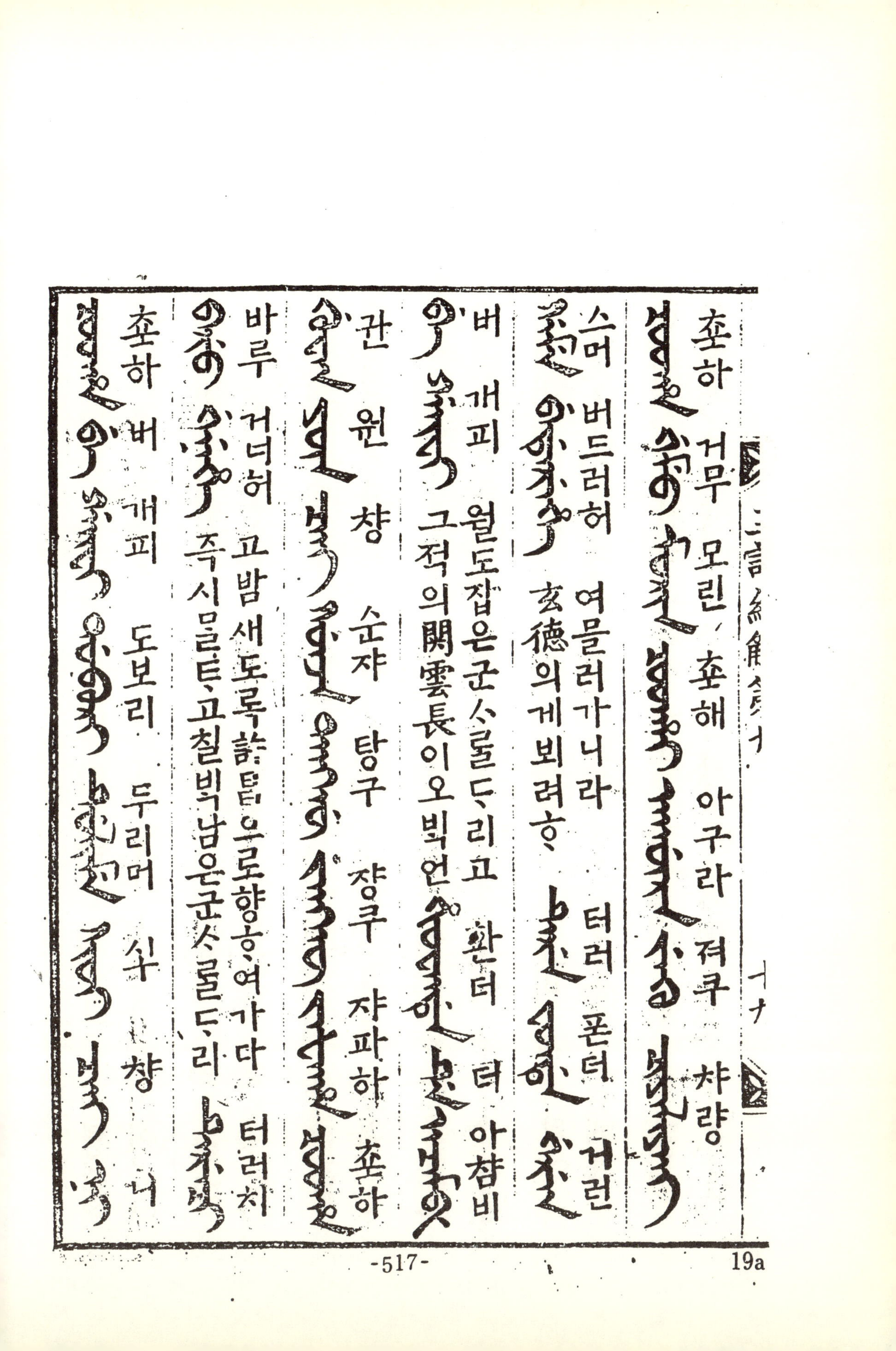

초하 거무 모린 초해 아구라 져쿠 챠량

스머 버드러허 여믈러가니라 터러 폰터 거런

玄德의게뵈려ᄒᆞ

버 개피 월도잡은군ᄉᆞ롤ᄃᆞ리고 환터 터 아참비

그적의關雲長이오빅언

관 원 챵 순자 탕구 쟝쿠 쟈파하 초하

바루 거더허 고밤새도록許昌으로향ᄒᆞ여가다 터러치

즉시믈ᄐᆞ고칠빅남은군ᄉᆞ롤ᄃᆞ리

초하 버 개피 도보리 두리머 식쿠 챵 너

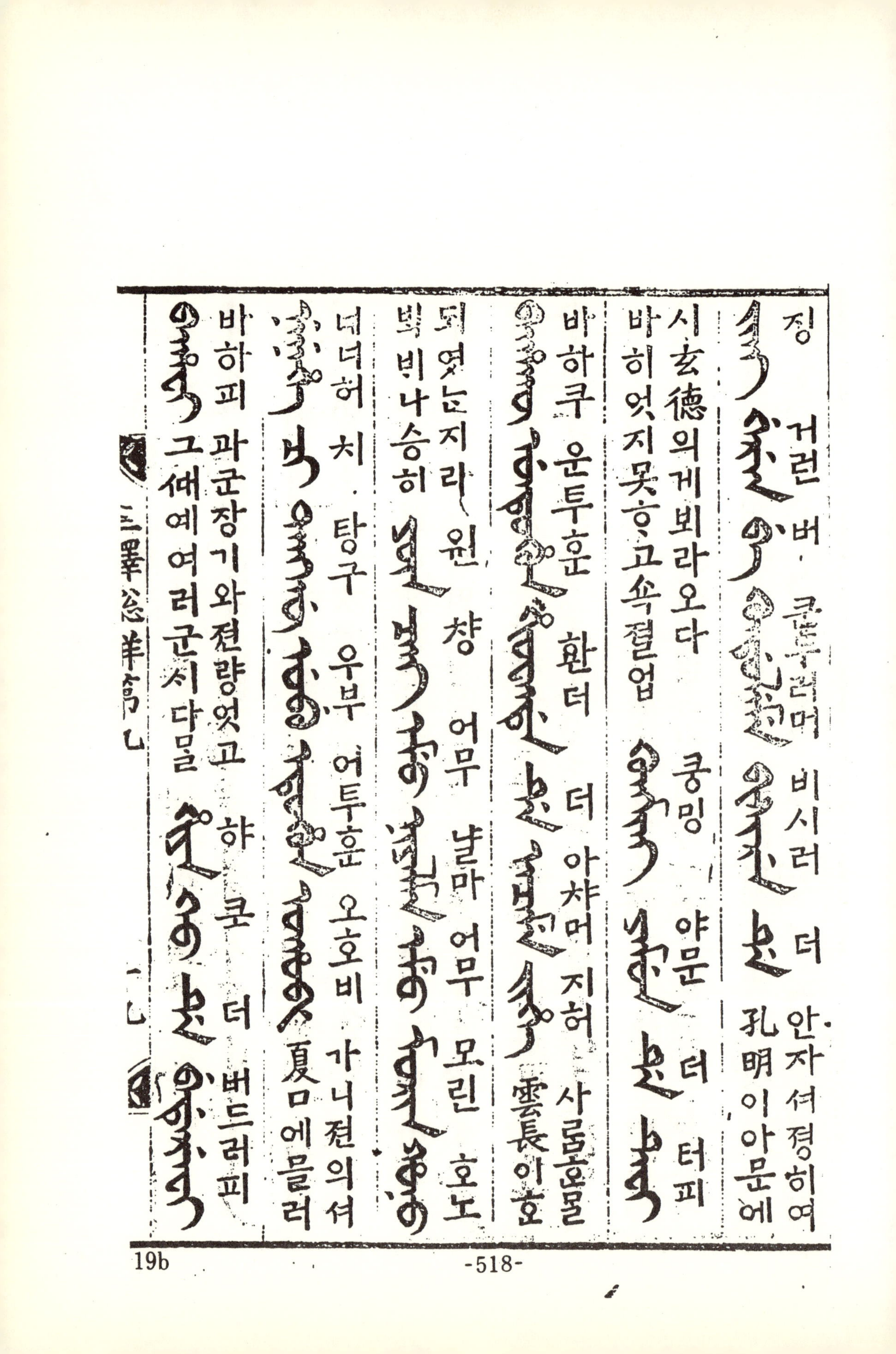

정 거런 버 쿠투런머 비시러 더 안자셔졍히여

孔明이아믄에

시玄德의게뵈라오다

바히엇지못ᄒᆞ고쇽졀업 쿵밍 야문 더 터피

바하쿠 운투훈 환더 더 아챠머 지허 사ᄅᆞᆷ오몰

雲長이ᄒᆞ

되엿ᄂᆞᆫ지라 원 챵 어무 날마 어무 모린 호노

뵉비나승히

너너허 치 탕구 우부 어투훈 오호비 가니젼의셔

夏ㅁ에믈러

바하피 과군장기와젼량엇고 하 쿠 더 버드러피

그ᄣᅢ예여러군시다몰

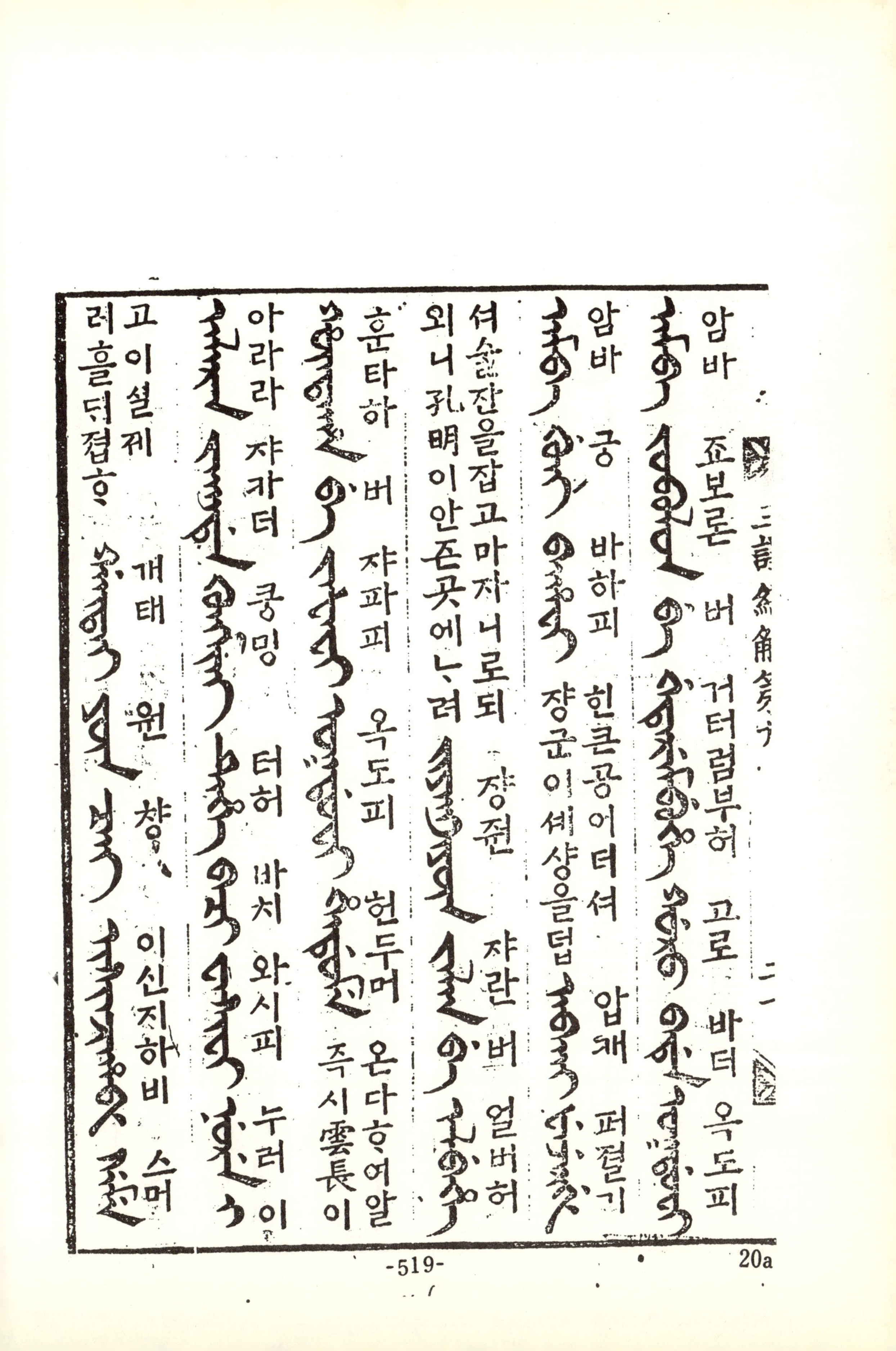

암바 죠보론 버 거터럼부허 고로 바터 옥도피
암바 궁 바하피 힌큰공이더셔 압채 펴절기
장군이셔샹을덥
셔盞잔을잡고마자니로되 장젼 쟈란 버 얼버허
외니孔明이안존곳에ᄂᆞ려
훈타하 버 쟈파피 옥도피 헌두머 온다ᄒᆞ여알
즉시雲長이
아라라 쟈카터 쿵밍 터허 바치 와시피 누러 이
고이셜쮜 개태 원 챵 이신지하비 스머
려흘ᄃᆡ졉ᄒᆞ

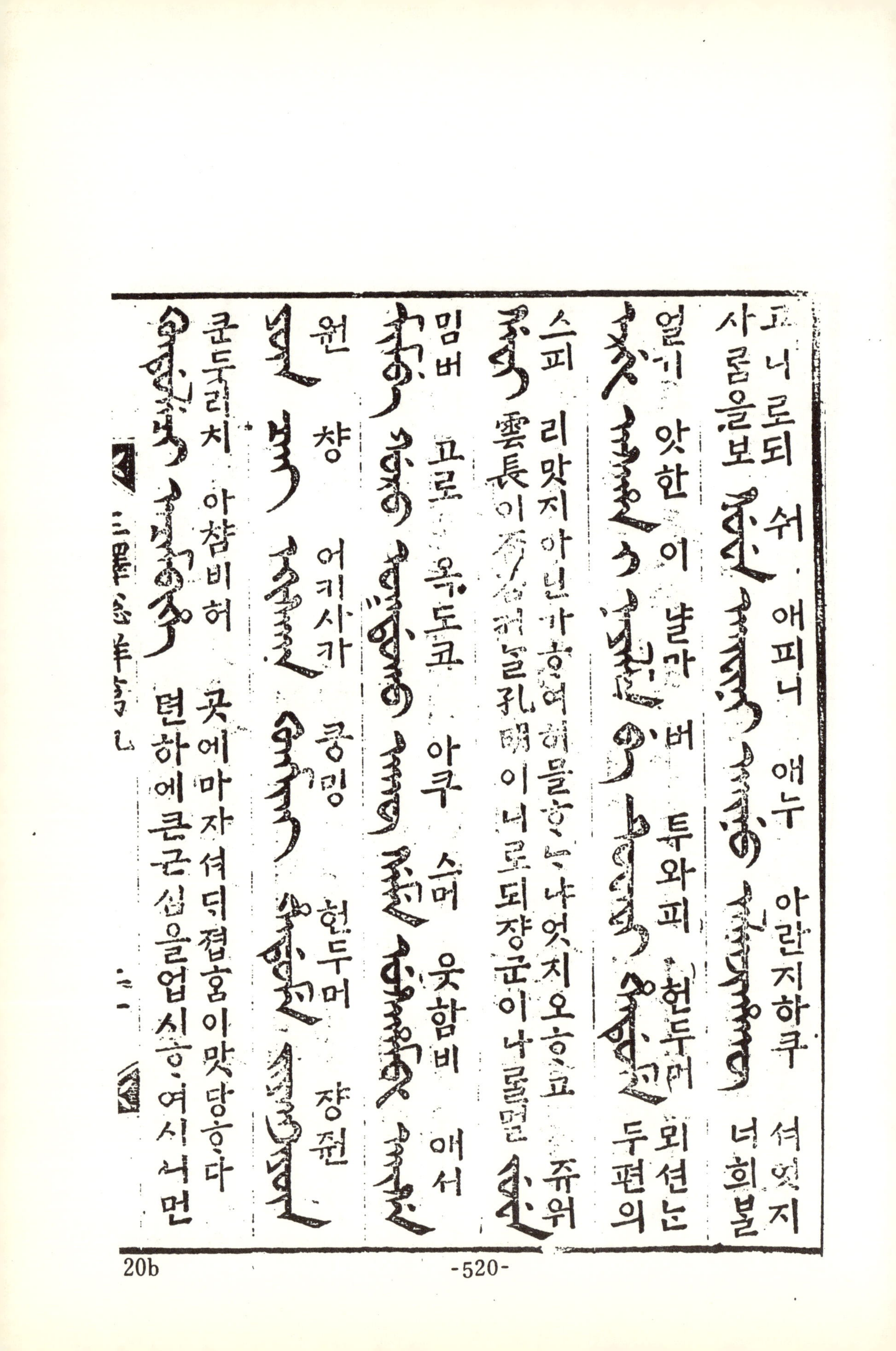

고니로되 사ᄅᆞᆷ을보 쉬 애피나 애누 아란지하쿠 셔엇지 너희불

얼기 앗한 이 날가 버 투와피 헌두머 뫼션는 두편의

스피 리맛지아니가ᄒᆞ여허믈ᄒᆞᄂᆞ냐엇지오ᄒᆞ교 雲長이[illegible]날孔明이니로되쟝군이나ᄅᆞᆯ먼 쥬위

밈버 교로 옥도쿄 아쿠 스머 웃함비 애서

원 챵 어키사가 쿵밍 헌두머 쟝쥔

쿤둘리치 아참비허 곳에마자셔딕졉홈이맛당ᄒᆞ다 뎐하에큰군십을업시ᄒᆞ여시너면

아쿠 오피 투리부허 羽ㅣ 지죄업슴으로 일헛노라

雲長이 니로되 그 곳으로 가나 關

헌두머 투바버 거너허 관 와 더 얼더무

거너허쿠 아오 로가지 아니ᄒᆞ던가 엇진고 원 창

孔明이 니로되 曹操ㅣ 華容道

쿵밍 헌두머 초초 화 슝 도 버

버 아림비 스머 치허 음올 바드려ᄒᆞ여 왓노라

雲長이 니로되 關羽ㅣ 내 죽

아넌다 원 창 헌두머 관 와 비 부쳐러

알외지

ᄒᆞ고부러노토다 죠게 한 갸 주 딩 궁
操의젼은혜로ᄉᆡᆼ각
구너머 죠ᄐᆡ 신다하비 캐 반ᄃᆞ시雲長이曹
孔明이나로되이
어러 우루나쿠 원 챵 초초 이너너허 배리
이너쿠 쟈파하쿠 도잡지못ᄒᆞ엿노라 쿵밍 헌두머
雲長이나로되괴라
가지한 슈들을어더ᄃᆞ려온다 원 챵 헌두머
孔明이나로되아릿쟝
쿵밍 헌두머 펴졀기 쟝쥔 사 버 바하피

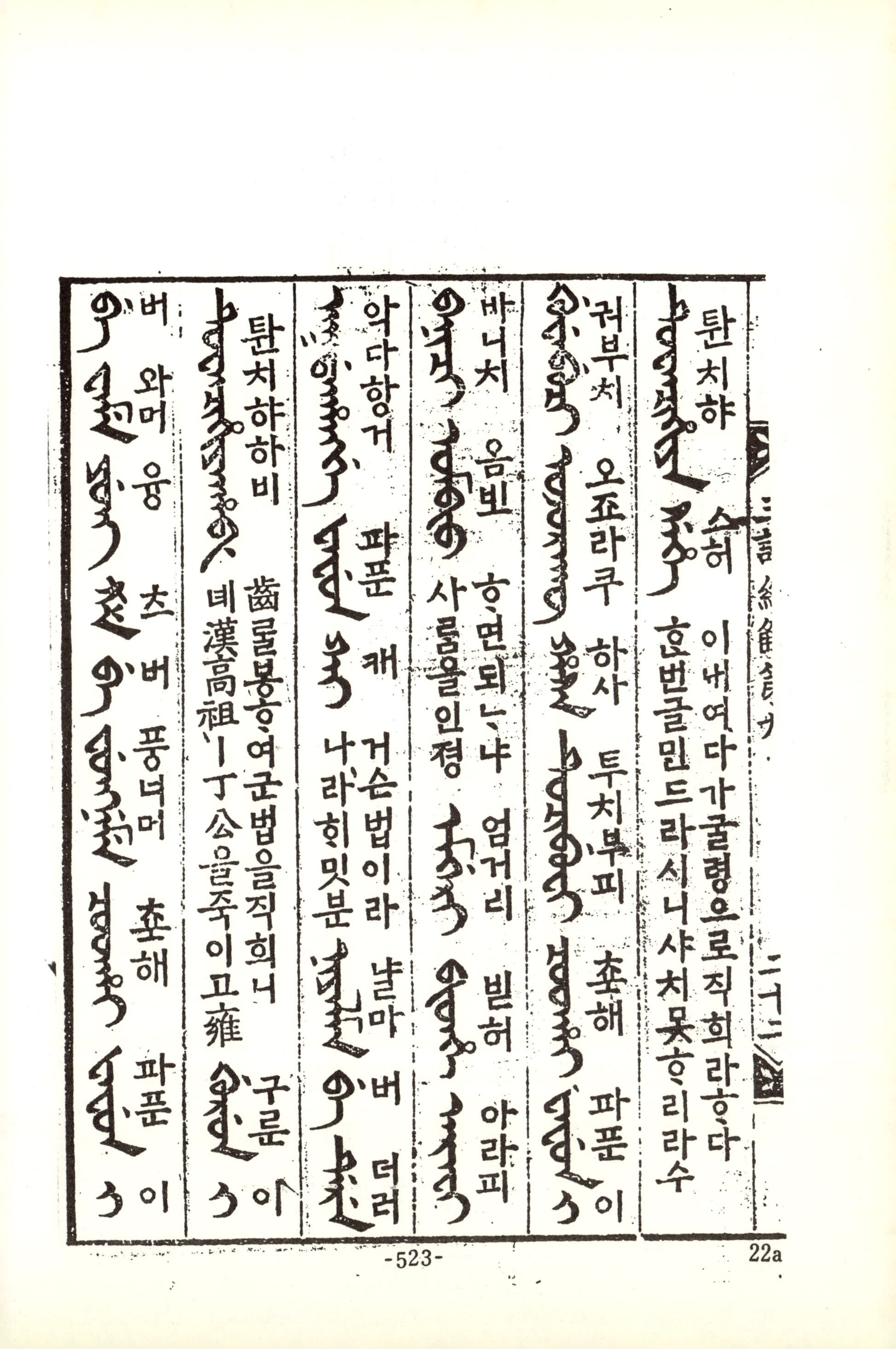

퇸치햐 슈허 이내여다가굴령으로직희라ᄒᆞ다
ᄒᆞᆫ번굴민드라시니샤치못ᄒᆞ리라수

궈부치 오죠라쿠 하사 투치부피 촌해 파푼 이

바나치 옴뵈 ᄒᆞ면되ᄂᆞ냐 엄거리 빋허 아라피
사ᄅᆞᆷ올인졍

악다항거 파푼 캐 거ᄉᆞᆫ법이라 날마 버 더러
나라ᄒᆡ밋분

퇸치하하비 齒ᄅᆞᆯ봉ᄒᆞ여군법을직희니 구룬 이
비漢高祖ㅣ丁公을죽이고雍

버 와머 웅 츠 버 풍녀머 촌해 파푼 이

三譯總解 十

共十

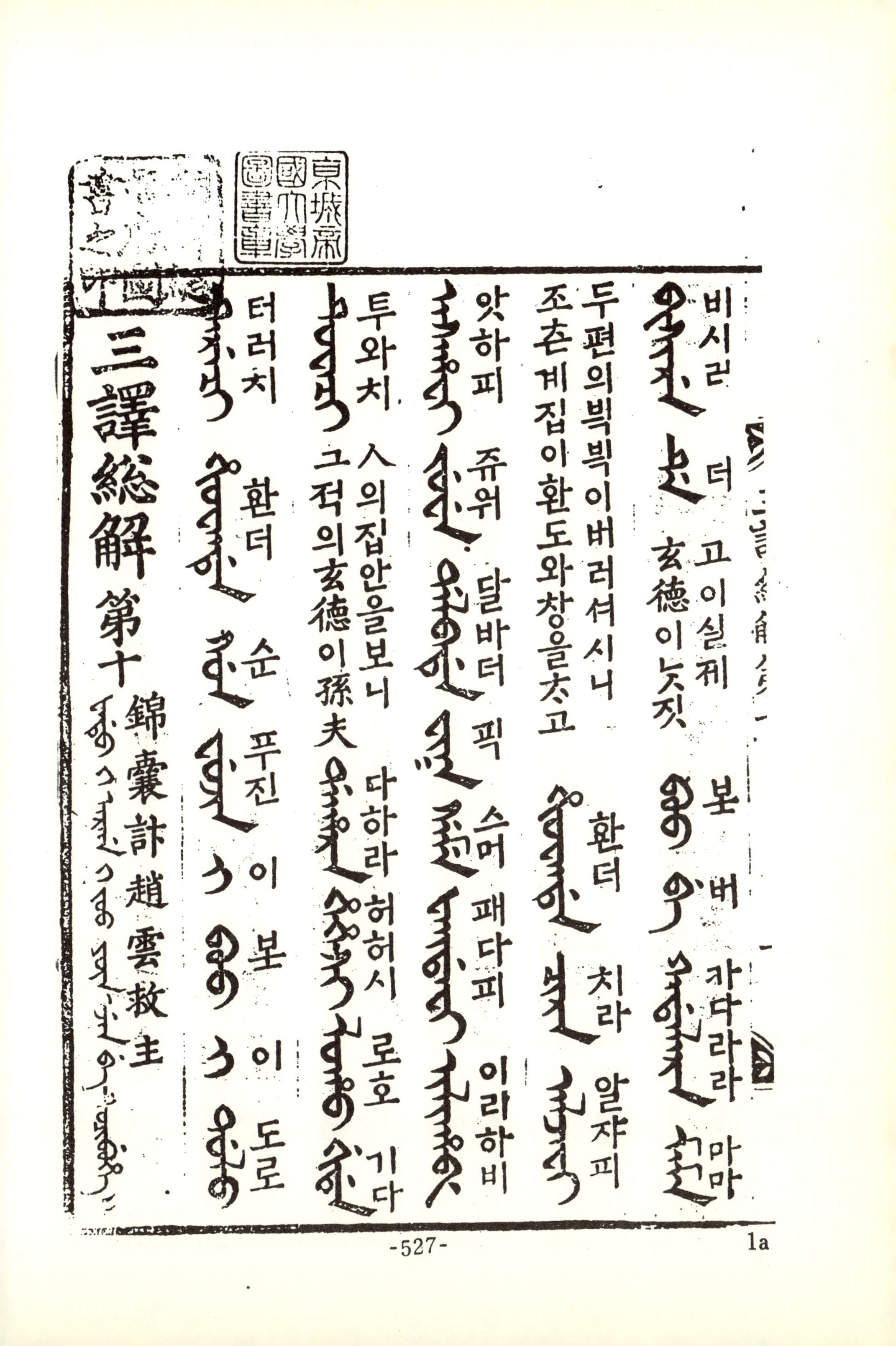

三譯總解第十

錦囊計趙雲救主

비시킨 더 고이실쥐 보 버 가다라라 마마

玄德이눗짓

두편의빅빅이버려셔시니 환더 치라 알쟈피

조촌계집이환도와창을츠고

앗하피 쥬위 달바더 픽 슈머 패다피 이라하비

투와치 ᄉ의집안을보니 다하라 허허시 로호 기다

그적의玄德이孫夫

터러치 환더 순 푸진 이 보 이 도로

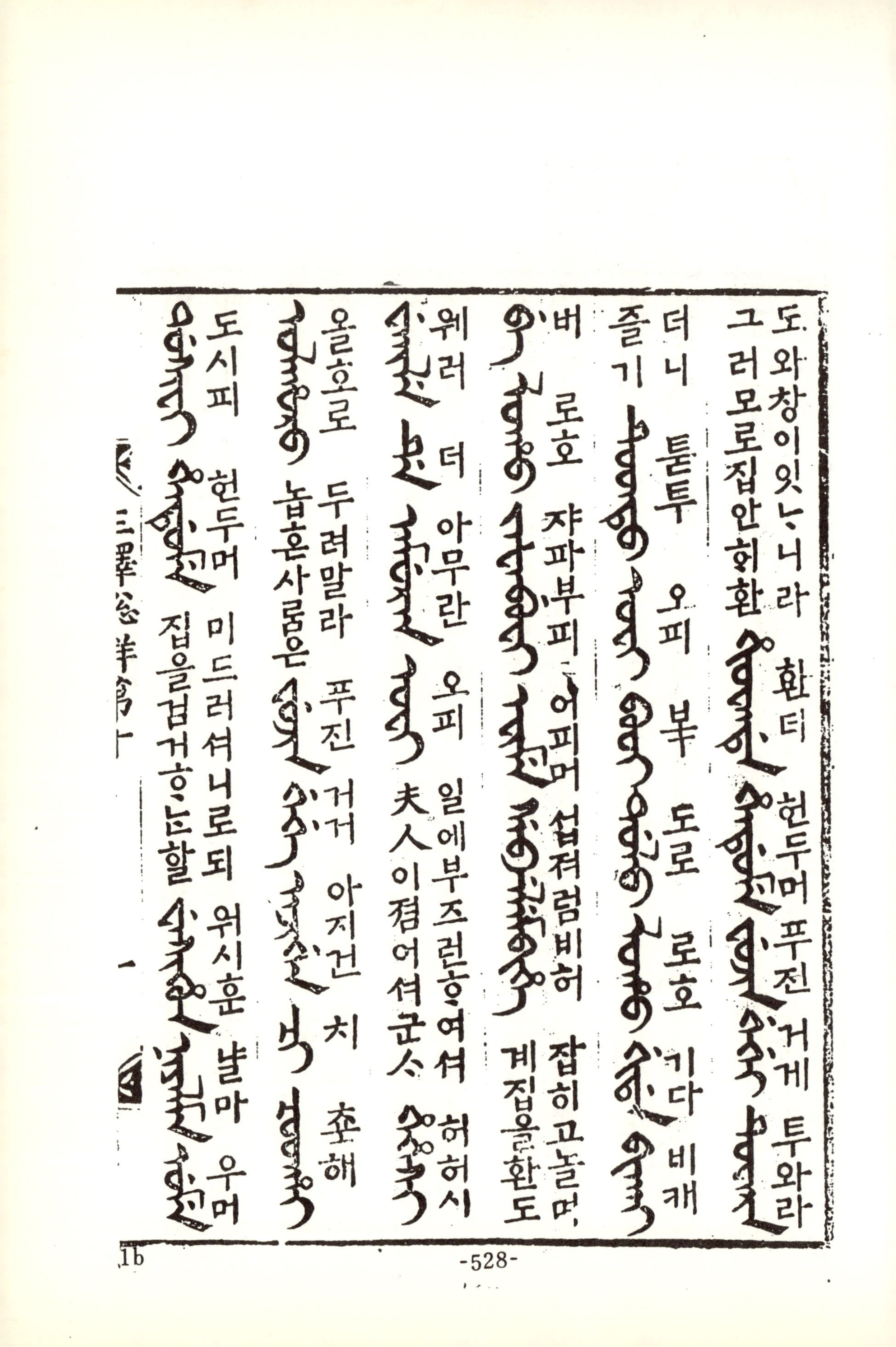

도와창이잇ᄂᆞ니라 환티 헌두머 푸진 거게 투와라
그러모로집안희환
더니 툰투 오피 부 도로 로호 기다 비개
즐기
버 로호 쟈파부피 어피머 섭쳐럼비허 잡히고놀며
계집을환도
워러 더 아무란 오피 일에부즈런ᄒᆞ여셔 허허시
夫人이졈어셔군ᄉᆞ
올호로 두려말라 푸진 거거 아지건 치 쵸해
놉흔사ᄅᆞᆷ은
도시피 헌두머 미드러셔니로되 워시훈 날마 우머
집을덥거ᄒᆞᄂᆞᆫ할

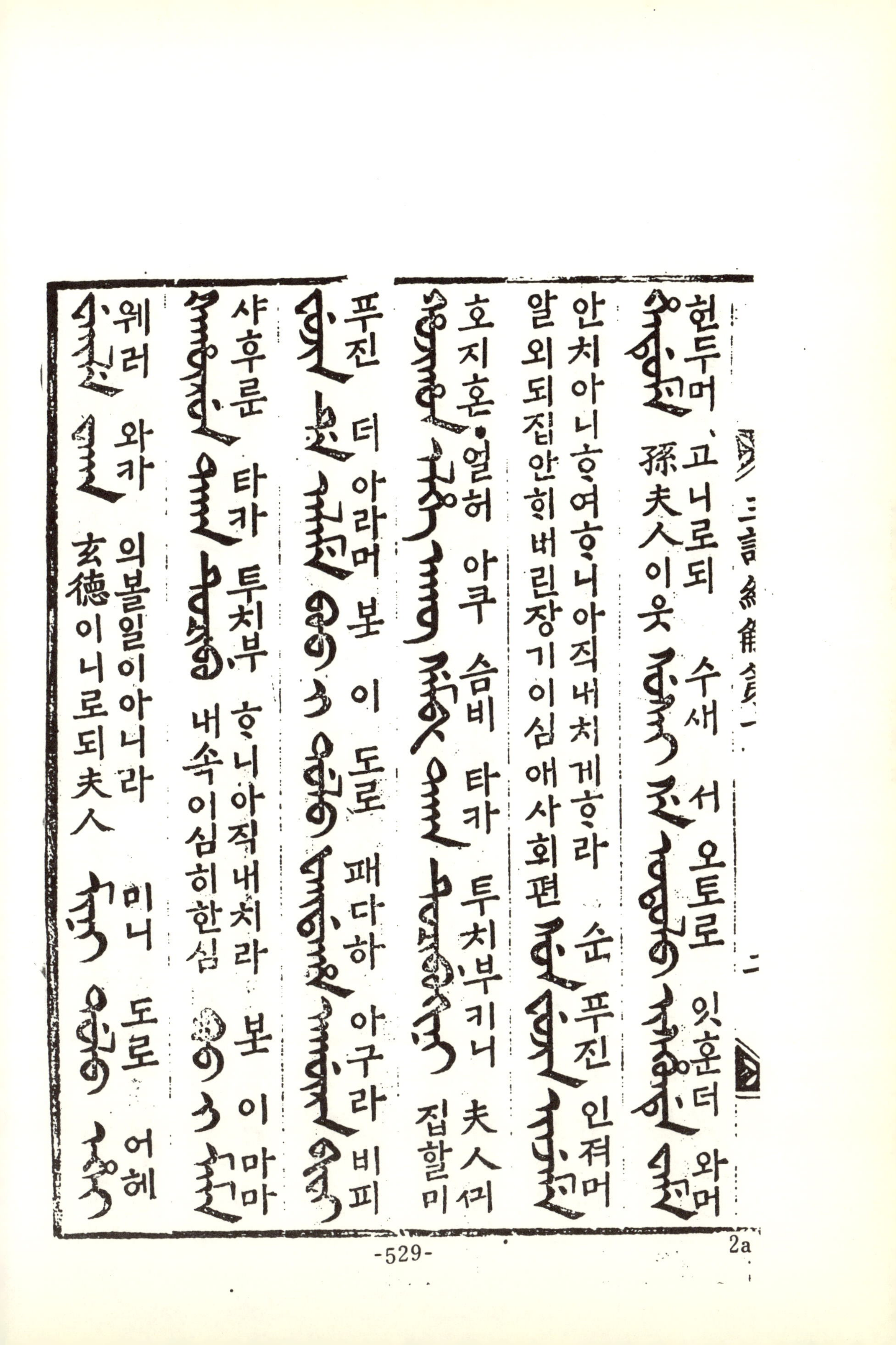

헌두머 고 니로되 수새 서 오토로 잇훈더 와머

孫夫人이 웃

안치 아니ᄒᆞ여 ᄒᆞ니 아직 내치게 ᄒᆞ라 숀 푸진 인져머

알외되 집안ᄒᆡ 버린 장기 이심 애 사회 편

호지혼・얼허 아쿠 슴비 타카 투치부키니 夫人의

집할미

푸진 터 아라머 보 이 도로 패다하 아구라 비피

샤후룬 타카 투치부 ᄒᆞ니 아직 내치라 보 이 마마

내 속이 심히 한심

웨러 와카 의 볼 일이 아니라 미니 도로 어헤

玄德이 니로되 夫人

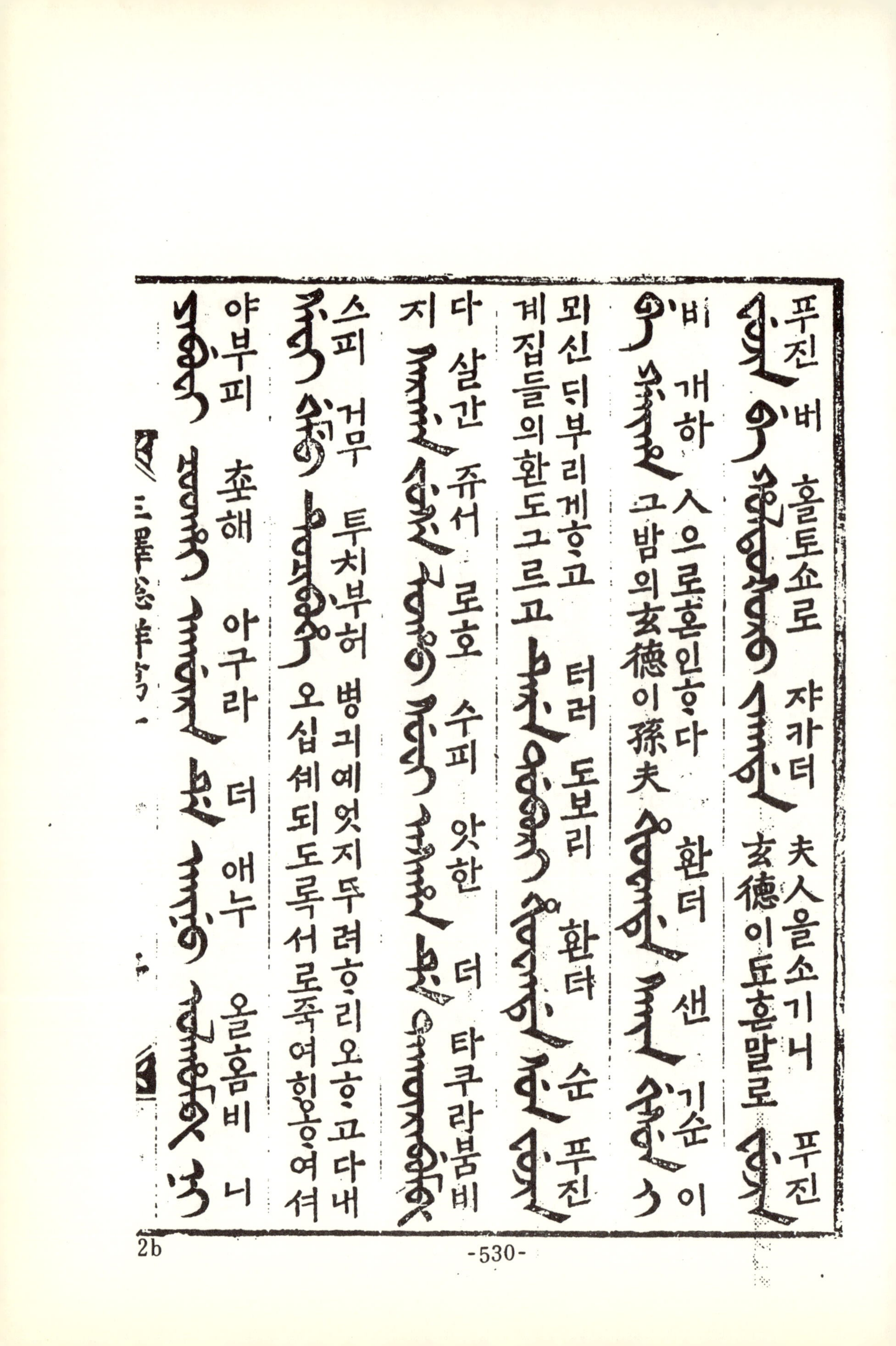

푸진 버 홀토쇼로 쟈카더 夫人을소기니 푸진

玄德이됴흔말로

비 개하 人으로혼인ᄒᆞ다 환더 샌 기순 이

그밤의玄德이孫夫

뫼신ᄃᆡ부리게ᄒᆞ고 터러 도보리 환타 순 푸진

계집들의환도그르고

다 살간 쥬서 로호 수피 앗한 더 타쿠라붐비

지

스피 거무 투치부허 병긔예엇지뚜려ᄒᆞ리오ᄒᆞ고다내

오십쇠되도록서로죽여힝ᄒᆞ여셔

야부피 쵸해 아구라 더 애누 올홈비 니

三譯總解 一

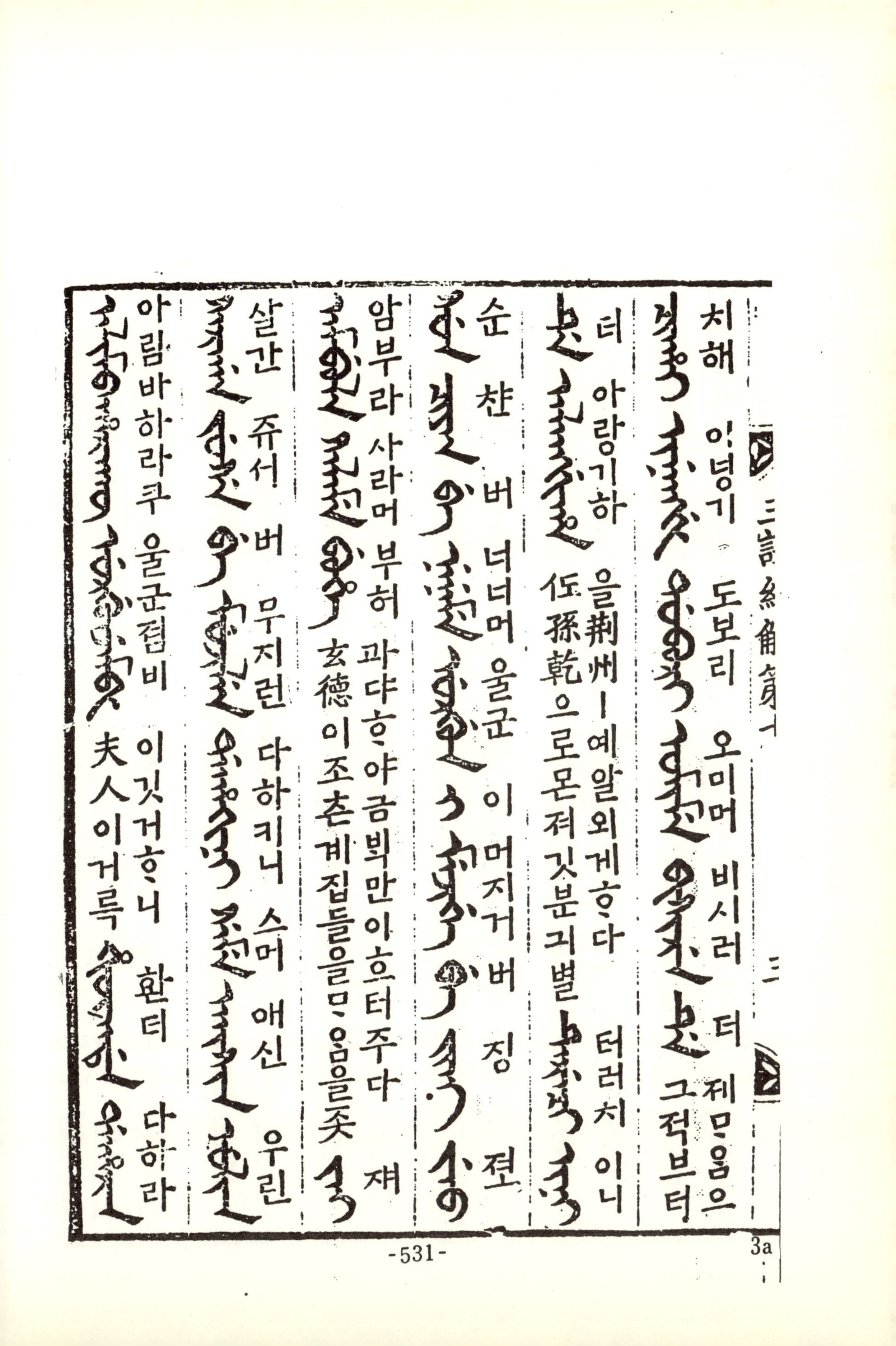

치해 이녕기 도보리 오미머 비시러 터 그적브터 제ᄆᆞᄋᆞᆷ으

터 아랑기하 佐孫乾으로몬져깃분긔별을荊州ㅣ예알외게ᄒᆞ다 터러치 이니

순 챤 버 너너머 울균 이 머지거 버 징 졀

암부라 사라머 부허 玄德이조ᄎᆞᆫ계집들을ᄆᆞᄋᆞᆷ을조ᄎ과댜ᄒᆞ야금ᄇᆡᆨ만이ᄒᆞ터주다 재

살간 쥬서 버 무지런 다하키니 스머 애신 우린

아림바하라쿠 울균졉비 夫人이거록이깃거ᄒᆞ니 환터 다하라

미니 어녀 마라머 논 버 릐베 더 부허 이세워

내모친

투와치 빋허 더 헌두헝거 니글에닐러시되

周瑜ㅣ글을펴셔보

려周瑜의게알외니 져 워 빋허 버 네피

權이柴桑郡의사롬부

더 냘마 타쿠라머 젼 워 더 아랑기하 의孫

그적

이공경ᄒᆞ더라 터러치 순 챤 채 창 쥰

吳太后ㅣ거륵

고 이실쥐 우 태호 아림바하라쿠 깅구러머 오호

로일야의먹

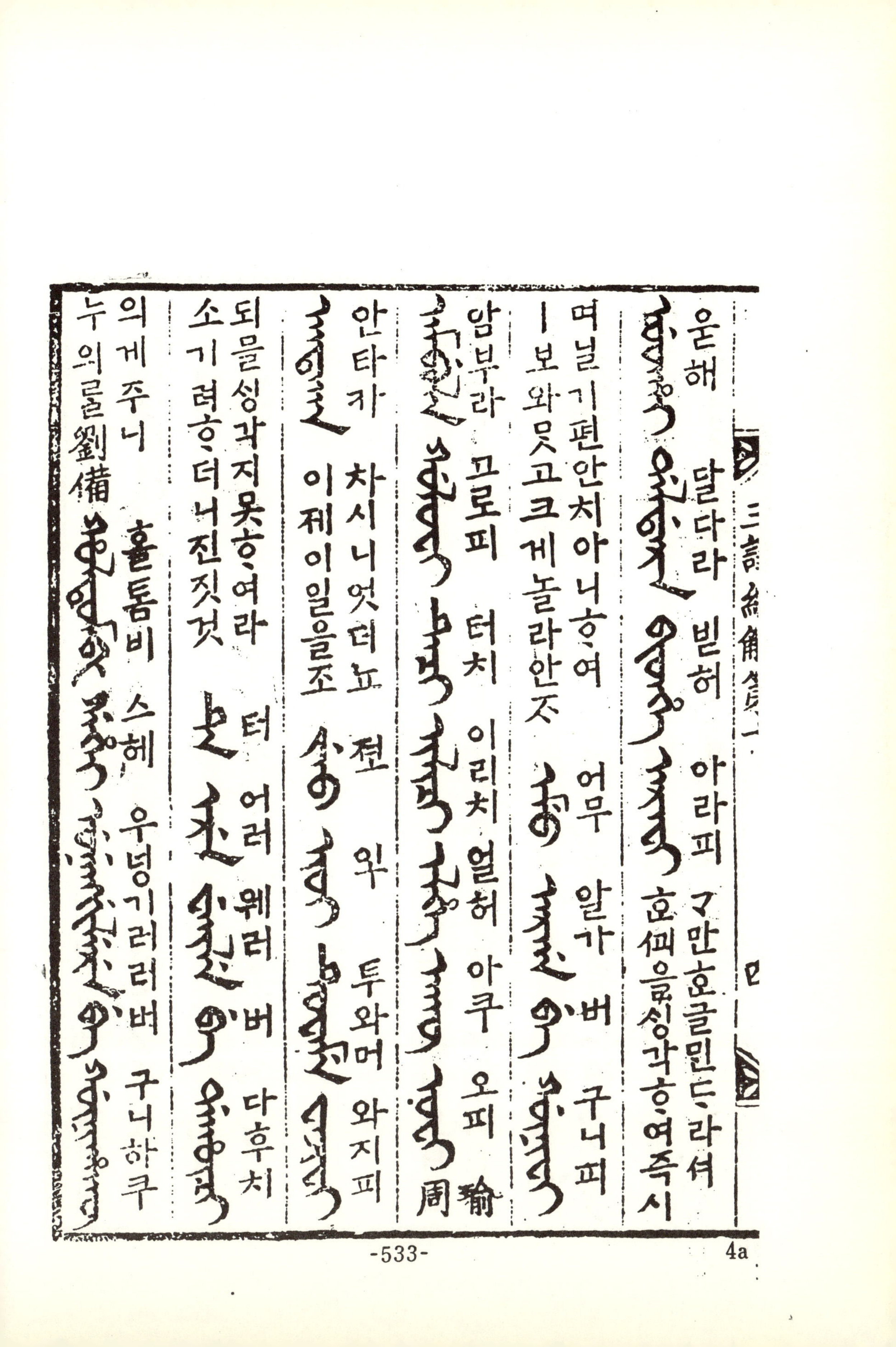

운해 달다라 빌허 아라피 ᄀᆞ만ᄒᆞᆫ글민ᄃᆞ라셔
ᄒᆞᆫᄢᅴ을싱각ᄒᆞ여즉시
며ᄂᆞᆯ기편안치아니ᄒᆞ여 어무 알가 버 구니피
ㅣ보와뭇고크게놀라안ᄌᆞ
암부라 끄로피 터치 이리치 얼허 아쿠 오피 瑜
周
안타가 차시니엇더뇨 져 와 투와머 와지피
이제이일을조
되믈싱각지못ᄒᆞ여라 터 어려 웨러 버 다후치
소기려ᄒᆞ더니진짓것
의게주니 훌톰비 스헤 우녕기러러버 구니하쿠
누의ᄅᆞᆯ劉備

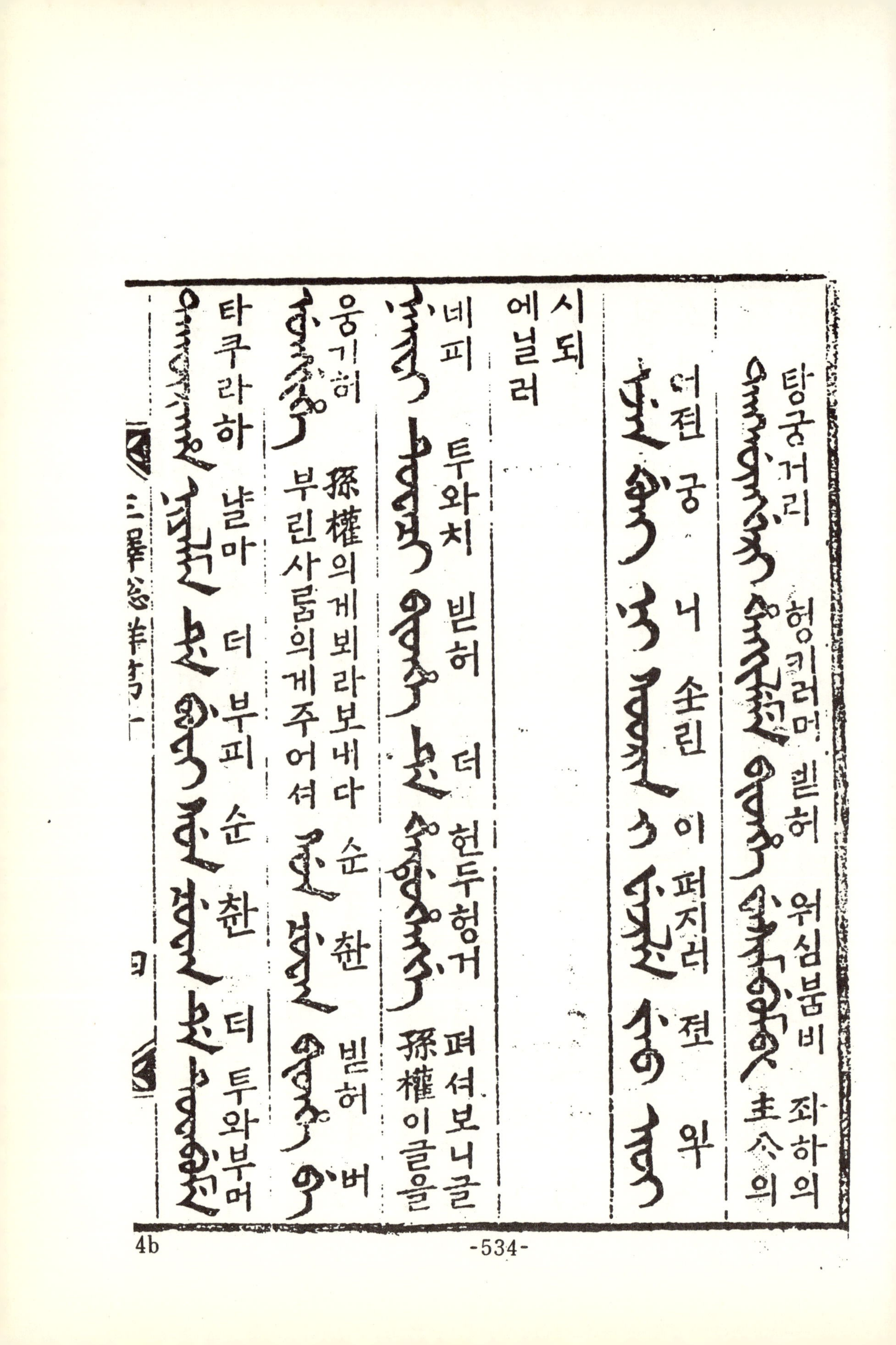

탕궁거리 헝키러머 빈허 워심붐비 좌하의

主人의

어젼 궁 너 소린 이 퍼지러 져 워

시되

에닐러

네피 투와치 빈허 더 헌두헝거 펴셔보니글

孫權이글을

웅기허 孫權의게뵈라보내다 순 챤 빈허 버

부린사룸의게주어셔

타쿠라하 냘마 더 부피 순 챤 터 투와부머

三譯總解第一 四

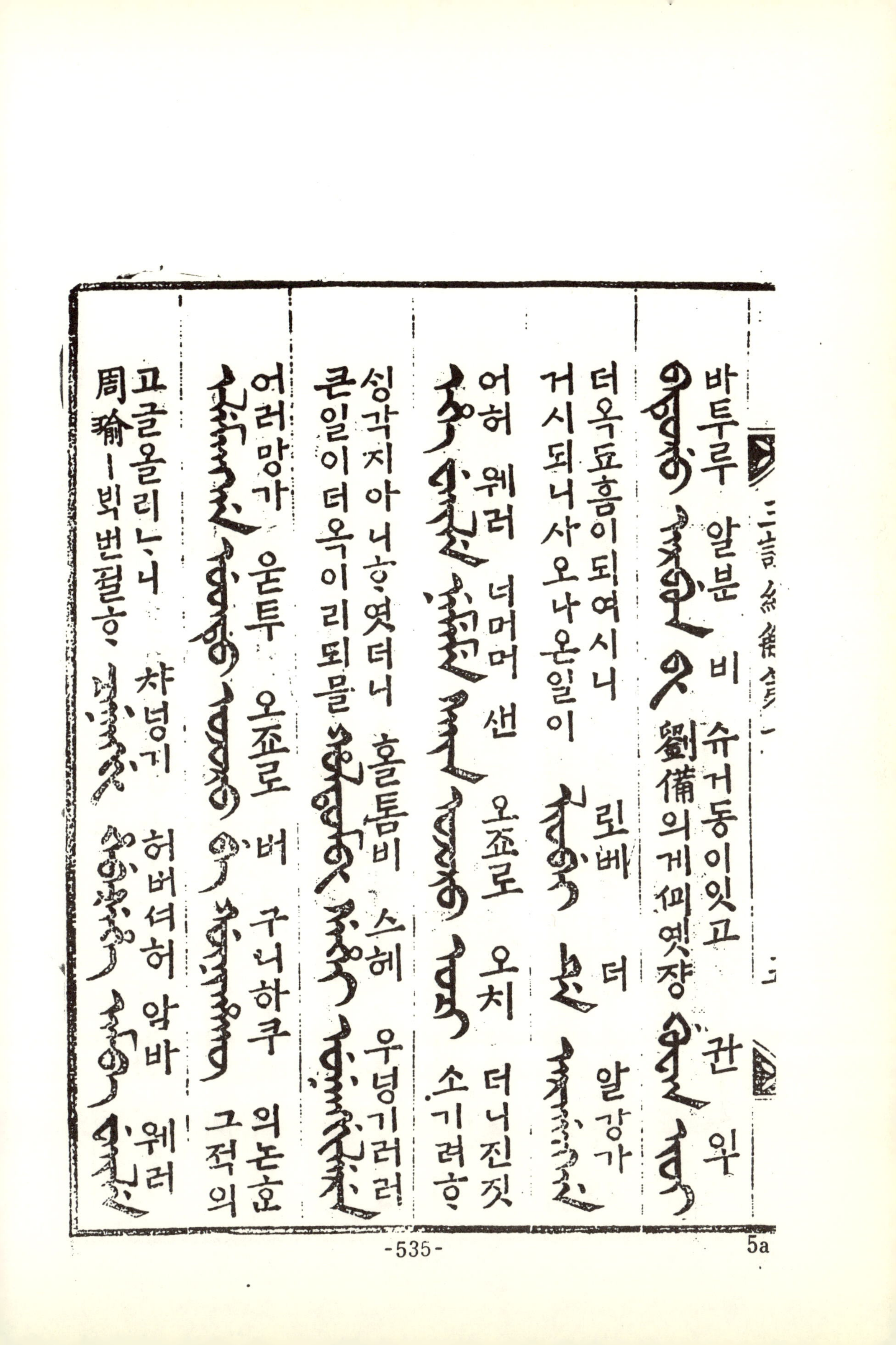

바투 알분 비 슈거동이잇고 관 위
劉備의게ᄢᅵ옛쟝

더옥됴흠이되여시니 릐베 더 알강가
거시되니사오나온일이

어허 웨러 너머머 샌 오죠로 오치 더니진짓
소기려ᄒᆞ

싱각지아니ᄒᆞ엿더니 홀톰비 스헤 우녕기러러
큰일이더옥이리되믈

어러망가 운투 오죠로 버 구니하쿠 의논ᄒᆞ
그적의

고골올리ᄂᆞ니 챠녕기 허버뎌허 암바 웨러
周瑜ㅣ빅번궐ᄒᆞ

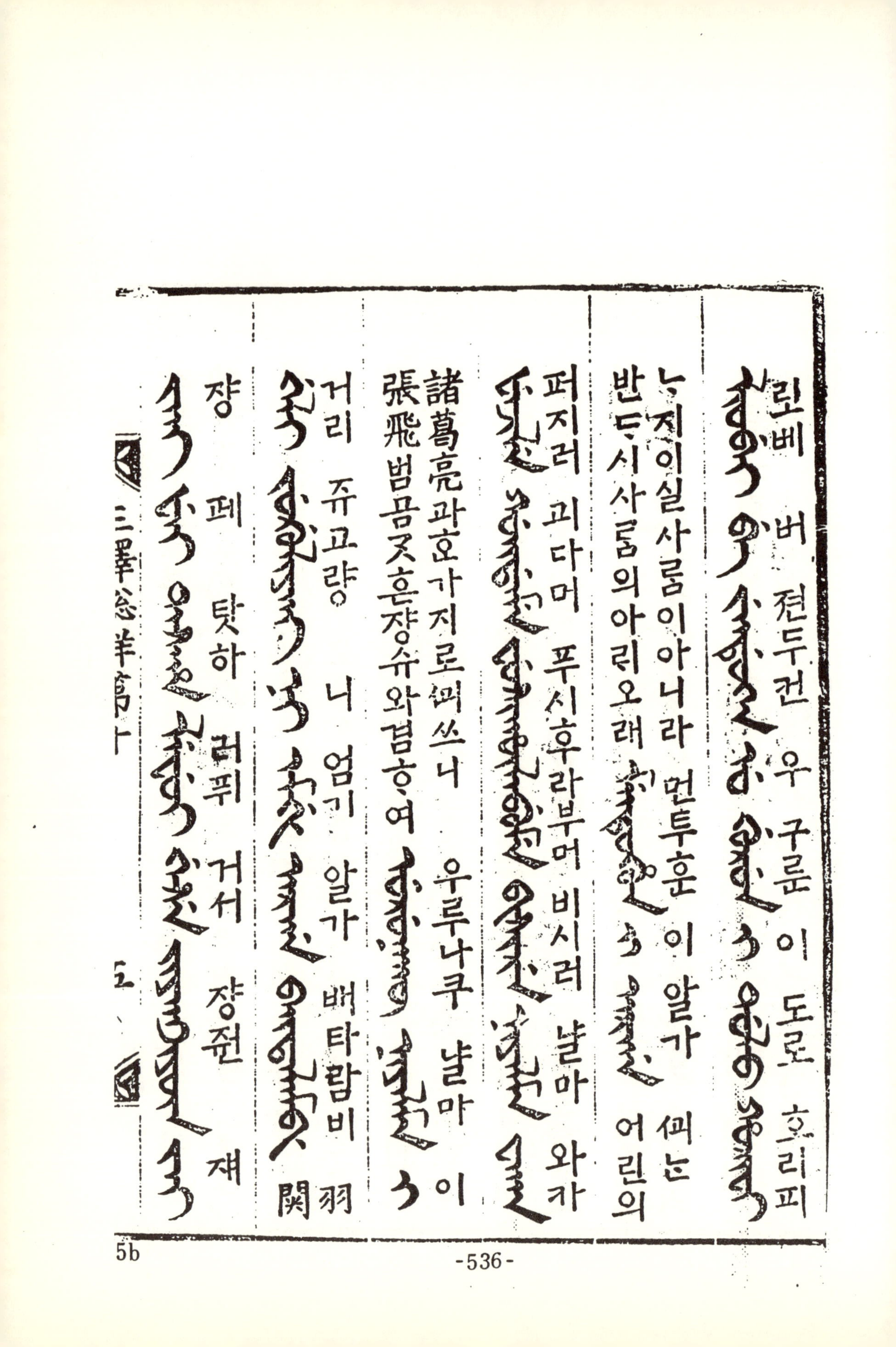

뢰비 버 젼두권 우 구룬 이 도로 호리피

ᄂᆞ지이실사ᄅᆞᆷ이아니라 먼투훈 이 알가 ᄢᅴ는

반ᄃᆞ시사ᄅᆞᆷ의아ᄅᆡ오래 어린의

펴지러 괴다머 푸시후라부머 비시러 날마 와가

諸葛亮과호가지로ᄢᅴ쓰니 우루나쿠 날마 이

張飛범픔ᄌᆞᆺ흔쟝슈와겸ᄒᆞ여

거리 쥬고량 니 엄기 알가 배타람비 羽

關

쟝 폐 탓하 러퓌 거서 쟝쥔 재

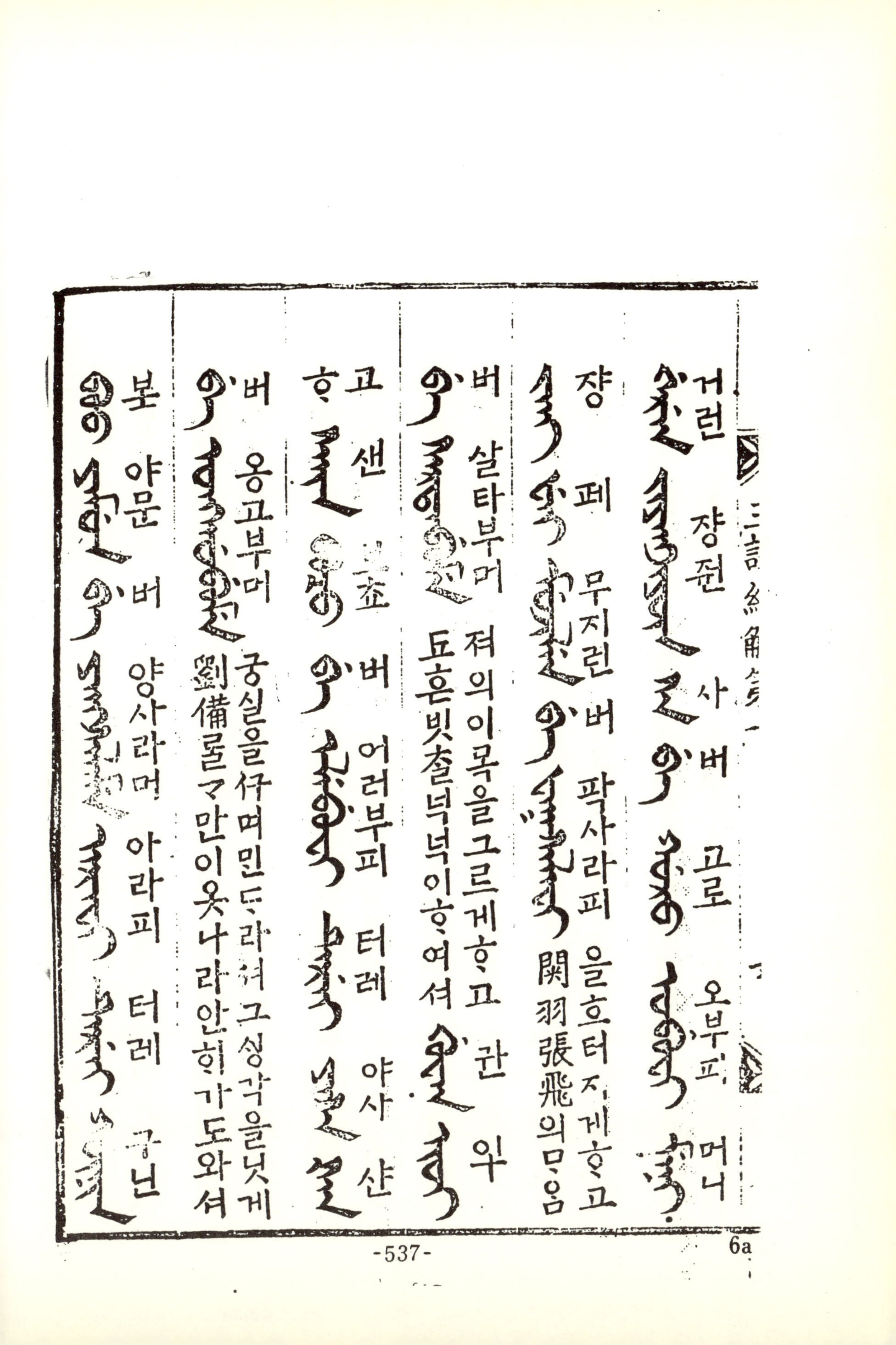

봉 야문 버 양사라머 아라피 터러 궁닌

버 옹고부머

劉備ᄅᆞᆯ ᄆᆞ만이 옷나라 안히 가도와셔 궁실을 ᄭᅮ며 민ᄃᆞ라셔 그 싱각을 닛게 ᄒᆞ고

샌 쇼 버 어러부피 터러 야사 산

버 살타부머

됴흔빗ᄎᆞᆯ녁녁이ᄒᆞ여셔 져의 이목을 그르게 ᄒᆞ고

관 위

쟝 페 무지런 버 팍사라피

關羽張飛의 ᄆᆞᄋᆞᆷ을 흐터지게 ᄒᆞ고

거런 장쥔 사 버 고로 오부피 머너

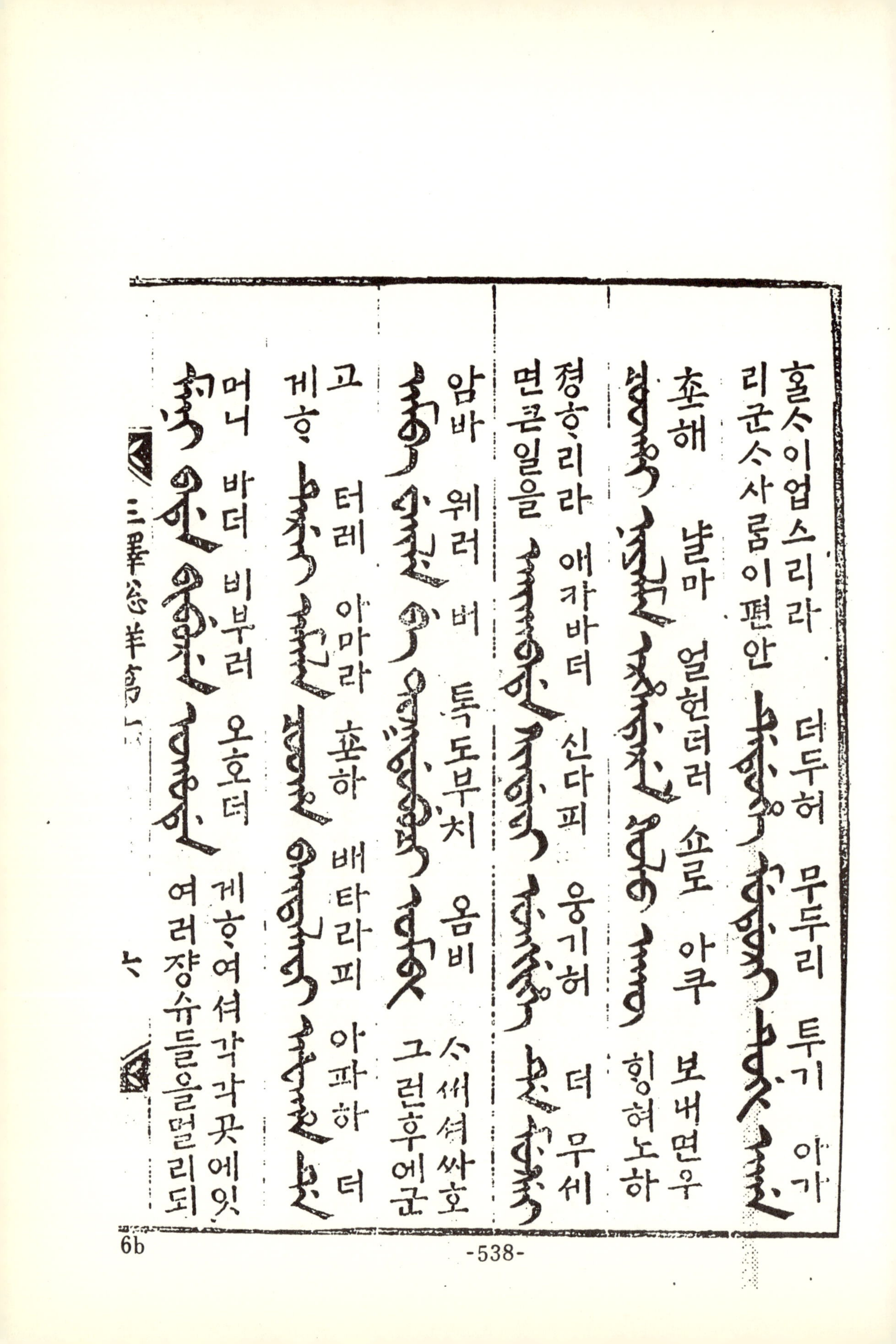

홀ᄉᆞ이업스리라 더두허 무두리 투기 아가

리군ᄉᆞ사ᄅᆞᆷ이편안

쵸해 날마 얼헌더러 쇼로 아쿠 보내면우

힝혀노하

정ᄒᆞ리라 애카바더 신다피 웅기허 더 무쉬

면큰일을

암바 웨러 버 톡도부치 옴비 ᄉᆞ쎠셔싸호

그런후에군

고 터레 아마라 쵸하 배타라피 아파하 더

게ᄒᆞ

머니 바더 비부러 오호더 게ᄒᆞ여셔각각곳에잇

여러쟝슈들을멀리되

순 촨 투와머 와지피 와뭇고 쟝 죠 더

孫權이보

부러쿠셔머 사

엿지ᄒᆞ료거울ᄀᆞᆺ치보라

말을글로쓰되뭇지못ᄒᆞ니

기순 버 빋허 더 아라치 와지라쿠 애나라

우러부머 구니러 버 부염비

ᄒᆞᆷ을원ᄒᆞ노라

明公은니기싱각

가온대못ᄎᆞᆷ내잇지아니리니

누온룡이구룸과비룰어드면못

졍견 궁 니

버 바하 더 오모 이 도로 딥터허머 비시라쿠

오부키 의게소히ᄒᆞ쟈 애카바더 뢰베 버 신다피
孔明關公張飛
쿵밍 관 궁 쟝 페 치 알당가
우린 버 부머 바얌부피 금뵉을주어가음열게ᄒᆞ고
이제그린마을큰집과ᄌᆞ녀와
터 니루하 야문 암바 보 살간 쥬서 애신
알가 미니 구넌 더 아챠하비 ᄯᅢ내성각의마자시니
張昭ㅣ니로되公瑾의
투와부하 게뵈다 쟝 죠 헌두머 궁 진 이
張昭의

三譯總解 七

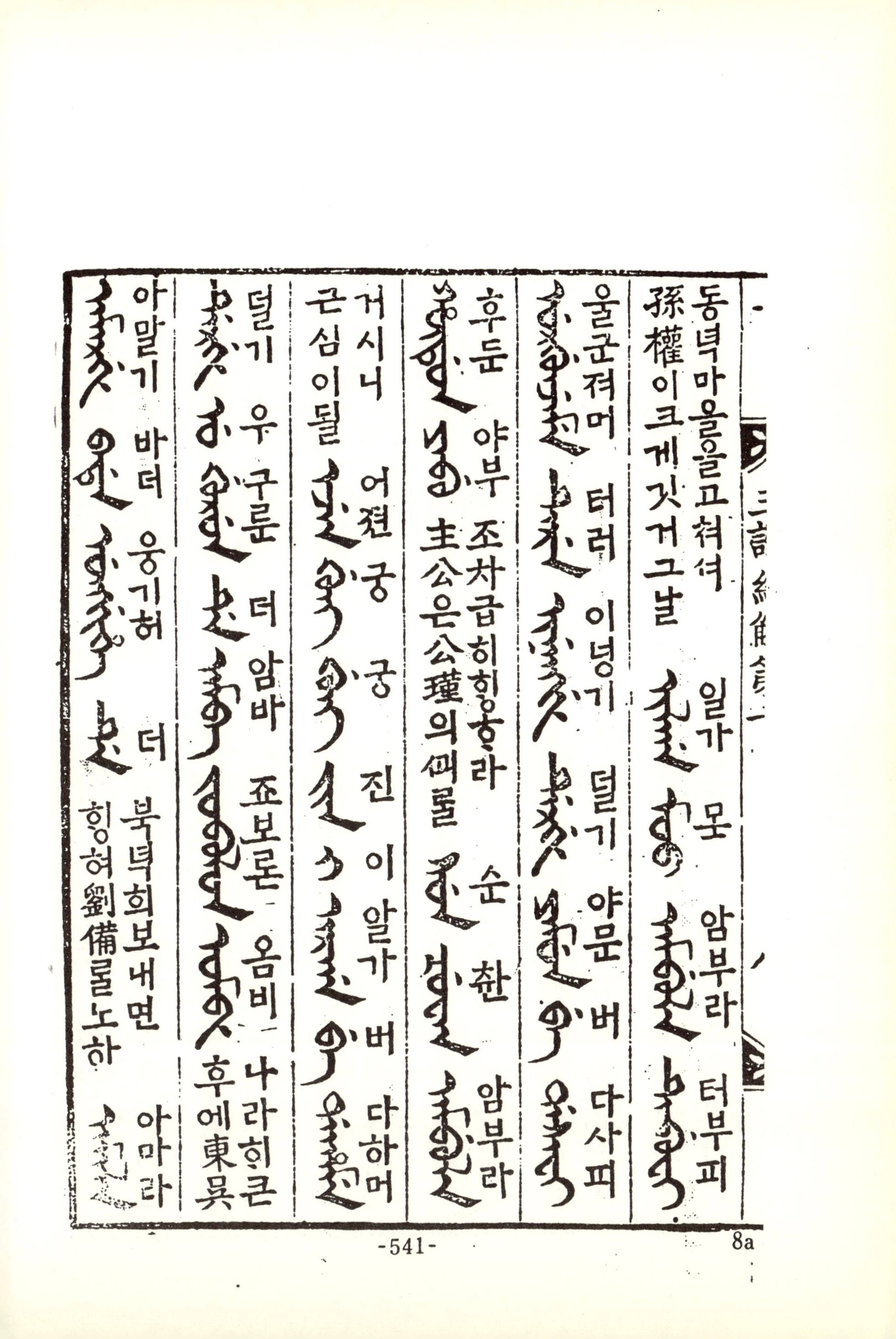

동녁마올을표텨셔 일가 모 암부라 터부피
孫權이크게깃거그날
울군져머 터러 이녕기 덜기 야문 버 다사피
후둔 야부 조차급히힝ᄒᆞ라 순 촨 암부라
主公은公瑾의ᄯᅢ롤
거시니 어젼 궁 궁 진 이 알가 버 다하머
근심이될
덜기 우 구룬 더 암바 죠보론 옴비 나라히큰
후에東吳
아말기 바더 웅기허 더 북녁희보내면 아마라
힝혀劉備롤노하

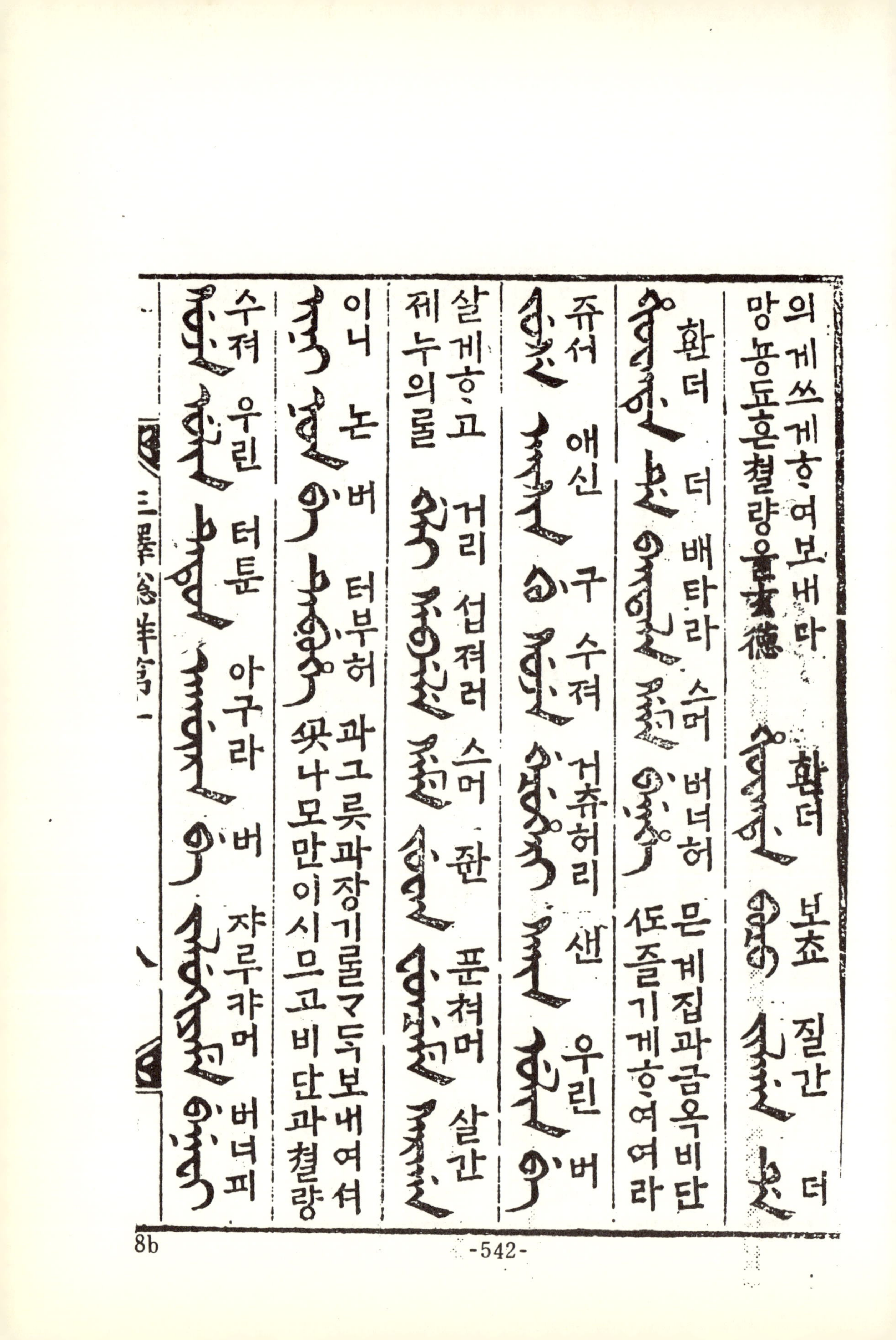

의게쓰게ᄒᆞ여보내마
망뇽됴흔쳘량을玄德

환더 보쵸 질간 더

환더 더 배타라 스머 버너허
믄계집과금옥비단
ᄯᅩ즐기게ᄒᆞ여여라

쥬서 애신 구 수져 거츄허리 샌 우린 버

살게ᄒᆞ고
졔누의ᄅᆞᆯ
거리 섭져러 스머 쟌 푼쳐머 살간

이니 논 버 터부허
과그릇과장기ᄅᆞᆯᄆᆞ독보내여셔
ᄡᅳᆺ나모만이시므고비단과쳘량

수져 우린 터툰 아구라 버 쟈루캬머 버너피

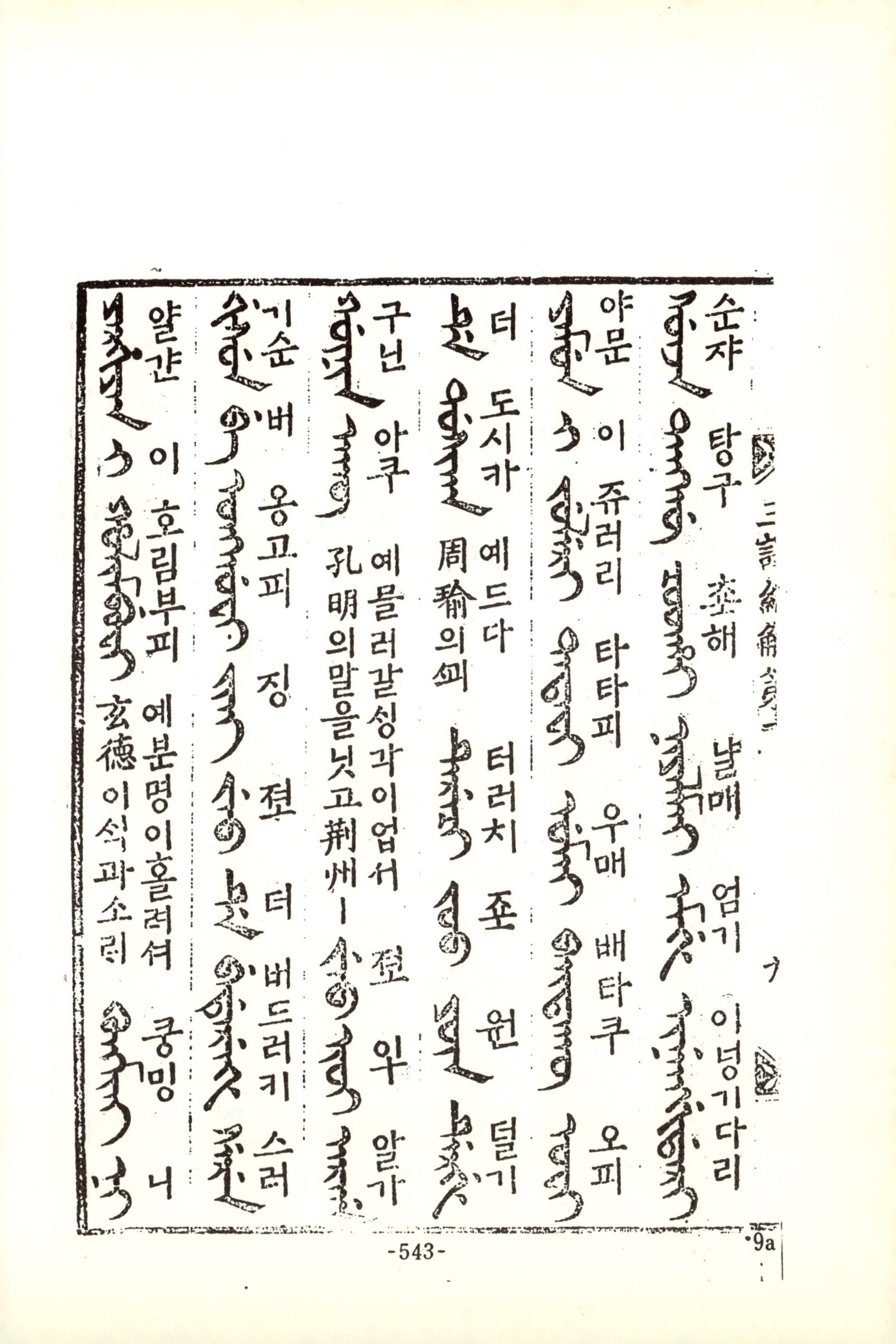

순쟈 탕구 쟈해 냘매 엄기 이넝기다리

야문 이 쥬러리 타타피 우매 배타쿠 오피

터 도시카 예드다 터러치 죠 원 덜기

周瑜의쐬

구넌 아쿠 예믈러갈싱각이업서 쟌 이우 알가

孔明의말을닛고荊州ㅣ

기순 버 옹고피 징 쟌 터 버드러키 스려

얄갼 이 호림부피 예분명이홀려셔 쿵밍 니

玄德이싀과소릐

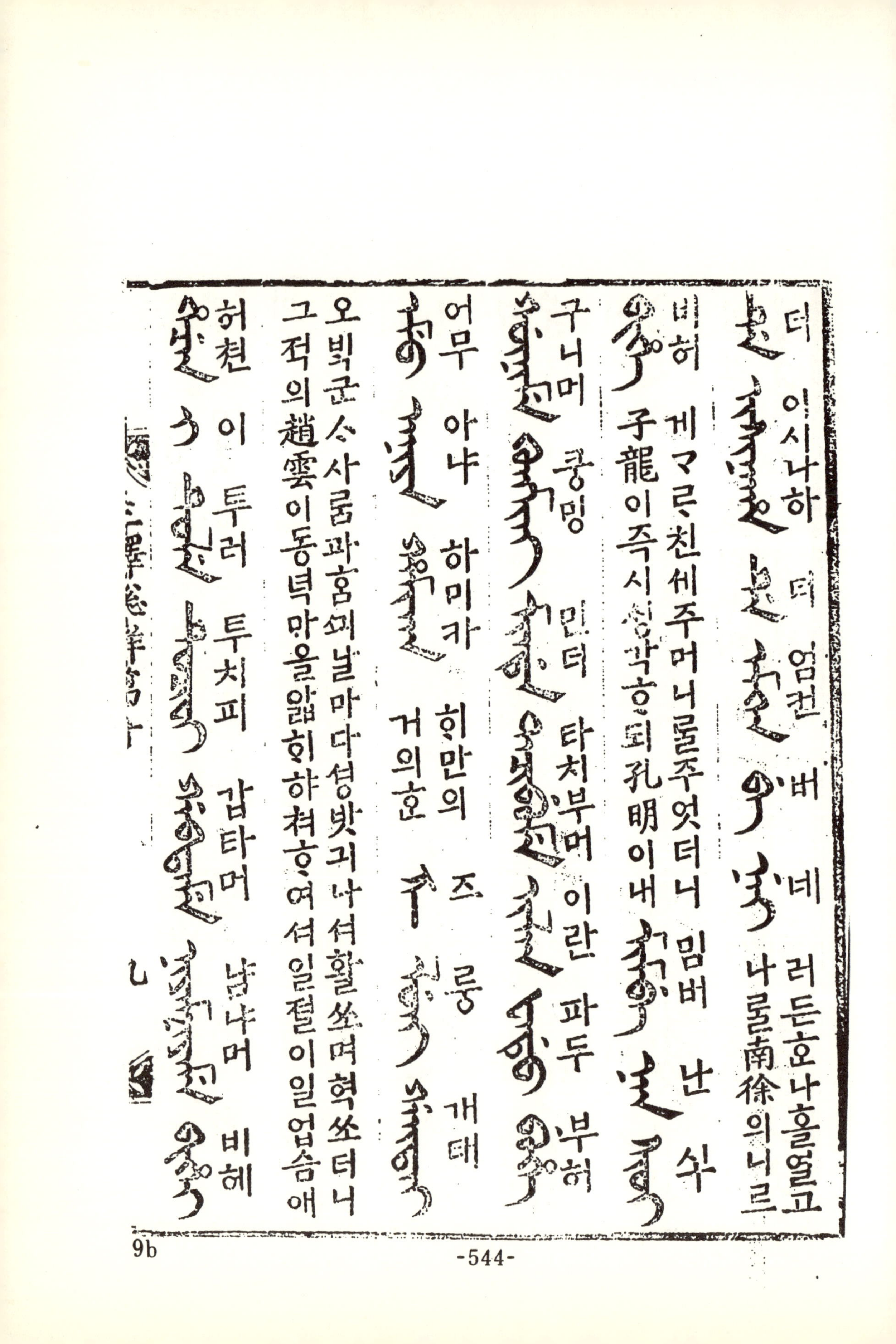

더 이시나하 더 엄컨 버 네 러든ᄒᆞ나흘얼고

나ᄅᆞᆯ南徐의니ᄅᆞ

비허 게마ᄅᆞ친세주머니ᄅᆞᆯ주엇더니 밈버 난 삭

子龍이즉시ᄉᆡᆼ각ᄒᆞ되孔明이내

구니머 쿵밍 민더 타치부머 이란 파두 부허

어무 아냐 하미카 히만의 즈 룽 개대

거의ᄒᆞᆫ

오ᄇᆡᆨ군ᄉᆞ사ᄅᆞᆷ과ᄒᆞᆷ쯰날마다셩밧긔나셔활쏘며혁쏘더니

그적의趙雲이동녁마을앏히하쳐ᄒᆞ여셔일젼이일업슴애

허쳔 이 투러 투치피 갑타머 남나머 비헤

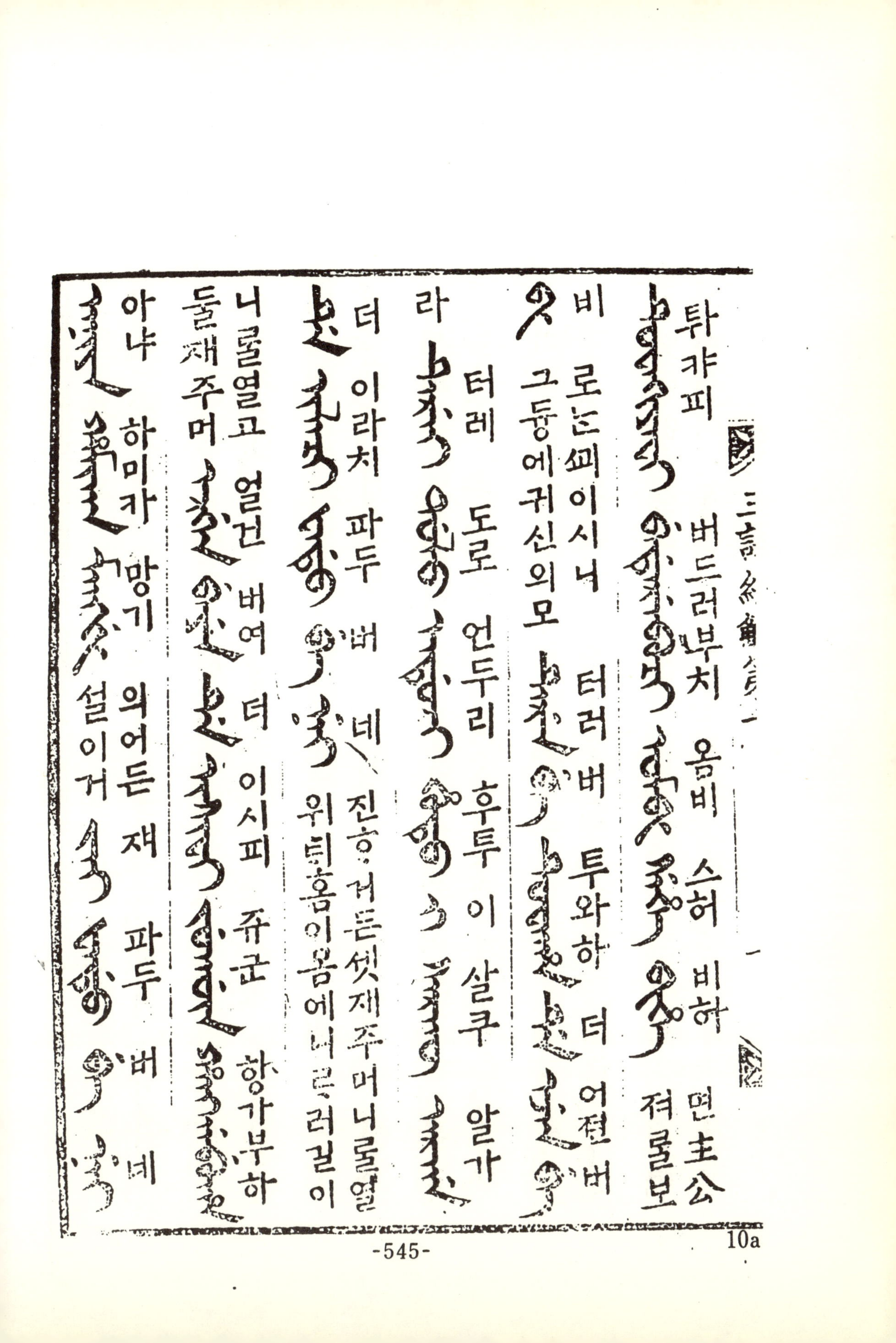

튀캬피 버드러부치 옴비 슈허 비허 면主公
져로보
비로는쎄이시니 터러버 투와하 더 어젼버
그듕에귀신의모
라 터레 도로 언두리 후투 이 살쿠 알가
더 이라치 파두 버 네 진ᄒᆞ거든셋재주머니로열
위틔홈이몸에니르러길이
니로열고 얼건 버여 더 이시피 쥬균 향가부하
둘재주머
아냐 하미카 망기 의어든재 파두 버 네
설이거

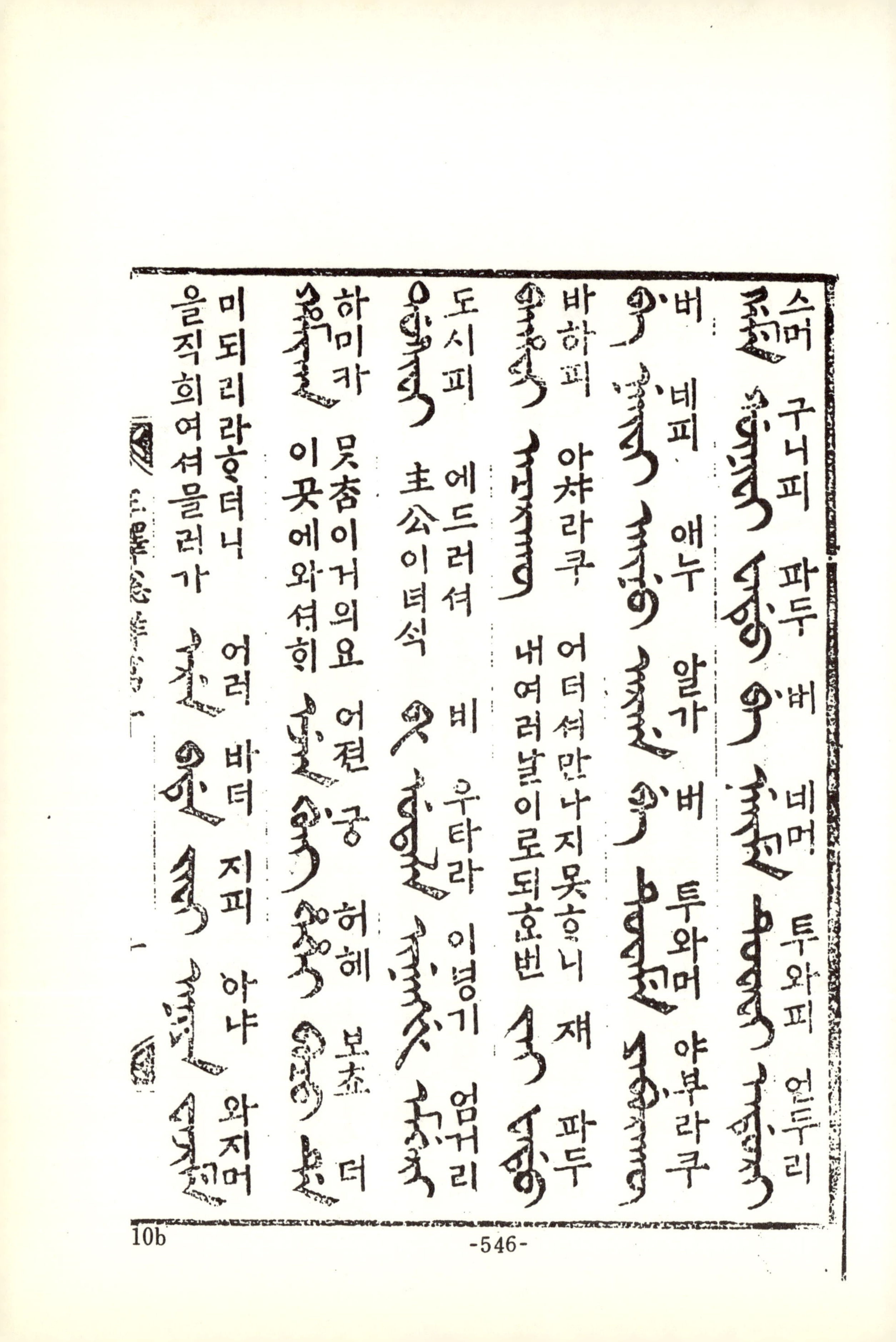

스머 구니피 파두 비 네머 투와피 언두리

버 네피 애누 알가 버 투와머 야부라쿠

바하피 아쟈라쿠 어더셔만나지못ᄒᆞ니 재 파두

내여러날이로되ᄒᆞᆫ번

도시피 에드러셔 비 우타라 이녕기 엄거리

主公이뎌석

하미카 못춤이거의요 어젼 궁 허헤 보초 더

이곳에와셔희

미되리라ᄒᆞ더니 어러 바더 지피 아냐 와지머

을직희여셔믈러가

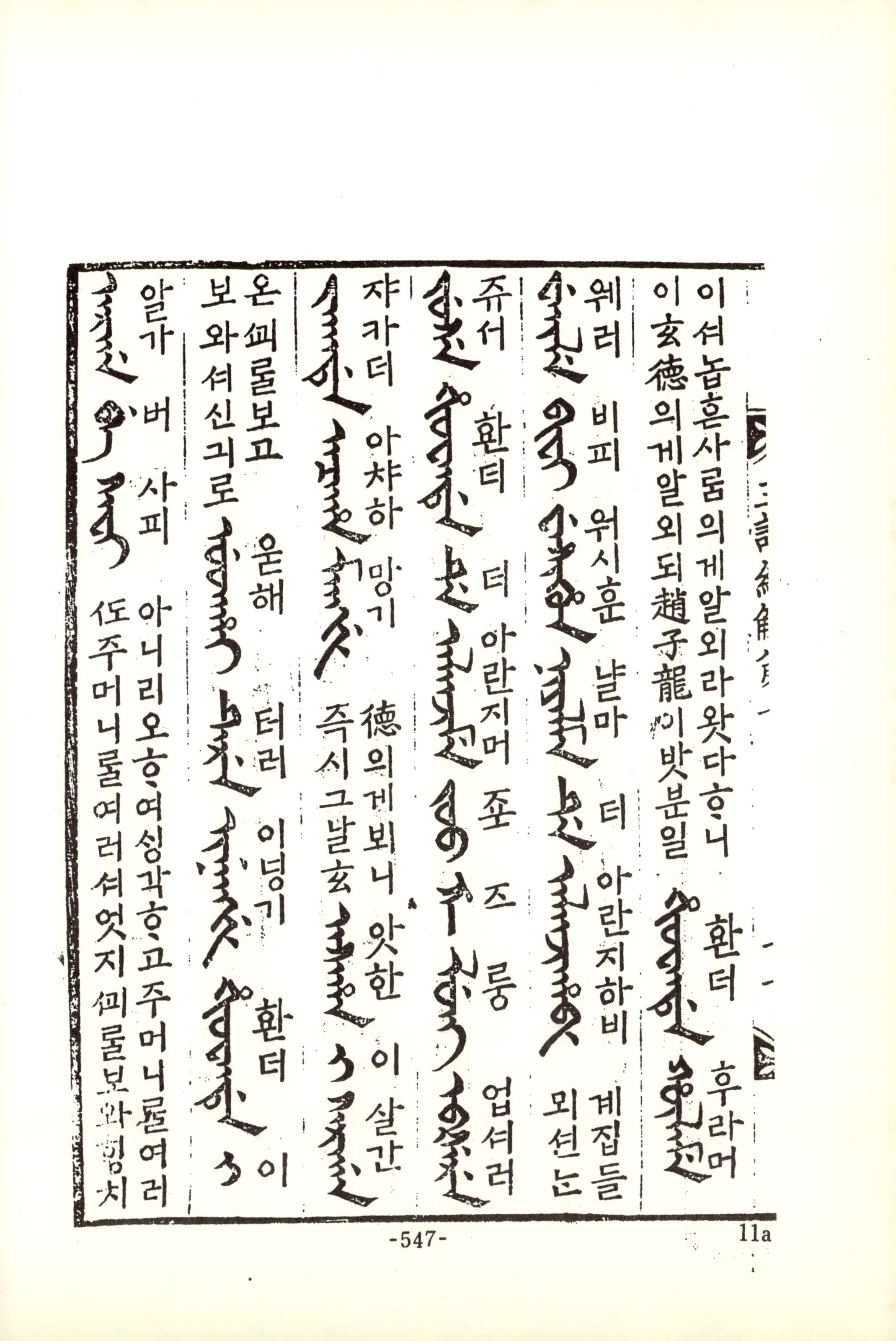

이셔 놉흔사ᄅᆞᆷ의게알외라왓다ᄒᆞ니 환더 후라머

이 玄德의게알외되趙子龍이밧분일

웨러 비피 위시훈 날마 터 아란지하비 계집들

뫼션ᄂᆞᆫ

쥬서 환더 터 아란지머 죠 즈 룽 업셔러

쟈카더 아샤하 망기 德의게뵈니 앗한 이 살간

즉시그날玄

온ᄡᅬ룰보고 온해 터러 이딍기 환더 이

보와셔신긔로

알가 버 사피 아니리오ᄒᆞ여싱각ᄒᆞ고주머니룰여러

ᄯᅩ주머니룰여러셔엇지 ᄡᅬ룰보와깅치

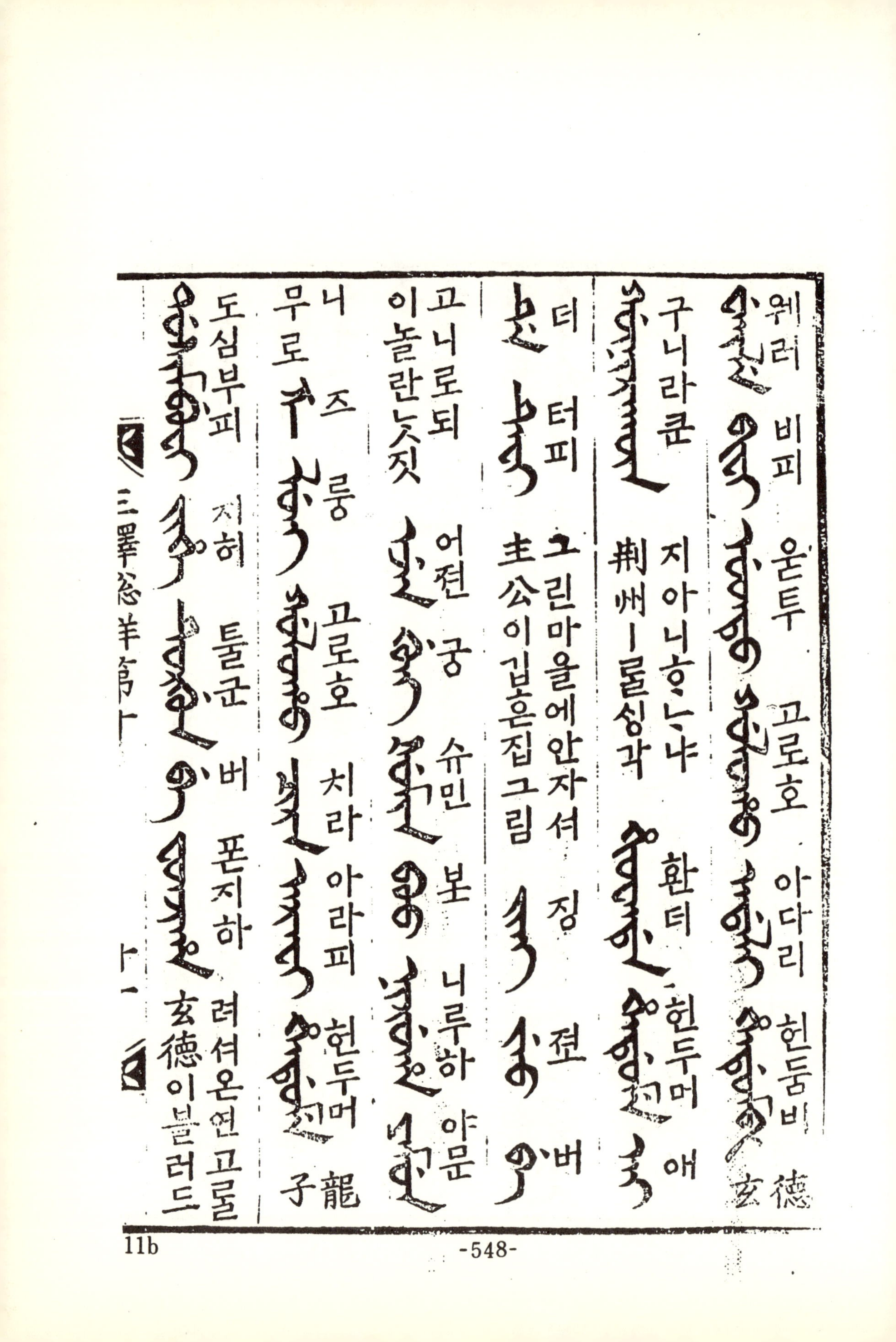

웨러 비피 운투 고로호 아다리 헌둠비 德 玄

구니라쿤 지아니ᄒᆞ냐 荊州ㅣ롤싱각 환터 헌두머 애

더 터피 그린마을에안자셔 主公이깁흔집그림 징 쟌 버

고니로되 이놀란ᄂᆞᆺ짓 어젼 궁 슈민 보 니루하 야문

니 무로 즈 룽 고로호 치라 아라피 헌두머 龍 子

도심부피 지허 툴쿤 버 폰지하 려셔온연고롤 玄德이블러드

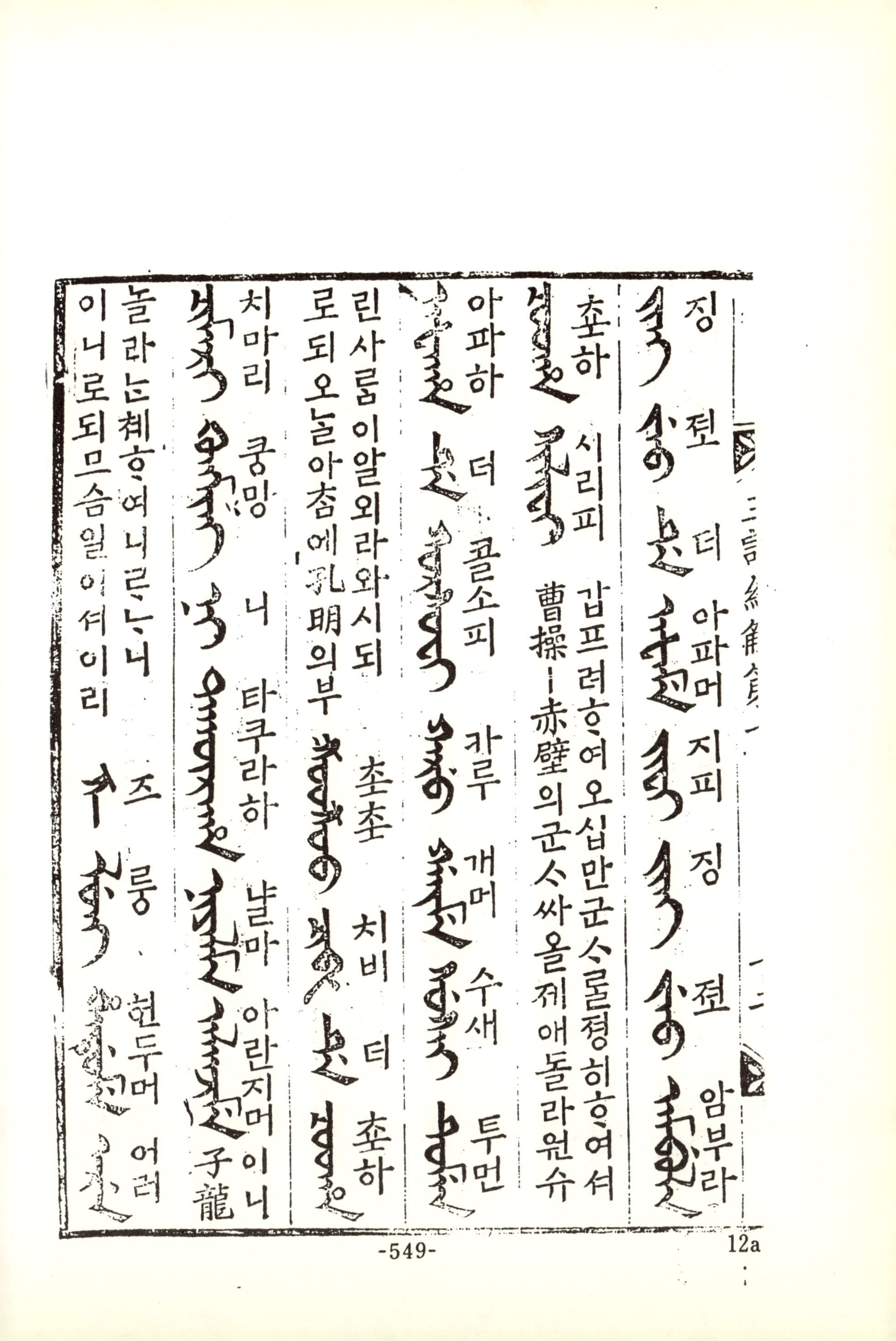

징 져 더 아파머 지피 징 져 암부라

쵸하 시리피 갑프려ᄒᆞ여오십만군ᄉᆞᄅᆞᆯ졍히ᄒᆞ여셔

曹操ㅣ赤壁의군ᄉᆞ싸올제애ᄃᆞᆯ라원슈

아파하 더 콜소피 카루 개머 수새 투먼

린사ᄅᆞᆷ이알외라와시되 쵸쵸 치비 더 쵸하

로되오ᄂᆞᆯ아ᄎᆞᆷ에孔明의부

치마리 쿵밍 니 타쿠라하 냘마 아란지머이니 子龍

놀라ᄂᆞᆫ쳬ᄒᆞ여니ᄅᆞᄂᆞ니 즈룽 헌두머 어려

이니로되므ᄉᆞᆷ일이셔이리

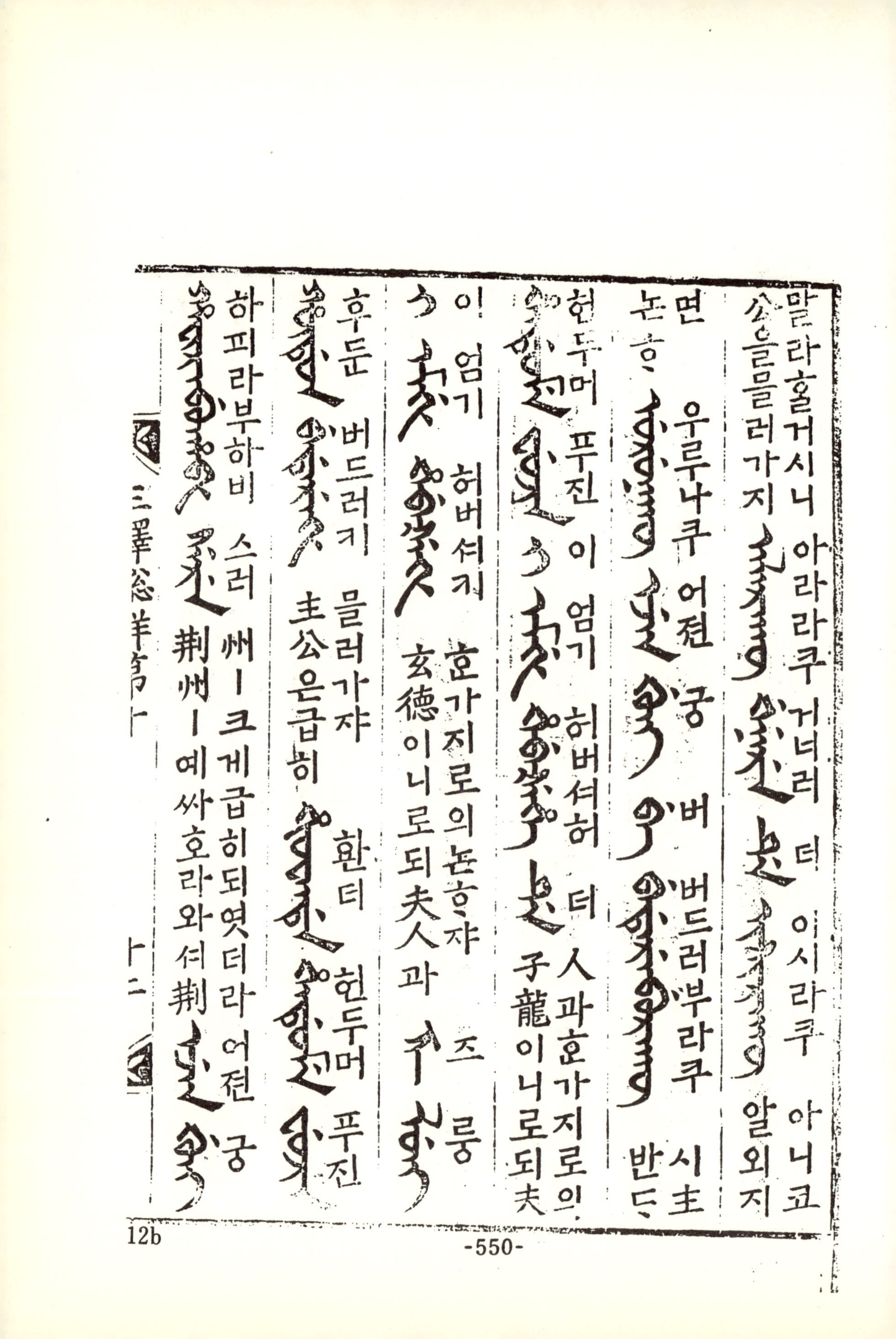

말라훌거시니 아라라쿠 거너러 더 이시라쿠 아니코
公을믈러가지 알외지
면 우루나쿠 어젼 궁 버 버드러부라쿠 시主
논흐 반드
헌두머 푸진 이 엄기 허버셔허 더 人과호가지로의
子龍이니로되夫
이 엄기 허버셔기 호가지로의논흐쟈 조 룽
玄德이니로되夫人과
후둔 버드러기 믈러가쟈 환 더 헌두머 푸진
主公은급히
하피라부하비 스러 州ㅣ크게급히되엿더라 어젼 궁
荆州ㅣ예싸호라와셔荆

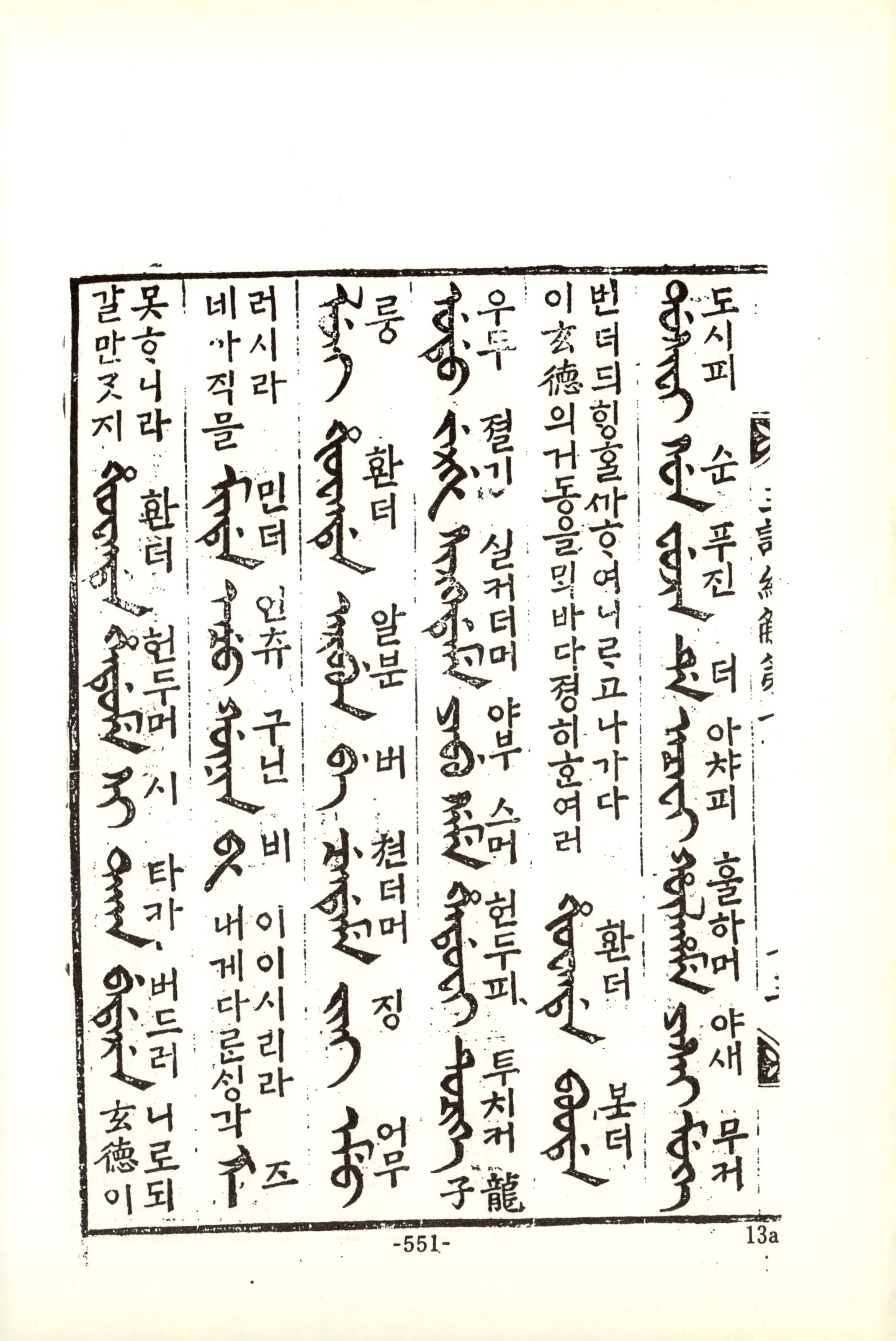

도시피 순 푸진 더 아차피 훌하머 야새 무커

번더듸힝홀싸ᄒᆞ여나ᄅᆞ고나가다

이玄德의거동을믜바다졍히ᄒᆞᆫ여러

환더 보더

우두 절기 실커더머 야부 스머 헌두피 투치커 龍子

룽 환더 알분 버 쳔더머 징 어무

러시라 민더 인츄 구넌 비 이이시리라 즈

네ᄀᆞ직믈 내게다ᄅᆞᆫ싱각

못ᄒᆞ니라 환더 헌두머 시 타카 버드러 니로되

갈만ᄒᆞᆫ것지 玄德이

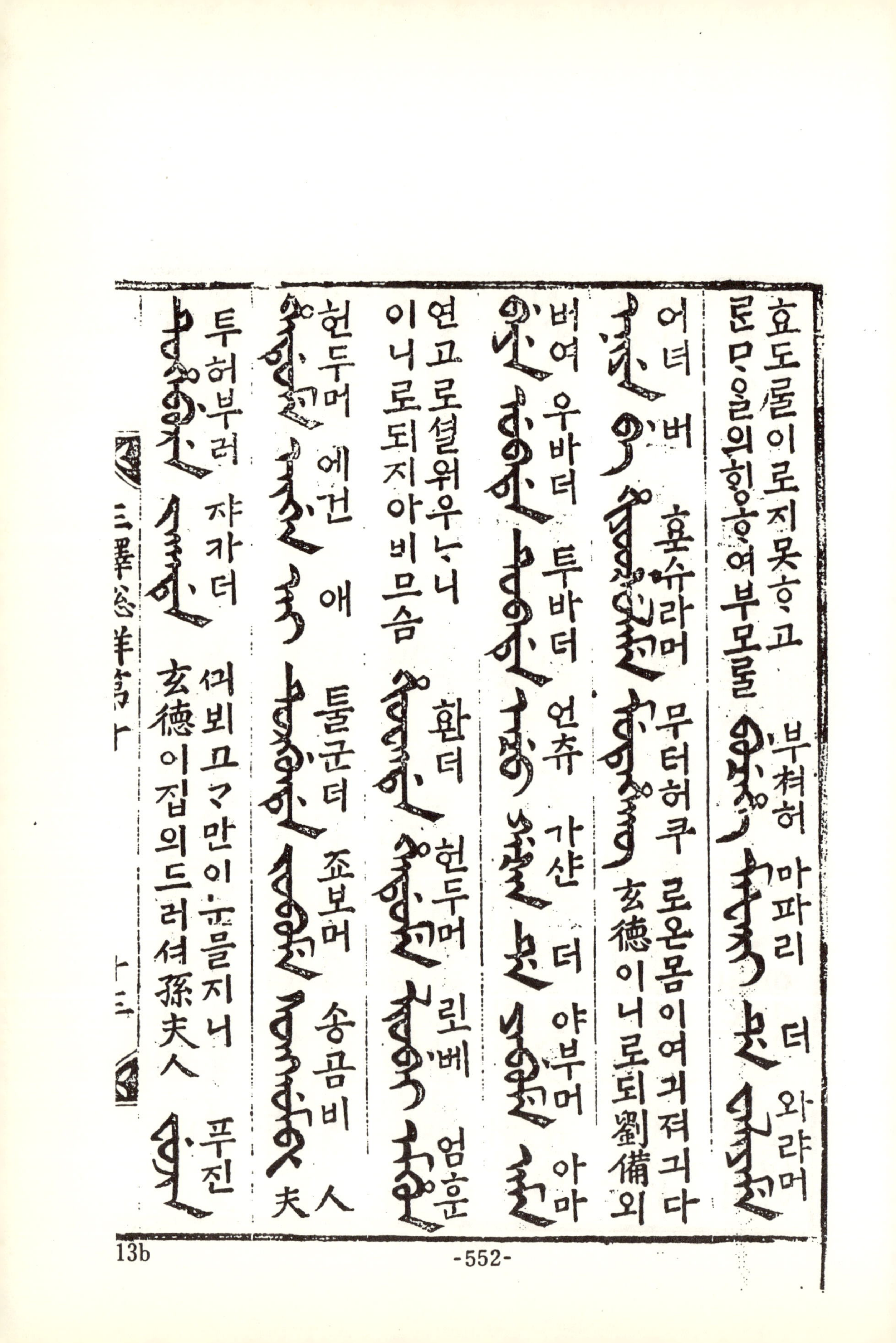

효도롤이로지못ᄒᆞ고
로ᄆᆞᄋᆞᆷ의힝ᄒᆞ여부모롤
부쳐허 마파리 더 와랴머
어녀 버 효슈라머 무터허쿠 로온몸이여긔져긔다
玄德이니로되劉備외
버여 우바더 투바더 연츄 가샨 더 야부머 아마
연고로셜워우ᄂᆞ니 환더 헌두머 릐베 엄훈
이니로되지아비므슴
헌두머 에컨 애 툴군더 죠보머 송곰비 人
夫
투허부러 쟈카더 셔뵈ᄑᆞᄆᆞ만이ᄂᆞᆫ믈지니 푸진
玄德이집의드러셔孫夫人

三譯總解第十 十三

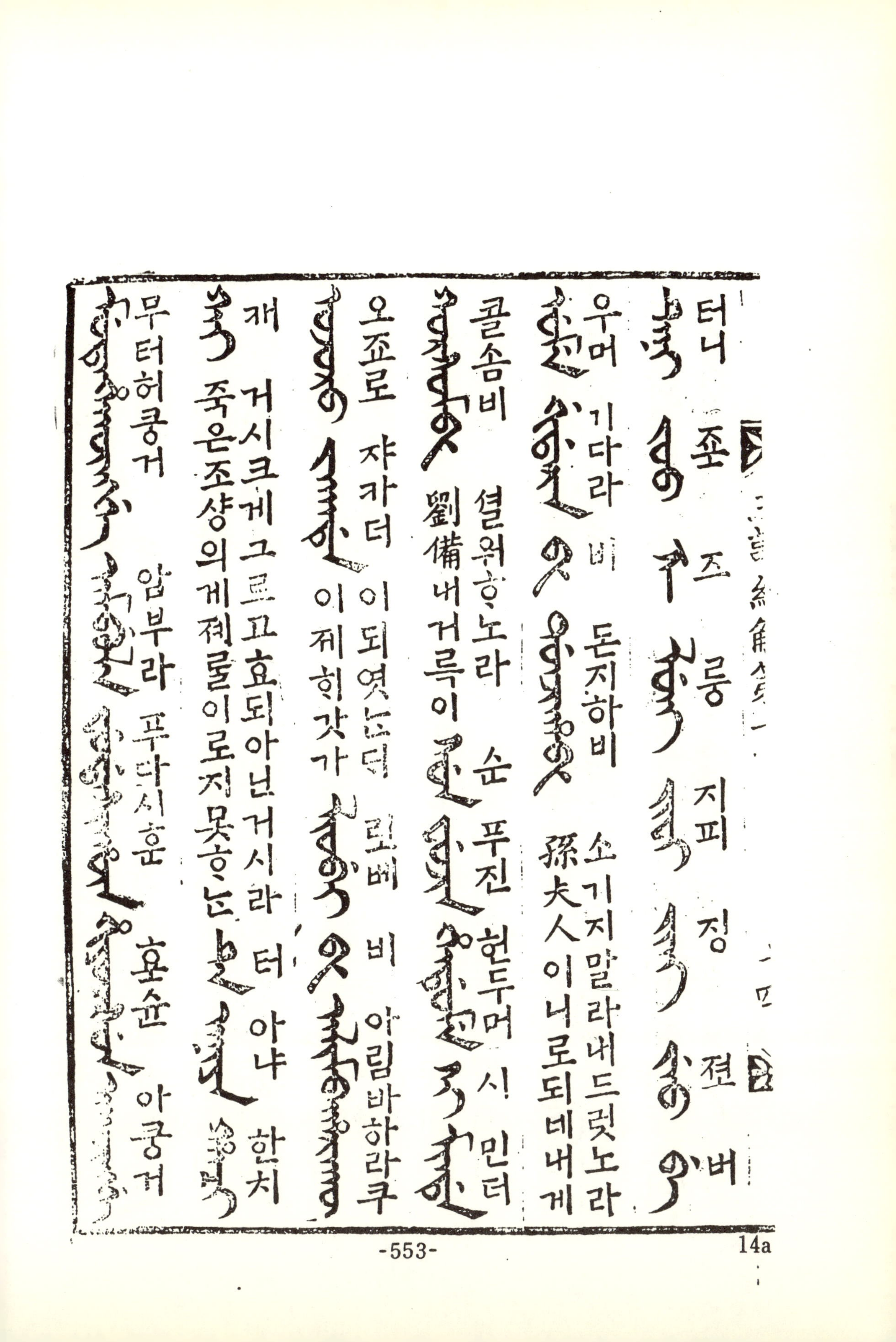

터니 죠 즈 룽 지피 징 져 버

우머 기다라 비 돈지하비 소기지말라내드럿노라 孫夫人이니로되네내게

콜솜비 열워ᄒᆞ노라 劉備내거륵이 슌 푸진 헌두머 시 민더

오죠로 쟈카더 이되엿ᄂᆞᆫ디 이제히갓가 리버 비 아림바하라쿠

재 거시크게그ᄅᆞ고효되아닌거시라 죽은조샹의게졔ᄅᆞᆯ이로지못ᄒᆞᄂᆞᆫ 터 아냐 한치

무터허쿵거 압부라 푸다시훈 호슌 아쿵거

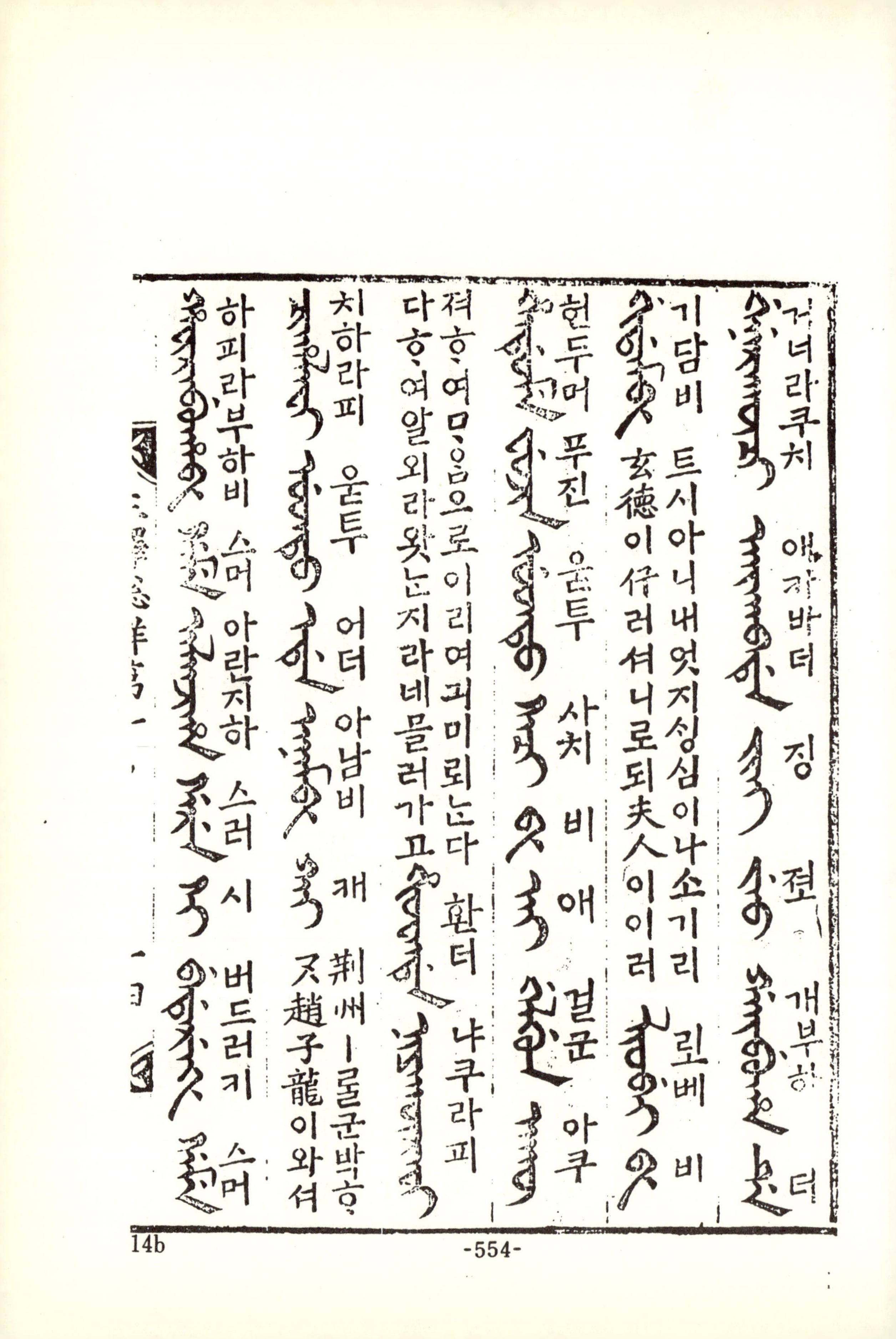

거너라쿠치 애자바더 징 져 개부하 더

기담비 트시아니내엇지싱심이나쇼기리 릐베 비

玄德이仔러셔니로되夫人이이러

헌두머 푸진 운투 사치 비 애 걸균 아쿠

져ᄒᆞ여ᄆᆞ음으로이리여괴미뢰ᄂᆞᆫ다 환터 나쿠라피

다ᄒᆞ여알외라옷ᄂᆞᆫ지라네믈러가ᄭᅩ

치하라피 운투 어더 아남비 재 荊州ㅣ롤군박ᄒᆞ

又趙子龍이와셔

하피라부하비 스머 아란지하 스러 시 버드러키 스머

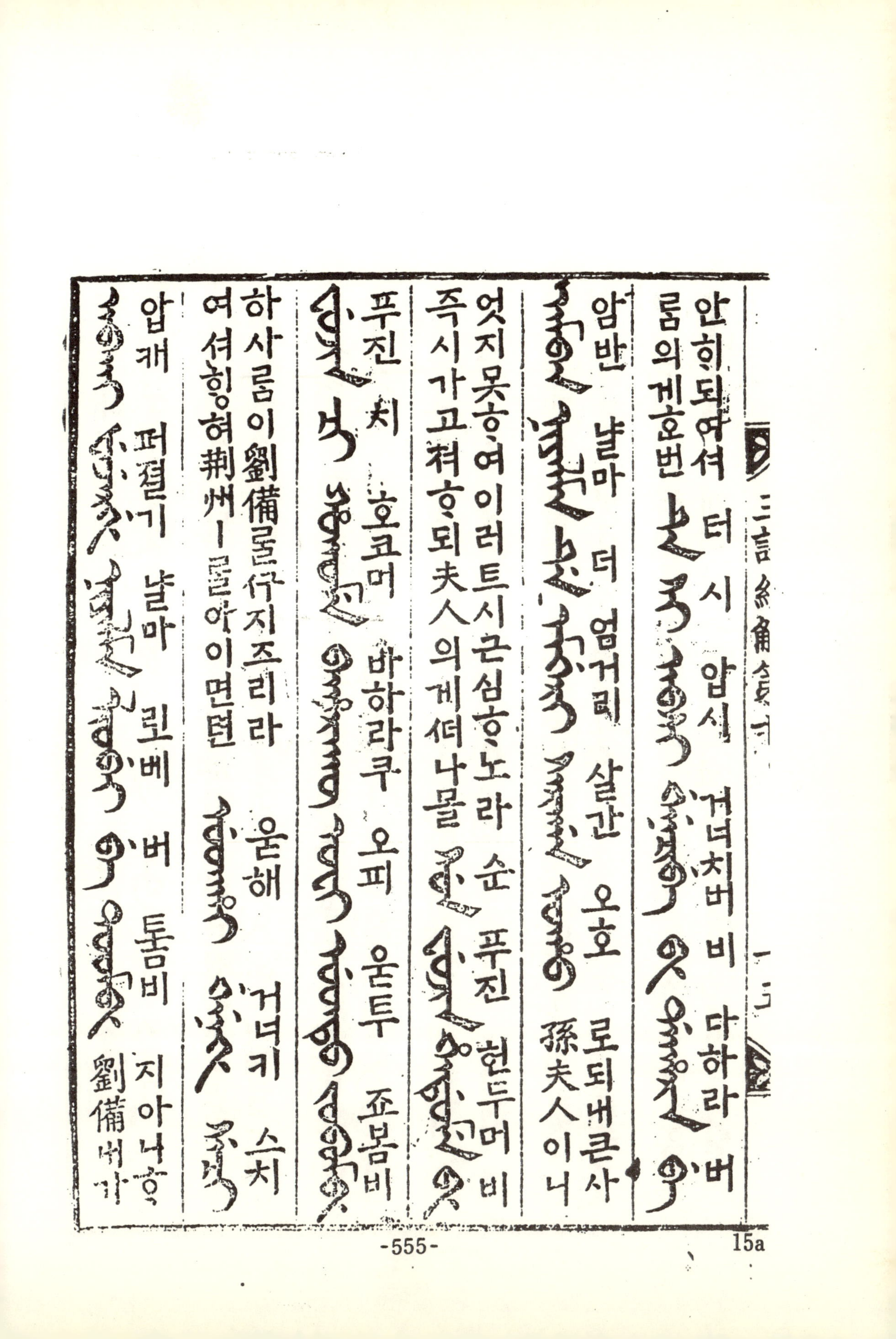

안ᄒᆡ되여셔 터 시 압시 거너치버 비 다하라 버
ᄅᆞᆷ의게ᄒᆞᆫ번

암반 낼마 더 엄거리 살간 오호 로되내큰사
孫夫人이니

엇지못ᄒᆞ여이러트시큰심ᄒᆞ노라 순 푸진 헌두머 비
즉시가고쳐ᄒᆞ되夫人의게셔나몰

푸진 치 호코머 바하라쿠 오피 운투 죠봄비

하사ᄅᆞᆷ이劉備ᄅᆞᆯᄯᆞ지즈리라 운해 거너기 스치
여셔힝혀荊州ㅣᄅᆞᆯ아이이면뎐

압개 펴졀기 낼마 린베 버 톰비 지아나ᄒᆞ
劉備버가

쟈 애가바더 릭베 징 죠 더 거니피 댠
티지
고시머 구니치 타카 팍챠키 녀겨ᄉᆡᆼ각ᄒᆞ면아작흐
夫人이劉備를어엿비
웅기러 지ᄒᆞ여夫人을보내리오 푸진 릭베 버
다만吳太后와吳侯ㅣ엿
나 다무 우 태후 우 후 애나하 이푸진버
니르
이 무지런 운투 헌둠비 드러 의ᄆᆞᄋᆞᆷ에아러트시
玄德이니로되夫人
부염비 내조ᄎᆞᆷ을원ᄒᆞ노라 환터 헌두머 푸진
이제네아므드러가도

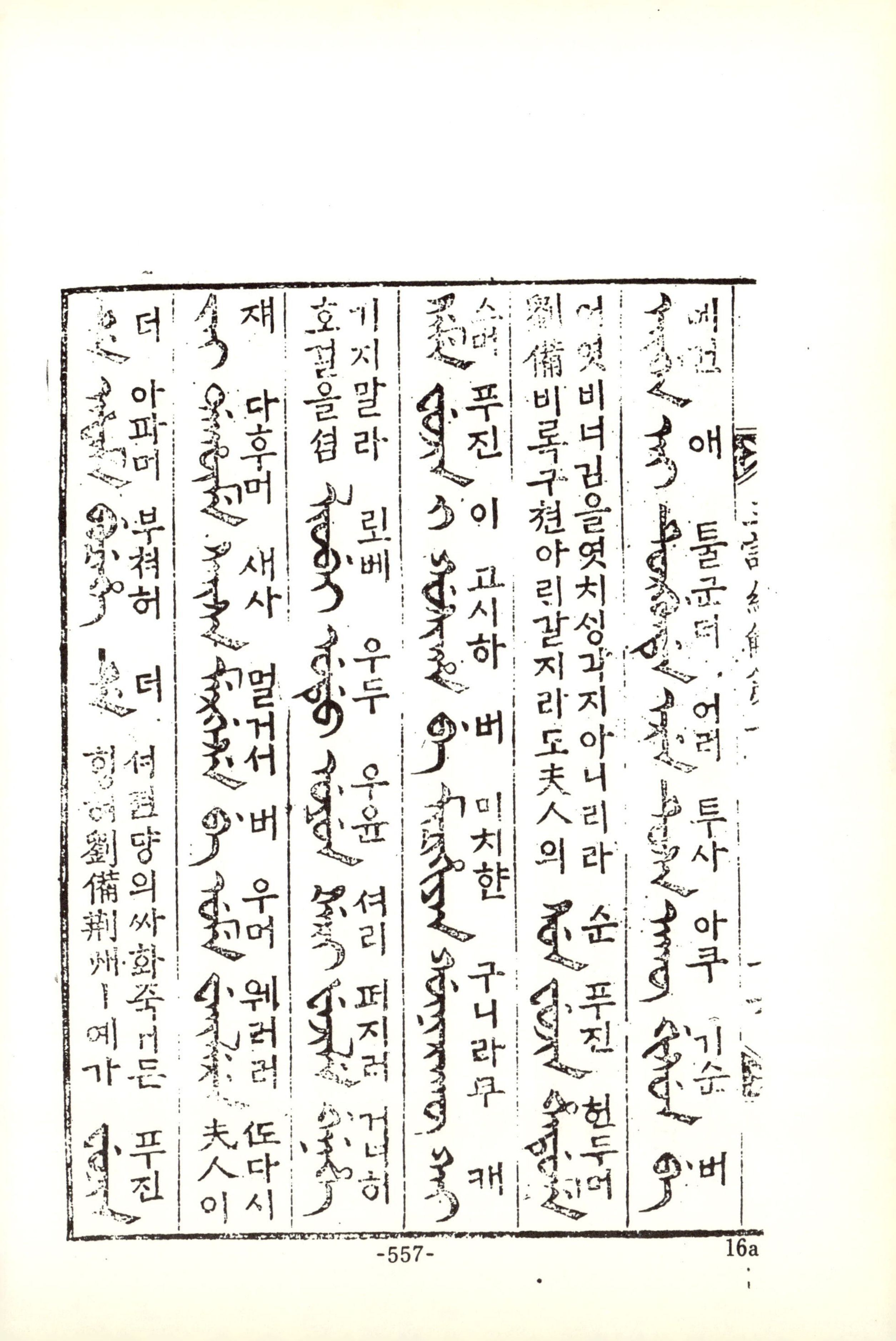

메그 애 툴군더 어려 투사 아쿠 기순 버
어엿비너김을엿치셩각지아니리라 순 푸진 헌두머
劉備비록구쳔아리갈지라도夫人의
스머 푸진 이 고시하 버 미치한 구니라쿠 캐
기지말라 리베 우두 우윤 텨리 펴지러 거너히
호겸을셥
재 다후머 새사 멀거서 버 우머 웨러러 또다시
夫人이
더 아파머 부쳐허 더 텨 현당의싸화죽거든 푸진
형여劉備荊州ㅣ예가

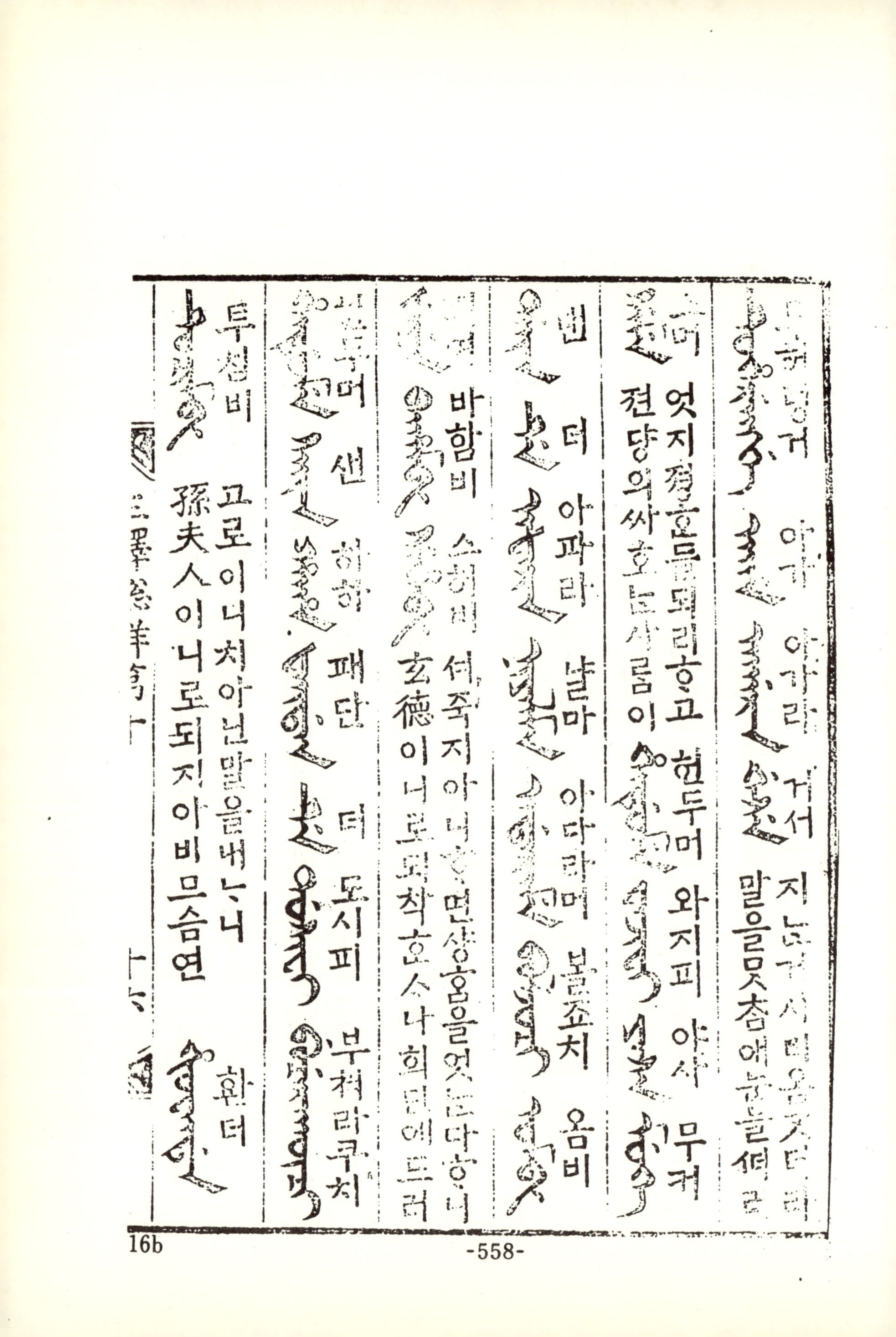

므춴당거 야구 야가라 거서 지난구 사미오혼자디 리
말을못춤에눈물쒸ᄅᆞ

ᄒᆞ며 엇지쳥ᄒᆞ믈되리ᄒᆞ고 헌두머 와지피 야사 무궈
젼당의싸호ᄂᆞᆫ사ᄅᆞᆷ이

번 더 아파라 날마 아다라머 불죠치 옴비

바함비 스허비 서죽지아니ᄒᆞ면상ᄒᆞ옴을엇ᄂᆞ다ᄒᆞᄂᆞ니
玄德이너로되착ᄒᆞᆫ소나희ᄆᆞᆷ에드러

이블ᄒᆞ머 션 허허 패단 더 도시피 부쳐라쿠치

투섬비 고로이니치아니ᄒᆞᆫ말을내ᄂᆞ니
孫夫人이니로되지아비므슴연 훤더

三譯總解 十 十六

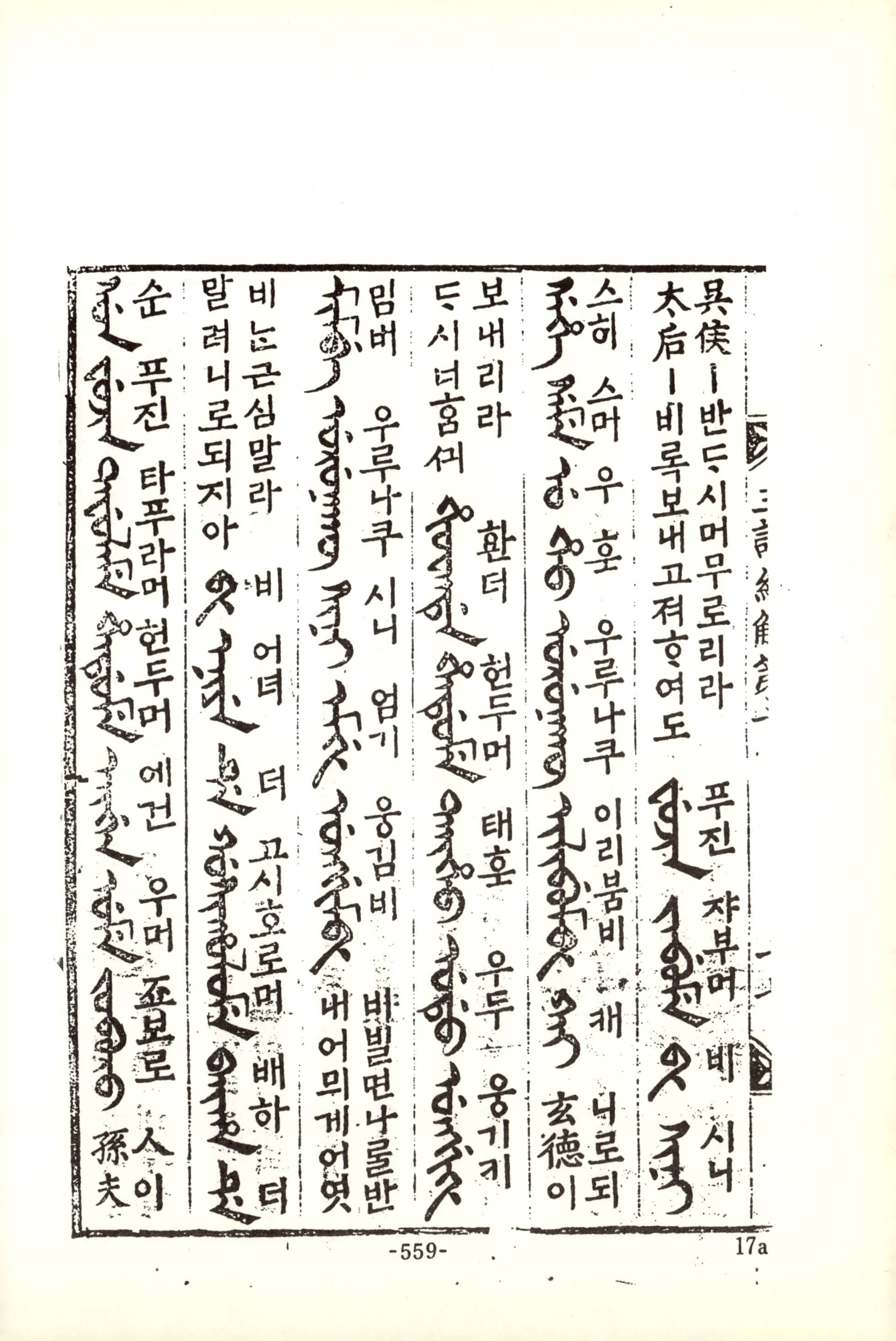

吳侯ㅣ반ᄃᆞ시머무로리라 푸진 쟈부머 비 시나
太后ㅣ비록보내고져ᄒᆞ여도
스허 스머 우 훈 우루나쿠 이리붐비 캐 ᄂᆡ로되
玄德이
보내리라 환더 헌두머 태훈 우두 웅기키
ᄃᆞ시녀흠쇠
밈버 우루나쿠 시나 엄기 웅김비 비빌면나롤반
내어믜게어엿
비ᄂᆞᆫ큰심말라 비 어녀 더 고시호로머 배하 더
말려니로되지아
순 푸진 타푸라머 헌두머 에건 우머 좌보로 ᄉᆞ이
孫夫

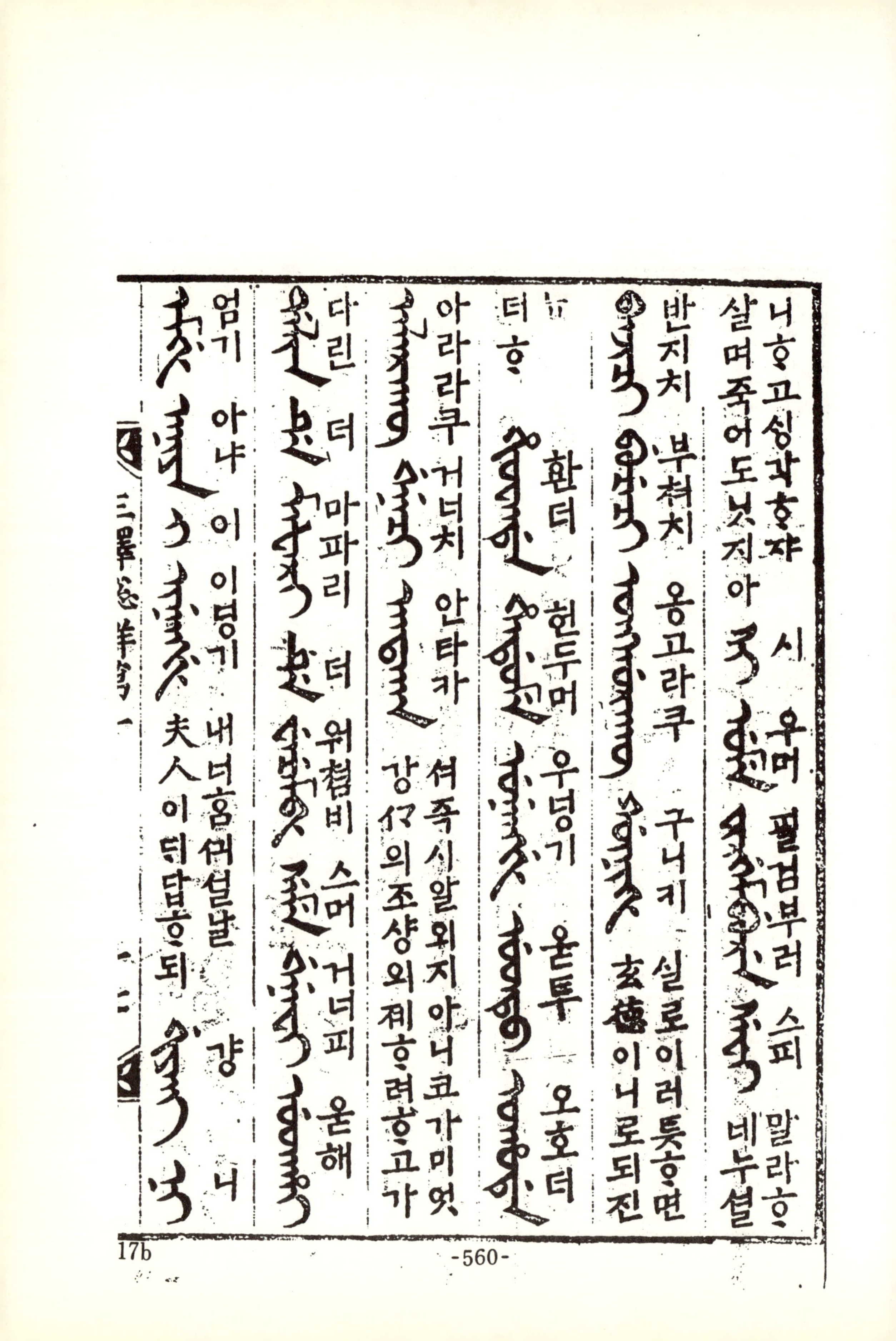

너ᄒᆞ고싱각ᄒᆞ쟈 시 우머 필겸부러 스피 말라ᄒᆞ
살며죽어도낫지아 네누설
반지치 부쳐치 옹고라쿠 구니기 실로이러틋ᄒᆞ면
玄德이니로되진
터ᄒᆞ 환터 헌두머 우덩기 온투 오호터
아라라쿠 거너치 안타카 셔족시알외지아니코 가미엇
강仔의조샹외졔ᄒᆞ려ᄒᆞ고가
다린 더 마파리 더 워쳠비 스머 거너피 온해
엄기 아냐 이 이덩기 내너흠쳐설날 강 니
夫人이되답ᄒᆞ되

라비 푸진 이 엄기 마파리 더 워첨비 스머 거너러
라
암바 쥬군 더 아랴 더브러셩에나셔큰길히기ᄃᆞ
졍월초ᄒᆞᄅᆞᆫ날네몬져군ᄉᆞᄅᆞᆯ
이넝기 시 너너머 초하 버 가마머 허쳔 투치피
헌두머 블러셔마ᄅᆞ켜니로되 아나 배 이쳐
玄德이마만이子龍을
◎ 환더 훌하머 즈 룽 버 후라피 타치부머
다
쥬워 노피 허부셔머 알가 톡도부하 고 쎄를졍ᄒᆞ
고 둘히의논ᄒᆞ

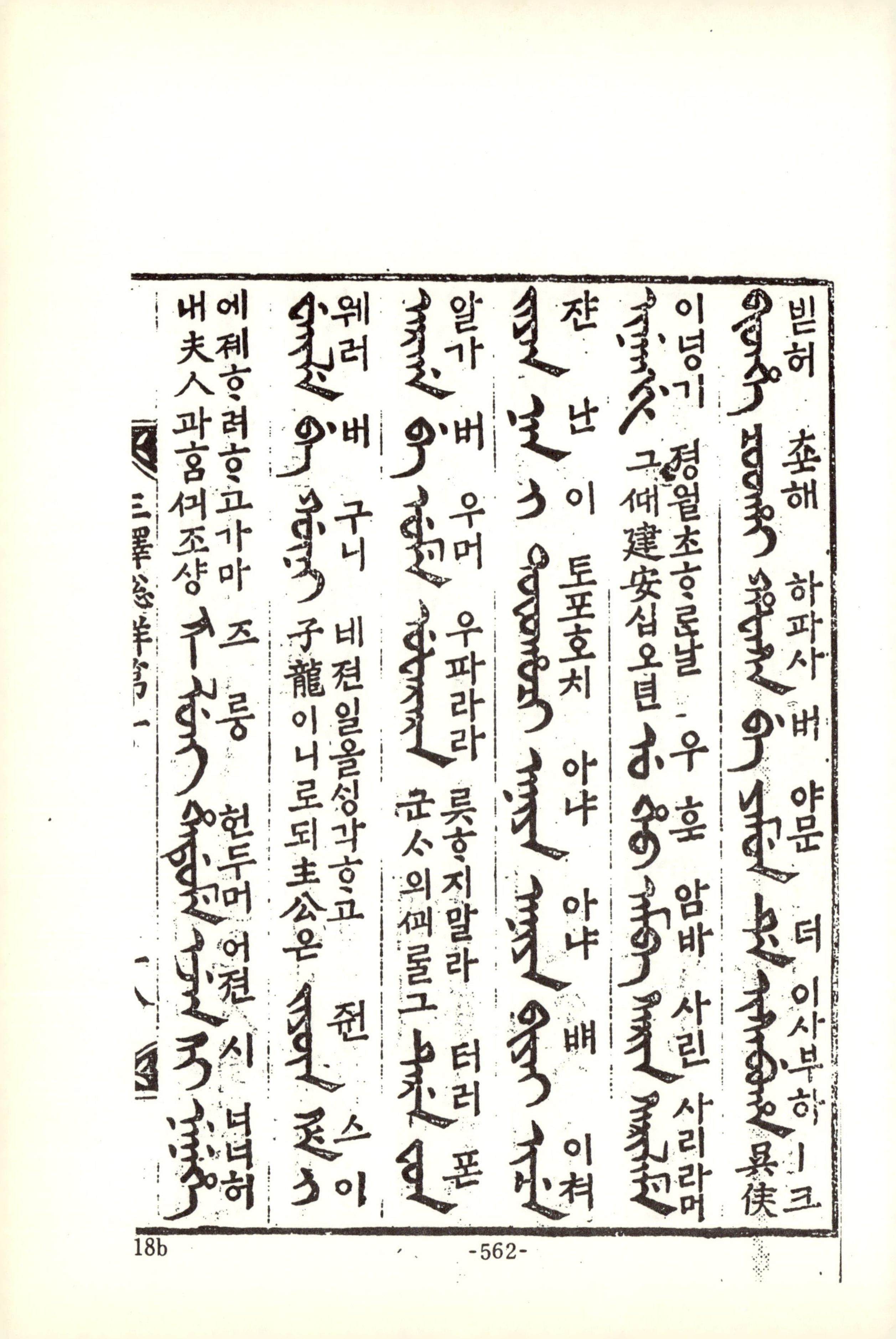

빈허 촐해 하파사 버 야문 터 이사부하ㅣ크 吳侯

이녕기 졍월초ᄒᆞ룬날 우 훌 암바 사린 사리라머

그ᄯᅢ建安십오년

잔 난 이 토포호치 아냐 아냐 배 이쳐

알가 버 우머 우파라라 룻ᄒᆞ지말라 터러 푼

균ᄉᆞ의ᄢᅵ룰그

웨러 버 구니 비젼일올싱각ᄒᆞ고 줜 스 이

子龍이니로되主公은

에쳐ᄒᆞ려ᄒᆞ고가마 즈 룽 헌두머 어젼 시 너너허

내夫人과홈ᄭᅴ조샹

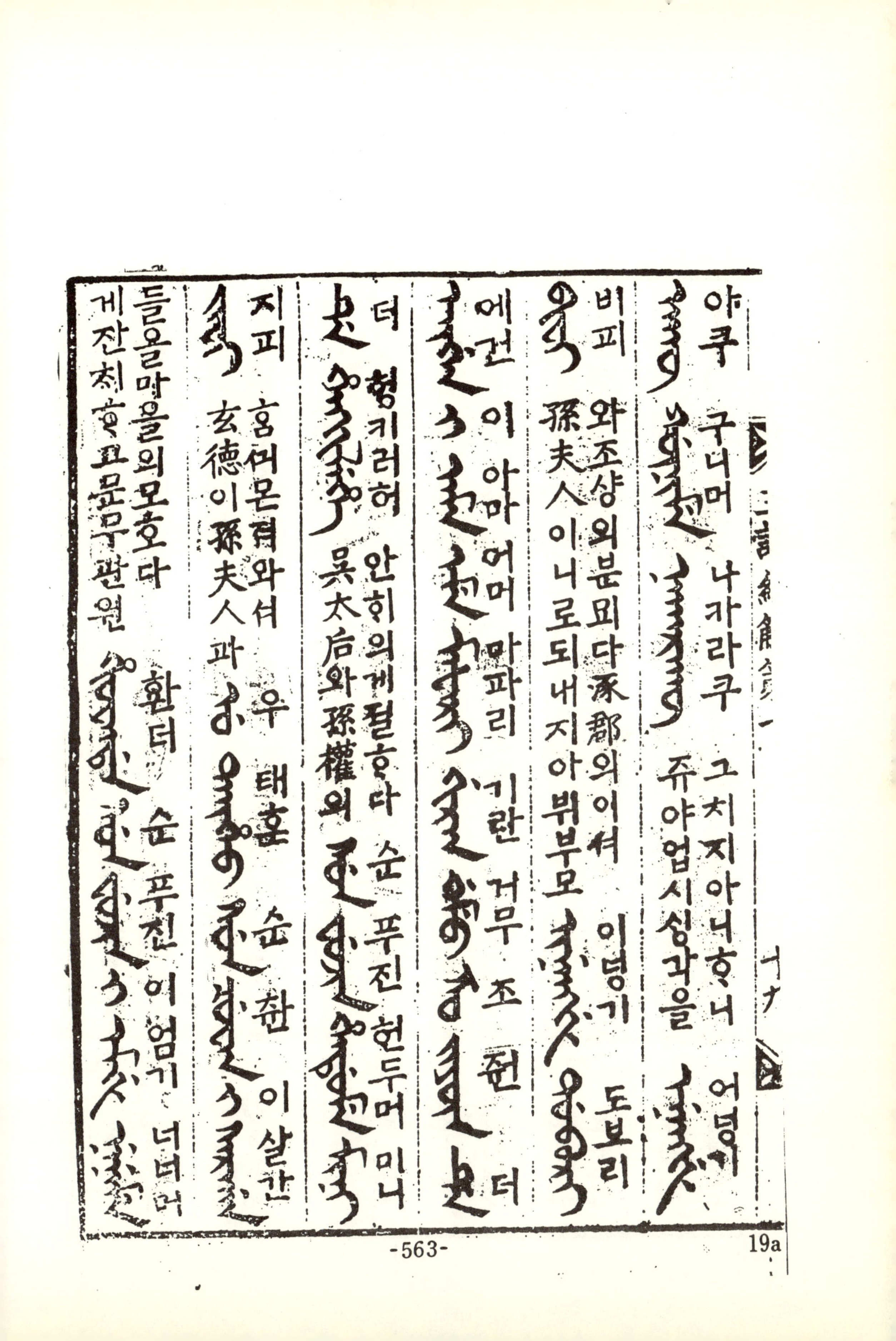

야쿠 구니머 나가라쿠 그치지아니ᄒᆞ니 쥬야업시ᄉᆡᆼ각을 어뎡이

비피 와조샹의분뫼다涿郡의이셔 孫夫人이니로되내지아뷔부모 이넝기 도보리

에건 이 아마 어머 마파리 기란 거무 조 쥔 더

더 헝키러허 안ᄒᆡ의게졀ᄒᆞ다 吳太后와孫權의 슌 푸진 헌두머 미나

지피 홈머몬져와셔 玄德이孫夫人과 우 태ᄒᆞᆼ 슌 챤 이 살간

들올마ᄋᆞᆯ의모호다 게잔최ᄒᆞᆫ표묘무관원 환더 슌 푸진 이 엄기 너머머

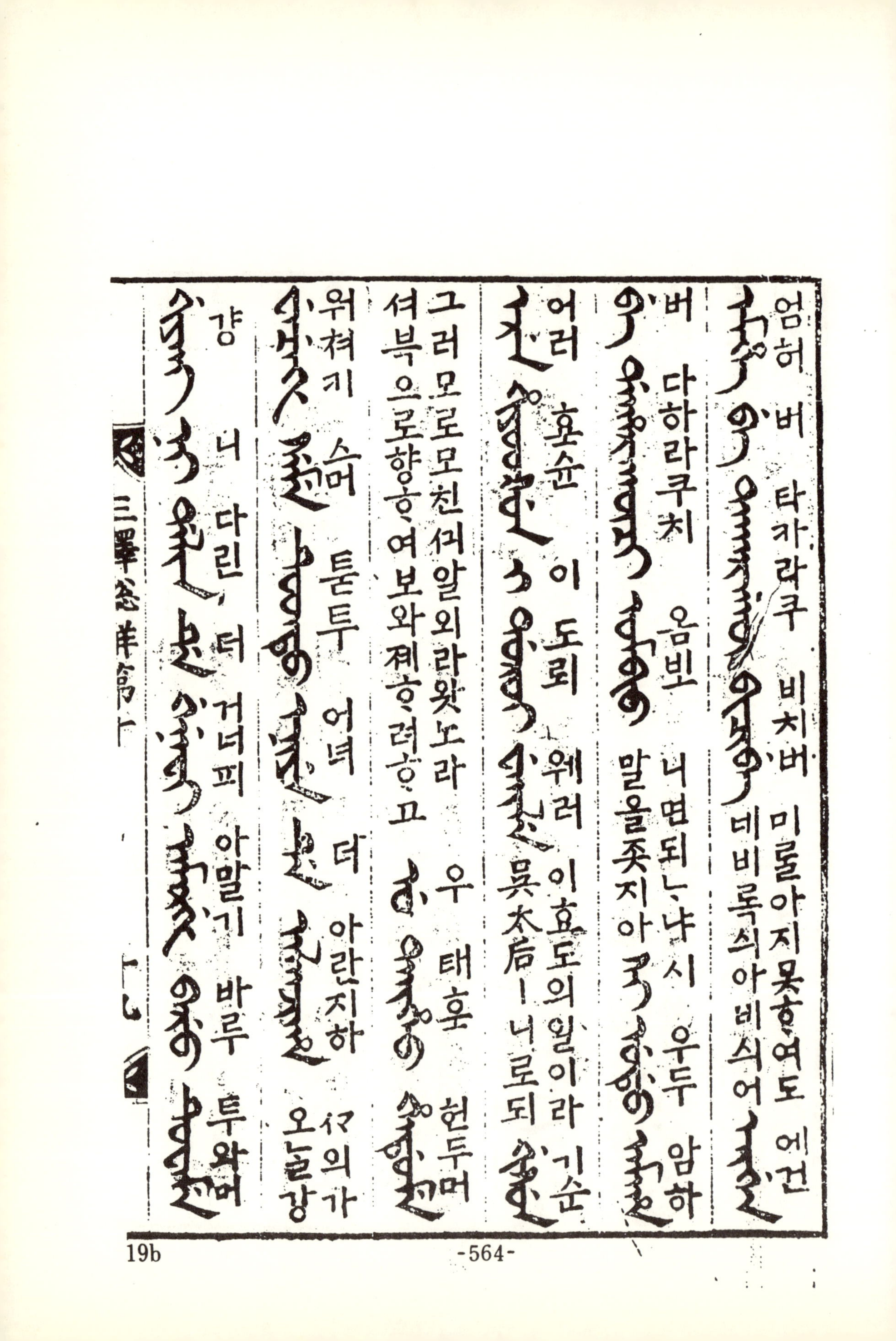

엄허 버 타카라쿠 비치버 미로아지못ᄒᆞ여도 에건
네비록싀아비싀어
버 다하라쿠치 옴빈 니며되ᄂᆞᆫ냐시 우두 암하
말올좃지아
어러 효슌 이 도릐 웨러 이효도의일이라 기슌
吳太后ㅣ 니로되
그러모로모친ᄭᅴ알외라왓노라 우 태후 헌두머
셔븍으로향ᄒᆞ여보와졔ᄒᆞ려ᄒᆞ고
워쳐키 슈머 툰투 어녀 더 아란지하 ᄭᆡ의가
오ᄂᆞᆯ강
강 니 다린 더 거녀피 아말기 바루 투와머

오린 야루피 우두 환 모링가 써 개피 허ᄎᆡᆨ

다 하라 울서 머 썬 쟈ᄏᆡ 버 쟈ᄑᆡ부피 환더

다 터러치 환더 순 푸진 버 서ᄀᆡᆫ 터 터부피

환더 이 엄기 바니하 부피 거너허 홈씌 샤례ᄒᆞ고가 孫夫人이 玄德과

면 쥐ᄒᆞ 우룬 이 도로 옴비 개 되리라 순 푸진 며ᄂᆞᆯ의

이 엄기 거너피 어무 절기 와랴하 더 며가셔호변 지아비파 홈

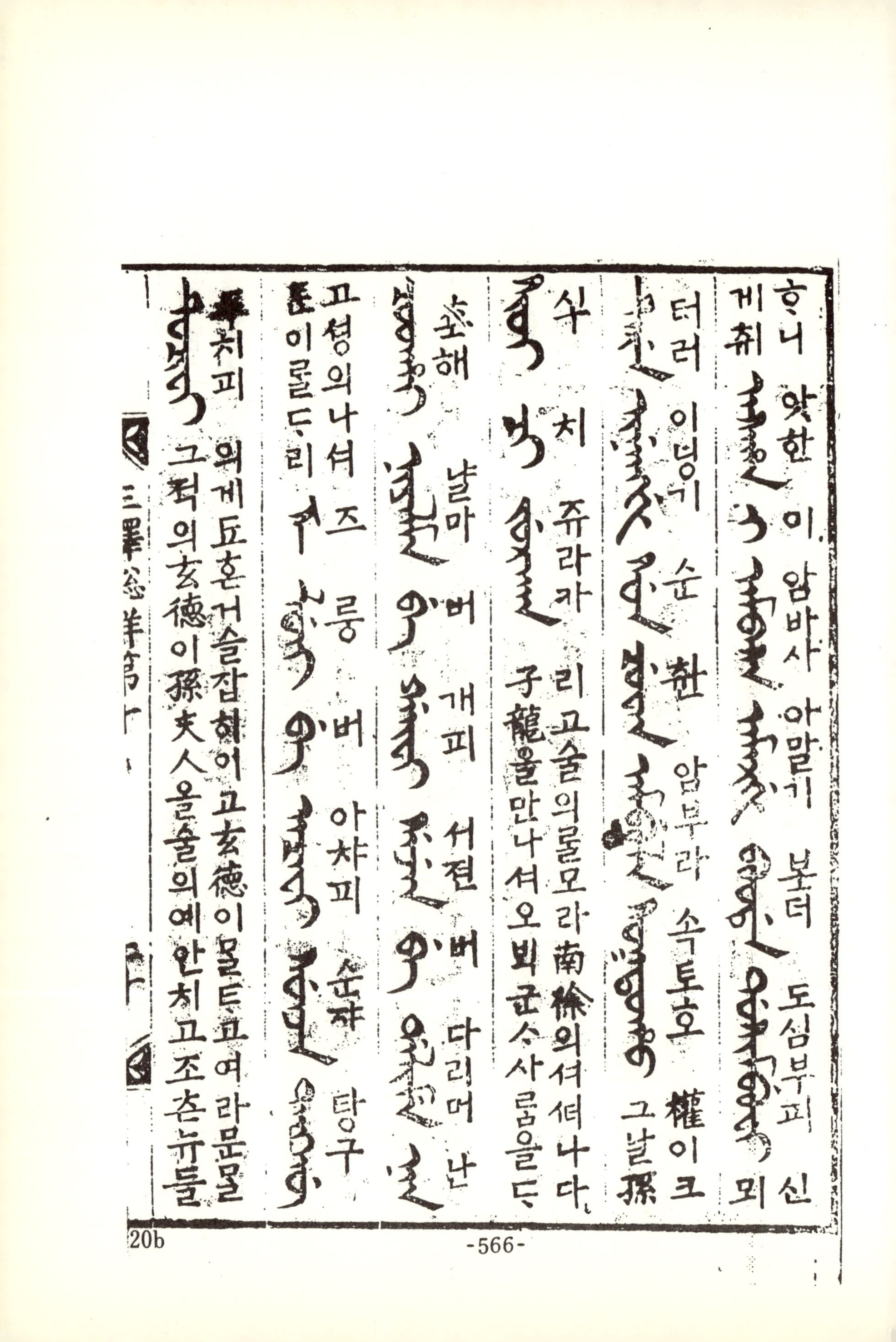

ᄒᆞ니 얏한 이 암바사 아말기 보더 도심부피 신
게취 뫼
터러 이닝기 순 춴 암부라 속토호 權이 크
그날孫
쉬 치 쥬라가 리고술의룰모라南徐의셔셔나다
子龍을만나셔오뢰군ᄉᆞ사ᄅᆞᆷ을ᄃᆞ
쇼해 날마 버 개피 서젼 버 다리머 난
고셩의나셔 즈 룽 버 아챠피 슌챠 탕구
툐이롤ᄃᆞ리
쥐피 의게됴혼거슬잡혀이고玄德이몰톄쳐라문몰
그젹의玄德이孫夫人을술의예안치고조ᄎᆞᆫ뉴들

못ᄒᆞ다
로알외지

터러치 순 촨 순자치 깅 너 두버더

도망ᄒᆞᆷ을듯고알외려ᄒᆞ여가니孫權이任ᄒᆞ지못ᄒᆞ여삼으
그적의하ᄂᆞᆯ이져므런ᄂᆞᆫ지라여러신하들이玄德孫夫人의

거녀치 순 촨 거리 수부러 운더 오피 아라하쿠

환더 순 푸진 이 우차카 버 돈지피 아라키슴머

허지다
들이다ᄒᆞᆫ

터러치 압키 얌지하 망기 거런 암바사

의드리고
신해후당

빈허 초해 하파사 거무 파차하 관원 문무

라
리 터후둔 암챠치 아참비 이맛당ᄒᆞ다
이졔급히쏠옴 순

죠보론 투침비 ᄒᆞ면져녁아ᄎᆞᆷ에어즈러온근심이나
張昭ㅣ니로되진실로이사ᄅᆞᆷ이도망

우녕기 어러 날마 우카치 얌지 치마리 파츄훈

허버셔러 더 더블고의논ᄒᆞ더니
즉시문무관원들을 쟝 죠 헌두머

듯고
다ᄒᆞ여 온해 빋허 쵸해 하파사 버 가지피

릭베 버 우카카 스머 돈지피 말에劉備ᄅᆞᆯ도망ᄒᆞ
그적의孫權이오경

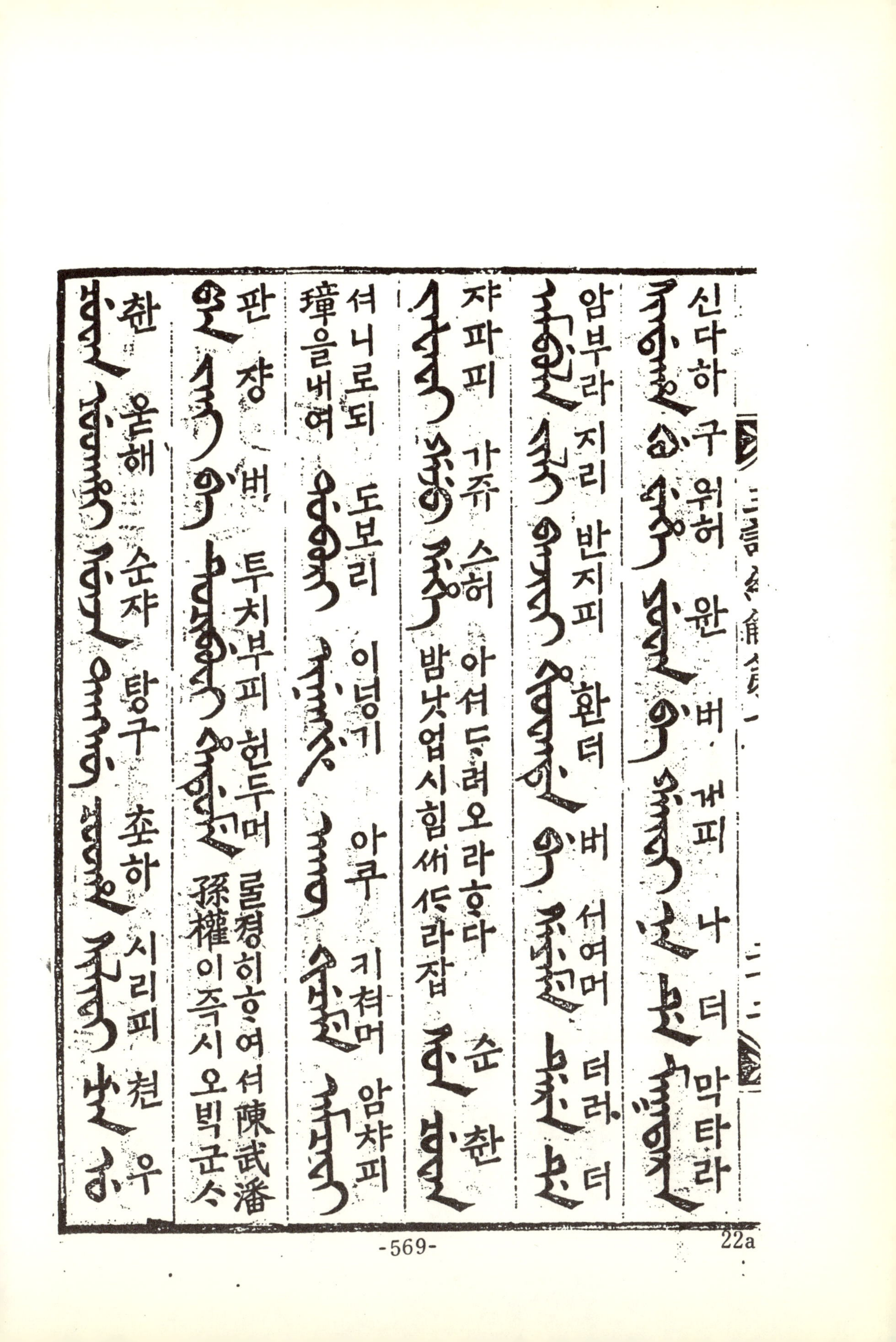

신다하 구 워허 완 버 거피 나 터 막타라

암부라 지리 반지피 환터 버 서여머 터러 터

쟈파피 가쥬 스허 아셔드려오라ᄒᆞ다 순 챤
밤낫업시힘써ᄯᆞ라잡

셔니로되
璋을버혀
도보리 이넝기 아쿠 키쳐머 암챠피

판 쟝 버 투치부피 헌두머
룰졍히ᄒᆞ여셔陳武潘
孫權이즉시오빅군ᄉᆞ

챤 올해 순쟈 탕구 쵸하 시리피 쳔 우

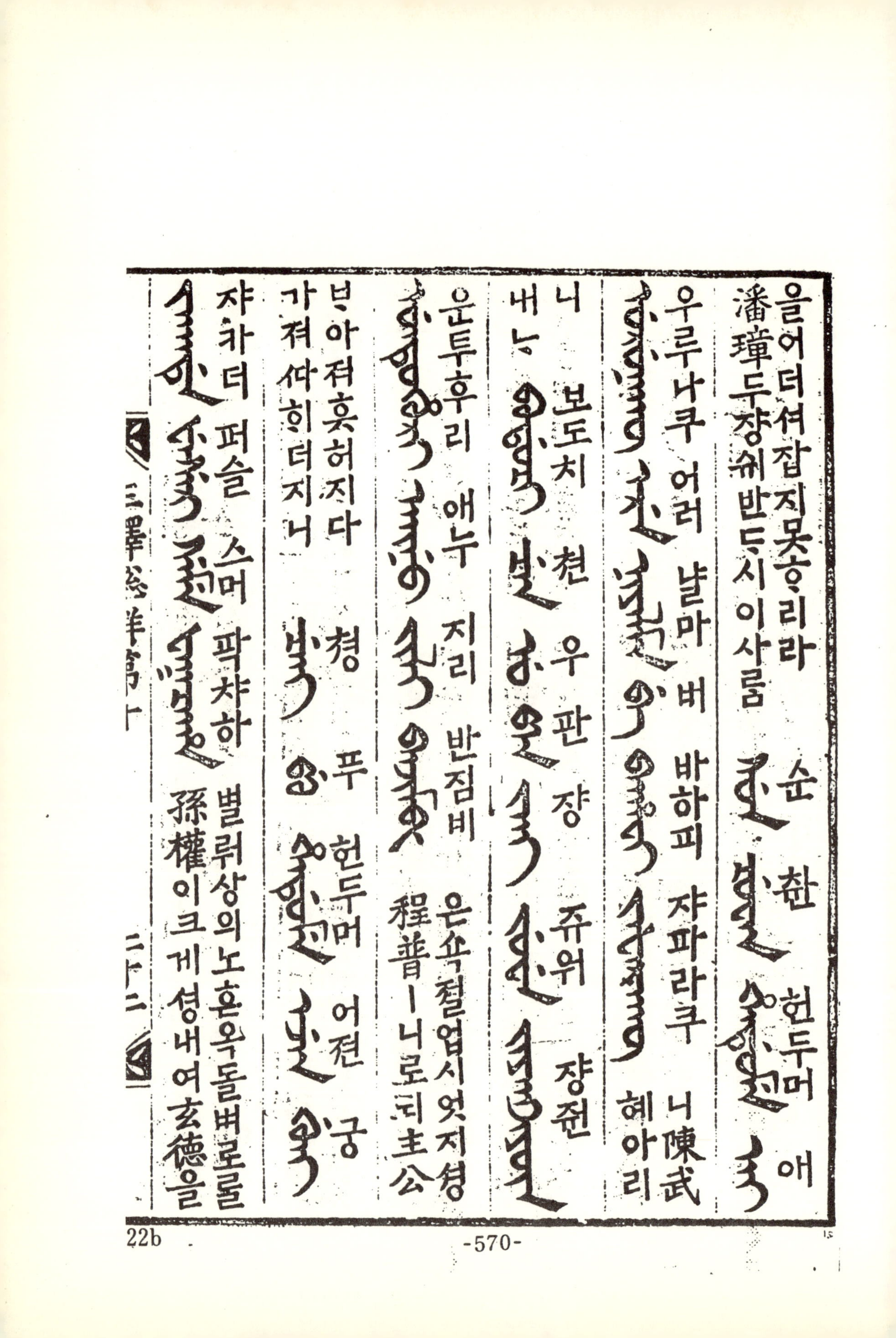

을어더셔잡지못ᄒᆞ리라 숸 촨 헌두머 애
潘璋두장쉬반ᄃᆞ시이사름
우루나쿠 어러 냘마 버 바하피 쟈파라쿠 니陳武
헤아리
니 보도치 쳔 우 판 장 쥬워 장쥰
내 ᄂᆞ
운투후리 애누 지리 반짐비 은쇽절업시엇지셩
程普ㅣ니로ᄃᆡ主公
브아쟈훗허지다 쳥 푸 헌두머 어젼 궁
가져ᄲᅡ히더지너
쟈카더 퍼슬 스머 팍챠하 별뤼상의노흔옥돌벼로롤
孫權이크게셩내여玄德을

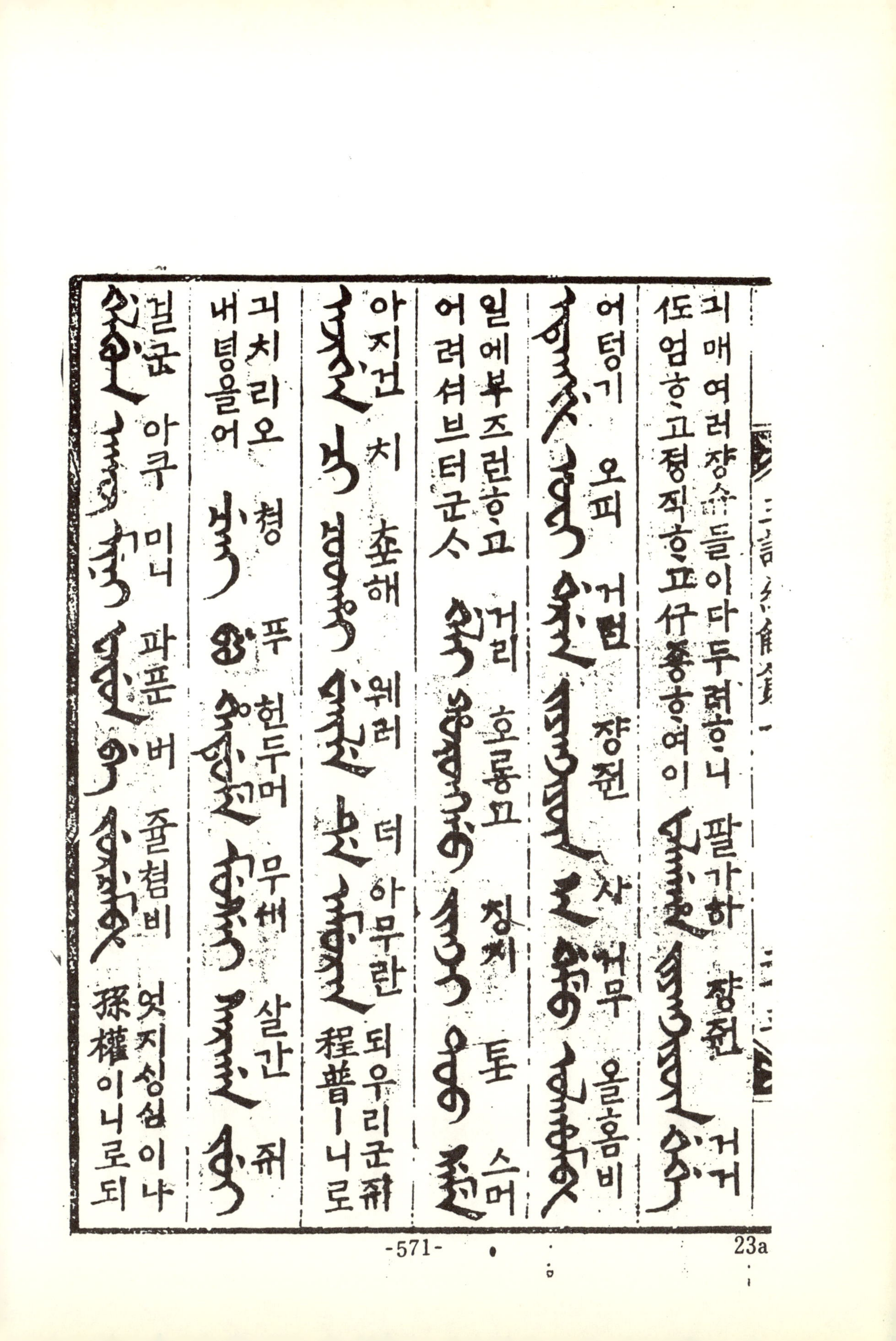

그매여러쟝슈들이다두려ᄒᆞ니 팔가하 쟝쥔 거거

ᄯᅩ엄ᄒᆞ고졍직ᄒᆞ고仔쫑ᄒᆞ여이

어텅기 오피 거벋 쟝쥔 사 거무 올홈비

일에부즈런ᄒᆞ고 거리 호룽고 칭치 토 스머

어려셔브터군ᄉᆞ

아지건 치 쵸해 워러 더 아무란 되우리군ᄉᆞ

程普ㅣ니로

그치리오 쳥 푸 헌두머 무쎄 살간 쥐

내텽을어

길쿤 아쿠 미니 파픈 버 쥴컴비 엇지싱심이냐

孫權이니로되

개피 갈지머 젼 러주어셔 너희둘히이환도로내누의
蔣欽周泰를블러드려와셔 춘환도글

로호 이 미니 논 이 우쥬 뢰베 우쥬 버

왓하하 로호 수피 부피 쉬니 쥬워 투피 어러

여셔
게셩버 장 친 젼 태 버 후라머 가지피

슈치못ᄒᆞ리라
쥬롤보면춤아햐 슌 챤 암부라 지리 반지피 이크 孫權

버 사부하 더 가라 아샤샤머 젼더라쿠 캐 장쥬군
作로는

三譯總解 卷下 二十三

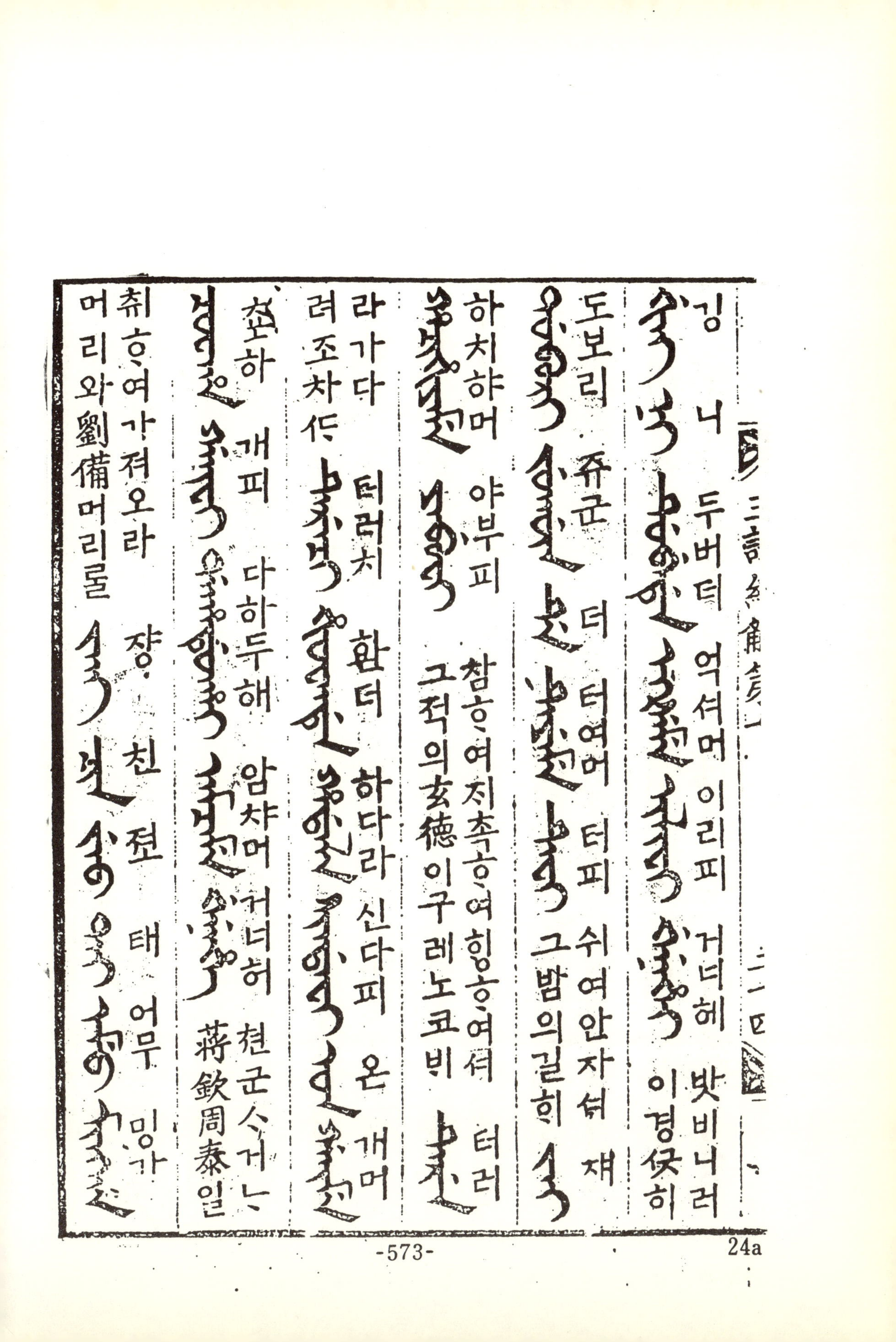

깅 나 두버뎌 억셔머 이리피 거뎌헤 밧비나러
이경끗히

도보리 쥬균 더 터여머 터피 쉬여안자셔 재
그밤의길히

하치햐머 야부피 참ᄒᆞ여치ᄎᆞᆨᄒᆞ여힝ᄒᆞ여셔 터러
그적의玄德이구레노코비

라가다 터러치 핟터 하다라 신다피 온 개머
려조차ᄯᅡ

ᄎᆞᆫ하 개피 다하두해 암챠머 거뎌허 쳔균ᄉᆞ거ᄂᆞᆫ
蔣欽周泰일

취ᄒᆞ여가져오라 장 친 졉 태 어무 밍가
머리와劉備머리롤

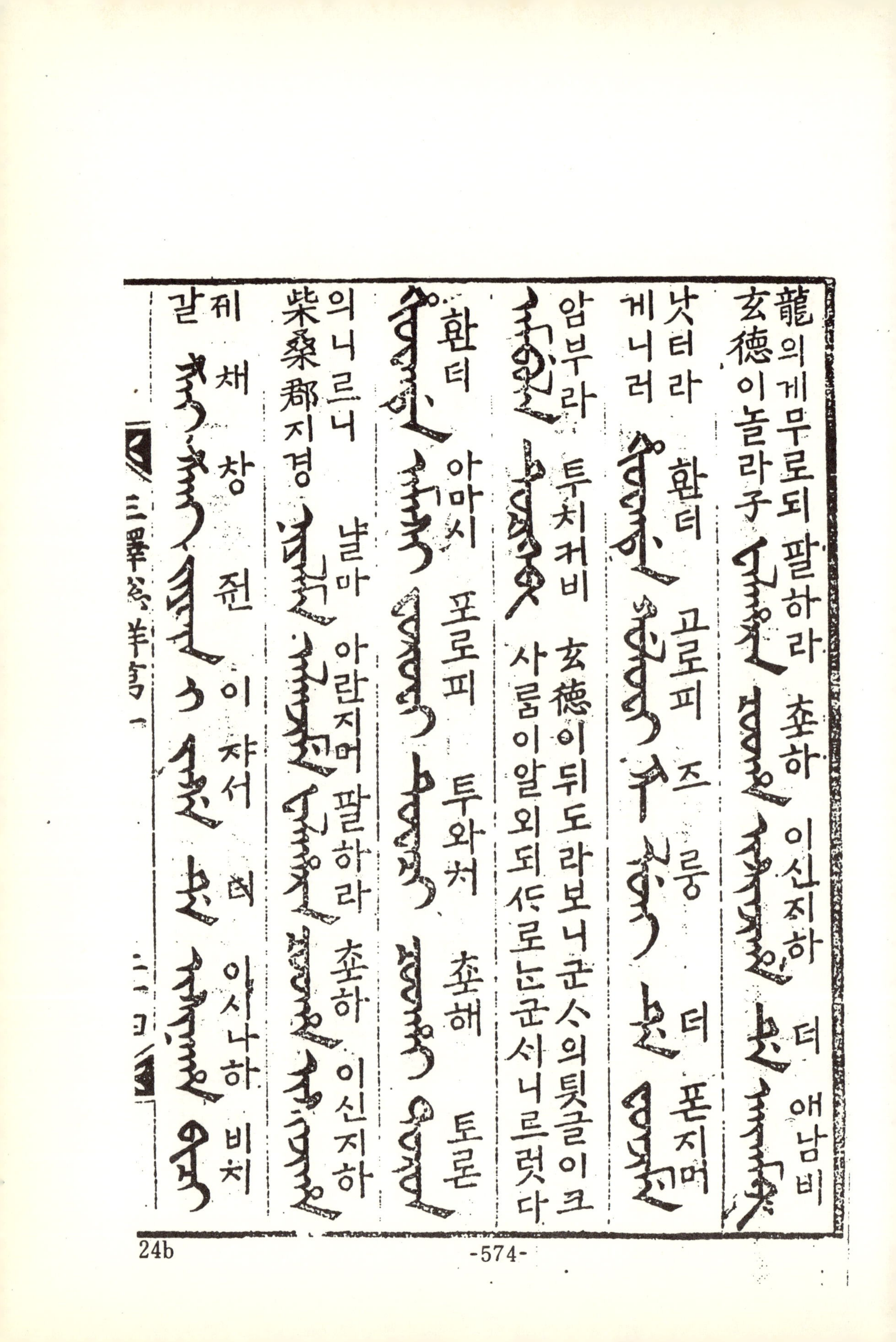

龍의게무로되 팔하라 춘하 이신지하 더 애남비
玄德이놀라子

낫터라 환터 고로피 즈룽 더 폰지머
게니러

암부라 투치커비 玄德이뒤도라보니군ᄉᆡ의틧글이크
사룸이알외되ᄯᅩ로ᄂᆞᆫ군서니르럿다

환터 아마시 포로피 투와커 춘해 토론

의니르니 날마 아란지머 팔하라 춘하 이신지하
柴桑郡지경

쥐 채 창 쥔 이 쟈서 뎌 이사나하 비치
갈

쟝쥔 텬 직간 이 후라머 릭베 모린 치
이리피 側군시 뫼기슭을 둘러와셔가는 길을 막아셔셔 쥬워
내뒤흘 막으마 ᄒᆞ여 니ᄅᆞᆺ기롤 믓지 못ᄒᆞ여셔 효
벋거 버 슐터머 지피 거너러 쥬군 버 카머
헌두머 와징가라 어무 박산 이 쵸하 아린 이
야부 은 앏흐로 힝ᄒᆞ라 비 아말기 버 다리러 스머
子龍이 ᄂᆡ로되 主公
면 엇지ᄒᆞ리오 즈룽 헌두머 어쳔 궁 쥬러시
ᄯᆞᆯ오ᄂᆞᆫ 군시 니ᄅᆞᆺ

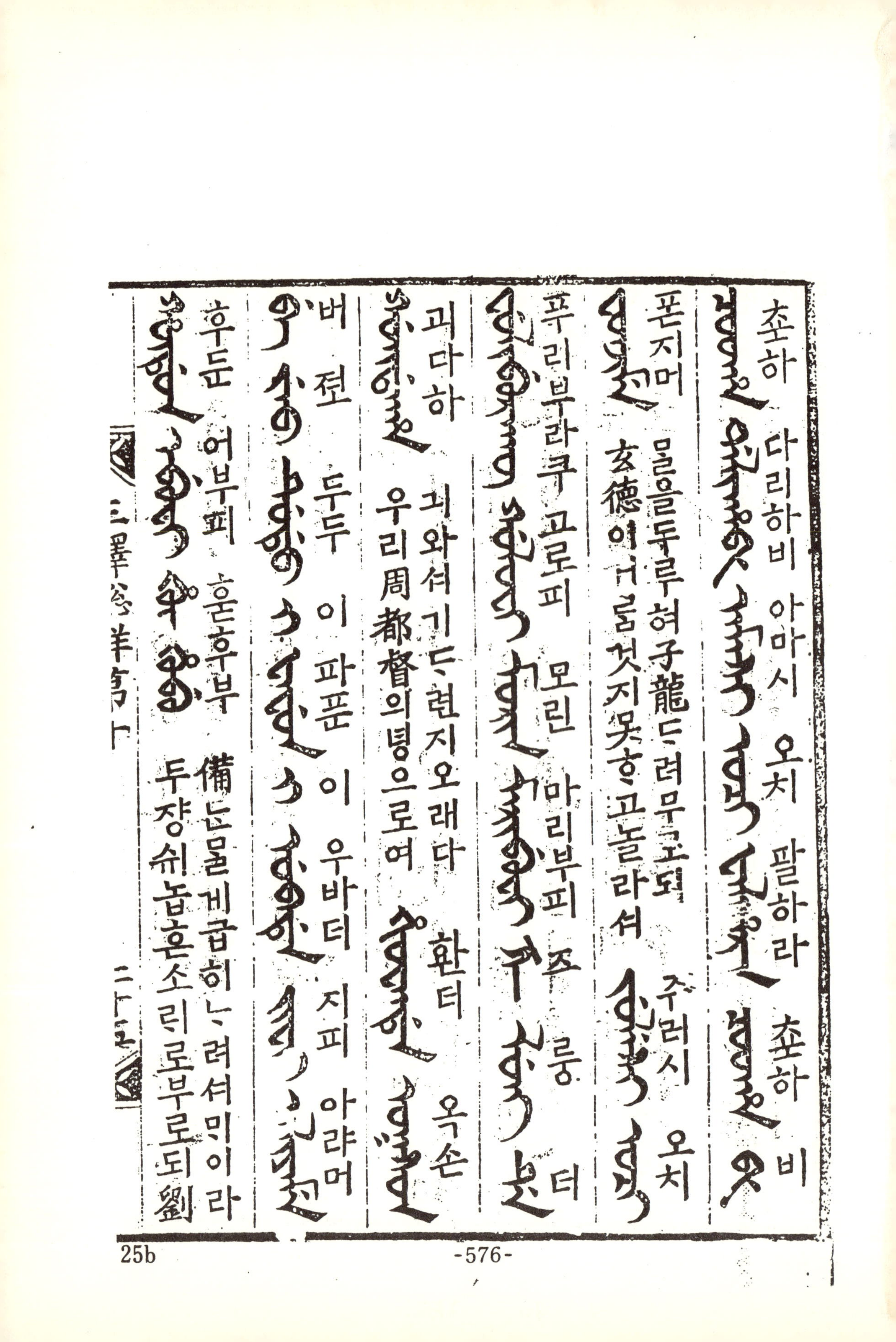

촐하 다리하비 아마시 오치 팔하라 촐하 비

폰지머 물을두루혀子龍ᄃᆞ려무로되 玄德이ᄀᆞ롬건지못ᄒᆞ고놀라셔 주러시 오치

푸리부라쿠 고로피 모린 마리부피 쪼룽 더

괴다하 괴와셔기ᄃᆞ련지오래다 우리周都督의병으로여 환터 옥손

버 젼 두두 이 파픈 이 우바더 지피 아랴머

후둔 어부피 훈후부 備ᄂᆞᆫ물게급히ᄂᆞ려셔미이라 두장쉬놉흔소리로부로되劉

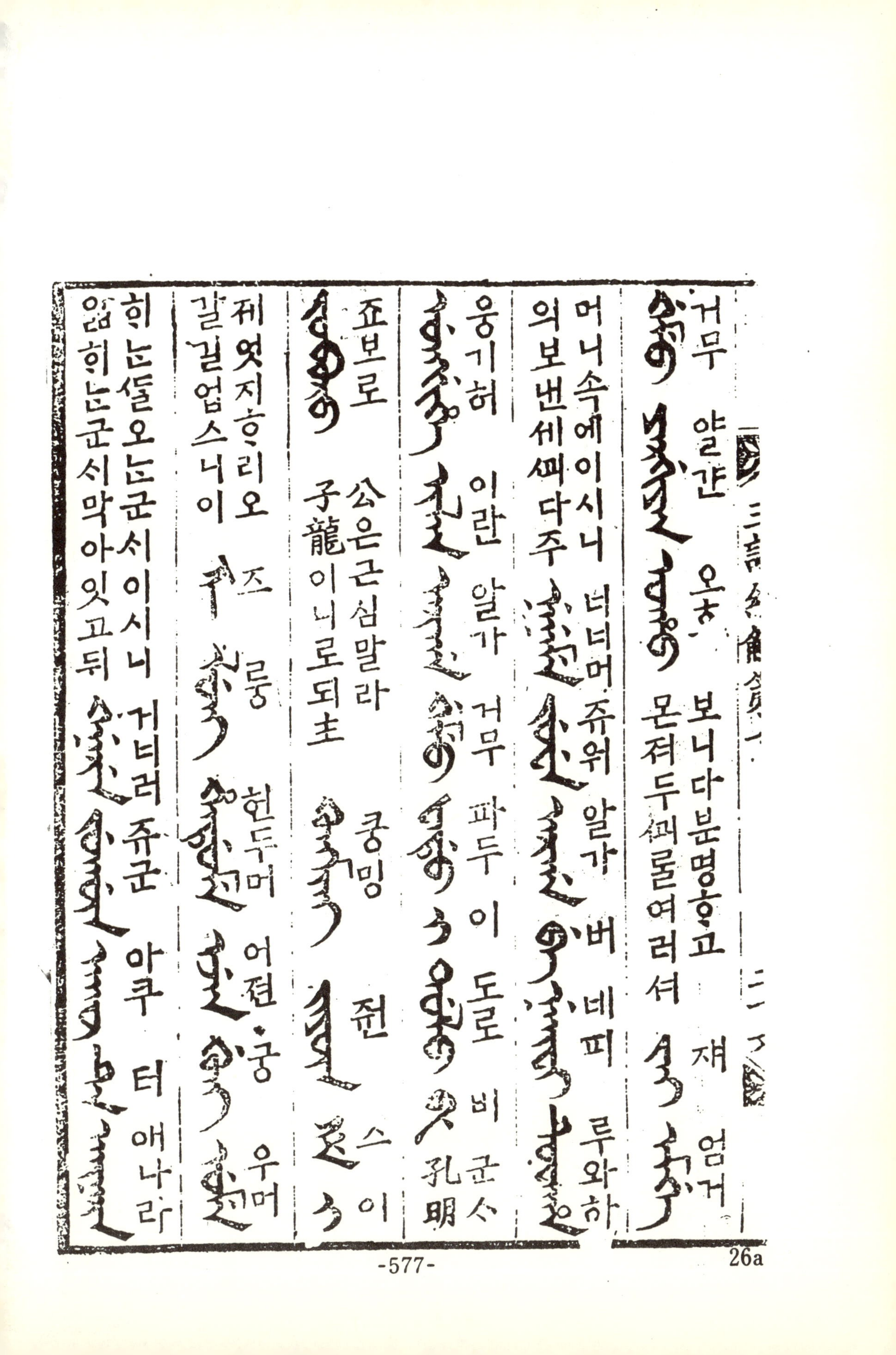

거무 얄갼 오숀 보니다분명ᄒᆞ고 재 엄거
몬져두ᄯᅢ롤여러셔
머니속에이시니 너너머 쥬위 알가 버 녜피 루와하
의보변셔ᄯᅢ다주
웅기허 이란 알가 거무 파두 이 도로 비 군ᄉᆞ
孔明
죠보로 公은근심말라 쿵 밍 쥔 스 이
子龍이니로되主
쥐엿지ᄒᆞ리오 즈 룽 헌두머 어젼 궁 우머
갈길업스니이
히ᄂᆞᆫ돌오ᄂᆞᆫ군ᄉᆞ이시니 거너러 쥬군 아쿠 터 애나라
앏히ᄂᆞᆫ군ᄉᆞ막아잇고뒤

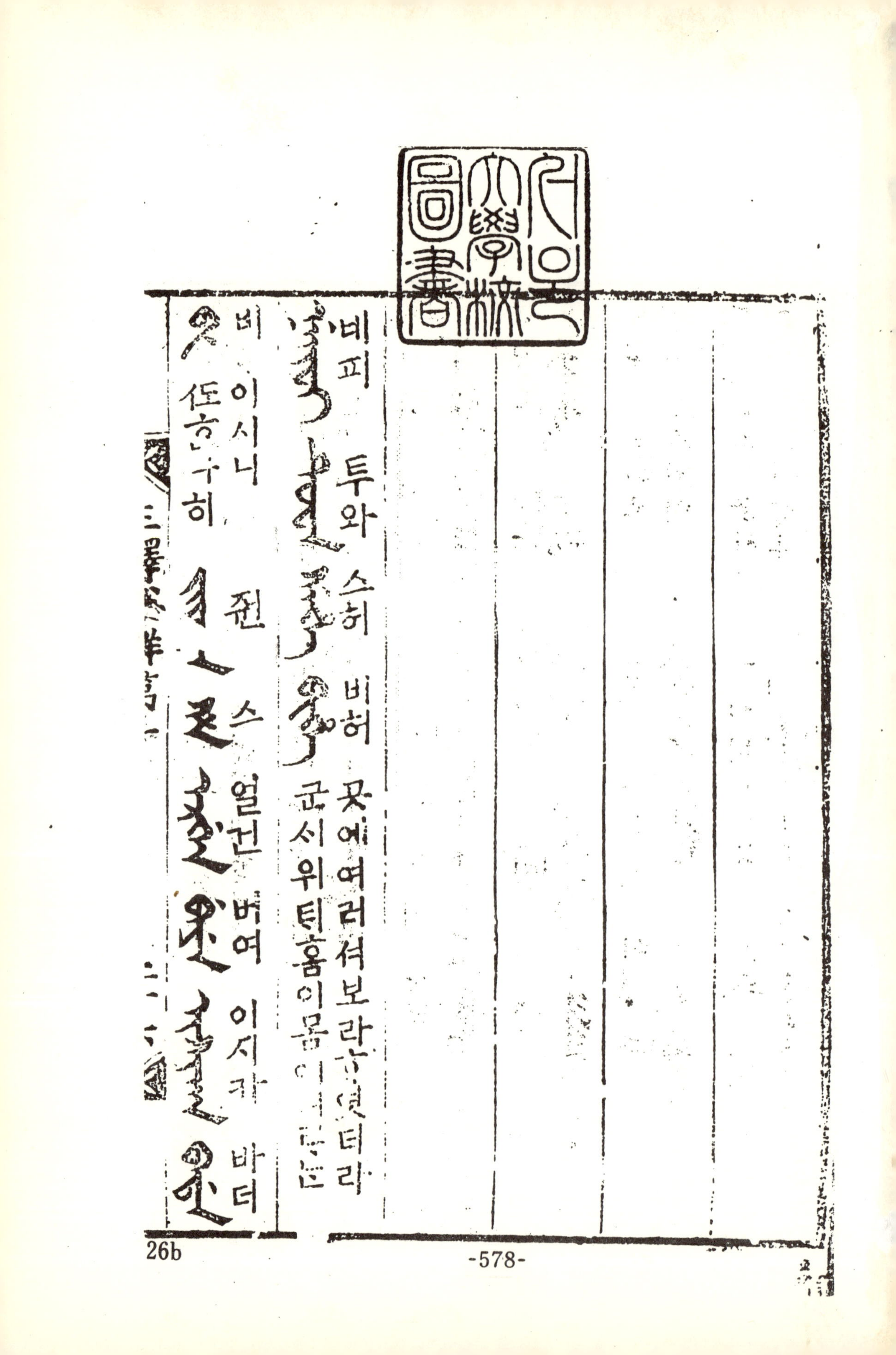

베피 투와 스휘 비허 곳에여러셔보란ᄒᆞ엿더라

군시위티홈이몸이ᄒᆞ면

비 이시니 쥔 스 얼건 버여 이시갸 바더

또ᄒᆞᆫ구히

八歲兒 解題

洪 允 杓

1704년(肅宗 30년)에 淸學譯官을 양성하는 데 필요하여 司譯院에서 편찬하여 1책의 목판본으로 간행해낸 滿洲語 교재다. 그러나 현재 이 初刊本은 전하지 않고 1777년(正祖 1년)에 檢察官 金振夏와 書寫官 張再成에 의하여 刊行된 改刊本만이 전할 뿐이다. 개간본에는 단지 개간본의 刊記만 기록되어 있어서, 초간본에 대한 자세한 사실을 알 수 없으나, 이 책과 같이 간행된 『重刊三譯總解』에 있는, 李湛의 '重刊三譯總解序'와 初刊本의 '三譯總解序'와, 그리고 『小兒論』의 끝에 보이는 李湛의 後識를 통해서, 초간본의 간행 경위를 알 수 있다. 이들을 통해서 알 수 있는 초간본의 간행경위를 살펴보면 다음과 같다.

1639년(仁祖 17년)에 申繼黯에 의하여 女眞文字로 쓰인 것으로 보이는 14종의 女眞學書(『千字文』『兵書』『小兒論』『三歲兒』『自侍衛』『八歲兒』『去化』(또는 巨化) 『七歲兒』『仇難』『十二諸國』『貴愁』『吳子』『孫子』『(太公)尙書』) 중에서 『去化』『仇難』『八歲兒』『小兒論』『尙書』 등 5종의 책은 이미 滿洲語로 改編되어 있었던 것으로 보인다. 이 다섯 종류만이 선택된 것은 兵燹(壬辰倭亂 등)으로 散逸되었던 데에 말미암는다. 그러다가 1680년(肅宗 6년)에 崔厚擇 李濈 李宜白 등이 『三譯總解』와 『淸語老乞大』를 새로 편찬하는 일을 시작하고, 앞의 다섯 가지 淸學書 중에서 『八歲兒』『小兒論』 각 1권을 개정하였다. 그리하여 1684년(숙종 10)에는 『三譯總解』 10권 『淸語老乞大』 8권 『八歲兒』 1권 『小兒論』 1권의, 이른바 『淸語總解』라고 하는 淸學書 4종 20권이 완성되었다. 이들은 筆寫本으로 전하여 오다가 1703년(肅宗 29년)에 讐整官 金世弘 등과 書寫官 李世萬 등에 의하여 板下本이 만들어지고 朴昌裕 등 여섯 사람이 捐財하여 간행되었다.

이 초간본은 문헌마다 그 刊行年度와 板種을 각각 달리 증언하고 있는데, 『通文館志』에는 1703년(肅宗 29년)에 간행한 것으로 되어 있다. 즉

老乞大板 三譯總解板 小兒論板 八歲兒板(幷聽官李世萬等書 康熙癸未 令淸學官 朴昌裕 等 六人 捐財以活字開刊 藏於該學) * 괄호 안은 夾註임
<通文館志 卷八 什物條 7b~8a>

이 기록에 의하면 『八歲兒』는 康熙 癸未에 활자본으로 刊行한 것이 된다. 그러나 이 기록은 '三譯總解序'의 내용과 다르다. 즉 '三譯總解序'의 年記가 '甲申仲夏上浣'이라 되어 있어서 이 책의 출판은 실제로는 1704년에 된 것으로 보인다. 또한 『通文館志』의 위의 기록에 의하면, '以活字開刊'이라 되어 있어, 『八歲兒』와 다른 淸語總解 20권이 모두 活字本이었던 것으로 기록되어 있으나, 역시 『通文館志』의 什物條에 '板'이라고 기록하고 있다는 점이나, '三譯總解序'에 '剞劂'(나무판에 새김)니, '鋟梓'(판목을 새김)라는 기록들로 보아 이 책은 活字本이 아닌 木板本이었던 것으로 보아야 할 것이다. 결국 『通文館志』의 기록에 잘못이 있는 것이다.

결국 『八歲兒』는 癸未(1703년) 9월에 간행을 준비하기 시작하여 10수개월이 지난 뒤인 甲申年(1704년)에 목판본으로 간행해 낸 것으로 추측할 수 있다.

改刊本 『八歲兒』는 『小兒論』과 함께 1777년(正祖 1년)에 檢察官 金振夏와 書寫官 張再成에 의해 이루어졌다. 이것은 이 개간본의 끝에 있는 간기에 의하여 알 수 있다.

乾隆四十二年丁酉九月日改刊
檢察官 崇政大夫行知中樞府事金振夏
書寫官 通訓大夫行司譯院判官張再成

이 개간본 『八歲兒』는 『通文館志』에는 『新釋八歲兒』라는 이름으

로도 등재되어 있다.

> 新釋淸語老乞大板（乾隆乙酉箕營刊板）新釋三譯總解板（乾隆甲午本院刊板）新釋小兒論板 新釋八歲兒板（乾隆丁酉 本院刊板 以上四書 淸語訓長 金振夏 修整）＊괄호 안은 夾註임
> <通文館志 卷八 什物條 8a～8b>

이 책의 내용은 옛날 漢나라 시절에 여덟살 난 아이(八歲兒)가 科擧場에 나아가 皇帝가 묻는 모든 어려운 질문들에 능숙히 답변하여, 5천명의 응시자 중에서 뽑혀 후에 名宰相이 되었다는 이야기이다.

이 改刊本『八歲兒』는 不分卷 1冊, 모두 13장밖에 되지 않는 책이다. 책의 크기가 세로 33.4 cm, 가로22.3 cm이고 四周單邊에 半葉匡廓이 세로 22.9 cm, 가로 17.7 cm이다. 有界에 5행으로 되어 있다. 版心은 上下二葉花紋魚尾인데 魚尾 사이에 版心書名인 '八歲兒'와 張次가 있다. 表紙書名과 內紙書名, 그리고 版心題가 모두 '八歲兒'이다.

한 행의 왼편에는 滿州文字의 原文이 실려 있고, 그 오른편에는 한글로 만주문자의 發音表記가 되어 있다. 그리고 각 文章이나 句 아래에 漢字를 섞어 쓴 國譯이 붙어 있다. 그리고 마지막 한 장에는 刊記가 실려 있다. 이 책에는 後識가 없다. 단지 이 책과 함께 간행된『小兒論』의 끝에 李湛이 쓴 後識가 실려 있다.

이 책의 한글표기에 나타나는 표기법상의 특징이나 국어학적 특징을 들면 다음과 같다.

(1) 어두된소리는 주로 ㅅ 계 합용병서로 표기하였다. 단시 [p']만이 ㅄ 으로 표기하고 있다.

ㅺ : 父母ᄭᅴ <2b> ᄭᅩᆺ치<11b>

ㅼ : ᄯᅩ<5b, 6a, 7a, 8a> ᄯᅢ로<11b>

ㅽ : ᄲᅢᆯ리<10b>

ㅄ : ᄡᅡ 오로믈<6b> ᄡᅡᆺ든가 <八歲,9a>

(2) 연철, 분철, 중철 표기 중 주로 분철표기가 보인다. 중철표기

는 유기음의 ㅊ 에서만 나타난다.

① 분철표기

말음 ㄱ : 먹을. <2b> 죽으니 <7a>

말음 ㄴ : 텬문에. <1b>젼일에 <3b> 은으로. <9a> 어진이ᄅᆞᆯ. <11a>

말음 ㄹ : 말을. <12b> 발이 <7a, 7b> 션ᄇᆡ들을 <1b> 시졀에 <1a, 6b, 7a, 7b> ᄉᆞᆯ인 <2b> 이ᄉᆞᆯ이 <11b> 일을 <4a, 4b> 젼일에 <3b> 하ᄂᆞᆯ에 <4b, 5a, 5b, 6a, 6b, 7a, 7b>

말음 ㅁ : 太平ᄒᆞᆷ으로<12a> 가ᄋᆞᆷ열며<1b> 구름으로 <9b> ᄂᆞ리오심으로 <3b> ᄇᆞ람이 <11b> 사ᄅᆞᆷ의 <2a> 사ᄅᆞᆷ이 <4b, 6b, 10a, 10b, 12a> 사ᄅᆞᆷ인다<3b> 삼아 <11a> 섬을 <6b> 소곰으로 <9a> 일홈을 <2a> 섬에<7a> 첫봄에 <11b>

말음 ㅂ : 입으로 <7a> 입이 <6b, 7a>

② 중철표기

ᄭᅩᆺ치 <11b> cf. ᄆᆞᄎᆞ니라 <12b>

(3) l - l 표기는 주로 ㄹ-ㄹ 표기 방식을 취하였다. 한 예에서만 ㄹ-ㄴ 표기가 보인다.

ㄹ-ㄹ 표기 : 철량 <2a> 발로 <8a> 불러 <10a> ᄲᆞᆯ리 <10b> 일로 <12b>

ㄹ-ㄴ 표기 : 믈논ᄒᆞ고 <1b>

(4) 구개음화 현상이 일반적으로 나타난다.

엇지 <5a> <7b> <8b> 西로 지ᄂᆞ니<5a> 엇지ᄒᆞ여 <9a> <9b> 큰 어진이ᄅᆞᆯ 삼아<11a> 것지 아니ᄒᆞ고<11b> 弓矢 잡지 아니ᄒᆞ고 <12a> 城 四門을 ᄌᆞ무지 아니ᄒᆞ더라<12a> 才能 잇ᄂᆞ니ᄅᆞᆯ 죠흔 일홈을 주리라 ᄒᆞ니라 <2a>

(5) 부동사형 어미 '-ᄃᆡ'는 '-되'와 혼기되고 있다. 대체로 의도법 어미 '-오-' 뒤에서는 '-되'로 나타나는 것으로 보인다.

① -ᄃᆡ : 니ᄅᆞ샤ᄃᆡ<1b, 3a, 4a, 4b, ,5a, 5b, 6a, 7a, 7b, 8a, 8b> 말겨구논ᄃᆡ<10b>

② -되 : ᄃᆡ답호되<4b, 5a, 5b, 6b, 7a, 7b, 8a, 8b> ᄉᆡᆼ각ᄒᆞ되<4b> 니로되<3b, 4a, 10a> 부르되<10b>

(6) 유기음 표기는 다음과 같은 양상으로 나타난다.

① 연철식 표기 : ᄆᆞᄎᆞ니라 <12b>

② 중철식 표기 : ᄉᆞᆽ치 <11b>

③ 재음소화 표기 : 셔녁ᄒᆡ<8b> 동녁ᄒᆡ<9a> 북녁ᄒᆡ<9b>

다만 語基에 '-ᄒᆞ다' 접미사가 연결될 때에는 어간의식에 의하여 분리표기하였다.

ᄉᆡᆼ각ᄒᆞ되 <4b> 시작ᄒᆞᆯ <6b> ᄃᆡ답ᄒᆞᆯ다<4a> ᄃᆡ답ᄒᆞ리이다<4b>
ᄃᆡ답호되<4b, 5a, 5b, 6b, 7a, 7b, 8a, 8b>

오늘날 『八歲兒』는 1777년 改刊本이 서울대학교 규장각 도서(도서번호 奎1471)와 서울대학교 고도서(도서번호 古3900-1)에 각각 1책씩이 전하고 있으며, 大英圖書館과 일본의 駒澤大學 圖書館의 濯足文庫에 각각 1책씩 전한다. 이 중에서 서울대학교 규장각본을 연세대학교 동방학연구소에서 1956년에 영인 출간하였다.

參考文獻

金敏洙(1956), '八歲兒', 國文學(高麗大) 1.

______(1956), '八歲兒', 한글 118.

閔泳珪(1956), 八歲兒・三譯總解・小兒論・同文類解 解題, 影印本, 延世大 東方學研究所.

조규태(1981), '八歲兒' 滿州語 文語 硏究, 국어교육연구(경북대)13.

小兒論 解題

洪 允 杓

『小兒論』은1704년(肅宗 30년)에 淸學譯官을 양성하는 데 필요하여 司譯院에서 편찬하여 1책의 목판본으로 간행해낸 滿洲語 교재다. 그러나 현재 이 初刊本은 전하지 않고 1777년(正祖 1년)에 檢察官 金振夏와 書寫官 張再成에 의하여 刊行된 改刊本만이 전할 뿐이다. 이 개간본에는 끝에 李湛의 後識가 있어서, 이 책과 함께 간행된『重刊三譯總解』에 있는, 李湛의 '重刊三譯總解序'와 初刊本의 '三譯總解序'와 아울러 초간본의 간행경위를 알 수 있다. 이들을 통해서 알 수 있는 초간본의 간행경위를 살펴 보면 다음과 같다.

1639년(仁祖 17년)에 申繼黯에 의하여 女眞文字로 쓰인 것으로 보이는 14종의 女眞學書(『千字文』『兵書』『小兒論』『三歲兒』『自侍衛』『八歲兒』『去化』(또는 巨化)『七歲兒』『仇難』『十二諸國』『貴愁』『吳子』『孫子』『(太公)尙書』) 중에서『去化』『仇難』『八歲兒』『小兒論』『尙書』등 5종의 책은 이미 滿洲語로 改編되어 있었던 것으로 보인다. 이 다섯 종류만이 선택된 것은 兵燹(壬辰倭亂 등)으로 散逸되었던 데에 말미암는다. 그러다가 1680년(肅宗 6년)에 崔厚擇 李濈 李宜白 등이『三譯總解』와『淸語老乞大』를 새로 편찬하는 일을 시작하고, 앞의 다섯 가지 淸學書 중에서『八歲兒』『小兒論』각 1권을 개정하였다. 그리하여 1684년(숙종 10)에는『三譯總解』10권『淸語老乞大』8권『八歲兒』1권『小兒論』1권의, 이른바『淸語總解』라고 하는 淸學書 4종 20권이 완성되었다. 이들은 筆寫本으로 전하여 오다가 1703년(肅宗 29년)에 讐整官 金世弘 등과 書寫官 李世萬 등에 의하여 板下本이 만들어지고 朴昌裕 등 여섯 사람이 捐財하여 간행되었다.

이 초간본은 문헌마다 그 刊行年度와 板種을 각각 달리 증언하고 있는데,『通文館志』에는 1703년(肅宗 29년)에 간행한 것으로 되어

있다. 즉

> 老乞大板 三譯總解板 小兒論板 八歲兒板(幷廳官李世萬等書 康熙癸未 令淸學官 朴昌裕 等 六人 捐財以活字開刊 藏於該學) * 괄호 안은 夾註임
> <通文館志 卷八 什物條 7b~8a>

이 기록에 의하면『小兒論』은 康熙 癸未에 活字本으로 刊行한 것이 된다. 그러나 이 기록은 '三譯總解序'의 내용과 다르다. 즉 '三譯總解序'의 年記가 '甲申仲夏上浣'이라 되어 있어서 이 책의 출판은 실제로는 1704년에 된 것으로 보인다. 또한『通文館志』의 위의 기록에 의하면, '以活字開刊'이라 되어 있어,『小兒論』이 다른 淸語總解 20권과 함께 모두 活字本이었던 것으로 기록되어 있으나, 역시『通文館志』의 什物條에 '板'이라고 기록하고 있다는 점이나, '三譯總解序'에 '剞劂'(나무판에 새김)니, '鋟梓'(판목을 새김)라는 기록들로 보아 이 책은 活字本이 아닌 木板本이었던 것으로 보아야 할 것이다. 결국『通文館志』의 기록에 잘못이 있는 것이다.

결국『小兒論』은 癸未(1703년) 9월에 간행을 준비하기 시작하여 10수개월이 지난 뒤인 甲申年(1704년)에 목판본으로 간행해 낸 것으로 추측할 수 있다.

改刊本『小兒論』은『八歲兒』와 함께 1777년(正祖 1년)에 檢察官 金振夏와 書寫官 張再成에 의해 이루어졌다. 이것은 이 개간본의 끝에 있는 李湛의 後識에 쓰인 刊記에 의하여 알 수 있다.

> 歲丁酉陽月崇祿大夫行知中樞府事李湛識

이 개간본『小兒論』은『通文館志』에는『新釋小兒論』이라는 이름으로도 등재되어 있다.

> 新釋淸語老乞大板 (乾隆乙酉箕營刊板) 新釋三譯總解板 (乾隆甲午本院刊板) 新釋小兒論板 新釋八歲兒板 (乾隆丁酉 本院刊板 以上

四書 淸語訓長 金振夏 修整) * 괄호 안은 夾註임
<通文館志 卷八 什物條 8a~8b>

이 책의 내용은 한 부자가 장강성을 지나다가 만난 세 살 먹은 어린이(三歲兒)에게 여러 가지 어려운 질문을 하였더니 그 아이가 대답을 잘하였다 이야기이다. 『八歲兒』에 비하여 이 책을 『三歲兒』라 하여도 좋을 듯하다.

이 改刊本 『小兒論』은 不分卷 1冊, 모두 14장밖에 되지 않는 책이다. 책의 크기가 세로 34.8 cm, 가로21.9 cm이고 四周單邊에 半葉匡廓이 세로 23 cm, 가로 17.4 cm이다. 有界에 5행으로 되어 있다. 版心은 上下二葉花紋魚尾인데 魚尾 사이에 版心書名인 '八歲兒'와 張次가 있다. 表紙書名과 內紙書名, 그리고 版心題가 모두 '八歲兒'이다.

한 행의 왼편에는 滿州文字의 原文이 실려 있고, 그 오른편에는 한글로 만주문자의 發音表記가 되어 있다. 그리고 각 文章이나 句 아래에 漢字를 섞어 쓴 國譯이 붙어 있다. 그리고 마지막 한 장에는 李湛의 後識가 실려 있다.

이 책의 한글표기에 나타나는 표기법상의 특징이나 국어학적 특징을 들면 다음과 같다.

(1) 어두된소리는 ㅅ 계와 ㅂ 계 합용병서를 사용하였다. 각자병서는 ㅆ 만이 사용되었다.

ㅺ : ᄭᅬᆼ<8b> ᄭᅵᆫ<9a> ᄭᅬᆼ<9a>

ㅼ : ᄯᅩ<5a, 5b, 6a, 6b, 8a, 9b>

ㅳ : 술의에 ᄠᅵ<6a> ᄠᅵ<7b>

ㅽ : ᄲᅦ<9a>

ㅆ : ᄊᆞ고 <1b>

(2) 연철, 분철, 중철 표기 중 주로 분철표기가 보인다. 중철표기는 말음이 ㅅ 인 것에서만 나타난다.

① 분철표기

말음 ㄱ : 막아 <1b> 목이 <11b, 12b> 벅국이ᄂᆞᆫ <11a, 11b, 12b> 속이<11a, 11b, 12a>

말음 ㄴ : 손을 <9b> 곤이와 <10b, 11a, 12a>

말음 ㄹ : 거슬이 <9a> 골이라 <8b> ᄀᆞᆯ이라 <9a> 말을 <10a> 믈에 <6a, 10b, 11b, 12a, 12b> 반도블에<7b> 발이 <11a, 12a, 12b> 발이오 <9a> 블에 <6a> 사ᄅᆞᆷ들이<13b> 술의에<6a> 시졀에<1a> 시졀의 <13b> 아ᄒᆡ들이 <1b> 우믈믈에<7b> 일을 <3a, 5a, 5b, 6b, 10a>

말음 ㅁ : 곰이 <4a> 말ᄉᆞᆷ을 <3a> ᄆᆞ옴에 <10a> 사ᄅᆞᆷ을 <3b, 4b> 사ᄅᆞᆷ의게 <5b, 6a> 사ᄅᆞᆷ이 <2a, 2b, 4b> 우롬이 <11b> 헤움을 <10b, 11b, 12a, 12b> ᄒᆞᆷ은 <9a, 8b, 9b> ᄒᆞᆷ을 <8a, 8b, 8b,

말음 ㅂ : 겨집의게<5b>

② 중철표기

노롯ᄉᆞᆯ <2b>

(3) ㅣ - ㅣ 표기는 주로 ㄹ-ㄹ 표기 방식을 취하였다. 한 예에서만 ㄹ-ㄴ 표기가 보인다.

ㄹ-ㄹ 표기 : 믈러<5a> 일로<13b>

ㄹ-ㄴ 표기 : 믈논ᄒᆞ여<2b>

(4) 구개음화 현상이 일반적으로 나타난다.

期約지 <5a> 믓지 <10a> 엇지<2a, 3a, 4b, 5a, 9b, 10a>엇지ᄒᆞ여 <10b> 잘ᄒᆞᆯ지면 <12a> 클지면 <12b> 프를지면 <12a> 원치 <2b>

(5) 부동사형 어미 '-ᄃᆡ'는 모두 '-되'로 표기하고 있다. 이러한 점은 함께 간행된『八歲兒』의 표기법과 상이한 점이다.

니로되 <2a, 2b, 5a, 5b, 8a, 9b, 11a, 13a> ᄃᆡ답호되 <2a, 3a, 4a, 7a, 8b, 10a, 11b> 무르되 <3b>

(6) 유기음 표기는 다음과 같은 양상으로 나타난다. 중철식 표기는 보이지 않는다.

① 연철식 표기 : ᄆᆞᄎᆞ니라 <13b>

② 재음소화 표기 : 놉흔<3b, 4a, 4a>

다만 語基에 '-ᄒᆞ다' 접미사가 연결될 때에는 어간의식에 의하여 분리표기하였다.

ᄉᆡᆼ각ᄒᆞᆫ <10a> ᄀᆞᆺ흐모로<9a>

(7) 어중의 된소리는 다음과 같은 방식으로 표기하고 있다.

엇던 <5b, 6a, 6b> 무렷더니<13a>

(8) 與格助詞 '-의게'는 有情體言 중 사람을 나타내는 명사나 대명사에 통합되고, 動物名詞 중 有情體言에는 '-게'가 통합되는 현상을 보인다.

① '-의게'

내게 <9b> 뉘게 <4b>사ᄅᆞᆷ의게 <5b> 겨집의게 <5b> 사ᄅᆞᆷ의게 <6a> 부텨의게 <7a> 仙女의게 <7a> 아ᄒᆡ게 <7a>

② '-게'

ᄉᆡ게 <6b> ᄆᆞᆯ게 <6b> 약대게 <6b> 나모ᄆᆞᆯ게 <7b> ᄒᆞᆰᄉᆡ게 <7b> ᄀᆞᄅᆞ약대게 <7b>

오늘날 『小兒論』은 1777년 改刊本이 서울대 규장각 도서에 2책(도서번호 奎3234, 12135), 英國의 大英圖書館과 日本의 駒澤大學圖書館의 濯足文庫에 각각 1책이 보존되어 있다. 서울대학교 규장각본을 延世大學校 東方學硏究所에서 1956년에 影印 出刊하였다.

三譯總解 解題

洪允杓

1704년(肅宗 30년)에 淸學譯官을 양성하는 데 필요하여 편찬한 滿洲語 교재로, 司譯院에서 10권의 목판본으로 간행된 책이다. 그러나 현재 이 初刊本은 전하지 않고 1777년(正祖 1년)에 檢察官 金振夏와 高師彦이 初刊本을 修正하고 書寫官 張再成이 쓴 『重刊三譯總解』만 전한다.

초간본의 간행경위는 『重刊三譯總解』에 李湛의 '重刊三譯總解序'와 初刊本의 '三譯總解序', 그리고 初刊과 重刊의 刊記를 통하여 알 수 있다.

1680년(肅宗 6년)에 崔厚擇 李濈 李宜白 등이 『三譯總解』와 『淸語老乞大』를 새로 편찬하는 일을 시작하였다. 그리하여 1684년(숙종 10)에는 『三譯總解』 10권 『淸語老乞大』 8권 『八歲兒』 1권 『小兒論』 1권의, 이른바 『淸語總解』라고 하는 淸學書 4종 20권이 완성되었다. 이들은 筆寫本으로 전하여 오다가 1703년(肅宗 29년)에 讐整官 金世弘, 吳允武, 鄭銑, 李海와 書寫官 李世萬, 金尙密, 李震馨, 李東奎에 의하여 板下本이 만들어지고 朴昌裕 등 여섯 사람이 捐財하여 간행되었다.

이 초간본의 간행연도는 문헌에 따라 1년의 차이를 보인다. 『通文館志』에는 1703년(숙종 29)에 간행된 것으로 되어 있다. 즉

> 老乞大板 三譯總解板 小兒論板 八歲兒板 (幷廳官李世萬等書 康熙癸未令淸學官 朴昌裕等 六人 捐財以活字開刊藏於該學)
>
> <通文館志 卷八 什物條 7b～8a>

康熙 癸未, 즉 1703년에 활자본으로 刊行하였다고 한다. 그러나 '三譯總解序'의 年記가 '甲申仲夏上浣'이라 되어 있고, 또 『通文館志』

의 什物條에 '板'이라고 기록하고 있다는 점이나, '三譯總解序'에 '剞劂'(나무판에 새김)니, '鋟梓'(판목을 새김)라는 기록들로 보아 이 책은 1704년에 活字本이 아닌 木板本으로 간행되었음을 알 수 있다. 결국 『三譯總解』는 癸未(1703년) 9월에 간행을 준비하기 시작하여 10수개월이 지난 뒤인 甲申年(1704년)에 목판본으로 간행해 낸 것으로 추측할 수 있다.

이 『三譯總解』는 『通文館志』에는 『新釋三譯總解』라는 이름으로도 등재되어 있다.

> 新釋淸語老乞大板 (乾隆乙酉箕營刊板) 新釋三譯總解板 (乾隆甲午本院刊板) 新釋小兒論板 新釋八歲兒板 (乾隆丁酉 本院刊板 以上四書 淸語訓長 金振夏 修整)
>
> <通文館志 卷八 什物條 8a~8b>

1774년에 이 책은 改刊되었다. 檢察官 金振夏와 高師彦이 初刊本을 修正하고 書寫官 張再成이 쓴 것이다. 이것은 중간본의 간기에서 알 수 있다.

> 乾隆三十九年甲午九月日 改刊
> 檢察官 崇政大夫行中樞府事 金振夏
> 折衝將軍行忠武衛副司直 高師彦
> 書寫官 朝散大夫行司譯院副奉事 張再成

이 改刊本 『三譯總解』는 10권 10책의 목판본이다. 책의 크기가 세로 33.5 cm, 가로 22.0 cm이고 四周單邊에 半葉匡廓이 세로 25.0 cm, 가로 18.4 cm이다. 有界에 6행으로 되어 있다. 版心은 上下二葉花紋魚尾인데 魚尾 사이에 版心書名인 '三譯總解'와 張次가 있다. 表紙書名과 內紙書名, 그리고 版心題가 모두 '三譯總解'이다.

이 책은 滿文 三國志 가운데에서 10회분을 가려 뽑아 滿洲語音을 한글로 轉寫하고 우리말 飜譯을 붙인 것이다.

앞에 李湛이 쓴 '重刊三譯總解序'가 있고. 이어서 '三譯總解序'가

있다. 그리고 初刊本과 改刊本의 刊記가 있다. 그리고 三譯總解 권1부터 권10까지 이어진다.

여섯 행으로 되어 있는 각 행의 왼편에는 滿州文字의 原文이 실려 있고, 그 오른편에는 한글로 만주문자의 發音表記가 되어 있다. 그리고 각 文章이나 句 아래에 漢字를 섞어 쓴 國譯이 붙어 있다.

이 책은 오늘날 서울대 규장각도서와 日本의 駒澤大學 圖書館의 濯足文庫에 그 완질본이 전하며, 英國의 大英圖書館에 완질이 전한다. 그러나 대영도서관본은 卷4가 筆寫本인 것으로 알려져 있다. 이 중에서 규장각본(도서번호 奎 1529)이 1956년에 延世大學校 東方學研究所에서 『八歲兒』『小兒論』『同文類解』와 合冊되어 영인 출판되었다.

이 『三譯總解』의 國譯 한글 表記에 나타나는 國語學的 特徵을 들면 다음과 같다.

(1) 어두된소리의 표기에는 ㅅ 계 합용병서와 ㅂ 계 합용병서를 사용하고 있다. 그러나 주로 ㅅ 계 합용병서를 주로 사용하고 있다. 그리고 각자병서는 ㅆ 만이 사용되고 있다.

① ㅺ : ᄭᅥ리지<1:12b> ᄭᅦ고<7:8b>ᄭᅦ여<7:19a> ᄭᅦ지르기<3:20a> ᄭᅩ리ᄂᆞᆫ<4:14b> ᄭᅩᄌᆞᆫ<6:25b>ᄭᅩᆾ고<4:13a> ᄭᅩᆾ나모<10:8b> ᄭᅬ<10:5a> ᄭᅬ니라<5:20a> ᄭᅬ다<10:26a> ᄭᅬ오라<7:6a> ᄭᅬ이시니<10:10a> ᄭᅬᄒᆞ면<2:16b> ᄭᅮ니<2:16b> ᄭᅮ러셔<10:14b> ᄭᅮ며<10:6a> ᄭᅮ죵ᄒᆞ여<10:23a> ᄭᅮ지저<1:10a> ᄭᅮ지즈니<9: 13a> ᄭᅮᆯ거ᄂᆞᆯ<9:13a> ᄭᅮᆷ<3:26b> ᄭᅳ기<3:23b> ᄭᅳ어<5:15a> ᄭᅳᆫ지<3:8b> ᄭᅳᆫ코져<1:16b> ᄭᅳᆫ흐려<2:4b> ᄭᅳᆯ탄<4:19a> ᄭᅩᆾ혀<1:21a> ᄭᅩᆾ흐로<2:14a> ᄭᅵ라시면<7:19a> ᄭᅵ니<3:26b> ᄭᅵ여셔<8:21b> ᄭᅵ지<10:21a> ᄭᅵ치<5:22a> ᄭᅵ치지<6:16a> 魯肅ᄭᅴ<4:19b> 夫人ᄭᅴ<10:2a> 갈ᄭᅩ<7:1b> 강ᄭᅵ의<3:8b>것ᄭᅥ<9:4a> 노흘ᄭᅩ<7:23a> 놀랄ᄭᅡ<3:7b> 들ᄭᅡ<4:17b> 못ᄒᆞᆯᄭᅡ<4:7a>믁ᄭᅳᆫ<4:18b> ᄆᆞᆺᄎᆞᆯᄭᅡ<4:7a> 바회ᄭᅵ의<7:8a> 변ᄒᆞᆯᄭᅡ<2:14a> 븟ᄭᅳ럽게<7:12b> 산ᄭᅩᆯ의<6:8b> 숙ᄭᅮ러지니<6:22a> ᄭᅥ스로<2:12b> ᄭᅥ시니<2:11b> 안ᄭᅩ<7:4a> ᄒᆞᆷᄭᅴ<1:17a>

② ㅲ : 강ᄞᅵ의<4:16a> ᄞᅵ의<4:17a>

③ ㅅㄷ : ᄯᅡ<3:1a> ᄯᅡ의<8:1b> ᄯᅢᄅᆞᆯ<6:13b> ᄯᅢᄯᅢ<2:7a> ᄯᅥ나<7:22b> ᄯᅥ나가다<4:9a> ᄯᅥ러지ᄂᆞᆫ<10:16b> ᄯᅥ르시니<1:18b> ᄯᅥ셔<8:15a> ᄯᅥ진<9:4b> ᄯᅥ혀<6:7b> ᄯᅦ<10:25a> ᄯᅩᄒᆞᆫ<5:1b> ᄯᅳ락ᄂᆞ즈락<7:19b> ᄯᅳᆯᄒᆡ<1:13b> ᄯᅳᆺ을<6: 13a> ᄯᅴ려<1:16b> ᄯᆞ라가다<10:24a> ᄯᆞ로ᄂᆞᆫ<10:23b> ᄯᆞᄅᆞᆷ이오<3:3b> ᄯᆞ의<1:1a> ᄯᅩᆯ리어<2:7b> ᄯᅩᆯ아<1:21b> ᄯᅩᆯ오지<2:15a> ᄯᅩᆯ을<8:14a> 안ᄯᅡ<4:2a> 모로ᄂᆞᆫᄯᅩ다<1:2a> 부롭ᄯᅥ<6:11a> 쇽절업ᄯᅩ다<8:18a>

④ ㅅㅂ : ᄲᅮᆫ이라<1:18b> ᄲᅢᆯ리<2:3b> ᄲᅡ혀<6:23a> ᄲᅮ무며<7:17a> ᄲᅮᆷ어<7:18b> ᄲᅮᆷ난<7:19b> ᄲᅡ젓고<9:5b>

⑤ ㅄ : ᄡᅧ셔<5:10a>

⑥ ㅅㅈ : ᄶᅩ차<1:10b> ᄶᆞᆫ옷<8:9a> 넙ᄶᅵ니<2:14b> 어엿블ᄶᅵ면<1:17b> 파ᄒᆞᆯᄶᅵ면<7:21a>

⑦ ㅆ : 싸오면<10:6b> 싸올<10:12a> 싸호고져<3:26a> 싸홈<2:22a> 싸화<10:16a> 써<6:25a> 써셔<6:11a> 씻고<7:23a> 쏘ᄂᆞᆫ<4:18a>쏘더니<10:9b> 쏘더라<4:17b> 쏘라<4:17a> 쓰게<10: 8b> 쓰ᄂᆞᆫ<5:8b> 쓰렷ᄂᆞ니<4:7a> 쓰면<4:7a> 쓰스니<1:6a> 쓰여셔<7:22a> 쓸게<5:11a> ᄊᆞ고<3:11b> ᄊᆞ이여<1: 9b> 애씀을<6:22b> 어양써<3:11a> 조ᄊᆞᆯ<8:3b> 힘써<10:22a> 군ᄉᆞ로써<3:11a> 글써<6:3a> 나ᄊᆞᆺ다<5:1b> 담싸고<8:20a>

(2) 연철, 중철, 분철 표기에서 주로 분철표기 방식에 따른다

① 말음 ㄱ : 거록이<10:14a> 곡식이<3:5b> 금ᄇᆡᆨ을<10:7b> 막아<3:19a> 막으마<10:25a> 먹어<5:2a> 먹은<3:18b> 긔특이<4:21b> ᄀᆞ즉이<4:16b> 넉넉이<10:6a>

② 말음 ㄴ : 갑군이<3:19b> 관문에<2:23b> 관에<2:24a> 귀신의<10:10a> ᄀᆞ만이<10:13b> 눈을<10:16b> 비단으로<2:19b> 산으로셔<2:16a>

③ 말음 ㄹ : 일을<1:1a> 알외되<1:2a> ᄯᅩᆯ이<1:3a> 긔별을<1:5a> 시졀이<1:8b>

④ 말음 ㅁ : 사ᄅᆞᆷ을<1:1b> 일홈은<1:3a> 몸이오<1:3b> 싱심이<1:3b> 밤의<1: 4b>

⑤ 말음 ㅂ : 집의<1:1b> 계집의게<1:5a> 시쳡이<1:5a> 잡아셔<1:

6a>

⑥ 말음 ㄷ : 것오지<2:8a> 곳곳의<8:4b> 곳에<10:26b> 곳에나<8:19a> 곳으로<9:21a> 곳을<3:4b> 곳이<1:1a> 곳이시라<8:13b> 밋어<7:12b> 밋엇노라<8:12a> 밋으리오<5:10b> 밧으마<4:8a> 벗을<8:17b> 벗이라<7:5b> 벗이라면<7:6b> 벗인<8:1a> ᄯᅳᆺ을<6:13a> 흣어지다<10:22b>

중철표기는 ㅅ 과 ㅍ을 말음으로 하는 것에만 나타난다

갑옷슬<3:11b> 갑옷시<9:1b> 것스로<2:13a> 것슬<2:12a> 넛시<1:7a> 년못ᅀᅵ<1:16b> 되엿시니<6:10a> 멋숣<8:16b> 옷스로<2:19b> 옷슬<1:18a> 왓시니<6:11a> 즛시<7:20a> 갑파<7:16b> 갑파ᄃᆡ<6:1b> 갑푸라<9:16a> 갑프려<10:12a> 잡펴셔<4:16b> 접펴나지<4:15a>

(3) l - l 의 표기는 ㄹ-ㄹ 표기방식에 따른다. ㄹ-ㄴ 표기는 하나도 보이지 않는다.

거슬리<1:4a> 길럿더니<1:15b> 길로<2:8a> 놀라<10:24b> 놀라니<1:20b> 놀라ᄂᆞᆫ<10:12a> 놀라셔<10:25b> 눌로<9:18a> 널러<6:13a> 달라<4:25a> 돌라<10:12a> 말로<7:6a> 말리라<3:24a> 머물라<2:10b> 멀리<1:21a> 믈러가며<9:17a> 믈리칠<7:12b> 별로<2:13b> 블러<10:11b> ᄲᆞᆯ리<2:18b> 졀로<5:9a> 진실로<6:19a>

(4) 語中의 有氣音의 表記는 다음과 같이 하고 있다.

① 連綴式 表記 : 허여케<2:20a> 노코<6:7b> ᄃᆞ토고<2:25b> ᄃᆞ토니<3:10a> 브터<1:13a> 두터이<5:3b> 흐터진<8:19b> 이러트시<10:14b> 조차<1:1b> ᄶᅩ차<1:10b> 노치<2:7b> 조츤<2:8a> ᄎᆞ즈라<2:24b> ᄶᅩ차<3:20a> 거푸<6:6a> 그치고<2:22b> ᄀᆞᄅᆞ쳐<5:7a>

② 重綴式 表記 : 흣터져<1:12a> 흣터지더라<3:14a> 흣터지니<5:2a> ᄂᆞᆾ출<1: 6a> 곳쳐<1:6b> ᄆᆞᆾ츠리라<1:11b> ᄀᆞᆾ치<1:17b> 밋처<1:21a> 갑파<7:16b> 갑파ᄃᆡ<6:1b> 갑푸라<9:16a> cf 갑흐라<9:17a> 갑프려<10: 12a> cf 갑흐려<2:13a> 곳쳐<1:6b> 곳치고져<7:17a> ᄀᆞᆾ치<10:7a> 낫출<5:14a> ᄂᆞᆾ치<3: 14b> ᄂᆞᆾᄎᆞ로

<5:7b> ᄂᆞᆽᄎᆞᆯ<1:6a> 맛쳐주다<4: 22a> 맛초와<7:14a> 맛치<5: 3a> 밋처<1:21a> 밋첫ᄂᆞᆫ<9:10b> 밋첫되<2:3b> 밋치라도<3: 20a> ᄆᆞᆺ차시니<5:12b> ᄆᆞᆺ찻노라<6:3a> ᄆᆞᆺ츠라<4: 21a> ᄆᆞᆺᄎᆞ니 <7:13a> ᄆᆞᆺᄎᆞ리라<6:15a> ᄆᆞᆺᄎᆞᆯᄶᅡ<4:7a> ᄆᆞᆺᄎᆞᆷ내<10:7a> 밧치노라<6:10b> 밧치마<4:8a> 빗최엿더라<7: 8b> 빗치<8:8b> 빗ᄎᆞᆯ <10 :6a> 잡펴셔<4:16b> cf. 잡혀셔<9:4b> 접퍼나지<4:15a> 직퀼<8:20b> 직키여<9:1b> cf. 직희니<9:22a> 직희라<9: 18a> 직희올ᄭᅩ<9:18a> 직희쟈<8:6a> 훗터져<1:12a> 훗터지니<5:2a> cf. 훗허지다<10:21a>

③ 再音素化式 表記 : 갑흐믈<8:2a> 겻ᄒᆡ<1:12a> ᄭᅩᆾ히<10:24a> 급히 <9:17a> 깁흔<10:11b> 깁히<9:11a> ᄀᆞᆽ흐니<3:13b> ᄀᆞᆽ흔<8:3b> 녁흐로<2:15b> 놉흔<10:11a> 덥혀시니<3:13b> 덥힌<9:20a> 두녁희<8:8a> 막힌<8:6a> 뭇ᄒᆡ<7: 13a> 박힌<4:18b> 북녁희 <10:8a> ᄭᅩᆾ혀<1:21a> ᄭᅩᆾ흐로<2:14a> 이럿흐시<3: 16a> 잇흔날 <1:12a> 잡히이고<10:20b>

(5) ㅎ 종성체언은 단어마다 달리 표기되고 있다. 다음에 이 문헌에 사용된 ㅎ 종성체언의 표기현상을 표로 보이도록 한다. 괄호 안의 숫자는 사용된 숫자다.

	ㅎ 표기	ㅎ 탈락표기
길(道)	길ㅎ(9)	길(7)
나라(國)	나라ㅎ(17)	나라(0)
나조(夕)	ᄂᆞ조ㅎ(1)	나조(0)
돌(石)	돌ㅎ(1)	돌(0)
둘(二)	둘ㅎ(14)	둘(0)
뒤(後)	뒤ㅎ(16)	뒤(0)
들(等)	들ㅎ(2)	들(69)
뫼(山)	뫼ㅎ(0)	뫼(1)
ᄆᆞ올(村)	ᄆᆞ올ㅎ(0)	ᄆᆞ올(1)
ᄯᅡ(地)	ᄯᅡㅎ(24)	ᄯᅡ(2)
ᄠᅳᆯ(庭)	ᄠᅳᆯㅎ(1)	ᄠᅳᆯ(0)
하ᄂᆞᆯ(天)	하ᄂᆞᆯㅎ(0)	하ᄂᆞᆯ(14)

예: 길로<2:8a> 길을<10:25a> 길의<4:6a> 길이<10:10a> 길흘

<7:11b> 길ᄒᆡ<2: 12b> 길ᄒᆡ셔<2:15a> 나라ᄒᆞᆯ<7:20a> 나라희 <5:15b> 나라히<2:25b> 나라ᄒᆡ<3:13a> 나라ᄒᆡ도<6:2b> 밧나라ᄒᆞᆯ<3:10a> 이웃나라ᄒᆡ셔<6:25a> 나조희<8: 4b> 옥돌ᄒᆞᆯ<8:2b> 둘히<4:15b> 둘ᄒᆡ<7:6b> 뒤ᄒᆞ로<2:10a> 뒤ᄒᆞᆯ<10:25a> 뒤ᄒᆡ <1:10a> 뒤ᄒᆡᄂᆞᆫ<10:26a>뒤ᄒᆡ셔<2:7b> 앏뒤ᄒᆞ로<7:13b> 장슈들희<6: 6b> 관원들히<5:14a> 계집들로<2:22a> 관원들과<9:12b> 장수들을<2:10b> ᄌᆞ식들과<3:24b> 편뉴들을<1:10a> 네 뫼과 <7:13b> ᄆᆞ올의<10:13b> 하ᄂᆞᆯ에<4:21b> 하ᄂᆞᆯ을<9:15a> 하ᄂᆞᆯ의 <6:17a> 하ᄂᆞᆯ이<10:21a> ᄯᅡ의<8:16a> ᄯᅡᄒᆞ로<8:19b> ᄯᅡᄒᆞᆯ <3:19a> ᄯᅡ희<8:22a> ᄯᅡ히<3:21b> ᄯᅡ히니<9:18b> ᄯᅡᄒᆡ<10: 22b> ᄯᅡᄒᆡ셔<9:2a> ᄠᅳᆯᄒᆡ<1:13b>

參考文獻

閔泳珪(1956), 三譯總解 解題, 影印本 八歲兒 小兒論 三譯總解 同文類解, 東方學硏究所.

全在昊(1977), 三譯總解 索引, 語文論叢(경북대) 11.

晝圭泰(1984), 三譯總解 滿州語 文語 硏究(I), 牧泉兪昌均博士還甲紀念論文集.

岸田文隆(1988), 三譯總解の言語資料的 價値について, 京都大學大學院 文學硏究科 言語學專攻分科 修士論文.

________(1990), 三譯總解の滿文について, 제27회 野屈くりるたい發表資料.

________(1990), 三譯總解 底本考, 알타이학보 2.